Vom Essen auf dem Lande

Franz Maier-Bruck

Vom Essen auf dem Lande

Das große Buch der österreichischen Bauernküche und Hausmannskost

Mit 32 Farbtafeln von Georg Fronius

A&M

Die Speisenfotos für dieses Buch wurden in der „Postschänke“ in Sulz im Wienerwald, Niederösterreich, aufgenommen, in deren Küche die Gerichte unter der sachkundigen Anleitung von Frau Rosa Meliker auch zubereitet wurden. Der Verlag dankt den Besitzern der „Postschänke“, Herrn und Frau Vojtek, für das freundliche Entgegenkommen und die tatkräftige Unterstützung, mit der sie dieses Werk gefördert haben.

Umwelthinweis:
Dieses Buch wurde auf chlorfrei gebleichtem Papier gedruckt.
Die Einschrumpffolie, zum Schutz vor Verschmutzung, ist aus umweltfreundlichem und recyclingfähigem PE-Material.

Sonderausgabe für A&M Andreas & Dr. Müller, Salzburg
2. Auflage 2003

Einbandgestaltung: Christoph Weninger
Druck und Bindung: AV-Druck
ISBN 3-902397-20-9

Inhalt

Vorwort ... 7

Burgenland ... 9

Suppen und Suppeneinlagen ... 12
Jause ... 18
Fischgerichte ... 20
Fleischgerichte ... 22
Gemüse und Salate ... 30
Sterze und Schmarren ... 34
Nockerln, Knödel, Nudeln ... 38
Strudel ... 41
Schmalzgebackenes ... 45
Backwerk ... 47
Brot und Brauchtumsgebäcke ... 52
Vorratswirtschaft ... 60
Haustrunk ... 67

Kärnten ... 69

Suppen und Suppeneinlagen ... 73
Jause ... 80
Fischgerichte ... 82
Fleischgerichte ... 84
Gemüse, Salate, Soßen ... 96
Koche ... 103
Sterze und Schmarren ... 107
Nudeln ... 112
Schmalzgebackenes ... 118
Backwerk ... 124
Brot und Brauchtumsgebäcke ... 128
Vorratswirtschaft ... 134
Haustrunk ... 141

Niederösterreich ... 143

Suppen und Suppeneinlagen ... 146
Jause ... 149
Fischgerichte ... 151
Fleischgerichte ... 154
Gemüse, Salate, Soßen ... 163
Koche ... 170
Sterze, Nocken, Schmarren ... 174
Nudeln ... 179
Knödel ... 182
Strudel ... 186
Schmalzgebackenes ... 191
Backwerk ... 197
Brot und Brauchtumsgebäcke ... 209
Vorratswirtschaft ... 215
Haustrunk ... 222

Oberösterreich ... 227

Suppen und Suppeneinlagen ... 230
Jause ... 241
Fischgerichte ... 245
Fleischgerichte ... 247
Gemüse, Salate, Soßen ... 257
Knödel ... 261
Koche ... 267
Sterze, Nocken, Schmarren ... 271
Nudeln ... 274
Strudel ... 276
Schmalzgebackenes ... 278
Backwerk ... 286
Brot und Brauchtumsgebäcke ... 293
Milch ... 303
Haustrunk ... 304

Salzburg ... 309

Suppen und Suppeneinlagen ... 312
Jause ... 317
Fischgerichte ... 319
Fleischgerichte ... 320
Gemüse, Salate, Soßen ... 325
Koche und Aufläufe ... 327
Muse, Sterze, Schmarren ... 331
Nocken, Nudeln, Knödel ... 333
Schmalzgebackenes ... 338
Backwerk ... 345
Brot und Brauchtumsgebäcke ... 349
Vorratswirtschaft ... 353
Haustrunk ... 357

Steiermark ... 359

Suppen und Suppeneinlagen ... 362
Jause ... 368
Fischgerichte und Fastenspeisen ... 370
Fleischgerichte ... 372
Gemüse, Salate, Soßen ... 382
Koche ... 389
Sterze, Tommerl, Schmarren ... 394
Nocken, Nudeln, Knödel ... 401
Strudel ... 403
Schmalzgebackenes ... 405
Backwerk ... 412
Brot und Brauchtumsgebäcke ... 421
Vorratswirtschaft ... 426
Haustrunk ... 433

Tirol ... 437

Suppen und Suppeneinlagen ... 440
Jause ... 448
Fischgerichte ... 450
Fleischgerichte ... 452
Gemüse, Salate, Soßen ... 461
Koche, Muse, Plenten und Riebler ... 467
Nocken und Nudeln ... 476
Knödel ... 483
Schmalzgebackenes ... 486
Backwerk ... 498
Brot und Brauchtumsgebäcke ... 504
Vorratswirtschaft ... 509
Haustrunk und Genußmittel ... 513

Vorarlberg ... 517

Suppen und Suppeneinlagen ... 520
Jause ... 524
Fischgerichte ... 525
Fleischgerichte ... 526
Gemüse, Salate, Soßen ... 531
Muse und Koche ... 537
„Kratzete“, „Riebel“, „Stopfer“ ... 542
„Spätzle“, Nudeln, Knödel ... 546
Schmalzgebackenes ... 551
Backwerk ... 554
Brot und Brauchtumsgebäcke ... 556
Vorratswirtschaft ... 561
Haustrunk ... 566

Wien ... 569

Suppen und Suppeneinlagen ... 572
Das Gabelfrühstück ... 578
Fischgerichte ... 579
Fleischgerichte ... 581
Gemüse, Beilagen, Salate und Soßen ... 596
Warme Mehlspeisen ... 603
Schmalzgebackenes ... 606
Backwerk ... 608
Brot und Weißgebäck ... 611
Vorratswirtschaft ... 613
„Häferlkaffee“ und „Heuriger“ ... 615

Register ... 618
Bildnachweis ... 624

Bei der Wiedergabe alter Rezepte wurde die ursprüngliche Schreibweise und Gewichtsangabe beibehalten.

Alle Rezepte sind, wenn nicht ausdrücklich anders angegeben, im Durchschnitt für vier Portionen berechnet.

Maße, Gewichte, Abkürzungen:

1 Wiener Zentner = 100 (Wiener) Pfund = 56,006 Kilogramm
1 Wiener Pfund = 32 Loth = 560 Gramm
1 Vierting = 1/4 Pfund = 140 Gramm
1 Loth = 17,5 Gramm
1 Hektoliter (hl) = 1000 Liter
1 Kilogramm (kg) = 100 Dekagramm (dkg, dag) = 1000 Gramm (g)
1 Faß = 2 Eimer = 1,13 Hektoliter
1 Metzen (Halbe, Viertel, Achtel, Maßl) = 61,478 Liter

1 Eimer = 40 Maß = 56,59 Liter
1 Maß = 4 Seitel = 1,41 Liter
1 Seitel = 0,35 Liter
1 Liter (l) = 10 Deziliter (dl) = 100 Zentiliter (cl)
1 EL = 1 Eßlöffel gestrichen voll
1 TL = 1 Teelöffel gestrichen voll
1 Glas Branntwein = 2 cl (0,02 l)
1 Glas Wein = 1/8–1/4 Liter
1 Msp. = 1 Messerspitze voll

Vorwort

Schon während der fünfjährigen Arbeit an meinem „Großen Sacher Kochbuch" (1975), das den Kulturraum der bürgerlichen Küche Altösterreichs umreißen sollte, war mir klar, daß die Quellen und Ströme dazu tiefer liegen, daß gerade in Österreich von „höherer" Kochkunst nicht gesprochen werden kann, ohne die Bauernküche und Hausmannskost dieses Landes zu erforschen.

So befragte ich Bäuerinnen, Hausfrauen und Köchinnen, sammelte und studierte alte Kochbücher, historische, wirtschaftsgeschichtliche, soziologische, volkskundliche Arbeiten – und erfuhr sehr bald, daß ich den Mut zur Lücke aufbringen mußte, um auch nur ein halbwegs gültiges Bild vom „Essen auf dem Lande" zu entwerfen, um all jene Lebenserfahrungen und Praktiken in ihrer Vielfalt lebendig werden zu lassen, die zu großen Teilen bereits der Vergessenheit oder einer falschen Nostalgie-Verklärung anheimgefallen sind.

Genau genommen ist jedes Haus, jedes Dorf, jede Pfarre, jede Talschaft eine eigene, autochthone Kochlandschaft mit unzähligen Querverbindungen, familiären, lokalen wie überregionalen Einflüssen und Bezugspunkten. Dazu kommt, daß oft ein und dasselbe Gericht beim Nachbarn bereits anders heißt (und „selbstverständlich" zusätzliche Varianten aufweist). Das gleiche gilt für jedes der neun Bundesländer, für jeden historisch gewachsenen Raum. Doch bei all der Vielfalt und Einzelheit reizte es mich mehr und mehr, dahinter das Ganze zu suchen: Nur in einer verbindlich-verbindenden Betrachtungsweise, in der Zusammenschau kulturräumlicher und historisch-volkskundlicher Aspekte ist der Mensch in den ihn bestimmenden Lebensumständen aufzuspüren. Gerade deshalb auch war es notwendig, Akzente zu setzen, die Vielfalt zu ordnen, Zusammenhänge und Gegensätze herauszuarbeiten und alles in eine überschaubare Bezüglichkeit zu setzen. Diesem Prinzip mußte oft Individuelles geopfert werden. Dennoch hoffe ich, das Wesentliche, die Eigenart, die Eigengesetzlichkeit eines jeden Landes und seiner Bewohner getroffen zu haben.

Über weite Strecken befand ich mich auf Neuland. Wenn auch einzelne – beileibe nicht alle – Gebiete sehr detailliert erforscht wurden – das Leben ist ein Ganzes. Der dicht vernetzte Raum wird von ein und demselben Volk bewohnt. Die Wissenschaften müssen alles trennen, die Liebe zur Wirklichkeit aber soll vereinen.

Eines hat mich diese Arbeit gelehrt: daß wir mit Demut den Erfahrungswerten unserer Vorfahren gegenübertreten sollen, daß, wer geringschätzt, selber gering ist. Wir haben vieles davon verloren, vergessen, vertan: die Einfachheit, die Redlichkeit, die Genügsamkeit; diese Tugenden sind heute im Ausgedinge.

Daher muß ich vor falscher „Nutzanwendung" warnen. Es ist gar nicht mehr möglich, alles, was hier aufbereitet vorliegt, mit „Erfolg" nachzuvollziehen. Dazu fehlen zu viele Voraussetzungen; es fehlt die innige Mahlgemeinschaft einer Großfamilie, der Schutz und die Sicherung einer festgefügten Tradition; es fehlen die naturbelassenen Nahrungsmittel wie die notwendigen Garungstechniken – es ist ein Unterschied, ob ich eine Speise in einem Gas- bzw. Elektroofen, in einem holzgefeuerten „Sparherd" oder gar über offenem Feuer zubereite.

Dennoch ist es vergnüglich und lehrreich, in die Jahrhunderte hineinzuhorchen und die Räume der Erinnerung aufzusuchen. Es ist gut, mit seinem Nachbarn an einem Tisch zu sitzen, über seine Sorgen, seine Herkunft, seine Schicksale zu reden. Wo könnte man das besser und ehrlicher tun als in der Gemeinschaft der Essenden? Und es ist gut, hineinzuhorchen in die Muttersprache; sie hat mit den Speisennamen das Erbe am treuesten bewahrt.

Wenn es mir gelungen ist, bei dem einen oder anderen Leser das Gespür dafür wieder zu wecken, dann habe ich damit einen Teil des Dankes an meine Eltern abgestattet. Dank darf ich aber auch allen sagen, die mir in Gesprächen und Briefen Erfahrungen haben zuteil werden lassen, sowie den Damen und Herren der Archive und Museen im ganzen Land, die mir so großzügig Zugang zu den Schätzen ihrer Sammlungen gewährt haben. Mein besonderer Dank gilt darüber hinaus Herrn und Frau Vojtek sowie der Köchin, Frau Rosa Meliker, von der Postschänke in Sulz, wo die Gerichte für die Farbtafeln dieses Buches zubereitet wurden, den Fotografen, deren Bilder dem Band wahre Glanzlichter aufsetzen, dem Verlag, der mein Werk großzügig betreut hat, und nicht zuletzt dem Hersteller und Buchgestalter, Herrn Rudolf Kasparek; er hat vieles von dem, was abstrakt im Wort versteckt geblieben wäre, in Anschaulichkeit umgesetzt und damit eine Ganzheit geschaffen, die ich von Anfang an angestrebt hatte.

Franz Maier-Bruck

Burgenland

Was uns gesetzt ist auf den Tisch,
das gesegne uns der Herr Jesu Christ,
Er speis uns jetzt und alle Zeit
mit seinen Worten und Seligkeit.
Du lieber Gott du wollst uns geben
nach dieser Welt das ewige Leben.
Jetzt wolln wir aber essen,
Unsern Herrgott nicht vergessen.
Wir danken für sein Reich,
Gott uns speis,
segne uns z'sammen!

(Tischgebet)

Das Burgenland gehört als das östlichste Bundesland erst seit 1921 zur Republik Österreich. Vorher war es Teil des ungarischen Königreiches (daher ist beispielsweise der Anteil der Evangelischen größer als in den anderen Bundesländern). Die Bevölkerung setzt sich aus etwa 89 Prozent deutschsprechenden „Heanzen" und „Heidbauern", der Rest aus kroatischen und ungarischen Minderheiten zusammen. Die „Heanzen" („Heinzen", „Hienzen") im südlichen und mittleren Burgenland, in der „Buckligen Welt" und in Randgebieten des ehemaligen ungarischen Komitats Ödenburg (Sopron) wanderten im 11. bis 13. Jahrhundert ein; die Herkunft des Namens ist umstritten. „Heidbauern" („Hadbauern") sind die Bewohner rund um den Neusiedler See und auf dem Heidboden im nördlichsten Burgenland.

Das Burgenland ist immer noch ein Agrarland (bei einer Gesamtfläche von ca. 397.000 Hektar sind 65 Prozent landwirtschaftliche Nutzfläche). Früher wurde Hafer und Roggen („Korn"), weniger Weizen, selten Gerste angebaut, daneben Mohn, Hülsenfrüchte, Gemüse, Lein, Hanf, Hopfen; schon im Mittelalter spezialisierten sich die Städte auf Wein-, Obst- und feldmäßigen Gemüsebau; der Ackerbau war relativ gering, es überwog die Viehzucht.

„So herrliche Verhältnisse, wie sie sich anderwärts finden, daß der Großbauer sich im Sommer auf der Kegelbahn und im Winter beim Eisschießen vergnügen kann, während sich sein Gesinde im Sonnenbrand oder im Winterfrost plagt, sind für den Heanzen kaum im Traume vorhanden", schreibt J. R. Bünker „über das Leben im heanzischen Bauernhause" (1895).

Die in den Ländern der Monarchie nach 1848 rascher durchgeführte Grundablöse im Zuge der „Bauernbefreiung" erfolgte im heutigen Burgenland nur allmählich. Schrittweise konnten sich die freien Bauern auf Fruchtwechselfolge umstellen, nachdem auch der Flurzwang (jeder mußte gleichzeitig auf bestimmten Äckern eine bestimmte Frucht anbauen) weggefallen war. Wald und Hutweiden blieben nach wie vor gemeinschaftlicher Besitz. Nicht weggefallen waren auch die Meierhöfe der ehemaligen adeligen Herrschaft, denn ein erheblicher Teil des Bodens blieb nach wie vor in den Händen weniger Großgrundbesitzer. Besonders im südlichen Landesteil konnten die Teil- und Zwergbetriebe kaum eine mehrköpfige Familie ernähren, zumal die Wirtschaften durch Erbteilung immer kleiner und kleiner wurden, bis nur noch „Hosenriemenäcker" für jeden übrigblieben, Äcker, so breit wie ein Hosenriemen. Viele Landwirte mußten – ab 1865 bis 1938 – auswandern, denn die Besitzverhältnisse bzw. die Verteilung der Nutzfläche waren durch die historischen Vorgänge hier anders als in den übrigen Bundesländern. Von 56.300 landwirtschaftlichen Betrieben waren 200 Großgrundbesitz mit insgesamt ca. 100.00 Hektar (ein Viertel der Gesamtfläche) und 1000 Großbauern, aber 7500 mittlere und kleinere Wirtschaften sowie 47.600 Kleinstbetriebe. Von 9500 Pächtern hatten 5500 Pachtgrund von nur einem Joch (1 burgenländisches Joch = 0,43 ha) oder weniger. Noch Becker beklagte 1880, daß in „Westungarn" schlecht gewirtschaftet werde: „Auch die politische Administration ist schuld an dem niedern Erfolg der heanzischen Wirtschaft. Eigentumsstörungen werden in Österreich empfindlich und ohne Verzug gestraft, hier kümmert sich niemand darum; und während der Heanze wegen des Zehents von Überlandsgründen noch immer warten muß, bis es der gestrengen Herrschaft gefällt, denselben anzunehmen, war der Österreicher auch vormärzlich bei der Fechsung des Seinigen unbelästigt; er konnte sein Getreide mit Zurücklassung der ‚Zehentgarben' einheimsen." Überdies habe der Heanze die kleinen Parzellen seines Besitzes in alle Richtungen der Windrose zerstreut und unrationell verteilt. In diesem Zusammenhang erwähnt Becker in seinem Aufsatz „Die Heanzen" auch das Problem der Wanderarbeiter im damaligen Burgenland: „Während der Hadbauer seinen Erwerb im Handel und folglich auf der Straße sucht und dadurch seinen Wohlstand gründet, verdient sich ihn der eigentliche Heanze als Arbeiter beim Einheimsen der Feldfrüchte. Zur Schnittzeit gehen Hunderte aus dem Gebirg in die Niederung als Mäher und Drescher." Neben den Ackerbauern erwähnt Becker die Kohlenbrenner in den Wäldern und die Weinbauern, insbesondere aber die Handwerker, denn „der Heanze hat einen historischen Trieb zum Handwerk", und er zählt kenntnisreich auf: Maurer aus Landsee, Zimmerleute aus Unterrabnitz, Roßhändler aus Großpetersdorf, Lederhändler in den südlichen Orten, die Faßbinder, die bis nach Slavonien gehen, aber auch „in

Preßburg, Pest und Wien auf dem Markt liegen", Tuchmacher, Haarsiebmacher, Hackenschmiede und Drechsler in Pinkafeld, Riedlingsdorf, Oberrait (heute Schmiedrait), Loipersdorf (die heanzischen Drechsler versahen fast ganz Ungarn mit Spinnrädern).

Allerdings spielte das Handwerk bis ins 19. Jahrhundert keine tragende Rolle in der sozialen Struktur. Junge Burschen und Mädchen verdingten sich meist auswärts als Kellner und Köchinnen. Es wäre aber falsch, anzunehmen, daß alle, Köchinnen, Kellner, Handwerker, „Pendler", Dienstpersonal, wieder in ihre Heimat zurückgekehrt, die Speisen, die sie in der Fremde kennengelernt hatten, in ihrer Heimat nachgekocht hätten. Das gestatteten meist schon die wirtschaftlichen Verhältnisse nicht. Selbst Lehrer und Pfarrherren haben, so Károly Gaál in „Soziale und wirtschaftliche Zusammenhänge in der Änderung der Kochausrüstung", im ländlichen Raum die Speisen nicht verändert; die Pfarrersköchin stammte in der Regel selbst aus dem Dorf, der Lehrer heiratete eine einheimische Bauerntochter – beide kochten die alten, von der Mutter gelernten Speisen. Die höheren Beamten lebten gesellschaftlich von den Bauern getrennt. Ihre Köchinnen, die zwar aus Dörfern stammten, konnten sich die kostspieligen Rezepte zu Hause erst recht nicht leisten, abgesehen davon, daß sie gar nicht das nötige Geschirr dazu hatten. So weist die bäuerliche Nahrung im heutigen Burgenland vielleicht nicht jene Vielschichtigkeit auf, wie wir sie von anderen Bundesländern kennen, aber doch eine starke „landesmäßige Bestimmtheit".

Hof eines Hauses in Illmitz.

Suppen und Suppeneinlagen

J. R. Bünker schildert in „Das Bauernhaus in der Heanzerei", 1895, die Stube eines Bauernhauses in Loipersbach (Nr. 72). Die „Stubn", ein etwa $2^{1}/_{2}$ m hoher Raum, hatte noch einen Lehmfußboden, nur zwei Fenster, die nachts durch eiserne Fensterläden geschlossen wurden, einen massiven Tisch aus Nußbaumholz, an der Wand zwei Sitzbänke. An der Westwand schloß sich daran ein Schubladkasten und eine Kleidertruhe, die „G'wand-Truchen", auf Pflöcken an. An der gegenüberliegenden Seite standen zwei breite Himmelbetten mit hochaufgetürmtem Bettzeug, verdeckt von blauen, geblümten Vorhängen. Das Dach der Himmelbetten wurde von gedrehten Säulchen getragen, war massiv aus Brettern gefügt und diente gleichzeitig als Stellage für die Bibel, das Gesangbuch, für Kalender, Bücher, aber auch für Brotlaibe und Strudel. Vor dem Bett standen Stühle. Die eine Stubenecke füllte ein massiver Kachelofen aus. Gedeckt war die Stube durch eine Tramdecke. Die Mauern des Hauses waren 70 bis 80 cm dick, außen und innen sorgfältig mit Mörtel („Malta") verputzt und mit Kalkmilch geweißt. Dies wurde jährlich zweimal, zu Ostern und im Herbst, von der Bäuerin oder einer erwachsenen Tochter besorgt.

In dieser Stube spielte sich das Leben der Familie ab, von der Geburt bis zum Tod, von Neujahr zu Neujahr. Hier lebte man, hier schliefen alle, hier arbeitete man auch gelegentlich, besonders an den langen Winterabenden, besorgte das Federnschleißen, Spinnen, Flachsbrecheln, Maisschälen, „Kernschälen" (Häuten der Kürbiskerne) und die Anfertigung von Geräten. Ein Neugeborenes wurde in die Wiege neben dem Himmelbett gelegt (vorher wurden ein geweihter Palmzweig, ein Rosenkranz und Heiligenbilder in die Wiege gegeben). Unter der verschiebbaren Tischplatte, in einem „Geheimfach", wurden die wichtigsten Papiere, wie Heiratsbrief, Verträge, Kaufbriefe und andere Wertsachen aufbewahrt, in der Brotlade lagen der Laib Brot und das Eßbesteck. Heimelig waren die Ofenbank und „das Ofenwinkel" in den kalten Wintertagen, wenn der Kachelofen behagliche Wärme ausstrahlte. Unter dem „Durchzug" waren Stangen angebracht, um Cismen (Stiefel) und Feiertagskleider daranzuhängen.

Die Sitzordnung um den hölzernen Eßtisch war laut Bünker traditionell festgelegt: an der Hoffensterseite saß der Bauer (und eventuell ein Knecht oder die kleinen Kinder), ihm gegenüber die ältere Tochter bzw. die Großmagd, dazwischen auf der Wandbank die größeren Kinder, diesen gegenüber, der Küche am nächsten, saß die Mutter. Die Kleinkinder wurden auch schon vor dem Mittagessen extra abgespeist. Der Tisch wurde mit einem Tischtuch bedeckt. Milch, Suppen, Kraut und ähnliche Gerichte wurden in einer großen irdenen Schüssel aufgetragen und gemeinsam aus der Schüssel gelöffelt. Sterz und Schmarren kamen in der Rein, in der sie zubereitet wurden, auf den Tisch, wobei „'s Prëid'l" (ein Brett) oder ein strohgeflochtenes „Rad'l" daruntergelegt wurde. „Prëid'l" und „Rad'l" hingen an einem Fuß unter der Bank.

Von den Nachbarn wurden die Vorfahren der heutigen Burgenländer ob ihrer Vorliebe für Suppen spöttisch „Suppenschwaben" genannt. Doch wer täglich oft nicht mehr hatte als eine kräftig-sättigende Suppe, war schon um diese froh. Zum Frühstück – im Winter um 7 Uhr, im Sommer um 6 Uhr – aß man als ausgiebige Suppe eine „ainprennti Supp'm, Topf'nrahmsupp'm, Krumpiansupp'm, ainprennti Griaßsupp'm oder eine

Himmelbett, 1856, aus St. Martin. Es diente vor allem Wöchnerinnen; zuweilen schliefen auch die Jungvermählten darin.

Knouflsupp'm", dazu gekochte Erdäpfel und ein Stück Brot. Auch beim Mittagsmahl, das in der Regel aus Suppe, Kraut oder Rüben und einer Mehlspeise bestand, war die Suppe oft das ausgiebigste Gericht; hin und wieder gab es eine Fleischsuppe vom geräucherten (geselchten) Fleisch, seltener eine grüne Suppe (vom frischen Schweinefleisch); an Schlachttagen freuten sich alle auf die begehrte „Braesupp'm". Nur selten konnte man sich ein Stück Rindfleisch kaufen und davon eine kräftige Rindsuppe bereiten. Häufiger gab es die mit einer Einbrenn bzw. Fett bereitete Bohnen-, Linsen-, Speck-, Schwammerlsuppe, Kraut- oder (wenn eine Wöchnerin im Haus war) Hühnersuppe. Beliebt waren die Milch-, Brot- und Teigsuppen.

Weiße Suppe

$^1/_4$ l saurer Rahm, 2 EL Mehl, 1 l Wasser, Salz

Sauren Rahm mit Mehl abschlagen, in kochendes Wasser (1 TL Kümmel kann mitgekocht werden) einrühren und kurz verkochen lassen. Dabei wiederholt kräftig rühren oder sprudeln, damit sich das Mehl auflösen kann. Rohe Erdäpfelstückchen können mitgekocht oder gekochte heiße Erdäpfel können mitserviert werden. Leicht salzen.

Die **„saure Supp'm"** wird wie die „weiße Suppe", nur mit Topfenwasser, bereitet.

Topfensuppe

1 l Milch, 250 g Topfen, $^1/_8$ l Obers, 1 EL Mehl, 1 Ei, Salz, 1 TL Kümmel, Dille, 2–3 Erdäpfel

Topfen und Milch verrühren, salzen, feingehackten Kümmel und Dille dazugeben und eine Viertelstunde kochen. Obers und Mehl (eventuell auch ein Ei) versprudeln und in die Suppe einrühren. Einmal aufkochen lassen, sofort servieren. Man kann kleingeschnittene Erdäpfel mitkochen. An Stelle von Süßmilch kann Sauermilch genommen werden.

Eine **Topfen-Rahmsuppe** wird wie die Topfensuppe aus saurem Rahm, Topfen, etwas Mehl und Wasser zubereitet.

„Faafalsupp'm" (Farferlsuppe)

250 g Mehl, Prise Salz, Wasser, 1 Ei, 1 l Suppe (Fleisch-, Milch-, Einbrennsuppe)

Mehl mit Prise Salz und wenig Wasser (und eventuell 1 Ei) zu „ Faafal" verbröseln, in kochende Suppe (oder Salzwasser) einlaufen lassen. Aufkochen und kochen.

Die „Faafal" gibt man als Einlage gern in eine eingebrannte Suppe (siehe unten). Sie gelten als die schlichten Vorfahren der gekochten Teigwaren. Nimmt man etwas mehr Flüssigkeit zum Mehl, erhält man den **Eintropfteig.** Nimmt man etwas Milch zum Kochen, erhält man die **„Millifaafal" (Milchfarferln)** als ein Mittelding zwischen Suppe und Mehlspeise. Sie galten als eine Art Nationalspeise der Burgenländer „Hienzen". Das Mehl darf nur mit so viel Wasser verbröselt werden, daß es mehr trocken als feucht bleibt, es soll Flocken bilden. Im Pinkaboden nennt man die „Millifaafal" auch „Schendarm" (Gendarmen).

„Ainprennti Supp'm" (Einbrennsuppe), Kümmelsuppe

40 g Butter, 60–100 g Mehl, Salz, Pfeffer, 1 Knoblauchzehe, 1 TL Kümmel, $1^1/_4$ l Wasser (oder Suppe)

Butter (oder anderes Fett) erhitzen, Mehl darin goldgelb rösten, (gehackten) Kümmel dazugeben, mit wenig kaltem Wasser oder Fleischsuppe ablöschen, tüchtig verrühren, dann mit der erforderlichen Menge Flüssigkeit aufgießen, salzen und pfeffern. Gut verkochen lassen. Vielfach wird zusätzlich mit einer zerdrückten Knoblauchzehe und ein paar Spritzern Essig gewürzt. Als Einlage gibt man „Faafal", dünne, gebähte Schwarzbrot- oder Weißbrotschnitten, gebähte Semmelstangerln, blättrig geschnittene gekochte Erdäpfel, in Butter oder Fett geröstete Brot- bzw. Semmelwürfel oder ein eingetropftes Ei.

Röstet man im heißen Fett zunächst eine feingeschnittene Zwiebel an und staubt dann mit Mehl, erhält man eine **Zwiebelsuppe.**

„Griaßsupp'm" (Grießsuppe)

50–60 g Grieß, $1^1/_4$ l Selch- oder Fleischsuppe oder Wasser, Salz

Mittelfeinen Grieß in die kochende Flüssigkeit schütten, unter ständigem Rühren etwa 6 Minuten kochen. Kurz am Herdrand quellen lassen und servieren.

Wird der Grieß vor dem Einkochen in wenig Fett eventuell mit kleingehackter Zwiebel geröstet, erhält man die **„ainprennti Griaßsupp'm" (eingebrannte Grießsuppe).**

Grieß streute man am Abend vor Türen und Fenster, um der Trud den Eintritt zu verwehren, besonders wenn ein Neugeborenes im Haus lag; bis die Trud die vielen Grießkörner aufgepickt hatte, war ihre Zeit vorbei, sie mußte sich wieder zurückziehen. Sein Haus schützte man auch sonst ständig gegen Trud, Hexen und Dämonen; an vielen Haustüren fand man das „Trudenkreiz", den Fünfstern, mit Kreide gezeichnet. Um Johannis steckte man einen frischen Buschen „Hexenkraut" (Johanniskraut) hinter den Trambalken der Küche (der alte Buschen wurde verbrannt); da die Trud ihren Weg gern durch Rauchfang und Ofen nahm, mußte in der Nacht der Schuber am Ofentürl, der den Luftzug regelt, stets geschlossen sein. War ein Neugeborenes im Haus, verschenkte und verkaufte man einige Wochen lang keine Lebensmittel, „waö daduach d'Hex in Kind schadn hätt' künna". Selbst die Milch, damals für eine Hausfrau oft die einzige Einnahmsquelle, behielt man in diesen Wochen zur Gänze im Haus und verfütterte sie den Schweinen.

„Knouflsupp'm" (Knoblauchsuppe)

Suppengemüse (Sellerieknolle, Karotte, Petersilienwurzel, Porree), 1–2 Zwiebeln, Salz, Pfeffer, Kümmel, 3–5 Knoblauchzehen, 50 g Gänseschmalz (oder anderes Fett), Trockenpilze, 3 Pimentkörner, Prise Ingwer, 2–3 EL Mehl, 1¼ l Fleischsuppe oder Wasser (mit Würfel)

Suppengemüse klein schneiden und 10 Minuten in der Flüssigkeit kochen. Salz, gestoßenen Kümmel, geriebene Zwiebeln (und einige getrocknete, vorgeweichte Pilze) dazugeben und weitere 20 Minuten kochen lassen. Dann durch ein Sieb gießen. Im heißen Fett feingewiegte Zwiebeln bräunen, die zerstoßenen oder zerdrückten Knoblauchzehen dazugeben, mitbräunen, dann die zerdrückten Pimentkörner und etwas geriebenen Ingwer beifügen. Zuletzt das Mehl dazurühren. Unter ständigem Rühren das Gemisch in die Grundsuppe einrühren und 5 Minuten kochen lassen. Mit Salz und Pfeffer abschmecken. Über Brotschnitten anrichten. Es können aber auch nur eine feingeschnittene Zwiebel und einige zerhackte Knoblauchzehen in heißem Fett goldgelb geröstet und dann mit siedendem Wasser aufgegossen werden.

„Kruimpiansupp'm", „Eatepfisupp'm" (Kartoffelsuppe)

300–400 g Erdäpfel, Salz, Pfeffer, Kümmel, 1 Knoblauchzehe, einige Sellerieblätter, Thymian, ½ Lorbeerblatt, Petersilie, ⅛ l Sauerrahm, 1 EL Mehl, Spritzer Essig

„Weiber aus der Gegend von Eisenstadt." Aus: Heinbucher, „Pannoniens Bewohner in ihren volkstümlichen Trachten", Wien 1820.

Geschälte, kleinwüfelig geschnittene Erdäpfel mit Gewürzen, zerdrückter Knoblauchzehe und gehackten Sellerieblättern in leicht gesalzenem Wasser weich kochen. Zuletzt Sauerrahm und Mehl versprudeln, einrühren, mit Essig etwas säuern. Einmal aufkochen. Als Einlage kann man gezupften Nudelteig mitkochen. Gibt man eine Handvoll blättrig geschnittene Schwammerln (Stein- oder Herrenpilze) dazu, erhält man eine **Schwammerlsuppe,** gibt man (150 g) weichgekochte Bohnen dazu, erhält man eine **Bohnensuppe.**

Schwäbische Brotsuppe

150–200 g Brot, 1 Zwiebel, Petersiliengrün, 40 g Fett, 1¼ l Wasser, Salz, Pfeffer, 1 Ei

Kleinwürfelig geschnittenes Brot in heißem Fett gut anrösten, mit feingehackter Zwiebel und Petersilie weiterrösten, sobald alles braun ist, mit Wasser aufgießen, das Brot völlig zerkochen, durch ein Sieb treiben oder passieren, salzen und pfeffern und mit einem versprudelten Ei binden. Man läßt in der gewürzten Suppe als Einlage geschälte, in Scheiben geschnittene Frankfurter Würstchen einmal aufkochen. Man kann auch nudelig geschnittenes, gesondert gekochtes Gemüse in die Suppe geben. Altbackenes Brot weiche man zuvor in Wasser auf, drücke es gut aus und röste es in Fett.

„Umurkensupp'm“ (Gurkensuppe)

1 frische Salatgurke, 3–4 Erdäpfel, Salz, Pfeffer, Kümmel, Petersilie, 1/2 l Milch, 2 EL Mehl, Spritzer Essig, ca. 3/4 l Wasser, Dillkräutl

Wasser zum Kochen bringen, salzen, die kleinwürfelig geschnittenen geschälten Erdäpfel darin mit Salz, gestoßenem Kümmel, Pfeffer und gehackter Petersilie halbweich kochen, dann die würfelig geschnittene, geschälte Gurke beigeben und gar kochen. Zuletzt Sauermilch, mit Mehl versprudelt, einrühren, mit Essig säuern und unter ständigem Rühren aufkochen lassen. Abschmecken. Mit gehacktem Dillkräutl bestreut servieren.

Krautsuppe

1 kleiner Weißkrautkopf, 1 Zwiebel, 2 EL Fett, Salz, Pfeffer; 1–2 EL Fett, 1–2 EL Mehl, Kümmel

Feingeschnittene Zwiebel in Fett anrösten, nudelig geschnittenes Kraut dazugeben, etwas Wasser oder Fleischsuppe und Kümmel beigeben und weich dünsten. Zuletzt aus Fett und Mehl eine Einbrenn machen, zur Suppe geben, gut verrühren und verkochen. Mit Salz und Pfeffer abschmecken.

Sauerkrautsuppe

500 g Sauerkraut, 80 g Speck, 1 Zwiebel, 1 TL Paprika edelsüß, 1 l Rindsuppe oder Wasser, ca. 1/8 l Sauerrahm, Salz, Pfeffer

Geschnittene Zwiebel in würfelig geschnittenem Speck rösten, Paprika darüberstreuen, das kurzgeschnittene Sauerkraut dazugeben, mit Suppe oder Wasser in der nötigen Menge aufgießen und 1 Stunde kochen. Zuletzt Sauerrahm, versprudelt, dazurühren. Wenn notwendig, nachwürzen. Man kann in Stückchen geschnittenen Schinken, Selchfleisch oder in Scheiben geschnittene Wurst mitkochen.

Rahm-Bohnensuppe

250 g weiße Bohnen, Speckschwarte, 1 1/4 l Wasser (Suppenwürfel), grüne Petersilie, 40 g Fett oder Selchspeck, 1 Zwiebel, 40 g Mehl, 1 Knoblauchzehe, Salz, Kümmel, Majoran, Essig, ca. 1/4 l Sauerrahm

Bohnen über Nacht in Wasser einweichen. Bohnen, Speckschwarte, grüne Petersilie, etwas Kümmel (und Suppenwürfel) zusammen in frischem Wasser kochen, bis die Bohnen weich sind (man kann die Bohnen nun passieren). Selchspeckwürfel zerlassen oder Fett heiß werden lassen, die kleingehackte Zwiebel und den zerdrückten Knoblauch darin rösten, Mehl, zerhackten Kümmel und Majoran beigeben, leicht bräunen lassen, dann in die Suppe einrühren und einige Minuten weiterkochen lassen. Abschmecken. Zuletzt den sauren Rahm einrühren und mit einem Schuß Essig säuern. (Die Bohnensuppe kann auch ohne Sauerrahm bereitet werden.) Man kann grobwürfelig geschnittenen Speck (oder Selchfleisch) bzw. in Scheiben geschnittene Wurst beigeben und erhitzen. Oder Rahm mit Mehl verrühren, dazugeben, mit Pfeffer, Knoblauch und Essig würzen.

Bohnensuppe mit Scipi ist ein Nationalgericht der burgenländischen Kroaten. **Scipi** sind eine Art Nockerln oder Farferln. In der Fastenzeit verwenden die kroatischen Hausfrauen übrigens Kürbisöl anstelle des tierischen Fettes. In der Sage „Der Brotlaib und der Teufel“ schreibt Adolf Harmuth von einer „fetten Bohnennokkerlsuppe“.

Linsensuppe

250 g Linsen, Speckschwarte, 80 g Selchspeck, 1 1/4 l Wasser (Suppenwürfel), Salz, Kümmel, Majoran, 1 Knoblauchzehe, 2 EL Fett, 2 EL Mehl, 1 Glas Weißwein

Wird wie die Rahm-Bohnensuppe (siehe links unten) bereitet. Linsensuppen waren im heutigen Burgenland sehr beliebt, brachten doch die heanzischen Händler und Hausierer Linsen reichlich aus der Fremde mit nach Hause, besonders wenn sie aus dem Windischen kamen.

Paradeissuppe

200 g Wurzelwerk, 40 g Fett, 1 Zwiebel, 40 g Mehl, 1000 g Paradeiser, Salz, Pfeffer, Zucker, ca. 1 l Rindsuppe (oder Wasser), Zitronensaft

Kleingeschnittenes Wurzelwerk und Zwiebel in Fett rösten, mit Mehl stauben und weiterrösten. Dann 4 bis 6 Eßlöffel Wasser und die (geschälten) geviertelten Paradeiser dazugeben, weich dämpfen und dann durch ein Sieb passieren. Mit Salz, Pfeffer, Zitronensaft und Prise Zucker würzen und abschmecken. Mit entsprechender Menge Flüssigkeit aufgießen und kurz kochen lassen. Als Einlage werden gekochter Reis oder in Salzwasser gekochte Makkaroni, kurz gebrochen, verwendet. Die Suppe wird auch ohne Wurzelwerk hergestellt; als Würze nur Salz und Zucker verwenden.

„Braesupp'm"

Noch vor etwa sechzig Jahren gab es in Deutschkreutz diese Suppe am Schlachttag abends beim „Blunzenansingen". In der Suppe hat man tagsüber u. a. die Schweinsschwarteln (für die Blunzen) weich gekocht und die Blunzen, aber auch andere Würste und Fleischstücke bzw. Innereien gekocht. Die „Braesupp'm" schenkte man auch an die Dorfarmen aus; in großen Töpfen holten sie sich die Leute von jenem Haus, in dem am Morgen geschlachtet worden war. Die Suppe enthalte, so wissen es alte Leute, „sieben Lebensgeister", man werde sehr alt, wenn man davon esse. Man nahm wohl an, daß sie mehr gesundheitsfördernde Nährstoffe enthält als eine gewöhnliche Suppe, weil mehrere Speisen darin gekocht werden.

Hühnersuppe

1 Suppenhuhn, 2 Karotten, kleine Sellerieknolle, 1 Petersilienwurzel, (100 g Champignons), Salz, Pfeffer, Petersiliengrün, Ingwer, Pfefferkörner

Huhn ausnehmen, tranchieren, in kaltem Wasser ansetzen und gut aufkochen, dann abschäumen und langsam weiterkochen; anschließend gereinigtes, nudelig geschnittenes Wurzelwerk beigeben, salzen, ebenso blättrig geschnittene Pilze sowie Pfefferkörner, Ingwer und Petersiliengrün beifügen. Alles so lange kochen, bis das Huhn weich ist. Suppenhuhn herausnehmen, die Haut entfernen, das Fleisch von den Knochen lösen und nudelig schneiden. Die Suppe darüber seihen. Extra gekochte Suppennudeln dazugeben. Mit Schnittlauch bestreut heiß anrichten.

Ganslsuppe

Gansljunges (Kopf, Hals, Füße, Flügel, Herz, Magen der Gans), eventuell auch 1 Gansrücken und die dicken Flügel, 200 g gemischtes Wurzelwerk, 1 kleine Zwiebel, 2 Knoblauchzehen, 6 Pfefferkörner, Ingwer, Salz

Gänsefleisch bzw. -junges gut waschen, in kaltem Wasser ansetzen, salzen und kochen. Dabei mehrmals abschäumen. Das in Stücke geschnittene Wurzelwerk, die geviertelte Zwiebel, den zerdrückten Knoblauch, Pfefferkörner, Salz und Ingwer dazugeben und bei gleichmäßiger, nicht zu starker Hitze weich kochen. Man kann dazu auch eine lichte Einmach aus 40 g Fett und 40 g Mehl geben. Als Einlage gibt man in kleine Stücke geteiltes Gansljunges, Grießnockerln oder feingeschnittene hausgemachte Nudeln sowie extra in Salzwasser gekochte Karfiolröschen, in Würfel geschnittene, in Fett gebratene Gansleber und eventuell an Stelle der Nudeln oder Nockerln würfelig geschnittene, gebähte Semmeln oder Brösel- bzw. Markknöderln.

Teller mit großblumigem Dekor, 1696.

Fischsuppe (Halászlè)

1000 g verschiedene Flußfische (Hecht, Karpfen, Schill, Aal etc.), 200 g Zwiebeln, Schmalz, eventl. 2 grüne Paprikaschoten, 1 Lorbeerblatt, 1 Knoblauchzehe, 2 TL Paprika edelsüß, Salz, Pfeffer, $^1/_8$ l Sauerrahm, 2 EL Rotwein (oder Zitronensaft), Schnittlauch

Fische putzen, waschen und in größere Stücke schneiden. Köpfe, Gerippe, Schwanzstücke und Flossen extra in einem Topf mit 2 l Wasser, Salz, Paprika, Pfeffer, den geschnittenen Zwiebeln, dem Lorbeerblatt und der zerdrückten Knoblauchzehe kochen. Man kann Stücke oder Ringe von grünen Paprikaschoten mitkochen. Nach 1 bis $1^1/_2$ stündigem langsamem Kochen die Fischsuppe durchseihen, auf die Fischstücke in einem Topf gießen, Wein (oder Zitronensaft) dazugeben und unter öfterem Rütteln eine halbe Stunde langsam weiterkochen. Nachwürzen. In Suppentellern anrichten, einen Löffel Sauerrahm und Schnittlauch auf jede Portion geben.

Weinsuppe

1 l Weißwein, 2 Dotter, 100 g Zucker, Zimt, Gewürznelken, Neugewürz, 1 TL Stärkemehl, 20 g Butter

Wein mit Zucker, Zimt, Gewürznelken und Neugewürz aufkochen lassen. Dotter mit Stärkemehl und wenig Wein versprudeln, nebst der Butter in den kochenden Wein einrühren und bis zum Aufkochen auf dem Feuer stehen lassen, dann durch ein Sieb seihen. Mit in Butter goldgelb gerösteten Semmelschnitten servieren. Diese oder eine ähnliche Weinsuppe wurde gern zur Erntezeit aufgetragen.

Als **Suppeneinlagen** gab und gibt es u. a. Brot- und Semmelschnitten, gebäht oder ungebäht, hausgemachte Suppennudeln, Grießnockerln, (Heidenmehl-)Knödel, „Paund'lknödl" (Bohnenmehlknödel); in reicheren Häusern auch Suppeneinlagen, wie sie in der „Wiener Küche" bekannt sind. Beliebt waren die hausgemachten Nudeln als Einlage in eine Rindsuppe beim Hochzeitsessen. Da aber gerade bei einer Hochzeit die Gefahr bestand, daß der Hochzeitszug mit Verspätung (im Wirtshaus) eintraf und die Nudeln sich inzwischen zu einem breiigen Sterz verkocht hätten, nahm eine erfahrene und geübte Hochzeitsköchin nicht selten die **„Schuastanouckal" (Schusternockerln)** als Suppeneinlage: Aus einem etwas festeren Nudelteig schnitt sie mit dem Teigradl kleine Fleckerln, die beim Kochen etwas widerstandskräftiger sind.

„Haluschka"

1 EL Butter oder Fett, 2 Eier, ca. 150 g Mehl, Salz

Butter oder Fett schaumig rühren, Eier eines nach dem andern dazurühren, darin das Mehl zu einer Art Nokkerlteig verrühren. Leicht salzen. Aus der Masse kleine Nockerln ausstechen und in siedender Fleischsuppe oder in Salzwasser mehr ziehen als kochen lassen.
Das Wiener Kochbuch der Louise Seleskowitz bereitet die ungarischen „Haluschka" aus einem Nudelteig (500 g Mehl, 2 Eier, Prise Salz und wenig Wasser, 1 TL Öl), der ausgewalkt und in drei Finger breite Streifen geschnitten wird, die man dann mit den Fingern in beliebig große Fleckerln zupft, in Salzwasser kocht. In Fett abschmalzen und 250 g passierten Topfen dazugeben, alles gut untereinander abmischen und das Ganze mit 40 g feinwürfelig geschnittenem, gelb geröstetem Speck übergießen, ergiebt bereits eine Hauptspeise.

Bröselknödel

2 altbackene Semmeln, Milch, 1 Ei, 30 g Butter, 30 g Brösel, Salz, Pfeffer, Muskatnuß, Petersilie

In Milch geweichte Semmeln auspressen, passieren, mit der flaumig gerührten Butter, dem Ei, feingehackter Petersilie und den Bröseln gut verrühren. (Wenn notwendig, etwas Milch oder Fleischsuppe oder Wasser bzw. Brösel dazugeben.) Würzen und eine Viertelstunde stehen lassen. Aus der Masse kleine Knöderln formen und 5 Minuten in der Suppe oder in Salzwasser mehr ziehen als kochen lassen. Die Knöderln können (etwas kleiner geformt) auch in heißem Schmalz schwimmend gebacken werden.

Markknödel

60 g Rindermark, 1 Dotter, 2 altbackene Semmeln, Salz, Muskatnuß, Pfeffer, Petersilie, 60 g Brösel

Rindermark zerkleinern, schmelzen, abseihen, etwas erstarren lassen und mit dem Dotter schaumig rühren. Mit Salz, Pfeffer und Muskat würzen. Abgerindelte Semmeln in Wasser einweichen, ausdrücken und passieren, mit dem Rindermark verrühren, gehackte Petersilie und die Brösel dazurühren. Eine Viertelstunde ziehen lassen, aus der Masse kleine Knöderln formen, in kochendem Salzwasser zwei Minuten kochen und 10 Minuten zugedeckt ziehen lassen.

Gemüseschöberln

1 Paradeiser, 50 g Champignons, 1 Karotte, 1 Stück Selleriewurzel, 60 g Fisolen, 2 Dotter, 2 Eiklar, 40 g Mehl, Salz, Pfeffer, Fett und Mehl zum Backen

Paradeiser schälen, entkernen, kleinwürfelig schneiden, Champignons kleinhacken, Karotte, Sellerie und Fisolen kleinschneiden, in wenig Salzwasser alles zusammen weich dünsten. Aus Dotter, Salz, Mehl und steifgeschlagenem Schnee aus dem Eiklar eine Biskuitmasse fertigen, das gedünstete Gemüse darunterrühren, auf ein gefettetes, mit Mehl bestäubtes Backblech fingerdick aufstreichen und im heißen Rohr eine Viertelstunde backen. Stürzen, überkühlen und in Vierecke oder Würfel schneiden.
Gibt man in die gleiche Biskuitmasse nur 250 g feingeschnittenen Schinken, bäckt die Masse im Rohr und teilt sie dann in Würfel, erhält man **Schinkenschöberln.**

Jause

Für die einzelnen Wochentage gibt es in der historischen Küche des Burgenlandes keinen feststehenden „Speisezettel", wie wir dies in den anderen Bundesländern kennenlernen werden. Als die hauptsächlichen Wochen- und Alltagsspeisen werden „Bohnln" und „Grundbirnen" (Erdäpfel) angeführt, überdies Sauerkraut und saure Rüben. Verschieden gefüllte (gekochte und gebackene) Strudel und andere einfache Mehlspeisen kamen öfter als anderswo auf den Bauerntisch. Fleisch war jahraus, jahrein äußerst rar, hin und wieder gab es kleine Stücke Geselchtes auf dem Gemüse. Nur für die Festtage sind traditionelle Speisenfolgen überliefert; da gab es Rindsuppe, Rindfleisch mit Semmelkren, „Essa'krain" (Essigkren) oder „Ronna" (Rote-Rüben-Salat), geselchtes Fleisch mit „Faßkraut", „praati Krapf'n, gehati oder teari Strud'l" und „gsott'ni Zweischpm" oder „Pian" (Birnen).

Die soziale Struktur beeinflußte und bestimmte immer schon das Essen und die Nahrungsgewohnheiten. In den meisten heanzischen Häusern gab es keine Dienstboten – von wenigen Großbauern abgesehen. Daher war auch keine Speiserangordnung notwendig, wie dies in Gegenden mit vielen Knechten und Mägden üblich war; dort war das Gefälle zwischen Bauern und Dienstboten oft groß und bestimmte den Speiseplan. Im heutigen Burgenland mußte außerdem die „Frau" häufig auf dem Feld mitarbeiten – verständlich, daß für das Kochen nicht viel Zeit übriggeblieben war und schnell zuzubereitende Speisen bevorzugt wurden. Die meiste Arbeit im Haus, in der Küche, im Stall kam immer der Frau zu. Während die anderen Hausgenossen frühmorgens auf dem Feld zu arbeiten begannen, mußte sie die Stallarbeit machen und die Frühstückssuppe bereiten, die zwischen Füttern, Melken, Bettenmachen und Geschirrabwaschen gekocht wurde. Dann brachte sie den Leuten die Suppe auf das Feld nach und half bei der Arbeit bis zur Vormittagsjause (zwischen 9 und 10 Uhr), auch „Neip'ln" genannt; dazu gab es Milch oder Obst mit Brot, an schweren Arbeitstagen auch Most und Wein. Um etwa halb 11 Uhr eilte sie wieder nach Hause, die Tiere zu versorgen und das Mittagessen (12 Uhr) zu bereiten. Sobald es gekocht war, wurden noch rasch die Kinder, „'s G'suriweri" (Gesurrwerk), „a'g'fuidat", oft nur im Hof – wenn die Arbeit viel war, konnte man nicht „lang Umstände machen". Dann eilte die Frau mit dem Mittagessen, das sie in einem Eßkorb auf dem Kopf trug, aufs Feld. Nach einer kurzen Mittagsrast arbeitete sie mit bis zur Jause zwischen 15 und 16 Uhr. Auch dazu gab es meist nur Brot, Reste vom Mittagessen, Wein oder Most. Dann mußte die Frau wieder ins Haus zurück. Die anderen arbeiteten auf dem Feld weiter, bis es finster wurde. Wenn sie um acht Uhr abends heimkamen, wartete ihrer bereits das fertige Nachtmahl. Und wenn die anderen schon das Bett aufgesucht hatten, stand sie noch immer in der Küche beim „A'waschschaffl". Zum Abendessen gab es entweder das gleiche wie zum Frühstück, häufig auch nur eine „ticki Mülli" (dicke, d. h. saure Milch) mit gekochten Erdäpfeln oder mit einem „Griaskou" (Grießkoch); hatten die Leute schwer zu arbeiten, erhielten sie abends extra eine Suppe, einen Sterz oder einen Schmarren.

Wenn von einer Jause auf dem Feld etwas übrigblieb, brachte man es den Kindern nach Hause als „Hasenbrot" und erzählte ihnen, daß man auf dem Feld einen Hasen eingefangen und ihm sein Fressen wegge-

„Tschutter" – Feldflasche aus Holz, St. Martin.

nommen habe. Konnte sich eine Hausfrau im Spätherbst und im Winter morgens etwas länger Ruhe gönnen, so kam sie dafür abends noch später als sonst ins Bett. Denn der Herbst brachte eine Reihe von Arbeiten ins Haus, bei denen auch die Nachbarn mithalfen, so beim „Gugaruzhaitn", beim „Puaguntnschneidn" („Ruibmaschneiden"), „Mouststessn", Brecheln und Federnschleißen. Die jungen Leute aus der Nachbarschaft, die oft bis Mitternacht bei Musik und Gesang halfen, mußten verpflegt werden, auch wenn es oft nur Most, Wein, Brot, Nüsse und Obst gab. Im Winter wurde abends überdies Flachs gesponnen. Nicht zu vergessen die zusätzlichen Arbeiten einer Hausfrau, wie Brotbacken oder Wäschewaschen, das ohne Waschmaschine eine äußerst schwere Arbeit gewesen ist.

Da meistens viele Kinder im Haus waren, hatte eine Frau tagein, tagaus, jahrein, jahraus von früh bis spät abends zu arbeiten. Denn einerseits sagt sich der Burgenländer: „Wea ëissen wüll, muiss a aa'wart'n" (Wer essen will, muß auch arbeiten), anderseits mußte gerade sie ständig für dieses Essen sorgen, denn: „Tea, was uantli aa'wart'n sull, muiß zeascht a uantli ëissn" (Wer ordentlich arbeiten soll, muß zuerst auch ordentlich essen).

„Paarlheifen" – Zwillingshefen: Doppeltopf mit bequemem Traghenkel. Damit wurde das Essen auf das Feld nachgetragen. In einem Hefenteil war die Suppe, im anderen das übrige Essen. Zum Zudecken nahm man kleine irdene Stürze mit einem Knopf als Handhabe. Die großen Bauern waren meistens zu stolz, sich das Essen in diesen Hefen nachtragen zu lassen.

Fischgerichte

Der Fisch war ausschließlich eine Speise der adeligen und stadtbürgerlichen Gesellschaftskreise. Die Fischgewässer des Landes waren Eigentum der adeligen Herrschaften; die Fischteiche hatten die Untertanen zu betreuen. Hin und wieder wurden sie ihnen aber gegen Abgaben zur Nutzung überlassen oder verpachtet. Dafür hatten z. B. die Gemeinden Illmitz, Apetlon und Martinhofen jährlich ihrer Herrschaft nach Eisenstadt einen Wagen Fische zu liefern. 1673 eröffnete die Grafschaft Forchtenstein den „Lichtentaich" in Pöttsching; er mußte fortan von den Pöttschingern versorgt werden. Der darüber liegende „Abrahamteich" wurde von den Wulkaprodersdorfern betreut. Um 1550 ließen die Nádasdy in Lockenhaus drei Fischteiche und einen Fischbehälter anlegen, in denen vorwiegend Forellen und Karpfen gezüchtet wurden. Die Bewohner an der Leitha durften im Fluß fischen, mußten dafür aber den Fluß von Zeit zu Zeit regulieren, damit die Herrschaftsmühlen ungehindert arbeiten konnten. Die vielen Fastentage der damaligen Zeit machen die herrschaftliche Teichwirtschaft in diesem Umfange verständlich.
Noch heute spielt neben dem Fischfang im Neusiedler See und den Erträgnissen der Güssinger Teichwirtschaft die Sportfischerei in Bächen und Flüssen des Landes eine gewisse Rolle. Als Fischwässer kommen u. a. Leitha, Wulka, Stoob- und Rabnitzbach, Pinka, Strembach, Lafnitz, Raab und ihre Nebenflüsse in Betracht. An Fischarten finden wir Bach- und Regenbogenforelle, Barbe, Eitel, Hecht, Karpfen, Schleie, Wels, Barsch, Karausche und Huchen.
Die gegenwärtige Fischfauna im Neusiedler See geht größtenteils auf künstliche Besatzung und auf Einwanderung aus der Wulka und über den Kanal zurück. Aus der großen Fülle sind vor allem vier Fischarten kommerziell wichtig. Schon im 18. Jahrhundert fand der Zander (Fogosch) Erwähnung. Er wurde 1903 aufs neue eingesetzt und ist heute ein häufiger und beliebter Speisefisch. Bis 1949 lebten nur „Wildkarpfen" im See. Seither werden Spiegel-, Leder- und Schuppenkarpfen eingesetzt, doch ist der Karpfenertrag in den letzten Jahren zurückgegangen. Auch der Hecht gedeiht gut im Neusiedler See, sein Gewicht liegt bei 7 bis 8 kg, mitunter werden sogar Hechte mit 13 kg gefangen. Doch der wichtigste Speisefisch ist heute der Aal. Erstmals wurde im Jahre 1958 von österreichischer Seite ein Besatz von rund 200.000, 1974 bereits von über einer Million Glasaalen vorgenommen. 1976 betrug der Ertrag an Aalen rund 30.000 Kilogramm.
Vom reichen Fischangebot des Landes hat die burgenländische Bauernküche allerdings nie Gebrauch gemacht, denn „der beste Fisch ist die Salami"! Nicht einmal in den Pfarrhofküchen des Landes wurden die Fischgerichte heimisch, und an Fasttagen aß man überwiegend Mehlspeisen.
Johann Nepomuk Vogl erzählt 1859 „Aus jungen Jahren", daß er einen Ruster Fischer mietete, um mit drei „Schubertiaden"-Freunden von Rust über den Neusiedler See nach Purbach gebracht zu werden. Der Fischer wollte zunächst nicht recht fahren, weil „er fürchten mußte, zu einer Kirchenstrafe verhalten zu werden, im Falle der Pfarrer erführe, daß er uns während des Gottesdienstes über den See gefahren habe". Er ließ sich dann dennoch zur Fahrt bewegen. Vorher erhielten die Gäste im Fischerhaus noch „die beliebte, mit Lorbeerblättern und Zwiebeln abgekochte Fischsuppe, ein Festgericht der ungarischen Fischer, und eine Schüssel voll gebratener Seehechte". Fischbeuschelsuppe aß und ißt man gern am 24. Dezember, oder auch ein Fischgericht, oft kalt unter Beigabe von gekochten Eiern (Antau, Edelstal) oder gekochten Bohnen.

Gespickter Hecht, gebraten

1500 g Hecht, Salz, 60 g Schmalz, Selchspeck, Pfeffer

Hecht schuppen, ausnehmen, säubern, leicht salzen, der Breite nach mit schmalen Speckstreifen dicht spicken. Im heißen Fett unter häufigem Begießen mit Bratfett im Rohr braten. Im ganzen servieren. Dazu Petersilerdäpfel und grünen Salat.

Fogosch auf dem Rost

800 g entgrätete, enthäutete Fogoschfilets, 80 g Fett, Brösel oder Mehl, Salz

Filets salzen (nach Wunsch auch leicht pfeffern und paprizieren), in Bröseln oder in Mehl wenden, in einer

Pfanne bei starker Flamme oder auf dem Rost in wenig heißem Fett auf beiden Seiten braten. Mit Zitronenscheiben anrichten. Dazu Bratkartoffeln, Sauce tatare, Salate. Werden die Fische im ganzen zubereitet, versieht man sie auf beiden Seiten mit schrägen Einschnitten.

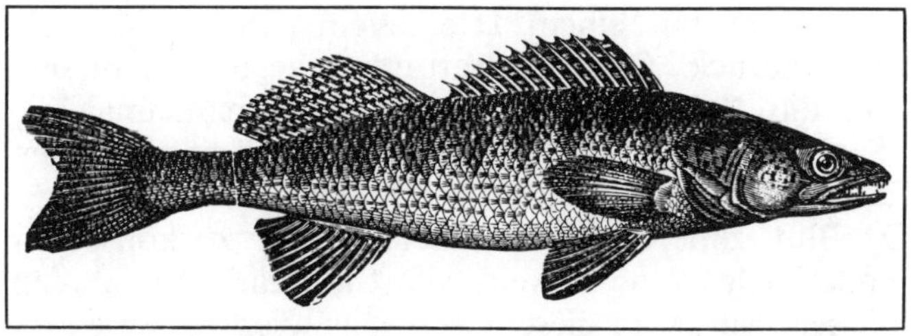

Zander. Aus: Marie von Rokitansky, „Die Österreichische Küche", 8. Auflage. Wien 1913.

Karpfen auf Raizer Art

1 Karpfen (1200 g), 500 g gekochte, in Scheiben geschnittene Erdäpfel, 120 g Speck, 50 g Fett, 1 Zwiebel, 1/2 EL Paprika edelsüß, 1/8 l Sauerrahm, 4 Paradeiser, 4 grüne Paprikaschoten, Salz, 30 g Butter

Eine Lage gekochte Erdäpfelscheiben in eine mit Butter bestrichene Pfanne bzw. feuerfeste Schüssel geben, den in Filets zerlegten oder der Länge nach zerschnittenen, mit Speckstreifen gespickten Karpfen darauflegen. Die feingeschnittene Zwiebel in heißem Rohr rösten, mit Paprika vermengen, mit 4 Eßlöffel Wasser aufgießen und dick einkochen. Dann mit geviertelten Paradeisern und Paprikaschoten-Scheiben vermengen, salzen. Das Gemisch über den gesalzenen Fisch geben und Sauerrahm dazugießen. Im heißen Ofen 35 bis 40 Minuten braten. Der Fisch darf nicht anbrennen, daher immer gut brodeln lassen, zuletzt ein wenig anrösten. Die Zwiebel und der kleinwürfelig geschnittene Speck können im eigenen Fett geröstet werden.

Paprikafisch

1000 g Fischfilets, 60 g Fett, 20 g Mehl, 2 Zwiebeln, 1/2 EL Paprika edelsüß, 6 EL saurer Rahm, 2 Paprikaschoten, Salz

Zwiebeln klein hacken, in Fett rösten, nudelig geschnittene Paprikaschoten dazumengen, kurz weich dünsten, dann die Fischfilets dazulegen, salzen, paprizieren und anrösten. Nicht umrühren. Die Kasserolle auf den Rand des Kochherdes stellen, Fischstücke mit dem mit Mehl versprudelten sauren Rahm begießen und eine Viertelstunde langsam dünsten. Mit Butternockerln oder Salzerdäpfeln anrichten.

Fischpaprikasch

1000 g Fischfleisch (Fogosch), 1 Zwiebel, 2 Paradeiser, 1 EL gehackte Petersilie, Salz, Pfeffer, Thymian, 1 zerdrückte Knoblauchzehe, 1 EL Zitronensaft, 1/8 l herber Weißwein, 50 g Butter

Kleingehackte Zwiebel und in Scheiben geschnittene Paradeiser in eine gefettete feuerfeste Schüssel geben, darauf das Fischfleisch (in Stücke bzw. Filets geschnitten) legen, würzen, Weißwein und Zitronensaft dazugießen, einige Butterwürfel darauflegen. Zugedeckt im Rohr etwa eine Dreiviertelstunde weich dünsten lassen.

Fischgulasch

120 g Öl oder Fett, 200 g fein geschnittene Zwiebeln, 1–2 TL Paprika edelsüß, 1/4 l Wasser, Salz, 1 TL gehackter Kümmel, 1 EL Paradeismark, 500 g Erdäpfel, 500 g Fischfleisch, 1 Zitrone, 1 EL Essig, 1/4 l saurer Rahm

Die Zwiebeln in heißem Fett gelb rösten, den Paprika dazustreuen, sofort mit Wasser ablöschen und ein paar Tropfen Essig dazugeben, ebenso Kümmel, Paradeismark, Salz und kleinwürfelig geschnittene Erdäpfel. Sobald die Erdäpfel weich sind, das in kleine Stücke geschnittene, mit Zitronensaft beträufelte Fischfleisch dazugeben, das Ganze aufkochen, den sauren Rahm dazurühren und zugedeckt dünsten. Dazu werden Salzerdäpfel serviert.

Aal gebacken

800 g küchenfertiger Aal, 100 g Wurzelwerk, 1 Zwiebel, Salz, 6 Pfefferkörner, 1–2 EL Essig, Zitronensaft, Pfeffer; Mehl, 2 Eier, Brösel, Butter, Fett oder Öl zum Backen

Aal in nicht zu lange Stücke schneiden, in einem kochenden Sud von Wasser, Wurzelwerk, Zwiebel, Salz, Pfefferkörnern und Essig 15 bis 20 Minuten weich kochen, herausnehmen, trockentupfen, mit Salz und Pfeffer einreiben, mit Zitronensaft beträufeln. Etwas ziehen lassen, in Mehl, zerklopften Eiern und Bröseln panieren und in Fett schwimmend backen.

Fleischgerichte

Frischfleisch hat es in den vergangenen Jahrhunderten in den heanzischen Bauernhäusern bloß unmittelbar nach dem „Sautanz“ und an einigen hohen Festtagen im Jahr gegeben. Rindfleisch war äußerst selten, Kalbfleisch kam schon gar nicht in Frage. Auf Fleisch vom Schaf legte man keinen großen Wert, Geflügel und Wild waren „Herrenspeisen“. Man lernte zwar ungarisches Gulyas, Pörkölt und Széklergulyas kennen, aber im Haus der Heanzen wurden diese ungarischen Gerichte nie recht heimisch.
Als Krönung eines großen Bauernhochzeitmahls galt und gilt nach wie vor das **Spanferkel** – aber nur die wenigsten Bauern konnten es sich leisten, zu einer Hochzeit zwei, drei Spanferkel auftragen zu lassen. Kein Wunder, daß dann jene Köchinnen gesucht waren, die ein Spanferkel auf dem Spieß so knusprig braten konnten, daß die resche Haut bei einem Schlag mit dem Messer wie Eis zersplitterte, meint M. F. Bothar. Spanferkel („Glücksferkel“) aß man da und dort auch zu Silvester (Kittsee, Rechnitz, Eisenstadt).
Das bei großen Bauernhochzeiten (oder zu Silvester) gebratene Spanferkel mußte schön braun glasiert auf den Tisch kommen, um den Hals ein rotes Seidenband (so in Deutschkreutz überliefert), im Maul eine Nuß. Der Bräutigamvater hatte den Kopf abzutrennen, bevor es tranchiert werden durfte. Den Kopf bekam die Hochzeitsköchin. Wenn der Bräutigamvater freigebig war, ließ er vom Hals etwas daran. Dazu gab es Zwetschkenkompott.

Ein Schlachttag war nicht nur ein arbeitsreicher Tag, an dem mehr Hände gebraucht wurden, als gewöhnlich vorhanden waren, sondern ein Sautanz-Tag wurde auch als ein Festtag gefeiert, zu dem man gern Nachbarn (zur Mitarbeit und zum Feiern) einlud. Abgestochen wurde hauptsächlich im Winter, einmal war diese Zeit arbeitsärmer, und überdies hielt sich Frischfleisch in der kalten Jahreszeit länger. Das Stechen, Putzen, Ausnehmen und Aushacken, das Speckschneiden, Schmalzauslassen, Blunzenbereiten, Bratwürst- und Preßwurstmachen usw. erforderte rasche Arbeit. Zur Zeit, da „im Schloß“ der Grundherr residierte, war es Brauch, den Verwalter beim „Sautanz“ mithalten zu lassen; er bekam den Schweinskopf, von dem er sich sein Gustostückerl abschnitt, „'s Giamauö“ (Fotzmaul) oder den „Goudalspëik“ (Goderlspeck); den Rest schickte er mit einem Liter Wein dem Besitzer als Dank zurück. Große Erwartungen hegten an diesem Tag die Buben, denn sie bekamen manchmal die „Saublodan“ (Saublase) und durften sich daraus einen Fußball herstellen.
Da Blut, Innereien und andere schwer zu konservierende Teile vom Schwein sofort aufgearbeitet werden müssen, gab es an diesem Tag stets reichlich zu essen. Was an Blut nicht zu Blunzen gebraucht wurde, servierte man zur Jause als **„Bluttommerl“:** Blut mit etwas Milch und Mehl verrühren, in heißem Fett feingeschnittene Zwiebeln und zerdrückten Knoblauch anlaufen lassen, das Blut beigeben, salzen, durchrühren und in einer gefetteten Rein im Ofen backen.

„Prat'lprata“ – Drehspießvorrichtung zum Braten eines Spanferkels.

Zur Vormittagsjause gab es **geröstete Leber:** In heißem Schweineschmalz werden kleingeschnittene Leber und kleingeschnittene Zwiebeln geröstet. Salzen und pfeffern. Ein **Lebersterz,** den man auch im angrenzenden steirischen Gebiet kennt, durfte ebenfalls nicht fehlen: Fein zerhackte Leber, Grammeln und zerdrückte Knoblauchzehen werden in einen Heidentommerl (siehe Seite 398) eingerührt, dann die Masse wie einen Sterz backen. Die Nieren werden gebraten und gelten immer noch als Leckerbissen. Lunge und Milz gab man gern in die „Breinwürste“, die sonst kein Fleisch enthielten, sondern nur „Greiß“ (Pfennich-, Hirsch-, Hoadn- oder Gerstgreiß). Solche Breinwürste kamen an diesen Tagen fast täglich auf den Tisch (sie hielten sich höchstens eine Woche lang im Kühlen).

Vom Kochwasser, in dem die verschiedenen Würste, Speck und Fleischstücke gekocht wurden, gab es eine fette Wurstsuppe, die erwähnte „Braesupp'm“ (siehe Seite 16). Oder man verwendete den dicken Bodensatz dieser Kochbrühe als Blutsuppe, die dünnere Suppe als Aufguß für den Bluttommerl. Fleischwürste kamen erst im 19. Jahrhundert auf, denn um jedes Stück Fleisch in einer Wurst hätte es der sparsamen Hausfrau leid getan, sie mußte ja mit dem Fleisch oft das ganze Jahr über auskommen.

Magen („Matzl“) und Dickdarm wurden für die **Preßwurst** verwendet, hauptsächlich mit Schwarteln, Speck, Schweinskopffleisch (bzw. mit dem, was der Gutsverwalter übriggelassen hatte) und Fleischabfällen (gekocht und zerkleinert) gefüllt. Dann gebunden, angestochen und gekocht, schließlich gepreßt (beschwert). In Oberwart räuchert man die Preßwurst auch ein bis zwei Tage (so hält sie länger.)

Die Schweinsfüße, allein oder mit Schwarteln gekocht, mit Essig und etwas Mehl abgequirlt, ergaben die **„a'g'wirlte Supp'm“.**

Die gekochten, kleingeschnittenen Schwarteln wurden in die Preßwurst, in die Sulz (die man in Wallern, Sieggraben, St. Martin, Rechnitz am Abend nach der Mette aß) oder in die saure Suppe gegeben. Außer gerösteter Leber gab es zur Vormittagsjause oft auch den **„g'schwellten Speck“** (frischer Speck wird in siedendem Wasser kurz überkocht, „geschwellt“). Zum Mittagessen gab es an diesem Tag eine Sauschädelsuppe, frisch Gebratenes („Praatanas“) und das „Schlachtingakraut“ (siehe Seite 31). Am späten Nachmittag stellte die Bäuerin die ersten Blunzen ins heiße Backrohr, denn zum Abendessen kamen – so in Schwendgraben – die jungen Leute aus der Nachbarschaft ins Haus zum „Blunzenoa'singa“ (Blunzenansingen), zu dem es gebratene Blunzen und Roten-Rüben-Salat gab. Für die große Menge an Blunzen hat man schon am Vortag die notwendigen Semmeln kleingeschnitten – oft bis zu hundert Stück (später ließ man sich das Gebäck bereits maschinell vom Bäcker schneiden). Bevor die Gäste das Haus betraten, sangen sie vor der Haustür:

„Liawa Vejda, liawi Muam,
Mia singa ëjngari Blunzn huam;
nit zu dick und nit zu loang,
daß nei'mal uman Oufa gloangt.“
(„Lieber Vetter, liebe Base,
Wir singen eure Blunzen heim;
nicht zu dick und nicht zu lang,
daß sie neunmal um den Ofen langen.)

„Blunz'n“ (Blutwurst)

2–3 l Blut, 30 Semmeln, 2000–3000 g fettes Fleisch (Schweinskopf, Hals, Schweinslunge, Milz, Schwarten), Salz, Pfeffer, Neugewürz, Thymian, 4 Zwiebeln, Majoran, Knoblauchzehen, 60 g Fett

Fleisch faschieren, die Semmeln kleinschneiden und in Wurst- oder Fleischsuppe einweichen, Zwiebeln schneiden und in heißem Fett rösten, mit den ausgedrückten Semmeln, den zerdrückten Knoblauchzehen und dem Faschierten vermengen. (Anstelle von Semmeln kann man die gleiche Menge Graupen oder gekochten Reis nehmen.) Gut durcharbeiten, das Blut dazurühren, würzen und abschmecken. In dünnere oder dickere gereinigte Därme füllen. Bei 80 bis 85 Grad etwa eine Dreiviertelstunde langsam kochen lassen. Mit lauwarmem Wasser abspülen. Zum Essen in einer tiefen Pfanne Schmalz heiß werden lassen, die Blunzen dazugeben und rundum braten, bis die Haut resch und knusprig ist. Als Beilage serviert man Sauerkraut, Erdäpfelschmarren und Kren.

Leberwurst

1 Schweinsleber, 2000 g fettes Kopffleisch, 2 mittelgroße Zwiebeln, Pfeffer, Salz, Muskatnuß, Majoran, Neugewürz, 40 g Fett

Leber mit dem Messer in kleine Stücke hacken, das Fleisch faschieren. Zwiebeln schneiden und in heißem Fett rösten. Fleisch- und Lebermasse roh vermischen, würzen (Salz soll durchschlagen), Zwiebeln beigeben und gut durcharbeiten. In dünne Schweinsdärme füllen. In Portionen zu ca. 250 bis 300 g abbinden. Bei 80 bis 95 Grad etwa 40 Minuten in kochendem Wasser mehr ziehen als kochen lassen. Man kann die Leberwürste zusätzlich auch in leichtem Rauch kalt räuchern. Heiß, in Fett rundum gebraten, mit Erdäpfelschmarren und Sauerkraut, kalt mit Weißbrot servieren.

Knoblauchwurst, Bauernwurst

3000 g Rindfleisch (Filet), 2000 g Schweinsschulter, 1000 g Speck, 120 g Salz, Knoblauch, Zwiebel, Paprika edelsüß, Pfeffer, Neugewürz, Prise Zucker

Fleisch und Speck zur Hälfte fein faschieren, zur anderen Hälfte fein hacken. Etwas Speckwürfel rösten, Knoblauch und Zwiebel, feingehackt, mitrösten, mit dem Fleisch vermengen, würzen, pikant abschmecken und mit etwas Kochsud zu einer Farce verarbeiten. In dünne Därme füllen, die Würste einige Tage in der Luft trocknen, dann eineinhalb bis zwei Tage rauchbraun selchen. Nach dem Selchen in Holzasche wälzen und an einem kühlen Ort aufhängen.

Das Schwein. Aus: Maria Elisabetha Meixner, „Wiener Küche", 25. (Jubiläums-)Ausgabe. Wien 1917.

Sauerbrunner Schweinsherz

1 Schweinsherz, Salz, Pfeffer, Majoran, Wacholderbeeren, Speckscheiben, 30 g Fett, 1 EL Mehl, $^1/_4$ l Sauerrahm, Zitronensaft, -schale

Schweinsherz vierteln, kalt waschen, abtrocknen. Jedes Viertel mit einem Längsschnitt versehen, mit Salz, Pfeffer, Majoran und gehackten Wacholderbeeren einreiben. Eine halbe Stunde kalt stellen. Speckscheiben zart klopfen, salzen und pfeffern, je ein Schweinsherzviertel darin eindrehen, mit Bindfaden verschnüren. In einer wasserbenetzten Bratpfanne mit etwas Fett in erhitzter Bratröhre hellbraun braten, dabei mit Eigensaft wiederholt begießen. Dann aus dem Fett nehmen. Ins Bratenfett Mehl einstreuen, durchrösten, mit versprudeltem Sauerrahm verrühren, glattkochen, nach Bedarf mit Wasser zu einer sämigen Soße verrühren. Die Herzstücke darin zugedeckt langsam weich dünsten. Mit etwas Zitronensaft und geriebener Zitronenschale abschmecken. Bindfaden entfernen. Mit Soße überziehen.

Bratwürste

2000–3000 g Abfallfleisch (Bauchfleisch, Kehle, Stelzenreste), etwas Zitronenschale, 800 g Speck, 1 Knoblauchzehe, Pfeffer, Rosenpaprika, Salz, Majoran (zerhackte Pfefferoni), $^1/_2$ l Wurstbrühe

Fleisch und Speck faschieren, würzen, mit Wurstbrühe gut verarbeiten. In dünne Schweinsdärme oder Schafsdärme füllen und im kalten Rauch zwei bis drei Tage räuchern. Können heiß oder kalt gegessen werden.

Der dicke Rückenspeck wird überkühlt, grobwürfelig geschnitten und mit Wasser oder Milch (auf 10 kg Speck etwa $^1/_2$ l Wasser) in einer großen Pfanne „ausgebraten", dabei so lange rühren, bis die **Grammeln** im flüssigen **Schmalz** schwimmen. Grammeln herausheben, gut durchpressen. Das flüssige Schmalz in Gefäße füllen. Früher wurde es in hölzerne Schmalzkübel oder in „Schmalzdösen" gefüllt. Die Dösen sind Blechhäfen mit drei blechernen „Schinken" (Füßen) und einem festgemachten, halb aufklappbaren Deckel.
Das Schmalz wurde immer sparsam verwendet, mußte doch eine Hausfrau meist das ganze Jahr damit ihr Auskommen finden. Daher wurde es auch immer teurer bezahlt als das Fleisch. Die Pfanne zum „Speckauslassen" war eine große eiserne Stielpfanne mit drei längeren Füßen, die auf das offene Feuer in der Rauchküche gestellt wurde. Die Grammeln, die „Grankn", wurden in einem eigenen Gefäß aufbewahrt, man verwendete sie zum Abschmalzen von Gemüse, Kraut, Sterz oder für die saure Suppe bzw. Strudel. Nicht üblich war es, Grammeln allein zu essen. Die frisch ausgebratenen Grammeln bekamen früher die Hausleute nur als Kostprobe während des Speckausbratens – und das galt als eine „himmlische Köstlichkeit". Man röstet sie auch mit gehacktem Knoblauch und ißt sie zu gekochten Erdäpfeln samt Schale.

Gekochter Knoblauchspeck

1 Stück Goderlspeck, Salz, Knoblauchzehen, scharfer Paprika

Die Speckstücke im ganzen salzen, in wenig Wasser mit zerkleinerten Knoblauchzehen und Salz glasig kochen. Während des Kochens kosten, ob der Speck pikant genug wird. Eventuell nachwürzen. Dann Speck herausheben, auf ein Brett legen, das austretende Fett abschaben, noch einmal mit zerdrückten Knoblauchzehen einreiben und in einer Mischung aus Salz und Paprika wälzen.

Solange es **Frischfleisch** gab, wurde dies verschieden zubereitet, als „K'soutanas" (Gesottenes), „Praatanas" (Gebratenes), „Pachanas" (Gebackenes) oder „Tinst's" (Gedünstetes). Grünes (frisches) Fleisch wurde früher nur selten im Ofen gebraten.

Zum wichtigsten Vorrat im Haus gehörte neben dem vollen Schmalzkübel und den Grammeln das durch Räuchern konservierte Schweinefleisch. Eindosen bzw. Tiefgefrieren kam ja erst in unserem Jahrhundert auf. Früher konservierte man das Fleisch, indem man es in Schmalz bzw. Fett einlagerte, in die Sur legte oder selchte (räucherte). Vielfach wurde etwas Fleisch in kleinere Portionsstücke zerlegt (nur der Schinken blieb ganz) und trocken gebeizt. Das Fleisch wurde dazu reichlich mit Salz, allenfalls auch mit Pfeffer, zerstoßenen Wacholderbeeren, aber auch mit zerhacktem Knoblauch oder frischen Weinbeeren kräftig eingerieben und in einen alten Backtrog gelegt. Im kühlen Keller konnte es selbst im Sommer zwei bis drei Tage, im Winter auch acht Tage frisch bleiben.

In manchen Häusern gibt es auch **Surfleisch,** aus dem das „Surbratl" bereitet wird. Dazu werden, wie eine Oberwarter Bäuerin berichtet, die Fleischstücke zuerst acht Tage mit Salz, Knoblauch, Pfefferkörnern und Kümmel trocken im Faß (beschwert) gebeizt. Dazu wird aus reichlich Wasser, Knoblauch, Zwiebeln, Pfefferkörnern, Thymian, Lorbeerblatt, Majoran, Senfkörnern und Wacholderbeeren etwa eine halbe Stunde eine „Boaz" (Beize) gekocht, ausgekühlt und abgeseiht über das in ein Holzfaß eingeschlichtete Fleisch gegossen, bis die Flüssigkeit darüber steht. Das Fleisch mit Brettern und Steinen beschweren. Einmal in der Woche müssen die Fleischstücke umgeschichtet werden, eventuell ist etwas Beizflüssigkeit bzw. eine zehnprozentige Salzlösung nachzugießen, sollten die Fleischstücke nicht ganz bedeckt sein bzw. sollte sich nach einigen Tagen nicht so viel Salzlake gebildet haben, daß die Fleischstücke vollkommen damit bedeckt sind.
Nach zwei bis vier Wochen ist das Fleisch gesurt und kann portionsweise entnommen werden, dabei ist zu beachten, daß das restliche Fleisch im Kübel wieder gut verschlossen bleibt. Kleine Stücke sind nach einer Woche, Zungen nach 14 Tagen, Schinken nach vier Wochen vollständig durchgepökelt.

Geselcht wurde das Fleisch einst in der Ruß- bzw. Rauchküche. In diesen Rauchküchen nahm der weite Rauchfang den Hauptteil des zu selchenden Fleisches auf. Die einzelnen Fleischstücke und den Schinken befestigt man an den in den obersten Teil einer langen Stange, der Selch- oder Fleischstange, eingeschlagenen Holzzwecken oder Eisenstiften, richtet dann die Stangen so steil auf, daß der obere Teil mit den Fleischstücken in den Rauchfang hineinreicht; man spreizt überdies die Stangen mit Holzstücken von der Mauer ab, so daß das Fleisch frei hängt und nicht die Wände berührt. Im Gewölbe davor stecken ebenfalls Haken bzw. Eisenstangen für allenfalls kleinere Fleischstücke zum Selchen. Das Fleisch hängt dabei nicht nur luftig, sondern vor allem im „kalten" Rauch (der seine holzteerigen Bestandteile schon abgesetzt hat). Erst mit dem Abkommen der Rauchküchen begann die Teerhaltigkeit des geräucherten Fleisches eine Rolle zu spielen. In der Zeit, da man Fleisch im Rauchfang hängen hat, brennt und heizt man nach Möglichkeit astfreies Buchenholz (das weniger rußt und teert) oder Akazienholz und legt zusätzlich reichlich grüne Wacholderäste und Sägespäne ins Feuer; so bekommt das Fleisch einen würzigen Geschmack, es wird wohl auch die Haltbarkeit und der gesundheitliche Wert des Rauchfleisches dadurch gesteigert. Das Selchen nimmt vier bis 14 Tage in Anspruch.
Aufbewahrt wurde das Geselchte in den „Fleischtruhen" (das waren große, versperrbare Truhen mit Drahtgitterfenstern an drei oder allen vier Seiten für die Durchlüftung) oder im „Fleischhimmel". An einem Fleischtag wurde jeweils ein Stück Geselchtes herausgenommen bzw. abgeschnitten und im Wasser weich gekocht. Mit verwendet wurde dabei auch die Kochbrühe als „Selchsuppe", in die man nach Möglichkeit und Vorhandensein eine Einlage gab.
Das gekochte geselchte Fleisch wurde in kleinen, bissengroßen Stückchen auf das Gemüse (Sauerkraut, Rüben, Kohl usw.) in einer großen Schüssel gelegt, aus der dann alle gemeinsam löffelten. Dabei fielen für den

einzelnen Esser oft nur wenige Fleischstücke ab. Satt essen konnte sich an der Fleischportion niemand.

In der Faschingszeit heischen in vielen Orten des Burgenlandes die Faschingsnarren Speisen bzw. Naturalien, besonders auch Fleisch, Speck, Schinken, aber auch Krapfen, „Frucht" (Weizen, Hafer, Mehl) und Eier für das „Burschenmahl". Speck und Geselchtes holt man sich mit einem langen Speckspieß (so im mittleren und im südlichen Burgenland). In Frankenau hängt man Speck und Schinken auf gabelförmige Spieße, in Ritzing werden die Gaben mit einem Haken auf eine Stange gehängt; in Aschau steckt man das Geselchte auf einen Spieß. Ähnliches geschah auch in Burgauberg, Deutsch-Ehrensdorf, Limbach, Neusiedl bei Güssing, Punitz und Steinfurt. Werden die Gaben nicht freiwillig gespendet, „stiehlt" man sie mancherorts. In Hannersdorf gab es das „Schmalzsammeln" oder „Matzln", in Schwendgraben das „Rippensammeln". Kurz vor Beginn der Fastenzeit wurde der „foaste Pfinsta", der „fette" Donnerstag vor dem Aschermittwoch, begangen. Die Bäuerinnen mußten an diesem Tag Schinken („Hammen") sieden und ein großes Beugel backen, damit die Schweine in diesem Jahr groß und fett werden und der Weizen „recht grat".

Auf **Schaf-** und **Hammelfleisch** legte der Burgenländer keinen großen Wert. Die Schafzucht stand zu Beginn des 19. Jahrhunderts besonders im Wieselburger Komitat in hoher Blüte; durch die Veredelung der Rassen gewann man hauptsächlich kostbare Wolle. 1816 zählte man im heutigen Burgenland rund 60.000 Schafe (1934: 2600 Stück). In den „adeligen" Schäfereien hatte man Italiener zur Herstellung von Laibkäse engagiert. Besonders guten Ruf hatte der Brimsenkäse von Potzneusiedl. Wie in Niederösterreich gab es auch im Burgenland eigene Schäferzünfte mit reicher Tradition, wie überlieferte Zunftkrüge (so von 1788 und 1897) bezeugen; Kaiser Leopold I. hatte im Wieselburger Komitat eine eigene Zeche für Schafmeister geschaffen. In Andau, St. Johann und Zanegg unterhielten die Herrschaften bis ins 19. Jahrhundert große Schafherden, erst gegen Ende des 19. Jahrhunderts ging der Schafbestand rasch zurück.

„Eierspeisreindl" aus gebranntem Ton, mit zwei gegenständigen Henkeln, deren Enden eingerollt sind. Innenseite braun glasiert, außen von Feuer und Ruß geschwärzt.

Der Seewinkel und die angrenzenden Gebiete Westungarns galten seit je als Land der Gänse und Enten. Das nördliche und das mittlere Burgenland waren Hauptlieferanten für **Geflügel** und Eier auf den Wiener Märkten. Damals fuhren die „heanzischen Hühnerkramer" mit ihren Käfigwagen durch die Vorstädte Wiens und boten Hühner, Gänse und Truthähne an; der Geflügelreichtum der Raabau floß über Ödenburg nach Wien ab. Die Tiere wurden von einigen Hirten und Hunden getrieben und ernährten sich von Abfällen auf der Straße. Allerdings mußten insgeheim nachts auch verlassene Druschstellen und Ährenfelder oft Nahrung „beisteuern".

In Klostermarienberg kennt man am Barbaratag (4. Dezember) folgenden Spruch:

„Werd's wohl wissen, daß heut' Barbaratag is.
Setzt's Heahn und Gäns an.
Daß alli ausnicka und nit dasticka
und alli bei der Dipplluka ausfliagn."

In Dreihütten wird an diesem Tag das Hühnerfutter innerhalb eines Reifens gestreut, damit die Hennen das ganze Jahr beisammenbleiben und die Eier nicht „vertragen".

Für den eigenen Verzehr von Geflügel galt allerdings der alte Leitsatz: „Wann frißt da Baua a Hëi'n? Wëinn er oda die Hëi'n krank ist!" Nur zu bestimmten Terminen war es geradezu die Pflicht einer Bäuerin, ein gebratenes „Hendl" aufzutischen. In vielen Weinbauorten war nach dem ersten Hauen, seltener nach dem Spritzen der Weinstöcke, sicher aber nach Abschluß des Lesens den Lesern ein reichliches Mahl aufzutischen, das „Lesehahn", „Lesegans" oder „Leikauf" hieß. Der „Leserleikauf" hieß in Gols „Leserhahn", in Winden „Leikaufessen", in kroatischen Dörfern

„likov". Das Wort stammt vom mittelhochdeutschen „litkouf" = Gelöbnistrunk; es handelte sich ursprünglich um einen Kauftrunk zur Bestätigung eines abgeschlossenen Geschäftes. Später wurde dieser Brauch erweitert. In ungarischen Zeiten sagte man dazu vielfach „Aldomas" („Aldomarsch"), „Gott loben". An manchen Orten war und ist auch nach dem Spritzen ein „Leikauf" üblich. Anderenorts, so in Deutsch-Jahrndorf, wurden die Helfer in den Weinkeller des Bauern geladen; auch bei ärmeren Leuten gab es die „Lesgans", nur bestand das Mahl aus Wurst, Brot und Wein. Auch beim Pressen gab es ein reichliches Essen, das die „Preßgans" hieß. Dieses Pressermahl ist eine alte Überlieferung. So liest man in einer Ruster „Zechmaisterraittung" aus dem Jahre 1609: „Item dem gewenlichen Brauch nach dem Pressen samt einer ersamen Bürgerschaft die Prößgans geben. 3 Gulden." Wobei mit „Preßgans", „Lesehahn" auch ein anderes festliches Mahl als gebratenes Geflügel an diesem Tag bezeichnet wurde. Im südlichen Burgenland kommt häufig am Weihnachtstag Geflügel als Hauptgericht auf den Tisch.

Suppen-(Nudel-)Henn

1 Suppenhuhn, Salzwasser, Wurzelwerk, Suppennudeln, Schnittlauch

Geputztes kochfertiges Huhn kalt in gesalzenem Wasser mit grobgeschnittenem Wurzelwerk aufs Feuer stellen und je nach Alter des Tieres 1 bis 2 Stunden langsam kochen. Suppennudeln extra in Salzwasser kochen, abseihen und kalt abschrecken. Gegartes Huhn herausnehmen, von Haut und Knochen befreien, das Fleisch in kleine Stücke schneiden, die Suppe darüberseihen und mit den Nudeln darin, mit Schnittlauch bestreut, heiß anrichten.

Für das **Halbturner Hochzeitshuhn** tranchiert man ein mit Wurzelwerk gesottenes Huhn, entfernt die Haut, legt die Fleischstücke auf eine flache Schüssel und richtet sie mit gekochtem Reis und einer kalten Weinsuppe an (dazu nimmt man etwas mehr Mehl, damit die Suppe zu einer dickeren Soße wird).

Beim Hochzeitsessen in Deutschkreutz gab es einst u. a. eine „Dämpfsuppe mit gekochtem Hühnerfleisch". Den Ausdruck „Dämpfsuppe" kennt man nicht mehr, man spricht heute eher von „Paprikasch", der aus Hühnerfleisch in einer mit rotem Paprika gewürzten Rahmsoße besteht:

„Dämpfsuppe" (Paprikahendl, „Paprikasch")

1 junges Huhn, 50 g Schmalz oder 80 g Butter, 2 mittelgroße Zwiebeln, 1–2 TL Rosenpaprika, Salz, evtl. 1 Knoblauchzehe, 1–2 EL Mehl, $^1/_4$ l Sauerrahm, Hühnersuppe und $^1/_8$ l Weißwein

Huhn ausnehmen, säubern, in Stücke hacken; die gesalzenen Hühnerstücke in heißem Schmalz anbraten, herausnehmen und warm stellen. Dann im Schmalz feingeschnittene Zwiebeln (und gehackten Knoblauch) gelb anlaufen lassen, paprizieren und mit etwas Hühnersuppe und Weißwein aufgießen. Die Hühnerstücke einlegen und zugedeckt langsam weich dämpfen lassen. Schließlich Hühnerstücke herausnehmen, von Haut und Knochen lösen, die Schmorbrühe mit Sauerrahm, der mit Mehl verrührt wurde, eindicken, nachwürzen und abschmecken. Das Hühnerfleisch beigeben und nochmals kurz erhitzen lassen. Dazu Nockerln oder Tarhonya servieren. Man kann zusätzlich kleine, goldgelb geröstete Speckwürfel darüberstreuen.

Hühnerleber auf jüdische Art

2 EL Gänseschmalz, 1 kleinere Zwiebel, 10 Stück Hühnerleber (oder Entenleber), 2 hartgekochte Eier, Salz, Pfeffer, Butter

Feingeschnittene Zwiebel in heißem Gänseschmalz glasig rösten, die kleingeschnittenen Leberstücke darin so lange rösten, bis sie nicht mehr blutig sind. Auskühlen lassen, dann klein hacken. Ebenso die hartgekochten Eier. Alles vermengen, salzen und pfeffern und noch etwas Butter dazumengen. Kalt stellen. (Kann auf heißem Toast serviert werden.)

Gansljunges mit Bohnen

Gansljunges (Leber, Magen, Herz, Hals, Kragen, Füße, Flügel von zwei Gänsen), Salz, Majoran, Bohnenkraut, 400 g weiße Bohnen, Petersilie

Gansljunges in Salzwasser gar kochen. Fleischstücke herausnehmen, die vorgeweichten Bohnen im Salzwasser weich kochen. Die halbe Bohnenmenge fein passieren. Fleisch von den Knochen lösen, zerkleinern, alles wieder in den Topf geben und würzen. Mit gehackter Petersilie bestreut, heiß servieren.

Wie „Nutzen" und „Frommen" in der guten alten Zeit verteilt waren, zeigt uns der überlieferte Brauch des **Martinigans-Essens.** Der heilige Martin (11. November) ist der Landespatron des Burgenlandes. Dieser Termin war im bäuerlichen Leben seit je bedeutsam; es war der klassische Winterbeginn im Bauernjahr. Der Bauer zog sich jetzt auf seinen Hof zurück:

„Za Martini wird Law und Gras winni.
Za Martini oes haam."

Die Kuhhalter trieben zu Martini das Vieh zum letzten Mal auf die Weide; nur die Schweinehalt ging auch nach Martini weiter, solang es das Wetter erlaubte. Zu Martini erhielten Halter und Hirten auch ihren Jahreslohn; sie feierten ihren Martinikirtag, wurden von den Bauern bewirtet, aßen, tranken und tanzten bis tief in die Nacht hinein. Aber Gänsebraten erhielten sie keinen. Auch der Bauer aß an diesem Tag sicher keine Junggans. Junggänse zu essen konnte sich nur die Herrschaftsfamilie leisten, an sie mußten die Bauern ja mit Stichtag Martini die Junggänse abliefern (meistens hatten zwei oder vier Familien gemeinsam eine Gans an den herrschaftlichen Hof zu geben). Da schnatterten dann in den Schloßhöfen Scharen von Junggänsen; der Bauer selber hatte dabei das Nachsehen. Und noch heute wäre es für eine Bäuerin unwirtschaftlich, eine Junggans vorzeitig zu schlachten, die einige Wochen später als Mastgans in der Bratrein mehr Personen zu sättigen imstande ist.

1582 hatten 24 Häuser in Deutsch-Jahrndorf zum Fasching an „Kucheldienst" je 1 Huhn, zu Ostern je 4 Eier und 2 Schinken im Schloß abzuliefern, in Zurndorf 24 Häuser zu Ostern je 4 Eier und 1 Kalb, in Andau 21 Häuser je 1 Huhn, 28 Untertanen in Nikkelsdorf zu Weihnachten 1 Schwein. Die Abgaben wurden in den Dörfern gesammelt, die Untertanen mußten dann die Lebensmittel selber ins Schloß bringen. Außer dem „Zehent" an die Kirche mußten sie an ihre Herrschaft den „Neunten" abliefern.

Am Luzientag gingen die Burschen in Tadten von Haus zu Haus und riefen:

„Luzein, Luzein, vül Heahnl
und Gansl sulln sein! "

In Oberpullendorf gingen sie an diesem Tag frühmorgens von Haus zu Haus, Stroh vor die Türen streuend und rufend:

„Go-go-gock Oa,
Olle Tog an Oa,
Ruht nur, Gäns', und legt recht brav,
Sovül als nur a jed's vermag.
An Speck sollts kriag'n, wia Tram dick,
Und a Kolbas a, wia a Glock'nstrick."

Als Dankgeschenk erhielten sie Geld oder Würste.

Gebratene Gans

1 Junggans oder 1 Mastgans (3–4 kg), Salz, Majoran, einige Äpfel, Wasser, Butter, 1 EL Mehl

Das Tier ausnehmen, kalt waschen, flämmen, innen und außen salzen (innen auch mit Majoran einreiben). In das Innere kleine ungeschälte Äpfel stecken. Das Tier zunähen, Füße und Flügel an den Leib feststecken oder festbinden. Mit der Brust nach unten in eine nicht zu große Kasserolle legen. Mit zerlassenem Fett oder Butter übergießen. Etwas Wasser angießen. Bei guter Hitze im Rohr unter öfterem Begießen mit Eigensaft und öfterem Fettabschöpfen ca. 2 Stunden braten. Sobald der Rücken goldbraun ist, das Tier umdrehen und weiterbraten. Während des Bratens Schenkel und stärkere Fleischteile mehrmals mit einer Gabel anstechen. Bei Mastgänsen gibt man den größten Teil des ausgebratenen Fettes weg und verdünnt den Bratsatz mit etwas Wasser. Die braunen Fettkrusten, die sich während des Bratens an den Seiten der Pfanne bilden, mit einem Messer ablösen, mit etwas Mehl stauben und im mit Wasser verdünnten Saft aufkochen lassen. Vor dem Servieren noch etwas Butter beigeben.

Gansbraten in Weinkraut

Gebratene Gans- oder Reststücke, 500 g Sauerkraut, 80 g kleinwürfeliger Speck, 1 EL Zucker, 1 kleine Zwiebel, 2 EL Weinessig, Salz, Kümmel, Knoblauch, $^1/_4$ l Weißwein

„Antn-Tepschn" – Enten-Bratpfanne aus gebranntem Ton, mit Ausgußschnabel und Henkel; Vorläufer des Römertopfes.

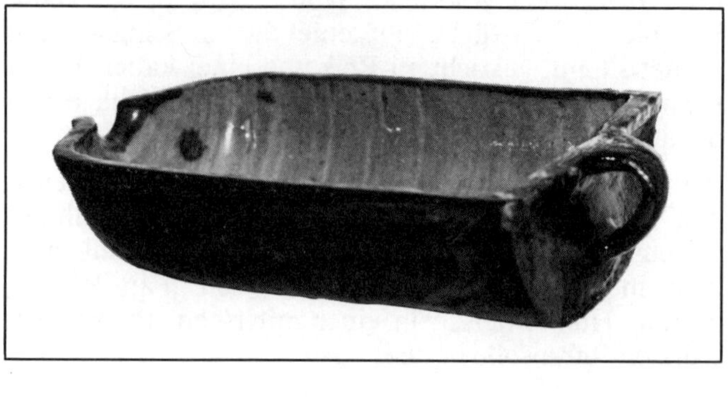

Sauerkraut durchschneiden, kalt waschen und gut ausdrücken. Kleinwürfelig geschnittenen Selchspeck blaßgelb rösten, Zucker beifügen, glasig schmelzen lassen, feinnudelig geschnittene Zwiebel darin anrösten, mit Weinessig ablöschen. Dann das Kraut nebst Salz, Kümmel und ganz wenig zerdrücktem Knoblauch hinzugeben, wenn vorhanden, etwas übriggebliebenen Gansbratensaft samt Fett zugeben. Das Kraut gut bis zur halben Höhe mit Wasser aufgießen und zugedeckt 10 Minuten scharf kochen lassen. Dann die gebratenen Gansportionen in das Kraut einbetten, Weißwein angießen und das Ganze langsam etwa 20 Minuten dünsten.

Ganslfett

Das Fett von Mastgänsen, -enten in kleine Stücke schneiden, waschen und in einer Pfanne auslassen. Dann in Gläser oder in Töpfe seihen. Diese zubinden und kühl lagern. Oder man gewinnt Ganslfett beim Braten einer Gans, indem man das Fett aus der Pfanne abseiht. Das Ganslfett verwendet man in der burgenländischen Küche häufig anstelle von Rindschmalz oder Butter, es hat einen vorzüglichen Geschmack, würzt zugleich jede Speise, zu der es verwendet wird, und kann auch kalt wie Butter aufs Brot gestrichen werden.

Gespickte Gansleber

1 Gansleber, Milch, Salz, Pfeffer, Speck, 50 g Champignons, Speckscheiben, 1 Bund Petersilie, Fett, $^1/_4$ l Sauerrahm, Suppe

Gansleber (von Galle befreit) waschen und eine halbe Stunde in kalte Milch legen. Dann Leber abtrocknen und der Länge nach mit feinen Speckstreifen spicken. Salzen und pfeffern. In heißem Fett die blättrig geschnittenen Champignons anlaufen lassen, die vorbereitete Leber darauflegen, mit dünnen Speckscheiben bedecken. Zusammengebundene Petersilie beigeben und zugedeckt 10 Minuten dünsten lassen. Dann die Leber reichlich mit saurem Rahm und etwas Fleischsuppe begießen und nochmals eine halbe Stunde weich dünsten. Petersilie entfernen. Auf Platte anrichten, mit der etwas eingekochten Soße übergießen. Dazu Reis oder Makkaroni.

Früher bestand der Lohn eines Hirten meist in Naturalien. Noch im vorigen Jahrhundert bekam ein „Hoida" (Hirte) in Sankt Martin pro Vieh einen Laib Brot von je $3^1/_2$ kg und 30 Kreuzer, in Illmitz pro Stück Vieh einen 5 bis 6 kg schweren Brotlaib oder 4 kg Weizen, 4 kg Roggen bzw. 4 kg Gerste sowie etwas Bargeld. Einem Kuhhirten waren bis zu 140 Stück Vieh überantwortet. Auch der Sauhirt erhielt zu Martini seinen Jahreslohn. In Hirm verband sich damit der Brauch des Martinisegens. Der „Hoida" sagte dabei folgenden Spruch auf:

„Gelobt sei Jesus Christus!
I winsch Glick herein, Unglick hinaus.
I winsch ëjnk soufü Faln
wia auf mei Martinigartn Bladl.
I winsch eng fü Glick
und an Beidl fuü Göd,
dea nit la wiad.
Gelobt sei Jesus Christus."

Blick in den Hof des Hauses Nr. 113 in Oberschützen, 1895.

Gemüse und Salate

„Wie bei den Suppen Fett und Rahm einen Hauptbestandteil bilden, so ist dies auch der Fall bei der Bereitung des Gemüses. Hier seien erwähnt das Süß- und Sauerkraut, ‚Köhl' (Kohl), Bohnen und Erbsen in frischem und trockenem Zustand, Kürbis und schließlich die ‚gölbn Muackn' (Möhren). Alle anderen Gemüsearten, wie Karfiol, Paradeiser u. a. m., sind neuzeitliche Erscheinungen im Burgenlande. Die Erdäpfel, die ‚Krumpan' oder ‚Krumbirn', die in verschiedenen Variationen genossen wurden, spielten stets eine wichtige Rolle in der Ernährung der Hienzen. Da sollen angeführt werden die ‚sauren Krumbirn', die ‚Einbrennkrumbirn', die ‚gröstn Krumbirn', ‚Krumpansalat' u. a. m. Zu den gekochten oder gebratenen Erdäpfeln wurden stets süße oder saure Milch, fallweise auch Gramml gegessen", schreibt M. F. Bothar in „Von den Speisen der Hienzen". „Kraut und Rüben", berichtet Bünker 1895 über die Kost der Heanzen, „werden in zweierlei Weise genossen: im Sommer zumeist als süßes Kraut und süße Rüben, im Winter als Sauerkraut (‚Faßkraut') und saure Rüben (‚Faßruib'm'). Sowohl das Kraut als auch die Rüben werden bei beiden Arten eingebrannt. Nur wenn schwere Arbeit verrichtet wurde und oft auch sonntags wird auf das Kraut oder auf die Rüben geräuchertes Schweinefleisch geschnitten."

Mit dem „Greazai" (Grünzeug), den Salaten, war man, wie in allen Bauernküchen, äußerst sparsam. Neben Häuptel- und Gurkensalat, Endivien- und Krautsalat gab es hin und wieder den „Ruimgrua'lsalat" von frisch ausgeschlagenen Rübenblättern (Schröer nennt ihn „Granlsalat"); er wird mit heißem Wasser abgebrannt, damit er das Bittere verliert.

Die feldmäßige Gemüsekultur im nördlichen Burgenland zählt heute zu den bedeutendsten in Mitteleuropa. Rund um den Neusiedler See beginnt das Arbeitsjahr mit dem feldmäßigen Salatanbau und hört mit dem Salatanbau im Herbst auf. Im Spätherbst werden auf den langgestreckten Gemüsefeldern am Nordufer des „Wiener Meeres" Salatpflanzen gesetzt – für den „Neusiedler Salat", der im März/April auf den Markt kommt (15 bis 20 Millionen Häuptel werden hier jährlich geerntet). Aber auch Paradeiser, Salatgurken und Majoran sind Neusiedler Spezialitäten und werden auf Feldern angebaut. Besonders der Neusiedler Majoran ist würzig und einzigartig in Mitteleuropa, sein Anbau im März/April zwischen den Salatpflanzen und seine Pflege erfordern allerdings ein von Generation zu Generation übermitteltes Wissen. Es werden jährlich 16.000 bis 18.000 Kilogramm Majoran geerntet. Andere Gemüsefelder zwischen den Orten und dem Seeufer tragen Sellerie und Kraut, Frühkohlrabi, Pflückerbsen, Buschbohnen, Karotten, „gölbe Muackn" (Möhren), Petersilie, Zwiebeln und Speisepaprika, so in Weiden, Podersdorf, Illmitz, Apetlon, Pamhagen, St. Andrä. Bekannt sind vor allem die Pflückbohnen von Mörbisch. Im Spätsommer gibt es rund um den See Melonen und Kürbisse und im Herbst

Essigkrug, 1836.

als dritte Frucht Sellerie und Weißkraut. Großgärtnereien bieten überdies Melanzani (Auberginen), Pfefferoni (Gewürzpaprika), Paradeis-Paprika-Kreuzungen, Zuckerparadeiser und gelbe amerikanische Paradeiser an. Im südlichen Burgenland wird vor allem das Wurzelgemüse feldmäßig angebaut. Im Jahre 1954 wurde hier der „Nürnberger Kren“ eingeführt.

Süßkraut, eingebrannt

1 mittleres Krauthäuptel, 80 g Fett, 60 g Zucker, 40 g Mehl, 1 Zwiebel, Salz, Essig, 1–2 TL Kümmel

Kraut von Strunk und dicken Rippen befreien, klein schneiden. Zucker in Fett bräunen, feingeschnittene Zwiebel mitrösten, mit wenig Wasser und Essig aufgießen, das Kraut beigeben, mit Salz und Kümmel würzen, zugedeckt weich dünsten (wiederholt dabei umrühren). Zuletzt mit Mehl stauben und gut verkochen lassen, bis das Kraut sämig ist.
In den Heimatmuseen findet man häufig eine „Krautgapl“ (Krautgabel), die an dem einen Ende dem zweizinkigen Krapfenspieß, am anderen Ende einem alpenländischen „Muasa“ gleicht.

Sauerkraut, gekocht und auch eingebrannt oder zusätzlich mit Paprika gewürzt **(Paprikakraut** oder **Szegediner Kraut)** oder mit ziemlich viel Sauerrahm zuletzt verrührt **(ungarisches Sauerkraut mit Rahm und Paprika),** gab es in den Wintermonaten als Vor- bzw. Zuspeise.

Besonders beliebt war das **„Schlachtingakraut“,** das man am Sautanztag (so in Deutschkreutz) zu Mittag aß. Selbst die Verwandten beteilte man ausgiebig damit. Große Reinen davon wurden aufgetragen, man durfte ja nicht knausrig damit umgehen. Mit dem Sauerkraut wurden frische Schwarten vom gestochenen Schwein mitgekocht – daher schmeckte dieses Kraut besser als sonst das Jahr über.

Gebackenes Kraut

60 g Schmalz, 3 Zwiebeln, 500 g Sauerkraut, 1 EL Mehl, Suppe, Zucker, $^1/_4$ l saurer Rahm, Speckschnitten, Pfeffer, 1 Schale Reis, 6 Pfefferkörner, Butter, 80 g Schinken, 2 Eier, Paprika

Eine geschnittene Zwiebel in heißem Fett gelb rösten, das vorher überkochte, kleingeschnittene Sauerkraut dazugeben und braun dünsten, bis es weich ist. Mit Mehl stauben, mit Suppe aufgießen. Zucker und $^1/_8$ l sauren Rahm dazugeben. Verrühren. In eine Kasserolle Speckscheiben legen, kleine, geschnittene Zwiebeln, Pfefferkörner und Reis dazugeben, mit Suppe vergießen und den Reis dick kochen. Dann eine Form mit Butter ausschmieren, eine Lage von Kraut, eine Lage gewiegten Schinken, dann Reis, dann wieder Sauerkraut usf. hineingeben, bis die Form voll ist. Die Eier mit etwas Suppe und dem restlichen sauren Rahm versprudeln, über das Kraut gießen und im Rohr backen. Nach Wunsch kann man zum Sauerkraut auch Paprika geben.

„Zu Sankt Goll hau ab den Kohl,
Zu Sankt Goll lass’ die Kuh im Stoll!
Denn Sankt Gollas rammt ollas! “

Kohl, eingebrannt

3 mittlere Kohlhäuptel, 40 g Fett, 30 g Mehl, 1 Zwiebel, 1 Knoblauchzehe, Petersilie, Salz, Pfeffer

Kohl putzen, nudelig schneiden, gut auswaschen, in Salzwasser weich kochen. Abseihen, zerdrücken und kalt stellen. Feingehackte Zwiebel und zerdrückten Knoblauch in heißem Fett anrösten, mit Mehl stauben und weiterrösten, mit dem Kochwasser aufgießen, verrühren und den kleingehackten Kohl dazugeben. Würzen und abschmecken. Man kann in kleine Würfel geschnittene Erdäpfel dazugeben (das Ganze so lange kochen, bis die Erdäpfel weich sind).

„Eisenstädter Keßch“ (Kohl)

2 kleine Kohlköpfe, 1 EL Reibkäse, 2 EL Brösel, 3 gekochte Erdäpfel, 1 gehackte Essiggurke, 1 TL Kapern, Petersilie, evtl. 1 Sardelle, $^1/_4$ l Buttermilch, Salz, Majoran, Paprika, 1 EL Mehl

Kohlkopf putzen, vierteln, den Strunk ausschneiden, waschen, in reichlich Salzwasser fast weich kochen. Herausnehmen, abtropfen lassen, mit Reibkäse und Bröseln einstreuen, dicht nebeneinander in eine gefettete Kasserolle schichten. Darüber kleinwürfelig geschnittene gekochte Erdäpfel geben, feingehackte Essiggurke, Kapern, gehackte Petersilie (und feingehackte Sardelle) darauf verteilen. Mit dicker Buttermilch, die mit Salz, zerriebenem Majoran, Paprika und Mehl versprudelt ist, übergießen. Im heißen Rohr 30 bis 40 Minuten backen. Aus dem Kohlsud bereitet man eine mollige, sämige Petersilien- oder Paradeissoße, die als Beilage zu verwenden ist.

Eingebrannte saure Rüben

400 g Rübenschnitzel, 1 TL Kümmel, Salz, Pfeffer, 100 g Speck, 1 Zwiebel, 1 EL Mehl, Rindsuppe (oder Wasser), 1/8 l saurer Rahm, 1 TL Zucker, Essig

Einige Handvoll feinblättrig geschnittene Rübenschnitzel mit etwas Kümmel und Salz in einem emaillierten Topf mit wenig Wasser weich kochen. Speck fein hacken, gelb rösten, ebenso feingehackte Zwiebel, dann mit Mehl stauben und rösten lassen. Schließlich die Rüben samt Kochbrühe dazugeben, pfeffern. Nach Bedarf mit Rindsuppe (oder Selchsuppe oder Wasser) verdünnen und nochmals aufkochen. Mit saurem Rahm, etwas Zucker und wenn nötig einem Schuß Essig abschmecken.

Essigkürbis

1000 g Kürbisfrucht, 1/2 l Wasser, Salz, Essig, 60 g Fett, 1 Zwiebel, 50 g Mehl, Pfeffer, gehackte Petersilie, Prise Zucker

Kürbis halbieren, schälen, das Innere samt Kernen ausschaben, in haselnußgroße Würfelchen schneiden. In essiggesäuertes, kochendes Salzwasser geben und rasch zwei, drei Minuten überkochen. Abseihen. Kochsud auffangen. In heißem Fett eine feingehackte Zwiebel rösten, mit Mehl stauben, weiterrösten, mit Kürbissud nach Bedarf zu ziemlich dicker Soße aufgießen, glattkochen lassen. Mit Pfeffer, gehackter Petersilie und Prise Zucker würzen, die Kürbiswürfelchen dazugeben und zehn Minuten dünsten lassen. Nach Bedarf mit Sud noch auflockern. Abschmecken und in tiefer Schüssel anrichten.

Kürbiskraut

1 Kürbis (ca. 1000 g), Salz, 60 g Butter oder Schmalz, 60 g Mehl, Petersilie, 1 Büschel Dillkräutl, 1–2 Zwiebeln, Knoblauch, ca. 1/4 l Sauerrahm, Paprika edelsüß, Wasser oder Fleischsuppe, Essig

Kürbis schälen, in kleine Stücke schneiden, Kerne entfernen, dann feinnudelig schneiden oder „hacheln" (hobeln). Salzen und zugedeckt eine Stunde stehen lassen. In heißer Butter gehackte Zwiebeln rösten, darin gehackte Petersilie und Dillkräutl anschwitzen, mit Mehl stauben und weiterrösten, dann die gut ausgedrückten Kürbisstücke beigeben, kräftig durchrühren, mit Paprika kräftig würzen, abschmecken und unter öfterem Umrühren weich dünsten. Da der Kürbis viel Wasser läßt, erst später, wenn notwendig, mit wenig Wasser oder Suppe aufgießen. Zuletzt sauren Rahm darunterrühren. Man kann auch mit einem Schuß Essig, etwas Pfeffer und Knoblauch würzen (wie dies in Oberwart geschieht).

Beim Kürbissetzen sollen die Frauen ständig auf dem Acker hin und her rennen, damit später die Kürbispflanzen „weit rennen", d. h. sich mächtig ausbreiten. Die Bohnen soll man zwischen 11 und 13 Uhr setzen, damit sie in der größten Hitze in die Erde kommen, sonst werden sie nicht zeitig. Der Pankratius- (12. Mai) oder der Bonifatiustag (14. Mai) gelten als beliebte Bohnensetztage. Dabei werden die Bohnen auch in einem Kreis gesetzt und gezählt; das Mädchen wartet nun auf das „Aufgehen" der Bohnen – die nicht aufgegangenen Bohnen geben die Jahre an, die es noch bis zum Heiraten warten muß. Überhaupt werden die Eisheiligen (Pankratius, Servatius, Bonifatius) im Burgenland als „Bohnenheilige" verehrt. Besonders „heimtückisch" sollen die „Burgunderrüben" zu pflanzen sein: setzt man sie in der Zeit der Fische (20. 2.–20. 3.), dann ist's gut, sie werden lang und glatt wie Fische. Gibt man sie aber an den Tagen des Krebses (22. 6.–22. 7.) in die Erde, „dann ist's gefehlt"; sie gehen im Wachstum zurück wie der Krebs und treiben viele Wurzeln.

„Trifiaßl" – Dreifußtegel aus gebranntem Ton.

Eingebrannte Bohnen („Paunl") oder Erbsen („Japs'n")

250 g weiße Bohnen (oder Erbsen), 30 g Fett, 40 g Mehl, Salz, 1 Zwiebel, Pfeffer, 1 Lorbeerblatt, 1 l Wasser oder Fleischsuppe, Essig, Bohnenkraut

In heißem Fett feingeschnittene Zwiebel anschwitzen lassen, mit Mehl stauben und dunkel rösten, mit Wasser oder Fleischsuppe aufgießen und verkochen lassen. Die über Nacht vorgeweichten, dann im Einweichwasser weichgekochten Bohnen (oder Erbsen) dazugeben, mit Salz, Pfeffer, Lorbeerblatt, einem Schuß Essig sowie mit Bohnenkraut würzen und gut durchkochen. Zuletzt abschmecken.

Majoranlinsen

300 g verlesene Linsen, 1 mittlere Zwiebel, 1 Sträußchen Petersilie, 1 EL Majoran, Prise Kümmel, 10 zerdrückte Pfefferkörner, 1 Knoblauchzehe, 1 Zitronenspalte, Prise Zucker, 6 EL Essig, $^1/_4$ l Wasser, 60 g Schweinefett, 40 g Mehl, 1 EL Paradeismark, 80 g Selchspeck, 8 Stück gehackte Kapern, frischer Majoran

Linsen über Nacht einweichen. Mit frischem Wasser und Salz kernig weich kochen. Grob geschnittene Zwiebel, gehackte Petersilie, Majoran, Prise Kümmel, zerquetschte Pfefferkörner, zerdrückten Knoblauch, Zitronenspalte, Prise Zucker mit Essig und Wasser auf ca. $^1/_8$ l Flüssigkeit einkochen, dann zu einer Gewürzessenz passieren. Im heißen Fett das Mehl hellbraun rösten, Paradeismark, Gewürzessenz und so viel Linsensud beigeben, daß eine mollig-sämige Soße entsteht. Gut verkochen lassen. Linsen beigeben, abschmecken und noch kurz erhitzen. Zuletzt noch in Würfelchen geschnittenen, unterwachsenen Selchspeck gelb rösten, mit gehackten Kapern und wenig Majoran bestreuen und in die fertigen Linsen einrühren.

„Krumbirn" (Erdäpfel) fanden im Burgenland erst ab etwa 1800 allgemeine Verbreitung. Längst werden die Erdäpfel auch zu vielen Mehlspeisen verwendet. Die mundartliche Form „Krumbirn", „Krumpan" geht auf die Bezeichnung „Grund-, Erdbirne" zurück.

„Einbrennte Krumbirn" (eingebrannte Erdäpfel)

600 g Erdäpfel, 2 EL Fett, 1 größere Zwiebel, Kümmel, Salzwasser, Fleischsuppe, $^1/_2$ Lorbeerblatt; Einbrenn aus 1 EL Fett, 1 EL Mehl, Spritzer Essig; $^1/_8$ l Sauerrahm

Feingeschnittene Zwiebel in heißem Fett gelb anlaufen lassen, die geschälten, dünnblättrig geschnittenen rohen Erdäpfel und etwas Kümmel beigeben. Gut vermischen und mit nicht zuviel Wasser oder Fleischsuppe aufgießen, Lorbeer beigeben und salzen. Zugedeckt halbweich kochen. Inzwischen eine helle Einmach aus Fett und Mehl bereiten, mit etwas Kochsud aufgießen, zu den Erdäpfeln geben und glatt verrühren. Mit Essig säuern. Alles zusammen langsam kochen, bis die Erdäpfel ganz weich sind. Lorbeerblatt entfernen und mit Sauerrahm pikant abschmecken.

Der **„Krumpanwatsch"** wird aus einer Mischung von roh geriebenen Erdäpfeln, etwas Mehl, 1 bis 2 Eiern und Prise Salz sowie vielen Grammeln gut durcheinandergemischt und in heißem Fett einem Sterz ähnlich geröstet.

An **Kukuruz (Mais)** haben sich die einheimischen Sorten wie Gelber burgenländischer Rundmais oder Weißer Maiskönig durchgesetzt (gezüchtet auf den Gütern Edmundshof und Paulhof). Wenn der Kukuruz gestupft wird, dürfen die mitarbeitenden Frauen ja nicht laut schreien, weil sonst die „Kroana" (Krähen) den Mais fressen würden.

Maiskolben mit Butter

Junge Maiskolben von den Blättern reinigen, kalt abspülen und in kochendem Wasser etwa eine Viertelstunde weich kochen. Die gargekochten Kolben leicht salzen und mit zerlassener oder brauner Butter servieren.

Letscho

120 g durchzogener Selchspeck, 2 Zwiebeln, 4–6 grüne Paprikaschoten, Petersilie, Salz, 500 g Paradeiser, $^1/_4$ l saurer Rahm, 1 EL Mehl, Salz, Paprika, Pfeffer

Würfelig geschnittenen Speck anrösten, darin die fein geschnittenen Zwiebeln rösten, die halbierten, entkernten und nudelig geschnittenen Paprika dazugeben und weiterrösten, ebenso die gehackte Petersilie. Die geschälten, in Scheiben geschnittenen Paradeiser dazugeben, kräftig würzen und weiterrösten. Zuletzt sauren Rahm und Mehl versprudeln, ins Letscho einrühren, einmal aufkochen und noch etwas ziehen lassen.

Sterze und Schmarren

Cassius Dio, Statthalter in Pannonien, schrieb – aus römischer Sicht! – über die „Pannonier“: „Sie führen das allerkümmerlichste Leben, da sie weder guten Boden noch günstiges Klima haben und kein Öl, keinen Wein (oder nur sehr wenig und von geringer Güte) bauen, da den größten Teil des Jahres die grimmigste Kälte bei ihnen herrscht. Gerste und Hirse ist ihre Speise zugleich und ihr Trank; dagegen sind sie das tapferste Volk, das wir kennen; sie sind sehr jähzornig und mordsüchtig, da das Leben ihnen überhaupt nicht viel Reize bietet.“

Aus grob gemahlenen Hirse- oder Pfennichkörnern und entsprechender Menge Milch wurde der **Brein** bereitet. Der „Greiß“ wurde zuerst gewaschen, dann in gewässerter Milch so lange gekocht, bis ein dünner Brei daraus wurde. Die kleineren, härteren Pfennichkörner mußten länger kochen als die Hirsekörner. Brein war das ursprüngliche Abendessen, der **„Tegelbrein“** bildete das Mittagsmahl; dieser wurde mit weniger „Greiß“, aber mit mehr Milch zubereitet, und zwar in einem „Tegel“, einem irdenen Tiegel bzw. in einer irdenen Rein. Die Rein wurde gefettet, dann gab man gewaschene, enthülste Pfennichkörner („Pfennichgreiß“) oder enthülste Hirsekörner („Hirschgreiß“) dazu, goß kalte, eventuell gewässerte Milch darauf und stellte die Rein in den Ofen. Wichtig war dabei, daß man die Menge der Flüssigkeit genau erwischte, denn der Brein durfte im Ofen nicht verändert bzw. gerührt werden. Er wurde fertig gebacken aus dem Ofen gezogen. Obenauf hatte sich von der Milch ein gebräunter süßlicher „Foam“ (Schaum) gebildet. Hatte man keine Milch, wurde der Brein nur mit Wasser bereitet; man gab dann in Fett geröstete Zwiebel und verschiedene Gewürze dazu und nannte das Gericht scherzhaft **„Stierbrein“** (weil in diesem Brein „soviel Milch ist, wie ein Stier sie gibt!“).

Der Brein wurde immer als letzte Richt aufgetragen, denn er „sperrt den Magen zu“. Ein Abendessen bestand meist aus „Bohnen und Brein“, später aus Bohnen und „Grießkoch“. (Anstelle des Breins trat nach Einführung des Kukuruz das „Grießkoch“ aus grobgemahlenem Türkengrieß; ebenso wurde nach der Jahrhundertwende der billigere Reis als Milchreis verwendet; die Zubereitungsart behielt man aber bei.) Daß gerade der „neumodische“ Milchreis auf keiner festlichen Hochzeitstafel fehlen durfte, weist darauf hin, daß dahinter eine sehr ursprüngliche, altertümliche und „ehrwürdige“, traditionelle Speise gestanden hatte, eben der Brein. (Anstelle des Breins bzw. des süßen Sterzes und Milchreises trat nach dem Ersten Weltkrieg allmählich die Torte.)

Noch heute werden im nördlichen Burgenland verschiedene Sorten von Rispenhirse, im südlichen Burgenland die Kolbenhirse gebaut. Neben diesen Arten gibt es die Moorhirse („Besenhirse“ genannt, weil man sie zur Herstellung von Besen verwendet). Hirse hatte auch in der „Dreckapotheke“ ihren Stellenwert: ein Bleichsüchtiger muß in ein Schüsselchen urinieren, in dem Hirsebrei ist; das Schüsselchen stellt man dann auf den Gartenzaun – picken die Vögel den Hirsebrei auf, so ist der Kranke geheilt, sobald das letzte Körnchen aufgepickt ist. Lassen die Vögel den Brei unberührt, so ist dem Todgeweihten nicht mehr zu helfen.

Im mittleren und südlichen Burgenland hat der Buchweizen („Haaden“, Heiden) als Zweitfrucht Bedeutung erlangt. In der Zeit, da es viele Kleinsthöfe gab, ist der Anbau von Buchweizen intensiver gewesen. Buchweizen wurde in der burgenländischen Küche vergangener Jahrhunderte reichlich verwendet (wie in der angrenzenden Steiermark). Die „haadanan Knëidl“, den „haadanan Sterz“ und den „haadanan Nigl“ aß man fast täglich und gern in jedem Bauernhaus.

Buchweizen- und Maismehl hat heute allerdings beim Sterzkochen an Aktualität verloren und wurde durch das Weizenmehl verdrängt. Die alte Zubereitungsart des **Häfensterzes,** bis zu Beginn des 20. Jahrhunderts noch häufig ausgeübt, gilt heute als „rückständig“: in einem Häfen wird Wasser zum Kochen gebracht, dann etwa zwei Handvoll Mehl auf einmal eingestreut, das aber nicht im Wasser verrührt werden darf. Sobald das Mehl einen knödelartigen Klumpen gebildet hat, wird er mehrmals mit dem Kochlöffelstiel durchgestoßen. Eine erfahrene Köchin weiß genau, wie lange das Mehl kochen darf: „Wenn das Wasser anfängt, grün zu werden“, muß es abgeseiht werden. Der Mehlklumpen wird dann mit einem Löffel weiter zerstoßen, mit heißem Schmalz reichlich übergossen und noch eine

Weile offen oder im Rohr geröstet. Heute wird die andere Art der Sterz-Zubereitung bevorzugt: Mehl zuerst trocken ohne Fettzugabe leicht rösten (das Mehl linden), dann mit heißem Wasser und zuletzt mit heißem Schmalz übergießen und rösten.

„Haadana Stea'z" (Heidensterz)

250 g Heidenmehl, 1 l Wasser, Salz, 80 g Schweineschmalz, Grammeln

Das ganze Heidenmehl rasch in kochendes gesalzenes Wasser schütten, den sich bildenden Knödel darin 10 Minuten zugedeckt kochen, dann umdrehen, durchstechen und weitere 10 Minuten kochen lassen. Jetzt das überflüssige Wasser abgießen (auf dem Feuer warm halten), den Knödel ganz zerreißen und ausdünsten lassen, dabei nach Notwendigkeit noch etwas Kochwasser nachgießen, damit das Heidenmehl gut aufquellen kann. Über die gelockerte Masse heißes Schweinefett gießen, durchmischen und noch kurz stehen lassen. Größere Brocken dabei zerkleinern. Mit heißen Grammeln bestreut anrichten; dazu Fleischsuppe oder Schwammerlsuppe servieren.

Wenn man in Butter gerösteten Mohn über den fertigen Heidensterz streut, erhält man den **„Haadanan Magnstea'z" (Heidensterz mit Mohn).**

Heidensterz aß man im heutigen Burgenland bis zur Jahrhundertwende gern als Frühstückssterz zu Milch (hieß dann auch **„Milchsterz"),** zu Kaffee **(„Kaffeesterz")** oder in milcharmer Zeit zu einer Fleisch- oder Einbrennsuppe **(„Suppensterz"),** bei schwerer Arbeit auch zu einer sauren Suppe, im Weinbaugebiet oft als **„Weinsterz"** (den fertigen Heidensterz mit heißem Wein übergießen und im Rohr ausdünsten lassen).

Mehlsterz

400 g griffiges Mehl, Salz, ³/₄ l Wasser, 150 g Speck oder Grammeln, Schmalz

Mehl in einer Kasserolle über schwachem Feuer unter ständigem Rühren „linden" (trocken rösten, ohne daß das Mehl braun wird). Dann nach und nach kochendes, gesalzenes Wasser zugießen, mit der Gabel verrühren. In einer Pfanne kurz mit heißem Schmalz durchrösten, kleinbröselig ausdünsten lassen. Zuletzt frische Grammeln oder geröstete Speckwürfel daraufgeben. Mit grünem Salat oder als Suppeneinlage servieren.

Nimmt man beim Mehl 1 Teil Roggenmehl und 1 Teil Semmelmehl, erhält man den **„schwarzen Sterz";** er wurde meist zu gekochter Milch serviert.

„Türkischer Woazn", **Kukuruz,** kam nach der Entdekkung Amerikas nach Europa, verdrängte dann rasch die alten Hirse- und Heidengerichte (etwa ab dem 18. Jahrhundert). Die kroatische Bevölkerung bevorzugt heute noch „Polenta" und andere Maisgerichte sowie **„Kukuruzganiz"** und die **„Prousa",** das ist eine mit Milch, Zucker, Prise Salz, Eiern und Fett zubereitete, auf dem Backblech gebackene Kuchen- bzw. Schmarrenart aus Maisgrieß. Einst wurde im Burgenland vorwiegend weißkörniger Mais angebaut, dessen weißes Mehl wie Weizenmehl verwendet wurde. Er benötigt allerdings eine längere Zeit zum Reifen, auch das „Abfedern" und das „Abrebeln" ist mühevoller als bei der gelbkörnigen Sorte, die heute angebaut wird. Der grobe Maisgrieß trat in den bäuerlichen Küchen an die Stelle der Hirse- und Pfennichkörner; der aus Maisgrieß zubereitete Türkensterz übernahm den Platz des uralten, im Ofenraum gebackenen Frühstückssterzes.

Türkensterz, Maissterz, Polenta

500 g Maismehl (Maisgrieß), 150 g Speck, Salz, 1¹/₂ l Wasser

Wasser zum Kochen bringen, salzen, Maismehl unter fleißigem Rühren einkochen und zugedeckt im Rohr ausdünsten lassen. Kleinwürfelig geschnittenen Speck in Eisenpfanne lichtbraun rösten, die Grammeln davon entfernen und warm stellen, den Mais mit einer Gabel aus dem Topf ins Fett bröseln, gut verrühren, anrichten und die Speckgrammeln daraufstreuen.

Eine ältere Zubereitungsart ist als **„Grießsterz"**-Rezept überliefert, wobei der Maisgrieß mit kalter Milch (oder kaltem Wasser) in der Rein vermengt, im heißen Rohr gebacken und, sobald er gar ist, mit einer Gabel zerrissen und abgebröselt wird. Er läßt sich heute kaum mehr machen, denn das heutige Mais-(Polenta-)Mehl bindet sich nicht mehr zu einem Klumpen, sondern zerfällt sofort (oder wird patzig) – ebenso schwierig ist es mit den Heidenknödeln und dem Heidensterz. (Vergleiche die Ausführungen im Kapitel „Steiermark".)

Wiesener „Bagersterz"

500 g Grieß, Milch, Prise Salz, Zucker, 150 g Rindschmalz, 150 g Rosinen

Gesalzenen Weizengrieß in heißem Schmalz gelb anlaufen lassen, die Rosinen dazustreuen, so viel Milch dazugießen, daß der Grieß aufquellen kann. Dann die Masse mit einer Gabel zu sterzartigen Bröckeln zerreißen und im Rohr überbacken.
Dieser Sterz galt in Wiesen als traditionelles Hochzeitsessen. Jeder, der beim Hochzeitshaus vorbeikam, wurde mit diesem Sterz bewirtet. Selbst im Hut und in der Schürze trug man ihn nach Hause, um die ganze Familie an der Fruchtbarkeitskraft dieser Kultspeise teilhaben zu lassen.

Hirsemühle aus Kleinmürbisch, um 1920, nach Plänen eines Bauern im Ort angefertigt.

Nach dem Kukuruz kamen die **Erdäpfel** ins Land, allerdings haben sie sich nur langsam und schrittweise ihren Platz in der burgenländischen Landesküche erobert. Am liebsten aß man sie noch mit der Schale, im heißen Ofenraum gebraten. Dann ging man allmählich zu gekochten Gemüsegerichten mit Erdäpfeln über, hat sie mit Fleisch mitgebraten und lernte die verschiedenen Gerichte wie Erdäpfelsterz, Erdäpfelstrudel, aber auch Erdäpfelsalat zuzubereiten. In erster Linie aber dienten die Erdäpfel von Anfang an der Schweinemästung. Durch die Förderung der Schweinemast haben die Erdäpfel indirekt dazu beigetragen, die knappe Mehl- und Milchkost allmählich durch eine üppigere Fleischkost zu ersetzen und jene schließlich ganz zu verdrängen.

Erdäpfelsterz

500 g Erdäpfel, Salz, 250 g Brösel, Fett

Erdäpfel schälen, waschen, in kaltem Salzwasser zusetzen und schnell weich kochen. In einer Kasserolle Brösel in Fett rösten, die abgeseihten, zerstampften Erdäpfel dazugeben, mit dem Schmarrenschäuferl zerstoßen, mit heißem Fett übergießen und unter öfterem Durchrühren im Rohr ausdünsten lassen.

Bohnensterz („Haadana Paundlstea'z")

300 g Wachtelbohnen, 400 g Heidenmehl, $1^1/_2$ l Wasser, Salz, 150 g Schmalz

Die vorgeweichten Bohnen in Salzwasser weich kochen, abseihen und das Bohnenwasser bereitstellen. Dann das Heidenmehl in einer heißen Pfanne ohne Fett „linden", d. h. unter ständigem Rühren erhitzen, bis das Mehl zu dampfen beginnt (darf aber nicht braun werden). Das Bohnenwasser zum Mehl gießen, kräftig verrühren, bis das Mehl die Flüssigkeit aufgenommen hat und der Sterz locker wird. Im Rohr ziehen lassen. Dann die Bohnen dazumengen und zuletzt das sehr heiße Schmalz darüberschütten und vermengen. Mit Buttermilch oder Kompott servieren. Man kann auf den fertigen Sterz auch leicht geröstete Speckwürfelchen geben und durchmischen.

Sauerbrunner Bohnensterz

750 g weiße Bohnen, 500 g Weizenmehl, 100 g Selchspeck, Salz, 150 g Schweinefett, 1–2 Zwiebeln

Über Nacht eingeweichte Bohnen mit frischem Wasser und Salz weich kochen. Der Wasseraufguß soll so vollzogen werden, daß die fertiggekochten Bohnen gleich hoch mit dem Kochwasser stehen. Inzwischen das Mehl trocken erhitzen („linden"), die Bohnen samt Kochwasser dazugießen und langsam weiterkochen, wobei man anfangs öfter das Mehl durchstechen soll, so daß das Bohnenwasser nach und nach das trockene Mehl durchdringt. Schließlich muß das Ganze klumpig sein, darf aber nicht patzig werden. Kleinwürfelig geschnittenen Selchspeck in Schweinefett blaßgelb rösten, die Bohnen-Mehl-Masse darüber verteilen und am Herdrand unter öfterem Durchschaufeln und Zerstechen zugedeckt ausdünsten lassen (teilweise auch Krusten bilden lassen). Locker gehäuft anrichten, den Sterz mit in Fett gerösteten Zwiebelringen übergießen. Dazu Sauerrahm oder Süßmilch servieren.

Grammelsterz

500 g Mehl, 3 Schöpflöffel Wasser, Salz, 120 g Grammeln

Mehl trocken erhitzen („linden"), dann kochendes Wasser dazugießen, gut durchrühren, kleingeschnittene, geröstete Grammeln samt Fett darübergießen, alles klein zerhacken, salzen und den Sterz zugedeckt ausdünsten lassen. Sollten die Grammeln zu wenig Fett enthalten, gebe man ein Stückchen Schweinefett zum Sterz.

„Schmaa'n" (Schmarren) gab und gibt es in den burgenländischen Küchen wie auch in den Bauernküchen anderer Bundesländer aus Weizenmehl, Grieß, Eiern, Milch, Salz, mit und ohne Schnee, mit oder ohne Rosinen („Wainperl", „Wackerl"), auch mit Äpfeln, Kirschen, Heidelbeeren („Hoadbier") u. a. m. vermischt. Am Sonntag nach Fronleichnam heischten die Burschen in Hirm beim Reinigen des „Plattenbrunnens" und für den anschließenden „Maitanz" bei den Bauern Schmalz, Eier und Mehl, woraus sie sich abschließend im Dorfwirtshaus einen festlichen Schmarren bereiten ließen.

Kipfelschmarren

8 Kipfel, $^1/_4$ l Milch, Salz, 2 Eier, 40 g Zucker, Vanillezucker, Prise Zimt, 60 g Rosinen, 100 g Butter

Kipfel in Scheiben schneiden, Milch, mit Eiern, Zucker, Salz, Zimt und Vanillezucker versprudelt, darübergießen und ziehen lassen. Dann die Kipferlmasse in eine mit Butter ausgeschmierte Pfanne geben, Rosinen dazumengen und im Rohr langsam backen. Zerkleinert portionsweise mit Zwetschkenröster oder Apfelkompott servieren. Für ein Wöchneringericht wurden geriebene Nüsse auf den Schmarren gestreut.

Scheiterhaufen

6–8 Semmeln, $^1/_4$ l Milch, 80 g Zucker, Vanillezucker, 3 Eier, 3 Eiklar, 120 g Zucker, 1000 g säuerliche Äpfel, 150 g Butter, Zimt, 80 g Rosinen, geriebene Nüsse

Semmeln (oder mürbe Kipfel) dünnblättrig schneiden, mit Milch, mit Zucker, Vanillezucker, 3 ganzen Eiern versprudelt, übergießen und ziehen lassen. Eine Kasserolle, mit Butter ausgeschmiert, abwechselnd mit 2 Lagen blättrig geschnittener Äpfel (mit Zimt, Zucker und Rosinen und zerlassener Butter vermischt) und drei Lagen Semmelschnitten füllen, etwas zusammendrücken und im Rohr etwa 40 Minuten backen.

Mehlschmarren

3 Eier, $^1/_4$ l Milch, Salz, 160 g Mehl, 60 g Schmalz, Rosinen, Zucker

Eier, Milch, Salz und Prise Zucker mit dem Mehl abrühren, die Rosinen dazugeben. In eine Rein mit dem heißen Schmalz gießen, auf der Herdplatte steif und bräunlich werden lassen, mit dem Schmarrenschäuferl umdrehen und wieder braun werden, mit einer Gabel zu großen Brocken zerreißen und nicht zu trocken werden lassen. Mit Zucker bestreut und gedünsteten Zwetschken oder heißer Milch oder Salat servieren.

Reisschmarren

150 g Reis, 1 l Milch, Salz, 1 Ei, 2 Dotter, Rosinen oder Äpfel, Zucker, Zimt, Rindschmalz

Reis in ungefähr einem Liter Milch und Prise Salz und Zucker weich kochen. Auskühlen lassen, Ei und Dotter versprudeln, unter den Reis rühren, ebenso die Rosinen (oder würfelig geschnittene Äpfel, mit Zucker und Zimt gewürzt) und in heißem Rindschmalz backen.

Grießschmarren

180 g grober Grieß, $^1/_2$ l Milch, 50 g Butter, 30 g Zucker, 60 g Rosinen, Salz, Vanillezucker, 60 g Butter

Milch mit Zucker, Prise Salz, etwas Vanillezucker und Butter zum Kochen bringen, Grieß einrühren, anziehen lassen, Rosinen daruntermischen. In einer Rein Butter schmelzen lassen, die Grießmasse in Stücke gerissen dazugeben und im heißen Rohr trockendünsten und etwas Farbe nehmen lassen. Wiederholt mit Gabel oder Schäuferl den Schmarren auflockern. Mit Zucker bestreut und mit Kompott, Zwetschkenröster oder Fruchtsaft servieren. Vor dem Backen kann man in die Grießmasse zwei Eier einrühren. Anstelle von Weizengrieß kann man auch Maisgrieß verwenden, richtet den Schmarren mit Zucker und Zimt an und gibt gesottene gedörrte Zwetschken dazu.

Maismehlschmarren

$^1/_4$ l Maismehl, $^1/_4$ l Milch, 2 Eier, 1 EL Zucker, 60 g Fett

Maismehl in Milch dick einkochen, ausgekühlt Eier und Zucker dazugeben. Masse in Pfanne mit Fett im Rohr zum Ausdünsten geben. Öfter durchstechen. Soll wie weicher Grießschmarren sein.

Nockerln, Knödel, Nudeln

Neben den „Faafa'ln" (siehe Seite 13) kennt die burgenländische Küche auch „Wasserspatzen" und „Nokkerln" („Nouka'l", „a'g'sieg'ne Nouka'l") in vielen Varianten, wie Eiernockerln, Krautnockerln, Grießnokkerln, Mohnnockerln, in Milch gekochte Nockerln u. a. m.

Zwiebelnockerln

250 g Mehl, 30 g Butter, Eier und Milch nach Bedarf, Salz; 50 g Fett, 1 Zwiebel, Pfeffer

Mehl, Milch, Eier, zerlassene Butter und Salz nach Bedarf zu einer dicklichen Teigmasse verrühren, bis sich der Teig vom Kochlöffel löst (Teig dabei nicht schlagen). Teig vom Nockerlbrett mit dem Messerrücken stückweise in kochendes Salzwasser streifen und einige Minuten kochen lassen. Abseihen, gut abtropfen lassen, zu der im Fett gerösteten, kleingehackten Zwiebel geben und durchschwenken. Mit Salz und Pfeffer nachwürzen. Vermengt man die abgeseihten Nockerln mit in Fett gedünstetem kleingeschnittenem Weißkraut (mit kleingeschnittener, gerösteter Zwiebel, mit Salz, Pfeffer und Prise Zucker gewürzt), erhält man die **Krautnockerln.** Röstet man in heißer Butter blättrig geschnittene, mit Zucker, Zimt, Gewürznelken gewürzte Äpfel und gibt dann die abgeseihten Nockerln dazu, bekommt man **Apfelnockerln.** Gießt man über die in heißer Butter geschwenkten Nockerln einige versprudelte, mit Salz und Pfeffer gewürzte Eier und läßt diese steif werden, erhält man **Eiernockerln.** Man kann die abgeseihten Nockerln auch zu in Butter gerösteten Bröseln geben. Schmalzt man die abgeseihten Nockerln in heißer Butter ab und bestreut sie dabei mit gestoßenem Mohn, erhält man **Mohnnockerln.**

Habanerschale, 1659.

Topfennockerln

250 g Topfen, 60 g Butter, 2 Eier, Salz, ca. 300 g Mehl, 2–3 EL saurer Rahm

Butter, Topfen passieren, mit Rahm, Eiern, Mehl und Prise Salz verrühren. Mit einem Löffel Nockerln ausstechen und in Salzwasser etwa 5 Minuten kochen. Vorsichtig mit dem Schaumlöffel herausheben, abtropfen lassen und mit Butter und Bröseln (oder mit Mohn) bestreut abschmalzen.

Knödel wurden in der burgenländischen Küche meist nur als Suppeneinlage verwendet. In Mörbisch gab es zur Weinlesezeit täglich eine Art bessere Semmelknödel mit Rindsuppe (oder Rindfleisch und Essigkren), die **Leserknödel.**

„Haadani Knëi(d)l" (Heidenknödel)

5 Schneidsemmeln, 100 g Speck, 100 g Heidenmehl, Salz

Semmeln würfelig schneiden, würfelig geschnittenen Speck rösten, mit den Semmeln, Heidenmehl und etwas Salz vermengen. Dann heißes Wasser dazugießen, ziehen lassen und zu einem Knödelteig verarbeiten. Zu kleinen Knödeln formen und in Salzwasser gar kochen. (Werden als Suppeneinlage verwendet.)

Neben den üblichen Fleisch- und Grammelknödeln gibt es **„Paund'lknëidl"** (Bohnenknödel) aus weich gekochten, passierten Bohnen und Mehl, **Maisknödel** (aus 150 g Fett, $^1/_2$ l Milch, 300 g Maisgrieß, 2 Eiern,

2 EL Mehl, Prise Salz) sowie die **„Krumpanknëidl“ (Erdäpfelknödel)** sowohl aus rohen, geriebenen Erdäpfeln, vermengt mit Semmelwürfelchen und Grammeln, als auch aus gekochten Erdäpfeln, passiert mit Mehl etwas Grieß, Prise Salz und 1 Ei vermengt. Aus einem Erdäpfelteig (500 g gekochte Erdäpfel, 120 g Mehl, 2 EL Grieß, Salz, 1 Ei) fertigt man u. a. auch „Wuzlnudeln“, Zwetschken- und andere süße Obstknödel und Lekvártascherln (siehe Seite 40).

Schöpfer- und Seiherrehm.

Gänseblutknödel

Blut von einer Gans, etwas Essig, 140 g Butter, 8 Dotter, 140 g Brösel, Salz, Zitronenschale, Zwiebel, Majoran; Mehl, Brösel, Butter

Blut mit ein paar Tropfen Essig verrühren, bis es ganz kalt ist, dann durchseihen. Butter und Dotter flaumig abtreiben, Brotbrösel und Salz, feingeriebene Zitronenschale, gehackte Zwiebel und etwas Majoran beigeben, zu einer Knödelmasse verarbeiten, daraus kleine Knöderln formen und ca. 10 Minuten in Salzwasser kochen. Mit in Butter gerösteten Semmelbröseln überstreut anrichten.

In den meisten Häusern des Burgenlandes gab es zu Mittag des 24. Dezembers, eines strengen Fasttages, **„Müilligerstl“ (Milchgerstl),** einen Brei, bereitet aus härterem Nudelteig, der auf einem Reibeisen körnig zu einer Art Reibgerstl gerieben und in Milch aufgekocht wurde (ähnlich den „Faafarln“); heute gilt das kirchliche Fastengebot an diesem Tag nur bis 11 Uhr; Eier, Käse und andere gekochte Mehlspeisen haben das „Müilligerstl“ längst ersetzt.

Nudeln („a'g'sieg'ne Nud'ln“) und „Flëika'l“ werden heute auch nicht mehr handgemacht, sondern als Fertigware gekauft verwendet.

Tarhonya (Eiergerstel)

500 g Mehl, 2–4 Eier, Wasser

Mehl mit den Eiern und etwas Wasser zu einem sehr festen Teig kneten. Etwas trocknen lassen. Dann mit dem Reibeisen grobkörnig reiben („die gleichmäßig geriebenen Körnchen verwendet man als Tarhonya und das feingeriebene Überbleibsel zu gewöhnlicher Gerstelsuppe“, bemerkt Marie von Rokitansky). Das geriebene Teiggerstel auf einem Tuch an der Sonne oder im Rohr trocknen. Es wird schließlich auf Vorrat in dünngewebte weiße Säckchen geschüttet und in der Speisekammer aufgehängt, damit die Luft weiter durchziehen kann. Bei Gebrauch kocht man die Tarhonya in Salzwasser ein und schmalzt sie dann abgeseiht und abgetropft mit geröstetem, würfelig geschnittenem Speck ab, oder man gibt sie roh in heiße Butter, gießt nach und nach siedendes Salzwasser daran und dünstet sie wie Reis. Beim Anrichten streut man viel geriebenen Parmesankäse darüber. Man serviert Tarhonya meist als Garnierung zu Fleischspeisen oder mit Champignons (blättrig geschnitten, in Butter mit Petersilie geröstet) bereitet als Mehlspeise.

Topfenhaluschka

250 g Fleckerln, 250 g Topfen, 100 g Speck, $^1/_4$ l saurer Rahm, Salz, Pfeffer

Fleckerln (wie oben zubereiten) in Salzwasser kochen, abseihen und mit Kaltwasser abschrecken. Eine Lage gut abgetropfter Fleckerln in eine gefettete feuerfeste Form geben, darauf gesalzenen Topfen streuen, mit etwas Sauerrahm übergießen, wieder eine Schicht Fleckerln daraufgeben und so fortfahren, bis alle Zutaten aufgebraucht sind. Mit kleinwürfelig geschnittenem, goldgelb geröstetem Speck überstreuen (und zusätzlich im Rohr kurz überbacken). Oberwarter Bäuerinnen geben Buttersaures (darin Grieß geröstet wird) auf die Haluschka, ebenso auf die Topfennudeln.

Lekvártascherln („Lekwartascherln")

400 g Mehl, 4 Eier, 1 EL Öl, 10 EL Wasser, Salz; Powidl, 1 Eiklar; 80 g Butter, 80 g Brösel, 80 g Zucker

Aus Mehl, Eiern, Salz, Öl und kaltem Wasser einen geschmeidigen Nudelteig kneten. Ausruhen lassen, dann etwa 1 mm dick ausrollen, in Rechtecke (4 × 8 cm) schneiden, auf eine Teighälfte je einen Teelöffel Powidl setzen, die Teigränder mit Eiklar bestreichen, die restlichen Rechtecke darüberdecken und rund um das Mus den Teig zusammendrücken. 30 Minuten rasten lassen. In reichlich kochendem Salzwasser bei schwacher Hitze kochen, bis die Teigtaschen an die Oberfläche kommen. Dann noch 10 Minuten garen lassen. Herausseihen, kurz mit Kaltwasser abschrecken. In heißer Butter Brösel und Zucker braun rösten, die Tascherln darin kurz wälzen. Überzuckert servieren. (Das ungarische lekvár heißt soviel wie Mus.) Die Speise entspricht den böhmischen Powidltatschkerln.

Eine Speise aus der Zeit, da es um Bernstein den besten und weithin bekannten Mohn gegeben hat, lebt heute nur noch im Namen des Goberlinger Kirchweihtages weiter, der auch „Mohnpinkerltag" heißt:

„Mohnpinkerln"

Erdäpfelteig: 1000 g Erdäpfel, 300 g Mehl, 40 g Butter, 2 Dotter, Salz; 200–250 g Mohn, Zucker, Zimt, Salz, Milch

Die Erdäpfel kochen, noch heiß schälen und passieren, mit Mehl, Butter, Dotter und Prise Salz auf dem Brett zusammenwirken, mit beiden Händen kurz kneten. Dann fingerdick auswalken, daraus kleine Stücke schneiden, diese etwas flachdrücken, mit gestoßenem Mohn, mit Zimt und Zucker vermischt, füllen, die beiden Längsseiten übereinanderschlagen und daraus runde „Paunzerln" machen; diese in kochendem, leicht gesalzenem Wasser gar kochen. Herausheben und abtropfen lassen. Oben in jedes Stück ein Loch machen, etwas heiße Milch hineingießen und servieren. Oder man breitet die abgetropften Mohnpinkerln auf einem Backblech aus, gießt kochende Milch darüber, bestreut sie mit in Butter gerösteten Bröseln und gießt nach Wunsch flüssig gemachten Honig darauf.

> **429. Schlickkrapfen mit Powideln.**
>
> Mache von 4 Eiern und 2 Löffeln voll Wasser einen festen Teig wie auf Nudeln, und salze ihn, dann zerwalge ihn so wie zu abgeschmalzenen Nudeln und benetze ihn mit im Wasser eingetauchter Spickfeder; nun mache auf die Hälfte des Teiges zwei Finger von einander kleine Häufchen von gut bereiteten Powideln, die andere Hälfte des Teiges schlage darüber, drücke ihn um die Häufchen herum mit den Fingern zu, und schneide mit einer dazu bestimmten Form kleine Schlickkrapfen aus; wenn alle ausgeschnitten sind, gib sie einzeln in siedendes Wasser, rühre sie sogleich von unten mit dem Kochlöffel vorsichtig um, damit sie nicht anlegen, und laß sie aufkochen; dann nimm sie mit einem durchgelöcherten Schöpflöffel heraus auf die Schüssel, bestreue sie mit geriebener Semmelrinde oder mit Pfefferkuchen und begieße sie mit heißer Butter.

Aus dem Kochbuch der Magdalena D. Rettig, „Die Haus-Köchin", Prag, 19. Aufl. 1907.

Die meisten der bisher angeführten „abg'sottenen" bzw. „ausg'kouchten" (fleischlosen) Mehlspeisen wurden vor allem an den Wochentagen gegessen, vielfach zu Mittag in einem Topf auf das Feld bzw. auf die „Halt" den Feld- und Weingartenarbeitern und Hirten nachgetragen. Koch- bzw. herdtechnische Voraussetzungen und der Ort, an dem gegessen wurde, ergaben zwangsweise eine derartige Kost, die überdies den kargen Lebensmitteln entsprach, die einer heanzischen Familie damals zur Verfügung standen. Daneben galten aber die Burgenländerinnen auch als Köchinnen, die sich auf die Kunst des Backens besonders gut verstehen, wie ihnen im steirischen Grenzgebiet nachgesagt wurde und was die Rezepte der folgenden Kapitel belegen.

Strudel

Der Strudel stammt vom uralten Teigfleck ab und wurde ursprünglich in einer gußeisernen Pfanne im offenen Feuer bzw. auf dem Herd gebacken („Reinstrudel"). Diese ursprüngliche Zubereitungsart schildert uns Bünker: „Der Strudel wurde in eine ‚treihaxati' irdene Rein gelegt, diese mit einem gut schließenden, ebenfalls irdenen Deckel (‚Stua'zn') zugedeckt und auf den Herd gestellt. Die geschlossene Rein wurde nun von allen Seiten mit Glut bedeckt, ‚sunsta that s' ob'nauf waiß plaib'm'. Die Bäuerin wußte genau, wann sie die Rein aus dem Feuer nehmen mußte, damit der Inhalt nicht verbrennt."

Diese Art des Backens von Mehlspeisen wurde laut Bünker sowohl in der Heanzerei als auch in der Gegend von Ödenburg um 1890 noch immer ausgeübt. Sie geht auf jene Zeit zurück, da man eine fertig vorbereitete Speise ins Feuer bzw. in den Ofen stellte und während der Garzeit nicht mehr eingreifen konnte, ohne das Ganze zu gefährden. Ähnlich hatten auch die ungarischen Schafhirten ihr Lieblingsgericht, das Gulyas, auf freiem Feld zubereitet (aus dem in der bürgerlichen Küche das Gulasch wurde).

Später hat man eine eigene Backvorrichtung im gemauerten Ofen angebracht, eine blecherne „Röhre", wie wir sie im modernen Sparherd wiederfinden. Sie öffnete sich ins Zimmer und befand sich im oberen Teil des Ofens. Hier wurden Strudel, Nigel und andere Mehlspeisen gebacken. Wurde der Backofen geheizt, hat man sie im Backofen gebacken, denn „ta wea'n s' gaa' schain, ta griag'n s' a schaini Faa'b". Später verwendete man eisernes Geschirr, aber auch noch irdene Gefäße mit drei Beinen dazu.

Von der Lieblingsspeise der Heanzen, dem Strudel, gab es nach Bünker zwei Arten, „ti gehati Strud'l" und „ti teari Strud'l", also den („halbaufgehenden") Strudel aus Germteig und den dürren, den „trockenen" Strudel aus Strudelteig. „Ti gehati Strud'l" aus Germteig dürften dem Kärntner Reinling bzw. dem „Halbaufgehenden" am nächsten kommen und werden mit Weinbeeren, Zibeben, Zimt und auch mit Mohn gefüllt; sie werden immer im Rohr gebacken. Auch die „teari Strud'l" erklärt Bünker nicht weiter; „tear" (tiar)" dürfte von dürr, trocken abgeleitet werden können. Bünker zählt immerhin einige Strudelarten auf: „Äpf'l-, Pia'n-, Zweischp'm-, Kea'scht'n-, Wainpa'l-, Zweib'm-, Krumpia'n-, Buaganta-, Kraut-, Ruib'm-, Grias-, Mag'n-, Toupf'nstrud'l" (Äpfel-, Birnen-, Zwetschken-, Kirschen-, Weinbeeren-, Zibeben-, Erdäpfel-, Burgunder- [= Rüben-], Weißkohl, Rüben-, Grieß-, Mohn-, Topfenstrudel); zu erwähnen sind noch der Bohnen- und der Kürbisstrudel. Beim Apfelstrudel streut man auch etwas Topfen auf die Apfelstücke.

Im Speiseplan des Jahreslaufs waren die verschiedenen Strudelarten im Burgenland fest verankert, sie hatten vor allem im Brauchtums-Festessen ihren Platz. So mußte man auf alle Fälle am Neujahrstag einen Strudel essen, „und wenn er gleich aus Asche ist", denn sonst würde es das ganze Jahr keinen Strudel geben. In Landsee feiert man den „Mohnstrudelkirtag", wie überhaupt in vielen Teilen des Burgenlandes ein „Kirchtagsstrudel" üblich war und ist. Im strudelreichen Orség gab es keinen Festtag ohne Strudel, selbst bei Hochzeiten wurden Mohn-, Topfen- und Krautstrudel aufgetragen.

Strudelteig (für ausgezogenen Strudel)

250 g glattes Strudelausziehmehl, 1–2 EL Öl oder zerlassenes Fett, $^1/_8$–$^1/_4$ l lauwarmes Wasser, Prise Salz

Mehl bergartig auf das Nudelbrett sieben, eine Mulde eindrücken, da hinein lauwarmes Wasser, zerlassenes Fett und Prise Salz (und eventuell ein ganzes Ei) verrühren. Das Ganze mit dem Messer im Mehl verteilen, mit den Händen zu einem weichen, glatten Teig verarbeiten, bis er sich von Brett und Händen löst. Auf das bemehlte Brett legen, zu einem Laib formen, mit Öl leicht bestreichen und zugedeckt eine halbe Stunde rasten lassen. Dann auf bemehltem Strudeltuch zuerst ausrollen, schließlich über beide Handrücken so dünn wie möglich ausziehen. Mit der gewünschten Fülle bis zu etwa zwei Drittel bestreichen (zuerst flüssige Butter daraufstreichen und eventuell Brösel darüberstreuen), zum Strudel einrollen (durch Heben des Tuches). Mit der Naht nach unten auf das gefettete Backblech legen und backen. (Nach halber Backzeit mit Fett bestreichen.) Oder in Stücke trennen, die Enden gut zusammendrücken und in Salzwasser kochen. Wird der Strudel im Rohr gebacken, kann man beim Teig das Ei weglassen, wird er gekocht, verwendet man kein Fett. Die abgeschnittenen dickeren Teigränder des ausgezogenen Strudels kann man mit etwas Mehl verkneten und zu Nockerln, Nudeln, Gerstl und dergleichen mehr verwenden.

Bohnenstrudel

Strudelteig (siehe Seite 41); Fülle: 300 g weiße Bohnen, 150 g Grieß oder Semmelbrösel, 100 g Butter oder Schmalz, 100 g Zucker, $^3/_8$–$^1/_2$ l Süßrahm

Über Nacht vorgeweichte Bohnen mit frischem Wasser schwach bedeckt und leicht gesalzen langsam weich kochen. Abseihen, feinst faschieren oder passieren. Grieß oder Brösel mit Butter goldgelb rösten, nebst Zucker mit den Bohnen vermischen, das Ganze mit dickem Süßrahm geschmeidig abrühren. Man kann die Bohnenfülle zusätzlich mit würfelig geschnittenen, vom Kerngehäuse befreiten Äpfeln, etwas abgeriebener Zitronenschale und Rosinen vermengen.
Dieser burgenländische Bohnenstrudel ist nach M. F. Bothar ein echter „Pouzichtastrudel" (Bohnenzüchterstrudel) und ist um Ödenburg und Umgebung heimisch; er war für die damaligen Verhältnisse nicht billig, und es konnten ihn sich nicht viele leisten. Die Ausflügler aus dem Wiener Raum kamen rudelweise wegen dieses Strudels hierher, er war noch im vorigen Jahrhundert wie die Preßburger und die Ödenburger Mohn- und Nußkipferln eine begehrte Spezialität gewesen.

Bohnenstrudel aus dem Leithagebirge

Strudelteig (siehe Seite 41); Fülle: 150 g Grieß, 100 g Schmalz, 300 g weiße Bohnen, Salz, Pfeffer, Majoran, Handvoll Speckwürfelchen; Backschmalz

Grieß in heißem Schmalz leicht rösten, mit etwas Wasser aufgießen und quellen lassen. Extra die vorgeweichten Bohnen im frischen Wasser, leicht gesalzen, gar kochen, abseihen, pikant mit Salz, Pfeffer und Majoran würzen. Strudelteig mit geröstetem Grieß und Bohnenmasse füllen, die angerösteten Speckwürfel darauf verteilen, den Strudel einrollen, in handtellergroße Stücke schneiden und diese in heißem Schmalz schwimmend backen. Dazu am besten grünen Salat.

Bohnenstrudel aus Oberwart

Strudelteig (siehe Seite 41); Fülle: 80 g Schmalz, 1 Zwiebel, 2 Semmeln, 300 g Bohnen, Salz, Majoran, Pfeffer; Fett zum Backen

In heißem Schmalz gehackte Zwiebel und würfelig geschnittene Semmeln anrösten. Dann die gekochten, abgeseihten, passierten Bohnen dazugeben, mit Salz, reichlich Majoran und Pfeffer würzen. Auf den ausgezogenen Strudelteig auftragen, diesen einrollen, in Stücke teilen und in einer gefetteten Pfanne im Rohr backen. Als Beilage serviert man Krautsalat.
Daneben registrieren die bürgerlichen Kochbücher eine Menge von Bohnenfüllmassen, so z. B. aus 1 kg Bohnen, $^1/_4$ l saurem Rahm und Pfeffer, oder aus 500 g Bohnen, $^1/_4$ l saurem Rahm, je 100 g Bröseln, Butter und Zucker, 500 g sauren Strudeläpfeln und Zimt, oder aus 750 g Bohnen, 4 würfelig geschnittenen Semmeln, in Schmalz geröstet, $^1/_4$ l Sauerrahm, Salz, Pfeffer.

Krautstrudel aus Oberwart

Strudelteig (siehe Seite 41); Fülle: 1 kleiner Krautkopf, Salz, Pfeffer, Majoran, 80 g Schmalz; Salz

Weißkraut feinnudelig schneiden, mit Salz, Pfeffer und Majoran würzen, in Schmalz weich dünsten (etwas Flüssigkeit beigeben), zuletzt auf dem ausgezogenen

„Frau Rosina Kirnbauer in alter heanzischer Tracht." 1895.

Strudelteig verteilen. Zusätzlich pfeffern. Strudel einrollen, mit dem Kochlöffelstiel in Portionen teilen, die einzelnen Taschen gut zusammendrücken und in Salzwasser 10 Minuten gar kochen.

Krautstrudel, gebacken

Strudelteig (siehe Seite 41); Fülle: 1 Weißkrautkopf, 100 g Selchspeck, 1 EL Staubzucker, 100 g Schweineschmalz, 1 Zwiebel, Essig, Fleischbrühe, Salz, Pfeffer, Paprika, Kümmel, 40 g Butter

Kraut feinnudelig schneiden (vorher Strunk entfernen), hacken oder mit dem Wiegemesser zerkleinern. In heißem Fett Staubzucker schmelzen, den kleinwürfelig geschnittenen Selchspeck und die feingeschnittene Zwiebel mitrösten. Mit einem Schuß Essig ablöschen, das Kraut beigeben, durchmischen, würzen und zugedeckt unter öfterem Durchrühren gar dünsten. Ist das Kraut hellbraun, ab und zu etwas Wasser zugießen, damit es saftig bleibt. Den Strudelteig ausziehen, mit Butter beträufeln, das etwas überkühlte Kraut darauf verteilen, einrollen, mit der Naht nach unten auf das gefettete Backblech legen und im Rohr etwa eine Dreiviertelstunde backen. Während des Backens ab und zu mit etwas Butter bestreichen.

„Krumpanstrudel" (Erdäpfelstrudel)

Strudelteig (siehe Seite 41); Fülle: 600 g Erdäpfel, Salz, 60 g Fett, 1 Zwiebel, 200 g Schinken, 2 Eier, Sauerrahm; Fett zum Backen

Geschälte, geviertelte Erdäpfel in Salzwasser mehlig weich kochen, fein zerdrücken, reichlich mit heißem Fett übergießen, in dem eine feingeschnittene Zwiebel und kleingehackter Schinken geröstet wurden. Die Masse mit Eiern und etwas Rahm vermengen, auf den ausgezogenen Strudelteig auftragen, zusammenrollen, mit Fett bestreichen und im heißen Rohr backen. Die Hülle wird auch mit einem **Erdäpfelteig** (aus 500 g gekochten Erdäpfeln, 1 Ei, 150 g Mehl, 2 EL Grieß, Muskat und etwas Milch), einem Mürbteig oder einem Butterteig bereitet. Oder 250 g gekochte, geriebene Erdäpfel mit 100 g heißer Butter übergießen, mit 2 Eiern, 350 g Mehl, 20 g in wenig Milch gelöster Germ, Prise Salz auf dem Nudelbrett zu einem Strudelteig kneten, auswalken, mit der Fülle belegen, einrollen und im Rohr backen.

Süßer Erdäpfelstrudel

Strudelteig (siehe Seite 41); Fülle: 70 g Butter, 3 Dotter, 100 g Zucker, 250 g gekochte Erdäpfel, 3 Eiklar, Salz, 2 EL Milch, 100 g Mandeln; Butter, Zucker

Butter schaumig rühren, Dotter nach und nach einrühren, die passierten Erdäpfel untermischen, Mehl, Milch, Prise Salz und geriebene Mandeln einrühren, zuletzt den steifgeschlagenen Schnee unterziehen. Die Masse auf den Strudelteig auftragen, diesen einrollen, in einer gefetteten Rein im heißen Backrohr backen. Dabei wiederholt mit etwas Butter bestreichen.
Man kann auch eine Fülle aus 150 g Butter, 3 Dottern, 750 g gekochten, passierten Erdäpfeln, feingeriebener Zitronenschale, Rosinen und Schnee aus 3 Eiklar oder eine Fülle aus 150 g Butter, 5 Dottern, 150 g Zucker, $^1/_8$ l saurem Rahm, 4 gekochten, geriebenen Erdäpfeln, etwas Zitronenschale, Vanillezucker, einer Handvoll Rosinen und dem Schnee von 5 Eiklar bereiten.

„Dem österreichischen Mohnstrudel, den Nudeln und Nocken stellt der Heanze seine Topfenstrudel und die Zweckerln entgegen", schreibt M. A. Becker in der „Oesterreichischen Revue" 1863.

Gesottener Topfenstrudel mit „Röstbratelbohnen"

Strudelteig (siehe Seite 41); Fülle: 400 g Topfen, 4 Dotter, 4 Eiklar, Salz, 80 g Brösel, 60 g Butter; 60 g Fett, 1 Zwiebel, 1 Knoblauchzehe, Salz, Pfeffer, Majoran, Rosenpaprika, 250–300 g Bohnen, Essig

Passierten offenen Topfen mit 4 Dottern verrühren. 4 Eiklar mit Prise Salz zu Schnee schlagen, unter die Topfenmasse heben, auf den Strudelteig auftragen, mit in Butter gerösteten Bröseln überstreuen, einrollen, in Stücke schneiden, diese in Salzwasser kochen.
„Röstbratelbohnen": In heißem Fett feingeschnittene Zwiebel rösten, etwas zerdrückten Knoblauch beigeben, mit Salz, Pfeffer, Majoran und Rosenpaprika würzen. Dann weichgekochte Bohnen dazugeben, mit einem Schuß Essig säuern.

Gebackener Topfenstrudel (ungesüßt)

Strudelteig (siehe Seite 41); Fülle: 500–750 g offener Topfen, Prise Salz, 4 Eier, etwas Rahm, 1 EL Grieß; Fett für das Blech

Trockenen Topfen salzen, mit den Eiern gut verrühren. Sollte der Topfen zu trocken sein, mit Rahm

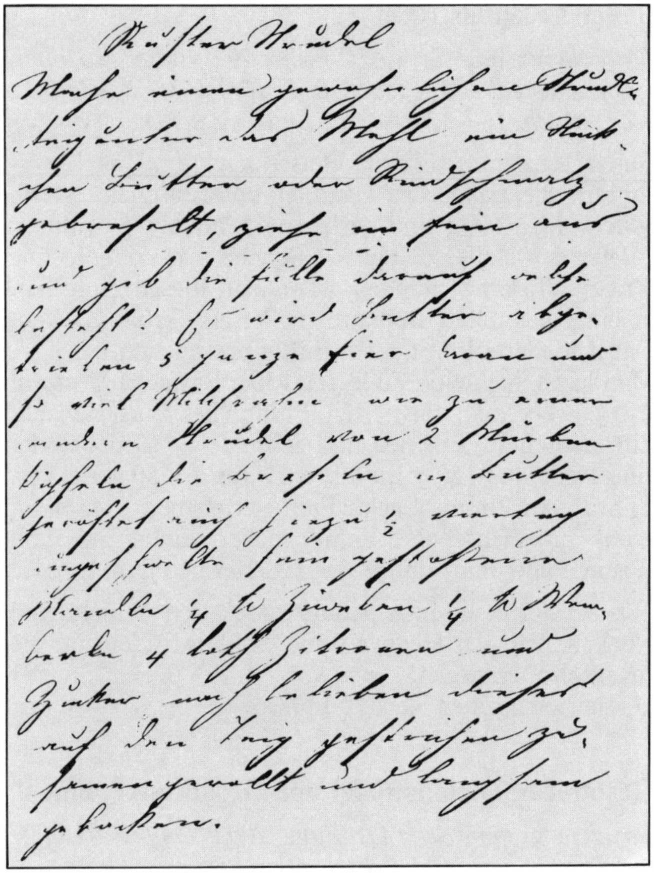
Ruster Strudel

„Ruster Strudel." Sammlung des Burgenländischen Landesarchivs.

befeuchten, ist er zu feucht, etwas Grieß darunterrühren. Fertigen Strudelteig gut einfetten, die Fülle auftragen, Strudel einrollen, auf ein befettetes Blech heben, obenauf mit zerlassenem Fett bestreichen und bei guter Hitze (200 Grad) im Rohr backen.

„Strudel und Niegel", schreibt J. R. Bünker Ende des 19. Jahrhunderts, „werden auf dem ‚Transchia'prëid'l' ganz auf den Tisch gebracht und hier vom Hausvater in so viele Stücke geteilt, als Personen am Tisch sitzen. Jedem wird also sein ‚Thaal' (Teil) zugemessen. Er kann von dem Betreffenden auch mitgenommen, aufgehoben und zu beliebiger Zeit gegessen werden . . . Von Eßzeug werden nur Löffel und ein Messer auf den Tisch gebracht. Das Messer dient zum Brotschneiden und zum Zerteilen der Mehlspeisen. Bauer und Bäuerin haben häufig ihre eigenen Löffel, Dienstboten und Kinder jedoch nicht. Teller werden keine auf den Tisch gegeben. Alle essen mit dem Löffel aus einer Schüssel. Die Gabel wird nur bei festlichen Essen, an denen Gäste teilnehmen, verwendet. ‚Mit ta' Gap'l is' an Eha, mit'n Lëiff'l kriagt ma' meha.' Mehlspeisen, welche in die Hand genommen werden können, wie ‚Schifft'ln, Schëiba'ln und Strud'ln', werden aus der Hand gegessen. Die Löffel werden nur samstags, oder wenn damit ‚faasti' (feiste, fette) Speisen genossen wurden, abgewaschen, sonst nur mit dem Tischtuch abgewischt." Um 1890 waren fast überall in den heanzischen Bauernhäusern schon Löffel aus Metall in Verwendung. Früher gebrauchte man Löffel aus Holz. Der „Landmann" Tobias Posch in Oberschützen schenkte Bünker einen hölzernen Löffel, den er von seinen Vorfahren übernommen hatte und der wohl schon 200 Jahre alt gewesen sein dürfte. Er war am Stielende durch ein liegendes Kreuz und zwei waagrechte Striche gemerkt. Die Mulde des Löffels war kreisrund und sehr flach. Die alte „Posch'n-Maam", die Mutter des Tobias, teilte dem Forscher mit, daß früher die Hausfrauen im Stiel ihres hölzernen Löffels ein Pfeifchen eingebaut hatten, mit dem sie das Gesinde zum Essen zusammenenpfiffen.

Von einem Bauern aus Oberschützen wurde dem Forscher J. R. Bünker erzählt, daß er seinen Löffel stets bei sich trug. Kam er einmal in ein benachbartes Haus, hatte seinen Löffel nicht bei sich und wurde zum Essen geladen, so aß er nur, wenn man ihm seinen Löffel holen ließ.

„Rui'mstrudel" (Rübenstrudel)

Strudelteig (siehe Seite 41); Fülle: 600 g Rüben, Salz, Pfeffer, Kümmel, 80 g Fett, 1 Zwiebel, 1/8 l saurer Rahm, 1–2 Eier, Prise Zucker; Fett zum Backen

Rüben fein hacheln, salzen, eine Zeitlang stehen lassen und „aussaball'n" (ausdrücken). In heißem Fett geschnittene Zwiebel rösten, dann die Rübenschnitzel mitrösten, Pfeffer, Kümmel beigeben, sauren Rahm und 1 bis 2 Eier dazurühren, mit Zucker etwas pikant abschmecken. Auf den ausgezogenen Strudel streichen, einrollen und in gefetteter Rein im Rohr backen.

Gibt man auf einen ausgezogenen Strudelteig in Butter geröstete Brösel, Zucker, Zimt, gestoßene Mandeln und in Hälften geschnittene, entsteinte Zwetschken, erhält man einen **Zwetschkenstrudel.** Zur Fülle eines **Reisstrudels** kocht man Reis in Milch, gibt ausgekühlt einen Abtrieb von 1 EL Butter, 4 Dottern und Schnee von 4 Eiklar dazu; mit Zucker und Rosinen bestreuen, einrollen und backen. Man gibt dazu Milch, mit 2 Dottern und Vanillezucker aufgekocht.

Schmalzgebackenes

Die Krapfen haben auch im heutigen Burgenland zur Faschingszeit bei den Heischebräuchen ihren festen Platz. In Sankt Margarethen gingen noch vor dreißig, vierzig Jahren die Burschen am Aschermittwoch unmaskiert von Haus zu Haus und sammelten Faschingskrapfen, die sie auf einem langen Stock aufspießten und vor sich her trugen. In Helenenschacht und in Ritzing war ein ähnlicher Brauch, das Faschingsjagen, üblich; auch hier zogen die Burschen von Haus zu Haus und sammelten neben geselchtem Fleisch, Eiern, Schmalz, Speck auch Krapfen, verzehrten dann alles im Wirtshaus und begruben so den Fasching. In Hennersdorf heißt dieser Brauch „Matzln" oder „Schmalzsammeln", in Schwendgraben „Rippensammeln". In Rettenbach wurde am Aschermittwoch der Brauch des „Binkerltragens" ausgeübt: die Mutter eines Mädchens mußte einen Korb voll Eßwaren in das Haus des geliebten Burschen tragen; hundertundein Krapfen wurden dazu gebacken, ein Schinken gekocht, ein Liter Wein, ein Topfenstrudel, Brot, eine Flasche Rum, Tee und Zucker waren in den Korb gepackt. In Piringsdorf hat man für diesen Brauch eigene „Ringerlkrapfen" (Schroër überliefert den Gebäcksnamen „oarani Ringer") gebacken, damit sie leicht aufgespießt werden konnten. Der Vergleich dieser Ringkrapfen mit dem Kranzgebäck („Ba" = Beugeln) zu den Hochzeiten liegt nahe, denn nicht selten entsprechen die Faschingsgebäcke zumindest in ihrer Gestalt und Form dem üblichen Hochzeitsgebäck. In Deutschkreutz hat man in jedem Bauernhaus am Lichtmeßtag Krapfen gebacken, damit „da Woaz nit brandi wird". Hin und wieder wurden Krapfen auch zur Erntezeit aufgetischt. Wie in Niederösterreich wird auch im Burgenland mancherorts nach beendetem Drusch ein ahnungsloser Drescher mit dem „Krapfenholz" in die Küche geschickt, wo er der Bäuerin das nahe Ende des Dreschens zu melden hat. Bevor er aber sein Sprüchlein aufsagen kann (das mit der Bitte um Krapfen endet), wird er meist mit einem bereitgestellten Eimer Wasser übergossen.

Auch zum Abschluß des Federnschleißens, zum „Federnzipf", auch „Federnessen", „Federnhahn" genannt, gibt es Krapfen und Tee mit Schnaps (dieser macht alle Lügen und Verleumdungen, die böse Zungen während des Federnschleißens aufgebracht haben, zunichte; daher darf es kein Rum sein!). Es muß auch jeder seine vorgesetzte Tasse austrinken (Dreihütten). Die „Schleißer" beenden den festlichen „Federnzipf" mit einem „Federntanz".

„Praatö Krapf'n" (Breite Krapfen, Bauernkrapfen)

1000 g Mehl, 40–50 g Germ, 60 g Zucker, 3–4 Dotter, 30 g Fett, Salz, 1 EL Rum, Milch; Fett zum Backen

Aus Germ, wenig Mehl und etwas lauwarmer Milch das Dampfl anrühren, mit Mehl bestäuben und reifen lassen. Dann mit restlichem Mehl, den Zutaten und lauwarmer Milch einen weichen Germteig schlagen; im Warmen zugedeckt aufgehen lassen. Jetzt mit einem Löffel oder kleinem Schöpflöffel Stücke ausstechen, mit der Hand zu kleinen Laibchen formen, auf bemehltem Brett oder Tuch zugedeckt nochmals gehen lassen. Schließlich jedes Laibchen gleichmäßig von der Mitte her auseinanderziehen, so daß am Rand ein etwas dikkerer Wulst, innen eine dünne Fläche entsteht. Beiderseits in heißem Backschmalz schwimmend backen, herausheben und abtropfen lassen.

Sticht man mit einem Löffel längliche Nockenformen aus und bäckt sie in heißem Schmalz, erhält man die **„gebackenen Mäuse"**.

Schmalzomeletten

220 g Mehl, $^1/_4$ l Wasser (oder Milch), Salz, 50 g Butter, 3–4 Eier, 20 g Zucker; Schmalz zum Backen

Wasser (oder Milch) mit Prise Salz und Zucker zum Kochen bringen, das Mehl (Kornmehl oder braunes Weizenmehl) einrühren, bis sich der Teig vom Geschirr löst, etwas überkühlen, die Eier nach und nach einarbeiten, fest wie einen Strudelteig bearbeiten, in kleine Stücke teilen, diese dünn auswalken (in der Größe einer Palatschinke bzw. einer Omelette) und in heißem Schmalz schwimmend backen.

„Hasenöhrl" bzw. „Polsterzipf" werden wie in anderen Bundesländern aus Mürbteig oder aus Brandteig bereitet, gefüllt und ungefüllt in heißem Schmalz schwimmend gebacken. Da und dort heißen sie auch **„Schift'ln"**.

„Schartelkrapfen“

150 g Mehl, 35 g Butter, 3 Dotter, Prise Salz, 1 TL Anis, 1/8 l Sauerrahm, 1 EL Wein; Schmalz zum Backen; Zucker

Aus den Zutaten rasch auf dem Brett einen Mürbteig kneten, eine halbe Stunde im Kühlen rasten lassen, dann messerrückendick auswalken, fingerbreite, spannenlange Streifen abradeln, je einen Streifen, an der Spitze beginnend, über einen hölzernen Kochlöffelstiel drehen, in das heiße Schmalz halten und backen. Dann herausheben, vorsichtig vom Stiel abziehen, abtropfen lassen und mit Zucker bestreuen.

Diese „Krapfen“ heißen in den bürgerlichen Kochbüchern auch „Hobelspäne“, bei den Kroaten, bei denen sie allgemein bekannt und sehr bliebt sind, „trijesce“ (= Späne).

Güssinger Krapfen

8 mittelgroße Erdäpfel, 20 g Germ, 1/8 l Milch, 1 Ei, 50 g Schweinefett, Salz, Mehl, nußgroß Fett, 1/2 Zwiebel, 200 g gekochtes Selchfleisch, Pfeffer, Schnittlauch; Schmalz zum Backen

Erdäpfel im Rohr weich backen, dann schälen und passieren. Germ mit lauwarmer Milch auflösen, Ei, zerlassenes Schweinefett, Prise Salz und so viel Mehl einrühren, bis ein mittelfester Teig entsteht, der mit den passierten Erdäpfeln geschmeidig-fest und glatt geknetet wird; Teig rasten lassen. Feingeschnittene Zwiebel in wenig Fett blaßgelb anschwitzen lassen, gehacktes Selchfleisch darin rösten, mit Pfeffer und geschnittenem Schnittlauch würzen. Dann den Teig auf bemehltem Brett kleinfingerdick ausrollen, zu Scheiben (8 cm Durchmesser) ausstechen. Die Hälfte dieser Scheiben mit einem Häufchen Selchfleischfülle belegen, darüber die nackte Teigscheibe schlagen, so daß die Fülle davon ganz eingeschlossen ist. Die Ränder zusammenkneifen. Auf bemehltem Brett zugedeckt eine halbe Stunde warm stellen. Dann in fingerhohem, nicht allzu heißem Schmalz auf beiden Seiten goldgelb backen. Dazu grünen Salat servieren.

„Schoiba'l“, „Schëiba'l“ (Schöberln) sind im Burgenland eine beliebte Speise; es sind in Backteig getauchte Apfelscheiben, Holunderblüten, Akazienblüten, die dann in heißem Fett zu **„Apfel-“, „Hulla-“** und **„Akazienschoiba'l“** gebacken werden. Zuletzt überzuckern. Gebackene Brennesselblätter, Salbeiblätter oder Zwetschken werden auf die gleiche Weise bereitet.

„Apfelschöberl“

150 g Mehl, 1/8 l Milch, 2 Eier, Prise Salz, 10 g Zucker, 3–4 Äpfel; Fett zum Backen, Zucker

Milch, Eier, Salz und Mehl zu einem dickflüssigen Backteig verrühren. Die Äpfel vom Kerngehäuse befreien, in 2 cm dicke Scheiben oder Spalten schneiden, diese in den Backteig tauchen und sofort in heißem Fett goldgelb backen. Abtropfen lassen und mit Zucker bestreuen. – Auf die gleiche Weise werden Scheiben bzw. Spalten von Pfirsichen und Marillen gebacken.

„Hullaschoiba'l“ („Hollerschöberln“, gebackene Holunderblüten)

Backteig: 150 g Mehl, 10 g Zucker, Prise Salz, 20 g Öl, 1/8 l Milch, 2 Eier; 8 Holunderblüten; Backschmalz; Zucker und Zimt zum Bestreuen

Mehl, Zucker, Prise Salz, Öl, Eier und Milch zu einem nicht zu dick gehaltenen Teig verrühren. Die Blütendolden des Holunders (sie sollen nicht ganz abgeblüht sein!) mehrmals im lauwarmen Wasser schwenken, gut abtropfen lassen, den trockenen Blütenkranz bis an den Stengel langsam in den Backteig tauchen, hochheben, etwas ablaufen lassen und sofort ins heiße Fett einlegen (der Stiel soll herausragen). Beim Backen der „Holunderstrauben“ benötigt man nicht zuviel Fett, die eingelegten Blütendolden sollen darin nicht schwimmen, sondern nur vom Fett ringsum umgeben sein. Während des Backens die Pfanne mehrmals rütteln. Sobald der Teig Farbe hat, herausnehmen, abtropfen lassen, mit Zucker und Zimt bestreut anrichten.

Besonders geschätzt wird in jedem Bauernhaus die Hollerstaude, denn für die Landbevölkerung ist der Holunder eine „lebende Apotheke“. Die getrockneten Blüten verwendet man zu einem schweißtreibenden Tee bei Erkältungskrankheiten, die Blätter bei Nierenstörungen, bei Wassersucht u. a. Krankheiten, die schwarzen Beeren wirken mild abführend. Die Beeren nahm man auch zum Färben von Marmelade, den Holundersaft schätzt man ob seiner Vitamine und seiner Wirkung bei Rheuma und Ischias. Bei Entzündungen legt man frische Blätter oder ein Stück junger Rinde auf. Ein Absud aus Blatt oder Wurzel dient zur Blutreinigung. Holunder schützt „vor Hexerei und Zauber“. Auch der „Hollerstrudel“ hat seine Liebhaber. Die Kinder schließlich haben an ihren selbstgebastelten „Hullaspritz'n“ und am „Hullaschiaß'n“ ihre Freude.

Backwerk

Wirtschaftliche und soziale Verhältnisse, Hausbau, Feuerstelle und Kochgeschirr haben nach Károly Gaál („Soziale und wirtschaftliche Zusammenhänge in der Änderung der Kochausrüstung“) zu allen Zeiten und Orten die Speisen und ihre Zubereitung bestimmt. Viele Hausfrauen des heutigen Burgenlandes kochten bis weit in das 19. Jahrhundert hinein noch in der „Rußküche“, und noch um 1700 hatten viele Häuser nur einen einzigen heizbaren Raum; in diesem lebte die meist kinderreiche Familie, in ihm wurde alle notwendige Hausarbeit verrichtet, dort befand sich die offene Feuerstätte, die „Feuerbank“. Das war eine bloße Lehmbank, auf der Holzscheite brannten. Das Kochgeschirr, meist irden, stand auf eisernen Dreifüßen, hing an Ketten und Haken direkt über dem offenen Feuer oder stand inmitten der Glut. Geheizt wurde mit Hartholz, das die Glut lange hielt. (Holz war zu dieser Zeit selbst für den Großgrundbesitzer noch totes Kapital.)

Im südlichen Burgenland wurden die Häuser aus Holz gebaut, während sie im mittleren und teilweise auch im nördlichen Landesteil schon aus Stein errichtet waren (im nördlichen Burgenland um 1800 auch schon aus gebrannten Ziegeln); im Seewinkel dagegen war noch lange Lehm das bevorzugte Baumaterial. In den vor allem im 19. Jahrhundert neugebauten Häusern wurden Kochstelle und Wohnraum bereits getrennt, die „Rußküche“ erhielt dann einen eigenen Raum; er war im Durchschnitt 2 x 3 Meter groß, bestand aus gemauertem Ofen, der Feuerbank an der Ofenseite zum angrenzenden Wohnraum sowie einer Küchen- und Arbeitsbank; beide waren aus Lehm oder aus Lehmziegeln. In die Wand war über der Küchenbank meist eine kleine Nische für den täglichen Vorrat (Schmalz, Mehl, Salz) eingebaut. Oberhalb der Tür standen auf einem Brett die Kochgeschirre (Häfen, Töpfe, Pfannen). Der Rauch zog durch das anschließende Vorhaus, die „Lab’m“, oder durch das Dach ab. Die Küchenwände waren schwarz wie eine „Selchkammer“, sie wurden während eines Jahres mehrmals bis Kopfhöhe geweißt. Küche und Vorhaus trennte meist keine Tür, sondern ein Mauersockel mit offenem Durchgang. Eine Art Kamin wurde erst seit Anfang des 19. Jahrhunderts eingebaut. Über der Feuerbank waren waagrecht Stangen befestigt, auf die das Fleisch zum Selchen gehängt wurde. Beleuchtet wurde der kleine Raum abends durch die „Keanleicht“ (Kienspan). Der Dorfrichter und ein Geschworner besichtigten die „Leichtherde“ wöchentlich einmal, kontrollierten die Schlote, ob sie richtig gebohrt waren. Trotzdem zerstörten Brände immer wieder ganze Dörfer.

Noch 1894 begegnete Johann R. Bünker („Das Bauernhaus in der Heanzerei“) dieser alten Küchenform. Die Decke dieser Küche bildete ein Tonnen- oder Kreuzgewölbe, auf dessen höchstem Punkt der Schornstein saß. „Ich habe“, bemerkt Bünker, „jedoch besonders im südlichen Teil der Heanzerei auch Küchen mit Tramdecken gefunden, aus denen noch hölzerne Schlote durch das Dach ins Freie führten. In Stegersbach stieß ich auch noch auf ein Rauchhaus, das einzige, das mir auf meiner Wanderung unterkam. Der Rauch wurde dort durch ein in der Höhe der Decke angebrachtes waagrechtes Loch durch die Wand in das Vorhaus geführt. Über dem Herd fand ich dort auch einen ‚Feuerschirm‘.“

Das von Bünker beschriebene Haus in Oberschützen Nr. 147 hatte einen eigenen Küchenraum mit zwei „Feuerstellen“ und einem Backofen; zu beiden Seiten der Küche befand sich je ein Wohnraum; sie waren durch je einen Kachelofen zu erwärmen, die wiederum vom Küchenherd aus beheizt werden konnten. Vor dem Backofen in der einen Ecke der Küche befand sich eine knietiefe Grube, die Feuergrube („Fuagrui“), die dazu diente, vor dem Brotbacken die Glut und die heiße Asche aufzunehmen, die mit „Krick’n“ und „Paa’twisch“ herausgeholt wurden. In der übrigen Zeit war die Grube mit Brettern überdeckt. In der dem Backofen gegenüberliegenden Ecke stand ein Brennkessel, da fast in jedem Haus im damaligen Oberschützen laut Bünker das Obst, das anders nicht verwertet werden konnte, zu Branntwein gebrannt wurde. Viel Obst wurde aber auch im Backofen (oder in einer eigenen Dörrhütte) gedörrt. In der anderen Ecke stand ein kupferner „Sechtkessel“; er diente zum Erhitzen einer größeren Menge Wasser, war eingemauert und von unten zu heizen. Der Rauch drang auch hier durch das Ofenloch in die Küche. In manchen Häusern war der „Sechtherd“ so eingerichtet, daß der Kessel herausgehoben werden konnte; seine Stelle nahm am

Schlachttag die große Fettauslaßpfanne ein. Wurde der Back- oder der Stubenofen geheizt, dann wurden darin die täglichen Speisen, auch das Viehfutter, gegart. Ein typisches Gerät dazu war die Ofengabel mit einem Rädergestell zum Hineinschieben und Herausholen der Kochtöpfe („Ofenwagen"); oder die Töpfe wurden mit einer langen Gabel ins Feuer gehoben.

Ofenwagen, diente zum „Einfahren" der Kochtöpfe in den Kochofen.

Meist stand nur ein einziger Küchenherd in der Küche (in einer Ecke); dieser war dann höher, das Ofenloch nicht über, sondern neben dem Herd angebracht. Oder der Ofen stand in der Mitte an der hinteren Wand, er war dann von drei Seiten frei zugänglich und barg in seinem unteren Teil nicht selten auch den Backofen. Die Verbindung eines Küchenherdes mit einem Stuben-Kachelofen war die ältere, jene direkt mit einem Backofen die jüngere Form. In ärmeren Verhältnissen (so um den Neusiedler See) begnügte man sich bis ins 18. Jahrhundert mit einer Vorderladerheizung im Hauptwohnraum, wie aus einer Beschreibung der Kroatenhäuser im Komitat Wieselburg 1735–1741 durch Matthias Bél hervorgeht: „Sie bewohnen auch Häuser minderer Bauart als die Deutschen. Denn nur wenige weisen Stuben auf, die nicht wegen ihrer als Vorderlader rauchenden Öfen etwas Finsteres, ja Düsteres an sich haben." Demgegenüber richteten sich die Weinbauern in Mörbisch bereits mit Stuben jener fortschrittlichen Heiztechnik der deutsch-mitteleuropäischen Ofenkultur ein. In der Küche, die Bünker beschrieb, befand sich unter dem einen Herd eine größere Öffnung, eine Art Nische, die ursprünglich zur Aufnahme von Scheiterholz bestimmt war. Bünker sah darin einen Topf stehen mit einer milchig-weißen Masse, einem Brei aus weißer Tonerde, „a waiß Kath" (weißer Kot), der zum Weißen der Küche diente. Denn der Herd wurde jeden Samstag geweißt, die ganze Rußküche jede vierte Woche, „wann da Rauchfangkiara kimp'". Der Lehmboden der Küche wurde jeden Samstag frisch „g'lennt". Der Küchenraum erhielt das Tageslicht durch ein kleines Fenster, das „Lab'mgugga'l".

Wurde in größeren Mengen gekocht, zu einer Hochzeit oder zu einer Arbeit, bei der Nachbarn aushalfen, diente die geräumige, ebene Oberfläche des Backofens als Feuerstelle. Sonst wurde hier das „G'schia" zum Trocknen „hing'stiazt". In der Küche befand sich außerdem ein „Kuchlkastl", in dessen oberem Teil Geschirr und in zwei Körbchen Mehl untergebracht waren, „Traadanas" (Kornmehl) und „Waazanas" (Weizenmehl). Im Kornmehl steckte das Mehlschäuferl, im Weizenmehl lagen einige Eier auf Vorrat. Im unteren Teil des Küchenkastens war wieder Geschirr, das „Salzkeabl, a klaans Hëifal" mit Schmalz und „Mesna" (Mörser) – ein Gewürz-, ein Salz- und ein Mohnmörser. Über dem Kücheneingang befand sich eine Stellage für Töpfe, die „Hëifalstell'n". An Küchengeschirr zählte Bünker u. a. auf: vier große Knödelhäfen aus Ton mit Henkel (zu je 8 bis 10 Liter), eine große Rein aus Ton oder Blech mit zwei Henkeln oder „Ku", mit oder ohne „Haxn", eine mittlere Rein aus Ton mit Handhaben und drei Beinen zum Bereiten des Schmarrens (die große Rein verwendete man zum Sterzkochen und Strudelbacken). Ferner eine große und eine kleinere eiserne Pfanne mit Stiel und Füßen, ein Einbrennpfandl aus Eisen, ein Strudelblech aus Eisenblech, viereckig, mit Handhabe und ohne Beine („war neu eingebürgert"), einige „Prechlhefen" aus Ton mit zwei Handhaben, 20 bis 30 Liter fassend (wurden verwendet, wenn für viele Personen gekocht werden mußte), eine schmiedeeiserne Auslaßpfanne ohne Beine und mit zwei Handhaben (sie faßte 15 bis 20 kg Fett), ferner einige „Saukriag" aus Ton mit Handhabe (zum Kochen von Schweinefutter).

Töpfe, Pfannen und Reinen wurden direkt in das Feuer gehängt bzw. gestellt und erhielten so von allen Seiten Hitze. Auf diese Weise wurden die „schnellen" Gerichte zubereitet wie Suppen, Einbrenn, Sterz. Für Speisen mit langer Garungszeit verwendete man bauchige Töpfe, die ebenfalls in die Glut gestellt wurden.

Um die Mitte des 19. Jahrhunderts vollzog sich ein

Wandel. Als sich nach der Aufhebung der Leibeigenschaft im Jahre 1848 im heutigen Burgenland die soziale Lage etwas zu bessern begann, die Menschen frei ihre Dörfer verlassen durften und dadurch viele Familien kleiner wurden (Bünker wußte 1895 von einer Familie mit zehn Kindern zu berichten, von denen je eines als Oberkellner, Küchenchef, Speisenträger, Weinbub und zwei Köchinnen in erstklassigen großen Stadthotels tätig waren, eine war Haushaltsköchin), wurde in vielen Häusern, die es sich leisten konnten, der neue eiserne Sparherd eingeführt, der in den westlichen Ländern schon vor 1850 in Gebrauch stand. Überdies hatte das Holz inzwischen seinen Handelswert bekommen, die Nachfrage der Industrie nach Holz stieg rapid an. Jetzt baute man auch die Häuser aus Ziegeln, dabei wurde für die neue Küche gleich ein größerer Raum mit eingeplant, zumal der neue Sparherd, der mit Kleinholz und Holzabfällen geheizt werden konnte, eine enorme Hitze entwickelte, die in der viel kleineren Rußküche unerträglich gewesen wäre.

Die Umstellung von der Feuerbank der Rußküche zum eisernen Sparherd hatte nicht nur baulich-räumliche Konsequenzen, es mußte – so Károly Gaál – altes Kochgeschirr durch völlig anders konstruiertes ersetzt werden, das ein eigener Industriezweig anlieferte. Wer sich das neue Geschirr nicht leisten konnte, half dem ab, indem er die Herdringe auf der Ofenplatte des Sparherdes entfernte und die Töpfe direkt in das Feuer hängte (oder er schlug den irdenen Reinen die Füße ab und konnte sie mit flachem Boden dann direkt auf die Herdplatte aufsetzen). Die neuen eisernen und gußeisernen Reinen und Töpfe kamen im pannonischen Raum unter der Bezeichnung „Pilsner Geschirr" auf den Markt. Auch heimische Steinguterzeuger und die Dorftöpfer versuchten ihr Geschirr durch Verzierung attraktiver zu machen, erlagen aber dennoch der Konkurrenz der industriellen Produktion. Die Töpfereierzeugnisse dienten meist nur mehr als Milchstutzen, Milchhäfen, Wasserkrüge und Rahmtöpfe.

Im heutigen Burgenland hielten sich nach Gaál die alten Reinen, in denen seit eh und je Strudel gebacken wurden, am längsten. Erst als auch die alten Zimmeröfen abgerissen wurden, verwendete man die modernen Backpfannen des Sparherdes. Dieses Geschirr steht vielfach noch heute in Gebrauch, besonders im Winter (denn inzwischen ist im durchschnittlichen Drei-Personen-Haushalt die Küche wieder zum Tagesaufenthaltsraum geworden – so wie in der alten Rauchküche von einst).

Germstrudel („halbaufgehender" Strudel)

Teig: 500 g Mehl, 20 g Germ, 50 g Zucker, 60 g Butter, allenfalls 2 Dotter, Prise Salz, etwa 1/4 l lauwarme Milch

Topfenfülle: 50 g Butter, 50 g Zucker, 1 Dotter, 300–500 g passierter Topfen, einige EL Sauerrahm, allenfalls 30–40 g Weinbeeren bzw. Rosinen

Kletzenfülle: 70 g Nüsse oder Haselnüsse, 250 g Kletzen (oder Dörrzwetschken), allenfalls 40 g Weinbeeren, etwas Zucker, Zimt

Nußfülle: 300 g geriebene Nüsse, 60 g Zucker, 1/4 l heiße Milch

Mohnfülle: 1/8 l kochende Milch, 3/8 l geriebener Mohn, Zitronenschale, Zimt, 50 g Weinbeeren, 60 g Zucker, 1 Stamperl Rum, 1 EL Honig

Germ mit 1 Teelöffel Zucker flüssig rühren, dann 1 bis 2 Eßlöffel Mehl und 2 bis 3 Eßlöffel lauwarme Milch einrühren. Glatt verrühren, dick mit Mehl bestäuben und in der Wärme gehen lassen. Sobald die Mehloberfläche starke Risse aufweist, mit dem ganzen Mehl, zerlassener Butter und der restlichen lauwarmen Milch, in der Zucker, Salz und Dotter versprudelt sind, vermengen und den Teig gut abschlagen, bis er glatt ist

Sparherd, Erzeugnis der Esterházy'schen Tonwarenfabrik aus einem Haus in Stoob, heute im Landesmuseum in Eisenstadt.

und sich von Schüssel und Teiglöffel löst. Zugedeckt an warmem Ort gehen lassen. Sobald er um etwa die doppelte Menge aufgegangen ist, weiterverarbeiten. Statt süßer Milch kann man auch Molke, saure Milch, Butter- oder Biestmilch verwenden. Die Milchmenge ist jeweils auf die Mehlbeschaffenheit abzustimmen. An Fetten eignen sich Butter, Butterschmalz, eventuell Öl, aber auch Schweine- und Kernfett. Das Ei kann man weglassen. Viel Zucker macht den Teig schwer.
Den aufgegangenen Teig auf mehlbestaubtem Brett ausrollen, mit gewünschter Fülle belegen, von beiden Seiten zusammenschlagen oder einrollen, auf befettetes Backblech oder in eine gefettete Rein legen und im Rohr backen. Man kann den ausgewalkten Teig vor dem Auftragen der Fülle mit zerlassenem Fett bestreichen.
Die Zutaten der jeweiligen Fülle vermengen, mit der jeweiligen Flüssigkeit zu einer streichfähigen Masse verrühren.
In Deutschkreutz wurde jährlich am Karsamstag ein „guter" Nuß- oder Mohnstrudel gebacken. Zu Weihnachten wurden einige Tage vorher – auch bei den ärmeren Bauern – mehrere Reinen Strudel, mit Mohn oder Nüssen gefüllt, im eigenen Backofen gebacken oder dazu zum Bäcker getragen.

Eine eigene burgenländische Mehlspeise erwähnte Bünker mit dem „gehat'n Nigl", wohl eine Art Kuchen aus Heidenmehl, der dem „Halbaufgehenden" des angrenzenden südoststeirischen Gebietes entsprechen dürfte, wie Gamerith vermutet. Er wurde meist nur mit Germ bereitet, also aus einem eher dünnflüssigen Germteig, der fingerdick aufgegossen wurde; es dürfte sich somit um eine alte Dampflspeise handeln. Der (steirische) „Aufgehende" ist ein in einer Rein im ganzen gebackener Germteig aus weißem Weizenmehl, ähnlich dem Kärntner Reinling oder dem Gugelhupf aus Milchbrotteig bzw. Germteig. Oft wird er gefüllt, mit dem, was man gerade hat: mit Powidl, gekochtem Dörrobst (Kletzen, Zwetschken), geschnittenen frischen Äpfeln, Marmelade, auch nur mit Zucker und Zimt und etwas Fett, mit Weinbeeren oder mit „türkischem" Grieß (roh oder gekocht), der mit Honig und Zucker abgerührt wird. Dieser „Aufgehende" wurde meistens am Samstagabend oder Sonntagvormittag gebacken und bildete mehrmals in der Woche mit dazu getrunkenem Most die dritte Richt. Da man mit Germ erst um 1820 zu arbeiten begann, diese Germgebäcke für die alten Generationen noch etwas Besonderes, Gutes, Seltsames waren, dürften sie in der heutigen Form erst im Lauf des 19. Jahrhunderts in die bäuerliche Küche Eingang gefunden haben. Ob sie eine ursprünglichere, derbe, mit Dampfl bereitete Art des „aufgehenden Tommerls" dabei nur ablösten bzw. fortsetzten, ist noch unbeantwortet.

Backmodel aus Ton, mit dem jüdischen Thora-Zeichen auf dem Boden. Im „Landschaftsmuseum für das südliche Burgenland", Stegersbach.

„Presnaci" sind Teigflecken von ca. 30 cm Durchmesser, die mit Topfen und Rosinen bestrichen und deren Ränder eingeschlagen werden. Diese „Kuchen" waren bei Hochzeiten in Hornstein üblich.

„Apfelfosn", „Apfelfasn", „Apfelfledi"

Germteig (siehe Seite 49); 1000 g Äpfel, Zucker, Zimt, Gewürznelken; Fett für das Backblech

Zuerst einen „halbaufgehenden" Germteig bereiten und nach dem Aufgehen auf bemehltem Brett auswalken. Mit blättrig geschnittenen, geschälten und entkernten Äpfeln belegen, zuckern, mit Zimt und Gewürznelken bestreuen und zusammenschlagen. Auf gefettetem Backblech im heißen Rohr backen.

„Krumbirngendarm"

Erdäpfelteig (siehe Seite 43); 1000 g Äpfel, Zucker, Zimt (oder 600 g Kraut oder Rüben, 60 g Fett, 1 Zwiebel), Fett für das Backblech

Zuerst einen Erdäpfelteig bereiten, zu einer dünnen Fläche ausrollen und mit Fülle belegen (blättrig geschnittene Äpfel, vorgedünstetes Süß- oder Sauerkraut, eingesäuerte gedünstete Rüben). Den halben Teig darüberschlagen und auf gefettetem Backblech im heißen Rohr backen.

Kukuruzflecken

1/2 l (ca. 350 g) grober Kukuruzgrieß (Polenta), 1 l Milch, 120 g Selchspeck, Salz, Pfeffer

Kleinwürfelig geschnittenen Speck blaßgelb rösten. Fett teilweise in eine Kasserolle abgießen, darin verteilen. Die Speckwürfelchen mit der Milch aufgießen, mit Salz und Pfeffer würzen und kochen lassen. Den grob gemahlenen Kukuruzgrieß auf einmal unter Rühren einlaufen lassen und dick verkochen. Die heiße Masse sofort in die gefettete Kasserolle gut daumendick einfüllen und zugedeckt im heißen Rohr etwa 20 Minuten backen lassen. Dann stürzen und in Vierecke schneiden. Dazu saure oder süße Milch oder grünen Salat servieren.

Schon immer waren festliche Speisen beliebt, die mit Würzwein oder Würzmost begossen wurden. Diese Gepflogenheit dürfte aus der Zeit stammen, da Weißbrot auf dem Bauernhof eine rare Kostbarkeit war. Daher hat man auch altbackene Weißbrotschnitten mit heißem Glühwein übergossen. Diese beliebte Speise nannte man **„Triët", „Triëd"**. Wie der Name sagt (lateinisch tribus = drei), bezieht er sich auf die Dreizahl der Zutaten: gebähte Semmelschnitten, Wein und Zucker. Besonders in den Ländern rund um die Donau, im Burgenland und auch noch in der Steiermark begegnet man dem Triët als Zwischengericht mehrerer Fleischgänge beim Hochzeitsmahl.
Ein anderes Festtagsgebäck ist die **„besoffene Liesl"**; sie entspricht dem „besoffenen Kapuziner" in anderen Bundesländern. Besonders im Pinkaboden und im Güssinger Bezirk ist die „besoffene Liesl" als Hochzeitsspeise bekannt geworden: Ein Kuchen (Biskuitmasse usw.) wird mit heißem Glühwein übergossen und dann kalt serviert.

Eisenstädter Süßspeise

150 g Semmelbrösel, milder Sauerrahm, 60 g Butter, 40 g feiner Zucker, Zimt, Zitronenschale, 4 Dotter, 4 Eiklar, 30 g Zucker; Glühwein: 1/8 l Wasser, 150 g Würfelzucker, 1/2 l Rotwein, Zimtstange, 4 Gewürznelken, 1 Stück Zitronenscheibe

Semmelbrösel mit dickem, mildem Sauerrahm nach Bedarf zu einer saftig-kompakten Masse abmischen. Dann Butter mit Zucker abtreiben, Zimt, geriebene Zitronenschale nach Geschmack dazurühren, Dotter nach und nach einrühren. Die Masse in eine gefettete, mit Bröseln ausgestreute Kuchenform gut zwei Finger dick einfüllen. Im mittelheißen Backrohr etwa eine Stunde langsam backen. Schließlich in Portionen aufschneiden, mit Zucker bestreuen, mit einigen Eßlöffel kochendheißem Glühwein umkränzen und servieren.
Glühwein: Rotwein, Wasser, Würfelzucker, Zimtstange, Gewürznelken und eine Zitronenscheibe aufkochen, zehn Minuten zugedeckt ziehen lassen.

Ödenburger Bohnentorte

200 g Zucker, 3 Dotter, 250 g bunte Bohnen, 2 EL Brösel, 50 g Haselnüsse, 1 Msp. Natron, 3 Eiklar; Ribiselmarmelade; Butter und Mehl für die Form

Zucker und Dotter schaumig rühren, passierte gekochte Bohnen dazurühren, ebenso die Brösel, die gemahlenen Nüsse, etwas Natron, zuletzt den steifgeschlagenen Schnee von 3 Eiklar darunterheben. Die Masse in eine mit Butter ausgestrichene, mit Mehl gestaubte Tortenform füllen. Bei mittlerer Hitze etwa eine Dreiviertelstunde backen. Ausgekühlt einmal quer in der Mitte durchschneiden, mit Ribiselmarmelade füllen, wieder zusammensetzen. Man kann die Torte auch oben mit glatter Marmelade dünn bestreichen und glasieren.

Osterflecken

150 g Roggenmehl, 30 g Germ, Wasser, 500 g Roggenmehl, 500 g Weizenmehl, Salz, Kümmel, Fenchel; Salz, Kümmel, Fenchel zum Bestreuen

Roggenmehl und Germ vermischen und mit fast kaltem Wasser einen eher festen, glatten Teig anmachen. Über Nacht in Küchentemperatur zugedeckt stehen lassen. Das inzwischen zusammengefallene Dampfl mit Roggen- und Weizenmehl, Salz, Kümmel und Fenchel vermengen, mit lauwarmem Wasser zu einem festen Teig kneten. Nach kurzem Rasten gut fingerdick auswalken, auf reines Backblech legen, mit einem Messerrücken kleine Quadrate einkerben. Die Fläche mit Wasser leicht befeuchten, mit grobem Salz, Kümmel und Fenchel bestreuen. Teigfleck um die Hälfte höher gehen lassen, im Rohr 35 bis 45 Minuten backen. Werden frisch, allerdings ausgekühlt, zu frischer Butter oder Weichkäse gegessen.

Brot und Brauchtumsgebäcke

„Unsa liaba Herrgott geht übers Land,
Er tragt a Briafal in da Hand,
Er kann guit lesn & guit schreibn,
Er kann die strengan Wetta vertreibn.
Er siacht a Häuserl brinna,
Wo arme Leut und bravi Kinder sein drinna,
Er behüt das Feuer mit Distel & Dorn,
Mit Weizen & Korn,
Helf uns Gott Vater, helf uns Gott Sohn,
Helf uns Gott Heiliger Geist,
Amen."

(Wettersegen)

Das Brot der Heanzen-Bauern war bis zur Jahrhundertwende im allgemeinen dunkles Kornbrot. Die Armen hatten auch das nicht und aßen gelbes „Wickabrot" (Wickenbrot). Nur bei reichen Bauern gab es weißes Brot, aber auch das nur an Feiertagen, u. a. die kleinen runden Laibchen, „Zinolztn" (Zipolt = szipó) genannt. „Früher", bemerkt Bünker, „bediente man sich zum Anmachen des Teiges des Sauerteiges, der in der Heanzerei ‚Ura' genannt wird." Ein faustgroßes Stück Teig wurde von einem Backen zum anderen (in der Regel von einer Woche zur anderen) in einen Topf, in den „Urahëif'n", gelegt und ging während dieser Zeit in Gärung über. Dieser Sauerteig wurde am Vorabend des Backens mit Wasser verdünnt, mit einem hölzernen „Uralëif'l" abgerührt und ins Mehl gegeben. „Jetzt wird", so schreibt Bünker im Jahre 1894 „statt dem ‚Ura' die ‚Kick' verwendet. Sie wird auf folgende Weise zubereitet: Hopfen, Gerste und Weizen wird miteinander gesotten. Damit wird ‚waazani Klaib'm a'prennt' und mit dem ‚Uralëif'l' gut abgerührt. Das ist die ‚Kick'. Nach dem Erkalten wird die ‚Kick' in einer kleinen muldenförmigen Wanne, welche ‚Multa' genannt wird, tüchtig geknetet. Man formt dann aus der ‚Kick' Ballen und trocknet sie an der Sonne, bis sie ‚dürr' werden. 6 bis 12 solche Ballen werden vor dem Backen 3 bis 4 Stunden lang in kaltem Wasser eingeweicht. Wasser und Klösse bilden dann einen dünnen Brei. Dieser wird tüchtig gerührt und das Wasser schließlich abgeseiht. Mit diesem Wasser und mit Mehl macht man einen Teig, das ‚Tampf'l', an. Es bildet den Ersatz für den Sauerteig. Das Formen der Brotlaibe in der ‚Låatzschüssel' nennt man ‚låatz'n'."

Burgenländisches Bauernbrot

Sauerteig, 10 kg Kornmehl, 3½–5 l Wasser, 200 g Salz, 20 g Brotgewürz (Kümmel, Anis, Fenchel, Koriander)

Den Sauerteig bereitet man aus den Resten der letzten „Back". Nach dem Kneten des Teiges werden die Teigreste im Backtrog zusammengeschabt, zu einem Laibchen geformt und bis zum nächsten Backen luftig und trocken aufbewahrt. Vor Gebrauch den Sauerteig in lauwarmem Wasser auflösen und durchseihen. (Heute verwendet man meist nur Germ.)
Das Mehl wird am Tag vorher in den Backtrog gesiebt und in die warme Stube gebracht. Dann den Sauerteig in lauwarmem Wasser auflösen, in das Mehl seihen und mit diesem etwas verrühren. Man kann auch weniger Sauerteig und dafür einige Gramm Germ, ebenfalls in lauem Wasser aufgelöst, dazumengen. Mit Mehl überdecken und den Backtrog zudecken. Am nächsten Morgen gibt man zum Mehl das Brotgewürz, das nötige lauwarme Wasser und Salz und knetet alles zu einem mittelfesten Teig. Dann zugedeckt gehen lassen, noch

„Låatzschüssel" zum Formen der Brotlaibe.

einmal durchkneten und 1 bis 2 Kilogramm schwere Laibe formen, die man in der Brotschüssel zugedeckt nochmals gehen läßt. Schließlich in den heißen Backofen einschießen. Nach halber Backzeit mit lauwarmem Wasser bestreichen, damit sie glänzend werden, und weiterbacken. In nicht zu kaltem Raum auskühlen lassen und luftig auf einer Brothänge (Brotrehm) aufbewahren. Die Brotlaibe wie auch die gebakkenen Strudel wurden auch auf dem Gerüst des Himmelbettes aufbewahrt. Die Brotrehm war mit Stricken oder Eisenstäben an der Decke befestigt, um das Brot gegen Mäuse zu schützen.

„Fosn" („Krautfosn", „Ruimfosn")

Zu den ältesten Brotspeisen der Heanzen gehören vermutlich die „Fosn", die man nur mehr in den „Feuerflecken" von heute wiederfindet. Ursprünglich wurden die „Fosn" aus dem Rest des Brotteiges gemacht, aus der „Trogschea", aus dem, was im Trog an Restteig zusammengekratzt wurde. Der Teig wird zu Flecken ausgewalkt (heute auch aus Nudel- und Strudelteig oder einem „halbaufgehenden" Germteig, siehe Seite 49, bereitet), mit frisch geschnittenem Kraut oder mit nudelig geschnittenen oder gehackten, gekochten und eingesäuerten Rüben gefüllt (wie ein Strudel), die zuvor mit Schmalz, Sauerrahm, Salz und Pfeffer vermengt und gewürzt werden. Dann wird er taschenartig über der Fülle zusammengeschlagen und im Backofen nach dem Brotbacken gebacken (heute auch im Backrohr).
Zu Leonhardi (6. November), dem Viehpatron, bekamen in Liebing die Hirten diese traditionelle „Ruimfosn" als Dankspende, wenn sie das Vieh von den einzelnen Häusern des Dorfes für die Weide abholten (nach Leonhardi hat jeder Bauer das Recht, seine Rinder auf die „Frei-Halt" zu treiben). Darüber hinaus gab es früher die „Ruimfosn" fast jeden Sonntag zu essen.

Auch der **„Martinifleck"**, den die Haltersfrauen am Martinitag, dem 11. November, von den Bäuerinnen erhielten – für den Segensspruch und die Martinigerte –, wurde ursprünglich aus ungesäuertem Brotteig bzw. Germteig hergestellt, in den man rohe, feingeschnittene Rüben und Mohn einfüllte. Die vier Zipfel der etwa 4 cm dicken Teigfläche wurden übereinandergeschlagen und das Ganze im Backofen resch gebacken, so daß der Teig innen meist noch fast roh war. Heute bekommen die Haltersfrauen an diesem Tag von den Bäuerinnen Mehl oder Schmalz, auch Bohnen, vielfach auch nur noch Geld geschenkt.
Laská sind Fladen (Flecken) aus Weizenmehl, mit Milch oder Wasser angemacht, auf der Ofenfläche gebacken, dann mit Milch, Rahm, Zuckerwasser oder Honig übergossen oder bestrichen. Manchmal streut man auch Mohn darauf. Sie werden in einer Schüssel geschichtet. Nur daß Laská „gerissen" und oft mit viel Flüssigkeit „begossen" wird, unterscheidet ihn von den übereinandergeschichteten oststeirischen ganzen Flecken.
Gabonca sind übereinander gelegte und gefüllte Laská. Gefüllt werden die Flecken mit gedünstetem Süß- oder Sauerkraut, mit eingesäuerten Rüben oder mit Topfen. Oft werden auch mehrere übereinandergelegt und in einer Rein oder Pfanne im Rohr überbacken.

Langós (Fladen)

400 g Mehl, 15 g Germ, Salz, Milch (Wasser), 150 g Fett

Aus Germ mit etwas Milch und Mehl ein Dampfl bereiten und zugedeckt gehen lassen. Dann mit dem vorgewärmten Mehl vermengen. Leicht salzen. Mit so viel heißem Wasser oder Milch durchkneten, bis eine brotteigähnliche Masse entsteht. Mit Mehl bestäuben und gehen lassen. Dann auf einem mit Mehl bestaubten Brett bleistiftdicke runde Fladen ausrollen. An zwei, drei Stellen kurz einschneiden und in heißem Fett auf beiden Seiten braun backen.

Hochzeitsbeugel

Schon beim „Gwißmacha" zwischen den Brauteltern gab es ein kleines Festmahl, und die Gäste mußten einen „Extra-Binkl" voll Speisen mit nach Hause nehmen. Bald begannen im Hochzeitshaus die Vorbereitungen: Schweine wurden gemästet, Kücken und Hühner in größerer Zahl eingestellt, der gute Hochzeitswein mußte bereitgestellt werden. Nicht zu vergessen, daß man sich rechtzeitig um die Rosmarinzweige bemühte. In jedem Dorf gab es mehrere „Rosmarinzüchter"; denn Rosmarinzweige benötigte man oft im Jahr, in den Faschingstagen beim „Burschtanz", bei verschiedenen Tanzveranstaltungen, beim Begräbnis eines Jugendlichen genauso wie zu Hochzeiten. Bei „ehrlichen" Hochzeiten steckte eine Frau den Männern einen Rosmarinzweig an den Hut oder an den Rock; die Frauen steckten ihren Rosmarinzweig ins Taschentuch und trugen dies in der Hand. Noch in der

So eine „Multa" war vielseitig: sie diente zum Kneten von Brotteig, Abmachen der Wurstfülle, ja sogar zum Baden kleiner Kinder. Aus dieser wurde eine Wiege gebastelt. Das Kleinkind wurde darin festgebunden und konnte so auf dem Rücken der Mutter bei Feldarbeiten mitgetragen werden.

Zwischenkriegszeit war es in Deutschkreutz üblich, einen Rosmarinzweig in eine Zitrone oder Orange (Pomeranze) zu stecken; die Männer steckten die Südfrucht in die Rocktasche, ließen aber den Rosmarinzweig mit einem Seidenbändchen geschmückt herausschauen. Beide, Rosmarin wie Zitrone, hatten abwehrenden Charakter, eine stark apotropäische Wirkung; später kam wohl auch dazu, daß die Orange eine Rarität und Kostbarkeit darstellte, mit der man zur Hochzeit prunken konnte. Zwei, drei Wochen vor einer Hochzeit setzte dann die Hauptarbeit ein: Wäschekörbe voll Backwerk wurden gebacken, schwierige Rezepte ausprobiert, denn man wollte ja die Köchin einer vorhergehenden Hochzeit übertrumpfen. Meist wurde dazu eine eigene Hochzeitsköchin eingestellt, die sich vor allem auf das Glasieren und Verzieren der Torten verstand. Beim Bäcker ließ man aus 6 bis 10 kg Mehl Riesen-Hochzeitsbeugel backen, die am Tag der Hochzeit unter die Gäste verteilt wurden. Früher hatte man die Beugel zu Hause im eigenen Backofen gebacken. Tage vorher haben auch die geladenen Hochzeitsgäste Lebensmittel ins Hochzeitshaus gebracht, Eier, Mehl, Fett, Hühner, Fleisch, Zucker u. a. m.; denn alle diese Lebensmittel bildeten damals ein kleines Vermögen, das kaum einer allein hätte aufbringen können. So halfen eben alle zusammen, vor allem die Taufpaten ließen sich dabei nicht lumpen.

Dann kam der Tag der Hochzeit. Aus den Nachbarhäusern hatte man schon Tage vorher die „Hochzeitshëjfa" geholt, große, 40 bis 50 Liter fassende Töpfe. Zeitig in der Früh erschien die Hochzeitsköchin wieder, um alles in der Küche zu überwachen. Frauen mit weißen Schürzen eilten mit Schüsseln voll von aufgeschnittenen Hochzeitsbeugeln durch Haus und Hof, die „Hochzeitsknechte" kredenzten Wein, die Musikanten bekamen dazu Würstel, auch Gäste bekamen eine Kleinigkeit zu essen. In der Küche bereitete man inzwischen das Hochzeitsessen vor. Erst in jüngerer Zeit begann man das Hochzeitsmahl in die Gasthäuser zu verlegen. (Auch die Torten gibt es erst seit jüngerer Zeit; sie werden – zum „Anschauen" – in einem Raum aufgestellt; daneben werden Kostproben aus einer großen Schüssel gereicht.) In Deutschkreutz ging die Braut selber mit einer Schüssel voll aufgeschnittener Hochzeitsbeugel in den Hof oder auf die Gasse und verteilte reichlich an alle; sie durfte dabei ja nicht sparsam umgehen. Anton Zistler schreibt 1934, daß die Braut die Beugel an Kinder und Dorfarme austeilte. Dahinter dürfte ein Opfer an die Haus- und Ahnengeister stehen.

In Zemendorf wieder ist der Brauch des „Beugl-Ausbittens" bekannt: Die Dorfburschen erhalten am Vorabend des Hochzeitstags im Brauthaus ein Riesenbeugl, aus 4 kg Mehl gebacken und mit Rosmarinzweigen geschmückt, sowie Geld für Wein. Der Beuglbitter tanzt nach Empfang der Gabe mit der Braut und übergibt sie dann dem Bräutigam. Die Burschen essen im Wirtshaus beim Wein das geheischte Beugl gemeinsam auf.

Dann formierte sich der Hochzeitszug, mit Musikkapelle und Kellermeister, daneben schritt ein Bub mit einer Weinflasche und einer mit einem kranzförmigen Hochzeitsbeugel, das dem Pfarrer überreicht wurde. (Daraus kann man schließen, daß das Hochzeitsbeugel ursprünglich eine Kranzform gehabt haben dürfte.) Ein Beugel kam auch auf den Hochzeitstisch. Dazu gab es immer einige lustige Szenen. Schon in der Küche schnitt man das für das Brautpaar bestimmte Beugel in zwei ungleiche Teile, die man scheinhalber wieder zusammensetzte. Die Brautleute wurden dann aufgefordert, das Beugel auseinanderzureißen, wer das größere Stück erreichte, der habe in der Ehe „die Hosen an". Selbstverständlich manipulierte man es so, daß die Braut das größere Stück in Händen hielt. Während des Hochzeitsessens warf man auch immer wieder eingepackte kleine Zuckerln umher – früher waren es Kukuruzkörner; hinter diesem Brauch steht der Gedanke der Fruchtbarkeitsförderung durch Bewerfen mit Fruchtkörnern. Der Einlaß der Braut in das Elternhaus war oft mit Hindernissen verbunden, denn die Hochzeitsköchin forderte zunächst eine offizielle Benachrichtigung, worauf sie mitunter die Braut mit einem Löffel Suppe begrüßte. Dann erst konnte das Hochzeitsmahl beginnen, das oft sehr reichhaltig war. Im Güssinger Bezirk wird ein Hochzeitsbäumchen aufgerichtet, das mit Lichtern und viel Backwerk wie ein Weihnachtsbaum geschmückt ist. Auch eine gebackene Wiege und ein gebackenes Kindl finden sich dabei. Die Hochzeitsköchin bittet auch vielfach während des Mahlauftragens um ihren Lohn, ein Brauch, der auch bei den Kroaten im Burgenland bekannt ist, bei denen ähnliche Unterbrechungen des Hochzeitsmahls spielhaft ausgestaltet sind. So kennen sie ein dreimaliges Vorführen einer falschen Braut, Hochzeitskolatschen mit Dornen, an denen Bäk-

„Stubenecke“ mit „Zinnasn“ („Schiss'lstell'n“) für Schüsseln und Krüge, „Landschaftsmuseum für das südliche Burgenland“, Stegersbach.

kerei aufgehängt ist (so in Stinatz). In Güttenbach und Weiden ist es dem kroatischen Hochzeitspaar verboten, von den aufgetragenen Speisen zu essen. Anderswo wieder mußten sie aus einem Teller gemeinsam essen, aus einem gemeinsamen Glas trinken, häufig sogar an einem anderen Ort. Bei kroatischen Hochzeiten werden die verschiedenen Gänge mit einer passenden Strophe „angesungen“: „Rindfleisch gibt es heute genug für jeden hier geladenen Gast“; „Schweinefleisch gibt es wenig, denn wir haben nicht geschlachtet, deshalb soll jeder trachten, etwas zu erwischen“; „Kren haben wir gekocht, damit ihr euch neßt, nur ist er ein wenig scharf, und er wird euch die Kehle aufbrennen“; „Der Braten ist auf dem Tisch, dem Brautführer schmeckt er, nur das ist ein Fehler, daß er wenig singt“. Damit wird der Brautführer herausgefordert, mit den Mädchen einen Wechselgesang zu eröffnen. Überdies hat auf einer kroatischen Hochzeit die Braut viel zu weinen, denn „eine lustige Braut – eine traurige Frau“.

Den Höhepunkt eines solchen Hochzeitsmahles bildet der Hochzeitskuchen, ein runder, geflochtener Kuchen. Besonders die Kroaten schmückten ihren Hochzeitskuchen überaus reich mit Dornen, Kerzen, Münzen – alles Beigaben, die Sinnbilder der Fruchtbarkeit darstellen sollten. (Bei den deutschsprechenden Burgenländern gab es dieses Schmücken des Hochzeitskuchens nicht.) An diesen Hochzeitskuchen knüpfen sich verschiedene Bräuche. In Hornstein wird er am Schluß des Hochzeitsmahls ins Zimmer getragen, das Brautpaar muß an diesem Kuchen so lange ziehen, bis er in zwei Teile zerbricht (meist ist er so vorbereitet, daß auch hier die Braut das größere Stück bekommt). Das Kuchenbrechen kennen auch die Serbokroaten, bei denen dieser Akt sehr feierlich über dem Kopf der Braut entweder von den Frauen der Verwandtschaft, dem Brautführer oder von den Vätern des Brautpaares ausgeführt wird. Das Wichtigste dabei ist das anschließende Verteilen und das gemeinsame Essen des Kuchens, das symbolisch die neuen Verwandtschaftsverhältnisse beschließen soll.

Burgenländisches Hochzeitskranzl

600 g Mehl, 25 g Germ, $^1/_4$ l Milch, 70 g Zucker, 2–3 Dotter, 150 g Butter, Salz, Zitronenschale, Geschmackszutaten

Aus den Zutaten einen mittelfesten Germteig mit Dampfl machen. Nur die kalte Butter wird, nachdem der Teig etwas aufgegangen ist, nach und nach eingeknetet. In 20 bis 30 Minuten hat man einen seidenglatten Teig, der alle Formen hält. Dann ausarbeiten: Aus einem Drittel der Teigmasse einen vierteiligen Zopf flechten und kranzartig auf einen gefetteten Deckel mit einem Durchmesser von ca. 30 cm legen. Aus dem restlichen Teig wird ein gutes Drittel zu einem dreiteiligen Zopf verarbeitet und dieser auf den vierteiligen Zopf aufgelegt. Vom verbleibenden Teig wird mehr als die Hälfte zu einem zweiteiligen Zopf ge-

flochten und auf die zwei vorhergehenden Zöpfe gelegt. Aus dem jetzt noch übriggebliebenen Teig verschiedene Figuren herstellen, die in die Windungen des obersten Zopfes eingelegt bzw. aufgesetzt werden. (Die Figuren am unteren Rand in Eiweiß tauchen, damit sie besser halten.) Unter anderem kann man folgende Figuren bilden:
Rosen: Teig dünn ausrollen, flachdrücken, einschneiden und zu Rosen einrollen. Die Länge der Teigrolle richtet sich nach der Größe der Rosen.
Blätter: Ein Teigstück flachdrücken, mit einem stumpfen Messer die Blattrippen einzeichnen (nicht durchschneiden). Rosen und Blätter sorgfältig und natürlich auflegen.
Vogerl: Teigstücke ausrollen, einen Knopf daraus machen, aus einem Ende das „Kopferl", aus dem etwas größeren das Schwanzerl des Vogels bilden. Das Schwanzerl breit drücken, mit dem Messer leicht einschneiden.
Schnecken bzw. *Schneckenhäuschen:* Die Teigrollen schneckenhäuschenartig einrollen.
Den fertigen Kranz langsam zugedeckt gehen lassen. Vor dem Backen mit zerklopftem, mit wenig Wasser verdünntem Ei bestreichen. Damit es nicht in der Mitte zusammenwächst, gibt man unter den Griff (Mitte) des Deckels ein kleines, henkelloses Schüsserl oder Häferl. Bei mäßiger Hitze 30 bis 40 Minuten im Rohr backen. Das fertige Kranzl in der Mitte mit einem Blumensträußerl verzieren, wozu man auch eine kleine Vase oder eine Schale verwenden kann. (Rosa Beisteiner, nach Getrud Heß-Haberlandt, „Das liebe Brot", 1960.)
Dieser Kranzkuchen, den die Burschen des Ortes bekommen, ist bei burgenländischen Hochzeiten Tradition (wie die Riesenbeugel).

Kranzkuchen

500 g Mehl, 40 g Butter, 30 g Zucker, 20 g Germ, $^1/_4$ l Milch, 1 Ei, Zitronenschale; 80 g Zucker, 60 g Butter, Zimt

Aus etwas Mehl, lauwarmer Milch und aufgebröselter Germ ein Dampfl bereiten, dann mit den übrigen Zutaten einen Germteig schlagen. Zugedeckt gehen lassen. Auf bemehltem Brett zu einem Rechteck auswalken, mit einem Abtrieb aus Butter und Zucker gleichmäßig bestreichen, mit Zimt bestreuen. Von jeder Längsseite gegeneinander bzw. übereinander zusammenlegen und an den Seitenkanten parallel, in 2 bis 3 cm Abständen, gerade, nicht zu tiefe Einschnitte machen. Im heißen Rohr backen. (Oberwart/Stegersbach)

Nicht nur zur Hochzeit, sondern auch zur Geburt sind mancherorts diese Kranzkuchen der Brauch. Eine Bernsteiner Sitte verlangt, daß die „Gödleut" der Kindsmutter acht Tage nach der Geburt das „Kindbettbrot", einen **„Bagn"** genannten Kranzkuchen, und verschiedene weitere Speisengaben bringen. Diese „Bagn" sind nichts anderes als die Beugel, wie sie im Hochzeitsbrauch vielfach in Erscheinung treten. Als die Bäuerin noch mit Hilfe einer Hebamme zu Hause entband, mußte sich meist die Taufpatin um die Wöchnerinkost kümmern. Speziell am ersten Tag nach der Niederkunft sollte die Wöchnerin hauptsächlich Weißgebäck und Kaffee zu sich nehmen, damit sie „vü Spinn", d. h. viel Muttermilch, bekomme. Zu Mittag erhielt sie eine Hühner- oder Rindsuppe, am zweiten Tag schon eine reichlichere Hauptmahlzeit. Auch an den folgenden Tagen scheute die Taufpatin weder Mühe noch Geld für das Essen der Wöchnerin: Hühner- oder Rindsuppe mit Nudeln, Knödeln oder Schöberln, Hendl- und Rindfleisch, Kompott (aus Dörrobst), zur Jause Gugelhupf, Biskuit, Torte oder Weinsuppe. Früher gab es überdies den beliebten Triët, auch Milchreis sowie ein Gericht aus zerkleinerten Kipferln in Milch, mit vielen Rosinen in einer Schüssel angerichtet und mit geriebenen Nüssen überstreut.
Am Tauftag kam die Patin mit den Taufgeschenken für den Täufling, einem goldenen Kreuzerl mit goldener Kette, Taufgewand und Geld. Das Geschenk mußte möglichst unbemerkt hinterlegt werden, meist unter den Wickelpolster des Täuflings. Für die Kindsmutter brachte sie Bohnenkaffee, Kipferln, Zucker, alles in einem weißen, großen Einbundtuch gebunden. Das „Kindlmahl" nach der Taufe ist eine eher jüngere Einführung, die aus den Städten aufs Land kam. Es gab bei einer „großen Tauf" Suppe, Rindfleisch, Semmeln, auch mehrere Fleischarten, Weinkoch, Mehlspeisen, Kaffee, Tee, Wein. Die Wöchnerin erhielt nach der Taufe wieder Semmeln, oft bis zu 50 Stück, die ersten mußte sie sofort zurückgeben, damit das Kind nicht neidisch werde. In Schützen am Gebirge trug man das getaufte Kind, falls es ein Mädchen war, in die Bienenhütte, damit es einmal viele Freier bekomme.

„Pölles'n", „Pölleissn", „Palesse", „Pöllesche" heißt eine Art „Torte", eine nur noch in Harkau, Agendorf und Pöttelsdorf bekannte Süßspeise, die J. R. Bünker

1895 als die traditionelle Kirchtagsmehlspeise für die Ödenburger Gegend nennt, die aber früher eine burgenländische Hochzeitstorte gewesen sein dürfte und die auch M. F. Bothar als „eine Art Torte“ bezeichnet. „Pölleissen“ ist eine schwere, sehr sättigende Speise und war durch die Zutaten nicht sehr billig. Sie wurde mit sehr viel Butter bereitet (darf aber nicht mit dem bekannten Butterteig verwechselt werden). Aus dem Teig wurden runde „Platteln“ (Blätter) bzw. pfannkuchenartige Fladen ausgewalkt und auf der Ofenplatte gebacken (oder auch im Backofen). Diese „Platteln“ oder Fladen werden dann wie beim Blattlstock in Kärnten einzeln aufgelegt und jedes mit gedünsteten Apfelstücken, geriebenen Nußkernen und Mandeln, Zimt und Zibeben, Zucker und Honig belegt, mit in Butter getränkten, gerösteten Semmelbröseln bestreut und reichlich mit Rahm (Obers) begossen. Dann wird das Ganze eine Zeitlang in den warmen Ofen gestellt und warm serviert. Man kann auch mehrere pfannkuchenartige Flecken in einer Rein, die zuvor mit Schmalz ausgeschmiert wurde, übereinanderschichten, die Zwischenräume mit Bröseln, die zuvor in Butter geröstet und mit Rosinen vermengt werden, auffüllen. So zubereitet, wird diese Mehlspeise in der gleichen Weise gebacken, in der, wie oben geschildert, früher allenthalben die Strudel gebacken worden sind. Die Flecken selbst können längere Zeit aufbewahrt werden. Vor Gebrauch werden sie in Milch geweicht und mit Rahm bestrichen.

In der Heanzerei war die „Pölles'n“ laut Bünker unbekannt. Für dieses Gebäck gab es ein eigenes Gerät, den „Pölles'n-Rast“, den Pölleisen-Rost; es war eigentlich ein Rost („Rast“), auf dem der Rostbraten, aber auch Fische gebraten wurden. Die Größe dieser Roste war verschieden, sie waren jedenfalls so volkstümlich, daß man sie sogar als Kinderspielzeug hergestellt hat (so hat sie J. R. Bünker um 1890 in der Gegend von Wandorf noch zu sehen bekommen).

„Polsterl“

1000 g glattes Mehl, 180 g Butter, 180 g Zucker, 2 Eier, 30–40 g Germ, $^1/_8$–$^1/_4$ l Milch, Salz, etwas Rum, Zitronenschale

Butter mit dem Zucker und den Eiern abtreiben, nach und nach alles andere dazurühren und einen sehr festen Germteig kneten. Diesen zugedeckt gehen lassen, wie im folgenden beschrieben, ausformen und mit Ei bestreichen. Ziemlich rasch backen.

„Polsterl“ sind ein typisches Hochzeitsgebäck des Burgenlandes. Die Polster werden jeweils aus gleichmäßigen Germteigsträhnen gebildet, die im rechten Winkel zueinander aufgelegt und in der Diagonale verflochten werden. In der Mitte der Diagonale werden zwei einander zugewandte Vögel aus Teig aufgesetzt. Diese formt man aus einer einfach geknoteten Teigrolle; das eine Ende formt man rund für den Kopf, das andere drückt man für den Schwanz breit und flach.

Mehlschäuferl.

Den vier Ecken des Polsters setzt man je ein Teigröschen auf; diese Röschen macht man aus einem geraden, 2 cm breiten Teigstreifen, der auf einer Seite senkrecht eingeschnitten und mit dieser Seite nach oben eingedreht wird. Rund um den Polster verläuft ein Blattkranz: ein Teigstreifen von ca. 2 cm Breite wird gegenseitig schräg eingeschnitten und etwas auseinandergezogen, sodann um den Polster gelegt. (Nach Gertrud Heß-Haberlandt, „Das liebe Brot“, 1960.)

Karl M. Klier berichtet über ein anderes Hochzeitsgebäck aus Neudorf bei Landsee, das den Namen **„Ach Herr Jegerle“** führt und aus feinem Teig in Gestalt eines Kleinkindes besteht. Die Brautleute mußten es kaufen, um für Kindersegen zu sorgen. Den eigenartigen Namen führt Klier auf den Refrain eines Wiener Couplets aus den Jahren 1857/61 zurück, das August Betz nach einem bekannten Walzer von Johann Strauß unter dem Titel „Ach Herr Jekerle!“ verfaßt hat. Da damals die Wiener „Schlager“ durch Wanderarbeiter, Maurer, Tagwerker, Erntearbeiter, Dienstmädchen und Soldaten auch auf dem Land bekannt wurden, überdies wandernde Volkssänger auch in größere Orte, wie nach Ödenburg, Güns, kamen, dürfte der scherzhafte Ausruf zum Namen eines Hochzeitsgebäcks geworden sein. Allerdings ist die Form des Wickelkindes als Gebäcksform viel älter.

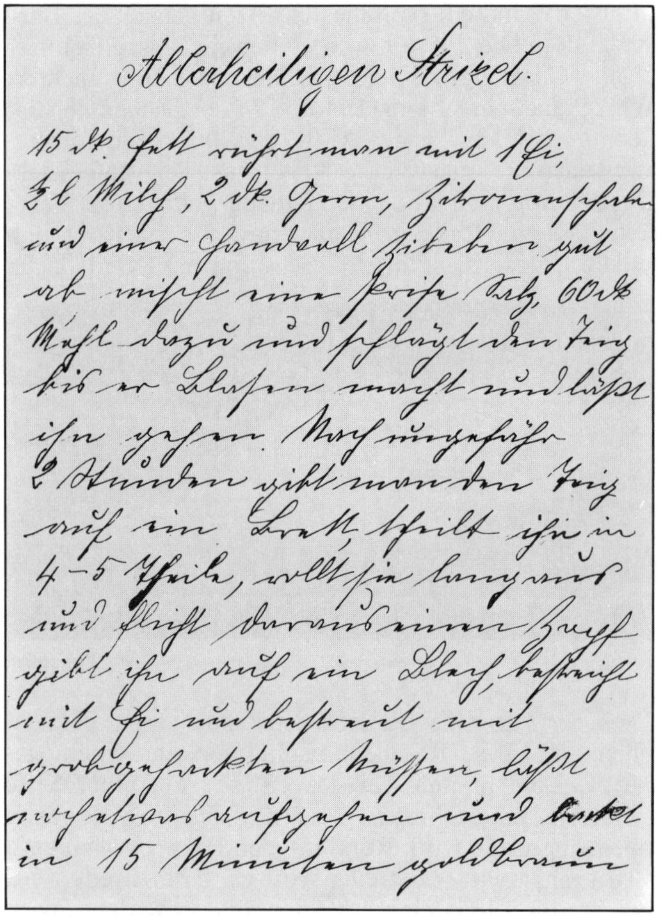

Allerheiligen Strizel.

15 dk. Fett rührt man mit 1 Ei,
1/2 l Milch, 2 dk. Germ, Zitronenschale
und einer Handvoll Zibeben gut
ab mischt eine Prise Salz, 60 dk
Mehl dazu und schlägt den Teig
bis er Blasen macht und läßt
ihn gehen. Nach ungefähr
2 Stunden gibt man den Teig
auf ein Brett, theilt ihn in
4–5 Theile, rollt sie lang aus
und flicht daraus einen Zopf
gibt ihn auf ein Blech, bestreicht
mit Ei und bestreut mit
grob gehackten Nüssen, läßt
nochmals aufgehen und backt
in 15 Minuten goldbraun

„Allerheiligen-Strizel." Aus dem handgeschriebenen Kochbuch einer Oberwarter Bäuerin.

„Halingstriezel" (Allerheiligenstriezel)

1000 g Mehl, Salz, 1/2 l Milch, 150 g Zucker, 180 g Öl, 4 Dotter, 40 g Germ, 100 g Rosinen; Dotter, Zucker

Mit Hilfe eines Dampfls einen gewöhnlichen Germteig bereiten, gehen lassen. Dann aus dem Teig als unterste Lage einen viersträhnigen Zopf auflegen, darauf kommt ein dreisträhniger Teigzopf, obenauf legt man einen zweifach gedrehten Teigzopf. Mit zerklopftem Ei bestreichen, backen und mit Zucker bestreuen.

Traditionsbewußte Familien backen ihren Allerheiligenstriezel auch heute noch selber und kaufen ihn nicht beim Bäcker, wo er bereits das ganze Jahr angeboten wird. Diesen „Heiligenstriezel" bekommen die Kinder von ihrer Taufpatin. Nach der heiligen Messe brachte die Patin das Backwerk ins Haus der Gevattersleute, manchmal überbrachten die Kinder den Striezel.

In Hirm entwickelte sich in diesem Zusammenhang ein Umgangs- und Heischebrauch. Hier und in anderen Orten ist nicht die Patin die Spenderin, sondern die Kinder des Dorfes wandern am Morgen des Allerheiligentags von Haus zu Haus und bitten: „Gelobt sei Jesus Christus! Um an Halingstriezl!" Daraufhin erhalten sie – wenn sie nicht von der „Freundschaft" sind – gedörrte Äpfel, Birnen, Zwetschken, Nüsse, Kastanien. Godlkinder bekommen obendrein den Striezel. Die Kinder bedanken sich: „Vagöt's Gout, Allahaling!"

Sollten die Kinder vor einem verschlossenen Haustor stehen und ohne Spende weggehen müssen, rufen sie laut vor dem Haus:

„Krucka, Krucka, Ofaschissl,
d'Moahm hat in Kittl g'schissn."

Ist die Gabe zu gering ausgefallen, hört man: „Vergelt's Gott, Ofaschissl!" Früher gab es noch einen anderen schmähenden Rachevers darauf:

„Doa gaöma lar aus,
trag da Hund d'Sao aus!"

Hans Ponstingl schrieb 1935 über das „Heiligstriezlsammeln", wie er als Kind schon Tage vorher den „Heiligstecken" hergerichtet hatte; einen entrindeten Stab, um den eine Hopfenrebe gewunden war und der danach über dem Feuer geschwärzt wurde. Nach dem Entfernen der Hopfenrebe blieb eine weiße Schlangenlinie auf dem Stab zurück. Nur solche Stäbe durften zum Sammeln der „Heiligstriezel" verwendet werden. Am Allerheiligentag marschierten dann die Kinder mit diesem Stock in der Hand von Haus zu Haus und riefen:

„Bitt gar schön um an Heiligstriezl,
Vergelt's Gott für die Allerheiligen!"

Martinikipfel

140 g Butter, 200 g Zucker, 5 Dotter, 40 g Germ, 1000 g Mehl, Salz, Milch nach Bedarf

Zuerst aus etwas lauwarmer Milch, etwas Mehl und Germ ein Dampfl bereiten, gehen lassen, dann mit den restlichen Zutaten einen Germteig machen, wieder gehen lassen, ausrollen, in Dreiecke schneiden, die Flecken beliebig füllen und daraus Kipfel formen. Auf dem Blech nochmals gehen lassen, dann ca. 15 Minuten im Rohr backen. Die Kipfel werden zum Martinitag (11. November) gebacken.

Im benachbarten Ungarn gab es das Klausenburger und das Großwardeiner Kipfel sowie ein eigenes „Damenkipfel". Die „Wiener Kipfel" wurden nach dem österreichisch-ungarischen Ausgleich von 1867 in den Budapester Kaffeehäusern sogar zu einem Politikum, denn die Anhänger der ungarischen Partei aßen ostentativ nur „Großwardeiner Kipfel", während die Anhänger Déaks, des Vertreters des Ausgleichs, das halbmondförmige „Wiener Kipfel" bevorzugten.

Zur Faschingszeit sind in einigen burgenländischen Dörfern Kipfel üblich, in Neckenmarkt veranstalten die Burschen am Faschingsdienstag das „Kipfelauswerfen". Dabei ziehen sie nach der heiligen Messe vor den Pfarrhof, ihre Taschen mit Kipfeln, Äpfeln, Orangen und anderen Köstlichkeiten vollgestopft, und beginnen mit dem „Auswerfen" der Kipfel und Orangen. Die Bevölkerung auf dem Kirchplatz versucht dabei einen „guten Fang" zu machen. Auch den Maibaum vor dem Haus ihrer Angebeteten schmückten die Burschen früher gern mit Kipfeln und einigen „Safaladi" (Knackwürsten).

Reich an Bräuchen ist wie in anderen Bundesländern auch die vorweihnachtliche Zeit. Am Barbaratag werden Kirschzweige geschnitten und ins Wasser gesetzt; erblühen sie bis zum Heiligen Abend, bringt das Glück und Gesundheit. Weizenkörner werden zum Austreiben gebracht („Barbaraweizen"). Am Thomastag wird vielerorts das Kletzenbrot gebacken, gefüllt mit Kletzen, Nüssen, Feigen, Zibeben, Zwetschken und gedörrten Apfelspalten. Aus Dreihütten ist in den Rauhnächten der Brauch des „Stallmandlschmauses" bekannt: nach dem Abfüttern der Tiere stellt man in den säuberlich ausgemisteten Stall ein Häferl mit Bohnensterz. Dann kommt das „Stallmandl", ein böser Geist, besieht alles und beginnt zu essen, findet es aber Unordnung und Lärm im Stall vor, leert es das Häferl mit dem Sterz aus und bringt Fluch und Krankheit über den Hof.

„Hausvater"

Dieses weihnachtliche Brauchtumsgebäck gibt es nur im burgenländischen Heideboden. Frau Susanna Haider in Illmitz hat für das Landesmuseum in Eisenstadt den „Hausvater" in zwei Formen gebacken (es ist ein feines Milchbrot mit viel Rosinen). Beide haben die Form eines Wickelkindes (daher auch „Christkindlbeugl" genannt), etwa 50 cm lang und 25 cm breit; als Augen wurden Rosinen eingesetzt; das eine ist mit Ro-

„Hausvater" – weihnachtliches Gebildbrot des Heidebodens.

senmuster und Seerosen verziert und trägt auf der Brust zusätzlich ein kleineres Wickelkind; das andere Hausvatergebäck trägt Blumenmuster und eine Halskrause sowie die Inschrift „IHS". In Illmitz formte man eine menschliche Figur mit Kopf, Augen, Rumpf, Armen und Beinen. In Wallern wird der „Hausvater" in Form eines geflochtenen Striezels gemacht, die Augen bestehen aus zwei Pfefferkörnern, die Hände sind an den Körper angebacken. Auch in Apetlon ist dieses Gebäck bekannt, in Pamhagen wird es „Christkindl" genannt. Der „Hausvater" wird wie sonst das Kletzenbrot am Heiligen Abend vom Bauern angeschnitten; der Anschnitt muß vom Kopf des „Hausvaters" sein und darf nicht gegessen werden. Der Bauer wirft das Stück vor dem Mettengehen in den Hausbrunnen oder in den nahen Weiher, um den Wassermann zu besänftigen und wohlzustimmen, damit er im kommenden Jahr kein Todesopfer fordere.

Den Rest des „Hausvaters" verzehrt die Familie. Vor dem Anschnitt erfolgt das Räuchern im Haus, dann wird der Tisch gedeckt und das Essen aufgetragen, und zwar Nüsse, weißes Milchbrot oder der „Hausvater". Auf einem Teller wird eine Handvoll Weizen, Roggen, Gerste und Hafer gelegt. Wer als erster eine taube Nuß erwischte, der mußte nächstes Jahr sterben. In Sulz bei Güssing wurde am Heiligen Abend eine Sense gedengelt, mit der die Hexe niedergemäht werden sollte. Im Keller durfte in dieser Nacht an keinem Faß eine Pipe stecken, sonst berauschten sich die Hexen. Unter das Tischtuch legte der Hausherr oft eine Knoblauchzehe, damit diese alle Krankheiten des kommenden Jahres an sich ziehe. In der Weihnachtsnacht durfte keine Wäsche am Boden hängen, sonst stirbt einer aus der Familie, ebenso keine Kleider an einem Nagel, sie sollten alle auf Truhen und Stühlen liegen.

Vorratswirtschaft

Der **Kitting,** ein im Gebiet der „Wart“, besonders in Unterschützen, bis heute erhaltener Speicherbau für die Feldfrüchte, ist ein einfacher Holzblockbau; er hat ein Spitztonnengewölbe, außen einen Lehmbeschlag und Kalkanwurf. Die Tür ist aus starkem Eisenblech. Das Innere ist durch eine Trambalkendecke in zwei Teile geteilt, der untere Raum ist der eigentliche Kitting, der obere, mit einer Stiege verbunden, heißt „Kittingboden“. Das Strohscherendach ist unmittelbar auf das Gewölbe aufgesetzt und kann bei Feuersgefahr rasch entfernt werden.

Sobald das Getreide im Herbst gedroschen war, wurde die „Frucht“, solang die Körner noch „zach“ (zähe) waren, auf den Kittingboden zum Trocknen aufgeschüttet. Später kam es in Fässer, von denen vier, fünf im Kitting standen. Korn und Roggen wurden in einem besonderen Faß, „Stibi“ genannt, aufbewahrt; ein „Stibi“ faßt etwa 7 bis 11 Metzen. Während Weizen, Gerste und Buchweizen in Säcken zur Mühle gebracht wurden, kam der Roggen im „Stibi“ zur Mühle. Ein „Stibi“ hat die Form eines Fasses, nur ragen vier Dauben, je zwei gegenüber, über den oberen Rand des Fasses heraus; diese vorstehenden Enden sind durchbohrt. Das Faß wurde zuerst bis zur Hälfte gefüllt, dann kam der „Stibisack“ ins Faß, der so weit wie das Faß ist, aber keinen Boden hat. Das obere Ende des Sackes schlug man über den oberen Rand des Fasses um, dann wurde der Stibi „gegupft“ (vollgefüllt). Den Sack band man so knapp wie möglich darüber zu. Auf diesen zugeknüpften Sack kam die „Stibihüll“, ein kreisrunder, aus Stroh geflochtener Deckel, darüber wurden zuletzt die „Stibiprigl“ durch die Löcher der vorstehenden Dauben geschoben. Über die „Stibilaata“ (Stibileiter) wurde das Faß dann auf einen Wagen gerollt und in die Mühle transportiert. Das Mehl wurde auf die gleiche Weise wieder in den Stibi gefüllt, nur mußte es hineingetreten werden. Das Kornmehl verblieb im Stibi, bis es aufgebraucht war. Weizenmehl stand auf drei, vier Bänken in zwölf und mehr Strohkörben auf dem Kittingboden. Diese Mehlkörbe haben die Form eines Brotkorbes, eines „Simpals“, sind aber größer als diese. Bevor man das Mehl in die Körbe füllte, wurde es mit dem „Mehlsiebal tua’g’faht“ (gesiebt).

„Paund’l“ (Bohnen), „Aa-was“ (Erbsen) und „’s Linsat“ (Leinsamen) sowie „’s hintari Traad“ (Ausschuß-Getreide) wurden in eigenen Körben aufbewahrt, in „zutip’lti Kea’p“, Körbe, die sich nach oben zu verengen, „tipl-“ oder beulenförmige Gestalt und einen Metzen Inhalt haben. Sie gleichen den antiken Graburnen, wie sie in Burgstall bei Ödenburg gefunden wurden. Früher hatte man in Jormannsdorf bei Oberschützen auch den Stibi aus Stroh hergestellt (wie die Körbe). Sie wurden während der Winterzeit von den Bauern angefertigt.

Auf dem Kittingboden wurden oft auch Brot und

Kitting in Oberschützen, 1930.

Selchfleisch aufbewahrt. Das Schmalz wurde in hölzernen Kübeln oder „Schmalztesan“ auch im Kitting gelagert – im Sommer stellte man die Schmalzgefäße in den Keller. Die Eier gab man in die Fässer unter den Weizen, wo sie monatelang frisch blieben. Darüber hinaus faßt ein Kitting an Gefäßen und Geräten alles, was sonst in der Kammer eines Bauernhauses war, so die „Müllitrui“ (Milchtruhe) – im Sommer stand sie im Keller, im Winter in der Stube. Denn die Milch wurde im Burgenland nicht wie in den Alpenländern in hölzernen, irdenen oder blechernen flachen Reinen zum Rahmen aufbewahrt, sondern in Milchtöpfen („Müllihëifa'ln“), von denen eine Milchtruhe 12 bis 15 Stück zu je $1^1/_2$ bis 2 Liter faßte. Auch das „Ria'faß'l“, das Butterrührfaß, bzw. der „Ria'kiw'l“, der Butterrührkübel (oben eng, unten weit), stand im Kitting, ebenso die „Hua-Trui“, die Truhe für den Flachs („Hua“), die Flachshechel, eine „Hoanzlpank“ (Schnitzbank), ein Schleifstein, der Sautrog, der Backtrog mit Backschragen und Multa. Auch Werkzeug und Geräte, wie Schaufeln, Hacken, Rechen, wurden im Kitting aufbewahrt.

Älter als die Kittinge und ebenfalls auf Not und Verteidigung eingestellt sind die Vorratsgruben, die Getreidegruben („Troadgrui“), die im nördlichen Burgenland (Pamhagen) üblich waren; es sind flaschenförmig erweiterte Höhlungen im Freien oder unter dem Bretterfußboden der Wohnstube, genau im Winkel unter dem schweren Tisch.

In Häusern ohne Kitting vertrat die Stelle desselben meist eine Kammer. Ein weiterer Raum, der um 1890 im südlichen Teil der „Heanzerei“, wo Holzbauten noch häufig vorkamen, seltener zu finden war, im nördlichen Landesteil dagegen fast nie fehlte, war der Keller. Er war gewöhnlich unter dem vorderen Zimmer angebracht und fast immer gewölbt. Er enthielt Raum für Erdäpfel, weiße und gelbe Rüben, Kraut und Grünzeug, ferner das Sauerkrautfaß und Fässer für die sauren Rüben sowie einige Mostfässer.

Charakteristisch für die Weinbaugegend im Süden des Burgenlandes sind die in Obstgärten eingebetteten Keller; nicht in die Erde vertieft, sondern freistehend. Die alten Formen sind Holzblockbauten, meist aus zwei Räumen bestehend, die jüngeren Keller sind bereits gemauert. Besonders die Kellerviertel von Heiligenbrunn, Hagensdorf, Luising und Strem sind „ein Kulturdenkmal ersten Ranges“ (A. Schmeller).

Eine Besonderheit im Gebiet um den Neusiedler See sind die typischen Maiskolbenspeicher („Kukuruzspeicher“), die „Tschardaken“, luftige Bretterbauten auf dem Hof oder auf den Straßen des Dorfes.

„Wie man sich Allerheiligen nicht ohne Heilige Striezel, Weihnachten nicht ohne Christbaum, ebenso kann sich der Burgenländer Ostern nicht ohne ‚rothe Eier‘ vorstellen“, schreibt Pfarrer Peter Jandrisevits aus Schandorf. Schon 1717 hat der Ödenburger Abraham Ägidius Dobner in einer gegenreformatorischen Streitschrift von dem „Ödenburgischen rothen Ay“ geschrieben, „in welchem die wahre Freud und Hoffnung der uralt katholischen Christen eingeschlossen“ sei. (Tatsächlich sind die gefärbten Ostereier heidnischen Ursprungs; **Ostereier** nannte man früher alle Eier, die die Bauern zum Ostertermin als Zinseier ihrer Herrschaft und dem Pfarrer abzuliefern hatten; rot war überdies in vorchristlicher Zeit Kult- und Opferfarbe.) In kroatischen Dörfern des südlichen Burgenlandes, namentlich in Güttenbach, Neuberg, Stinatz und Großmürbisch, hat sich bis um 1900 eine spezielle Sitte erhalten: Die Kroaten nennen das Osterei „pisanica“, d. h. „beschriebenes Ei“, weil es nicht nur rot (oder schwarz) gefärbt, sondern auch mit Ornamenten verziert bzw. beschrieben wird; „pisanica“ heißt zugleich auch „Geschenk“. Die rohen Eier werden sorgfältig gewaschen, mit einem in aufgewärmtes flüssiges Wachs getunkten Holzgriffel beschrieben, dann in mit Wasser aufgegossenen roten Holzspänen gekocht und dabei rot gefärbt (die mit Wachs beschriebenen Linien und Zeichen bleiben dabei gelblich-weiß, während die Eier selbst rot gefärbt werden). Man hat auch eine Zeitlang statt Wachs Scheidewasser verwendet (bei bereits gefärbten, gekochten Eiern), das sich aber wegen seiner Gefährlichkeit nicht halten konnte. Dann trat an seine Stelle das Auskratzen der Farbe mit einer scharfen Stahlspitze, einer abgebrochenen Rasierklinge oder mit einem Taschenmesser.

Die Ornamente sind verschieden, wie sie bei den Kroaten auch auf Gebrauchsgegenständen (Truhen, Bänken, Stühlen, Toren, Umhangtücher etc.) zu sehen sind: Herz, Blumen, Baumblätter und das „IHS“ (oft auch verkehrt „SHI“), Kreuze, Monstranzen, Kelche, Herz mit Blumen- und Zweiggewinden, ebenso Sprüche oder nur „Frohe Ostern“. Diese „Kunst“ wird heute noch in Stinatz von zwei Schwestern, Frau Maria Grandits und Anna Stipsits, sowie ihrer Schwägerin Theresia Sifkovits ausgeübt, aber auch in Güttenbach, Neuberg und Großmürbisch beherrschen einige Frauen diese Kunst. Die Arbeit des Eierfärbens und -verzierens kommt ausschließlich den Frauen zu, die oft große Geschicklichkeit an den Tag legen, wenn sie ohne Vorlage und vorherige Einteilung die Eier kunstvoll, symmetrisch, mit viel Geschmack verzieren. Meist beschenkt ein verliebtes Mädchen ihren Auserwählten mit einem roten Osterei, mit einem Herzen als Motiv (oft auch mit zwei Herzen darauf), aus dem ein reich verschlungener Baum mit vielen Zweigen, Knospen, Blüten oder kleinen Früchten wächst.

Um Mitternacht in der Karwoche wird in vielen Orten zur Pumpermette geratscht:

„Wir ratschen, wir ratschen die Pumpermetten,
Weiber, steht's auf und backt's Osterflecken!"

Am Karsamstag lief die Hausfrau, wenn die Glocken in den Kirchen wieder läuteten, zum Stall und klopfte mit einem alten Besen an die Tür:

„Ratz und Maus aus unserm Haus,
hinüber in des Nachbars Haus,
denn heute sind die Fasten aus."

Und die Ratschenbuben kamen ein letztes Mal:

„Mir tatn a schen bittn
um a poar Duda Oa hint und vorn."

In Frankenau kannten die Buben folgenden Spruch:

„Wir Ratschenbuben, Ratschenbuben,
Gekommen sind, gekommen sind
Hieher in schöner Schar,
Daß ihr uns gebt, daß ihr uns gebt
Der Eier fünf oder sechs sogar!"

Und beim Fortgehen, wenn sie mit der Spende zufrieden sind:

„Diese Frau ist gut, sie möge hundert Jahre leben!"

Wenn sie nicht befriedigt sind:

„Diese Frau ist schlecht, sie möge sich die Haxen brechen!"

Während der Auferstehungsfeier in der Kirche brannten die Bauern von Dreihütten zwei, drei „Schabln" Stroh auf ihrem Acker ab; jeder trank dabei auch ein rohes Ei aus, damit alles gut gedeiht. Die Bewohner des Schul- und Pfarrhauses von Olbendorf gingen ins „Graid" (Platz des Schulfeldes) und bereiteten in einer großen Sterzrein eine Eierspeise, die nach der Auferstehung im Freien gegessen wurde. Jeder erhielt die Eierspeise auf ein Stück Brot gelegt und dazu einen Trunk Most.

Die Kinder bekommen im Frühjahr beim ersten Austrieb des Viehs auf die Weide ebenfalls rote, aber unbeschriftete Eier. Diese Eier muß jeder selbst auf der Weide essen, die Schalen werden in einem kleinen Erdloch vergraben, damit das Vieh das ganze Jahr beisammenbleibt und sich nicht verläuft. Taufpatin und Eltern schenken die rot gefärbten Ostereier den Kindern (der Osterhase ist eine spätere Erfindung). Jedes Kind

Ostereier aus Stinatz.

erhält gewöhnlich zwei Ostereier von der Taufpatin, ebenso von den Eltern und verschiedentlich auch von Verwandten. Am Ostersonntag nachmittags treffen sich die Kinder allein zum „Eierpecken", Eierscheiben und -werfen. Als Färbemittel der Eier verwendete man einst neben den roten Spänen (kroatisch „broc" genannt) schwarzen Kaffee, Zwiebelschalen, Blüten und Blätter von Frühlingsblumen (Veilchen), die man auf die Eier legt, darüber einen Lappen wickelt und die Eier dann in siedendem Wasser kocht.

Bis kurz nach dem Zweiten Weltkrieg ging am Ostersonntag, später auch am Ostermontag, der „Sauhalter" eines Dorfes mit einem groben Leinensack durch das Dorf und sammelte an Geschenken neben Strudeln seltener auch rotgefärbte Eier (oder nur Geld) ein. Ein anderer Heischegang um Eier knüpft sich in Rettenbach beim Brunnenreinigen an, beim Reinigen der Salz- und Säuerlingbrunnen durch die „Sulzmandeln" am Pfingstsamstag. Nach dem Heischegang findet im Wirtshaus ein großes Eierspeis-Essen statt. In Pamhagen soll man am Ostermontag vor Sonnenaufgang „Antlaßeier", also am „Antlaßpfingsta" (Gründonnerstag) gelegte Eier, sowie Fleisch, Kren, Salz, Brot und Kohlen an jeder Feldecke eingraben, das schützt vor Ungewitter. Findet übrigens eine Frau ein Ei mit zwei Dottern, kündigt ihr dieses Zeichen Zwillinge an.

Eingelegter Spargel

Spargel sauber putzen, schälen, auf gleiche Länge schneiden, zu kleinen Bündeln binden, in Salzwasser mit einer Spur Zucker gut überkochen, mit den Köpfen nach unten in die Gläser stellen, mit Salzwasserlösung (pro 1 l Wasser 15 g Salz kochen, auskühlen lassen) bedecken. Gläser verschließen, in Dunst 40 bis 50 Minuten kochen. Die Gläser vollständig erkalten lassen. Kühl lagern.

Eingelegte grüne Erbsen

Erbsen in Salzwasser überkochen, abseihen, abkühlen lassen, in Gläser füllen, leicht zuckern, mit gekochter, ausgekühlter Salzwasserlösung (1 l Wasser, 3 Kaffeelöffel Salz) übergießen, Gläser verschließen und 20 Minuten in Dunst kochen. Erkalten lassen, dann kühl lagern.

Auf die gleiche Art werden Fisolen und Blumenkohl eingelegt. Die **Fisolen** (geschnippelt, geschnitten, gebrochen oder im ganzen) in Salzwasser überkochen, abgekühlt in Gläser füllen, mit Essig (Essig, mit etwas Wasser verdünnt, gekocht und ausgekühlt) übergießen und 15 Minuten in Dunst kochen. Erkalten lassen, dann kühl lagern.

Essiggurken

100 kleine Gurken (ca. 4 kg), 20 Pfefferkörner, einige Perlzwiebeln, Dillkraut, Estragon, Fenchel, grobgeraspelter Kren, Salz, Weinblätter (oder Weichselblätter), 1 Paprikaschote, in Streifen geschnitten, 1½ l bester Weinessig, allenfalls 2 TL Zucker

Gurken mit Tuch abreiben, tüchtig salzen und einen Tag kühl liegen lassen, dabei öfters durchmischen. Dann herausnehmen, in einen Steinguttopf schlichten, dazwischen die Gewürze und Kräuter verteilen, eine Prise Zucker darüberstreuen und mit aufgekochtem, erkaltetem Essig (je nach Schärfe des Essigs meist 4 Teile Essig, 1 Teil Wasser) gut bedecken. Gurken mit Holzteller oder -brett beschweren und den Topf mit Pergamentpapier zubinden. Kühl gelagert halten sich die Gurken sehr gut.

Salzgurken

10 Stück mittelgroße „Einmachgurken", Salz, 12 Pfefferkörner, Dillkraut, einige Estragonblätter, Weinblatt, Perlzwiebeln, 30 g Schwarzbrot oder 10 g Germ

Gurken waschen, Stiel- und Blütenenden wegschneiden, mit einer Nadel die Gurken mehrere Male einstechen, in Gläser legen, die Gewürze und Kräuter dazwischen verteilen. Mit gekochtem, erkaltetem Salzwasser (auf 1 l Wasser 3 bis 4 Kaffeelöffel Salz) gut bedecken, 8 bis 10 Tage an warmen Ort stellen. Die Gärung kann man durch Beigabe von einem Stück Schwarzbrot oder etwas Germ beschleunigen. Den Schimmel an der Oberfläche vorsichtig entfernen, dann die Gläser zubinden, kühl lagern. Damit die Gurken nicht aufsteigen, zwei dünne Holzstäbe kreuzweise in das Glas spannen.

Grüne Paradeiser

4 kg feste grüne Paradeiser, ½ l Weinessig, ¼ l Wasser, ⅛ l Öl, 1 EL Salz, 1 EL Zucker, 2 ganze Knoblauchzehen, 1 große Zwiebel, 10 zerquetschte Pfefferkörner, 1 Lorbeerblatt, 2 Stengel Thymian, 2–3 Weichsel- oder Weinblätter

Paradeiser in kochendes Wasser tauchen, bis sich die Schale ablösen läßt. Dann Früchte kalt spülen, schälen und vierteln, dabei die Kerne zum Großteil entfernen. Inzwischen Essig, Wasser, Öl, Salz, Zucker, Knoblauch, nudelig geschnittene Zwiebel, Pfefferkörner, Lorbeerblatt, Thymian und Weichselblätter 10 Minuten kochen, den Essigsud passieren, die Paradeiser (in Emailgeschirr) damit übergießen. Das Ganze einmal aufkochen (Masse darf nicht suppig werden). Die Früchte dann mit Löffel herausnehmen und in reine Halbliter Gläser füllen, den Saft 10 Minuten weiterkochen, dann lauwarm die Gläser damit vollfüllen. Gläser luftdicht verschließen und in Dunst kochen (vom Kochen an 45 Minuten). Im Dunstwasser auskühlen lassen, herausnehmen, Gläser abwischen, dunkel und kühl lagern.

Senfgurken

Reife Gurken, Salz, Senfkörner, schwarzer Pfeffer, Knoblauch, Kren, Essig

Reife Gurken schälen, vierteln, Kerne entfernen, in fingerlange und -dicke Streifen schneiden, einsalzen. 24 Stunden stehen lassen. Dabei mehrmals durchrütteln. Dann trockentupfen, in die Gläser füllen, Senfkörner, grob gemahlenen Pfeffer, einige Zehen Knoblauch und feingeschnittenen Kren dazwischen verteilen. Abgekochten, erkalteten Weinessig darübergießen. Nach 24 Stunden Essig abgießen, nochmals aufkochen, erkalten

lassen und die Gläser damit wieder auffüllen. Mit doppelter Cellophanfolie oder mit Pergamentpapier zubinden. Kühl lagern.
Auf die gleiche Weise werden Kürbisse konserviert.

Paprikakraut

Paprikaschoten reinigen, waschen und feinnudelig schneiden. Fest in Gläser einfüllen, mit einer abgekochten, erkalteten Salz-Essig-Lösung übergießen und eine halbe Stunde im Dunst kochen. Ausgekühlt kühl lagern.

Eingelegte Paprika

3 kg rote und/oder grüne Paprikaschoten, 1 l Essig, 2 l Wasser, $^1/_8$ l Olivenöl, 1–2 Lorbeerblätter, Zucker, Salz, 1–2 rote Pfefferoni, Einmachsalz (1 Päckchen auf 5 l Flüssigkeit); Olivenöl

Reife Paprikaschoten waschen, vierteln, vom Gehäuse befreien. Essig mit Wasser und Gewürzen aufkochen. Paprikaschoten dazugeben, bis sie sich verfärbt haben, mitkochen. Dann herausnehmen, in ein 5-Liter-Glas einschichten. Einmachsalz darüberstreuen. Die Flüssigkeit auskühlen lassen und mitsamt den Gewürzen über die Paprikaschoten gießen. Obenauf eine dicke Schicht Olivenöl (ca. $^1/_2$ cm dick) gießen. Das Glas mit Pergamentpapier verschließen. Einige Wochen stehen lassen.

„Russenkraut"

1 mittleres Weißkrauthäuptel, 10 grüne Paprika, 1 kg grüne Paradeiser, 1 kg Gurken, 4 mittelgroße Karotten, 2 große Zwiebeln, 2 EL Salz, $^3/_4$ l Weinessig, Wasser, $^1/_8$ l Öl, 2 Lorbeerblätter, Pfeffer, 100 g Zucker

Gemüse reinigen, nudelig schneiden, mit Salz vermengen und über Nacht stehen lassen. Dazwischen mehrere Male durchmischen. Dann Weinessig, Wasser (so viel, daß die Flüssigkeit dann drüber zu stehen kommt!), Öl, Lorbeerblätter, Prise Pfeffer und Zucker 10 Minuten kochen. Das Gemüse ausdrücken und dazugeben, einmal aufkochen, mit Salz noch abschmecken, in Gläser füllen (die Flüssigkeit muß den Salat bedecken). Mit Cellophanfolie oder Pergamentpapier gut zubinden.

Grüne Nüsse in Zuckerwasser

Grüne Nüsse, Zucker (auf 1000 g Nüsse ca. 500 g Zucker), 1 Stück Zimtrinde, 2 Gewürznelken, Wasser

Große unversehrte grüne Nüsse (Ernte in der zweiten Junihälfte) an beiden Enden kappen. In einer Schüssel mit Wasser zudecken und acht Tage stehen lassen, dabei jeden Tag das Wasser ein-, zweimal erneuern. Am achten Tag die Nüsse in frischem Wasser eine Viertelstunde kochen, das Wasser abseihen und die Nüsse noch einmal 24 Stunden in kaltes Wasser legen. Dann Nüsse herausnehmen, abtrocknen, in Gläser füllen. 500 g Zucker pro Kilogramm Nüsse und so viel Wasser, daß die Flüssigkeit später die eingelegten Nüsse überdeckt, zusammen mit Zimt und Nelken aufkochen und warm über die Nüsse gießen. Einen Tag stehen lassen, die Flüssigkeit abgießen und aufkochen, dann wieder über die Nüsse gießen und 24 Stunden stehen lassen. Diese Prozedur 4 Tage lang wiederholen, bis die Flüssigkeit zu dickem Sirup eingekocht ist, dann zum letzten Mal auch die Nüsse in dem Sirup aufkochen, in die Gläser füllen und luftdicht zubinden. Kühl lagern.

Essigfrüchte

3 kg Früchte (Zwetschken, Kirschen usw.), $^1/_8$ l Weinessig, 500 g Zucker, 1 Stück Zimtrinde, 3 Gewürznelken

Früchte sauber abwischen, Stengel etwas kürzen, mit Nadel mehrmals einstechen. Weinessig und Zucker mit Zimtrinde und Gewürznelken aufkochen, die Früchte damit übergießen und einen Tag stehen lassen. Dann die Früchte herausnehmen, abtropfen, in Gläser füllen, den Essigzucker einmal aufkochen und heiß über die eingelegten Früchte gießen (die Früchte müssen von der Flüssigkeit bedeckt sein). Ausgekühlt die Gläser verschließen und bei 85 Grad 20 Minuten in Dunst kochen. Kühl lagern.

Die systematische Obstbaumzucht hat im Burgenland Mitte des 19. Jahrhunderts eingesetzt, bis dahin stand die häusliche Verwertung im Vordergrund. So hat man Pfaffenäpfel, Krautäpfel, Günser Äpfel, „Passamaner" und „Scherische", Weiz-, Zwiebel- und Maschanskeräpfel gezogen. An Birnen für den Rohgenuß gab es Frauen-, Weiz-, Nagerl-, Leder-, Mokrie-, Mehl- und Salzburger Birnen, als Mostbirnen hat man Wasser-, Pokerl-, Mäuserl- und Holzbirnen gepflanzt. Zwetschken und Kirschen fehlten natürlich auch nicht. Äpfel- und Birnenobst bot als Dörrobst einen bekömmlichen Zusatz für Mehlspeisen, aus den Most- und Holzäpfeln sowie aus Mostbirnen wurde Most gepreßt. Übriges Obst wurde im Brennkessel zu Schnaps gebrannt.
Die schönsten Speiseäpfel führte man in die Dörfer bei

Gebackene Leberknödel (Rezept siehe Seite 237). ▷ „Fleisch und Schni'n" (Rezepte siehe Seite 251 und 278). ▷▷

Steinamanger, Sárvár und Eisenburg und tauschte dafür Getreide. Die 1888 eröffnete Eisenbahnlinie Steinamanger–Pinkafeld hemmte diesen Handel empfindlich. Das Komitat Ödenburg hatte schon damals eine beachtliche Obstkultur von Kastanien, Mandeln, Aprikosen, Pfirsichen, Äpfeln und Birnen; vernachlässigt wurde nur der Quittenbaum. Landesberühmtheit erlangte die um 1800 gegründete Wölfelsche Baumschule von Josef Wölfel in Güns. Nachahmung fand diese Schule im Pfarrhaus von Oberschützen – dadurch kam die systematisch betriebene Obstbaumzucht an die Bauern heran. Die Zöglinge der Oberschützener Lehrerbildungsanstalt legten da und dort neue Baumschulen an, in Pinkafeld begann man planmäßig Obstplantagen einzurichten, in Jormannsdorf, Großpetersdorf, Rotenturm, Kohfidisch und Bernstein bepflanzte man die Wege mit Hunderten von Apfelbäumen; auch die Gutsherrschaft Bernstein errichtete einen großen Baumgrund. Gleichzeitig gingen auch die Kleinbauern immer mehr zur geregelten Obstanpflanzung über. Ende der siebziger Jahre des 19. Jahrhunderts bepflanzte man die Straßenränder, aber nicht nur zur Verschönerung (durch eine Straßenpflanzungsverordnung behördlich geregelt). Die Erträgnisse aus dem Obstbau nährten die Kleinbauern. Noch heute stehen dort die Obstbäume nicht in großen Obstgärten, sondern auf Weingärten, Feldern, Wiesen und am Straßenrand.

Einst galten als typisch heanzische Hausierer die Wiesener Obstweiber, die Hühnerkramer, die Weinführer und die Vogelhändler. Die Gegend von Forchtenau und Wiesen wird auch noch heute als der Obstgarten des Heanzenlandes bezeichnet. In Wiesen, heißt es, war es schon seit alters her die Aufgabe der Frauen, das Obst im Kleinhandel in die Ferne zu tragen. Besonders Kirschen wurden in Massen verkauft, und zwar 2000 bis 3000 Butten im Jahr, ferner etwa 50.000 bis 60.000 Metzen Äpfel. Ein Großteil ging stets auf den Wiener Markt (in Wien war der Standplatz der Wiesener an der Leopoldstädter Seite der Ferdinandsbrücke bekannt).

Im Laufe von etwa siebzig Jahren hat sich diese Kultur, von Wiesen ausgehend, über Forchtenstein, Neustift, Mattersburg, Sauerbrunn, Marz und Sieggraben verbreitet. 1938 wurden 1200 Katastraljoch mit Erdbeeren bebaut. Früh- und Edelbirnen gedeihen besonders gut in Wiesen, Forchtenau und Sauerbrunn. Schon Becker („Heanzische Volkstypen") schreibt, daß die „heanzischen edlen Kastanien auf dem Wiener Markt gewiß vier Fünftel der gesamten echten Maroni ausmachen".

Geflochtener Bienenkorb.

Im Seewinkel, in den Orten um Eisenstadt, bis nach Müllendorf, gedeihen die meisten Marillen im Land, ebenso die Weingartenpfirsiche; Mandelbäume, Walnußbäume sind im Neusiedler Bezirk zu Hause. Im südlichen Burgenland gibt es ausgedehnte Apfelbaumkulturen sowie besonders reichlich Zwetschken und Pflaumen. Die ältesten Obstbäume stammen hier noch aus der Zeit Maria Theresias und Josefs II. Ab 1818 wurde Oberschützen ein Mittelpunkt der Obstkultur. Heute bestehen Obstverwertungsgenossenschaften in Pinkafeld, Stegersbach und Jennersdorf. Seit 1850 ist im Mattersburger Bezirk die Weichselkultur verbreitet; aus dem Weichselholz stellte man Spazierstöcke, Pfeifenrohre, Zigarren- und Zigarettenspitze her, heute begehrte Ausfuhrartikel.

Apfelmarmelade

Auf 1 kg Apfelmark 750 g Zucker

Reife und unreife Äpfel waschen, vierteln, alle fleckigen Stellen ausschneiden. In wenig Wasser kochen, abseihen und passieren. Dann kochend eindicken

◁ Steirisches Wurzelfleisch (Rezept siehe Seite 375). ◁◁ „Stosuppe" (Rezept siehe Seite 146).

(dabei ständig rühren), bis sie in Klumpen vom Kochlöffel fallen. Pro Kilo Apfelmark dann 750 g Zucker dazugeben, 10 bis 20 Minuten kochen, bis zur *Gelierprobe:* ein Tropfen Marmelade auf einem Teller muß sofort erstarren. Dann etwas überkühlt in die sauberen Gläser füllen. Die Beigabe von Einsiedehilfe (pro Kilogramm eine Tablette) erhöht die Haltbarkeit. Man kann die gewaschenen Äpfel (vom Kerngehäuse befreit) auch durch die Faschiermaschine treiben (erspart das Passieren). Je nach Geschmack kann man ein Stück Zimtstange, Gewürznelken und etwas Zitronenschale beigeben (vor dem Einfüllen wieder entfernen). Zugedeckt auskühlen lassen. Ausgekühlt (am besten am nächsten Tag) die Marmelade mit alkoholbeträufelter Cellophanfolie bedecken, ein Prise Salizyl daraufstreuen, die Gläser mit befeuchteter doppelter Cellophanfolie oder mit Pergamentpapier zubinden. Kühl und dunkel lagern.

Marillenmarmelade

Auf 1 kg Marillenmark 1000 g Zucker

Reife Marillen entsteinen, zerkleinern, allenfalls passieren (oder Haut entfernen, mit wenig Wasser kochen und dann passieren). Das Fruchtmark zuerst ohne, dann mit Zuckergabe unter ständigem Rühren so lange eindicken, bis die Marmelade in Klumpen vom Löffel fällt – müßte nach etwa acht Minuten eintreten! (Gelierprobe: einen Tropfen auf Teller geben, die Marmelade muß sofort steif werden und ein Häutchen bilden.) Dann wie Apfelmarmelade ausfertigen und leicht überkühlt in die vorbereiteten Gläser füllen.

Zwetschkenmarmelade

Auf 1 kg Zwetschkenmark 600 g Zucker

Zwetschken mit heißem Wasser überbrühen, die Haut abziehen, entsteinen, zerkleinern und passieren. Fruchtmark eindicken, den Zucker beigeben und dick einkochen wie Apfelmarmelade. Man kann nach Belieben ein Stück Zimtrinde, Gewürznelken, Neugewürz und Zitronenschale mitkochen, dann wieder entfernen. Fertigen wie Apfelmarmelade.

Ribiselmarmelade

1 kg Ribisel, 800 g Zucker

Gerebelte (entstielte) Ribisel langsam zum Kochen bringen, gut abschäumen, mit Zucker weiterkochen, bis die Gelierprobe erreicht ist. Wie Apfelmarmelade fertigen.

Hagebuttenmarmelade (Hetschebetschmarmelade)

1 kg Fruchtmark, 1 kg Zucker

Reife Hagebutten (nach dem ersten Reif erst pflücken!) halbieren, feine Haare und haarige Körner entfernen, die Spitzen abschneiden. In wenig Wasser langsam weich kochen, dann passieren. Das Fruchtmark etwa eine Viertelstunde weiterkochen, dann mit Zucker bis zur Gelierprobe kochen. Lauwarm in Gläser füllen, wie Apfelmarmelade fertigen.

Weißhafner Stoobergeschirr, unglasiert.

Apfelgelee

Noch nicht ganz reife Äpfel (Fallobst) vierteln, fleckige Stellen und Wurmiges ausschneiden, Kerngehäuse und Schale daranlassen. Mit ganz wenig Wasser weich kochen, aber nicht zerkochen. Auf die vier Füße eines umgestürzten Stockerls ein Tuch (große Leinenserviette) spannen oder ein Sieb nehmen, die gekochten Äpfel samt Saft daraufleeren und den Saft langsam in ein darunter gestelltes Gefäß laufen lassen (am besten über Nacht stehen lassen). Oder Saft durch Entsafter gewinnen. Den gewonnenen Saft abwiegen, pro Liter mit knapp einem Kilogramm Zucker verrühren, rasch etwa 10 Minuten zur Gelierprobe kochen. Dann wie Apfelmarmelade fertigen.

Haustrunk

Der Haustrunk der Burgenländer ist der Wein aus den eigenen Rieden. Das Burgenland gehört zu den traditionellen Weinbaugebieten Österreichs. Etwa 20.000 Weinbaubetriebe bearbeiten eine Gesamtfläche von 17.305 Hektar (davon entfallen etwa 80 Prozent auf Rotwein), das sind 34,7 Prozent der gesamtösterreichischen Weinbaufläche. Das Hauptweinbaugebiet ist das Gebiet Rust – Neusiedl mit den Bezirken Neusiedl am See, Eisenstadt, Mattersburg, Oberpullendorf und den Freistädten Eisenstadt und Rust; ferner das Gebiet „Eisenberg" mit den Bezirken Oberwart, Güssing und Jennersdorf. Bekannte Sorten sind Welschriesling, Blauer Burgunder, Rheinriesling, Grüner Veltliner, Müller-Thurgau, Neuburger, Muskat-Ottonell, Weißer Burgunder, Traminer, Bouvier, Blaufränkischer. Dazu kommen noch drei Tafeltraubensorten. Die geographisch-klimatische Lage – an der Randzone des pannonischen Kontinentalklimas – bürgt für heiße Sommer und lange, milde Herbsttage – ideal für einen guten Tropfen. Heute überwiegt die neue Drahtrahmenkultur, nachdem Ende des 19. Jahrhunderts die Reblauskatastrophe den Weinbau zerstört hatte. Nach 1945 entstand im Seewinkel eine neue Weinlandschaft.

Die ersten Zeugnisse von Weinbau stammen aus der Römerzeit: Reste einer steinernen Weinpresse aus Winden und ein Relief aus der Ruine Burg an der Pinka (heute an der Kirche von Hannersdorf), mit einer Vase, aus der sich Reben mit Weintrauben emporranken. 1157 übergab Graf Wolfer Benediktinermönchen u. a. zehn Weingärten mit den dazugehörenden Arbeitern im Gebiet des heutigen Burgenlandes. Seit dem 13./14. Jahrhundert befanden sich die Weingärten des Nordburgenlandes vorwiegend im Besitz des Adels, der Klöster, einiger Städte Niederösterreichs, von Gemeinden und Zünften. (Daher konnte um den Neusiedler See keine geschlossene Herrschaft entstehen, wie dies für das übrige Burgenland charakteristisch war.) Am Rand des Weingebietes lagen die kleinen Rieden der „Hulden", der armen, unter fremdem Dach wohnenden Hauerknechte. Der Weinfernhandel gedieh schon im 13. Jahrhundert. Bis ins 15. Jahrhundert nahm die Stadt Ödenburg mit ihren Dörfern die stärkste Stellung im Weinbau ein, hier liefen alle Fäden des Weinhandelsnetzes zusammen. Dennoch erlangte der „Ruster Ausbruch" Weltruhm und übernahm die führende Rolle im ehemals westungarischen Weinbau. Das Weinhandelsnetz der Bürger und der Zeche von Rust reichte weit nach Bayern, Böhmen, Mähren, Schlesien, Brandenburg, Preußen und Polen. Die Ruster Fässer trugen stolz das Markenzeichen „R", das sie aufgrund eines Privilegs aus dem Jahre 1524 führen durften.

Die Arbeit im Weingarten wurde jährlich vom Rat in der Weingart- und Lesordnung festgelegt und terminisiert, ebenso die Höhe der Löhne für Arbeiten im Weingarten, wie Schneiden, „Fastenhauen", Vergruben, Bogeneinlegen, Buttentragen, Lesen, Pressen u. a. m. In der Ruster Lesordnung von 1635 heißt es etwa: „Wer mehrersdan ain Wainper mit sich haimb tragt, soll sein Tagwerk verwürckht und noch dazu gestrafft werden ... Weil in denen Leskornern (Nachlese) auch die pesten Pogen außgeschnitten werden, ist das Leßkornern ainhaimbischen und frembten genzliche verbotten. Wer dabei betreten, soll an das Creuz (Pranger) gestellt und die Wainper und Pögen an den Hals gehengt werden." Die Weinlese mußte in einer bestimmten Reihenfolge geschehen, am ersten Tag begann die Lese der herrschaftlichen Weingärten (der „Allodialweingärten"), am zweiten die von Richtern, Bergmeistern und anderen „Beamten", am dritten Tag die allgemeine Lese der ortsansässigen und auswärtigen Weingartenbesitzer. Nach Aufhebung der Feudalverfassung lebte der Lesezwang auf Gemeindeebene weiter, heute wird der Lesebeginn auf Landesebene durch Verordnung dekretiert.

In einem Büchlein, das sich schon vor mehr als hundert Jahren mit dem Weinbau des Seegebietes befaßte, Karl Fürsts „Versuch über den Weinbau und Weinhandel der Ödenburger Gespanschaft im Königreich Ungarn 1847", werden die Weinbaugemeinden des heutigen Bezirkes Eisenstadt bereits in Güteklassen geteilt; die Spitze hielten auch damals schon Rust und Oggau.

Die Bearbeitung eines Weingartens war und ist schwer und arbeitsaufwendig; Hausleute und Taglöhner bekamen dafür eine kräftige Hausmannskost vorgesetzt. Während der Lesezeit gab es zum „Fruistuck" Sterz und gekochten Most (oder Wein) oder aufgewärmte Reste vom Vortag. Lagen die Weingärten nahe beim

Haus, aß man zu Mittag („Mittamai") im Haus, sonst wurde warmes Essen auf das Feld getragen; es gab Suppe und zwei-, dreimal in der Woche Fleischspeisen mit Beilagen, im übrigen Mehlspeisen. Lagen die Weinberge weitab vom Hof, nahm sich jeder kaltes Essen (Speck, Wurst, Geselchtes, Preßwurst, Schmalz, Brot) mit, auch Nüsse, alles eingepackt in einen „Puglkaa" (Rückenkorb) oder in einen „Zëiga" (Zöger, Tasche). Die Suppe wurde in einer emaillierten „Supp'mkau(n)l" (der Milchkanne ähnliches Gefäß mit einem Steckdeckel) befördert, das übrige Essen in „Rai(n)ln" (Reindeln) oder „Hëif'n" (Häfen). Zusammen mit Brot, Teller und Besteck wurde alles in einen Henkel- oder Rückenkorb oder im „Sumpa" (Eßtragkorb) auf Klee oder Heu gebettet; die Körbe wurden vielfach mit dem Riegel auf dem Kopf getragen. Noch zu Anfang des 20. Jahrhunderts wurde das Essen allgemein in irdenen, glasierten Henkeltöpfen oder Zwillingshäfen auf das Feld getragen, wie es sonst nur bei den Hirtenfrauen bzw. armen Leuten üblich gewesen ist. Das „Nachtmai" (Abendmahl) wurde im Haus gegessen. Die vor- und nachmittägliche Jaus'n nahm man mit; sie bestand aus Brot und Wein. Zur Lesezeit gab es keine Jause – „Maria Gepuat nimmt d' Jaus'n fuat" (Maria Geburt nimmt die Jause fort), denn jedermann konnte in dieser Zeit Trauben nach Lust essen. Der Wein wurde in „Kaaflasch'n" (Korbflaschen) zu 2 bis 5 Liter, Wasser in „Plizaln" (Plutzer) aus Stoob mitgetragen; zum Wassertragen verwendete man das „Hantfassl" (Handfaß), auch „Wassalag'l" oder „Huizlagl" (Holzlägel) genannt (Lagel kommt vom lateinischen lagena = Gefäß mit ca. 3 Liter Inhalt). Das „Tschuttal" (Tschutten = Feldflasche) wird kaum noch verwendet. Hatte eine Bäuerin viele Weingartenarbeiter zu verköstigen, wurde vor dem Lesen oft ein Schwein, hie und da auch ein Kalb oder ein Lamm geschlachtet. Besitzt der Bauer das Jagdrecht, wird manchesmal auch Wild zur „Aufbesserung" der Fleischkost aufgetischt. An sonst üblichen Gerichten zählt Martha Bauer in „Der Weinbau des Nordburgenlandes in volkskundlicher Betrachtung" folgende Speisen auf: An Suppen Einbrenn-, Erdäpfel-, Grieß-, Rindsuppe (mit Einlagen wie Nudeln, Eingetropftes). An Fleisch Geselchtes, Surfleisch, Frischfleisch (gesotten, gebraten, gebacken, gedünstet), Gulasch, Geflügel, warmen Speck, Würste, Blunzen, dazu als Beilagen bzw. als Gemüse Kraut, Kohl, Bohnen, Erbsen, Erdäpfel, Nudeln, Nockerln, Knödel, Fleckerln. An Mehlspeisen Schmarren, Strudel, Sterz u. a. In Mörbisch schätzt man zur Lesezeit die „Leisaknëidl" (Leserknöfel), eine Art bessere Semmelknödel, die man zur Rindsuppe oder zu Rindfleisch und Essigkren ißt. Am letzten Lesetag werden die Arbeiter noch reichlicher und besser bewirtet.

Am 27. Dezember, dem Johannistag, wird der junge Wein in der Kirche geweiht. Zu Hause wird – so in der Wart, besonders in Kemeten – der Wein unter den Hausgenossen herumgereicht; jedes Familienmitglied sagt vor dem Trunk: „Heiliger Johannissegen, bleiben alle Teufel hinterwegen!" In Gattendorf bekommen auch die Haustiere vom geweihten Wein, auch in den Brunnen wird etwas davon geschüttet, ebenso in die Weinfässer, damit für das nächste Jahr eine gute Lese gesichert ist (Mogersdorf). Den Rest des Johannisweins verwahrt man in Pinkafeld in einem Fläschchen und verwendet ihn als äußeres Mittel gegen Kopfschmerzen und Rheumatismus. In Hornstein macht ein mit Johanniswein gefülltes Glas in den Elternhäusern von Braut und Bräutigam vor dem Hochzeitszug in die Kirche die Runde, jeder nimmt davon einen Schluck und wünscht dem Brautpaar Glück. Für die Toten aus der Familie schüttet man ein Glas des geweihten Weins auf den Boden.

Geschnitzter Faßboden mit Madonna, 1770, Oberberg-Eisenstadt.

Kärnten

**„Zwölf Köchinnen hom mit Schmolz und mit Schottn
völlig onderholb Wouchn gebrotn und gsottn.
Wos gselcht is, wos frisch is,
homs geschwungen und gstützt,
mit Fenis und Anis,
mit Zugga und Kanis.
Den Rahm homs gschatzt, den Sofron gwougn,
dos Holbe is woa und dos Holbe dalougn.
Oba kemmts lei und loßts enk guat schmöikn,
in moan, für a hundert Poa sollts wohl kloikn.
Mit ana sauan Suppen fongts on,
dazue gibt's Weinbalenmuaß in da Pfonn.
Gebrotne Wuascht und Buttanockn,
Lungl und Löiba, döi in Rahm drin hockn.
Und weita a kälbanes Ongesicht,
mit Oessig und Oeil fein zugericht.
A Schüßl gezuggate Straubm,
in Schmolz gebochene Taubm.
Rindfleisch, Ruebm und Hosnbrotn,
dea is ihnen goa bsonders gut grotn.
Wenn man donn den Kronz nimmt da Braut,
kemman Schweinshaxn mit Kraut.
Und wenns ‚Hoch' hoaßt: ‚Der Bräutigom soll löibm!'
Die Altjungferbraut a danöibn!
Wenn's schießt dann und tuscht,
und der Wirt dann in Kelda obehuscht,
kimmt noch a Schüßl mit Nudl und Kropfn,
hoech aufgetürmt wia die Türggnzopfn.
Und hinterdrein, o jöiggers, je, je,
kimmt noch a richtiga Rahmkaffee.
Dazua gibts Gugglhupf und Boznertoatn,
und Zuggaringlen noch olle Soatn . . ."**

(Spruch eines Hochzeitladers)

„Mei Hoamat is a Schoatzele", singen die Kärntner in ihrem berühmten Fünfgesang – und ihr Gesang ist eine Kostbarkeit besonderer Art, so vielschichtig wie ihre Geschichte, wie die Bevölkerung, das Brauchtum, die Trachten und nicht zuletzt die Landesküche. Wenn Valvasor, dieser erste Fremdenverkehrswerber Kärntens, auch feststellte, „daß dieses Land in einem Winkel versteckt im Schatten liege", so haben doch vorher und seither viele diesen „Winkel" entdeckt und liebengelernt.

Eingebettet zwischen Hohen Tauern und Gurktaler Alpen im Norden, Koralpe im Osten, Schobergruppe und Lienzer Dolomiten im Westen, Karawanken und Karnischen Alpen im Süden, bietet sich das südlichste und fünftgrößte Bundesland Österreichs wie eine Riesennußschale dar, eine Landschaft mit dichten Wäldern, fruchtbaren Äckern und Wiesen, voll von Marterln, Karnern, Wegkreuzen und Kapellen, Burgen und Ruinen, in seidiger Sommerluft die vielen Seen. Wie hinter einem Schutzwall verbirgt sich das Land hinter den Gebirgsketten und ist dennoch Grenzland, Durchzugsland, Eingang wie Ausgang, ist das Durchdringen und Vermischen eine Aufgabe aller Generationen geworden.

Als „politische Individualität" ist Kärnten das älteste Bundesland, und es ist das einzige, das seinen Namen von einem Volksstamm, dem Keltenstamm der Karner, hat, erstmals vor 800 erwähnt als Carantanum (aus vorkeltisch „car" = Feld oder keltisch „carant" = Freund, Verwandter). Den illyrischen Venetern folgten um 400 v. Chr. die Kelten („Taurisker"), dann wurde es Teil des vorrömischen Königreichs Norikum, dessen keltische Elemente auch die folgende Römerzeit nicht verändern konnte. Im 4. Jahrhundert setzte sich das Christentum durch, aber bis heute sind vorkeltische Gottheiten und christkatholische Wallfahrtsstätten in ein und derselben Erde verankert. Um 600 n. Chr. kamen von Osten her unter der Herrschaft der Awaren die Slawen, Vorfahren der Slowenen („Windische"), ins Land, wobei die landsässige Bauernschicht, „Edlinger" genannt, die Führung behielt. Der Slawenvorstoß wurde von den Baiern, aus dem Pustertal kommend, gebremst. Damals hatte der Bauer noch Gewicht, war dem König ebenbürtig. Hier haben Bauern ihren Herzog eingesetzt, der von einem der Ihren einen symbolischen Backenschlag erhielt, nachdem er in Bauernkleidung ein Pferd und ein Rind übergeben und Wasser aus einem Bauernhut getrunken hatte. 976 wurde die Karantanische Mark das erste selbständige Herzogtum auf österreichischem Boden und umfaßte auch das heutige Osttirol, die Mark an der Drau (mit Marburg und Pettau), Grafschaften an der Sann (mit Cilli), Judenburg, Leoben, mit Enns- und Mürztal, die Gebiete von Steyr und Pitten. Das Königsgut dagegen wurde an geistliche und weltliche Herren und Große verteilt: das Patriarchat Aquileja, das Erzbistum Salzburg, die Bistümer Bamberg, Passau, Freising und Brixen, an die weltlichen Grundherren der Luidolfinger, der bayerischen Aribonen, der Eppensteiner, der Grafen von Lurn und von Görz, von Jaun und Heunburg, Malta, Treffen, Zeltschach-Friesach, Sternberg, Spanheim, Ortenburg, von Tirol. Alle haben die Kulturlandschaft Kärntens geprägt, die durch die um 1200 abgeschlossene Rodung, im Gebirge mit ihren Einzelhöfen und Schwaigen (in den Karnischen Alpen liegen die einzigen Almdörfer Österreichs), das heutige Aussehen erhielt. 1269 regierte kurze Zeit der Böhmenkönig Ottokar Přemysl hier, 1338 übernahmen die Habsburger das Land, für die es ein Nebenland blieb. So konnte sich erst recht die starke landsmännische Macht ausbilden. 1335 gelangte Kärnten endgültig an Österreich, 1535 wurde die innere politische Einheit erreicht. 1849 wurde es Kronland. Unmittelbar nach dem Ersten Weltkrieg verlor es den Süden (Mießtal und Kanaltal), am 10. Oktober 1920 aber legten die Kärntner noch einmal ihr Bekenntnis zu Österreich ab.

Bauernland noch immer, Wald und Alm, Holz und Stein, echte Nachbarschaft und Heimatliebe: Je schwieriger und härter dem Boden Nutzen und Gewinn abzuringen sind, desto stärker ist die Liebe zur Heimat. Denn im tieferen Gebirge gibt es „arme Winkel, wo die Menschen glücklich sind, wenn der Hafer und der Holzapfel überhaupt reif werden, wo sie die Kleie in das Brot backen und in Mißjahren mit dem lieben Vieh gemeinsam darben. Hier im östlichen Kärnten aber geht das Welschkorn mannshoch empor, der Herbst bringt eine zweite Frucht, und die Obstpressen und Schnapskessel haben es eilig". (Josef Friedrich Perkonig)

Beharrlichkeit, Arbeitsfreude, Freiheitsliebe zeichnen

den Kärntner aus, behäbig und traulich ist sein Wesen, seine Sprache – er liebt die Verkleinerungsformen über alles; zärtlich und treuherzig, wie man zu seinem Schatz, zu seinem Kind zu sprechen pflegt, spricht er im behaglichen Redefluß, diesen noch verlangsamend, sinnlicher machend durch eine Unmenge von kleinen Füllwörtern – die gleiche Fülle, der wir in der Küche der Kärntner Bäuerin wieder begegnen werden, einmal süß, einmal herb, gern mit Kräutern gewürzt, so wie dem Auge die Blumenpracht schmeichelt, so aus Wenigem Köstlichkeiten schaffend. Und wenn mein Freund und Studienkollege Ludwig Maria Plakolb einmal von der Kärntner Küche sagt, daß sie „im Untergrund", im Verborgenen lebe, so meinte er auch die behäbige Fülle der Küche der Kärntner, die im Rhythmus der Natur, im Jahrhundertdenken gewachsener Bäume weise geworden sind. Was sind da Jahre, Tage, Stunden, schnell gesprochene Wahrheiten... Der Tod ist das Unabwendbare, er ist die an- und zugemessene Zeit. „Valass'n, valass'n, wia da Stoan auf da Straß'n..." Da wird das Antlitz der Landschaft mild, das „Schluchzen zum Herzwort" (Christine Lavant), da liegt im Bescheidensein der Bescheid, da wird Armut zum Reichtum.

„Der Kärntner Bauer", schreibt Oswin Moro 1937, „wohnt in einem Haus von mehr weichen Formen mit einem oder zwei bewohnten Geschossen, einem langen balkonartigen Trockengang und einem mit Schindeln, Klubbrettern oder Stroh gedeckten Halbwalmdach. Selten fehlen ... in den Fenstern und auf dem Gang Töpfe oder Kistchen mit leuchtenden Blumen." Diese Blumenfreude der Kärntnerin spiegelt sich wider im Hausgarten, in der Kirche und auf dem Friedhof. Typisch für Kärnten waren die Ringhöfe und die alten

Hugo Charlemont, Bauernhof in Oberkärnten. 1891.

Rauchstubenhäuser, bei denen die Räume in die „Lab'm", ins Vorhaus, münden, wo im Sommer oft der Eßtisch steht, mit dem Fliegenwedel darüber (daneben findet man noch da und dort eine alte Ölpresse oder einen Knettrog zum Kneten von Brotteig stehen). Der alte Gemeinschaftsraum, in dem gegessen, gearbeitet, gespielt, gebetet, gesungen wurde und bis zur letzten Jahrhundertwende auch die Toten aufgebahrt wurden, war die Rauchstube, Wohnstube und Küche zugleich (und sehr viel früher auch noch Stall). Der etwa 60 cm hohe „offene" Herd stand knapp mit der zweiten Feuerstelle im Raum, dem getrennt heizbaren Backofen, in Verbindung. Zum Ofen gehörten die große „Kesselreidn", die „Pfannreidn" für kleine, langstielige, aufsteckbare Pfannen, die Ofenbank für das Wasserschaffl und das „Koschpel-", „Ghack-" oder „Saufutterfaßl", ebenso die Schüsselrehm. Im Eck zwischen den beiden Fensterseiten stand der Eßtisch, darüber der „Heilige Geist" hängend, im Herrgottswinkel das Kreuz, auf einem Brett davor Heiligenstatuen, Papierblumen, der

Doppelfeuerstätte: Backofen und offener Herd, mit Kesselgalgen („Kesselreide"), Dreifußpfanne, Dreifuß, Ofenschüssel und hölzernen Pfannknechten. Unter der Decke der Klopfhammer zum Aufwecken der in der Kammer darüber schlafenden Dienstboten.

Palmbuschen oder Ähren. Das „Ganterle", ein Eckkastl, und die Bänke an den Fensterseiten ergänzten die Einrichtung der alten Rauchstube.

Die Tür zum Vorhaus, zur Lab'm, bestand aus zwei Teilen (der obere Teil diente zum beschleunigten Rauchabzug), über der Tür war noch ein Rauchschuber angebracht. Von Rauch und Ruß geschwärzt, erhielt die „schwarze Kuchl" den Namen „Rauchstube" bzw. „Rauchkuchl" („Rachkuchl"), das ganze Haus hieß „Feuerhaus" – im Unterschied zum Futterhaus. Der Kogl oder Rauchhut fing die Funken über dem Feuer und drückte den Rauch nieder, der unter der Decke lagerte und durch die Türöffnung in die Labn und weiter durch den Rauchschlot – dieser war mit Sprossen zum Räuchern des Fleisches versehen – ins Freie entwich.

Auf einer „Asn" (Holzbalkengestell) waren die Holzscheite zum Trocknen geschlichtet; irgendwo stand der Spanhalter („Leuchter-Paule" genannt). An der Holzwand hingen Löffel, in Lederschlaufen gesteckt. Gegenüber der Rauchkuchl befand sich die „Stub'n"; in ihr stand ein Kachelofen, ein Hinterlader, der vom Vorhaus aus zu heizen war. Um den runden Kachelofen war das „Ofeng'schal", ein Holzgeländer, davor die Ofenbank. In dieser Kachelofenstube schliefen früher die Bauersleute. In der „scheanen" Stube im ersten Stockwerk lebten oft die „Auszügler", die Altbauern. Die Dienstboten schliefen in nicht heizbaren Räumen, da und dort auch im Stall.

Längst ist die alte Rauchstube in eine moderne Küche oder in eine Backofenstube umgewandelt worden und hat statt des offenen Herdes einen Sparherd. In ganz wenigen Häusern, zumal in den nordkärntnerischen Berggräben, hat sich dieser Urraum nach Moro noch um 1930 in beinahe ursprünglicher Gestalt als Koch-, Back-, Eß- und Wohnraum behauptet; Schlafraum ist er nur noch selten, und auch nur vorübergehend. Um 1930 pflegte man nach Moro mancherorts noch Hühner darin zu halten, vor 150 Jahren auch Schweine. Moro sieht den erzieherischen „Vorteil dieses großen, dunklen Raumes in der Zusammenfassung und dem Zusammenhalt aller Hausbewohner, einschließlich der Dienstleute", insbesondere der verschiedenen Generationen. „Die Rauchstube", so Moro, „nötigt zur Eintracht und fördert den Gemeinschaftssinn."

Suppen und Suppeneinlagen

„Kemt's lei bald, kemt's lei bald,
de Nudl werd'n kalt, Nudl werd'n kalt, kalt! "

Im Rhythmus dieser Zeilen läutete die Bäuerin oder die „Kuchldirn" die Hausglocke im kleinen Türmchen auf dem Dachgiebel, auch den „Eßnklachl", die „Eßnkleapper" oder ein „Klangholz" aus (Hasel-)Fichte an der Hauswand, mit einem Schlegel angeschlagen, oder – wie im Gurktal – eine Stahlplatte (in der Feldkirchener Gegend heißt dieser Gong „Klumpra"). Sobald dann der Haus- oder Vorknecht („Marknecht") das Haus betreten hatte, läutete er schnell und kurz:

„Bin schon do, bin schon do,
bin schon do, do."

Dieser kleiner „Klänker" war für die Kuchldirn das Zeichen, das Essen auf den Tisch zu tragen. Sollte abgeräumt und mit der Arbeit wieder begonnen werden, machte der „Marknecht" mit der Hausglocke wieder einen kurzen „Klänker". Waren Handwerker auf dem Hof beschäftigt, rief die Kuchldirn ihnen zu:

„Zimmaleut, geaht's öss'n,
Mauraleut, ös a!
Hobt's nit olle Platz ba'n Tisch,
kemmt's doher do a! "

Sie zeigte dabei auf sich. Einem großen Bauern, der stets zu wenig Essen auftragen ließ, sagte es eine Dirn einmal hinein: „Is wohl a kloa G'läut bei Sankt Peter! "

Mit Klappern, Trommeln und Läuten, wie ich es hier nach einer Schilderung von Helmut Prasch („Eine Volkskunde Oberkärntens", 1965), dem unermüdlichen Sammler und Forscher Kärntner Volkskultur und Leiter des Bezirksheimatmuseums in Spittal an der Drau, wiedergeben durfte, hat man früher die Dorfbewohner auch auf Kundmachungen allgemeiner Art aufmerksam gemacht. Das Läuten von Glocken hat auf dem Lande bis in die jüngste Vergangenheit die Zeitabläufe geregelt, und es war schon immer an Sonn- und Feiertagen das gewohnte Essenssignal und an Werktagen das Zeichen auch des Feierabends – an den Werktagen spielte das Essen bis ins 13. Jahrhundert gewiß noch eine untergeordnete Rolle. Denn bis in diese Zeit unterschied man, auch am Ruhetag, nur zwei, äußerstenfalls drei Tagesmahlzeiten: das Mittagessen, das die Bauersleute an warmen Tagen wohl oft auf dem Feld einnahmen, und das Nachtessen, mancherorts vielleicht auch schon ein einfaches Frühstück. Und erst ab dem 13. Jahrhundert bildete sich langsam unsere heutige Fünfmahlzeiten-Terminologie aus (wie der Mundartforscher Eberhard Kranzmayer in „Kärntner Bauernkost und ihre Geschichte" 1949 ausführt). Ein Vertrag von 1236 gibt einigen Aufschluß über die Bauernkost im 13. Jahrhundert: Danach sollte das Stift Ossiach der Witwe und der Tochter des Ossiacher Ministerialen Heinrich von Reppitsch nach dessen Tod täglich drei Brote, einen Käse (wohl $^1/_3$ Pfund) und zwei Becher Steinbier sowie in der Fastenzeit noch entsprechende Fastenspeisen darreichen. R. Waizer und Franziszi schrieben 1890: „Die Hauptnahrung des Kärntners ist im Oberlande die Habertalge, die Schmalzraunken und Mehlsuppe, im Gailthal Polenta und Frika, während in Unterkärnten Haiden- oder Türkensterz, dann Hirsebrei das häufigste Gericht bildet. Als Trunk nimmt man im Lavantthal Most, sonst aber zumeist Schnaps."

Gegessen wurde in den Kärntner Bauernhäusern meist in der „Kuchl", seltener in der Marstube, nie im Wohnzimmer. Im Sommer ließ man sich gern in der kühlen „Lab'm", im Hausflur, oder in einem Sommerhäuschen beim Hof nieder. Bauersleute und Ehehalten (Dienstboten) aßen in der Regel gemeinsam an einem Tisch. Der Tisch wurde, wie H. Prasch weiter ausführt, mit einem „Wöchel" (aus altem „twebel" = Handtuch), einem grobleinenen Tuch, bedeckt, dessen Ecken stets nach unten eingeschlagen sein mußten; war einmal eine Ecke nach oben gerichtet, war an diesem Tag alles „nabach" (verkehrt), dann ging die Arbeit nicht recht vom Fleck, denn „wie der Saum des Wöchel, so die Arbeit vom Tag! ". Was auf den Tisch kommt, muß aufgegessen werden, sonst „tuat man lei'n Deanst verdab'm". Der Volksmeinung nach soll man aber beim Arbeiten „nit vom Ess'n plappern", beim Kochen singen, „zan Anglust'n in die Schüss'l bet'n" und „nach'n Klank'n nit Kostprotz'n". Es darf auch die Tischlade, die „Broatlade", nicht gegen die Tür gerichtet sein, weil in so ein Haus kein Segen einkehren kann; wackelt ein Tisch, dann sitzt eine künftige Braut oder ein Bräutigam am Tisch. Zu jedem Essen wird aus der „Tischtrugn" oder -lade ein Laib Brot auf den

Tisch gelegt. Jeder hat sein eigenes Besteck, wobei der Löffel am wichtigsten war. Unglück bringt es, wenn einer sein Eßbesteck in gekreuzter Form hinlegt. Das Messer darf nie mit der Schneide nach oben aufgelegt werden, denn da „reitet der Teufel drauf" oder „der Böse wetzt seine Krallen". Wenn Gabel oder Messer hinunterfallen und mit der Spitze im Holzboden stecken bleiben, kommt noch ein lieber Besuch am selben Tag. Trinkt einer während des Essens Wasser, schreckt man ihn mit der Drohung: „Dir schaut der Tod schon über die Achsel!" Es darf auch ja kein Fremder einen Brotlaib anschneiden, das würde ihm den baldigen Tod bringen. Ein angeschnittenes Scherzl soll man eine Zeitlang in der Tischlade liegen lassen.
Vor und nach dem Essen beten alle gemeinsam das Tischgebet. Das mag manch einem hungrigen Knecht zu lange dauern, und er murmelt: „Nun hab i aber schon an Hunger wie ein Wolf!" Darauf kann er zur Antwort bekommen: „Leck Salz, dann wirst du auch durstig!" Ein wählerischer, „haklana" Mensch ist „neatla" oder „korassig", ein übertrieben langsamer Esser dagegen heißt im Drautal „Grutscher" (von „grutsch'n" = langsam arbeiten) oder „Greifer", während der Schnellesser „Obegeitner" (von geit = Geiz) geschimpft wird.

Jahrhundertelang gab es zum Frühstück auf vielen Kärntner Bauernhöfen für alle nur Milchsuppe und Sterz, eine Mehlsuppe oder eine „Kassuppe", während zu den Hauptmahlzeiten als erstes Gericht („Vorricht") nicht eine Suppe, sondern ein Salat oder Sauerkraut auf den Bauerntisch kam. Dagegen wird nicht selten noch heute eine „dicke Suppe" selbständig als „kleiner Imbiß", so zur Jause, vorgesetzt, wie Lia Miklau in ihrem sehr wertvollen „Kärntner Kochbüchl" (1973) grundsätzlich feststellt, ein „Kochbüchl", das zum ersten Mal die Kärntner Bauernküche zusammenfaßt und in dem vor allem immer wieder auf die naturbelassene, gesunde Kost hingewiesen wird, die einst die Kärntner Bauernküche so auszeichnete.

Mehlsuppe, „Rührmilchsuppe", saure Milchsuppe, Buttermilchsuppe

$^1/_2$ l Wasser, Salz, Kümmel, $^1/_2$ l Sauer- oder Buttermilch, 1–2 EL Mehl

Wasser mit Salz (und Kümmel) zum Kochen bringen, gleichviel Sauermilch oder Buttermilch (und eventuell etwas sauren Rahm) mit dem Mehl verrühren, in das kochende Wasser eingießen, versprudeln und einmal aufkochen lassen. Über hartgewordene Brotstücke gießen.
Es werden „Plinzen" (siehe Seite 131) oder „Trenten" (Seite 132) dazu gegessen (dazu wird die Suppe etwas dicker eingekocht). Statt Wasser nimmt man auch jede Kochsuppe von Knödeln und Nudeln (dann verwendet man etwas weniger Mehl zum Einsprudeln). Schon Johann Taurer Ritter von Gallenstein berichtet 1820 über die Lavanttaler Bauernkost von dieser Mehlsuppe: „Man läßt Wasser in einem Topfe sieden und schüttet ein paar Hände voll Waitzenmehl hinein, zerreibt dieses, nachdem es kurze Zeit mitgesotten hat, mit einem Quirl und vermengt es zuletzt mit geronnener Milch."

Eine ebenso althergebrachte, billige, aber nahrhafte Frühstückskost war die **„Kassuppe".** Dazu wird in die kochende Magermilch „Kasmachet" (siehe Seite 136) gerieben. Das Ganze einmal aufkochen lassen und über zerkleinertes hartgewordenes Bauernbrot gießen.

„Schottsuppe"

Schwarzbrot, 5 EL Schotten (Topfen), Salz, 10 EL saurer Rahm, Wasser, Butter

Zwei Teller voll Schwarzbrot aufschnitteln, Suppenschotten daraufgeben, salzen und Sauerrahm sowie das für die Portionen nötige siedende Wasser darübergießen, zugedeckt quellen lassen. Bestenfalls noch ein kleines Stück Butter dazugeben (das geschah aber nur an Festtagen).
Im Mölltal war die Schottsuppe bei Milchknappheit die übliche Frühstückssuppe. **Suppenschotten** erhält man, wenn man trockenen, aufgebröselten Topfen mit einem Tuch bedeckt zehn Tage bei Zimmertemperatur stehen läßt; dabei mehrmals auflockern. Dann leicht salzen, in einen Kübel oder glasierten irdenen Topf eindrücken und im Keller langsam gären lassen. Das Weiche, das sich obenauf bildet und scharf schmeckt, wird als „Würze der Milchsuppe" verwendet, „die dann Schottsuppe heißt" (M. Lexer, Kärntisches Wörterbuch, 1862).

„Grüne Suppe" nennt die Kärntner Köchin jede aus frischem Fleisch (von Rind, Schwein, Schaf) und den üblichen Zutaten gekochte klare „Fleischsuppe". Als bodenständige Suppenwürze verwendet sie Lustock (Liebstöckel), Gundelrebe, Salbei und getrocknete Pilze. Als Suppeneinlage nimmt sie u. a. „Eingußnudeln", gebakkene „Poan" bzw. „Nuß'n" (das sind unsere Backerbsen), „Scharlinge" (Seite 132), Heidensterz, „Talggnsterz" und „Hirschbrein", heute aber auch alle aus der bürgerlichen Küche stammenden bzw. im Handel erhältlichen Suppeneinlagen.

„De gölbe Suppn" („gele Suppn", gelbe Suppe) heißt eine besonders geschmackvoll gewürzte Fleischsuppe, von der Otto Bünker dichtet:

Immat a Kalbn und immat a Schaf
werd g'schlagn oder gstochn davoar in Hof.
Es Fleisch von an Tschak paßt a in de Rein'!
Mei Liaba, de döge Suppn werd stark!
Send de Bannar a drin und de Fettn unds Mark. –
Mit Zella und Minzn und Majoran,
mit Lustock und Muschgat und Thymian,
mit Rahm und mit Safran und Eia drin:
so richt' ma die Suppn in Gögndtal!

Die Suppe wurde und wird von arm und reich, beim Taufmahl, bei Hochzeiten und beim Leichenschmaus, zu Ostern und an anderen heiligen Tagen gegessen. Allgemein lautet das Rezept:

„Gölbe Suppn"

2 l Rinds-, Schweins-, Knochen- oder Schöpsensuppe, Gundelrebe, Rosmarin, Knoblauch, Salbei, Lustock, Schalotten, Gewürznelken, Fenchel, 1 kleines Lorbeerblatt, ein paar Fäden Safran, $^1/_{16}$ l saurer Rahm, 1 EL Mehl, Salz

Suppe mit etwas Gundelrebe, Rosmarin, Knoblauch, Salbei und Lustock kochen. Dann davon $^1/_4$ l Suppe extra mit Schalotten, Gewürznelken, Fenchel, Lorbeer und Safran eine Stunde auf kleinstem Feuer zu einer Gewürzessenz einkochen. Jetzt Sauerrahm und Mehl versprudeln, in die kochende Fleischsuppe einrühren, die abgeseihte Gewürzessenz dazugeben und mit Salz abschmecken. Einmal aufkochen lassen.

Die auch in den anderen Bundesländern übliche „Brennsuppn" (Einbrennsuppe) wurde in Kärnten ebenfalls an Fastentagen zu Mittag gegessen.

Eine **Hühnersuppe („Hennsuppn")** gab es nur als Kraftsuppe für Kranke bzw. für die Wöchnerin. Das Huhn wird mit Wasser, etwas Salz, Fenchel, Safran, Porree

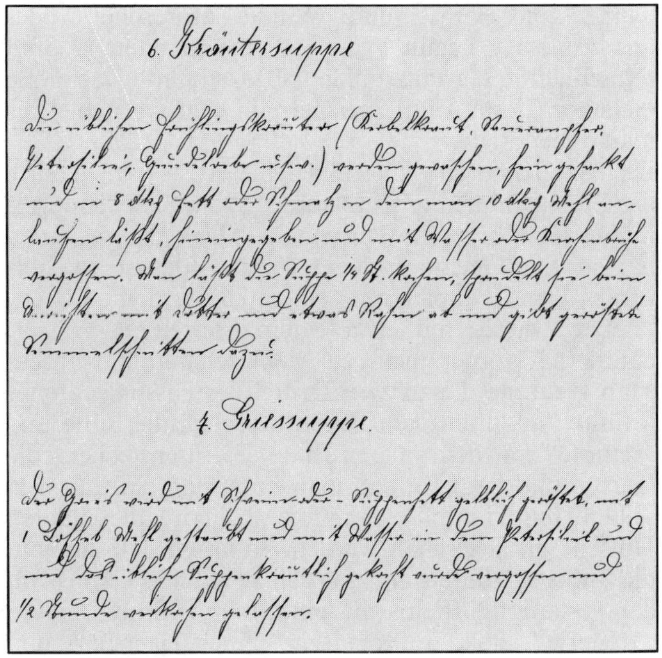
6. Kräutersuppe

7. Griessuppe

Kochbuch der Maria Ortner, ehem. Mauerwirtin in Bad Kleinkirchheim, 1910.

oder grüner Petersilie und einer Möhre im geschlossenen Topf weich gekocht. Dazu gibt es Weißbrotschnitzel. Feingehacktes Petersiliengrün streut man auf die angerichtete Suppe.

Knoblauchsuppe

60 g Fett, 3–4 Knoblauchzehen, 1 Zwiebel, 1 l Wasser oder Knochensuppe

Zerdrückte Knoblauchzehen (und Zwiebel) in Fett, Öl oder Schmalz hell anlaufen lassen, mit Wasser oder Knochensuppe aufgießen und kurz kochen lassen.

Noch bis zum Ersten Weltkrieg gab es beim Altbauern vulgo Schaffer in Lichtenwald ob Pustritz mittags regelmäßig ein- bis dreimal in der Woche eine Gerstsuppe, Gerstbrein- oder Breinsuppe, am Sonntag auch **„Fisolenritschat"** (Gerstbrein mit grünen Bohnen), an Festtagen dazu grünes Fleisch oder Selchfleisch. Ausgangsfrucht für diese einst so wichtige Bauernkost war die Gerste. Für den Brein (Prein) bevorzugte man „Woazgerschtn", die nur eine Kleienschale wie das Weizenkorn hat und besser als die zweihäutige gewöhnliche „Roggngerschtn" ist. Seltener wurde auch Weizen zu Kochbrein „gnaunt" (von naun, noin = stampfen). Die schon in den Garben ausreichend getrocknete Gerste wurde im Herbst und Winter gedroschen oder „gschmiss'n", dann gesiebt („ausgereitert") und schließlich in der Putzmühle „abgewund'n". Das bloße Gerstkorn kam zum Speichern in den „Kastn", bis man es benötigte.

Da der Gerstbrein eine alltägliche Kost war, gehörte das Breinstampfen oder „Naun" („Noin") zu den regelmäßigen Arbeiten im Bauernhaus. Man gab etwa einen halben Liter Gerstkorn in die „Ank'n" (das ist eine hölzerne Handstampfe mit einem hölzernen Stößel), „netzte" dieses mit etwa einem Viertelliter Wasser, damit die Körner nicht zu Mehl zerstampft wurden. Man klemmte die zu zwei Drittel des Fassungsraumes gefüllte Ank'n auf dem Boden zwischen die Füße und „naunte" mit dem oberen Ende des Eisensteckens die Gerste, und zwar so, daß man immer an ein und derselben Stelle stampfte, damit die „Minkn" (die äußeren Hülsen) gut abgeschält wurden. So lösten sich langsam die äußeren Hülsen und wurden zerstoßen. Dann kam der gestampfte Brein (die enthülsten Körner) in ein „Reiterle", d. h. auf ein sehr feines Haarsieb, und wurde gesiebt.

„Gerschtbreinsuppn"

200 g Rollgerste, 1¹/₄ l Wasser, Salz, Kräuter (Lustock, Salbei, Gundelrebe), Sellerie, Trockenpilze

Geschälte Stampf- oder Rollgerste über Nacht in Wasser aufquellen lassen. Dann mit demselben Wasser zusammen mit Sellerie, Gundelrebe, Lustock – „ohne Lustock ka Gerschtbrein!" –, Salbei, getrockneten Schwammerln (oder in Butter gedünsteten 50 g Champignons) und einer Prise Salz weich kochen.

Man nimmt dazu gern eine Selch- oder Knochensuppe. Noch besser wird die Suppe, wenn man gekochte Bohnen, auch Feld- und Saubohnen, dazugibt. Gekochte Fleischstücke darin machen daraus bereits eine Festtagssuppe. Wichtig für den Geschmack ist, daß an der geschälten Gerste der Keimling und das Silberhäutchen bleiben.

„Hirschbreinsuppn"

200 g Hirschbrein, 1 l Selchsuppe, Minze, Gundelrebe oder Lustock

Hirschbrein (geschälte, enthülste Hirse) wie Gerschtbrein mit etwas Minze, Gundelrebe oder Lustock und einer Prise Salz in einer mit Wasser verdünnten Selchsuppe (oder mit geräucherten Knochen) weich kochen. Man kann Hirschbrein auch allein in Wasser weich kochen, dann mit **Knoblauch-** oder **Zwiebelschmalz** (erhält man, wenn man zerdrückten Knoblauch oder feingeschnittene Zwiebel in Schweinefett röstet und kalt konserviert) nochmals zum Sieden bringen. Mit Schnittlauch bestreut anrichten.

In solchen Handstampfen („Ank'n") wurden Getreidekörner kurz vor dem Verbrauch zu Hause „genoit" (durch Stampfen enthülst).

Blutwurstsuppe

400–500 g Blutwurst, 40 g Fett, 1 kleine Zwiebel, 1 Knoblauchzehe, Majoran, 1 EL Mehl; 1 Ei, Salz, Pfeffer, 1 EL geriebener Hartkäse; 2 EL Milch, 1–2 EL Mehl

Blutwurst häuten und kleinwürfelig schneiden. In heißem Fett die feingehackte Zwiebel und die zerdrückte Knoblauchzehe gelb rösten. Majoran und das Mehl beigeben, kurz weiterrösten, dann die Blutwurst dazugeben. Alles tüchtig durchschwitzen lassen. Mit 1 l Wasser zu einer sämig-molligen Suppe aufgießen und eine Weile kochen lassen. Dann Ei, Salz, Pfeffer, geriebenen Hartkäse, 1 bis 2 Eßlöffel Mehl und etwas Milch zu einem trägflüssigen Teig verrühren, durch ein verkehrt gehaltenes Reibeisen direkt in die kochende Suppe drücken. Kurz verkochen lassen. Als Einlage gebähte Semmelschnitten geben.

„Kuttelflecksuppe"

500–750 g Kuttelfleck (Kaldaunen), Salz, je 6–8 Pfeffer- und Neugewürzkörner, ¹/₂ Lorbeerblatt, 3 Stengel Kuttelkraut (Thymian), Petersiliengrün, Rosmarin, 100 g Selchspeck, 1 Zwiebel, 1 Knoblauchzehe, 2 Stück Sardellen, 80 g Mehl, 1 EL Senf, 2–3 EL Paradeispüree, Schnittlauch

Kuttelfleck in kaltem Wasser gründlich bürsten, in purem Wasser einmal kräftig aufkochen, dann abseihen. In ca. 3 l Wasser neuerlich zusetzen, Salz, Pfeffer- und Gewürzkörner, Lorbeerblatt, Kuttelkraut, Rosmarin und Petersiliengrün dazugeben und langsam weich kochen (3 bis 4 Stunden). Dann die Flecke herausheben, abtropfen lassen, feinnudelig schneiden. (Oder küchenfertig gekaufte feinnudelig schneiden.) Kleinwürfelig geschnittenen Selchspeck anrösten, feingeschnittene Zwiebel darin anlaufen lassen, zerdrückte Knoblauchzehe und feingehackte Sardellen beigeben, durchrösten, mit Mehl bestäuben und blaßgelb rösten. Mit Senf und Paradeispüree würzen, gut durchrühren, mit geseihtem Kuttelkochwasser nach Bedarf aufgießen und glatt kochen. Die geschnittenen Kuttelfleck dazugeben, alles eine Viertelstunde weiterkochen lassen. Mit geschnittenem Schnittlauch bestreut servieren.

„Kuttelfleck vom älteren Kalb, in Wein gekocht, gut gerichtet und mit Safran gewürzt", bekamen schon vor rund 500 Jahren der Bischof Pietro von Caorle und sein Gefolge in Tristach, auf der Burg Lengberg und in Tröpolach vorgesetzt, wie Santonino in seinem Tagebuch 1485–1486 berichtet.

Bohnensuppe, Erbsen- und Linsensuppe

250 g Bohnen, 60 g Fett, 60 g Mehl, Gewürzkräuter (siehe unten), 1 Zwiebel, Knoblauch, Essig, Salz

In der Kärntner Küche werden die Hülsenfruchtsuppen so zubereitet, daß man die halbe Menge der vorgeweichten Hülsenfrüchte ganz zerkocht. Mit hellem **„Brennach"** (siehe Seite 97) oder Einbrenn binden; dabei die trockene Einbrenn in die Suppe einbröseln und zerkochen lassen. Als Würze zum Mitkochen nimmt man Saturei, Thymian (Quendel), Majoran, Basilikum, etwas Lorbeerblatt, Bertram, Zitronenmelisse, feingehackte Zwiebel, etwas zerdrückten Knoblauch. Zuletzt säuert man mit Salz und einem Schuß Essig.

Ein suppig gekochtes, dünnes „Ritschad" (Ritschert, siehe Seite 97) wird als **Ritschertsuppe** angerichtet.

Eingußnudeln

2 Eier, 100 g Mehl, 4 EL Flüssigkeit (Wasser, Milch), Salz

Alle Zutaten gut versprudeln, kurz rasten lassen, mit einem Schnabelhäferl oder durch einen kleinen Trichter in Form dünner Fäden in die nicht zu stark kochende Fleisch- bzw. Rindsuppe einrinnen lassen. Einmal aufkochen, dann vom Feuer nehmen. Zum Eingußteig ohne Milch bzw. Wasser gibt man pro Ei nur 30 g glattes Mehl. (Diese Einlage entspricht dem „Eingetropften" in der Bürgerküche.)

„Pfarf'l", „Pfarfilan", „Färfelein" sind handgedrehte Mehlkügelchen bzw. zerbröckelter, zerriebener Teig, in Milch, Wasser oder Fleischsuppe eingekocht und zuletzt noch abgeschmalzen.
Im Drautal wird das Wort „Farfn, Farfale" „auch als Schmeichelname für junge Mädchen gebraucht" (M. Lexer), sonst auch als die Bezeichnung für eine Schwätzerin. „Farfa" bedeutet aber auch die altmundartliche Kurzform für Barbara. Dieser Speisename ist etymologisch widerspenstig, sicher ist nur, daß die slowenische Form „farfeljni" nach 1300 und die Grödner Form „fiërfui" sowie die Abteitaler Form „feerfoi" etwa im 13. Jahrhundert aus der Kärntner Mundart kamen. Lexer definiert „Farfelen" als „eine Milch- oder Kässuppe, in der zerbröckelter, zerriebener Teig gekocht ist, und ein einziges Bröckchen heißt eben Pfarfl" bzw. „Suppe, in die das stark zerquirlte Weiße von Eiern geträuft worden ist"; gleichbedeutend damit sei die „Pfriglsuppe": „Pfrigile", „Pfrigl" bedeutet eine „Mehlspeise aus zerbröckeltem Teig, der in Milch gekocht wird". (M. Lexer, Kärntisches Wörterbuch, 1862.) „Pfrigeln" heißt „rösten, schmoren" bzw. bezeichnet man damit „Speckwürfel, die als Gewürze auf eine Suppe kommen".

„Farferlsuppe", „Pfriglsuppe"

Ca. 300 g Mehl, 2 Eier, Salz, Wasser; 100 g Schweineschmalz (Butterschmalz), 1 Zwiebel, 1 l Rindsuppe

Mehl mit Eiern, einigen Eßlöffel Wasser und etwas Salz abrühren, bis eine bröselige, kleinbröckelige Masse entsteht. In heißem Fett in Ringe geschnittene Zwiebel hell rösten, die trockenen Farferln dazugeben und kurze Zeit anlaufen lassen, mit 1 l Rindsuppe aufgießen, einmal durchkochen.
Kocht man die Farferln in leicht gesalzener Milch (das Ganze muß suppig bleiben), erhält man die **„Milchfarferlsuppe".** Kocht man die Farferln in Wasser (mit Salz und etwas Kümmel gewürzt), erhält man die **„Wasserfarferlsuppe";** man kann zusätzlich feingeschnittene Zwiebeln in heißem Fett anlaufen lassen und auf die

fertig gekochten Farferln bzw. auf die abgeseihten Farferln geben sowie dazu frisch gekochte Erdäpfel in Schale servieren.
Hat eine Bäuerin bei der Farferlsuppe mit dem Schmalz gespart, kann sie ein Knecht spöttisch fragen: „Bäuerin, hast' heut die Farfelen mit einem heißen Nagel eing'brennt?"

Die Krönung der Kärntner Suppen ist eine Kirchtagssuppe, die jeder Bäuerin freie Phantasie und Möglichkeit läßt, sie besser als die ihrer Nachbarin zu kochen. Sie ist Festtagsspeise und Restlessen in einem.

Rosentaler Kirchtagssuppe

500 g „Fleischiges", Fleischstücke mit Knochen, „Fiaßl" (Schweinshaxl), Kopf oder auch Reststücke, auch Geselchtes oder etwas Lunge und Herz (von Schwein oder Schaf), Suppenhuhn, auch Rind-, Kalb- oder Zickleinfleisch, 3 l Wasser, Salz, Petersilie, Porree, Knoblauch, Bertram, Salbei, Minze, Lorbeerblatt, Neugewürz, Rosmarin, Liebstöckl, Gundelrebe; Wurzelwerk, 30 g Mehl, 3/8 l Sauerrahm, einige Safranfäden oder 1–2 Dotter, Essig

Fleisch samt Knochen in kaltem Wasser aufs Feuer setzen und zum Kochen bringen. Salz, Wurzelwerk, Kräuter, Knoblauch beigeben (Bertram soll vorherrschen) und weich kochen. Sobald das Fleisch weich ist, herausnehmen, von den Knochen lösen und klein aufschneiden. Die abgeseihte Suppe darübergießen. Mehl und etwas Suppe glattrühren, in die Suppe einkochen. Zuletzt Sauerrahm einrühren, aber nicht mehr kochen. Durch den Safranauszug (siehe unten) kann man die fertige Suppe nach Belieben gelb färben und geschmacklich verbessern. Das gleiche erreicht man, wenn man in die fertige Suppe einen Dotter (vorher mit wenig Suppe oder saurem Rahm vermengt) einrührt. Wenn notwendig, auch einen Schuß Essig dazugeben, denn die Kirchtagssuppe muß säuerlich-würzig schmecken. Anstelle des Mehls kann man dünne Eingußnudeln, Mehlfarfelen oder Hirschbrein einkochen.
Safranauszug: Einige Fäden Safran in wenig heißem Wasser ein, zwei Stunden stehen lassen, durchgeseiht verwenden. Dieser Safranauszug wurde anstelle von Dottern auch zum Färben von Festtags-Germgebäck, Gebäcken für eine Wöchnerin sowie von Oster- und Hochzeitsgebäcken verwendet.
Bei dieser Suppe mag verständlich werden, wenn einer schwor: „I ess', bis ich den süßen Namen seh!", weil auf dem Boden der Suppenschüssel häufig der Namenszug Jesu („IHS", der „süße Namen") gemalt war.

Suppenschüssel, mit dem „süaßn Nam" Jesus (IHS) auf dem Boden.

Zur **„Gailtaler Kirchtagssuppe"** nimmt man Fleischstücke von Schaf, Rind, Wild und Huhn sowie ein paar Knochen und kocht alles in reichlich Wasser mit Salz, Porree und Petersiliengrün weich. Aus Bertram, Lustock, Salbei, Quendel, Lorbeerblatt, Neugewürz und Rosmarin macht man mit wenig Wasser einen Kräutersud, den man gut eine halbe Stunde „leise" kochen läßt. Dazu kommt der Safranauszug. Zusätzlich viele Eier mit reichlich saurem Rahm versprudeln und die Suppe damit binden. Dann versprudelt man halb soviel Eier allein und gießt sie langsam in die nicht mehr siedende Suppe ein, so daß Eierfäden entstehen, die obenauf schwimmen. Später setzt sich oben auch etwas Fett ab (das nach Wunsch abgeschöpft wird).

Fleisch-, Lungenstrudelsuppe

Strudelteig: 2 Schalen (200 g) Mehl, 1 EL Öl, ca. 1/8 l Wasser, Salz; Fülle siehe nächste Seite

Gesiebtes Mehl, Öl, lauwarmes, gesalzenes Wasser auf einem Küchenbrett zu einem Strudelteig abarbeiten (Masse mit dem Messerrücken öfter durchhacken, wieder zusammenschieben). Wenn der Teig nicht mehr klebt, glatt zusammenkneten. Den Teigballen auf bemehltem Brett und mit etwas Öl bestrichen zugedeckt eine halbe Stunde rasten lassen. Dann auf bemehltem Brett ausrollen, gleichmäßig dünn ausziehen (den dikkeren Teigrand mit dem Messer wegschneiden), die vorbereitete Fülle aufstreichen, zusammenrollen. Den Strudel im Backrohr backen. Früher wurde er auch im Zimmerofen oder nach dem Brotbacken gleich im Backofen gebacken. Diese Strudel können auch gedämpft werden, und zwar so, daß der Strudel zu einer Schnecke zusammengedreht wird; in ein befettetes Reindl legen, mit Wasser oder Suppe überspritzen. Zugedeckt auf den heißen Herd stellen und garen. Oder man legt ihn im Reindl auf eine durchlöcherte Holzbrett- oder Drahteinlage, gibt darunter etwas Wasser. Früher hat man ihn einfach im Reindl auf sauberes Weizenstroh, mit einem groben Leinenfleck zugedeckt, gelegt und Wasser angegossen. Der gedämpfte Strudel wird saftiger als der gebackene. Den fertigen Strudel in Stücke schneiden, in Suppenschüsserln mit heißer Suppe auftragen. Vorher mit gehacktem Schnittlauch, Petersilie oder Heckenzwiebeln bestreuen.

Fleisch- oder *Lungenfülle:* Ähnlich der Fleischfülle zu den Lavanttaler „Leberlan" (siehe Seite 90) bereiten, nur ohne Leber oder Milz. Man kann außerdem mit Resten von Netzlaibchen („Maischelen"), Braten- oder Kochfleischresten sowie Schwarzbrotbröseln nach Bedarf verlängern. Soll der Strudel kernig werden, darf die Fleischmischung nicht fett sein. Man kann nach Bedarf die Fülle durch Beigabe von verklopften Eiresten oder Eiklar ergänzen (mit der Fülle vermengen oder über die aufgestrichene Fülle verteilen).

„Teigverhackert", „Eiergerstl"

2 Eier, 250 g Mehl

Gesiebtes Mehl mit den Eiern (ohne Wasser, ohne Salz) zu einem festen Teig kneten, in Gerstenkorngröße „verhacken" und das Feine davon absieben. Das Verhackte gut auseinanderbreiten und trocknen. Dann in einer Dose dicht verschlossen aufbewahren. Man verwendet es als Suppeneinlage, gedünstet auch als Beilage.

Wie die Tiroler oder Salzburger Küche kennt auch die Kärntner eine **Sieben-** oder **Neunkräutersuppe,** „Heuerseligs" (Bezirke Bleiburg, Völkermarkt) genannt (siehe auch handgeschriebenes Rezept, Seite 75).

Süße Rahmsuppe

Ca. 1 l Wasser, Anis, Fenchel, Zitronenmelisse, Salz, 1/4 l Süßrahm, ca. 50 g Mehl, Zimt; 1–2 Dotter oder Safranauszug (siehe Seite 78)

Wasser mit etwas Anis, zerhacktem Fenchel, Zitronenmelisse und Prise Salz zum Kochen bringen. Rahm und Mehl versprudeln, ins kochende Wasser einrühren, einmal aufkochen. Zu gebrochenen Scharlingen (siehe Seite 132) oder mit Backerbsen („Poan" bzw. „Nußn") anrichten. Ganz wenig Zimt daraufstreuen. Man kann weniger Rahm, dafür zuletzt 1 bis 2 Dotter einrühren oder mit einem Safranauszug gelb färben.

Lebzelt- oder Zeltensuppe

1 l Most oder Apfelsaft, Lebzelten nach Bedarf, Zucker (Sirup oder Honig), 20–30 g Butter

Most oder Apfelsaft mit Wasser verdünnen, aufgeschnittene Lebzelten, etwas Zucker, Sirup oder Honig dazugeben, erhitzen, mit Butter verbessern.

„Hollersuppn" (Holundersuppe)

1/2–3/4 l Holunderbeeren, Wasser, Wohlgemut, Zucker, Prise Salz

Abgerebelte schwarze Holunderbeeren mit Wasser und etwas „Wohlgemut" (Dost bzw. wilder Majoran) aufkochen, Kerne zum Teil entfernen, etwas Zucker oder Honig und Prise Salz beigeben, über aufgeschnittenes Schwarzbrot gießen. Oder abgerebelte Holunderbeeren gut auspressen; den Rückstand mit wenig Wasser übergießen, eine Stunde ziehen lassen, dann abseihen und zum ausgepreßten Saft geben. Mit ein paar Stengel „Wohlgemut" (Dost) 3 Stunden leicht kochen lassen.

„Pikalansuppe", „Pikarlisuppe", „Pittalansuppe"

Diese im Lavanttal und Metnitztal gebräuchliche Suppe besteht aus neunerlei Früchten und Hülsenfrüchten (u. a. gedörrte Apfelspalten, Birnen, Zwetschken, Linsen, Erbsen, Bohnen), in Wasser weich gekocht, bzw. aus Kletzenpfeffer oder Zwetschkenpfeffer und verschiedenen Gemüsesorten. Sie wird am Weihnachtsabend vor dem Mettengehen gegessen, im Glauben, daß die gegessenen Früchte bzw. Pflanzen im kommenden Jahr besonders reichhaltig und gut gedeihen werden.

Jause

„'s Jausnen ist die schönste Zeit,
wenn den Bauern der Speck nit reut."

Ein altes Kärntner Wort für die Jause ist „Brent". Das Wort „brenteln" für das Jausnen am Nachmittag war nur in Teilen von Kärnten und Steiermark mit benachbarten Randgebieten verbreitet. Die Etymologen bringen das Wort in Zusammenhang mit „brenteln" = gaßlgehen, fensterln (dem Mädchen einen heimlichen Besuch abstatten, besonders am Samstagabend bzw. an „Fleischtagen"). „Brenteln" bedeutet aber auch das Betreuen einer Almwirtschaft durch die „Brentlerin" oder Sennerin (so bewirtet die Sennerin ihre „Gassel- oder Brentelbuben" in der „Brentelhütten"). Nach Kranzmayer ist dieses „Brenteln" älter als sein Tiroler Doppelgänger „Marende". Der Ersatz des alten Wortes „Brent" für die Nachmittagsjause durch das neuere Wort „Jause" bzw. „jausnen" hat wahrscheinlich sozialhistorische Ursachen. Denn „Jause" verbreitete sich zuerst als Modewort im ehemaligen Herrschaftsbereich des Přemysl Ottokar. Lexer erklärt das Wort „Jausn" als „das Mittagsmahl" und führt dazu noch die Formen „Vour-" und „Nachjausn" an. Die Nachmittagsjause heißt auch „Untern", im Drautal „Untermahl".

Allein aus den vielerlei Arten von Jausen, wie sie Frau Miklau in ihrem „Kärntner Kochbüchl" zusammengestellt hat, läßt sich erkennen, wie reichhaltig man jedes Essen gestalten kann: Die **„Bauernjausn"** besteht aus Speck, Trockenwurst und Schwarzbrot, die **„Kasjausn"** aus Sauerkas, „harbem Kas" oder „glundnen Kas", Butter, Schwarzbrot, die **„Holzknechtjausn"** aus Speck, Trockenwurst, Butter, Sauerkas, „glundnen Kas", Pisnerstriezel oder Agathenstriezel. Die Knechte erhielten „Sulzn" in Essig und Öl mit Zwiebeln sowie Schwarzbrot oder Trockengebäck, Speck-Verhackert oder Knoblauchschmalz und Schwarzgebäck, die Schüler lieben „Kälberleck" (Seite 136) und Schwarzbrot. Zur **„Rettichjausn"** gibt es gehachelten schwarzen Rettich in Essig und Öl, Schwarzbrot und „Pisnerstriezel" (Seite 132), zur **„Öljausn"** warmes (kaltgepreßtes) Sonnenblumenkernöl, Mohn-, Lein- oder Kürbiskernöl zum Eintunken von Schwarzbrot oder „verheiratetem Brot" (Seite 132), zur **„Osterjausn"** gefüllte Butter, Ei, „Woazanes" oder Voll(korn)brot, aber auch Wurst, Geselchtes, Ei, Kren, „verheiratetes Brot", Reinling oder Potitzen. Zur **„Zwiebeljausn"** gehören „Gailtaler Speck" (Seite 102), Zwiebelringe in saurem Rahm und Schwarzbrot. Oft begnügt man sich aber auch mit „woache Birn", mit Nüssen und Brot. Zur Weihnachtszeit gibt es Kletzenbrot und Fochanzen (Seite 133), mit Butter und Honig. Die **„Fragerjausn"** besteht aus Eierschmarren oder „reschem Ei", und **„Kosterle"** nennt man ein rot gefärbtes Osterei oder auch ein Stück vom „Prüglstrutzn". Die **„Fastenjausn"** besteht aus einer „scheckaten Gas" (Seite 136) mit „Trenten" bzw. „Ofenkater" (Seite 132).

Johann Taurer Ritter von Gallenstein, Justiziär in Wolfsberg, schrieb über die Lavanttaler Bewohner (1820): „Die Nahrung des Lavantthaler Landmannes ist wenig von der seiner Anwohner, der Steiermärker, verschieden; nur liebt er nicht, wie diese, aus türkischem Waitzen oder mit Mohn-, Kürbis- und Leinöl bereitete Gerichte. Ferner ist die Kost des Bauern in der Ebene reicher als jene des meist höchst ärmlichen Bergbewohners. Während der erstere, wenigstens an Sonn- und Feiertagen, Fleisch genießt, hängt bei dem armen Bergler in der Regel dieser Genuß meist von dem Gedeihen seiner wenigen Schafe ab . . . Das Fett dieses nützlichen Thieres . . . dient ihm statt des

Schneid- und Jausenbrettel.

Schmalzes bei der Bereithung seiner Speisen ... In den Zwischenzeiten, wo ihm auch diese Genüsse mangeln, behilft er sich mit Speisen aus Roggenmehl, von welchem kaum die Kleie abgesondert ist, mit geronnener Milch und mit herbem Brode aus Hafer oder Gerste ... Eine Speise ist es jedoch, die im Lavantthale vorzugsweise einheimisch und selbst mit Einschluß des minder vermögenden Bürgers beinahe allgemein ist, ich meine die Mehlsuppe ... Auch am Vorabende des Christfestes genießt der Lavantthaler eine Speise, die anderwärts wohl nicht bekannt seyn dürfte und die er ‚Büttalan' nennt; sie besteht aus aufgeschnittenem Waitzenbrode, mit dem Absude des getrockneten Obstes, Honig und Branntwein begossen, auch wohl mit zerstoßenen Mohnkörnern bestreut." Dennoch feiere auch der Lavanttaler die Kindstaufen, die Begräbnisse und Hochzeiten besonders verschwenderisch.

Im Rosental wurden einst bei einem Begräbnis am Friedhof Körbe voll Semmeln an die Dorfarmen verteilt. Im Jaun- und Gailtal schickte man aus dem Sterbehaus in ein nahe dem Friedhof gelegenes Gasthaus Mehl, Schmalz und Brot für die Armen als Zehrung für den Verstorbenen, dem um Feldkirchen in Tücher gebundene Speisen in den Sarg mitgegeben wurden (G. Graber, Volksleben). In Lobersberg erhielten die Betenden im Totenhaus Krapfen und Kaffee („von der Menge der Krapfen hängt die Seligkeit des Toten ab"). Als „Guattan" (Wohltat) für die Verstorbenen werden an einem ihrer Gedenktage und Festtage eigens für diesen Zweck gebackene „Krapflan", Wecken aus gewöhnlichem Brotteig, an die eigenen oder die Nachbarskinder verteilt. In St. Margarethen im Rosental wurde ein Jahr nach dem Begräbnis ein Rind geschlachtet, das Fleisch und je ein halber Laib Brot an die Armen verteilt. Eine Bauerntochter aus Maria Rain

„Wöchel" – Tischtuch mit Kreuzstichmuster und Häkelspitzen.

bei Klagenfurt erinnert sich, daß in ihrer Pfarre für die Armen immer ein Laib Brot, in weißes Leinentuch gewickelt, auf den Friedhof mitgenommen und bei der Kirche an die Armen verteilt wurde. Schon nach dem „Beten" am Abend gab es im Totenhaus Suppe, Rindfleisch mit Krensoß und Schweinsbraten sowie einen Reinling. Acht Tage nach der „B'stattung" wurde nach dem Kirchen- und Friedhofgang abends zur „Verrichtung" wieder für die Verwandten Geselchtes, Kaffee und ein Reinling aufgetischt; nach einem Jahr mußte die Bäuerin zur „Jahresverrichtung" nach dem Kirchgang noch einmal eine ausgiebige Mahlzeit für die Verwandten auf den Tisch stellen.

Fischgerichte

Als Herrenrecht, das gegen Bezahlung von Abgaben vielfach untertänigen Bauern und Fischern überlassen wurde, läßt sich die Fischerei in Kärnten weit zurück verfolgen (erste urkundliche Erwähnung 891). Diese Rechte waren wohl schon ein Bestandteil der Schenkungen von Königsgut an die Stifte Freising und Salzburg. Nach der Jahrtausendwende scheinen in Urkunden bereits Fischeranwesen am Millstätter See und am Weißensee auf. In der Gegend um Krumpendorf, Gurlitsch, Sallach und Maria Wörth haben sich schon früh Fischer ansässig gemacht. Sie waren Untertanen der Bistümer Salzburg und Freising sowie des Stiftes Viktring, die ebenfalls hier Fischwasser besaßen. So mußten die Fischer Schurian und Grauser zu den Abgaben, Steuern und Zinsen, die nicht gering waren, den Herrschaften Taggenbrunn und Maria Saal auch 700 Reinanken und 25 Hechte jährlich liefern. Herren und Landedle nahmen das Vorrecht für sich in Anspruch, in Gewässern zu fischen, in denen sie sonst nicht berechtigt waren, und zwar „mit der Schnur und von Lustwegen mit eigener Hand". Diese Freiheit wurde durch die Jagd- und Fischereiordnung von 1645 eingeschränkt, die nur die Hauptwässer, wie Drau, Möll, Gail, Gurk, Lavant, Vellach, Kappel, Lieser, Wimitz, Glan, zum Freifischen zuließen und auch nur insoweit, „als haussässige Landleute mit eigener Hand, sich zum Vergnügen, mit der Schnur ein Fischessen fangen könnten, und zwar mit aller Bescheidenheit, d. h. ein-, höchstens zweimal in der Woche und ohne daraus ein Gewerbe zu machen". Eine Ausnahme war u. a. der „Freibach" in der Herrschaft Hollenburg; hier durfte jedermann fischen – er blieb Freifischwasser bis 1621. Auch in Klagenfurt durfte im Lendgraben und im Stadtgraben gefischt werden.

Das Raubfischen geschah mit Schlingen, Stechern, Reusen und mit Nachtschnüren. Das Seefischen betrieb man dagegen seit eh mit Netzen: wenn die Lachse aus den Seen in die Ausflüsse zur „Riebzeit" wanderten, wurden bis zum Grund Gatter gezogen. An der Sogstelle wurden große Reusen aus Weidenruten mit dem Einschluß in einen Kalter (Wasserkiste) eingerichtet. Diese Behälter waren versperrbar. Meterlange Hechte (Seeforellen) holte der Fischer mit dem Hebnetz aus dem „Kalter". Hechte, Fogosch, Waller, Schleie, Äschen, Forellen in Wildbächen und Seen, Saiblinge in den neuen Stauseen der Drau fängt man noch heute in großer Zahl. Die Geschichte weiß auch von einigen kapitalen Fischen zu berichten. So wurde Kärntens größter Waller (Wals) angeblich in der Drau gefangen, wie ein Bild in den Schloßarkaden in der Hollenburg bezeugt: „Den 16. November Anno (domini) 1616 ist diser Fisch so 135 Pfundt gewogen als Ir Durchl. ec. Herr herr Ferdinandus Erzherzog zu Österreich ec.ec. als zu Hollenburg über nacht logiert in der Traa ob der Prüggen gefangen worden." (135 Pfund sind 75,60 Kilogramm.) 1869 wurde im Ossiacher See ein Wels mit 66 kg gefangen; ebenda am 1. Juli 1946 ein Wels mit 65 kg, er war 2,30 m lang. Der Hollenburger war 2,50 m lang. Damals war auch schon das Räuchern von Fischen üblich. Das geräucherte Neunauge war als Delikatesse beliebt; so wurden 1669 80 Stück davon im Schloß Hollenburg abgeliefert.

Die gefangenen Fische brachte man „im Putsch", einem wassergefüllten Traggebinde, nach Hause, „frischte" sie im „Kalter" mit Fließwasser und briet sie am Stecken oder in Öl und ließ sie hernach noch durch Übergießen von Wein gehörig „schwimmen". Forellen aus den Oberkärntner Bächen, Waller und Lachse aus den Seen des Unterlandes wurden in „Lageln" oder in Tragkörben (die Fische in Brennesseln gewickelt) auf Tragtieren bis nach Salzburg und Bayern über den Tauern gesäumt. 1881 wurde an der Ackerbauschule in Klagenfurt eine Fischzuchtanstalt gegründet, 1892 ein Fischereigesetz für Kärnten erlassen und 1897 eine Landesfischzuchtanstalt in Velden eröffnet.

Fische benötigte man für die vielen Fasttage in großen Mengen. Dem Reisetagebuch des Santonino entnehmen wir, daß dem Bischof von Caorle und seiner Begleitung auf vielen Burgen, in Pfarrhöfen und Bürgerhäusern Kärntens 1485/86 immer wieder Fische vorgesetzt wurden, ja es gab fast kein Essen, „dem nicht die guten Fische fehlten", Forellen und Äschen, gesotten, in breiten Pfannen aufgetragen, ohne Suppe oder mit Kräuteressig (Burg Goldenstein), schwimmend in einer durch Gewürze buntgefärbten Brühe, in Öl gedünstet, in Suppe mit viel Gewürzen (Straning), in Wein gekocht oder herausgebacken, Forellen aus dem Weißensee, angerichtet auf Eisstücken, mit Mandel-

kernen, Weinberln und Gewürz überstreut (Tröpolach), mit Eiern angerichtete Krebse, Karpfen, gebacken in der Pfanne und mit Eingesottenem bestrichen, in schmackhaftem, mit Mandeln versetztem Aspik (Burg Rosegg), Fische in schwarzer Brühe („mit Gewürzen übermäßig versetzt"), Lederkarpfen („Friul" genannt), Suppe von ausgelösten Krebsen in Wein, mit Gewürznelken versetzt (Burg Finkenstein) u. a. m.
Zu dieser Zeit wurden die Fastentage der katholischen Kirche noch streng gehalten. Am Abend des Faschingdienstags übergaben die Dienstboten dem Bauern Messer und Gabel, weil bis Ostersonntag kein Fleisch gegessen werden durfte. Selbst Gefäße, die mit Fett in Berührung gekommen waren, wurden während dieser Fastenzeit verschlossen weggestellt.

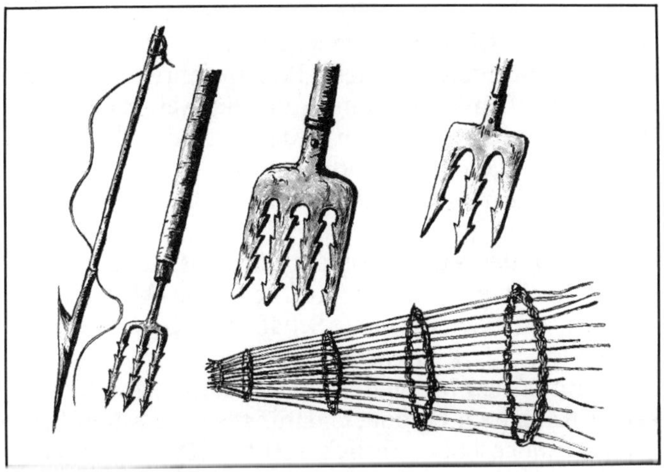

Fischfanggeräte: Reuse und Fischstecher.

Schwarzer Karpfen

1 Karpfen, Essig, Salz, Pfeffer, Zitronensaft, 2–3 Gewürznelken, 1 Zwiebel, 30 g Butter, Prise Zucker, 1 EL Mehl, Wasser, Rotwein, $^1/_2$ Lorbeerblatt, Zitronenschale

Karpfen schuppen, den Bauch aufschneiden, Eingeweide vorsichtig entfernen, das Blut dabei in einer Schüssel auffangen (gestocktes Blut mit etwas Essig aus dem Fisch herausschwemmen), verrühren und kalt stellen. Karpfen in Portionsstücke schneiden, mit Salz, Pfeffer, Zitronensaft und zerdrückten Gewürznelken mehrere Stunden kalt marinieren. Dann feingehackte Zwiebel in Butter und mit wenig Zucker rösten, mit Mehl stauben, dunkel einbrennen, mit etwas Wasser und Rotwein aufgießen, mit Salz, Lorbeerblatt und Zitronenschale würzen, das Karpfenblut beigeben, die marinierten Karpfenstücke darin zugedeckt gar ziehen lassen. Als Beilage Petersilienerdäpfel.

Am Heiligen Abend aß und ißt man da und dort Fische, verkocht mit Dörrobst, kalt serviert (Köttmannsdorf), mit einer „Kletzensuppe" (Maria Rain), mit Kletzen und getrockneten Kirschen (Mittertrixen, Müchling), mit gekochten Kletzen (Lavamünd).

Der Wörther See (bis ins 19. Jahrhundert „Werdersee" genannt; „Werde" = Insel) erfreut sich heute bei Sportfischern großer Beliebtheit, er enthält Karpfen, Schleie u. a. Weißfische, Hechte, Welse, Reinanken und Forellenbarsche (im 19. Jahrhundert aus Nordamerika in Mitteleuropa eingeführt, hielten sich aber nur in der Wörtherseegegend). Fischreich sind auch der Ossiacher See und der Weißensee. In seinem „Überblick über die landwirtschaftlichen Verhältnisse Kärntens" schreibt Cosmas Schütz (1877): „Die Lachsforelle im Millstätter See, der Wels oder Waller in sämtlichen Seen, die Reinanke, eine nahe Verwandte der Blaufelche des Bodensees, im Wörther, Keutschacher und Faaker See, die Aalruthe, der Huch im Drauflusse, Forellen und Saiblinge usw.; nicht zu vergessen der vortrefflichen großen und schmackhaften Krebse, an denen besonders der Gurkfluß reich ist." Allerdings vernichtete 1881 die durch den Spaltpilz hervorgerufene Krebsenpest den Bestand im Lande fast völlig.

Fischlagl.

Fleischgerichte

Die Schweinezucht spielte schon im Mittelalter in Kärnten keine so große Rolle wie anderwärts. In einem Diplom Kaiser Ottos II. vom 1. Oktober 977 für den Erzbischof von Salzburg gestattete man den salzburgischen Bauern die Eichelmast ihrer Schweine im ganzen Lavanttal. Ein Berichterstatter aus dem Jahre 1815 schreibt dann über die Kärntner Schweine: „Die Schweine werden wegen Beschränktheit der für sie schicklichen Weiden nicht in so großer Anzahl als in der Steiermark oder gar in Ungarn gehalten. Wir führen daher alljährlich sehr viel Speck aus diesen beiden Ländern ein. Unsere Schweinerasse ist grau, schwarz oder gelblich-weiß mit halbhängenden Ohren. Sie sind meistens etwas hochfüssig und zu kurz im Körper, weßwegen unsere Speckseiten im Durchschnitte nur auf 70–90 Pfund (40–50 kg) angenommen werden müssen." Außerdem kam in der ersten Hälfte des 19. Jahrhunderts viel geselchtes Schweinefleisch und Speck aus Krain und Untersteiermark nach Kärnten zum Vertrieb, wofür der Villacher Dreikönigsmarkt ein beliebter Absatzplatz war, wie aus Heinrich Hermanns „Handbuch der Geschichte des Herzogthums Kärnten", 1859, hervorgeht. Cosmas Schütz' Ausführungen 1877 bestätigen, daß Kärntens Schweinezucht vor allem in Unterkärnten bedeutend war, wo seit alten Zeiten das süddeutsche Landschwein heimisch war, schwarz, zuweilen rot von Farbe, wohl auch weiß gefleckt, mit langem spitzem Kopf, aufrechtstehenden Ohren, hochbeinig, karpfenrückig, flachrippig; in Oberkärnten wurde es durch Einfuhr italienischen Blutes einigermaßen verbessert.

Wochenmärkte fanden während des Winters auch in Klagenfurt, Völkermarkt, St. Veit und Friesach statt, wo neben Schweinefleisch und -speck auch Schweinefett und Würste („Krainer Würste") angeboten wurden. Cosmas Schütz nimmt an, daß um 1880 jährlich etwa 200.000 Schweine in Kärnten geschlachtet wurden (aber von einem Durchschnittsgewicht von nur 56 kg!). Vor Weihnachten pflegte man damals jährlich rund 40.000 Schweine zu schlachten. „Unter den fremden Schweinerassen", schreibt Schuldirektor F. Pehr in „Produktionsverhältnisse in Kärnten", 1909, „stehen die mittelgroßen schwarzen Berkshire (1876 in Kärnten eingeführt) und die großen weißen Yorkshire obenan." Um das Kärntner Landschwein mit den englischen Rassen zu kreuzen, hatte man 1906 vier Stammzuchten (in Drauhofen, Grafenhof bei Wolfsberg, Litzlhof bei Spittal und Bleiburg) errichtet. Nach dem Ersten Weltkrieg wurden nur mehr das deutsche Edelschwein und das veredelte deutsche Landschwein gezüchtet. Erstmals wurde durch die Produktion an Fleischschweinen 1930 nicht nur der Gesamtbedarf in Kärnten gedeckt, sondern in andere Bundesländer „exportiert". 1930 waren 16 Schweinezuchtgenossenschaften tätig, 1934 wurden 234.815 Schweine gezählt (1930: 161.108), 1939 256.292, erst 1950 wurde wieder ein Bestand von 212.769 Schweinen erreicht.

Früher schlachteten manche Bauern jährlich auch ein Rind, vor allem um dadurch das Schweinefleisch zur Wurstfüllung zu „strecken"; dadurch aber hatten sie auch einen gewissen Vorrat an „Inslet" (Unschlitt, Rindstalg) zum Kerzenherstellen (was Frauenarbeit war).

Obenauf in der Viehwirtschaft Kärntens stand im Mittelalter nicht so sehr die Aufzucht von Milchkühen, sondern die Schafzucht. Schafschwaigen, die ausschließlich auf Schafzucht ausgerichtet waren, gab es schon im frühen Mittelalter, wobei die mittägigen trokkenen Kalkalpen besonders dafür geeignet waren. Eine Schafschwaige hatte jährlich 100 bis 1000 Käse (zu je 187 g) und 15 bis 30 besonderen „Schafkäse" (vermutlich Käse von der Milch der gerade gelämmerten Schafe), Wolle, zwei Hammelschultern und zwei Schafe für die herrschaftliche Küche abzuliefern. Im 18. Jahrhundert gab es drei Schafarten, das „spanische" (ab etwa 1800, wurde Mitte des 19. Jh. durch Krankheit ausgerottet), das „wälsche" (weil zur Zeit Maria Theresias das feinwollige Paduaner Schaf eingeführt wurde) und das grobwollige Kärntner Landschaf. Der berühmteste Schafmarkt des Landes befand sich in Bleiburg, unweit des bedeutendsten Schafzuchtgebiets Kärntens, dem „Seeland", einem Talkessel zwischen Grintouc, Kotschna und Seeberg in den Steiner Alpen, mit dem „Seeländer Schaf", einem hochbeinigen Schaf, „das über Meran in das Land gekommen sein soll und wahrscheinlich mit dem Bergamasker Schaf identisch ist", wie Cosmas Schütz 1877 bemerkt. Im Gurk- und Metnitztal war das kleinere alte deutsche Landschaf zu

Hause, hierlands „Gurktaler Schaf" genannt. Ein noch zarteres Fleisch als das der Seeländer Schafe weist das Fleisch der „Steinschafe" („Stanhappel") in den höchsten Urgebirgsalpen des Möll- und Liesertales auf. Der Textilmangel der beiden Weltkriege hat in dieser Zeit die Schafzucht stark vorangetrieben. Noch 1930 wurden 10.000 bis 14.000 Schafe jährlich in die Schweiz exportiert.

Ziegen spielten eine untergeordnete Rolle, sind allerdings für Kleinhäusler und in Gebirgsgegenden oft die einzigen Milch- und Fleischlieferanten gewesen.

Um eine bessere Geflügelzucht begann man sich in Kärnten um 1880 anzunehmen, 1891 wurde der erste Kärntner Geflügelzuchtverein gegründet. Eine nicht unerhebliche Geflügelzucht durfte man durch die allenthalben üblichen „Eier- und Hühnerreichnisse" (Zehent, Zins) an die Herrschaft schon im Mittelalter voraussetzen. „Die Zucht von Truthühnern, Gänsen und Enten ist in Kärnten ganz unbedeutend. Die Zucht von Haushühnern verhält sich zu jener von Enten wie 108:1, zu jener von Gänsen wie 160:1. Sehr viel Truthühner werden aus Kroatien und Untersteiermark eingeführt", schreibt Pehr in seiner schon erwähnten Schrift.

Eine sehr geringe Rolle spielt in Kärnten die Kaninchenzucht. 1930 wurden 701 Stück gezählt, 1943 allerdings 68.072, die aber nach dem Krieg im Jahre 1950 schon wieder auf 8.865 Stück gesunken waren.

Zum „Sautanz" bzw. zum „Schlachtig'n" ist es früher auch in Kärntner Bauernhöfen meist nur einmal im Jahr gekommen, und zwar um den Thomastag vor Weihnachten. Schon Tage vorher beginnen, wie es Helmut Prasch so anschaulich beschrieben hat, die Vorbereitungen: Salz, Pfeffer, Neugewürz und „Salitter" (Salpeter) müssen gekauft werden (etwas „Salitter" stärkt die rosa Fleischfarbe), Knoblauch wird geschält, zerquetscht und in Wasser angesetzt, ein dickwandiges Schaff für die „Baz" oder „Sur" gesäubert, Fleischhaken, Fetthäfen, Schüsseln und scharfe Messer hergerichtet und „Wurschtspan" gekloben, Asche, Pech oder Kolophonium bereitgestellt bzw. gebröselt. Das Stechen, Säubern („Haarn") und Aushacken besorgte der Bauer meist mit Hilfe eines kundigen Nachbarn oder Knechts. Der Bauer hackt die Fleischstücke zurecht, „Zentringe" (Stück in 2 Teile geschnitten, die am obern Ende zusammenhängen) im Glantal, „Bachn" (der „Pachn") in Oberkärnten, „Seiten" im Gailtal genannt, schält Speck und Filz ab und legt die

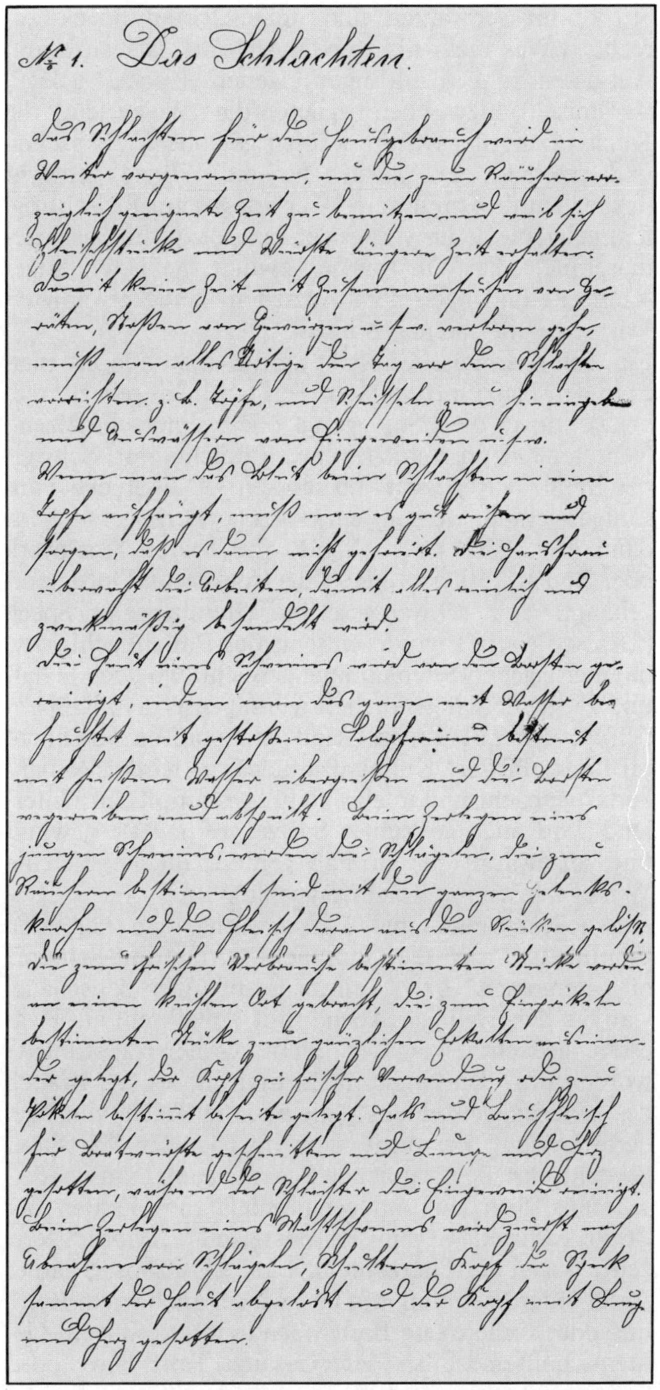
No 1. Das Schlachten.

Kochbuch der Maria Ortner, ehem. Mauerwirtin in Bad Kleinkirchheim. Frau Ortner besuchte die Meiereischule in Klagenfurt, begann ihre Eintragungen am 22. November 1910 und schloß sie mit „Kochrezepten in der Kriegszeit" im Jahr 1918 ab. Außer Rezepten gibt es darin auch Menüzusammenstellungen.

Stücke für schwarzen und luftgeselchten Speck zurecht: „Was mehr als vier Finger stark ist, wird zum Auslassen zu Fett auf einen eigenen ‚Hocker' gelegt" (H. Prasch). Inzwischen beginnen die „Weiberleut" die Kuchlarbeit: die Därme werden gesäubert, gewaschen und geschabt, das „Brät" für die Würste gemacht (früher wurde es mit dem Wiegemesser im Fleischtrögl fein gehackt, heute verwendet man dazu die Faschiermaschine), die Wurstmasse gewürzt, geknetet, abgeschmeckt und nach dem Anziehen in die gereinigten Därme gefüllt und abgebunden.
Ein Teil des Fleisches bleibt „grün" (heute lagert man es in der Tiefkühltruhe), ein Teil wird „eingebazt" (gebeizt) und in die „Sur" gelegt oder „eingeschmalzen" (gebraten, dann schichtweise luftdicht mit Schweineschmalz zugegossen, übergossen). Die Stücke zum Luftgeselchten werden eingesalzen, kurz geräuchert, dann im „Af'n" oder „Mauf" (im oberen Stockwerk oder Boden über dem Hausflur) trocken und luftig aufgehängt. Der schwarzgeselchte, durchzogene Speck („Kaiserfleisch") wurde einst in der Rauchkuchl bzw. in einer eigenen Selchkammer geselcht (wo auch Schaf- und Ziegenfleisch geräuchert wurde). Aus dem Rippenfleisch, den „Flammen" samt den porösen Knochen, mit Salz, Pfeffer, Knoblauch gewürzt, wird „Verhakkerts" gemacht und in ein „Faßl" gestampft. Im Unterland wird auch geselchter Speck „verhackt", gewürzt und angewärmt in ein Faß gepreßt (auch geselchte Würstl werden mit hineinvergossen).
Aus Rückenspeck und Filz gewinnt man Fett und Grammeln. Auch die Grammeln werden mit Schmalz oft „vergossen" bzw. „eingegossen". Der Sauschädel war für den Heiligen Abend (mit Apfelkren) als Festessen gedacht, wenn er nicht vorher „gestohlen" worden war, denn auch in Kärnten gab es den Brauch des „Sauschädelstehlens" (wie auch in Teilen von Niederösterreich). Er wurde dann im nächsten Wirtshaus gekocht, der nichts ahnende Besitzer zum „Sauschädelschmaus" geladen und zeremoniell zum Zahlen der Zeche verurteilt wegen „Fahrlässigkeit", „Mord", Vergehen gegen die Tierrechte u. ä. m. Als Zuspeise gab es Apfel- oder Essigkren, hin und wieder auch einen Reinling oder verheiratete Brote obendrauf; es war ein Gemeinschaftsessen, bei dem Gesang, Tanz und Spottlieder nicht fehlen durften.
Am Ostersonntag kamen die Leute aus Spittal an der Drau, aus der Gegend um den Millstätter See und dem westlichen Nockgebiet auf den Wolfsberg bei Seeboden zur traditionellen „Schweinshaxelversteigerung": die von Bauern gespendeten Schweinshaxen, Schinken- und Speckstücke wurden „amerikanisch" versteigert. Die Bauern durften dafür eine Handvoll geweihte Erde aus einer Kiste hinter dem Wolfgangaltar in der Kirche mitnehmen.

Um festen Speck zu erhalten, muß das Schwein entsprechend gefüttert werden, denn Türken, Erdäpfel und Küchenabfälle allein ergeben nur weichen Speck, erst gekochte Erbsen und Bohnen, Abfallgetreide und Magermilch gewährleisten festen Speck. Daher liefern Schweine, auf den Almen gefüttert, besonders würzigen, festen Speck. Die Fleischstücke werden vom frisch geschlachteten Schwein geschnitten bzw. gehackt; das Fleisch muß auskühlen und starr sein, dann wird es mit Salz (für raschen Verbrauch weniger Salz nehmen), wenig Knoblauchwasser, zerdrückten Wacholderbeeren (oder Koriander), allenfalls auch mit Senfkörnern fest eingerieben, höchstens zwei Wochen in einem sehr kühlen Raum abliegen gelassen (dabei öfter mit der Schwartenseite nach unten umlegen). Dann einige Tage in einem mittelwarmen Rauch und zum langsamen Lufttrocknen an einen leicht zügigen Ort gehängt.
Geselchtes wird in kochendes, ungesalzenes Wasser gelegt und weich gekocht. Man kann es zusammen mit Sauerkraut garen. Ist es stark gesalzen, muß das Geselchte einmal kurz überkocht werden, dann wird das Kochwasser erneuert. Zum Geselchten gibt es Sauerkraut, Gabel- und Fastenkraut, saure Rüben, Salate, Rahmkren, „Krenbrîh" (Krensoß), Erdäpfel u. a. m.

Nach der Auferstehungsfeier oder am Ostersonntag wird in der Pfarrkirche (in den größeren Bauernhöfen auch auf dem Hof) vom Pfarrer die „Weich'n" gesegnet. Früher erhielten der Mesner eine Wurst, die Ministranten zwei rote Eier als Dank. In jedem Weihkorb liegen Schinken, Geselchtes, Speck, Würste und geselchte Schweinszunge, alles vorher gesotten, gebakkenes Kitzernes, einige Krenwürstel, etwas Salz, ein Butterlamm, gefüllt mit Mohn und Zucker, ein großer Reinling, „Flegge" (feines Brot) und rot gefärbte Ostereier („Antlazoaln") sowie Salz, das Ganze mit dem „Weichatuch" bedeckt. Vom Geweihten bekommen Mensch und Tier zu essen. Zum Festmahl am Ostersonntag gibt es außerdem „a gölbe Suppn" (Seite 75), Suppenfleisch mit einer Krensoß, ein „Bratl" mit „Grantn" (Preiselbeeren) und Reinling mit Kaffee. Im Gailtal eilen die Frauen und „Gitschen" (Mädchen) mit dem Weihkorb so rasch wie möglich von der Kirche nach Hause, denn wer zuerst nach Hause kommt, ist auch bei der Arbeit immer die erste. Zu Ostern ißt man zum geweihten Reinling auch geräucherte Würstel und Geselchtes.

Blutwurst („Blunzen")

2 l Blut, 1000 g geschälte Gerste, 300 g Speck, 200 g Grammeln, 200 g Zwiebeln, 500 g gekochtes Kopffleisch oder Halsfleisch (vom Schwein, auch Schaf, Ziege, Geflügel), $^1/_2$ l Schweinssuppe, Saturei (Pfefferkraut), Majoran, Salz, Pfeffer, Basilikum; Därme

Beim Saustechen das Blut auffangen und tüchtig abquirlen. (Das muß rasch geschehen, weil sonst das Blut stockt. Die Saudirn bekam für diese Arbeit als Belohnung den gekochten „Pirzl", den Sauschweif, und ein Stück Stichfleisch vom Goder. Ein „gschrackiga Mensch" war zum Blutrühren nicht geeignet.) Die über Nacht eingeweichte Gerste (früher hat man „Gerschtbrein" anstelle von Gerste verwendet) grob schälen und sehr weich kochen. Feingeschnittene Zwiebeln in Fett abrösten. Das weichgekochte Fleisch grob zerkleinern, mit allen anderen Zutaten gut vermengen. Mit gehackten Kräutern und den Gewürzen abschmecken. Die Masse soll saftig, aber nicht zu flüssig sein. In gut gereinigte breite Schweinsdärme locker, nicht zu voll füllen. In handlange Würste abspeilen (abbinden). 20 bis 30 Minuten in schwach gesalzenem, leicht kochendem Wasser vorsichtig kochen, bis bei einem Nadelstich kein Blut mehr ausfließt. Vor dem Auftragen in Schweinefett braten; dazu gibt es Sauerkraut, saure Rüben, Erdäpfel bzw. „G'schtampfte" (Seite 101).

„Blutpfanzl", „Bluttomele", „schwarze Pfannzeltn"

1 l frisches Blut, $^1/_4$ l Fleischsuppe oder Milch, 100 g Verhackerts, gekochte fette Fleischwürfel oder Grammeln (Graipn), 100 g Heidenmehl, 100 g Schwarzbrotbrösel, Hadnprein oder Hirschbrein, 1 Zwiebel, Salz, Majoran, Saturei, Salbei, Basilikum; Fett für die Pfanne

Alle Zutaten versprudeln, fingerhoch in eine gut gefettete Backpfanne gießen, bei guter Hitze im Rohr oder zugedeckt auf dem Herd backen. Sobald die Masse steif wird, anstechen und fertig backen. Als Beilage: Sauerkraut, saure Rüben, Salate, Erdäpfel, Maiskolben, verheirateter Sterz, Plenten oder Trippen.

Zum Füllen der hausgemachten Würste, wie Bratwürstel, „Fleischwürscht", „Sommerwürscht", „Roachwürscht" (Selchwürste), Weiß-, Leber-, Milzwürste oder Haussalami, verwendete man nach Helmut Prasch einst eine Wurstspritze mit einem Spindelkolben-Handantrieb aus Holz oder mit einer Zahnschiene aus Metall; solche Geräte nannte man „Wurschtbock" (auf vier Füßen stehend). Die kurzen „Würstel" füllte man mit Hilfe eines „Wursthörndels" aus einem Stück Kuhhorn, oder man verwendete eine Spritze aus Holz, die mit Seitengriffen an den Bauch gehalten wurde, wodurch man den Kolben vorpressen konnte. Später wurden solche Spritzen mit austauschbaren Düsen auch aus Weißblech hergestellt. Heute zerkleinert die Faschiermaschine das Brät gleichmäßig fein, und man kann die Würste mit derselben Maschine mit Hilfe eines Zusatzgeräts füllen. Das bessere Fleisch verwendet man zu Bratwürsteln, die „Sommerwürscht" oder „Roachwürscht", die geräucherten Würste, werden aus Kopffleisch bzw. Abfallfleisch gemacht.

Selchwürste („Roachwürscht"), Kärntner Würstel

5 kg Schweinefleisch ($^2/_3$ mager, $^1/_3$ fett), evtl. etwas Rindfleischbrät, 150 g Salz, würfelig geschnittener Speck, Pfeffer, Schweinsdärme, $^1/_4$ l Knoblauchwasser

Gut ausgekühltes, starres Schweinefleisch salzen, recht fein verhacken (wiegen) oder faschieren. Mit kleinwürfelig geschnittenem Speck vermengen, geseihten Knoblauchsaft und Pfeffer (und wenn notwendig auch noch Salz) dazugeben und alles gut eine halbe Stunde kneten, bis die Masse bindig, aber nicht weich wird. Diese Masse in reingeschleimte, saubere dünne Därme füllen. Dazwischen diese mehrmals anstechen und rollen, damit die Luft entweichen kann. Entweder längere Wurststangen oder kürzere, spannenlange abgedrehte Würste (in der Mitte zweimal gegeneinander zur eigenen Achse drehen) daraus machen. Diese Würste zwei Tage in einem dunklen, kühlen Raum aufhängen, dann drei, vier Tage selchen (mit Hartholzfeuer). Dieses Räuchern erfolgt bei ca. 15 Grad, und zwar ein- bis dreimal, wobei die geräucherten Würste dazwischen immer wieder abkühlen und bereits in der Selchkammer „einfallen" bzw. Grübchen zeigen sollen; außen dürfen keine Fett-Tröpfchen hängen. Dann an kühlem, etwas zugigem Ort zum Lufttrocknen aufhängen. Bei Gebrauch kochen und mit Sauerkraut und Rösterdäpfeln servieren.

Bauernwürste

1000 g Schweinefleisch (durchzogen), Salz, Pfeffer, Muskatnuß, Neugewürz, Majoran, 2 Knoblauchzehen, 1 Zwiebel, 1/4 Zitronenschale, 1 Ei, 1/16 l Wasser

Fleisch mittelfein faschieren, mit in Fett gerösteter feingeschnittener Zwiebel, zerdrückten Knoblauchzehen, feingeriebener Zitronenschale, den Gewürzen sowie mit Ei und Wasser tüchtig abarbeiten. Mit einer Wurstspritze in gereinigte Schafdärme (bekommt man eingesalzen zu kaufen) locker füllen, an beiden Enden zubinden und in der Mitte zweimal gegeneinander zur eigenen Achse drehen. Die Bratwürstel drei Tage in der Küche über den Herd hängen, dann kochen.

Haussalami

3 Teile Rindfleisch, 5 Teile Schweinefleisch (vom Schlegel), 2 Teile Speck, alles frisch – oder 8 Teile Schweinefleisch, 2 Teile Speck von älterem Schwein; Staubzucker, Salz, Pfeffer, Rindsdärme

Alle Fleischsorten von Sehnen, Flachsen und Fett befreien. Rindfleisch salzen, pro Kilogramm Fleisch eine Prise Staubzucker daraufstreuen. Alles Fleisch sehr fein zerhacken, dann grobwürfelig geschnittenen Speck beigeben, pfeffern und salzen (pro Kilogramm Salamimasse 30 g feines Salz). Das Ganze ohne Beigabe von Flüssigkeit eine Stunde fest abarbeiten, bis sich die Masse zur feinen Farce bindet. Von Salz durchdrungene Rindsdärme mit der Masse fest füllen, an beiden Enden mit Spagat binden. Mit einer Nadel mehrmals einstechen und dann die Wurst mehrmals rollen, damit alle Luft entweichen kann. An trockenem kühlem Ort vier Tage hängen lassen, dann bei etwa 10 Grad drei Tage langsam und kühl räuchern. Schon während des Räucherns sollte die Salamihaut Grübchen zeigen. Dann an dunklem, nicht zu luftigem Ort aufhängen, bis sie ganz fest werden.

„Maischelen", Netzlaibchen

300 g Schweinslunge, 200 g Schweinsherz, 300 g Schweinskopffleisch, 80 g Schweineschmalz, 2 EL Rollgerste, Salz, Pfeffer, Knoblauchzehen, Thymian, Majoran, Basilikum (soll vorschmecken), Neugewürz, Fleischsuppe, Schweinsnetz

Mageres Fleisch fein, fettes Fleisch eher grob faschieren. Mit der gekochten Rollgerste (früher nahm man auch „Hirsch-" oder „Hadnbrein", Heidensterz oder in Suppe angefeuchtete Schwarzbrotwürfel) vermengen, ebenso zerdrückte Knoblauchzehen sowie Gewürze und Kräuter beigeben und alles mit Fleischsuppe zu einer geschmeidigen Farce abarbeiten. Aus der locker-saftigen Masse kleine Laibchen formen, in Teile vom Schweinsnetz füllen, das Schweinsnetzstück darüber schließen und andrücken. In heißem Schweineschmalz braten. Dazu saure Rüben und Erdäpfel.

Jauntaler Saumagen

2000 g Faschiertes (gemischt), 8 Semmeln, etwas Fett, 2 große Zwiebeln, 1 Bund Suppengrün, 2 Knoblauchzehen, 4 Eier, Mehl, Salz, Pfeffer, Muskatnuß, Neugewürz, Minze, Saturei, 1 Saumagen

Saumagen innen und außen mit Salz abreiben, gut auswaschen. Fein geschnittene Zwiebeln, gehacktes Suppengrün und zerdrückte Knoblauchzehen in Fett anrösten, zu den eingeweichten, gut ausgedrückten Semmelwürfeln geben, mit dem Faschierten, den Eiern, den

„Wurschtbock" – Wurstspritze.

Gewürzen und etwas Mehl gut abarbeiten. Den Saumagen damit füllen und zubinden. Eine Stunde in Wasser kochen, dabei wiederholt anstechen, dann noch zwei Stunden in der Bratpfanne im Rohr braten, dabei wiederholt mit Fett und etwas Suppe übergießen. Kann warm oder kalt gegessen werden.
In Kärnten wird der Saumagen gern am Heiligen Abend nach dem Mettengang gegessen, man nimmt zur Fülle gekochtes Schweinsherz, gekochtes Kronfleisch, rohe Nieren und rohe Milz. Auch die Suppe, in der der Saumagen gekocht wird (man kocht ein Stück fettes, frisches Schweinefleisch samt Schwarte mit), ißt man (man würzt sie zusätzlich mit etwas Zimt und Neugewürz und gibt Brotschnitten hinein). Als Beilage zum (heiß oder kalt servierten) Saumagen serviert man Krautsalat, geriebenen Kren oder Rettichsalat. Gefüllten Saumagen kann man auch leicht räuchern und bei Bedarf in einem gekochten „Gerschtbrein", in säuerlichem Gemüse oder in Sauerkraut heiß machen. Auch geräucherter Saumagen hält sich nicht sehr lange. Nimmt man mehr Milz, erhält man Milzwürste, die man nur kochen oder auch leicht räuchern und wie Saumagen servieren kann.

Aus Schwarten, Schweinsschulter, etwas Kopffleisch, Schweinsfüßen und Gewürzen macht man Preßwürste und „Sulzn" wie anderswo auch; die Kärntner Küche verwendet dazu allerdings reichlich Gewürze und Kräuter wie Lorbeer, Thymian oder Quendel, Neugewürz, Pfefferkörner, Liebstöckel (Lustock), getrocknete Pilze, Knoblauch und Suppengrün.

Aus Rückenspeck und Filz kocht man Fett und **„Graipn"** oder **Grammeln** (Grieben) aus. Das klare Schweinefett schöpft man ab und bewahrt es in einem Gefäß auf. Die „Graipn" mit oder ohne Salz gibt man noch heiß in ein geeignetes Vorratsgefäß (dicht eindrücken). Man kann ausgekochten, kleinwürfeligen Speck samt den Graipen auch in einen irdenen, glasierten Häfen oder hölzernen Kübel gießen (die Gefäße sollen unten etwas breiter sein als oben). So erhält man **„Speckschmalz"**. Gesalzen hält es länger.

Wie in der Steiermark gibt es auch in Kärnten „Verhackert", „Speckverhackert", im Gailtal auch „Sasaka" genannt. Es wird als Brotaufstrich, zum Abschmalzen und beim Zubereiten von Gemüse, als Nudelfülle und zum Bestreichen von „Trenten" verwendet, aber auch zur grünen Suppe und als Wurstfülle. Auch geselchte Würste „vergießt" man in das Faß mit dem Verhackert. Bereitet man das „Verhakkert" mit zerkleinertem Knoblauch, erhält man **„Knoblauchschmalz"**.

Breinfleisch

400 g Fleisch, 100 g Zwiebeln, 50 g Schmalz, 200 g Brein, Salz, Pfeffer, Minze

Wird wie Reisfleisch aus beliebigem Fleisch (Schweine-, Kalbfleisch) gemacht, nur nimmt man statt des Reises „Hirsch-" oder „Hadnbrein" (siehe Seite 107). Da Hirse- oder „Hadnbrein" aber eine kürzere Kochzeit benötigen als Fleisch (und man beim Kochen auch nicht umrühren darf), bereitet man Fleisch und Brein am besten getrennt und vermengt beides erst am Schluß. Als Würze verwendet die Kärntner Küche neben Salz und Pfeffer dazu gern etwas Minze oder Zitronenmelisse sowie Zwiebeln, in Schmalz geröstet.

„Hackelruabn-Fleisch" (Sauerrüben-Fleisch)

500 g saure Rüben, 200 g Schweinefleisch, 30 g Fett, Salz, Kümmel, Knoblauch

Schweinefleisch, in fingerbreite Stücke geschnitten, trocken (in wenig Fett) anbraten, dann in die sauren Rüben einlegen, mit etwas Knoblauch, Kümmel und Salz würzen und zusammen zugedeckt weich dünsten. Dieses Gericht aus Fleisch und Sauerrüben ist eine Liesertaler Spezialität.

Fleischkraut, „Faschingsspeck"

In wenig Wasser ein Stück Trockenspeck und ein Stück Selchfleisch halbweich kochen, dann mitsamt der Kochsuppe und Sauerkraut gar kochen, in kleinere Stücke zerteilen und über das angerichtete Sauerkraut geben. Dazu Erdäpfel, „Plentn", „Trippen", „Hadenbrein" oder „Verheirateten Sterz" servieren. Wird am Faschingsdienstag als „Faschingsspeck" aufgetragen.

Früher war der Montag meist der „Knödeltag" in der Kärntner Alltagsküche. Unter „Knödel" versteht der Kärntner in erster Linie aber Fleischknödel (mit Selchfleisch) und Sauerkraut. In der Asten (Hochgebirge im Mölltal), heißt es, wurde der Knödelhäfen jahrein, jahraus nie kalt, und der „Krauthengst" stand jeden Tag auf dem „Kuchltisch". Eine Sagritzer Bäuerin meinte: „Der Bauch g'wöhnt sich an all's!" – auch wenn jeden Tag die gleiche Kost auf den Tisch kommt.

Kärntner Fleischknödel, „Spatzlan"

400 g Fleisch und Speck, Mehl, Salz, Wasser, 1–2 Eier

Gekochtes Selchfleisch und rohen Speck zu gleichen Teilen kleinwürfelig schneiden und etwas zerlassen. Überflüssiges Fett abgießen, dann so viel Kochmehl (anstelle von Kochmehl nimmt man auch Vollkornmehl, Hafermark oder Heidenmehl) beigeben, bis sich alles bindet. Salzen. Mit Wasser bespritzen und zu einem Knödelteig abmischen, dabei auch ein, zwei Eier zum Binden einarbeiten. Dann mit befeuchteten Händen Knödel formen oder mit einem befeuchteten Löffel „Spatzlan" (das sind größere Nocken) ausstechen. In siedendem gesalzenem Wasser gar kochen. Die fertigen Knödel müssen dicht und gebunden sein, was vor allem vom fetten bzw. mageren Fleisch abhängt sowie von der richtigen Mehl- und Eimenge. Die Knödel kann man in der Knödel-Kochsuppe, mit Schnittlauch (oder gehackten Heckenzwiebeln) bestreut, auftragen. Dabei ißt man abwechselnd einen Bissen Knödel und einen Löffel Suppe. Als Beilage abgeschmalzenes Sauerkraut, saure Rüben oder grünen Salat.

„Fleischrauggn", „Fleischraunggn"

200 g Roggenbrotschmolle, 500 g faschiertes mageres Selchfleisch, Mehl nach Bedarf, 1–2 Eier, Salz, Basilikum, Saturei, Backschmalz

„Krauthengst": In die Schüssel oben kam das Sauerkraut, darunter wurde die Knödelschüssel mit den „Fleischrauggn" gestellt.

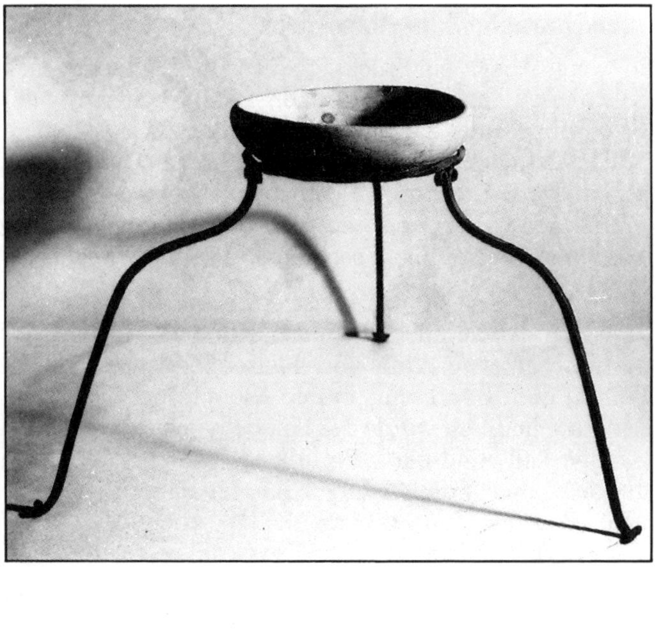

Brotschmolle reiben oder in wenig Wasser einweichen, dann fest ausdrücken. Das faschierte Fleisch beigeben, Eier einmischen, mit Salz, Basilikum und Saturei würzen, gut mit Mehl zu einem Knödelteig abmischen. Mit einem Löffel eckige, unförmige Knödel („Rauggn") ausstechen (größer geformte bleiben saftiger!), in heißem Backschmalz (oder Öl) oder auf dem Rost resch braten. Dazu serviert man ein „Kräuter-Rahmkôh" (siehe Seite 102) oder grünen Salat, Zwiebelsalat, Eier-Rahmkren, „Paunzger" (siehe Seite 100), Linsen, roh aufgeriebene Rohnen, Rettichsalat, Radieschen, rohen Sauerkrautsalat oder einen Wildsalat, aber auch „G'schtampfte" („Trippen", Seite 101), Heiden- oder Hirsebrein, „Plentn", „Erdäpfelpampe". Die „Rauggn" werden kurz in dem „Kräuter-Rahmkôh" mitgedünstet; werden die „Rauggn" auf dem Rost gebraten, kocht man das Kräuter-Rahmkôh gesondert und trägt es zu den „Rauggn" auf oder begießt sie beim Anrichten damit. (Lia Miklau, „Kärntner Kochbüchl", 1973)

Lavanttaler „Leberlan"

600 g griffiges Mehl, 30 g Germ, $^1/_4$ l Wasser, Salz; Schweinsnetz; Fett; Fülle: 400 g gekochtes Herz und Lunge, evtl. auch Zunge, 500 g gekochtes Schweinefleisch samt Schwarte, 150 g rohe Leber und Milz, Salz, 1 feingehackte Zwiebel, 1 zerdrückte Knoblauchzehe, Saturei oder Basilikum, Minze, Rosmarin, evtl. 1 Ei oder 1 Eiklar

Aus Mehl, in wenig lauwarmem Wasser aufgelöster Germ, Prise Salz und etwas Wasser einen Brotteig kneten, zugedeckt gehen lassen, zu einer armdicken Rolle formen, davon zwei Finger dicke Scheiben schneiden, diese auseinanderdrücken, mit Fleischfülle belegen, den Teig darüberziehen und Knödel in der Größe einer Faust daraus formen. Auf bemehltem Brett zugedeckt gehen lassen, dann locker in Stücke vom Schweinsnetz einhüllen, nebeneinander in eine runde, gefettete Rein legen. Nochmals gehen lassen, im Rohr hellbraun backen (müssen rundherum eine braune Kruste haben). Hat man kein Schweinsnetz, dann die Knödel rundherum wie Buchteln einfetten. *Fülle:* Fleisch und Innereien fein faschieren, Leber und Milz roh schaben, würzen, nach Notwendigkeit mit Ei binden und zu marillengroßen Kugeln drehen. Das Gericht war im Lavanttal Sonn- und Festtagskost. Zu diesem „Gebäck" werden Sauerkraut, saure Rüben oder Salat serviert. Auch allein zu Most oder Bier.

„Frigge“, „Frigga“

Selchspeck oder Trockenspeck dickblättrig in Streifen schneiden, in der Pfanne (ein „Pfanndl“ mit Eisenstiel und eingeschobenem Holzgriff) erhitzen, mit halbfingerdicken Hartkäsescheiben überdecken. Salzen und pfeffern. Sobald der Käse zu rinnen beginnt, vom Feuer nehmen. Das Ganze auf eine Scheibe Polenta („Plentn“) legen und sofort servieren. Statt „Plentn“ kann man auch Schwarzbrotscheiben nehmen. Dazu „Trippen“ oder ein dickes Koch, Sauerkraut oder Salat. Man kann auch Eier über die „Frigga“ schlagen und wie Spiegelei kurz ansteifen lassen.

Ein Holzfäller in der Teuchen schleppte für eine Woche an Verpflegung mit in den „Gaugelwald“: 1 kg Brot, 2 kg Polentagrieß, 1 kg Weizenmehl, $^1/_2$ kg Schmalz, 1 kg ungarischen Speck, $^1/_2$ kg Emmentaler Käse, $^1/_2$ kg Selchspeck, $^1/_4$ kg Mischkaffee, $^1/_2$ kg Zucker, 5 Eier, eine Flasche Schnaps, $^1/_4$ l „Geist“, Salz. Das notwendige Geschirr kam dazu: 2 Pfannen, 1 Milchhäferl, 1 Schüsserl, 1 großer Löffel, 1 Gabel, 1 scharfes Taschenmesser. Zum Frühstück und eventuell zu Mittag gab es die „Frigga“ und schwarzen Kaffee, abends Kaffee und Brot oder Farferln oder Nockerln. Die „Frigga“ wurde aus der italienischen Küche von Maurern und Steinmetzen eingeführt und stellte besonders im Gailtal eine beliebte Holzknechtkost dar.

Görtschitztaler Dempffleisch

6–8 Schnitzel (600–800 g), Fett oder Öl, Salz, Kümmel, Majoran, Thymian, 1 Lorbeerblatt, Basilikum, 4 Wacholderbeeren, 1 Zwiebel, Knoblauch, Essig, Butter

Rindfleisch und Schweinefleisch, allenfalls auch Wildfleisch oder Schöpsernes (Schlegel, ohne Fett) in dicke Schnitzel schneiden (Fleisch älterer Tiere klopfen und mit wenig Wasser vordünsten) und salzen. Den Boden einer verschließbaren Rein mit den Fleischschnitzeln bedecken, dazwischen Fettstückchen legen oder Öl darübertropfen. Nach Bedarf eine weitere Lage Schnitzel legen. Dazwischen Kümmel, Majoran, Thymian, allenfalls Quendel oder Saturei, Lorbeerblatt, Basilikum, zerdrückte Wacholderbeeren, gehackte Zwiebel, etwas zerquetschten Knoblauch, einige Spritzer Essig geben. Mit heißem Wasser nahezu bedecken, in der dicht verschlossenen Rein $1^1/_2$ bis 2 Stunden dämpfen. (Im Druckkochtopf geht es schneller.) Den Natursaft mit etwas Butter und Essig verbessern und abschmecken.

„Haß A’g’sottenes“

Wird verschieden hergestellt, mit oder ohne Wurzelwerk, aus Lamm- oder Kalbfleisch, auch aus magerem Schweinefleisch. „Richtig“ ist es aus Kalbfleisch und Wurzeln sowie reichlich Zwiebeln:

600 g Kalbfleisch (oder mageres Schweinefleisch), 250 g Zwiebeln, 2 Erdäpfel, Salz, weißer Pfeffer, Kümmel, Majoran, 1 TL gehackte Petersilie, Essig, Knoblauchzehe, 40 g Brösel, 60 g Schweinefett

Fleisch blättrig schneiden, mit feinnudelig geschnittenen Zwiebeln, grobblättrig geschnittenen rohen Erdäpfeln, Salz, Pfeffer, Kümmel, zerriebenem Majoran und gehackter Petersilie vermengen. Gleich hoch mit kaltem Wasser auffüllen, zugedeckt langsam kochen, bis die Erdäpfel zerfallen. Zuletzt mit Spritzer Essig säuern, portionsweise anrichten und zerquetschten Knoblauch darüberstreuen. Schließlich in wenig Schweinefett goldfarben geröstete Brösel daraufstreuen.

Gailtaler Trachten. Aus: Otto Steinwenger, „Das Herzogtum Kärnten“, 1881.

Gailtaler Kirchtagsbraten (Rollbraten)

Bruststück von Schaf, Kalb oder Schwein, Salz, Fett, Basilikum, Salbei, Zitronenmelisse, Sauerrahm; Fülle: 500 g Lunge, $^1/_2$ Herz, 1 Niere, 1 Zunge, 2 Schnitten Roggenbrot, 1–3 Eier, Salz, Pfeffer, Petersilie, Knoblauch, Dille, Saturei, Basilikum, Bertram

Fleisch von Knochen lösen, Fett wegschneiden, zu handlangen, fingerdicken Vierecken schneiden, klopfen, salzen, die Fülle fingerhoch auftragen, zusammenrollen und feststecken. In heißem Fett rundum gut anbraten, dann weich dünsten. Bratensaft zuletzt mit Basilikum, Salbei, Zitronenmelisse und Bertram abschmecken, etwas Sauerrahm dazugeben.

Fülle: Lunge, Herz, Zunge, Niere weich kochen, wiegen oder faschieren, auch etwas geschabte rohe Milz sowie in Wasser eingeweichte, gut ausgedrückte Brotschnitten beigeben, Eier (oder nur Eiklar) zum Binden beifügen, mit Salz, gehackter Petersilie, zerdrücktem Knoblauch, Dille, Saturei und viel Basilikum würzen. Gut mischen und zu einer feinen Farce abarbeiten.

Der Kalbsbraten kann auch im ganzen bereitet werden. Das Fleischstück auf Knochen und geschabte Möhren legen, mit Fett begießen und mit den Gewürzkräutern zusammen anbraten und weich schmoren. Den Natursaft mit Butter verbessern.

Das Charakteristische an diesem Kirchtagsbraten ist (neben der Würzung) die Anrichteform: die handlangen Bratenrollen werden zu einem festlichen *Kirchtagsgupf* aufgetürmt.

Dieser **Gailtaler Kirchtagsgupf** wird in einer flachen irdenen Schüssel mit niederem Rand kreisförmig und bergartig angerichtet: vier kleine Reinlinge werden in der Mitte schräg zueinander aufgestellt, dazwischen größere Stücke von gekochtem Selchfleisch (vom Hochrücken, mit etwas Speck daran); darauf kommen, etwas eingerückt, vier gefüllte Lamm- bzw. Schöpsenbraten („Kirchtagsbraten") und daneben Krapfen. Auf diese stellt man gegen die Mitte zu noch vier gekochte Selchwürste, abwechselnd mit Kirchtagsbrezen, hoch auf.

Festtagsessen mit reichlich Fleischgerichten erhielt der Bischof von Caorle samt Begleitung auf einer Visitationsreise durch Kärnten in den Jahren 1485/86 auf allen Burgen, in Pfarrhöfen, Gasthäusern und Bürgerhäusern. Santonino berichtet von „Lende vom Rind mit rohen Zwiebeln", Rindfleisch mit der Suppe oder „in eigener fetter Suppe", nur einmal gab es ein „fettes, zartes Schweinefleisch" (Gottschach am Weißensee), reichlich dagegen Hühner, Kapaune (oft mit Lendenbraten vom Rind, mit einer Gemslende, mit einem Stück Rindfleisch in Wasser gekocht), einen Kranz Brathühner um einen Lammsrücken, junge Hühner in gewürzter Suppe, einen fetten jungen Hahn am Rost („Gewürznelken und Stück von Zimt waren in seine Haut hineingesteckt"), vorzügliche Täubchen und in Villach „ein ausgezeichnetes, mühsam herzustellendes und erfrischendes Gericht aus gestoßenem Hühnerfleisch mit einer Beimischung von Zimt und Wacholder" und in einer weiten Schüssel fette Hennen in einer Suppe, die aus Eiern und Gewürzen hergestellt und gefärbt war. Hin und wieder gab es Lämmernes am Spieß, Lammrücken, Fleisch vom gemästeten einjährigen Schöpsen im eigenen Saft oder in der Suppe. In Tristach nahm das Mahl „seinen Anfang mit gesottenen Kuttelfleck vom älteren Kalb, unserer trippa"; auch in Tröpolach erhielten sie als ersten Gang „Kuttelfleck vom erwachsenem Kalb, in Wein gekocht".

„Speckfleck" (Kaldaunen, Kuttelfleck)

500 g Rindsflecken (Kaldaunen), Salz, Knoblauch, 1 Lorbeerblatt, Thymian, Pfefferkörner, 60 g Fett, 1 gehackte Zwiebel, 100 g würfelig geschnittener Speck, Rosenpaprika, Essig, Kümmel, Zitronenmelisse, Petersilie, $^1/_2$ l Rindsuppe, 1 EL Mehl, Hartkäse

Den „Fleck" noch körperwarm, gleich nach dem Schlachten, entleeren. Innenseite mit Bürste abreiben, gründlich putzen. Dann in einer leichten Lösung aus übermangansaurem Kali durchdrücken, mehrmals in frischem Kaltwasser, dem Essig beigegeben wurde, durchspülen. Dann in Stücke teilen, mit Wasser, Salz, Knoblauch, Lorbeerblatt, Thymian recht weich kochen (am besten im Druckkochtopf). Die sehr weich gekochten Flecken in kurze, nicht zu dünne Nudeln schneiden. In heißem Fett grobgehackte Zwiebel anlaufen lassen, Speckwürfel dazugeben und rösten, mit Paprika würzen, mit einigen Tropfen Essig überspritzen. Kümmel, Zitronenmelisse, gehackte Petersilie beigeben. Kutteln beigeben und mit Suppe (oder Wasser) aufgießen. Alles zusammen ca. 20 Minuten kochen. Die „Flecken" dürfen dabei nicht zerkochen. Zuletzt mit Mehl stauben, mit etwas Flecksuppe oder Wasser aufkochen. Das Gericht soll saftig, aber nicht suppig werden. Zuletzt geriebenen Hartkäse darüberstreuen. Als Beilagen Erdäpfel, Plenten, Sterz, „Mehlspatzlan", „Trippen", Salate oder saure Gurken.

Schöpsengulasch

1000 g Schöpsenfleisch, 80 g Schweinefett, 300 g Zwiebeln, 50 g Paprika, $^1/_8$ l Rindsuppe, 1 EL Paradeismark, 2 Knoblauchzehen, 50 g Mehl, Salz, Majoran, Zitronenmelisse

Feingeschnittene Zwiebeln in heißem Fett anlaufen lassen, mit Paprika bestreuen, ganz kurz durchrösten, mit Rindsuppe aufgießen, das grobwürfelig geschnittene magere Schöpsenfleisch beigeben, mit Salz, Paradeismark, zerdrückten Knoblauchzehen, Salz, Majoran, Zitronenmelisse würzen und zugedeckt fast weich dünsten. Der Eigensaft soll dabei ziemlich eingedünstet werden. Dann mit Mehl stauben, kurz durchschwitzen, mit Wasser zu einer dicklichen Soße aufgießen. Das Fleisch darin ganz weich dünsten. Man serviert dazu Polenta.

„Schöpsernes Bratl"

800 g Schöpsernes, Salz, Knoblauch, Zitronenmelisse, Basilikum, 60 g Fett, Kümmel, gelbe Rüben, Thymian, 1/2 Lorbeerblatt, saurer Rahm, 100 g Zwiebeln, 6 Erdäpfel

Vom Fleischstück (Schulter, Schlegel, Rücken) das meiste Fett wegschneiden, samt den Knochen mit zerdrücktem Knoblauch, Zitronenmelisse, Basilikum oder Dille und Salz kräftig einreiben. Auf Knochenunterlage in die Bratpfanne legen, mit heißem Fett, Öl oder „Bachet" (Seite 118) übergießen, Kümmel, geriebene gelbe Rüben, Thymian oder Quendel und ein halbes Lorbeerblatt dazugeben. Rundum anbraten, dann weich schmoren, wiederholt mit Eigensaft begießen. Zum Natursaft zuletzt etwas Sauerrahm rühren. Man kann zum halbfertig gebratenen Fleisch 100 g gehackte Zwiebeln und 6 geschälte, geviertelte Erdäpfel geben und unter öfterem Aufgießen mit Eigenfett vom Braten langsam fertig braten.

„Schöpsernes"

750 g Schöpsenfleisch, Salz, 300 g Wurzelwerk, Suppengrün, 1 Zwiebel, 1 Knoblauchzehe, 4 Wacholderbeeren, Bertram, Rosmarin, 1 Lorbeerblatt, (Safran), Salbei, Lustock, Thymian

Von den Fleischstücken alles Fett entfernen, rasch mit siedendem Wasser überbrühen, dann kalt abspülen und trockentupfen. Mit Salz, Wurzelwerk (Sellerieknolle, Möhre, Petersilie, Pastinak, Porree) und Suppengrün, Zwiebel, Wacholderbeeren, Bertram, Rosmarin, Lorbeerblatt, (Safran), Salbei, Lustock, Knoblauch und Thymian in kaltem Wasser aufs Feuer setzen und zugedeckt langsam weich kochen bzw. dünsten. Zuletzt den Saft entfetten. Das gare Fleisch mit Natursaft und einer „Krenbrîh" servieren.

Lammfleisch in Bertramsoße

700 g Lammfleisch (Brust), 60 g Butter, 1 Zwiebel, Bertram, 3 EL Obers, Fleischsuppe, 2–3 Dotter, Petersiliengrün

1 Eßlöffel Mehl in heißer Butter anlaufen lassen, mit Fleischsuppe aufgießen, eine geviertelte Zwiebel, 1 Büschel Bertram, 3 Eßlöffel Obers dazugeben und einmal aufkochen. In dieser Soße dann eine in siedendem Wasser überbrühte (blanchierte), in Stücke geschnittene und gesalzene Lammbrust zugedeckt weich dünsten lassen. Dann Fleisch auf Anrichteschüssel legen. Die Soße in eine andere Kasserolle seihen, einkochen, dann mit 2 bis 3 Dottern binden (nicht mehr kochen!) und über das angerichtete Fleisch gießen. Mit gehackter Petersilie bestreut servieren.

Lammbraten

1 Lammschlegel (ca. 2000 g), 300 g Wurzelwerk, 5 Knoblauchzehen, 6 EL Öl, Butter, Salz, Pfeffer, Weißwein

Schlegel vom Knochen lösen, Fleisch mit Stückchen von Knoblauchzehen spicken. Salzen, pfeffern, in heißem Öl rundum anbraten. Aus dem Fett nehmen, grobgeschnittenes Wurzelwerk darin anrösten, das Fleisch dazulegen. Etwa zwei Stunden im Rohr braten, dabei öfter mit Eigensaft begießen. Zuletzt Bratensaft mit etwas Butter verfeinern, mit Weißwein ablöschen und zwei Minuten verkochen lassen. Passieren und zum angerichteten Lammschlegel reichen. Als Beilage dienen mitgebratene Erdäpfel, Fisolensalat oder warme Speckbohnen.

Schaf. Aus: Maria Elisabetha Meixner, „Wiener Küche", 25. (Jubiläums-)Ausgabe. Wien 1917.

Wild gab es in der Bauernkuchl nur ausnahmsweise. Jahrhunderte war der Bauer nur Treiber bei den herrschaftlichen Jagden gewesen. Erst seit der Bauernbefreiung von 1848 übernahm er, meist in Form einer Jagdgenossenschaft, die Jagd. Aber auch dann wurde Wildbret nur für die mageren Zeiten in der bäuerlichen Küche verwendet; das meiste wanderte dabei in die Würste. Wildernde „Keischlegger" („Gaischlar", „Keuschler"), „Rahnhucker" und Holzknechte besorgten seit eh das Wild.
Dem schon mehrmals zitierten Reisetagebuch des Santonino entnehmen wir, daß Wildgerichte für „höhere Herrschaften" allerdings etwas Alltägliches waren. Fast bei jedem Mahl erhielten der Bischof und sein Gefolge Braten von jungen Gemsen, Gemsfleisch „mit kleingeschnittenen Äpfeln und Zwiebeln darüber und mit Gewürz überstreut", Rebhühner, „in Wasser gesotten, mit Waldhühnern, in grüner Kräutersoße eingemacht", Hasen mit viel Brathühnern, Wachteln, mit Nelken und Zimt gespickt, sehr häufig „Gepfeffertes" aus viel Gemsfleisch oder „mit Hühnerblut und Stückchen von Hühnerfleisch und Hühnerleber" oder „heiß und suppig, mit Hühnerhälsen, Hühnerblut, Hühnerfüßen" oder Gepfeffertes „aus Hasenfleisch und Hühnerlebern", einmal sogar „Fleisch vom jungen Bären in Pfeffersoße", Eichhörnchen in Kräutersoße und auf der Burg Lengberg sogar Krähen („die Italien nicht kennt", bemerkt Santonino höflich). Auf der Burg Finkenstein aßen sie als sechsten Gang „Hasenfleisch, Hühnerklein und Hühnerlebern in einer aus Hühner- und Hasenblut gekochten und mit verschiedenen Gewürzen und ein wenig Essig versetzten Suppe. Diese Speise nannten sie wegen der schwarzen Farbe ‚Fleisch in Dunkelheit' ".

Gebratener Rehrücken

1 Rehrücken, Wurzelwerk, 1 Zwiebel, 6 Pfefferkörner, 4 Wacholderberen, 1 Essiggurke, Zitrone, 1 Lorbeerblatt, Thymian, Majoran, $^1/_4$ l Sauerrahm, 4 EL Rotwein, 2 EL Preiselbeeren; Beize: $^1/_4$ l Rotwein, $^1/_4$ l Kräuteressig, 2 EL Öl, 1 Glas Weinbrand, 1 Zwiebel, 1 Knoblauch, Salz, 1 TL Thymian, 1 Lorbeerblatt, 6 Pfefferkörner

Den Rehrücken von allen Häuten befreien, mit allen Zutaten der Beize übergießen und 24 bis 48 Stunden im Kühlen ziehen lassen. Dann herausnehmen, trockentupfen und in heißem Fett rundherum anbraten. Würfelig geschnittene Zwiebel, Karotte, Petersilienwurzel und Essiggurke, ein paar Zitronenscheiben (ohne Schale), Lorbeerblatt, Pfefferkörner, zerdrückte Wacholderbeeren, Thymian und Majoran dazugeben und im Rohr mitbraten, dabei das Fleischstück mehrmals mit Sauerrahm und etwas Rotwein oder etwas Beizeflüssigkeit begießen. Den garen Braten warm stellen. Den Bratrückstand passieren, mit Sauerrahm, Preiselbeeren und Rotwein verrühren, einkochen und über den angerichteten Braten gießen.

Wachteln mit Polenta

4 Wachteln, Salz, Pfeffer, Salbei, 4 Speckscheiben, 8 Gewürznelken, 4 kleine Stücke Zimtrinde, 60 g Butter

Die bratfertigen Wachteln innen und außen mit Salz, Pfeffer und Salbei einreiben, mit Nelken und Zimt spicken, mit je einer Speckscheibe einhüllen und in heißer Butter anbraten, dann im Rohr unter öfterem Begießen mit Bratfett (und etwas Fleischsuppe oder Wasser) etwa eine Viertelstunde braten. Kurz vor dem Ende der Bratzeit die Speckscheiben entfernen, damit die Wachteln Farbe bekommen. Auf Polentaschnitten anrichten.

BAUERNKOST

„So is es bliebn longe Joahr,
koa **Monti** ohne Knödl woar,
mit Gerstanmehl und Speck guat krichtat,
aufn Rahmmüasl-Sallat nia verzichtat,
wenn das nit war, war Kraut mit Greipn toll
und dar Bauch war wiedar voll.

Irtigs, das war gonz bestimmt,
a Selchfleisch gern die Beirin nimmt
leicht zan kochn, und die Leit
homb mitan Gselchten allweil Freid.

Mittigs pünktla jede Wochn
wert nia vergessn Nudl kochn,
für alle gleich gmacht wert die Hülla,
unterschiedla is die Fülla,
gach mit Kas und gstoaßnem Magn,
Birntalgn-Kas kannst a vertragn.
Kloatznudl – furchtboar guat
roate Ronan – ziglnt Bluat,
an jedn Brockn woackn a bißl
im Speckschmalz aus der Gritterschüßl.

Pfingstigs wieder Fleisch zmittag
mit Kreansoß, dö a jedar mag,
das Fleisch von Rind odar Sau odar Lomp,
was sö halt krat gschlachtigt homb,
kernt zan Kreanfleisch wohl dazua.

Alle Tag a ondar Essn:
Freitigs is Gebachns gwesn.
A Mues schean branschalat gebratn,
Kasraugalan sind guat gekratn,
schean braun und flaumig hon i gern,
Freiti kint bald wiedar wern.

Samstigs mittags war oft krat,
was man Freitigs gübrigt hat.
Abwarmach von dar gonzn Wochn,
do war nix hoagla, sönar Kochn
wal zan Samsti Feirabnd goar
um viere schoan, a bössars Nachtmahl woar.
Hasnehrlan, Krapfn oder Nudl,
imramal a Magnstrudl.

Sunntigs nachn Kirchn geahn
war Schweina-Gselchts mit Kraut und Krean,
zerst a Suppn mitn Märznbroat,
was man eantar krichtat hat
mitn Bröttlmössar fürs gonze Joahr.
Zan Liachtmöß zuachn werts halt goar,
und bei die bössarn Bauerfeiertag
a Schweina-Bratl jeder mag."

(Hans Petscher)

Im Sommer standen die „Landsleut" zwischen 4 und $^1/_2$ 5 Uhr, im Winter zwischen 5 und $^1/_2$ 6 Uhr auf – die Männer immer etwas später. Frühstück gab es im Sommer um 5 Uhr, im Winter um 6 Uhr, die Vormittagsjause war und ist bei den Kärntner Bauern eher ungebräuchlich. Das Mittagsmahl nahm man meist schon um 11 Uhr ein, die Nachmittagsjause, die „spate Jausn", um etwa fünfzehn Uhr, das Abendessen nach Feierabend, um 19 Uhr, an Samstagen schon um $^1/_2$ 4 Uhr nachmittags, am Pfingstsamstag sogar um 14 Uhr.
Jede Gegend, jede Talschaft, ja meist jedes Haus hatte seinen bestimmten Wochenspeiseplan, der jahrein, jahraus Gültigkeit besaß. So aßen die Katschtaler zum Frühstück Brot und Milch, Hafertalggn und Milch oder Milchfarferln. Vor jedem Mittagessen gab es ein „Voressen", bestehend aus Salat mit „Erdbirn" (Kartoffeln), eingebranntem Brein oder Sauerkraut mit Speckgrammeln. Zur Hauptmahlzeit gab es am Montag fettes „Mues" (ohne Ei), wenn der Rahm reichte, auch ein „Rahmmues". Am Dienstag aß man Knödel, in die Speck eingeschnitten war, am Mittwoch „Herausgebackenes" aus Germteig, der Donnerstag war wieder Knödeltag, der Freitag, der gebotene Fasttag der Woche, brachte „Wasserkost", also Speisen, die in Salzwasser gekocht werden, z. B. Schlickkrapfen, Erdbirn- oder Schottbaunzn (eine Art Erdäpfel- und Topfenknödel). Der Samstag war bereits ein besonderer Kosttag, zu Mittag gab es das „Kô" (Koch), obenauf viel Schmalz; am Abend gab es oft „Damnudl", zuvor noch ein Erdbirnkraut. Am Sonntag aß man mittags Geselchtes und Kraut, Damnudl mit Milch; „Erdbirn" (Erdäpfel) mit Salz, Milch und Brot gab es täglich zum Abendessen. Im Nockgebiet gab es am Montag Knödel oder Fleisch in der Selchsuppe, auch Gröstl, Dienstag „Nöcklan" mit Birntalggn, am Mittwoch Nudeln oder Schmarren; der Donnerstag brachte im Winter Ritschert, auch Selchfleisch, Würste, manchmal Sauschädel mit Essigkren. Am Freitag aß man Nudlkost oder gebackenes Mus. Am Samstag aß man „Zugblattlan", Hasenöhrl oder gar Krapfen. Prasch überliefert einen ähnlichen Kostplan: „Montag-Gröstl, Irtig-Knödl, Mittich-Schmarrn, Pfingstig-Fleisch, Freitig-Nudl, Samtig-Schlipfkrapfen und Sunntig-Fleisch"; „zum ‚Fruahstuckn' jahraus, jahrein ‚Milimuas', Sterz oder ‚Plenten', ‚Brennsuppn' oder ‚Munkn', je nach der Landschaft, ‚auf d'nacht' ‚Farfelen'."
Über die Kost der ländlichen Dienstboten im Drautal um 1880 erfahren wir aus den Ausführungen von Cosmas Schütz, Direktor der Ackerbauschule und Wanderlehrer: „Die Kost besteht: Aus dem Frühstück: täglich Milch und Sterz (Grütze aus Haiden- oder Maismehl). Aus der Morgenjause: täglich Brot und Branntwein. Aus dem Mittagstisch: dreimal in der Woche teils frisches, teils geselchtes Fleisch mit Knödeln oder Gemüse und einer Vorspeise, die übrigen Tage teils gefüllte Nudeln, teils Mehlspeisen. Aus der Nachmittagsjause: täglich Brot und Branntwein. Aus dem Abendessen: teils Brot und Milch, teils Sterz oder Brein, Nockerln und Ähnliches. Der Milchkonsum kann pro Tag und Kopf des Haushaltes mit 2 Liter veranschlagt werden (incl. der Milchproduktion: Butter und Topfen)."

Gemüse, Salate, Soßen

Im **Hausgarten,** der von einem „Hühnerzaun" eingezäunt ist, baut die Kärntner Bäuerin laut H. Prasch alles an, was sie in ihrer Küche benötigt: Rettich, Kren, Rote Rüben, Kohlrabi, Porree, Knoblauch, Zwiebel, Schnittlauch, Petersilie, Endivie, Häuptelsalat, Sellerie, Majoran, Minze, „Lustock" für Würzen, Suppen, Fleisch, Nudeln und Zuspeisen; Eibisch, „Salfe" (Salbei), „Wirmut", „Ringlroasn", Mutterblätter für „Tranklen" (Tee), „zan Wassertreiben und geg'n Bauchweah", „Kaspaperlan" und „Gramiln" (Kamillen) für „Darm" und Augen, gegen „Feakn" (Ekzem) und „Kretzn". Auf Vorrat hält sie auch „Holdersulzen", „Glierget" (Lärchenpech), Almgraupen mit „roate Füaßlen", „ang'setzten Arnika", „Kranabeer" (Wacholderbeeren) und Bibernell, denn „iß Kranabeer und Bibernell, dann wirst du sterben nicht so schnell". Frisches Sauerkraut und Eiklar als Auflage, frischer Kuhfladen oder Lehm als schneller Wundverband haben oft geholfen.

Die Bäuerin weiß vor allem um die Heilkraft der Würzkräuter Bescheid, die in der Kärntner Bauernküche reichlichst verwendet wurden und werden. **Basilikum** ist ein geschätztes Mittel gegen Schwindel, Schlafsucht, Schlagfluß, Kopfkrankheiten, bei Kolik, Mutterbeschwerden und gegen Schwermut, **Borretsch (Gurkenkraut)** hilft bei Husten, Zahnfleischblutung und Entzündungen, **Dillkraut-(„Koper-")**Samen wirkt als Teeaufguß gegen Husten, Katarrh und Blähungen, **Fenchel** ist ein Beruhigungsmittel vor dem Schlafengehen, lindert Verdauungsbeschwerden, hilft gegen Kolik und Krämpfe, erfrischt welke Haut und regt bei stillenden Müttern die Milchbildung an. **Gundelrebe** wird gegen Leibschmerzen, Blasen- und Hautkrankheiten und Katarrh angewendet. **Kümmel** hilft bei Magenbeschwerden, ist krampfstillend bei Leibschmerzen und regt die Verdauung an. **Liebstöck(e)l („Lustock")** erwärmt den Magen, stärkt die Unterleibsorgane und nützt bei Wassersucht, reinigt Milz und Leber, hilft bei nervösem Herz, bei Husten, Keuchen, Heiserkeit und Kopfweh. **Majoran** wird – gleich dem Schnupftabak – frisch oder getrocknet in die Nase gesteckt und lindert so Kopf- und Ohrenbeschwerden, beruhigt die Nerven und reinigt als Tee das Blut. **Pfefferminze** wirkt harn- und schweißtreibend, krampfmildernd, schmerzstillend, stärkt Herz und Nerven. **Rosmarin,** Pfefferminze und Fenchel als Tee ist ein Magen- und Darmmittel; **Salbei („Salfe")** stärkt die Nerven und – trocken gekaut oder als Tee – das Zahnfleisch, wirkt gegen Nieren- und Leberleiden, Schweißausbruch, bei Magen- und Darmstörungen und fieberhaften Lungenerkrankungen, denn „für'n Tod ist ka Kraut g'wachsen, und wann ans war, war's da Salfe". Und: „Wer ewig leben will, muß Salbei im Mai essen." **Bohnen-** oder **Pfefferkraut („Sat'rei", Saturei)** nimmt die Blähungen, stärkt, gekaut, die Zähne und hilft bei Rheuma. **Thymian** (Quendel, Wiesenthymian) ist ein Mittel gegen Würmer, bei Keuchhusten, infektiösen Krankheiten des Darms und der Lunge, des Nierenbeckens und der Blase, stärkt nach Schlaganfällen, Schwäche und Ohnmacht. „Wohlgemut ist gegen Bauchweh gut", Teeaufgüsse von **Wohlgemut (Dost)** helfen bei Husten, Heiserkeit, Rheuma und Krämpfen. **Zitronenmelisse** ist nach Paracelsus die beste Pflanze für das Herz, für die Nerven, wirkt krampfstillend und schweißtreibend, schafft frohes Gemüt und stärkt das Gedächtnis. **Kerbelkraut,** „Keferfil, Käferfüll, Keferfüll, Käferfil", wird wie Petersilie in der Küche verwendet, wirkt blutreinigend und wassertreibend, „ist dem Magen und Haubt gesundt, von wegen seines lieblichen Geruchs und Geschmacks, es reinigt das Geblüt und machet lustig zu essen", heißt es bereits im Kräuterbuch des Tabernaemontanus. Gerade das Kerbelkraut ist ein „zentrales" Würzkräutl in der Kärntner Küche und gehört zu Suppen, Soßen, gesalzenen Topfenspeisen, wie Kasnudeln, Schottrauggn, Schottreinkelen, und auf Salate. Hochgeachtet ist stets der **„Hollerbam" (Holunder),** nicht zuletzt vom volksmedizinischen Standpunkt. Er kann unter der Erde alles mögliche Böse anziehen; Blüten und Beeren werden in der Kärntner Bauernküche ebenfalls reichlich verwendet.

In den Jahrhunderten der Fleischknappheit waren die Beilagen meist das Wichtigste. Sauerkraut, saure Rüben, Erdäpfel, Hülsenfrüchte, in der Regel eingebrannt, und Salate mußten die vielen hungrigen Mäuler am Bauerntisch sättigen. Miklaus „Kärntner Kochbüchl" (1973) führt überdies „Gerschtprein", Ritschert, „Trippen", Nocken und „G'stampfte Erdäpfel" an.

„Machet"

Mehl mit Speckverhackert oder Grammeln zu Eiform oder zu einer Kugel kneten. Hart werden lassen. Bei Bedarf davon auf dem Reibeisen etwas abreiben. M. Lexer definiert das (oder den) „Machet, Machade" so: „Zerhacktes, eingepökeltes Fleisch, womit im Winter die gewöhnlich zum Frühstück aufgetragene Wassersuppe gewürzt wird; oder es besteht diese Würze aus einer Art Käse, und heißt dann: Kasmachet." Dem „Kasmachet" (siehe Seite 136) begegnen wir schon im Inventar des Müllner zu Amlach bei Spittal aus dem Jahre 1578, 1683 heißt es in einem anderen Verzeichnis „Suppenmachet" und 1697 im Inventar des Rauter am Hühnersberg noch deutlicher „Suppenkas". Dabei handelt es sich um eine parmesanähnliche Käsekonserve, die ganz hart ist, so daß sie beim Einkochen in die zum Frühstück genossene Milchsuppe mit dem Reibeisen gerieben werden muß. In der Rauchkuchel, wo der Kasmachet früher aufbewahrt wurde, wurde er von selbst geräuchert und erhielt seinen unvergleichlichen Geschmack.

Kasmachetgebinde und Rahmkrügel.

„Inbrennach", „Brennach" (Einbrenn)

Mehl (Vollmehl oder Heidenmehl) in heißem Fett anschwitzen lassen, mit wenig Wasser aufgießen und verrühren. Dann in ein irdenes Vorratsgefäß geben und trocknen lassen.
Mit dem „Machet" und dem trockenen „Brennach" werden in der Kärntner Bauernküche Soßen und Suppen eingedickt sowie Gemüse gebunden. Beide macht man auf Vorrat. Mit dem folgenden „Miaßl" dagegen werden Salate angemacht.

„Miaßl", „Müesl"

Wenig Mehl in heißes Schmalz streuen, mit etwas mit Wasser verdünntem Essig aufgießen und verkochen. Damit grünen Salat abmischen. Sofort servieren!

„Hadntrippen" (Heidentrippen, Heidenpüree)

Grießiges (hausgemachtes) Heidenvollkornmehl gut trocknen, durchlüften und salzen. Mit drei- bis viermal soviel siedendem Wasser (oder halb Wasser, halb heißer Milch und einigen Löffel Sauerrahm) zu dünnem Brei verrühren. 10 Minuten leicht kochen lassen, dabei flaumig rühren. (Man kann etwas frische Butter dazurühren.) Als Beilage oder Alleingericht (dann abschmalzen und Sauermilch dazu reichen).

„Verheiratete Hadntrippen"

1 EL Hirsebrein, $^1/_2$ l Wasser, Salz, 250 g Heidenmehl

Hirsebrein in Salzwasser weich kochen, mit dem Heidenmehl zu Brei verrühren. 10 Minuten zugedeckt dünsten lassen. Als Beilage, auch zu Nockerln ausgestochen, oder mit mehr Wasser wie Erdäpfelbrei (Püree) servieren.

Außer Nockerln, in Salzwasser gekocht, siedet man etwas größere Nocken („Spatzlan") auch in kochender Buttermilch, in die man etwas Mehl eingerührt hat, damit sie nicht ausflockt. Diese **Rührmilchnocken** und **-spatzlan** mit etwas Butter oder geriebenem Käse bestreuen und anrichten. Statt Buttermilch ist Topfenwasser mit saurem Rahm zu verwenden. Auch den Nockerlteig kann man mit Buttermilch bereiten.

Ritscher(t), „Ritschad"

200 g Rollgerste (Stempfgerste oder „Gerstbrein"), 100 g weiße Bohnen (auch Saubohnen oder Erbsen), Geselchtes (Stelze, Schulter, Ripperl, Bauchfleisch oder nur Knochen), Wurzelwerk (Porree, Karotte, Sellerieknolle, Petersilienwurzel), 2 l Selchsuppe (oder Wasser), Salz, Pfeffer, 1 Zwiebel, 1 Knoblauchzehe, 1 EL Fett, Basilikum, Lustock (Liebstöckel), Salbei, Petersilie, Selleriegrün

Rollgerste und Bohnen über Nacht in kaltem Wasser einweichen. Geselchtes samt Wurzelwerk, Zwiebel und Knoblauch weich kochen, Fleisch herausnehmen und beiseite stellen. Selchsuppe kalt werden lassen. In der kalten Selchsuppe die übrigen Zutaten ohne Kräuter zu einer dicklichen Suppe verkochen. Zuletzt das kleingeschnittene Geselchte unterrühren. Erst eine Viertelstunde vor dem Servieren die Kräuter hinzufügen. Das Gericht soll nicht suppig werden. Lustock und Salbei sollen vorschmecken.

Nach Brathühnern, Rebhühnern, Lammrücken, gesottenen Hühnern in Suppe, Fischen, Kraut mit Speck, Gepfeffertem aus Hühnerhälsen, -lebern und -füßen, Pfannkuchen mit sauren Äpfeln und jungen Schöpsen in Suppe gab es beim Festmahl für den Bischof von Caorle in Egg auf Schloß Khünegg im Jahre 1485 „achtens Gerste in fetter Fleischsuppe“. Hinter diesem Gericht vor rund 500 Jahren verbirgt sich der Ritscher (oder das Ritschert), der noch heute, besonders südlich der Drau, sehr beliebt ist.
Ursprünglich wurde Ritschert in jener Brühe gekocht, in der zuvor der Osterschinken gekocht worden war. Früher wurden die Fleischstücke erst am nächsten Tag gegessen – so hatte man für zwei Tage ein Essen.
Rollgerste (oder Gerstbrein) kann man auch mit grünen Bohnen (Fisolen) bereiten; dieses **„Fisolenritschert“** war einst ein Sonntagsessen. Die Fisolen nennt der Kärntner liebevoll „Strankelen“, „Strankerln“ bzw. „Stranggn“ (bedeutet wohl ursprünglich die „Reihen“ oder reihenweise an Stecken befestigte Pflanzen). An hohen Feiertagen kam noch grünes Fleisch oder Selchfleisch auf das „Fisolenritschert“.

„A nutze Bäuerin hat an nutz'n Krautgart'n“, lautet nach Helmut Prasch eine volkstümliche Redewendung. Im Gegensatz zum „Kräutlachgart'l“ beim Haus liegt der Kraut- oder „Kôwas-“, Kabesgarten meist in der Nähe des Hofes, ist ein besonders gutes Stück Acker, auf dem **Weißkraut** und anderes Gemüse angesetzt wird; er wird gut „gegoalt“ (gedüngt) und umgeackert. Eine „Mistsuppn“ aus Hühnermist und Wasser, in einem Faß angesetzt, treibt das Kraut „aus der Erdn“, Krautscheuchen mit alten Sensen, Flaschen, Blechstreifen u. a. m. sollen den Krautacker im Frühherbst vor Wildfraß schützen. Reißt der Wind so eine „Kôwasscheuchen“ oder „Kleappern“ einmal um, sagt man scherzhaft: „Ora pro nobis, der Lotter liegt im Kowis.“ Sobald sich die Krautköpfe festigen, geht man sie „abplotschen“ – die frischen Blätter bekommen die Schweine. Im Spätherbst erntet man die festen „Krautschädel“, die Köpfe werden halbiert, der Strunk wird entfernt, die Häuptl mit dem Krauthobel gehobelt, das Gehobelte mit bloßen Füßen in das Krautschaffl getreten. Dabei streut die Bäuerin „fäustlweise“ Salz und Kümmel dazwischen; auch Maschanzkerapfelspalten, Dillkraut und „Kranebeer“ (Wacholderbeeren) mischt sie dazu. Das Saftwasser wird immer wieder abgeschöpft. Früher hat man das Kraut mit zwei „Prenten“ gehackt und mit dem „Krautstampf“ niedergedrückt. Es gab auch das „Gruakraut“ (siehe Seite 165).
Ein volles Krautschaff verbürgt Gesundheit im Haus. Aufgelegtes **Sauerkraut** zieht alle Entzündungen ab, frisch aus dem Faß regelt es alle „Lebensvorgänge“, auch wenn es heißt: „Wer auf Gott vertraut, braucht ka Kraut“, sagt man doch: „Kraut für die Braut und Ruab'n für die Buab'n.“ (Nach Helmut Prasch, „Kraut und Ruab'n“, 1971.) Zweimal die Woche Sauerkraut, dreimal als Vorricht, hat sicher manchen Arzt erspart.

Frischen **Krautsalat** macht man auch mit Buttermilch oder saurer Molke an, vermischt ihn mit Sauerkraut und streut feingeriebene Krautstrünke darüber (diese sind besonders wertvoll für stillende Mütter).

Das **Mölltaler Süßkraut** ist mit wenig Wasser und Salz weichgekochtes Weißkraut, darauf gibt man zerdrückten Knoblauch oder gehackte Zwiebel, in heißem Fett abgeröstet. Das abgegossene Krautkochwasser verwendet man zu anderen Speisenzubereitungen.

„Speltnkraut“ (gelbes Kraut)

Strünke von Kraut, Kohl oder Blaukraut in feine Spalten schneiden, mit Salz, Kümmel, Dille oder Wacholder und wenig Wasser dünsten, mit geschabtem Brennach fertig kochen. Sonst mit Sauerrahm ergänzen.

„Kowaskraut“, „Zottlkraut“, „Fastenkraut“

500 g Sauerkraut, 2–3 Erdäpfel, 60 g Butter

Sauerkraut mit wenig Wasser weich dämpfen. Einige Erdäpfel in der Schale obenauf mitdämpfen. Sauerkraut in eine Schüssel stürzen, die Erdäpfel schälen und zerdrückt mit dem Kraut vermengen. Dann heiße Butter oder Butterschmalz daruntermengen.
Man kann das Sauerkraut auch mit einem Stück Machet weich kochen **(„Machetkraut“).** Dieses „Fasten-

kraut" wurde und wird im Kärntner Bauernhaus anstelle einer Suppe als Vorgericht gegessen oder als Beilage zu Knödeln, Fleisch, aber auch zu Schmalzgebakkenem serviert. Ebenso das **„Erdbirnkraut":** Sauerkraut mit gekochten Erdäpfeln („Erdbirn") vermischen, zuletzt mit heißem Schmalz, in dem zerdrückter Knoblauch geröstet wurde, tüchtig abschmalzen.
Mit gehackter Zwiebel und kalt gepreßtem Öl bereitet man geschnittenes rohes Sauerkraut auch zu einem rohen Sauerkrautsalat.

Krautnockerln

500 g Sauerkraut, 250 g Weizenmehl, 1 Ei, Salz, 100 g Speck

Sauerkraut weich kochen, abseihen. Aus Mehl, Ei, Salz und dem nötigen Wasser einen lockeren Nockerlteig bereiten, mit Löfferl kleine Nockerln ausstechen, in siedendem Salzwasser kochen, bis sie obenauf schwimmen. Herausnehmen, abschrecken und mit dem Sauerkraut vermengen. Kleinwürfelig geschnittenen Speck braten, die Krautnockerln damit abschmalzen.

Der Kärntner Bauer achtet zu Beginn eines Jahres genau auf den Tag, an dem der erste „Jauk" (warmer Südwind) weht, der für die **Rüben** Bedeutung erlangt. Denn später sät er genau an diesem Wochentag, und zwar vormittags, oft schon vor dem Frühstück, den Rübensamen. Wasserrüben werden erst nach der Roggenernte gesät (die bläulichen sollen besser sein als die weißen). Bei der Faschingshochzeit wird das „Prinzenpaar" mit den Worten verbunden: „Bis zum Haberschneid'n sollt's beinanderbleib'n, beim Ruab'nraff'n könnt's vananderlafn."
Beim Rübenernten wird zuerst das Kraut abgedreht (der „Schwaf abg'schnitt'n"), dann werden die Rüben in den Zuber gerollt, gewaschen und mit Hauen hin und her gewalkt. Mit dem Krapfenschöpfer holt man sie aus dem Bottich und legt sie auf einen Bloch. Zwei Männer mit vier „Rübenpraxen" hacken sie fein auf. Wenn ein Fremder vorbeigeht, wird er zum „Ruab'nblasn" eingeladen: denn die Rüben müssen so fein gehackt und geschnitzelt werden, daß man die einzelnen „Schnitzln" „wegblasen" können muß. Eine Partie geschnitzelter Rüben wird pyramidenartig aufgerichtet, wer sich zum „Blasen" herbeiläßt, wird mit dem Gesicht hineingedrückt. Dieses „Ruabngungln" war nach der Ernte eine lustige Nachbarschaftsarbeit. Dann werden die Rübenschnitzel wie Sauerkraut gesalzen und eingestampft. Die gesäuerten Rübenschnitzel verwendet man in der Kärntner Küche gern als Knödel- und Nudelfülle (nachdem man sie in einem Leinenfetzen einen Tag lang unter das fließende Wasser gehängt hat). „Saure Ruabn" und eine „Ruabnsuppn" sind ein probates Mittel gegen Magengeschwüre, mit „Rahm abg'macht" für viele ein Leckerbissen, das auch dem „Gfickat guattuat" (dem Vieh guttut). Auf das „Neug'säuerte" freut sich ein „echter" Kärntner Bauersmann genauso wie auf das „Neug'selchte" (nach Helmut Prasch).

„Hacklruabn", saure Rüben, „Wadlruabn"

„Wadlruabn" heißen die weißen Rüben, sie werden geschnitzelt und gesäuert als „Scherberuabn" gegessen. Gewaschene Rüben (weiße Rüben, Stoppelrüben oder Mairüben) samt Schale in erbsengroße Stücke zerhacken, ohne Salz, mit etwas Kümmel in Steingut-, Holz- oder Glasgefäß schichten, mit Leintuch bedecken, mit einem Brett, später mit einem Stein zusätzlich beschweren. Dann reichlich mit Wasser bedecken (soll gut 5 cm über den Rüben stehen). Bei Zimmertemperatur etwa eine Woche säuern lassen. Die Rüben sollen dann säuerlich und glasig sein. Spritzt man auf die eingelegten Rübenschichten etwas saure oder ungekochte Magerfrischmilch oder legt man Brotschnitten dazwischen, wird der Säuerungsprozeß beschleunigt. Die „Hacklruabn" sind rasch aufzubrauchen, da sie bald zu sauer werden. Kühl lagern. Bei Bedarf die gesäuerten Rüben mit Salz, Kümmel oder Wacholder, wenig Wasser und mit ein, zwei ungeschälten Erdäpfeln gar kochen. Die Erdäpfel dann schälen und mit den Rüben vermengen. Zuletzt mit Butter oder Butterschmalz (oder saurem Rahm) vermengen. Die Rüben können auch mit Selchfleisch oder Selchknochen gekocht werden; das aufgeschnittene Fleisch gibt man unter oder auf die fertigen Rüben.

Die weißen Rüben („Stoppelrüben", „Wadlruabn"), im Herbst meist als Nachfrucht angebaut, ißt man auch roh zur Jause. Oder man kocht sie ungeschält, in kleine Würfel oder Streifen geschnitten, vermengt mit einigen würfelig geschnittenen, geschälten und gekochten Erdäpfeln, Salz, Kümmel, Dille. Zuletzt Sauerrahm oder Buttermilch einrühren. Ein Stück Schöpsenfleisch oder -knochen kann mitgekocht werden. Statt mit Sauerrahm säuert man das saftige, aber nicht suppige Gericht auch mit Essig.

Die sauren „Hacklruabn“, kleingehackt, gesalzen, mit kleingehackter Zwiebel und Öl vermengt, ergeben den **rohen Sauerrübensalat,** den man auch mit Sauerrahm und Öl bereiten kann. Den Salat kann man auch mit gekochten Rüben, feingehackter Zwiebel, Kümmel und Kren zubereiten **(gekochter Sauerrübensalat).**

Bohnen wurden in Kärnten noch im 19. Jahrhundert in mehreren Arten allenthalben als Garten- und Feldpflanze angebaut, desgleichen die **Erbsen** und, in weitaus geringerem Ausmaß, die **Linsen.** In Mittelkärnten wurden die Fisolen als Zwischenfrüchte unter den Mais in jede 11. und 12. Zeile, in Oberkärnten am Feldrand angesetzt. „Saubohnen bilden ein beliebtes Nahrungsmittel im Lavanttal und werden als einzige Frucht, dagegen in Mittelkärnten (Voralpengebiet) eingesprengt unter Kartoffeln, gebaut und hier meistens an die Kälber verfüttert. Der Anbau von Erbsen wäre sehr lohnend, wenn er nicht durch die Erbsenfliege unmöglich gemacht würde; Wicken und Linsen finden nur mäßige Verwendung“, schreibt Cosmas Schütz 1877.
Die rotbraunen, schmackhaften Bohnen nennt man **„Kärntner Wachteln“.** Sie werden die Nacht über in Wasser vorgeweicht, dann mit Salz und Saturei weich gekocht. Dann Wasser abgießen, mit Schmalz abschmalzen, noch heiß mit reichlich Paprika bestreuen und zugedeckt 10 Minuten im Rohr nachdünsten lassen. Dann durchmischen **(„Paprikabohnen“).**

„Paunzger“ („Ponzger“) sind eine Liesertaler Fastenspeise, aus den großen Bohnen zubereitet, die dort wachsen, wo Stangen- oder Buschbohnen nicht mehr gedeihen. Die Bohnen die Nacht über in Wasser einweichen, in Wasser mit Salz, Saturei und Thymian weich kochen. Wasser abgießen, mit geriebenem schwarzem (ungeschältem) Rettich und Sauerrahm oder Buttermilch vermengen.

Zum **„Poansalat“ (Bohnensalat)** verwendet man die langstieligen Pferdebohnen oder die kurzstieligen Saubohnen, die auch noch in höheren Gebirgslagen gedeihen. Die Nacht über in Wasser einweichen, in Wasser mit Salz und frischem Saturei weich kochen. Abseihen, mit Essig, Öl und gehackter Zwiebel sowie gerissenem Kren als Salat anrichten.

Wie die Saubohnen wurden auch die kleinen Kärntner **Linsen** in der Kärntner Küche häufig verwendet, so zu Specklinsen und zu Linsensalat. Die Kärntner Linsen sind besonders eisenhältig und würziger im Geschmack als die größeren „Stockerauer Linsen“. Weich gekocht werden die vorgeweichten Linsen mit Saturei (dadurch werden Blähungen verhindert). Der **Linsensalat** wird mit wenig zerdrücktem Knoblauch, etwas Thymian, Basilikum, Öl und Essig angemacht. Linsen gelten als Diätkost für blutarme und darmschwache Menschen.

Langsamer als der Mais setzten sich die **Erdäpfel** durch, obwohl die Kärntner Landstände im ganzen Land einen Werbe- und Aufklärungsfeldzug für den Anbau der Kartoffel führten. Zuerst nur als exotische Kuriosität bestaunt, wurden die Erdäpfel durch den Niederländer Johann Thys bzw. durch die niederländischen Arbeiter der Thysschen Tuchfabrik seit 1763 in Kärnten heimisch gemacht. Zunächst gelangten die Erdäpfel, auch Erdbirne, Erdrübe und Jakobsapfel genannt, nur auf die Tische der Reichen; das Erdäpfelkraut wurde dabei als Tafelschmuck verwendet. Johann Michael von Herbert, Begründer der ersten Bleiweißfabrik in Kärnten, kultivierte vor allem die Futtersorten und stellte Erdäpfel kostenlos zur Verfügung.

Hängekorb mit einer Nudelschüssel.

1770 wurden die Landesstellen und die Ackerbaugesellschaft aufgefordert, zu begutachten, wo und mit welchen Mitteln der Anbau von Erdäpfeln gefördert werden könne. Auch Thys nahm dazu Stellung und meinte, in allen Teilen Kärntens, in einigen aber unbedingt, wenn man bedenke, „daß in Oberkärnten nicht einmal der vierte Teil des zur Ernährung der Bevölkerung notwendigen Getreides angepflanzt werde, wie auch das bevölkerte Rosental und die Gegend der windischen Kappel in Unterkärnten fast ihren ganzen Bedarf an Körnern kaufen müsse". Noch immer sah man die Erdäpfel als ungenießbar, giftig für Mensch und Tier, an. Und obwohl sogar Prämien für den Anbau und kostenloses Saatgut zur Verfügung gestellt wurden, wollte das Volk nichts von dieser „Teufelsfrucht" wissen. Inzwischen mehrten sich die schriftlichen Anweisungen für den Gebrauch der Erdäpfel, wie man beispielsweise durch Mischung von Korn und Erdfrucht ein gutes Brot erhalte, wie man Stärke und Haarpuder aus den Erdäpfeln gewinnen, aber auch Knödel, Salat, Sterz und andere Speisen sowie Branntwein herstellen könne. Doch erst die Not der Napoleonischen Kriege, die Mißernten von 1804 und 1805, die Hungerjahre zwischen 1815 und 1819 und die Gründungen großer Branntweinbrennereien ließen den Anbau von Erdäpfeln sprunghaft ansteigen und machten sie ab 1817 zum wichtigen Volksnahrungsmittel. Aber noch 1812 mußte in der „Carinthia" ein Artikel über die Frage der Schädlichkeit des giftigen Erdäpfelkrautes als Grünfutter erscheinen. Dr. Johann Burger stellte 1816 in dem Aufsatz „Uiber den Anbau und den Ertrag der Erdäpfel" fest, „daß die Erdäpfel das ergiebigste und wohlfeilste Erzeugnis des Ackers und Menschen und Tieren gleich gedeihlich seien, darüber ist nun kein Zweifel mehr". Denn „die Mißjahre 1804 und 1805 und die Notjahre 1814 und 1815" hatten den Bauern „endlich die Überzeugung verschafft, daß Gott die Erdäpfel nicht bloß für Schweine, sondern wohl auch für Menschen" erschaffen habe. Schon 1814 hatte man sich in der „Carinthia" eindringlich damit befaßt, wie man Kartoffeln zu Brot verwenden könne.

„Trippen", „G'schtampfte"

Salzerdäpfel kochen, das Wasser abgießen, die noch heißen Erdäpfel grob zerstampfen und als Beilage oder mit Zwiebelschmalz übergossen zu dicker Milch (Sauermilch) als Alleinspeise servieren. Abgegossenes Erdäpfelkochwasser zu Suppen und Gemüse verwenden.

„Verheiratete Erdäpfeltrippen"

Geschälte, geviertelte Erdäpfel in wenig Salzwasser aufstellen und ankochen lassen, dann auf $^1/_4$ bis $^1/_6$ der Erdäpfelmenge dunkles Roggenmehl, noch besser Heidenvollkornmehl, darüberstreuen. In der Mitte wie beim Häfensterz bis zum Boden ein Loch machen, damit das Wasser von unten her durchkochen kann. Zugedeckt die Erdäpfel weich dämpfen. Den größten Teil des Kochwassers abgießen. Das Ganze in lockere Bröckerln abmischen. Eventuell etwas abgegossenes Kochwasser heiß dazumischen. Die Trippen sollen saftig und breiig werden. Als Beilage mit Zwiebelschmalz, Butter oder Verhackert darüber oder als Alleinspeise zu Buttermilch oder Salat servieren. Man kann „Trippen" auch etwas fester bereiten und daraus Nockerln ausstechen.

„Erdäpfelpampe" (Erdäpfelsoß)

1000 g gekochte Erdäpfel, 80 g Fett, 80 g Mehl, 3 EL Sauerrahm, Rindsuppe, Salz, Essig, Majoran, Basilikum, 1 Lorbeerblatt

Aus Fett und Mehl eine Einbrenn machen, mit Rindsuppe aufgießen. Salz, Essig, Majoran, Basilikum, Lorbeerblatt beigeben und mit 500 g passierten gekochten Erdäpfeln zu einer dicken Soße verkochen. Mit Sauerrahm verbessern und 500 g blättrig geschnittene gekochte Erdäpfel darunterrühren.

Wildsalate werden in der Kärntner Bauernküche seit eh und je geschätzt, so der Röhrl-(Löwenzahn-)Salat (ehe die Blütenknospen hervortreiben), der wilde Vogerlsalat (Rapunzel), die Brunnen- und die Steinkresse, der Bummerlsalat, die jungen Triebe vom Leinkraut („Traubenkopf"), der wilde Portulak, die Raute und die „Fettblattlan", das Bittere Schaumkraut, ebenso das Wiesen-Schaumkraut, die jungen Blätter der weißen Rübe und „der Kress" („Kröss"), die Gartenkresse – „wann man eahnter Kröss kriagg as wia der Bär, werd ma stärker wia er", sagt der Volksmund, von den Bauern auch deswegen hochgeschätzt, weil die Gartenkresse fürs „Inkreisch", für Lunge und Leber, gut sein soll. Wildsalat immer nur in kleinen Mengen (und von jeder Sorte nur wenig!) essen – „eine Handvoll is grad richtig! " Angemacht wird er in saurer Milch, Buttermilch, saurer Molke, Sauerrahm bzw. mit Essig und Öl.

Die in anderen Bauernküchen ebenfalls üblichen Salate wie grüner Häuptelsalat, Gurkensalat, Erdäpfelsalat,

Krautsalat, Rettichsalat (aus schwarzem „Ratach“, gern mit gekochten Bohnen vermischt), Rote-Rüben-Salat (roh und gekocht), Sauerkraut (roh) und Sauerrübensalat u. a. m. pflegt man auch in der Kärntner Küche. Angemacht wird ein Salat entweder mit Essig und Öl, mit einem „Miaßl“ (Seite 97) oder mit saurer Milch, saurem Rahm oder Buttermilch.
Da im Gailtal seit alters viel Zwiebel angebaut wird, schätzt man hier den **„Zwiebelsalat“** sehr: Blättrig geschnittene Zwiebeln werden mit etwas Salz und Sauerrahm vermengt. Zu Fleischspeisen, gesalzenen Mehlspeisen, Schmalzgebackenem und Frigga, aber auch allein als kleinen Imbiß zu Brot zu servieren. Scherzhaft nennt man diesen Salat **„Gailtaler Speck“.**
Mit Vorliebe verwendet man in der Kärntner Küche den Kren, so als **Eierrahmkren** (hartgekochte Dotter und Eiweiß hacken, mit gerissenem frischem Kren, Sauerrahm und Salz verrühren), **Rahmkren** (sauren oder süßen Rahm mit gerissenem Kren und Salz sowie etwas Essig vermischen), **Eierkren** (gerissenen Kren mit Most oder Essig verrühren, mit grobgehackten hartgekochten Dottern und etwas Salz verrühren).

„Krenbrîh“, Krensoß

150 g Knödelbrot (4 altbackene Semmeln), $^1/_4$ l Fleischsuppe, Salz, Pfeffer, Zucker, 1–2 Fäden Safran, 1 EL Obers, 100 g Kren

Knödelbrot aufschneiden, mit wenig gewässerter Fleischsuppe aufkochen, zerdrücken, etwas Salz, Pfeffer, Zucker, Safran und Obers dazugeben, zuletzt den gerissenen Kren einrühren. Einmal aufkochen.

„Henigschmalz“ (Honigschmalz)

Honig erwärmen, mit gleich viel Wasser verrühren und nochmals erwärmen. So viel Butterschnitzelchen einrühren, bis die Soße sämig-trübe wird. Darf aber nicht mehr kochen.

„Epflg'schra“

Ungeschälte, rohe Apfelspalten mit reichlich Wasser weich kochen, dann zu Mus zerstampfen.

„Schiberlan“

Getrocknete, ungeschälte Apfelspalten in reichlich Wasser weich kochen. Warm oder kalt als Beilage.

„Kloaz'npfeffer“ (Kletzenpfeffer)

300 g gedörrte Birnen, 30 g Butter, 30 g Mehl, Zimt, Gewürznelken, Zucker, Zitronenmelisse, Schnaps

300 g „Kloaz'n“ (gedörrte Birnen; auch „Kleazn“, „Klaiz'n“) in wenig Wasser einweichen, dann weich kochen, entkernt fein hacken oder faschieren. In wenig Butter etwas Mehl anschwitzen lassen, mit dem Kletzenkochwasser aufgießen, die faschierten Kletzen einrühren, mit Zimt, Zucker, geriebenen Gewürznelken, auch mit etwas Zitronenmelisse und etwas Schnaps würzen. Nimmt man anstelle von Kletzen Dörrpflaumen, erhält man den **„Zwetschkenpfeffer“.**
Einen Geizhals nennt man anschaulich „Kloaz'ndruckar“ oder „Knödlzölar“ (Knödelzähler). In der Kärntner Küche verwendet man **„Kletzen-“** bzw. **„Birnmehl“** oder **„Pia'ntalg'n“** (gedörrte Birnen werden trocken fein zermahlt) als Nudelfülle und Würze auf gekochte Mehl- und Milchspeisen. „Pia'ntalg'n mit Branntwein zu einem Brei gerührt, gibt eine beliebte Jause“, bemerkt J. R. Bünker 1902.

„Grantnsoß“

300 g „Granten“ (Preiselbeeren), 50 g Semmelbrösel oder Mehl, 50 g Schmalz, 50 g Zucker, $^1/_8$ l Milch

Brösel oder Mehl in heißem Schmalz rösten, Milch und Preiselbeeren dazugeben, zuckern und gut durchkochen, bis das Ganze dickbreiig ist.

Mostschaum

$^1/_2$ l Apfelmost, 200 g Zucker, 6 bis 8 Dotter über Dunst schaumig aufschlagen.

„Kräuter-Rahmkôh“ (Kräuter-Rahmsoße)

2–3 EL Fett, Minze, Basilikum, Keferfil (Kerbelkraut), Lustock, Bertram, $^1/_4$ l Wasser oder Suppe, 1–2 EL Mehl, $^1/_8$ l Sauerrahm, evtl. Essig

Heißes Fett (z. B. vom Bratfett der „Fleischrauggn“, Seite 90) mit wenig Wasser oder Suppe verlängern, die feingehackten Kräuter beigeben und kurz dünsten. $^1/_4$ l Wasser und Mehl verrühren, eingießen und glattkochen. Nach kurzer Zeit Sauerrahm einrühren. Anstelle von Sauerrahm nimmt man auch säuerliche Buttermilch oder saure Milch, mit Lauterkoch (siehe Seite 103) verrührt. Die Säure kann man auch durch ein paar Spritzer Essig oder saure Molke erzielen. Auch die Beigabe der Kräuter kann man beliebig variieren.

Koche

In Kärnten sagt man statt Brei der oder das „Kôh“ (Koch) bzw. der (oder das) „Muos“ (Mus), demnach kennt man u. a. Wasser-, Milch-, „Haber-“, „Rogga-“, „Woaza-“, „Schmalz-“, Rahm- und „Pupp’nmuos“ bzw. „-kôh“. „Mouser“ (oder „Roud’l“) ist der eiserne Rührstab zum Umrühren des Muses, aber auch die Bezeichnung für einen, dem keine Arbeit vonstatten geht. In vielen Weihnachtsspielen und -liedern bringen die Hirtenknaben dem Jesuskind „Butter und Schmalz und Mehl“, damit der Joseph dem Kind ein „Mues“ kochen kann. Im Wolfsberger Weihnachtsspiel spricht der „Steffl“:

„I han gebracht an Gepale Kraut
und an Gepale Kehl
und derzua an Binkale Mel,
das will i dier verehrn hoch,
machts draus dem Kind an Koch.“

„Rihrmilikôh“ (Buttermilchkoch)

2 EL Mehl, 1 l Milch, Salz, Butter

Mehl und etwas Milch zu einem dünnen Teig rühren, in 1 l kochender Milch (oder Buttermilch, „Schlöglmilch“ genannt) einrühren, einmal aufkochen lassen, etwas salzen und mit einem Stück Butter vollenden.

Wenn Butter auf Feuer zu Butterschmalz „ausgelassen“ (gesotten, geläutert) wird, bleiben Bodensatz und Schaum nach vorsichtigem Abseihen des flüssigen Fettes zurück. Das nennt man in der Kärntner Mundart „Leiter“ bzw. „Lauter“ (aber auch „Gidröse“).

„Leiterkôh“ (Lauterkoch)

Zum Lauterkoch rührt man etwas Mehl in das „Lauter“ und gießt mit etwas Milch auf. Zu einem sämigen Koch (einer Art Soße) verkochen lassen, mit einem Stück Butter vollenden.
Das Lauterkoch dient zum Eintunken, als Soße, es muß sehr fett sein. „Rihrmilikôh“ und „Leiterkôh“ können durch Einrühren von Dotter gelb eingefärbt werden – es muß ja alles ein almerischer Abglanz von gelbem Butterüberfluß überstrahlen! „Lauter“ kann auf Vorrat gemacht werden.
„Leiter“, „lauter“ heißt soviel wie flüssig (z. B. „a lautra Suppn“ = eine Suppe, in der wenige Brocken sind; eine dünne, klare Suppe ohne Einlage nennt man im Drautal „Plumpersuppn“).

„Gundl“, „Kaschka“, „Stötzl“, „Schottwiagn“, „Butterfaßl“ und „Rührmilchschaffl“.

Katschtaler „Kôh“

1 l Milch, 1–2 EL Butterschmalz, 125 g Mehl, 125 g Polenta (Maisgrieß), Prise Salz, Butter

Milch und Butterschmalz aufkochen, leicht salzen, Mehl und Polenta vermengen, unter ständigem Rühren in die Milch gießen, 10 Minuten langsam am Herdrand, ohne zu rühren, kochen lassen. Zuletzt mit frischer Butter abschmalzen. (Mit Löffel kleine Grübchen obenauf eindrücken, darin etwas frische Butter zergehen lassen.) Man ißt es warm zu süßer oder saurer Milch. Auch frische Beerenfrüchte kann man dazu servieren.

„Lundkoch“

250 g Brot, 30 g Butterschmalz, 2 EL Rosinen, 1 l Milch, Zucker, Zimt

Weizenbrot fein reiben, mit heißem Butterschmalz in einer Pfanne rösten, Weinbeeren dazustreuen und mit Milch aufkochen lassen. Mit Zimtzucker bestreuen.
Das „Lundkoch“ ist im oberen Drautal Kirchtagsspeise, im Liesertal Nachspeise beim Hochzeitsessen.

Rahmmus

250 g Mehl (Weizen- oder Türkenmehl), Salz, Milch (oder Wasser), 1 l süßer oder saurer Rahm

Mehl in die Milch einsprudeln und dabei kochen lassen, bis das Koch „wia a Pfocker dick is'“. Oder: Aus Mehl, Prise Salz und der nötigen Menge Wasser oder Milch Farferln abbröseln, dann den Rahm (mit etwas Mehl bestäubt) so lange kochen, bis er nicht mehr steigt. Die Farferln darin weich kochen. Unter öfterem Umrühren mit dem „Muoser“ offen ausdünsten lassen. Mit einem Löffel (oder dem Daumen) in die Mitte „einen Tumpf“ eindrücken und diesen mit Schmalz füllen. Dazu warme Milch, „Grantn“, Schwarzbeeren oder ein dünnes „Hollermanndl“. Muß man mit dem Rahm sparen, nimmt man zu den Farferln ein oder zwei Eier.
Es gibt auch ein **„verlogenes Rahmmus“**: Man kocht Farferln in Buttermilch (leicht mit Mehl bestäubt) mit etwas Butter ein oder in einem Lauterkoch (siehe Seite 103) mit etwas Milch; sonst wie das Rahmmus fertigen. Was dem Lungauer in Salzburg sein „Rahmkoch“, ist dem Katschtaler sein Rahmmus (aber ohne Zucker!).

Katschtaler Schmalzmus, „Schmalzkôh“ („gipach'ns Muos“)

300 g Mehl, Salz, 2–3 Eier, Wasser, Milch, 150–200 g Butter, Weinbeeren

Aus Mehl, Prise Salz, Eiern mit etwas Wasser oder Milch einen festen Farferl-Reibteig abbröseln (wie Reibgerstl reiben). Die Farferln in eine größere Rein geben, deren Boden fingerbreit mit Wasser bedeckt ist. Das Wasser darin verdampfen lassen, dann reichlich Butterflocken daraufgeben und zugedeckt das Fett einsaugen lassen. Zuletzt Weinbeeren daraufstreuen. Vor dem Anrichten das Ganze durchrühren.
Katschtaler Bäuerinnen bereiten das schmarrenartige Gericht hauptsächlich am Pfingstsamstag zu. Der „Schickbua“ muß nachts heimlich in die Speisekammer nachschauen gehen, ob die leckere Speise tatsächlich hergerichtet ist. Dafür wird er am Pfingstsonntag zum „Schmalzmuskönig“ ernannt. Im Glantal muß jeder Vorübergehende von diesem Schmalzmus zu Pfingsten kosten.

Rosentaler Schmalzmus

500 g altes Weißbrot (oder alter Reinling), 4–5 Eier, Milch, Butter, Weinbeeren oder Kletzen

Mürbes, würfelig geschnittenes Brot (Reinling) mit den mit etwas Milch ($^1/_{16}$ l) versprudelten Eiern befeuchten. Über heißer Butter verteilen, nicht zugedeckt im Rohr trockendünsten. Dann mit Milch bespritzen, nach Belieben Weinbeeren oder vorgeweichte, zerhackte Kletzen dazumischen. Etwas nachdünsten lassen. Das Rosentaler Schmalzmus soll milchig sein (darf nicht gebunden werden). Vor dem Auftragen nach Wahl Birnmehl, Karobemehl, gestoßenen Mohn, geriebenen Lebkuchen oder Zimtzucker daraufstreuen. Dazu ißt man Kletzen- oder Zwetschkenpfeffer oder Apfelmus.

Im Görtschitztal wird die Braut mit Musik zum „Schmalzmusessen“ in die Küche geleitet; die Köchin reicht der Braut einen Teller mit Schmalzmus und einen Löffel zum Kosten; sämtliche Hochzeitsgäste verkosten ebenfalls das Mus in der Küche.

Metnitztaler Schmalzmus

500 g Mehl, 4–5 Eier, Prise Salz, 2–2$^1/_2$ l Wasser (oder 1 l Milch und 1$^1/_2$ l Wasser), 150–200 g Butter (oder 100–150 g Butterschmalz), 50 g Zucker oder Honig, 50 g getrocknete Preiselbeeren, Schwarzbeeren oder Weinbeeren

Aus Mehl, Eiern und Salz einen festen, trockenen Nudelteig kneten, mit dem Wiegemesser in erbsengroße Eier- oder Teig-„Gerstl“ aufhacken. Wasser (Wasser und Milch), Prise Salz und Butter oder wenig Butterschmalz zum Kochen bringen, das Gerstl einrühren, einige Male aufkochen lassen, dann zugedeckt am Herdrand dünsten lassen. Nach etwa einer Stunde Zucker (Honig) und gleich viel getrocknete Preiselbeeren, Schwarzbeeren oder Weinbeeren dazurühren. Langsam fertig dünsten. Gegen Schluß wieder ohne Deckel dünsten lassen. Mit Birnmehl, Karobemehl, gestoßenem Mohn oder Zimtzucker bestreuen. Dazu Zwetschkenpfeffer, „Schiberlan“ oder Kaffeemilch servieren.
Auch im Metnitztal ist dieses Gericht Hochzeitsessen und Pfingstmahl.

Ein **„Zwoapfannkôh“** aus dem Katschtal weist auf den zweifachen Arbeitsvorgang hin: kaltgegossenes Mus und Abbrennmus zusammen ergeben das Gericht. Das **Katschtaler „Epfi-“, „Kerschn’-“** oder **„Schwarzbeermuos“** ist ein den süßen Nocken ähnliches Gericht. Geschätzt wird auch das **Lavanttaler „Oarweibl“:** Eier und Mehl in kalter, leicht gezuckerter Milch versprudeln, das Ganze in kochende Milch gießen und so lange weitersprudeln, bis die Masse fest wird. Erkalten lassen, dann mit Zucker oder Zimtzucker bestreut servieren.

„G’standne (g’stockte) Milch“

$^1/_2$ l Milch, 30 g Mehl, 1 Ei, Prise Salz

Einen geringen Teil der Milch mit Mehl, Ei, Prise Salz versprudeln, unter ständigem Rühren in die restliche kochende Milch einsprudeln. Etwa 3 Minuten kochen lassen. Dann in kleine (Kärntner) Milchschüsserln gießen und im Kühlschrank sulzig werden lassen. Mit Birnmehl, Karobemehl, gestoßenem Mohn oder Zimtzucker bestreut anrichten. Auch rohe Beeren oder andere weiche, zerkleinerte Früchte rührt man in die Milch ein (**„g’stockte Grantnmilch“**) oder reicht es als Beilage zu Schmalzgebackenem. Man kann die Milch mit 1 Eßlöffel Zucker oder Honig süßen.

Die Bauern im Mölltal aßen mit Vorliebe zum Frühstück „Talggn“ (sie wurden bereits von den römischen Legionären gegessen!). Was man in ganz Kärnten und in angrenzenden steirischen Gebieten „Talggn“ nannte, hieß im steirischen Jogelland „haberner Grieß“, im Süden Salzburgs „Munggn“ (in Vorarlberg kann man „braune Habergrütze“ kaufen).

„Talggn“, „Munggn“ („Munken“)

Die Getreidekörner (Hafer, Gerste, Roggen oder auch gemischt) waschen, dann mit Wasser bedecken und aufs Feuer stellen. Sobald es warm ist, umrühren (das Unterste zuoberst wenden), noch so viel Wasser dazugeben, daß das Getreide nicht anbrennen, aber weiterquellen kann. Die Körner müssen zuletzt ganz bauchig

Ludwig Hesshaimer, Kärntner Bauernhaus. Radierung, 1931.

sein. Dann alles in einen Korb gießen (das abfließende Wasser wird zu anderen Speisen oder als Trunk verwendet). Die Getreidekörner auf einem Leinentuch ausbreiten, an der Sonne kurz übertrocknen lassen (oder auf dem warmen Herd), dann zum Trocknen in den warmen Backofen geben. Dabei einige Male durchrühren. Die Hitze darf 70 Grad nicht übersteigen, auch Luft muß durchstreichen können – die Körner dürfen keinen Röstgeschmack bekommen, sollen aber nach dem Trocknen beim Zerbeißen „spröd auseinanderspringen". Sie werden dann entweder grob gestoßen oder in der Mühle grob oder etwas feiner zu Schrott aufgebrochen. Dann braucht man sie nur mit warmem Wasser aufzuweichen und kann sie zum Frühstück essen oder in Form eines Sterzes als Beilage, Suppeneinlage oder zur Bereitung der „Trippen" (siehe Seite 97) verwenden. Sie werden also höchstens gekocht, nie aber gebacken. (L. Miklau, „Kärntner Kochbüchl", 1973.)

Diese „Talggn" bzw. „Munggn" enthalten B-Vitamine, Spurenelemente, hochwertiges Eiweiß, Fermente, Mineralsalze und Keimöl, können trocken zu jedem Brei, Sterz, selbst zu Nockerln und Knödeln (eingemischt in Teig und als „Einstreu") verwendet werden. „Talggn" brauchen nicht gekocht zu werden. Früher hatte man die „Talggn" in erster Linie trocken verzehrt (dazu Milch gelöffelt). Wort und Speise stammen von einem Nomadenvolk des Fernen Ostens, aus der Mongolei, und kamen mit den Awaren in unser Land. Der Brei aus „Talggn" zählt zu den urtümlichen Milchbreispeisen in Kärnten (auch in Osttirol, der Steiermark und im Burgenland war er bekannt), wurde am Silvesterabend gegessen (dazu eine Schüssel saure Milch). Ein Städter mag ob dieses „dicken grawen Gampers" den Kopf schütteln, denn manchmal sind Spelten (die „Spieße") dabei und bleiben im Hals stecken, dann „stupft es halt beim Schlingen"; dennoch waren die „Talggn" eine beliebte Winterkost, im Sommer nahm man sie auf die Almmahd mit, wo man vor lauter „G'neat" (Not) keine Zeit zum Kochen hatte.

Natürlich gab es große Unterschiede zwischen den mageren „Talggn" der armen Bergbauern und den fetteren der Körndlbauern im Tal. Schon die Mischung der Getreidesorten im Sudkessel war sehr verschieden. „Talggn" aus Hafer, Gerste, Mais zu gleichen Teilen gemischt, stark gekocht, dann gedörrt und gemahlen ergeben die **„Gampatalggn"**; sie werden fein oder „stabig" mit süßer oder saurer Milch verrührt. Oder man gibt die „Talggn" in kochendes Wasser (oder heiße Milch), verrührt sie mit dem „Muaser" und schmalzt sie mit Butter ab (**„Schmalztalggn"**). Im Sommer, wenn das Essenmachen rasch und schnell gehen muß, streut man die „Talggn" nur auf (süße oder saure) Milch. Gerichte aus „Talggn", vornehmlich aus Hafer, sind die Vorgänger des Sterzes und haben in Gebirgsgegenden diesen lange nicht aufkommen lassen. Die Mölltaler Bauern kochten und mahlten auch dicke Saubohnen dazu und aßen die „Talggn" zum Frühstück. Um Feldkirchen versteht man unter „Munggn" auch kleine Stückbrote. „Talggn" und „Munggn" waren zusammen mit dem Vollkornsterz jahrhundertelang die Grundkost der Kärntner Bauern. Das mit Wasser zubereitete Hafertalggnmus hieß nach M. Lexer im Mölltal auch der „Geisliz", „Geislaz", die „Geislaz'n".

„Gampa" („Gamper")

Man unterscheidet im oberen Drautal zwischen dem süßen und dem sauren „Gampa": „Hafertalggn" in kalter oder heißer süßer Milch oder in saurer Milch zu dünnem Brei verrühren, dann 1 bis 2 Stunden quellen lassen. Der süße Gamper wurde zum Frühstück, der saure am Abend gegessen.

„Talggnbrein", „grobe Talggn"

Wird wie „Hirschbrein" (siehe Seite 107) oder Reis zubereitet, nur benötigt man dazu weniger Zeit zum Quellen.

„Talggntrippen"

Aus $1^1/_2$ Teilen kochendem Wasser oder kochender Milch und 1 Teil „Talggn" einen Brei rühren. Er soll nur warm abstehen (zum Aufquellen), also nicht kochen. Sind wie alle „Trippen" (siehe Seite 97) selbständig oder in Form von „Spatzlan" (Nocken) als Beilage zu verwenden.

„Abg'rührte Talggn", „Talggnsterz"

$^3/_4$ l Wasser, Prise Salz, 1000 g „Talggn" (oder Vollkornmehl), Butter

Wasser mit Salz aufkochen, die „Talggn" kleinweise einrühren, vom Feuer nehmen, etwa eine Viertelstunde zugedeckt quellen lassen. Dann die Masse zu einem Sterz gabeln. Dazu ein Stück frische Butter geben.

Sterze und Schmarren

„Was mier arme Hirtn habn,
bringen mier mit diesen Gabn
unseren Hearn zu vereahrn."
Jodl:
„I bring in an Küberl a Schmalz,"
Rüepl:
„und i in aner Gstattl a Salz,"
Simbl:
„und i in an Sackl an Brein,
gheart samtn Sackl dein! "

(Aus einem Hirtenspiel von Heiligenblut)

Mit „Brein" („Prein") werden sowohl die enthülsten Körner von Hirse (aber auch von Gerste, Buchweizen, Mais) als auch das gekochte Gericht davon bezeichnet; das Wort wird im bairischen Mundartraum auch in der Bedeutung von „Brei" allgemein verwendet, nicht aber in Kärnten (dazu sagt man hier „Kôh" oder „Muos").

„Hirschbrein" (Hirsebrein)

Enthülste Hirsekörner mehrmals waschen, in doppelt soviel kochendes Wasser streuen, einmal aufkochen lassen und auf kleinstem Feuer zugedeckt langsam weiterdünsten. Nach 5 Minuten Kochzeit langsam durchrühren. Sobald sie kernweich sind, ohne Deckel ausdünsten lassen, bis die Körner trocken sind (dürfen nicht mehr zusammenkleben). Mit Verhackert abschmalzen oder nur mit Sauermilch, grünem Salat oder Erdäpfelsalat anrichten. Ungeschmalzen wird der Hirsebrein anstelle von Reis als Beilage verwendet.
„Breina-Muos" war einmal das tägliche Frühstück selbst wohlhabender Bauern des Lesachtals. So wie der Hirsebrein werden auch Gersten-, „Hadn-"(Buchweizen-) und Türkenbrein (Kukuruzbrein, „Wasserbrein") bzw. die „Talggn" zubereitet.

„Milibrein" (Milchbrein)

2/3 Flüssigkeit (halb Milch, halb Wasser), 1/3 Brein (Hirse oder Heiden), Salz, Lustock oder Zitronenmelisse, Weinbeeren, Butter

Brein und Wasser mit Prise Salz zuerst wie „Hirschbrein" kochen. Erst nach halber Kochzeit umrühren, warme Milch gegen Schluß der Garzeit beigeben. Mit Lustock (wenn gesalzen), sonst mit Zitronenmelisse würzen, Weinbeeren beigeben und mit etwas Butter darauf servieren. Als Beilage gibt es rohe Beeren, „g'stockte Grantnmilch" (Seite 105) oder eingekochte Schwarzbeeren.
Ähnlich wird die **„Miligerschtn" (Milchgerste)** aus grober Rollgerste bereitet (über Nacht in dreimal soviel Wasser einweichen, salzen und im Einweichwasser halbweich vorkochen, dann warme Vollmilch nach Bedarf beigeben). Gewürzt wird mit Lustock oder süß mit Zitronenmelisse und Weinbeeren. Obenauf gibt man ein Stück Butter, dazu serviert man „g'stockte Grantnmilch", eingekochte Schwarzbeeren u. ä. m.

„Talggn-" und Leinsamen-„Stämpf" mit hängender Nockenwelle (Teichmüller, Oberdrauburg).

„Wann der Wind waht,
wann der Wind waht
und 's Wetterle kimp,
da bitt i Gott Vata,
daß er 'n Hadn nit nimmp!"

Heiden oder Buchweizen wurde einst im Drautal, im Gailtal, im Jauntal und weit bis ins Steirische hinein in großen Mengen gebaut; er wurde offenbar von Italien her im 15. Jahrhundert eingeführt. Die ersten urkundlichen Erwähnungen stammen aus den Jahren 1442 und 1445 aus dem Villacher Raum. Die Zehentordnung Erzherzog Karls vom Jahre 1577 ging eigens auf den Heiden ein. Er wird als Hauptfrucht auf sonnigen Höhen oder als Zweitfrucht in den Tallagen geschätzt. Die Kärntner Bauernküche kennt daher viele Rezepte mit Heidenmehl. Der Heidensterz stellte früher oft die „halbe Kost" dar (im 16. und 17. Jahrhundert wurde der Sterz meist nur aus Heiden hergestellt). Zugleich liefert der blühende Heiden Honig, indirekt wird dadurch auch der Ertrag an Obst durch die anfliegenden Bienen gesteigert. Zudem war und ist der Heiden jeder Hausfrau sehr entgegenkommend, denn der Heidenbrein kann, in Wasser gedünstet, in fünf bis zehn Minuten bereits als wohlschmeckendes Gericht auf den Tisch gestellt werden. Früher wurde das Heidenkorn in gemeinsamer Arbeit geschält; besonders in der Winterzeit breitete man um den warmen Stubenofen die Heidenkörner aus, trampelte dann mit Holzschuhen („Tschoggl", „Zoggl") darauf herum, bis die äußeren Strohhülsen abfielen und der unbeschädigte Keimling samt dem wertvollen Silberhäutchen am Heidenkorn übrigblieb – das war dann der „Hadnbrein". In der Mühle wurde daraus das Vollkorn-Heidenmehl gewonnen, das (wie auch Hirsch- und Gerschtbrein) heute noch in Kärntner (und steirischen) Küchen zur Wurstfülle, als Suppeneinlage, zu Fleisch- und Schwammerlgerichten, aber auch zu Erbsen oder Wurzelgemüsen verwendet wird. Der Heiden wurde erst durch den „Türken" (Kukuruz, Mais) weitgehend verdrängt.
Matthias Lexer bemerkt noch 1862 im „Kärntischen Wörterbuch", daß aus dem Heiden die „kärnt. steir. Nationalspeise der Sterz" bereitet werde, und zitiert dazu aus einem Hirtenlied aus St. Gertraud:

„I koch enk in der Milch an Brein
und werf a Stückerl Butter drein,
oder i koch dir an Sterz,
sag nur, wie's dir ist umb's Herz."

„Hadnsterz" (Heidensterz, „Häfensterz")

Ca. $^3/_4$ l Wasser, 15 g Salz, 1 l grießiges Heiden-Vollkornmehl

Voraussetzung zu einem „echten" Heidensterz ist das Heiden-Vollkornmehl (von alten Bauernmühlen); das heutige Heidenmehl ist zu fein gemahlen. Heidenmehl über Nacht in einer Rein offen an einem warmen Ort trocknen. Oder Heidenmehl vor dem Kochen in einer eisernen Rein auf dem Herd so lange trocken rühren („linden"), bis alle Feuchtigkeit entzogen ist; das Mehl darf dabei aber nicht heiß bzw. geröstet werden! Dann in einem Häfen Wasser mit Salz zum Kochen bringen, das Heidenmehl durch ein „schütteres" Sieb über das kochende Wasser so streuen, daß dabei ein Knödelknollen entsteht, der obenauf schwimmt. Sobald das Wasser wieder kocht, den Knödel in der Mitte bis zum Boden durchlöchern. Dann eine Viertelstunde zugedeckt kochen lassen. Nach etwa 7 Minuten den Knödel umdrehen. Zuletzt vom Kochwasser etwas abgießen (nach Wunsch 50 g Butter dazurühren), eventuell noch etwas heißes Kochwasser nachgießen und 6 Minuten ziehen lassen. Schließlich mit der Sterzgabel lockern.
Der Sterz darf nicht klebrig oder mehlig, er muß vielmehr locker und saftig zugleich sein. In einer Schüssel hoch aufgetürmt anrichten, daß er „wackelt" wie „der Schmalzmuos zu Pfingsten". Man ißt ihn zum Frühstück zu Milch oder Kaffee (dabei ißt man einen Löffel Sterz, darauf einen Löffel Milch oder Kaffee), er kann aber auch als Hauptgericht serviert werden, und zwar mit Verhackert, Speckwürfeln, Grammeln oder heißer Butter abgeschmalzen; dazu gibt es Sauermilch, Buttermilch oder grünen Salat.
Besonders begehrt sind beim Sterz die „Printschen" bzw. das „Schurra", d. h. das, was sich beim Rösten an der Pfanne ansetzt und mit dem „Muoser" weggeschert wird – für das Aufscharren des Sterzes (und auch des Schmarrens) in einer flachen, früher handgeschmiedeten Eisenpfanne sind Sterzgabel und „Muoser" unentbehrlich. (Die Sterzgabel mit den zwei langen Zinken dient auch zum Festhalten eines Bratenstückes oder als „Krapfenspieß" zum Herausfangen der gebakkenen Krapfen aus dem heißen Fett.) Der Heidensterz war einst die „Kost des gemeinen Mannes", besonders im Kärntner Unterland, und bildete einen wesentlichen Bestandteil der Volksnahrung. Noch Matthias Lexer definierte in seinem „Kärntischen Wörterbuch" von 1862 den „Sterz" schlicht und einfach als „eine Nationalspeise von Heidekorn".

Türkensterz, „Plentnsterz“

1000 g grober Maisgrieß (Polenta, Türkengrieß), 2 l Wasser, 20 g Salz

Den grob gemahlenen Maisgrieß vorher trocknen (allenfalls über Nacht ins warme Rohr oder auf den warmen Kachelofen stellen). Dann auf das gesalzene kochende Wasser flach verteilen, in der Mitte durchstechen und zugedeckt 20 Minuten kochen, glatt abrühren und nochmals 10 Minuten ausdünsten lassen. Dann bis zu schmarrenähnlichen Brocken mit dem „Plentnkôpe“ oder „Plentnrüerar“ abrühren, dabei den „Kôpe“ (Kinder bezeichnen den vierten Finger auch als „Kôpe“) nur nach einer Richtung durch die Masse führen.

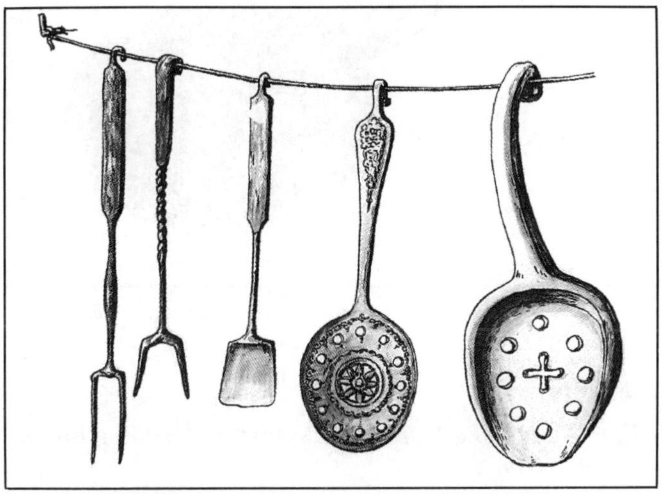

Braten- und Sterzgabel, „Muaser“ und zwei „Knödelschöpf“.

Feingemahlenes Polentamehl eignet sich nicht zu diesem Sterz, besonders wenn es in einer Walzenmühle gemahlen wird. Türkensterz aus grobgrießigem (hausgemahlenem) Maismehl sättigt mehr und schmeckt besser. Der Türkensterz wird mit heißer Butter oder mit Verhackert abgeschmalzen (wenn als Alleingericht) oder ungeschmalzen als Beilage serviert. Dazu süße Milch, Kaffee (zum Frühstück), auch Sauermilch. Im Kärntner Oberland ist heute der Türkensterz zu Hause, während der Heidensterz hauptsächlich im Unterland anzutreffen ist.

Wie der Türkensterz wird die (oder der) **„Plentn“ („Polenta“)** gekocht, nur daß man $^1/_3$ Wasser mehr zum Kochen benötigt (zu 1000 g Polentagrieß nimmt man 3 Liter Wasser und 20 g Salz). „Plentn“ wird abgeschmalzen angerichtet (dazu drückt man vorher Grübchen ein). Man kann die gekochte „Plentn“ auch in eine mit Kaltwasser ausgespülte Form drücken, erkalten lassen, dann stürzen und in Scheiben bzw. Schnitten **(Polentaschnitten)** servieren. Auch gibt man Speckschmalz oder Zwiebelschmalz und geriebenen Käse darüber. Dazu wird Milch serviert.

Wird das Mehl etwas dicker eingekocht, kann man mit einem Löffel Nockerln oder „Spatzlan“ ausstechen und diese locker in einer Schüssel als Beilage anrichten.

Der Mais, von Italien und Ungarn gleichermaßen gekommen, war in der zweiten Hälfte des 18. Jahrhunderts in Kärnten heimisch geworden, nicht zuletzt deswegen (rascher als die Erdäpfel), weil Mais in den Nachbarländern schon länger bekannt war. Der „Türkische Weizen“ findet sich in den Inventaren ab der zweiten Hälfte des 18. Jahrhunderts. 1809 hat Johann Bürger sein grundlegendes Werk über den Maisbau herausgebracht; er war Professor für Landwirtschaftslehre in Klagenfurt und Mitglied der Kärntner Ackerbaugesellschaft.

Der Kärntner unterschied laut Lexers „Kärntischem Wörterbuch“ zwischen „weiß'n, gel'n (gelbem) und roat'n (rotem) Türke“. Bei den Holzknechten war (und ist) der **„Plentn“** oder Türkensterz sehr beliebt, allerdings war die Zubereitung etwas vereinfacht: Im Plentnkessel wird gesalzenes Wasser zum Kochen gebracht, das Sterzmehl eingestreut und gekocht, bis ein „pfauchender Muos“ daraus wird. Dann den Kessel hin- und herschupfen, damit die Hitze überall hinkommt. Löst sich der Plentn vom Muoser, dann ist es soweit; der Sterz wird auf ein Brett (oder auf einen umgedrehten Rock) gestürzt. „Ho, Volte!“, schreit der Holzknecht dazu und schlägt die Ärmel und den Rockrand darüber, damit der Plentn nicht auskühlen kann, bis alle zum Essen da sind. Rasch schneidet er noch mit einem Zwirnsfaden ein Stück zur Kontrolle ab, ob das Gericht saftig und locker genug geworden ist. Dann nimmt sich ein jeder eine „Faust voll“, drückt die Menge zu einem Knödel zusammen und macht mit dem Daumen ein „Tümpfl“ hinein; schließlich taucht er den Knollen in ein heißes Schmalz. Rühr- oder Stockmilch dazu „is g'sund“. Natürlich gab und gibt es „Nörgler“, die den „Türken“ lieber „veredelt“ als Schweinespeck vorgesetzt bekommen möchten. Ein Welscher aber urteilt über einen Plentnspezialisten anders: „Schean is er nix, der Thres, aba an guaten Herz hat er, und an Plente macht er wia a Tschukelari!“ Und im Gailtal schwärmt man überschwenglich: „Wenn die Wänd (Felswände) Plente war'n und die

Gail Rührmilch und d' Stana (Steine) Patzlen (Butter), noacha war's a Leb'n! " (Schilderung nach Helmut Prasch.) Dennoch war so mancher Bursch froh, wenn er den Rock des Kaisers anziehen konnte:

„Bin a lustiger Pua,
ist der Kaisa mei Hearr,
und hietz friß i dem Pau'r
ka Plentnmehl mear."

„Hadnpfanzl", „Hadntomele"

500 g Heiden-Vollkornmehl, 1–1½ l Milch oder Wasser und Obers, Salz, Fett

Heiden-Vollkornmehl salzen, trocken linden, auskühlen lassen. Dann das Mehl in die heiße Flüssigkeit (Wasser und etwas Obers oder nur Milch) schütten, alles zu einer dünnen Masse verrühren. Fingerdick in eine Backrein bzw. -pfanne mit heißer Butter gießen und im Rohr backen. Vor dem Backen kann man Verhackert oder Rahm mit verschiedenen kleingehackten Würzkräutern obenauf verteilen. Verwendet man feineres Heidenmehl, muß man etwas aufgelöste Germ unter die Masse mischen und die Masse eine halbe Stunde in der Wärme abstehen lassen, ehe sie zum Backen in die Backpfanne ins Rohr gegeben wird.
Mit „Pfanzl" bezeichnet man eine Art Schmarren; Schmeller leitet das Wort von „Pfanne" ab.

„Türkenpfanzl", „Türkentomele"

1 l Milch, ½ l grobgrießiges Türkenmehl (Maisgrieß), Salz, Zucker, 60 g Butter, Apfelschnitten

Milch mit Prise Salz und wenig Zucker aufsieden, das Türkenmehl eingießen und verrühren. Butter in einer Backrein verteilen, die Hälfte der Türkenmasse darüberstreichen, einen kleinen Teller voll Apfelschnitten oder „Epflg'schra" darauf verteilen, auch getrocknete Waldbeeren oder Weinbeeren kann man nehmen. Die restliche Türkenmasse daraufgeben. Etwa eine halbe Stunde im Backrohr backen. In viereckige Stücke aufschneiden, mit Birnmehl, Karobemehl, Zimtzucker oder mit Honig darauf servieren.
Lecker ist auch das **„hohe Türkenpfanzl":** Dazu gibt man etwas aufgelöste Germ und sauren Rahm in die Masse und läßt sie vor dem Backen gut aufgehen.
Daneben gibt es auch einen Weizenmehl- und einen Grießtommerl. Der „Milchtommerl" ist dagegen ein Milchauflauf (Hochfeistritz).

Zu den „Tommerln" schreibt die Grünzweig in ihrem Kochbuch: „Dies ist eigentlich ein Schmarrn, welcher jedoch nicht gestochen wird, sondern wenn er unten und oben schön gebacken ist, mit Zucker bestreut zu Tisch kommt."

Hölzerner Pfannhaber.

Eierschmarren

4 Eier, Salz, 150 g Mehl, 3 EL saurer Rahm, 40 g Butterschmalz; Honig

Aus Eiern, wenig Mehl, Prise Salz und etwas saurem Rahm einen Teig versprudeln und in heißem Butterschmalz im ganzen backen. Über beide Schmarrenarten kann man flüssig gemachten Honig spritzen oder gestoßenen Mohn streuen, ihn aber auch nur mit Birnmehl oder Zimtzucker bestreuen. Als gesalzene Speise kann man Radieschen dazugeben.
Der **„Tschorre"** oder das **„Tschörrile"** ist eine geschmorte Eierspeise; in heißem Schmalz gebackene Eier nennt man **„Tschötterle"** (von „tschattern" = brodeln, dumpf dröhnen).

„Nackata Pua"

4 Eier, Prise Salz, 4 EL Zucker, ¼ l Obers, 200 g Weißbrot oder altbackener Reinling, Zitronenschale, -melisse, Rosinen, Schwarz- oder Preiselbeeren, frisch oder getrocknet

Eier mit Salz, Zucker und Obers versprudeln, damit blättrig aufgeschnittenes altbackenes Weißbrot oder Reinling gut befeuchten, bis eine saftige Masse daraus wird. Eventuell noch etwas Milch darüberspritzen. Außerdem mengt man getrocknete oder frische Beeren und etwas Zitronenmelisse oder Weinbeeren darunter. Das Ganze wie den Serviettenknödel der Wiener Küche in ein viereckiges Tuch – wie in eine Windel – wickeln, zubinden und über kochendem Wasser auf einem querliegenden Kochlöffel hängend etwa eine Stunde lang über Dunst garen. Aus dem Tuch wickeln und „nackt" mit Gewürznelken oder Weinbeeren bestecken, mit Obstler übergießen, erhitzen, anzünden und brennend auftragen. Oder man nimmt als Überguß Met, Honigwasser, gekochten Würzmost, verdünnten Honigschnaps, gewürzten Apfelsaft, Honigschmalz oder Saft von ausgedrückten Waldbeeren.

„Pitölan", „Brühschnittlan"

Weizenbrot, Muskatnuß oder Mohn, Glühmost (Most, Gewürznelken)

Mürbes Weizenbrot dickblättrig schneiden, in eine Schüssel legen, mit geriebener Muskatnuß oder geriebenem Mohn leicht bestreuen, mit Glühmost befeuchten und kalt stellen. Statt Glühmost kann man auch Honigschnaps oder Met, verdünnten Honig oder Süßmost nehmen. Bei einer Festtafel wurden diese „Brühschnittlan" zwischen den Fleischgängen oder als Alleinspeise gereicht wie einst der Triët. Als Alleinspeise werden sie mit Birnmehl, Karobemehl, gestoßenem Mohn oder mit Zimtzucker bestreut.

„Kärntner Weltmutter"

120 g Reis, 40 g Zucker, 1 l Milch, Prise Salz, 1 Stück Zimtrinde, 2 Gewürznelken; Mandelcreme: 1 Ei, 2 Dotter, $^1/_2$ l Milch, 120 g Zucker, Vanillezucker, 100 g Mandeln, Mandelkerne, eingemachte Kirschen

Reis in gesüßter Milch mit Prise Salz, Zimtrinde und Gewürznelken weich kochen. Aus dem Schöpfer auf einen Teller stürzen, mit einer Mandelcreme übergießen und in der Mitte Mandelkerne einstecken, mit eingemachten Kirschen garnieren. *Mandelcreme:* Ei, Dotter, Vanillezucker, etwas Zucker und $^1/_8$ l Milch glattrühren, restliche Milch mit Zucker aufkochen, die Masse mit dem Schneebesen einrühren, kurz erhitzen (nicht kochen!), vom Feuer nehmen, mit den abgezogenen, feingeriebenen Mandeln verrühren, eine Viertelstunde nachziehen lassen.

Santonino und sein Bischof von Caorle bekamen auf der Visitationsreise auf Burg Finkenstein 1486 als sechsten Gang vorgesetzt: „Reis, gekocht, mit Mandelcreme übergossen und in der Mitte Mandelkerne eingesteckt, welche Speise auf Deutsch ‚Weltmutter' heißt." Wiederholt gab es als Nachspeise „eine fette Mehl- bzw. Reissuppe".

„Apfel-", „Kirschen-", „Schwarzbeer-", „Hollermandl"(brei), „Mandlschober"

500 g Obst (Beeren), 100 g Zucker, Wasser, 20 g Butter, 1 TL Mehl, Milch

Zerkleinerte Äpfel, entsteinte Kirschen, Schwarzbeeren oder abgerebelte Holunderbeeren mit wenig Wasser und Zucker aufkochen. In heißer Butter etwas Mehl oder Semmelbrösel anschwitzen lassen, mit wenig Milch aufgießen und zu einer Buttereinmach verkochen, den Obst- bzw. Beerenbrei damit binden. Noch heiß über aufgeschnittenes Schwarzbrot oder über Weißbrotwürfel gießen und gut durchziehen lassen. Kalt stellen. Nach Wunsch vor dem Anrichten mit Zimt bestreuen. (Einen Teil der Holunderbeeren kann man durch ein feines Sieb passieren, die anderen Früchte kann man jeweils beliebig roh und zerkleinert beigeben.)

Eisenpfanne auf Dreifuß.

Nudeln

„Der Pue, der sein Diendle pán Tanz'n net halst,
is grad wie die Päurin, dö die Nudl net schmalzt."

Die typische Kost Kärntens, schreibt Oswin Moro, sind die Mehl- und Milchspeisen unter reichlicher Verwendung von Fett (Schmalz). Gesalzene und gesüßte Mehlspeisen waren und sind immer eine Hauptspeise. Das Brot wurde aus Roggenmehl gebacken, die Mehlspeisen aus Weizen-, in armen Gebirgsgegenden auch aus Gerstenmehl gemacht. Hauptvertreter der Kärntner „Mehlspeisen" sind die Nudeln (und die schmalzgebakkenen Krapfen). Verständlich, daß die Burgenländer die Kärntner „Nudalan" schimpfen. Verwirrend wird es nur, weil „Nudl" früher auch eine Art Gebäck, das „Nudlpecht" (Nudelgebäck), war und heute in einigen Gegenden Oberkärntens, so im Gailtal, einige „Nudeln" auch als „Krapfen" bezeichnet werden, obwohl diese mit dem bekannten Schmalzgebäck weder in Form noch in Zubereitung etwas zu tun haben. Doch dürfte diese Bezeichnung auf die alte Form der Nudeln hinweisen, da mit „Krapfen" ursprünglich jede asymmetrische, hakenförmige Gestalt gemeint war. Die Kärntner Nudeln kommen tatsächlich dieser Form bis heute sehr nahe. Zudem brachte man sie früher meist in einer eigenen, aus einem Stück Holz gearbeiteten Schüssel, in der Nudel- oder Krapfenschüssel, auf den Tisch, aus deren Mitte sich ein „Napf" für das Schmalz erhob, in das man die Nudeln eintunkte.

Das Typische der Kärntner Nudeln ist jedoch nicht so sehr die Form als vielmehr ihre Fülle, nach der sie auch benannt werden. Gerade die reichliche Verwendung von Milchprodukten (Schotten, Topfen, Käse, Butter, Milch) bei der Fülle der Kärntner Nudeln bestätigt die Urtümlichkeit dieser Speise; sie geht auf jene Zeit zurück, da die Milch- und Käsewirtschaft der Haupterwerbszweig der (unfreien) Bauern war und die rodenden Bauern für ihre Schwaigen dem Grundherrn jährlich bis zu 300 Käselaibe zu zinsen hatten. So tauchen schon in mittelalterlichen Quellen häufig in den heimischen Urkunden „Käskrapfen" auf, etwa in Stiftungsbriefen („Seelgerätschaft" genannt) frommer Leute, in denen die Vergabe von Bauerngütern, Grund und anderem Besitz an ein Kloster testiert (bezeugt) wird, aus dessen Mitteln am Jahrestag eines lieben Verstorbenen Seelenmessen gelesen werden sollten. So widmete ein Friedrich von Wewarth dem Viktringer Konvent am 22. Juli 1295 für Jahrtage um den 20. August fünfeinhalb Bauernhuben im Zollfeld und bestimmte zugleich eine festliche Kost an diesen drei Tagen aus den Mitteln der Stiftung, u. a. „wayzynes brot", 2 Eimer vom „besten Marchwein" (Untersteirer) für jeden Tag, Fische „für ein halbes Pfund Pfennige" sowie um 25 Pfennige „milch smalz" je Tag, ebenso für jeden Tag „35 chaese" von je einem Pfennig im Wert. Von diesem Käse hatte das Kloster täglich an jeden Herrn „czwene chraphen guot" zu reichen; was dann an Käse noch übrigblieb, „die gehorent in die chuche un in daz reventer", das Speisezimmer der Mönche. Außerdem verfüge man über Pfeffer und Safran für jeden Tag um 17 Pfennige und über 300 Eier pro Tag, auch Salz und Mehl, soviel man brauche. Einen ähnlichen „Speiszettel" aus den Mitteln einer „Seelgerätschaft" findet man in einer Urkunde vom 30. Jänner 1299 des Welf von Wernberg, Vizedom in Krain, für das Viktringer Kloster, u. a. täglich 33 Stück Käse, davon jedem Herrn im Tag „ein guot fierteil in daz chrowt", daraus mache man „chaes in der phanne" (eine Art Pfannkuchen mit Kraut und Käse), ferner für jeden Herrn „zwen guot chraphen" und „milichsmalz" um insgesamt 20 Pfennige „zem chrowt unt zuo den chraphen", von 300 Eiern je Herrn 3 Stück, den Rest für die Krapfen, sowie 1 Pfund Pfeffer, 1 Unze Safran und Weizenbrot, „swaz sein die herren verzeren muegen". Käsepfannkuchen, Käsekrapfen bzw. Käsenudeln mit Kraut und Butterschmalz müssen also in jenen Tagen ein festliches Gericht gewesen sein.

Nudelteig

500 g Mehl, 5 g Salz, 1 Ei, 1 EL Öl, Wasser

Aus den Zutaten einen glatten, mittelfesten, eher weichen Nudelteig bereiten, den man rasten läßt. Dann (mit möglichst wenig Mehl) messerrückendick auswalken, in kleinen Abständen in einer Linie jeweils einen vollen Löffel der gewählten Fülle (siehe folgende Rezepte) darauflegen, dann so viel Teigfläche darüberschlagen, daß alle Fülle bedeckt und daraus geschlos-

„Schwarzplentene" Knödel (Rezept siehe Seite 483). ▷ Tiroler Leber (Rezept siehe Seite 454). ▷▷

sene Taschen gebildet werden können. Den Teig nun halbkreisförmig um die Fülle niederdrücken und in Form eines Halbmondes halbkreisförmig um die Fülle mit dem Teigradl oder Messer herausradeln. (Geübte formen eine Teigrolle, schneiden dann dünne Scheiben ab, drücken diese auf der Handfläche auseinander, legen die Fülle darauf und schließen sie halbmondförmig zusammen.) Dann werden die einzelnen Nudeln „abgekrendelt" (andere sprechen von „Einbörteln"), d. h., man drückt die Teigränder halbseitig so zusammen, daß sie zackenartig abdichten (damit sich die Taschen beim Kochen nicht öffnen). Schließlich etwa 12 Minuten in gesalzenem kochendem Wasser garen. Sobald sie oben schwimmen, herausheben, gut abtropfen lassen und mit heißer Butter oder zerlassenem Speck oder zerlassenem Verhackert anrichten.

Hölzerne Nudelschüssel mit Schmalztumpf in der Mitte, meist aus einem Stück gedreht oder geschnitten.

Fleischnudeln (Faustnudeln)

Nudelteig (siehe Seite 112); Fülle: ca. 500 g Selchfleisch, 1 Zwiebel, 1 EL Fett, Porree, Brotbrösel, 1 Eiklar

Zur Fülle verwendet man gekochtes, kleingehacktes oder faschiertes fettes Selchfleisch, feingeschnittene, in Fett geröstete Zwiebel, Porree, mit Brotbröseln und etwas Eiklar gebunden. Diese Nudeln sollen die Größe einer kleinen Faust haben (zwei große Nudeln genügen für eine Portion!). Oder zur Fülle feingeschnittene Zwiebel in heißem Fett rösten, gekochtes, faschiertes Selchfleisch darin rösten, Basilikum, Majoran, Thymian und zerdrückte Knoblauchzehe dazugeben, wenn notwendig auch salzen und die Farce mit Ei binden.

„Abgekrendelte Specknudeln"

Zur Fülle nimmt man Selchspeck, „Halschkn" (geselchte Stelzen) oder nur Verhackert oder „gestocktes Speckschmalz". Diese Nudeln sollen die Größe einer halben Faust haben.

Die Specknudeln kommen vor allem in der Faschingszeit, gefüllt mit aufgehacktem Speck, auf den Tisch, und zwar ohne zusätzliches Schmalz, denn aufgeschnitten, rinnt reichlich Fett heraus, so daß die einzelnen Stücke förmlich in Fett schwimmen. Diese Specknudeln bekommen auch die heischenden Faschingsnarren, die dafür dem Spender reichen Erntesegen wünschen. Wenn an den Faschingstagen die jungen Burschen vermummt durch die Dörfer ziehen, bitten sie von Haus zu Haus: „Gar schean bitt'n um a Specknudl." Nach diesen Specknudeln pflegt man noch heute scherzhaft zu fragen, wenn Dirndln und Burschen am Faschingsmontag ein Bauernhaus betreten. Nach altem Herkommen muß die Bäuerin am Faschingsmontag auf alle Fälle Specknudeln (aus Gersten- oder Weizenmehl) kochen. Am Faschingssonntag gibt es Sauerkraut mit darin gesottenem Selchspeck oder mit Geselchtem, am Faschingsdienstag gibt es mitunter Speckknödel. Im Möll- und im Liesertal nennt man den Faschingsmontag auch „Specknudl-Montig" oder „Foastn"; auf den Höfen wird an diesen Tagen nur die notwendigste Arbeit verrichtet. Am „damischen Irti" (Faschingsdienstag) muß jedes Frauenzimmer am Hof einen Tanz tun, ob alt, ob gebrechlich, nur dann gedeihen die „Merln" (gelben Rüben) und die Rüben – je weiter dabei die Röcke fliegen, desto größer werden dann die Rübenscheiben.

Kasnudeln

Nudelteig (siehe Seite 112); Fülle: 150 g Knödelbrot, 1 Ei, 1/8 l Sauerrahm, 50 g Butter, 1/2 EL Minze, 1/2 EL Petersilie, 1/2 EL Schnittlauch, 1/2 EL Kerbel („Keferfil"), 1000 g Topfen, Salz

Knödelbrot mit Ei und Sauerrahm anweichen. Butter zerlaufen lassen, die feingehackten Kräuter darin schwenken und damit das Knödelbrot übergießen. Dann Topfen mit dem angeweichten Knödelbrot zu einer Masse vermischen und salzen. Anstelle von Knödelbrot nimmt eine Kärntner Köchin auch ca. 500 g gekochte Erdäpfel oder 150 g halbweich gedünsteten „Hirschbrein" (Hirse). Füllen und kochen, wie beim

◁ Bauernschweinsbraten (Rezept siehe Seite 252). ◁◁ „Surhaxen" (Rezept siehe Seite 159).

Nudelteig (Seite 112) beschrieben. Werden mit zerlassener Butter, zerlassenen Speckwürfeln, Grammelschmalz oder zerlassenem Verhackert bzw. mit in Butter gerösteten Bröseln angerichtet, dazu wird frischer Krautsalat oder Sauerkrautsalat serviert.

Kärntner Nudeln (Taschen).

Man sprudelt ein Ei mit 2 Deciliter kaltem Wasser und etwas Salz ab und mischt es in einer Schüssel mit ungefähr ½ Liter Mehl zu einem weichen, zarten Teig, den man auf dem bemehlten Nudelbrette noch recht gut wie Strudelteig abarbeitet, zu einer Wurst ausrollt und diese in Scheiben schneidet. Ein solches Stückchen treibt man mit dem Rollholze nach einer Seite hin zu einem länglichen Fleckchen aus, legt dieses auf die linke Hand, gibt einen gehäuften Eßlöffel voll von der Fülle darauf, schlägt den Teig über und drückt ihn am Rande zusammen, wodurch die Form eines stark gefüllten Schickkrapfels entsteht. Nun wird der Teig aber noch besser geschlossen und in kleinen Falten übergebogen, damit die Fülle nicht heraus kann, indem man den Teigrand mit zwei Fingern faßt, etwas auszieht und zurückbiegt und so fort fest nebeneinander bis zum anderen Ende. Wenn alle Taschen so bereitet sind, kocht man sie in gesalzenem Wasser und schmalzt sie mit Butter über Bröseln ab.

Birnen- und Aepfelfülle. Saftige aber nicht zu weiche Birnen wischt man ab und schneidet sie ungeschält fein zusammen. Dann gibt man in Butter angelaufene Brösel, Zucker und Zimmt dazu, füllt es wie oben angegeben ein und bestreut die gekochten Nudeln zum Abschmalzen mit Bröseln oder mit gestoßenem Mohne und Zucker.

Zwetschkenfülle. Frische Zwetschken werden fein geschnitten mit Zimmt und angelaufenen Bröseln gemischt. Gedörrte werden ungekocht geschnitten und mit Zucker und Zimmt und mit Obers gefeuchteten Bröseln gemischt. Vom Powidel nimmt man nußgroße Stückchen.

Kirschenfülle. Gedörrte Kirschen oder Weichseln, nur gewaschen, nicht gekocht, sammt den Kernen recht fein gestoßen, mischt man mit Zucker und Zimmt und mit Obers befeuchteten Bröseln.

Mohn- oder Nußfülle. Gestoßenen Mohn oder fein geschnittene Nüsse mischt man mit etwas Honig und mit Obers befeuchteten Bröseln.

Mit Käse- oder Topfenfülle. In Butter läßt man Petersilie oder Kerbelkraut und Brösel anlaufen, gibt geriebenen Topfen dazu, mischt Dotter mit saurem Rahm und Salz abgesprudelt dazu, macht nußgroße Kugeln zum Einfüllen und schmalzt die gekochten Nudeln dann mit Bröseln ab.

Aus: Katharina Prato (Edle von Scheiger), „Die Süddeutsche Küche“, 14. Aufl., Graz 1881.

„Kloaz'nnudln“ (Kletzennudeln), Zwetschkennudeln

Nudelteig (siehe Seite 112); Fülle: 400 g gehackte gekochte Kletzen oder Birntalggn oder gehackte, gekochte und entsteinte Dörrzwetschken, 200 g trockener Topfen, 200 g körnig gedünsteter „Hirschbrein“ (Hirse) oder grobgeriebene Schwarzbrotbrösel, 2 Eier oder Eiklar, Zimt, Neugewürz, Honig (oder Sirup oder Zucker); Butter

Die Fülle soll nur schwach gesüßt, saftig, aber nicht musig werden und muß vom Topfen eher etwas säuerlich durchzogen sein. In bäuerlichen Küchen füllt man diese Nudeln oft nur mit Topfen und gekochten, zerhackten Kletzen.

Anni Opietnik aus Mittlern bei Kühnsdorf nimmt zu ihren „Kletzennudeln“ 500 g Kletzen, 500 g Topfen, Zucker, Zimt und Gewürznelken. Die fertigen Nudeln werden mit Butterschmalz abgeschmalzen und mit kaltem Apfelmus serviert oder nur mit zerlassener Butter übergossen („Nudelschmalz“) angerichtet. Wenn man kleinere Nudeln ausradelt und abkrendelt, erhält man die **„Fastenspeisennudeln“** (nach Art der Schlickkrapfen).

„Karobenudeln“ sind ebenfalls sehr beliebt. („Karobemehl“ sind die gemahlenen, getrockneten Bockshörndl.) Der ausgerollte Nudelteig wird mit „Lauterkoch“ (siehe Seite 103) oder zerlassener Butter bestrichen, dann streut man kräftig Karobemehl darauf und fertigt sie wie oben angeführt aus. Auf gleiche Weise bereitet man **Birnnudeln („Piannudeln“),** mit Butterschmalz und Birnmehl, **Mohnnudeln,** mit Butterschmalz und geriebenem Mohn, **Zimtnudeln,** mit Butterschmalz oder Lauterkoch und etwas Zimt gefüllt, und **Bertramnudeln,** gefüllt mit einer Fülle, wie beim Bertramstrudel (Seite 126) angegeben.

Es soll Bäuerinnen geben, die in das Nudelschmalz gern viel Wasser hineingeben; von solch einer Bäuerin verabschiedet sich ein unzufriedener Knecht: „Pfiat di Gott, Wasserkess'l, hast mir a toll Nudlschmalz göb'm.“

Erdäpfelnudeln

Nudelteig (siehe Seite 112); Fülle: 500 g Erdäpfel, 100 g Selchfleisch, 1 EL Fett, 1 Zwiebel, 1 Ei, Kräuter (siehe unten), Salz

Ausgerollten Nudelteig in Stücke schneiden, füllen mit einer Masse aus gekochten, zerstampften Erdäpfeln, zusätzlich mit etwas gekochten, zerhackten Selchfleischresten und/oder in Fett gerösteten gehackten Zwiebeln, mit Ei oder Eiklar gebunden, gewürzt mit gehackten grünen Kräutern, grünen Zwiebeln, Heckenzwiebeln, Porree oder Schnittlauch, Majoran, Petersilie usw. In Salzwasser kochen, mit heißem Speckschmalz, Verhakkert, „Graipn“ (Grammeln), Grammelschmalz oder nur mit zerlassener Butter anrichten.

Mohnnudeln

Nudelteig (siehe Seite 112); Fülle: 250 g trockener Topfen, 250 g Mohn, 1 Ei, 250 g Karobemehl, 100 g Brösel, Zitronenmelisse, Zimt, 2 EL Honig

Die Fülle wird aus rohem, gestoßenem Mohn, Topfen und Bröseln, gebunden mit Ei oder Eiklar, bereitet; dazu kommen Birnmehl oder Karobemehl und als Würze Zitronenmelisse, etwas Zimt und Honig oder Sirup. Diese Nudeln werden meistens geradelt. Man kann die abgeschmalzenen Nudeln zusätzlich mit Birntalggn, Karobemehl oder Zimtzucker bestreuen.

Als weitere Fülle von Kärntner Nudeln eignen sich kleingeschnittene rohe Äpfel oder frische Beerenfrüchte (durch die Beigabe von Bröseln wird die Füllmasse etwas entsaftet und mit Ei oder Eiklar gebunden).

Kranznudeln („Windlinge"), gewundene Nudeln

Einen Nudelteig messerrückendick zu runden Flecken ausrollen, auf die Teigfläche bis einen Finger breit vom Rand weg ca. $^1/_2$ cm hoch in Kranzform die jeweilige Fülle auftragen. In der Mitte des runden Teigfleckes ein handlanges Kreuz einschneiden und von den vier Ecken – von der Mitte aus – den Teig über die Fülle legen. Die Teigränder gut verschließen, mit dem Kochlöffel handflächenlange Stücke aus dem Kranz abdrücken, die Schnittflächen wieder gut zusammendrücken. Die Stücke in gesalzenem Wasser kochen, herausheben und in eineinhalb Finger breite Stücke schneiden. Man kann den Nudelteig aber auch der Länge nach ausrollen, in der Mitte einen Streifen der Fülle auftragen, dann wie einen Strudel einrollen, im ganzen in gesalzenem Wasser kochen, herausheben und in beliebig große Stückchen schneiden. Als Fülle können alle bereits angeführten Füllen verwendet werden: Topfenfülle, Fleischfülle, Erdäpfelfülle, Mohnfülle u. a. m. Im Nockgebiet werden die Kranznudeln bloß mit „Lauterkoch" (Seite 103) gefüllt.

Unterkärntner Heidenkranznudeln

Nudelteig (siehe Seite 112); Fülle: 400 g Heiden-Vollkornmehl, Salz, Wasser, Buttermilch, Kerbelkraut oder Bertram (Estragon)

Zur Fülle Heiden-Vollkornmehl im Backrohr trocknen, mit siedendem Wasser abbrühen, aufquellen lassen, salzen, mit Buttermilch (oder Sauermilch oder Sauerrahm) verrühren, mit Kerbelkraut („Keferfil") oder Bertram würzen. Bereitung und Ausfertigung wie bei den Kranznudeln (linke Spalte) angegeben.

Schlickkrapfen

Nudelteig (siehe Seite 112); Fülle: 500 g Lunge oder Fleischreste, Salz, Pfeffer, Majoran, 1 Zwiebel, Knoblauch, 1 Ei

Aus Nudelteig halb so große Nudelflecke wie zu den Faustnudeln machen und mit einer Fülle aus gekochter, faschierter Schweinslunge oder (gekochten oder gebratenen) Fleischresten, faschiert, gewürzt mit Salz, Pfeffer, Majoran, feingeschnittener Zwiebel und zerdrücktem Knoblauch, gebunden mit Ei oder Eiklar, füllen. Man kann sie in Salzwasser gekocht und abgeschmalzen oder als Suppeneinlage verwenden.

Kärntner Krapfen, „Blattlkrapfen"

Diese Kärntner Krapfen sind bescheidener als die Tiroler Krapfen, werden außerdem wie die Schlickkrapfen in Salzwasser gekocht. Weil sie „schlupfen", „schlipfen", rutschig sind, nennt man sie auch **„Schlipfkrapfen".** Mit einer Fülle aus Topfen oder Birntalggn und gestoßenem Mohn, mit heißer Butter oder mit Butterschmalz abgeschmalzen, sind sie ein beliebtes Freitagessen.

Lesachtaler Krapfen

Werden wie die Faustnudeln bzw. die geradelten, abgekrendelten Nudeln aus Nudelteig bereitet, sind aber um die Hälfte kleiner als die gewöhnlichen Kärntner Nudeln. Man kann sie mit jeder beliebigen Fülle wie die Faustnudeln füllen, besonders gern aber mit gekochten sauren Hackelrüben: gekochte, aufgehackte, gut ausgepreßte Hackelrüben mit Salz und Kümmel würzen, etwas Verhackert dazumengen. Auch gekochte, zerhackte rote Rüben, mit Kümmel und Salz gewürzt, nimmt man als Fülle dieser „Krapfen" oder Nudeln. Sie werden in Salzwasser gekocht und abgeschmalzen serviert.

„Struckl"

500 g Weizenmehl, 1 Ei, Salz, 0,2 l Wasser; Fülle: Zucker und Zimt oder Schnittlauch; Butter oder Öl

Aus Mehl, Ei, Prise Salz, lauwarmem Wasser einen mittelweichen Nudelteig machen, kurz rasten lassen, dünn auswalken, mit zerlassener Butter oder Öl bestreichen, dann mit Zucker und Zimt oder nur mit feingeschnittenem Schnittlauch bestreuen, zusammenrollen, in ca. 15 cm lange Stücke schneiden, die Enden fest zusammendrücken. In siedendem Salzwasser 12 bis 15 Minuten kochen. Zum süßen „Struckl" serviert man Apfelmus, zum gesalzenen grünen Salat. (Ernestine Jörke, Eisenkappel)

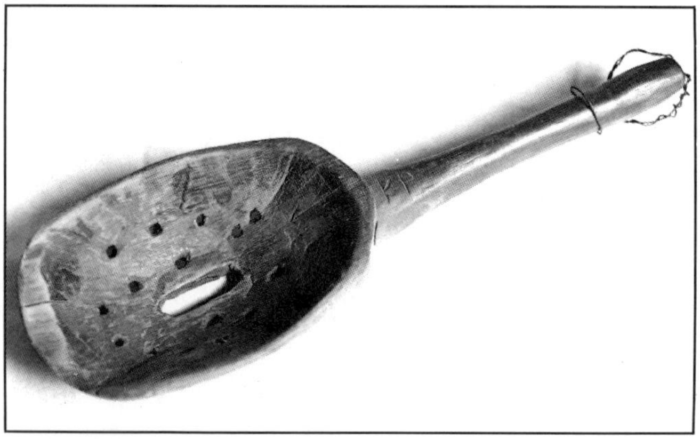

Knödel- und Nudelschöpf.

Dampfnudel („Damnudel", „Tamnudl")

1000 g glattes Mehl (Weizen- oder Roggenmehl), 50 g Germ, Salz, 3 EL Staubzucker, 1 Päckchen Vanillezucker, 1/2 l lauwarme Milch, 50 g zerlassene Butter, 2 Dotter

Aus vorgewärmtem Mehl, dem Dampfl (Germ in 1/8 l lauwarmer Milch, 1 EL Zucker, 1 EL Mehl aufgehen lassen), Zucker, Vanillezucker, restlicher lauwarmer Milch, zerlassener Butter und 2 Dottern sowie etwas Salz einen mittelweichen Germteig bereiten, gut abschlagen, auf warmem Platz zugedeckt eine Stunde aufgehen lassen. Dann faustgroße Nudel formen, in eine befettete (Jenaerglas-)Schüssel geben. Auf einen großen Topf mit 1/3 l Wasser kalt aufstellen, eine Stunde langsam in Dampf garen. Der „Damnudel" erreicht schließlich die Größe eines Brotlaibes (ca. 35 cm breit, 10 cm hoch). Herausstürzen, mit einem Tuch bedecken, leicht abkühlen lassen.

Beim Essen werden mit einem dünnen Messer oder mit einer Schnur Keile aus dem Nudel geschnitten. Oder der Esser bricht mit einer Gabel kleine Stücke heraus und tunkt sie in ein Milchkoch („Rihrmilikôh", „Lauterkôh") oder in heiße Butter, in ein „Henigschmalz" (Honigschmalz, Seite 102) bzw. in Zwetschken- oder Kletzenpfeffer oder Rahmschmalz (heißer Rahm, mit Mehl verrührt). Man kann die großen Germteigkugeln auch wie einen Serviettenknödel in ein Leinentuch (Serviette) wickeln, in einem großen Topf, auf einem Querholz hängend, über Wasser im Dampf garen. Auf den Boden hat man anstelle eines Rosteinsatzes früher auch sauberes Haferstroh gegeben (dadurch wird die Oberfläche zum Verdunsten des Wassers größer). Aufgetragen wurden die „Damnudl" früher in einer aus einem Stück gedrehten Holzschüssel mit einem Schmalzstumpf in der Mitte, auch glasierte Tonschüsseln mit gesondertem Schmalzbecken verwendete man. Der „Damnudl" ist „löchrig" und saugt leicht Fett an. Und mit Schmalz darf beim Dampfnudelessen nicht gespart werden, denn „a nackentiger Nudl is was grausig's" (H. Prasch).

Der Dampfnudel war eine sehr seltene, daher um so ersehntere Kost, die es bei Verwandtenbesuch, am „Tafsamsti" (Karsamstag) zu Mittag und am Heiligen Abend oft als Besonderheit gab. Im Katschtal waren „Dampfnudel" Samstagskost, denn dort heißt es: „Ohne Nudl ka Samstag!" Sonntag früh erhielt dann der Hausvater meist die restlichen Stücke zum Frühstück – und dazu noch ein „Oaleischmalz" (Eier in heißem Schmalz). Am Karsamstag wurde ein Stück Dampfnudel mit Schmalz, Milch und Brot in einem Schüsselchen auf den Hausgang, auf einen Baum oder auf eine Gattersäule gestellt und damit der Wind gefüttert („auß'ngfuattert"), damit er keinen Schaden anrichten kann. Denn gerade an diesem Tag soll es nicht windig sein: „Wenn afn Tafsamsti da Wind geaht, nacher geaht er bis af die Pfingst'n, und wenn er durt a noch geaht, nacher geaht er's ganze Jahr."

Auch sonst erinnert der Karsamstag in vielem an die Weihnachtstage. Nach dem Frühstück muß alle Arbeit ruhen, auf dem Gang darf keine Wäsche hängen, an diesem Tag (wie auch am Pfingstsamstag, am Dreifaltigkeitssamstag und am Fronleichnamstag) darf nicht gewaschen werden, sonst ist Hagel zu befürchten. Wenn die Glocken wieder „zurückkommen", es „zuawerläutet", geht der Bauer oder die Bäuerin betend um den Roggenacker und besprengt ihn mit Weihwasser: „Rat'n (ein Unkraut), mach di zu Rogg'n, i hear schoan die Oasterglock'n." Im Pfarrdorf soll einst ein witziger Knecht beim „Rogg'nspritz'n" den Spruch umgedreht haben: „Rogg'n, mach di zu Rat'n, i schmöck schoan 'n Oasterbratn."

Statt des ersehnten „Damnudl" gab es manchmal auch nur einen **„Of'nloter"**, dabei wird ein Germ-Reinlingteig nicht im Dunst gegart, sondern in kleinen Reinen im Rohr gebacken (daher auch **„Rohrnudeln"** genannt); sie werden beim Essen ebenfalls in möglichst viel Schmalz getunkt.

Kleine Germnudeln, „Wuzlnudeln"

Einen einfachen Germteig bereiten, zu faustgroßen Ballen oder fingerlangen Stücken formen (wuzeln = drehen), in ein mit Butter ausgestrichenes Reindl fingerhoch Milch gießen, zum Kochen bringen, dann die Germnudeln „schütter" (locker) nebeneinander einlegen, zudecken und im Rohr dämpfen lassen. Die aufgegangenen Nudeln rasch umdrehen, zugedeckt garen. Dann herausheben, mit Honigschmalz überspritzen. Heiß servieren; dazu Kompott oder Dörrobstbrühe.

„Wasserhenne"

Reinlingteig, gedörrte Beeren, Butterschmalz, Birn- oder Karobemehl, Mohn, Zimtzucker, Salzwasser

Einen besseren Reinlingteig machen, zuletzt getrocknete Schwarzbeeren oder Weinbeeren einmischen. Kurz rasten lassen, dann zuerst auf der einen, dann auf der anderen Seite in Salzwasser gar kochen (je nach Größe eine halbe bis eine Stunde). Herausheben, mit Butterschmalz übergießen, mit Birnmehl, Karobemehl, gestoßenem Mohn oder Zimtzucker bestreuen. Oder Honigschmalz oder nur zerlassenen Honig darübergießen. Dazu „g'stand'ne Milch" (saure Milch) servieren.

Heidengermnudeln

1000 g Heiden-Vollkornmehl, 250 g Weizenmehl, 40 g Germ, Salz, Milch, saurer Rahm oder Säuerlingwasser, 1 Ei

Aus den Zutaten mit Dampfl einen festeren Germteig machen. Aufgehen lassen, mit bemehltem, kleinem Teller größere Nocken ausstechen, in nudelige Form schlagen, einmehlen und zugedeckt rasten lassen. Dann nebeneinander schütter in leicht kochendes Salzwasser legen (drei Finger hoch) und auf beiden Seiten kochen lassen. Herausheben, in fingerdicke, 8 bis 10 cm lange Scheiben schneiden, mit heißer Butter oder Verhackert abschmalzen. Im ersten Fall Preiselbeeren, Schwarzbeeren oder „Schiberlan" (getrocknete Apfelspalten) dazu servieren, sonst grünen Salat oder Sauergemüse. Zum Abschluß trinkt man dazu Milch.

Von einer anderen Mehlspeise, **„Panz'n"** genannt, berichtet Lexer in seinem Kärntischen Wörterbuch (1862) aus Unterkärnten: sie seien eine Lieblingsspeise auf den Alphütten Unterkärntens gewesen. Der Teig wird aus Mehl und frischem Käse (Schotte) geknetet und dann in Rahm oder Molken gesotten.

Eine „Sommerkram" (Holzknechthütte) auf dem Straßer-Köpfl bei Trebesing im Liesertal.

Schmalzgebackenes

„Wia lustig wert's sein,
wann kumbt die Kathrein,
do wert ma ban Maul
schmalzig recht sein! "

In Schmalz gebackene Krapfen zählen auch in der Kärntner Landesküche zu den Festtagsspeisen in der Faschingszeit, zu Ostern, Pfingsten, am Kirchtag, zu Weihnachten und bei Hochzeiten, sind aber auch Kost an Tagen schwerer Arbeit. Oft haben sie die Fläche eines kleinen Tellers; so werden zur Faschingszeit Krapfen mit einem Durchmesser von 20 bis 25 cm mit dem Teigradl in einzelne Streifen geradelt (der Rand muß dabei ganz bleiben!), damit ihn die Faschingsheischer aufspießen können; denn in den letzten Faschingstagen zieht die „Krapfenpercht" von Hof zu Hof und heischt Krapfen und andere Gaben. An diesen Tagen werden Unmengen von Krapfen gebacken. Davon läßt H. Prasch einen Mann aus Villach berichten: „Der Krapfenteig mußte mit einer eigenen hölzernen, langstieligen Schaufel in einem Trog abgetrieben werden, so lange, bis er nicht mehr an der Schaufel hängenblieb. Das war eine schwere Arbeit, und es mußte ein kräftiger Mann sein, der das durchhielt. Natürlich war Germ dabei, und der ‚Tag' war schon ‚gegangen' und stand oft über dem Trogrand."
Auch für Hochzeiten bäckt man tellergroße Krapfen. Als Belohnung für den ersten heimkommenden „Hazacher" (Heuzieher), „Spitz" genannt, gibt es einen besonders großen Krapfen, den **„Spitzkrapfen".** Nußkleine Kräpflein dagegen, **„Niggelan", „Nigelen", „Nuss'n"** oder **„gebackene Poan"** (Bohnen) genannt, sind beim Almabtrieb und an anderen Brauchtumstagen üblich. Im Katschtal kennt man die **„geahnti Nudln"**, auch **„Tscherggn"** genannt, eine Art gebackene Mäuse. Zur Erntezeit sind die Erntekrapfen, die **„Drischlegkrapfen"**, der Brauch, wobei dem Krapfenteig Weinbeeren oder gedörrte Schwarzbeeren beigemischt werden; aus dem Teig formt man handtellergroße „Platteln" oder „Blattl", die man vor dem Einlegen ins heiße Fett noch in die Länge zieht und in der Mitte dreimal durchradelt. Zu Allerheiligen bäckt jede Bäuerin einen Korb voll **„Bettlerkrapfen"**, das sind kleine, etwa faustgroße „Brötchen" aus Roggenmehl, die bekommen die Kinder, die an diesem Tag von Haus zu Haus ziehen. Je mehr Kinder bei einem Hof vorbeikommen, desto besser wird nächstes Jahr das Getreide gedeihen, denn „ein Vergelt'sgott eines Bettlerkrapfers ist soviel wert wie ein Fuder Mist". Zum Erntedankfest, im Lesachtal am 11. November, ließen früher die Burschen ein Zicklein „auskochen" und luden dazu die „Gitscher" (Mädchen) ein, die sich am Kathreinstag, dem 25. November, mit den **„Kitzernudeln"** oder **„Kathreinkrapfen"** bedanken mußten:

„Jetzt kommt Kathrein,
laden wir die Buben zu den Kitzernudeln ein."

Auch das sind kleine Krapfen, die mit der Straubenspritze gemacht werden, mit stark profiliertem Rand versehene Scheiben, die den Burschen während des Mahls an einem Seidenband auf den Hut oder ins Knopfloch gesteckt werden. Im Rosental wieder schätzt man die **„Honigkrapfen"** oder **„Schmalzkrapfen":** Kalte Krapfen (jeder Art) in einer Schüssel mit wasserverdünntem Honig (dem etwas Butter eingerührt werden kann, oder man verdünnt ihn mit etwas Schnaps), Met oder gewürztem Apfelsaft bzw. Most übergießen, zudecken und ins warme Rohr stellen.
Zum Backen der Krapfen verwendet die Kärntner Bäuerin ein eigenes Backschmalz, das **„Bachet"**, ein Mischschmalz aus je einem Drittel Unschlitt vom Rind oder Schaf, Öl (früher auch Leinöl) und Butterschmalz. Das kocht man zusammen aus und hält es in einem irdenen glasierten Häfen auf Vorrat. Auch anderes Fett (Abschöpffett) wird verwendet; gebrauchtes Backfett läßt man mit der doppelten Menge Wasser, einer geschälten, halbierten Zwiebel und einem Stück Schwarzbrot eine halbe Stunde kochen, schöpft den Schaum dabei ab, seiht das Ganze in einen Häfen und läßt es so lange stehen, bis es klar ist. Dann das an der Oberfläche gestockte Fett abheben, alle Unreinheiten an der Unterseite entfernen und noch einmal kochen. (Den Bodensatz verwendet man zur Tierfütterung.) Das „Bachet" wird auch zum Braten von Fleisch, für Gemüseeinbrenn und zu verschiedenen anderen Mehlspeisen verwendet. „Bachet" verbrennt als Mischschmalz nicht so schnell, daher saugen die Schmalzgebäcke darin das Fett nicht so leicht an und werden knusprig gebacken.

Krapfen, „Plattlan“

500 g Mehl, 80 g Zucker, 80 g Butter, 40 g Germ, 5 g Salz, 4 Dotter, 1/4 l Milch, 1 EL Rum oder Schnaps (geriebene Zitronenschale, Vanillezucker)

Auf die übliche Art (siehe Seite 116) einen nicht zu festen, glatten Germteig bereiten. Nach dem Rasten fingerdick auswalken, auf mehlbestäubtem Tuch zugedeckt aufgehen lassen. Dann mit glattem Ausstecher (5 cm Durchmesser) Scheiben ausstechen, nochmals gehen lassen und der Reihe nach in heißem Backfett auf beiden Seiten backen. Abtropfen lassen. Gezuckert oder (zu Fleischspeisen) ungezuckert anrichten. Werden die Krapfen („Plattlan“) vor dem Backen in der Mitte mit beiden Händen hauchdünn auseinandergezogen (so weit, daß ein stärkerer, wulstförmiger Außenrand und eine teigarme dünne Mitte entsteht), erhält man die **„Zugkrapfen“**, auch **„Auszügler“** oder **„Zugplattlan“** genannt; man kann in die dünne Mitte nach dem Backen eingekochte Preiselbeeren, eingekochte Heidelbeeren oder frische Beeren geben. Dazu „Grantnmilch“ oder „g'standne Milch“.

„G'wackte Krapfen“

In die aufgegangenen Krapfen (siehe links) in der Mitte von oben mit beiden Daumen eine kreisrunde Vertiefung eindrücken, in heißem Fett mit der eingedrückten Seite zuerst nach unten eingelegt backen. Zucker karamelisieren, die gebackenen Krapfen beigeben, mit Honigmilch (Milch und Honig, verrührt) ablöschen, etwas Rum dazugießen und die Krapfen kurz ziehen lassen.

„Stockplattlan“, „Blattlstock“, Krapfenstock

Nach M. Lexer („Kärntisches Wörterbuch“) „eine Mehlspeise, die in der Christnacht gegessen wird“. Die „Plattlan“ sind tellergroße Krapfen, „von denen oft 20 bis 30 Stück in einer großen Schüssel zu einem Stock aufeinandergelegt werden“.
Den Brauch des Auftürmens von Gebäck zu Festtagen, besonders zu Weihnachten, aber auch zu Hochzeiten, teilt Kärnten mit Tirol. In Kärnten nimmt man dazu dünne, flachgewalkte „Plattlan“ (Krapfen) aus Gersten- oder Roggenmehl, in Schmalz gebacken, mit

Felician von Myrbach, „Das Valisführen im Mölltal“.

Birnmehl oder gestoßenem Mohn bestreut; die einzelnen Krapfen oder „Plattlan“ werden dann in Milch geweicht und zu einem Gebäckturm aufgestockt. Der „Blattlstock“ wird gern zu Weihnachten als letztes Gericht nach dem Hausräuchern aufgetragen und heißt daher auch **„Roachblattlstock“**; er soll so groß sein, daß „neun Leut’ sich drei Tage lang satt essen können“. An den folgenden Weihnachtstagen wird er stets zum Nachtisch aufgetragen. Das Vielessen ist in der Bauernwelt gerade zur Weihnachtszeit eine beschwörende, „vorbildliche“ Handlung, damit alle im nächsten Jahr reichlich zu essen haben. Dafür spricht auch, daß dazu andere Glück und Gesundheit bringende Kultbeigaben, wie Butter, Honig und Mohn, gegessen werden.

Der **Lesachtaler „Blattlstock“** ist eine Art Fladengebäck aus halbweißem Mehl, in einer besseren Mischung mit Ei, Milch und Germ, wird wie Brot ca. eineinhalb Finger hoch gebacken, übereinandergelegt, aus so vielen „Plattlan“ bestehend, wie Personen zur Familie gehören. Die Fülle zwischen den einzelnen „Plattlan“ besteht aus Mohn, der mit „Sulzn“ (gekochtem braunem Rübensirup) vermengt wird. „Sulzn“ gießt man als Überzug auch über den ganzen „Blattlstock“.

Drautaler Hochzeitskrapfen

Einen mittelweichen Krapfenteig (Seite 119) nach dem Rasten kleinfingerdick auswalken, auf die eine Teighälfte, wie beim Nudelteig (Seite 112) beschrieben, reihenweise nußgroße Kugeln aus der unten angeführten Mohnfülle legen und ausfertigen wie die Nudeln, nach dem Rasten aber in heißem Backschmalz backen.

Fülle: Aus geriebenem Mohn, etwas Honig (oder Sirup – „Sulzn“ – oder Zucker), etwas Apfelsaft oder Most (oder Wasser) und etwas Schnaps ein dickes Mus rühren, allenfalls Birnmehl oder Karobemehl, faschierte gekochte Kletzen oder Dörrzwetschken (dann auch etwas Brotbrösel oder grobe Talggn zum Festigen dazugeben) dazurühren, mit Zitronenmelisse würzen. Die Fülle muß saftig, aber kernig formbar sein.

Gefüllte Görtschitztaler „Heilig-Abend-Nudeln“

Aus Topfen, zerdrückten gekochten Erdäpfeln, Prise Salz, Ei, gehackter Minze, Kerbelkraut („Keferfil“) eine Fülle wie oben bereiten. Einen Nudelteig (Seite 112) ausrollen und wie bei Nudelteig angegeben fertigen. Dann die Nudeln zuerst in gesalzenem Wasser kochen, herausheben, gut abtropfen lassen, schließlich in heißem Butterschmalz schwimmend backen. Herausheben. Flüssig gemachten Honig darübergießen und mit gestoßenem Mohn bestreuen.

„G’füllte Henn“

Einen etwas süßeren Krapfenteig (Seite 119) machen, gehen lassen. Inzwischen Lebkuchen („Honigtaferln“) der Länge nach einschneiden, jedes Stück mit einem Löffel Honigschmalz (Seite 102), Birnmehl oder mit Zimtzucker füllen. Krapfenteig fingerdick auswalken, Flecken in der Größe eines Tellers schneiden, mehrere gefüllte Lebkuchen auf jeden Fleck auflegen, mit dem restlichen Teig gut verschließen. Umdrehen und nochmals gehen lassen. Dann in heißem Schmalz schwimmend backen, herausheben, wie eine Torte aufschneiden. Nach Wunsch nochmals mit Honig und Schnaps oder mit Honigschmalz beträufeln. Man kann auch kleinere gefüllte Stücke auf diese Weise machen.

„Stanglkrapfen“, „Teilkrapfen“

Krapfenteig fingerdick auswalken, in zwei bis drei Finger breite, handlange Streifen schneiden. Die Streifen der Länge nach in der Mitte mit Butter beträufeln, mit Birnmehl, Karobemehl oder geriebenem Mohn bestreuen, der Länge nach zusammenschlagen, die Teigränder gegenseitig aneinanderdrücken und zu glatten, daumendicken Stangen rollen. Nochmals gehen lassen, dann in heißem Schmalz backen.

Wenn im Liesertal ein Hochzeitspaar von der Kirche zum Wirtshaus zieht, wirft die Neuvermählte über ihre Schulter Münzen unter die schaulustige Menge, um alles Böse zu bannen. Während die Hochzeitsgäste den ersten Tanz eröffnen, gehen Braut und Brautmutter in die Küche zum „Suppensalzen“: Die Köchin wartet ein Glas Wein auf und bekommt von beiden ein Trinkgeld auf die Tasse. Die Gäste haben sich schon vorher ihre Plätze reserviert, indem sie ihre Gabel senkrecht in das Anislaibchen steckten, das auf jedem Teller liegt. Auch ein Gebetbuch oder ein Tüchl (zum Mitnehmen des „Bschoadessens“) wird für die Platzreservierung verwendet. Früher wurde das Hochzeitsessen bereits in der Küche vorgeschnitten, und man aß mit dem Löffel gemeinsam aus einer Schüssel. Gegessen wurde eine Brotsuppe mit Würstchen, Rindfleisch mit „Krensoß“ und Roggenbrot, Nudelsuppe, gekochter Selchspeck mit Sauerkraut, Einmachsuppe, Bratl mit Krautsalat, ein Stück Reinling oder Weizenbrot; Krapfen mit Zwetschkenpfeffer, „Striegalan" (nudelig geformte Krapfen), mit Zucker- oder Honigschmalz übergossen, oder Schnurkrapfen. Früher gab es auch noch ein „Lundkoch" (Seite 103). Den Abschluß bildete Kaffee mit Krapfen oder Reinling.

Schnurkrapfen einer Bergbäuerin in Kaning

300 g Mehl, 50 g Zucker, 100 g Fett, 1/8 l Rahm, 3 Eier, 100 g gemahlene Nüsse, Zimt, Gewürznelken, Neugewürz; Backfett

Die Zutaten rasch zu einem Mürbteig kneten, eine halbe Stunde kühl rasten lassen, dann ausrollen, in etwa 3 cm breite, 10 cm lange Streifen schneiden, jeden auf ein konisch verlaufendes Eisenrohr wie bei Schaumrollen überlappend aufrollen, mit einer Schnur rundum mehrmals umwickeln, das Eisen mit Teig in das heiße Backschmalz halten und backen. Herausheben, abtropfen lassen, die Schnur abrollen, das Gebäck vorsichtig vom Eisen streifen. Meint man es besonders gut, werden die Rollen noch warm in Staubzucker und Zimt gewälzt.

Nudelwalker.

Im Katschtal gibt es bei Bauernhochzeiten Fleischsuppe mit Nudeln, „saure Suppn" (eine Art Beuschel), Geselchtes mit Sauerkraut, gekochtes Fleisch mit „Krenbrîh", Braten mit „Grantn", Krapfen mit Honigschmalz, Scheiterhaufen, Milchreis, Zwetschkenpfeffer und zuletzt Kaffee mit **„Maulkorb"**, das ist eine Art „Schneeballen". Diese „Maulkörbe" bekommen die Hochzeitsgäste auch als Wegzehrung mit – durch ihre symbolische Form soll eine ungute Nachrede ausgeschlossen werden.

Hochzeitsgebäck ist auch die **„Himmelsleiter"**: aus einem aufgegangenen Reinlingteig wird eine etwa eine Spanne breite, drei Spannen lange Doppelleiter geformt und in heißem Backschmalz gebacken. Diese „Himmelsleiter" darf nur das Brautpaar essen.

Gailtaler Kirchtagsbrezen

Krapfenteig nach dem Rasten auswalken, etwa 25 cm lange Streifen schneiden, mit eingekochten Schwarzbeeren, geriebenen Brotbröseln, Honig oder etwas Zucker (oder einer Reinlingfülle, siehe Seite 124) belegen, zu bleistiftstarken Rollen drehen und daraus Brezen formen. Dann in heißem Backfett schwimmend backen. Diese Kirchtagsbrezen benötigt man auch zum „Kirchtagsgupf" (siehe Seite 92).

„Hirschg'stäng" (Hirschgeweih, -hörnlein)

120 g Mehl, 60 g Butter, 1 Ei, 1 Dotter, evtl. Milch, Zimt, geriebene Zitronenschale

Aus den Zutaten rasch einen Mürbteig kneten, eine halbe Stunde kühl rasten lassen, dann messerrückendick auswalken, drei Finger breite Streifen schneiden, diese zu kleinfingerlangen Stücken rollen („wuzeln"), in der Mitte abbiegen (zu einem Hirschgeweih, oben auseinanderstehen lassen), an mehreren Stellen mit der Schere etwas einschneiden. In heißem Schmalz schwimmend backen. „Hirschg'stäng" dürfte ursprünglich ein Faschingsgebäck gewesen sein.

Die Kärntner Küche kennt auch die **„Hasnearl" („Hasenohren")** bzw. **„Polsterzipf"**, auch **„Schedlan"** genannt; sie werden aus einem Mürbteig oder einem Brandteig gemacht und in heißem Backschmalz gebacken.

„Rumplernudeln", „Niggelen", „Nigile", „Nuß'n", „Poan"

Einen einfachen Krapfenteig nach dem Rasten messerrückendick auswalken, kleine Stücke ausstechen, und zwar in der Größe einer Fingerspitzenkuppe, einer Kastanie, Nuß („Nuß'n") oder Bohne („Poan"). Zugedeckt noch einmal gehen lassen, dann in heißem Schmalz resch backen. Sie sollen sehr knusprig werden

und schmecken am besten, wenn man sie trocken knabbert, können aber auch mit Met, Honigwasser, Glühmost oder mit einem mit Schnaps verdünnten Honig übergossen werden; auch Zwetschken- oder Kletzenpfeffer und „Epflgschra" passen dazu.
Die Brentlerin buk diese „Rumplernudeln" am Abend vor dem Abtrieb des Viehs von der Alm und tischte sie am nächsten Morgen als Abschiedessen den Hausleuten auf, die gekommen waren, um beim „Abfödeln" (die Sennhütte oder „Schwoaghütten" schließen, winterfest machen) bzw. beim Almabtrieb zu helfen. Den Rest packte sie in die hochgesteckte Schürze oder in einen Korb und schenkte jedem Entgegenkommenden eine Handvoll davon – allerdings mußte jeder sie zuerst danach fragen, sonst wäre die Sennerin beleidigt gewesen und hätte sich als zu „leicht" gefühlt. Die letzten Rumplernudeln bekam die Bäuerin auf dem Hof im Tal, damit sie nächstes Jahr wieder Glück hat mit dem Vieh auf der Alm. Der Tag endet mit einem „feisten Mahl".
Ähnliches Schmalzgebäck wird überall auf den Almen gebacken; im Lesachtal nennt man es **„Schottschimpfl"**, im Katschtal **„Schnurraus"**, im Glantal **„Rofenudl"**. Auch beim Mahl nach dem Brecheln erfreuten sich die nußgroßen „Niggelen" besonderen Zuspruchs. Das Mitternachtsmahl der Brechlerinnen bestand aus „saurer Suppn", Milchbrein, Bohnen, Semmeln und Kaffee. Von 2 oder 3 Uhr morgens bis 11 Uhr vormittags wurde weitergebrechelt, dann erhielten sie wieder ein Mahl: Suppe, Fleisch, Nudeln, Kletzen, Strudel, Zipfelkrapfen und Kaffee mit Kuchen sowie die Niggelen. Dann ging die Arbeit weiter. Zuletzt erhielten die Brechlerinnen noch Weizenbrot, Krapfen, Selchfleisch und Würste als Geschenk. Zum Brechelfest selber gab es Brennsuppe, Dampfnudeln, Fleischspeisen mit gekochten Dörrzwetschken, Krapfen, Kuchen, in Honig und Schnaps getränkt, Kaffee u. a. m. Die „Brechlbraut" erhielt ein Körbchen, gefüllt mit einem Reinling, mit Krapfen, Äpfeln und einem Blumenstrauß.

„Schottzagalan"

500 g Mehl, halb Milch, halb Topfenwasser (Molke), 1 Ei, 40 g Germ, Prise Salz; Backschmalz

Aus den Zutaten mit Dampfl einen mittelfesten Germteig machen, auf warmem Platz zugedeckt gut aufgehen lassen, nochmals durchkneten, messerrückendick auf bemehltem Brett auswalken. Mit einem Fingerhut kleine Stückchen („Kigelan" oder mit Formen kleine „Herzlan, Blattlan, Sternlan, Gamslan" u. ä.) ausstechen. Zugedeckt nochmals gehen lassen. Dann in heißem Backschmalz backen. Die „Gamslan" stecken sich die Halter auf den Hut, die Sennerin verteilt das Backwerk beim Viehabtrieb von der Alm wie die „Rumplernudeln".

„Schottraunkn"

300 g Weizenmehl, 300 g Topfen, 2 Eier, Salz, 1 TL Zucker, 20 g Germ, Milch; Backschmalz

Aus einem Dampfl und den übrigen Zutaten einen weichen Germteig machen, gründlich abschlagen und zugedeckt gehen lassen. Mit einem kleinen Löffel kleine Nockerln ausstechen, kurz zugedeckt nochmals gehen lassen, dann in heißem Schmalz backen. Herausheben, abtropfen lassen. Heiß oder kalt mit Kompott oder Salaten servieren. (Katharina Zellnig, Wolfsberg)

Sennerin in der Hütte am Herd beim Buttern. Kolorierte Lithographie von Richter.

„Schottraunggn", „Schottranggalan", „Schottreinggele"

500 g trockener Topfen (Schotten), Mehl, Prise Salz, 1–2 Eier, saurer Rahm; Backschmalz, Milch

Den Topfen mit so viel Mehl, Eiern und etwas saurem Rahm sowie einer Prise Salz vermengen, bis ein festerer

Nockerlteig entsteht. Mit einem kleinen Löffel maronigroße, unförmige Knödelchen bzw. Nocken („Raunggn") ausstechen und in heißem Backschmalz rundum knusprig backen. Herausheben, abtropfen lassen und in eine Schüssel geben. Mit Milch übergießen. Zugedeckt noch eine Zeit im Rohr dünsten lassen. Dazu serviert man Milch, „Grantn", aber auch Salat oder Sauergemüse.
Wenn auf den „Raunggn" einmal kein Schmalz ist, fragt man die Bäuerin höhnisch: „Was fahlt denn, daß sie sind angeschmürb worn?" Wenn gar „nackentige Raunggn" (nur in Salzwasser gekochte, nicht in Schmalz gebackene) aufgetischt werden, bemitleiden die Esser spöttisch das Gericht: „Dös Hascherlan, alser nackentiger müap (müßt) dös furt! "

Mölltaler „Schottraunggelan", „Schottreinggerle"

250 g Topfen, 150–200 g Mehl, 2 Eier, Salz, Kerbelkraut („Keferfil"), Petersilie oder Zitronenmelisse; 50 g Butter

Die Zutaten ohne Butter zu einem Teig verkneten, kleine Laibchen formen, in einer Pfanne in heißer Butter beidseitig knusprig braten. Dazu serviert man Preiselbeeren, Milch oder Salate.

„Topfenreinkerln"

500 g Topfen, 120 g griffiges Mehl, 40 g Zwiebel, gehackte Petersilie, Schnittlauch, Salz, Pfeffer, 2 Eier, 50 g Brösel; 80 g Butter

Ohne Butter alle anderen Zutaten zu einem Teig kneten, kleine Laibchen formen, in einer Pfanne in heißer Butter beidseitig knusprig braten. Dazu serviert man Milch oder Salate.

Gurktaler „Reinggalan"

250 g Topfen, 250 g gekochte Erdäpfel, 250 g Weizenmehl, 1 Ei, Prise Salz; Backschmalz

Den Topfen mit passierten Erdäpfeln, Mehl, Ei, Prise Salz zu einem festeren Nockerlteig verarbeiten, daraus kleine Laibchen formen, in einer Rein in heißer Butter beidseitig braten. Als Beilage Kompott oder Salate, süße oder saure Milch. (Trude Grud, Villach)

„A Schüss'l und a Pfand'l,
a Taller und drauf a Straub'n,
hietz wöll mer dem Kind'l
an' Opfer z'ammklaub'n."

So heißt es in einem alten Kärntner Weihnachtsspiel. „Sträubile" wurden einst der Wöchnerin zum „Weisade" gebracht. „Holderstrauben" sind in Backteig getauchte, in Schmalz gebackene Holunderblüten.

„Hadnstraub'n" (Heidenstrauben)

250 g Heiden-Vollkornmehl, Wasser, 250 g Weizenmehl, 3 Eier, $^1/_4$ l saurer Rahm, Salz; Backschmalz

Heidenmehl nach und nach mit siedendem Wasser abbrühen, daß man daraus einen Sterz rühren kann. Dann mit den restlichen Zutaten einen mittelweichen Teig kneten. Bleistiftstark auswalken, handflächengroße, verschobene Vierecke ausradeln, diese in heißem Schmalz beidseitig backen. Man kann sie auch etwas dicker machen (dann muß man aber ein kleines Dampfl mit Germ in den Teig einarbeiten). Dazu Salat oder Sauerkraut, „Grantn" (Preiselbeeren), eingekochte Schwarzbeeren oder „Holder" (Holunder) servieren.

Auch **„Schnittlan"** nach Art der Pofesen kennt die Kärntner Bauernkuchl; dünne, halbierte Schnitten aus dunklem Brot in versprudelte Eier tauchen, in Backschmalz hell backen. Noch heiß mit Birnmehl, Karobemehl oder Zimtzucker bestreuen. Mit Honigüberguß oder ungesüßt mit „Krenbrîh" (Semmelkren), Kräuter-Rahmsoße, Zwiebelsalat oder grünem Salat servieren.

„Resches Ei"

4–8 Eier, Salz, 1–2 TL Mehl; Backschmalz, Honig

Eier mit Prise Salz und wenig Mehl versprudeln, fadendünn in fingerhohes heißes Backschmalz gießen, zuerst nach einer Richtung, dann überkreuz, daß dabei ein knuspriges Gitter entsteht. Auf beiden Seiten backen. Herausheben, abtropfen lassen, mit flüssig gemachtem Honig beträufeln oder mit Birnmehl, Karobemehl oder Zimtzucker bestreuen.

„Kräutlach-Ei"

Wie „resches Ei" zubereiten, nur gibt man in die Ei-Mehl-Masse reichlich feingehackte grüne Kräuter (Kamille, Salbei, Majoran, Thymian, Zitronenmelisse, Bertram, Fenchel, Pfefferkraut, Basilikum). Das „Kräutlach-Ei" wurde in der Volksmedizin als Heilgebäck verwendet.

Backwerk

Reinling

1000 g griffiges Mehl, 100–150 g Butter, 2 Eier und 1 Dotter (oder 3 Eier und 3 Dotter), 3 EL Zucker, ½ l Milch, 50 g Germ, 10 g Salz, geriebene Zitronenschale; Butter; Zucker, Zimt, Rosinen

Aus den Zutaten mit einem Dampfl einen ziemlich weichen Germteig machen. Zugedeckt dann um das Doppelte des Volumens aufgehen lassen. Dann rasch nochmals zusammenschlagen, einen fingerdicken Fleck ausrollen, mit Butter beträufeln und mit sehr viel Zimtzucker und Rosinen bestreuen. Früher hat man statt dessen oft Birnmehl, Karobemehl, Schwarz- und Preiselbeeren, geriebene Nüsse, grob gemahlenen Zucker oder nur Honig, gehackte Zirbennüsse, gesottene, kleingehackte und entsteinte Dörrzwetschken oder Kletzen verwendet. Den Fleck zu einer Wurstrolle zusammendrehen, diese mehrmals um die eigene Achse drehend schneckenförmig in eine mit Schmalz dick bestrichene Rein legen. (Heute verwendet man vielfach eine Gugelhupfform, für welche die halbe Teigmenge genügt.) Zugedeckt nochmals auf die doppelte Größe aufgehen lassen, dann sofort bei guter Hitze im Rohr etwa eine Stunde lang backen. Noch in der Form lassen, nur rundherum lockern und langsam abkühlen lassen. Dann stürzen. Heute ißt man den Reinling zum Häferlkaffee, früher war er eine Spezialität zum gekochten Osterschinken und zu Osterwürsten.
Wie ich schon in meinem „Großen Sacher Kochbuch" ausgeführt habe, leitet sich die richtige Schreibart „Reinling" von der Reine ab, der flachen Schüssel, in der das Gebäck gebacken wird und nach der es seinen Namen erhielt. Die traditionsreiche Stellung des Reinlings wird dadurch bestätigt, daß er bei fast allen Festtagen im Jahres- und Lebenskreislauf in Kärnten eine wichtige Rolle spielt. Wort und Sache finden auch noch auf heimischem Boden, im südlichen Burgenland und im Lienzer Becken Verbreitung (das ja bis in die Neuzeit ein Teil Kärntens gewesen ist). „Kärntner" Reinling wird er aber meist von den Nichtkärntnern genannt, denn der Kärntner selber bezeichnet ihn nach dem Mehl: **„W(o)azan"** (aus Weizenmehl), **„Türkenreinling"** (aus Maismehl); nach der Backform: **„Reinling"**, **„Schirbling"**, **„Schartl"**; nach dem Zweck: **„Weichnreinling"** (für den Weihkorb zur Osterweihe), **„Gotenreinling"** (als Patenspende zu Ostern, Allerheiligen), **„Wanderreinling"** (zu Lichtmeß, Termin des Dienstbotenwechsels). Der **Rosentaler Osterreinling** heißt **„Praitel"** und hat eine Größe von einem Meter Durchmesser. **„Kosterle"** heißen die in kleinen Schalen gebackenen Reinlinge, die früher jeder zu seinem Osterei bekam (so im Nockgebiet um Bad Kleinkirchheim); auch am Stephanitag holten sich die Burschen diese „Kosterle" von ihren Dirndln ab, bei denen sie es sich „angfriemt" (bestellt) haben. Auch der Palmbuschenträger bekam am Palmsonntag einen Reinling als Belohnung. Gab im Rosental ein Mädchen am Ostermontag einem Burschen einen Reinling-Anschnitt bzw. ein Scherzel, galt das als Zeichen ihrer Zuneigung. Und mit einer Kletzenfülle kann der Reinling sogar das weihnachtliche Kletzenbrot ersetzen.

Kochbuch der Maria Ortner, ehem. Mauerwirtin in Bad Kleinkirchheim, 1910.

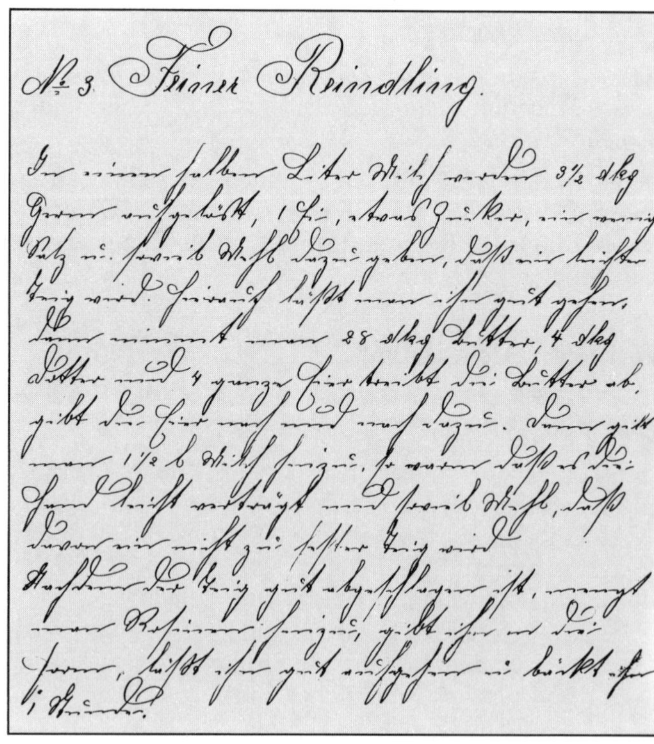
№ 3 Feiner Reindling

Rosentaler Hochzeitsreinling

Den aufgegangenen, zu einem Fleck ausgewalkten Reinlingteig bestreut man mit grobgehackten Nüssen, vorgeweichten, gekochten, feinzerhackten Kletzen, Birnmehl oder Karobemehl; dann mit Honig kräftig beträufeln, zusammenrollen und in eine gut gefettete, mit Mehl bestreute Hochzeits-Reinlingform (hat einen geraden, breiten Zapfen in der Mitte) schneckenförmig einlegen. Anstelle des Zapfens kann man auch ein Wasserglas einsetzen. Zugedeckt aufgehen lassen, dann etwa eine Stunde backen. Der Hochzeitsreinling wird mit bunten Bändern umwickelt und mit Blumen geschmückt auf einem großen Teller oder in einem flachen Strohkörberl aufgetragen, rundum noch mit Äpfeln, Nüssen, Haselnüssen, gedörrten Zwetschken oder Kletzen belegt. Das Essen des Hochzeitsreinlings bringt Glück; Pferde damit gefüttert, werden feurig.

Ein allgemeines Festtagsgebäck sind die **„Fleck“** bzw. das **„Flögenbrot“** (Gschriet), ein fladenförmiges, bis zu 30 cm großes Gebäck aus Germteig mit Eiern, Weinbeeren, Neugewürz und Zimt (ähnlich dem Südtiroler „Fochetze“), häufig überzuckert, vereinzelt mit Safran gefärbt.

Johann Taurer Ritter von Gallenstein schildert 1820 das Hochzeitsessen im Lavanttal: „Ein solcher Schmaus beginnt ... mit dem Frühstücke, welches jedoch erst um 11 Uhr Mittags seinen Anfang nimmt und bei vorzüglicheren Hochzeiten aus einer Rindsuppe mit Brod, Lungenmuß, Rindfleisch mit gekochtem Meerrettich, Sauerkraut mit geräuchertem Fleische, Kalbsbraten, Salat und Kuchen besteht. Erst um 8 Uhr Abends fängt die eigentliche Tafel an, die sodann mit einem Ragout aus verschiedenartigem Baiwerke, mit Rindfleisch und Meerrettich, Schmalzkoch, Kalbsköpfen, gesottenen Hühnern, kleinen runden Kuchen, mit Honig und Obstabsud begossen, gedämpftem Fleische, mit Waitzenbrod, Eiern und Schmalz vermischt und hier Reidlbröck genannt, mit großen Kuchen und endlich mit mürbem Waitzenbrode und Eiermilch besetzt wird. Die Speisen kommen schon in Portionen getheilt auf den Tisch, wobei jedoch vorgesehen ist, daß jeder Gast nach reichlicher Sättigung noch im Stande sey, einen ansehnlichen Theil des Mahles nach Hause zu tragen. Hier, so wie bey der alltäglichen Kost besteht das Getränke aus Most (Cyder), der in diesem Thale aus der reichen Obsternte bereitet und von vorzüglicher Güte ist. Bei dem reicheren Thalbewohner findet man bei einer solchen Feierlichkeit auch wohl Wein, wohingegen die ärmste Klasse sich mit Glauer, einem Getränke, welches aus Wasser und den Obsttheilen, aus denen bereits Most gepreßt wurde, bereitet wird, behilft.“
Matthias Maierbrugger schildert das Hochzeitsessen im Kärntner Nockgebiet. Der erste Gang besteht aus Fleisch mit Krensoße, gelber Suppe, Schweinsbraten mit Reinling und allen möglichen Zuspeisen. Nach Tanz und Brautstehlen folgt der zweite Gang, bestehend aus Eingemachtem und Braten mit Krautsalat. Nach einer weiteren Tanzmusik ruft der Brautvater am beginnenden Morgen zum dritten Gang, zu Kaffee und Krapfen, manchmal auch zu Prügelkrapfen.

Wie schon erwähnt, gibt es noch verschiedene andere kleinere Reinlingformen, so für die „Reinkelen“ („Reinggele“, „Rankele“).

„Schmalzreinkelen“

Ein nicht gesüßter Reinlingteig wird in kleinen, zugespitzten Formen gebacken, die oben etwa 10 cm breit, unten enger und insgesamt etwa 6 cm hoch sind (sollen kleiner als die Zuckerreinkelen-Formen sein). Die Form zuvor mit Butterschmalz ausschmieren.

„Zuckerreinkelen“

Die Backform ist oben 10 bis 12 cm breit, wird nach unten zu schmäler, etwa 8 cm hoch. Reichlich mit Butterschmalz ausstreichen, ebenso reichlich mit Grießzucker ausstreuen, dann den Germteig mit der gewünschten Reinlingfülle schneckenförmig einlegen und backen.

„Herzreinkele“, Herzreinling

Eine irdene Herzform (15 cm breit, 18 cm lang, 6 cm tief) mit Schmalz ausstreichen und den gefüllten Reinling einlegen. Werden für die Patenkinder gebacken.

„Hadernigger“

500 g Heiden-Vollkornmehl, 1 l Milch, 2 Eier, 60 g Butter oder 1/8 l saurer Rahm, Salz, 50 g Germ, Nußkerne, Honig oder Zucker

Grießiges, gebundenes Heiden-Vollkornmehl mit allen anderen Zutaten und aufgelöster Germ zu einem Teig verrühren, der sich gerade noch gießen läßt. Die Hälfte in eine gut gefettete Rein gießen, darauf grobgehackte Nußkerne, etwas Honig oder Zucker geben, dann die zweite Hälfte des Teiges daraufgießen. An warmem Ort zugedeckt aufgehen lassen, dann wie den Reinling backen. Erkaltet in Stücke schneiden. Er kann auch mit „Graipn" (Grammeln), Fleischresten und versprudeltem Ei begossen sowie mit Würzkräutern gefüllt werden. Anstelle von Heiden-Vollkornmehl mischt man $^3/_4$ Heidenmehl und $^1/_4$ griffiges Weizenmehl.

Hochzeitsreinlingform. Schwarzhafnerkeramik, spätes 18. Jh., Völkermarkt. Durchmesser: 74 cm. Am Boden flächenfüllende Ornamente.

Bertramreinling

Reinlingteig; Fülle: 4 Eier, 4 EL zerlassene Butter, $^1/_8$ l Milch, 3 EL grobe Brösel, Salz, 4 Handvoll grüne Bertramblätter (Estragon), Butterschmalz für die Rein, $^1/_8$ l saurer Rahm

Butter und Eier schaumig rühren, Milch, Rahm und dunkle Brösel einrühren, leicht salzen. Diese Fülle auf den ausgerollten Germteig streichen, gehackte, frische Bertramblätter ohne Stengelteile darüberstreuen, zu einem Strudel einrollen und diesen schneckenförmig in eine mit Butterschmalz ausgestrichene Reinlingform einlegen oder auf einem länglichen Backblech bei guter Hitze backen. Während des Backens mehrmals mit Sauerrahm bestreichen.

Bertramstrudel

Strudelteig: 200 g Mehl, 1 Ei, Öl, Spritzer Essig; Fülle: 2–4 Weckerln (Semmeln), 4 Eier, $^1/_4$ l saurer Rahm oder Buttermilch, Öl oder Butter, Bertramblätter (Estragon)

Aus altem, halbdunklem Knödelbrot mit versprudelten Eiern, saurem Rahm oder Buttermilch eine Fülle bereiten, etwas ziehen lassen. Strudelteig ausziehen, Butter oder Öl daraufträufeln, die Fülle aufstreichen, frische gehackte Bertramblätter darauf verteilen. Den Strudel zusammenrollen und schneckenförmig in einer Rein oder in langen Stücken auf dem geölten Backblech im Rohr resch backen. Die Fülle kann man mit Sauermilch oder Molke verlängern, sollte sie zu trocken geraten sein. Während des Backens den Strudel mit Milch oder saurem Rahm bestreichen.

Lebkuchen gehören zu den altüberlieferten Festtagsgebäcken der Weihnachtszeit. Als sinnbildliche und figürliche Modelgebäcke reichen sie in vorchristliche Zeit zurück, wurden durch die mittelalterlichen Klosterküchen vermittelt, dann gewerbsmäßig vom Lebzelter hergestellt. Gerade zur Weihnachtszeit wurden verschiedene Szenen wie Mariä Verkündigung, Christi Geburt, Anbetung der Hirten, Heilige Drei Könige u. a. szenisch ausgeformt. Es lag nahe, daß auch manche findige Bäuerin sich an dieser Kunst versuchen wollte. Im übrigen hat man aber hauptsächlich gekaufte Lebkuchen in der kärntnerischen Bauernküche weiterverarbeitet, wie das Rezept vom Katschtaler Scheiterhaufen zeigt.

„Honigtaferlen", Lebkuchen

200 g Honig, 200 g Grießzucker oder 250 g brauner Rohzucker, 2 Eier, $^1/_4$ l Milch, 1 TL geriebene Zitronenschale oder Zitronenmelisse, $^1/_2$ TL Zimt, Neugewürz, wenig Koriander, 1 EL Natron, 500 g dunkles Roggenmehl

Zerlassenen Honig, Zucker, Eier, Milch, Zitronenschale, Zimt, Neugewürz und Koriander schaumig rühren, Natron beigeben, zuletzt gesiebtes Mehl einrühren und zu einem dickflüssigen Teig verarbeiten. In eine mit Butter ausgestrichene, mit Mehl bestäubte Kuchenform füllen ($^1/_3$ frei lassen), ziemlich heiß backen, auskühlen lassen. Am nächsten Tag längliche „Taferln" daraus schneiden. Leichter gelingt es, wenn man dem dunklen Mehl aus Roggen noch 125 g dunkles Weizenmehl einmengt.

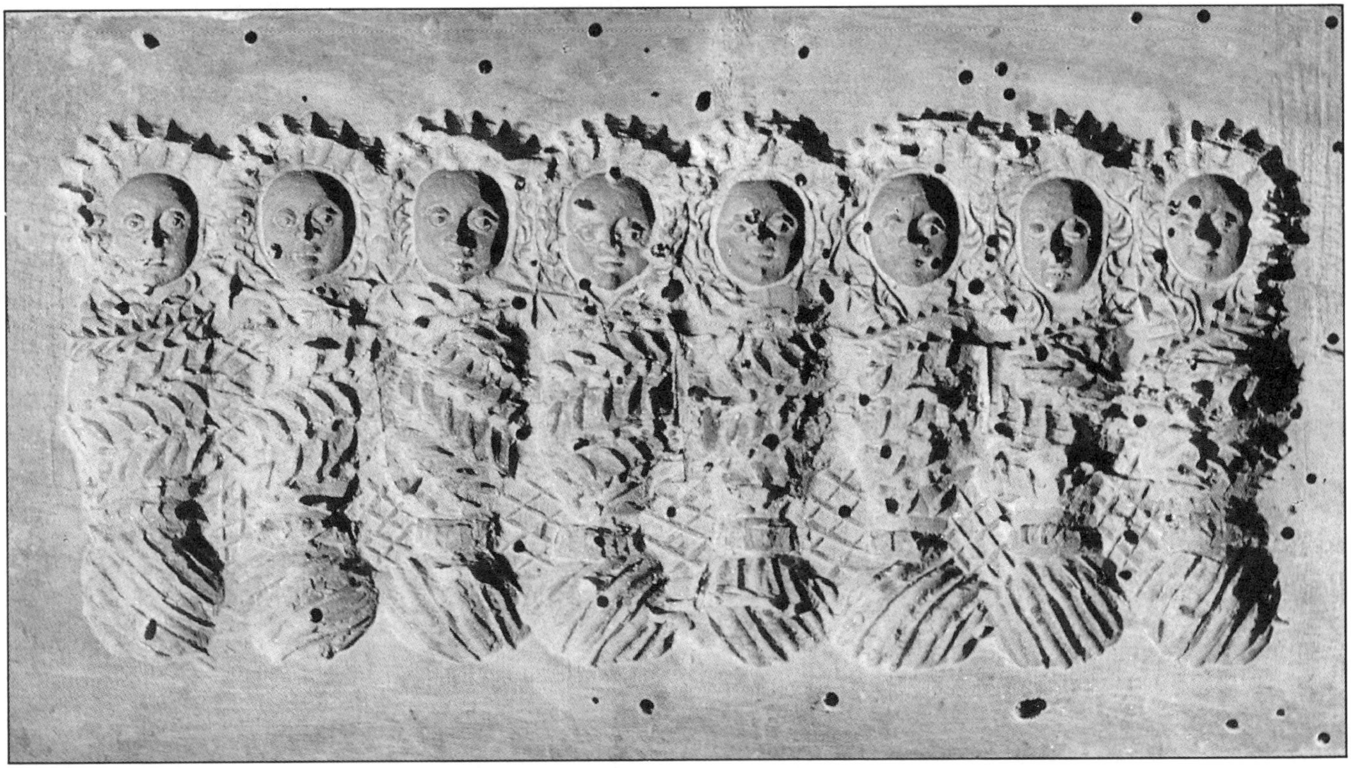

Lebzeltmodel. Hartholzblock: Wickelkinder als zusammenhängendes Zeilengebäck, mit Rüschenhaube und diagonal gewickelter Fasche.

Katschtaler Scheiterhaufen, Kärntner Bauerntorte

1–2 EL feine Brösel oder grießiges Mehl, altbackenes „Woazenes" (oder Reinling, mürber weißer Wecken, Semmelschnitten oder Milchbrot), Butterschmalz, einige Löffel Honig, ½–¾ l Milch, 6–9 Eier, 1 Stamperl Schnaps oder etwas Rum, 2 EL Staubzucker, Zimt, Neugewürz oder Koriander, geriebene Zitronenschale, Lebkuchen („Herztaferln") oder Schnittlebkuchen; Honig und Butter, Zimt, Zucker zum „Honigschmalz"

Eine größere Backpfanne mit Butterschmalz und Honig dick bestreichen. Mit Mehl oder Bröseln einstreuen, dann dicht aufeinander halbfingerdicke Schnitten aus Woazenem, Milchbrot oder Reinling, die zuvor kurz in Milch, dann in die mit Schnaps oder Rum, Zimt, Neugewürz oder Koriander und Zitronenschale versprudelten Eier getaucht werden, legen. Auf jede Schicht je eine fingerdicke Lage Lebkuchenscheiben legen, zuvor ebenfalls in Milch und Eier getaucht. Auf jede Lage noch etwas von der Eiermischung gießen und so Lage für Lage (insgesamt sechs Lagen) einlegen. Obenauf mit einer Schicht Woazenem (Milchbrot oder Reinling) abschließen und die restliche Eier-Milch-Mischung darübergießen. Im heißen Rohr langsam backen, bis alles sich gebunden hat. Nach halber Backzeit das überflüssige Butterschmalz abgießen, das Gebilde mit dem Häferldeckel stürzen, wieder in die Pfanne zurückgleiten lassen und fertig backen. Stürzen und mit **„Honigschmalz"** übergießen: 3 Teile Butter mit 1 Teil Honig, etwas Zimt und Zucker verrühren und einmal aufkochen lassen. (Lia Miklau, „Kärntner Kochbüchl", 1973.)

Diese Art Auflauf wurde früher auf dem offenen Herd in der alten Rauchkuchl gebacken und wird noch heute im oberen Liesertal und im Katschtal zu Hochzeiten und zum Kirchweihfest als „Bauerntorte" aufgetragen. Bei Hochzeiten bäckt man einen „Zug" (dickeren Draht), kreisförmig in den Scheiterhaufen eingelegt, mit, damit der erste, der zum Anschneiden bestimmt wird, Schwierigkeiten hat, ihn durchzuschneiden.

Brot und Brauchtumsgebäcke

„Is ka ganze Mahlzeit, wo nit a Stückl Brot dabei is", meint ein alter Kärntner Bauer. In reicheren Häusern mit zwölf, fünfzehn und mehr Essern mußte jede Woche gebacken werden. Am Tag zuvor werden die „Bachscheiter" in den Backofen gelegt, der zur Zeit der Rauchstuben noch in einem Winkel der großen Bauernküche neben oder hinter dem Sparherd stand. (Vor dem Ofenloch war im Lehmfußboden eine Grube, sonst mit einem Brett überdeckt.) Die Magd baut im Backofen aus den Bachscheitern ein „Kastl" oder eine „Greamatn" – für „a niads Leabl a Scheit" – im Geviert übereinander. In die Mitte legt sie dünne Späne. Am Vorabend wird auch „angetampflt": aus der „Kematn" holt die Bäuerin die „Brotdeasn" und stellt sie in die Küche auf ein Holzkreuz. Die „Deasn" füllt sie mit dem Mehl. In einen „Tumpf" wird das Dampfl, der Sauerteig vom letzten Backen, geleert und dann zugedeckt.
Da der „Brotteig keinen Tag sehen darf", beginnt die stärkste Magd oder die Bäuerin selber schon um drei Uhr früh mit dem Kneten, gibt Salz und Kümmel, Wasser und Milch dazu, schneidet den Teig in einzelne „Wellen", jede „Welle" wird wieder extra geknetet. Und es muß schon sehr kräftig geknetet werden, damit das Brot nicht „hebrindig" wird. Inzwischen wird der Backofen angeheizt. Sobald die „Greamatn" zusammenfällt, formt die Bäuerin aus dem aufgegangenen Brotteig Laibe, legt sie auf die Brotbretter oder in die „Simpalen" und läßt den Teig wieder gehen. Die Bäuerin schneidet noch in jeden Laib drei Kreuze ein. Dann steigt sie in die Ofengrube, nimmt den „Zugstein" heraus, die Glut wird mit der „Ofenkrucke zriascht", gleichmäßig verteilt, und seitlich vor das Ofenloch gerückt. Die heiße Asche wird mit der „Leitrat" oder „Zusel" („Leichtratn") sauber herausgeputzt, und zwar von links nach rechts, den Sonnenlauf nachahmend, wie Matthias Maierbrugger in „So wurde einst das Bauernbrot! " zu berichten weiß und dessen Schilderung ich hier wiederzugeben versuche. Eine Handvoll Mehl eingestreut, zeigt der Bäuerin an, ob die Hitze richtig ist: das Mehl muß rasch braun werden. Dann werden die Laibe auf eine Holzschaufel gelegt, mit Wasser benetzt und auf dem „Schiaßling" eingeschossen. Das alles muß rasch gehen – bis drei Holzspäne abgebrannt sind! Das Ofenloch wird mit dem Zugstein wieder geschlossen und mit einer nassen „Zusel" abgedichtet. Mit der Ofenschaufel macht die Bäuerin noch ein Kreuzzeichen. Einmal müssen die Laibe umgeschichtet und dabei nochmals mit Wasser benetzt werden. Nach etwa zwei Stunden (bei ca. 200 Grad) ist das Brot gebacken. Nochmals werden die Laibe mit Wasser abgewischt, damit sie glänzend werden, und dann im Troadkasten oder in einer Bodenkammer in die „Brotrehm" (Gestell mit rippenartigen Holzstäbchen oder Eisengestänge) gelegt.
Ein Laib von der alten „Bacht" soll noch auf der Brotrehm liegen, denn „Mühlwarm und Ofenwarm machen den reichsten Bauern arm". Ebenso gibt man das letzte Stück eines Brotlaibes nicht aus der Hand, schon gar nicht einem Bettler, sonst muß man im Alter selber betteln gehen. Das letzte Scherzl sollen auch nur Verheiratete essen, ißt es ein Lediger, muß er sieben Jahre auf sein Eheglück warten. Brautleuten steckt die Brautmutter heimlich ein paar Brotstücke in die Tasche, damit sie beim Wirtschaften vorwärtskommen. Vom Brot auf der Hochzeitstafel nimmt das neuvermählte Paar den Rest nach Hause, dann kann es sein Lebtag gut „hausen" (wirtschaften). Im oberen Gurktal erhält die junge Bäuerin von der alten einen Brotlaib mit dem Troadkastenschlüssel überreicht; wenn die Junge den Brotlaib gleich anschneidet und das „Räftl" in die „Tischtrugn" legt, wird sie eine fürsorgliche Bäuerin. Nie darf ein Brotlaib mit dem Rücken auf den Tisch gelegt werden, sonst hat man beim Vieh „Unreim" oder die Kinder geraten nicht (H. Prasch).
Im Kärntner Nockgebiet aß man noch vor fünfzig, siebzig Jahren nur Roggen-Schwarzbrot; da war der Brotteig nicht weich, sondern mußte kernig-trocken geknetet werden. Oft war ein zwei-, dreimaliges Nachkneten notwendig.

„Tampfl" (Dampfl), Sauerteig bekommt man, wenn man ein Viertelkilogramm dunkles Roggenmehl und Wasser zu einem kleinen Laib zusammenknetet und in Zimmerwärme zu doppelter Größe aufgehen läßt. Oft drückt man etwas frischgeschnittene Zwiebelstücke in das Laibchen (vor Verwendung wieder entfernen). Zu 1 kg Vollmehl rechnet man 5 Gramm Sauerteig. Aus dem Sauerteig wird dann im „Multerle" das „Tampfl", die Gärprobe, bereitet: Das Laibchen am Tag vor dem Backen auseinanderbrechen, in handwarmem Wasser auflösen, zu einer dickflüssigen Masse versprudeln. Diese Masse in Zimmerwärme viermal größer aufgehen lassen – am besten gleich im Backmehl. Nach dem Aufgehen erst salzen. Im Katschtal (oberes Liesertal) wird das Sauerteigdampfl in einem 3 bis 5 Liter fassenden „Tampfkibel" aufbewahrt und 2 Tage vor dem Backen mit lauwarmem Wasser (18 bis 20 Grad) und etwas Mehl angerührt (im Sommer nimmt man ein etwas kühleres Wasser). In der Wärme aufgehen lassen, das Dampfl soll schließlich das ganze „Multerle" ausfüllen. (Einrühren, Aufgehen und Zusammenfallen kann man nochmals wiederholen.) Sauerteig erhält man auch aus dem alten Brotteig, den man mit etwas Wasser und Mehl verknetet und bis zur nächsten „Bacht" abliegen läßt.

Bei den Bergbauern verwendete man früher Hopfen zur Brotbereitung: Grobes Weizenmehl oder feine Weizenkleie wurde mit Hopfenwasser abgemacht und als „Hopfenfarfalan" (Mehlknötchen) getrocknet aufbewahrt. Zum Herrichten des Brotteiges werden Hopfen und Gerste so lange gekocht, bis die Haut der Körner aufspringt, dann abgeseiht und ausgekühlt. Die „Farfalan" werden mit diesem Wasser aufgeweicht und so viel Absud genommen, daß zum Teigabmachen kein Wasserzusatz mehr nötig ist. Dieser Teig wird gären gelassen und so der Brotteig bereitet. Noch während des letzten Kriegs, als Preßhefe schwer erhältlich war, war diese alte Methode wieder zur Geltung gekommen.

Mühlen sind in Kärnten urkundlich seit 822 bezeugt. Einst hatte jeder Hof seine Mühle, bis die alten Holz-Stein-Mühlen durch moderne Walzenlohnmühlen verdrängt wurden. Seit dem 16. Jahrhundert standen im Möll- und im Drautal und rund um den Millstätter See, auf Pfählen direkt über den reißenden Bergbächen errichtet, „ Floder-" („Fluder-") oder „Stockmühlen" mit vertikalem Antrieb. Aus einer hölzernen Wasserrinne („Ursch" genannt) stürzt ein Wasserstrahl direkt auf die „Flodern" (Schaufeln) und bringt das Flügelrad in Umdrehungen (die Achse mit dem Floder arbeitet wie eine Turbine; oft hat eine Flodermühle zwei Wellbäume mit Flügelkränzen und hat dann gleich zwei Mahlgänge). Da die Wasserkraft von der Grindel direkt auf die Mahlsteine übertragen wird, konnten solche Mühlen nur an Bächen mit starkem Gefälle errichtet werden. Ein letztes Ensemble solcher Flodermühlen hat sich an einer steilen Berglehne am Apriachbach im oberen Mölltal bis heute erhalten, eine „Flodermühle" ist im Freilichtmuseum Maria Saal zu besichtigen.

Holzwelle und Taufen der „Weberle"-Flodermühle, heute im Kärntner Freilichtmuseum Maria Saal. Stand an der Einmündung des Dösener Bachs in den Mallnitzbach. Die turbinenähnlichen Flodermühlen gab es nur im nördlichen Oberkärnten.

„Woazanes" (ungesüßt)

1 kg Weizenmehl, 3/8–1/2 l Wasser, etwas Rahm oder Milch, 1 Ei, 10 g Salz, 50 g Butter, 50 g Germ; Birnmehl, Karobemehl oder Zimt

Aus Mehl, Wasser und etwas Rahm (oder Milch), Ei, Salz, Butter und aufgelöster Germ einen Germteig machen. Aufgehen lassen, überkneten und in einer gut ausgefetteten Rein 4 bis 5 Finger hoch einfüllen, nochmals gehen lassen und dann im Backrohr backen. Nach Wunsch kann man den Teig etwas auseinanderdrücken, mit Birnmehl, Karobemehl oder nur mit Zimt bestreuen. Dieses „Woazane" ißt man an Festtagen zu Geselchtem, Würsten oder Fleisch. Man kann daraus auch „Schnittlan" machen und benötigt es zur Bereitung des Katschtaler Scheiterhaufens (Seite 127).

Wenn die Bäuerin in der letzten Quatemberwoche vor Weihnachten Brot bäckt, drückt sie auf die Unterseite einiger Brotlaibe vor dem Backen kreuzweise den Schlüsselbart des Getreidekastenschlüssels in den Teig ein **(„Schlüsselbrot“).** Damit sperrt sie das alte Jahr zu – Schlüssel schützen überdies vor dem Zugriff des Übersinnlichen! Mit diesem Zeichen schreckt man auch Kinder, mit der Bemerkung, daß die „Percht“ ihre Fußspuren im Backofen hinterlassen habe. Auch das Wursthorn verwendet man zum Eindrücken von Zeichen. In der Millstätter Gegend werden „Augen Gottes“ auf die Laibe eingedrückt, und zwar ein großes mit dem weiten Ende des Wursthorns in der Mitte des Laibes, mit dem engeren Ende mehrere kleine ringsum im Kreis um das große Auge. So viele Augen, so viele Vierling Roggen gibt es im kommenden Jahr. Der **„Quatemberlaib“** kommt als erster in den Backofen und als letzter heraus, wird bis zum Roggenanbau aufbewahrt und dann erst gegessen. Auch das übrige Quatemberbrot reicht gewöhnlich bis zur Anbauzeit. (Statt der Ringe bringt man gleich dem steirischen „Drudenschlüssel“ inmitten ornamentaler Verzierungen mit dem Wursthorn ein Malkreuz an.)

In vielen Gegenden werden die Quatemberlaibe zur Mette mitgenommen, liegen während der Mitternachtsmesse, der Frühmesse und dem Hochamt am Christtag hinter dem Hauptaltar oder auf einem Seitenaltar. Diese **„Dreimessenbrote“** oder **„Christmessenbrote“** haben besondere Heilkraft für Mensch und Tier. Den Kühen gibt man ein Stück mit Nußkernen; das sichert ihre Milchergiebigkeit und kräftigt ihre Gesundheit. Bei der Frühjahrssaat ein Stück in den Saatkorb gelegt, bewirkt es ein gutes Gedeihen der Saat. In der Feldkirchener Gegend ist dieses Brot aus Weizenmehl ohne Zutat von Salz, in Unterkärnten wird es aus sämtlichen Getreidarten hergestellt und heißt **„Weihnachtsbrot“ („Bozic“);** vor dem ersten Austrieb wird es den Rindern mit Stephanisalz gegeben und soll die Tiere vor Krankheit, Unglück, Schlangenbiß, Blitzschlag u. ä. m. schützen. Läßt man einen Laib bis zu den nächsten Weihnachten liegen, wird das ganze Jahr kein Mangel an Brot sein. Brösel davon gibt man unter die Frühjahrssaat. Auch die Dienstboten bekommen einen Quatemberlaib geschenkt.

„Eiergerm-Scharteln“ („Eierdampfl-Scharteln“)

Zur Zeit, da es noch keine Triebmittel wie Germ gab, wendete die Kärntner Bäuerin ein Verfahren an, bei dem vor allem die Vitamine B und C während des Backens nicht zerstört wurden. Für eine „Brotback“ benötigt man drei Häferl „Eierdampfl“. Die bauchigen Häferl sind 10 bis 13 cm hoch, an der bauchigen Stelle 9 bis 11 cm, unten 6 bis 7 cm, oben 8,5 bis 10 cm breit. In die schwarzirdenen Häfen seiht man $^1/_4$ l kuhwarme Milch, gibt je ein frisches Ei dazu, versprudelt es gut und rührt dann noch je 2 bis 3 Eßlöffel Mehl ein. Danach läßt man die drei Häferl 6 bis 7 Stunden am Ofenrand stehen, gießt die Flüssigkeit ab und schüttet alles Dickere aus den drei Häfen in ein größeres hölzernes Gefäß und vermengt es mit so viel angewärmtem Mehl, daß ein leichter, dichter Nockerlteig entsteht. Mit einem hölzernen Teiglöffel tüchtig durcharbeiten (damit viel Luft hineinkommt). Wieder 2 bis 3 Stunden an lauwarmer Stelle aufgehen lassen, dann 8 bis 12 kg gesiebtes Mehl, lauwarme Milch nach Notwendigkeit und das fertige Eierdampfl und Salz in eine Molter (Knettrog) geben und mit den Händen den leichten Germteig abkneten. Zugedeckt wieder aufgehen lassen. Die Teigmasse dann auf vier gut ausgefettete schwarzirdene Reinen (50 cm Durchmesser, 3 bis 4 Finger hoch), à 2 bis 3 kg Teig, verteilen. Aus dem restlichen Teig einen 30 bis 40 cm langen Striezel formen. Im heißen Backofen wie gewöhnlichen Reinling backen.

Diese Reinlingart, auch „Schärtel“, „Schärtlein“, „Schartl“ genannt, dürfte ebenfalls ein Vorläufer des Reinlings sein – in der slowenischen Mundart heißt der Reinling noch heute „sartelj“, „sarkelj“; auch bei dieser Bezeichnung müssen wir vom Backgefäß ausgehen (mittelhochdeutsch „scharte“ = Röstpfanne, Rösttiegel, der Rost). Im Lavanttal nennt man das Gebäck „Schirbling“ oder „Schirbe“; „Schirbe“, „Scherbe“ bezeichnet ebenfalls eine Backform, von der sich wieder die Bezeichnung „Schirblan“, „Schipplin“ ableitet. Andere Namen eines ähnlichen Gebäcks in anderen Bundesländern sind „Schober“, „Schlägl“, „Schedel“, „Bunkel“, „Wacker“, „Leber“, „Widder“ – alles Gebäcke, die in Formen, in länglichen oder runden Pfannen, in Reinen und Napfformen gebacken und aus Germteig bzw. Gugelhupfteig, zusätzlich mit Weinbeeren, Rosinen, Zimt, Zucker, bereitet werden. Heute verwendet man meist nur noch Gugelhupfformen aus Ton, Email oder Aluminium.

Die Kärntner „Scharteln“ gab es nur zu festlichen Anlässen und waren immer ohne Fülle, bloß Fenchel wurde manchmal in den Teig eingearbeitet. Es war Brauch, einer Wöchnerin vier Stücke Scharteln zu geben, und zwar am ersten Tag nach der Niederkunft mit einer Suppe aus Wasser, Muskatblüte, Fenchel, Honig oder Zucker das erste Stückel Schartel, trocken geröstet, mitgekocht. Am zweiten Tag durfte sie bereits ein Stück Schartel zur gleichen Suppe essen, am dritten und vierten Tag erhält sie je ein Stück Schartel zu einer Hühnersuppe, später auch in Öl ausgebackene Schartelschnitten oder ein gebackenes „Restei".

„Brotgrammel" zum Zerkleinern des Hartbrotes.

Sobald im Nockgebiet eine Mutter das Wochenbett verlassen hatte, kam an einem der nächsten Sonntage die Patin, die „Weisattragerin" („weisat" leitet sich vom mittelhochdeutschen „wisat" = Geschenk, Abgabe von Lebensmitteln ab), festlich gekleidet, mit einem in weißes Linnen gebundenen Korb auf dem Haupt. Sie bringt sieben gezopfte Weizenstriezel (für jeden Wochentag einen), einen Reinling, mit Ornamenten und in der Mitte einer eingedrückten Muskatnuß (blieb die Nuß während des Backens oben, sollte das Kind gut gedeihen), mit Safran, Muskatblüh und Neugewürz gewürzt (damit die junge Mutter keine Gelbsucht bekommen kann), Kaffee, Zucker, Wein und Rosinen.

Am Kirchtag wurden als letzte Speise vor dem Nachhausegehen in Kärnten (und Osttirol) weißes Brot mit Milch bzw. kleine Laibchen von weißem Roggenbrot gegessen und nach Hause mitgegeben.

„Flecken-Woazanes"

Im Görtschitztal wurden die Flecken in gleicher Größe wie ein „Eiergerm-Schartel" als Weihnachtsgebäck im Backofen gebacken (oder im Backrohr, aber ohne Rein); sie wurden ursprünglich vom Teig des Roggenbrotes gemacht. Der Teig wurde fingerdick auf ein Blech gestrichen. Nach Belieben wurden die Flecken mit Wasser bestrichen, mit Kümmel, gehackten Kräutern oder mit zerklopftem Ei und Saturei bestreut.

„Hamachflöggn"

Wenn im August die Mäher auf die Alm aufs „Hamach", zur Heumahd, zogen, nahmen sie in einem Leinensäckchen, auf einem Stock hängend, „Hamachflöggn" mit. Das sind fingerdicke Trockenbrotlaibchen bzw. -fladen aus Weizenmehl, vermengt mit etwas Germ, Kümmel und reichlich Topfen. Einmal gebacken, werden sie noch warm aufgebrockt (zerbrochen) und nochmals im Ofen wie Zwieback gedörrt (gebäht, überbacken). Durch die Beigabe von Topfen bleiben sie lange Zeit frisch. Da die schwere Arbeit wenig Zeit zum Kochen ließ, wurden die „Flöggabrocka" in wenig heißer Milch aufgeweicht und – wie beim Sterz obenauf mit einer Portion Schmalz – gegessen. Dazu trank man kalte Milch. (Für die Milch nahm man zwei, drei Ziegen mit.)

„Fleck", „Fleckl", „Fleckile", „Fleckn" gab es auch in Straden in einer Art nicht näher bezeichneten Kuchen, und zwar nach Beendigung des Getreideschnittes (als „Leukauf-Fleggen") und nach dem letzten Dreschen (als „Bodenfleggen" – weil der Tennboden frei von Garben wurde).

„Plinzen", Brechnudeln

Einen mittelweichen Nudelteig aus grauem Weizen- oder weißem Roggenmehl, etwas Wasser, Prise Salz und Ei bereiten, in faustgroße Ballen teilen, diese zu dünnen Fladen auswalken, mit Eiklar bestreichen, mit Kümmel, Fenchel, Anis, Koriander, Salbei oder Basilikum bestreuen und im Backrohr hell, aber sehr knusprig backen. Dieses Vorratsgebäck wird in Büchsen verschlossen aufbewahrt und als Knabbergebäck zu einem Getränk, zu frischem Beerenobst oder zu „Schiberlan", in Stücke aufgebrochen auch als Suppeneinlage verwendet. Man kann sie auch mit heißem, leicht gesalzenem Wasser übergießen und zugedeckt aufweichen lassen; Wasser wieder abgießen und zur

Suppe verwenden. Die aufgeweichten Plinzen mit zerlassenem Verhackert, Butter oder Knoblauchbutter schmalzen. Dazu warme Milch oder kalte saure Milch. Die „Plinzen“ wurden vor allem auch in Osttirol – dort täglich – gebacken.

„Scharlinge“

Sind ein Trockengebäck zum Knabbern, werden ebenfalls zum Almgehen bzw. als Suppeneinlage verwendet. Sie bestehen aus Weizenmehl (glattem Mehl), Milch, Germ, Salz, Ei. Aus den Zutaten einen Germteig kneten, gehen lassen, dann bleistiftdick ausrollen, daraus etwa 40 cm lange, 15 cm breite Flecken formen. Noch einmal gehen lassen, dann in eineinhalb Finger breiten Abständen der Länge und Breite nach fast bis zum Boden einschneiden und backen. Nach dem Backen an den Schnittstellen auseinanderbrechen.

„Trenten“, „Ofenkater“

Ist ebenfalls ein Knabber-Fladengebäck aus dunklem Weizenbrotteig oder Roggenbrotteig. Aufgehen lassen, überkneten, faustgroße Ballen formen und diese zu dünnen Fladen auseinanderdrücken. Mit beliebiger Auflage im Rohr knusprig backen. Für eine Auflage drückt man kleine Vertiefungen in die Teigoberfläche ein, streicht da hinein gehackte frische Würzkräuter, wie Bertram, Basilikum, Kerbelkraut, Salbei, Quendel, wenig Lustock oder Gundelrebe, und streicht darauf Verhackert, Knoblauchschmalz, zerklopftes Ei oder Sauerrahm, auch ein „Lauterkoch“ mit Fenchel, Kümmel, Koriander oder gestoßenen Senfkörnern. Oder man streicht Eiklar darüber und streut halbierte Haselnuß- oder Walnußkerne darauf; auch Birnmehl, frische Schwarz- oder Preiselbeeren oder zerkleinerte Trockenfrüchte. Von der feuchten Auflage soll man nicht zuviel daraufgeben; es muß ein Trockengebäck zum Knabbern bleiben.
In Klagenfurt wurde der Zapfenstreich mit folgendem Spruch nachgeahmt: „Die Trent’n, die Trent’n, die Trent’n seint guet“ – und so immer da capo!

Valvasor weiß von einem Wallfahrtsbrauch aus Maria Luggau zu berichten: „Man schlägt allehier das Getreid sammt dem Stroh nur zwischen zwei Steinen oder mit einem Hammer auf einem Brett zu Meel und knetet es mit Wasser zusammen, woraus dann endlich dieses Brot gebacken wird, welches die fremden Leute, die hierher kirchfahrten kommen, eigenes Fleiss kaufen zum Denkzeichen, daß sie in der Luggau gewesen sind.“

„Verheiratetes Brot“

In sparsamen Haushalten wird dieses Brot oft anstelle eines Reinlings als Festtagsgebäck gebacken. Brotteig aus weißem Roggen- oder Weizenmehl halbfingerhoch ausrollen, auf ein ebenso großes Teigstück aus schwarzem Roggenmehl legen, zusammenrollen, gehen lassen, dann in schmale Strutzform schneiden, auf das Blech legen, mit Milch bestreichen und im heißen Backofen oder im Ofen backen. Man kann sie vorher mit Wasser bestreichen, mit Kümmel, frisch gehackten Kräutern bestreuen oder mit zerklopftem Ei bestreichen und mit etwas Saturei bestreuen. In den Teig kann man Anis oder zerkleinerten Fenchel, auch Kümmel einmengen. Nach frühestens drei Tagen fingerbreite Stücke abschneiden. Oft streicht man auf den ausgerollten weißen Weizenteig auch eine **„Heidenfülle“** (getrocknetes Heidenmehl mit Salz und Wasser, etwas aufgelöster Germ, reichlich Milch und saurem Rahm breiartig verrühren, auch Schnaps mengt man gern bei). Aufstreichen, einrollen und backen.

„Stadtschlankl“, „Tafzipf“, „Ferlacher Zeitung“

Brotteig aus halbweißem Weizenmehl oder weißem Roggenmehl mit halb Wasser, halb Sauermilch, Salz und Germ (oder Dampfl) bereiten. Aufgehen lassen, überkneten, dann spannenlange Striezel daraus formen, die in der Mitte 2 bis 3 Finger breit sind, nach den Enden zu fingerdick ausgezogen werden. Dreimal schräg einschneiden, auf dem „Bauch“ liegend, rasten lassen. Dann umdrehen, mit Wasser bestreichen und im Rohr resch backen.

„Pisner-(Bisner-)striezel“

Einen dunklen oder halbdunklen Roggenbrotteig, mit Kümmel, Fenchel oder Koriander gewürzt, gehen lassen, dann zu semmelgroßen Kugeln formen, nochmals zugedeckt gehen lassen, mit Wasser bestreichen und vor dem Backen in der Mitte des Laibchens ein Loch bis zum Boden durchdrücken. Das Gebäck erhielten die Kinder zum Lohn für das „Frisch- und G’sundschlagen“ oder „Bisnen“ („Tschappen“, „Pfeffern“ oder „Schmeißn“) am Tag der Unschuldigen Kinder (28. Dezember).

Agathenstriezel

Wie „Pisnerstriezel", aber ohne Loch backen. Die kleinen Agathenstriezel wurden am Agathentag, dem 5. Februar, in Stein im Jauntal nach dem Gottesdienst an Arme verteilt; es kamen oft 500 bis 600 Arme aus ganz Kärnten hieher. Die Striezel waren aus Roggenmehl, groß wie „eine wälsche Nuß". Heute gibt es in Stein noch das „Striezelwerfen" am Agathentag (oder am darauffolgenden Sonntag); die Brote werden von einigen Bauern sackweise gespendet, am Vorabend vom Pfarrer geweiht und beim Glockengeläut nach dem Gottesdienst unter die Bevölkerung verteilt. Dem Agathenbrot werden wundertätige Kräfte zugeschrieben; wie einen Talisman bewahrt man es von einem Jahr zum andern auf, da es nicht schimmeln soll.

Allerheiligenstriezel, Gotenstriezel

Auch diese Striezel wurden früher aus dunklem Roggenmehl gebacken. Im Mölltal wurden laut Lexers „Kärntischem Wörterbuch" an die armen Leute zu Allerheiligen „Allerheiligenstrützeln" („Pitschilan") und am 15. August, dem hohen Frauentag, „Frauenstrützeln" ausgeteilt.
Lexer erklärt das **„Pitschile"** als „kleines rundes Gebäck, das bei Leichenbegängnissen und am Feste Allerheiligen unter die armen Leute verteilt wird. Um die Zeit dieses Festes gehen übrigens die Kinder ganzer Dorfgemeinden, Reicher und Armer, von Haus zu Haus ‚Pischilan sammeln', eine alte Sitte, die durchaus nicht den Charakter der Bettelei hat". Er führt dann einen Tiroler „Bitschen" als Brot an, „ganz oder teilweise aus Weizen gebacken", und leitet alle diese Wortformen von „Pitsche" ab, einem runden plattgedrückten Holzgefäß, das auf dem Rücken getragen wird und in dem die windischen Bauern aus dem Gailtal ihren Kartoffel- und Zwetschkenbranntwein ins Lesachtal brachten.

Kärntner „Kloatzenbrot"

Weißes Roggenmehl („Klangmehl"), 1/4 davon Weizenmehl, Sauerteigdampfl, Kletzenwasser, Salz, Kletzen („Kloatzen"), Dörrzwetschken, evtl. auch Feigen, Nußkerne (auf 1 kg Mehl etwa 250 g Fülle), Zimt

Aus dem Mehl, dem Sauerteigdampfl, Kletzenwasser und Salz einen festen Brotteig kneten. Aufgehen lassen. Dann die in Wasser vorgeweichten, gekochten, in Stücke geschnittenen oder gehackten Kletzen (und Dörrzwetschken und Feigen), die mit etwas Schnaps mariniert sind, sowie geviertelte Nußkerne in den Teig mengen. Nochmals im Warmen aufgehen lassen, wie einen Brotlaib rund oder wie einen Wecken länglich formen, mit Wasser bestreichen und nach nochmaligem Gehenlassen bei guter Hitze je nach Größe, aber länger als Brot, backen. Mehrere Tage abliegen lassen.
Kletzen- und andere Weihnachtsbrote werden während der heiligen Mette, zu Silvester und in der Heiligendreikönigsnacht unter den Herrgottswinkel gelegt, mit dem „Wöchl" zugedeckt; dazu stellt man einen Krug Most oder Wasser und eine brennende Kerze, damit die „Saligen" und Perchten ihr „Abspeisn" haben. Die Festbrote müssen dann auf einen Sitz gegessen werden, damit Haus, Mensch und Vieh gesund bleiben. Nur ein kleines Stück wird für das „Leck" (Salz) der Tiere eingespart.

Die Slowenen backen für Weihnachten aus Heidenmehl den **„Hadnnikl"**, den sie mit Mohn bestreuen und mit Honig bestreichen. Weihnachtsbrot (slowenisch „miznjak"), Weihrauch und Getreide bleiben von der Mettennacht bis zum Mittag des Christtages liegen. Am Stephanitag werden im oberen Rosental Salz und Wasser in der Kirche geweiht, ein probates Mittel gegen die Anfechtungen des Teufels und das „Verzaubern", dabei wird das Salz auch dem Vieh gegeben.

Ein anderes Weißgebäck, die **„Focha(n)ze"** (Lexer überliefert auch „Fochitzn"), ist fast ganz vergessen. Hier (wie auch in Tirol) ist sie heute meist ein österliches Festgebäck in Form eines Laibes, ein kleinlaibig gebakkenes Brot (im Unterinntal wurde sie in der Herdasche gebacken); früher war sie auch in den übrigen Bundesländern bekannt – vor mehr als tausend Jahren schrieb man in den althochdeutschen Glossen des Klosters Mondsee für eine Art Weißbrot „vochanza". Das Wort geht auf die Römer zurück, die auf dem Herd (foches) die „focatia" buken, zum Unterschied vom „panis", dem Backofenbrot. Kranzmayer führt an Hand dieses Beispieles an, wie ein Wort über Gallien und Rhein um die Mitte des 8. Jahrhunderts mit den Baiern nach Kärnten gelangte (begleitet von den ursprünglich römischen Wörtern für „kochen, Küche, Pfanne, Kessel, Pfeffer, Kerbelkraut, Liebstöckl, Kirsche, Pfirsich, Wein" usw.). Lexer bemerkt auch: „Brautfochitzn" nenne man überhaupt einen verzierten Brotlaib. Bekannt war auch das „Fochanzenführen" in Kärnten, ähnlich dem „Scherzziehen" im Oberpinzgau.

Vorratswirtschaft

„Was is das?
Geat a Nigerl
übers Stigerl,
hat an Schlögl im Arsch?“

(Die Henne mit dem Ei)

Im Leben auf dem Bauernhof ist auch die Henne in das magische Denken miteinbezogen. „Gibt's im Jänner viele Stern', legen alle Hühner gern.“ Und am Mariä-Lichtmeß-Tag (2. Februar) soll eine Bäuerin sich nicht kämmen, sonst kratzen die Hühner das Jahr über zu viel in ihrem Garten; aus dem gleichen Grund soll sie an diesem Tag auch die Stube nicht auskehren. Mausern die Hühner im August, steht ein sehr kalter Winter ins Haus, mausern sie im Oktober, kommt ein milder Winter. Am Barbaratag (4. Dezember) soll keine Bäuerin nähen oder stopfen, sonst legen die Hühner ein ganzes Jahr nur wenig **Eier.** Eine starke Hühnerzucht erhält, wer Dienstag-Eier als Bruteier an einem Dienstag einer Henne unterlegt. Zusätzlich soll man dem Hühnerfutter im Mai häufig Lavendel untermischen, damit die Hühner gut gedeihen. In den Monaten März, April und Mai legen die Hühner am fleißigsten; die Bäuerin sichert sich in diesen Monaten den Eierbedarf fürs ganze Jahr durch Einlegen. Kurzfristig haltbar sind die Eier, wenn man sie in Salz, Mehl, Getreide, Sägespäne, Asche, Sand, Heu, Häcksel oder Stroh legt; lagern sie länger in Heu, Häcksel oder Stroh, bekommen sie oft einen dumpfen Geruch und Geschmack; man soll die Eier auch öfter wenden. Für lange Zeit haltbar sind Eier, die man in Wasserglas-Lösung oder in Garantol (in Drogerien erhältlich; nach Vorschrift verdünnen) einlegt.

Schon seit alters bewährt ist die Methode des Einlegens der **Eier in Kalkmilch:** Kalk in abgekochtem Wasser (9 Liter Wasser, 1 kg Kalk) auflösen. Öfter umrühren und über Nacht stehen lassen. Dann durchleuchtete, abgeklopfte Eier oder nach Schwimmprobe (Eier in zehnprozentiges Salzwasser legen: die frischen sinken zu Boden) in ein Gefäß (Glas, Porzellan, Holz, Email) geben und mit der Kalkmilch übergießen. Die Kalkmilch muß die Eier gut bedecken. Öfter nachsehen und mit Kalkmilch eventuell nachfüllen. Kühl gelagert, können diese Eier bis zu einem Jahr brauchbar (nicht zum Frischessen, nur für Mehlspeisen) erhalten werden.

Im „Kronprinzenwerk“ wird über den Brauch des „Eiersammelns“ im Mölltal berichtet: „Am späten Abende der Ostertage versammeln sich zehn bis zwölf junge Bursche und ziehen unter Gesängen und Schwänken oft durch mehrere Ortschaften von Haus zu Haus, um Eier zu sammeln. Sie werden überall gefällig aufgenommen, mit Speisen und Branntwein bewirtet und mit Eiern beschenkt. Sie erlauben sich hie und da mutwillige Streiche, die jedoch erst später, wenn die Hausleute schon zur Ruhe gegangen sind, ausgeführt werden, z. B. lassen sie das Vieh aus den Ställen, das dann in der Nacht zu brüllen anfängt; oder sie machen ein Feuer in der Küche und stellen breite, mit Wasser gefüllte Töpfe dazu; sie verschleppen Effecten in weite Entfernung, jedoch ist eins oder das andere der Hausgenossen gewöhnlich mit ihnen einverstanden. Diese Gewohnheit wird als eine altertümliche Sitte bei ihnen in Ehren gehalten, und die rotgefärbten Eier werden von den guten Leuten gerne für die Sammler vorbereitet.“ Übrigens bringt in Kärnten vielfach die „Himmelshenne“ die Ostereier. Am Georgitag (23. April) zogen einst die Georgisänger von Haus zu Haus, das Lied singend: „Der Sankt Georg klopft an die Tür“; sie erhielten dafür Eier, Schmalz, Weizenbrot, Verhackert, Würste u. a. m.; am nächsten Tag wurde das alles in einem der Häuser von ihnen gegessen.

„Ohne Winter koa Schnee und ohne Rahm koa Butter“, sagt der Kärntner. Die Almen förderten gegendweise die **Milchwirtschaft** überaus. Vor Einführung von Milchzentrifugen wurde die Milch in „Stötzln“ aus Holz (gebunden mit lärchenen Zargen) zum Rahmansetzen gegossen, aber auch in „tachene“ Schüsseln aus schwarzgebranntem oder glasiertem Ton. Zwei Holzspäne über eine Schüssel gelegt, ermöglichten es, vier bis fünf Stötzl oder Schüsseln im „Gaden“ übereinanderzustellen. Die Milch wird aus dem Milchsechter durch die „Zudlseichn“ gegossen, dann muß sie sich „setzen“; kühl und zugedeckt gelagert, läßt sich nach zwei, drei Stunden schon mit einem Löffel, dem

„Rahmspann“ oder „Rahmzweck“, oder mit dem bloßen Zeigefingerrücken der **süße Rahm** abschöpfen; die restliche Milch ist noch keine Magermilch, aber nicht mehr so fett und zum Trinken und für Mehlspeisen sehr geeignet.

Molke

Das grünlich-gelbe Topfenwasser, das bei der Topfenzubereitung übrigbleibt, nennt man Molke. Man füttert damit Schweine, kann sie ins Badewasser gießen, sie eignet sich aber auch vorzüglich zu Suppen, Sterz und Germspeisen. Überdies wirkt sie leicht abführend.

„Schottwiagn“ – Schottwiege. Diente zum Trocknen des Topfens und Schottens. In das Holzgestell aus waagrechten Sprossen und zwei halbrunden Seitenteilen wurde ein grobes Leinentuch eingelegt, so daß die milchige Flüssigkeit des aus dem Kaskessel geschöpften Schottens oder Topfens abrinnen konnte.

Topfenschotten, Suppenschotten

Topfen zehn Tage in ein Leinentuch gehüllt bei Zimmertemperatur stehen lassen; wiederholt mit einer Gabel durchrühren. Dann salzen, fest in ein Tongefäß drücken und in den Keller zum Gären stellen. An der Oberfläche bildet sich dann der weiche, sehr scharfe, vergorene „Suppenschotten“, der als „Topfenschotten“ zur „Schottsuppe“ verwendet wird.

Meist wurde der Rahm von mehreren Tagen gesammelt, nicht selten wurde dabei süßer und saurer, ja auch ranziger Rahm gemischt. Die **Butter** – mundartlich heißt es immer noch „der“ Butter – wurde im Rührkübel (im Lesachtal „Schlacker[le] genannt; auch das gerührte Stück Butter heißt so) gestampft oder mit einer „einwendigen Floder“ gerührt, oder man benützte Rundsäule, Faß, Halbfaß oder ein kistenförmiges Gefäß dazu. Geschickte Hirten bauten auch solche mit Fußantrieb oder verbanden sie mit einem kleinen Mühlrad. Sogar „verdrahte Flodern“ (mit turbinenartigem Antrieb) gab es, wie H. Prasch weiß.

Für das Buttern muß der Rahm die richtige Temperatur haben (was durch Fingerprobe festgestellt werden kann). Wenn's „nit z'sammgeht“, kommt der Rahm von einer „verwunschenen“ Kuh, oder im Rührkübel „sitzt der Vadruß“: Dann muß die Bäuerin einen glühenden Nagel ins Butterfaß stecken – und die Hexe fährt „als a gebratener“ aus dem Faß. „Winterprentlerinnen“, „Kaserweiblein“ und „Truden“ geistern nämlich mit Vorliebe in den Rahmhäfen und im Butterfaßl herum. Am schnellsten buttert man auf alle Fälle während eines Gewitters (H. Prasch).

Die fertige Butter wird geknetet, getriebelt oder geworfen, damit alles Wasser entweichen kann. Dazu verwendet man auch den „Walger“, das Butterbrett, von dem der Butterstrutz auch gleich eine Musterung bekommt, durch die Butterrolle noch ergänzt. Es gibt noch heute viele Modelformen, meist aus Obstbaum- oder Zirbenholz, Formen mit eingekerbten Lebensbäumen, Blumenornamenten, Namen (besonders dem „süaßn Nam“ Jesu: IHS), Tieren (Hirsch, Gemse), Motiven aus der Natur- und Arbeitswelt des Bauern. Die Buttermodel waren meist Bauernarbeit, die Motive mit einem Messer eingeritzt oder im Kerbschnitt (mit Taschenmesser oder Schnitzeisen) angebracht; man unterscheidet dabei Aufdruckmodel, Rollmodel und Butterstöckl. Die beiden ersten verwendete man für mehrere Kilogramm schwere Butterstrutzen, heute benützt man meist fabrikmäßig hergestellte Butterstöckl, genormt nach Gewicht (Viertel-, Halbkilostöckel) und mit Edelweißmotiven versehen. Daneben gebraucht man auf manchen Almen noch den „Butterzweck“ oder einen „Butterradler“, mit dem man den Außenrand der Butter verziert. Auch ritzt die eine oder andere Sennerin vielleicht noch mit einem Messer oder der Löffelspitze ein Netz von Diagonallinien auf die Butter oder drückt mit einer Löffelspitze kleine Vertiefungen (in Form eines Kreuzes) ein. Die schönsten hölzernen Buttermodel findet man an der kärntnerisch-salzburgischen Grenze (um Rennweg und im Gebiet des Krems- und des Leobengrabens).

„G'füllter Butter" (gefüllte Butter)

Frische Butter zu einem schmalen, zwei Finger breiten Rechteck formen, der Länge nach in die Mitte eine zwei bis drei Finger dicke Rolle aus gestoßenem Mohn, mit Honig, Zucker oder Sirup, etwas Schnaps, Zimt und Zitronenmelisse vermischt, auflegen, die Butter von beiden Seiten darüberschlagen und das Ganze zu einem Striezel formen. Man kann zum Mohn noch etwas Birn- oder Karobemehl oder gekochte passierte Kletzen mengen. Die gefüllte Butter in dünne Scheiben schneiden; sie wird gern zum „Woazenen" gegessen. Zu Ostern gibt man die gefüllte, oft verzierte Butter in den Weihkorb zur kirchlichen Segnung und verziert den gedeckten Ostertisch damit. Der gefüllten Butter schreibt man im Nockgebiet eine besonders heilkräftige Wirkung und Steigerung der Lebenskräfte zu (weil mehrere „Elemente" darin vermengt sind). Die gleiche Fülle verwendet man auch zu den Drautaler Hochzeitskrapfen.

„Schekate Gas" (Scheckige Ziege)

Frischen Topfen, eingeweichte, gekochte und zerkleinerte Kletzen oder Dörrzwetschken mit Honig oder Zucker vermengen. Dient nach L. Miklau zur Fastenzeit als Brotaufstrich.

„Butterstöckl" zum Formen und Verzieren der Butter.

„Kälberleck"

Butter und Honig verrühren und auf Schwarzbrot streichen.

Auf den Almen wurde und wird nicht nur „gebuttert", sondern auch „gekast". Aus der abgerahmten Milch macht man durch Zugabe von Lab Mager- oder Stangenkäse, aus Topfen den „gelundenen" **Käse,** aus Vollmilch Emmentaler oder Schweizer Käse im „Kaskessel" über dem offenen Feuer; die gekochte Masse wird mit einem groben Leinenfleck aus dem Kessel gehoben, in die verstellbare „Zarge" (Holzreifen) gepreßt und auf der „Kasbank" durch ein „Gwag" (Hebelholz mit Stein beschwert) gepreßt (nach H. Prasch). Das **„harbe Kasmachet"** oder der **„Suppenkäse"** wird aus dem Schotten der Buttermilch gewonnen, gewürzt, vergoren, dann geknetet, gekocht und eingestampft, wieder gelüftet, gebraten und geknetet. Dann stampft man ihn in ein Holzschaff fest ein, oder er wird in „Kigalan" (Kugeln) gedörrt oder in der „Rauchkuchl" geselcht. Von diesem „Kasmachet" lebten früher hauptsächlich die Bergknappen; er diente ihnen selbst zu Hause für die Sonntags-Kassuppe. Auch „Strützalan" aus Süßkäse werden geselcht.

Almkäse, Graukäse, fauler Käse

Man gibt Topfen in eine hölzerne, dreifüßige, am Boden mit Luftlöchern versehene „Kaschka" („Käsekar"), läßt ihn gären und abfaulen, „bis er sich fast bewegt" (Maden bekommt). Er riecht nahezu stechend und „geht".

Schmalzkäse

Topfen in der „Schottwiege" vom „Kaswässer" (Käsewasser, Molke) befreien, kneten und würzen, dann ausbreiten und mit einer dicken Butterschicht bedecken, zusammenrollen und in eine Modelform drücken; dadurch entsteht im Querschnitt eine Musterung von Topfen- und Butterschichten wie bei einem Marmorkuchen oder bei der Herzsalami.

„Glundner Kas" (gelundener Käse, Kochkäse)

1000 g Topfen, 10 g Salz, Kümmel, 100 g Butterschmalz oder Butter

Trockenen Topfen zerbröckeln, dünn in eine breite, flache Schüssel streuen, mit einem Tuch zudecken und bei Zimmertemperatur zwei, drei Tage stehen lassen, bis er glasig-schlüpfrig ist und stechend riecht. Dabei täglich auflockern. Dann salzen, mit Kümmel würzen und in heißem Butterschmalz oder Butter zerlassen, dabei immer kräftig rühren, bis die Masse fest zusammenhängend zu fließen beginnt. Schließlich in eine Schüssel gießen, eventuell einige Handvoll trockenen, frischen, aufgebröselten Topfen daruntermengen. Kühl stellen, bis er steif ist.

„Sauerkas", „harber Kas" (Sauerkäse, herber Käse)

Topfen, Salz, Kümmel, Edelsüßpaprika oder Pfeffer

Frischen, trockenen Topfen zerbröseln, mit Wasser durchwaschen, gut auspressen, leicht salzen, Kümmel darunterstreuen. In ein hohes Gefäß eindrücken und einen Tag stehen lassen. Dann auf einen Teller stürzen, an einem zugigen, trockenen, vor Fliegen geschützten Platz stehen lassen. Von Zeit zu Zeit soll auch etwas kühler Rauch darübersteichen (man verbrennt dabei Wacholder, Rosmarin oder Holunderholz). In ein bis zwei Wochen, je nach Wärme, ist dieser Käse reif. Er hat außen eine gelbliche Farbe, innen ist er grau und weich, schmeckt scharf und würzig. Vor dem Eindrücken in das hohe Gefäß kann man ihn mit Paprika oder Pfeffer zusätzlich würzen.

„Bauernkas"

Saure Milch bei 40 Grad eine halbe Stunde stehen lassen, bis sich der Topfen absondert, den man abseiht. Das Topfenwasser, die Molke, gut abrinnen lassen. Den Topfen zerbröseln, mit Salz und Kümmel würzen. Nach 2 Tagen etwa – das hängt von der Wärme ab, in der der Topfen steht – in eine Schüssel drücken, die man mit einem befeuchteten Tuch ausgelegt hat. Darin den Topfen reifen lassen, bis er weich und grau ist.

„Butterkas"

Abwechselnd in eine Form (Schüssel) eine dicke Schicht von „Bauernkas" und eine dünnere Schicht Butter eindrücken. Das Ganze dann stürzen, mit gehackter Petersilie oder Kresse verzieren.

„Apfelkas"

300 g Süßtopfen mit etwas Salz und zwei geriebenen Äpfeln gut vermengen; nach Geschmack zuckern.

Die „Schatzkammer des Hofes" (H. Prasch) war der „Troadkastn" (Getreidekasten), auch Fleisch- oder Speckkasten genannt; darin wurden Getreide, Speck, Schmalz in Vorrat gehalten. Durch Abwehrzeichen, wie Palmzweige, Krallen, Hexenbesen, Bockgehörne oder Raubtiergebisse, versuchte man die Vorratskammer vor „Schaden, Unreim und Schwund" zu bewahren, denn „wann der Ganter klumperlaar und der Fleischhimml gliacht seind, werd der Bauer hin" (H. Prasch).

Bis ins 17. Jahrhundert vertrat der **Honig** in jeder Küche den Zucker. Noch lange danach und oft bis heute macht die Kärntner Bauernküche besonders reichhaltig Gebrauch davon. Voraussetzung waren und sind in Kärnten die traditionsreiche Pflege der Imkerei (die Königinnenzucht der Kärntner Imker ließ sie die berühmte „Kärntner Biene" – „Carnica-Biene" – hervorbringen), die Verbindung der „Beinhüttn" (Bienenhütte) mit dem „Owasgarn" (Obstgarten) sowie die gestaffelte Fruchtfolge. Bis ins hohe Mittelalter war die Waldbienenzucht in hohlen Bäumen üblich. Später verwendete man ausgehöhlte Baumstämme („Klotzbeuten") als Stülper bzw. den Strohstülper, der schließlich durch den liegenden Kastenstock, das „Bauernstöcklan", abgelöst wurde. Dieses wurde noch durch den Hängerahmen verbessert, der Kärntner Lüftenegger aus Hirt führte den geteilten Kärntner Einheitsstock ein. (Im Februar 1908 führte der Österreichische Reichsverein für Bienenzucht die „Österreichische Breitwabe" bzw. den „Österreichischen Breitwabenstock" ein.)
Eine Besonderheit sind die buntbemalten Stirnbretter an den Bienenstöcken mit religiösen Motiven, Darstellungen aus Jagd, Fischerei, von Tieren, mit Spottversen oder nur mit einfachen geometrischen Mustern. Schon immer hat die Kärntner Bienenzucht auf der Wanderwirtschaft beruht, „da die Stöcke – hier fast durchaus kastenartig – in höheren Gegenden an den Voralpen und Niederungen von März bis Mitte August Nahrung finden, dann auf die Buchweizenfelder überführt und an bestimmten Plätzen und in beschränkter Zahl bis 8. September aufgestellt bleiben", wie Heinrich Hermann ausführt. Der Frühjahrshonig stammt also aus den Obstbaukulturen und Niederungswiesen („Rosenhonig"), der Alpen- und Gebirgshonig aus Hochalpenwiesen und Fichtenbestand, der Herbsthonig aus der Herbsterika und aus Buchweizentracht. Der Kärntner Honig ist durchwegs dunkel, nur aus den Alpenrosen

im Gebiet der Niederen Tauern wird heller Honig gewonnen.
Das Bienenwachs wird vielseitig verwendet: zum Kerzengießen, Wachsziehen, Fadenglätten, Fetten von Backblechen. Den Honig benötigt man zur Herstellung von Lebzelten, Met und Türkischem Honig – das alles gab es früher auf fast jedem Markt, zu jeder Kirchweih bei Lebzeltern und Metsiedern zu kaufen. Gern und häufig verwendet die Kärntner Köchin den Honig zusammen mit Butter, so beim „Maiheni" am Pfingstsonntag, bei „Kälberleck", „Schekate Gas" und „Henigschmalz". Mit Wasser oder mit Schnaps verdünnt, bereitet man einen Überguß für Honigkrapfen, „Niggelen, Rumplernudeln, Nußn, Poan, Resches Ei, Nakaten Pua" u. a. m.
Die Pflege der Bienenstöcke, das „Beinvögl-Buck'n", oblag einst meist dem Altbauern. Wenn der „Bienenvater" stirbt, muß der Sohn oder der „Mar-Knecht" den Bienen „den Tod ansagen", d. h., er geht zu jedem „Beinfaßl" „klockn" (anklopfen). Auch Neujahr und Lichtmeß sagt man so den Bienen an, die auch das „Weidevieh der Armen" genannt werden.

Die Kärntner Bauernküche verwendet seit eh und je eine große Menge gedörrter Birnen (Kletzen, „Kloatzen"), Holzbirnen, Dörrzwetschken, getrocknete Preiselbeeren, Holunder- und Schwarzbeeren, Mohn, Bockshörndl und Vogelkirschen, Wacholderbeeren, gedörrte Apfelspalten und Nüsse. Die Früchte werden meist nach dem Brotbacken im Backofen gedörrt, größere Höfe hatten auch eine eigene **„Darrhüttn" (Dörrhütte),** die von Haus und Stadl, von Bienenhütte, Badstube und dem Troadkasten weit weg zwischen den Obstbäumen stand, denn der „Teixl" saß gern in einer „Darrhüttn" und ließ sie niederbrennen. In der „Darrhüttn" stand ein mit Lehm gebauter kleiner Backofen, über der Ofenkuppel wurden Rahmen mit einem Boden aus locker geflochtenen Ruten fachartig eingeschoben. Die Wärme konnte so von allen Seiten an die zu dörrenden Früchte heran. Viele Früchte wurden auch in der Sonne gedörrt.
Für die Küche wurden gedörrte Kirschen im „Stämpfer" samt den Kernen mit dem Stößl „genoit"; im „Noier" oder Holzmörser stampfte man auch den Mohn. Aus den „Schrefeln" eines alten Kirschen- und Mohnstämpf kann man laut H. Prasch einen guten Tee auskochen, so durchtränkt sind sie. (Heute verwendet man alte Holzmörser zum „Nauen" von Wacholderbeeren für das „Leck"-Futter des Viehs, von getrockneten Kräutern und zum Zerreiben von Gewürzen oder Knoblauch.)
Auch gedörrte Holzbirnen „noite" man kleinweise. Fein zerstampfte oder in der Mühle gemahlene Kletzen (gedörrte Birnen) heißen **„Birntalggn" (Birnmehl)** und werden für den „Birnpfocker" (ein Mus), den Reinling und (mit Käse oder Schotten versetzt) für gefüllte Nudeln („Birnnudeln") verwendet. Birnmehl in einen Leinenfleck gebunden, wurde auch als Schnuller für Kleinkinder verwendet („Gamperle" genannt), allenfalls sogar in Schnaps getaucht! Einige Bockshörndl dazwischen versüßen den Geschmack. Die zerstampften, feingemahlenen Bockshörndl ergeben das **„Karobemehl";** getrocknete Äpfel- und Birnenspalten heißen im Lesachtal „Tschalderlen", im Drautal „Tschalder", sonst auch „Schiberlan".

Getrocknete Apfelspalten

Frühäpfel schälen, Kerngehäuse ausstechen, Äpfel in Scheiben bzw. Spalten schneiden, auffädeln und an der Sonne, über dem Herd oder auf Packpapier ausgebreitet im Backrohr (dabei öfter schütteln) trocknen. In Folienbeutel verpacken.

Kletzen („Kloatzen")

Wasserbirnen oder große, nicht allzu reife Birnen, auch reife kleine Mostbirnen, ausgebreitet in der Sonne dörren oder im Rohr zuerst bei 50 Grad, wenn sie zu schrumpfen beginnen, bei 70 Grad dörren. Die Backofentür dabei spaltbreit offen lassen (je saftiger die Birnen sind, desto weiter, denn die Birnen dürfen beim Dörren nicht schwitzen). Große Birnen kann man halbieren oder vierteln und schälen, Kerngehäuse, Stengel und Blütenansatz entfernen, in Wasser halbweich kochen, gut abtropfen, im Ofen bei 85 Grad dörren (dabei mehrmals wenden); dauert je nach Größe 2 bis 12 Stunden. **„Birnmehl"** aus getrockneten Birnen wird statt Zimt oder Schokolade auf Milch-, Mus- und Schmalzspeisen verwendet.

Gedörrte Kirschen (wilde Vogelkirschen)

Entstielte Kirschen auf Packpapier in der Sonne ein paar Tage liegen lassen, von Zeit zu Zeit schütteln. Dann im Ofen oder im Backrohr einige Stunden nachtrocknen. (Kirschkerne hat man früher in einen Leinenbeutel gegeben, wärmte sie vor dem Schlafengehen am Ofen oder im Herd und verwendete sie als „Wärmeflasche“ im Bett.)

Zwetschken (Dörrpflaumen)

Reife Zwetschken noch einige Tage an der Sonne lassen, mit der Stielöffnung nach oben auf ein Gittergestell stellen, bis sie am Stiel einschrumpfen, dann bei 60 Grad im Ofen so lange dörren, bis sie fest, aber nicht hart geworden sind.

Schwarzbeeren und **Preiselbeeren** ergeben getrocknet einen Weinbeeren- bzw. Rosinen-Ersatz. Schwarzbeeren bewähren sich auch bei Durchfall als Heilmittel.

Jedes getrocknete Obst kann am Vorabend vor Gebrauch in Wasser eingeweicht und am nächsten Tag kurz aufgekocht werden.

Kräuter wie Majoran, Rosmarin, Thymian, Bohnenkraut usf. in kleinen Bündeln freihängend an der Luft trocknen (nie in der Sonne!). Wenn sie dürr sind, von den Stengeln bröseln, in kleine dunkle Schraubgläser geben. Große oder grobblättrige Kräuter (Borretsch) vor dem Trocknen grob schneiden, dann an der Luft oder über Nacht im noch warmen Backofen oder im warmen Rohr trocknen; erst bei Gebrauch zerbröseln.

Durch Gärung aus Zucker und Stärke entsteht Alkohol, aus dem unter Einwirkung von Gärungsbakterien und Luftzutritt **Essig** wird. Dieser kann aus Wein, Most, Bier, Branntwein, vergorenen Rückständen nach der Marmelade- oder Dunstobstbereitung (aus Dörrobst), aus Apfel- und Beerentrester, aus Getreidemaische, aus Honig(waben) und Honigwasser, aus Topfenwasser (Molke) bereitet werden. Wichtig ist, daß während des Vergärens reichlich Luft (durch breite Oberfläche) Zutritt hat. Ist der Essig klar geworden, in Flaschen abziehen, verkorken, kühl und trocken liegend lagern. Etwas Essigmutter, die sich an der Oberfläche bildet, kann bei der Bereitung von neuem Essig der bereits alkoholisch gewordenen Flüssigkeit beigegeben werden. In der Kärntner Küche verwendet man zum Säuern neben saurem Rahm, Buttermilch, saurer Milch („g'stockter Milch“) und dem „Miaßl“ (Seite 97) hauseigenen Gärungsessig, Molkenessig („Säuer“) aus der Molke (dem „Kaswasser“), Essig aus Honigwasser, aus kleinen Bergkirschen, aus minderen Birnensorten, Säuerlingsessig aus sauer gewordenem Birnen- und Apfelmost und Essig aus Beerenfrüchten.

Mostessig (Apfelmostessig)

1 l Wasser, 1 l Apfelmost, ein paar Tropfen Essig und 10 g blättrig geschnittenes Sauerteigbrot in einem Topf verrühren, an warmem Ort offen, nur mit einem Tuch bedeckt, drei Wochen stehen lassen. Dann in Flaschen abziehen, diese verkorken, im Keller lagern.

Obstessig aus Abfällen

1000 g auf dem Herd getrocknete Obstschalen, Kerngehäuse (keine Kerne!), 2 l Wasser, $^1/_4$ l Branntwein, einige Senfkörner und 40 g blättrig geschnittenes Sauerteigbrot verrühren. Mit einem Tuch bedeckt an warmem Ort oder in der Sonne gären lassen.

Kräuteressig

Je 5 Blätter Basilikum, Estragon (Bertram), Petersilie, Kerbelkraut, in Büschel gebunden, 1 Lorbeerblatt, 5 zerdrückte Pfefferkörner und 5 zerdrückte Wacholderbeeren mit 1 l aufgekochtem, heißem Wein- oder Mostessig in einem Steinguttopf übergießen. Zugebunden bei Zimmertemperatur stehen lassen, dann abseihen, in Flaschen füllen, verkorken und versiegeln. Im Keller lagern.

„Tragfaßl.“

Holunderessig

1 bis 2 Handvoll frische Holunderblüten in einer Flasche mit Weinessig übergießen, 14 Tage in der Sonne zugedeckt stehen lassen, dann abseihen, in kleine Flaschen füllen, verkorken und versiegeln.

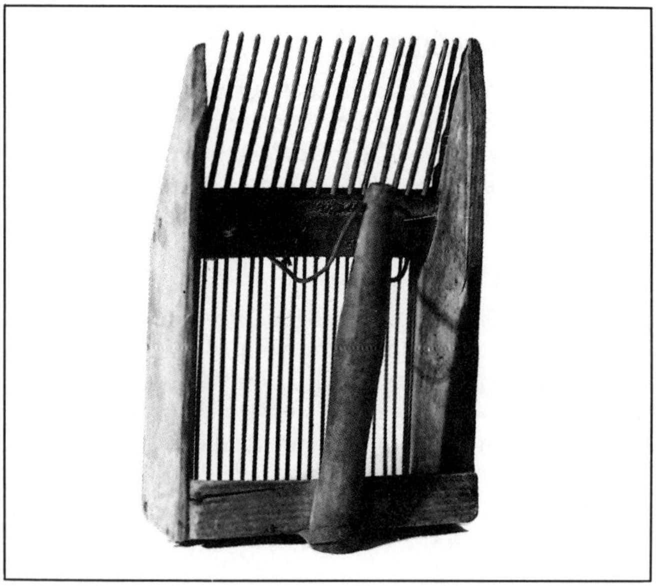

„Riffel" – Beerenrechen.

„Grantn" (Preiselbeeren)

Frische Preiselbeeren in kaltem Wasser waschen, abtropfen lassen, in ein Gefäß (aus Ton, Holz, Glas) füllen, mit einem Leinentuch, Brett oder Teller bedecken und mit einem Stein leicht beschweren. Dann so viel Wasser darangießen, daß es (wie beim Sauerkraut) handhoch über den Preiselbeeren steht („Grantnwasser"). Nach einer Woche etwas stärker beschweren. Im Kühlen und Dunklen stehen lassen. Halten sich bis Weihnachten. Diese „Grantn" werden anstelle von Rosinen und Weinbeeren verwendet: Preiselbeeren samt **„Grantnwasser"** warm gemacht, werden als Beilage zu Braten verwendet. (Das Wort „Grantn" kommt vom lateinischen Wort granum = Kern.)

Preiselbeeren ohne Zucker

Eine beliebige Menge Preiselbeeren säubern, kalt waschen, lose abtropfen lassen, ohne Wasserbeigabe in einem irdenen Topf unter Rühren aufkochen und nach Belieben mehr oder weniger „eindünsten" (weniger ist besser, damit die natürliche Farbe erhalten bleibt). Noch heiß in kleine Ton- oder Porzellantöpfe oder $^1/_4$-oder $^1/_2$-l-Gläser füllen, sogleich mit gewöhnlichem Papier zubinden. Halten sich wenige Monate. Kühl und trocken aufbewahren.

Preiselbeeren mit Zucker

1000 g trockene reife Preiselbeeren und 500 g Staubzucker vorsichtig in flachem Tongefäß vermengen, unter ständigem Rühren so lange „einkochen", bis die Beeren glasig sind. Noch heiß in Porzellan- oder Steinguttöpfe füllen, drei Tage offen stehen lassen, dann mit gewöhnlichem Papier zubinden, dieses mit einer Nadel mehrere Male durchstechen. Halten sich so jahrelang.

Preiselbeeren, Schwarzbeeren (Heidelbeeren), schwarze und rote Ribisel sowie Holunderbeeren, Ackerholunder („Attich"), Berberitzen („Maßelbeeren"), Ebereschen (Vogelbeeren), Stachelbeeren, Himbeeren und Erdbeeren, Hagebutten u. a. werden mit Zucker (Einsiedezucker), aber ohne Geliermittel, zu Marmelade („Sals'n") eingekocht.

Rübensirup („Sulz'n")

Rüben waschen, abbürsten, schälen, entsaften (im elektrischen Entsafter) oder schnitzeln, kochen und durch ein Tuch seihen. Diesen Saft unter ständigem Rühren in einem weiten Topf bei starker Hitze einkochen, bis er dickflüssig wird. In Gläsern zugebunden aufbewahren.

Obst- und Beerenpresse.

Haustrunk

„Zu einem guten Bissen gehört ein guter Tropfen", wußten bereits die Alten. Im Fasching soll jeder **Met** trinken, „nachher tuat der Haar (Flachs) lang wachs'n" (den Met bekam man in den Wirtshäusern).

Wie der Met ist auch das **Steinbier** längst in Vergessenheit geraten. Aber im 19. Jahrhundert brauten viele Kärntner Bauern selber noch ihr Steinbier. „Um Klagenfurt, z. B. zu St. Martin und Waidmannsdorf, Harbach und Gurlitsch braut man noch das Steinbier, eine Specialität, welche aus Hafermalz, das durch glühende Steine (Graumuader) zum Sud gebracht ist, erzeugt wird und dessen Quintessenz der ‚Koritniak' (Trogbier) ist", berichtet Rudolf Waizer 1890. In einem k. k. Hofdekret aus dem Jahre 1765 wird betont, daß in Kärnten „bekanntermaßen sehr schlechtes Bier gebräuet wird", und in einem Dekret von 1766 wurde die Frage aufgeworfen, ob „die allgemeine Bräuung von Steinbier in Kärnten nicht einer guten Polizei zuwiderlaufe und daher dem Lande schädlich sei". Dagegen protestierten Bürgermeister, Verordnete, Richter und Rat der Stadt Klagenfurt energisch, das Steinbier, so argumentierten sie, sei das wohlfeilste, unschädlichste und selbst von Ärzten empfohlene Getränk, auf das weder Bauersmann noch Bürger verzichten könnten. Allein im Jahre 1766 wurden in Klagenfurt und seinen Vororten 31 „Steinbierzapfler" gezählt. Die bekannteste Steinbierbrauerei war im Gasthof Ure (heute Kaschitz), in Klagenfurt-Weidmannsdorf, wo noch 1917 Fritz Kaschitz Steinbier braute. Nach 1917 wurde die Steinbiererzeugung unrentabel, da der Fiskus gleich viel Steuer wie für das stärkere Kesselbier verlangte.
Das Steinbier, aus Wasser, Wacholder, Hopfen, Malz (aus Hafer oder Weizen und Hafer) und obergäriger Hefe gewonnen, mit glühenden Steinen in Holzbottichen (Maischbottichen) gesotten, hatte einen starken Kohlensäuregehalt, schäumte und moussierte wie Champagner, war meist trüb und wurde daher aus Steinkrügen getrunken. Es hatte etwas Wacholderaroma und einen angenehmen, malzigen Rauchgeschmack und war bei einem Würzgehalt von 6 bis 7 Grad sehr leicht; ein etwas stärkeres Getränk, der Koritniak, für Festtage hergestellt, hatte 9 Grad.
Überall, wo einst Steinbier erzeugt wurde, gab es auch beträchtlichen Hopfenbau, von dem schon Inventare aus dem frühen Mittelalter Zeugnis ablegen. Er war während der neueren Zeit gänzlich zurückgegangen und wurde nach Cosmas Schütz erst im Jahre 1860 wieder im Lande eingeführt.

Der Haustrunk in den Kärntner Bauernhäusern allerdings war der **Most,** aus Äpfeln und/oder Birnen gepreßt. Freilich war die eigentliche Mostobstgegend Kärntens nur das Lavanttal; aber die Most- und Speckbirnen, die „Spitzapfelen" und „Weinäpfel" gedeihen auch in höheren Bergbauernlagen. Im Lavanttal wurden um 990 erstmals urkundlich Obstgärten erwähnt. Das Wirtschaftsobst wurde in Unterkärnten zu Most und Kletzen, in Oberkärnten zu Branntwein verarbeitet. 1890 wurde die erste Obstverwertungs-Genossenschaft im Lavanttal gegründet. Preß- und Tafelobst wurden um die Jahrhundertwende auch schon exportiert, so nach Deutschland, Böhmen und Ungarn. Bier und andere alkoholische Getränke haben den Most heute weitgehend verdrängt. In den letzten Jahrzehnten findet das Industrieobst immer mehr Absatz für die Fruchtsafterzeugung. Zur Förderung des Tafelobstbaus wurde 1949 die „Edelobstgenossenschaft Lavanttal" gegründet, 1952 die Obstversuchsanlage in St. Andrä im Lavanttal eröffnet.

In der Umgebung von Sittersdorf im Kärntner Unterland gab es das letzte Weinanbaugebiet Kärntens, das erst im 19. Jahrhundert zu bestehen aufgehört hat. Spuren von Weinbau hat man im frühen bis späten Mittelalter in acht Landesteilen (vor 1300) gefunden, um Millstatt, Villach, Arnoldstein, Rosegg, um den Wörther See, um Maria Saal, im Glan-, Gurk-, Metnitztal, in den Grenzbezirken des Krappfeldes, von Völkermarkt und im mittleren und unteren Drautal.

Gibt es genug Obst (Äpfel, Birnen, „Griachala", „Zwöschpn"), dann vermischt man Preßgut mit den Trebern vom Mostpressen und „maischt" es in einem Bottich („Boase") ein, bis sich Säure bildet und in Gärung übergeht. Dann beginnt im Spätherbst das Brennen von **Branntwein.** Dazu muß der Brennkessel hergerichtet werden, der „Huat", die „Schlangen" und

das Kühlfaß; das Schnapsbrennen muß außerdem beim Finanzamt angemeldet werden. Schnapsbrennen erfordert Erfahrung und Umsicht. Der Kessel ist gleichmäßig zu heizen, man muß aufpassen, wenn der „Vorschuß" (Vorlauf) kommt, der zum Gliedereinreiben gegen Hexenschuß und „Reißmatthias" (Rheumatismus) verwendet wird. Nach dem „Vorschuß" kommt der „Luter" oder „Leitrach". „Luter" und „Vorschuß", vermengt und „glaitert" (geläutert), ergeben, so berichtet H. Prasch, einen guten „Hausgebrannten" zur Speckjause. Die Bäuerin bewahrt den Schnaps in einer eigenen Schnapstruhe auf, damit „die Mäus' nit dazukönnen", eingedenk des Männerspruchs: „Wann d'Weiberleit wiss'n tat'n, wia guat er sein tuat, tat'n s' die letzte Pfat dafür vakaf'n" (H. Prasch).
Das Wort „Schnaps" kam erst in der zweiten Hälfte des 18. Jahrhunderts auf. Lexer kennt es in seinem 1865 erschienenen „Kärntischen Wörterbuch" noch nicht; für die Gegend um Villach belegt er den Ausdruck „Schnagge" für das sonst übliche „Branntwein". Heute ist das Brennen von Obstsorten und Waldbeeren stark zurückgegangen. In Notzeiten wurde auch aus Korn, Erdäpfeln, Rüben, Runkeln und Krautstengeln Branntwein gebrannt. Und wenn der Most im Faß sauer geworden war, gab man ihn samt der „Muata" in den Brennkessel. Besonders geschätzt sind nach wie vor Kräuterbranntweine aus „Kranabeer" (Wacholder), „Moschebeer", Ebereschen und „Boaselbeer" (Berberitzen), „Säuerlinge" (Wildäpfel) geben ebenfalls einen guten Schnaps, ebenso die Schwarzbeeren (Heidelbeeren).

„Seima langsam firtig mitn Leitan,
derf ma nit vagössn auf an Kreitan!
Wernd a fünf, söchs Litar auf de Lötzt
mit de gwissn Kreita noch vasötzt.
Söna zwölfe bring de Bäuren z'wögn,
send davoar in Kastn extrig glögn.
Zerst da Anes, nachar Arnika,
Koppar und a bissl Wirmeth a,
Korebenediktn derf nit fahln,
Kronawöttn tuent es Inkrasch haln.
Nacha Kalmes und a Faust voll Kimm',
ane Minzn und an Fenchl nimm
und Gramilln und an Baldrian:
mit de zwölfe richt ma'n Kreitan an.

(Otto Bünker)

Nach Pfingsten, wenn die Heumahd begann, brachte die Bäuerin den Schnittern am ersten Vormittag einen Hafen mit einem Gemisch aus warmem Schmalz, Zucker und Schnaps. Jeder konnte mit einem Pfandl daraus mehrmals schöpfen, er wurde nicht müde und „starr" und konnte so den ganzen Tag „flott" mähen.

Kärntner Ostertrank

1 Teil Kletzen, 1/2 Teil Kranawettknittel, 1/2 Teil Gersten- oder Weizenkörner (in Säckchen gebunden), 100 g Süßwurzeln oder 50 g Süßholz; Wasser

Kletzen, zerhackte, trockene Kranawettknittel, Gerste oder Weizen und Süßwurzeln mit reichlich Wasser bedecken. Langsam auf Feuer erwärmen, dann lauwarm so lange stehen lassen, bis die Getreidekörner aufgequollen sind und kleine Keime zeigen. Dann diese herausnehmen, die restliche Flüssigkeit 3 Stunden kochen. Noch warm in ein Holzgefäß leeren und wieder mit den Getreidesäckchen vermengen. 5 Tage bei Zimmertemperatur stehen lassen. Nach 2 Tagen jedoch die Flüssigkeit ablassen und wieder darübergießen. Diesen Vorgang täglich einmal wiederholen. Sobald die Flüssigkeit etwas trüb wird und weniger perlt, ist der säuerlich-würzige Ostertrank fertig.

„Holdersekt" (Holundersekt)

8 l Wasser, 1000 g Kristallzucker, 1 1/2 Zitronen (Saft), gleich viel Rhabarbersaft oder 1/8 l Gärungsessig, 8 Holunderblüten, 8 Stück gebrannter Würfelzucker

Alle Zutaten lauwarm im Dunkeln 24 Stunden stehen lassen (nicht länger!). Dazwischen wiederholt durchrühren. Dann durch sauberes Tuch seihen, bis tief unter den Flaschenhals in Flaschen füllen und verkorken (nicht mit Gummikappen!), aber nicht versiegeln. 2 bis 3 Monate im dunklen Keller stehen lassen. Wenn es wärmer war, wird er schon früher trinkbar. Wenn er länger stehen bleibt, wird heilsamer Essig daraus. Kann als Trunk auch mit Apfelsaft und Wasser vermischt werden. Der frische Holundersekt gilt in der Volksmedizin als Stärkungsmittel.
Auf die gleiche Weise bereitet man **Himbeer-, Schwarzbeer-, Erdbeer-** oder **Lindenblütensekt.** Diese Getränke halten jedoch nicht so lange wie Holundersekt.
L. Miklau weist in ihrem „Kärntner Kochbüchl" darauf hin, daß „Sulzn" oder „Saisn" aus Preiselbeeren, Holunder, Ackerholunder („Attich") und Berberitzen („Maßelbeer"), mit Wasser verdünnt, Fieberkranken oder zur Entschleimung als Getränk gereicht werden können.

Niederösterreich

„Mann, was willst denn, was soll ih denn kocha, was, essen muißt doh was?"
„Mei Wei, sa ih, was Guits is gleih ferti und hat ma – r an Hunger,
Hat ma koan'n Hoagl nöd, tuit nöd viel urassen, schmöckt alles besser."
Und a kehrumahand is a richti 's Mittagmahl schon ferti:
A – n – Oaringschmalz und a g'sottni Milih und Erdäpfel g'schmalzni.
d'Milih, dö stellt s' gleih z'erst aufn Tisch hin, machan ös Kreuz und
Beten: „Was aufgesetzt wird das g'sögn uns unser Herr Jesus."

(Josef Misson, „Da Naz")

Wichtig für die Entwicklung einer Landesküche sind die topographischen, geschichtlich-politischen, gesellschaftlich-sozialen und wirtschaftlichen Faktoren. „Österreich unter der Enns", wie Niederösterreich bis ins 19. Jahrhundert hieß, weist höchst unterschiedliche Landschaften und Klimazonen auf. Teile des Landes waren schon vor 6500 Jahren besiedelt: Man fand aus dieser Zeit Knochen von Schweinen, Schafen, Ziegen, Kälbern, Hunden, Pferden, Wildgänsen und anderen Tieren, von Fischen und Muscheln sowie Hirse, Getreidereste und Haselnußschalen. Der Gang der Geschichte und der Handel der Völker haben Spuren auch in den Küchen hinterlassen: Illyrer, Kelten, Römer, Germanen, Slawen, dann Hunnen, Magyaren, Türken, Franzosen, Schweden haben zwischen March und Enns, zwischen Wechsel und Mandelstein im Laufe der Jahrhunderte gelebt, gekocht und gegessen. Dazu kommen das Gefolge von Fürsten und Geistlichen, die Künstler, Handwerker und Handelsleute, Köche und Köchinnen aus fremden Kulturen; die Nähe der „Haupt- und Residenzstadt" Wien ließ immer wieder neue Adelsgeschlechter ihre Sommerschlösser in Niederösterreich errichten, Wiener Herrschaftsfamilien zogen in die Sommerfrische „aufs Land". Nicht zu vergessen die Steirer, die nach der Türkenzerstörung von 1683 sich im Raum um Perchtoldsdorf niederließen, oder die Salzburger Protestanten, die sich im 18. Jahrhundert im südwestlichen Niederösterreich ansiedelten.

Niederösterreich ist im Mittelalter von Salzburg, Freising, Passau und Regensburg aus missioniert worden. Klöster und Pfarrhöfe haben ebenso zur vielfältigen „Speisenlandschaft" Niederösterreichs beigetragen wie die Bewohner von Burgen und Schlössern. Dazu kamen die Nähe der böhmischen und der ungarischen Küche und die großen Handelswege, die Salz- und Weinstraßen, offen nach Westen, Anschluß bringend ans Gebirge im Süden. Alle haben Sachen und Wörter im Küchen- und Haushaltsbereich beeinflußt, bestimmt. Die Weinbauern in der Wachau, im Weinviertel, im Kamptal, an der Brünner Straße, entlang der Thermenlinie südlich Wiens, an den Wiener Hausbergen, die Mostbauern im Westen Niederösterreichs, die Körndlbauern in den Ebenen und im fruchtbaren Voralpenland, die Gänsebauern im Marchfeld, die Eierbauern aus dem Falkensteiner Bergland, die Rahmbauern aus dem oberen Zayatal, die Hörndlbauern in der Landesmitte und im Osten, die „schwarzen Grafen" der Eisenwurzen, die Fischer an der Donau – sie alle (und vor allem ihre Frauen) haben jene Vielfalt geschaffen, die bis heute sichtbar, spürbar, schmeckbar ist.

Bis Ende des 18. Jahrhunderts lebten 80 Prozent der Bevölkerung Niederösterreichs von der Landwirtschaft, und sie alle waren „Untertanen". Den freien Bauern gab es nur als Ausnahme. Die übrigen mußten mindestens drei Tage in der Woche die Robot, Zwangsarbeit für den Grundherrn, leisten.

All das ist zu berücksichtigen, wenn wir heute von der Vielfalt des Donautals, der Abseitsstellung des Waldviertels, der Sonderstellung der Gebirgsteile des Landes im Hinblick auf Essen und Trinken sprechen. Nicht zu vergessen der jeweilige Stand der Technik, die Entwicklung der Feuerung, des Küchenraums. Jahrhundertelang kochte und lebte die Bäuerin in der Rauchkuchl, in der „schwarzen Kuchl"; das war ein fensterloser, ungesunder, heute würde man sagen „unsozialer" Raum inmitten des Hauses. Funken, Rauch und Dampf schlugen sich an den Wänden und Geräten als schwarze Kruste nieder. Immer bestand größte Gefahr, wenn heißes Schmalz in der Pfanne explosionsartig Feuer fing, die „Schmalzkugel ausg'fahr'n" ist und die trockenen Strohdächer und das Holz sofort Feuer fingen. Anfang des 18. Jahrhunderts wurde der Sparherd „behördlich" empfohlen. Durch die Errichtung einer Eisengießerei in Joachimsthal bei Harmannschlag konnten die Sparherde bald vom Waldviertel aus im Land verbreitet werden: gemauerte Küchenherde mit einer gußeisernen Herdplatte, geschlossener Feuerung auf Gitterrost, mit Aschenloch, Backrohr und Wasserwanne („Schiff") wurden in den neuen Küchenräumen mit Fenstern („liachte Kuchl") aufgestellt. Nachteile der Sparherde zählte noch „Der Marianka, Mundköchin des Hans-Jörgel von Gumpoldskirchen, durch vieljährige persönliche Ausübung und praktische Erfahrungen erprobtes Kochbuch", Wien 1846, auf: „Sie sind der Köchin besonders durch die heiße Luft, welche von den glühenden Herdplatten aufsteigt, und durch den Speisendunst schädlich, und bewirken Augenübel, Kopfschmerz, Athmungsbeschwerden und kachektisches Aussehen. Die Köchin darf daher nie zu anhal-

tend nahe am Herde stehen, oder dabei gar sich über denselben hinbücken – muß öfters frische Luft einlassen, und das in der Höhe der Küche am Kamin angebrachte Dunstloch, so lange das Kochen dauert, oder eine Glut im Herde ist, vollkommen offen halten."
Den tiefgreifenden Einschnitt brachte das 20. Jahrhundert. Als nach dem Zweiten Weltkrieg die ersten „G'friertruch'n" und Gemeinschaftskühlanlagen in den Dörfern und Höfen auftauchten, wurde im bäuerlichen Haushalt die Konservierung „revolutioniert" und mit ihr Eßgewohnheiten und Verbraucherrhythmus. Einsäuern, Einpökeln, „Einrexen" und Selchen verloren rasch an Wichtigkeit. Das (tägliche) Frischfleisch hat schnell das Geselchte verdrängt und die Zubereitungsarten vermehrt. Das Schlachten bzw. Tranchieren eines Schweins richtet sich heute nur mehr nach dem „Raumangebot im Gefrierschrank", nicht mehr nach Jahreszeit, Festen oder Anzahl der Personen. Durch das Tiefgefrieren braucht man nach dem Schlachttag „notgedrungen" nicht mehr so viel Fleisch zu essen – damit wurde der tiefverwurzelte, durch Jahrhunderte gültige Bezugsrhythmus auf das empfindlichste gestört, ja außer Kraft gesetzt. Das Vielessen unmittelbar nach dem Schlachttag – dem meist eine Reihe kirchlicher Festtage folgte wie zu Weihnachten bis Heiligendreikönig und zu Ostern – und die darauf folgenden „mageren" Monate das Jahr über hatten keine Funktion mehr, die typischen Winter- und Sommerspeisen fielen weg, die brauchtumsgebundenen Gerichte gerieten in Vergessenheit, der Fleischkonsum stieg. Da ein ähnlicher Prozeß beim Gemüse zu verfolgen ist, wurde der gesamte jahreszeitliche bäuerliche Verbraucherrhythmus grundlegend geändert.
Grundlegend geändert wurde aber auch die Hierarchie der Mahlzeiten, wie wir sie bei den Festtagsgerichten, besonders zu einer Hochzeit, in Erinnerung haben. Dem raschen Gang der „äußeren" Entwicklung steht ein nicht so rascher Abbau tausendjähriger Vorurteile gegenüber, der aber erst die notwendige Voraussetzung schafft, neue Gerichte, neue Normen des Essens anzunehmen, anzuerkennen.
Die Niederösterreicher sind nie Kostverächter gewesen. Kaspar Bruschius, ein böhmischer Humanist, der 1552 im Lande weilte, nannte sie „Paschaller", ein Spottname, der ihnen bis heute geblieben ist, nach dem Wort „Passah" für Ostern, da sie stets und immer „Ostern feierten", aber nie fasteten und „immer dem Bacchus und der Ceres huldigten". Und in einem Brief aus dem Jahre 1590 hat sich selbst Kardinal Melchior Klesl einen „ungewanderten Paschaller" genannt.

Ansicht der Weinstadt Retz, 1835.

Suppen und Suppeneinlagen

In niederösterreichischen Bauernhäusern war die Stosuppe bzw. die Einbrennsuppe die tägliche Morgen- und Abendsuppe. In den dreißiger Jahren unseres Jahrhunderts trat an ihre Stelle der Malzkaffee (den es vorher meist nur am Sonntag gegeben hat). Zu dieser Entwicklung beigetragen hat nicht zuletzt die Tatsache, daß die fettarme saure Milch, welche die Bauern von den Molkereien zurückbekommen, sich zur Stosuppe nicht eignet. Im Zeitalter der „Packerlsuppen" haben auch viele andere Suppen den praktischen Erfordernissen weichen müssen, was in erster Linie auf die Fleischsuppen mit den verschiedenen Einlagen (Nudeln bzw. Eierteigwaren, Leberreis, Leberknödel, Lungenstrudel) zutrifft, die immer beliebt waren und im Ansehen höher standen als die „dicken" Suppen, wie Einbrenn-, Erdäpfel-, Gemüse-, Bohnen- oder Bratwürstelsuppe. Bis in die zwanziger Jahre hat man Safran und Muskatblüte häufig als Suppenwürze verwendet, die dann von der „Maggiwürze" abgelöst wurden.
Amalie Grünzweig, die wiederholt von den Gewohnheiten ihrer „Landsleute" in Niederösterreich schreibt, bringt in ihrem 1885 erschienenen „Wiener Koch- und Wirtschaftsbuch" eine

„Niederösterreichische Stosuppe"

„1 Liter Wasser wird mit etwas Kümmel und Salz aufs Feuer gestellt und zum Kochen gebracht. In $^3/_{10}$ l saurer Milch ein gehäufter Löffel Mehl eingequirlt, in das kochende Wasser eingerührt, aufgekocht und vom Feuer gezogen. Dann gibt man $^1/_4$ l Rahm hinein. Dazu werden ohne Schale gekochte Erdäpfel serviert."
Die Stosuppe („sto" dürfte aus dem Slawischen kommen und bedeutet „gerinnen") blieb eine der wenigen Suppen, die noch lange gemeinsam aus einer Schüssel gegessen wurden. Dazu wird Brot eingebrockt, mancherorts gibt es gekochte ungeschälte Erdäpfel extra dazu. Die eine oder andere Hausfrau säuert die Suppe zusätzlich mit etwas Obstmost oder Essig.
Neben der Schreibweise „Stosuppe" findet man in den Kochbüchern auch die fälschlichen Formen „Stohsuppe" und „Stoßsuppe". Castelli definiert in seinem 1847 herausgegebenen „Wörterbuch der Mundart in Österreich unter der Enns": „Schdohsuppe: eine Suppe, von geronnener Milch zubereitet" und führt die Redewendung an: „Dö Milli schdeßt sie: Milch gerinnt." Dies hatte Anton Friedrich Reil in „Das Donauländchen . . . im Viertel Obermannhartsberg . . ." (1835) schon wortwörtlich gleich erklärt: „Die Milli schdößt sie, heißt so viel als: die Milch gerinnt." Josef Buchinger dagegen schreibt: „Früh und abends erscheint auf dem Tische die Stoßsuppe (weil sie mit dem Sprudler ‚gestoßen' wird) aus saurer Milch und Rahm und Mehl."
Verwandt mit der Stosuppe – beruhend auf der Milch-Mehl-Basis – ist die von Amalie Grünzweig angeführte

„Niederösterreichische Rahmsuppe"

„In 1 Liter Wasser etwas Kümmel und Salz geben und $^3/_{10}$ l süße, mit einem stark gehäuften Löffel Mehl abgesprudelte Milch hineingießen, wenn das Wasser kocht. Gequirlt, $^3/_{10}$ l guten Rahm und 1 Löffel Essig dazugeben, wenn man die Suppe vom Feuer gezogen hat. In Würfel geschnittenes Roggenbrot wird separat gegeben."

Buttermilchsuppe

$^1/_2$ l Buttermilch, $^1/_2$ l Wasser, Salz, Kümmel, 20 g Mehl, 4 EL saurer Rahm, 100 g Schwarzbrot

Wasser mit Salz und Kümmel aufkochen. Milch und Mehl glatt versprudeln und in das kochende Wasser einrühren. Aufkochen lassen, vom Feuer ziehen und mit dem glattverrührten Sauerrahm verbessern. Gebähte Schwarzbrotwürfel als Einlage geben.

In manchen Gegenden gab es als Morgen- und Abendsuppe und an Fasttagen zu Mittag die bekannte Einbrennsuppe oder eine Zwiebelsuppe (mit Schwarzbrotwürfeln oder Backerbsen als Einlage).

Brotsuppe

Altbackenes Brot, 1 EL Fett, 1 kleine Zwiebel, 1 Knoblauchzehe, Wasser oder Fleischsuppe, Salz, Pfeffer

Altbackenes Bauernbrot in Schnitten schneiden, mit gehackter Zwiebel und zerdrücktem Knoblauch in

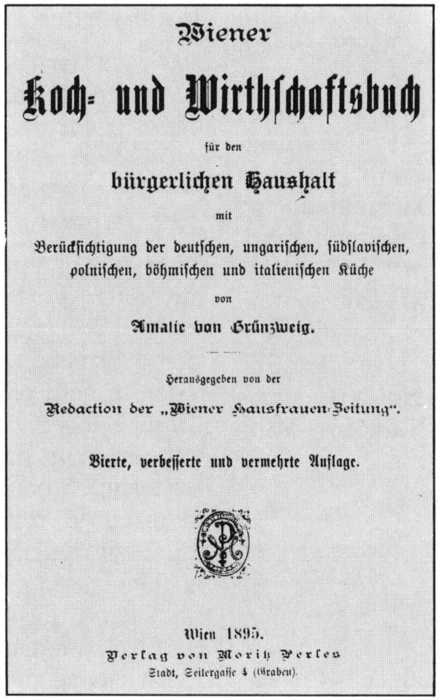
Wiener
Koch- und Wirthschaftsbuch
für den
bürgerlichen Haushalt
mit
Berücksichtigung der deutschen, ungarischen, südslavischen, polnischen, böhmischen und italienischen Küche
von
Amalie von Grünzweig.
Herausgegeben von der
Redaction der „Wiener Hausfrauen-Zeitung".
Vierte, verbesserte und vermehrte Auflage.
Wien 1895.
Verlag von Moritz Perles
Stadt, Seilergasse 4 (Graben).

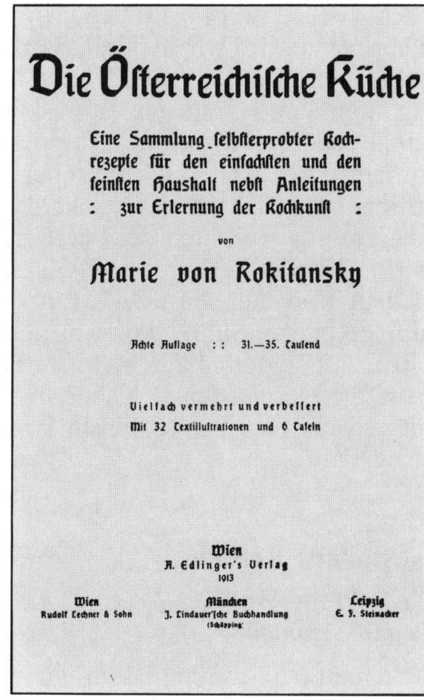
Die Österreichische Küche
Eine Sammlung selbsterprobter Kochrezepte für den einfachsten und den feinsten Haushalt nebst Anleitungen : zur Erlernung der Kochkunst :
von
Marie von Rokitansky
Achte Auflage : : 31.—35. Tausend
Vielfach vermehrt und verbessert
Mit 32 Textillustrationen und 6 Tafeln
Wien
A. Edlinger's Verlag
1913
Wien Rudolf Lechner & Sohn — München J. Lindauer'sche Buchhandlung (Schöpping) — Leipzig E. F. Steinacker

Pfarrersköchinnen waren meistens die „letzte Instanz" in Kochfragen der Bäuerinnen im Dorf. – Die Grünzweig spricht in ihrem Kochbuch wiederholt von „meinen niederösterreichischen Landsleuten". – „Die Rokitansky" gehört zu den Standardkochbüchern Altösterreichs.

heißem Fett rösten, mit kochend heißem Wasser oder Fleischsuppe aufgießen, kochen lassen, bis sich das Brot zu Brei versprudeln läßt. Salzen und pfeffern. F. C. Baernreither bereitet die Brotsuppe in ihrem „Pfarrhof-Kochbuch" (o. J.) mit Most zu („man kann auch Weinbeeren oder Rosinen mitkochen"). Nimmt man anstelle von Brot Semmeln, erhält man die **„Semmelsuppe"**. Die Suppe kann mit zwei bis drei Eßlöffel Sauerrahm, mit einem Dotter versprudelt, verbessert werden. Zuletzt mit Petersilie oder Schnittlauch bestreuen.

Aus Einbrennsuppe, gerösteten Speckwürfeln und einigen mitgekochten, kleinwürfelig geschnittenen Erdäpfeln erhält man eine **Grammelsuppe,** die früher ebenfalls als Frühstückssuppe üblich war. Eine Suppe aus Ulmergerstel, Dillkräutel, Zwiebeln, Karotten, Erdäpfeln und Selchsuppe findet man in den bürgerlichen Kochbüchern um 1900 als **„Rodauner Suppe"**.
Die Bratwürstelsuppe, wie wir sie im Kapitel „Oberösterreich" kennenlernen, ist uns aus dem Schneeberggebiet überliefert. In bürgerlichen Kochbüchern (Olga und Adolf Fr. Hess, „Wiener Küche", 17. Aufl. 1928) findet man eine Rindsuppe mit Kohl und Reis, zu der als Einlage „geschälte, in Scheiben geschnittene gekochte Frankfurter Würstel oder gebratene, ebenso geschnittene Bratwürste" kommen. Eine Erdäpfelsuppe mit gebratenen und in Scheiben geschnittenen Bratwürsteln nennt Elfi Maier in ihrem „Niederösterreich Kochbuch" (1979) „Elsaß-Lothringer-Suppe". Die Prato kocht in ihrer „Süddeutschen Küche" (1858) zur **„Wurstsuppe"** rohe Bratwürstel und eine Zwiebel mit Krautwasser des in Köpfen eingesäuerten Krautes, oder eine Handvoll Kraut mit etwas saurem Wasser, gießt mit dieser Brühe eine Einbrenn aus Fett und Mehl auf, würzt mit Safran und Muskatblüte und gießt das Ganze über die zu Scheibchen geschnittenen Würstel und Brotschnitten.
Ein **„verlorenes Hendel"** ist eine Art Semmelsuppe mit versprudelten Eiern, Obers oder Milch, mit Schnittlauch (und mit Bratwürsten) – so bei Prato, Grünzweig und anderen Kochbuchautorinnen des vorigen Jahrhunderts. Ignaz Castelli erklärt diese Suppe im „Wörterbuch der Mundart in Österreich unter der Enns" (1847): „falorn's Hendl in da Supp'n: Wenn Semmel mit Eiern in der Suppe gekocht wird." Die „Brezel-"

oder „Beugelsuppe" ißt man im Kremstal und um Ybbsitz, sie wird wie in Tirol, Salzburg, Oberösterreich zubereitet.
An Sonn- und Festtagen gab es vielerorts eine Rindsuppe oder eine „grüne" Suppe (aus Frischschweinernem) mit Leberknödeln oder -nockerln, Nudeln (früher hausgemacht, heute gekauft), **„Oarkrautnudeln"** (das sind die Frittaten der bürgerlichen Küche), Schöberln, Knöderln, Eingetropftem u. a. m. als Einlage. Beliebt sind die „Farferln", hin und wieder gab und gibt es in der Suppe Pofesen, gefüllt mit geröstetem Hirn, faschiertem Fleisch, Milz, Leber oder Gemüse, bzw. die verschiedenen Knöderln und Nockerln sowie die gebackenen und gesottenen Strudel (Lungen-, Milzstrudel).

Gestoßene Reissuppe

2 EL Bratenfett, 70 g Reis, 1 l Fleischsuppe, 1 Dotter; Leber, Semmel

Bratenfett heiß werden lassen, fein gestoßenen Reis dazugeben, dünn mit Fleischsuppe verrühren wie bei einer Einmach und weich kochen lassen. Beim Anrichten einen versprudelten Dotter einrühren, etwas gebackene Leber und Semmelbröckchen als Einlage dazugeben.
Im Gebiet um Großgerungs im Waldviertel wurde an Kirchtagen folgende Suppe aufgetragen:

„Schrottkugelsuppe"

Aus einem übriggebliebenen feinen Germteig nußgroße Krapferln ausstechen, in heißem Fett schwimmend wie Backerbsen backen und in eine Weinsuppe geben. (H. Tüchler)

Fisolensuppe

200–400 g Fisolen, Wurzelwerk, Rindsuppe, Paprika, Selchfleisch, Einbrenn aus 1 EL Butter und 1 EL Mehl, Salz, Pfeffer

Fisolen in Wasser mit dem Wurzelwerk, nach Belieben auch mit einem Stück Selchfleisch und einer Messerspitze Paprika, weich kochen. Eine dünne Einbrenn bereiten (und von einem Ei flaumige Nockerln). Salzen und pfeffern. Als Beilage zu Selchfleisch oder Kraut gibt dies eine kräftige Mittagskost.

Waldviertler Linsensuppe

200 g Linsen, 5/4 l Wasser, Salz, 1 kleines Lorbeerblatt, Thymian, Pfeffer, 1 Zitronenspalte, 50 g Rollgerste, 1 kleine gehackte Zwiebel, 40 g Fett oder 60 g Speckwürfel, 150–200 g würfelig geschnittene Karotten, 1 EL Mehl, 3–4 EL saure Milch oder Buttermilch, 1 TL Senf, Essig, 2 EL Paradeispüree, Schnittlauch

Über Nacht eingeweichte Linsen in frischem Wasser mit Salz, Lorbeerblatt, Thymian, Pfeffer, Zitronenspalte, Rollgerste (kalt gewaschen) zusammen aufkochen. Daneben feingehackte Zwiebel in heißem Fett (oder in gelb gerösteten Speckwürfeln) rösten, zu den Linsen geben, ebenso die Karotten. Unter wiederholtem Umrühren die Linsen weich kochen. Zuletzt Buttermilch oder saure Milch, mit Mehl, Senf und Paradeispüree verrührt, in die Linsensuppe einrühren, mit Essig säuern, noch 10 Minuten auf kleinem Feuer kochen lassen. Mit Schnittlauch bestreut anrichten.
Man kann die weichgekochten Linsen auch durch ein Haarsieb passieren. Etwas pfeffern. Ebenso wird die **Erbsensuppe** zubereitet, zu der am Heiligen Abend gern Mohnnudeln gegessen wurden.

Der Burgschauspieler Johann Anton Friedrich Reil (1773–1843), einer der ersten „Entdecker" des Waldviertels, schreibt in „Der Wanderer im Waldviertel . . ." u. a. über die Nahrung des Waldbauern: „Dieser hat zur kärglichen Sättigung Gersten- und Haferbrot, das er in teurer Zeit wohl auch noch mit Bohnen- und Erbsenmehl oder geriebenen Erdäpfeln mischt. Seine tägliche Speise morgens und abends ist ein Stohsuppe, bereitet aus Mehl, saurer Milch, Wasser und etwas Essig oder versäuertem Obstmoste, dazu ißt er Brot oder gesottene Erdäpfel, darauf gesottene süße Milch oder auch Sauerkraut; zu Mittag Jahr für Jahr Knödeln von schwarzem Roggenmehl (Vorschußknödeln) oder auch Gerstengriesknödeln samt dem Wasser, worin sie gesotten sind, als Suppe, dann Sauerkraut, Rüben, Hülsenfrüchte, nur an Sonn- und Festtagen Rindfleisch mit Kren, am meisten stark gesalzenes und geräuchertes Schweinefleisch, das über ein Jahr hängen muß, und dadurch, wie auch das saure Kraut durch lange Aufbewahrung, oft so ranzig und stinkend wird, daß es unbegreiflich ist, wie so verdorbene Nahrungsmittel nebst dem oft dreijährigen Schweinespecke in vielen Speisen ohne Schaden für die Gesundheit genossen werden können; aber auch solches Fleisch sieht manche Hütte das ganze Jahr nicht auf dem Tische."

Jause

Auch im niederösterreichischen Bauernalltag gibt es allgemein fünf Mahlzeiten: das Suppenessen (Frühstück), nach der Stallarbeit, um 6 Uhr früh, die Vormittagsjause zwischen 9 und 10 Uhr, das Mittagessen zwischen 11 Uhr 30 und 12 Uhr 30, die Nachmittagsjause zwischen 15 und 16 Uhr sowie das Abendessen. Eine Vormittagsjause besteht – von Haus zu Haus, auch nach Jahreszeiten und Besitz leicht verschieden – aus Brot, heißen Erdäpfeln, Butter, Geselchtem, gekochten Eiern u. a. m. Käse ist eher selten, ausgenommen der „Topfenkas" und der in Almgegenden selbstgemachte Hauskäse. An Schlachttagen gibt es frische Grammeln, Blunzen und andere leicht verderbliche Fleischarten vom „Sautanz". Getränk ist der Most, in Weingegenden ein Wein-Haustrunk. Aber auch nur Milch oder Kaffee ist möglich, hauptsächlich für die Frauen. Sind Handwerker im Haus, gibt es zur Jause Brot, Geselchtes, Wurst, Butter, Eier, Bier bzw. Most. Wurst wurde erst in den Jahren nach dem Zweiten Weltkrieg zur Jause allgemein üblich (meist die billige „Dürre"), und das auch oft nur an Sonn- und Feiertagen. In Arbeiterhaushalten oder dort, wo der Mann „pendelt" (über weitere Strecken zur Arbeit fährt), gibt es eher zur Jause Wurst(brote oder -semmeln); Wurst wurde hier rascher heimisch als auf dem Bauernhof, wo man früher nur ungern etwas kaufte – das wenige Bargeld war nicht für „gnaschtige Sachen" zu verwenden.

Die Nachmittagsjause gleicht im Durchschnitt der Neun-Uhr-Jause, oft gab und gibt es Reste vom Mittagessen. Der Abschluß des Drusches wurde einst mit einer ausgiebigeren Jause für die Maschinleute gefeiert, es gab Braten, Bröselpudding oder Schifferln, Most, seit den sechziger Jahren auch Bier oder Wein. M. A.

Friedrich Gauermann, „Die Ernte". Der Stahlstich stammt von Johann Nepomuk Passini.

Becker schrieb im „Reisehandbuch für Besucher des Ötscher“ (1859): „In den Voralpen, nahe dem Flachlande, wo alle Gattungen Obst gedeihen, trinkt man wenigstens zur Jause (Nachmittagsbrot) Most (Apfel- oder Birnwein); Branntwein jedoch nur bei schweren Arbeiten. Weiter im Gebirge wird Most und Branntwein seltener, dafür aber Molken, süße und saure Milch genommen. In ärmeren Familien läßt man sich auch das bloße Wasser zum beständigen Trunk schmecken . . . Im übrigen hat der Arbeiter im Gebirg einen guten Magen. Wenn es ihm seine Haushaltung trägt oder es so eingeführt ist, hält er des Tages, auch bei minderer Arbeit, drei Hauptmahlzeiten und dazwischen zwei Jausen. Letztere . . . bestehen in Brot und Trunk, namentlich Obstwein, bisweilen auch Branntwein; zum Brot kommt zuweilen noch Käse und über Herbst und Winter Obst.“

„Topfenkas“

Milch auf dem Herd stehen lassen, bis sich nach einigen Tagen der Topfen abgesetzt hat. Dann die Topfenmasse abseihen, mit Salz (und Pfeffer) und geschnittenem Schnittlauch vermischen. (Das „Kaswasser“, die Molke, wird zur Schweinefütterung verwendet.)

Mit Ausnahme von Quargel und später des billigen „Eckerlkäses“ steht bzw. stand der Käse im bäuerlichen Haushalt der meisten Teile Niederösterreichs nicht hoch im Kurs (zumal er, wie schon erwähnt, zu den Dingen gehörte, die man beim Kaufmann bzw. Greißler hätte kaufen müssen).

„Erdäpfelkas“

500 g Erdäpfel, Salz, Pfeffer, Majoran, 1 Zwiebel

Erdäpfel kochen und zu einem sehr festen Brei verarbeiten, mit Salz, Pfeffer, Majoran und einer mittleren geriebenen Zwiebel abschmecken und sehr kalt stellen. (Maria Puchner, Prein/Rax)

Liptauer

250 g Butter oder Margarine, 250 g Brimsen (oder Topfen), Salz, Paprika, 1 Zwiebel, 1 TL Senf, 8 gehackte Kapern, Sardellenpaste (oder 1 Sardelle), 1–2 gehackte Gurkerln, Sauerrahm, Joghurt oder Bier, Kräuter

Butter und passierten Brimsen (oder Topfen) schaumig rühren, die feingehackte Zwiebel, Senf, Kapern, Sardellenpaste (oder feingehackte Sardelle), Salz, Paprika und Gurkerln beigeben, abschmecken, mit Sauerrahm, Joghurt oder Bier streichfähig verrühren. Nach Belieben frische Kräuter (Kerbel, Petersilie, Schnittlauch, auch Porree und Knoblauchblätter), fein gehackt, daruntermischen. Auch Kümmel kann man beigeben. Gibt man doppelt soviel Butter zum Brimsen, wird er wesentlich milder.

Waldviertler Topfenkas

250 g Topfen, 1–2 gekochte Erdäpfel, 30 g Butter, 1 Knoblauchzehe, Milch oder Rahm, Salz, Pfeffer, Paprika

Ausgekühlte Erdäpfel fein reiben oder pressen, mit Topfen locker vermischen. Butter zerschleichen lassen, mit zerdrückter Knoblauchzehe, Salz, Pfeffer und reichlich Paprika würzen, das Topfengemisch darunterrühren. Nach Bedarf kann man Milch oder Rahm dazurühren.

Traisentaler Fleischaufstrich

200 g Braten- oder Wurstreste, einige gekochte Erdäpfel, 1 Semmel, in Milch eingeweicht, 1 hartgekochtes Ei, Senf, Kapern, 50 g Reibkäse, Salz, Pfeffer, Paprika, 1 Zwiebel

Braten- oder Wurstreste, eingeweichte, gut ausgedrückte Semmel und gekochte, geschälte Erdäpfel faschieren bzw. passieren, zerdrücktes hartgekochtes Ei, Senf, kleingehackte Kapern, Reibkäse und geriebene Zwiebel dazurühren, mit Salz, Pfeffer und Paprika würzen und abschmecken.

Fischgerichte

Fischfang war lange Jahrhunderte hindurch das Vorrecht der Besitzenden, allerdings nützten diese ihr Fischrecht meist nicht persönlich aus. Die „Ordnung der Fischer und Schiffleute zu Klosterneuburg“ aus dem Jahre 1258 regelte bereits Besitzrecht und Fischrecht über die Donau bei Klosterneuburg und die Gewässer der Umgebung.

Es bildete sich ein eigener Berufsstand von Herrschafts-, Kloster- und städtischen Fischern mit Zünften und Zunftordnungen. Viele Fischereien waren verpachtet, die Klöster erhielten dafür Ablösegeld. Die Fischer durften ihren Überschuß öffentlich verkaufen, allerdings nur an bestimmten Plätzen und zu bestimmten Zeiten. Die bäuerliche Köchin hatte fast nie die Möglichkeit, frische Fische zu kaufen, abgesehen davon, daß sie gar keinen Anlaß dazu gehabt hätte. Fast kein Bauer hatte zum eigenen Fischfang Lust und Veranlassung. Die von der Kirche vorgeschriebene Fastenkost wurde weitgehend mit Mehl- und Milchgerichten bestritten.

Nur im Bereich der Flußanrainer, auch der Schiffer, haben sich altertümliche Zubereitungsarten von Fischgerichten bewahrt. In mancher Hinsicht entsprechen sie laut Leopold Schmidt den Speisebereitungsmethoden der Hirten und stellen sich als einfaches Räuchern und Braten an improvisierten Feuerstätten im Freien dar. So finden sich immer wieder Berichte über derartige Fischbratmethoden entlang der Donau, in Niederösterreich genauso wie auch in Oberösterreich; die Wirte dürften da und dort diese Sitte übernommen haben. Solche Fischbratereien an einem Fluß sind überliefert vom Wirt in Reiserhof bei Langmannersdorf sowie vom Fischer Hammerschmidt, Wirt an der Traisenmündung neben der Donau. Man hat dazu Erdgruben von etwa zwei Meter Länge und dreiviertel Meter Tiefe und Breite ausgehoben, darin ein Holzfeuer entfacht, ausgeweidete Fische auf Holzspieße gesteckt und in die Grube über das Feuer gesenkt. Die Fische wurden gesalzen, das Feuer durch Bestreuen mit Sägespänen eingedämmt und so die Rauchentwicklung gefördert, so daß die Fische gleichzeitig gebraten und geräuchert wurden. Vermutlich sind solche Fischfeste zu bestimmten Zeiten üblich gewesen, zumal die Fischer stets bestimmte Fangzeiten beachten mußten, ebenso feste Termine, an denen sie die „Zinsfische“ an ihre Herrschaft abzuliefern hatten.

Der Fisch, der nie ein heidnisch-germanisches Festessen gewesen ist, übernahm erst im Laufe der Jahrhunderte des Christentums die Bedeutung einer Kultspeise und kehrt dann selbst unter den Formen der Gebildbrote wieder, aber nur, weil der Fisch inzwischen an die Stelle des heidnischen rotblütigen Opfertieres getreten war.

In den Stiftsküchen wurden hauptsächlich Fische aus der Familie der Karpfen verwendet; Karpfen kennt man seit der Pfahlbauzeit, sie gerieten in der Völkerwanderungszeit in Vergessenheit und wurden von den Mönchen im Mittelalter wieder eingebürgert. Sie wurden nicht nur in der Donau gefangen, sondern auch in „Fischkaltern“ und Teichen gehalten. Dienten diese Gewässer, die man schon im 14. Jahrhundert bei Stiften und Städten findet, die nicht an Flüssen lagen, zuerst nur als Vorratsteiche, ging man später daran, junge Fische darin aufzuzüchten. Auch dem Transport von Fischen aus Böhmen kamen die Teiche zurecht. Noch heute steht Niederösterreich an der Spitze der Karpfenteichwirtschaft in Österreich; von rund 2500 ha bewirtschafteter Wasserfläche entfallen ca. zwei Drittel auf dieses Bundesland (600 ha auf die Steiermark). Vor allem das Waldviertel ist traditionelles Karpfenzuchtgebiet. Im Stift Zwettl ist die Karpfenzucht bereits rund 450 Jahre zu Hause (85 ha, 13 Teiche; der Rudmannser Teich faßt mit 45 ha jährlich etwa 9000 Karpfen); allerdings dauert hier die Zucht gegenüber der klimatisch begünstigten Steiermark durchschnittlich zwei, drei Jahre länger.

Eine Karpfenart ist die grätenreiche Barbe; wie sie war auch die karpfenartige, aber 8 bis 10 cm lange Pfrille (oder Ellritze) ein klösterlicher Tafelfisch. Heute selten geworden sind die Schrätzen, eine Barschart, die auf das Donaugebiet beschränkt war und jetzt fast ausgestorben ist. Ein leckeres Gericht ergab der Hecht, sein Fleisch stand im Mittelalter hoch in Ansehen (er wurde als „Oderhecht“ gehandelt; die Donauhechte waren eher als klein verrufen); es gab ihn „übertruckch(n)et“, gesotten, gesalzen und gebacken. Im 16. Jahrhundert hielt man Hechte in den Teichen zu Pirawart und verkaufte sie nach Wien. Damit die Fische den Transport nach Wien gut überstanden, wurden sie in Zwischenstationen, in Halterungsanlagen, gewässert. So bestand in Heidenreichstein, im Volksmund schon früh als „Fischstadt" bezeichnet, noch um 1850 eine „herrschaftliche Fischwässerung"; auch in Gmünd gab es

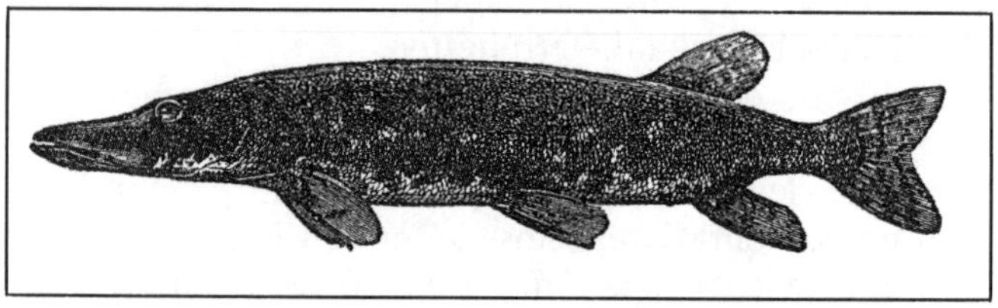

Hecht. Aus: Marie von Rokitansky, „Die Österreichische Küche", 8. Aufl., Wien 1913.

schon um 1600 einen „Fischkalter" unweit von dem Weitraer Tor. Hochgepriesen wurde im Mittelalter die Bachforelle (Förh[e]n), besonders geschätzt auch als Krankenkost, ebenso scheint die teure Lachsforelle in den klösterlichen Rechnungsbüchern der Zeit häufig auf. Der billigste Fisch war der Hering. 1378 schenkten die Erben nach Simon von Pyela aus dessen Nachlaß jährlich zum Aschermittwoch eine Tonne Heringe den Armen im Kremser Spital.

Der Hausen, bis zu 9 Meter lang und 1400 Kilogramm schwer, wurde gern mit Äpfeln zubereitet, im 16. Jahrhundert diente er wie auch der kleine Dück oder „Doch" für „Verehrungen", d. s. Geschenke an hochgestellte Persönlichkeiten. Die Schwimmblase des Hausen wurde zu Leim verarbeitet und diente zur Herstellung verschiedener Gallertspeisen sowie zur Klärung des Weins. Der fetteste Fisch (des Rheins) wird „Butter des Rheins" – R(h)einanke – genannt; er kommt auch in unseren Alpengewässern vor. Vom drei Meter langen Schaiden wurde nur der junge Fisch geschätzt (besonders als „Schaidenschnitzel", also paniert und gebacken). Häufig genoß man – so in der Klosterneuburger Stiftsküche – den Schied, sein Fleisch zerfällt beim Kochen nicht. In den Niederösterreichischen Weistümern wurde er 1652 zu den „edlen Fischen" gezählt. Im frühen 14. Jahrhundert tauchen die karpfenartigen „Nasen" auf, der Kreßling oder der „Gründling" – die Gründel (man trug sie wie den Karpfen zum Kraut auf). Kleine Fische waren die Sangen oder „Sänglein" (von „Sange" = Büschel) und die grausilbernen Weißfische. Beliebt war vor allem der billige Stockfisch, eine Dorschart der Ostsee, 1 bis 1,5 Meter lang (er wird auf Stockgerüsten getrocknet, dann mit Salz bestreut und kommt als Stockfisch in den Handel).

Hecht mit Kren

1 Hecht, Wurzelwerk, 6 Pfefferkörner, 7 Gewürzkörner, 4 EL Essig, 6 EL Wasser, Kren

Hecht schuppen, ausnehmen, putzen, in Stücke schneiden, einsalzen. Feinnudelig geschnittenes Wurzelwerk mit dem Essig-Wasser-Gemisch in den Topf geben, die Fischstücke darauflegen und zugedeckt gar dünsten lassen. Mit frisch gerissenem Kren anrichten. Anstatt Hecht kann man auch einen Karpfen nehmen.

Donaukarpfen

4 Karpfenportionen (à 200 g), Salz, Pfeffer, Zitrone (Saft, Schale), Mehl, 80 g Fett, 1 Zwiebel, Petersilie, 150 g Champignons, 2 EL Paradeispüree, 1/8 l Sauerrahm, 1 EL Mehl, 1/8 l Weißwein

Kochfertige Karpfenportionen mit Zitronensaft beträufeln. Kurz ziehen lassen, dann salzen und pfeffern, rundum in Mehl tauchen, in heißem Fett leicht überbraten, aus dem Fett nehmen und warm stellen. Im Bratfett feingehackte Zwiebel rösten, gehackte Petersilie mitschwitzen lassen, feinblättrig geschnittene Champignons (im Sommer 200 g Steinpilze) mitrösten, etwas feingehackte Zitronenschale und Paradeispüree beigeben. Sauerrahm mit Mehl versprudeln, unter Rühren damit die Soße eindicken, dann Weißwein und bei Bedarf etwas Wasser angießen, daß die Soße sämig-mollig wird. Kurz durchkochen lassen, abschmecken, die vorgebratenen Karpfenstücke einlegen und zugedeckt langsam 20 Minuten dünsten lassen.

Gebackener Weihnachtskarpfen

1 Karpfen, Salz, Zitronensaft, Mehl, 2 Eier, 1–2 EL Milch, 1 TL Öl, Semmelbrösel, Schweinefett, Butterschmalz oder Öl, Zitronenspalten, Petersiliengrün

Karpfen ausweiden, schuppen, waschen, halbieren, kalt waschen, gut abtrocknen, in etwa 150 g schwere Portionen schneiden. An den dicken Stellen des Fischfleisches einige Einschnitte machen, mit Zitronensaft beträufeln, leicht mit Salz einreiben. Dann die einzelnen Stücke panieren: zuerst in Mehl tauchen, dann in den mit Milch verklopften Eiern wenden, zuletzt in den Bröseln wenden. Restliche Brösel abschütteln. In zwei Finger hohem, heißem Backfett auf beiden Seiten goldbraun backen. Aus dem Fett heben, abtropfen lassen, mit Zitronenspalten und Petersiliengrün garniert anrichten. Dazu Erdäpfelsalat.

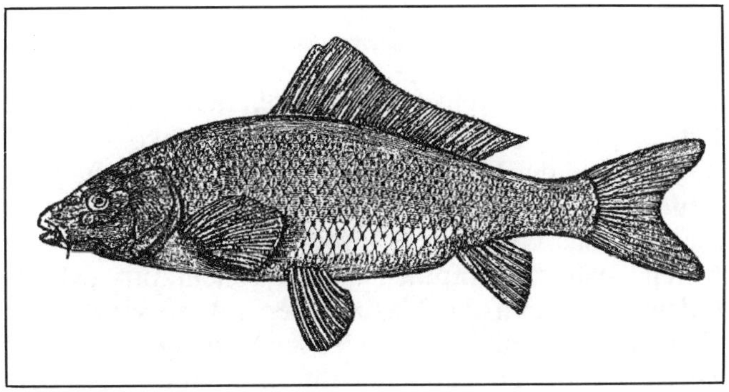

Karpfen. Aus: Marie von Rokitansky, „Die Österreichische Küche", 8. Aufl., Wien 1913.

Junge, nicht zu fette, ausgenommene Karpfen werden auch mit Speckwürfeln und faschiertem Rindfleisch (mit Salz, Pfeffer und evtl. Paprika gewürzt) gefüllt und in heißem Fett im Rohr gebraten **(gefüllter Karpfen).**

Lunzer Lachsforelle

1 Lachsforelle (ca. 1200 g), Salz, Zitronensaft, Mehl, 60 g Butter, $^1/_4$ l Sauerrahm, Muskatblüte, Zitronenschale (oder Melissenkraut), 1–2 EL Semmelbrösel

Lachsforelle ausnehmen, reinigen, Kopf und Schwanz wegschneiden, in sechs Portionsstücke schneiden, mit Zitronensaft beträufeln, salzen, beidseitig in Mehl tauchen, in heißer Butter blaßgelb überbraten. Sauerrahm mit gestoßener Muskatblüte und feingeriebener Zitronenschale versprudeln, die eng nebeneinanderliegenden Forellenstücke damit überziehen. Im Rohr oder am Herdrand etwa 20 Minuten dämpfen lassen. Fischstücke anrichten, die Rahmbratensoße mit Semmelbröseln binden und nach Bedarf mit etwas Wasser zu einer sämig-molligen Soße verrühren. Passieren und heiß über die angerichteten Fischstücke gießen. Salzkartoffeln als Beilage.

Marchfelder Fischauflauf

500 g gekochter Fisch, Salz, Pfeffer, 1 Zwiebel, 1 Eiklar, Erdäpfelpüree, Fett, Käse

Kleine gekochte Fischstücke mit Salz, Pfeffer und kleingehackter Zwiebel würzen, geschlagenes Eiklar unterziehen und so viel Erdäpfelpüree dazugeben, daß die Masse hält. In eine gefettete Rein geben, mit Käsewürfeln bestreuen, im heißen Rohr überbacken.

In der Barockzeit liebte man die Völlerei, und selbst beim Totenmahl wurde viel gegessen; wiederholt heißt es in alten Urkunden, die „Tottenzöhrungen" seien als ein „abschäulicher Mißbrauch" gänzlich zu verbieten, nur die Leichenträger dürften mit Wein und Brot bewirtet werden. Man dürfte sich aber nicht sehr streng darnach gehalten haben, wie aus einer Rechnung zu einem Totenmahl in Traismauer aus dem Jahre 1716 hervorgeht – da dieses Totenmahl an einem Fasttag gehalten wurde, gab es vor allem Fische, und zwar nicht weniger als 14 $^1/_2$ Pfund Hechte, 10 $^1/_2$ Pfund Karpfen, 6 Pfund „Aeldlfische" (Alant, Altel oder Ältel; auch Döbel und Dickkopf), 3 $^1/_2$ Pfund „Aesch" (Äsche) und „Wäxfische" und noch ungefähr 15 Pfund verschiedene Fische (1 Pfund = 0,56 kg).

Die feuchten Waldgegenden der östlichen Landesteile Niederösterreichs waren und sind das Hauptverbreitungsgebiet der aus Südosteuropa stammenden **Weinbergschnecken.** Noch vor vier, fünf Jahren wurden aus Österreich jährlich an die 300 Tonnen Weinbergschnecken nach Frankreich exportiert, wovon ein Großteil aus Niederösterreich stammte. In der Zwischenkriegszeit gab es (neben Salzburg) in Wien-Hütteldorf je eine „Schneckenfarm"; für die Hütteldorfer Sammelstelle waren rund 700 Sammler in ganz Österreich tätig. Ein fester Brauch war der Schneckenkirchtag im ehemaligen Schneckensammelgebiet von Landegg-Pottendorf. Am „schwarzen" Sonntag, dem Sonntag „Laetare" in der Fastenzeit, auch Totensonntag genannt, zogen die Burschen von Landegg in weißer Fleischhackerkleidung an einem langen Seil eine Schnecke (oder eine auf einem Brett groß aufgemalte symbolische Schnecke) durch die Dorfstraße, hingen sie oder das Brett an einem Birnbaum auf und schlugen sie mit einem Fleischerbeil tot, dabei spritzten sie aus einem mitgebrachten Kübel Saublut auf die neugierigen Zuschauer.
Wolf Helmhard von Hohberg führt in seinem „Bewährten und wohl-eingerichteten Koch-Buch" in „Des Adelichen Land- und Feld-Lebens" 1714/15 eine Seite Schneckenrezepte an: Gesottene Schnecken, Schnecken zu braten, Schnecken zu bachen, Schnecken kalt zu verspeisen, Schneckensuppe.
Die **Fischotter,** im Biedermeier noch Stammgericht an Fastentagen, ist bereits zum Aussterben verurteilt.

Fleischgerichte

„Wirt, hastu niht ein vollez kar
gar klar sulz von ohsen vuezen?
buezen wir den hunger deste baz,
daz uns nu klekke,
wampen vlekke,
houpt und zungen,
leber und lungen,
gekroes und magen
durch den kragen
muoz ez allez varen.“

In diesem unechten Neidhartlied aus dem 14. Jahrhundert begegnen wir Gerichten, die man auch heute noch auf einem „Kar“, einer „Schlachtschüssel“, beim Sautanz, beim „Abstechen“ oder „Sautöten“, wie es in Niederösterreich heißt, vorgesetzt bekommt: klares Sulz von Ochsenfüßen, Kuttelflecke, Kopf und Zunge, Leber, Lunge, Gekrös und (gefüllten) Magen. Denn das mußte, auch wenn in der kalten, vorweihnachtlichen Zeit geschlachtet wurde, rasch verzehrt werden.
Auf das Schlachten versteht sich der niederösterreichische Bauer meist selber, ebenso auf das „Wursten“; Lohnmetzger gab es nur an wenigen Orten. Ja gerade die Fleischhauer haben sich hier, wie Leopold Schmidt in seiner „Volkskunde von Niederösterreich“ (1966) feststellt, immer wieder aus dem Bauernstand gebildet bzw. ergänzt, bäuerliche Wirte und Fleischhauer waren und sind nicht selten noch heute ein und dieselbe Person, und es gibt in Wien den einen und anderen „Beiselwirt“, der irgendwo auf dem Land eine kleine Wirtschaft hat, wo er selber Schweine züchtet und wurstet. So eine „Blunzen“ oder eine Leberwurst aus der eigenen Wirtschaft – womöglich noch mit dem dazugehörigen Sauerkraut aus dem eigenen Keller – werden bald der Geheimtip von Gourmets.
Schon der in Thumeritz bei Drosendorf ansässige Landedelmann Wolf Helmhard von Hohberg (1612–1688) lobte die Nützlichkeit des Schweines:

„Ihr Fleisch ist so schmackhaftig,
den Menschen angenehm,
weiß, köstlich, zart und saftig,
gebraten und gekocht, geräuchert und im Salz,
daß es zur Kuchen selbst
mitbringen kann sein Schmaltz.“

„Der niederösterreichische Weinhauer“, so Johann Peter, „hält große Stücke auf die Fleischkost. So genügsam wie der Gebirgsbewohner, der nur zu ‚heiligen Zeiten‘ sich einen Braten gönnen kann, ist er nicht.“ Er mästet junge Bakonyer Schweine, „die jungen nur mit Milch, später bekommen sie Kartoffeln mit ‚Misch‘ (Kleie) . . . Wenn die Mastzeit beginnt, so werden die Tiere mit ‚Körnd'ln‘ und viel Kukuruz gefüttert, was Speck macht. So endlich naht der Winter, der dem Hauer ein wahres Schlaraffenleben bringt. Und jetzt findet auch das erste Sautöten im Dorfe statt, meist um Allerheiligen und Martini . . . Er schlachtet selbst seine Schweine und macht sich selbst auch seine Würste, und eine Geschicklichkeit und Sachkenntnis entwickelt er dabei wie der Berufsfleischhauer. Ist das Schwein tot, so wird es, nachdem die Eingeweide herausgenommen worden, im Schupfen oder im Preßhause in der Kälte hängen gelassen, um hierauf ‚eingehackt‘ zu werden. Sorgfältig wird die Speckschichte von den einzelnen Fleischstücken getrennt, denn fettes Fleisch mag der Hauer nicht, zudem braucht man ja den Speck zum ‚Auslassen‘, zum Schmalzen. Je mehr ‚Achtel‘ Schmalz so eine Sau liefert, desto stolzer ist die Bäuerin auf ihre Fütterungskunst . . . Das eingehackte Fleisch wird sortiert. Die schönsten Stücke wandern in die ‚Selch‘, das andere kommt in die Schraube, um zum Kochen und zum Braten aufbewahrt zu werden. Zwei bis drei Tage nach dem Sautöten geht der Hauer ans Wurstmachen . . . Er macht Brat-, Preß-, Leber- und Blutwürste, und schon am Abend des Wursttages lädt er Lehrer und Pfarrer zum ‚Wurstschmaus‘ ein.“ (J. Peter, „Sitten und Bräuche im niederösterreichischen Weinlande“, 1912.) Waldviertler Bauern sollen in der wärmeren Jahreszeit frisch geschlachtetes Fleisch mit fetter Milch übergossen haben, doch gab es höchstens zwei Wochen lang frisches („grünes“) Schweinefleisch.

Bauerngeselchtes

Geselchtes wird in jedem Haus etwas anders zubereitet, es schmeckt daher in jedem Bauernhaus anders. 5 bis 10 Kilogramm schwere, durchzogene Schweinefleischstücke mit einer Mischung aus Salz, Zucker, Knoblauch, Koriander, Kümmel, Paprika und eventuell Pö-

kelsalz fest einreiben, die Stücke in ein Holzschaffel schlichten, das Ganze gut beschweren und an einem kühlen Ort zehn Tage stehen lassen. Auch beim Selchen hat jeder Bauer seine eigene Methode. Ursprünglich wurden die gepökelten Fleischstücke direkt in den Rauchfang gehängt, ebenso üblich war und ist auch die „Steinselch“ und die „Kastenselch“; dazu benötigt man Glut und trockene Fichten- oder Tannennadeln oder trockene Sägespäne. Nach zwei Wochen ist das Fleisch geselcht und wird in einem luftigen Raum noch luftgetrocknet. (Theresia Hochedlinger, Stadt Haag)
Da durch Jahrhunderte der Fleischbedarf eines ganzen Jahres nicht selten durch das Selchfleisch einer einzigen, meist vorweihnachtlichen Schlachtung gedeckt werden mußte, selchte man nicht nur Fleisch und Speck, sondern auch Würste und Wurstähnliches, wie die „Saumoasn“ (siehe Seite 157). Der Schinken galt als festliche Speise am Ostersonntag und wurde u. a. in eine Brotteighülle oder in Lehm geschlagen und im Backofen gebacken.

Schinken in Brotteig

Beinschinken oder Geselchtes (ca. 2000 g), 2 l Wasser, Suppengrün, 1500 g Brotteig (vom Bäcker gekauft), Mehl, 2 Dotter, 2 EL Milch

Schinken 24 Stunden in Wasser kühl lagern, dann im Topf mit heißem Wasser begießen, grob geschnittenes Suppengrün beigeben und zugedeckt eine Stunde leicht kochen. Herausnehmen und trocknen. Den Brotteig auf bemehltem Brett zu einem großen Rechteck auswalken, den Schinken darin einhüllen, den Teig mit einer Gabel mehrmals anstechen, mit Dotter, mit etwas Milch verrührt, bestreichen und auf einem mit Mehl bestreuten Backblech bei etwa 200 Grad zwei Stunden backen.

Im Wechselgebiet hing man am Ostersonntag vor Sonnenaufgang das in der Kirche zu weihende Fleisch auf einen hohen Baum im Hausgarten, weil der „römische Papst“ mit seinem Segen das Fleisch für die ganze Welt weiht. Das erste Fleisch, das man am Ostersonntag genießt, soll geweihtes Fleisch sein; es wird neben den Ostereiern und einem Stück „Osterflecken“ in manchen Orten nach dem Gottesdienst noch im Festtagskleid gegessen bzw. als erste „Fleischricht“ auf den Mittagstisch gesetzt. Früher stand die „Osterschüssel“ auf einer Unterlage von „Treid-Saher“, das sind junge Saatsprossen (in Gföhl). Zu Ostern machten die Bäcker ihren Stammkunden „Osterflecken“ zum Geschenk, die Fleischer spendeten eine geräucherte Zunge oder ein Stück von einem Lamm. In manchen Gasthäusern setzte man den Stammgästen ein Stück „Weihfleisch“ („Aufgeschnittenes“, nämlich Kalbfleisch, Schinken und Zunge samt Osterbrot) vor. Die übriggebliebenen Knochen wurden an verschiedenen Stellen im Acker vergraben:

„Die g'weiht'n Boan'
begrabt ma' inner'm Roan.“

Das **Wiener Schnitzel** dürfte Mitte des 19. Jahrhunderts in die Festmahlzeiten des Volkes Eingang gefunden haben (anstelle des Kalbfleisches hat man allerdings das billigere Schweinefleisch bevorzugt), um 1900 war es bereits gängige Wirtshausspeise. 1901 schreibt F. J. Beutel in „Kochkunst“, 3. Jg.: „Das Wiener Schnitzel gehört bekanntlich zu den Gerichten, die auf keiner Speisekarte fehlen, sei es nun die Speisekarte des billigsten Restaurants oder die des größten Hotels.“ In den Festmahlzeiten des Volkes taucht es zunächst zu Weihnachten und Neujahr auf, wo es die Stelle des bisherigen Festbratens (Rindfleisch, Schweinsbraten oder Geflügel) eingenommen hat, während es beim Hochzeitsmahl zusätzlich als neue „Richt“ zu den bereits feststehenden Fleischgängen trat. Hochzeitsspeiszettel der Jahre 1930–1935 aus verschiedenen Orten rund um Wien bezeugen das: „Suppe, Schweinsbraten, Schweinsschnitzel, Kalbsbraten, Backhühner, Lungenbraten“ (Gaweinstal); „Schnitzel, Hühner, Enten, Schweinsbraten“ (Leopoldsdorf); in weiterem Umkreis von Wien gab es noch die ältere Speisenfolge mit Kochrindfleisch, wie „Rindfleisch, Schnitzl, Kalbsbraten“ (Bernhardsthal) oder „Schöberlsuppe, Bratwürste mit Kraut und Leber, Rindfleisch und Semmelkren (dabei Tafelmusik), Schnitzel mit Salat und Kompott, warme Mehlspeise: Tag- und Nachtpudding, Schweinsbraten mit Zwetschken, Krautsalat, gebackener Reis, Hendlsuppe, Kalbsbraten mit Salat, Weinpudding“ (Petzenkirchen); „Nudelsuppe, Rindfleisch, Semmelkren, Schnitzel, Braten, in Wein gebähte Semmeln (‚Triët‘)“. Viel später wurde das Schnitzel auch Sonntagsspeise.
Zum Vergleich zwei Speisezettel aus dem vorigen Jahrhundert: Bei einem Hochzeitsessen im Ötscherland 1859 gab es: Rindsuppe mit Semmel und Krapferln, Sauerkraut mit gebratener Leber, Rindfleisch mit Kren und Rote-Rüben-Salat, Mehlkoch mit Weinberln, Flecksuppe, Schweinsbraten mit Salat, Eingemachtes Kälbernes mit Butterkrapferln, Zwetschkenpfeffer,

„Vermählung österreichischer Waldbauersleute."

Kalbsbraten mit Erdäpfelsalat und Triët, „Sauerfleisch" (Eingemachtes mit Schweinshaxen), Schmalzkoch (Grießkoch), gesottene Dörrzwetschken, Gugelhupf, Butterkrapfen und Schnürkrapfen. (Zwischen dem Auftragen der einzelnen „Richten" verging fast eine Stunde.)
Eine Hochzeit im Hornerwald erforderte 1872 folgenden Speiszettel: Eingekochte Rindsuppe, Rindfleisch mit Semmelkren, Schweinsbraten mit Sauerkraut, Leberknödelsuppe, Butterkrapfen (wurden zwei-, dreimal serviert), Hirsebrei, Pudding, Glühwein (wurde in großen Schüsseln aufgetragen), Kalbsbraten mit gekochten Dörrzwetschken und Gugelhupf mit Kaffee „in großen Mengen". Die Brautleute beehrte man mit Backwerk, das Scherzfiguren vorstellte, zum Beispiel Wickelkinder (häufig Zwillinge), Wiegen und dergleichen. Im Viertel unter dem Wienerwald bewarf man sich gegenseitig mit „Hochzeitskügerln" (überzuckertem Koriander), die am nächsten Tag von der Ortsjugend emsig eingesammelt wurden. Um Hohenruppersdorf und im Hornerwald war es Sitte, daß der Bräutigam nach dem Kirchgang seinen Hochzeitsrock mit einer weißen Jacke vertauschte, ein Fürtuch umband und so die Speisen auftrug.

Wie in anderen Bundesländern, besonders im angrenzenden Oberösterreich, hat sich auch in niederösterreichischen Bauernhäusern der Schlachttag zu einem festlichen Tag entwickelt. Schlachten bedeutete eben mehr als nur Arbeit und Essen.
Auf den Einzelhöfen westlich der Ybbs und entlang des mittleren und oberen Urlflusses hat sich ein besonderer Scherzbrauch herausgebildet, das **Sauschädelstehlen.** Wenn der Sauschädel gesäubert in der Fleischkammer abgelegt worden ist, versucht ein mit dem Hausbrauch Vertrauter oder eine Nachbarin in das Haus einzuschleichen und den Schweinskopf zu stehlen. Wird der „Dieb" dabei ertappt, muß er nicht nur die Beute zurücklassen, sondern erntet auch Spott und Hohn. Gelingt aber der „Diebstahl", wird der Schweinskopf in der Küche des Nachbarn (oder wo es sich gerade ergibt) als Krenfleisch zubereitet oder gar zu Bratwürsten verarbeitet. Am nächsten Tag bringt man dem Bestohlenen das Gericht zurück, oder er wird zum festlichen Mahl eingeladen. Die ganze Nachbarschaft bleibt nun zu Gast und erhält als Bewirtung die aus dem Schweinskopf gefertigte Speise, aber auch noch Krapfen oder „Schober" und Most oder Tee. Wenn der Schweinskopf zu Bratwürsten verarbeitet wird, legt die Bäuerin die Würste auf ein Brett und dazu ringsherum verschiedene ungekochte Gemüsesorten, wie Karotten, Petersilie, Sellerie, sowie das zum Braten notwendige Fett. (Die bäuerliche Vorliebe für Würste äußert sich auch in verschiedenen Heischebräuchen; so ziehen im Schneeberggebiet zu Lichtmeß Burschen von Hof zu Hof, Segen- und Heischesprüche singend, und bekommen dafür Würste, die sie am Abend im Dorfgasthaus verzehren.)
Zuweilen bereitet man aus den Abfällen des Schweinskopfes eine Suppe, mit der gleichfalls die Gäste des Schweinskopfbesitzers bewirtet werden. Ist der Schweinskopf sehr groß, kann er geräuchert werden und wird dann erst dem Besitzer zurückgebracht, der für seine Gäste ein Essen veranstalten muß. Wenn der benachbarte Bauer den Schweinskopf zu „stehlen" versucht, tut er dies allein und ohne Hilfsperson. Aus Biberach ist eine Variante dieses Brauches überliefert, und zwar das Stehlen der Schweinsnieren, wobei das bestohlene Bauernehepaar von dem benachbarten

„Dieb" zum „Nierndlessen" geladen wird. Um Sonntagberg wird anstelle des gestohlenen Schweinskopfs ein hölzerner hinterlegt, mit dem Schreiben, daß der Bauer seinen Schweinskopf wieder zurückbekomme, wenn die „Diebe" zum Bratenessen eingeladen würden. Heute würde sich (nach H. Zucker) das niemand mehr gefallen lassen und Anzeige erstatten (was auch früher schon öfter geschehen sein soll).
Wie weit zurück die Ursprünge dieses Scherzbrauches einer rein bäuerlichen Nachbarschaftssitte zu verfolgen sein könnten, ist noch nicht erforscht. Einen schriftlichen Niederschlag hat dieser Brauch früher nicht gefunden. Vielleicht mag, wie Forscher vermuten, ein letztes Bewahren der Bedeutung des Ebers in der Vorzeit diesem Brauch zugrunde liegen. Der Schweinskopf gilt ja immer noch als ein glücksbringendes Symbol, wie das herkömmliche Saurüsselessen (Saukopfessen) zu Silvester zeigt; in Dorfstetten und St. Johann in Engstetten aß man Rüssel und Schwänzchen vor dem Braten mit einem Selleriesalat. „Wenn man Schweinskopf ißt, kommt man im neuen Jahr vorwärts", sagt man in Zistersdorf; ihn mit Linsen zu essen, bringt Geld – auf keinen Fall soll man zu Neujahr ein Huhn essen („Schweine wühlen vorwärts, Hühner scharren zurück!"). Selbst die stellvertretenden brotgeformten Schweinchen gelten noch als Glücksbringer (Breitenstein), so wie die „lebzeltenen Fische" (Hollabrunn); oft aß man auch beides, am Morgen des Neujahrstags Lebkuchenfische, zu Mittag den Schweinskopf mit Linsen. (Leopoldsdorf).

Aus: Lotti Richter, „Mein Kochbuch", 4. Aufl., Graz 1917.

„Saumoasn"

Eine Waldviertler Spezialität sind die „Saumoasn" (Saumeisen). Das sind eine Art geselchte „Fleischknödel". Beim Schlachten wird Schweinefleisch, mageres und fettes zu gleichen Teilen, mehr oder weniger fein gehackt, mit Salz, Pfeffer, zerdrücktem Knoblauch, Kümmel und Majoran gut durcheinandergemischt. Aus dieser Masse werden Kugeln von gewöhnlicher Knödelgröße geformt, deren jede dann mit einem Stück Schweinsnetz umhüllt und gut geballt auf ein Brett gelegt wird. So bleiben sie einige Tage in mittlerer Wärme liegen, wobei sie eine gewisse Gärung (Sur, Säuerung) durchmachen, bei der sie durch und durch schön rot und haltbar werden. Täglich werden sie in den Händen auch noch einmal kräftig geballt, damit sie in schöner, runder Form verbleiben.
Nach Ablauf dieser Surzeit sucht die Hausfrau alle Spagattrümmerln zusammen und umbindet damit jede „Saumoasn" kreuzweise und macht einen passenden „Klang" (Schleife), durch die eine Knolle nach der anderen auf die schmierigen, rauchschwarzen Selchstangen aufgefädelt werden. Darauf hängen sie luftig, bis sie im dunklen Rauchverlies zur Ruhe kommen, „wo sie mehr an runde Fledermäuse erinnern denn an Meisen".
Zusammen mit den Selchstücken verbleiben sie in der Selchkammer, bis sie genug Rauch „geschluckt" haben, schwarz genug und haltbar geworden sind, daß sie in einer luftigen Fleischkammer auch ein Jahr lang aufbewahrt werden könnten.
„Saumoasn" werden bei Gebrauch in siedendem Wasser weich gekocht und mit Sauerkraut bzw. Grubenkraut gegessen. Je älter die „Saumoasn" werden, desto besser werden sie und nähern sich der Qualität einer Salami. Sie können auch gebraten werden.

In den Bauernhäusern der niederösterreichischen Seite des Hochwechsels bestand die alte Fleischräuchervorrichtung bei größeren Küchen aus zwei bis drei Holzstangen, die der Länge nach durch das Gewölbe der alten Rauchküche gezogen waren, bei kleineren bestand sie aus dem „Fleischgrougl", einem Bäumchen, auf dessen Ästen die Fleischstücke aufgehängt wurden, das dann in den „falschen Rauchfang" der Rauchkuchl gestellt wurde. Später wurde der „Grougl" durch eine Stange mit Sprießln (Querspreizen) ersetzt.
Das Geselchte war das ganze Jahr über Hauptfleischspeise; im Waldviertel nennt man es auch „Schwarzwurzen". Es hat einen zartrosa Anschnitt. Fleisch von

besserer Qualität, wie der „Sauhammer“ (Schinken) oder das „Unterspickte“ (Kaiserfleisch), war für festliche Mahlzeiten vorgesehen.
Heute sind Geselchtes, Schweinsbraten und auch Rindfleisch längst Alltagsspeisen geworden, einzig das Wiener Schnitzel wird – vermutlich wegen seiner etwas aufwendigeren Herstellungsweise – nicht an Wochentagen zubereitet. Um Bruck an der Leitha findet man – wie im angrenzenden Burgenland – auf dem **„Sautanz-Kraut“** fette Schweinsfleischstücke von Kopf und Füßen, die in Sauerkraut gar gekocht werden. Der **„Ungarische Hochzeitsteller“** ist eine Platte mit gesottenem und gebratenem Schweinefleisch, scharfen Knoblauchwürsten, mit Braterdäpfeln, Essiggemüse, Pfefferoni, Paradeispaprika und Zwiebeln garniert. Im Weinviertel beinhaltet eine **Schlachtplatte** hauptsächlich Blut-, Leber- und Bratwurst, aber auch gebratenes und gekochtes Schweinefleisch und Sauerkraut. Der Inbegriff bäuerlicher Mahlzeit ist nach wie vor der Schweinsbraten, heute allerdings teilweise schon vom Wiener Schnitzel verdrängt.
Bei den Bauern durften einst nur Schwerarbeiter, wie die Drescher, am Abend eine „ausgiebige“ Fleischspeise fordern:

„Knödel und Kraut
drischt net laut;
Fleisch und Wein,
das haut drein! “

Langsame Drescher verspottete man dagegen mit folgendem Vers:

„Wann’s Gott gab,
daß Nacht war’,
und ’s Rindfleisch
bald g’sotten war! “

Elfi Maier hat in ihrem „Niederösterreich Kochbuch“ (1979) u. a. an Fleischgerichten angeführt: Gekochtes Rindfleisch, Jägerfleisch, Wällischer Braten (in der Zeit des Baus der Westbahn durch italienische „Fremdarbeiter“ eingeführt), Gurkerlfleisch, Feldbraten, Mostbraten, Husarenbraten, Schwedisches Rostbratel (zum Saft eines Zwiebelrostbratens zuletzt einige Löffel Schwarzbrotbrösel und etwas Sauerrahm geben), Kalbsvögerl, Badener Koteletts, Senfbraten, Krautfleisch, Jungschweinsbraten, Böhmisches Bierfleisch, Schweinsrüssel mit Wurzelwerk, Kümmelfleisch, schweinernes Netzbratel, Kalksburger Schweinsripperl, Deutsches und Karlsbader Gulasch, Husarengulasch, Weingulasch, altdeutsches Rittergulasch (!), Reisfleisch. Das sind durchwegs Rezepte auch aus der bürgerlichen Allerweltsküche, leider oft in falsch verstandener „modischer“ Reverenz mit rustikal klingendem Namen bestückt.
Wie schwierig es tatsächlich ist, den Weg eines neuen Gerichtes in der bäuerlichen Küche zu verfolgen, habe ich kurz anhand des Wiener Schnitzels aufgezeigt. Ähnliches kann man vom Gulasch sagen, dessen Weg vom Kesselfleisch der ungarischen Hirten zum Wiener „Saftgollasch“ ich in meinem „Großen Sacher Kochbuch“ (1976) ausführlich darzustellen versucht habe. Das Wort „Gulyas“ kam von Ungarn nach Wien über die Preßburger Gegend auch durch die Ui-Mundartlandschaft, wo man statt o auch ui, für Holz auch „Huilz“ sagt; die Wiener haben irrtümlich das „Gulyas“ zum „Gollasch“ „zurückgelautet“. Das Gollasch oder Gulasch fand von Wien aus rascher und früher als das Schnitzel Eingang in die bäuerlichen Mahlzeiten. Das Gollasch konnte immerhin an ähnliche, längst bekannte (billige) Zubereitungsarten anschließen: Fleischwürfel in einer Soße oder Einbrenn kannte man schon vorher, z. B. das „Katzengschroa“, das „Gschnoadtlweri“ oder „Fleischweri“, das Beuschl, das Bruckfleisch und Eingemachtes. Die Voraussetzung zum Gulasch war, daß man dazu Frischfleisch brauchte, daher wurde in der Bauernküche aus dem Rindsgulasch bald ein Schweinsgollasch. Der steigende Fleischkonsum ab 1850 hat diese Entwicklung ebenfalls gefördert, zumal das Gulasch eine charakteristische Wirtshausspeise (für einen kurzen Imbiß) wurde und man dazu kein hochwertiges, teures Fleisch brauchte. Es wurde daher bald auch zur Festspeise der Ärmeren (zum Beispiel gab es in Gröbming im steirischen Ennstal zu Lichtmeß Schnitzel bei den reichen, Gulasch bei den armen Leuten!). So findet man das Gulasch bei Richtfesten, selbst bei Hochzeiten (meist nur am Abend, nach dem Schnitzel, in der Nacht, am anderen Morgen) und bei Totenzehrungen armer Leute. Das Gulasch war außerdem „beilagenfreundlich“, dadurch sättigend. In einem Landgasthaus (in Furth) werden derzeit folgende Speisen an Wochentagen angeboten: Fleischknödel, Krautfleisch, Reisfleisch, Gulasch, Gebratenes; am Sonntag Schnitzel, Huhn, Schweinsbraten, seltener Kalbs- und Rindsbraten. (Nach Hermann Zucker, Änderungen bei Nahrung und Wirtschaftsform in Furth bei Böheimkirchen [NÖ.] ab 1900, Wien 1978.)

„Gschnoadtlweri", „Fleischweri"

Frisches Schweinefleisch (Abfälle beim Aushacken), nach Wunsch Hirn und/oder Nieren, 1 Zwiebel, 1 Knoblauchzehe, 40 g Fett, Salz, Pfeffer, Majoran, 1 EL Mehl, Essig, Petersilie

Im heißen Fett feingeschnittene Zwiebel anrösten, darin das kleingeschnittene (würfelig oder blättrig) Fleisch (und die blättrig geschnittenen Nieren) steif rösten, mit etwas Wasser und einem Spritzer Essig aufgießen, mit Salz, Pfeffer, Majoran und zerdrücktem Knoblauch (man kann auch etwas Kümmel dazugeben) würzen und zugedeckt dünsten. Zuletzt mit etwas Mehl stauben (jetzt kann man das feingehackte Hirn beigeben), nochmals etwas aufgießen und zu einer molligen Soße kochen lassen. Mit gehackter Petersilie bestreut anrichten.

„Bruckfleisch"

500 g Wurzelwerk, Fett, 100 g Zwiebeln, 800 g Bruckfleisch (Kronfleisch, Milz, Rindsbries, Leber, Lichtel), Salz, Majoran, Kümmel, 1/8 l saurer Rahm

Verschiedenes Wurzelwerk klein schneiden, in Fett rösten, kleingeschnittene Zwiebeln mitrösten. Das kleinwürfelig geschnittene Bruckfleisch dazugeben, ebenso Salz, Pfeffer, Majoran, Kümmel (andere geben auch noch Paprika, Zitronenschale und Lorbeerblatt dazu), das Fleisch weich dünsten. Mit Sauerrahm, mit etwas Mehl abgerührt, eindicken. Dazu Waldviertler Knödel. (Anna Maslo, Heidenreichstein)

„Surhaxen"

Surhaxen sind eine Mostviertler Spezialität: Die vier bis sechs Wochen in der Sur (Salzlake) gelegenen Stelzen werden mit Knoblauch eingerieben und in der Rein mit etwas Fett im Rohr gebraten. Öfters mit Eigenfett begießen. Beilage: warmer Krautsalat, mit würfeligem Speck abgeschmalzen. Surhaxen können auch gekocht und mit Erdäpfeln und Essigkren serviert werden.

Beim „Sautanz" werden die Innereien und die Abfälle beim Fleischzerteilen rasch verarbeitet zu Beuschel, Bruckfleisch, geröstetem Hirn, gerösteter Leber, gerösteten Nierndln, zu Leberkrapferln, Leberknödeln und Leberbunkel, wie wir es aus den anderen Bundesländern bzw. der Wiener bürgerlichen Küche auch kennen, zu Sulzen und Würsten. Die **„Waldviertler"** ist eine scharf gewürzte, geselchte und luftgetrocknete Knoblauchwurst; sie wird heiß mit Senf oder Kren und kalt als Aufschnitt gegessen.

Die Schafzucht blühte in Niederösterreich bis ins 19. Jahrhundert und ist seither stark zurückgegangen.

Schöpsenschlegel auf Wildbretart

1 Schöpsenschlegel, Weinessig, Spickspeck, Salz, Zwiebel, Lorbeerblatt, gelbe Rüben, Sellerie, Petersilienwurzel, Zitrone, 8 Pfefferkörner, 2 Gewürznelken, Butter, Fleischbrühe, 1/8 l saurer Rahm

Schöpsenschlegel klopfen und abhäuten, sechs Tage in guten Weinessig legen, dabei wiederholt wenden. Dann mit Selchspeckstreifen spicken, mit in Scheiben geschnittenen Zwiebeln, Sellerie- und Petersilienwurzel, gelben Rüben, Zitronenscheiben, Lorbeerblatt, Pfefferkörnern und Gewürznelken in die Bratpfanne geben, mit Butter bestreichen, rundum goldgelb braten, dabei wiederholt wenden und Fleischbrühe (oder Wasser) darangießen. Kurz vor dem Anrichten sauren Rahm obenauf geben. (Franziska Pinka, Scheibbs)

Im Weinviertel nennt man den „Nachkirchtag" (Sonntag nach dem Kirchweihsonntag) „Hendlkirta". Es gab an diesem Tag Suppenhenne, gebratenes Huhn oder ein Paprikahendl. Traditionell war in vielen Teilen Niederösterreichs ein Hühnerbraten oder wenigstens eine fette Hühnersuppe mit Nudeln als Kost für eine Wöchnerin. In der Gegend von Korneuburg bekam die Wöchnerin allerdings nur dann einen Hühnerbraten, wenn es ein Bub war. War es ein Mädchen, erhielt sie eine Mehlspeise. Im übrigen unterschied sich die Wöchnerinnenkost nicht grundsätzlich vom Essen der anderen Familienmitglieder. Als noch zu Hause „geboren" wurde und nicht im Krankenhaus, oblag in diesen Tagen meistens der Schwiegermutter oder einer engeren Verwandten das Kochen. Wichtig war das „G'vatterbitten", das Suchen eines Taufpaten für das Neugeborene. Im Ybbstal sprach der Kindsvater beim Eintritt in die Stube des künftigen Paten:

„Unter der Hütt'n, ober der Hütt'n,
i waar' halt da von weg'n 's G'vatterbitt'n;
tat's mi nit auslache,
müaßt's ma an recht an großen Oaringschmalz mache."

Alois Greil, „Taufgang", 1888.

Das Kindlmahl (Taufmahl) wurde zunächst fast überall im Elternhaus des Täuflings abgehalten. Dieses Kindlmahl hatte im Mittelalter oft beträchtliche Auswüchse angenommen, so daß man immer wieder bemüht war, es behördlicherseits einzuschränken. Aber noch im 17. Jahrhundert veranstalteten reiche Leute Taufschmause, die drei bis fünf Tage dauerten. 1654 wurde von der Herrschaft Wallsee geboten, daß ein Schmaus nur einen Tag dauern und höchstens vier Gerichte umfassen dürfe. Das „Kindlmahl" wurde an manchen Orten auch am Tag der „Fürsegnung" – da die Kindsmutter zum ersten Mal wieder die Kirche besuchte und extra „eingesegnet" werden mußte – abgehalten, wenn auch die Gevattersleut wieder anwesend sein mußten. Im 19. Jahrhundert lud man meist nur noch den Taufpaten und eventuell die beiderseitigen Großeltern ein. In den östlichen Landesteilen ging es dabei jeweils schlichter zu; in Biedermannsdorf beispielsweise lud man „God" bzw. „Gödl", aber auch den Pfarrer dazu ein; es gab eine Jause mit Kaffee und Gugelhupf.
Den Gevattersleuten oblagen gegenüber einer Wöchnerin ebenfalls Pflichten, besonders die „Zutrag" oder das „Weiset"; die Taufpatin brachte der Kindsmutter das „Sechswochenbrot", das aus Semmeln, Zwieback und Kandiszucker bestand, womit der Sauglappen („Sutzel", „Zutzel", „Schlotzer") des Kindes gefüllt wurde: um die Jahrhundertwende wurde etwas Weißgebäck im Mund aufgeweicht, mit Zucker oder Honig (manchmal auch mit gestoßenem Mohn!) vermischt und dieser Brei in einen Leinenfleck gefüllt. Früher wurde allgemein viel länger gestillt; nach dem Abstillen bekam das Kind mit Wasser, Kamillentee, Absud von gekochtem Reis verdünnte Milch, später Vollmilch (womöglich immer von derselben Kuh!).
Nicht gerade üblich ist der Hühnerstall hinter dem Hochaltar des Bergkircherls Sankt Veit, unweit Neuhofen an der Ybbs, in dem Mostviertler Bauern schwarze Hühner aufbewahrt hatten, bevor diese dem heiligen Veit geopfert wurden.

Gefüllte Gans

Eine bratfertige Gans mit gekochten, würfelig geschnittenen, leicht gesalzenen Erdäpfeln und gebratenen, geschälten Kastanien füllen. Am Spieß braten und dabei immer wieder mit Butter bestreichen, bis sie gar ist. (Bruck an der Leitha)

Johann Siegmund Valentin Popowitsch schrieb im 18. Jahrhundert über die „Martinigans": „Lesgans der Österreicher um Wien . . . ein Essen, welches die Leser nach vollendeter Weinlese bekommen. Auf Herrschaften und bei den Klöstern ist dieser Schmaus insonderheit gewöhnlich. Bei den Bettelmönchen bekommen die Sammler die Lesgans, und der das meiste heimgebracht hat, wird zum König erklärt. Das ist eine Belustigung, welche die Laienbrüder unter sich haben, allein auch zugleich eine Ansporung, daß sie fein und bescheiden im Begehren und Betteln sein sollen, um zur königlichen Ehre zu gelangen. Weil nun diese Schmäuse, welche von der Gans den Namen haben, als Lesgans, Lichtgans von eigennützigen Herren um Martini gegeben werden, da man ohnedies eine Gans zu essen pflegt, so wird die Lesgans, zumal aber die Lichtgans, anderwärts die Martinigans genannt. Man spricht Lesgans, wenn auch keine Gans dabei aufgetischt wurde." „Martiniloben" und „Martinigans" müssen auch heute durchaus keine Gans sein, es handelt sich einfach um ein festliches Essen (besonders Schweinefleisch) mit erstem heurigem Wein. Außer im Marchfeld wurde auch im Waldviertel Gänsezucht betrieben (es wurde daher auch gerne „Gansviertel" genannt).

Der niederösterreichische Weinbauer „zieht wohl Gänse", schreibt Johann Peter in „Sitten und Bräuche im niederösterreichischen Weinlande", 1912, „verzehrt dieselben jedoch massenhaft am ‚Kirtage', wo er sich keine Schranken legen zu müssen glaubt, oder er macht sie zu Geld, das in seinem Hause immer der liebst gesehene Gast ist. Dafür entschädigt er sich mit einem viel besseren Schmause – er feiert den Martinstag mit frischem Schweinefleisch und jungem, bereits geklärtem Heurigen, mit ‚Martiniwein'. Einige Tage vor Martini hebt nämlich im Weinlande das erste ‚Sautöten' an."

„Martiniloben", „Martiniminne", „Martinigans" hatten zweifellos ihre reale Grundlage im bäuerlichen Zinstermin. Der Martinitag war neben dem Michaelitag der wichtigste Zinstag im Herbst. Naturalien wie Schweinefleisch und gemästete Gänse bzw. Junggänse mußten an den Zinsherrn, an die Herrschaft abgeliefert werden. Zum „Erntehahn" kam dann die „Lesgans" für die Weinleser bzw. die „Preßgans" für die Presser. Der festliche Gänsebraten dürfte in den Klöstern schon im 12. Jahrhundert üblich gewesen sein. Die Nachrichten darüber mehren sich im 16. Jahrhundert in den Weinorten Niederösterreichs, so in Spitz und in Krems. In Eggenburg gab es 1577 „von Rats wegen" zu Martini eine „Preßgans", ebenso 1592, wobei der Schreiber eintrug: „Item als die Herren die Prößgans gegessen umb alle notdurfft aufgangen 1 Gulden 5 Schilling 28 Kreuzer." In Eggenburg bekam 1599 der Pfarrer Caspar Schifferstein für eine Zahlung zu Martini die Rückerstattung „mitsambt einer guettn gemösstn und woll gebratten ganss".

Schemel zum Ganslschoppen.

Das Martinigans-Essen war besonders im Viertel ober und unter dem Manhartsberg und unter dem Wienerwald bekannt, wo man überdies Verwandten und Geschäftsfreunden die Martinigans zutrug oder zuschickte (so in Mannersdorf am Leithagebirge). Um Eggenburg fand am Sonntag nach Martini ein Tanz bei der „Herbstmusik" statt, die Burschen bewirteten ihre Mädchen mit Gänsebraten; daher hieß dieser Sonntag auch „Ganslsonntag".

Für den Weinbau war und ist Martini auch in anderer Weise wichtig: Um diese Zeit wird der neue Wein „getauft", d. h., ab jetzt wird der Most „Wein" genannt und verkostet („Martiniloben", „Martiniminne"). Die Glasbläser und -schleifer feierten zu Martini die Martinikirchweih als ihr größtes Fest (heute noch gibt es ein Martinikränzchen). An diesem Festtag aßen die Glasmacher im Gasthaus eine gebratene Gans; diese Gans züchteten die Glasmacher selbst und hielten sie im eigenen Stall. Das traditionelle Ganslessen am Weihnachtsfesttag ist heute teilweise schon vom Truthahn-Essen verdrängt.

Die Jagd war viele Jahrhunderte ein höfisches Vergnügen und kein Zweig der Volkswirtschaft, ja Jagdverbot und Verbot, Grund und Saat des Bauern durch Zäune vor Wildschäden zu schützen, erhöhten nur die Not der Bauern. Erst im 19. Jahrhundert wurde das Wild in Märkten und Städten Handelsobjekt und damit Bestandteil von Mahlzeiten einer breiteren Bevölkerungsschicht. Die berufsmäßige Jagd im Rahmen eigener Jagdgenossenschaften bzw. Eigenjagden brachte den Bauern kein zusätzliches „Fleisch" in die Küche; die Tiere waren vor allem für den Wildbretmarkt in Märkten und Städten bestimmt. Erst die „Sonntagsjägerei" des späten 19. und 20. Jahrhunderts ließ der Bäuerin manchmal ein Wild zukommen. In erster Linie waren es Hasen, hie und da ein Wildgeflügel. In einer bayerisch-österreichischen Klosterhandschrift aus dem 15. Jahrhundert scheinen unter der Rubrik „Federwild" folgende eßbare Tiere auf: Trappen, Wildgänse, „narhan", Haselhühner, Steinhühner, Fasane, Rebhühner, Reiher, Wildenten, Wachteln, Spechte, Kiebitze, Drosseln, Amseln, Krammetsvögel, Stare und kleine Vögel. Das Rebhuhn, früher stark gefragt, ist heute fast eine Rarität geworden, der Fasan dagegen, früher nur für den Tisch der Reichen bestimmt, ist heute für alle erschwinglich; bei der Nachfrage nach Hasen ist heute eher ein Rückgang, beim Reh dagegen eine vermehrte Nachfrage feststellbar. Heute besonders begehrt als modische Gerichte sind gebratene Wildtauben und Wildenten.

Hasenjunges mit Semmelknödel

Das „Junge" von 2 Feldhasen (etwas Hasenblut, Schultern, Läufe, Stück Leber und Herz, Lunge, Brüste und Hals), Salz, Pfeffer, 2 EL Mehl, 60 g Speck, 150 g Wurzelwerk, 1 Zwiebel, 1 Lorbeerblatt, 2 Stengel Thymian, 1 Msp. Majoran, 2 EL Paradeismark, $^1/_8$ l Rotwein, 2 EL Preiselbeeren, 1 EL Essig, 1 TL Senf, 1 TL Zucker, saurer Rahm

Hasenjunges waschen, abtropfen lassen, in nicht zu große Stücke schneiden, mit Salz und Pfeffer würzen, mit Mehl einstauben. In grobgehacktem Speck dünnblättrig geschnittenes Wurzelwerk (Karotte, gelbe Rübe, Petersilienwurzel, Sellerieknolle) und einige Zwiebelringe gut durchrösten, Lorbeerblatt, Thymian, Majoran beigeben, das Hasenfleisch darüber verteilen und im heißen Backrohr kräftig braun durchrösten. Dann Paradeismark dazurühren, mit gut einem Liter Wasser aufgießen, daß eine eher dünne Soße entsteht, in der das Fleisch kernig weich gedünstet wird. Schließlich die Fleischstücke herausnehmen und warm stellen. Hasenblut mit Rotwein, eingemachten Preiselbeeren, Essig, Senf und etwas Zucker verrühren, in die Soße einrühren und „flott" zu einer sämig-molligen Soße verkochen. Dann samt dem Wurzelwerk durch ein Sieb passieren. Die Hasenstücke wieder in die Soße einlegen und langsam ganz weich dünsten lassen. Zuletzt mit Sauerrahm verfeinern. Als Beilage Semmelknödel.

Aus: „Wohleingericht-sehr nutzliches Koch-Buch" in Hohbergs „Georgica curiosa aucta", Nürnberg 1715.

Einen Capaun, wie einen Fasan, ein jung Hun, wie ein Rebhun, und zahme Tauben, wie wilde zuzurichten und zu braten.

Siede ziemlich viel Wachholder-Beer im starcken Wein-Eßig, und gieß solchen heiß einem lebendigen Capaun in den Halß, vermittelst eines Trüchterleins, bind den Hals mit einem Band zu, und häng ihn zugleich darbey auf; wann er nun über Nacht gehangen, rupffe die Federn trocken sauber ab, nimm das Eingeweid heraus, wisch ihn mit einem Tuch innwendig schön aus, gieß siedenden Wein-Eßig, worein Wachholder-Beer, Negelein, und Pfeffer gethan worden, darüber, lasse den Capaun 2. bis 3. Stunden darinnen liegen, dann spicke solchen mit Speck, geschnittenem Zimmet, und Negelein, saltze und stecke ihn an Spieß, wie einen Fasan, und wann er ein wenig getrocknet, betreuffe ihn erstlich heiß mit diesem Eßig, worinnen er gelegen, dann mit Schmaltz oder Butter, brate ihn, wie gebräuchlich, und beziere solchen, wann er angericht, mit Citronen.

Gemüse, Salate, Soßen

Neben Getreide, Futterpflanzen, Mais und Zuckerrüben sowie Wein und Mohn weist Niederösterreichs Landwirtschaft in den geschützten Lagen vor allem in der Umgebung Wiens und einiger anderer Städte große Gemüseanbauflächen, feldmäßig betrieben, auf. So wird Kraut in verschiedenen Teilen des Landes, besonders auf dem Tullnerfeld, bei Wiener Neustadt und in höher gelegenen Landesteilen gebaut, der Spargel vom Bisamberg und im Marchfeld hat seinen berechtigten guten Ruf. Zwiebeln und Knoblauch kommen aus der Laaer Gegend („Knoblauchlandl") in den Handel, Fenchel, Anis und Gurken werden in der Retzer Gegend produziert, Sellerie gibt es von Nußdorf bis Fischamend. Besondere Güte weist das „Seibersdorfer Kraut" auf, der „Wiener Neustädter Salat" wurde früher durch ständiges Anschöpfen mit Wasser besonders mürb; auf dem Wiener Neustädter Bauernmarkt werden Petersilie und Erdäpfelwurzen als „Ödenburger Gemüse" feilgeboten, Zwiebel und Knoblauch gibt es in der Lößgegend des Weinviertels, Wiener Rettich, Kopf- und Bindesalat, „Wiener Glaskohlrabi", Frühkraut, Kohl, Blumen- und Rosenkohl in den vielen Glashäusern rund um Wien. Der Stellenwert des Gemüses und der grünen Salate hat sich in der bäuerlichen Küche in unserem Jahrhundert grundlegend geändert. Waren es vor sechzig, siebzig Jahren in erster Linie noch Sauerkraut und mancherorts die auf die gleiche Weise eingesäuerten Rüben, die in den langen Wintermonaten die Zuspeise lieferten, hat sich heute durch die Tiefgefrierung das Hauptgewicht auf ein vielfältiges Angebot von Gemüse (in vielerlei Art zubereitet) verlagert. Waren Grün- und Wurzelgemüse bis ins 20. Jahrhundert fast nicht auf dem Küchenzettel zu finden und wurde das wenige Gemüse in erster Linie eingebrannt (und als Hauptspeise gegessen), so setzen sich heute immer mehr Gemüsearten sowie die naturdünstende („englische") Zubereitungsart auch im ländlichen Haushalt durch (Gemüse in Salzwasser kurz kochen bzw. blanchieren, dann in Butter schwenken).

Bei Einzelhöfen kann man heute noch die verschiedenen Gärten ausnehmen, wie sie durch Jahrhunderte Gültigkeit hatten: auf der einen Seite des Hauses, „hint' draußt" (nach Leopold Schmidt sozusagen auf der „Männerseite"), lag der Baumgarten, auf der anderen der Hausgarten, das „Gartl", der „Heimgarten" („haimgort", wie eine Urkunde aus dem Jahre 1173 bezeugt). Abseits davon lag der Krautacker bzw. -garten. Während der Baumgarten mit Apfel-, Birnen- und Zwetschkenbäumen von den Männern betreut wurde, wurden das „Gartl" und der Krautgarten ausschließlich von den Frauen bearbeitet. Der Hausgarten ist mit einem Holz- oder Drahtgitter eingefriedet, damit die Hühner keinen Schaden anrichten können. Die Bäuerin pflanzt im Hausgarten vor allem Gurken, grüne Salate, Radieschen, Karotten, Knoblauch, grünen Paprika, Kren, Schnittlauch, Petersilie und andere Gewürz- und Heilkräuter, aber auch Ananaserdbeeren oder Ribisel. Platz findet sich stets auch für ein paar Blumen. (Im 16. Jahrhundert pflanzte man erstmals Brennende Liebe, Hyazinthen und Tulpen, im 17. Jahrhundert waren Dahlien, Fuchsien, im 18. Jahrhundert Reseda und Pelargonien in den Bauerngärten besonders beliebt.) Als größeres Gewächs setzte man außerhalb des „Gartls" eine Holunderstaude und die Hauswurz, im Waldviertel „Warzenkraut" genannt; sie diente nicht nur zur Blitzabwehr, sondern auch als Heilmittel. (In Kettenreith bei Kilb gibt es seit 1979 einen 1,5 km langen Heilpflanzenlehrpfad mit rund 125 Heilpflanzen von Anis bis zum Wurmfarn.) Der Kraut- oder Bauerngarten dagegen besteht aus ein, zwei Furchen eines besser gedüngten Ackers unweit vom Hof; dort pflanzt die Bäuerin Früherdäpfel, Kraut, Bohnen, Fisolen, Rüben, Zwiebel, Gurken, Winterrettich, Paradeiser u. a. Gemüse für die „Zuspeise".

Außer diesem Krautgarten gab es einen eigenen „Pflanzengarten" („peunten", heute „Pointen" genannt). So heißt es 1330 in einer Waidhofener Urkunde: „Ein Haus, mit vier chrautgarten und vier pflanzpeunten." Diese „Peunten" waren eingezäunte (gebundene) Feldstücke, meist am Rand eines Ackers gelegen, wo junge Krautpflanzen u. a. Pflanzen ausgesetzt wurden. Solche Pflanzenpointen, Pflanzenbeete, Pflanzgärten und „Pflanzstick" („Pflanzsteig") waren seit dem 14. Jahrhundert weit verbreitet; sie blieben bis ins 19. Jahrhundert bestehen, heute findet man sie nur mehr in Resten im nördlichen Waldviertel, in der Buckligen Welt und im angrenzenden Burgenland. Es waren immer „Versuchspflanzen", Samenanlagen, meist in der Nähe eines fließenden Wassers; man zog dort in erster Linie die Kraut- und Speiserübenpflanzen, um sie später in die Krautgärten versetzen bzw. vereinzeln zu können.

„Unter-österreichische Landleute", kolorierter Stich, um 1825.

Diese „Pflanzsteige" gehen vermutlich auf Gemeineigentum zurück, der Boden dafür war meist Gemeindegrund.

Was die Garten- und Feldarbeit (aber auch die Viehwirtschaft) betrifft, hielt man viel auf die Stellung des Mondes, auf die Himmelszeichen, die Tierkreise und besondere Heiligentage. Das Bauernvolk betrachtete den Mond nicht kalendermäßig, sondern beachtete hauptsächlich zwei Stellungen: den jungen (zunehmenden) Mond, das „junge Monat", und den alten (abnehmenden) Mond, „das alte Monat". Der „junge Mond" fing mit dem Neumond an und dauert bis zum Vollmond, der „alte Mond" beginnt mit dem Vollmond und dauert bis zum Neumond. Alte Regeln sagen u. a.: „Baue nichts im ‚jungen Mond', sondern nur im ‚alten' ", besonders die Erdäpfel. Auch das Ausführen des Düngers im Winter geschehe im „alten Mond", er würde sich sonst in Staub auflösen. Hingegen wurden im „jungen Mond" die Jauche ausgeführt und der Klee „gegipst". Die gelben Veigel soll man am Tag des Vollmondes um 12 Uhr mittags unter dem Ave-Maria-Läuten anbauen („dann werden sie voll"). Das Obst muß im „alten Mond" blühen, wenn es gedeihen soll. Im Garten gedeihe alles am besten, wenn man es im Zeichen der Waage (24. 9. bis 23. 10.) oder der Jungfrau (24. 8. bis 23. 9.) baut. Hingegen darf im Zeichen der Jungfrau kein Baum gepelzt werden, sonst trägt er keine Früchte. Die Gurken baue man im Zeichen des Fisches (20. 2. bis 20. 3.), Erbsen und Bohnen im Zeichen der Zwillinge (21. 5. bis 21. 6.); sie bekommen dann doppelte Hülsen. Im Zeichen des Krebses (22. 6. bis 22. 7.) gebaute Erbsen werden von Würmern zerfressen. „Bongratz" (Pankratius) ist auch im Ötscherland der Bohnensetztag gewesen. Am Longinustag baue man die gelben Rüben („da werden sie sehr lang"). Am „Spulhaschperltag" (Erasmus) baue man die grauen und die weißen Felderbsen, damit sie sich recht in die Länge winden. Für das Krautsetzen gilt der Grundsatz: „Wer dem Veit nicht traut, kriegt kein Kraut." Und zu Johannes Enthauptung schneide man den Kukuruz.

„Das saure Kraut spielt in den Bergen eine Hauptrolle und ist in den größeren Haushalten regelmäßig die erste unter den Mittagsspeisen; während andere Gemüse, als: Fisolen oder Bonlschadn (grüne Bohnenschoten),

Krauthobel.

Kelch (Kohl), Umurken (Gurken), Salat seltener vorkommen", schreibt M. A. Becker vom Ötschergebiet im Jahre 1859. Früher wurde in den meisten Haushalten das vitaminreiche **Sauerkraut** als „Suppe" (Vorspeise) und als Zuspeise zu Fleisch und Knödeln auf den Tisch gestellt. Das „Krautabhäupteln" war wie Rübenschälen, Maisabrebeln und Federnschleißen Gemeinschaftsarbeit gewesen; das Krauteinmachen gehörte zu den Robotleistungen. Die Krautköpfe wurden zu Hause mit dem Krauthobel geschnitten und mit Salz und Kümmel (und Wacholderbeeren) in das „Krautschaffl" entweder mit bloßen Füßen oder mit einem hölzernen Stößel gestampft.

Das Ganze wird mit Krautblättern und einem Tuch zugedeckt und mit einem Deckel samt Steinen zum „Einschwa'n" (Beschweren) bedeckt. Das eingesäuerte Kraut muß stets von der Flüssigkeit bedeckt sein. Nach ca. drei Wochen ist das Kraut gesäuert, die Haut, die sich oben bildet, muß von Zeit zu Zeit abgeschöpft, das Tuch gereinigt werden.

Das Waldviertel im Norden und das Höfegebiet der Buckligen Welt im Süden Niederösterreichs – ähnlich wie die anschließende Südoststeiermark – kannten noch eine andere Konservierungsart des Weißkrauts, das **„Gruakraut" (Grubenkraut):** die „Krauthapl" wurden auf dem Feld abgeschnitten, so daß noch ein Stück Strunk am Krautkopf blieb; diese Krautköpfe („Paotsch'n") wurden in kochendem Wasser in einem großen Kessel (auf einem meist improvisierten Steinherd auf dem Feld oder zu Hause in einem Kupferkessel in der Küche) abgebrüht (das „Breinnan") – zirka zehn Minuten lang, dann mit der „Krautgaobl" herausgenommen und etwa einen halben Tag im Freien zum Auskühlen nebeneinander aufgelegt. Dann folgte das Einlegen („Eintretn") des Krautes in die Krautgrube. Die Grube („Krautaller"), im Salzburgischen „Krautsölln", „Krautsille", in der Steiermark „Krautstieber" genannt), war ein etwa 60 bis 85 cm breites, 2 bis 2,5 Meter tiefes zylindrisches Erdloch, mit Holzpfählen getäfelt und mit Stroh innen verkleidet; die Holzpfähle ragten über den Rand der Grube empor. Die Krautköpfe wurden schichtweise mit dem Strunk nach oben eingelegt, dann eingetreten und so weiter, bis die Grube bis auf zirka 1 m unter dem Rand mit Kraut gefüllt war. Dann wurde das Kraut mit Stroh, Fetzen und Brettern bedeckt, auf die Bretter wurden noch Steine gelegt. Zuletzt goß man so viel Wasser in die Grube, daß es die Steine völlig bedeckte. Das „Gruakraut" konnte sich darin bis 5 Jahre halten. Früher hat es vermutlich eigene „Krautsiederhäuser" gegeben, vielleicht ähnlich den Brechelbadstuben. Der große Kessel war sicher Gemeingut bzw. in grundherrschaftlichem Besitz gewesen.

Entnahm man Kraut aus der Grube, mußten Steine, Bretter, Stroh entfernt, Schaum und Wasser abgeschöpft, dann das Kraut wieder bedeckt und Wasser nachgegossen werden. Das Kraut mußte gründlich gereinigt werden: Die äußeren Blätter wurden entfernt, der weiße Krautkern auf dem „Krautstock" (der wie ein Häckelstock aussieht) mit einem scharfen Messer herausgeschnitten, das Kraut klein geschnitten und bis zu vier Stunden im Wasser gekocht. Obwohl das „Gruakraut" beim Herausnehmen und beim Weichsieden einen fast abstoßenden Geruch im ganzen Haus verbreitete, war es nach der entsprechenden Zubereitung als Sauer- oder Süßkraut überaus beliebt, ja galt „praktisch als eine der wichtigen pflanzlichen Grundlagen der bäuerlichen Ernährung überhaupt. Mit der allmählichen Abnahme der mittelalterlichen Wirtschaftsintensivierung und der grundherrschaftlichen

Aus einem handgeschriebenen Kochbuch aus der Kremser Gegend, um 1930.

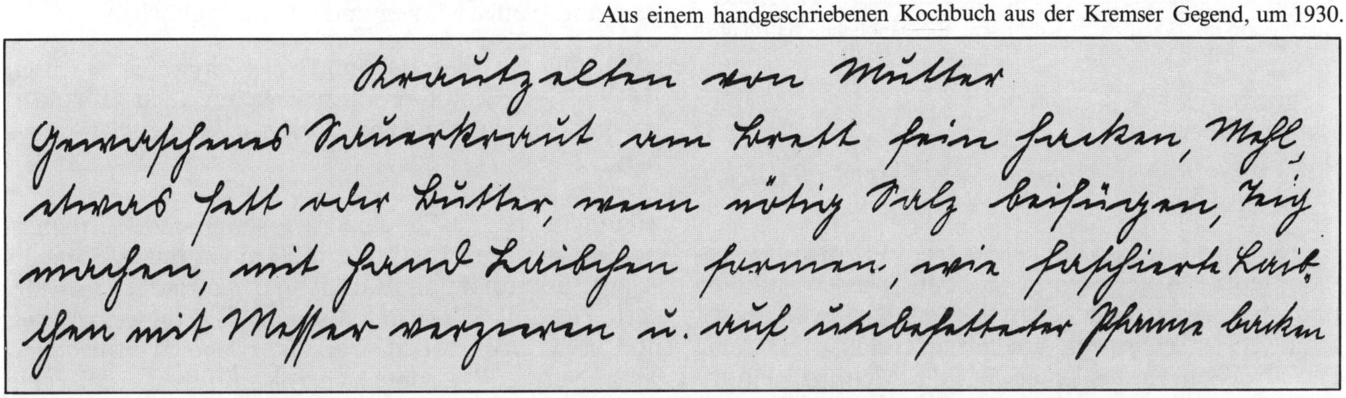

Leitung hat offenbar auch diese alte Art der Krautkonservierung an Bedeutung verloren" (L. Schmidt). Rudolf Moser fand vor dem Ersten Weltkrieg in Sticklberg noch drei Krautgruben nebeneinander in Gebrauch und erfragte solche in der Umgebung des Ortes und in Altendorf bei Gloggnitz. In Kriegszeiten hat man verschiedentlich die Krautköpfe in Papier eingeschlagen und mit dem Strunk nach oben in die Erde vergraben. Auf diese Weise soll das Kraut bis Ostern gehalten haben, wie Hermann Zucker in „Änderungen bei Nahrung und Wirtschaftsform in Furth bei Böheimkirchen ab 1900" einen Gewährsmann berichten läßt. Wie beliebt das Kraut war, beweist ein Kinderspruch aus dem Waldviertel, der die fünf Finger der Hand so erklärt: „Kloans Fingerl – Goldspringerl – langer Peter – Krautablecker – Lausabtöter."
Auch Feldrüben wurden wie Sauerkraut in Bottichen eingesäuert, waren aber nicht so verbreitet.

„Schlampiges Kraut"

1 Weißkrautkopf, Salz, 1 TL Kümmel, Selchfleischsuppe, Bratenfett

Einen Weißkrautkopf in sechs Teile schneiden, Strunk ausschneiden, das Kraut in Salzwasser mit Kümmel sehr weich kochen. Salzwasser abseihen und Selchfleischsuppe und ein paar Löffel Bratenfett über das Kraut gießen. Wird so zu Frischgeselchtem serviert und ähnelt dem oberösterreichischen „Stöcklkraut".

Krautfleisch.

Zutaten: 1½ Kilogramm Jungschweinernes, 1 Kilogramm Sauerkraut, 5 Deka Fett, 2 große Zwiebeln, Mehl, Paprika, Salz.

Blätterig geschnittene Zwiebel läßt man in Fett gelb rösten, gibt Paprika und das in Würfel geschnittene, gesalzene Fleisch dazu und läßt das Ganze ¾ Stunden lang dünsten. Dann gibt man das Kraut dazu, gießt mit etwas Suppe oder Wasser auf, läßt es noch ½ Stunde lang dünsten, staubt ein Löfferl Mehl darüber und gießt, wenn nötig, noch auf.

Aus: Karoline Dietrich, „Kochbuch für ländliche Haushalte", 2. Aufl., Wien 1928.

Saure Rüben

500 g saure Rüben, Kümmel, Salz, 1 Apfel, 80 g Selchspeck, 30 g Mehl, 1 Zwiebel, etwas Knoblauch

Saure Rüben mit Kümmel, etwas Salz, blättrig geschnittenem Apfel vermischen, mit Wasser auffüllen und eine Viertelstunde scharf kochen. Kleinwürfelig geschnittenen Selchspeck goldfarbig rösten, ein wenig Fett abgießen, im restlichen Fett das Mehl hellgelb rösten, feingehackte Zwiebel beigeben und mitrösten, ebenso etwas zerdrückten Knoblauch, mit dem abgegossenen Rübenkochwasser zu einer sämig-molligen Soße aufgießen und kurz verkochen lassen. Mit dieser Soße die abgeseihten, gekochten Rüben mäßig dick binden. Einmal aufkochen lassen.

Bohnen („Bauhnln"), Erbsen und **Linsen** waren ebenfalls viele Jahrhunderte wichtige Nahrungsmittel. Sie wurden vorgeweicht, weich gekocht und dann eingebrannt; auch als Salat traf man sie häufig an. „Die Erbsen, Linzen, Kraut, Rühm und Erdöpfel, welche alles dem gemeinen Man zu einer ergäbigen Nahrung dienet . . .", schrieb Kolowrat in einem Gubernialbericht aus dem Jahre 1772. Nicht umsonst war das Aussetzen der Bohnen für jede Bäuerin bzw. Hausfrau eine bindende Terminverpflichtung, es mußte allenthalben in den Tagen der Eismänner Pankratius, Servatius und Bonifatius (12., 13., 14. Mai) geschehen.
Bohnen in den verschiedenen Zubereitungsarten (saure Bohnen mit Grießnudeln, Bohnengulasch, Bohnenlaibchen u. a. m.) waren lange Zeit das traditionelle Karfreitagessen. Früher wurden am Aschermittwoch Messer und Gabel aus der Tischlade entfernt, denn bis Ostern gab es grundsätzlich nur Speisen, die man mit dem Löffel aß. Häufig servierte man eingebrannte Bohnen zu Buchteln.

Eingebrannte Bohnen

300 g Bohnen, Salz, Pfeffer, Knoblauch, 40 g Fett, 40 g Mehl

Über Nacht vorgeweichte Bohnen in Salzwasser weich kochen. Im heißen Fett zerdrückten Knoblauch und Mehl rösten, mit Bohnenkochwasser aufgießen, kurz kochen, die weichgekochten Bohnen dazugeben, mit Salz und Pfeffer würzen und kurz durchkochen.

„Warum hat der Herrgott die Erdäpfel wachsen lassen?" – „Damit die armen Leute auch jemanden haben, dem sie die Haut abziehen können." (Strengberg)

Zog man die aus Südamerika stammende Erdäpfelpflanze zwischen 1580 und 1600 in Gärten österreichischer Fürstenhöfe als Rarität und Kostbarkeit, so förderte das Stift Seitenstetten schon 1620 diese **Erdäpfel,** und J. J. Becher („Bechers närrische Weisheit und weise Narrheit") konnte sich 1682 rühmen: „Ich habe die amerikanischen Potatoes oder Erdäpfel mit sehr gutem Succeß in Österreich gepflanzt, welche gutes Brod, Wein und Branntwein geben." Auch Wolf Helmhard von Hohberg hat in seiner „Georgica curiosa", 1687, bemerkt, die „Tartouffles sei eine fremde Art der Erdäpffel; die in diese Länder kommen, wachsen gern und nehmen sehr zu, daß oft an einer Wurtzel auf die 50 junge Kügelein gefunden werden ... Die Indianischen Papas kocht und ißt man warm oder auch überbrüht und geschält, kalt, mit Oel, Essig, Pfeffer und Saltz. Sie sind allhier so fruchtbar, und mehren sich so gern, daß man fürgibt, in Canada selbst seyen itzt nicht so viel zu finden, als bey uns". Die Obrigkeit bzw. die Grundherren taten zunächst nichts dazu, daß sich die Kartoffel als Viehfutter, Armen- und Gesindekost rasch ausbreitete, zumal der Bauer es bald verstanden hat, damit seine Zehentpflicht zu umgehen. So darf es nicht wundern, wenn gebildete Personen einer volksnahen Schicht, wie Pfarrer, Amtsleute und Richter, sich um die Ausbreitung der Erdäpfel eher annahmen.

Die Gemeinde Prinzendorf an der Zaya, in der der „Erdäpfelpfarrer" Johann Eberhard Jungblut aus seiner holländischen Heimat 1761 die Erdäpfel eingeführt hatte, hat neben einem Landwirtschaftlichen Museum mit Freigelände für alte landwirtschaftliche Arbeitsgeräte im Pfarrhof eine Ausstellung zum Thema „Pfarrer Johann Eberhard Jungblut und seine Zeit (1722–1795)" eingerichtet. Es enthält Originaldokumente des Erdäpfelpioniers. Um 1782 dürften nach Hübl die Erdäpfel in Niederösterreich so ziemlich allgemein verbreitet gewesen sein, und in den dreißiger Jahren des 19. Jahrhunderts ist bereits überall ein umfangreicher Anbau bestätigt, in den Gebirgsgegenden früher als in der Ebene. „Der Erdapfel vor allem behauptet sein Recht auf dem Haustisch; und die Jahre her, wo er nicht geriet, war in mancher Gebirgsfamilie Schmalhans Küchenmeister", schrieb M. A. Becker 1895 aus dem Ötschergebiet. Obwohl gerade im Waldviertel ein rauhes Klima vorherrscht – „im Viertel am Wald ist's Dreivierteljahr Winter und ein Vierteljahr kalt" –, gedeihen dort die größten Erdäpfel; so konnte im Oktober 1977 zum Waldviertler Erdäpfelfest in Hirschbach der Bauer Josef Kastner aus Oberstrahlbach einen Erdapfel mit einem Gewicht von 1,82 Kilogramm vorführen.

Nach den schlechten Getreideerntejahren von 1771/1772 wurde der Anbau von Erdäpfeln intensiviert, die Ausbreitung erreichte zwischen 1760 und 1780 in Niederösterreich (und in Oberösterreich) ihren Höhepunkt, drang von dort, wie wir schon erwähnten,

Denkmal des „Erdäpfelpfarrers" Johann Eberhard Jungblut auf dem Friedhof vor der Pfarrkirche Prinzendorf an der Zaya. An der Außenwand der Pfarrkirche in Prinzendorf befindet sich seit 1834 eine Tafel mit der Inschrift: „Ihm, dem Pflanzer jener Knollen, die in großer Not sich so bewährt, will die Nachwelt ihren Dank hier zollen, wenn sie seine Ruhestätte ehrt. Heb ab, Wanderer, dankbar deinen Hut, hier liegt Johann Eberhard Jungblut!"

nach Kärnten und in die Steiermark vor, während Tirol und Vorarlberg (von der Schweiz aus) schon um 1750 damit bekannt gemacht worden waren. (Die größten Anbauflächen wiesen allerdings 1830/50 Galizien, Böhmen und Mähren auf, es folgten Schlesien, Krain, Niederösterreich und die Steiermark. Wenig Bedeutung hatte der Anbau flächenmäßig in Kärnten und in Salzburg, wie Birgit Ströbel in ihrer Dissertation „Die Ernährung der Unterschichten in Wien im Zeitraum 1820 bis 1870", Wien 1979, berichtet.)

Waren die Kartoffeln in den vierziger Jahren des 19. Jahrhunderts in Österreich noch ein „untergeordneter Nahrungsstoff" gewesen, folgte nach den Jahren der Kartoffelfäule eine starke Verteuerung. Dies und die Tatsache, daß die Erdäpfel über die „Armeleuteküche" populär geworden waren, sowie die Schwierigkeit, das neue Lebensmittel in den bisherigen Speisezettel – besonders in den ländlichen Gegenden – zu integrieren, haben die Erdäpfel erst allmählich zu einem selbstverständlichen Grundnahrungsmittel werden lassen. In Eßlandschaften mit wenig Fleisch- und mehr Mehl- und Milchspeisen mußten ja die neuen Erdäpfel alte Speisen verdrängen oder als neue Beilage zu bereits traditionellen Gerichten eingesetzt werden (diese Umstellung gelang in den Städten mit mehr Fleischkonsum leichter, wo die Erdäpfel einfach eine neue Beilage zu Fleischgerichten wurden). Um so erstaunlicher ist es, daß gerade die Waldviertler Bauernküche die Erdäpfel sehr bald und intensiv in ihren Speiseplan aufgenommen hat, teils mit traditionellen Gerichten verbindend, teils selbständige Gerichte daraus bildend. Dabei dürfte die Nähe der böhmisch-mährischen Küche mit ihrer raschen Integration der Kartoffel entscheidend mitgewirkt haben.

Erdäpfellaibchen

1000 g mehlige Erdäpfel, 200 g geräucherte Wurst, 1 Ei, Salz, Pfeffer, Majoran, 2 Knoblauchzehen, 1 kleine Zwiebel, 100 g Mehl, Fett zum Backen

Gekochte Erdäpfel noch heiß schälen, mit der Gabel zerdrücken, kleingeschnittene Wurst, Ei, zerdrückte Knoblauchzehen, kleingeschnittene Zwiebel, Salz, Majoran, Pfeffer sowie das Mehl dazugeben, gut vermengen, kleine Laibchen daraus formen, flach drücken und in heißem Fett herausbacken. Dazu serviert man Salat. (Rosa Ritter, Wasenbruck)

Kartoffelpuffer

500 g Erdäpfel, 1 Ei, 2 EL Mehl, Salz, 2–3 Knoblauchzehen, 1 kleine Zwiebel, Pfeffer, 1 Handvoll Grammeln, Fett zum Backen

Rohe Erdäpfel schälen, reiben (Wasser nicht abgießen), Ei, Mehl, Salz, zerdrückte Knoblauchzehen, geriebene Zwiebel, Pfeffer und Grammeln dazugeben, gut vermischen. In einer Pfanne Fett erhitzen, mit einem Löffel kleine Häufchen einlegen, flachdrücken und von beiden Seiten knusprig backen. Dazu reicht man eine Gemüsesuppe. (Anna Maslo, Heidenreichstein)

Gekochte Erdäpfel

In der Schale gekochte Erdäpfel heiß in einer Schüssel auf den Tisch stellen; jeder schält sich seine Erdäpfel selber. In einer Schüssel befindet sich Leinöl, in das jeder den Erdapfel eintaucht. (Heute ist das Leinöl als Nahrungsmittel abgekommen.)

Unterricht,

über die Anbauung und den Gebrauch

der Erdäpfel.

Der Acker, welcher zum Anbau der Erdäpfel verwendet werden soll, muß im Herbst gebrachet, und im Frühjahr umgebauet werden.

Währenden Anbauen werden von einer hinter dem Baumann gehenden Person die Erdäpfel in die neu gemachte Furche, eine halbe Hand voneinander eingelegt.

Dadurch also, daß die Erdäpfel sogleich bei dem Umbauen geleget werden, erhält man den Vortheil, daß durch das Ausbrechen der zweiten Furche die in die erste eingelegte Erdäpfel u. s. w. mit der Erde bedecket werden; folglich daß der Anbau selbst nicht beschwerlich, und zugleich einfach wird.

Hat das Kraut der Erdäpfel einmal die Höche von 1 1/2 Schuhen, oder ungefehr zween Spannen einer Menschenhand erreichet, so muß selbes umgebücket, mit Erde beleget, und die Erde aufgehäufet werden.

Diese Bearbeitung dienet hiezu, daß das umgebückte Kraut Erdäpfel, und gleichsam den Saamen für den künftigen Anbau in der Größe der Nüse traget: daß die gelegte Erdäpfel an der Größe zunehmen: und daß sie sich an der Zahl vervielfältigen, sogestaltig, daß von einem Blaß, der einen Metzen Getraid gibt, 30 Metzen Erdäpfel gefechsnet werden können.

Dokument in der Ausstellung „Pfarrer Johann Eberhard Jungblut und seine Zeit (1722–1795)“ im Pfarrhof Prinzendorf an der Zaya.

Knoblauchspinat

Knoblauchspinat (er wächst in den Auen und feuchten Waldböden, Reifezeit ist April–Mai), Salz, 1 Msp. Natron, Fleischsuppe, Milch, Stück Butter, 1 EL Mehl, Pfeffer, 1 EL Obers

Blätter pflücken, im kalten Wasser gut durchwaschen, in Salzwasser mit einer Messerspitze Natron 5 Minuten kochen, dann kalt abspülen. Mit etwas Suppe und Milch fein pürieren. In heißer Butter Mehl anrösten und mit dem Spinat gut aufkochen lassen. Mit Salz, Pfeffer und Obers abschmecken. (Franziska Pinkl, Scheibbs)

In Hohbergs „Adeliges Land- und Feld-Leben“, 1687, scheinen damals noch seltene Gemüsesorten und ihre Aufzuchtanleitungen auf, so zu Spargel, Kohlrübe, Karfiol, Sprossenkohl, Gurken, Kürbis und Paradeiser.

„Thamma, was hamma?“
„Knödl und Schwamma!“

Schwammerlgulasch

500 g Schwammerln (Eierschwammerln), 60 g Butter, 40 g Mehl, Salz, Pfeffer, Petersiliengrün, 1 Zwiebel, 1/4 l Sauerrahm, saure Milch oder Buttermilch

Feingeschnittene Zwiebel in Butter anlaufen lassen, die gereinigten, kleingeschnittenen Schwammerln dazugeben, salzen, pfeffern und weich dünsten. (Man kann sie mit etwas Paprika bestreuen.) Zuletzt mit Mehl stauben, rösten, mit etwas Wasser oder Fleischsuppe aufgießen und gut verkochen lassen. Dann den Rahm einrühren und abschmecken.

Beliebte Beilagen im Winter sind Kraut-, Erdäpfel-, Bohnen-, Sellerie-, Rettich- und Rote-Rüben-Salat, im Sommer Gurkensalat (mit Sauerrahm angemacht), Fisolen- und Häuptelsalat. Paradeiser sind erst in den letzten fünfzig Jahren heimisch geworden. Das teure Öl wurde von einer Bäuerin noch vor fünfzig Jahren selten gekauft, sie hat den grünen Salat „obrennt", d. h. mit heißem (Braten-)Fett und Essig übergossen. Zum Schweinernen serviert man gern Kren in den verschiedenen Zubereitungsarten. Semmelkren wird im Waldviertel mit einem mit etwas Milch oder Obers versprudelten Dotter gebunden, mit zerdrücktem Knoblauch oder gar mit Zimt und Gewürznelken gewürzt.
Zum Schweinsbraten ißt man gern einen **Rettichsalat** (weißen Winterrettich hacheln, mit Essig und Öl anmachen, mit Pfeffer würzen); Castelli überliefert eine volkstümliche Bezeichnung für den Rettich: „Schbrachmasta". Der grüne Salat ist eine verhältnismäßig junge Einfuhr bzw. Übernahme aus den Kloster- und Schloßküchen. Ältere grüne Salate als der Häuptelsalat (Vogerl-, Brunnenkressesalat) sind in ihrer Altersstellung schwer einzuordnen.

Waldviertler Essigkren

100 g Brösel, Rindsuppe, 1 Apfel, 6 EL gerissener Kren, Zucker, Essig, Salz, 2 EL Öl

Semmelbrösel mit so viel kochender Rindsuppe aufgießen, daß sie aufquellen können und eine sämige Soße entsteht. Den geschälten, roh geriebenen Apfel und gerissenen Kren dazurühren. Mit Salz, Zucker und Essig pikant abschmecken. Nach Bedarf Öl einrühren.

„Eintauch"

1 Zwiebel, 1 EL Schweinefett, 1 Knoblauchzehe, Salz, Kümmel, Essig

Die kleingeschnittene Zwiebel in heißem Fett blaßgelb rösten, mit Kümmel und zerdrücktem Knoblauch würzen, mit einem Schuß Essig abschrecken, mit etwas Knödelwasser zu einem dünnen Saft aufgießen, salzen. „Eintauch" heißt diese Soße, weil man bei Tisch die Knödelstücke darin eintaucht.

Zwetschken-, Weichsel- oder Birnenpfeffer

Dörrzwetschken, Wasser, Zimtrinde, Gewürznelken, Zitrone, 20 g Schmalz, 1–2 EL Semmelbrösel, nach Wunsch Wein

Gedörrte Zwetschken (oder gedörrte Weichselkirschen oder Birnen) in Wasser bedeckt weich kochen. Eine Zimtrinde, einige Gewürznelken und etwas Zitronenschale mitkochen. Dann Zwetschken entsteinen und fein zerhacken. Semmelbrösel in Schmalz anlaufen lassen, das Gehackte dazugeben und mit dem Kochsud der Früchte aufgießen, allenfalls noch einen Schöpfer guten Weins, und alles gut erhitzen lassen.

Triët

Auf einer flachen Schüssel Rosinen aufstreuen, gebähte Weißbrotschnitten darüber anordnen, dazwischen wieder Rosinen streuen, mit heißem Glühmost (Most mit Zucker, Nelken und Zimtrinde kochen) übergießen und kleine Häufchen Ribiselmarmelade daraufsetzen. Kalt servieren. (Anna Engel, Göttsbach bei Ybbs)
Triët durfte früher bei keiner Hochzeits- oder anderen Festtagstafel fehlen, wurde zu Fleischspeisen als Beilage serviert oder wurde gemeinsam mit dem Löffel gegessen. Im Sommer gab es Triët bei Heu- und Getreideschnitt gern als Nachspeise. Im Mostviertel nennt man das Gericht **„süßes Brot"**.
Im „Wiener Koch- und Wirtschafts-Buch" (1885) der Amalie Grünzweig, die immer wieder auf niederösterreichische Verhältnisse Rücksicht nimmt, heißt es zu diesem Rezept „Triëtt":
„Von Semmeln wird die Rinde weggerieben, die Semmeln in Scheiben geschnitten und gebäht. Wein wird mit Wasser aufgekocht, und wenn er erkaltet ist, gut gezuckert, über die Semmeln gegossen, daß diese erweichen. Nach einer Stunde gießt man noch gezuckerten Wein darüber, streut Zimt, Rosinen und Weinreben darauf oder man bäht Zwieback, löst Himbeermarmelade, welche jedoch ohne Kerne eingekocht ist, im Wein auf, läßt in diesem den Zwieback erweichen und gibt vor dem Anrichten noch Wein mit Himbeer darüber. Der Wein muß gut gezuckert sein."

Koche

Zu den Hauptnahrungsmitteln der deutschsprachigen wie auch der slawischen Zusiedler im heutigen Niederösterreich gehörten bis ins hohe Mittelalter die Pflanzen- bzw. Getreidekörner, wie „Brein" („Prein", mittelhochdeutsch „brin", siehe unten), Rispenhirse und (P)Fennich (Kolbenhirse, nicht zu Mehl gemahlen, sondern in mühlenartigen Stampfen nur enthülst), Hafer, Gerste, Roggen, Weizen und später auch Reis und Mais. Aus diesen Körnern wurde der Grundstock der damaligen Nahrung, der Brei, gebildet; drei von fünf Tagesmahlzeiten, wenn nicht auch die beiden Zwischenmahlzeiten, bestanden aus Brei. Brei, Mus, Koch und Suppen, mehr oder weniger dick eingekocht, waren die Alltagskost; als „Zukost" gab es vor allem Milch und Käse. Schon Seifried Helbling, Ritter aus der Gegend von Zwettl, der in Nußdorf bei Wien ein Lehen gehabt haben dürfte und als Satirendichter um 1300 gegen die Mißstände seiner Zeit wetterte, lobt den „brin":

„Dort stet pfenech und hirs;
wie möht ir gevarn wirs,
braht ir in niht in den keller min?
Ich iz daheim vil gerne brin."

In den Rechnungsbüchern des Stiftes Klosterneuburg aus dem 15. Jahrhundert scheinen immer wieder „pfennichprin" (und „Milch dazu") und „Haberbrein" auf. (Wie selbstverständlich dieser Brei aus Hirse war, zeigt, daß die enthülsten Hirsekörner allgemein als „Prein" oder „Brein" gehandelt und bezeichnet wurden.) Hirse, (P)Fennich und Gerste wurden dazu nicht zu Mehl gemahlen, sondern in „Stampfen" („Anken") zu „Greiß" enthülst.

Brei, Mus und Koch hatten von alters her in den Brauchtums- und Festtagsspeisen ihren festen Platz. So schien der Brei stets bei den Richten eines Hochzeitsmahles auf, im Wechselgebiet als „Schmalzkou mit siassn Salad" (Schmalzkoch mit gedörrten Zwetschken). „Is Schmalzkou deaf ja nid schpea (trocken) sain! Wan oam d'Pfeidn (Fettn) aarind iwa'n Fouds, afd is's guad" (Hamza, Wechselgebiet). In der Buckligen Welt sollte man zum Abendessen in der letzten „reichen" Nacht, der Nacht vor dem „Groß-Neujahrstag" (dem Heiligedreikönigstag), nicht nur gut und fett, sondern

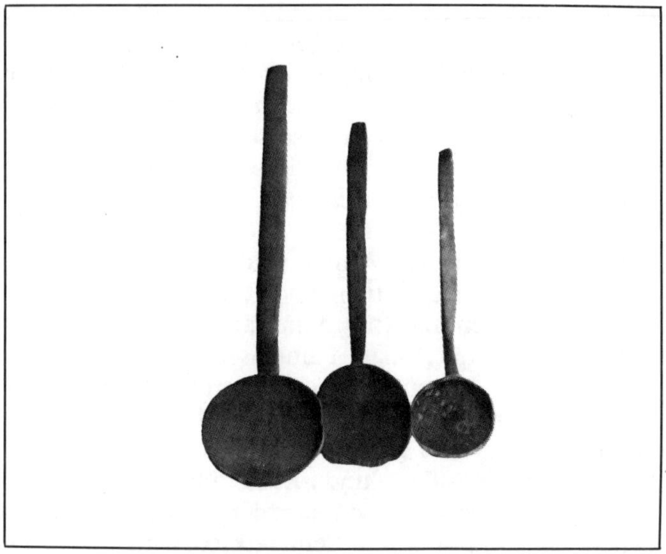

Kochlöffel aus Holz.

nicht weniger als neun verschiedene „Koche" essen, u. a. Grießkoch, Schmalzkoch, Mehlkoch, Semmelkoch, Zwetschkenkoch, Apfelkoch. Dabei wurde von jedem bzw. von der letzten Richt ein Rest „für die Heiligen Drei König" auf dem gedeckten Tisch stehen gelassen.

Im Ötschergebiet, im Südwesten von Niederösterreich, besonders in der Scheibbser Gegend, war dies die „Sampermilch", auch „Berschtl-" und „Berschtmilch" genannt, eine Milch mit Semmelschnitten; man ließ die Löffel darin stecken für die Frau „Berscht" oder „Berschtl" (Bercht) und ihr Gefolge, die ungetauften Kinder („Zodwascherln", Heimchen). Wessen Löffel in der Früh aus seiner Lage gerückt erschien, der hatte im selben Jahr ein Unglück zu befürchten; eine ledige Person, an deren Löffel sich viel Milch angelegt hatte („anreimte"), heiratete bald. Am nächsten Tag aßen die Hausleute wieder von dieser „Berschtmilch"; auch die Hühner bekamen etwas davon, auf daß sie „fleißig" Eier legten, sowie die Kühe, daß sie viel und gute Milch gaben.

In der Gegend um St. Pölten gab es als Hochzeitsbrauch das „Breinlöffelkaufen": „Im Flachland um St. Pölten verzögert den Eintritt ins Hochzeitshaus (meist Wirtshaus) die vor demselben aufgestellte ‚Breischüssel‘. Da müssen sämtliche Hochzeitsgäste, obenan das Brautpaar, den ‚Breilöffel kaufen‘, das heißt drei Löffel voll Brei essen und dafür den ‚Kellnern‘ ein Trinkgeld geben, welche in schön verzierten Flaschen warmen Wein reichen. Statt Brei wird öfter auch Milchreis, Grießsterz, gegen das Gebirge hin ‚Kraut‘ (Sauerkraut) aufgesetzt.“ (R. Weißenhofer, in: Die österreichisch-ungarische Monarchie.) Früher hat man das hochzeitliche Breigericht aus der gemeinsamen Schüssel gegessen. Als „Breinhochzeit“ verstand man später eine „schlichte“ Hochzeit ohne Tanz, bei der die gemeinsame Speise Hafergrütze war. Auch figurierte auf dem Hochzeitstisch oft ein **„Ähnlkoch“**, ein einfacher hergestelltes Schmalzkoch – die Löffel wurden dazu mit Blumen geschmückt.

M. A. Becker schreibt in seinem „Reisehandbuch für Besucher des Ötscher“ (1859): „Zum Almkoch oder Schmalzkoch gehört Grieß und die reinste Sahne (Obers) von den würzigen Alpenkräutern, deren Fett ein halb Zoll ober dem Brei stehen muß. Mancher, dem beim Anblick der unbekannten fetten Speise die Lust zum Zugreifen sank, ist später ein warmer Lobredner derselben geworden. Jedenfalls erfüllt das Almkoch alle Bedingungen einer gesunden, nahrhaften und dabei wohlschmeckenden Speise.“

„Schmalzkoch“, „Almkoch“

500 g Grieß, 1 l Milch, 4 Eier, Salz, ca. 200 g Schmalz, Rosinen, Zucker, Zimt

Grieß, Milch, Eier und Prise Salz verrühren, eine Dreiviertelstunde stehen lassen. Dann das Ganze in eine Pfanne mit heißem Rindschmalz gießen und ins heiße Rohr stellen. Nach dem Backen sticht man die braune

Friedrich Gauermann, „Die kleine Almhütte“.

Kruste auf, mischt vorgeweichte Rosinen hinein, streut Zucker und Zimt darüber und ißt „Zwetschkenpfeffer" dazu. (Kirchberg am Wechsel)

Mehl- und Grießschmalzkoch

5–6 EL Schmalz, 250 g Grieß oder Mehl, Milch oder Obers nach Bedarf, Salz, Zucker

Mehl oder Grieß in reichlich Butterschmalz goldgelb anlaufen lassen, bis alle Flüssigkeit gebunden ist, dann mit so viel kalter Milch oder Obers unter festem Rühren aufgießen, daß ein dicker, sterzähnlicher Brei entsteht. Leicht salzen und im Rohr ausdünsten lassen. In manchen Häusern rührt man einige Dotter darunter. Zuletzt mit Zucker bestreuen und mit dem heißen „Muaser" Verzierungen einbrennen. Heiß servieren. (Inneres Ybbstal)

Nimmt man anstelle von Rindschmalz das beim Auslassen von Butter zurückbleibende „Läuterschmalz", erhält man das **„Läuterkoch"**; es soll nicht so locker werden wie ein Grießschmarren. Man kann auch Rosinen dazugeben. Die Kost einer Schwaigerin im Ötschergebiet im 19. Jahrhundert bestand nach Becker aus Milch, Topfen, Butter, dem Läuterkoch und höchst selten aus Fleisch, das ihr nebst dem Brot vom Hof aus dem Tal zugetragen werden mußte. An festlichen Tagen oder wenn ein Gast einkehrte, kam ein Schmalzkoch auf den blankgescheuerten Tisch, und „gleich Schneeflocken hing über dem Rand des bemahlten Glaskrugs die köstliche Sahne" (M. A. Becker).

Wird der Grieß in Milch eingekocht (die übrige Zubereitung wie beim Grießschmalzkoch), ergibt dies den **Sterz,** der im inneren Ybbstal außer Sonntag täglich zu Abend gegessen wurde. Den Rest verspeiste man am nächsten Tag zum Frühstück.

Zum „Schnitthahn", aber auch am Allerheiligentag bekam das Gesinde neben Vorschußmehl-Brotlaiberln dieses Schmalzkoch, **„Schnitterstößl"** genannt.

„Fedlkoch"

250 g Landbutter, $^1/_4$ l Milch; 500 g glattes Mehl, 2 Eier, Salz

Mehl mit Eiern und etwas Salz gut abbröseln. Butter in der heißen Milch zergehen lassen, das zerbröselte Gemisch in die heiße Milch leeren, bei mäßiger Hitze unter ständigem Rühren wie Grießschmarren dämpfen. Dann vier Knödel daraus formen, auskühlen und trocknen lassen. Bei Gebrauch auf feinem Reibeisen reiben, mit Zimt, Zucker und Rosinen abmischen und in Milch aufkochen.

„Almsäuerlinge"

Bei diesem „Eierschmarren" soll man mit Eiern nicht sparen. In Obers 6 bis 8 Dotter und etwas Mehl und Prise Salz versprudeln. Den Teig mit einem Löffel portionsweise in heißes Butterschmalz legen und backen. (B. Simhandl, Amstetten)

„Sulzmilch"

1 l Milch, 1–2 Dotter, 2 EL Mehl, Zucker, Zimt, 1 Handvoll Rosinen, Fett

Milch, Dotter, Mehl und Zucker unter ständigem Rühren aufkochen, Rosinen einstreuen und aufquellen lassen. Mit Zucker und Zimt bestreut anrichten.

Die im Wechselgebiet bekannte Speise ist dem Lavanttaler „Oarweibl" ähnlich. Bekannt war auch das **„Schmankerlkoch"** aus Milch, Eiern und Mehl.

Bürgerlicher Herkunft hingegen ist das folgende Rezept:

„Mandelkoch"

100 g Butter, 5 Dotter, 100 g Zucker, 70 g Mandeln, $^1/_2$ Zitrone, Kipferlbrösel, 5 Eiklar, Butter, Zucker, 30 g Mandeln

Man treibt Butter mit den Dottern und dem Zucker gut ab, gibt die geschälten, geriebenen Mandeln, Saft und geriebene Schale einer halben Zitrone, eine Handvoll Kipferlbrösel und den Schnee von 5 Eiklar darunter, gibt die Masse in eine gefettete, mit Zucker ausgestreute, mit geschälten Mandeln ausgelegte Puddingform und gart das Koch etwa 1 Stunde im Dunst. Dann die Puddingform stürzen und das Ganze mit Chaudeau servieren.

Weinkoch

5 Dotter, 140 g Zucker, Zitronenschale, Zimt, 5 Eiklar, 110 g Brösel; Glühwein: $^1/_4$ l Wein (oder Most), 100 g Zucker, Zitronenschale, 2 Gewürznelken, 1 Stückchen Zimtrinde

Dotter und Zucker schaumig rühren, fein geriebene Zitronenschale und Zimt daruntermengen, festgeschla-

genen Schnee und die Brösel zuletzt unterheben. Die Masse in eine gefettete, bemehlte Puddingform füllen und im Wasserbad ca. 1 Stunde garen. Wein (oder Most) mit den Gewürzen aufkochen und heiß über den gestürzten Pudding seihen. Kurz ziehen lassen. Heiß servieren. (Erna Lechner, Blindenmarkt)
„Der" Weinkoch ist in Staatz als Ostergericht bekannt, im Retzer Gebiet nennt man die gleiche Speise **„Bröselpudding"**, im Alpenvorland auch **„Weinbuddin"** (Weinpudding), in den bürgerlichen Kochbüchern scheint sie auch unter dem Namen **„Durstiger Bauer"** oder **„Durstige Nonne"** auf. Ein Weinkoch wurde oft zum Schnittermahl gekocht.

Dornbacher Koch

5 alte Semmeln, Milch, 100 g Butter, Zitronenschale, 100 g Zucker, 7 Dotter, 7 Eiklar, Butter, Oblaten, Marillenmarmelade

Abgerindelte Semmeln blättrig schneiden, mit etwas Milch aufweichen, dann passieren, mit Butter abtreiben, Dotter nach und nach einrühren, ebenso Zucker und geriebene Zitronenschale, zuletzt den steif geschlagenen Schnee darunterheben. Die Hälfte der Masse in eine gebutterte Auflaufform füllen, mit Oblaten belegen, Marillenmarmelade daraufstreichen und die zweite Hälfte der Masse einfüllen. Langsam im Rohr backen. Zuletzt gut gezuckerten Schnee, mit rot gefärbten, gestiftelten Mandeln bestreut, darübergeben und jäh im Rohr überbacken.

Der **Reis** kam aus China über Indien und Persien um 1000 v. Chr. nach Ägypten. In Europa war er schon zur Zeit Cäsars bekannt (aber nur als Medizin), im 8. nachchristlichen Jahrhundert kam er durch die Araber nach Spanien, im 16. Jahrhundert pflanzten Soldaten Kaiser Karls V. in Oberitalien Reis an. Reis war noch im 17. und 18. Jahrhundert ein Luxusessen der Reichen. Joseph II. hatte auf einer seiner böhmischen Reisen die Idee, Reis an seine hungernden Untertanen kostenlos verteilen zu lassen, und ließ den Reis in Italien kaufen. Der Reis hat sich in den folgenden Jahrzehnten zwar nicht so wie die Erdäpfel als Volksnahrungsmittel und auch nicht als Beilage zu Fleischgerichten durchgesetzt (wie dies in der bürgerlichen Küche und internationalen Gastronomie geschah), er hat aber seinen festen Platz als Süßspeise gewonnen (als Milchreis, -auflauf). So bekam er als süße Hochzeitsspeise – in der Nachfolge des früheren süßen Hirsebreis – besonders im Waldviertel (und in Teilen des Burgenlands) eine gewisse Bedeutung.
Heute weiß übrigens niemand mehr, daß die Zusammensetzung von Milchreis aus Reis, Milch und Zucker auf dem antik-mittelalterlichen Prinzip der „Temperierung" im Sinne der Elementarlehre beruht; diese besagt, daß die vier Elemente Feuer, Wasser, Erde und Luft als Kräfte oder Qualitäten Wärme, Feuchtigkeit, Trockenheit und Kälte entsprechen, wobei es für die Gesundheit des Menschen wichtig ist, daß die Elementenpaare – kalt und warm, feucht und trocken, bitter und süß – in den Speisen stets ausgeglichen, „temperiert" sind. Auswahl und Zusammensetzung der Speisen für den Menschen je nach seinem „Temperament" (Sanguiniker, Choleriker, Phlegmatiker, Melancholiker) wurden gerade durch diese Lehre von den „Komplexionen" bestimmt. Die vielen Kräuterbücher des ausgehenden Mittelalters haben diese Lehre überaus popularisiert und in die weitesten Kreise des Volkes getragen. Die Kunst des Kochens bestand darin, die Elementarqualitäten auszugleichen, dabei sollte Rücksicht genommen werden auf das Temperament des Essenden, die Speisen sollten durch die Auswahl der Zutaten „temperiert werden", und man hatte bei der Auswahl auch auf die Jahreszeit Rücksicht zu nehmen. Erst aus dem Wissen um diese Zusammenhänge (und Theorien) ist es uns möglich, Wesen und Aufbau vieler alter Speiserezepte und die Zusammensetzung von Gerichten zu verstehen.

Milchreis

1 l Milch, 120 g Reis, Prise Salz, Zucker, Zimt

In kochende, leicht gesalzene Milch den gut gewaschenen Reis geben, weich kochen, mit Zucker und Zimt bestreut anrichten. Man kann auch geriebene Schokolade darüberstreuen.

Sterze, Nocken, Schmarren

Der Sterz gehört zur uralten Kraftnahrung, die aus Feldfrüchten hergestellt wird. Seit dem Ende des 18. Jahrhunderts ist mit den Breispeisen vielfach auch der Sterz verschwunden. Neben den ärmeren Bauersleuten, Häuslern, Hirten und Sennen haben in den waldreichen Gebieten Niederösterreichs vor allem die Holzknechte den Sterz zu schätzen gewußt. Gerade ihre Speisen waren streng traditionell festgelegt, nicht zuletzt bedingt durch die Verhältnisse; Mehl, Schmalz, Grieß und Salz – viel mehr an Lebensmitteln konnte man für eine Woche Waldarbeit, oft hoch oben im Gebirge, nicht mitnehmen, die Speisen mußten offen am Feuer zubereitet werden können, und es durfte nicht zuviel Zeit damit vertan werden. Überdies durfte die Holzknechtkost nicht viel kosten, mußte aber kräftig sein. Folglich handelte es sich um „geschmalzene" Mehlspeisen (Sterz, Schmarren, Nocken).
Jeder von einem „Paß" (einer Partie von Holzknechten) trug mit seinem Werkzeug auch die Wochenration an Lebensmitteln auf seiner „Kraxen" mit: Mehl, Schmalz, Grieß, Eier, Salz. Ein paar Schüsseln, Pfannen, Löffel, Messer, ein Wassergefäß, Seihbrett, Muser, Glutzange, Teigschüssel, Pfannengogg und -halter, Feuerbock und Dreifuß waren in der Hütte. „Im Geschäft des Kochens wechselt einer mit den andern ab; zu Mittag kommen für den ganzen Paß die unvermeidlichen ‚Holzknechtnocken', morgens und abends ‚Schottsuppe'. Zur Mahlzeit legt er sich ein gutes Stück schwarzen Brotes bei, und dann und wann tut er einen Schluck aus gemeinsamer Flasche, deren Inhalt im nächsten Wirtshaus erneuert wird." Der eine oder andere führte auch billigen Schnaps (den „Sauheidenen") im „Schnapshund" (einer flachen, mundgeblasenen Flasche mit Henkel) bei sich. Milch, Eier, Grieß, Salz wurden im „Kost-Trücherl" oder in einem Korb (im Wechselgebiet heißen diese aus Holzspan geflochtenen Körbe „Vogerlkober"), das Schmalz wurde in „Schmalzdesen" aufbewahrt. Festtage der Holzknechte sind der Blasiustag am 3. Februar (im Bereich des Stiftes Heiligenkreuz) bzw. der Tag des Vinzenz von Saragossa am 22. Jänner (im südlichen Wienerwaldgebiet bis ins mittlere Burgenland hinein), des hl. Josef (19. März), des hl. Florian (4. Mai) in Langau, Gaming und Groß-Pertholz, der Faschingmontag, der Kirchtagmontag und der Kathreintag. Ist die Arbeit des Aufforstens getan, lädt der Waldbesitzer zu einer „Bamerljausen" oder zu einem „Kulturkränzchen" ein. In Grub, Gaaden und Siegenfeld findet ein „Blasiusessen" der Forstleute statt. Beim Maibaumsetzen in Furth im Triestingtal und in Lilienfeld im Traisental ist das Sterzessen der Holzknechte ein wichtiger Teil des Brauchtums an diesem Tag; der Sterz wird beim Spiel auf offenem Feuer zubereitet, dann beginnt das „Verlizitieren" des Maibaums. Im Waldviertel bekommen die Holzknechte am Johannistag „Sonnwendkrapfen", anderswo „Hollerstrauben". Nach der „Abmaß" im Herbst gab es wieder eine Festtagsjause, ein „Roateessen", das dem „Tendlboß" des bäuerlichen Brauches entspricht.

„Oabrennter Sterz" (Abbrennsterz), „Brennsterz", „nacketer Sterz", „g'lind'ter Sterz"

500 g Roggenmehl, 1/4 l Wasser, Salz, ca. 150 g Schmalz

Roggenmehl „linden" (ohne Fett bräunlich „rösten"), dann salzen, mit siedendem Wasser abbrennen, mit einer Gabel kurz zerreißen und im heißen Fett mit zwei Kochlöffeln oder mit dem „Muaser" zerstechen und zugedeckt dünsten lassen (Waldviertel).
Man kann auch Eier dazurühren **(„Oarsterz")** oder auf einen fertigen Sterz frische Walderdbeeren **(„Erdbeersterz")** oder Heidelbeeren **(„Heidelbeersterz")** geben; in Wultendorf und Kautendorf aß man zum Brennsterz saure Gurkerln.
In Rohr im Gebirge bereitet man den „glundenen Sterz" auf Vorrat: 4 bis 5 kg Mehl röstet man ohne Fett in einer Sterzpfanne etwa eine halbe Stunde bräunlich, übergießt es dann mit kochendheißem Wasser (mit Fett aufgekocht), bis es bröckelig wird, und zuletzt mit heißem Fett. Zerkleinern und kalt stellen (hält sich acht Tage). Vor Gebrauch die Sterzportion nochmals mit heißem Fett begießen, mit kleingeschnittenen gekochten Erdäpfeln oder mit Eiern vermischen und kurz durchrösten. Oder mit einem **Läuterkoch** (zerlassene Butter mit einem Mehl-Wasser-Gemisch verrühren, langsam verkochen lassen und über den inzwischen gekochten Sterz gießen) anrichten.

Grießsterz

250 g Grieß, 5–6 eigroße Erdäpfel, 6–7 EL heiße Milch, 6–7 EL Schmalz, Salz

Grieß in einer Pfanne ohne Fett linden. Die gekochten Erdäpfel passieren, zum Grieß geben, gut vermischen, dann mit heißer Milch und flüssigem Schmalz vermengen, salzen. Zum Verbessern kann man auch ein paar Grammeln beigeben. Zugedeckt im heißen Rohr ausdünsten lassen. Dazu gibt man Sauerkraut oder trinkt Milch. (Anna Maslo, Heidenreichstein)

Waldviertler Erdäpfelsterz (Böhmischer Sterz)

1000 g Erdäpfel, 500 g Mehl, Salz, 60 g Schmalz (evtl. 3 Eier oder 80 g Mohn und Zucker)

Erdäpfel schälen, würfeln, in Salzwasser weich kochen. Dann Wasser bis zur Viertelhöhe der Erdäpfel abgießen, Mehl und etwas Salz dazurühren, bis ein trokkener Teig entsteht. Mit Löffel kleine Nockerln ausstechen, in heißem Schmalz rösten (dabei öfter umdrehen und zerkleinern, ähnlich wie bei einem Schmarren). Man kann versprudelte, gesalzene Eier darübergießen (dazu grünen Salat oder Gemüse servieren) oder Zucker und Mohn vermischt darunterrühren (**„Mohnsterz“**); zu diesem süßen Erdäpfelsterz serviert man Milch oder Zwetschkenröster.

Grammelsterz

1000 g Erdäpfel, 500 g Weißroggenmehl oder Weizenmehl, Salz, 2 EL Schmalz, 100 g Grammeln

Erdäpfel schälen, in Wasser kochen, nach halber Kochzeit das Mehl dazugeben, ohne umzurühren zugedeckt weich kochen, dann abseihen, salzen und zerstampfen. Schmalz zerlassen, die Grammeln erhitzen und den Sterz darin gut anrösten. In Altnagelberg ißt man dazu Krautsuppe oder Salat.

Wie in anderen Bundesländern gibt es auch in Niederösterreich die verschiedenen Schmarrenarten, vom Erdäpfelschmarren bis zum Grieß- und zum Kaiserschmarren, Kirschen-, Heidelbeerschmarren u. a. m., sowie Palatschinken („Eierfladel“, „Rolletten“) und Omeletten. Eine örtliche Besonderheit stellen die aus Ybbsitz stammenden, von Frau M. Lichtenberger mitgeteilten „Rolletten“ dar, wie sie in den Schmiedhäusern an Feiertagen üblich waren:

Rauchküche im Heimatmuseum Waidhofen an der Ybbs.

„Zwetschkenrolletten“

„Siede $^1/_2$ Pfund gedörrte Zwetschken in halb Wasser und halb Wein, löse die Kerne heraus, wenn sie gesotten sind, dann schneide sie mit dem Schneidmesser klein zusammen, gib in ein messingenes Pfanndl ein Vierting (140 g) Zucker und eine ejergugenvoll (Eierschale voll) Wasser, lasse den Zucker solang sieden, bis er sich spinnet, dann gib eine Handvoll geschwellte und gestoßene Mandeln hinein, lasse sie noch eine Weile rösten; hernach gib die geschnittenen Zwetschken dazu, lasse sie gut rösten, gib von einer halben Limoni kleingeschnittene Schalen und den Saft, etliche gestoßene Gewürznägel, den viertel Teil von einem guten Seidel Wein, rühre es wohl untereinander. Backe Eierfladel, streiche die Zwetschken halben fingerdick darauf, rolle sie zusammen, lege sie recht zierlich auf eine Schüssel, gieße ein wenig von dem Wein, worin die Zwetschken gesotten sind, darüber, und lasse sie eine halbe Stunde zugedeckt auf der Glut dünsten, gib sie gezuckert zur Tafel.“ (Überliefert in: Gertrud Heß-Haberland, „Das liebe Brot. Brauchtümliche Mehlspeisen aus dem bäuerlichen Festkalender“. Wien 1960.)

Gaadner Schmarren

3 ganze Eier in einem Topf zersprudeln, nach und nach $^1/_4$ l Mehl, dann $^1/_4$ l Milch nebst Zitronengeruch und Salz dazusprudeln sowie Zucker nach Geschmack. Der Teig darf nicht dicker sein als guter, saurer Rahm. In einer runden Kasserolle taubeneigroßes Stück Rindschmalz zerschleichen lassen, den Teig drei Finger hoch eingießen und zugedeckt in das nicht zu heiße Rohr stellen. Wenn der Teig eine Haube wirft und unten bräunlich wird, zerreißen und vor dem Anrichten zuckern.
2. Art: 3 Dotter mit 2 Löffel Zucker und Prise Salz flaumig rühren („abtreiben"), dann Schnee von 3 Klar dazurühren (unterheben) sowie $^2/_{10}$ l Milch, welche vorher mit $^2/_{10}$ l Mehl abgesprudelt wurde. Pfanne reichlich mit Rindschmalz ausschmieren und im Rohr backen. Dann zerschneiden. „Auch kann man Rosinen dazugeben", schreibt Rokitansky dazu in „Die Österreichische Küche".

„Pfnotter"

$^1/_2$ l Buttermilch oder saure Milch, 250–300 g Roggenmehl, Salz, Fett

Milch etwas salzen, Mehl nach und nach einrühren, eine Viertelstunde quellen lassen (der Sterz schnaubt – „pfnottert" – während des Kochens), dann in heißes Fett ($^1/_2$ cm hoch) eingießen, unter Umrühren rösten. Der Pfnotter soll nicht zu fett werden. (Krems, Wachau, Weinviertel)

„Grießschober"

120 g Butter, 80 g Zucker, Zimt, 4 Dotter, 200 g Weizengrieß, $^1/_2$ l fetter Sauerrahm, 1 EL Rum, 4 Eiklar, 20 g Zucker, Obst

Weiche Butter mit Zucker schaumig rühren, Prise Zimt und nach und nach die Dotter abwechselnd mit löffelweis dazugegebenem Mehl sowie Sauerrahm zu einer molligen Masse verrühren. Mit Rum abschmecken. Zuletzt den mit 20 g Zucker steif ausgeschlagenen Schnee darunterheben, in eine gefettete, mit Bröseln ausgestreute Backform daumendick füllen, die Oberfläche mit frischem Obst (ganze Kirschen, halbierte Marillen, geschälte, zerschnitzelte Äpfel) belegen und im Rohr etwa eine Dreiviertelstunde backen. Portionieren (6 Portionen) und überzuckern.

„Oar-Schmaderl"

Pro Person: 1 Ei, 1 EL Mehl, 1 EL Milch, Salz, etwas Fett

Ei, Mehl, Milch und Prise Salz verrühren. In einer kleinen Gugelhupfform Fett heiß werden lassen, die Masse hineinlaufen lassen und im Rohr backen. („Oar" = Ei; „Schmaderl" = kleiner Schmarren.)

„Totsch"

10 Erdäpfel, 125 g Topfen, $^1/_4$ l saure Milch, 1–2 Eier, Salz, Fett

Erdäpfel schälen, reiben, in einem Tuch auspressen. Frischen, abgetriebenen Topfen, saure Milch und Eier dazurühren. Leicht salzen. 2 cm dick in eine gut gefettete Pfanne streichen und im heißen Rohr schnell backen. Wird zu saurer Leber oder Fleisch mit Soße serviert.

„Blenten" mit Zimt und Zucker

150–200 g Mehl, 2 Eier, 2 Dotter, 0,3 l Obers, Zitronenschale, Zucker, Salz, Rosinen, Marmelade; Eier, Semmelbrösel, Schmalz, Zucker, Zimt, Obers

Aus Mehl, Eiern, Dotter, Obers, feingeriebener Zitronenschale, Prise Salz, Zucker und Rosinen einen festeren Schmarrenteig rühren, den Teig in eine Serviette fest einbinden, in kochendem Wasser hängend eine Stunde mehr ziehen als kochen lassen. Herausnehmen, in dünne Blättchen schneiden, mit Marmelade bestreichen und je zwei zusammensetzen, diese in zerklopfte Eier tauchen, in Semmelbröseln wälzen und im Schmalz schwimmend backen. Dann ein Geschirr mit Butter ausschmieren, die Schnitten hineinlegen, mit Zucker und Zimt bestreuen, siedendes Obers darübergießen und einmal aufsieden lassen. (Franziska Pinkl, Scheibbs)

„Nicht Fleisch wie sonst überall", berichtet Becker über das Ötscherland (1859), „sondern Mehlspeisen sind in den Alpen an der Tagesordnung. Unter diesen heben wir zwei besonders hervor, die in Kochbüchern schwerlich verzeichnet sind: die Holzknechtnocken und das Almkoch. Fragt ihr den Holzknecht im Schlage, was er sich zum Frühstück bereite, so antwortet er: ‚Nocken.' Und was zum Mittagmahl? so ist abermals die Antwort: ‚Nocken. Das ist besser als

Fleisch und gibt mehr Kraft und Rührigkeit zu unserer Arbeit. Das Fleisch ist uns zu teuer und läßt sich auch nicht so leicht aufbewahren.' Die Zubereitung dieser Nocken aber ist kurz und gut folgende: Nimm Weizenmehl oder Grieß, mache es im Wasser an in Gestalt von eigroßen Klümpchen, siede sie und backe sie dann im Rindschmalz."

Neben vielerlei Arten Nocken, Nockerln und „Wassaschbazn" – Wasserspatzen – (Castelli bemerkt, daß diese Bezeichnung auch für jene gilt, „die keinen Wein trinken") gab es die „Raunk'n" und „Dalken".

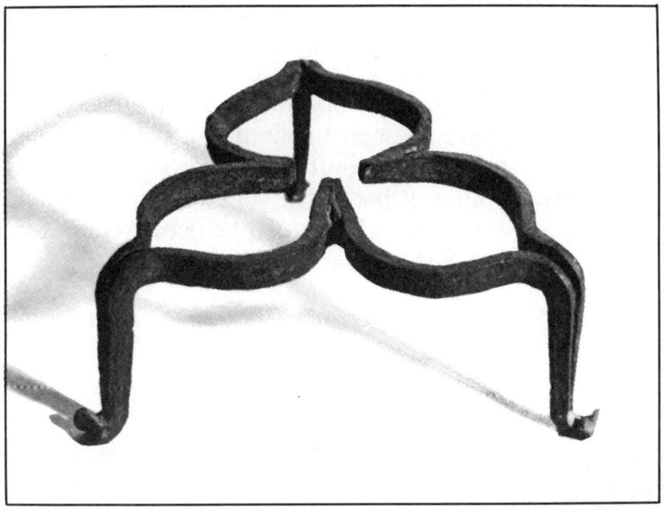

„Dreifuß."

„Raunk'n" (Traisentaler Holzknechtnocken)

500 g Mehl, $^1/_2$ TL Salz, $^1/_4$ l Wasser, Fett; Wein, Most oder Milch

Aus Mehl, Wasser und Prise Salz in der hölzernen „Raunkenschüssel" (die einer großen, umgedrehten Pickelhaube ähnlich sieht) einen Nockerlteig anmachen. Sobald der Teig „blasalt" wird, d. h. Blasen wirft, in heißes Fett (ca. 3 mm hoch) in einer flachen Pfanne gießen, den Teig dabei aus der Holzschüssel schneckenförmig in die Eisenpfanne drehen, ähnlich wie bei den Strauben, oder löffelweise eigroße Häufchen in das Fett legen. Die Nocken im ganzen wenden, sobald sie auf einer Seite gebräunt sind. Richtige Raunken müssen, wie Elfi Maier im „Niederösterreich Kochbuch" (1979) bemerkt, etwas aufgehen, das Fett aufsaugen, unten eine helle Einbuchtung, das „Goldhahnerl", und ein dunkles Randerl haben. Dann (in der Pfanne) mit etwas heißem Wein, Most oder Milch (und etwas Zucker) übergießen („abschrecken"), die hölzerne Schüssel daraufstülpen und kurz dünsten lassen. Wenn die „Raunk'n" nicht aufgehen, nennt man die Teigpatzen in der Ois „Zellerroanbettler" (Zellerrain heißt die Paßhöhe zwischen Lunz und Mariazell).

Werden Nocken mit blättrig geschnittenen, mit Kümmel und Salz in Fett gerösteten Erdäpfeln vermischt, erhält man die **„Erdäpfelspatzen"**, mit klein geschnittenem, in Butter geröstetem Sauerkraut heißen sie **„Krautspatzen"**, mit geschälten, blättrig geschnittenen, in heißer Butter weichgedünsteten Äpfeln **„Apfelspatzen"**.

Skubanki

500 g Erdäpfel, 80 g Mehl, 150 g geriebener Mohn, 50 g Butter, Prise Salz; Butter, Zucker

Erdäpfel schälen, vierteln, in Salzwasser fast weich kochen, das Wasser abgießen, das Mehl daraufstreuen, Butter in Flocken daraufgeben und zugedeckt noch eine Viertelstunde stehen lassen. Dann zerstampfen und zu einem Nockerlteig vermengen. Mit nassem Löffel Nocken ausstechen, diese in heißer Butter in einer flachen Backpfanne auf allen Seiten anbacken, einigemal wenden und nicht zu dunkel fertig backen (insgesamt 4 bis 6 Minuten). Herausheben, in Mohn (oder geriebenem Lebkuchen) wälzen, anrichten und mit Staubzucker bestreuen. Man kann zerlassene Butter zusätzlich darübergeben. Oder aus der Masse Nockerln ausstechen, auf eine Schüssel legen, mit zerlassener Butter oder Fett übergießen und mit geriebenem Mohn und Zucker bestreuen. (Antonia Schön, Aggsbach-Dorf)

Rahmdalken, Tegelkrapfen

100 g Mehl, 2 Dotter, 2 Eiklar, Prise Salz, $^1/_8$ l Sauerrahm; Butter, Marillenmarmelade, Staubzucker

Mehl, Rahm, Salz und Dotter glattrühren, das Eiklar zu Schnee schlagen, darunterziehen. Butter in einer Dalkenpfanne (Art von Spiegeleipfanne) erhitzen, die Mulden mit den Schmarrenteig füllen, auf beiden Seiten backen und herausheben. Je zwei Stücke mit Marmelade zusammensetzen und mit Zucker bestreuen.

Böhmische Dalken

250 g Mehl, 20 g Germ, 50 g Butter, 50 g Zucker, 1/8 l Milch, 2 Eidotter, 2 Eiklar, Prise Salz; Powidl, Staubzucker

Germ in 1/16 l lauwarmer Milch auflösen. In restlicher Milch Butter, Zucker, Salz und Dotter verrühren, Mehl, aufgelöste Germ dazurühren. Zuletzt steifen Schnee unterheben. Ca. 20 Minuten zugedeckt an warmem Ort gehen lassen. Dann wie die Rahmdalken backen, je zwei mit Powidl füllen, anrichten und überzuckern. Ursprünglich wurden die Dalken wohl aus einem Schmarrenteig bereitet.

Liwanzen

250 g Mehl, 20 g Germ, 30 g Butter, 50 g Zucker, 1/8 l Milch, 1 Ei, Prise Salz; Mehl, Butter, Powidl

Germ in lauwarmer Milch auflösen, mit den restlichen Zutaten zu einem Germteig schlagen. Zugedeckt 20 Minuten gehen lassen, dann auf bemehltem Brett zu einem Fleck ausrollen, Scheiben (Durchmesser von 6 cm) ausstechen, zugedeckt nochmals gehen lassen, dann in einer mit Butter schwach gefetteten Liwanzenpfanne (mit flacheren Mulden als die Dalkenpfanne) auf beiden Seiten wie Dalken lichtbraun backen. Sogleich mit Butter bepinseln und je zwei mit verrührtem Powidl zusammensetzen. Oder in einer Schüssel oder auf einem Teller übereinanderlegen, mit Schmalz bestreichen und zugedeckt warm stellen, bis alle gebacken sind. Dann mit aufgelöstem Powidl bestreichen und mit geriebenem Lebkuchen oder Topfen bestreuen. (Oder mit Zwetschken- oder Mohnfülle oder Apfelmarmelade bestreichen, mit Zimtzucker bestreuen; oder nur mit Topfen, mit zerlassener Butter oder gerösteten Selchspeckwürfeln bestreuen.)

Noch im Biedermeier unterschied man nicht immer zwischen Liwanzen und böhmischen Dalken. Nach Einzug der Dalkenpfannen in die heimischen Küchen wurden die ohne Model (auf der mit Speck eingeriebenen Herdfläche) gebackenen talergroßen Flecken „Liwanzen“, die in der Dalkenpfanne gebackenen dikkeren Nockenkrapfen „Dalken“ genannt.

Dalken- oder Tegelkrapfenmodel.

Nudeln

Die typischen niederösterreichischen Weihnachts- bzw. Fasttagsspeisen, wie Mohn-, Nuß- oder Apfelstrudel, werden im Norden und im Westen von den Nudeln verdrängt. Im Waldviertel gab es früher als vorweihnachtliches Essen Erbsensuppe und Mohnnudeln (in Litschau bis um 1900 mit Sauerkraut). Mohnnudeln sind im nordwestlichen Niederösterreich noch heute am 24. Dezember als typische „Mehl- und Fastenspeise" anzutreffen. Edith Hörandner-Klenk stellt diese alten Gerichte parallel zur sozialen Schicht der Bevölkerung und bemerkt, daß sich auf Grund dieser sozialen Differenzierung (Bauern und Arme einerseits, Bürger, Beamte andererseits) auch verschiedene Zeitschichten feststellen lassen: den älteren Mohnnudeln (bzw. Mohnstrudeln), die sich bei der ärmeren, bäuerlichen Bevölkerung am längsten hielten, folgten die (Apfel-)Strudel und Karpfen bzw. allgemein Fischgerichte, die heute dominierend sind (durch wirtschaftliche Besserstellung, leichtere Verfügbarkeit durch Transport tiefgefrorener Seefische etc.); letztlich tendiere diese Entwicklung heute eher zum Fleisch- und Wurstgenuß (Schnitzel, Würstel, kalte Platte), nicht zuletzt auch durch die kirchliche „Neuerung" bedingt. Im westlichen Teil Österreichs waren Fleisch- und Wurstgerichte schon immer an diesem Tag üblich, was darin begründet ist, daß dort die erste Hauptmahlzeit nach der mitternächtlichen Mette eingenommen wurde bzw. wird. Ostösterreich dagegen hatte an diesem Tag die abendliche Hauptmahlzeit vor dem Mettengang. Die alten Speisen erhielten dabei eine neue Funktion als Nachspeise (Strudel, Beugel etc.) oder als Mittagskost am 24. Dezember.

Milchnudeln

250 g Mehl, 1 Ei, 1 TL Öl, Wasser; 1 l Milch, Salz

Aus Mehl, Ei, Öl, wenig Wasser (und Salz) einen Nudelteig kneten, in dünne Flecken auswalken, trocknen lassen, dann in feine Suppennudeln oder breite Bandnudeln schneiden. In Salzwasser kochen, abschwemmen und abgetropft in leicht gesalzener Milch anrichten. Für eine kinderreiche Holzknechtfamilie war dieses einfache Mehlspeisengericht überaus sättigend.

Topfenhaluška

Nudelteig (linke Spalte); 150 g Speck, trockener Topfen, Salz, Pfeffer

Aus dem ausgewalkten Nudelteig kleine Fleckerln (tschechisch: „Haluška") schneiden (oder den getrockneten Nudelteig in kleine Stücke zerbrechen), in Salzwasser 8 bis 10 Minuten kochen, abseihen, abschwemmen, abtropfen lassen. Kleinwürfelig geschnittenen Speck goldgelb rösten, die Grammeln herausheben und warm stellen. Die Fleckerln ins heiße Fett geben, durchrühren, salzen und pfeffern, dicht mit Topfen bestreuen und die Speckgrammeln daraufgeben. Nach alten Kochbüchern streut man statt Topfen geriebenen Schafkäse (Brimsen) darauf und schmalzt heiße Butter darüber.

Die Fleckerln nennt man auch **„Zweckerln"**, sie werden in Salzwasser gekocht, dann oft nur abgeschmalzen (eventuell etwas Grieß mitrösten) und sauer (mit Salat) oder süß (mit Kompott oder Röster) angerichtet. Castelli erwähnt die „Hawanudl", „welche so klein ist wie die Haferkörner".

Krautfleckerln

Nudelteig (linke Spalte); 1 Weißkrautkopf (ca. 750 g), 1 TL Salz, 1 TL Kümmel, 80 g Selchspeck, 1 EL Staubzucker, 1 große Zwiebel, 1 EL Essig, Salz, Pfeffer

Das vom Strunk befreite Weißkraut feinnudelig schneiden, mittelfein hacken und salzen. Feingehackten Räucherspeck anrösten, Staubzucker dazugeben, weiterrösten, bis der Zucker eine goldbraune Farbe hat, dann die feingeschnittene Zwiebel beigeben, tüchtig durchrösten, zuletzt mit Essig ablöschen. Schließlich das gehackte Kraut beigeben, mit Kümmel und Pfeffer (nach Wunsch auch mit Paprika edelsüß) würzen und das Kraut möglichst im eigenen Saft weich schmoren, wobei es nach und nach eine hellbraune Farbe annimmt. Dabei wiederholt umrühren, eventuell wenig Wasser oder Fleischsuppe dazugeben. Zuletzt die inzwischen in Salzwasser nicht zu weich gekochten, abgeschwemmten und gut abgetropften Fleckerln einlegen, durchmischen, nachwürzen und noch eine kurze Zeit durchdünsten.

Erdäpfelnudeln, Bröselnudeln

500 g mehlige Erdäpfel, 1 Ei, 80 g Grieß, 100 g Mehl, 30 g Butter, Salz; 50 g Brösel, 80 g Butter oder Schweinefett

Erdäpfel kochen, schälen, reiben, salzen, mit Grieß locker vermengen, mit Ei, Butter und dem nötigen Mehl zu einem weichen Teig kneten, auf bemehltem Brett zu dünnen Rollen formen, davon daumenlange Stücke schneiden, diese in der flachen Hand zu Nudeln wuzeln. Nudeln 10 bis 12 Minuten in Salzwasser kochen, abseihen, kalt abschwemmen, gut abtropfen lassen. Inzwischen in heißer Butter Brösel braun rösten, die abgetropften Nudeln darin schwenken und zuckern. Mit Kompott oder Röster servieren. Oder ungezuckert, nur in Fett geschwenkt **(„abg'schmalzene Nudeln")**, zu Soßenfleisch etc. anrichten.

Die gleichen Nudeln werden auch in heißem Fett in der Rein im Rohr gebacken, dabei soll die Rein mehrmals kräftig gerüttelt werden. Dann in einer Auflaufschüssel anrichten, mit einem **„Gmachtl"** (aus $^1/_2$ l Milch, 2 Eiern, 1 Dotter, Salz) übergießen und im Rohr bei Mittelhitze backen **(„gebackene Erdäpfelnudeln")**.

Der **Mohn** ist eine alte Kultpflanze, er war schon in der Antike als Fruchtbarkeitssymbol bekannt und wurde in der menschlichen Vorstellung mit antidämonischen Kräften ausgestattet. Im Frühmittelalter wurde der Gartenmohn durch die Klöster kultiviert, um einerseits Heil- und Betäubungsstoff zu gewinnen, andererseits Mohnöl, das man zu kirchlichen Zwecken benötigte (das „Ewige Licht" wurde mit Mohnöl gespeist). Gebiete, die im Hochmittelalter systematisch besiedelt wurden, zog man in erster Linie zur Mohnzucht heran, so auch das Waldviertel; bei den Zehentablieferungen waren die Mohnleistungen immer genau angeführt. „Auf Gertraud (15. März) wird der Mohn an'baut", heißt es, dann beginnt die Frühjahrsarbeit in Garten und Feld („Gertraud führt die Kuh zum Kraut, das Roß zum Zug, die Bienen zum Flug"), andere glauben, daß der Karfreitag der beste Tag zum Mohnanbau sei. „Wenn er auf den Schnee draufg'saat wird, wird der Mohn wunderbar", lautet eine andere Volkserfahrung. Mohn wird noch heute von der Bäuerin mit der Hand gesät. Nach einiger Zeit folgt das erste Jäten. Sobald die Mohnpflanzen eine Spanne hoch aus dem Erdboden

Majolikateller, 18. Jh., im Krahuletz-Museum in Eggenburg.

gewachsen sind, werden sie vereinzelt; wiederholt muß der Acker ausgegrast werden, zuletzt werden die Reihen mit Erde angeackert, denn der Mohn muß windgeschützt sein, er ist sehr frost- und hagelgefährdet. Anfang September ist der Mohn „zeitig“ (reif); er muß seine „Äugerln von selbst aufmachen“ – darnach unterscheidet die Waldviertlerin den „blinden“ und den „sehenden“ Mohn. Dann gehen die „Weiberleut“ ins „Zepfen“ oder „Magnabnehma“; dazu binden sie sich eine weiße Halbschürze um, deren lange Enden vorne ineinandergeschlagen werden, so daß eine Art Sack entsteht. Zu Hause wird der „sehende Mikhn“ sofort abgereitert, d. h., die Körner werden von den Schalen getrennt. Dann erst werden die „Blinden“ gekappelt (aufgeschnitten); zum „Magnkappeln“ lädt man am Abend die Dorfjugend ein.
Mohn ist eine häufig verwendete Würze in der Waldviertler Küche, viele Mehlspeisen werden durch Mohnbeigabe verfeinert und sättigender. Früher brachte Mohn auch etwas Bargeld ins Haus. Mohnsamen wurde seit dem Spätmittelalter weitgehend im Mörser gestampft; ausgepreßt erhält man das Mohnöl. Die Auf- und Abwärtsbewegung beim Stampfen hat eine ganz andere Wirkung als die Kreisbewegung des Mahlens – auch in der Küche empfiehlt es sich, den Mohn zu zerstoßen, er wird saftiger als beim Mahlen! Erst im späten 19. Jahrhundert verbreiteten sich von den Städten und Märkten aus die Mohnmühlen.

Weitraer Mohnnudeln

Roggenmehl nach Bedarf, Salz, Mohn, Butter, Honig, Rum

Roggenmehl mit siedendem Salzwasser abbrennen, brennheiß rasch auf dem Brett kneten, kleine, daumenlange Nudeln wuzeln und in eine Schüssel geben. Gestoßenen Mohn darüberstreuen. In heißer Butter flüssig gemachten Honig, mit etwas Rum aromatisiert, darübergießen und servieren.
So lautet das Rezept „echter“ Waldviertler Mohnnudeln einer Bäckermeisterin in Weitra (das Rezept verdanke ich Herrn Dr. Herbert Mösslacher). Alle anderen Mohnnudeln bezeichnet diese Bäckerin als „Weana Nudeln“.

Waldviertler Mohnnudeln

500 g Erdäpfel, Salz, ca. 200 g dunkles Roggenmehl, (50 g Butter, 1 Ei), 30 g Butter, 200 g Mohn, Zucker

Mohn.

Geschälte Erdäpfel halbieren, in Salzwasser weich kochen, überflüssiges Wasser abgießen, das Mehl darauf streuen, mit dem Kochlöffel ein paarmal durchstechen und noch etwa 5 Minuten ziehen lassen. Fest zerstampfen, auf bemehltem Brett rasch noch heiß kneten (man kann 50 g Butter und ein Ei dazukneten), zu Nudeln wuzeln, in heißer Butter schwenken, mit zerstampftem Mohn bestreuen, mit flüssig gemachtem Honig beträufeln. (Anna Maslo, Heidenreichstein)
Man ißt dazu auch Sauerkraut (ein paarmal durchschneiden, weich kochen, mit rohem geriebenem Erdapfel binden, mit in Fett angeschwitzter Knoblauchzehe würzen). Die gekochten Nudeln können auch nur in heißer Butter geschwenkt, mit gestoßenem Mohn und mit Zucker bestreut und zuletzt mit etwas Branntwein übergossen werden (so bereitete man sie zum Kornschnitt als **„Waldviertler Schnitternudeln“**). Man kann in einer breiten Pfanne 200 g gestoßenen Mohn mit 50 g Zucker in 40 g Butter und etwas Milch schwitzen lassen, die gekochten, abgetropften Nudeln darin schwenken und fast trocken rösten lassen, zuletzt mit zwei Eßlöffel Honig oder „Sirup“ (bestehend aus schwarzem Bohnenkaffee, Vanillezucker, Zucker und Rum) darübergießen und alles gut vermengt im Rohr ankrusten lassen. Sie werden überzuckert serviert und heißen auch **„Schwarzer Michel“** und **„Sterzbinkerl“**. Anstelle von gestoßenem Mohn streut man auch geriebenen Lebkuchen darauf und süßt das Ganze mit flüssigem Honig. Mohnnudeln werden im oberen Waldviertel traditionell am Heiligen Abend gegessen. Wenn in Großpertholz die Schnitter beim Schnittermahl saßen, kamen die Nachbarn, als Hausierer vermummt, klopften ans Stubenfenster, hielten ein Häferl hinein und bettelten um Mohnnudeln.

Knödel

Längst sind die Wiener Semmelknödel, um 1900 auf dem Land noch kaum gebräuchlich, eine beliebte Beilage zu Fleischgerichten, die Mehlknödel waren es auch schon vorher, besonders zum Geselchten mit Sauerkraut. Im Mostviertel gelten die Semmelknödel fast schon als ein Nationalgericht. Abgesehen vom Böhmen nahen Waldviertel mit seinen Erdäpfelknödeln, sind „Vorschußmehlknödel" und Semmelknödel beliebter als die Erdäpfelknödel. Rund um Wien, so im Marchfeld, haben sich die Serviettenknödel der bürgerlichen Küche heimisch gemacht. Was früher einmal Hauptgericht war (wie Knödel, Nudeln, Sterz), ist heute lediglich Beilage (wie Reis und Erdäpfel); die arbeitsaufwendigeren Zuspeisen, wie Semmelknödel oder die ähnlichen böhmischen Knödel, treten an Wochentagen eher in den Hintergrund.

Hirseknödel

250 g Hirse, Wasser, 3/4 l Milch, Salz, 1 Ei, 40 g Mehl

Hirse zweimal mit heißem Wasser waschen, dann in gesalzener Milch kochen. Sobald alle Flüssigkeit aufgesaugt ist, die Hirse quellen und erkalten lassen, dann mit Ei, Mehl und Prise Salz verrühren. Man kann 120 g feingewiegten Selchspeck dazugeben. Knödel formen, in Salzwasser kochen.

Knödelschöpfer.

„Vorschußknödel"

500 g Vorschußmehl (aus Roggen im ersten Mahlgang gewonnen), 1/4 l kaltes Wasser, Salz

Dreiviertel des Mehls salzen, das Wasser dazugießen und mit der Hand vermischen, mit dem restlichen Mehl kneten, aus dem glatten Teig Knödel formen und in Salzwasser zugedeckt etwa 15 Minuten kochen. Zu Geselchtem mit Sauerkraut. (Walter Machotka, Pulkau)

Waldviertler Knödel (Erdäpfelknödel)

300 g Erdäpfel, Prise Salz, 1000 g Erdäpfel

300 g Erdäpfel kochen, heiß schälen, reiben und auf einem Teller zum Trocknen ausbreiten. 1000 g Erdäpfel roh schälen, waschen, auf dem Reibeisen in eine Schüssel mit kaltem Wasser reiben. Dann durch ein Leintuch seihen und so fest wie möglich ausdrücken. Den zurückgebliebenen Erdäpfelklumpen mit dem gekochten vermischen, salzen. Dann das Auspreßwasser vorsichtig abgießen und die abgesetzte Stärke zum Teig geben. Alles zu einem glatten Teig kneten. (Mehl kommt keines dazu!) Mit nassen Händen Knödel formen, in kochendem Salzwasser ca. 20 Minuten kochen. (Anna Maslo, Heidenreichstein)

Zu Schweinsbraten, Selchfleisch oder allein zu einer „Eintauch" (siehe Seite 169) servieren. Wenn man dem obigen Knödelteig noch 125 g Topfen, 1 Ei und etwas Grieß beigibt, erhält man die **„Strapaziknödel"**.

Hauerknödel

500 g Erdäpfel, Mehl nach Bedarf, Salz

Rohe Erdäpfel schälen und, ohne sie dabei auszupressen, reiben, mit Mehl zu einem nicht zu festen Teig verarbeiten, salzen, rasch mit nassen Händen Knödel formen, kurz in Mehl wälzen und sofort in Salzwasser kochen. (Schönberg am Kamp)

Ybbsfelder Erdäpfelknödel

500 g Erdäpfel, Salz, 1 Ei, 50 g Semmelwürfel, 2 EL Grieß, Öl oder Margarine

Erdäpfel kochen, schälen und noch heiß reiben. Die im Fett angerösteten Semmelwürfel dazumischen, Ei, Prise Salz und etwas Grieß einmengen, zu einem nicht zu festen Teig abarbeiten. Knödel formen, eine halbe Stunde rasten lassen, dann in kochendem Salzwasser etwa 10 Minuten sieden.

„Preßknödel"

Zu gleichen Teilen gekochte Erdäpfel und Topfen, Prise Salz, Mehl, Schmalz

Erdäpfel kochen, heiß schälen und reiben. Mit geriebenem Topfen locker vermengen. Salzen. So viel Mehl einarbeiten, daß ein nicht zu fester Teig entsteht. Zu einer Rolle formen, davon faustgroße Stücke abschneiden, zu Knödeln formen, flachdrücken und in heißem Schmalz oder Butter backen.

„Schwemmknödel"

3 Eier, 2 EL Schmalz, 3 EL Rahm, 250 g Grieß, Milch, Salz, Pfeffer, Petersilie

Eier mit Schmalz und Rahm kurz abtreiben, feingehackte Petersilie, Salz und Pfeffer beigeben. Den Grieß langsam einrühren. Nach Bedarf Milch dazugießen, bis ein halbweicher, formbarer Teig entsteht. Eine halbe Stunde quellen lassen, dann Knödel daraus formen und in Salzwasser kochen.

Ybbstaler Grießknödel

500 g Grieß, 60 g Schweinefett, Salz, Suppe oder Wasser

Fett heiß werden lassen, den gesalzenen Grieß damit abbrennen, verrühren, so viel kochende Suppe oder Wasser dazugießen, daß ein mittelfester Teig entsteht. Kurz quellen lassen, dann daraus Knödel formen, in Salzwasser kochen. Früher hat man dazu besonders groben, dunklen „Holzhackergrieß" verwendet.

Sensenschmied- oder Kremstaler Fleischknödel

500 g Kornmehl, 200 g Schweinefleisch, 1 kleine Zwiebel, 1 zerdrückte Knoblauchzehe, Salz, Pfeffer, Petersilie, 1 Ei, 1 Stück Butter, Sauerrahm

Mehl in den Weitling sieben, mit so viel leicht gesalzenem, kochendem Wasser abbrennen, bis unter tüchtigem Durcharbeiten ein nicht zu fester Teig entsteht. Die Masse in eigroße Stücke teilen, jedes handtellergroß auseinanderdrücken, mit eigroß Fleischfülle (siehe unten) besetzen, den Teig um die Fülle schlagen, gut schließen, die Knödel ein wenig flachdrücken, in kochendes gesalzenes Wasser legen und langsam etwa 20 Minuten kochen lassen. Aus dem Sud heben, in eine mit heißer Butter versehene Pfanne legen, mit so viel versprudeltem Sauerrahm übergießen, daß dieser bis zur halben Knödelhöhe reicht. Im Rohr nochmals eine halbe Stunde dünsten lassen.

Fleischfülle: Nicht zu fettes Schweinefleisch faschieren, mit in Butter gerösteter kleingehackter Zwiebel und zerdrückter Knoblauchzehe vermengen, mit Salz, Pfeffer und Petersilie würzen. Mit einem Ei die Masse binden und abarbeiten. Eigroße Stücke daraus formen.

Gumpoldskirchner Speckknödel

6 Semmeln, 1/4 l Milch, 250 g Selchspeck, Petersilie, 2–3 Eier, 3 EL Mehl, Salzwasser

Kleinwürfelig geschnittene Semmeln mit Milch anfeuchten, feingehackte Petersilie beigeben, ebenso geröstete Selchspeckwürfel. Die Eier einarbeiten, mit Mehl festigen, eine Weile rasten lassen, dann Knödel formen, in Salzwasser gar kochen. Manche nehmen anstatt des Selchspecks Kaiserfleisch, bähen die Semmeln in Schmalz oder nehmen anstelle von Semmeln Weißbrot. (Neumann, „Wiener Köchin", 1864)

Ähnlich sind die **„Klosterneuburger Knödel"**, nur formt man aus der ganzen Masse wie beim Serviettenknödel einen einzigen großen Knödel, bindet diesen in eine gefettete Serviette und kocht ihn eine Dreiviertelstunde in Salzwasser; er wird dann in Stücke gerissen.

Bohnen und Knödel waren einst eine typische Freitagsspeise; auch zu einer Schwammerlsoße und als „geschmalzene Knödel" zu Salat waren sie eine begehrte Fastenspeise. Noch um 1830 bildeten zu Mittag jahraus, jahrein Knödel von schwarzem Roggenmehl die Kost der einfachen Menschen im Waldviertel.

Eine alte Fastenspeise im oberen Waldviertel sind die aus Roggenmehl gefertigten Mohnknödel:

Mohnknödel

500 g rohe und 250 g gekochte Erdäpfel, Mehl nach Bedarf, Salz; Fülle: 250 g Mohn, 20 g Butter, 1/8 l Milch, 4 EL Zucker

Magdalena D. Rettig

Hausköchin,

oder

eine leichtfaßliche und bewährte Anweisung,

auf die vortheilhafteste und schmackhafteste Art

Fleisch- und Fastenspeisen

jeglicher Gattung zu kochen, zu backen und einzumachen;

mannigfaltige Leckerbissen von Mehl u. Obst, Eingesottenes u. s. w.

zuzubereiten;

Tafeln nach der neuesten Art zu decken;

nebst vielen anderen nützlichen, in der Haushaltung oft unentbehrlichen Sachen.

Neunzehnte

neu ausgestattete und vermehrte Auflage.

Prag, 1907.

Verlagsbuchhandlung: Jaroslav Pospíšil.

Eine böhmische Köchin, wie sie „leibte und lebte“.

Rohe Erdäpfel schälen, reiben, fest auspressen, mit den gekochten zerdrückten Erdäpfeln vermengen, salzen und mit Mehl nach Bedarf festigen. Zu einer Rolle formen, kleine Scheiben davon abschneiden, plattdrücken, die Mohnfülle daraufgeben, zu Knödeln drehen, diese in Salzwasser kochen, abtropfen lassen und in brauner Butter abschmalzen. *Fülle:* Gestoßenen Mohn in wenig Butter leicht rösten, mit heißer Milch und etwas Zucker aufkochen (oder nur gestoßenen Mohn mit Honigwasser aufkochen), quellen lassen und überkühlen. Diese Knödel können auch auf dem Backblech im Rohr gebacken werden (sie müssen nach einiger Zeit einmal umgedreht werden).
Mohnknödel waren eine beliebte Wegzehrung der Waldviertler Kinder auf ihrem Schulweg. Es gibt zu diesen Knödeln auch eine saure Fülle: Entweder Grammeln oder gehacktes bzw. faschiertes, mit Pfeffer, Zwiebel und Knoblauch gewürztes Fleisch, das vorher in wenig Fett angeröstet wurde. Auch diese Knödel werden entweder in Salzwasser gekocht oder im Rohr gebacken. Man kann die Mohnknödel auch aus doppelt soviel roh geriebenen, gut ausgedrückten Erdäpfeln wie gekochten Erdäpfeln bereiten (wie die Waldviertler Knödel), indem man die Masse mit etwas Mehl und Salz zu einem Knödelteig verarbeitet.

Mohnzelten

250 g glattes Mehl, 250 g gekochte Erdäpfel, Salz, zerlassene Butter, $^1/_8$ l Rahm, 1–2 Eier; Fülle: 200 g Mohn, 3–4 EL Zucker, Zitronenschale, Zimt, 1 TL Rum

Mehl, kalte passierte Erdäpfel, Prise Salz, etwas zerlassene Butter, Rahm und Eier zu einem glatten Teig kneten. Eine Rolle daraus formen, in Scheiben schneiden, diese etwas flachdrücken, die Mohnfülle daraufgeben, zu Knödeln formen, wieder flachdrücken und auf dem Backblech im Rohr backen. Zur Mohnfülle Mohn mit feingeriebener Zitronenschale, Zimt und Rum gut verrühren.
Mohnknödel und Mohnzelten wurden in Riebeis im Waldviertel am Heiligen Abend gegessen (man bereitete die Knödel auch nur aus Roggenmehl, Butter, Eiern und Rahm, füllte sie mit gehackten, gesottenen Kletzen). Eine besondere Kategorie sind die gefüllten Fruchtknödel, die gerade in Österreich zur Saisonzeit einen breiten Raum einnehmen. Apfel-, Birnen- und andere

Fruchtknödel hat es schon in alten barocken Kochbüchern gegeben, wobei Teig und kleingeschnittene Früchte vermengt wurden.

Waldviertler Birnenknödel

500 g mehlige Erdäpfel, 1 Ei, Prise Salz, 100 g Grieß, 100 g griffiges Weizenmehl, nußgroß Butter oder Margarine, Prise Zimt, Zitronenschale, 300 g Kompottbirnen, 200 g Haselnüsse

Erdäpfel kochen, schälen, noch heiß reiben, mit Ei, Prise Salz, Grieß, Mehl, zerlassener Butter, Zimt, geriebener Zitronenschale rasch zu einem mittelfesten Teig kneten. Die abgetropften, würfelig geschnittenen Birnen in den Teig einkneten. Kleine Knödel aus dem Teig formen, in Salzwasser etwa 15 Minuten kochen. Haselnüsse im Rohr bräunen, auf einem Tuch die Schalen abreiben, dann fein zerreiben. Die gut abgetropften Birnenknödel in den geriebenen Haselnüssen wälzen, zuckern. Man kann separat dazu zerlassene Butter und ein Beerenkompott reichen.

Apfelknödel

4 Äpfel, 1 TL Zimt, 1 Ei, Prise Salz, 2 EL Wasser, Mehl; Zucker, Butter, Semmelbrösel

Äpfel schälen, Kerngehäuse entfernen, kleinwürfelig schneiden. Mit dem in Wasser versprudelten Ei und den Gewürzen vermengen, so viel Mehl dazurühren, daß ein formbarer Teig entsteht, daraus Knödel formen, in Salzwasser kochen, in den mit Butter und Zucker gerösteten Semmelbröseln wälzen. Oder flachgedrückt in heißem Fett herausbacken. Dazu gibt es Zwetschkenröster oder kalte Milch.

Zwetschkenknödel, Marillenknödel

Erdäpfelteig: 400 g gekochte Erdäpfel, ca. 120 g Mehl, 1 EL (30 g) Grieß, 30 g Butter, 1 Ei oder 2 Dotter, Prise Salz

Erdäpfel heiß passieren, mit Grieß vermengen, ausgekühlt mit Ei, nicht zerlassenem Fett, Salz und Mehl zu einem weichen Teig kneten. Eine halbe Stunde rasten lassen. (Kann auch ohne Ei bereitet werden.)

Topfenteig: 250 g Magertopfen, 30 g Butter (Margarine), 1 Ei, ca. 100 g Mehl, Prise Salz

Mehl und Topfen abbröseln, flüssige Butter, Ei und Prise Salz einarbeiten und zu einem weichen Teig kneten (nach Notwendigkeit noch Mehl beigeben).

Brandteig: 1/4 l Milch oder Wasser, Salz, 30 g Butter, 140 g Mehl, 1 Ei

Wasser, Salz und Butter aufkochen, das Mehl auf einmal einschütten und rühren, bis sich die Masse vom Geschirr löst. Vom Feuer nehmen, das Ei darin glatt verrühren. Zugedeckt auskühlen lassen.
Aus dem jeweiligen Teig eine Rolle formen, davon kleine Scheiben abschneiden. Die Marillen bzw. Zwetschken entsteinen, ein Stück Zucker statt des Steins hineingeben. Den Teig füllen, zu Knödeln drehen, diese in Salzwasser kochen. Dann Butter heiß werden lassen, Semmelbrösel und etwas Zucker dazustreuen, kurz durchrösten, die gekochten, abgetropften Knödel darin wälzen. Anstelle von in Butter gerösteten Semmelbröseln kann man die gekochten Knödel auch in mit Butter gerösteten, gehackten Mandeln wälzen und zuckern.

Handgeschriebenes Kochbuch der Karoline Kollroß, 1920–1944.

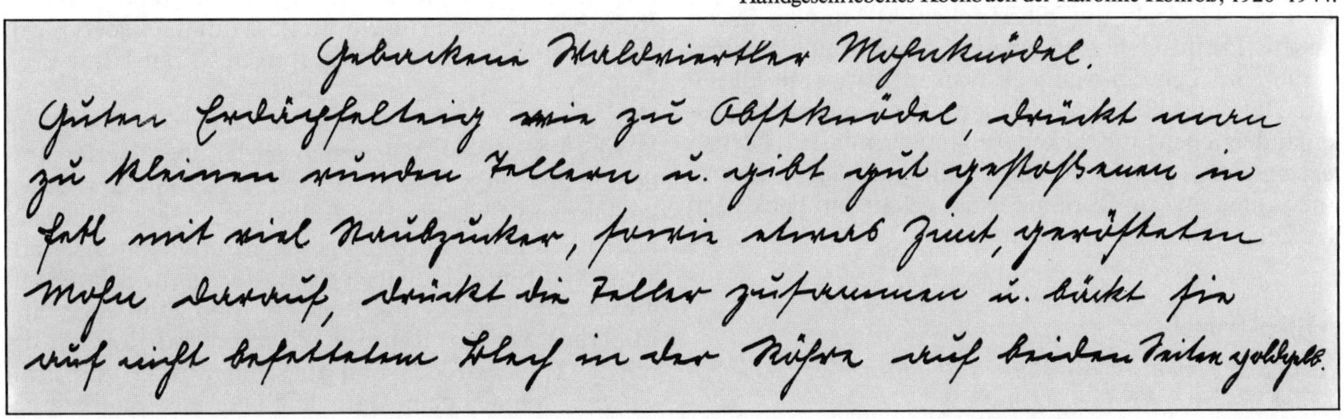
Gebackene Waldviertler Mohnknödel.
Guten Erdäpfelteig wie zu Obstknödel, drückt man zu kleinen runden Tellern u. gibt gut gestoßenen in Fett mit viel Staubzucker, sowie etwas Zimt, gerösteten Mohn darauf, drückt die Teller zusammen u. bäckt sie auf nicht bestrichenem Blech in der Röhre auf beiden Seiten goldgelb.

Strudel

Der Strudel gehört in den Donauländern wie auch im südöstlichen Bundesgebiet zu den volkstümlichsten Fest- und Alltagsspeisen. Was den Alpenländern die Krapfen und andere Schmalzgebäcke sind, sind den Leuten im Donaugebiet und im südöstlichen Österreich die Strudel. Dazu gibt es mehrere Teigarten, zahlreiche Füllvarianten, viele Zubereitungs- und Garungsarten, vom Fastengericht des gekochten Mohnstrudels bis zum „Milirahmstudel" (der nicht nur eine Breitenfurter Spezialität ist). Die Fülle richtet sich hauptsächlich nach den vorhandenen Landesprodukten: Mohn und Nüsse (die das traditionelle Kletzenbrot verdrängen), Weintrauben, Topfen, Rahm, Grammel, Schmer, Äpfel, Kirschen, Heidelbeeren, Süß- und Sauerkraut, Erdäpfel, Pilze, Grieß, Bohnen u. a. m. Alltagskost waren und sind der ausgezogene Apfelstrudel, besonders im Herbst, während Mohn- und Nußstrudel aus Germteig festlichen Anlässen vorbehalten waren. Zuerst war der ausgezogene Strudel in den Küchen des „gehobenen Standes" beheimatet, er wurde von den bäuerlichen bzw. ärmeren Kreisen übernommen und dort zur Hauptspeise der vorweihnachtlichen Fastenzeit gemacht. Am beliebtesten ist der „Ausgezogene".

Ausgezogener Strudelteig

250–300 g Mehl, 1 Ei, 2 EL Öl, 1 TL Essig, Prise Salz, 1/8 l lauwarmes Wasser

Aus den Zutaten einen nicht zu festen, aber auch nicht zu weichen Strudelteig glatt kneten, zu Laibchen formen, zugedeckt und ölbestrichen 20 Minuten rasten lassen. Dann nacheinander die Laibchen auf mehlbestaubtem Tuch ein wenig auswalken, etwas mit Öl bestreichen und über beide Handrücken papierdünn auseinanderziehen; die dicken Teigränder mit dem Messer abschneiden. (Dann jeweilige Fülle auftragen, zusammenrollen und im Rohr auf leicht gefettetem Backblech backen.)

Milchstrudel

Strudelteig (siehe oben); Fülle: 120 g Butter, 250 g Grieß, Milch, 2–3 EL Rosinen, Zucker

Auf einen ausgezogenen Strudelteig eine Grießfülle mit Rosinen geben: Grieß in heißem Fett rösten, mit kochender Milch übergießen, Rosinen beigeben und ziehen lassen. Zuckern erst, wenn die Masse kalt ist. Zu Strudeln zusammenrollen und in einer gefetteten Rein im Rohr backen. Eine Viertelstunde vor dem Anrichten bis zur Hälfte mit Milch übergießen. (So als Fastengericht aus Hadres überliefert.) In Ladendorf wird der Strudelteig mit in Butter gerösteten Bröseln und Weinbeeren (Rosinen) gefüllt, gebacken und vor dem Auftragen mit heißer Milch übergossen. Er wurde am Weihnachtsabend gegessen.

„Breitenfurter Milirahmstrudel"

Strudelteig (links); Fülle: 2–3 altbackene Semmeln, Milch, 110 g Butter, 80 g Zucker, 4 Dotter, 1/2 Zitrone (Saft, Schale), Prise Salz, 1/4 l saurer Rahm, 4 Eiklar, 50 g Rosinen, Butter, 1/4 l Milch oder Obers, Zucker

Butter zur Fülle flaumig abtreiben, nach und nach Zucker einrühren, ebenso die Dotter, Zitronensaft und geriebene Zitronenschale nach Geschmack, Prise Salz und die abgerindelten, in etwas Milch (oder Obers) eingeweichten und passierten Semmeln dazugeben. Zuletzt den Rahm und dann den Schnee von 4 Eiklar unter die Masse heben, auf den inzwischen ausgezogenen Strudelteig streichen (nicht ganz bis zum Rand), Rosinen daraufstreuen, locker zusammenrollen und in spezielle, mit Butter ausgestrichene Reindln schneckenförmig einlegen, mit kalter Milch übergießen und im Rohr bei mittlerer Hitze etwa 25 Minuten backen. Mit Zucker bestreut im Gefäß auftragen. (Frau Ulm, Breitenfurt)

Für den Hochzeitsvorabend wird in Kirchberg am Wechsel folgender **Milchrahmstrudel** überliefert: Strudelteig aus 350 g Mehl, 1 EL Öl, Prise Salz und etwas lauwarmem Wasser; die Fülle besteht aus 8 altbakkenen Semmeln, in Milch geweicht und dann passiert, aus 100 g Butter, 150 g Zucker, 4 Dottern, Schnee aus 4 Eiklar, 1/8 l Obers und Rosinen. Man kann auch eine Fülle aus Topfen, Rahm, Ei, Zucker und Rosinen bereiten **(Topfenstrudel)** und alles mit Zucker und Zimt würzen, wie aus dem Marchfeld oder aus Mailberg bekannt ist: Fülle aus 150 g schaumig gerührter Butter, 150 g Zucker, 5 Dottern, etwas geriebener Zitronenschale, 750 g passiertem Topfen, $^1/_8$ l saurem Rahm, 50 g Rosinen und dem steifgeschlagenen Schnee von 5 Eiklar bereiten, auf den ausgezogenen Strudelteig auftragen, zusammenrollen und im heißen Rohr in einer gebutterten Rein backen.

Grießstrudel

Strudelteig (Seite 186); Fülle: 150 g Butter, 5 Dotter, 5 Eiklar, 280 g Grieß, $^1/_4$ l Rahm, Prise Salz

Grieß und Rahm verrühren, salzen und quellen lassen. Erweichte Butter mit Dottern verrühren, aufgequollenen Grieß und den steifgeschlagenen Schnee von 5 Eiklar darunterheben. Masse auf den ausgezogenen Strudelteig auftragen, einrollen, mit bemehltem Kochlöffelstiel in Stücke teilen, mit dem Messer durchschneiden, die Ränder mit den Fingern zusammendrücken. In Salzwasser etwa eine Viertelstunde sieden. (Anne Kozisnik, Perchtoldsdorf)
Dazu wird in der Melker Gegend Essigkren gegessen, er wird als Suppeneinlage, als Beilage zum Beuschel oder zu eingebrannten Linsen (Hainburg) bzw. mit Butter und Bröseln überzogen und mit Zwetschkenröster serviert. (Hainfeld)

Pilzstrudel

Strudelteig (Seite 186); Fülle: 40 g Butter, 1 kleine Zwiebel, Petersilie, Salz, Pfeffer, 200 g Pilze; Butter

Ausgezogenen Strudelteig mit in reichlich Fett gerösteten gehackten Zwiebeln, mit Petersilie, Salz und Pfeffer gewürzten, blättrig geschnittenen Pilzen belegen, einrollen, in eine Serviette einschlagen und in Salzwasser hängend kochen. Mit brauner Butter übergossen anrichten. (Waldviertel)

Bohnenstrudel

Strudelteig (Seite 186); Fülle: 300 g Bohnen, 150 g Brösel, 150 g Fett, Salz, Pfeffer, Majoran

Die vorgeweichten Bohnen weich kochen. Brösel in heißem Fett gut anrösten, die gekochten Bohnen auskühlen lassen, mit Salz, Pfeffer und Majoran abschmecken. Den Strudelteig ausziehen, damit belegen, die Brösel daraufgeben, einrollen und auf leicht gefettetem Blech backen. (Rosa Ritter, Wasenbruck)

Strudelteig. Man gibt auf ein Brett $^1/_2$ l Mehl, macht in der Mitte eine Grube, gibt eine Messerspitze voll Salz, 1 ganzes Ei und so viel lauwarmes Wasser, ca. 2 dl, dazu, daß beim Mischen ein weicher Teig wird, der sich ziehen läßt. (Wasser kann man nicht so genau angeben, da das Mehl verschieden, trocken oder feucht ist.) Anfangs klebt der Teig an Hand und Brett. Wenn er sich zu lösen beginnt, gibt man ihn auf eine andere, bemehlte Stelle des Brettes, reinigt die Hände, bemehlt sie gut und bearbeitet den Teig mit dem Ballen und der flachen, rechten Hand so lange am Brette, bis er Blasen bekommt und sehr glatt wird. Nun legt man ihn auf eine mit Mehl bestreute Ecke des Brettes, deckt ihn mit einer erwärmten Schüssel zu und läßt in $^1/_2$ Stunde rasten. Nach dieser Zeit breitet man ein großes Tuch über einen Tisch, bestreut es stark mit Mehl, legt den Teig in die Mitte desselben, bestäubt ihn fein mit Mehl und walkt ihn etwas mit dem Rollholze (Nudelwalker) aus. Hierauf zieht man ihn aus; um dies zu tun muß man beide Hände so halten, daß die Daumen einwärts stehen und der Teig über den bemehlten Rücken der Hand zu liegen kommt. Wenn nur eine Person den Teig auszieht, legt man Anfangs das Rollholz darauf, damit er gehalten wird. Sind zwei Personen damit beschäftigt, so fahren beide, einander gegenüber stehend, mit den bemehlten Händen unter den etwas ausgetriebenen Teig, über dem Tuche etwas erhöht und ziehen ihn auf diese Weise immer größer, bis er in der Mitte fein genug ist, worauf man ihn auf das Tuch niederlegt und den Rand mit den Fingern vorsichtig und fein auszieht. Den dick bleibenden Rand schneidet man weg, formt davon ein Laibchen, welches etweder zu Zupfnockerln verwendet, oder aber im Ganzen im Wasser gekocht wird, hierauf 1—2 Tage trocknen muß, worauf sich dieser Teig sehr fein reiben läßt und zu verschiedenen Nockerln, süß oder gesalzen mit Käse, verwendet wird. Ist der ausgezogene Strudelteig mit der Fülle bestrichen, so wird der über das Tuch herabhängende Teig heraufgeschlagen und dieser Umschlag wieder mit der Fülle bestrichen, worauf man mit beiden Händen das Tuch langsam in die Höhe hebt und mit demselben den Teig zusammenrollt, worauf er meist schneckenförmig gedreht und zum Backen in eine mit Butter oder Rindschmalz bestrichene Kasserolle gehoben wird. Wird der Strudel gesotten, so zerschneidet man ihn in gleiche 3—4 Finger breite Stücke, die man vorher auf dem Strudel durch Eindrücke mit einem bemehlten Teller oder mit Kochlöffelstiele kennzeichnet. Letzteres Verfahren hat zugleich den Zweck ein Herausrinnen der Fülle beim Durchschneiden zu verhüten. Auch rolle man zum Schneiden (namentlich Lungenstrudel) lieber 2 Rollen aus dem Teige, die dann nicht so dick und hoch werden und besser zusammenkleben. In diesem Falle läßt man beim Füllen in der Mitte des Teiges einen 3 Finger breiten Streifen der Länge nach leer und rollt von jeder Längsseite ein, wobei die beiden Rollen in der Mitte zusammentreffen, worauf man den leer gebliebenen Teig durchschneidet und damit jede Rolle schließt. Noch besser ist es für gesottene und abgeschmalzene Strudel, dieselben im Ganzen zu kochen und nachher zu schneiden.

Aus: Marie von Rokitansky, „Die Österreichische Küche“, 8. Aufl., Wien 1913.

Krautstrudel

Strudelteig (Seite 186); Fülle: 1500 g Weißkraut, Fett, Salz, Pfeffer, 150 g Brösel, 100 g Fett

Das Kraut klein schneiden wie zu Krautfleckerln (Seite 179), in Fett rösten, mit Salz und Pfeffer abschmecken. Die Brösel im heißen Fett rösten. Das Kraut auf dem ausgezogenen Strudel auftragen, die gerösteten Brösel daraufgeben, einrollen und auf leicht gefettetem Backblech backen. (Rosa Ritter, Wasenbruck)
Der Strudelteig, mit Öl bestrichen, wird auch mit 300 g grob geriebenen Möhren („Murken“), mit in 30 g Fett gerösteten 200 g Bröseln vermischt, leicht gezuckert, gefüllt, eingerollt und auf schwach gefettetem Backblech oder in einer leicht gefetteten Form gebacken **(„Murkenstrudel“).**

Süßer Krautstrudel

Strudelteig: 250 g glattes Weizenmehl, Prise Salz, 1 Ei, 1 EL Öl, laues Wasser; Fülle: 1000–1250 g Weißkraut, 50 g Schweinefett, 10 g Zucker, 50 g Butter, $^1/_4$ l saurer Rahm, 1 EL Zucker, 50 g Rosinen, 50 g Mandeln, 3 Dotter, 3 Eiklar, Semmelbrösel, zerlassene Butter, Rahm

Zuerst einen ausgezogenen Strudelteig bereiten, ausziehen, mit dem Kraut füllen, mit etwas Bröseln bestreuen, mit zerlassener Butter beträufeln, einrollen und in die gefettete Backpfanne legen, mit versprudeltem Rahm überziehen, mit Butter beträufeln und im mittelheißen Ofen etwa eine Dreiviertelstunde goldgelb backen.
Fülle: Weißkraut feinnudelig schneiden und fein hacken. In heißem Schweinefett Zucker gelb schmelzen, Butter und das Kraut beigeben, mit Salz würzen und unter öfterem Durchrühren zugedeckt und unter Beigabe von wenig Wasser weich dünsten. Dann überkühlen lassen, mit Sauerrahm, Zucker, Rosinen, abgezogenen, geriebenen Mandeln und Eigelb verrühren; zuletzt den steifgeschlagenen Schnee unter die Füllmasse heben.

Sauerkrautstrudel

Strudelteig: 500 g gekochte Erdäpfel, Salz, 1 Ei, 3 EL Grieß, Mehl; Fülle: 750 g Sauerkraut, Salz, Pfeffer, Kümmel, 100 g Selchspeck, 1 Zwiebel, 1 TL Zucker, 1 EL Wasser, $^1/_4$ l Sauerrahm

Erdäpfel schälen, reiben, überkühlt mit Salz, Ei, Grieß und Mehl zu festem Teig kneten. Nicht zu dünn auswalken, die ausgekühlte Fülle draufgeben, einrollen, in gefetteter Pfanne eine Dreiviertelstunde im Rohr backen. – *Fülle:* Kleinwürfelig geschnittenen Speck anrösten, kleingehackte Zwiebel darin rösten, zuckern, mit Wasser abschrecken, kleingeschnittenes Sauerkraut, Pfeffer und Kümmel beigeben. Eine Dreiviertelstunde dünsten lassen. Dann Sauerrahm einrühren und kalt stellen.

Schinkenstrudel

Strudelteig (Seite 186); Butter, 500 g feingeschnittener oder faschierter Schinken, 8 Dotter, $^1/_2$ l Sauerrahm

Strudelteig ausziehen, mit zerlassener Butter bestreichen. Gleichzeitig faschierten oder feingeschnittenen Schinken mit Dotter und Milchrahm verrühren, auftragen. Den Strudel zusammenrollen, in Schneckenform eingedreht in eine mit Butter ausgestrichene Kasserolle legen, mit zerlassener Butter bestreichen und eine halbe Stunde backen. Heiß anrichten. (Franziska Pinkl, Scheibbs)

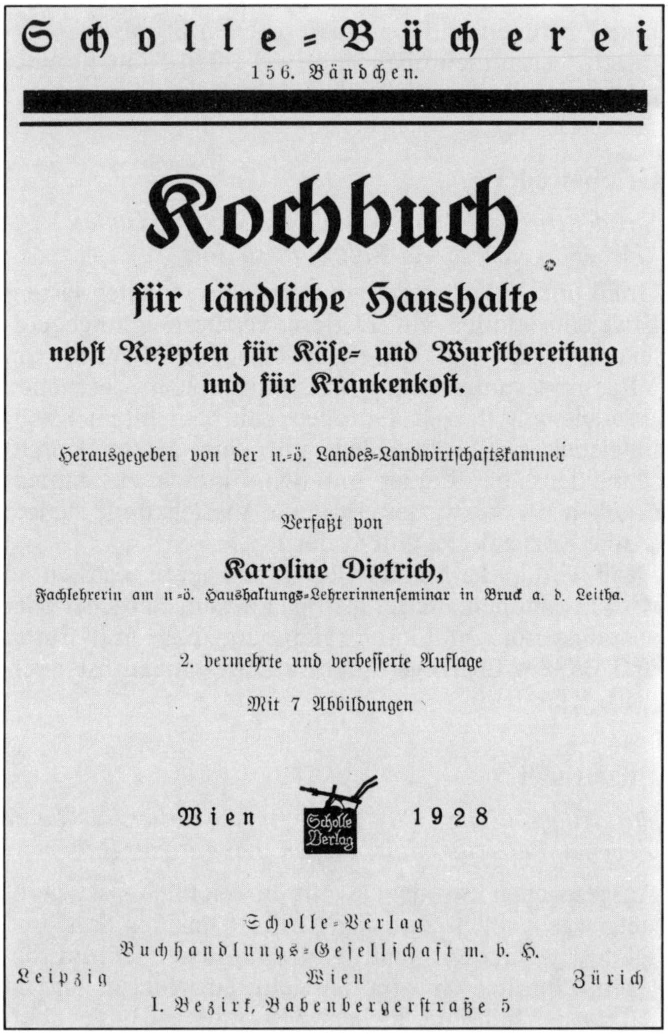
Scholle-Bücherei
156. Bändchen.

Kochbuch
für ländliche Haushalte
nebst Rezepten für Käse- und Wurstbereitung
und für Krankenkost.

Herausgegeben von der n.-ö. Landes-Landwirtschaftskammer

Verfaßt von
Karoline Dietrich,
Fachlehrerin am n.-ö. Haushaltungs-Lehrerinnenseminar in Bruck a. d. Leitha.

2. vermehrte und verbesserte Auflage
Mit 7 Abbildungen

Wien 1928

Scholle-Verlag
Buchhandlungs-Gesellschaft m. b. H.
Leipzig Wien Zürich
I. Bezirk, Babenbergerstraße 5

Die Niederösterreichische Landwirtschaftskammer hat die Verfasserin beauftragt, ein für den Unterricht der Wanderkochkurse geeignetes Kochbuch zu schreiben. Das Quantum der Rezepte ist meistens noch für etwa zehn bis zwölf Personen berechnet!

Ausgezogener Mohnstrudel

Strudelteig: 250 g glattes Weizenmehl, 1 Ei, 1 EL Öl, Salz, Wasser; Fülle: 250 g feingestoßener Mohn, 40 g Zucker, 1 EL Rum, 80 g Brösel, Prise Zimt, $^1/_4$ l Milch, 3 Dotter, 60 g Zucker, 40 g Rosinen, 4 Eiklar, 40 g Zucker; 40 g Butter, $^1/_8$ l kochende Milch, Vanillezucker; Zucker zum Bestreuen

Aus Mehl, Ei, Öl, Prise Salz und lauwarmem Wasser einen Strudelteig bereiten, rasten lassen, ausziehen, füllen und fertigen wie oben. *Fülle:* Feingestoßenen Mohn mit Zucker, Rum, Bröseln und Zimt mischen, mit $^1/_4$ l Milch aufkochen, dann überkühlen lassen. Dotter mit 60 g Zucker schaumig rühren, nach und nach die Mohnmischung und die Rosinen beigeben, überkühlen lassen. Mit 40 g Zucker steifgeschlagenen Schnee darunterheben. Die Strudelteigfläche mit flüssiger Butter beträufeln, Fülle kleinfingerdick auftragen (auf einer Teigseite einen Streifen frei lassen), zusammenrollen, in backpfannenlange Stücke abtrennen (mit Kochlöffel), Ränder zusammendrücken. In eine gut gefettete Backpfanne nebeneinander einlegen, mit zerlassener Butter beträufeln, im heißen Rohr etwa 25 Minuten goldblond backen. Zuletzt die Oberfläche mit $^1/_8$ l kochend heißer, mit Vanillezucker gesüßter Milch übergießen, 15 bis 20 Minuten langsam backen und überzuckern. (Ergibt 10 Portionen.)

Gekochter Mohnstrudel

Ausgezogenen Strudelteig mit Mohnfülle füllen (Mohn mit Wasser aufquellen lassen). Den Strudel in Stücke schneiden, in gesalzenem Wasser gar kochen. (War in der Buckligen Welt als Fastenspeise bekannt.)
Der **Karfreitagsstrudel** aus Kirchberg am Wechsel war ein mit Mohn (oder mit gekochten Kirschen oder Birnen) gefüllter ausgezogener Strudel.

Das Weinviertel, aber auch die Bucklige Welt schätzen den **Traubenstrudel;** in einen Strudelteig aus Mehl, Wasser und Ei, papierdünn ausgezogen, füllt man gedünstete, mit Zucker, Zimt und Ingwer abgeschmeckte frische Weintrauben und läßt den Strudel nachher im Rohr backen.

Strudel gab und gibt es aber auch aus Germteig, so zu Neujahr in Kirchberg am Wechsel, von wo das folgende Rezept stammt:

Nußstrudel

560 g Mehl, 20–30 g Germ, 6 Dotter, 100 g Zucker, 70 g Butter, Prise Salz, Milch; Fülle: 300 g geriebene Nüsse, 200 g Zucker, Milch

Zunächst einen Germteig mit Dampfl bereiten, nach dem Aufgehen etwas auswalken, die Fülle auftragen, zu einem Strudel zusammenrollen, auf befettetem Backblech nochmals gehen lassen, dann im Rohr hellgelb backen. Zur *Fülle* geriebene Nüsse mit Zucker und etwas Milch zu einer streichfähigen Masse verrühren und etwas kochen lassen.
Ähnlich wird ein Nußstrudel den Helfern beim Federnschleißen in Ladendorf bei Mistelbach serviert: Germteig aus 750 g Mehl, 180 g Zucker, 150 g Fett, 1 Ei, 2 Dotter, 30 g Germ, Milch, Prise Salz; zur Fülle vermengt man geriebene Nüsse mit Zucker und Zimt.

„Weinbeerlstrudel"

Strudel-Germteig (wie Nußstrudel); Fülle: 2–3 Semmeln, 80 g Fett, 1 Tasse Weinbeeren (Rosinen), Milch; Butter

Den Strudelteig fein ausziehen. Ein paar Semmeln schneiden, in ziemlich viel Fett rösten, Weinbeeren (Rosinen) beigeben, das Ganze in Milch weichen lassen, dann auftragen, zum Strudel zusammenrollen und in einer mit Butter bestrichenen Rein backen.
Der „Weinbeerlstrudel" durfte früher bei keiner Hochzeit, Taufe, zu Weihnachten oder einem anderen Fest neben dem Gugelhupf, dem Mohn- oder Nußstrudel aus Germteig fehlen (Lembach bei Kirchschlag in der Buckligen Welt).

Reibeisen.

Mohnstrudel

Strudelteig: 500 g griffiges Mehl, 200 g Butter, 100 g Zucker, 20 g Germ, in halber Schale Milch kalt aufgelöst, 2 Dotter; 1 Ei zum Bestreichen; Fülle: 450 g geriebener Mohn, 1/2 l Milch, 100 g Zucker, 60 g Fett, 1 EL Marmelade, 1 EL Rum, 1 EL Honig, Rosinen

Zum „Preßburger kalten Germteig" Germ in kalter Milch auflösen, Dotter dazurühren. Alles mit Mehl, zerlassener Butter, Zucker vermischen und mit der Hand gut abarbeiten. Eine halbe Stunde rasten lassen. Inzwischen die Zutaten der Fülle zu einer streichfähigen Masse verrühren. Dann den Strudelteig gut auswalken, die Fülle auftragen, den Strudel einrollen, mit Ei bestreichen und etwa eine Stunde backen.

Zayataler Mohnstrudel

Strudelteig: 20 g Germ, 1 TL Zucker, lauwarme Milch, 500 g Weizenmehl, 250 g gekochte, feingeriebene Erdäpfel, 2 EL Zucker, Salz; 2 EL Fett; Fülle: 200 g geriebener Mohn, 60 g Zucker, 60 g Rosinen; Butter

Germ mit Zucker in 2 Eßlöffel lauwarmer Milch auflösen, 10 Minuten stehen lassen, dann zum Mehl gießen. Gekochte, feingeriebene Erdäpfel, Zucker und Prise Salz beigeben, unter Zusatz von lauer Milch nach Bedarf zu einem mittelfesten Teig abarbeiten. Zugedeckt eine halbe Stunde gehen lassen. Auf mehlbestreutem Brett rechteckig und schwach bleistiftdick ausrollen, die Fläche mit 2 Eßlöffel zerlassenem Fett beträufeln und geriebenen Mohn, mit Zucker und Rosinen vermischt, aufstreichen. Zusammenrollen, mit der Naht nach unten auf ein gefettetes Backblech legen.

„Zuckerquetsch'n": Bis kurz nach dem Ersten Weltkrieg kaufte man Zucker in Form eines Zuckerhutes. Zum Zerkleinern verwendete man ein „Zuckerhackl" oder so eine kneifzangenähnliche Zange, auf einem Hartholzstück montiert.

Nochmals aufgehen lassen und im heißen Rohr etwa eine Dreiviertelstunde backen. Dabei ab und zu mit Fett bestreichen.
Mohnstrudel, aus Germteig mit Roggenmehl bereitet, und mit einer Fülle aus gestoßenem Mohn, 1 bis 2 geschälten, fein zerstoßenen Äpfeln, Zucker und Zimt, gilt in Riebeis im Waldviertel zu Ostern als Festtagsspeise. In Hadres stellt man für den Heiligen Abend einen Mohnstrudel aus feinem Germteig her; zur Fülle wird gestoßener Mohn mit Zucker, Rum, Rosinen in Milch dick eingekocht. Anstelle einer Mohnfülle wird auch eine ähnliche Nußfülle verwendet. So darf in der Badener Gegend beim Weihnachtsessen der Nußstrudel nicht fehlen (dazu gibt es Kompott aus gedörrten Kletzen und Zwetschken sowie Lebzelten).

Süßenbrunner Schmerstrudel

1. Teig: 350 g Schmer, 160 g Weizenmehl; 2. Teig: 300 g Weizenmehl, Prise Salz, 1 Ei, 2 Dotter, 1/8 l saurer Rahm, 1 EL Rum, ca. 1/8 l Wasser; Marmelade (Preiselbeeren oder Ribisel), Ei zum Bestreichen, Staubzucker

Schmer ist rohes Schweinebauchfett, das enthäutet, geschabt bzw. ausgedrückt oder faschiert wird. Zum 1. Teig Schmer mit dem Mehl glatt kneten, zu einem rechteckigen Ziegel (ca. 2 cm dick) formen. Eine Stunde im Kühlschrank rasten lassen. Zum 2. Teig alle Zutaten zu einem mittelfesten Teig kneten, mit befeuchtetem Tuch zugedeckt etwa eine Stunde rasten lassen. Dann den zweiten Teig auswalken, den ersten Teig darin einschlagen und wie Blätterteig dreimal ausrollen, dreiteilig zusammenlegen und zwischen jedem Bearbeiten eine halbe Stunde kühl rasten lassen. Zuletzt auswalken, mit Marmelade füllen, einrollen, mit Ei bestreichen, etwa eine halbe Stunde backen und überzuckern.

Grammelstrudel

220 g Grammeln, fein zerhackt bzw. faschiert, 400 g Mehl, 1 Ei, 2 Dotter, 120 g Zucker, 1/8 l saurer Rahm, Salz, Milch, 1 Msp. Backpulver; Preiselbeer- oder Ribiselmarmelade; Ei zum Bestreichen

Alle Zutaten zu einem weichen Strudelteig kneten. Eine Stunde kalt rasten lassen, dann auswalken, mit Marmelade bestreichen, einrollen, auf trockenes Backblech legen, mit einer Gabel mehrmals einstechen, mit etwas mit Wasser verdünntem Ei bestreichen und bei mittlerer Hitze etwa eine Dreiviertelstunde backen.

Schmalzgebackenes

Castelli zählt in seinem 1847 erschienenen „Wörterbuch der Mundart in Österreich unter der Enns“ unter dem Stichwort „Grapf'n“ („ein eigenes rundförmiges, im Schmalz zubereitetes Gebäck“) eine Reihe von Krapfen auf: „Schmalzgrapf'n, Budagrapf'n, Brig'lgrapf'n, Schbritzgrapf'n, Nunnagrapf'l, Schlickgrapf'l, Mand'lgrapf'l, Schokoladigrapf'l u. s. w.“; im „Bewährten wohl-eingerichteten Koch-Buch“ des „Adelichen Land- und Feld-Lebens“ von Wolf Helmhard Hohberg, 1715/16, stehen im „Cap. XV. Vielerley Gebachenes“ u. a. „Milch-Küchlein, Brühte Küchlein, Schwäbische Küchlein, Schart-Küchlein, Bixen-Küchlein, Sack-, Spritzen-, Galanterie-, Heffen-, Gequollene, Kugelte, Model-, Waffel-, Zerr-Küchlein (oder gebachene Nudeln)... Krumme Strauben, Schnee-Ballen, Gebachenes, so man den faulen Heintzen nennet, Ein geschärfft Haupt, Bad-Hütlein, Hirsch-Geweih, Aufgelauffene Thierlein, Aufgelauffene Laiblein, Haasen-Oehrlein, Vom Taig gebachene Mandeln, Rosen, Bienkörblein und Stritzelein, Marck-Krapfen, Nonnen-Kräpfflein, Spiß- und Prügel-Kuchen, Holder oder Hollunder zu bachen, Aepffel-Strauben.“ Seither ist das Küchel- bzw. Krapfen-Repertoire gegenüber dieser barocken Vielfalt und Fülle sichtlich verarmt, heute begnügt man sich hauptsächlich mit Faschingskrapfen, Bauernkrapfen und Strauben sowie gebakkenem Holler.

In den östlichen Teilen Österreichs haben allerdings die in Schmalz gebackenen Krapfen und andere Schmalzgebäcke nicht die gleich große Bedeutung wie in den westlichen und alpinen Ländern; in Niederösterreich treten an ihre Stelle mehr die Strudel- und Nudelgerichte (so wie das Kletzenbrot hier eher durch die Strudelgebäcke ersetzt wird).

Aber auch in Niederösterreich gibt es die Schmalzgebäcke aus den verschiedenen Teigen, vorwiegend aus Germ- und Brandteig, ebenso aus Blätterteig und aus Mürbteig bzw. Rahmmürbteig. Neben der allgemeinen Bezeichnung „Krapfen“ findet man viele spezielle Ausdrücke wie Butterkrapfen (meist aus Mürbteig), Schmalzkrapfen (aus Brandteig), Schmer- und Filzkrapfen (betont den besonderen Bestandteil Schmer oder Filz), Glaskrapfen (nach der Art der Herstellung), Spritz- und Schnur- (auch Schnürl-)Krapfen (ebenfalls nach der Art der Herstellung), die in Niederösterreich auch „Band(e)lkrapfen“, anderswo „Spagatkrapfen“ heißen. Für die „Spritzkrapfen“ benötigt man eine Spritze („Straubenspritze“), für die gewöhnlichen Strauben einen „Straubentrichter“; in Karlstein an der Thaya gab es zu Weihnachten gebackene Strauben; in einem Hausinventar des 17. Jahrhunderts aus dem Waldviertel bezeichnet man den heutigen Nudelwalker noch als „Krapfenwalcher“. Zu den Germkrapfen gehören die „gebackenen Knödel“ des Voralpenlandes (hier auch „das“ gebackene Knödel), die sich nur dem Namen nach von den „ausgezogenen Krapfen“, Bauernkrapfen oder „bayerischen Kücheln“ unterscheiden, während die „Krapfen“ genannten Stücke dort etwas in die Länge gezogen sind. (Dazu gehören auch die „gebackenen Mäuse“.) Gegessen werden die Krapfen mit saurer oder süßer Zuspeise, also zu Sauerkraut, Beuschel, Bohnensuppe, eingebrannten Bohnen oder mit Milch, Kompott oder einem „Hollermandl“; Backtermine sind vor allem Weihnachten, Neujahr, Fasching, Ostern, Sonnwend, Schnitt- und Erntezeit, Druschzeit, Hochzeit und selbst ein Leichenschmaus (zum Frühstück im Trauerhaus für die Gäste von weither). Beim Streumähen wurde in einen Krapfen gern ein Blümlein eingebacken, wer diesen erwischte, hat besonders Glück zu erwarten (um Amstetten). Manchmal werden Weinbeeren in den Teig gemengt, oder man gibt ein „Batzl“ Marmelade in die Teigkugel und bäckt sie rund wie die Faschingskrapfen („Germraunken“). Im Ötscherland gab es, wie schon erwähnt, bei festlichen Gelegenheiten „gebackene Knödel“, das sind langgezogene, große Krapfen, sodann „Schiffeln, Schwämme aus gleichem Teig“, wie M. A. Becker 1859 zu berichten weiß. Besonders in den Gebieten der „Körndlbauern“ schätzte man zu Festtagen und nach getaner Gemeinschaftsarbeit Schmalzgebackenes. Vor allem nach beendeter Drescharbeit gab der Bauer seinen Hausleuten ein Festmahl, „Tenndlboß“ („boßen“ heißt soviel wie schlagen, dreschen, mit der Drischel auf der Tenne Getreide schlagen), „Stadelhenne“, „Dreschhahn“ (seltener „Drescherball“ oder „Maschin'tanz“) genannt.

Damit die Bäuerin ja rechtzeitig an das Krapfenbacken dachte, schob man unter die letzte Garbenlage auf der

Tenne Holzprügel („Krapfaholz“), um sie durch das ausgiebige Gepolter an ihre Pflicht zu mahnen. Dann versuchte einer der Drescher, meist die „Stadlhenne“ (so heißt jener Drescher, der den letzten Drischlschlag getan hatte), in Weibertracht gekleidet, unbemerkt in die Küche zu gelangen, das „Krapfaholz“ auf den Herd zu legen, es anzuzünden und sich aus dem Staub zu machen, nicht ohne laut zu rufen (so in Landersdorf, Bezirk Krems):

„Das Krapfaholz, das liegt am Herd,
d' Frau wird wissen, was den Dreschern g'hert,
a Reiter voll Krapfa, a Plutzer voll Wein,
da können die Drescher brav lusti' sein.“

Oft aber wartet schon die Bäuerin hinter der Küchentür mit einem Sechter voll Wasser auf den Drescher, der dann den vollen Kübel abbekam. Dieser wieder zog nicht selten ein Festtagskleid der Bäuerin an (wenn er dessen habhaft werden konnte), um sich dagegen abzusichern.

In der Lilienfelder Gegend bekam der letzte Drescher eine „Nageltasche“, einen besonders großen Krapfen. Der Dichter Norbert Pambichler (1716–1768) schildert in seinem Singspiel „Der Tendelbaß“ so ein Fest und läßt darin die Magd Rosel eine Reihe von Festtagsspeisen aufzählen. Als später die Lohndrescher kamen, war das abschließende Mahl kein privates Hausfest mehr, sondern eine Bewirtung. Gab es früher zwei Druschterminregeln – ausgedroschen mußte bis Weihnachten oder bis Maria Lichtmeß sein! (und mit Recht hieß es: „Fasching war, wenn ausgedroschen war!“) –, so ist durch die Technisierung diese Regel längst aufgehoben, und als Folge davon wurde wieder einmal ein Eßbrauch – nicht mehr ge-braucht!

Auch andere Gemeinschaftsarbeiten wurden meist mit einem Festmahl abgeschlossen, so das Lesen („Leshahn“ oder „Lesgans“), die Ernte („Arnthahn“), das Entblättern des Maises („Bletschhahn“), die Rübenernte („Rübenhahn“) und das Federnschleißen („Federlhahn“), wobei nicht unbedingt ein Geflügel auf dem Speiseplan stehen mußte. Wichtig waren (Schmalzkoch und) vor allem die Krapfen.

Im westlichen Landesteil Niederösterreichs mit seinen Einzelhöfen feierte man den „Afexentag“ (so in Göstling; von „fechsen“ = ernten), und man erinnert sich noch heute an die dabei üblichen sieben verschiedenen „gebackenen Knödel“.

Christian Erhardt (Stich von Emanuel Eichel), „Der Ackerbau“.

Im Weinviertel und im Wiener Becken kennt man – vor allem in der Nachbarschaft Wiens – die Faschingskrapfen. Krapfen, die in dieser Zeit übriggeblieben waren, wurden vielfach im „Fleischhimmel“ aufgehängt und erst am Ostersonntag zerrieben und als Suppeneinlage verwendet.

Krapfen hat man zu Bauernhochzeiten gebacken und den Gästen aus weither zum Frühstück im Hochzeitshaus serviert. Im Mostviertel und in der Eisenwurzen fand dieses Frühstück fast ausnahmslos getrennt für die Verwandten der Braut und des Bräutigams statt. Um Wiener Neustadt (Schlatten) war beim Hochzeitszug zur Kirche ausnahmsweise auch die Brautmutter dabei und warf aus einem mitgeführten „Krapfenkörbl“ Krapfen unter die Zuschauer. Beliebt waren und sind auch die „gebackenen Mäuse“, man benötigte dazu etwas weniger Fett, daher waren diese „Mäuse“ vorwiegend Festtagsspeise auch für ärmere Leute. Mit einem Fingerhut ausgestochene Germteigkügelchen, in Schmalz gebacken, werden gezuckert und mit gewürztem Glühwein übergossen **(„Fingerhütl“).** Im nördlichen Grenzgebiet Niederösterreichs warteten einander besuchende Bäuerinnen an Festtags-Nachmittagen gern diese „Leckerei“ auf. In alten handgeschriebenen Kochbüchern findet man die **„Hasenöhrl“** oder

„Saumoasn“ (Rezept siehe Seite 157). ▷ „Dämpfsuppe“ – Paprikasch (Rezept siehe Seite 27). ▷▷

Herrn von Hohbergs
GEORGICA CURIOSA
AUCTA.
Oder:
Adelichen Land- und Feld-Lebens
Auf alle in Teutschland übliche Land- und Haus-Wirthschafften / in Zwölff Büchern wohleingericht-
Neuerfundener
Dritter Theil /
In welchem / gantz besondere zu diesem Zweck / sehr curiose Materien / deren man sich / mit grossem Nutzen / und seiner Vergnügung bedienen kan / enthalten; auch was / bevorab in den beeden Theilen / kurtz oder gar nicht berührt / nunmehro vollständig / deutlich / und aufs accurateste elaborirt; Nebenst allerhand raren Erfindungen und Experimentis, auch mit möglichstem Fleiß ausgeführet worden.
Deme zum Beschluß / Ein bewährtes / meistens aus eigener Erfahrenheit / und unterschiedlich-practicirten Manuscriptis, wohleingericht-sehr nutzliches Koch-Buch beygefüget ist.
Alles / mit hierzu behörigen vollkommenen Registern / auch dienlichen Kupffern bestens versehen.
Cum Gratia & Privilegio Sacræ Cæsareæ & Catholicæ Majestatis.

Nürnberg / In Verlegung Martin Endters.
Im Jahr Christi 1715.

Wolf Helmhard von Hohberg (1612–1688) stammte aus Oberthumeritz, NÖ., war Mitglied der „Fruchtbringenden Gesellschaft" und wanderte als Protestant nach Regensburg aus.

◁ Schlachtplatte (Rezept siehe Seite 158). ◁◁ Tiroler Gröstl (Rezept siehe Seite 457).

„Polsterzipf", auch „Schifferl" genannt; man verwendet dazu häufig keinen Germteig, sondern einen Mürbteig (400 g Mehl, 1 Löffel Schmalz, 3 Dotter, Salz, Milch oder Sauerrahm). Im Waldviertel bereitet man Hasenöhrl aus einem Teig von Mehl, weichem Topfen, Ei, Prise Salz und Milch. In der Gegend um Lunz am See drückt man die zwei stumpfen Enden der rautenförmigen Teigstücke zur Mitte hin zusammen, dadurch erhält man die Form von kleinen Schiffchen (**„Schifferl"**); sie sind ein Festgericht zum Getreide- und Heuschnitt. Aus Mürbteig bereitete „Polsterzipf" oder „Hasenöhrl" füllt man auch mit einer beliebigen Marmelade.

„Hirschhörner"

100 g Butter (Margarine), 80 g Zucker, 1/4 l saurer Rahm, 100 g Maizena, 400 g glattes Weizenmehl, 1 Backpulver, Salz

Alle Zutaten zusammenkneten, rasten lassen, zu fingerdicken Röllchen drehen, in 5 bis 6 cm lange Stücke schneiden, am oberen Rand zwei-, dreimal einzwicken, den Rand entlang mehrmals etwas einschneiden. In heißem Fett schwimmend backen, herausheben, abtropfen lassen. Heiß anzuckern. (Sophie Gaß, Drösing)

„Schneeballen", „Rosenkrapfen", „Zimtstutzerln"

250 g griffiges Mehl, 6 Dotter, 2 EL saurer Rahm, 2 EL Rum, Prise Salz; Eiklar, Backfett, Zucker, Marmelade

Mehl auf ein Küchenbrett sieben, leicht salzen, Dotter daraufschlagen, mit Sauerrahm und Rum (oder etwas Weißwein) einen Teig abarbeiten (etwas weicher als einen Nudelteig), eine halbe Stunde kühl rasten lassen, dann dünn auswalken und die entsprechenden Gebäcksformen daraus bereiten:

„Rosenkrapfen": Rosenblätter ausstechen, verschieden groß, fünfmal einradeln oder ausstechen, mit Eiklar zusammenkleben wie Rosenblätter und in heißem Schmalz herausbacken, herausheben, anzuckern, mit hellroter Marmelade innen füllen. Diese Rosenkrapfen waren im Wiener Becken besonders als Hochzeitsgebäck gebräuchlich. (Deutsch Haslau, Rothneusiedl)

Für **„Zimtstutzerln"** benötigt man Teigflecken von 10 × 9 cm, für **„Schneeballen"** Flecken von 10 × 11 cm, die man fingerbreit vier- bis sechsmal einschneidet, ohne dabei den Rand durchzuschneiden. Die Teigstreifen abwechselnd mit dem Kochlöffel auffädeln, übereinanderziehen und in heißem Fett schwimmend herausbacken. Abtropfen lassen, anzuckern. Die „Schneeballen" werden gegendweise auch **„Maulkörbe"** genannt. Die Anzahl der Eier richtet sich hauptsächlich nach der Beschaffenheit des Mehls.

Ähnlich wie die Schneeballen sind auch die **„Branntweinschartel"** in der Buckligen Welt zuzubereiten, nur werden die eingeschnittenen Teigstreifen nicht auf dem Kochlöffel aufgefädelt, sondern untereinander verschlungen. Vor dem Servieren werden sie mit gezukkertem, wasserverdünntem Zwetschkenschnaps übergossen.

Aus dem gleichen Mürbteig, dem man nur etwas gestoßenen Anis beigibt, bereitet man **„Hobelspäne":** Teig messerrückendick auswalken, in fingerbreite, spannenlange Streifen radeln, je einen Teigstreifen um den hölzernen Kochlöffelstiel drehen (vom Stielende gegen die Schaufel hin), in heißes Schmalz halten und so backen. Dann vorsichtig vom Kochlöffel schieben, überzukkern.

Im nördlichen Niederösterreich sind mancherorts noch die **Spieß-** und **Prügelkrapfen** oder **-kuchen,** auch **Prügelstutzen** oder **Baumkuchen** genannt, in Erinnerung (wie in anderen Bundesländern auch). Die Forscher stellen mit Recht fest, daß diese Prügelkrapfen aus der Schloßküche stammen, also Erbstücke aus den großen Schloßküchen mit ihren entsprechenden Drehvorrichtungen sind und im bäuerlichen Lebenskreis zu den großen Hochzeitsgebäcken zählten (und bis weit nach

Irdener Häfen.

Ungarn hinein üblich waren). Der **„Aufg'ossene"**, wie man ihn im Weinviertel auch nennt, besteht aus Teigschichten, die bei offenem Feuer auf einen drehbaren Holzprügel gegossen und gleichzeitig schichtweise gebacken werden. Hedwig Hofbauer aus Neupölla/Ramsau verwendet zu ihrem Prügelkrapfen einen Teig aus 45 Eiern, 800 g Zucker, 800 g Stärkemehl und Schnee von 45 Klar (nach einer Mitteilung von Frau Dr. Schlager, Linz). (In der Villacher Gegend waren die Prügelkrapfen um die Jahrhundertwende noch *das* Hochzeitsgebäck.)

Schmerkrapfen

560 g Schmer, 960 g Mehl, 4 Dotter, 3 EL saurer Rahm, Obers oder Milch, Rum, Salz, Wein oder Essig

Schmer von den Häuten befreien, fein hacken oder faschieren, mit einem Viertel des Mehls zu einem Laib verarbeiten, eine halbe Stunde kalt rasten lassen. Aus dem restlichen Mehl, Rahm, Dotter, Salz und notwendiger Flüssigkeit einen weichen Strudelteig kneten. Beide Teige gleich groß auswalken, aufeinanderlegen und nach Art des Blätterteiges (Butterteiges) vier- bis fünfmal hintereinander durchschlagen und dazwischen immer eine halbe Stunde kühl rasten lassen. Dann messerrückendick ausrollen und mit einem Schnürkrapfenmodel Schnür- oder Spagatkrapfen in heißem Backschmalz backen. (Weinviertel)

Ein anderes Schmalzgebäck ist nur dem Namen nach überliefert, und zwar aus einer Sage: Die berchtenartige Spinnfrau, als Frau im blauen Mantel verkleidet, hat eine allzu spinneifrige Magd, die in der Dreikönigsnacht von Kleinnonndorf nach Pfaffendorf zum Spinnen gehen wollte, angehalten und gesagt: „Dein Glück, daß du heute ‚Hahnaflecken' gegessen hast . . ., sonst hätte ich dir jetzt den Bauch aufgerissen! "

Erdäpfelkrapfen

800 g Mehl, 400 g Erdäpfel, 100 g Germ, 100 g Zucker, 100 g Fett, $^1/_8$ l Milch, 2 Eier, Prise Salz

Erdäpfel kochen, schälen und passieren. Aus Germ, lauwarmer Milch und Zucker ein Dampfl bereiten, gehen lassen, in das aufgegangene Dampfl die übrigen Zutaten einarbeiten. Dann den Teig etwa $^1/_2$ cm dick auswalken, Krapfen ausstechen, gehen lassen und in mittelheißem Fett herausbacken. (Maria Puchner, Prein an der Rax)

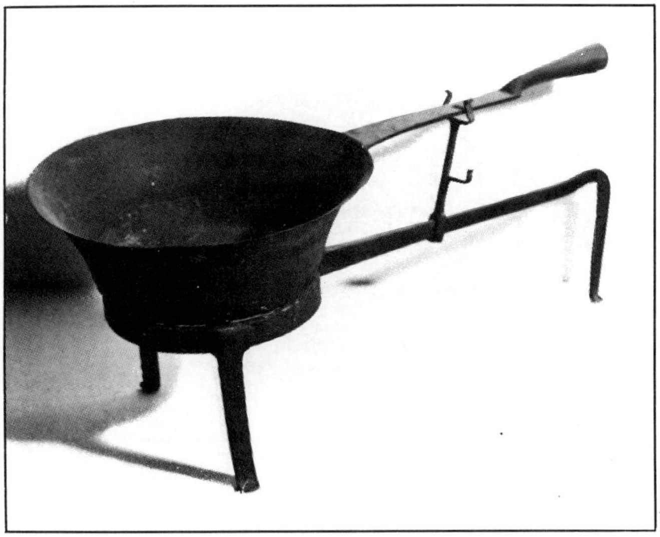

Eisenpfanne mit Stiel auf Dreifuß.

Solche Erdäpfelkrapfen sind im oberen Waldviertel am Kirchweihtag zum Frühstück und zur Nachmittagsjause gebacken worden; man hat zusätzlich auf die gebackenen Krapferln etwas Marmelade gestrichen.

In Hausinventaren von Waldviertler Bauernhäusern aus dem 17. Jahrhundert ist wiederholt ein „Straubenträchterl" angeführt, ein kleiner blecherner Trichter, durch den man Straubenteig ins heiße Schmalz laufen läßt. Die „Trachter-" oder „Leierstrauben" werden wie die Krapfen an Festtagen gebacken. Im nördlichen Weinviertel buk man zum „Kindlmahl" als Nachtisch Spritzstrauben bzw. -krapfen, ebenso zum „Schnitthahn", und servierte dazu Sauerkraut (oder Himbeersaft). Im Mostviertel sind üppige **„Rahmstrauben"** (anstelle von Milch nimmt man Süßrahm-Obers) als Kirchtags- und Erntedankfestspeise bekannt, ebenso Butter- und „Schnürlkrapfen"; im Waldviertel verwendet man sie auch als Suppeneinlage für die Wöchnerin oder bei einem Hochzeitsmahl (Großrußbach). Anstelle von Germteig nimmt man oft auch einen „Pfnotter" oder Brandteig ($^1/_2$ l Milch, Prise Salz, Butter, $^1/_8$ l Wasser, ca. 500 g Mehl, 3 Eier, 5 Dotter); der Teig wird mit einer Spritze mit sternförmiger Tülle in etwa spannenlangen Stücken ins heiße Fett gedrückt und auf beiden Seiten goldgelb gebacken (Stefanie Deisl, Göttsbach bei Ybbs). „Pfnotter" (Weinviertel) heißt er, weil der Brandteig sich zu einem Knollen formt und dabei „pfnottert".

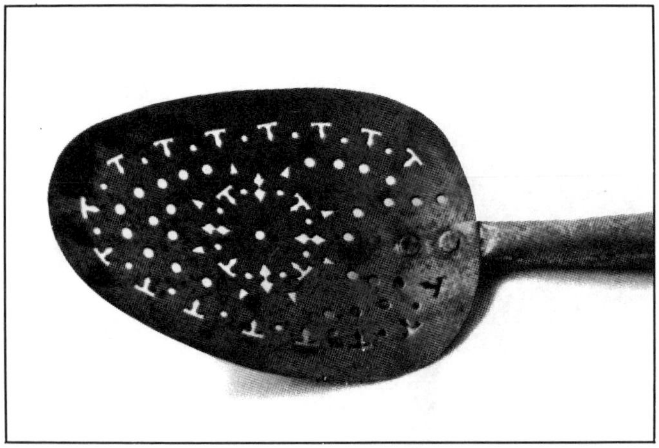

Schmalzausstecher bzw. Backschaufel.

Als Brauchtumsgebäck bekannt sind wie im Oberösterreichischen auch hier die „Hollerstrauben“ („Hollerkücheln“, gebackene Holunderblüten), besonders zur Sonnwendzeit; auch andere Blüten, Blätter und Wurzeln (Akazienblüten, Rosenblüten, Weinblätter, Löwenzahnblätter, Brennessel, Sauerampfer, Schwarzwurzel, Sellerie) werden auf diese Weise gebacken. Im Waldviertel glaubte man, daß das Essen der am Johannisabend gebackenen Holunderdolden das ganze Jahr über jede Kolik verhindern könne.

Schöberln

150 g Mehl, $^1/_4$ l Milch, 2–4 Eier, 1 Dotter, Zucker, Prise Salz, Backschmalz

Aus Mehl, Milch, Prise Salz, Eiern und etwas Zucker einen dickflüssigen Palatschinkenteig rühren. In einer eigenen eisernen, halbkugelförmigen Schöberlpfanne (früher gab es irdene, glasierte Schöberlpfannen auf drei Füßen) zwei, drei Finger hoch Fett heiß werden lassen, dann den Teig portionsweise aus dem Schnabelhäferl kleinfingerdick in zusammenhängenden Spiralen in die Vertiefung gießen. Sobald die Unterseite braun gebacken ist, umdrehen und wieder etwas Teig auf die gleiche Art daraufgießen. Diesen Vorgang mehrmals wiederholen, bis eine Teigkugel etwa 10 cm im Durchmesser hat. Gut abtropfen lassen, teilen, anzuckern und mit Kompott oder ungezuckert mit Salat servieren. (Nach Frau M. Gerhart)

Zur Zeit der Heumahd wurden diese Schöberln den Mähern zum Kaffee als Frühstück aufgetragen. Nimmt man anstatt Milch frisches Blut, erhält man **„Blutschöberln“**.

Neben **„Apfelradln“** (gebackene Apfelspalten) und **„Schlosserbuben“** gibt es in der niederösterreichischen Küche die **„zoderten“ Pofesen („Kindstauf-Pofesen)“:** die gefüllten Brotschnitten werden zuerst in gezuckerten Most oder Wein getaucht, dann in einen Schmarrenteig aus vielen Eiern und wenig Mehl, und in heißem Fett herausgebacken, sowie **Germpofesen,** wobei Brotschnitten, mit Powidl gefüllt, vor dem Backen in einen Germbackteig (100 g Mehl, 10 g aufgelöste Germ, Prise Salz, 2 Dotter, etwas Milch, Zucker, Schnee von 2 Eiklar) getaucht werden.

„Türkenpolster“

160 g Mehl, 80 g Butter, 1 Päckchen Vanillezucker, Salz, 2 EL Rum, 1 Ei, 1 Dotter; Marmelade; Ausbackfett

Aus Mehl, Butter, Vanillezucker, Salz, Rum, Ei, Dotter einen glatten Mürbteig kneten. Eine halbe Stunde kalt stellen, dann messerrückendick auswalken, runde Scheiben ausstechen, mit Marmelade bestreichen, zu einem Halbmond zusammenschlagen und am Rand zusammendrücken. In heißem Fett herausbacken und anzuckern. Heiß oder kalt servieren.

Mohnnüßchen

500 g Mehl, 3 Dotter, 40 g Germ, 20 g Fett, 40 g Zucker, 1 EL Rum, geriebene Zitronenschale, Prise Salz, Milch; geriebener Mohn, Butter, Zucker

Aus Dampfl und den übrigen Zutaten einen mittelweichen Germteig bereiten, rasten lassen, dann mit einem fetten Löffel nußgroße Kügelchen ausstechen und diese in heißem Fett schwimmend backen. Geriebenen Mohn in heißer Butter und mit Zucker dünsten lassen, die gebackenen Nüßchen darin wälzen. Heiß servieren.

Backwerk

Neben überlieferten Gebäcksspenden und -stiftungen gab es bäuerliche Festspeisen, die nur fallweise bekannt wurden, wenn beispielsweise daraus die städtische Form einer Mehlspeise wurde (wie bei den Krapfen). Die schon erwähnten „Hollerstrauben" dagegen sind eine rein bäuerliche Kost geblieben. Im Gegensatz zu den Alpenländern, wo die Krapfen ein Hauptfesttagsgebäck wurden, hat sich im Osten von Österreich festliches Backwerk entwickelt, das hauptsächlich im Backofen bzw. im Backrohr des Küchenherdes gebacken wird (im Haus oder beim Bäcker).

Dieses Backwerk wurde zunächst aus dunklem, grobgemahlenem Roggenmehl, später aus Weizenmehl hergestellt. Es konnte verbessert werden, wenn man die Gebäcke als Teighüllspeisen gestaltete und dazu eine eigene Fülle bereitete, deren Zutaten wieder von landeseigenen Produkten stammten, wie die Fruchtfüllen im Backteig für das Kletzenbrot sowie Samenarten (Mohn) oder Nüsse. In den Klöstern hat man immer schon bestes weißes Weizenmehl zum Backen verwendet. Noch im 16. Jahrhundert bestätigen die jährlichen Abrechnungen des Pfarrers der Wachauer Pfarre Spitz, daß in seinem Pfarrhof viel und gut gebacken wurde, denn für Backwerk kaufte der Pfarrer sehr oft Semmelmehl, „Milchraum" (Rahm, Obers) und Gewürze wie Muskatblüte, Mandelkerne, Safran, „Imber" (Ingwer), Zimtröhren, „Nägel" (Gewürznelken), Feigen und „Weimperl" (Weinbeeren); auch Reis scheint einige Male auf.

Aus den auf dem Herd gebackenen „Flecken" (siehe Seite 210) entwickelten sich, sobald man auch im Backrohr backen konnte, neue Gebäcksformen und Arten, wie Wecken, Striezel, Beugel, Strudel, Brezel (nur „Brezel" ist ein Lehnwort aus dem Lateinischen, alle anderen Gebäcksnamen sind indogermanischen Ursprungs). Die Teighüllspeisen (Striezel, Kipferln, Kletzen-, Früchtenbrot) kamen vermutlich noch im Laufe des Mittelalters zu der neueren Gruppe der mit süßen Füllen hergestellten Festgebäcke. Ziemlich gleichzeitig dürften nach Leopold Schmidt auch die Füllungen mit Mohn und mit Nüssen üblich geworden sein. Mit Honig gesüßt, war dies zweifellos ein erster Höhepunkt der Kochkunst in und auf dem Lande.

Vermutlich haben schon die Römer hierzulande Nußbäume gepflegt; es gibt viele Flur- und Ortsnamen nach Nußbäumen, wie Nußau, Nußbichl, Nußdorf, Nußberg, Nussendorf, Nußleiten, Nußöd, Nußbaum bei St. Georgen an der Leys, Nußbaum bei Neuhofen an der Ybbs, Krummnußbaum, Nußdorf ob der Traisen – alles Siedlungen, die schon im 11., 13. und 14. Jahrhundert bezeugt sind. Der Martinstag mit dem Martinshörndl dürfte der erste Termin für das „Nußbossen" (das Herunterschlagen der Nüsse vom Baum) gewesen sein. „Martinshörndl" war auch der Name für ein Doppelkipfel (vom Bockshörndlbrot weiß man nicht mehr viel). In den Weihnachtstagen versuchte man den Nüssen Orakel zu entlocken. Zu Silvester soll jeder zwölf Nüsse essen; man darf die Nüsse nie mit einem Tritt öffnen, sondern nur mit den Händen, um das „Nußkreuz" nicht zu zerstören. Die gemahlenen und gesüßten Füllen (aus Nüssen, Mohn, Kletzen, Zwetschken usw.) wanderten in die Kipfel und Beugel, später auch in die gebackenen Strudel, Kuchen und Knödel. In der weiteren Entwicklung bestätigt sich diese „Wanderung": alle die Striezel, Kranzgebäcke, Beugel, Kipferln, Strudel usw., einst typische Festtagsgebäcke des Jahres- und Lebensbrauchtums, sind heute Alltags-Nachspeisen geworden, nur wenige sind noch ausschließlich Festtagsgebäcke. Aber derzeit ist auch bereits die Nuß- und Mohnfülle gegenüber der jüngeren Apfel- und Topfenfülle im Rückgang.

Buchteln

40 g Germ, 1/8 l Milch, 1000 g Weizenmehl, 150 g Butter, 150 g Zucker, 1/2 Zitrone, Muskatblüte, 1 TL Salz, 3 Eidotter, 2 Erdäpfel, Milch, Powidl oder Marillenmarmelade, Butter

Germ mit 1/8 l lauwarmer Milch und 20 g Zucker auflösen, etwas Mehl einrühren und mit Mehl das „Dampfl" dicht bestäuben. Gehen lassen, bis die Oberfläche Sprünge zeigt. Dann mit restlichem Mehl, zerlassener Butter, Zucker, Saft und feingeriebener Schale einer halben Zitrone, Muskatblüte, Salz, Dotter, gekochten, geriebenen Erdäpfeln und lauwarmer Milch vermengen, zu glattem, festem Teig kneten, der sich von den Händen lösen muß. Ca. eine halbe Stunde zugedeckt warm gehen lassen. Auf bemehltem Brett aus-

Der Einfluß der böhmischen Küche auf die österreichische Küche ist durch das ganze 18. und 19. Jahrhundert zu vermerken. Böhmische Köchinnen standen in vielen Wiener Bürgerhäusern in Diensten, ihre „Mehlspeisprodukte" wurden sprichwörtlich und in vielen Liedern besungen. Als ihre besonderen Spezialitäten galten Mehlspeisen aus Germ- und aus Erdäpfelteigen, mit denen sie das Repertoire der „Wiener Küche" wesentlich bereichert haben. Kochbücher böhmischer Köchinnen erlebten im 19. Jahrhundert ebenfalls viele Auflagen.

rollen, in eine kinderarmdicke Rolle wälzen, in 32 gleich große Stücke schneiden, diese Teile mit der Hand flach auseinanderdrücken, in die Mitte nußgroße Portionen Powidl oder feste Marillenmarmelade setzen, wie kleine Pakete zusammenschließen. Stück für Stück in zerlassene Butter tauchen, in eine gefettete Pfanne mit der glatten Seite nach oben schlichten. Zugedeckt um die Hälfte höher aufgehen lassen, dann in mittelheißem, von Anfang an geschlossen gehaltenem Backrohr eine Dreiviertelstunde goldbraun backen. (Bis ein Nadeleinstich rein bleibt.) Auf ein Brett stürzen, umdrehen und mit Zucker bestreuen.

Die Buchteln können auch mit einer **„Böhmischen Buchtelfülle"** gefüllt werden: 500 g Dörrbirnen, 250 g Powidl, Zucker, Rum, feingeriebene Zitronenschale, Zimt; Dörrbirnen („Kletzen") mit so viel Wasser aufsetzen, daß man sie gerade weich kochen kann. Sud abseihen, die Früchte fein hacken oder faschieren (Stiele und holzige Teile zuvor entfernen), mit Powidl, Zucker, Spritzer Rum, Zitronenschale und Zimt verrühren. Falls zu fest, mit Birnenkochwasser abmischen. (Außer Buchteln füllt man mit dieser böhmischen Fülle auch Strudel, Streuselkuchen u. a. m.) Ungefüllt und ungezuckert hat man die Buchteln im Weinviertel mit eingebrannten Bohnen als Fastenspeise gegessen.

„A Gugelhupf, Baudexen und a noh dazui a Scherzl weiß Brot", wünscht sich Josef Misson in „Da Naz", 1850.

Die **„Baudexe"** ist eine Art Buchtel und wird heute meist **„Wuchtel"** genannt. Die Mehlspeise ist im nördlichen Weinviertel, in Südmähren und -böhmen, vereinzelt auch im nördlichen Waldviertel und in Wien verbreitet (die Verbreitung weist auf tschechische Herkunft hin). Sie wurde ursprünglich aus Brotteig bereitet, mit Mohn oder Marmelade gefüllt und im Backofen gebacken, wird aber heute meist aus einem Buchtel-Germteig (siehe vorhergehendes Rezept) gemacht und im Backrohr gebacken. Den Germteig auswalken, mit lauwarmer *Mohnfülle* (250 bis 300 g gestoßener Mohn, 4 EL Honig, etwas heiße Milch, Zimt, Rosinen, geriebene Zitronenschale, eventuell etwas Semmelbrösel) bestreichen, wie einen Strudel zusammenrollen, in 10 bis 15 cm lange Stücke schneiden (die Enden wieder gut verschließen), in eine befettete Pfanne dicht nebeneinander und mit flüssigem Schmalz bestrichen einschlichten. Zugedeckt gehen lassen, dann im Rohr backen. Aus Wultendorf überliefert Elfi Maier in ihrem „Niederösterreich Kochbuch" (1979) folgendes Baudexen-Rezept: 100 g gekochte Erdäpfel, Dampfl (aus 3 EL lauwarmer Milch, 1 EL Zucker, 30 g Germ, etwas Mehl), Prise Salz, 2 Eier, 2 EL Schmalz, Mehl nach Bedarf; zur Fülle feingehackte Grammeln, mit etwas Grieß gefestigt. Ignaz Castelli definiert die „Baudexen" als „eine Gattung Mehlspeise, mit Zwetschken gefüllt". Im übertragenen Sinn bedeutet „Baudaxl" ein kleiner, dicker Mensch.

„Bukanzi"

400 g Mehl, 1 EL Zucker, 20 g Germ, $^1/_8$ l Milch, 50 g Butter, 3 Dotter, Marmelade, Honig, gestoßener Mohn

Aus den Zutaten einen Germteig (wie bei Buchteln) bereiten, walnußgroße Buchteln ausstechen, gehen lassen und mit Marmelade füllen. Wie die Buchteln backen. Erkalten lassen und bergartig in eine Schüssel schichten. Mit Honig übergießen, mit gestoßenem Mohn bestreuen. Diese Weihnachtsspeise der Slowaken an der March war auch in den angrenzenden Gebieten Niederösterreichs beliebt.

Kolatschen

500 g Mehl, 100 g Butter, 80 g Zucker, 1/4 l Milch, 30 g Germ, Vanillezucker, 3 Dotter, geriebene Zitronenschale; Fett für das Blech, Fülle nach Belieben (Mohn-, Nuß-, Topfenfülle, Marmelade, Powidl, Apfelmus, entsteinte Weichseln, Zwetschken usw.), 1 Ei

Germteig bereiten (wie bei Buchteln angegeben), nach dem Aufgehen messerrückendick ausrollen, in Quadrate (ca. 12 × 12 cm) schneiden, in die Mitte je einen gehäuften Teelöffel oder Eßlöffel voll Fülle setzen, die vier mit verklopftem Ei bestrichenen Teigecken zur Mitte hin übereinanderschlagen, in der Mitte zusammendrücken. Auf schwach gefettetem Blech zugedeckt gehen lassen, dann mit dem mit wenig Wasser verklopften Ei bestreichen, im mittelheißen Rohr backen.
Kolatschen, die aus Böhmen stammen, werden auch aus Plunder- und Blätterteig gemacht.
Aus den gleichen Teigen macht man die **Mährischen Kolatschen:** Den ausgewalkten Teig in Stücke schneiden, daraus kleine, runde Kräpfchen formen, mit Powidl oder Mohnfülle bestreichen. Die Teigenden über die Fülle zusammenschlagen, fest andrücken, mit der Naht nach unten auf ein gefettetes Backblech legen, mit dem Finger eine Vertiefung machen, in die man eine Topfenfülle gibt. Die Ränder mit Eiklar bestreichen. Im heißen Backrohr backen.
Die **Brünner Kolatschen** aus Germteig werden mit Mohnfülle bereitet. Amalie Grünzweig nennt die Kolatschen auch „Peltschen". Sie bemerkt außerdem: „Der Unterschied zwischen böhmischen und nordungarischen Kolatschen ist dieser: bei letzteren ist die Fülle in der Mitte, oben und unten ist die gleiche Menge Teig.
Bei den **Böhmischen Kolatschen** ist die Fülle unbedeckt von Teig, welcher nur einen Ring ringsherum um die Fülle und natürlich den Boden bildet." Schon im „Granatapfel-Kochbuch", 1687, findet sich das Rezept „Die guten böhmischen Golatschen".

Mohn- und Nußbeugel

250 g Weizenmehl, 20 g Germ, 120 g Butter, 2 Dotter, 30 g Zucker, Prise Salz, Milch; 1 Dotter zum Bestreichen. Mohnfülle: 150 g gestoßener Mohn, 40 g süße Brösel, 30 g Zucker, 1 TL Honig, 1 TL Rum, Zimt, 1/8 l Milch. Nußfülle: 300 g geriebene Nüsse, 1 EL Brösel, 1 TL Honig, 140 g Zucker, Zimt, 30 g Rosinen, Rum, 1/8 l Milch, 30 g Butter

Mehl auf Brett sieben, Germ daraufbröckeln, mit 1 EL Milch glatt verrühren. Mit Mehl bestäuben und gehen lassen. Dann Butter, Zucker, Dotter, Prise Salz beigeben, alles rasch mit etwas Milch zu einem festen, geschmeidigen Teig kneten, bis er sich vom Brett löst. Dann eine Rolle daraus formen, in nußgroße Teilchen zerteilen, kurz rasten lassen. Jedes Stückchen auf möglichst unbemehltem Brett zu handtellergroßen Flecken (bzw. Rechtecken von 7 × 10 cm) auswalken, auf jeden Teigfleck einen gehäuften Teelöffel voll fester Fülle in Form eines Röllchens auftragen. Teig um die Fülle zusammenschlagen, jedes Stück auf unbemehltem Brett zu einer ca. 12 cm langen Wurstform drehen, die stumpf-spitze Enden und eine bauchige Mitte hat. Mit der Naht nach unten die in Kipferlform gebogenen Beugel auf ein leicht gefettetes Backblech setzen. Mit Dotter bestreichen, an warmem Ort etwa eine Stunde übertrocknen lassen, dann die Beugel in der ganzen Länge ein wenig durchdrücken, damit die abgetrocknete Dotterstreiche zerspringt, was den gebackenen Beugeln das marmorierte Aussehen gibt. Noch eine Weile ruhen lassen, dann bei Mittelhitze nicht zu rasch backen. (Wagram an der Donau)
Mohnfülle: Zerstoßenen Mohn mit Bröseln, Zucker, Honig, Rum und etwas Zimt verrühren, mit einem knappen 1/8 l Milch vermengen und fast zum Kochen bringen. Dann auskühlen lassen.
Nußfülle: Geriebene Nüsse mit Bröseln, Honig, Zucker, Zimt und feingeschnittenen Rosinen vermengen, mit Rum würzen, mit Milch heiß verrühren. Auskühlen lassen.
Die Beugel (althochdeutsch „boug" = Armring, Spange, Fessel, von biegen) werden heute als Süßgebäck in der Regel vom Bäcker hergestellt, mit Nüssen oder Mohn gefüllt, meist in Hufeisenform, früher auch in Form einer Armbeuge in der Mitte geknickt (in Wien wird das Mohnbeugel noch so geformt, im Unterschied zum hufeisenförmig gebogenen Nußbeugel). Das Beugel dürfte einst aus Polen nach Wien importiert worden sein (Preßburger Beugel). Das in der bäuerlichen Küche

Alois Greil, „Der Hochzeitsbitter", 1888.

hergestellte Beugel ist ein ringförmiges, selten hufeisenförmiges Backwerk und ist hart, mit Mohn oder Salz bestreut und aus einem hellen Teig (früher auch aus grobem Roggenmehl), meist ungesüßt und salzlos, manchmal durch Zugabe von Eiern geschmacklich verbessert. Vielfach werden diese Beugel zur Fastenzeit auch vom Bäcker aus einem ungesäuerten Brezenteig verfertigt (so auch im oberösterreichischen Mühlviertel überliefert). Daraus bereitet man die Beugelsuppe. In Witzelsdorf und Hainburg ist es ein aus Butterteig gemachter Kuchen.

Beugel spielen im Jahres- und Lebensbrauchtum eine große Rolle; man findet sie zu Neujahr und zu Allerseelen (wurden an Kinder, arme Leute und Bettler verschenkt), zur Fastenzeit und zu Ostern (in Hohenruppersdorf und Walterskirchen sind diese hufeisenförmig); in Retz erhalten die Patenkinder von ihren Paten die **Eibeugel,** ringförmige Gebäcke, mit einem roten Osterei in der Mitte. In Altenburg bei Horn bäckt die Bäuerin Nußbeugel, etwas dünner als die Preßburger Beugel. Im Weinviertel erhält die Braut nach der Kirche vor der Tür ihres Elternhauses ein Riesenbeugel, meist **„Ba"** genannt (die Kranzeljungfrauen erhalten kleinere), die Braut wirft das meist blumengeschmückte bzw. mit Rosmarinzweigen verzierte Riesenbeugel unter die Zuschauer (in Rabensburg nennt man den Brauch „Prangwerfen"); auch die Kranzeljungfrauen werfen ihre kleinen „Ba" unter die Hochzeitsgäste und Zuschauer, die sich darum raufen („Baraffa"), denn wer das größte Stück davon erlangt, hat das ganze Jahr über viel Glück. In Niederfellabrunn wirft die Braut den „Hochzeitsba" in die Richtung des größten Getreidefeldes des Hofes. In Kopfstetten (Bezirk Gänserndorf) veranstaltet man vor einer Hochzeit im Hochzeitshaus ein „Beigelessen", zu dem Burschen und Mädchen des Dorfes kommen und ein Riesenmohnbeugel erhalten. In Ungerndorf ist der „Ba" ein Zopfgebäck in Kranzform, ebenfalls riesengroß, an der March hat der „Ba" die Form eines großen Rades mit vier Speichen. Einen „Ba" erhalten auch die „Jungherren" und die Jungfrauen einer Burschenschaft, die „gefallenen" Mädchen gehen leer aus. Im Wulkabereich veranstalten die Dorfburschen am Vorabend einer Hochzeit das „Beugelausbitten"; sie erhalten ein bis vier Kilogramm schweres Beugel, der Sprecher der Burschenschaft tanzt anschließend mit der Braut und übergibt sie schließlich dem Bräutigam. Im Voralpengebiet wirft man anstelle des „Ba" auch Kipferln, Krapfen und anderes Backwerk unter die Gäste und Zuschauer. Bei Hochzeiten armer Leute hatte man den gleichen Brauch mit den billigeren Semmeln durchgeführt. Und an (ungeladene) Gäste wird der „Zanna-Ba" verteilt; die älteren Frauen gehen „um einen Zannaba bitten", wobei sie vermutlich anläßlich der Hochzeit ursprünglich weinten (weinen = „zannen").

Der Brauch um das Beugel dürfte heidnischen Ursprungs sein. Gebäcke in Form des Sonnenrades oder des Mondes scheinen auf uralte Opfergaben hinzuweisen. Bei adeligen Hochzeiten hat die Braut oft öffentlich Kränze ausgeteilt, so 1553 in St. Pölten.

Einem ein besonderes Gebäck zu schenken (zu „verehren"), war alter Brauch. Schon 1635 ist in einer Kirchenrechnung von Ybbsitz festgehalten, daß zur Mittfasten an die Schulkinder im Pfarrhof „Paygl" ausgeteilt worden sind; sie müssen den Kindern überaus geschmeckt haben, da sie nicht weniger als 1 Gulden, 2 Schilling und 12 Kreuzer Kosten verursacht hatten. In Mödling hat man in der Barockzeit zu bestimmten Festtagen höheren Beamten kulinarische Ehrengaben

Alois Greil, „Hochzeitsmahl mit Brautaufforderung“, Viertel ober dem Manhartsberg, 1885.

gewidmet; so präsentierte man 1673 dem geheimen Herrn Hofsekretär „beinebens ein keller Wein auch etliche Kipfel“. Die Gotenkinder bekamen wie in anderen Bundesländern zu Ostern und Allerheiligen ihre „Godenkipfel“ und Striezel. Wahrscheinlich haben, so folgert Leopold Schmidt, in der Barockzeit auch andere in Formen gebackene Gebildgebäcke ins bäuerliche Brauchtum Eingang gefunden. Die überlieferten tönernen und metallenen Gebäckformen gehen nicht vor das 17. Jahrhundert zurück. Es hat sich dabei wohl zunächst um das Küchengut von Schlössern, Gütern und reichen Bürgerhäusern gehandelt. Bemerkenswert dabei ist, daß das eigentlich Altertümliche daran die Formen waren, wie bei den handgeformten Pasteten beispielsweise, die in der feinen Küche gebacken wurden (wobei der Salzburger Hofkoch Conrad Hagger seiner verschwenderischen Phantasie freien Lauf gelassen hat); sie dürften sich im Laufe der Zeit in das Gebiet der Gebildgebäcke „eingedrängt“ haben. Manches ist dabei altertümlich und deutungsvoll geblieben. Auch die Verwendung alter, mundartlich deutscher Namen für diese Gebäcke bezeugt die Verbundenheit und Tradition.

„Brautba“

4000 g Weizenmehl (halb griffig, halb glatt), 2 l Milch, 90 g Germ, 900 g Zucker, 500 g Butter, 10 Dotter, Salz, 250 g Rosinen, Zucker; Glasur („Eis“): 200 g Zucker, 1–2 Eiklar, Zitronensaft

Aus den Zutaten mit einem Dampfl einen Germteig kneten, gehen lassen, dann aus dem Teig einen langen Zopf flechten und zu einem Kranz drehen. Auf ein Backblech legen, auf den Kranz „Schneckerln“ legen. Etwa eine Dreiviertelstunde bei 180–190 Grad backen. Auf weißes gefranstes Seidenpapier legen, mit

„Schnürleis" (Glasur aus Zucker, Zitronensaft und etwas Eiklar) verzieren und mit Rosmarinsträußerln und weißen Bändchen schmücken. (Klein-Baumgarten bei Laa an der Thaya)
Man kann den Teigkranz vor dem Backen mit Dotter (mit etwas Milch versprudelt) bestreichen oder den Außenrand zickzackförmig in Abständen von etwa einem halben Zentimeter mit der Schere aufschneiden.
Johann Anton Friedrich Reil, der frühe Schilderer des Waldviertels, war 1815 zu einer Bauernhochzeit in Frauenhofen eingeladen und wunderte sich, „was bei dieser Hochzeit verzehrt wurde. Um 1 Uhr hatten die Gäste sich zum Mittagmahl gesetzt und waren alle sitzen und sitzen geblieben und hatten gegessen und gegessen eine Speise nach der andern bis abends $^1/_2$ 9 Uhr, die herrlichsten Braten von Hähnchen, jungen Gänsen, Hasen, Rehen, die mannigfaltigsten Bäckereien, darauf fing man wieder bei der Suppe an und so weiter. Zwei Köchinnen arbeiteten in der Küche. Einerlei Wein kam auf den Tisch, aber sehr vortrefflicher vom Jahrgang 1811. An einem Tische saßen dreißig Gäste, an einem andern zehn. Hinter diesen standen doppelte Reihen von Kindern, die wieder Kinder auf den Armen hatten und die alle begierig auf die Schüsseln schauten und warteten, bis ihnen ein Kapaunerflügel oder sonst was zum Kauen gelangt wurde."

„Flecken", „Kirtagsflecken"

300 g griffiges Mehl, 3 Dotter, Salz, $^1/_8$ l Milch, 60 g Zucker; Butter; Dampfl aus 20 g Germ, $^1/_{16}$ l Milch, 1 EL Zucker, 1 EL Mehl; Eiklar, Streusel; Marmelade

Aus aufgebröselter Germ, lauwarmer Milch, Zucker und Mehl das Dampfl anrühren, mit Mehl bestäuben und reifen lassen. Sobald sich Sprünge bilden, mit Mehl, Dotter, Prise Salz, lauwarmer Milch, Zucker zu einem Germteig abschlagen. Zugedeckt rasten lassen. Daraus ein Laiberl formen und aufgehen lassen; dann auswalken, feinblättrig geschnittene Butter (oder Margarine) auflegen, den Teig zusammenschlagen und kalt rasten lassen. Das Ganze dreimal wiederholen, dann den Teig nach dem letzten Rasten messerrückendick auswalken, mit Glas oder Krapfenausstecher runde Flecken (Scheiben) ausstechen, mit Eiklar bestreichen, obenauf mit Streusel belegen. Sehr heiß backen. Man kann in die Mitte noch je ein Marmeladezipfelchen geben. (Hausbrunn)
Diese „Flecken" waren meist das einzige Backwerk, das in großen Mengen zum Kirchtag gebacken wurde, denn jeder Dienstbote erhielt davon ein gehäuftes Simperl voll.

„Kindelkuchen"

Germteig (siehe vorhergehendes Rezept); 1 Ei

Den Rand eines rund ausgerollten Germteigfleckes mit der Schere wie gezackte Blattränder auszacken. Darauf in Rosettenform sieben am Rand ebenfalls ausgezackte „Wickelpolster" legen; zur Mitte hin die „sieben Kinder" legen, das sind zwei- bis dreimal zopfartig gedrehte, dünnere Teigsträhne, die von der oberen Ösenschlinge zu den Enden dünner auslaufen und sich in der Mitte des Kuchens treffen. Mit Ei bestreichen. Auf gefettetem Backblech ziemlich rasch backen. (Frau Müllner und Frau Wieseneder, Tullnerbach)
Dieser Kindelkuchen dient auch als Hochzeitsgebäck.

„Kirtagsschlangerl"

400 g griffiges Weizenmehl, Salz, 3 Dotter, 2 EL Zucker, $^1/_8$ l lauwarme Milch, 50 g zerlassene Butter; Dampfl aus 20 g Germ, $^1/_{16}$ l Milch, 1 EL Zucker, 1 EL Mehl; Zucker, Zimt, evtl. Rosinen; Eiklar

Aus Dampfl und Zutaten wie oben einen Germteig machen, am Brett zu einem Wecken kneten, zugedeckt eine halbe Stunde aufgehen lassen. Dann bleistiftdick auswalken, mit Zucker und Zimt und eventuell Rosinen bestreuen, einrollen, in doppelter S-Form schlangenförmig auf ein gefettetes Backblech legen, aufgehen lassen, dann mit Eiklar bestreichen und mit einer Schere Schuppen einzwicken oder mit einer Gabel stupfen. Im vorgeheizten Ofen bei 180 bis 190 Grad eine Dreiviertelstunde backen. (Großrußbach)

„Schlangen"

600 g Mehl, 200 g Filzschmalz, 1 Handvoll Zucker, 1 Ei, 4 Dotter, Zitronenschale, 2 EL Rum, 1 EL Öl, 30 g Germ, Milch nach Bedarf, Prise Salz

Zuerst Filzschmalz mit einem Drittel der Mehlmenge abbröseln. Aus wenig Mehl, etwas lauwarmer Milch, Eßlöffel Zucker und zerbröselter Germ ein Dampfl machen, gehen lassen, dann mit dem restlichen Mehl, Zucker, Ei, Dotter, geriebener Zitronenschale, Rum,

Öl, Prise Salz einen weichen Germteig schlagen, gut kneten und zugedeckt gehen lassen. Danach den Germteig auswalken, das abgebröselte Mehl-Filzschmalz-Gemenge darauf verteilen, wie Stoffballen zusammenlegen, mit dem Nudelwalker ausschlagen, zusammenlegen, eine Viertelstunde kühl rasten lassen. Dann nochmals dreimal auseinanderschlagen und zusammenlegen und kühl rasten lassen. Nach dem letzten Rasten Teig ausrollen, mit Weinbeeren, Zucker und Zimt bestreuen, zu einem Strudel einrollen, wellen-(schlangen-)förmig auf ein befettetes Backblech legen, nochmals gut gehen lassen, schließlich mit etwas mit Milch oder Wasser verdünntem zerklopftem Ei bestreichen, mit einer Gabel Muster einprägen. Die Augen der „Schlange" werden durch Rosinen angedeutet. Man bäckt die Schlangen am Hochzeitsabend und zum Kirchtag in der Gegend von Korneuburg.

In Sagen und Märchen kommt die Schlange meist als Glücksbringer und Segenstier vor. Aus Leobersdorf hat E. Burgstaller die Bezeichnung „Stadelschlange" vermerkt; dazu ist interessant zu wissen, daß noch heute auf Samos (Kephalonie) der Schutzgeist der Tenne als Schlange vorgestellt wird und man es für ein glückliches Vorzeichen deutet, wenn eine Schlange über den aufgespeicherten Getreidehaufen kriecht.
Die Teigzusammenstellung zu diesen Schlangen-Gebäcken reicht vom Schmerteig bis zum einfachen Germteig (daraus ein 25 cm bis 1 m langes Schlangengebäck geformt wird), vom Weißbrotteig mit Kletzenfüllung bis zur höfischen „Butterschlange" (aus Butterteig), wie sie Hohberg in seinem Kochbuch anführt (mit einer Fülle aus gehackten Mandeln, gerieben, in Schmalz geröstetem Brot, Zucker und vielen Gewürzen, wie Zimt, Kardamom, Muskat; das Ganze wird noch mit Rosenwasser befeuchtet). Hohberg legt viel Gewicht auf die figürliche Formung der Schlange, besonders der Kopf der Teigschlange wird sorgfältig gestaltet, sogar „verguldet werden sie innen und außen, wie auch das Rückgrat", die Augen werden von Wacholderbeeren und „schön in der Krümme, oder Rondung herum gebogen, und bey den Maul zugespitzet". Nach dem Backen wurde die Schlange noch mit einem Spiegel von gesiebtem Zucker und Rosenwasser überzogen und „krauser Bisam-Zucker darauff gestreuet. Einige lassen nur Zucker mit ein wenig Wasser wohl aufsieden, und bestreichen die Schlangen damit, anstatt des Spiegels. Man kann sie auch mit eingemachten Citronat und Pomeranzen-Schelffen bestecken".

„Butterteigschlangerln"

250 g Margarine (oder Butter), 250 g Staubzucker, 7 Dotter, Zitronenschale, 500 g glattes Mehl, Eiklar, Hagelzucker; Fett für das Backblech

Margarine oder Butter schaumig rühren, gesiebten Staubzucker, Dotter, feingeriebene Zitronenschale, Mehl beigeben, einen Ziegel formen und eine Stunde kühl stellen. Dann eine Rolle daraus formen, gleich große Stücke abschneiden und Schlangerln formen. Wieder erkalten lassen, bis sie ganz steif sind. Mit einer Seite zuerst in Eiklar und dann sofort in Hagelzucker tauchen. Auf leicht gefettetes Backblech legen, bei 190 bis 200 Grad 10 bis 15 Minuten ganz licht backen.

Im Ybbstal (so in Waidhofen an der Ybbs) gab es zum „Lichtbratl" um Michaeli als letzte Richt **„Äpfelschlangl":** ein längliches, schlangenförmiges Gebäck aus Butterteig, gefüllt mit blättrig geschnittenen Äpfeln (mit Zucker, Zimt und Nelkengewürz gewürzt). Andernorts werden Schlangen auch mit Rhabarber (in Stücke schneiden, schälen, mit Zucker und Rum sowie etwas Zimt abmischen) gefüllt. Immer mit grobkörnigem Zucker bestreuen.

Backform.

Der **Gugelhupf** ist zunächst wohl ein Erntegebäck gewesen, daneben aber auch schon Hochzeitsgebäck, wie ja alle Erntebräuche mit Hochzeitsbräuchen korrespondieren (Leopold Schmidt). Vermutlich ist ein älterer, großer radförmiger Kuchen durch die Verwendung der Backform und der neuen Auftriebmittel zu dem Gugelhupf geworden, der auch heute noch als das bekannteste geformte Festgebäck gelten darf.

Dieser Zusammenhang von Form und Triebmittel scheint im Rezepttitel von Hohbergs „Bewährtem wohl-eingerichtetem Koch-Buch", 1715/16, bestätigt, denn dort heißt das Gebäck in aller Deutlichkeit „Gogel-Hopfen": „Machet ein halb Seidlein weisse Bier-Heffen, und eben so viel Kern, oder gantze Milch, untereinander warm, rühret ein Diethäufflein Meel darein an, rühret ferner darein ein halb Pfund zerschlichenes Schmaltz, 8 gantze Eyer, und 4 Dötterlein, Saltz, ausgekörnte, kleingeschnittene Rosinen, Weinbeer, abgezogen-zerschnittene Mandeln, Zucker und Rosen-Wasser, schlaget den Taig wol ab, biß er Blasen bekommt, lasset in einem darzu gehörigen Beck, oder Model, ein gut Theil Schmaltz zergehen, hernach in einem Oefelein, bey anderhalb Stundenlang bachen. Wem das Süsse nicht beliebt, kan solches davon lassen." Heute wird dieser Gugelhupf nach bewährten Rezepten gebacken und längst auch schon gewerblich vertrieben. Alle bürgerlichen und auch die handgeschriebenen Kochbücher weisen stets ein Fülle von verschiedensten Gugelhupfrezepten auf.

Mohngugelhupf

70 g Butter, 70 g Schmalz, 2 Eier, 2 Dotter, $^1/_2$ Zitrone, 100 g Zucker, $^3/_8$ l Mohn, $^3/_8$ l Mehl, 1 TL Zimt, 30 g Germ, Milch

Butter und Schmalz schaumig rühren, nach und nach die Eier, Dotter und den Zucker einrühren. Zimt und feingeriebene Zitronenschale dazurühren. Germ in lauwarmer Milch auflösen, mit wenig Mehl vermengen. Abwechselnd mit Mehl, geriebenem Mohn und Milch zum Butter-Dotter-Abtrieb rühren. Den weichen Teig so lange schlagen, bis er Blasen wirft und sich vom Geschirr löst. Den Teig zugedeckt gehen lassen, dann noch einmal zusammenschlagen. In eine gut gefettete, mit Bröseln ausgestreute und mit Mandeln ausgelegte Gugelhupfform füllen. Zugedeckt noch einmal gehen lassen. Bei schwacher Mittelhitze langsam backen.

In der Gegend von Gmünd standen Glashütten-Schmelzöfen, die um 1840 noch mit Scheitholz geheizt wurden. Die Aschöfen, die die überschüssige Wärme der Öfen aufnahmen, wurden als Backofen für Brot und vor Festtagen zum Backen der „Gugelhopfe" verwendet. Eine besondere Spezialität waren dabei die „gebratenen" Erdäpfel, mit Salz und Knoblauch gewürzt.

Erdäpfelpogatscherl

1000 g Erdäpfel, 200 g Mehl, 150 g Butter, Prise Salz

Erdäpfel waschen, im Rohr bei Mittelhitze braten, bis sie weich sind, dann schälen, auf bemehltem Brett zerdrücken (oder reiben), überkühlen lassen. Dann mit Mehl, Butter und Prise Salz zu einem glatten Teig kneten und fingerdick ausrollen. Runde Scheiben („Krapferln") ausstechen, auf ein gefettetes Backblech legen, mit zerklopftem Ei bestreichen und in mittelheißem Rohr goldgelb backen.
Das Wort „Pogatsche(rl)" bringt der Mundartforscher Kranzmayer mit dem Wort „Fochanze" in Zusammenhang. Das „Kochbuch für ländliche Haushalte", Wien 1928, bringt auch Grammelknödel (wie Tirolerknödel) für die Suppe.

Grammelpogatscherl

200 g Mehl, 60 g Schweinefett, 10 g Germ, 80 g feingehackte Schweinsgrammeln, Prise Salz, Pfeffer, 2 Dotter, 2 EL Milch, 1 Ei, 2 EL Weißwein, 1 EL Sauerrahm

Aus Mehl, Schweinefett, Germ, Grammeln, Salz und Pfeffer, Ei, Dotter, Weißwein, lauwarmer Milch und Sauerrahm einen nicht zu festen Teig kneten, nach 10 Minuten Rasten auf bemehltem Brett $^1/_2$ cm dick ausrollen, auf vier Teile zusammenlegen und den Vorgang nach dem Rasten noch zweimal wiederholen; dazwischen immer 10 Minuten kühl rasten lassen. Zuletzt den Teig zweifingerdick ausrollen, mit rundem Ausstecher Scheiben ausstechen, auf ein gefettetes Backblech legen, mit den Zinken einer Gabel gitterartig einkerben. Nach halbhohem Aufgehen mit gewässertem, versprudeltem Ei bestreichen und im mittelheißen Rohr goldgelb backen. (Bruck an der Leitha)

Grammelbäckerei

250 g Mehl, 250 g Grammeln, 120 g Zucker, Gewürznelken, Zimt, Muskatnuß, Neugewürz, 1 Zitrone (Saft), Rum

Die Grammeln faschieren und mit den übrigen Zutaten (Gewürze und Rum nach Geschmack) rasch zu einem mürben Teig kneten. Kühl rasten lassen, dann auf bemehltem Brett auswalken. Krapferln oder andere Formen ausstechen und im mittelheißen Rohr hellgelb backen. (Theresia Obermeier, Riedenthal im Weinviertel)

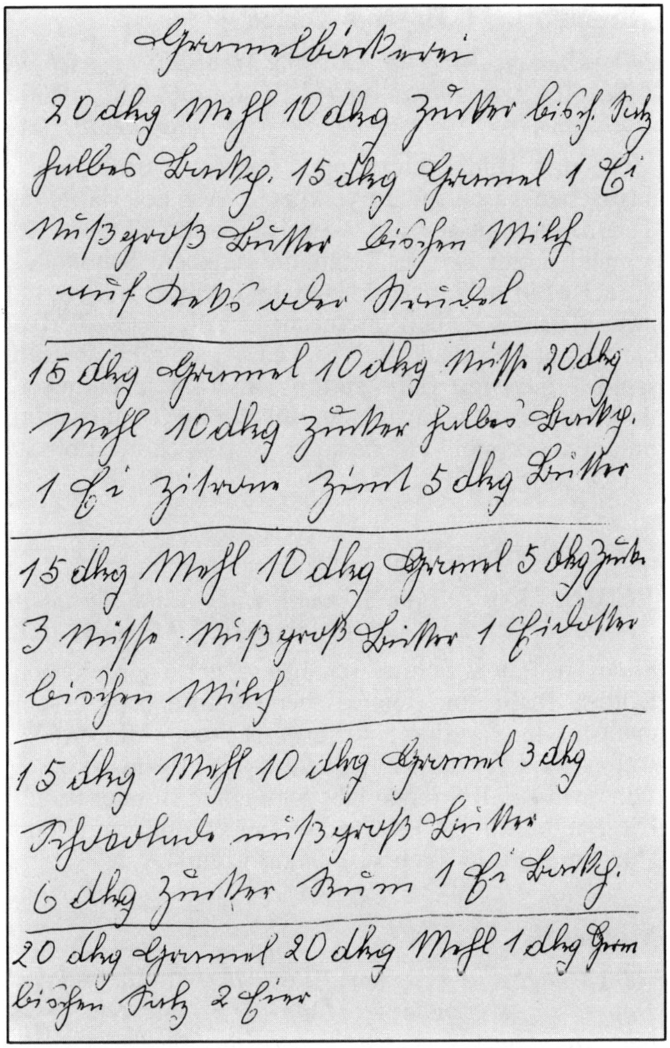

Einer geübten Köchin genügen solche Mengenangaben, wie sie dieser einem handgeschriebenen Kochbuch aus dem Weinviertel beigelegte Zettel aufweist. Zubereitung und Backtechnik sind Erfahrungswerte, die keiner Niederschrift bedürfen.

„Kraupanigln“

400 g Zucker, 140 g Butter, 140 g Honig, 2 Eier, 1000 g Mehl, 2 TL Backpulver, Zimt, Gewürznelken, Anis, Milch; Tunkmasse: 250 g Kokosfett, 6 Rippen Schokolade, 4 EL Rum, 8 EL Milch; Kokosette

Butter schaumig rühren, dann Zucker einrühren, nach und nach ebenso die Eier, Honig und Gewürze, zuletzt das mit Backpulver versiebte Mehl und so viel Milch, daß eine streichfähige Masse entsteht, diese auf ein befettetes Backblech streichen und goldgelb backen. Auskühlen lassen, in die Tunkmasse tauchen und in Kokosette wälzen. Tunkmasse: Kokosfett und Schokolade zusammen schmelzen, Rum und Milch nach und nach dazurühren, überkühlen lassen. (Elfi Maier, „Niederösterreich Kochbuch“, 1979)

Osterlämmchen

6 Eiklar, 120 g Kristallzucker, 6 Dotter, 120 g Staubzucker, Zitronensaft und -schale, 240 g griffiges Mehl, 60 g Butter, evtl. 1 TL Kakao; Fett und Mehl für die Formen, Mandeln, Rosinen; „Schnürleis“ (200 g Zucker, 1–2 Eiklar)

Eiklar zu festem Schnee schlagen, den Kristallzucker nach und nach einschlagen, bis der Schnee zäh wird. Dotter mit Staubzucker schaumig rühren, etwas Zitronensaft und geriebene Zitronenschale beigeben. Eiweiß- und Dottermasse leicht verrühren, zuletzt das Mehl und zerlassene Butter einmengen. (Dann kann man 2 bis 3 Eßlöffel Masse mit einem Löfferl Kakao vermengen und beim Einfüllen abwechselnd hellen und dunklen Teig in die Lammformen geben.) Die Lammformen zuvor ausfetten und mit Mehl ausstauben. Die Zünglein der Lämmer werden aus Mandeln, die Augen aus Rosinen gebildet. Bei 180 bis 190 Grad eine Dreiviertelstunde backen, etwas auskühlen lassen, dann erst aus den Formen lösen. Zuletzt mit „Schnürleis“ verzieren, hart werden lassen, dann mit roten Bändchen und einem Fähnchen schmücken.
Osterlämmchen werden noch in den Orten an der March gebacken, wo man die alten, glasierten Tonformen dazu verwendet.

Hippen

$^1/_4$ l Milch, 2–3 EL Obers, 4–5 Eier, Vanillezucker, ca. 300 g Mehl; Bienenwachs

Aus den Zutaten einen mittelfesten Palatschinkenteig rühren. Die Flächen des vorgewärmten Hippeneisens leicht mit Bienenwachs bestreichen, etwas Teig in der Mitte auftragen, das Eisen schließen, Griffe fixieren und über offenem Holzfeuer etwa 2 Minuten backen. Bei goldbrauner Färbung mit dem Messer vorsichtig lösen und über einem Rundholz sofort zu einer kleinen Rolle drehen. Die Backflächen nur nach jedem 15. Backvorgang neu wachsen. Trocken aufbewahren. (Leopoldine Lackner, Harland bei Blindenmarkt)

„Weinbeißer“

100 g Kristallzucker, 1/8 l Wasser, 500 g Mehl, 250 g Staubzucker, 1 Msp. Natron, 1 Dotter; Glasur: 1 Eiklar, 150 g Staubzucker, Zitronensaft

Kristallzucker dunkel karamelisieren, mit Wasser aufgießen, auskühlen lassen. Mehl, Zucker und Natron trocken vermengen. Dotter und Zuckerlösung nach Bedarf beigeben und zu einem mittelfesten Teig kneten. Rasten lassen. 1/2 cm dick auswalken, in Stangerln schneiden (1,5 cm breit, 8 cm lang), auf gut gefettetem Backblech backen. Ausgekühlt mit der Glasur bestreichen. (Anna Enengel, Göttsbach bei Ybbs)

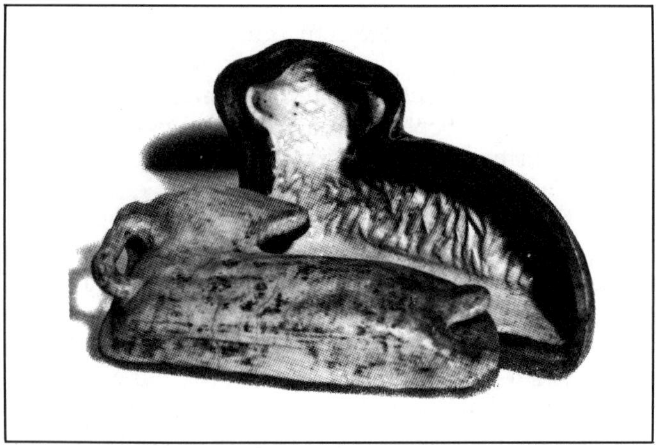

Bisquit- bzw. Sulzform (Lamm).

Bauern- oder Germtorte

Ca. 1000 g Mehl, 300–500 g Butter, ca. 200 g Zucker, 5 Dotter, Zitronenschale, Salz, 50 g Germ, 1–2 EL Milch, 100 g Rosinen, Zimt, Zucker, Feigen, 1 Dotter

Mehl und Butter abbröseln, Zucker, Prise Salz, Dotter und geriebene Zitronenschale und die in Milch aufgelöste Germ dazugeben, einen mittelfesten Germteig kneten und gehen lassen. Dann kleinfingerdick auswalken, die Hälfte davon in eine befettete runde Tortenform drücken oder auf ein Tortenblech legen, mit Rosinen, grobem Zucker, Zimt und nach Wunsch zerhackten Feigen bestreuen, aus der zweiten Hälfte des Teiges Röllchen drehen und außenherum einen dikkeren Reifen legen, die anderen zu einem Gitter auflegen. Dieses mit Ei bestreichen, mit Zucker bestreuen und backen. Wurde zu Festtagen gebacken. (Stefanie Deisl, Göttsbach bei Ybbs)

„Brenntorte“ („Brennte Torten“)

240 g Zucker, 240 g Butter, 200 g Mehl, Zitronenschale, 1 Ei, 50 g Schokolade oder 1 EL Kakao; Fülle: 500 g Dörrzwetschken, Zucker, Zimt, Rum nach Bedarf

Mehl und Butter abbröseln, Zucker, Zitronenschale dazugeben, rasch mit Ei verkneten. Aus der Hälfte der Teigmasse ausgewalkt zwei Tortenblätter ausschneiden, zur zweiten Teighälfte geriebene Schokolade oder Kakao geben, einkneten und wieder ausgewalkt zwei Tortenscheiben ausstechen. Alle vier Tortenblätter auf dem Backblech backen. Ausgekühlt abwechselnd je zwei mit Fülle zusammensetzen, überzuckern und zuletzt mit heißem Eisenstab ein Gittermuster aufbrennen. (Leopold Hochenauer, Karlsbach bei Ybbs an der Donau)

„Haarpudertorte“

5 Eiklar, 150 g Zucker, 5 Dotter, 150 g Mehl, Zitronenschale; „Schnürleis“-Glasur (Seite 205), Mandeln

Eiklar zu festem Schnee schlagen, Zucker einschlagen. Dotter, Mehl und feingeriebene Zitronenschale einmengen. In der Bergplattlform backen, mit Mandelstiften verzieren und mit „Schnürleis“ (Seite 205) verzieren. In das Röhrchen gibt man einen Blumenstrauß. Die Bergplattlform ist eine Art Gugelhupfform (24 cm Durchmesser, 13 cm hoch). (Hausbrunn)

Mohntorte

100 g Butter, 150 g Zucker, 1 Päckchen Vanillezucker, 6 Dotter, 150 g geriebener Mohn, 70 g geriebene Nüsse oder Mandeln, etwas gemahlener Zimt, geriebene Zitronenschale, etwas Rum, 6 Eiklar, 30 g Biskuitbrösel

Butter, halbe Zuckermenge, Vanillezucker schaumig rühren, Dotter nach und nach dazurühren, dann Mohn, Nüsse, Zimt, Zitronenschale, Rum, Biskuitbrösel einrühren und zuletzt den mit der halben Zuckermenge steifgeschlagenen Schnee darunterheben. Bei Mittelhitze 60 bis 70 Minuten backen. Erkalten lassen, einmal durchschneiden und mit Ribiselmarmelade füllen. Oberfläche leicht anzuckern. (Josefa Sommer, Maria Laach)

Nußtorte aus der Buckligen Welt

210 g Zucker, 6 Dotter, 220 g geriebene Nüsse, 6 Eiklar, Butter und Brösel für die Form; Schlagobers

Zucker und Dotter schaumig rühren, geriebene Nüsse und steifgeschlagenen Schnee daruntermengen. In die mit Butter ausgeschmierte, mit Bröseln ausgestreute Form füllen, ca. eine Dreiviertelstunde backen. Auskühlen lassen, einmal durchschneiden, mit gesüßtem Schlagobers füllen und verzieren. (Rita Jennewein, Wien)

Schmalztorte

280 g Butterschmalz (Rindschmalz), 280 g Zucker, 7 Dotter, 7 Eiklar, 350 g Mehl, Prise Salz

Fett, Zucker und Dotter nach und nach verrühren. Steifgeschlagenen Schnee und Mehl darunterheben. Die Masse in einer gefetteten Tortenform backen. Noch warm überzuckern, eventuell noch mit einem heißen Eisenstab ein Gitter aufbrennen. (Stefanie Deisl, Göttsbach bei Ybbs)

Wachauer Torte

140 g Zucker, 7 Dotter, 2 Rippen Kochschokolade, 140 g geriebene Mandeln, 7 Eiklar Schnee; Füllcreme: 1 Ei, 3 Rippen Kochschokolade, 120 g Butter, Zucker nach Bedarf

Dotter und Zucker flaumig abtreiben, nach und nach aufgeweichte Schokolade und einen Teil der Mandeln einrühren. Restliche Mandeln abwechselnd mit steifgeschlagenem Schnee unter die Masse heben, alles in eine am Boden gefettete Tortenform füllen und backen. Ausgekühlt in der Mitte durchschneiden, mit Creme füllen, zusammensetzen, auch Außenrand mit Creme einstreichen, außerdem mit Pralinees oder Streusel verzieren. Für die Creme Butter und Schokolade erweichen, mit Ei und Zucker schaumig rühren, kalt stellen, dabei öfters umrühren, dann aufstreichen.

Lebkuchen und **Lebzelten** muten wegen ihrer relativ alten Teigzusammensetzung und der alten Gebäcksmodel besonders volkstümlich an, gehören aber der ganz eigenen Welt des zünftischen Handwerks und seiner Sondertradition an. Hier blühte das reiche volkskünstlerische Leben, das zur Gestaltung der Lebzeltenmodel und der Wachsmotive sowie der Kerzenmodel führte. Große Lebzelterwerkstätten im Land, in Perchtoldsdorf oder Mödling etwa, haben Hunderte derartiger Model vom 17. bis zum 19. Jahrhundert bewahrt. Aus Mödling werden bereits aus dem 16. Jahrhundert Lebzeltmeister erwähnt. Die Lebzelter haben vor allem jene Gebäcke und Gebäcksformen geliefert, die gefragt und verlangt wurden. Doch reichte ihr Formenreichtum oft weit über die Landesgrenzen hinaus, ihre Modelschnitzer arbeiteten nach den verschiedensten Vorlagen und konnten jeweils auch zeitgemäße Stücke dazufügen. Lebzeltmeister gibt es heute in ganz Österreich nicht mehr viele. Die Bauern lieferten den Lebzeltern den Honig, die daraus Lebzelten und Met herstellten, zum Teil am Ort selbst verkauften, zum Teil auf Kirchweihfesten und Jahrmärkten, wo die Lebzelten eine zweite Schicht festlicher Gebildbrote darstellten. Im Bereich der Speisenvolkskunde sind sie Außenseiter, gehören sie nach Leopold Schmidt doch durch ihre brauchmäßige Funktion und geschnitzten Model der handwerklichen Volkskunst an. Es hat sich in erster Linie um Gebäcke des bürgerlichen Höflichkeitsbrauches barocker Art gehandelt. Von dort hatten die Sitte wie das Gebäck in die bäuerlichen Kreise ausgestrahlt. Wenn aus dem Mostviertel gelegentlich mitgeteilt wird, daß die Patenkinder von ihren Göden beim „Ausgewanden" solche Lebzelten mit Kavalieren oder Damen in Zeitkostümen darauf geschenkt bekommen hätten, dann kann es sich um das Nachklingen eines derartigen barocken Höflichkeitsbrauches gehandelt haben.

Das Speisengeschenk ist die brauchtümliche Zugabe, wie dies auf vielen Gebieten des Jahres- und Lebensbrauchtums in Erscheinung tritt, nicht zuletzt im Brauchtum der Verliebten und Verlobten, die sich derartige Geschenke einander geradezu schuldig zu sein schienen. Das Lebzeltenherz am Kirtag ist „ein letzter Rest derartiger Speisegeschenke", wie Leopold Schmidt feststellen konnte.

Lebkuchen I

400 g lichtes Roggenmehl, 250 g Staubzucker, $^1/_3$ TL Zimt, $^1/_3$ TL Gewürznelken, 50 g Natron, 100 g Honig, 2 Eier, Mehl

Zucker, Gewürze, Natron auf dem Küchenbrett vermengen, Honig erwärmen, mit den Eiern verrühren und dazugeben. Mit den restlichen Zutaten zu einem Teig verarbeiten, 1 cm dick auswalken, in Formen schneiden oder ausstechen. Mit Ei bestreichen und auf dem mit Mehl bestaubten Backblech backen. (Gasthof Reinöhl, Scheibbs)

Lebkuchen II

250 g Kristallzucker, Wasser, 4 Eier, 2 EL Natron, Neugewürz, geriebene Zimtrinde und Gewürznelken, 300 g Staubzucker, 500 g Mehl

Kristallzucker in wenig Wasser bräunen, dann mit Wasser oder Milch unter Umrühren langsam aufgießen, bis er flüssig ist. Mit den restlichen Zutaten einen Teig kneten, auswalken, Scheiben ausstechen und backen. (Zlabern)

Einfacher Lebkuchen

500 g Mehl, 250 g Zucker, 3 EL Honig, 1 Tasse Milch, 1 TL Natron, 1 Packerl Backpulver, 1 Teller geriebene Nüsse, Zimt, Gewürznelken, Zitronenschale, 2 EL Bröckerlteig (siehe unten)

Bröckerlteig (für alle Arten Lebkuchen als Zusatz zu verwenden): $^{1}/_{16}$ l Honig, 25 g Bienenwachs, 30 g Schmalz aufkochen, etwas überkühlen und so viel Mehl einrühren, daß ein harter Teig entsteht (fast 500 g Mehl!), von dem man dann jeweils mit dem Krenreißer so viel abreibt, wie man benötigt (1 bis 2 EL für ca. 300 g Mehl). Mit den restlichen Zutaten vermengen. Teig 24 Stunden trocknen lassen und mit flacher Hand in den gewünschten Model drücken, dann den Teig abziehen, nochmals 24 Stunden liegen lassen. Auf mit Wachs bestrichenem Backblech backen. Wird der Teig nur ausgeschnitten, braucht man ihn nicht stehen zu lassen, sondern kann ihn sofort backen. (H. Janchen)

Vermutlich älter als die Lebkuchen sind einfache Honiggebäcke, die im Haushalt leichter hergestellt werden können und zu denen man mehr Honig benötigt, wie das folgende Rezept zeigt.

Honigbrot

500 g Honig, 500 g Roggenmehl, 12 g Pottasche, Anis, Ingwer, Kardamomen, 2 Dotter, 50 g Zucker; Butter

Honig aufkochen, 250 g Roggenmehl und gestoßene Pottasche dazurühren, wenn der Honig wieder lauwarm ist. An warmem Ort stehen lassen, bis der Teig aufgegangen ist. Dann nochmals 250 g Mehl sowie die Gewürze, Dotter und Zucker dazumengen. Zweifingerdick auswalken und in eine glatte, mit Butter bestrichene Form drücken. Bei starker Hitze backen.

Handgeschriebenes Kochbuch der Karoline Kollroß. 1920–1944.

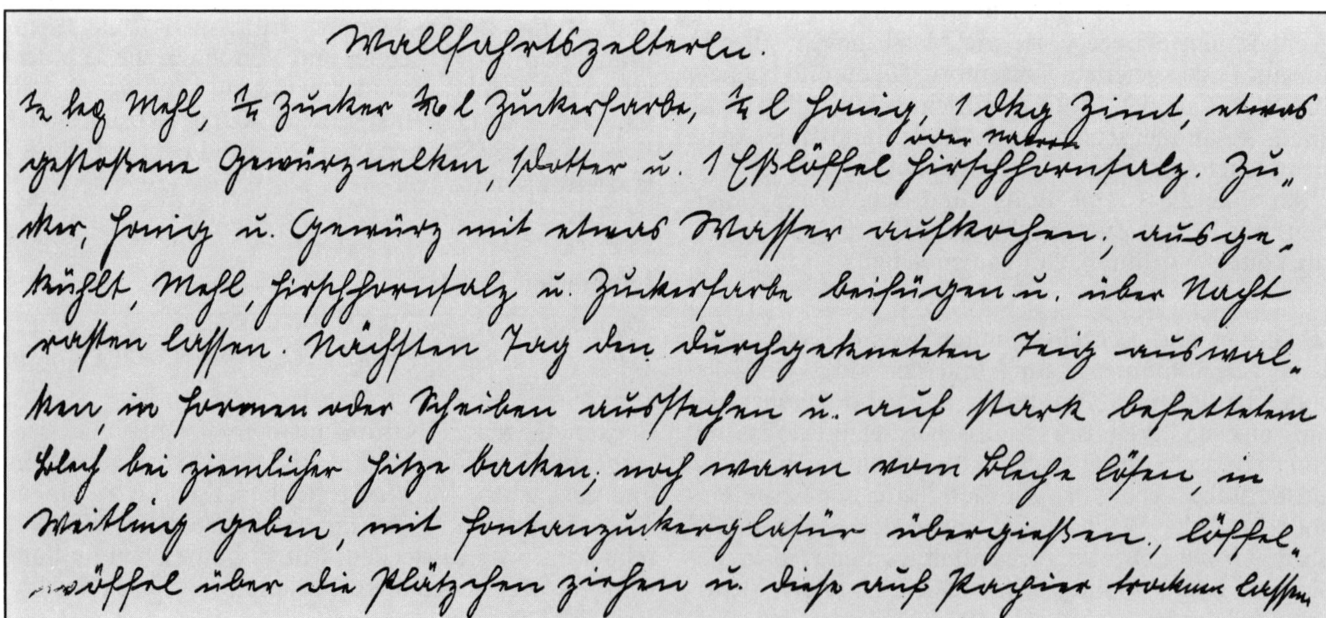
Wallfahrtszelterln.
1/2 kg Mehl, 1/4 Zucker 1/16 l Zuckerfarbe, 1/4 l Honig, 1 dkg Zimt, etwas gestossene Gewürznelken, Dotter u. 1 Eßlöffel (oder mehr) Hirschhornsalz. Zucker, Honig u. Gewürz mit etwas Wasser aufkochen, ausgekühlt, Mehl, Hirschhornsalz u. Zuckerfarbe beifügen u. über Nacht rasten lassen. Nächsten Tag den durchgekneteten Teig auswalken, in Formen oder Scheiben ausstechen u. auf stark befetteten Blech bei ziemlicher Hitze backen, noch warm vom Bleche lösen, in Weitling geben, mit Fondantzuckerglasur übergießen, Löffel- Löffel über die Plätzchen ziehen u. diese auf Papier trocken lassen

Brot und Brauchtumsgebäcke

Aus den suppigen bzw. mus- und breiartigen Speisen der Vorzeit entstand das Brot; es war zunächst wohl ein dünnes Fladenbrot ohne Triebmittel, gebacken auf heißen Steinen (die „Feuerflecken" erinnern an diese Frühform). Mehl wurde mit Reibsteinen im Haus, dann in der Querne, der Handmühle, gewonnen – beides ist einmal Frauenarbeit gewesen. Erst seit es in Mühlen ausgemahlenes Mehl und neue Backtechniken gibt, wurde das Brot fülliger, besser. Seit dem 12. Jahrhundert lieferten die Mühlen Brotmehl, es kam aus den herrschaftlichen „Bannmühlen" – abgesehen von den wenigen Hof- und Hausmühlen. Als Triebmittel wurde Sauerteig („Ura") verwendet. Dieses Brot bedurfte eines Backofens. Beispielgebend dafür waren die Klosterbackstuben. Klöster, aber auch Herrschafts- und Königshöfe hielten sich eigene Backknechte; Ende des 12. Jahrhunderts tauchten die ersten berufsmäßigen Bäcker in den Märkten und Städten auf.

Niederösterreich hatte einst eine reiche Mühlenindustrie. Ende des 19. Jahrhunderts gab es hier 233 größere Mühlen. Noch um die Jahrhundertwende bestanden beispielsweise in der Marktgemeinde Türnitz etwa 40 Hausmühlen. Die Verbesserung der Mehlerzeugung verdanken wir dem niederösterreichischen Müller Ignaz Peur, er begründete die Grieß- oder Hochmüllerei, er stellte die Mühlsteine hoch, um viel Grieß zu bekommen, ließ diesen durch oftmaliges Durchmahlen immer wieder zerkleinern (dabei wurde die Kleie jedesmal weggeblasen), bis der Mehlgrieß zu dem bekannten, beliebt gewordenen „Auszugsmehl" vermahlen wurde. Dieses Mahlsystem hatte dem niederösterreichischen, später auch dem ungarischen Mehl auf dem Weltmarkt lange Zeit einen Vorsprung gesichert.

Das Bauernbrot blieb nach Größe, Gewicht und Zubereitungsart Jahrhunderte hindurch gleich. Man buk je nach Anzahl der Familienmitglieder jede Woche oder alle 14 Tage. Eine größere Bauernfamilie aß durchschnittlich in der Woche 15 3-Kilogramm-Laibe; heute liegt der Konsum bei rund 1,5 Kilogramm pro Person und Woche. Überwiegend dürfte auf Vorrat hart werdendes Dauerbrot hergestellt worden sein (Brot wurde in erster Linie als „Zukost" zum täglichen Mus und Brei gegessen), das in einer Kammer oder auf dem Speicher in eigenen Trockengestellen („Brotre[h]me", von mittelhochdeutsch rem = Gestell; „Broatloata") aufbewahrt wurde; das waren Hängerahmen aus zwei langen Balken, ähnlich den Holmen einer Leiter, mit Querleisten und Aufsatzbögen oder schräg eingeschlagenen Pflöcken verbunden, zwischen die die Brotlaibe gestellt wurden. In anderen Bauernhäusern bewahrte man das Brot auch in einer ausgeschwefelten Holzkiste auf.

Der Backofen hat sich auf den niederösterreichischen Bauernhöfen erst langsam durchgesetzt, man kombinierte ihn meist mit bereits vorhandenen Feuerstellen in der Küche, im Vorhaus oder in der Waschküche. Bei Holzbauten war man bestrebt, den feuergefährlichen Backofen weit weg vom Wohnhaus zu bauen, meist im nahen Garten; doch das geschah erst im 18. und

Peter Fendi, „Der Sämann".

19. Jahrhundert. Gemeinschaftsbacköfen hat es im niederösterreichischen Raum nicht gegeben, dem Höfegebiet war der hofeigene Backofen selbstverständlich. Das Brotbacken ließ sich die Bäuerin selber nicht nehmen, es gehörte – wie das Kuchenbacken – sozusagen zur Haustradition.

Geräte und Arbeitsweise waren denen in anderen Bundesländern gleich, vom Backtrog und von der Teigschere bis zum Simperl, dem geflochtenen Strohkorb, Dampfl, Teigkneten, Rastenlassen, Backofenhitze und Backschaufel, Broteinschießen – alles war genau festgelegt, von Generation zu Generation übernommen, bis zur Gewürzmenge bzw. -art und allen anderen Mengenverhältnissen.

Jede einzelne Tätigkeit hat die Bäuerin mit dem Kreuzzeichen „gesegnet", vor allem das eingeschossene Brot im Backofen, denn Brotbacken „ist nicht nur eine Sache des Könnens, sondern auch des Glaubens und des guten Gewissens". Nie hätte eine Bäuerin im Zustand des „Unwohlseins" gebacken, das Brot würde dann nicht aufgehen, befürchtete sie. Jedem vorübergehenden Armen durfte ein Stück frisches Brot nicht verweigert werden, sonst würden die Laibe im Backofen versteinern, sagte man in Statzendorf. Aber auch die „Unterirdischen" waren des Brotbackens kundig: Ein Bergmanderl aus der Bergmanderllucke bei Kleinzell bat einen vorübergehenden Fuhrmann, ihm seine Ofenkrucke „zusammenzuzwicken". Für seine gute Tat belohnte ihn das Bergmanderl mit einem Laib Brot, der nie zu Ende ging. Im Mostviertel erzählte man sich, daß auch der Teufel sich auf das Brotbacken verstünde; so habe er in dem hohlen Stein bei der Saurüßler Mühle Brot gebacken. Als ein vorbeiwandernder Bursche vom Teufel ein Stück Brot erbat, wollte dieser von ihm seine Seele. Da habe der Bursch den Teufel mit einer Haselrute davongepeitscht.

Im Mittelalter gab es nicht nur das einfache Bauernbrot, sondern auch viele Spendenbrote, Weihe-, Geschenks- und Widmungsbrote, zu ganz bestimmten Terminen gebacken, oft mit dem Charakter von Heilbroten. Das wurde meist in eigenen Stiftungsbriefen festgehalten. So soll eine Brotstiftung in Aschach von einem reichen Bürger stammen; sie blieb bis zum Ersten Weltkrieg in Geltung. Die Schulkinder erhielten aus dieser Stiftung jährlich am Samstag nach Mariä Empfängnis ein Laibchen, geistliche Herren und Lehrer zwei Stück Brot. Der heutige Nikolaustermin am 6. Dezember war ebenfalls ein Brotspendetermin. Unsere Gebildbrote sind bis heute die Reste von diesem Gedanken einer Naturalleistung, der das ganze Mittelalter bestimmte.

„Feuerflecken"

Den Rest von einem Brotteig zu tellergroßen Fladen auswalken und nach dem Brotbacken im noch heißen Backofen backen (oder auf der heißen Herdplatte bzw. im Backrohr bei 200 Grad). Noch heiß mit Sauerrahm übergießen, mit Schnittlauch bestreuen oder mit Fett (Butter) und zerhacktem Knoblauch belegen. Einrollen und heiß servieren. (Furth)

Am Jauerling knetet man mit etwas Mehl 100 g Brotteig und 500 g gekochte passierte Erdäpfel und eine Prise Salz zu einem mittelfesten Teig, walkt davon 1 cm dicke, tellergroße Flecken aus und bäckt sie im Backofen oder auf der Herdplatte beidseitig resch. Mit Butter bestreichen, salzen und sofort essen.

Von der Hochschätzung des Brotes zeugen auch die verschiedenen „Maulgaben" für Tiere, der Brauch, dem Käufer eines Rindes oder Pferdes ein Stück „Glücksbrot" mitzugeben, das dem Tier im Stall des Käufers gegeben werden muß – das „Glücksbrot" beim Schweinekauf muß der Käufer essen, damit die Tiere nicht beißen. Am Christmorgen erhalten die Tiere im

Reibmühle aus Korneuburg, 1768. Sie ist zur Gänze aus Holz gearbeitet.

Ötschergebiet als Maulgabe zwischen zwei Brotschnitten Palmkätzchen, Kalmus- und Wacholder„stup“, Dreikönigssalz, Bittersalz und Weihwasser. In Gumprechtsberg gibt man den Tieren nach dem Kalben ein Stück Brot, 3 Palmkätzchen, Weihwasser und etwas Salz. Das „Schnaps-“ oder „Mostbrot“ (Brotscheiben werden in Schnaps oder Most getaucht) erhält das Muttertier dann, wenn es nach dem Kalben offensichtlich sehr schwach ist. Auch ein Stück Kletzenbrot wird als Maulgabe verwendet oder etwas von dessen Rohmaterial; in Amstetten, Göstling an der Ybbs oder in Buch bei Scheibbs an der Ybbs macht man aus den Abfällen des Dörrobstes und Nüssen vom Kletzenbrot und etwas Brotteig einen eigenen Kletzenbrotlaib für das Vieh (wie in Oberösterreich die „Viehstöri“); man bereitet auch Knödel aus Kleie und den oben angeführten Beigaben, vereinzelt auch mit Resten der „Bercht-Milch“. „Im Gebirg“ (am Ötscher) brockt der „Moastaknecht“ am Thomastag „Hetschen“ (Hagebutten), damit und aus schwarzem Mehl werden Knödel geformt, die das Vieh in den Rauhnächten als „Maulgabe“ erhält.

„Schobnblattln“, „Schomplattln“

Sie werden ebenfalls aus den Resten eines Brotteigs (aus lichtem Roggenbrotteig) zubereitet: den Backtrog nach dem Backen ausschaben („schoben“) und aus dem „Trog'scherat“ Nudelflecken auswalken (oder mit der Hand flachdrücken) und wie die Feuerflecken resch backen. Die gebackenen Blattln auf einem Leinentuch in kleine Stücke zerbrechen und in Leinensäckchen auf dem Dachboden „maussicher“ aufhängen. Bei Bedarf eine Handvoll herausnehmen, mit kochendheißem Wasser übergießen. Aufgeweicht salzen und mit in Schmalz gerösteter feingeschnittener Zwiebel oder mit heißem Schmalz, gestoßenem Mohn und Zucker darauf essen. Man kann das Wasser auch abseihen, die aufgeweichten Blattln gut abtropfen lassen und in Fett rösten oder ein versprudeltes Ei darüberschlagen und stocken lassen. Mit grünem Salat servieren. (Maria Hackl, Deutsch-Wagram)
Castelli definiert „Schab'nbladln“ in „Wörterbuch der Mundart in Österreich unter der Enns“, 1847, als „eine Mehlspeise in flachen viereckigen kleinen Blättchen, von Roggenmehl gemacht“.
Bei jeder „Bäck“ wurde früher ein Laib weißes Brot gebacken, und zwar aus Vorschußmehl (helles, qualitätsvolles Mehl), vor einer Hochzeit, zu Ostern, auch bei

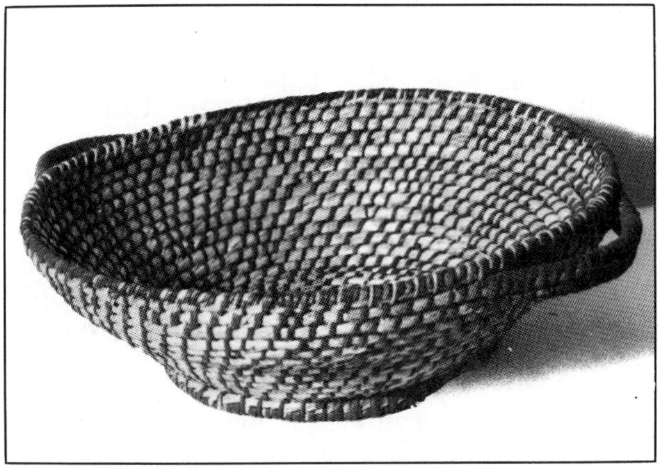

Strohsimperl.

einem Todesfall wurden mehrere weiße Laibe gebacken. In Obersdorf im Weinviertel mußte die Braut das Weißbrot für das Hochzeitsmahl selber kneten und backen. Die „Stücklpasser“ warteten („paßten“) daneben auch auf Krapfen und Striezel. Die Burschenschaft eines Dorfes wurde ebenfalls besonders bedacht; wenn sie vom Bräutigam Abschied nahm, bekam sie bisweilen vor der Hochzeit den „Bittl-“, „Stupf-“ oder „Sulzwein“ kredenzt und einige Laib Brot oder einen Kranzkuchen. An manchen Orten kamen die Burschen am Tag nach der Hochzeit ins Hochzeitshaus zum Reste-Aufessen; im Weinviertel nennt man diesen Brauch das „Heahnstallmauern“.
Zum Dienstbotenwechsel zu Mariä Lichtmeß wurde das **„Schlenkelbrot“** gebacken. Eine andere Gebäckform waren die **„Doppelbrezen“**, zwei mit dem „Rücken“ aneinandergebackene Brezen (so in Zwingendorf überliefert). Aus der Umgebung von Grimmenstein ist der **„Ofenwidder“** bekannt, ein Karfreitagsbrot aus „braunem“ Mehl, Salz, Mohn und Öl.
Zur Osterweihe befand sich im Weihkorb außer Schinken und roten Eiern immer auch ein Weißbrot. Zu Ostern gab es noch andere traditionelle Gebäckformen, so die großen Osterflecken **(„Pflugradl“)** aus feinem Weizenmehl, meist vom Bäcker gebacken, ziemlich flach, scheibenförmig, in der Mitte leicht eingedrückt und dünner. Mit einer Art Kamm wurden sternenförmig strahlige Muster oder als Gittermuster angeordnete Verzierungen eingestochen. (Im Angelsächsischen nennt man dieses Gebäck „pricked bread“ = gesticheltes Brot.) Dieses Brot durfte nur gebrochen, nicht geschnitten werden. Mancherorts erhielten die

Osterflecken in ihren muldenförmigen Vertiefungen eine Auflage von Topfen, Rahm und Rosinen (so im Weinviertel). Im Erlaufboden gab es neben dem traditionellen Mohnstrudel zu Ostern ein Kletzenbrot. „God“ und „Godl“ gaben ihren Patenkindern jeweils ein **Godenkipfel** oder eine **Godenbrezen,** ebenfalls meist ein Riesengebäck (oft war ein Geldstück mit eingebacken). In Josefsberg kannte man einen eigenen „Kipfelsonntag“ (wohl am ersten Sonntag nach Ostern). Im Waldviertel aß man das „Martinihörndl“, ein vierzipfeliges, gelegentlich auch aus zwei Kipfeln gebildetes Hörner-Spendebrot.

Für Ostern dreht man aus je zwei Strängen größere Kipfel um ein gefärbtes Osterei (die Kipfelspitzen überkreuzen sich an den Enden). Man kann aus den Teigsträhnen auch einen Kranz formen und dahinein das gefärbte Osterei legen **(„Osterkranz“).**

Amalie Grünzweig verwendet zu einem **„guten billigen Milchbrot“** 900 g feines Mehl, $^1/_2$ l lauwarme Milch, wenig Salz, 40 g Germ, 70 g Butter und 40 g Zucker und bemerkt dazu: „Der Teig wird gut und lange geknetet. Der Teig muß zweimal ‚gehen‘, was die Hauptsache ist. Eier nimmt man nicht dazu; sie machen das Brot trocken.“

Weit verbreitet sind die „Allerheiligenstriezel“, ursprünglich ein Milchbrot mit viel Butter, Eiern und Rosinen, heute meist aus einem feineren Germteig mit Rosinen bereitet. Wird zum Kaffee gegessen.

Allerheiligenstriezel

1000 g glattes Mehl, 180 g Butter oder Margarine, 180 g Zucker, 2 Eier, 40 g Germ, Salz, 100 g Rosinen, 1 EL Rum, Zitrone; 1 Ei zum Bestreichen, Hagelzucker

Butter, Zucker und die Eier schaumig rühren, nach und nach die Zutaten dazugeben und auf dem Brett einen festen Germteig kneten. Zugedeckt gehen lassen. Dann erneut kneten, dabei die Rosinen dazugeben, in neun Teile teilen, jeden zu einem langen Strang ausdrehen, dann aus vier Strängen einen breiten Zopf flechten, auf das gut gefettete Backblech legen, mit zerklopftem Ei bestreichen, ebenso aus drei Strängen einen Zopf drehen, darauflegen und mit Ei bestreichen, obenauf einen aus zwei Strängen gedrehten Zopf legen, mit Ei bestreichen, alles mit Hagelzucker bestreuen. Kurz gehen lassen und dann ziemlich rasch backen.

„Magln“ nannte man mit Mohn bestreute Gebäcke, die extra für die „Striezelbettler“ (siehe unten) zu Allerheiligen gebacken wurden. Schon Johann Valentin Popowitsch schrieb im 18. Jahrhundert – allerdings etwas ungenau – über diese Allerheiligenstriezel: „Allerheiligenstrüzel heißen im Österreichischen oben und unten zugespitzte, in der Mitte breiter gebrochene (?) Wecken, welche am Vorabend von Allerheiligen gebacken werden. Sie sind von allerlei Größe, einer für einen, zwei, drei Kreuzer werden sie auf den Kauf gebacken; größere für fünf bis fünfzehn Groschen, einen Gulden müssen bestellt werden. Das gemeine Volk sagt kurz Heiligenstrüzel. Allerheiligenstrüzel für die Kinder oder sogenannte Hosen (?) werden auch auf Allerheiligen gebacken und den anwesenden Kindern ausgeteilt. Sie haben folgende Gestalt: es sind zwei zusammengestoßene Wecken von Semmelteige. Beide für einen Kreuzer, einer für zwei Pfennige.“
Aus dem 19. Jahrhundert sind verschiedene örtliche Formen und Namen der Allerheiligengebäcke überliefert und aufgezeichnet. Max Höfler berichtet von einem **„Sechswochenwecken“** oder **„Krotten“,** einem Knaufgebäck (dessen vier Zipfel an eine Kröte erinnern mögen), **„Pfemmatl“** genannt („Pfemmatl“ leitet sich von „Pfennwert“ ab; bei Popowitsch liest man oben: „beide für einen Kreuzer, einen für zwei Pfennige“). Um Hollabrunn hieß es die **„Sechwochenbacht“.** Leopold Teufelsbauer lernte in Kirchau in der Buckligen Welt die „Stritzelbettler“ kennen: „Gelobt sei Jesus Christus, tat bitten um an Heiligenstriezel.“ Beim Abschied vom Hof heißt es: „Vergelt’s Gott, Allerheiligen, seid’s a guate Schmalzkochbäuerin.“ Im Viertel ober dem Wienerwald bitten die Kinder: „Heiligen, heiligen husch, husch, husch, an Apfel, a Birnderl, a Nuß, Nuß, Nuß! “ Erhalten sie nichts, so sagen sie: „Geiziger Vöder, geizige Moam, wann’s uns nix gebt’s, geh’n ma so wieder hoam.“ Im Wechselgebiet bekamen die Kinder, aber auch arme Leute, ein Laibchen Weißbrot, am Wechsel am Vorabend dunkleres, am Festtag weißes Brot, beides von der Bäuerin gebacken; die feinen Striezel für die Patenkinder dagegen bestellte man beim Bäcker. Eine reiche Bäuerin spendete zu Allerheiligen wohl an hundert Laibchen an Arme, und sie blieb an diesem Tag eigens zu Hause, um ja keinen „Zusprecher“ zu versäumen. In St. Martin bei Weitra sollen die heischenden Buben runde Laibchen in der Größe einer Bäckersemmel bekommen haben. Im Weinviertel ließen sich die Erwachsenen vom Bäcker Striezel backen, u. a. einen Riesenstriezel, der nach

dem Kirchgang in einem „Striezelwürfelspiel“ ausgelost wurde. In Strebersdorf maß so ein Striezel anderthalb Meter. In Enzersdorf bei Staatz sagte man „Striezelpaschen“ zu diesem Würfelspiel. Der Striezel wurde dann wohl gemeinsam verzehrt. Alle diese Gebildbrote schlossen sich meist an die Traditionen von Renaissance und Barock an, die ebenfalls Riesengebäcke kannten. **„Strohzopf“** wurde ebenfalls ein Heiligenstriezel genannt, der im Gänserndorfer Bezirk von den Mädchen vor den Häusern aufgestellt oder an die Haustür gehängt worden war. Im Waldviertel ist der **„Reichenberger Stollen“** bekannt; er ist einem Allerheiligenstriezel ähnlich, doch verwendet man dazu statt Butter Schweineschmalz und außer Rosinen auch noch gehackte Mandeln und Arancini.

Im Ötschergebiet machte die Gevatterin acht Tage nach einer Niederkunft die „Zutrag“, das übliche Geschenk an Semmeln, Eiern, Butter u. dgl. (Vermögende schenkten auch Zucker, Kaffee, Schokolade), insbesondere einen **„Mutz“**, ein riesenhafter, mit Weinbeeren gefüllter, „oft wundersam geformter Wecken aus mürbem Teig“, berichtet M. A. Becker 1859.

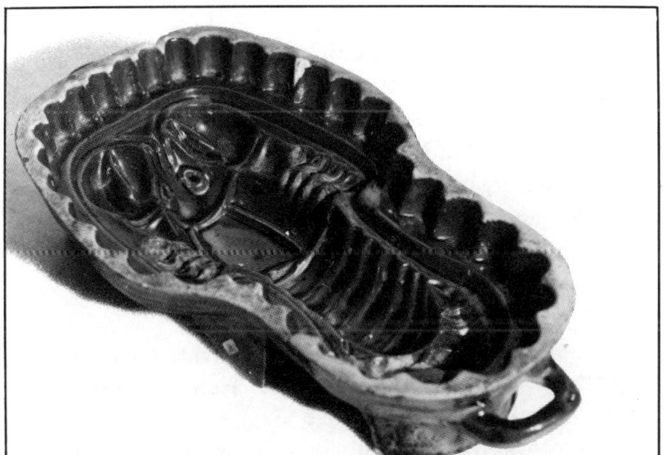

Bisquit- bzw. Sulzform (Krebs).

Tiergebäcke gab es in Form einer Schlange zu Hochzeiten (Leobersdorf, Stollhof), eines Ebers zu Neujahr (Breitenstein), eines Fisches zu Neujahr (Hollabrunn, Pollenberg, Schleinbach, Leopoldsdorf, Groß-Enzersdorf, Hainburg), eines Krebses oder Lebkuchen oder Biskuitteig als Einzel- oder Zeilenbrot, 5 bis 20 cm groß. Menschliche Figuren als Gebildbrot gibt es u. a. zu Pfingsten als Männchen und Reiter (Niedersulz), zur Hochzeit als Brautkuchen in Menschengestalt.

Zur Weihnachtszeit gab es das weiße **„Störibrot“ („Stori“, „Stieri“)**, das zu den ältesten überlieferten Weihnachtsbroten gehört. Im Zwettler Bezirk nannte man es **„Rauhwuzel“**. Als Backtag galt der Thomastag (21. Dezember); es wurde als letztes Brot der „Bacht vor Weihnacht“ gebacken. Von diesem Tag an mußte ja der Backofen bis zu den Heiligen Drei Königen kalt bleiben. Auch das Störibrot war ein Glücksbrot. In Au am Leithaberge wurde am Heiligen Abend ein Laib Brot auf den Tisch inmitten eines aus den Getreidesorten gebildeten Kranzes und neben eine brennende Kerze gestellt. Auch das **Kletzenbrot** war bekannt, wurde aber, wie schon erwähnt, je weiter man nach Osten kommt, von Strudelgebäcken verdrängt. Im Ötschergebiet war der Glaube verbreitet, daß man, wenn man neunerlei Kletzenbrotstücke aß, so stark wurde, daß man neun Fuder Heu bergauf rechen konnte.

Kletzenbrot.

Man nimmt ungefähr 1 Kilogramm Brotteig, walkt ihn auseinander, füllt ihn gut mit unten beschriebener Fülle, schlägt ihn zusammen, knetet daraus einen Laib; läßt ihn gut gehen und bäckt ihn so wie ein anderes Brot.

Fülle: 1 Kilogramm Kletzen werden überkocht, abgeseiht und kleinwürfelig geschnitten. Dazu nimmt man 1/4 Kilogramm Feigen, eventuell 20 Deka Nüsse und 20 Deka Pignoli und etwas Weinbeeren. Dies alles wird würfelig geschnitten, mit Schnaps oder Rum angefeuchtet, gut durchgemischt und eine Weile stehen gelassen.

Aus: Karoline Dietrich, „Kochbuch für ländliche Haushalte“, 2. Aufl., Wien 1928.

Kletzenbrot

Kletzen und Dörrzwetschken in wenig Wasser kochen, von Stengeln und Kernen befreien, zerschneiden und grob „wirgeln“ (mit dem Wiegemesser zerkleinern). Getrockneten Fenchel, Koriander und Anis in einem Tüchlein fein zerschlagen, mit Zitronensaft, geriebener Zitronenschale, Zuckerwasser und etwas Schnaps oder Rum unter die Früchte mengen. Diese Mischung in gleich viel Brotteig aus Roggenmehl einkneten. Kleine, feste Laibe daraus formen und backen. (Frau B. Laaber; St. Gotthard bei Mank)

Kletzenbrot

In Roggenbrotteig werden folgende gehackte und falls notwendig vorgeweichte Früchte eingeknetet: 9 kg Kletzen, 6 kg Zwetschken (Dörrzwetschken), 5 kg Feigen, $1^1/_2$ kg Datteln, 1 kg Weinbeeren, 1 kg kleine

Rosinen, 1 kg große Rosinen, $^3/_4$ kg Pignoli, $^1/_2$ kg Haselnüsse, 2 kg Nußkerne, $^1/_2$ kg Arancini, $^1/_2$ kg Zitronat; gewürzt wird mit Zimt, Nelken, Kardamomen, Schalen von 5 Zitronen und einer Orange. (Hildegard Janchen; aus einem Hammerherrenhaus in Neustift bei Scheibbs, Erlauftal)

Kletzenbrot

1000 g Weißroggenmehl, 2000 g Weizenmehl, 1000 g Kletzen, 1000 g Dörrzwetschken, 300 g gehackte Nüsse, 300 g Rosinen, 150 g Zibeben (Korinthen), 200 g Feigen, evtl. getrocknete Heidelbeeren oder Apfelspalten, 1 Msp. Zimt, 1 Packerl Sternanis, Milch, $^1/_4$ l Zwetschkenbranntwein, 1 Handvoll „Ura“ (Sauerteig) oder 100 g Germ, Salz, Zucker nach Bedarf

Kletzen und Zwetschken am Vortag in lauwarmes Wasser geben. Am nächsten Tag im Einweichwasser weich kochen, dann klein schneiden, ebenso die Feigen klein schneiden. Alle Zutaten miteinander vermengen, mit Mehl und Prise Salz zusammen kneten, bis der Teig Blasen wirft. Während des Knetens nach Bedarf Milch, Kletzensudwasser und Branntwein dazugießen. Den Teig zu Laiben formen, in Simperl legen und zugedeckt gehen lassen (ca. 2 Stunden). Dann im Backrohr oder im Backofen backen (oder beim Bäcker backen lassen). (Bucklige Welt)
Durch das Abreißen von Backöfen und Dörrhäusln und durch das Fehlen von dunklem Mehl geriet das selbstgebackene weihnachtliche Kletzenbrot seit dem Zweiten Weltkrieg immer mehr in Vergessenheit.

„Zlabern“

Verschiedenes kleingehacktes Dörrobst, geriebene Nüsse und Bockshörndl mit $^1/_8$ l Wein vermengen und die Nacht über stehen lassen. Am nächsten Tag eine Handvoll Germteig dazumischen und daraus einen Wecken formen, den man in einen ausgerollten (Brot-)Germteig einschlägt. Eine Stunde im Ofen backen. (Von A. Kreuzinger aus dem Weinviertel mitgeteilt.)

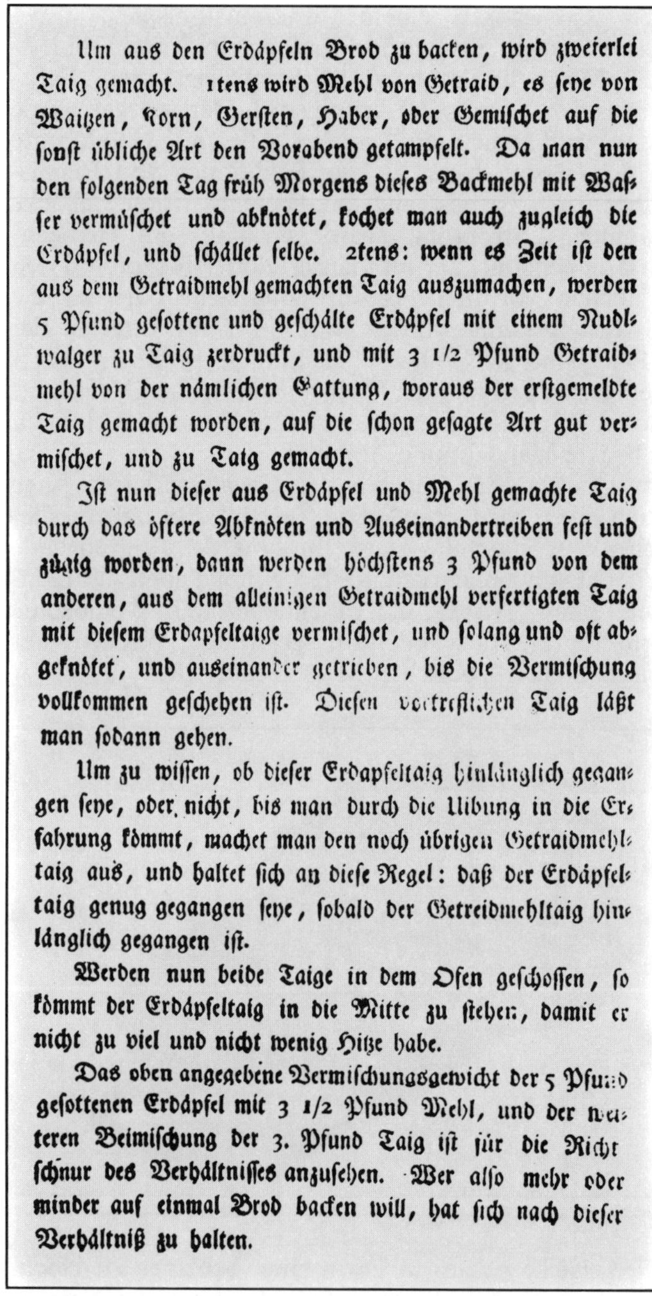
Um aus den Erdäpfeln Brod zu backen, wird zweierlei Taig gemacht. 1tens wird Mehl von Getraid, es seye von Waitzen, Korn, Gersten, Haber, oder Gemischet auf die sonst übliche Art den Vorabend getampfelt. Da man nun den folgenden Tag früh Morgens dieses Backmehl mit Wasser vermüschet und abknötet, kochet man auch zugleich die Erdäpfel, und schället selbe. 2tens: wenn es Zeit ist den aus dem Getraidmehl gemachten Taig auszumachen, werden 5 Pfund gesottene und geschälte Erdäpfel mit einem Nudlwalger zu Taig zerdruckt, und mit 3 1/2 Pfund Getraidmehl von der nämlichen Gattung, woraus der erstgemeldte Taig gemacht worden, auf die schon gesagte Art gut vermischet, und zu Taig gemacht.

Ist nun dieser aus Erdäpfel und Mehl gemachte Taig durch das öftere Abknöten und Auseinandertreiben fest und zäzig worden, dann werden höchstens 3 Pfund von dem anderen, aus dem alleinigen Getraidmehl verfertigten Taig mit diesem Erdapfeltaige vermischet, und solang und oft abgeknötet, und auseinander getrieben, bis die Vermischung vollkommen geschehen ist. Diesen vortreflichen Taig läßt man sodann gehen.

Um zu wissen, ob dieser Erdapfeltaig hinlänglich gegangen seye, oder nicht, bis man durch die Uibung in die Erfahrung kömmt, machet man den noch übrigen Getraidmehltaig aus, und haltet sich an diese Regel: daß der Erdäpfeltaig genug gegangen seye, sobald der Getreidmehltaig hinlänglich gegangen ist.

Werden nun beide Taige in dem Ofen geschossen, so kömmt der Erdäpfeltaig in die Mitte zu stehen, damit er nicht zu viel und nicht wenig Hitze habe.

Das oben angegebene Vermischungsgewicht der 5 Pfund gesottenen Erdäpfel mit 3 1/2 Pfund Mehl, und der weiteren Beimischung der 3. Pfund Taig ist für die Richtschnur des Verhältnisses anzusehen. Wer also mehr oder minder auf einmal Brod backen will, hat sich nach dieser Verhältniß zu halten.

Dokument in der Ausstellung „Pfarrer Johann Eberhard Jungblut und seine Zeit (1722–1795)“ im Pfarrhof Prinzendorf an der Zaya.

Vorratswirtschaft

Neben Keller und Dachboden war auch die „Speis" ein Raum für die Vorratshaltung. Im Keller, der im Sommer kühl, im Winter nicht zu kalt sein soll, werden Erdäpfel, Äpfel (in Steigen), Bier-, Wein-, Mineralwasserflaschen, Krautköpfe, Zwiebeln und Knoblauch sowie im Sand verschiedene Wurzelgemüse gelagert. Auch Rüben und das Sauerkraut werden im Keller gelagert, ebenso der Most. Auf dem Dachboden lagerte man das Getreide und getrocknete Hülsenfrüchte, auch Dörrobst und manchmal das Geselchte. Das Geselchte hing in der Selch bzw. nachher auch in der Speisekammer („Speis"). Die „Speis" befand sich in der Nähe der Küche, mußte kühl und luftig sein, diente zur Lagerung von Gläsern mit eingelegtem Obst, Gemüse und Marmelade, von Essig, Wein und Schnaps, Eiern, Frischobst, getrockneten Pilzen und Mehlspeisen. Auch ein Teil des Geselchten und im Winter die Würste, auf der Brotleiter die Brotlaibe, in „Simperln" oder Leinensäcken das Mehl und Rind- und Schweineschmalz in „Desen" sowie die Milch wurden vor dem Aufkommen der Kühlschränke und Gefriertruhen in der „Speis" gelagert.

Viele Häuser hatten früher auch ein **Dörrhaus,** das wegen der großen Feuergefahr abseits vom Hof lag. Hier wurden im Herbst Zwetschken, Apfelspalten und Birnen gedörrt, hier wurde auch der Flachs „gebäht". Die Feuerstelle befand sich in einer giebelseitigen Wand, gefeuert wurde mit korbgroßen Wurzelstöcken; gedörrt wurde in einer Kuppel, in die topfartige unglasierte Kacheln zur Wärmespeicherung eingesetzt waren. Das Heizen und das Halten der nötigen Temperatur war schwierig und erforderte ständige Überwachung. Zu beiden Seiten des eigentlichen Ofenraums waren Gestelle, auf denen die „Hurden" lagen, Holzrahmen mit eingesetzten Querhölzern, die ihrerseits die „Huat'n", ein Geflecht aus Spänen oder Weidengerten, versteiften.

Die gekauften, teuren Lebensmittel, wie Zucker, Gewürze, Kaffee, Tee, Reis, Salz u. a. m., befanden sich im Küchenkasten. Ein „Mehldesel" hing neben dem Herd, daneben eine kleine hölzerne Schaufel. Den **Zukkerhut** lagerte man an einer trockenen, erhöhten Stelle. Der Zuckerhut, ein hoher Kegel mit stumpfer Spitze, war in außen blauem oder schwarzem, innen weißem Papier verpackt und mit einer „Zuckerschnur" gebunden. Ein Zuckerhut wog etwa zehn Kilogramm und kostete 1886 40 Kreuzer pro Kilogramm. Der Kaufmann zerkleinerte ihn mit dem „Zuckerhackl", einem Hackmesser, oder mit der „Zuckerquetsch'n", einer Zange, auf Hartholz montiert. Zu Hause behalf man sich mit einem starken Küchenmesser. Benötigte man Staubzucker, wurden die Stücke im Mörser zerstoßen bzw. mit dem Nudelwalker gewalzt. „Oben spitz, unten breit, durch und durch voll Süßigkeit. Was ist das?" lautet ein Kinderrätsel, bezogen auf den Zukkerhut.

Der **Salzstock** war ein klobiger Kegelstumpf in der Größe eines Blecheimers; man ging ihm mit Säge und Reibeisen zu Leibe. Das äußere, schmutzige Salz verwendete man als Viehsalz. Mit Mehl und Salz „fütterten" die Bauern vor Jahresende auch Wind und Feuer. Man mischte beides am 29. Dezember auf einem Brett und stellte es auf den Dachfirst. Verwehte es der Wind, waren im kommenden Jahr keine Stürme zu befürchten. Im Ötschergebiet wurden beim Getreideputzen Hafer oder Korn in den Wind gestreut, und beim Krapfenbacken wurde der am besten geratene Krapfen in das Feuer geworfen. Beides geschah in der Hoffnung, daß Luft und Feuer dem Menschen keinen Schaden zufügen möge. Auch das kostbare Vieh

Salzhachel.

schützte der Gebirgsbauer mit allen möglichen Mitteln; um vor Fuchs und Marder verschont zu bleiben, opferten die Ötscherbauern um die Weihnachtszeit Eier auf dem Altar der Pfarrkirche. Geweihte Kräuter sollten das Vieh vor Krankheit bewahren bzw. im Falle einer Krankheit oder des „Verneidens" und „Verschreiens" heilen. Eine besondere Beziehung hatte man zu den „Schmalzhexen", die es verstanden, daß die Schmalzdesen nie leer wurden.

Gemolken wurde bis zu Beginn der sechziger Jahre unseres Jahrhunderts größtenteils noch mit der Hand; erst dann begann man Melkanlagen „anzuschaffen". Vorher wurde die gemolkene **Milch** durch ein sauberes Leinentuch auf einem Sieb geseiht; schon in der Zwischenkriegszeit hatte man die hölzernen „Melchselchter" durch metallene ersetzt. Die Milch in dem „Mülliamper" stellte man in ein Schaff, dessen kaltes Wasser öfter gewechselt wurde (die Milch wurde dabei von Zeit zu Zeit umgerührt). Mitte der zwanziger Jahre begann man, die Milch in die Molkereien zu liefern. Heute wird Milch nur mehr selten direkt vom Hof weg verkauft, und die Butter kauft die Bäuerin meist selbst beim Kaufmann. Ehedem war man autark und verkaufte die Butter an den wöchentlich einmal vorbeikommenden „Fragner". Rahm gewann man damals, indem man Vollmilch in irdenen Geschirren stehen ließ, den Rahm schöpfte man dann mit einem Löffel ab. In den dreißiger Jahren kamen die Milchzentrifugen auf. Ärmere Bauern mußten sich nach wie vor mit den „Müllipfannen" begnügen, das waren rechteckige, blecherne Pfannen mit verschließbarem Ablaßrohr, durch das die entrahmte Milch floß; zurück blieb das Obers, der süße Rahm, der zum Buttern verwendet wurde; das geschah mit dem Stoßbutterfaß bzw. auf größeren Höfen mit einem Drehbutterfaß. (Pratos „Süddeutsche Küche" empfahl auch das Schütteln von Rahm in einem engen Einsiedeglas!) Die Butter gab man in ein „Multerl" (Schüssel), darin sie „geschupft" wurde, bis das Wasser entfernt war; dabei entstand ein länglicher Butterstriezel. Model waren in Niederösterreich fast unbekannt, außer im steirisch-niederösterreichischen Grenzraum. Wenn die Butter lange nicht „zusammenging", legte man einen Schlüssel unter den Rührkübel. „Dadurch erreicht man seinen Zweck", denn der Schlüssel schützte vor dem Zugriff des Übersinnlichen. Am Dreikönigstag gab es im Ötscherland – wie auch in Oberösterreich und in der Steiermark – die „Sampermilch" oder „Perchtmilli" bzw. „Berscht(el)milch".

Die genossenschaftlichen Molkereien haben einen großen Umschwung bewirkt, weil damit die tägliche Milch bzw. das Buttern vom Bauernhof verschwand. Im westlichen Niederösterreich sowie in allen Gegenden mit extensiver Milchwirtschaft hat gerade das auch den Speisezettel gründlich verändert. Allerdings wurde Butter selber im bäuerlichen Haushalt relativ wenig verwendet. Butter, die nicht verkauft wurde, wurde meist zu Butterschmalz („Rindschmalz") ausgelassen und in irdenen Töpfen aufbewahrt, es diente zur Bereitung vieler Mehlspeisen. Den Bodensatz („Buttersäure") verwendete man u. a. für den mürben Strudelteig. Frische Butter verwendete man auf dem Bauernhof als Brotaufstrich relativ selten und erst spät (vermutlich von den Sommerfrischlern übernommen), sonst nur für spezielle Festtagsgebäcke. Nur zur Mettenjause wurde im Ybbstal ein Stück Butter in eine Schüssel gegeben, darauf noch Butter durch ein grobes Leinentuch durchgedrückt, damit sie „zodert" wurde.

Butterpresse im „Mostviertler Bauernmuseum" Anton Distelberger, Ödhof Gigerreith 39 bei Amstetten.

Dann machte man mit dem Messer Wellen darauf und gab rundherum Honig. Dazu aß man Kletzenbrot oder Schober, auch Nüsse, Äpfel, und trank Schnaps. Butter und Honig aß man dabei mit dem Löffel. (Ein ähnliches Gericht gab es in der Steiermark zu Silvester und am Neujahrsmorgen als „Neujahrsbutter".) Heute nimmt auch die Bäuerin zum Backen vielfach Margarine. Magermilch wurde an die Schweine verfüttert, auch die Buttermilch wanderte immer häufiger in den Sautrog, einst wurde sie getrunken und für viele Speisen verwendet.
Landesberühmt war der **„Kasquargel":** aus Topfen, etwas Rahm, Salz und Kümmel wurden kleine Kegel geformt, in Reihen auf einem Brett im offenen Dachbodenfenster getrocknet; sie wurden fest, bekamen eine steinharte, gelbliche Rinde und einen guten Geschmack. Sie stellten bei Feldarbeiten oder bei Gängen über Land zum Brot eine schmackhafte, haltbare Zukost dar. Beliebt ist auch der „Topfenkas" (Seite 150).
Käse war bei den Körndlbauern nicht sehr gefragt. Erst in der jüngsten Zeit kauft man Käse in den Geschäften („Eckerlkäse", Quargel). In den wenigen Almgebieten Niederösterreichs (die Almwirtschaft Niederösterreichs erstreckt sich auf das Kalkhochgebirge des Ötschers und Dürrensteins, das Rax- und Schneeberggebiet) dagegen wurde immer schon Käse bereitet. Die Göttweiger Urbare zum Beispiel weisen fünf Käsesorten auf (große Käse, kleine Käse, bessere Käse, Rabensteiner Käse, Schwaigkäse). In den mittelalterlichen Abgabeverzeichnissen ist noch häufig vom **Schafkäse** die Rede. M. A. Becker hat vor mehr als 100 Jahren den Schafkäse der Ötschergegend gerühmt: „Wo man Schafe hält, weiß die Bäuerin den Schafkäse in kleinen zylinderförmigen Stöcken zu bereiten, welcher im Gebirge von vorzüglicher Güte mehr als Leckerbissen genossen oder verkauft wird." Die Käsemasse wird noch heute in zylindrische, kleine gebrannte Tonformen gepreßt (zu einem halben und zu einem ganzen Pfund Inhalt). Diese Tonformen (mit oder ohne Henkel) sind innen glasiert und haben im unteren Teil Löcher zum Abtropfen des Käsewassers.

Ybbsitzer Schafkäse

4 l Schafsmilch, $^1/_2$ l Kuhmilch, $^1/_2$ TL Salz, 1 Msp. Käsepulver

Beide Milcharten in einem Topf vermischen, auf 37 Grad erwärmen. Das in einem Eßlöffel Wasser aufgelöste Käsepulver und das Salz dazurühren, gut durchrühren, in die vorher mit warmem Wasser ausgespülten Käseformen ($^5/_8$-Liter-Gefäße, 20 cm hoch, zylindrisch geformt) füllen und bei Zimmertemperatur 10 bis 12 Stunden stehen lassen. Dann die überstehende Molke entfernen, die festen Käsestücke in frisches Wasser legen; der Käse ist so bei kühler Lagerung ca. eine Woche haltbar. (Leopoldine Hönickl)

Schafkasmodel.

Trotz reichhaltiger Geflügelhaltung war das Huhn eine eher seltene Speise auf dem Bauernhof. Auch mit den **Eiern** ging man sehr sparsam um. (Der Verkauf von Eiern brachte der Bäuerin ja das „Körberlgeld", mit dem sie Notwendiges beim Krämer für die Küche besorgte.) Für den Winter wurden die Eier im August, um den „Frauendreißiger", unter Weizen begraben, oder man legte sie in Gläsern mit Wasserglas oder Kalk ein. Die Eierschalen verfütterte man an die Hühner. Im Brauchtum und Volksglauben waren besonders die **„Antlaßeier"** bedeutsam, also die Eier, die am Gründonnerstag gelegt wurden. Im Ybbsgebiet aßen die Holzknechte zu Ostern je ein Antlaßei gegen Bruch und Verletzung; die Antlaßeier blieben meist ungefärbt und wurden am Ostersonntag zur Speisenweihe in die Kirche gebracht, denn ein gefärbtes „nimmt die Weihe nicht an". Sie sind auch ein Heiltum brüderlicher Verbundenheit: Zwei Personen, die gemeinsam ein „Antlaßei" verzehren, sollen in Gefahr aneinander denken, damit sie sich nicht verirren.
Das Beschenken der Kinder mit Ostereiern ist nach den Forschern eine Verkindlichung eines älteren Schenk-

brauches; vor rund zweihundert Jahren haben sich noch die Erwachsenen mit Eiern beschenkt, noch weiter zurück war es Pflicht, gewissen Heischenden Eier zu geben. Zu Ostern waren es die ersten frischen Eier, im Mittelalter mußten sie als Zinseier von den Untertanen an die Herrschaft abgeliefert werden, auch Geistliche, Klöster, Bedienstete in öffentlichen Stellen (z. B. Lehrer) erhielten solche „Zinseier“. Im Jahre 1660 gab zu Ostern in Rossatz in der Wachau „jeglicher sein walgair“ dem Fährmann, wenn er ein neues Schiff herstellen lassen mußte. („Walg-Eier“ hießen sie, weil man mit ihnen ein Eierspiel, das Eierwalgen, veranstaltete.) Für das Jahr 1630 heißt es, daß ein jeder Gemeindeangehörige von Buchberg am Karsamstag dem Pfarrer bei der Wasserweihe ein „Walg-Ei“ spenden mußte. Auch der Kirchendiener bekam eines.

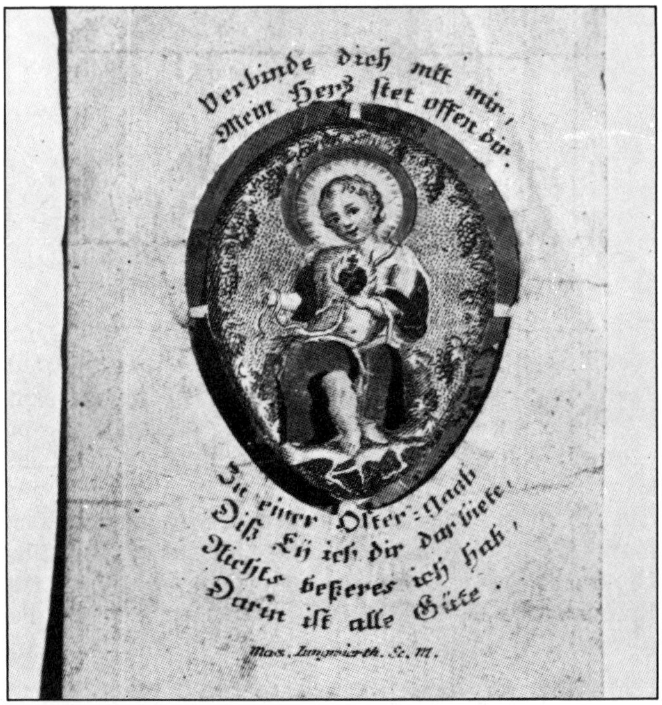

Osterei-Andachtsbild.

Schließlich nannte man „rotes Ei“ oder „Osterei“ eine jede Gabe, auch an Vorgesetzte und Beamte; so erfahren wir aus Brunn am Gebirge, daß 1638 „dem Doktor Perger zu Ostern ein rothes Ei“, bestehend aus Viktualien, als „Verehrung“ gegeben worden sei. Derselbe Ort „verehrte“ 1642 „dem Doktor Perger und Herrn Putzlin zu einem rohten Ei Frimbächt“ („angefrümtes Bacht“, also eigens angeschafftes Gebäck). Das „Osterei“ trug in der Barockzeit oft nur mehr den Namen, gespendet wurde dabei meist etwas anderes. Im 17. Jahrhundert entstand aus diesem Brauch sogar eine eigene Ostereivers-Literatur. Die Sitte des Färbens und Bemalens von Eiern wurde gerade um und nach 1800 offensichtlich gern durch das Anbringen von Sprüchen ergänzt. Die Vorbilder für solche Ostereiverse wurden in eigenen kleinen Volksbuchdrucken angeboten. Bis dahin reichen auch die Sammlungen der beschrifteten Ostereier. Darüber hinaus beginnen in weiten Gebieten (auch in Mähren und in der Slowakei) die ornamental bemalten, unbeschrifteten Ostereier. Hohbergs „Adeliges Landleben“ (1715) gibt an, Körblein- oder Petersilienblätter für Laubwerkmuster auf die Eier zu binden, sie auch mit allerhand gefärbten Federn oder bunter Seide zu marmorieren, so auch mit Farbspänen in Fließpapier oder Zwiebelschalen oder mit ausgeschnittenen Vorlagen aus Türkisch oder goldgedrucktem Papier. Aus dem 19. Jahrhundert sind Ostereier mit Silberdraht-Chenille und farbigem Geschnür erhalten. Im Weinviertel gehörten die am Ostersonntag und -montag gelegten Eier den Hausmägden, die die Hühner das Jahr über zu betreuen hatten. Das letzte Jahrhundert hat mit dem allmählichen Aufhören des bürgerlichen Brauchtums eine Art von Rückstrom auch der Osterei-Behandlung Südosteuropa gebracht. Eier, von armen Frauen und ledigen Mädchen bemalt, kamen oft weit herum, an ihre beim Militär befindlichen Söhne, an Freunde und Bekannte.

Die Freude an ungewöhnlichen Speisen im Barock hat lange Zeit zum Angebot an Kibitzeiern geführt, die in den Marchauen gesammelt wurden. Im Ötschergebiet wurden von „Ameislern“ die Ameiseneier gesammelt.

Bienenzucht dürfte es im Voralpenland schon in römischer Zeit gegeben haben, aber erst mit der frühdeutschen Besiedlung setzte eine systematische bäuerliche Bienenzucht ein, mit Stöcken bei den Häusern (und nicht nur Waldbienenzucht). Bienenwachs und Honig waren für Klöster, Kirchen und Lebzeltereien wichtige Produkte („Biene, Honig, Wachs, Lebzelt“ sind keine Lehnwörter aus dem Lateinischen, sondern uralte germanisch-indogermanische Bezeichnungen.) Das Bienenjahr beginnt am Petri-Stuhlfeier-Tag, am 22. Februar: „Beinlpeterstag läßt die Bienen aus“, heißt es dazu im Wechselgebiet. Die Wald-Zeidlerei hatte sich nur im slawisch-deutschen Grenzgebiet länger gehalten (Namen wie Zeitlbach bei Ardagger weisen darauf hin). In den alpinen Gegenden überwog bald die Bienenhal-

tung mit Klotzbeuteln, ausgehöhlten Baumklötzen als unten offenen Stülpern. Im Alpenvorland überwogen die Rutenkörbe, mit Lehm oder Mist bestrichen, später die Strohstülper, die sich bis ins 19. Jahrhundert gehalten haben. Erst durch die Imkervereinigungen wurden die neuen Bienenkasten und -laden eingeführt, die in eigenen Bienenhütten, z. T. angelehnt an Kasten und Schupfen hinter dem Haus, zum Teil frei im Garten unweit vom Hof stehen. In frühbarocker Zeit gab es aus Brettern gefügte Rauchfangkörbe, aus einem Baumstamm gehauen.
Überlieferte Kerzengießgefäße aus dem 18. und 19. Jahrhundert bezeugen eine eigene häusliche Kerzengießerei; doch das meiste Bienenwachs wurde an Wachszieher verkauft. Ähnlich verhielt es sich auch mit dem Honig, einen Großteil verkaufte man an Lebzelter und Metsieder, einen kleinen Teil verwendete man in der Küche zum Süßen von Festtagsspeisen (Lebkuchen, Mohnfülle, Kletzenbrot) oder als Arzneimittel; gern goß man Honig über abgeschmalzene Mohnnudeln und Nockerln. Ein kleiner Teil mußte als Zins an den Grundherrn abgeliefert werden. Die Prein, die Neunkirchner Gegend und Orte um die Hohe Wand waren als Honiglieferanten für die Lebzelter von Wiener Neustadt bekannt, wie eine Marktordnung um etwa 1340 aussagt: „hönig, daß man auf ainem wagen fürt aus der Prawn oder von Newenkirchen oder swo sei um deu Zerwant gesessen sind." Im Voralpengebiet war der „Heni" ein wichtiger Bestandteil der Jause am Heiligen Abend, wie wir gehört haben. Im Ybbstal aß man zu Neujahr Honig, um gegen das Abstürzen gefeit zu sein.

In der Zeit, da für den bäuerlichen Haushalt Kaffee noch zu teuer war, bereitete man u. a. einen **„Bauernkaffee"** zu. Im 16. Jahrhundert wurde die blaue Lupine eingeführt, ein aufrechtes Kraut, mit hellblauen Blüten und haarigen Schoten, mit mehreren kleinen Samen, die geröstet, im Mörser gestoßen und dann mit siedendem Wasser überbrüht, einen Kaffee-Ersatz ergaben. In vielen Bauerngärten wurde ein Beet mit Lupinen angebaut. Um 1890 war dieser „Bauernkaffee" fast zur Gänze verschwunden. Auch Gerstenkörner ließ man in einem Blechgefäß bei schwacher Hitze und unter ständigem Rühren Farbe nehmen (rösten). Die jeweils benötigte Menge wurde dann gemahlen und mit kochendem Wasser abgebrüht. Anderen Kaffee-Ersatz kaufte man später beim Dorfkrämer. Als Zuckerersatz zerkleinerte man Zuckerrüben und kochte den Absud davon dick ein.

Aus Lein („Linsat") wurde in Mühlen, die auch Ölstampfen hatten, das **Leinöl** gepreßt, das vielfach zum Abschmalzen von Mehlspeisen, Kraut und Teigwaren, zum Backen und als Salatöl verwendet wurde. Aus Mohn wurde **Mohnöl** gewonnen. Ölstampfen und -pressen sind längst verschwunden, zumal diese Art der Ölgewinnung äußerst feuergefährlich war, Ölpressen immer wieder abbrannten und nicht mehr aufgebaut wurden. Die Sonnenblumenpflanze hat in Niederösterreich laut „Appetit-Lexikon" (1894) seit 1855 als Ölpflanze an Bedeutung gewonnen.

Seit eh und je sammelten vor allem alte Frauen und Kinder, insbesondere aus sozial schwächeren Kreisen, **Beeren** und **Pilze,** um den eigenen Speisezettel aufzubessern bzw. durch Verkauf etwas Geld zu verdienen; auch für die Hausapotheke wurde manches gesammelt. Allerdings nahm sich die bäuerliche Bevölkerung kaum Zeit dazu. Viele Gegenden des Landes sind pilzreich, und so sammelt man im Spätsommer in den heimischen Wäldern Eierschwammerln, Parasole, Täublinge, Brätlinge, Reizker, Herren-(Stein-)Pilze und Wiesenchampignons. Meist bereitet man daraus eine „Schwammerlsoße", aber auch „Schwammerlgulasch" oder Pilze mit Ei. Brätlinge, Grün- und Blautäublinge brät man verkehrt auf der heißen Herdplatte und ißt sie, leicht gesalzen, ohne Stiel. Parasole liebt man besonders gebacken. Getrocknete Pilze kocht man in der Erdäpfelsuppe mit. Viele Hausfrauen legen die Schwammerln mit Essig u. a. in Gläsern ein.
An Beerenfrüchten sammelt man Himbeeren, Brombeeren, Heidelbeeren, Erdbeeren, Preiselbeeren, die meist zu Marmelade bzw. Fruchtsaft verarbeitet, heute auch in der Tiefkühltruhe eingefroren werden. Für verschiedene Tees sammelt man Kräuter, Kamille, Lindenblüten (gegen Verkühlungen), Hagebutten und „Dirndl" (Kornelkirsche, auch „Trinkerln" genannt), ein ausgezeichnetes Fiebermittel, zum Teil auch als Marmelade verarbeitet. „Holler" wird zum „Hollerkoch", aber auch zu Mischmarmelade verarbeitet.
Im nördlichen Waldviertel wurde der Birkensaft sehr geschätzt, vor allem von Männern, denn er gilt als potenzstärkend und soll „jung erhalten".
Mit Heidelbeerriffeln, Sammelkämmen, früher ganz aus Holz, später aus Eisen, werden die Beeren gesammelt; der „Beerengeist" ist eine Schreckfigur für Kinder geworden. Heidelbeeren werden auch getrocknet und gelten als Mittel gegen Durchfall; aus Himbeeren macht man Himbeersaft.

Wurzeln wurden in den Hochwaldgebieten gesammelt. Noch um 1820/1830 erschienen Wurzelgräber aus dem fernen Tirol und beuteten den Ötscher regelrecht aus; sie waren ein beinahe organisiertes Gewerbe. Die Wurzeln wurden in erster Linie für die Schnapsbrennereien gesammelt, für die „Wurzelkrämer" oder, wie sie in Wien hießen, die „Dürrkräutler" auf der Schottenfreiung, für Apotheker und – wenn man einer dunklen Sage trauen darf – auch für Bierbrauereien.

Kremser Senf

8 l süßer Weinmost, 1 Stück Zimtrinde, einige Neugewürzkörner, Gewürznelken, 1 fingerlanges, blättrig geschnittenes Stück Kren, 500 g süßes Senfmehl, 250 g bitteres Senfmehl, Zitronenschale

Süßen Weinmost mit Zimt, Neugewürz, Gewürznelken, Kren bis beinahe zur Hälfte einkochen lassen. Beide Senfmehlarten mit etwas heißem Wasser abbrennen, verrühren, den heißen Most darangießen, etwas geriebene Zitronenschale (und nach Geschmack Zucker) beigeben und rühren, bis keine Bröckchen mehr vorhanden sind. Bis zum nächsten Tag stehen lassen, mit etwas Most verdünnen und in Gläser abfüllen. Zubinden und an einen kühlen Ort stellen.
Schon Freiherr von Hohberg bemerkt Ende des 17. Jahrhunderts: „In Oesterreich wird des Senfmehls von schwarzem und weißem zusammengemischt, mit süßen gesottenen und klein geschnittenen Limoni-Schalen zu einer dicklichen Consistenz gesotten und, wenn er zu dick werden will, mit süßem Most wieder angemacht; theils machen ihn auch nur mit Essig oder gemeinem guten Wein mit oder ohne Zucker an . . ."

Grüne Nüsse

Unreife Nüsse an Blüte und Kelch etwas stutzen, mehrmals mit Stopfnadel oder Zahnstocher durchstechen. 14 Tage in kaltes Wasser legen, das täglich zweimal zu erneuern ist. Die inzwischen schwarz gewordenen Nüsse in Wasser weich kochen, bis sie leicht von einer eingestochenen Nadel abfallen. Nochmals 12 Stunden in kaltes Wasser legen. Dann abtropfen lassen. Eine Lösung von $^1/_2$ l Essig (1 Teilstrich Essig-Essenz auf $^1/_2$ l Wasser) und 1 kg Zucker bereiten, etwas Zimt und Nelken zusetzen. Die Nüsse darin eine Viertelstunde kochen. Dann in Gläser füllen. Erkalten lassen, verschließen, kühl aufbewahren. Die Nüsse nimmt man zwischen dem 20. und 24. Juni von den Bäumen.

Himbeeressig

3 l Himbeeren, 3 l Weinessig, Tafelöl

Ausgesuchte Himbeeren in eine Flasche mit weitem Hals geben, den Weinessig hineingießen (nicht ganz anfüllen), nur mit Papier zubinden, drei Wochen an der Sonne stehen lassen. Dann den Essig in kleine Flaschen seihen, in jede einen Löffel feines Tafelöl geben, verschließen und kühl lagern.

Plutzer mit Holztrichter.

Salzgurken nach Znaimer Art

Gurken (ca. 3,5 kg) für ein 5-Liter-Gefäß, einige Wein- und Weichselblätter, Dillkraut, Estragon, Pfefferkraut, ein paar Scheiben Kren, 120 g Salz, Pfeffer- und Senfkörner, 1 Lorbeerblatt, evtl. 1 Scheibe Schwarzbrot

Handspannenlange, feste Gurken kalt waschen, abtrocknen, mit drei, vier Nadelstichen versehen. Ein trockenes Holzfäßchen mit Salz ausreiben, den Boden mit Weichsel- und Weinblättern sowie den Kräutern belegen, eine Schicht Gurken einlegen, dann wieder mit Blättern und Kräutern bestreuen und wieder Gurken usw., bis das Fäßchen voll ist. Die Zwischenräume mit gesalzenem Wasser auffüllen, das man vorher gekocht und lauwarm hat abkühlen lassen. (Das Wasser darf nur wie eine stark gesalzene Suppe schmecken.) Fäßchen gut verschließen, an einem mäßig warmen Ort stehen lassen. Sobald die Gurken in Gärung sind (nach 3 bis 4 Tagen), das Fäßchen in den Keller stellen, anfangs täglich, dann alle acht Tage das Fäßchen drehen. Wenn die Flüssigkeit eingetrocknet ist, füllt man mit Wasser nach. Hat man es zum Gebrauch aufgemacht, müssen die Gurken beschwert werden, damit sie immer von Flüssigkeit bedeckt sind.

Essigschwammerln

Eierschwammerln, Halimasch oder Habichtspilze, Salzwasser; Essig, Pfeffer-, Wacholder- und Senfkörner, Lorbeerblätter, Bertramblätter, nach Wunsch Paprikaschoten, Pfefferoni, Karotten, Petersil- und Selleriewurzel, Zwiebel; Öl

Pilze reinigen, große Stücke in 2 cm große Spalten schneiden, je nach Art etwa 10 bis 15 Minuten in Salzwasser mehr ziehen als kochen lassen, herausnehmen und abtropfen lassen. Inzwischen die Essigmarinade aus Essig und etwas Wasser mit den Gewürzkörnern, Kräutern und Lorbeerblättern zum Kochen bringen, nach Wunsch auch einige Stücke von Paprikaschoten, Pfefferoni, Karotten, Petersil- und Selleriewurzeln dazugeben sowie Zwiebelringe. Alles mitkochen lassen. Diese Mischung noch heiß über die inzwischen abgekühlten und in $^1/_2$-Liter-Gläser gefüllten Pilze gießen, darauf eine dünne Schicht Öl gießen und mit Cellophan verbinden. An kühlem, dunklem Platz aufbewahren. (Luzie Staininger, Wien-Retz)

Dirndlmarmelade

3000 g Kornelkirschen („Dirndl"), $^1/_4$ l Wasser, 750 g Kristallzucker pro 1000 g Fruchtmasse

Dirndl (Kornelkirschen) mit $^1/_4$ l Wasser aufs Feuer stellen und zugedeckt weich dünsten lassen. Dann Früchte möglichst sauber durch ein Haarsieb passieren. Auf 1000 g Fruchtmasse gibt man 750 g Kristallzucker und kocht das Ganze unter ständigem Rühren flott zur Geleeprobe ein, die in etwa 20 bis 25 Minuten erreicht ist. Noch heiß in reine Gläser füllen, luftdicht verschließen. Nach dem Erkalten trocken und kühl lagern.

Powidl

Vollreife Zwetschken (5 Kilogramm) halbieren, entsteinen, in ein irdenes oder gut glasiertes flaches Geschirr geben und unter fleißigem Rühren etwa acht Stunden ohne Zucker zuerst auf starkem Feuer, dann mit schwacher Hitze dick und dunkel einkochen (der Löffel muß zuletzt stecken bleiben). (Man kann es an mehreren aufeinanderfolgenden Tagen besorgen.) Kocht man einige grüne Nußschalen mit, wird der Powidl (von tschechisch „powidla") besonders dunkel. Noch kochendheiß in irdene Töpfe oder in Gläser füllen, kurz in eine warme offene Backröhre stellen, damit sich oben eine schwache Haut bilden kann. Mit in Rum getauchtem Papier bedecken und mit Pergamentpapier zubinden. Trocken und kühl lagern (hält sich mehrere Jahre).
Powidl immer mit einem reinen Löffel dem Gefäß entnehmen (am besten mit einer Holzspatel!). Verbessert wird der Powidl, wenn man die benötigte Portion vor Verwendung mit etwas Zucker, Zimt und Rum verrührt. Von Powidl hat der Kaiserstaat gegen Ende des 19. Jahrhunderts jährlich etwa 150.000 Zentner an das Ausland abgegeben, bemerkt das Appetit-Lexikon 1894.

Quittenkäse

3000 g Quitten, $^1/_2$ l kaltes Wasser, 3 Zitronen (Saft), 1000 g Zucker

Quitten vom Stiel befreien, in kaltes Wasser legen, das mit dem Zitronensaft gesäuert ist. Die Früchte müssen vom Wasser ganz bedeckt sein. Unter ständigem Rühren weich kochen, dann das Wasser abgießen (daraus kann man Quittensulz bzw. -gelee machen), die Fruchtmasse durch ein Sieb passieren (ergibt ca. 1250 g Quittenmark). 1000 g Zucker in $^1/_2$ l Wasser bis zum Bruch kochen, also bis er schwere Blasen wirft und ein Tropfen in einem Glas Wasser zu einem harten Kügelchen erstarrt. Dann das Quittenmark dazugeben und unter ständigem Rühren etwa 30 Minuten auf starkem Feuer kochen. Noch heiß auf ein leicht mit Mandelöl bestrichenes Backblech streichen (oder in Papierkapseln geben), durch einige Tage an einem kalten Ort stehen lassen. Sobald der Quittenkäse trocken ist, herausstürzen, zwischen Pergamentblättern in Schachteln an einem trockenen Ort aufbewahren, oder in kleine Würfel schneiden und in Kristallzucker drehen. Die Würfel in Papierkapseln füllen und der kleinen Bäkkerei beigeben. Einsiedezeit: Oktober, November.

Haustrunk

„A Mosthaus – a guat's Haus."

Einst waren die Bewohner eines Dorfes auf den gemeinsamen Dorfbrunnen angewiesen, bei dem mit der Hand geschöpft werden mußte, später kamen Schlagbrunnen mit einer eisernen Handpumpe (oft im Haus), wenige besaßen eine eigene Wasserleitung. Das Warmwasser entnahm man dem „Schiff" des Sparherdes. Heute hat fast jedes Haus eine elektrische Wasserpumpe.

In vielen Teilen Niederösterreichs ist nach wie vor der **Most** Haustrunk. Im Viertel ober dem Wienerwald, in Teilen bis zur Buckligen Welt, insbesondere aber im „Mostviertel" dürften die Apfel- und Birnenbäume seit dem frühen Mittelalter als Träger von Mostobst (und weniger als Tisch- bzw. Tafelobst) kultiviert worden sein. Der schon zitierte Seyfried Helbling spricht Ende des 13. Jahrhunderts vom „biremost", Haus-, Personen- und Ortsnamen im Land aus dem ausgehenden Mittelalter deuten ebenfalls darauf hin (Apfaltersbach, Bierbaum, Bierbaumdorf, Holzapfel bei Lunz am See). Wolf Helmhard von Hohberg (1612–1688), Besitzer der Herrschaften Rohrbach und Klingenbrunn, schreibt: „. . . auf der Bühn' Obst, Trauben, Birnen prangen. Die Kasten sind voll Korn, die Keller sind voll Most." Im „Reisehandbuch für Besucher des Ötscher", 1859 von M. A. Becker verfaßt, heißt es: „In den Tälern und Niederungen von Scheibbs, Reinsberg, Randegg, Gresten, Ybbsitz, Waidhofen gedeihen alle Gattungen Äpfel, Birnen und Zwetschken, wie auch Nüsse, Kirschen u. dgl., in den Gärten von Scheibbs, Ybbsitz und Gresten trifft man Arten von vorzüglicher Güte. Seit der letzten Zeit nimmt die Anpflanzung von Obstbäumen zu, obgleich noch zu besorgen ist, daß der angepflanzte Baum weiter seinem Schicksal überlassen bleibt und an ein jährliches Umgraben oder Beschneiden nicht gedacht wird . . . Birnen und Äpfel verwendet man größtenteils zum Most, Zwetschken zum Branntwein."
Heute werden meist Birnen und Äpfel gemischt gepreßt („Mischling", aus $^2/_3$ bis $^3/_4$ Birnensaft und verschiedenen Apfelsorten). Reinen („ledigen") Birnenmost liefern u. a. „Kleine Landlbirne", „Dorschbirne", „Tollbirne", „Lehoferbirne", „Oberländer" und „Scheibelbirne". Guten Apfelmost erhält man u. a. aus dem „Wolfsbacher Holzapfel", dem „Weinapfel", dem „Griesapfel"; der frische Apfelmost wirkt blutreinigend und fördert den Stuhlgang. Der Most aus Frühobst („Bartlmaibirne" u. a.) hält nur rund zwei Monate das Aroma. Ein trüber Obstsaft wird durch Beigabe von 10 bis 20 Liter Most der Pichelbirne („Pöllenbirne") im Faß schöner und klarer, wie Johann Hintermayr in „Die Apfel- und Birnenmostkultur im niederösterreichischen Mostviertel" schreibt.
Das Obst wurde einst mit einem hölzernen Stößl im „Stoßgranda" zerkleinert, später wurde es im kreisförmigen „Nua(r)sch", einer brunnentrogartigen runden Rinne aus Holz oder Stein, zerkleinert, in dem ein mühlsteingroßer, runder Walzenstein („Kollerstein"), getrieben durch Menschenkraft oder durch Zugtiere, das Obst zerrieb („Birnreibm"). Schließlich wurden „Birnmühlen" (besteht aus zwei aufrecht stehenden, sich gegeneinander drehenden, mühlsteinartigen Steinscheiben) oder „Quetschen" verwendet („Leutschinder-

Mostpresse im „Mostviertler Bauernmuseum" Anton Distelberger, Ödhof Gigerreith 39 bei Amstetten.

maschine“). Die Pressen gibt es in verschiedensten Arten, von der Einspindelpresse („Kaspreß“), der Leiter- und Steinpresse bis zur großen Fünfspindelpresse, wie wir sie im Mostviertelmuseum und im niederösterreichischen Freilichtmuseum in Haag sehen können. Der Bauer Anton Distelberger hat im Ödhof in Gigerreith bei Amstetten in seinem „Mostviertler Bauernmuseum“ ebenfalls eine alte Mostpresse stehen – nebst alten Mostkrügen, u. a. solche mit einer

Mostkrug und Krügl.

„Schnauzbartsperre“, damit beim Trinken die Barthaare mit dem Most nicht in Berührung kommen. Durch Einführung der „Schabermühle“ (mit Motorantrieb) bzw. durch die heutige hydraulische Preßtechnik wird eine bessere Ausbeute des Obstes erzielt (die Faustregel sagt, daß 100 kg Äpfel oder 70 kg Birnen einen Eimer Most liefern).

Das zerkleinerte Obst, die Maische („Moasch“, „s' Gmoasch“), wird – mit etwas Wasser vermischt oder pur – mit einer Holzschaufel in das „Kor“, den Preßkorb der Presse, geschaufelt, darauf kommt die „Gans“, und die Maische wird ausgepreßt. In einem schlechten Erntejahr wird die ausgepreßte Maische („Trebern“, „Ghagerzön“) noch einmal gequetscht, mit etwas Wasser vermischt und ein zweitesmal gepreßt (das nennt man „Obsthoanzln“). Nur einmal gepreßte Trebern verfüttert man an die Kühe, weniger an die Schweine, aber auch an Fasane; früher trocknete man die Trebern im Freien unterm Dach, und man heizte damit den Dampfkessel beim Maschindrusch. Der Hausessig wird aus guten, spätreifen Obstsorten oder aus den schwach ausgepreßten Trebern gewonnen. Zum Gebrauch auf dem Feld, aber auch auf Reisen

„Kellerzögerflasche.“

und Wallfahrten wurde der Most – und auch der Wein – meist im Flaschenzöger befördert – dies trug den Niederösterreichern den Spottnamen „Flascheltrager“ ein.

In Weingegenden versuchte man immer wieder, den Ausschank von Most zu verhindern, um den heimischen Weinverbrauch nicht zu beeinträchtigen. So heißt es in einer Polizeiordnung aus dem Jahre 1770 in Melk: „Leutgeben des Biern-Most. Weilen durch das Leutgeben des Biern Most in denen Wirths-Häusern der Abgang des Weins und Bier geschmälert wird alß solle vermög ergangenem herrschaftlichem Befehl solches Mostleutgeben hinführo wie vorhin verbotten, doch aber einer ganzen Burgerschaft zu einem Hauß-Trunkh Biern-Most hereinzubringen erlaubt seyn.“

Heute wird das Obst nur mehr selten auf dem Hof gepreßt, sondern in industrieller Verwertung zu Obstwein, Apfelsaft, Apfellimonade, Obstschaumwein („Mostsekt“) und anderen Getränken verarbeitet.

„Ich bringe dir's! “
„Gesegne dir's Gott! “

Der **Wein** ist für Niederösterreich von großer wirtschaftlicher Bedeutung. Niederösterreich ist in vielen Teilen ausgesprochenes Weinland. Obwohl die Weinbaufläche seit dem Mittelalter stark zurückgegangen ist, liegen hier noch immer 60 Prozent der gesamten österreichischen Rebenfläche oder 33.488 ha (1980). Trokkene, heiße Sommer, lange, meist schneearme Winter und günstige Böden sowie das Klima am Rand des pannonischen Bereiches sind u. a. Voraussetzung für die Qualität niederösterreichischer Weine. Aufgrund des österreichischen Weingesetzes ist das Land in acht Weinbaugebiete mit ganz spezifischen Weinen unterteilt, und zwar: Wachau, Krems, Langenlois, Retz, Falkenstein, Klosterneuburg, Gumpoldskirchen und Bad Vöslau. Höhepunkt des niederösterreichischen Weinbaus waren das 16. und 17. Jahrhundert. Die Steuerpolitik der Habsburger – eine 10prozentige Konsumsteuer („Ungeld“) wurde im 16. Jahrhundert innerhalb von zwölf Jahren um 200 Prozent erhöht, 1557 wurde das „Zapfenmaß“, 1568 die „Tatz“ eingeführt – führte einen raschen Rückgang herbei, der im 18. Jahrhundert wieder geringfügig aufgefangen werden konnte. Der Reblausbefall ab 1868/72 zerstörte fast den gesamten Bestand. Völlig erholt hat sich der Weinhauerstand erst wieder nach dem Zweiten Weltkrieg.

Niederösterreich ist ein klassisches Weißweinland, hat aber um Bad Vöslau, Sooß und Haugsdorf-Pulkau auch Gebiete mit berühmten Rotweinen. Die Vielartigkeit und der Sortenreichtum niederösterreichischer Weine, vom leichten Tischwein bis zum gehaltvollen Wein, machen es Kennern und Liebhabern nicht leichter,

Alois Greil (Stich von F. Weigand), „Ein Weinlesezug bei Klosterneuburg“, 1888.

eine endgültige Wahl zu treffen, einer liebt mehr den säuerlichen, naturbelassenen „Brünnerstraßler" (an der ehemaligen Poststraße von Wien über Wolkersdorf, Poysdorf, Drasenhofen nach Brünn), einer die fruchtigfrischen Weine von Retz, mit seinen unterirdischen Kelleranlagen und den meisten Sonnentagen, ein anderer die edelfruchtigen Klosterneuburger Weine (wo am Leopolditag das berühmte „Faßlrutschen" stattfindet). Eine typische Siedlungsform im Weinviertel sind die malerischen Kellergassen, eng aneinandergereihte Kelleranlagen, in meist steilwandigen Hohlwegen, in denen nur die Kellereingänge sichtbar sind.
Der Weinhauer darf seinen selbsterzeugten Wein entgeltlich in den Buschenschanken ausschenken; er hat während der Dauer des Buschenschankes ein Kranzl über dem Haustor und eine Tafel mit seinem Namen „auszustecken".
Rationalisierung, straff organisierte Arbeit, Vollmechanisierung haben auch das vielgestaltige Lese-Brauchtum weitestgehend verdrängt, geblieben sind das Weinlesefest, so der Perchtoldsdorfer Hütereinzug mit der „Hiatapritschen", im Weinviertel heißt der Lesedank „Weinbeergoaß", zugleich auch der Name einer im Umzug mitgeführten hölzernen Ziegenbockgestalt, mit Trauben, Obst und Blumen behangen. Zu Martini (11. November) wird der neue Wein „getauft", da laden die Weinhauer einander in ihre Keller zum „Weintaufen" oder „Martiniloben".
Bis zum Zweiten Weltkrieg wurde vielfach von den Wirten der Wein in Fässern mit dem Pferdewagen direkt vom Weinhauer geholt und zu Hause in kleinere Fässer bzw. Flaschen abgefüllt; dann erst kamen die Zwei-Liter-Flaschen in Gebrauch.

Bier hat sich erst durch die Gasthäuser als Volksgetränk eingebürgert. Einige Klöster und Herrschaftshäuser hatten schon sehr früh eigene Brauhäuser (Klöster waren ja vom Zehent frei und konnten daher mit Gewinn Bier und Wein ausschenken). In Laa an der Thaya entstand 1454 die erste Bierbrauerei Österreichs (in der Burg ist ein „europäisches Biermuseum" eingerichtet). 1880 gab es 31 größere Brauereien in Niederösterreich, sie erzeugten 2,350.000 Hektoliter Bier. Das Waldviertel ist immer noch ein Bierland.

Met wurde zu festlichen Gelegenheiten getrunken, vor allem von Frauen; er wurde nicht in den Haushalten hergestellt, sondern von den Lebzeltern. Man hatte meist nur beim Besuch eines Marktes, eines Kirchtages, eines Wallfahrtsortes die Möglichkeit, Met zu trinken bzw. ihn auf Vorrat zu kaufen. Mit dem Rückgang der Bienenzucht und der Lebzelterei verschwand auch der Met.

Das Brennen von **Schnaps** war und ist „Männersache". Obstschnaps, besonders aber „Zwetschkener" ist immer schon gebrannt und getrunken worden. Die Waldviertler Glashüttenbrenner tranken am Karfreitag auf nüchternen Magen ein Stamperl Selbstgebrannten, damit sie von der „Berlmuatta" nicht gebissen würden und keinem im Laufe des Jahres ein Unglück zustoße. Bei der Geburt eines kleinen Glasmachers mußte der Vater den „Zauhnabranntwein" zahlen. Im Wechselgebiet war ein Leichentrunk, im Waldviertel der „Totentrunk" meist mit einem Stamperl Branntwein verbunden. Im Viertel ober dem Wienerwald führten die Mägde am Lichtmeßtag den „Wanderbranntwein" oder

„Huat" zum Schnapsbrennen.

„Binkelschnaps" mit, den sie jedem entgegenkommenden Bekannten anboten. Die Männer gingen am Dreikönigstag im Waldviertel (Geras) ins Wirtshaus, um „Stärke zu trinken". „Im Gebirg drinn" bereitet man Schnaps auch aus „Dirndln" (Kornelkirschen),

„Odlotzbirn" (Adlitz-Beere = Atlasbeere = Elsbeere im Umkreis von St. Pölten), „Griecherln", Kirschen und Vogelbeeren (Eberesche). Als besonders kostbar gilt der Elsbeerenschnaps. Kornbauern brennen nach Bedarf Kornschnaps, in Notzeiten gab es auch Erdäpfelschnaps in größeren Mengen, die Mostbauern dagegen brannten aus dem „Mostglächter", dem Rückstand beim Pressen, einen Schnaps. Zur Bereitung des Wacholderschnapses gab es kleine Wacholdermühlen, bei denen die mit Lederhandschuhen abgerebelten Beeren zwischen Holzwalzen zerdrückt würden.

Das „Ansetzen" von Früchten dagegen war und ist „Frauenarbeit". Dazu verwendet man Holunder, Weichseln, Dirndln, Himbeeren, Brombeeren, Nüsse u. a. m. Zum Ansetzen nimmt man Schnaps oder Weingeist, Zucker und Wasser. Vor dem Zweiten Weltkrieg noch stellten Hausfrauen aus handelsüblicher Essenz auch **Rum** her.

Fruchtsäfte hat man früher ebenfalls in großen Mengen gemacht. Ribisel und Himbeeren eignen sich dazu besonders. Fast abgekommen ist das Sammeln von Kräutern für Tees.

Ribiselwein

2 l Ribiselsaft, 4 l Wasser, 1000 g Zucker

Saft von roh passierten oder gepreßten Ribiseln mit kaltem Wasser und Zucker vermengen (ein Stück Zimtrinde und einige Gewürznelken kann man beigeben) und in eine genügend große Flasche füllen (fingerbreit bis zum Flaschenhals frei lassen). Unter öfterem Durchschütteln den Zucker völlig auflösen, die Flasche mit Kork verschließen, durch den man ein mit Wasser gefülltes Gärröhrchen treibt (nur ein kleines Stück durch den Kork hindurchtreiben, es darf mit dem Fruchtsaft nicht in Berührung kommen!). In den Vorkeller oder in einen Küchenwinkel stellen, vor direktem Sonnenlicht schützen. Wenn nach sechs bis acht Wochen das Aufsteigen der Gärbläschen aufgehört hat, den klaren Wein in saubere Flaschen abziehen. Mit gekochten Korken luftdicht abschließen, im Dunkeln kühl lagern (mindestens zwei Monate).

„Hollersekt"

5 Blütendolden Holunder, 6 l Wasser, 1000 g Zucker, 1 Zitrone, 2 EL Zucker, $^1/_8$ l Wein- oder Apfelessig

Blütendolden gut säubern, waschen. Zucker im Wasser auflösen, die abgezupften Blüten und Zitronenscheiben dazugeben. 24 Stunden stehen lassen. Öfter umrühren. Dann 2 EL Zucker leicht bräunen, mit Essig aufgießen und aufkochen. Ausgekühlt dazugießen und durch ein Tuch filtrieren. In Flaschen füllen, luftdicht verschließen. Kühl aufbewahrt, ist er nach sechs Wochen gebrauchsfertig.

„Weinscharl"

1000 g Berberitzen („Weinscharl"), 1000 g Kristallzucker

Berberitzen putzen, zerquetschen, mit $^1/_4$ bis $^1/_2$ Liter Wasser vermengen und 10 Minuten kochen lassen. Die Fruchtmasse in einen Filterbeutel füllen, den Saft ablaufen und klar absetzen lassen. Dann gleichschwer Kristallzucker dazugeben. Den Saft aufkochen und abschäumen, noch 5 Minuten kochendheiß ziehen lassen, dann sogleich in kleine Flaschen füllen. Nach Erkalten luftdicht abschließen, verkorken, trocken und kühl aufbewahren. Ergibt mit Wasser oder Sodawasser verdünnt ein beliebtes Erfrischungsgetränk.

Oberösterreich

„Dei Hitz is net z' grimmi,
Net z' graoß is dein Frost,
Ünsa Traubn hoaßt Hopfn,
Ünsán Wein nennt má Most.

Und zun Bier und zun Most
Schmeckt á kräftige Kost,
Und dö wachst olli Jahr,
Mit da Naoth hat's koan Gfahr!"

(Franz Stelzhamer)

Die Lage eines Landes ist auch sein Schicksal. Oberösterreich ist nach Osten und Westen durch das Donautal geöffnet, Flüsse und Täler verbinden Norden und Süden – vorgezeichnete Wege von Völkern, Machtbereichen und Kultureinflüssen. Oberösterreich spiegelt seine Geschichte in etwa sechs Jahrtausenden. Jungsteinzeitliche Felszeichnungen im Toten Gebirge und Pfahlbaureste in den Salzkammergutseen bezeugen die erste Besiedlung. Den Illyrern der Hallstattzeit (800–400 v. Chr.) folgten die Kelten (der La-Tène-Zeit, ab 400 v. Chr.), die mit Handel, Bergbau und Viehzucht auch die Kultur prägten, während sie den Ackerbau den einheimischen Illyrern überließen. Die Römer machten ab 15 v. Chr. die Donau zur Nordgrenze ihres Reiches, mußten aber im 5. nachchristlichen Jahrhundert den aus dem Norden nachdrängenden Germanen weichen. Nach den Wirrnissen der Völkerwanderung tauchten ab dem 6. Jahrhundert die Baiern auf, im Südosten des Landes siedelten sich Slawen, später auch Awaren an. Nach der Eingliederung in das fränkische Reich (788) übernahmen ab 976 die Babenberger Teile des Landes, zuerst nördlich der Donau, später vergrößerten sie ihren Einfluß durch Erbschaft, Kauf und Schenkung auch südlich des Stromes. Der Böhmenkönig Ottokar Přemysl leitete um 1260 die Selbständigkeit des „Landes ob der Enns" ein; um 1450 erfolgte die Trennung vom heutigen Niederösterreich, in dessen Schatten Oberösterreich lange gestanden hatte.
In all diesen Jahrhunderten war den Klöstern und Stiften eine führende Rolle in Urbarmachung und Kultivierung des Landes zugekommen, die Mönche waren auch in Ackerbau und Viehzucht, in der Kochkunst und im Wissen um die Heilkräfte der Natur die Lehrmeister. Kirchlich gehörte Oberösterreich wie auch Niederösterreich zur Diözese Passau (erst 1784 wurde das Bistum Linz errichtet). Nach den Iroschotten waren die Benediktiner, ab dem 11./12. Jahrhundert auch die Augustiner Chorherren, Zisterzienser und Prämonstratenser mit ihren Stiften (die Grundherrschaft auszuüben hatten) und Klöstern Mittelpunkt des materiellen und geistigen Lebens geworden. Wiederholt war das Land Zankapfel zwischen österreichischen und bayerischen Herrschern, und im 17. Jahrhundert stöhnten die Bauern unter der bayerischen Besatzung. Soziale Probleme, religiöse Machtkämpfe und steuerliche Lasten führten zu den großen Bauernkriegen. 1779, endgültig 1816 kam das bisher bayerische Innviertel zunächst als fünftes Viertel dazu (Mühl-, Machland-, Hausruck-, Traunviertel). 1784 wurde Oberösterreich Kronland, 1816 bis 1850 verwaltete es auch das ehemalige Fürsterzbistum Salzburg als „Salzachkreis", 1861 wurde es zum „Erzherzogtum ob der Enns" erhoben.
Städtchen und Märkte in Oberösterreich unterschieden sich lange nicht von größeren Dörfern. Die oberösterreichischen Bauern wieder haben überwiegend den gesamten Ackerboden des Landes bewirtschaftet (die Eigenbetriebe der Grundherren waren hier unbedeutend); die nach 1848 durchgeführte Grundentlastung hat das schon vorher großteils von den Bauern bewirtschaftete Ackerland in das volle Eigentum übergeführt; die Grundherren behielten im wesentlichen nur den Waldbesitz. So ist der auf etwa 50.000 Höfe mittlerer Größe verteilte bäuerliche Besitz für das Land charakteristisch gewesen. Wichtig waren auch die großen Wirtschaftsgebiete des Salzkammergutes (mit Salzgewinnung), der Eisenwurzen (mit Eisenhandel), des Mühlviertels und des Machlandes (Leinenweberei und Zwirnerei). Galt zur Zeit Maria Theresias Oberösterreich als Industrieland, nahm es dann immer mehr den Charakter eines Bauernlandes an, und erst seit dem Zweiten Weltkrieg wird es wieder industrialisiert; dennoch hat seine Landwirtschaft noch immer einen großen Anteil am Gesamtaufkommen Österreichs aufzuweisen.
Die lebendige Einheit Oberösterreichs besteht in seinen vier Vierteln – das Ganze ist immer mehr als seine Teile! Das Mühlviertel, „volla Bugla, volla Bieg, volla Berg und volla Stieg", ist ein Land der stillen Schönheit und des „sanften Gesetzes" (Adalbert Stifter), das starke Zufriedenheit spendet. Der Menschenschlag ist herb-herzlich, bescheiden-graniten; ernst, aber ungleich schlichter als anderswo ist die Natur. Das Traunviertel, südlich der Traun und westlich der Enns, ist als Moränen- und Schotterterrassenlandschaft fruchtbares Bauernland, Kerngebiet der burgenähnlichen Vierkanthöfe, von Wiesen und Äckern, aber auch von Eisen und Salz bestimmt. Die Florianerlandler sind selbstbewußt, sicher und brauchtumstreu. Charakter, Landschaft und Geistigkeit fanden ihren Ausdruck in Bruckners Musik. Ganz anders wieder ist das Hausruck-

viertel, ein Land der Mitte, ein Land der Schwere, vom Erdgeist geprägt. Seine Menschen, Bergleute, Kleinhäusler, Kleinbauern, von der Geschichte gebeugt, im Süden schon an die Industrie gekettet, sind grüblerisch bis auflehnend, Mostschädel und „Landler" (das „Landl", das „Schaunberger Landl", einst Kernland Oberösterreichs), schwerlebig, nicht leicht vergessend, sinnierend, anfällig für Okkultes, Druden und das „zweite Gesicht". Denn der Hausruckviertler weiß, daß die Erde mitunter in Bewegung gerät (der Name „Haus-ruck" verrät's). Ganz anders der Innviertler, zwar erst „jüngst" dazugekommen, doch schon ein treuer Österreicher, liebt er Freiheit, Unabhängigkeit und Selbständigkeit über alles. „Hehapeda", einer, der's bis zum prahlerischen „Hochhinaus" treibt, nennen ihn die Hausruckviertler. „Frei rödn und haoh singá, schnell fahrn und schwár tringá, treu liabn und föst wehrn" (Reischl) – so sieht sich der Innviertler selber, konservativ bis in die Knochen, redselig und sehfreudig. Der „Hof" bestimmt sein Ethos, die bäuerliche Lebensordnung, denn das Innviertel ist auch heute noch starkes Bauernland.

„Essen und Trinken hält Leib und Seel' z'samm", lautet eine Lebensmaxime des Oberösterreichers, „einfach, aber kräftig" muß das Essen sein, denn „wie beim Essen, so bei der Arbeit" war und ist der Maßstab aller Bewertung. Je mehr Knödel ein Knecht verzehren konnte, desto mehr Ansehen genoß er. War ein Bauer beim Essen nicht knausrig, durfte er sicher sein, daß ihm auch tüchtige Arbeit geleistet wurde.

Es war und ist aber auch nicht so, daß die Oberösterreicher nur das empfinden, was sie zum Mund führen; nicht umsonst ist Oberösterreich ein „besonders differenziertes und dichtes Land der Gebildbrote" (F. Lipp), das heidnisch-mythische Erbe der Communio, der Einheit von Esser und Essen; die Teilhabe an Kraft und Segen der (Kult-)Speise ist für ihn Selbstverständnis, das sich ja nicht nur im Vierkanter, in der Goldhaubentracht, im Landler und in den Werken des Franz Stelzhamer ausdrückt, dazu gehörten auch die heute allerdings schon historische Rauflust, das Grüblerisch-Mystische, das ein Billinger und ein Kubin in Kunst einzufangen versucht haben.

„Bauer aus Ober-Österreich." Kolorierte Aquatinta, um 1825.

Suppen und Suppeneinlagen

„In da Frua a seia Supp'n
hab'n má olle liab'n Tag,
drinn á ettla Gersta-Brocka,
is a Wunda, daß má's mag.

D'Herrenleut, dö hab'n Kaffee,
Schokoladö und an Tee,
Eierkipfln tunkan s' ein,
ei, dös miaßt a Gietat sein! "

So sang man in der Taiskirchener Gegend, der Nachbarpfarre meines Innviertler Geburts- und Heimatortes Lambrechten (dem man 1938 das „Sankt" gestohlen hat). Die „seia Supp'n", auch „Seisupp'n", „saure Suppe" (aus Sauermilch, Buttermilch oder saurem Rahm) oder nur „d' Säur" genannt, hat es in allen Vierteln Oberösterreichs bis zum Zweiten Weltkrieg fast täglich in der Früh gegeben. „Mit da Liacht'n" wurde sie nach der Stallarbeit („Wegoarat") zwischen $^1/_2$ 6 und $^1/_2$ 7 Uhr in einer großen Suppenschüssel aufgetragen, aus der man gemeinsam löffelte. Dazu gab es Brot (eingebrockt) und/oder gekochte bzw. im Rohr gebratene Erdäpfel „samt der Montur". Albin Bukowsky erhielt sie auf seiner „Biedermeierreise" im Jahre 1835 in Kremsmünster und im Gasthof zu Hof vorgesetzt. Matthias Höfer definiert sie in seinem „Etymologischen Wörterbuch", Linz 1815, so: „Die Säuer- oder sauere Suppe; gewöhnliche Morgensuppe des Landvolkes, welche aus sauerer Milch (Selbörn), Mehl und Essig zubereitet wird, und woran man sich so wenig, als andere bey dem Rindfleisch, abzuessen pflegt. Um Wien wird sie Stoßsuppe genennet. Die Schottsuppe in unseren Bergen wird auf eine andere Weise zugerichtet." Diese Schottsuppe haben die Bauern vor allem im Stodertal bis in unser Jahrhundert täglich gegessen; sie wird wie die „Säuer" bzw. saure Suppe zubereitet, nur wenn man sie anrichtet, wird „gesalzener, abgekneteter Schotten darein gerörlet".

Saure Suppe, „Seisupp'n"

Wasser, Salz, 1 TL Kümmel, 1–2 EL Mehl, $^1/_2$–1 l saure Milch, Spritzer Essig, 2–3 EL saurer Rahm, eventuell Topfen

In einer breiten Pfanne gut bodenbedeckt Wasser zum Kochen bringen, Salz und Kümmel beigeben, saure Milch („oag'stand'ne" Mager- oder Vollmilch) dazugeben, aufkochen lassen, bis sie „z'sammgeht" (der Topfen sich am Boden ausscheidet, den man abseihen kann; viele lassen ihn aber in der Suppe). Dann wenig Wasser (oder Milch) mit Mehl zu einem „Toagl" oder „G'machtl" verrühren und in die kochende Suppe einrühren. Einmal aufkochen lassen, dabei leicht umrühren. Salzen und nach Belieben mit einem Spritzer Essig säuern. Brotschnitten in die Schüssel schneiden und die fertige Suppe darübergießen. Eventuell sauren Rahm oder Süßrahm daraufgeben.
Eberschwanger Bäuerinnen rühren auch einen Eidotter hinein und pfeffern die Suppe. Ein verbindliches Rezept der sauren Suppe gibt es nicht, weil jede Bäuerin, jede Hausfrau ihr überliefertes Hausrezept hat. Im Mühlviertel versprudelt man – ähnlich der „eing'rührten Suppe" im Bayerischen – $^1/_2$ l Sauer- oder Buttermilch mit 40 g Roggenmehl, rührt sie in 1 l kochendes, gesalzenes Wasser ein, läßt einmal aufkochen und gibt zuletzt versprudelten Sauerrahm dazu. (Man aß sie gern zur Vormittagsjause.) Im Traunviertel bringt man etwa 1 l Wasser mit Salz und Kümmel zum Kochen, rührt $^1/_8$ bis $^1/_2$ l Sauer- oder Buttermilch, mit ein bis zwei Löffel Mehl versprudelt, ein und läßt das Ganze einmal aufkochen. Bei Tisch bröckelt man mit der Hand meist altes, hartgewordenes Brot ein. Schneidet jemand das Brot mit dem Messer in kleinen Brocken ein, nennt man diese die „Bettelleutbrocken" (weil die Bettler oder „Fechter" meist ein Stück sehr hartes Brot bekamen, das sie nur mit dem Messer schneiden konnten – in Rokitanskys Kochbuch findet man auch eine ähnliche Milch-Mehl-Suppe als „Bettelmann-Suppe" bezeichnet).
Auf die „saure Suppe" gab man auch „Oarfisch" (Seite 244); zu dieser **„Oarfischsuppe"** aß man Schwarzbrot oder frisch gekochte Erdäpfel (Salzkammergut). Im Mühlviertel schlägt man ein, zwei Eier in eine nicht mehr siedende Rahmsuppe und verrührt sie darin locker. Zusätzlich wird Brot in diese Suppe „eingeschnittelt". In St. Roman aß man am Weihnachtstag zu Mittag die **„Oarsuppe"** und „ebbs Bachás" (etwas Gebackenes) dazu.

Zum Abendessen und an den Sonntagen in der Früh gab es eine Schüssel gekochter Voll- oder Magermilch (oder auch eine saure Suppe oder Milchkaffee); dazu wurde Brot eingebrockt (daher auch **„Brock'nsuppe"** genannt). Im oberen Innviertel gab es im Winter zur gekochten Milch auch Roggenrohr- bzw. Dampfnudeln oder Kletzenbrühe. Die **Milchsuppe („Milisupp'n",** auch **„d'Nachtsupp'n")** am Abend geht wohl auf eine alte Kultspeise zurück. Sie wurde gern im Rohr „gebraten", damit sie eine besonders schmackhafte braune Haut bekam.
Am Vorabend des Heiligedreikönigtags, einer Rauhnacht, aß man in Gaflenz einst Schweinsbraten, Krapfen und zuletzt eine „Semmelmilchsuppe", den Rest davon mußte man für die „Perschtmuada" stehen lassen.

Rahmsuppe

Ca. 1 l Wasser, Salz, Kümmel, 1/4 l saurer Rahm, 2–3 EL Mehl, etwas Milch, Spritzer Essig, Süßrahm

Wasser mit Salz und Kümmel aufkochen. Mehl und Sauerrahm verrühren, oder Rahm allein in das kochende Wasser einrühren, aufkochen lassen. Aus wenig Milch und Mehl ein „G'machtl" rühren und in die kochende Suppe einrühren. Mit Essig nachsäuern, mit Süßrahm verbessern.
Bei uns zu Hause gab es die Rahmsuppe meist nur, wenn jemand krank war, denn der süße Rahm war kostbar und wurde für die Butter benötigt. So flüchteten wir Kinder uns hin und wieder in Kopfschmerzen oder in eine andere „Unpäßlichkeit". Obzwar die Mutter unsere „Krankheit" durchschaute, die Rahmsuppe bekamen wir doch und durften uns hin und wieder auch Weißbrot einbrocken.

In der Gegend von Neuhofen und Eberschwang war die Rahmsuppe die **„Kindbettsuppe"**; „eine aß 24 Rahmsuppen im Wochenbett" (das 16 Tage dauerte), erinnert sich die Schmiedin z'Feichtet in Eberschwang. Im Enns-, Steyr- und Kremstal nennt man die gleiche Suppe **„graue Suppe"**.

„Brennsuppe", Einbrennsuppe, Kümmelsuppe

2 EL Schweineschmalz (auch Butter, Butterschmalz, Margarine), 2 EL Mehl, 1 TL Kümmel, Salz, 1 1/4 l Wasser oder Fleischsuppe

Schmalz erhitzen, das Mehl einrühren und dunkel rösten. Je langsamer es röstet, desto besser wird die Suppe. Kümmel und Salz beigeben (einige geben etwas kleingeschnittene Zwiebel bei), kurz weiterrösten, nach und nach mit Flüssigkeit aufgießen (bei Fleischsuppe die Einbrenn vorher nicht salzen). Zuerst nur so viel Flüssigkeit (heiß oder kalt) beigeben, daß beim Verrühren eine dicke Einbrenn entsteht, dann nach und nach die restliche Flüssigkeit nach Bedarf dazugießen und glatt verkochen. (Nach der halben Flüssigkeitsmenge kann man ein wenig zerdrückten Knoblauch beigeben.) 15 bis 20 Minuten auf kleiner Flamme weiterkochen lassen. Über geschnitteltes Brot in einer Schüssel gießen. Man gibt auch Frittaten in die „Brennsuppe".
Brennsuppe war wie die Gerstl- und Hirsesuppe häufig das Frühstück an den Wochentagen. Am Sonntag gab es dann Milchsuppe mit Brot oder Weißbrot. Die Brennsuppe gilt als Medizin gegen Erkältung und Durchfall – nur darf man dann kein Fett verwenden, sondern muß das Mehl in einer Eisenpfanne über schwachem Feuer trocken zu brauner Farbe „linden" bzw. rösten; dann mit Salz und Kümmel würzen und mit Wasser aufgießen. So eine fettlose, leicht einge-

Rahmzweck aus Steyr.

kochte **„Mehlsuppe“** nennt man auch **„Blawerlsupp'n, Bleawerlsupp'n“.** Im Enns-, Steyr- und Kremstal macht man die dicke Einbrenn aus Fett und Mehl extra an, schneidet Brot schnittelweise in die Suppenschüssel, gießt kochendes, gesalzenes Wasser (oder kochende Fleischsuppe) darüber und gibt dann erst die Einbrenn darauf. In der bürgerlichen Küche weiß man auch diese „Arme-Leut-Suppe“ zu verfeinern, indem man die Einbrenn mit Butter bereitet und zuletzt die Suppe mit 1 bis 2 Dottern, mit etwas Obers versprudelt, bindet. Träufelt man in eine Einbrennsuppe 1 bis 2 Dotter ein, so daß „Flinserln“ entstehen, erhält man die **„Eiersuppe“.** (Innviertel)

Erdäpfelsuppe

3–4 Erdäpfel, gelbe Rübe, Sellerie, Porree, Petersilienwurzel, 40 g Fett, 40 g Mehl, 1 kleine Zwiebel, Petersiliengrün, 1 Knoblauchzehe, Salz, Pfeffer, Kümmel, Majoran, 1 kleines Lorbeerblatt, Essig, 2–3 EL saurer Rahm

Würfelig geschnittene Erdäpfel, stiftelig oder grobwürfelig geschnittenes Wurzelwerk, Lorbeerblatt und Kümmel in so viel Salzwasser, daß sie bedeckt sind, weich kochen. Aus Fett, gehackter Petersilie und Mehl eine lichte Einmach bereiten, mit Wasser oder Rindsuppe aufgießen, verkochen lassen, zu den Erdäpfeln geben, mit Majoran, einem Spritzer Essig, Salz, Pfeffer und zerdrücktem Knoblauch würzen und abschmecken. Kurz noch das Ganze verkochen lassen. Zuletzt mit saurem Rahm verrühren.

Das Wiener Kochbuch „Die Kochkunst“ bringt eine **„Erdäpfelsuppe oberösterreichische Art“** folgendermaßen: „3 große Kartoffeln werden roh geschält, geschnitten und in einem Liter Wasser halb gar gekocht. Eine Zwiebel wird fein geschnitten, gesalzen und mit dazu verkocht. Dann sprudelt man 1 Kaffeelöffel Mehl, 2 Eßlöffel sauren Rahm, $^1/_2$ Eßlöffel Essig zuerst allein, dann mit dem Kartoffelsud ab und läßt das Ganze aufkochen. Diese Suppe wird mit gerösteten Brotschnitten serviert.“ Heute gibt man auch Kümmel und etwas Majoran dazu.

Herrschte bis ins 14. Jahrhundert vermutlich sogar ein gewisser Wohlstand unter den oberösterreichischen Bauern, so begann Ende des 15. Jahrhunderts die Umschichtung der Bevölkerungsstruktur, die niederen Ritter starben aus, ihr Besitz kam an Herren, Prälaten und reiche Handelsbürger. Diese aber konnten nie genug kriegen. Abgaben, Dienste, Taxen, Zehent, Roboten stiegen und stiegen. Hussiten- und Türken- sowie Erbfolgekriege zwischen dem 15. und 18. Jahrhundert trieben die Steuern immer wieder in die Höhe und belasteten die bäuerliche Bevölkerung, so daß man im 16. Jahrhundert sagen konnte: „Der Bauer ist von Ochsen statt, nur daß er keine Hörner hat.“ Von der Niederlage im Bauernkrieg 1525 haben sich die Bauern bis 1848 nicht mehr erholt.

Geblieben ist auch nach der Bauernbefreiung der Unterschied zwischen Herrn und Knecht. So unterschied eine Speisenordnung des Stiftes Schlägl um die Mitte des 18. Jahrhunderts fünf Rangklassen: Abt, Konvent, Bedienstete, Stiftsgesinde, Meierhofgesinde. Während der Abt zu Mittag sechs Speisen und am Abend vier Speisen serviert bekam, der Konvent fünf und drei, die Bediensteten vier und drei Gänge, erhielt das Klostergesinde an Fleischtagen zu Mittag Suppe, Rindfleisch, Kraut, abends Suppe, Fleisch, Beuschl oder Mehlspeisen, an Fasttagen mittags Kraut, Mehlspeisen, Suppe, abends Suppe und Mehlspeisen, Freitag nur trockenes Brot. Die Bauernkost in der Umgebung von Schlägel (Unterneudorf) 1831 bestand in der Früh Tag für Tag aus saurer Milchsuppe, zu Mittag gab es Sonntag und Donnerstag Geselchtes mit Mehlknödeln und Kraut, am Montag Nudeln, am Dienstag Zelten (Krapfen), am Mittwoch „Germschedl“, am Freitag Schmalzknödel und am Samstag geschnittene Nudeln. Dazu täglich Kraut, im Sommer auch saure Milch („Selbern“). Am Abend gab es jeden Tag süße Milchsuppe, Kraut und Erdäpfel, an den hohen kirchlichen Festtagen zu Mittag Rindsuppe, Rindfleisch, Semmelkren und Schweinsbraten. Wohlhabendere Bauern um Linz aßen Montag bis Donnerstag zu Mittag gekochtes Rindfleisch mit Kraut, Freitag Rahmsuppe, Sauerkraut und Grießschmarren, Sonntag Rindsuppe mit Brot oder gekochtes Rindfleisch mit Kren. Pro Erwachsenen ergab dieser Küchenzettel in Unterneudorf im Jahr etwa 27 Kilogramm Fleisch, etwa 100 kg Erdäpfel, 300 kg Getreide, 30 Eier und etwa 3,8 Eimer Kraut. Der durchschnittliche Ernährungsverbrauch des Österreichers betrug im Vergleich dazu 1978/79 85,5 kg Fleisch insgesamt, 68,6 kg Mehl, 27,6 kg Fette und Öle, 60 kg Erdäpfel, 78,7 kg Gemüse und 15,2 Eier.

Fleischsuppe

Rindfleisch oder frisches Schweinefleisch (Ripperlfleisch), Wurzelwerk, 1 Zwiebel, Salz, 6 Pfefferkörner, $^1/_2$ Lorbeerblatt, Petersiliengrün

Frisches (grünes) Fleisch mit Wurzelwerk (Petersilie, Sellerie, Karotte), halbierter Zwiebel, Salz, Pfefferkörnern, Petersiliengrün und einem halben Lorbeerblatt weich kochen. (Das Fleisch kommt zu Mittag oder zur Jause auf den Tisch.) Die Suppe wird mit verschiedenen Einlagen (Tropfteig, gebackene Brotschnitten, Leberknödel, Teigwaren u. ä.) extra gegessen (oder samt dem Fleisch und den Einlagen zusammen aufgetragen).

Als die Bauersleute und das Gesinde noch gemeinsam aus einer großen Schüssel aßen, war es Sitte, Knödel und andere Mehl- und Grießspeisen in der Fleischsuppe samt dem Fleisch aufzutragen und sie zu Sauerkraut, Krautsalat oder einem anderen Salat zu essen (auch Geselchtes und Rindfleisch wurde auf diese Art „serviert"). Mancherorts, so im Mühlviertel, ißt man noch immer Schwemmknödel, im Salzkammergut Grießknödel oder „Wasserhenn", im Innviertel gebakkene Schnitten in der Suppe. In der Gosauer Gegend hält man bis heute daran fest, Grießstrudel in der Selchsuppe zu Sauerkraut zu essen. Bei dem einen und anderen Bauern soll man früher für diese und andere Suppen eine „Neidschüssel" verwendet haben, das ist eine große Schüssel mit nach innen gezogenem Rand, an dem alles zurückgestreift wird, was über den Suppenlöffel „hinausschaut". Eine reichhaltige Fleischsuppe gab es einst meist auch als **„Mettensuppe"** („Brotschnittensuppe") nach der Mitternachtsmette (ihr Verbreitungsgebiet deckt sich fast mit dem der -ing- und -heim-Namen, also dem bairischen Besiedelungsgebiet von Oberösterreich). Die Mettensuppe wurde mit dem „Mettenstock" gekocht, einem knorrigen Holzklotz. (Gurten, Überackern)

Gmundner Suppenschüssel.

Selchsuppe

Das mit Wasser gereinigte Selchfleisch (Speck) im ganzen in genügend Wasser ohne weitere Zugabe weich kochen. Der Kochsud wird als Fleischsuppe verwendet, in der man vor allem Grieß oder Graupen weich kocht (pro Person rechnet man 1 Eßlöffel voll Graupen oder Grieß). Vor dem Anrichten mit Schnittlauch oder gehackter Petersilie bestreuen.

Die Innviertler Selchsuppe ist lichter als die Mühlviertler, bei der die heiße Selchsuppe über Brotschnitten gegossen wird, zusätzlich wird löffelweise saurer Rahm („Selpern"), etwas Milch, versprudelte saure Milch („g'stockte Milch") oder etwas Buttermilch darin verrührt. Im Innviertel heißt die **„g'selchte Supp'n"** auch **„Knödlsupp'n"**, weil in der Selchsuppe das gekochte Selchfleisch samt den extra in Salzwasser gekochten Mehlknödeln auf den Tisch kommt.

Brotsuppe, „Schnittlsuppe"

In eine Suppenschüssel dünn „geschnitteltes" Bauernbrot (oder Brotwürfel) geben, leicht salzen, rasch so viel siedendes Wasser oder eine Fleischsuppe darübergießen, wie das Brot aufnimmt. Zugedeckt am Herdrand etwa 10 Minuten leicht ziehen lassen, dabei öfter umrühren. Dann benötigte Menge Suppe dazugießen. Butter bräunen oder würfelig geschnittenen Selchspeck anlaufen lassen und damit die Schnittlsuppe abbrennen. Mit Schnittlauch und Pfeffer überstreuen.

Für viele muß die „Schnittlsuppe" so dick sein, daß der Löffel darin stecken bleibt. Im Steyr-, Enns- und Kremstal gibt man auf die Brotschnitten in viel Fett geröstete Zwiebelringe (man ißt dort diese Suppe auch als Frühstückssuppe), ebenso Sauerrahm oder heiße Grammeln **(„Grammelsuppe").** Im Winter gab es oft zur Jause eine Schwarzbrotsuppe, mit Zwiebeln abgeschmalzen, und gesottene Erdäpfel.

Panadlsuppe, „Bahsupp'n"

3 bis 4 altbackene Semmeln (oder anderes Weißbrot) in dünne Scheiben schneiden, in etwas Fett bähen und in

die kochende Fleisch- oder Selchsuppe bzw. Rindsuppe geben, kurz aufkochen, mit Salz und geriebener Muskatnuß würzen. Wird als Kranken- und Rekonvaleszentenkost verabreicht, insbesondere der Wöchnerin.

Hausgemachte Nudeln, Suppennudeln

Etwa 250 g Mehl, etwas Salz, 1 Ei, 2–3 EL Wasser

Mehl auf das Nudelbrett häufeln, salzen, in die Mitte Ei und Wasser geben, mit dem Messer von der Seite Mehl, Ei und Wasser vermischen, mit den Händen fest kneten, dann kleine Laibchen daraus formen, zugedeckt rasten lassen. Diese auf dem Nudelbrett dünn auswalken, etwas trocknen lassen, dann die Flecken zusammenrollen und in feine Streifen schneiden. Aufschütten und trocknen lassen. Können auf Vorrat angelegt werden (dann den Teig nicht salzen!).

Reibgerstlsuppe, „Grimi-Toag-Supp'n"

1 l Milch, 10–12 EL Mehl, 2 Eier, Salz

Mehl, Eier und Prise Salz mit den Händen verreiben, kurz übertrocknen, den Teig auf Reibeisen zu ungleichen Flocken („Zwudel", „Zwuzerl") reiben („ribeln"), in kochender Milch gar werden lassen. Die Suppe zuletzt mit etwas brauner Butter und Salz oder auch mit Zucker und Zimt abschmecken. Oder den geriebenen Teig in eine Fleisch-, Selch- oder Gemüsesuppe einkochen, mit Schnittlauch bestreut anrichten.
Frau Thalhammer, eine alte Wirtshaus- und Hochzeitsköchin in Lambrechten, nimmt statt Mehl auch Grieß. Die **„Farferlsuppe"** wird ähnlich bereitet; man kann die „Farferln" vor dem Kochen in wenig Fett abrösten.

„Eintropfte Supp'n", Baumwollsuppe

Aus 2 Eiern, etwas Mehl und einer Prise Salz einen festeren Tropfteig rühren, 1/4 Stunde rasten lassen, dann den Teig in einem dicken Faden in die schwach siedende Rindfleisch-, Selch- oder Fleischsuppe einlaufen lassen. Verrühren und einmal aufkochen.
Strudelteigreste kann man zu einem festen Knödel formen, in Salzwasser kochen, dann zwei, drei Tage trocknen lassen. Bei Gebrauch auf dem Reibeisen zerkleinern. 1 bis 2 EL Butter flaumig rühren, mit einem Dotter abtreiben, das Eiklar einmengen, salzen und diese Masse mit dem geriebenen Teig festigen. Davon Nockerln ausstechen und in einer Suppe kochen. Ergibt die **„Strudelteignockerlsuppe"**.

„Hadernsuppe"

Übriggebliebenen Schmarren (der noch nicht gezuckert wurde) mit klarer Rindsuppe übergießen, einmal aufkochen und servieren. (Steyr-, Krems-, Ennstal)

„Katarrhsuppe"

„2 Eßlöffel Rollgerste, 2 Eßlöffel Reis, 2 Eßlöffel Sago, ein Stück Sellerie, 1 gelbe Rübe, Petersilienwurzel, eine Stange Porree, 2 Eßlöffel gerollter Hafer, ein Stück alte Suppenhenne, 1 Kalbsknochen, etwas Salz in reichlich Wasser drei bis vier Stunden sieden. Zuletzt durchseihen." (Handgeschriebenes Kochbuch der Therese Maier, Lambrechten-Linz)
Dieses Rezept findet man fast wortwörtlich schon im „Linzer Kochbuch" der Maria Elisabetha Meixner, geb. Niedererin, Linz 1804; sie kochte auch noch „die Füßel von einem Lämmernen und ein Paar Blühe Safran" mit. Daß die Oberösterreicher um Namen nicht verlegen sind, zeigen auch folgende Weiler-, Rotten- und Ortsnamen: „Kochlöffel", „Kochlöffeleck", „Kochlöffling", „Schmalzberg", „Schmalzhofen", „Schmalzroither", „Koch", „Kochberg", „Kochreith", „Reindl", „Speckmair", „Habern", „Stelzen", „Schinken", „Brennsuppe", „Hundessen", „Hennergraben", „Pfannenstiel", „Äpfelberg", „Fleischhacken", „Zimetsberg", „Hühnergeschrei", „Speck", „Hungerberg", „Sulzberg", „Schnabling".
Im Innviertel aß man die Mahlzeiten in der Stube (nur bei den „Häuslleut" war die Stube oft zugleich die Küche), im Sommer auch im kühleren Vorhaus. Der Tisch stand immer im Herrgottswinkel. Vor dem Essen wurde stehend, nach dem Essen kniend gebetet, der Bauer saß unter dem Herrgottswinkel, zu seiner Rechten saßen die „Weiberleut", zur Linken die „Mannerleut". Die Früh- und Abendsuppe wurde aus einer gemeinsamen Schüssel gelöffelt, sonst gab es nur tiefe Teller, aus denen zuerst die Suppe bzw. das „Voressen", dann die Hauptspeise gegessen wurde. Ausgeteilt hat die Bäuerin oder die große Dirn, mancherorts durfte sich jeder selbst bedienen. Jedes hatte sein eigenes Besteck, das in der Tischlade oder in kleinen Laden aufbewahrt wurde. Wenn der Bauer oder überhaupt die „Mannerleut" zum Essen aufhörten, galt die Mahlzeit als beendet. Bei der kurzen Danksagung wurde auch der Verstorbenen des Hauses gedacht. In großen Bauernhöfen aßen die Bauersleute hin und wieder getrennt von den Dienstboten an einem kleinen Tisch in der Stube.

„Gott segne uns die Suppn,
vor Fliegen und vor Muckn
Und vor den großen Bremen,
damit sie es uns nicht nehmen! “
(Spruch nördlich der Donau)

„Hupfaufsuppe“

3 EL Mehl, Salz, 1 Ei, 1 TL Öl, kalte Milch, Schnittlauch, Schweinefett, Rindsuppe

Aus Weizenmehl, Prise Salz, Ei, Öl und kalter Milch nach Bedarf einen glatten, träg fließenden Teig sprudeln, zwei Finger hoch in ein gefettetes, mit Mehl gestaubtes Geschirr füllen. Dieses in einen größeren, halb mit Wasser gefüllten Topf stellen. Das Ganze zugedeckt langsam kochen lassen, bis die Teigmasse durch und durch gestockt ist und sich stürzen läßt. Dann die Masse in kleine Würfelchen schneiden, in gut erhitztem Schweinefett schwimmend goldgelb herausbacken. Aus dem Fett heben, abtropfen lassen und als Einlage in eine Rindsuppe geben. Mit Schnittlauch bestreuen.

Schöberlsuppe

60 g Butter, 3 Dotter, Salz, 1–2 EL Milch, 80 g Mehl, 3 Eiklar. Oder: 80 g Butter, 4 Dotter, 2 EL Obers, Salz, 100 g griffiges Mehl, 4 Eiklar

Butter mit Dotter schaumig rühren, leicht salzen, Milch (oder Obers) und Mehl einrühren. Zuletzt den steifen Schnee darunterheben. Die Masse auf ein kleines, gefettetes Backblech gießen, verstreichen und bei mäßiger Hitze lichtgelb backen. Wenn sie etwas überkühlt ist, daraus kleine Rauten oder Karos schneiden. (Oder gleich in kleinen Schöberlwandeln backen.) In die angerichtete Rindsuppe oder Kalbseinmachsuppe geben. Mit Schnittlauch bestreuen. Im Innviertel gibt es diese Suppe besonders bei Hochzeiten, zum Taufmahl und zur Primizfeier.

Rahmschöberln

2 Dotter, 2 EL Sauerrahm, 2–3 EL Mehl, 2 Eiklar, Salz, Muskat

Dotter mit Rahm verrühren, Mehl einrühren, salzen, etwas Muskatnuß einreiben, zuletzt den Schnee von 2 Eiklar unterziehen. In eine gebutterte, mit Mehl bestäubte Rehrückenform füllen. Bei Mittelhitze langsam im Rohr goldgelb backen. Stürzen, erkalten lassen, entlang der Rippen zu Schöberln schneiden.

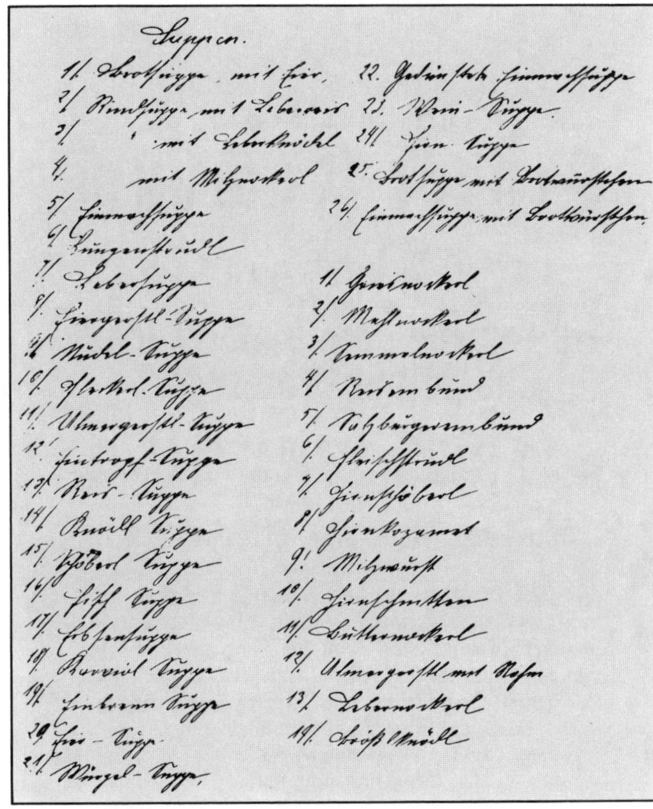

Aus dem handgeschriebenen Kochbuch der Therese Maier, um 1900, Lambrechten-Linz.

Einbund zur Suppe

½ Stück Kalbskopf, 2 Semmeln, Milch, 30 g Butter, 3 Dotter, Salz, Semmelbrösel; Butter

Das ausgelöste Fleisch eines gesottenen Kalbskopfes fein wiegen (oder faschieren), 2 in Milch geweichte, gut ausgedrückte und passierte Semmeln beigeben. Ein Stück Butter abtreiben, 3 Dotter dazu einrühren. Das Feingewiegte bzw. Passierte dazugeben. Salzen, mit Bröseln festigen. Ein Küchentuch mit Butter ausschmieren, die Masse darauf verteilen, einrollen, leicht zusammenbinden. 1 Stunde im Dunst garen.

Abgetriebene Leberknödel

200 g Leber, 60 g Butter, 1–2 Eier, Salz, 1 Zwiebel, Petersilie, Zitrone, Semmelbrösel

Schweins- oder Kalbsleber kochen und auskühlen lassen. Auf dem Reibeisen fein reiben. Die Butter abtreiben (schaumig rühren), die Eier dazurühren, salzen,

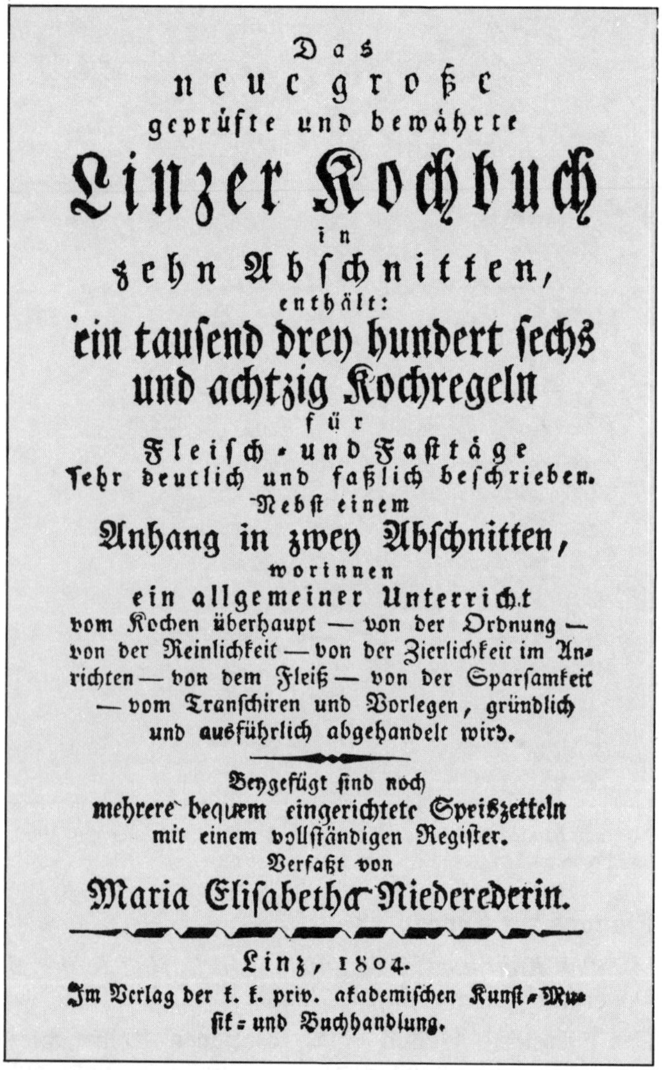
Das
neue große
geprüfte und bewährte
Linzer Kochbuch
in
zehn Abschnitten,
enthält:
ein tausend drey hundert sechs
und achtzig Kochregeln
für
Fleisch- und Fasttäge
sehr deutlich und faßlich beschrieben.
Nebst einem
Anhang in zwey Abschnitten,
worinnen
ein allgemeiner Unterricht
vom Kochen überhaupt — von der Ordnung — von der Reinlichkeit — von der Zierlichkeit im Anrichten — von dem Fleiß — von der Sparsamkeit — vom Transchiren und Vorlegen, gründlich und ausführlich abgehandelt wird.
Beygefügt sind noch
mehrere bequem eingerichtete Speiszetteln
mit einem vollständigen Register.
Verfaßt von
Maria Elisabetha Niedererderin.
Linz, 1804.
Im Verlag der k. k. priv. akademischen Kunst- Musik- und Buchhandlung.

Titelblatt der Erstauflage des „Linzer Kochbuchs".

in die geriebene Leber einrühren. Gehacktes Petersiliengrün, feingeschnittene Zwiebel und abgeriebene Zitronenschale dazugeben. Masse mit Bröseln festigen. Daraus kleine Knöderln formen. In schwach kochender Knochen- oder Rindsuppe einige Minuten mehr ziehen als kochen lassen. (Mühlviertel)

Lungenstrudel

Ca. 500 g Schweins-, Rinds- oder Kalbslunge, möglichst mit Herz, etwas Wurzelwerk, 1 Stamm Beizkräutel (Thymian), 4–5 Pfefferkörner, 1 Lorbeerblatt, 50 g Butter, 1/4 Zwiebel, Salz, Pfeffer, Majoran, Petersilie, 2 EL Semmelbrösel, 1 Ei; Strudelteig, Fett

Lunge (und Herz) in Salzwasser mit blättrig geschnittenem Wurzelwerk, Beizkräutel, Pfefferkörnern und Lorbeerblatt weich kochen. Erkalten lassen, dann faschieren. In heißem Fett feingeschnittene Zwiebel anlaufen lassen. Das Faschierte dazugeben, durchrösten, mit Salz, Pfeffer, Majoran würzen, gehackte Petersilie und etwas Brösel beigeben. Auskühlen lassen, dann das Ei einrühren. Den Strudelteig ausziehen, mit zerlassenem Fett beträufeln und dieses verstreichen, die Masse auftragen, den Teig zusammenrollen, die Enden wegzupfen, mit befettetem Kochlöffel in 5 cm lange Stücke eindrücken und am Rand zusammendrücken. Auf befettetes Backblech legen, mit zerlassenem Fett bestreichen und lichtgelb backen. Oder den gefüllten Strudel im ganzen backen, dann in Stücke zerschneiden. In den Suppentopf legen oder vor dem Servieren in siedende Rindsuppe geben. Man kann den Lungenstrudel auch sieden, dabei den Teig nicht zu dünn ausziehen, vor dem Sieden schon in Stücke schneiden, die Enden gut zusammendrücken. Oder den Strudel im ganzen schneckenförmig aufrollen und in siedendes Salzwasser gleiten lassen.

Den **Fleischstrudel** bereitet man auf die gleiche Weise; anstelle von Lunge (und Herz) verwendet man Bratenreste oder geröstetes Faschiertes. Man würzt zusätzlich mit etwas Knoblauch und geriebener Muskatnuß.

Leberpofesen

1 kleine Zwiebel, Petersilie, Majoran, 30 g Fett, 100 g faschierte Leber (Kalbs-, Lamm-, Kitz-, Rindsleber), Salz, Pfeffer, 1 Ei, Semmelbrösel, 1–2 Eier, 1–2 EL Milch oder Wasser, Öl, 3 Semmeln; Backfett

Zwiebel, Petersilie, Majoran fein hacken, in Fett heiß anschwitzen, faschierte Leber beifügen, alles gut durchrösten, mit Salz und Pfeffer würzen, kurz überkühlen lassen, dann Ei und so viel Brösel einrühren, bis eine geschmeidige, streichfähige Masse entsteht. Damit je zwei Semmelschnitten etwa halbfingerdick füllen, zusammensetzen, in Mehl tauchen. Auf einem Teller 1 bis 2 Eier, ganz wenig Wasser oder Milch und etwas Öl verschlagen, die gefüllten Semmelschnitten darin ganz eintauchen und in Semmelbrösel einhüllen. Wie Pofesen in heißem Schmalz schwimmend flott goldgelb backen. Man gibt sie als Auflage zu eingemachtem Spinat oder anderem Grüngemüse oder als Einlage in eine kräftige Rindsuppe.

„Wasserhenn“ ist eine Suppeneinlage, in Bad Goisern bekannt, bestehend aus einer Semmelknödelmasse, die im Rohr gebacken, in Stücke geschnitten und in heißer Rind- oder Fleischsuppe serviert wird.

Gebackene Leberknödel

120–150 g Leber, 50 g (Nieren-)Fett, Margarine oder Butter, 1 kleine feingewiegte Zwiebel, 1 Ei oder 1 Dotter, 2–3 altbackene Semmeln, 150 g Fleisch, etwas Milch oder Rind- oder Fleischsuppe, Petersiliengrün, 1 Zehe Knoblauch, Majoran, Pfeffer, Salz, Thymian, Zitronenschale, Semmelbrösel; Backfett

Nierenfett fein schneiden, zergehen lassen (oder Butter nehmen), erhitzen, darin die Zwiebel goldgelb anschwitzen lassen. Würfelig geschnittene Semmeln in Milch oder Fleischsuppe aufweichen, ausdrücken und passieren. Leber schaben oder fein faschieren, ebenso etwas Abfallfleisch. Alles zusammen gut vermengen, Ei, Dotter, zerdrückten Knoblauch, Salz, Pfeffer, Thymian, gehackte Petersilie und etwas geriebene Zitronenschale dazugeben. Gut abschmecken und durchrühren. Nach Notwendigkeit mit Bröseln noch festigen. Daraus eigroße Knödel formen und in heißem Schmalz schwimmend backen. (Frieda Maier, Lambrechten)
Man kann diese Leberknödel auch auf Vorrat backen (und einfrieren). Vor dem Servieren in heißer Rind- oder Fleischsuppe kurz kochen. Und so liest man das Rezept in einem um 1900 handgeschriebenen Kochbuch unserer Nachbarbäurin Anna Dick: „Gib in eine Schüssel feingewirktes Fleisch und Schweinsleber, ein paar Eier, Salz, Pfeffer, Neugewürz, Knofel, Zwiebel und Mehl, daß es fest wird, mische alles gut miteinander ab. Mache kleine Knödel daraus, drehe sie in Semmelbrösel oder Grieß, backe sie langsam zugedeckt in heißem Schmalz.“
Die gebackenen Leberknödel können auch heiß zu gekochtem Sauerkraut als Hauptgericht gegessen werden. Am besten schmeckten sie uns Kindern zu Hause, wenn wir sie heiß direkt aus der Schmalzpfanne zu essen bekommen haben. Heute kann man sie auch bei dem einen und anderen Metzger im Innviertel (und im Salzburgischen) kaufen. In meinem „Großen Sacher Kochbuch“ habe ich darauf hingewiesen, daß diese in Schmalz gebackenen Leberknödel wohl ein Rest aus der einst an Suppeneinlagen so reichen Barockzeit sind.

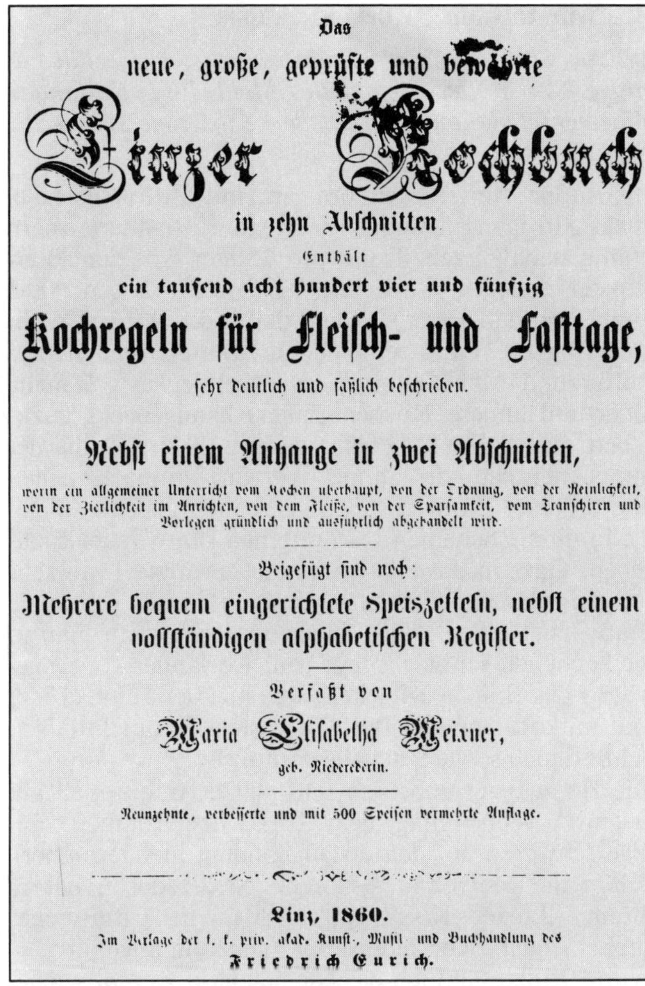
Das
neue, große, geprüfte und bewährte
Linzer Kochbuch
in zehn Abschnitten.
Enthält
ein tausend acht hundert vier und fünfzig
Kochregeln für Fleisch- und Fasttage,
sehr deutlich und faßlich beschrieben.

Nebst einem Anhange in zwei Abschnitten,
worin ein allgemeiner Unterricht vom Kochen überhaupt, von der Ordnung, von der Reinlichkeit, von der Zierlichkeit im Anrichten, von dem Fleiße, von der Sparsamkeit, vom Tranchiren und Vorlegen gründlich und ausführlich abgehandelt wird.

Beigefügt sind noch:
Mehrere bequem eingerichtete Speiszetteln, nebst einem vollständigen alphabetischen Register.

Verfaßt von
Maria Elisabetha Meixner,
geb. Niedererin.

Neunzehnte, verbesserte und mit 500 Speisen vermehrte Auflage.

Linz, 1860.
Im Verlage der k. k. priv. akad. Kunst-, Musik- und Buchhandlung des
Friedrich Eurich.

„Sie schrieb dieses Kochbuch in der gemeinschaftlichen Mundart, wie sie mit ihren Lehrmädchen sprach“, heißt es in der Vorrede zur 19. Auflage des Linzer Kochbuchs.

Würstelsuppe

In eine kräftige Rindsuppe mit Nudeln gibt man gekochte Frankfurter oder weiße Würstel im ganzen oder in Scheiben geschnitten. Die Würstelsuppe bekommen im Innviertel die „Kiraleut“ (Ministranten, Mesner, Vorbeter, Totengräber, Kirchenchor) zur Totenzehrung bei einer „kleinen Leich“ (Begräbnis III. Klasse).
„Die Auslagen der Bauern“, heißt es im Kalender des Volksvereins für Oberösterreich, 1899, „bei Tauf- und Sterbefällen sind oft derart kostspielig, daß die Besitzer oft nicht mehr nachkönnen. Es wird aufgetragen wie bei Hochzeiten.“

Bratwürstelsuppe, Koriandersuppe

4 Paar Schweins- oder Kalbsbratwürstel, 1¹/₄ l Rindsuppe, 80 g Butter, 80 g glattes Mehl, 1 TL Koriander, Zitronenschale und -saft, Pfeffer, Salz, Petersiliengrün, Schnittlauch

Rindsuppe zum Sieden bringen, mit Zitronenschale, etwas Zitronensaft und zerdrückten Korianderkörnern kräftig nachwürzen. Dann pro Person ein Paar Bratwürstel einlegen, vorsichtig gar ziehen lassen. (Die Suppe soll dabei nicht sieden, damit die Würstel nicht aufspringen.) Extra eine lichte Buttereinmach aus Butter und Mehl bereiten, eventuell etwas Petersilie (oder/und andere Küchenkräuter) kleingehackt dazugeben, mit Salz und Pfeffer würzen. Würstel aus der Suppe nehmen, die Suppe über die Einmach seihen und zu einer Einmachsuppe verkochen lassen. Zuletzt die in dünne Scheiben geschnittenen Bratwürstel dazugeben. Oder in die mit Koriander gewürzte Einmachsuppe in dünne Scheiben geschnittene, rasch gebratene Bratwürstel geben. Noch feiner wird sie, wenn man in die kochende Einmachsuppe (mit Koriander kräftig gewürzt) das Brät in Kirschengröße aus der Haut drückt und mitkocht und in Butter geröstete Semmelbröckel, Schnittlauch sowie Petersilie daraufgibt.

Die Bratwürstelsuppe gab und gibt es traditionell am ersten Adventsonntag, dem „Bratwürstelsonntag" (einige schwören auf den ersten Sonntag im Dezember). Schon die Meixnerin, geborene Niederederin, hat in ihrem „Linzer Kochbuch" (1804) die „Bratwurstsuppe", auch „Koriandersuppe" genannt, angeführt.

Wortwörtlich fand ich das Niederederin-Rezept wieder in dem in der Zwischenkriegszeit handgeschriebenen Kochbuch der Anna Schwarz, Unterwirtin in Lambrechten. Therese Maier, Köchin im Linzer Petrinum, hat sich um 1900 folgende Rezeptur aufgeschrieben: „Zwiebel in Butter anlaufen lassen, eine leichte Einbrenn bereiten, mit Rindsuppe absprudeln, gib Limonieschalen dazu und Muskatblüte, Wein oder Essig, ein wenig Rahm dazu. Nach Bedarf Bratwürste absieden und die Suppe zugießen. Auf Semmelbröckel seihen. Man kann Limonieschalen in der Suppe mitkochen."

Im handgeschriebenen Kochbuch (1869) der Josefine Niklitschek aus Mehrnbach liest man:

„Blinde-Bratwurst-Suppe"

„Siede eine Handvoll Erbsen, Rosmarin, Lorbeerblätter, Limonieschaln, ein wenig Gewürz, Zwiebel, laß es gut sieden, dann mache eine Buttereinbrenn mit Zwiebel und gieße es mit Wasser auf, laß wieder sieden, gib Pfeffer und Salz dazu und richt es über gebähte Schnitteln an. Man macht auch Würstel dazu wie folgt: Man nimmt das Baischl von einem Karpfen, schneidet es fein zusammen. Treibe ein Stückl Butter ab, verrühre 2 Eier, gib Nelken, Muskatblüth, Pfeffer, Limonieschale. Salzen; gib auch Brösl darunter, mache kleine Würstel aus dem Fasch, backe es aus dem Schmalz und leg es in die Suppe."

In demselben Kochbuch gibt es auch eine – in den meisten Kochbüchern angeführte – **„Jäger-Suppe":** „Nimm weiße Brotschnittl und pfaze (bähe) sie aus dem Schmalz, gib Rindsuppe daran, laß es mit Rahm aufkochen und gib verlorene Eier daran."

Frau Herta Schober überliefert eine um 1750 von einer Perger Bürgerin aufgezeichnete ähnliche „Jägersuppe" (auch **„Köczersuppe"** genannt): „Nimm schönes rokkenes Brod, schnaidts zu subtilen Schnitten, laß in einer Pfanne ein Schmalz heiß werden und wirff das Brot hinein, röst es ganz hart und schütt es dann in eine Schüssel, immer eine Lage Brot und darüber gesträut geriebenes gekochtes Rindfleisch, dann wieder Brot und so fort, bis die Schüssel voll wird. Hernach nimm sauren Milchrahm, auch Rindsuppen, laß solches ein paar Süd miteinander tun, gieß es auf das Brot. Laß es auf der Schüssel wohl aufkochen und etliche verlorene Eyer darauf, gesalzen wan es zeit ist." Die Niederederin verwendet bei ihrer „Jägersuppe" (1804) anstelle von Rindfleisch kleine, „in Butter gedünstete Vögel" – was der „Jäger"-Suppe schon näher kommt –, die „verlorenen Eier" dürften wohl Ersatz bzw. Nachahmung der in den ehemaligen klösterlichen bzw. höfischen Schloßküchen gebratenen Vögel gewesen sein.

Schon das Koch=Buch des „Freywillig aufgesprungenen Granat-Apfel" der Eleonora Maria Rosalia, geb. Fürstin zu Lichtenstein und zu Eckenberg, Graz, 1697, führt eine „Jäger-Suppen zu machen" an: „Man soll Haußbrodt auffschneiden wie zu einer Schmaltzsuppen, und in ein Schüssel richten, darnach soll man von einem Brätl, es seye Kälbern, Schäffern oder Wildprät, gar klein hacken, und auff das Brod strähen, und wider ein Lag Brod, und wider gehacktes Brätl, biß die Schüssel voll wird, darnach ein heisse Fleischsuppen darauff gießen, daß naß wird, und heiß Schmaltz darauf brennen; man muß auch zu weilen ein wenig Pfeffer darzwischen strähen, und also auf den Tisch geben, ist gar gut."

Beuschlsuppe, „Lingerl", „Lüngerl"

1 Schweinsbeuschl (Lunge), Schweinshaxl, 200 g Wurzelwerk, 1 Zwiebel, 1 Lorbeerblatt, 2 Stämmchen Beizkräutel (Thymian), 5–8 Pfefferkörner, Salz, 2 EL Mehl, 1 Handvoll gehackte Zwiebel, 2 Knoblauchzehen, Majoran, Essig, Sauerrahm

Beusch(e)l, einschließlich Herz, Lichtel (Aorta, Schlagader) und Schlund sowie Schweinshaxl in Salzwasser mit blättrig geschnittenem Wurzelwerk, Zwiebel, Lorbeerblatt, Beizkräutel und Pfefferkörnern weich kochen. Herausnehmen, erkalten lassen und feinnudelig schneiden. Mehl in heißem Schmalz ziemlich braun einbrennen, feingehackte Zwiebel mitrösten, zerdrückten Knoblauch und gehackte Würzkräuter dazugeben. Mit so viel Kochsud aufgießen, daß eine sämige, aber nicht zu dicke Soße entsteht. Gut eine Viertelstunde auf kleinem Feuer kochen lassen. Dann das geschnittene Beuschl beigeben. Mit dem restlichen Kochsud verdünnen, mit etwas Essig nachsäuern. Zuletzt mit Rahm verfeinern und noch einmal heiß werden lassen.
Die Beuschlsuppe ist als Jausengericht beliebt. In der Welser Gegend bekam das Gesinde am Dienstag, Donnerstag und Samstag oft eine Beuschlsuppe mit Erdäpfeln als Vormittagsjause. Diese Beuschlsuppe unterscheidet sich dadurch vom Beuschl der bürgerlichen Küche, besonders der Wiener Küche, daß sie zwar sehr kräftig, aber nicht so raffiniert gewürzt ist, stark säuerlich schmeckt und vor allem suppig gehalten wird (sie wird auch mit dem Löffel verspeist).
Im Hausruck gibt es eine ähnliche Suppe mit kleingeschnittenen Fleischresten, genannt **„Reamsupp'n"** (von „Ream" = Riemen).

„G'hacksupp'n"

200–300 g „G'hacktes" (Reste von gekochtem und gebratenem Fleisch), 1 Tasse gekochtes Beuschl (Lunge), 1 Zwiebel, Petersiliengrün, Salz, Pfeffer, 40 g Schweinefett, 1 l Rindsuppe, Weißbrotschnitten

Das „G'hack" (Fleisch fein wiegen oder faschieren) mit gekochtem und faschiertem Beuschl, feingeschnittener Zwiebel und gehackter Petersilie in Fett rösten, salzen, pfeffern. Die Weißbrotschnitten beidseitig leicht bähen. In eine Suppenschüssel pro Person ein, zwei Brotscheiben geben, darauf reichlich das geröstete „G'hackte" streuen. Vor dem Servieren mit kochendheißer Rindsuppe aufgießen.

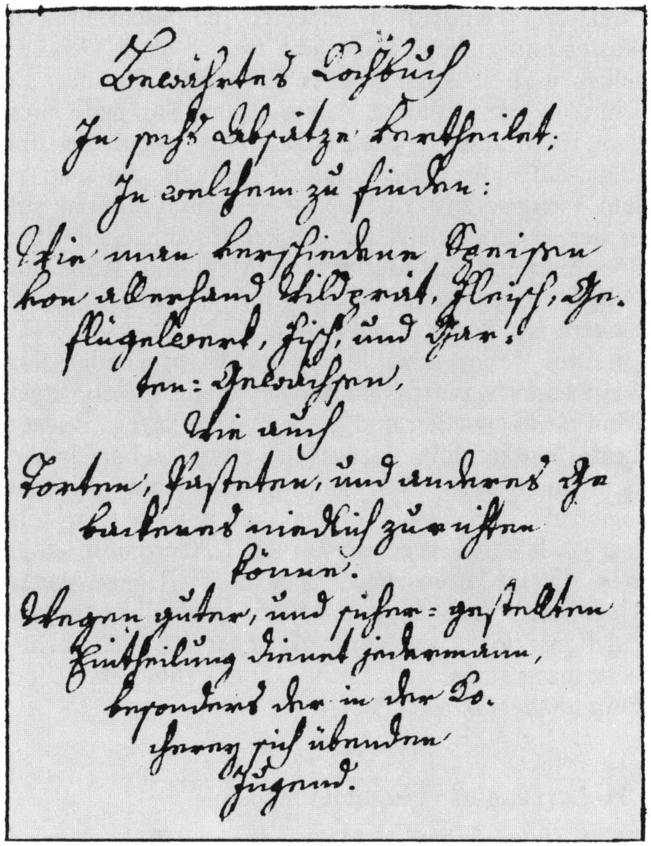

Abschrift des 1749 in Wien erschienenen „Bewehrten Koch-Buchs"; aufbewahrt im Mühlviertler Heimathaus Freistadt.

Die „G'hacksupp'n" ißt man in den Gebirgstälern, so im Almtal, gern am Sonntag nach dem Kirchenbesuch im Einkehrwirtshaus. Um Eferding aß man sie vor dem Rindfleisch auch zur „Totenzehrung" (heute ist sie durch Nudelsuppe und Wiener Schnitzel verdrängt worden). In der Gegend um Eberschwang bereitet man zum Totenmahl eine Panadlsuppe und streut obenauf feingewiegtes Rindfleisch, das mit gehackter Zwiebel in heißem Schmalz geröstet wurde; dann folgt das obligate Rindfleisch mit Semmelkren und Erdäpfelschmarren. (Mein Onkel, der Schmied-Franz z'Feichtet, bemerkte dazu allgemein: „Die Reichen werden mit der Musi, die Armen mit der Schaufel eing'graben.") Franz Stelzhamer nannte diese Suppe **„g'sattelte Suppe"**.

„Weinbeer(l)suppe"

2–3 Handvoll Weinbeeren, 2–3 Gewürznelken, Zimtrinde, 30 g Butter, 30 g Mehl, Zucker oder Rosinen

Zwei, drei Handvoll Weinbeeren die Nacht über in Wasser einweichen. Dazu gibt man 2 bis 3 Gewürznelken und ein kleines Stück Zimtrinde, die man am Schluß wieder entfernt. Am nächsten Tag das Ganze etwa 10 Minuten kochen lassen. Aus 30 g Butter und 30 g Mehl eine helle Einmach bereiten, die man zu dem Weinbeerensud gibt. Gut verrühren, einmal aufkochen lassen, zuletzt mit Zucker abschmecken. Oder eine Einbrenn aus Butter und Mehl mit Wein aufgießen, vorgeweichte Weinbeeren dazugeben, etwas zuckern und kurz kochen lassen.
Ein altes Rezept einer Innviertler Bäuerin lautet: Die Weinbeeren waschen, im Mörser breiig stoßen, etwas Wein darübergießen und gut aufsieden lassen. Zucker, Zimt, Muskatblüte dazugeben, etwas ziehen lassen, dann durchseihen. Vor dem Anrichten mit „Eidötter abgießen“ (mit Dotter binden). Nimmt man anstelle der Weinbeeren gedörrte Birnen („Kletzen“), erhält man die **„Kletzensuppe“** oder eine **„Dörratsupp'n“** (Gallspach). Beide Suppen dienten da und dort auch als „Mettensuppe“, welche die Besucher der Weihnachts-Mitternachtsmesse zu Hause „zum Aufwärmen“ bekommen haben.

„Hollersupp'n“ (Holundersuppe)

500 g Holunderbeeren, Stück Butter, Zimt, Zucker, 1–2 EL Mehl, ca. 1 l Milch, 1 Apfel, Zwetschken

Ein Stück Butter in einer Kasserolle „zerschleichen“ lassen, die Holunderbeeren, einige entsteinte Zwetschken und einen blättrig geschnittenen Apfel dazugeben und langsam dünsten lassen, dabei fleißig umrühren und nach Bedarf noch etwas Butter dazugeben. Mit Zimt würzen, zuckern. Mehl und kalte Milch glatt verrühren, dazugeben und aufkochen lassen. Mit gebähten Semmelschnitten heiß oder kalt servieren. Man kann auch etwas Süßrahm dazugeben. (Handgeschriebenes Kochbuch der Therese Maier)

Mostsuppe

Süßen, klaren Most sieden lassen, dann aus Butter und Mehl eine lichte Einmach bereiten, mit dem Most langsam aufgießen, tüchtig verrühren und langsam weiterkochen lassen. Zuletzt vom Feuer nehmen, mit etwas Obers und einigen Eidottern, beides gut versprudelt, binden (nicht mehr kochen lassen). Über gebähte Semmelschnitten gießen und heiß servieren.

Metsuppe

Blättrig geschnittenes Weißbrot in wenig Fett bähen, zuckern und mit heißem Met (oder gesüßtem Most) übergießen. Statt Weißbrot nimmt man auch Lebkuchen. Metsuppe wurde besonders zur Sonnwend- und zur Erntezeit gegessen und soll ein gutes Mittel gegen Kreuzschmerzen sein.

Biersuppe

2 EL Mehl, 2 Dotter, 1/2 Tasse Milch, 3/4 l dunkles Bier

Mehl und Dotter mit der Milch glattrühren, das dunkle Bier dazugießen, auf dem Feuer so lange rühren, bis es dick zu werden beginnt, dabei nicht mehr kochen, sondern nur ziehen lassen. Nach Belieben mit Zucker oder Honig süßen. Die fertige Biersuppe über gebähte Weißbrotwürfel gießen.

Ein altes Rezept einer „oberösterreichischen Bauernkost“ schickte mir Lisl Sattler (aus Thalgau bei Salzburg), nämlich die **„Scharlingsuppe“**: „wird so genannt, obwohl es keine direkte Suppe ist. Es werden Nudelflecke ausgewalkt, wie man früher geschnittene Nudeln selber machte. Dann kommen die ganzen Flecke auf ein Blech, werden hellgelb gebacken, herausgenommen, gebrochen in etwa mittelgroße Stücke (große Taler), mit kochendem Wasser übergossen und zugedeckt stehen gelassen. Wenn die Stücke weich sind, restliches Wasser abgießen, nach Belieben salzen und hellbraune Butter darübergießen.“ Frau Sattler dünstet dazu kleingeschnittene Äpfel in Butter, etwas gezuckert, und gibt sie ohne Fett darüber.
Diese „Suppe“ ist nicht zu verwechseln mit der folgenden

Traungauer „Scharndlsuppe“

2–3 Handvoll Fisolen, 150 g Wurzelwerk, 50 g Butter, 40 g Mehl, Salz, Pfeffer, Petersiliengrün, 1/8 l saurer Rahm

Fisolen und Wurzelwerk, würfelig geschnitten, in Wasser weich kochen. Aus Butter und Mehl eine Einmach bereiten, mit Wasser oder Fleischsuppe aufgießen, Gemüse dazugeben, mit Salz, Pfeffer und gehackter Petersilie würzen und kurz verkochen. Zuletzt den Rahm einsprudeln. „Scharndl“, eigentlich „Scharln“, heißen die Schoten (Hülsen) der Bohnen und anderer Hülsenfrüchte.

Sulz (Rezept siehe Seite 375). ▷ „Verhackert“ (Rezept siehe Seite 377). ▷▷

Jause

„Um án Untern von enk gáb i her
dös böste Mittagmahl! “

(Franz Stelzhamer)

Die „Neinijaus'n“ (Neunerjause), auch bloß Jause, „Neuner“, „das Brot“, „Brotzeit“ oder „d'Neunerspreizn“ (um Ranshofen) genannt, gibt es um 9 Uhr meist nur zur Zeit der Feldarbeit; nach der Ernte bzw. nach Allerheiligen bis um Georgi (24. April) ist die Vormittagsjause gestrichen. Das Speisenangebot hängt von der Arbeit, vom Wetter und anderen Gegebenheiten ab (wie weit man vom Hof entfernt arbeitet). Es gibt Brot und Speck (Geselchtes), Butter, Erdäpfel- oder Fleischkas, Käse, „Topfenkas“, Rettich, aber auch geröstete Knödel, eine warme Suppe (saure Suppe, Milch, Kaffee) oder „lengsodne Oar“ (weichgesottene Eier), Most oder Bier. An Wintertagen, bei schwerer Holzarbeit, gibt es manchmal auch Kaffee, Weißbrot, Rohrnudln oder „Zeldln“ (im Innviertel).

„Zeldln“, „Tsöan“

Etwas Germteig von einem Rohrnudelteig (oder Krapfenteig) zu semmelgroßen Laibchen formen, flach auseinanderdrücken und im Rohr backen. Solche „Tsöan“ ißt man in der Braunauer Gegend zur Neunuhrjause.
Wenn gerade Brot gebacken wurde, nahm man einen Brotteigrest, drückte die Stücke sehr flach auseinander und buk sie vor dem Einschießen der Brotlaibe (wenn die Glut noch im Backofen war). Die gebackenen Zelten bestrich man mit etwas Butter, Butterschmalz oder „Buttersaus“ (Rest der ausgelassenen Butter). Gern legte man Apfelspalten oder frische, entsteinte Zwetschken darauf und buk sie mit. In Eberschwang und Neuhofen war das Zeltenbacken Sache der Männer.

Die Nachmittagsjause, „Jausn“, „Brotzeit“, „Untern“, „Halberamd“ (halber Abend) oder nur „Broad“ (Brot) genannt, gibt es im Sommer um 15 Uhr, im Winter um 17 Uhr. Meist ißt man das von Mittag Übriggebliebene (gekochtes oder gebratenes Fleisch, Mehlspeise) oder Brot und Speck bzw. Geselchtes (dabei zog jeder seinen Taschenfeitl, legte das Stück Fleisch auf eine Schnitte Brot, hielt beides mit der linken Hand und schnitt mit der rechten Stück für Stück ab und beförderte es direkt in den Mund). Es gibt auch Erdäpfel und saure Milch, Rettich („Radi“), Käse, Butter, Honig, Marmelade, im Sommer „Hollerröster“ oder Essigknödel (siehe Seite 242), geröstete Knödel (mit Eiern oder mit in Butter geschmorten Apfelspalten). Sehr beliebt sind der „Erdäpfelkas“, der „Fleischkas“, der „Topfenkas“ und der abgesottene „Kas“ (Landl). Die Nachmittagsjause war früher meist die letzte ausgiebige Mahlzeit des Tages. Getrunken wurde und wird zur Jause meist nur Most oder ein nicht alkoholisches Getränk, Milch oder „g'stockte Mili“ (Sauermilch), zur Ernte auch Bier („Arndt-Bier“ – Erntebier).

„Erdäpfelkas“

3–4 Erdäpfel, 1 Zwiebel, Butter, Salz, Pfeffer, Kümmel, 3–4 EL saurer Rahm

3 bis 4 gekochte (besser: gedämpfte) mehlige Erdäpfel auskühlen lassen, reiben oder durch die Faschiermaschine drehen, mit feingehackter Zwiebel (und Butter) vermischen. Salzen und pfeffern (auch Kümmel kann man dazugeben). Mit saurem Rahm zu einer streichfähigen Masse verrühren. Mit Pfeffer (und/oder Paprika) bestreuen. (Monika Dimböck, Bergern in Wallern)
Auch Schnittlauch, zerdrückten Knoblauch oder Petersiliengrün kann man dazugeben, anstelle von Sauerrahm nimmt man auch Joghurt. In Eberschwang war der Erdäpfelkas besonders zur „Maschinjaus'n“ (Jause beim Maschindreschen) begehrt; dabei wurde er für die „Weiberleut“ aus noch heißen Erdäpfeln zubereitet, darauf gab man in Schmalz braun geröstete feingehackte Zwiebeln. Die Männer bekamen ihn kalt und mit Pfeffer bestreut. „Wenn man vü Buda (viel Butter) dazurührte, war's a köstliche Sach! “, erinnert sich Karoline Bögl aus Hof in Eberschwang.

„Fleischkas“

Fleischreste (gesottenes oder gebratenes, nicht zu mageres Schweine- und/oder Rindfleisch) durch die Fleischmaschine drehen, mit Salz und Pfeffer würzen und feingehackte Zwiebel dazumengen. Mit Schnitt-

◁ Heidensterz mit Grammeln (Rezept siehe Seite 394). ◁◁ „Kloaz'nnudln“ – Kletzennudeln (Rezept siehe Seite 114).

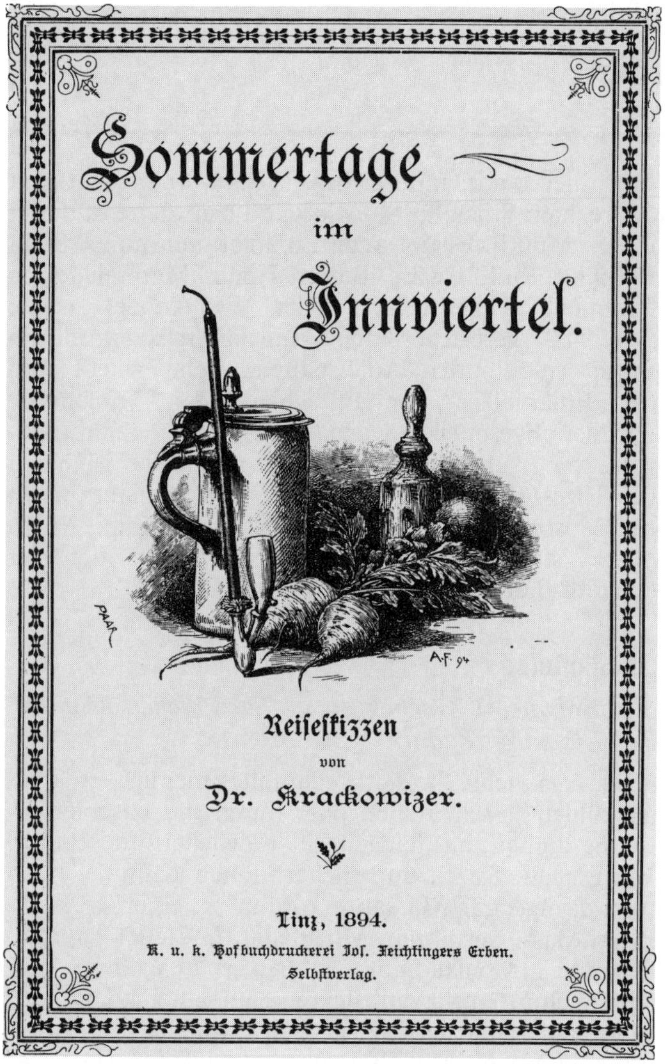

Ferdinand Krackowizer (1844–1933) war Landesarchivar in Linz und musealer Sammler, verfaßte zahlreiche Arbeiten zur Heimatkunde.

lauch bestreuen. Man kann auch etwas Paprika darüberstreuen. (Frieda Maier, Lambrechten)

Essigknödel

Übriggebliebene Semmelknödel blättrig schneiden, ebenso eine Zwiebel. Das Ganze vermischt in Essig und Öl anrichten, leicht salzen und pfeffern.

„Abgefaulter" Käse

250 g Topfen, Salz, Kümmel, 125 g Butter oder Margarine, $^1/_8$ l Milch

Trockenen Topfen mit Salz und Kümmel mischen und an warmem Ort stehen lassen, bis er rinnt (ca. 1 Woche), dabei täglich mit Wasser bespritzen, aber nicht umrühren. Man kann ihn dann noch mit Milch und Butter aufkochen und kalt stellen. (Albine Hattinger, Linz)

Innviertler „Kochkas"

1000 g Topfen, 1 EL Butter, 1 TL Kümmel, Salz

Trockenen Topfen salzen, in einem irdenen Geschirr an einem warmen Ort reifen lassen, bis er glasig ist und rinnt. (Dauert je nach Temperatur 8 bis 10 Tage.) Dann Butter erhitzen, den Topfen sowie gehackten Kümmel beigeben. Unter ständigem Rühren erhitzen, bis der Topfen geschmolzen ist und Blasen wirft. Verbessern kann man den „Kochkas", indem man 1 bis 2 Eier glatt in die leicht überkühlte Masse einrührt. Dann die Masse in ein kalt ausgespültes Geschirr gießen und kühl stocken lassen. Im Mühlviertel wurde „Kochkas" als Jause beim Maschindreschen serviert.

„Pfannhauser Bratl"

Ein selbstgemachter Käse wird eine Zeit vor dem Servieren in ein Leintuch eingeschlagen, mit Bier beträufelt und auf Holzteller angerichtet. Der Name leitet sich vom Ebenseer Pfannenhaus, dem Salzsudhaus, ab.

In den Almgegenden verwendet man **Schotten,** so im Stodertal und südlich von Kirchdorf: Sauermilch oder Buttermilch anwärmen, dann die Molke durch ein Tuch seihen, den zurückgebliebenen Topfen in die Schottlade geben (Behälter mit Deckel). Man vermengt dabei die Topfenmasse mit etwas Salz und läßt sie zugedeckt etwa sechs Wochen reifen, dabei muß die Masse jeden Tag tüchtig durchgeknetet werden. Man kann auch immer etwas frische Topfenmasse dazugeben. Nach sechs Wochen ist der Schotten gebrauchsfähig und wird in die „Seisupp'n" gegeben oder zur Jause serviert. In der Kronsdorfer Gegend wird der hausgemachte Käse mit Rahm und Schnittlauch abgerührt und abgestandener Topfen („Schott'n") dazugerührt.

„Oarkas" (Eierkäse)

Der „Oarkas" wird speziell im unteren Innviertel (Bezirk Schärding) zur Osterzeit hergestellt, nach jeder

Mahlzeit an den Ostertagen wird gemeinsam davon gegessen. Die Zubereitung ist etwas kostspielig (gewesen), wie aus den Worten der Kleinbäuerin zu Rackersed in Raab hervorgeht: „Vom Pfingsta (Gründonnerstag) an spar i mir schon die guate Milch z'samm, daß i bis zan Samsta (Karsamstag) so a 5 bis 6 Lita hab'. Dann tua i die Milch handwarm macha und ötla (etliche) Zibebn und Zuacka eini und so a 15 bis 20 Oar. Danao wird dös Ganz übers Feua g'stöllt und tichtig griaht, bis daß 's fest is." Die dickliche, feste Masse wird danach in die „Kasmodel" geleert. Am Boden derselben sind Abflußlöcher (von etwa 5 mm Durchmesser), damit die gelbe Milch durchsickern kann. Diese süßliche, gelbe Flüssigkeit wird sofort noch am Karsamstag, mit Vorliebe von den Kindern, getrunken und heißt „Stiermili" (Stiermilch). Für 15 bis 20 Model rechnet man nach dem Rezept der Cilli Kinzl, vulgo Wagner in Raiding bei St. Florian am Inn, etwa 3 Liter Milch (je 1 l vom Gründonnerstag, vom Karfreitag und vom Karsamstag), 30 Eier und 30 Stück Zucker. Den Boden der Model kann man mit vorgekochten, getrockneten Weinbeeren oder Rosinen auslegen. Die vollen Model stellt man auf Teller oder in größere Schüsseln, damit die „Stiermili" aufgefangen wird. Dann abkühlen lassen und stürzen. Die „Oarkasmodel" sind Tongefäße, zumeist rund, etwa 15 cm im Durchmesser und 8 cm tief. Am Gefäßgrund sind Verzierungen (vielfach ein Osterlamm) sowie mehrere Abflußlöcher. Waren in einer Familie viele Kinder, so wurden bis zu 60 Eier für diese Speise aufgeschlagen (so beim Marktmüller zu Raab, um 1900, wo sechs hungrige Buben auf den „Oarkas" mit gespitztem Mund warteten).

> **No. 26. Eyer-Käß.**
>
> Schlage in ein Seitlein / oder Maaß Milch zwey oder drey Eyer mit etlich Tropffen Lemoni-Safft / oder Eßig / sprittle es wol ab / man kans auch ein wenig saltzen / in einer Rein / oder Casserol mit stetem Rühren auf der Glut gemach sieden / und zusammen lauffen lassen; hernach durchgesiehen durch ein Haarsieblein / oder solche eigen darzu gemachte Eyer-Käs-Sieblein / oder Schöttel-Körblein / daß man die gerunnene Milch kan darvon seihen / den Eyer-Käß / oder Schöttel / kanst hernach weiß oder gebachner / gantzer / oder zerschnittner in einer mit Butter / Gewürtz und Saltz fertig gemachten Erbes-Brühe geben; auch in Ram oder Krebs-Brühe / wer will / macht ihn auch mit Zucker ein wenig süß.
>
> NB. Wilt du ihn aber truckner und kalter geben / wie an vielen Orten der Gebrauch zu den Oster-Feyrtagen / so nimmt man wol auf ein Seitlein süssen Ram 4. biß 6. Eyer / und laßts mit wenig Saltz unter stetem Rühren / auf der Glut gemach zusammen gehen / wie ein Eingerührtes / und wann es dick genug / so mischet man saubere kleine Weinbeerlein darunter / schüttet es in solche erdene Mödel / die Löchlein haben / oder in die zuvor gemeldte Körbel / oder in die Haarsieblein / &c. und laßt es kalt werden / etliche thuns auch zuckern / vor oder nach dem Machen: gibs umgekehrter auf die Schüssel / regaliers mit hart-gesottnen Eyern und etwas grünes.

Aus: Conrad Hagger, „Neues Saltzburgisches Koch-Buch", 1719.

Das Rezept der Frau Marie Schönecker aus Taufkirchen a. d. Pram lautet: 5 l Milch, $^1/_2$ l Schlagobers, 25 Eier, Zucker, Rosinen. Ähnliche „Eier-Käs"-Rezepte stehen bereits in Haggers „Salzburgischem Kochbuch", 1719, wie nebenstehend zu lesen ist, und in „Mariankas Kochbuch" (der „Mundköchin des Hans-Jörgel von Gumpoldskirchen erprobtes Kochbuch"), Wien 1846.

Dem Ei hat man von alters besondere Kraft beigemessen, vor allem dem Antlaßei, dem am Gründonnerstag gelegten Ei. Im oberen Mühlviertel hat man beim Nahen eines Gewitters ein Antlaßei in die Holzschüssel, die zum Einschießen der Brotlaibe verwendet wird, gelegt und diese als Wetterschutz auf den Misthaufen gestellt. Den Hagel könne man abwenden, wenn man ein Antlaßei auf dem Feld hoch in die Luft werfe. Antlaßeier faulen nach dem Volksglauben nicht; in die vier Ecken der Felder eingegraben, sollen sie die Felder vor Hagel und Mäuseschaden schützen. Aus einem Antlaßei bereitet man einen kleinen Eierkuchen und gibt ihn Kälberkühen während des Kalbens als Kraftspeise. Die Antlaßeier werden im Gegensatz zu den Ostereiern nicht gefärbt, höchstens mit einem blauen Strahlenstern an der Spitze versehen und in den Rauchfang oder unter das Dach gehängt, um alles Unglück von Haus und Hof abzuwenden. Ein Volksspruch weiß über die Legefreudigkeit der Hühner in dieser Zeit: „Palmbesen in der Sunn, Eier in da Stubm."
Allbekannt ist das Färben der Ostereier, dazu verwendete man früher Zwiebelschalen, Safran, Spinat oder Kaffeesud. Mit einem Federspitz schrieb man mit Hilfe von Salzsäure auf die gefärbten Eierschalen oft Sprüche und brachte Verzierungen aller Art an. Die Karfreitagseier gehören den Burschen, die rotgefärbten Karsamstagseier den Mädchen.
Eine beliebte Eierspeise, besonders für überraschenden Besuch, war im Innviertel das **„Oa(r) (in) Schmalz"**; diese sehr fette Speise gab es besonders an den Beichttagen, im Kremstal (Gaflenz) war es eine Gevatterbittspeise und wurde **„Oarschedl"** genannt; ein alter Bittspruch dazu lautet:

„Unter der Hütt'n, ober der Hütt'n,
i war halt da von wegn's G'vatterbitten;
tat's mit nit auslacha,
müaßt 's ma a recht an großn Oaringschmalz macha."

„Eier in Schmalz" erhielt auch jener Bauer, der „Har" (Flachs) anbaute, von der Bäuerin aufs Feld nachgetragen; er aß es, bevor er mit dem Säen begann, damit seine Hände „heil" (glatt) würden und das „Linsat" leicht von der Hand fliege.
„Oarschmalz" gab es da und dort zum Maibaum-Aufstellen im Wirtshaus für alle daran Beteiligten; dazu sammelte man (so in Eberschwang) oft 300 bis 400 Eier! Auch nach dem gemeinsamen „Weiher- und Lackenräumen" (Reinigen) gab es für 15 bis 20 Personen „Oarschmalz" (die Eier dazu wurden ebenfalls vorher gesammelt). Das „Oar-in-Schmalz" wurde für die Frauen gern gezuckert, für die Männer gesalzen und gepfeffert angerichtet.
Höfer erklärt in seinem „Etymologischen Wörterbuch" (Linz, 1815) das Gericht so: „Die Eyer werden gesalzen, wohl gerührt, und sodann im Schmalze zu einer runden Masse gebacken." Die Hauptsache dabei ist, daß die Köchin viel Schmalz (Butter) verwendet, die Eierspeise soll von Fett fast triefen. Oft gießt man versprudelte Eier auch in reichlich Schmalz und bäckt sie darin schwimmend wie Krapfen heraus.
Wenn im Innviertel ein Besuch auf einen Bauernhof kam, wurde er nicht an der Haustür empfangen, sondern erst in der Stube. Die Gäste setzten sich dann auf eine Bank, der volle Mostkrug und ein Laib Brot wurden auf den Tisch gestellt. Der Besuch mußte erzählen, und nach einer halben oder einer Stunde gab es einen Imbiß, bestehend aus Brot, Fleisch, Butter, auch Honig oder Marmelade. „Zoigt's an, greift's zua", lautete die Aufforderung zum Essen. Den Most sollten die Gäste stets loben, das gehörte zum „G'hert-Sö" (Gehört-Sich).

„Airfisch", „Oarfisch" (Eierfisch)

1 l Mostessig, 1 l Wasser, 1–2 Zwiebeln, 6–8 Eier, 1 EL Butter , 1 Lorbeerblatt, Pfefferkörner, Wacholderbeeren, Neugewürzkörner, Senfkörner, saurer Rahm (eventuell Semmelbrösel)

Zwiebeln ringelig schneiden und mit einem großen Eßlöffel Butter hellgelb rösten. Leicht salzen. Mostessig und Wasser im Verhältnis 1 zu 1 aufkochen, die Zwiebeln damit aufgießen und wieder zum Kochen bringen. Dann Lorbeerblatt, einige Pfefferkörner und Neugewürzkörner, auch Senfkörner und Wacholderbeeren beigeben und dann die in einem kleinen Schöpfer getrennt aufgeschlagenen Eier vorsichtig in den kochenden Sud gleiten lassen. Ca. 4 bis 5 Minuten mehr ziehen als kochen lassen (wie verlorene Eier), bis das Eiklar stockt. Dann Zwiebelringe und Eier herausheben, abtropfen lassen, auf einem Teller anrichten und etwas Sud daraufgießen. Man kann sie auch auf heißen, gekochten, blättrig geschnittenen Erdäpfeln anrichten. Obenauf etwas sauren Rahm geben oder mit in Butter gerösteten Semmelbröseln abschmalzen.
Matthias Höfer erwähnt in seinem „Etymologischen Wörterbuch der in Oberdeutschland, vorzüglich aber in Oesterreich üblichen Mundart", Linz 1815, auch das folgende Rezept: „Die ganzen Eier werden in heißen gesalzenen Essig geschlagen, und Zwiebel mit Schmalz, oder Semmelbrösel mit Butter, darauf getan. Sie heißen Eierfisch, weil sie fast so wie die Fische abgesotten werden." Man kennt Eierfisch als Abendessen oder an Freitagen im Hausruckviertel, und von Anton Bruckner erzählt man sich, daß er sie als Vorspeise im Linzer Gasthof „Zum rothen Krebs" oder im „Bayerischen Hof" zu essen pflegte. Im Salzburgischen nennt man sie nach Höfer **„Eier in Essig"**. „Verlorne Eyer im Essig" heißt das gleiche Rezept im „Linzer Kochbuch" der Maria Elisabetha Niederederin, 1804; in Hohbergs Kochbuch gibt es auch „Süß verlohrne Eyer".

Fischgerichte

Die älteste überlieferte Fastenspeise zum Heiligen Abend zu Mittag waren bei der armen Bevölkerung die Mohnnudeln, in den bürgerlichen Küchen gab es den Apfelstrudel. Als im späten 19. Jahrhundert auch die ärmere Bevölkerung den Apfelstrudel zu essen begann, wechselten die Bürger und Beamten zum Fisch. In Oberösterreich setzte sich der Weihnachtskarpfen erst nach dem Ersten Weltkrieg als „Festschmaus" durch. Doch sind schon in der „Saxener Speiseordnung" von 1688 Fische als Weihnachtsspeise erwähnt: „Auf den Weinnecht abent pflegt man dem gesindt oder haußleuthen auf den abent fisch zu geben, welche aber nach Ihrer meinung müessen schieppen als dan solt Ihnen das geldt gern zuestehen, sey sollen auch auß der Donau gefangen sein, den wie geschiehts denen, welche weidt von der Donau abgelegen?" Der Weihnachtsfisch muß übrigens vom Schwanz her gegessen werden, und eine Schuppe des Karpfens soll man immer in seiner Geldbörse mittragen, damit im kommenden Jahr das Geld darin nie ausgehen kann.

Meierhof von St. Florian, um 1740. Aus solchen Meier- und Zehenthöfen hat sich im 18. und 19. Jahrhundert der vielbewunderte, mächtige „Vierkanter" des „Florianer Bauernadels" entwickelt.

Während der Fisch in der Bauernküche nie besonders beliebt war, haben die Klöster- und Bürgerküchen ihn sehr geschätzt. Die vorbildlichen Fischzuchtanlagen der Klöster und die barocken Fischkalter von St. Florian und Kremsmünster sind bis heute berühmt. Die Fischkost in Linz wurde von den Reisenden stets gelobt, ja sie wurde sogar im „Almanach des gourmands", Paris, 1805, erwähnt: „Die Umgebung von Linz in Oberösterreich liefert 66 verschiedene Fischarten, ungeachtet den Hausen, den man als den Kaiser der Donaufische ansieht und der wirklich ausgezeichnet ist. Ein Feinschmecker für Fische könnte in keinem Land der Erde eine solche erstaunliche Vielfalt antreffen."

Die Linzer nannte man spöttisch „Karpfentränker": Zum Empfang von Kaiser Leopold I. ließ man auserlesene Karpfen aus den südböhmischen Teichen nach Linz bringen. Um sie vom Schlammgeschmack zu befreien, setzte man sie im städtischen Fischkalter in die Donau ein; da dieser aber ein loses Brett hatte, suchten die Karpfen das Weite. Beim Kaiser entschuldigten sie sich, sie hätten ihn mit ausgewählten Karpfen bedienen wollen, leider aber seien diese über Nacht ertrunken . . .

Noch Georg Wacha zählt ein volles Viertelhundert von Süßwasserfischen auf den Linzer Märkten namentlich auf; der Linzer Fischhändler Johann Georg Echinger führte 1750 in seinem Lager Karpfen, Barben, Rutten, Forellen, Eiteln, Grundeln, Krebse, Kappen, Schildkröten, Saiblinge, Hechte und Huchen. Die Linzer Stadtverwaltung verfügte über eigene Fischwaagen, eigene Fischwäger und ein großes Fischfloß als Behälter. Die Freihäuser hatten meist eigene „Fischkalter". Für die vielen Fastentage hatte also die klösterliche und die bürgerliche Küche genügend Fische. An einem Freitag wurden in der Linzer Landschaftsschule im Jahre 1583 auf fünf Tischen aufgetragen: „Mittags: Milchrahmsuppe, Stockfisch mit Gewürz, Kraut, heißgesottener Karpfen 21 Pfund, Hechte mit Essig $5^1/_2$ Pfund, Zwetschken mit Zucker, Brot und Wein; Abends: Schmalzsuppe mit Weinbeeren und Pfefferstupp, eingemachter Karpfen 21 Pfund, gesottene Birnen, Habermus, Brot und Wein" (Commenda, „Linzer Stadtvolkskunde"). 1521 wurden 8 Faß Fische zur Kaiserhochzeit von Südböhmen nach Linz verfrachtet. Spätestens vom 16. Jahrhundert an wurden in Linz auch Seefische regelmäßig eingeführt, der Großverkauf eisgekühlter Seefische allerdings begann in Linz erst 1906,

und zwar aus der Adria und aus der Nordsee. Im Dezember 1911 übersiedelte der Linzer Fischmarkt vom Hauptplatz zum Brückenkopf, wo die Stadtverwaltung 22 Betonbecken aufgestellt hat. 1938 kam er auf den Pfarrplatz, seit 1950 befindet er sich beim Südbahnhof. Der Fischmarkt wurde von Berufsfischern versorgt.
Aus einer Kostordnung der Meierleute von Schwertberg um 1750 geht hervor, daß jeder Dienstbote am Weihnachtsabend und am Karfreitag ½ Pfund Weißfische erhielt, an den Beichttagen in der Fastenzeit zu Mittag Knödel aus Weizengrieß, einen halben Hering und Kraut, abends eine „Peiglsuppen und iedes ein Paar Eier. In der Fasten ist niemals Fisch geben worden, sondern an Sonn- und Feiertagen mittags allzeit ein Peiglsuppen von 3 Zahlpeigln und ein Kraut, außer Sonn- und Feiertagen in der Fasten aber Mittags Nudeln oder Knödeln und Maultaschen, in den Fasten ist den Meierleuten von Leinöl gekocht worden."

Steckerlfische

1905 verkaufte man auf dem Linzer Fischmarkt noch 15.000 Stück Steckerlfische (1954 nur mehr 530). Die Fischchen (Weißfische wie Rotaugen, Brachsen, Barben, Näslinge) sauber schuppen, ausnehmen, waschen, dann schröpfen, d. h. mit einem scharfen Messer an den Seiten dicht nebeneinander einschneiden. Innen und außen salzen, in eine Schüssel legen, das Salz kurz einwirken lassen. Der Länge nach aufspießen (auf 50 bis 60 cm lange, zugespitzte Weichholzsteckerln). Bei Grill auch grünes Holz, in Stücke gebrochen, auf die Kohlenglut legen (Steckerlfische sollen gleichzeitig geräuchert und gebraten werden). Sorgfältig wenden. Rundum knusprig goldgelb braten.
Steckerlfische waren und sind eine Spezialität der Donaufischer, besonders jener an den Altarmen des Flusses, und wurden an Ort und Stelle über offenem Feuer geräuchert und gebraten (heute werden meist Makrelen oder andere Salzwasserfische in Holzhütten neben der Straße angeboten).
Die Traunseefischer dagegen bevorzugen die **„Staberlfische"**: Reinanken und Saiblinge, Fische, die 10 bis 15 cm lang sind, werden wie die Steckerlfische bereitet, man braucht sie nicht zu schuppen und zu schröpfen, sondern nur den Rücken mit engen Einschnitten zu versehen. Die „Staberln" sind etwa so dick wie zwei Streichhölzer zusammen. Die Fische sollen resch gebraten werden, damit man die kleinen Gräten mitverzehren kann.

Gesottene Fische

1 kg Süßwasserfische (Karpfen, Zander, Hecht, Forellen), Wasser, Salz, Essig, 200 g Wurzelwerk, ½ Zwiebel, 1 Lorbeerblatt, 8 Pfefferkörner, Dillkräutel oder Petersiliengrün, 3 blättrig geschnittene Zwiebeln, 1 EL Schmalz, Salz, Pfeffer, ¼ l Sauerrahm

Fische schuppen, ausnehmen, waschen und in einem Essigsud mit blättrig geschnittenem Wurzelwerk, Zwiebel, Lorbeerblatt, Pfefferkörnern, Dillkräutel oder Petersilie mehr ziehen als kochen lassen. Dann warm stellen. Blättrig geschnittene Zwiebeln in heißem Schmalz rösten, mit dem Fischsud aufgießen, mit Salz und Pfeffer würzen, den Rahm einrühren und einmal aufkochen lassen. Über die inzwischen warmgestellten Fische gießen. Mit Schwarzbrot anrichten. (Rezept eines alten Traunfischers aus der Welser Gegend, wiedergegeben in: Helga Litschel, „Hupfauf und Rauberbraten", Linz 1977.)

Fastenknödel, Fischknödel

500 g ausgelöstes Fischfleisch (Karpfen, Hecht), 2–3 EL Butter, 2 in Milch geweichte alte Semmeln, 1 kleine Zwiebel, Petersilie, Muskatnuß, Majoran, Salz, Brösel

Fische entgräten und faschieren. Butter und Eier schaumig rühren, die ausgedrückten, passierten Semmeln glatt dazurühren, die faschierten Fische beigeben, mit feingeschnittener Zwiebel, Petersilie, Muskat, Majoran und Salz würzen und abschmecken. Die Masse eventuell mit Bröseln festigen, kurz ziehen lassen, daraus Knödel formen und in schwach kochendem, leicht gesalzenem Wasser eine Viertelstunde kochen.

In einem um die Jahrhundertwende entstandenen, handgeschriebenen Kochbuch einer Wirtshausköchin aus dem oberen Innviertel finden sich an Fischrezepten u. a.: „Karpfen in brauner Soße, gebackener Hecht, abgesottener Hecht, Stockfisch, blaugekochte Forelle, gebackener Fisch, Fisch Croat (soll Fischkroketten heißen), Stock-Fisch, Paprikakarpfen, Karpfen nach Müllerinnen Art" (das letzte Rezept wurde später dazugeschrieben!).
Zum „Kollatzen" (Abbruchfasten in der Karwoche, von „Collationes der Väter", einem Mönchsgebet) gab es eine Zwetschkensuppe mit Brotschnitten oder Erdäpfelsuppe, Käse und Hering – sonst nichts den ganzen Tag.

Fleischgerichte

„Linz is a Stádtl, und Wean is a Stadt,
z'Linz iß i 's Brádl und z'Wean an Sálad."

Die Schweinezucht stand in vielen Teilen Oberösterreichs – besonders im Innviertel – seit eh und je sehr hoch. Schweinefleisch wird noch heute gern und häufig gegessen, in Form von Gesottenem, Gebratenem, Gebackenem und Geselchtem, namentlich an Fest- und Feiertagen. „Ha, da is afbroadt g'wön, und g'richt schan an vornehme Aufwart: G'sodans und Brådans und Båchas und Gselchts und Frisch's, wias's dö Zeit gat", sang Franz Stelzhamer. Schon Josef Blau berichtet von seiner Reise „durch den Böhmerwald, Oberösterreich, das Salzkammergut und Salzburg im Jahre 1807" über die großen Schweineherden hierzulande und daß Schweinebraten und Speck ein „Hauptleckerbissen" der Oberösterreicher seien. Noch heute kommt in „alten" Häusern drei- bis viermal in der Woche Schweinernes auf den Tisch. In großen Höfen mit mehr als einem Dutzend Erwachsenen wurde bis zum Zweiten Weltkrieg nicht selten jeden Monat ein Schwein geschlachtet, oft auch noch zusätzlich dazwischen, so vor Beginn der Erntearbeit, vor dem Maschindreschen und vor allem vor Weihnachten („am Thomastag geht der Sautod um"). Die Innereien wurden noch am Schlachttag verarbeitet, das „beinige" Fleisch als „G'sodans" (Gesottenes) oder „Boanlfleisch" serviert, der Saukopf zu Weihnachten, Silvester oder am Neujahrstag gegessen, vereinzelt auch schon in der Mettennacht (Eberschwang). Wer beim Drischeldreschen den letzten Schlag machte, erhielt am Weihnachts- oder Neujahrstag im Stubenwinkel den Sauschwanz und ein Stück vom Saukopf vorgesetzt. In Sandl waren Rüssel und Schwanz nur dem Bauern und seiner Bäuerin vorbehalten.
Das meiste Schweinefleisch wurde teils eingesurt, teils geselcht oder überbraten und mit Fett übergossen in einem Kübel konserviert, was im „Landl" (Hausruck) das dort so beliebte „Vagossene" („Vergossene") darstellt; es braucht dann nur noch überbraten zu werden. (Man muß achten, daß das restliche Fleisch stets von Fett eingegossen bleibt, wenn man ein Stück Fleisch dem Kübel entnommen hat.) Nach dem Ersten Weltkrieg kam das Einwecken bzw. Eindosen von Frischgeschlachtetem dazu, hauptsächlich in Form von Gulasch, Einmachfleisch u. ä., nach dem Zweiten Weltkrieg kam mit den Tiefkühltruhen das Tiefgefrieren auf; das Surfleisch gerät dadurch seither auch hier immer mehr in „geschmackliche" Vergessenheit.
Neben Surfleisch und Geselchtem gibt es noch den **Kübelspeck** bzw. den **Surspeck**, vor allem im oberen Innviertel und im Kobernaußen. Der Speck dazu wird zunächst wie das Surfleisch mit reichlich Salz, Pökelsalz, Knoblauch und Pfefferkörnern im Fleischkübel gesurt: sofort nach dem Schlachten, noch warm, einbeizen, in der Wärme stehen lassen, bis das Salz zergangen ist, dann den Fleischkübel zuschrauben und in den Keller stellen), wo er zwei, drei Wochen bleibt; wird dann aber nicht geselcht. Kübelspeck wird zur Jause und zu den „oberischen" („echten" Innviertler) Speckknödeln verwendet; dazu wird der fette Speck in besonders kleine Würfelchen geschnitten und kräftig gepfeffert (und reichlich mit Schnittlauch vermengt). Voraussetzung zu einem guten Kübelspeck ist ein sehr fettes Schwein.
„Paprikaspeck" macht man im Enns-, Krems- und Steyrtal, indem man gepökelten Speck etwa eine Viertelstunde im Wasser kocht, dann in Paprika wälzt und vorsichtig kühl räuchert.
An einem Schlachttag gibt es außer geröstetem Hirn, gerösteter Leber und gerösteten Nieren noch manchen Leckerbissen. So hat der „Peperl", der alte Metzger vom Unterwirt in Lambrechten, der auf die Bauernhöfe zum Schlachten gekommen ist, gern das „Mülzerl" (Milz) blutwarm in kochendes Salzwasser geworfen und dann als Tribut für seine Arbeit verspeist.

„Leberbunkl"

500 g Schweinsleber, 200–300 g fettes Schweinefleisch, 1 Zwiebel, 3–5 Semmeln, 1/4 l Milch, 1–2 Eier, Salz, Pfeffer, Majoran, Zitronenschale, Petersilie, Fleischsuppe, 50 g Fett, Schweinsnetz

Leber, Fleisch und in der Milch (oder Fleischsuppe) geweichte, gut ausgedrückte Semmeln miteinander faschieren, mit den Gewürzen versehen, mit Ei binden (eventuell mit etwas Semmelbröseln die Masse festigen, „daß sie die rechte Dicke bekommt"). Pikant abschmecken. Nicht stark abarbeiten. Das vorbereitete

Schweinsnetz in eine Bratrein legen, die Masse einfüllen, das Netz darüberschlagen und bei mittlerer Hitze braten (ca. eine Dreiviertelstunde), bis die Oberfläche knusprig braun ist. Dazwischen öfter etwas Fleischsuppe oder Wasser angießen. Beilage: Sauerkraut, Apfelkompott, Rote-Rüben-Salat.
Übriggebliebene Stücke werden in Schnitten oder Würfel geschnitten und als Suppeneinlage verwendet. In einem handgeschriebenen Kochbuch einer Innviertler Bäuerin (um 1900) heißt es in Stichworten: „Leberbunkl. Wird von Mehl mit süßer Milch ein Teig gemacht, die Leber, Grammel, 1 Ei, Gewürz verrührt und zuletzt die in Milch angeweichte Semmel darunter gerührt. Dann kommt es in ein Schweinsnetz und wird im Rohr gebacken. Nimm aber noch dazu Petersilkräutl, Salz und Pfeffer."

„Leberschedl"

250 g Schweinsleber, 750 g (etwas fettes) Schweinefleisch (von Bauch oder Schulter), 1 große Zwiebel, 1 Knoblauchzehe, Pfeffer, Majoran, Neugewürz, Kümmel, Salz, 3–4 Semmeln, Milch, 2 Eier; Schweinsnetz

Leber und Fleisch faschieren. Mit der feingehackten Zwiebel, zerdrückter Knoblauchzehe, den Gewürzen, den in Milch und Eiern eingeweichten, gut ausgedrückten Semmeln vermengen. Schweinsnetz in eine Rein legen, das Gemisch einfüllen und den Netzrand rundum darüberschlagen. Im Rohr knusprig braun braten, dabei mehrmals etwas heißes Wasser angießen, damit nichts anbrennt. Dazu serviert man im Mühlviertel Krautsalat oder Sauerkraut und Erdäpfel. (Anni Wolkerstorfer, Neufelden; für ca. 6 Personen)

Bratwürstel

1 kg abgeschwarteltes, unterspicktes Schweinefleisch von Hals und Schulter, 250 g ausgelöstes Kalbfleisch, 4 EL Weißwein, 1 Ei, Salz, weißer Pfeffer, Muskatnuß, Neugewürz, 2 kleine Knoblauchzehen, 1 kleine Zwiebel, 30 g Schweinefett, 1/4 Zitrone (Schale), 4–8 EL Wasser oder Fleischsuppe, gehacktes Petersiliengrün

Fleisch mittelfein faschieren, auf ein Brett geben, mit Wein, Ei, Pfeffer, Muskatnuß, gestoßenem Neugewürz, mit in Salz zerdrücktem Knoblauch, feingehackter, in Fett blaßgelb gerösteter Zwiebel, gehackter Petersilie und feingeriebener Zitronenschale versehen und wie einen Teig tüchtig durcharbeiten, bis sich die Masse förmlich „schmiert". Es ist Gefühlssache, wieviel Wasser (oder Fleischbrühe) während des Abarbeitens zum Brät zugesetzt werden muß. Zuletzt soll die Fülle ziemlich saftig und nicht zu fest sein, sonst werden die Würste trocken. (Der Unterwirtsmetzger von Lambrechten gibt auch den Saft des frischgebackenen „Leberkas" dazu.) Die Masse dann mit einer Wurstspritze oder dem Dressiersack nicht zu prall in die Därme füllen. An beiden Schnittenden etwas Fülle ausdrücken, so daß das überhängende Darmende einen natürlichen Abschluß bildet. Zubinden. Die Würste genau in der Mitte zweimal um die eigene Achse drehen, so daß eine Paarform entsteht. In nicht zu heißem Schweinefett langsam, gegen Schluß auf scharfem Feuer von beiden Seiten goldgelb braten.
Der Obere und der Untere Wirt von Lambrechten bereiteten zum Kirchtag in ihren Metzgereien Körbe voll Bratwürstel, dauerte ein Kirchtag in Lambrechten immerhin vier Tage: Am Samstag war der „Schleiferkirta", am Sonntag der Hauptkirchtag, am Montag der „Nachkirta", zu dem Geschäftsleute und „Herrschaften" aus der Umgebung kamen, und am Dienstag feierten die „Hofmarker" unter sich ihren Kirchtag. (Ein paar Wochen darauf gab es in einem „Gäuwirtshaus" außerhalb des Ortes noch einmal einen Nachkirta.) 30 bis 60 Zechen (lose Vereinigung von Dorfburschen) sind zum Tanz gekommen, Hunderte Schau-, Kauf-, Rauf- und Vergnügungslustige kehrten in den Wirtshäusern ein und aßen und tranken oft mehr als nach Herzenslust. Raufereien waren bis zum Zweiten Weltkrieg an der „Kirchtagsordnung", denn auf diese Gelegenheit warteten rivalisierende Zechen schon oft das ganze Jahr, um endlich „ihr Mütchen kühlen" zu können. Wie blutig es dabei oft zuging, läßt uns die Sammlung von Innviertler Raufwerkzeugen im Obernberger Heimatmuseum nur ahnen. Dabei mag ein ganz friedliches „Gstanzl" wie das folgende Anlaß genug gewesen sein:

„Gelobt und gebenedeit,
und a weng a Braod und a weng a Fleisch,
und a weng a Moagas und a weng a Foast's,
und a weng a Übakranzelts."

Ein durch Brauchtum fixiertes Festessen fand auch am Bratwürstelsonntag im östlichen Oberösterreich statt. Die Linzer Fleischhauer schickten bis zu Beginn des Ersten Weltkriegs am Bratwürstelsonntag ihren Stammkunden Bratwürstel; häufig aß man sie in Form der Bratwürstelsuppe (Seite 238); nachher wurden noch Blutwürste mit Senf und Sauerkraut aufgetischt. Früher

Alois Greil, „Der Landlertanz", 1889.

hat man nach der Mitternachtsmette häufig Blutwürste gegessen, jetzt verspeist man Bratwürste, Weißwürste oder Leberwürste bzw. Frankfurter.

Aus übriggebliebener Blutwurst wird ein **„Blunzengröstl"** bereitet: Feingeschnittene Zwiebel in reichlich Schmalz goldgelb rösten, gekochte, in Scheiben geschnittene Erdäpfel dazugeben, mit Salz, Kümmel, Pfeffer und Majoran würzen und gut durchrösten, ebenso die Blutwurst tüchtig mitrösten lassen.

„Saure Boaner"

Fleischige Schweinsrippen mit Salz und Pfeffer würzen, in heißem Fett überbraten. Dann Kümmel darüberstreuen, mit reichlich ringelig geschnittenen Zwiebeln bedecken, mit etwas Fleischsuppe oder Wasser aufgießen und zugedeckt im Rohr gar dünsten. Als Beilage gibt es Salzerdäpfel, Krautsalat oder Sauerkraut. (Mühlviertel)

„Saure Haxl"

1 kg gesurte Schweinshaxel, 1 Lorbeerblatt, 5–6 Pfefferkörner, 2–3 Wacholderbeeren, 1 EL Schmalz, 2 EL Mehl, 1 Zwiebel, Muskatnuß

Schweinshaxen in Scheiben schneiden, in siedendes Wasser geben, Lorbeerblatt, Pfefferkörner und Wacholderbeeren beigeben und das Fleisch halbweich kochen. Aus Schmalz und Mehl eine Einbrenn bereiten, gehackte Zwiebel darin rösten, mit dem Kochsud aufgießen, verrühren, mit Muskat und Salz würzen. Die Fleischscheiben einlegen und gar ziehen lassen. Als Fleischstücke kann man alles verwenden, was beim „Ausboanln" (Aushacken) abfällt. Dieses „landlerische" Eintopfgericht ist vor allem um Eferding, Grieskirchen, Waizenkirchen, Peuerbach beliebt gewesen. Heute werden nur noch selten Schweinshaxl gesurt (man bekommt sie beim Metzger auf Vorbestellung).

Reiche Verwendung hatte man einst für die „Saubladern" (Blase), aufgeblasen und getrocknet diente sie als Geld-, Tabaks- oder Schnupftabaksbeutel, zum Verschließen von Schmalztöpfen und Einmachgläsern oder als „Fußball" für die Buben.

Das **„Lingerl" („Beuschl")** ist eine etwas dicker gehaltene „Lingerlsuppe" (Seite 239); im Innviertel servierte man es in den Gasthäusern früher zu Hochzeiten (besonders für die Fuhrleute) auf einer zinnenen „Lingerlplatte", mit gebackenen Leberknödeln als Vorsuppe (auch als Voressen am Weihnachtstag) – viele Hochzeitsgäste aßen sich daran bereits satt, damit sie die später aufgetragenen Bratenstücke mit nach Hause nehmen konnten. In Ischl gehört das „Lingerl" neben Knödeln, Gulasch, Bratwürsteln, Braten und Schnaps zum Festmahl der Barbarafeier. „Lingerl" gab und gibt es hin und wieder auch zu einem Leichenmahl. Meine Schwägerin Frieda Maier mariniert die gekochten, kleingeschnittenen Fleischzutaten zum Lingerl am Vortag in Essig (mit etwas Wasser versetzt). Am nächsten Tag wird aus gebranntem Zucker, einer Einbrenn aus Fett, Zwiebeln und Mehl und der Fleischkochsuppe, Lorbeerblatt und Majoran eine Soße gemacht, das Geschnittene darin gut erhitzt, eventuell mit Essig noch etwas nachgesäuert.

Wenn einer geschwinder, als man glaubt, verstirbt, sagt man von ihm, „es ist ihm das Bäuschel herabgefallen" (Matthias Höfer). Ähnlich wie das „Lingerl" oder „Beuschl" sind Gerichte mit dem Namen **„Gschnoatl"**, „Geschneitel", „Geschnittenes" oder **„Geschnaitel"** (von „schnaiten" = grob schneiden) – dazu werden wie beim Lingerl grobgeschnittene Innereien und Schwarteln in einer sauren Einmachsoße gekocht. Matthias Höfer überliefert dafür auch den Begriff **„Mursel"**, **„Murschel"**. Es sind für diese Art Gerichte auch noch andere Namen bekannt, wie **„G'schmackat"** (eine Art Kostprobe) oder **„G'schmacklat"** (Stichfleisch, als eine Art Gulasch zubereitet; auch das gekochte Beuschl eines Rehbocks heißt so) und **„G'schmankerl"** (kleingeschnittenes Schweinefleisch, nach Art eines Gulasches oder Lingerls zubereitet). Eine in allen Bundesländern bekannte ähnliche Speise ist die folgende:

„Katzeng'schroa", „Katzeng'schra"

500 g Kalbfleisch (Schulter), 1 Zwiebel, 80 g Butter oder Fett, Salz, Kümmel, Zitronenschale, Ingwer, Schuß Essig, $^1/_4$ l saurer Rahm, 1 EL Mehl, Fleischsuppe

Dünnblättrig geschnittenes Kalbfleisch (oder auch Kalb- und Schweinefleisch) und feinnudelig geschnittene Zwiebel in heißer Butter durchrösten, mit Salz, feingehacktem Kümmel, etwas geriebener Zitronenschale, Ingwer und einem Schuß Essig würzen, womöglich im eigenen Saft (bzw. etwas Rindsuppe) zugedeckt weich schmoren (dabei öfters umrühren). Zuletzt Sauerrahm und Mehl versprudeln, in das Fleischgericht einrühren und einmal aufkochen lassen.

Dieses typische Landgasthausrezept kann auch aus gleichen Teilen Schweine-, Kalb- und Rindfleisch oder aus Leber bereitet werden (zusätzlich gewürzt mit Majoran, Thymian, Lorbeerblatt). Man kann feinnudelig geschnittenes Wurzelwerk mitdünsten, feingehackte Essiggurkerln und zuletzt Kapern beifügen. Im Hausruckviertel würzt man zusätzlich mit etwas Kümmel und Muskat sowie Senf. Mit Schnittlauch reichlich bestreut anrichten. Da und dort träufelt man etwas Gulaschsaft darauf. Als Beilage dienen „Wasserspatzen", Nockerln oder Bandnudeln.

Matthias Höfer erklärt den Namen des Gerichts in seinem „Etymologischen Wörterbuch", Linz 1815, so: „So genannt wegen der Ungleichheit der Ingredienzen, indem Stücke von Rindfleisch, Kalbfleisch, Leber etc. zusammengehackt oder geschnitten werden (‚Geschnaitel'), wie das Geheul der Katze aus sehr ungleichen und mißbilligen Tönen besteht."

Mährische Schüssel.

Kronfleisch

Kronfleisch (Zwerchfell) ist das grobfaserige, dünnlappige Fleisch, das „inner dem Netze rings um die Eingeweide herum hängt" (Matthias Höfer), auch Netzfleisch und – wegen seiner verborgenen Lage – vielfach auch „Diebsfleisch" genannt. Wie Rindfleisch (oder auch mit einem Stück Rindfleisch, oder mit Kopf- oder Halsfleisch vom Schwein) in einem Sud aus Wasser, Essig, Pfefferkörnern, Lorbeerblatt, Salz, Zwiebelscheiben und stiftelig oder blättrig geschnittenem Wurzelwerk weich kochen, heiß und portioniert, mit etwas Kochsud und Wurzelwerk, im tiefen Suppenteller wie Tellerfleisch, mit reichlich Schnittlauch bestreut, anrichten.
Dazu ißt man gerissenen frischen Kren und Brot oder **„Wasserschnitten":** Hausbrotschnitten in einen dikkeren Backteig aus Mehl, Ei, Milch und Salz tauchen und in Salzwasser kochen (Innviertel). Das Kronfleisch heißt so, schreibt Höfer weiter, „weil es ein Vorrecht des Schlächters ist, auf der Stelle davon ein niedliches Essen" für sich zuzubereiten. Heute wird es vielfach in die Hauswürste gegeben.

Saures Kronfleisch

400 g Kronfleisch, 2 Zwiebeln, Fett, 1 EL Mehl, Essig, Rindsuppe, Salz, Pfeffer, Majoran, Kuttelkraut (Thymian), Petersilie, $^1/_8$ l Sauerrahm

Kronfleisch blättrig schneiden, mit gehackten Zwiebeln in heißem Fett anrösten, mit Mehl stauben, kurz nochmals durchrösten, mit einem Spritzer Essig ablöschen, mit etwas Rindsuppe aufgießen, salzen, pfeffern, Majoran, gehackte Petersilie und Kuttelkraut beigeben und weich dünsten. Zuletzt mit Sauerrahm verfeinern. (Landl)
In der Gegend um Grieskirchen ißt man dieses Gericht am Schlachttag zur Jause oder zum Abendmahl. Auch Preßwurst, Schweinssulz und gefüllter Saumagen sind begehrte Leckerbissen. Als zweite Hauptspeise, nach dem „Lingerl" und vor dem „Bratl", gibt es an hohen Festtagen im Innviertel das folgende Gericht:

„G'sodans" (Gesottenes), „Fleisch und Schnid'n"

600 g mageres Schweinefleisch, Salz, Wurzelwerk, 1 Zwiebel, 6–8 Pfefferkörner

Mageres „Ripperlfleisch" vom frischen Schweinernen mit etwas Salz, geschnittenem Wurzelwerk, einer halben Zwiebel und einigen Pfefferkörnern (manche geben auch 1 Lorbeerblatt dazu) in reichlich Wasser wie Rindfleisch weich kochen. Das Fleisch wird in der Fleisch(koch)brühe aufgetragen. Obenauf legt man einige „båchane Schnid'n" (Seite 278), damit sie sich aufweichen. Die restlichen „Schnidn" serviert man in einer Schüssel extra und gibt sie nach Bedarf in die Suppe oder auf den Teller, damit sie kurz aufgeweicht werden. Zu diesem Gericht gehören noch heißer Semmelkren und Rote-Rüben-Salat sowie Erdäpfelschmarren.
Dieses Vielerlei erfordert eine eigene „Eßmethode": Fleisch und aufgeweichte „Schnid'n" schneidet man auf einem Teller in mundgerechte Bissen, gießt Fleischsuppe darüber und löffelt dann alles zusammen, womöglich zugleich auch noch etwas Semmelkren und Erdäpfelschmarren dazu auf den Löffel geladen! Und dazwischen eine Gabel voll Rote-Rüben-Salat – Arbeit genug, nicht?

Krenfleisch

„Hacke Schweinsfüße und Schweinskopf zusammen, gib es in ein Hefen, schütte Essig und Wasser vermischt darüber, 1 Handvoll Salz, geschnittenes Wurzelwerk, Zwiebel, Pfefferkörner, Gewürzkörner, Lorbeerblatt, Kuttelkraut (Thymian). Lasse es sieden, gib beim Anrichten gerissenen Kren darauf. Bleibt davon eine Brühe, kann man daraus Sulz machen; abseihen und kalt stellen. Sobald ausgekühlt, das Fett abschöpfen, wieder zum Feuer stellen, von ein paar Klar Schnee schlagen, darüber rühren, aufkochen lassen, durch eine feine Stoffserviette seihen, in einen Model füllen und stocken lassen." (Handgeschriebenes Kochbuch der Anna Schwarz, Unterwirtin in Lambrechten)

Zum **Innviertler Tellerfleisch** kann man auch gekochtes mageres Surfleisch („Ripperlfleisch") nehmen. Das mit Wurzelwerk, Pfefferkörnern und Salz gekochte magere Ripperlfleisch in Portionen schneiden, die geseihte Fleischsuppe darübergießen, mit Salz und Pfeffer nach Notwendigkeit abschmecken und extra gekochte Suppennudeln dazugeben. Man kann das Tellerfleisch auch kalt anrichten, in kleine Stücke schneiden, mit gekochten, in Scheiben geschnittenen Eiern, blättrig geschnittenem gekochtem Wurzelwerk, Essiggurken und Zwiebelringen garnieren. Dann die kräftig gewürzte Schwartelsulz darübergießen, bis alles knapp damit bedeckt ist, und stocken lassen. Tellerfleisch mit Nudelsuppe gab es beim Taufmahl im Traunviertel.

Hat es bei einem Innviertler Bauern zu oft Gesottenes gegeben, dann konnte schon einmal der Knecht seine Bäuerin fragen: „I moan, die Bratlrein hat a Loch kriagt!"

Bauernschweinsbraten, „Erdäpfelbradl"

600 g Schweinefleisch, Salz, Kümmel, Knoblauch, 1–2 EL Schweinefett, 3–4 Erdäpfel, 2 Zwiebeln

Frisches oder gesurtes Schweinefleisch von Schulter, Schopf oder Schluß mit Salz, Kümmel und Knoblauchzehe einreiben, in einer Pfanne in heißem Fett rasch abbraten, im Rohr bei guter Hitze unter öfterem Begießen braten. Sobald es eine Kruste hat, mit dieser nach unten legen, wenn die Schwarte weich ist, umdrehen, schröpfen und fertig braten. Zum **„Erdäpfelbradl"** im Innviertel gibt man etwa 30 Minuten vor dem Ende der Garzeit geschälte, rohe, gesalzene Erdäpfelscheiben dazu und brät sie mit dem Fleisch zusammen fertig. Meine Mutter legte das mit Pfeffer und Kümmel gewürzte Surfleisch auf eine Lage von in Scheiben geschnittenen Zwiebeln und rohen, geschälten Erdäpfelscheiben (diese tüchtig gesalzen). Als Beilage gibt es Mehl- oder Semmelknödel, warmen Kraut-, Rettich-, Erdäpfel-, Gurken-, grünen Salat oder Rote-Rüben-Salat, Apfelkompott. Im Mühlviertel und im Bezirk Grieskirchen und Eferding gibt es oft nach der Mette einen „Mettenbraten" und Krautsalat oder „Ripperlfleisch" und gekochten Semmelkren.

Im Hausruckgebiet und im Landl gab es den **„Hoahruckbraten"**, einen Schweinsbraten vom „hohen" Rücken, dem ca. 5–7 cm breiten Streifen der Wirbelsäule vom Nacken bis zum Schwanz, zusammen mit dem kernigen Rückenspeck geschnitten; der untere Teil bestand aus dem Wirbelknochen und einem Teil der Koteletts, der obere Teil war das kernige Stück Rückenspeck (bis zu 10 cm dick), der leicht angeräuchert wurde. Das Schwein wurde dazu in drei Teile ausgehackt, und zwar (wie in einigen Gebieten der Steiermark) links und rechts entlang des Rückens. Heute muß das Rückenmark aufgespalten werden, um eine genaue Untersuchung nach Trichinen zu ermöglichen; damit war der „Hoahrucken" als Bratenstück „gestorben". Zum „Hoahruckbraten" (grün oder gesurt) gab es „Stöcklkraut" (siehe Seite 259) und einen „Schwoaßbunkl" (siehe Seite 256).

Frau Anni Wolkerstorfer aus Neufelden (Mühlviertel) schrieb mir, wie sie Surfleisch auch in kleineren Mengen herstellt: „Man schneidet am besten gleich Portionen, am besten vom Bauch oder von der Schulter, vom Schwein, man kann auch Karree nehmen, salzt es gut und drückt die Stücke in ein Gemisch aus feingeriebenen Zwiebeln und Knoblauch, Kümmel, Pfeffer und Neugewürz, damit es von allen Seiten gut eingerieben ist. Die Fleischstücke dann fest aneinandergedrückt in eine Kasserolle oder einen Topf schlichten, mit einem Deckel oder rundem Küchenbrett zudecken und mit Gewicht (oder Stein) beschweren. Im Kühlschrank oder kalten Raum eine Woche stehen lassen. Es genügen aber auch schon drei, vier Tage, je nach Gutdünken. (Gefrieren darf das Fleisch nicht!) Wenn etwas von der Gewürzmischung bleibt, kann man es auf die Fleischstücke streuen."

„Mostbratel"

1 kg Schweinsschopfbraten, Salz, Pfeffer, Ingwer, Selchspeckscheiben, Essig, ca. 1/4 l Most, Schweinsnetz; Mehl

Bratenstück im ganzen mit Salz, Ingwer und Pfeffer kräftig einreiben, mit dünnen, durchzogenen Selchspeckscheiben bedecken und (so im Salzkammergut) in ein vorbereitetes Schweinsnetz einhüllen. Bei guter Hitze von allen Seiten im Rohr braun braten, dabei

Gmundner Mostkrug.

wiederholt mit etwas Most und Bratensaft begießen. Den garen Braten herausnehmen, warm stellen. Bratensaft mit etwas Mehl stauben, mit restlichem Most aufgießen und kurz einkochen. Als Beilage Semmel- oder Kartoffelknödel, Krautsalat. In der bürgerlichen Küche nimmt man zum Mostbraten meist Rindfleisch (Lungenbraten) und schmort es mit Wurzelwerk.
„Das Mostbratel; ein weiches und saftiges Stück Rindfleisch, welches unter der Schulter gegen die Lenden hin heraus geschnitten, im jungen Wein gebeitzet, und dann entweder gebraten, oder wie Wildpret gedünstet wird. In Wien gibt es viele Liebhaber davon, hier auf dem Lande aber, wo keine Weinberge sind, wird süßer Apfelmost dazu genommen, mit etwas Wein vermischt", schreibt Matthias Höfer in seinem „Etymologischen Wörterbuch".
Das **Gulasch („Golasch")** wird in der bäuerlichen Küche aus Schweinefleisch bereitet. Obwohl das Gulasch in der heutigen Form eine Erfindung des späten 19. Jahrhunderts war, dauerte es nicht sehr lange, bis das Gericht auch auf den bäuerlichen Tisch kam. In einem handgeschriebenen Kochbuch um 1900 aus Ried im Innkreis (allerdings aus einem Hotelbetrieb stammend!), das mir Frau Andorfer aus Mehrnbach zur Verfügung stellte, findet sich bereits ein **„Jägergollasch":** „Wie das Rindsgollasch zubereiten, nur kommen 4 bis 5 Gattungen Fleisch, überall gleich viel, und zwar Rind, Kalb, Schwein, Schöps, Reh oder Gams dazu. Wird mit Paprika eingestaubt, mit Mehl gestaubt und fertig gedünstet."

„G'selchtes" (Räucherfleisch), „Schwarzwurz'n"

Im Innviertel werden die Stücke zum Selchen in breiten Streifen aus dem Bauchfleisch des Schweins gehackt bzw. geschnitten, zum Einsuren kräftig mit einer Mischung aus Salz, Pfeffer, Kümmel, Wacholderbeeren und nach Wunsch mit Knoblauch gewürzt und nicht zu lange geselcht (2 bis 3 Wochen). Das Innviertler Geselchte ist daher nicht so dunkel wie die länger geselchten Renken im Mühlviertel, deren Speckseite dreikantig zugeschnitten wird (bevor sie gesurt und geräuchert werden), damit von der Schwartlseite bis weit über die Mitte hin der reine Speck reicht und das magere, durchzogene Fleisch nur die Dreieckspitze ausfüllt. Die Mühlviertler „Schwarzwurz'n" werden besonders lange geselcht, sind außen ganz schwarz, der Speck ist kernig-fest, das faserige Fleisch dunkelrot. Wenn man diese Renken siedet, wird der Speck gelblich und glasig, das Fleisch etwas faserig; der Kochsud („Selchsupp'n") wird dunkel.
„Hosentragerfleisch" nennt man den Selchspeck, wenn er von dünnen Fasern mageren Fleisches gleichmäßig durchzogen ist. Unterspicktes Fleisch nennt man im Innviertel „a kanawassas" Fleisch (von „Kanawaß" = gestreiftes grobes Leinen; lat. cannabis, Hanf). Das gekochte Geselchte wird in Portionsstücke geschnitten, in einer Schüssel mit Mehl-, Grieß- oder Semmelknödeln samt etwas Selchsuppe heiß serviert (Schnittlauch gibt man auch darauf). In Gampern gibt man dazu Knödel aus Semmelknödelteig, die auf dem Backblech im Rohr gebacken werden **(„båchane Knoan").**
In Oberösterreich gibt es übrigens auch einen „g'selchten Pfarrer" (in der Wallfahrtskirche St. Thomas am Blasenstein), die Mumie eines Pfarrers, der im 18. Jahrhundert hier lebte und dessen Leib sich bis heute in der Erde erhielt.
An den Osterfesttagen gab es einst viel Fleisch (Schweinernes, Lämmernes oder ein Kitz), mancherorts auch den Osterschinken in Form des **„Osterschlegels":** Er wird am Ostersonntag in der Kirche geweiht. Er wurde entweder derart zubereitet, daß man ein großes rohes Schweinefleischstück mit Schwarte im Rohr mit Salz, Knoblauch und Kümmel gebraten hat (so in Hochpirath bei Raab), oder man hat einen geräucherten Schinken in Brotteig eingehüllt und im Backofen gebacken (so in St. Marienkirchen bei Schärding und in Taufkirchen).
Die geographische Nähe des Mühlviertels zum niederösterreichischen Waldviertel hat auch hin und wieder gemeinsame Speisen hervorgebracht, wie die folgende:

Mühlviertler „Saumoasn"

500 g mageres und 500 g fettes Schweinefleisch, 3 Zwiebeln, 1 Knoblauch, Salz, Pfeffer, Paprika, geriebene Zitronenschale; Schweinsnetz

Alle Zutaten dreimal faschieren, kräftig würzen und tüchtig durchkneten. 3 bis 4 Stunden zugedeckt stehen lassen. Das Schweinsnetz in Vierecke (ca. 15 cm Seitenlänge) schneiden, eine Portion Brät daraufgeben, das Netz darüberschlagen, mit Spagat fest zusammenbinden. Einige Tage kühl selchen. Bei Verwendung im Rohr braten und mit Sauerkraut und Erdäpfeln servieren.

Zu Ostern wurde im Innviertel nach Amand Baumgarten um 1860 der Eßtisch mit blütenweißem Leinen gedeckt, Blumen und junge Saat im Kreis darauf angeordnet, in den Kreis hinein die Speisen gestellt; als erstes Gericht gab es „Oar in Schmalz". „Beim Mahle fehlen auch nicht die Osterflecken, rote Eier und das ‚Geweihte', wozu notwendig Kren gehört."

Der Ostermontag galt und gilt allgemein als Besuchstag. Im Mühlviertel aß man zu Mittag Suppe, gesottenes Fleisch mit Kren, Grießschmarren und ein kaltes Koch, Kaffee und Krapfen; jeder bekam auch vier gefärbte Eier und einen Osterfleck.

Die Dienstboten vom Pfarrmeierhof in Gaflenz erhielten laut einer Speisenordnung aus dem Jahre 1684: „Sonntag: Auf Mittag Fleisch, Kraut und ein Milch, auf die Nacht ein Wassermehlkoch, Rüben und Milch, Montag auf Mittag Griesknödel, Kraut und ein Milch, auf die Nacht Wassernocken, Kraut und ein Milch. Erchtag: Auf Mittag Maultaschen, Kraut und ein Milch, auf die Nacht dickes Grieskoch, Kraut und ein Milch. Mittwoch: Auf Mittag Mehlknödl, Kraut und Milch, auf die Nacht geschnittene Nudeln, Kraut und Milch. Pfingstag: Auf Mittag Griesknödel, Kraut und Milch, auf die Nacht Fleisch, Rüben und Milch. Freitag: Auf Mittag Maultaschen, Kraut und Milch, auf die Nacht Rührmilchkoch, Kraut und Milch. Samstag: Auf Mittag geschnittene Nudeln, Kraut, Milch, auf die Nacht Schmalzkoch, Kraut und ein Milch. Notandum: Die Dienstboten haben durch die ganze Wochen, ausgenommen Sonntag und Feiertag, täglich zu einem Frühstück ein saure Suppen, dickes Grieskoch und ein Milchsuppen." Ähnliche Speisenordnungen sind auch aus anderen Herrschaften (so aus Schwertberg aus der Mitte des 18. Jahrhunderts; aus Weinberg aus dem 17. Jahrhundert) überliefert. So heißt es in der Kostordnung der Meierleute von Schwertberg um 1750 u. a.: „Wir haben jährlich 1 Paar Rindvieh geschlagen, als 1 alte Kuh oder 2 oder 1 Stier, das Fleisch davon geselcht und anstatt des frischen Rindfleisch (außer des Sonntags, wo ihnen allzeit frisches Rindfleisch geben worden) ist ihnen am Erchtag und Pfingstag gemeiniglich 1 Stückl Geselchtes gegeben worden. Ums Neujahr haben wir gemeiniglich 2 Möstschwein getötet, wo den besseren Speck vor mich behalten, der schlechter aber vor die Maierleut zum Knödlmachen, Kraut und Rüben einbrennen und das schweine Schmalz auch vor sie zum Krapfen machen am Faschingtag, Sonnabendtag und Heilig Drei Königtag verbraucht worden. Am Neujahrestag Mittag, Faschingtag, Ostern, Pfingsten und Weihnachten hat jeder nebst dem Rindfleisch ein Schweiners und ein Flecksuppen gehabt. Auf die Nacht an diesen Tägen von ein Weizengrieß und Schweineschmalz ein Schmalzkoch und Milchsuppen und was Gmüs, saure oder süße Rueben."

Diese Kostfolge vor Augen, mag das folgende Klagelied eines „Deanstbot'n" den Leser kaum mehr verwundern:

„Die Mahlzeiten"

„A da Fruah kriagst a Supp'm
Mit schwarö Brocka,
Gehn' dir einö afn Bod'n (sinken unter)
Kannst do einöwat'n drum.

Um Neunö kriagst an Most,
Der ist so saua,
Koan guat'n kannst nöt hab'n,
Den sauft da Baua.

Und z'Mittag kriagst an Knödl
Und a kloans Bröckerl Fleisch,
Dös derfst dir guat hab'n (halten),
Daß dir's d'Fliag'n nöt votrag'n.

Um drei, da kriagst endlöng (endlich)
A weißvodörrt's Braot (Brot)
Wann's dir lauta schwar's gab'n,
Würd'st eh beizeit'n taod (tot).

Und af d'Nacht, da woaßt as eh,
Da tan's eah nimma z'weh,
Kriag'st a Supp'm und a Kraut,
Daß's da Hund nöt anschaut."

Rindfleisch wurde hauptsächlich in der bürgerlichen Küche – mindestens dreimal in der Woche – als „Sudfleisch" gegessen; der Wiener Tafelspitz erreicht aber hierzuland nicht jenen Beliebtheitsgrad, dessen er sich in Wien erfreut. In der oberösterreichischen Bauernküche gab es Rindfleisch nur bei einer Notschlachtung und eventuell an einem Feiertag. In fast allen Landesteilen aber ißt man zum Totenmahl, zur „Zehrung", Rindfleisch, und zwar meist im Wirtshaus, so im Innviertel, mit gekochtem Semmelkren und Erdäpfelschmarren; zuvor gibt es eine Nudelsuppe oder eine „Schühsuppe" (klare Rindsuppe) mit Leberknödeln, Schöberln oder Semmelschnitten und einem Schöpfer geröstetem Hackfleisch (Seite 239) darauf – für die „Häuslleut" gab es Lingerl mit Semmelknödeln. Im Hausruckviertel gibt es Rindsuppe mit gebähten Semmelschnitten und „G'hack" drauf, dann Rindfleisch

Christoph Weigel, „Abbildung der Gemein-Nützlichen Haupt-Stände", 1698, Kupferstich.

mit Semmelkren; auf jedem Teller liegt schon eine „Auflagsemmel". Nach dem Beten wird das Totenbrot, ein großer Wecken mit Querschnitten, ausgeteilt. Im Traunviertel war der „Leichenschmaus" im Leichenhaus, es gab Tee, Kaffee, Weißbrot, aber auch Rindfleisch, Kren und „Totenlaibl" (aus derberem Weizenmehl gebacken, mit Anis bestreut, in Form einer Kaisersemmel). Man hat im Innviertel aber auch bei einem Hochzeits- und Primizmahl neben anderen Fleischsorten Rindfleisch mit Erdäpfeln serviert.

Das kostspielige **Kalbfleisch** ist in der Bauernküche noch heute weniger gefragt als Rindfleisch; das „Wiener" Schnitzel (dies aber auch oft vom Schweinefleisch) erhielt erst in jüngster Zeit Bedeutung bei einer Hochzeits- und anderen Festtafel. Als Braten bereitet man in der bürgerlichen Küche neben dem Kalbs-, Schweine- und Rindsbraten auch hin und wieder Lamm- und Schöpsenbraten; zur Erntezeit gab es abends auch ein „Bockbratl".

Gebratenes **Geflügel** und **Wild** spielten eine eher bescheidene Rolle. Seit dem Zweiten Weltkrieg ist das gebratene Huhn (oder Ente oder Gans) südlich der Donau zu Weihnachten als Festtagsbraten im Zunehmen begriffen. Selten hat es vorher auf Bauernhöfen einen „Bihan" (Truthahn), öfter eine alte Suppenhenne mit selbstgemachten Nudeln gegeben, oder mit Zwiebeln in Fett gedünstet und in einer lichten Einmachsoße angerichtet, wobei das Mehl meist in Butter angeröstet und anstatt mit Wasser mit Milch aufgegossen wurde; im Innviertel heißt diese Soße **„Hühnersoße".** Auch Paprikahendl gab und gibt es hin und wieder, mit Nockerln oder Bandnudeln.

War in alten Zeiten eine Kindsmutter im Haus, brachte die „God'n" (Taufpatin) des Neugeborenen drei Tage nach der Taufe das „Wuzerlg'wand" und das „Vorweiset", bestehend aus 6 Semmeln, 101 Eiern, Schmalz und einer schwarzen Henne, die der Kindsvater sofort schlachten mußte, denn wenn sie nur einmal im Haus fräße, so würde aus dem Kind ein Dieb werden. Die „schwarze" Henne tauchte wieder vor der Hochzeit auf: Das Einladen zur Hochzeit durch die Brautleute selber oder durch einen „Leutelader" oder „Prograder" (aus lat. procurator = Stellvertreter) wurde mit folgendem Spruch beendet: „Und nun tat'n ma bitt'n um eine Henn' oder ein' Hahn"; oft nahm der „Leutelader" schon aus dem Haus der Braut einen schwarzen Hahn mit auf seinen Weg. Fast in jedem Haus wurde eine Henne oder ein Hahn, womöglich mit schwarzem Gefieder, gespendet. Die armen Tiere wurden an den Füßen gebunden, Stück für Stück auf einen langen Stecken aufgereiht und über der Schulter von Haus zu Haus mitgeschleppt. Dafür war dann eines der Gerichte beim Hochzeitsmahl die **„Nudelhenne";** dazu wurde Met und Wein getrunken. Je nachdem man mehr Hähne oder Hennen bei dieser Einladung heimbrachte, sollten den künftigen Eheleuten mehr Knaben oder mehr Mädchen beschert werden.

Berühmt war in Haslach im Mühlviertel der Taubenmarkt an den Sonntagen von Neujahr bis zum Palmsonntag; dieser Taubenmarkt hatte um 1870 seine Blütezeit. 300 Paare und mehr wurden pro Markt oft aufgebracht. Junge Tauben sollen einige Zeit hindurch mit Anis gefüttert werden, dadurch würden sie an den neuen Schlag gebunden.

Bis zum Zweiten Weltkrieg besaß mein älterer Bruder Sepp eine größere Taubenzucht. Manchmal gab es zu Mittag im Rohr gebratene junge Tauben; sie wurden mit einer Semmelfülle gefüllt, damit sie „etwas mehr ausgaben". Auf manchem Bauernhof durfte auch ein Knecht Tauben halten; meist mußte er sie dann vor

seinem Weggang auf einem Taubenmarkt am Dreikönigstag verkaufen.
Die Mühlviertler Gänsehändler haben bis 1914 im Herbst große Scharen Gänse aus Südböhmen durch die Dörfer und Märkte des Mühlviertels getrieben; am bekanntesten war der Schneider aus Ödt bei Haslach. Mit einem langen „Hackler" fing der Treiber die gewünschte Gans aus der Steige zum Verkauf heraus. Im Mühlviertel gibt es zu Martini ein großes Essen, Martinigans und Martinikrapfen oder einen Schweinsbraten (der heilige Martin wird auch als Patron der Schweine verehrt). Braten und Krapfen bilden auch das Martiniloben, bei dem es hoch hergeht; da und dort wird noch heute die Martinigans im Wirtshaus mit einem Kartenspiel ausgespielt.
Wurde eine Gans gebraten, hat man das aufgefangene Ganslblut ebenfalls verwendet:

„Ganslblut"

Ganslblut, 1 EL Fett, 1 Zwiebel, Salz, Majoran, Pfeffer

Aufgefangenes Ganslblut stocken lassen, den wäßrigen Teil abgießen, in einer Kasserrolle in heißem Fett feingehackte Zwiebel anrösten, das gestockte Blut dazugeben, mit Salz, Majoran und Pfeffer würzen und kurz dünsten lassen. Es wurde zum Garnieren von gekochtem Fleisch verwendet oder mit Erdäpfeln und Sauerkraut gegessen. (Mühlviertel)

„Schwoaßbunkl"

Ähnlich verfuhr man im Hausruck mit dem Schweinsblut. Man ließ das Blut aber so lange dünsten, bis sämtliche Flüssigkeit verdunstet war, dann ließ man das Blut trocknen. Bei Verwendung hat man ein Stück davon abgebrochen, in wenig Salzwasser aufgekocht und zum Schweinsbraten („Hoahruckbraten", siehe Seite 252) in die Rein gegeben und kurz mitbraten lassen.

„Hasenjungs"

„Zerstückle das vordere Teil vom Hasen, salze es gut ein, laß ihn über Nacht in Salz liegen, dann gib einen Stand (Beize) daran, aber kalt. Laß ihn ein paar Tage liegen, dann herausnehmen. Gib ihn in eine Rein, ein wenig Stand daran, dann dünste ihn, bis er marb ist, dann rühre ein paar Kochlöffel voll Mehl in einem Häferl mit einem sauren Rahm gut ab und gib es an den Hasen, auch ein wenig Zuckerbräune, wenn es zu wenig dunkel ist. Koche es gut auf. Man kann auch eine Einbrenn machen. Dann nimmt man aber den Hasen heraus, den Stand, in dem der Hase gedünstet wurde, gibt man in die Einbrenn, dann passiert man alles durch ein Sieb, kocht es gut auf, dann legt man die Hasenteile wieder hinein und richtet ihn an." So lautet das Rezept einer Wirtsköchin aus dem Kobernaußen. Als Beize („Stand") verwendet sie $^2/_3$ Wein, $^1/_3$ Öl, ein paar Zwiebelringe und 1 Glas Kognak.

Der Taufkirchner Kirchenwirt serviert seinen Gästen im Herbst einen **„Paprikahasen"**, der nach Art eines Gulasches zubereitet wird. (Amalie Grünzweigs Kochbuch, 1885, bringt ein ähnliches Rezept „Paprika-Hase".)

In der bürgerlichen Küche oberösterreichischer Städte und Märkte gab es bis ins 19. Jahrhundert auch Singvögel, vor allem Lerchen – befugte „Vogelfänger" lieferten sie an die Herrschaftshäuser ab. Als Ersatzgericht für die „gewöhnlich" Sterblichen gab und gibt es die

„Kalbsvögerl"

750 g Kalbswadschinken, Schulter oder Schlegel, 50 g Selchspeck, 100 g Faschiertes, 1 Dotter, 2 EL Rahm, 1 Zwiebel, Salz, Pfeffer, Thymian, Knoblauch; $^1/_8$ l saurer Rahm, 1 EL Mehl; 60 g Speck, 1 kleine Zwiebel, Suppe oder Wasser

Aus dem Fleisch kleine Schnitzel schneiden, klopfen, salzen und pfeffern. Kleinwürfelig geschnittenen Speck goldgelb rösten, zum Faschierten geben, mit Rahm, Gewürzen und Dotter gut vermengen, diese Masse auf die Schnitzel streichen, zusammenrollen und mit starkem Zwirn binden. Feingeschnittene Zwiebel in Speck goldgelb rösten, die Kalbsvögerl darin rasch anbraten, mit wenig Wasser oder Suppe zugedeckt weich dünsten. Rahm, mit Mehl versprudelt, zuletzt beigeben und nochmals aufkochen lassen. Die Kalbsvögerl werden auch mit gedünsteten Champignons, mit nicht zu weich gedünsteten feinen Gemüsen und mit Paprikaspeck gefüllt.

Gemüse, Salate, Soßen

„Zwoa Sach'n muaß ma könna:
Ess'n und Vagess'n!"

In Oberösterreich ist die Kartoffel unter dreierlei Bezeichnungen bekanntgeworden, als **„Erdäpfel"**, als „Erdbirne" (Machland, Enns-, Gaflenztal) und im Salzkammergut als „E(a)chbá(n)" (Erdbohne). Vom niederösterreichischen Stift Seitenstetten, wo die Kartoffel bereits 1621 eingeführt worden war, dürfte sie in die oberösterreichischen Stifte (St. Florian, Kremsmünster) gelangt sein. Sie wurde dann im Mühlviertel und im Salzkammergut (Ebensee 1756) gepflanzt. 1761 und 1763 wurde sie erstmals von zwei Schindlauer Bauern (Gemeinde Ulrichsberg) angebaut, 1774 wurde der Erdäpfelanbau auch schon im Eferdinger Becken betrieben. In größerem Ausmaß allerdings muß er erst um 1800 erfolgt sein, da in den Lagebüchern von 1783 die Erdäpfel südlich der Donau als bäuerliche Kulturpflanze noch nicht aufscheinen. Eine Viktualienrechnung der Herrschaft Schwertberg aus dem Jahre 1643 bringt erstmals die deutsche Bezeichnung „Erdapfel"; Erdäpfel wurden auch in den Gärten der Herrschaft Starhemberg angebaut und zierten die Hoftafel des Grafen von Meggau in Greinburg. Im Windhaager Klostergarten im südöstlichen Mühlviertel wurden 1694 erstmals Erdäpfel angebaut.

1731 scheinen im Ausgabenbuch des Gaflenzer Pfarrers 22 kr 2 d für „Ayr-Broth und Erdbohn" auf. 1756 wird von der Einführung der Erdäpfel im Gefolge einer Hungersnot im Markt Ebensee am Traunsee berichtet. Im Lagebuch von Kleinmünchen aus dem Jahre 1786 wird eigens erwähnt: „Die Erzieglung von Flachs, Kraut, Erdäpfel u. dgl. ist wegen der schotterigen Gründe unbedeutend." Verhandlungen der untertänigen Bauern mit der Herrschaft Aschach zwischen 1774 und 1820 bezeugen den Streit um den Erdäpfelzehent. In dem Kauf-Übergabe-Vertrag des Wögerhofs bei Putzleinsdorf im Mühlviertel vom 13. 12. 1795 werden in der Bestandsaufnahme des Bauernhofes bereits auch Erdäpfel aufgezählt. Und im Josephinischen Lagebuch von 1787 findet sich folgende Frage: Ob der Flachs-, Klee-, Rüben-, Kraut- und Erdäpfel- und Hanfzügel sich auszeichne? Diese Frage wurde fast in allen Katastralgemeinden des Mühlviertels mit Ja beantwortet. Fast überall waren die Erdäpfel neben Haferbrot oder „halbhabernem" Brot, Kraut, Rüben und sauren Suppen als Hauptgericht auf dem Mittagstisch der armen Bergbauern üblich. Gutsbeschreibungen der Herrschaften Baumgartenberg und Waldhausen von 1802 beurkunden ebenfalls den Hausbedarf an Kartoffeln: „Kraut, Rüben, Kartoffeln ist alles, was sie zu ihrer Notdurft bauen", berichtet der Waldhausener Pfleger; der Baumgartner Pfleger schreibt: „Die Untertanen treiben zwar einen kleinen Gartenbau, der sich aber bloß auf Kraut, Rüben, Salat und Erdäpfel beschränkt, und diese Artikel bauen sie bloß zu ihrer häuslichen Notdurft. Die meisten Untertanen bauen Kartoffel oder nach dem hiesigen Sprachgebrauch Erdäpfel teils zu ihrer häuslichen Kost, teils zum Futter fürs Vieh. Wieviel sie bauen, kann nicht leicht bestimmt werden, indessen macht der Kartoffelbau doch einen großen Nahrungszweig der ärmeren Klasse aus."
Im mittleren Innviertel trat um 1816/1817 ein arger Meltau am Getreide auf, die Ernte wurde schlecht, das Brot klebrig. Hungersnot war die Folge. Um die Not zu lindern, wurde auf Donauschiffen Hirse eingeführt. In dieser Notzeit ging Johann Scherfler, Hannerlbauer in Warmanstadl (Gemeinde Mettmach), zur Schranne nach Frankenburg, um sich einen Hut voll Erdäpfel einzuhandeln, die zu Hause großes Staunen erweckten. Im nächsten Frühjahr setzte er sie an und erzielte eine gute Ernte. 1809/1810 findet man in den Schwertberger Wirtschaftsabrechnungen Sortenangaben und Preise für Erdäpfel; 1809 fechste man 40 Metzen Ananas-Erdäpfel zum Metzenpreis von 3 Gulden 70 Kreuzer, $^3/_4$ Metzen Ordinari-Erdäpfel zu je 2 Gulden 48 Kreuzer und 10 Metzen Schweine-Erdäpfel. In den folgenden Jahrzehnten findet man Erdäpfelkost vor allem bei den armen Leuten, den „Häuslleut", das sind die Kleinhäusler mit wenig bzw. keinem Grundbesitz, aber einem handwerklichen Beruf (wie Binder, Wagner, Schneider, Schuster, Maurer, Zimmermann). Da gab es Erdäpfelsterz, -schmarren, -nudeln, -knödel, -nockerln, -puffer, -gulasch, eingebrannte Erdäpfel u. a. m. Maria Elisabetha Meixner, geb. Niederederin, hat in ihrem „Linzer Kochbuch" (1804) die Erdäpfel bereits voll in ihr Rezeptrepertoire integriert: Sie bringt u. a. Rezepte

für „Gedünste Erdäpfel, Erdäpfelnudeln, -pastete, -koch, Erdäpfel-Eyerspeis."
Auch Matthias Höfer konnte in seinem „Etymologischen Wörterbuch", Linz 1815, die „Erdäpfel; oder die gemeine Kartoffel" bereits „eine nun allgemein bekannte Frucht" nennen, erwähnt auch die Namen „Erdbirn", „Grundbirn" und schreibt unter dem Stichwort „Artoffel, oder Kartoffel, Tartuffel": „wodurch teils die Erdäpfel, und ihre verschiedenen Arten, teils die Trüffeln verstanden werden".

Mühlviertler Erdäpfelsterz, „Heferlsterz"

750 g gekochte Erdäpfel, 200 g Mehl, Salz, 120 g Fett

Erdäpfel kochen, schälen, noch heiß zerdrücken, salzen, mit griffigem Mehl vermengen, mit den Händen abbröseln, aber zu keinem Teig verarbeiten. In heißem Fett goldbraun rösten, bis sich die Bröckel, die nicht zusammenkleben sollen, bräunen. Dieser Sterz benötigt ziemlich viel Schmalz (beim Rösten eventuell noch einmal etwas Fett beigeben). Als Beilage gibt es Apfel- oder Holunderkompott. (J. I. Lackner, Linz)
Vermengt man gekochte, geschälte, noch heiß geriebene Erdäpfel mit Mehl, Salz und etwas Kümmel und röstet das Ganze in Fett (Rindschmalz, Schweinefett, auch Leinöl) wie einen Schmarren ab (wobei er auf beiden Seiten stark bräunen soll), erhält man den **Mühlviertler Erdäpfelschmarren.**

Neben den Erdäpfeln war das viel ältere **Kraut,** süß und sauer, als kleingeschnittenes, „g'hacheltes" oder „saures" (eingesäuertes) Kraut (Sauerkraut) als ständige Vor- und Zuspeise im Bauernhaus beliebt. Nicht ohne Grund sind „G'selchtes", Knödel und Kraut das Lieblingsgericht vieler Oberösterreicher und die häufigste Vorspeise das Sauerkraut, die „Krautsuppe". Wie alt das Sauerkraut als Bauernspeise hierzulande ist, beweist ein Vers aus der vermutlich in Oberösterreich spielenden ersten deutschen Dorfgeschichte, „Meier Helmbrecht", von Wernher dem Gärtner (entstanden um 1270), wo es u. a. heißt:

„ein krut vil kleine gesniten;
veizt und mager, in beiden siten,
ein guot fleisch lac da bi."

Das geschnittene bzw. gehobelte Kraut wird in den „Krautboding" (Krautbottich) eingetreten, dabei gesalzen und gewürzt, mit Steinen beschwert und gepreßt. Heute werden in Oberösterreich jährlich ca. 2000 Waggons Sauerkraut hergestellt.

Süßkraut

1 Weißkrautkopf, 200 g Selchspeck, 1 Zwiebel, 1 Spritzer Essig, 1 TL Kümmel, 1 EL Mehl, Salz, 1 TL Staubzucker oder Honig, Rindsuppe (oder Wasser)

Krautblätter loslösen (Mittelrippe wegschneiden), mit kochendem Wasser abbrühen, dann nudelig schneiden. Kleinwürfelig geschnittenen Speck anrösten, die gehackte Zwiebel darin rösten, einen Teelöffel Staubzucker darüberstreuen und bräunen. Mit Essig ablöschen, das Kraut beigeben, salzen und Kümmel beigeben. Wiederholt umrühren und weich dünsten (soll dabei eine lichtbraune Farbe bekommen). Sobald es weich ist, mit Mehl stauben, mit wenig Rindsuppe (oder Wasser) aufgießen. Abschmecken.
Auf die gleiche Art kann man auch **Blaukraut** bereiten, man nimmt dazu etwas mehr Staubzucker (den man aber nicht bräunt).

Krautstöckl.

Blaukraut

1 Blaukrautkopf, Salz, Kümmel, Essig, 1/2 Tasse Rotwein, 1/2 Tasse Kirschensaft, Staubzucker, 1 Zwiebel, 1 Apfel, 2–3 EL Fett; Buttersoße: 2 EL Butter, 1 EL Mehl, 1/2 Tasse Wasser oder Rindsuppe

Blaukraut nicht zu fein schneiden, in ein Reindl geben, salzen, etwas Essig und Kümmel sowie Rotwein, Kirschensaft und Staubzucker beigeben und durchmischen. Ziehen lassen. Inzwischen geschnittene Zwiebel, etwas Zucker, einen kleingeschnittenen säuerlichen Apfel in heißem Fett (Gansel- oder Schweinefett) anlaufen lassen, das ausgedrückte Kraut beigeben und durchrösten. Sobald es glänzt, etwas Essig und Rotwein oder etwas von der Marinade beigeben. Zugedeckt nicht „zu naß" weich dünsten. Zuletzt eine Buttersoße dazugeben. Frau Karoline Bögl aus Eberschwang marinierte als Rieder Köchin das Blaukraut zwei, drei Tage nur mit Salz, Kümmel und Zucker und benötigte keinen Wein dazu.

„Stöcklkraut"

1 Weißkrautkopf, Salz, Kümmel, Essig

Einen kleinen Krautkopf säubern, vierteln oder sechsteln (in Stücke = „Stöckl" schneiden), dabei den Strunk entfernen. Dann in Wasser, mit Salz und Kümmel versehen, weich kochen. Herausheben und leicht abtropfen lassen. Mit Bratenfett (bei Schweinsbraten) übergießen oder mit in Fett gerösteten Zwiebelringen bestreuen und zum Fleisch servieren. Noch besser ist es, die weichgekochten Weißkrautstücke in die Bratrein zum Schweinsbraten zu geben, mit Bratenfett zu begießen und mitbraten zu lassen. (Brigitte Christl, Ried im Innkreis)
Das Stöcklkraut ist noch heute im Landl, im Raum Eferding – Grieskirchen – Peuerbach, als Beilage zu Gebratenem überaus beliebt.

Das größte Weißkrautanbaugebiet Oberösterreichs ist seit je das Eferdinger Becken. In Hinzenbach steht die heute größte Sauerkrautproduktionsstätte Österreichs, wo das Kraut in 40.000 Kilogramm fassenden Krautbottichen wie seit alters eingetreten wird.

Welser Sauerkraut

1000 g Sauerkraut, Salz, Kümmel, 1 Erdapfel, 1 EL Zucker, 1 Zwiebel, 100 g Fett oder Speckwürfel

Sauerkraut einige Male durchschneiden, bis fingerbreit zum oberen Rand des Krautes mit Wasser aufgießen, mit Salz und Kümmel würzen, 20 Minuten scharf kochen. Dann einen rohen, geschälten Erdapfel auf dem Reibeisen in das Kraut reiben, mit Zucker pikant abschmecken und unter mehrmaligem Rühren langsam 15 bis 20 Minuten weiterkochen lassen. Das in einer tiefen Schüssel angerichtete Kraut mit einer kleinen, feingehackten, in heißem Fett oder ausgelassenen Speckwürfeln goldgelb gerösteten Zwiebel abbrennen.

Die **„Krautsuppe"**, die wir zu Hause vom Spätherbst bis Anfang Sommer täglich außer Sonntag als Vorsuppe bekamen, war in Wasser weichgekochtes Sauerkraut, das samt der Kochbrühe in einer Schüssel, mit Schnittlauch bestreut, auf den Tisch kam. Jeder aß dazu ein Stück Brot. Mein Vater hat meist einen Rest Sauerkraut aufgespart, wenn es nachher Krapfen oder Hasenöhrl gegeben hat. Denn diese Mehlspeisen aß er lieber ungezuckert mit Sauerkraut.
Statt Sauerkraut gab es früher auch mancherorts saure Rüben als Gemüse und Zuspeise. Höfer übermittelt in seinem „Etymologischen Wörterbuch", Linz 1815, eine Scherzfrage: „Was wächst den Bauern auf den Schwänzen? Die Rüben. Weil sie in ihren Feldern auf langen Schwänzen stehen."

In vielen bäuerlichen Küchen Oberösterreichs hat man auf die „Zuspeis'" in Form von Salaten, Kompotten, Gemüsen immer schon großen Wert gelegt. In meinem Elternhaus gab es beispielsweise zum Schweinsbraten oder zu den Speckknödeln nicht selten je nach Saison vier, fünf „Beilagen": Sauerkraut, Erdäpfelsalat, warmen Krautsalat, grünen Salat, Gurkensalat („Umurken-" oder „Kukuomasalat"), „Roaner" (Rote-Rüben-Salat), „Radi" (Rettichsalat, mit Essig und Pfeffer), Apfelkompott, eingelegte Kirschen oder Essigzwetschken. Zum Säuern des Salates nahm man selbstgemachten Mostessig, zum Fetten gab es anstelle von Öl (das man hätte kaufen müssen) heißes Fett (Schweinsfett, Bratlfett, Ganslschmalz) oder kleinwürfeligen ausgelassenen Selchspeck (auch beim grünen Häuptelsalat). Jedes Bauernhaus hat seinen eingezäunten „Pregarten" („Pregartl", Vorgarten, Hausgarten), meist unmittelbar vor dem Haus oder ganz in der Nähe des Hauses, in dem neben Schnittblumen und Kräutern (Schnittlauch, Petersilie u. a. m.) Salate, Gurken, Paradeiser, Monatsrettich, gelbe Rüben usw. angepflanzt werden. Anderes Gemüse, hauptsächlich

Früherdäpfel, Rote Rüben, Winterrettich, Bohnen, Weiß- und Blaukraut sowie Kren werden auf einem abgetrennten Stück besser gedüngten Acker in der Nähe des Hofes gezogen.
Reine Gemüsegerichte allerdings hat es bei den Bauern nicht gegeben. Ansätze von Einflüssen durch Krieg und Flüchtlinge in bezug auf neues Gemüse (grüne Paprika, Paradeiser, Kürbis usw.) haben sich nicht gehalten bzw. nicht durchgesetzt. Auch gegenüber Geschmacksrichtungen und neuen Kochweisen der „volksdeutschen" Flüchtlinge, so aus Siebenbürgen, wie paprizierte Gemüsegerichte oder häufige Verwendung von Knoblauch, hat sich vor allem der Innviertler abweisend verhalten.

Specksalat

1–2 Salathäuptel, Salz, Pfeffer, $^1/_2$ Zwiebel, 150 g Selchspeck, Essig

Blätter vom Häuptelsalat waschen, abtropfen lassen, leicht salzen, pfeffern, mit einer halben feingehackten Zwiebel bestreuen. Würfelig geschnittenen Selchspeck anrösten, kräftig mit Essigwasser ablöschen, über den angerichteten Salat gießen. Gut durchmischen und sofort servieren. Kleinzeller Bäuerinnen servieren den Specksalat gern zu geschmalzenen Nudeln.

Warmer Krautsalat

1 kleiner Krautkopf, Salz, Kümmel, Essig, 150 g Selchspeck

Weißkraut feinnudelig schneiden, salzen, mit Kümmel bestreuen und mit kochendem Wasser übergießen. Zugedeckt weich kochen lassen. Abgießen und mit Essig anrichten. Kleinwürfelig geschnittenen Selchspeck anrösten und daraufstreuen oder Bratlfett darübergeben. Den **Mühlviertler Krautsalat** übergießt man dreimal mit kochendem Wasser und läßt ihn dazwischen zugedeckt stehen. Dann abgießen, ausgebratene Speckwürfel daraufgeben, in der Bratpfanne etwas Essig erhitzen und darübergießen.

„Radisalat" (Rettichsalat)

Winterrettich waschen, schälen und hacheln. Salzen. Nach einiger Zeit leicht ausdrücken, mit Essig (und Öl) anrichten. 1 bis 2 Stunden vor Gebrauch bereiten, damit er gut mariniert ist. Nach Wunsch pfeffern.
Als **„greaner Salat"** wird das erste Grün aus dem Hausgarten am Gründonnerstag serviert; man zupfte beim Anblick dieses ersten Grüns bei Tisch einander am Ohr mit dem Ausruf: „Was Heurig's." Im Mühlviertel gab es am Gründonnerstag zu geschnittenen Nudeln Vogerlsalat (Feldsalat, „Rapunzelsalat") oder Brunnenkresse. Mayonnaise wurde im 19. Jahrhundert „walscher Salat" genannt.

Semmelkren

2–4 altbackene Semmeln (oder Weißbrot), $^1/_4$ l Rindsuppe, Salz, Pfeffer, Prise Zucker, 1 TL Essig, 1 EL Obers, 100 g gerissener Kren

Semmeln nach Wunsch abrindeln, in dünne Scheiben schneiden und mit Rindsuppe aufgießen, zu einem Brei verkochen, pikant würzen, mit Essig und etwas Obers abschmecken. Zuletzt den gerissenen Kren dazugeben und kurz aufkochen lassen. Er kann auch mit Sauerrahm und Dotter zubereitet werden. Ich persönlich passiere auch immer ein paar Stücke gekochten Wurzelwerks dazu. Semmelkren ist eine beliebte Zuspeise zu Rindfleisch und gekochtem Schweinefleisch.

„Zwetschkenpfeffer"

500 g Dörrpflaumen, 50 g Zucker, $^1/_4$ l Wasser, Zimt, Nelken, Zitronenschale, $^1/_8$ l Obers oder Milch und Mehl, Rum

Dörrpflaumen mit Zucker, Wasser und den Gewürzen weich kochen. Die Dörrzwetschken entsteinen, dann faschieren oder fein wiegen, den Sud darüberseihen. Nochmals aufkochen. Mit Obers verrühren. Man kann auch aus Mehl und Milch ein „Teigerl" machen (Anni Wolkerstorfer, Neufelden) oder aus Butter und Mehl eine helle Buttereinmach bereiten, in die Zwetschkenmasse einrühren und dann erst zu einer dicklichen Soße verkochen. Zuckern, wenn nötig. Oder $^1/_2$ Päckchen Vanillepudding einrühren. Zuletzt mit etwas Rum abschmecken. Wird gern zu Mehlspeisen, Schmalz- und Germgebäcken serviert.
Nimmt man anstelle der Dörrpflaumen gedörrte Birnen („Kletzen"), erhält man die **„Kletzenbriah"** bzw. den **„Kletzenpfeffer"** oder **„Kletzensuppe"** (Lisl Sattler); wird auch kalt gegessen und dazu Brot eingebrockt, oder es wird ein Weinbeerschlögl dazu gegessen. Man kann auch Dörrzwetschken und Kletzen zusammen dazu verwenden. Im Mühlviertel ist die Brühe aus gekochtem Obst oder Dörrobst oft Haustrunk und heißt dann **„Brödl"** oder **„Brod"** (von brodeln, Gebräu), also „Zwetschkenbrod", „Kerschbrod", „Kletzenbrod".

Knödel

„Gabel her, d'Messa g'wetzt,
Knödl kemman jetzt! "
(Tellerinschrift aus St. Willibald)

Oberösterreich gilt als ein „klassisches" Knödelland. Noch heute hält man zu gewissen Zeiten in mehr als 80 gastronomischen Betrieben jährlich Knödelwochen ab, wo alle möglichen Varianten von Knödeln – süß und sauer – serviert werden. Ein „Mittagessen ohne Knoan is nix", behauptet der Oberösterreicher, denn „wenn man keinen Knödel ißt, hat man den ganzen Tag Hunger".
Das verdienstvolle Buch „Der Bäuerin in den Kochtopf g'schaut" von Roswitha Willnauer kennt u. a. Brandknödel, braune Grießknödel, eingesetzte Knödel, gebackene Grießknödel in Milch, sunndörrte Knod'n, Durcheinander-Knödel, Fleischknödel, Innviertler Speckknödel, abgetriebene Leberknödel, gebackene Reisknödel, gebackene Grießknödel, geriebene Fleischknödel, Selchknödel (oder Speckknödel), böhmische Knödel, Grammelknödel, gebackene Grammelknödel, Mohnknödel, gekochte Mohnknödel, Räuberknödel, Mühlviertler G'hackknödel, Schwemmknödel, Apfelknödel, Germknödel, Mehlknödel, gebackene Bröselknödel, gebackene Einmachknödel, Bauernknödel.

Mehlknödel

500 g helles Mehl, Fett oder Öl, Salz, Wasser

Mehl mit einigen Löffel zerlassenem Fett oder Öl und etwas Salz gut vermischen, mit so viel kochend heißem Wasser verarbeiten, daß ein trockener, noch fast krümeliger Teig entsteht. Ohne den Teig rasten zu lassen, daraus nicht zu kleine Knödel formen und in Salzwasser langsam kochen.

Mühlviertler Mehlknödel

„Man nehme, was man mit einer Hand fassen kann, pro Knödel weißes Kornmehl (oder aber auch Weizenmehl) und etwas Salz. In einer Schüssel wird das Mehl mit ganz kleinen Mengen kochendem Wasser befeuchtet und zugleich mit den Händen gemischt. Es darf kein Teig werden, sondern nur eine feuchte Masse. Davon Knödel formen und fest zusammendrücken, sofort in kochendes gesalzenes Wasser geben, ca. 15 bis 20 Minuten kochen. Die Knödel müssen, wenn man sie auseinanderschneidet, innen noch staubig sein." (Anni Wolkerstorfer, Neufelden)
In Hagenberg nennt man diese Knödel **„staubadö Knoan"** und ißt sie zu Selchfleisch und Schweinsbraten.

„Braodknoan" (Brotknödel)

Werden wie die Wiener Semmelknödel gemacht, anstelle der Semmelwürfel nimmt man kleinwürfelig geschnittenes Bauernbrot. Wenn's „hoch her ging", nahm meine Mutter ein Ei dazu. Semmelknödel gab es in

Bauersleute aus Oberösterreich.

meinem Elternhaus nur an Festtagen, vor allem als Fülle für Hühner, Tauben und Enten (dazu wird der Knödelteig auch etwas weicher gehalten); aus dem restlichen Semmelknödelteig machte meine Mutter kleine Knödel, legte sie roh in die Bratpfanne rund um das Brathendl und buk die Knödel mit. Bessere Semmelknödel, in heißem Fett schwimmend herausgebacken, heißen **„Braunwelser“.** Frau Thalhammer, eine ehemalige Gasthaus- und Hochzeitsköchin aus unserer Pfarre, serviert diese gern in einer Zwiebelsuppe.

Grießknödel I

2 Schöpfer Grobgrieß, nußgroß Butter, 2 Schöpfer Wasser oder Selchsuppe, Salz

Grieß mit heißer Butter abbrennen, mit siedendem Wasser übergießen, einen Teig daraus machen, salzen, eine Viertelstunde ziehen lassen. Kleine Knödel daraus formen, in Salzwasser mehr ziehen als kochen lassen. (Nicht zuviel Butter nehmen, sonst zerfallen die Knödel.)
Es empfiehlt sich, diese Knödel besser im Dunst zu garen (Steyr-, Krems-, Ennstal). Im Salzkammergut gibt man sie in eine heiße Rindsuppe oder ißt sie zu Geselchtem mit Kraut, im Mühlviertel auch zu gesottenem Rindfleisch mit Semmelkren.

Grießknödel II

2 alte Semmeln, 1 TL Butter, 50 g Speck, 250 g Grobgrieß, 1/4 l Fleischbrühe

Kleinwürfelig geschnittene Semmeln in wenig Butter rösten, mit kleinwürfelig geschnittenem und geröstetem Speck sowie Grieß vermischen, mit heißer Fleischbrühe abbrennen, gut durchmischen, salzen, die Semmelwürfel beigeben und 10 Minuten ziehen lassen. Knödel daraus formen, in Fleischbrühe 12 bis 15 Minuten langsam kochen lassen.
Im Mühlviertel bereitet man Grießknödel auch mit einer Beigabe von Erdäpfeln:

Grießknödel III

250 g Erdäpfel, 250 g Grieß, 1 Ei, Salz, 2 EL Fett oder 80 g Speck

Frisch gekochte Erdäpfel noch heiß zerdrücken, etwas Fett dazugeben, noch besser gerösteten Speck, ferner Ei, Salz und etwa die gleiche Menge Grieß wie Erdäpfel. Ziehen lassen, Knödel formen und ins kochende Salzwasser geben. Der Teig soll nicht zu fest sein.

Grießknödel IV

Pro Knödel eine leichte Handvoll Grieß, etwas Salz, gerösteten, kleinwürfelig geschnittenen Selchspeck, mit etwas Selchsuppe gut zu einer feuchten Masse abmischen. 15 Minuten zugedeckt rasten lassen, dann Knödel daraus formen und in kochendem Salzwasser kochen. (Anni Wolkerstorfer, Neufelden)

„Antoni, Lemoni, Pomeranzen, Gugu,
A Häferl voll Knödln is ma liaba wie du! “

Geselchtes und Grießknödel sind ein oberösterreichisches Nationalgericht; dazu gibt es Sauerkraut oder warmen Krautsalat. Die Knödel werden auch gemeinsam mit dem Fleisch gegart und zusammen im Kochsud („Selchsoße“) angerichtet.

Holzhackerknödel

3 Schöpfer Grobgrieß, 1 Schöpfer Mehl, Schmalz, Salz, Milch; Backschmalz

Grobgrieß und Mehl mischen. Mit heißem, eigroßem Stück Schmalz abbrennen, salzen und so viel siedende Milch darangießen, wie Grieß und Mehl zu einem Teig aufnehmen. Eine halbe Stunde ziehen lassen (bis der Teig nicht mehr locker ist). Daraus Knödel formen und in heißem Schmalz schwimmend backen. Dann in eine Rein geben, siedende Milch darübergießen und zugedeckt im Rohr oder auf dem Herd noch etwas dünsten lassen.

Braune Grießknödel

3 Eier, nußgroß Butter, Salz, 1/4 l Rahm, 3 alte Semmeln, 1/4 l Grobgrieß, Muskat; Backfett

Butter zergehen lassen, die Eier dazurühren, salzen, mit Rahm versprudeln. Kleinwürfelig geschnittene Semmeln und Grobgrieß dazumengen, mit etwas geriebenem Muskat würzen. Eine halbe Stunde rasten lassen. Mit einem Schöpfer kleine Knödel formen und in heißem Fett schwimmend backen. Dann noch 10 bis 15 Minuten in kochendem Salzwasser ziehen lassen. Man serviert sie in einer Einmachsoße oder ohne Suppe mit Sauerkraut und Salat oder süß mit Zwetschkenröster bzw. einer Zwetschkensuppe. (Hausruckviertel)

Erdäpfelknödel

500 g gekochte mehlige Erdäpfel, 60–80 g Grieß, 50–70 g Mehl, 1 Ei, Salz, nußgroß Butter, 2 alte Semmeln, Rindschmalz, Brösel

Erdäpfel am Vortag kochen. Dann schälen, passieren, mit Grieß, Mehl, Ei, Salz und zerlassener Butter auf dem Brett zu einem lockeren Teig verarbeiten. Die in wenig Butter gerösteten Semmelwürfel daruntermengen oder als kleine Häufchen in die Knödel füllen. Die Knödel in Salzwasser kochen, bis sie an der Oberfläche schwimmen. Anrichten und mit in Rindschmalz gerösteten Bröseln bestreuen. Man ißt sie im Mühlviertel gern zum schweinernen Surbraten.
Aus Roggenmehl, gekochten, passierten Erdäpfeln, Schmalz, süßer oder saurer „Schmetten“ (Rahm) bereitet man die **„schwarzen Knödel“.** Meine Mutter hat an Fasttagen aus gekochten passierten Erdäpfeln, Milch, Ei und wenig Mehl „patzige“ Knödel gemacht und im Rohr gebacken (zuletzt mit etwas Obers übergossen).

Gmundner Knödelschüssel.

Böhmische Erdäpfelknödel

Gekochte Erdäpfel warm zerdrücken, salzen und mit so viel Roggenmehl vermischen, daß man sehr trockene Knödel formen kann. Diese in Selchsuppe etwa 10 Minuten kochen. Dienen im Mühlviertel als Beilage zu Selchfleisch. (Mit Weizenmehl werden diese Knödel etwas fester.)

„Reiberknödel“

100 g rohe Erdäpfel, 250 g gekochte Erdäpfel, Salz

Rohe Erdäpfel schälen, reiben (daher der Name), den Saft mit einem Tuch auspressen. Die gekochten Erdäpfel schälen, passieren, beide vermengen, salzen, zu Knödeln formen und in Salzwasser 15 bis 20 Minuten kochen. (Mühlviertel)
Ein praktisches Rezept lautet: aus 2 Teilen geriebenen rohen, in einem Tuch ausgepreßten Erdäpfeln und 1 Teil gekochten geschälten und geriebenen Erdäpfeln, etwas saurer Milch und einer Prise Salz Knödel formen und in Salzwasser 15 bis 20 Minuten kochen. Oder: 1000 g rohe, geschälte Erdäpfel reiben, durch ein Tuch auspressen, 2 Eier, einen gehäuften Eßlöffel Mehl, Prise Salz und Pfeffer dazugeben, daraus einen mittelfesten Knödelteig machen, 10 Minuten rasten lassen, Knödel daraus formen, in kochendem Salzwasser etwa 15 Minuten langsam gar ziehen lassen.

Innviertler Speckknödel, Kübelspeckknödel

Ca. 400 g Surspeck, Schnittlauch oder Petersilie, Pfeffer, roggener Nudelteig, Brandteig oder Erdäpfelteig

Speck ganz kleinwürfelig schneiden, mit Schnittlauch oder gehackter Petersilie und mit reichlich Pfeffer würzen, zu nußgroßen Kugeln formen und kalt stellen. Als Teighülle Erdäpfel-, Brand- oder Nudelteig (oder Knödelbrotteig) verwenden.

Die Kübelspeckknödel, in Salzwasser etwa 15 Minuten gekocht, aß und ißt man besonders im Kobernaußerwaldgebiet und im oberen Innviertel, um Mettmach, Aspach, dem Geburtsort meines Vaters, der die Speckknödel aus Geselchtem und in Brotknödelteig gehüllt bevorzugte. Manche schneiden den Kübelspeck auch sehr grobwürfelig – dazu allerdings gehört ein „holzg’axter Magen“! Ich habe solche als Student in Wildenau vorgesetzt bekommen – mehr als einen brachte ich nicht hinunter, während ich von den Speckknödeln meiner Mutter und jetzt auch von meiner Schwester Marianne immer bis zu einem Dutzend „erledigt“ habe. Wenn ich meiner Schwester meinen Besuch ankündige, lautet ihre Frage stets: „Magst Speckknödel?“ Und mit Franz Stelzhamer geb’ ich zur Antwort:

„Ja, Spöckknödel mecht i,
han mi lang schan dráf gfreut . . .“

Speckknödel meiner Mutter

Ca. 400 g Selchspeck, ca. 100 g Bauernbrot, 5 gehäufte EL Mehl, ca. 1/4 l Milch, Salz, Pfeffer, Schnittlauch

Selchspeck am Vortag sehr kleinwürfelig schneiden, pfeffern, mit Schnittlauch vermengen, zu etwa nußgroßen Kügelchen drehen und kalt stellen. Am nächsten Tag kleinwürfelig geschnittenes Brot mit heißer Milch gut anfeuchten, salzen, mit dem nötigen Mehl zu einem nicht zu festen Knödelnudelteig kneten, zu einer Rolle formen, in ca. 2 cm dicke Scheiben schneiden, diese auseinanderdrücken, die Speckkügelchen daraufsetzen, zu Knödeln drehen. Die Teighülle muß so dünn sein, daß der Speck in gekochtem Zustand durchschimmert. In kochendem, gesalzenem Wasser ca. 15 Minuten kochen lassen. Dazu gibt es bei uns zu Hause Sauerkraut, warmen Krautsalat, Gurken- oder Häuptelsalat, Erdäpfelsalat und Apfelkompott.
Im Mühlviertel bereitet man den Teig zu den Speckknödeln aus Roggenmehl, einer Prise Salz, etwas Fett oder Rahm und Wasser nach Bedarf. Im Enns-, Steyr- und Kremstal wird der Teig aus Weizenmehl, Ei, Salz und Wasser bereitet, die Knödel werden in eine gut gefettete Pfanne geschlichtet, mit zerlassenem Fett beträufelt und bei Mittelhitze im Rohr gebacken.

Gebackene Speckknödel

1000 g gekochte Erdäpfel, Mehl, Salz, 2 Eier, 450 g Speck oder Geselchtes, Fett, ca. 1/8 l Milch (oder Obers), 1 Ei, Salz

Ausgekühlte gekochte Erdäpfel schälen, reiben, mit Mehl, Prise Salz und den Eiern zu einem glatten Erdäpfelteig verarbeiten. Dann wie oben beschrieben die Speckknödel formen. In einer Kasserolle Fett zergehen lassen, die Knödel eng nebeneinanderschlichten und im Rohr backen. Kurz bevor sie gar sind, Milch (oder Obers), mit Ei und Prise Salz versprudelt, darübergießen und nochmals überbacken. (Gretl Gutenberger, Ottensheim)

Grammelknödel

600 g Erdäpfel, 300 g Mehl, Salz, 1 Ei, Öl; Grammeln

Erdäpfel kochen, schälen, zerdrücken, mit Mehl, Ei, etwas Öl und Prise Salz rasch einen Erdäpfelteig bereiten, mit faschierten, gesalzenen Grammeln füllen und in Salzwasser ca. 10 Minuten kochen. Sie können auch bei guter Hitze im Rohr gebacken werden.
Im Hausruckviertel wird aus 500 g Mehl, 150 g zerlassener Butter (oder Rindschmalz), 1 bis 2 Eiern und Prise Salz ein Nudelteig geknetet, ausgerollt, zu quadratischen Flecken (15 × 15 cm) geschnitten, mit gesalzenen, erwärmten Grammeln belegt, eingerollt und in eine gefettete Auflaufform gesetzt, mit versprudeltem Ei (und eventuell etwas Sauerrahm) übergossen und im Rohr gebacken. Es gibt diese Knödel auch süß, gefüllt mit entsteinten, geschnittenen Dörrzwetschken; genannt werden sie **„sunndörte Knodn"**.

„Bratknödel"

Nudelteig: 250 g Mehl, Salz, 1 EL Öl, 2–3 EL Wasser; Fülle: je 150 g gekochtes oder gebratenes Rind-, Schweine- und Surfleisch, 1 Stück Kernfett, Salz, Pfeffer, Knoblauch, Thymian, Majoran

Aus den Zutaten einen lockeren Nudelteig machen, nicht zu dünn auswalken, in Flecken schneiden, diese mit dem Brat füllen, zu Knödeln zusammendrehen und im Salzwasser etwa 20 Minuten kochen. Zur Fülle Fleisch fein hacken, nicht faschieren, auch Kernfett fein schneiden, das Brat kräftig würzen, zu kleinen Kugeln zusammendrehen. Man kann als Brat auch Reste von gebratenem und gekochtem Fleisch (jeder Art) und Wurstreste verwenden, fein faschieren, nach Wunsch mit einem Ei binden, kräftig würzen.
In der Gegend um Frankenburg aß man die Bratknödel traditionell am Sonntag Invocavit, am ersten Fastensonntag. Franziska Rinortner, Frankenburg, gibt zum Brat etwas feingehackte Zwiebel und zerdrückten Knoblauch dazu. Zu ihren Bratknödeln serviert sie süßsauren Kren.

Mühlviertler „G'hackknödel"

500 g Mehl, Salz, Wasser; 100 g Schweinsbraten, 100 g gekochtes Rindfleisch, 100 g Kaiserfleisch, Wurstreste, 1 Zwiebel, 1 Knoblauchzehe, Salz, Pfeffer, Majoran, 1 EL Fett, Petersiliengrün

Aus Mehl, Salz, etwas Wasser einen nicht zu festen Mehlteig kneten und knödelgroße Flecken daraus formen. Aus untenstehender Fülle kleine Kugeln formen, in die dünne Teighaut einhüllen, zu Knödeln zusammendrehen, in Salzwasser etwa 15 Minuten kochen. *Fülle:* Reste von gekochtem und/oder gebratenem Fleisch, auch Wurstreste, fein hacken (nicht faschieren), mit Salz, Pfeffer, Majoran, gehackter Zwiebel und zerdrücktem Knoblauch würzen. Verwendet man rohes faschiertes Fleisch, wird dieses mit gehackter

Zwiebel in heißem Fett gut durchgeröstet, mit Salz und Pfeffer, gehackter Petersilie tüchtig gewürzt. Auskühlen lassen, zu nußgroßen Kugeln formen. Die G'hackknödel kann man auch aus Erdäpfelteig bereiten (und wie Speckknödel backen).

Mondseer Knödel, „z'sammg'legte Knödel"

300 g Mehl, 1 Ei, Salz, Butter, etwas Grieß, Schnittlauch (gekochtes Rindfleisch, Wurstreste)

Aus Mehl, Ei, Prise Salz und kaltem Wasser einen mittelfesten Teig machen, daraus eine Rolle formen, 2 cm dicke Scheiben abschneiden, etwas flachdrücken oder auswalken, dann eine Weile trocknen lassen. Mit zerlassener Butter bestreichen, in die Mitte etwas Grieß und Schnittlauch geben (oder kleingehacktes Rindfleisch oder Wurstreste), die Ränder der Teigscheiben zur Mitte übereinanderschlagen, in der Mitte mit einem Zahnstocher befestigen und in Salzwasser 10 bis 15 Minuten langsam kochen. (Pauline Jungegger, Lenzing)
Dazu ißt man Sauerkraut oder Rind- oder Fleischsuppe. Die Mondseer Knödel werden auch aus einem Nudelteig gemacht, den man in kleine Vierecke ausrollt, mit Grieß und Speckgrammeln füllt, wie Maultaschen zusammenlegt, in der Mitte feststeckt und in Salzwasser kocht. *Fülle:* Kleinwürfelig geschnittenen Speck (ca. 150 g) knusprig braten, die Speckgrammeln herausheben, im selben Fett 80 g Grieß rösten, dann mit den Speckgrammeln vermengen.
Solche **„Maultaschen"** waren schon in der Schwertberger Kostordnung um 1750 erwähnt („Maultaschen mit Gerstgrieß eingefüllt und auch Kandl Milch darübergesoden und ein Kraut dazu").

Innviertler „Durcheinanderknödel"

300 g Weiß- oder Bauernbrot, 7–8 EL Speckwürfel, 2 Eier, Salz, Milch, Mehl

Brot kleinwürfelig schneiden. Kleinwürfelig geschnittenen Speck rösten, über die Brotwürfel geben und durchmischen; Eier mit etwas Salz und Milch versprudeln, die Brotwürfel damit übergießen und aufweichen lassen, dann mit Mehl zu einer Knödelmasse binden. Daraus 7 bis 8 mittelgroße Knödel formen, in Salzwasser ca. 10 Minuten kochen. Früher gab es dazu Sauermilch, heute meist gekochtes Sauerkraut, warmen Krautsalat oder einen grünen Salat.

Saure Schwemmknödel

100 g Butter oder 80 g Rindschmalz, 2 Eier, 200–250 g Grobgrieß, Muskat, 1 EL kaltes Wasser, Salz, Kümmel

Fett flaumig rühren, die Eier dazurühren, dann Grieß und Wasser dazumischen, mit Salz und Muskat würzen. Eine Viertelstunde ziehen lassen. Aus der Masse kleine Knödel formen, dann in Salzwasser, dem etwas Kümmel beigegeben wird, etwa 8 Minuten kochen lassen. Zuletzt mit kaltem Wasser abschrecken und nochmals 5 Minuten ziehen lassen, wobei sie stark quellen, in der Mitte aber einen kleinen, festen „Stich" bewahren sollten. Man serviert sie als Hauptspeise mit Erdäpfelsalat. Im oberen Mühlviertel serviert man sie in heißer Rindsuppe zu Sauerkraut. (Daneben gibt es auch süße Schwemmknödel!)

Speckknödel an einem Fasttag.

Rindle um 2 Kreuzer Semmel ab, schneide sie klein gewürfelt, schneide 1 Zwiebelhappel dazu, nimm ein Vierting fetten Hausen, schneide ihn gewürfelt, gib ihn in ein Reindel, laß ihn ein wenig anlaufen, und gieß ihn über die geschnittene Semmel, gib in ein Häferl 2 ganze Eyer, und einen Dotter, sprüdle es mit einem halben Seidel Milch gut ab, gieße es über die Semmel, und laß es erweichen, Salz, und gar ein wenig Mehl, rühre alles wohl unter einander, mache kleine Knöderl, siede sie im Salzwasser ab, seihe sie durch, und gib eine gute Suppe darüber, man kann aber auch diese Knöderl zu einem geselchten Hausen geben.

Aus: Maria Elisabetha Niederederin, „Das neue große geprüfte und bewährte Linzer Kochbuch", Linz 1804.

Fleischknödel

250 g Schweine- oder Kalbfleisch, Salz, Pfeffer, Muskat, Zitronenschale, 2 Eier, 1–2 EL Brösel

Faschiertes Schweine- oder Kalbfleisch mit Salz, Muskat, Pfeffer, geriebener Zitronenschale würzen, mit den Eiern und Bröseln gut durchmengen. 20 Minuten quellen lassen, daraus Knöderln formen und 10 bis 15 Minuten in einer Fleischsuppe kochen lassen. Formt man sie etwas größer, bäckt sie in heißem Fett und läßt sie dann noch 10 Minuten in Fleischsuppe kochen, erhält man die **gebackenen Fleischknödel.** Sie sind für eine Festtagssuppe bestimmt.

„Oarschmalzknoan"

Aus Brot- oder Semmelknödelteig Knödel formen, schüsserlartig auseinanderdrücken, in jedes Stück 1 bis 2 Eßlöffel „Oarschmalz" (siehe Seite 243) geben, die Teigfläche schließen, nicht zu große Knödel formen und in schwach kochendem Salzwasser 12 bis 15 Minuten ziehen lassen. Sie wurden im Innviertel traditionell am Karfreitag gegessen. Dazu gab es grünen Salat.

Siebschöpfer.

Eierknödel

500 g am Vortag gekochte Erdäpfel, 1 Ei, 150 g Mehl, 30 g Butter, Salz, Eierspeise, Petersilie, 100 g Brösel, 100 g Butter

Erdäpfel fein reiben, mit Mehl, Ei, weicher Butter und Salz vermengen. Rasten lassen, dann eigroße Teigteile schüsserlförmig auseinanderdrücken, jedes Teigschüsserl mit 1 Eßlöffel Eierspeise, vermischt mit gehackter Petersilie, versehen, die Teigschüsserln zu nahtlosen Knöderln formen und in schwach kochendem Salzwasser 12 bis 15 Minuten offen kochen lassen. Inzwischen Brösel in heißer Butter goldgelb rösten, die abgetropften gekochten Knöderln darin wälzen und am Herdrand eine Weile durchziehen lassen. Als Beilage grünen Salat servieren.

Krautknödel

1 Krautkopf, 100 g Schmalz, 1 Zwiebel, 1 Knoblauchzehe, 50 g Semmelbrösel, 2 Eier, 2 EL Obers, Salz, Pfeffer, Muskat, 1 l Suppe

Kraut in Blätter zerlegen, überbrühen und klein hacken. In 70 g heißem Schmalz anrösten. Zwiebel und Knoblauch fein hacken, mit den Semmelbröseln im restlichen Schmalz anrösten und unter das Kraut mischen. Eier, Obers, Salz, Pfeffer, Muskat beigeben, gut durchmischen, zu Knödeln formen und in der Fleischsuppe (oder in leicht gesalzenem Wasser) etwa 20 Minuten mehr ziehen als kochen lassen.

Wenn Mehl- oder Semmelknödel zu Mittag übrigbleiben, werden zur Jause bzw. zum Abendessen **geröstete Knödel** (mit oder ohne Eier) gemacht; ebenso **„Apfelknödel":** Knödel dünnblättrig schneiden. In heißer Butter zuerst blättrig geschnittene Äpfel halbweich schmoren, mit Zucker und Zimt (auch geriebenen Gewürznelken) leicht würzen, Knödel daruntermischen und heiß werden lassen. Auf diese Knödel freuten wir Kinder uns im Herbst, wenn wir nach dem Kühehüten (oft schon leicht frierend) nach Hause kamen. Im Sommer gibt es dagegen „Essigknödel" (siehe Seite 242).

Erdäpfel-, Topfen- und Grießknödel werden gern auch – wie aus der Wiener Bürgerküche bekannt – mit Früchten (Zwetschken, Kirschen, Marillen, Äpfel, Birnen, Erdbeeren) oder mit Marmelade gefüllt („Knoan, wo epp's virakimmt! ", wie sie ein Knirps aus Raab „definierte"). Eine Eberschwanger Köchin verriet mir die

„Zwetschkenreinknoan"

Zuerst einen Abbrennteig (Brandteig) machen. Dann in jedes Teigstück zwei, drei weichgekochte gedörrte Zwetschken zu Knödeln eindrehen, in einer Rein mit Butter oder „Buttersauß" (Rest der ausgelassenen Butter) und etwas Zwetschkenbrühe backen.

Koche

Dichter des Mittelalters, so Seyfried Helbling in Niederösterreich und Wernher der Gärtner in Oberösterreich, nennen immer wieder als traditionelle Nahrungsmittel und Speisen der Bauern des ausgehenden 13. Jahrhunderts Brei aus Hafer, Roggen und Gerste, Hülsenfrüchte, Kraut und Rüben, Käse und Eier. In der Dorfdichtung „Meier Helmbrecht" scheint etwa immer wieder „gîselitze" (von slawisch „kiselica" = saurer Brei) auf, ein Gericht aus gesäuertem Haferbrei:

„Und iz dû gîselitze,
sô wilt ich ezzen ditze
daz man dâ heizet huon versoten."

Das hält der Bauernsohn seinem Vater vor. Gemahlener Hafer wurde mitsamt der Kleie in einem jahrüber nicht ausgebrühten Holzgefäß mit Wasser im Kochofen warm gestellt. Der durchgesäuerte Brei wurde bei Gebrauch herausgefischt und dick eingekocht. Schon im 12. Jahrhundert wurde „gîselitze" in einer Handschrift des Stiftes St. Florian erwähnt.
Hafermus, Hafergrütze war im ganzen Mittelalter alltägliche Bauernkost, ebenso Hirsebrein, „Hirschbrein", kurz auch „Brein" genannt, den es im nördlichen Innviertel noch lange abends und morgens gegeben hat. Besonders gern aß man den „Schmalzbrein" (Seite 268). Noch zur Zeit Franz Stelzhamers (1802–1874) gab es den „zodaten Brein", einen Hirsebrein oder Grießbrein, der stückweise in verrührte Eier oder Backteig getaucht und in heißem Schmalz schwimmend herausgebacken wurde – die „zodaten" (zottigen) Fransen sind die Eifäden, die vom Rand der gebackenen Stücke weghängen. Hirse war in erster Linie die Kost der armen Leute, allerdings hieß es auch: „Kein Kirta ohne Brein" – dabei war aber der fette „Schmalzbrein" gemeint. So bekamen auch die späteren Koche in der oberösterreichischen Küche ihren Stammplatz (den sie in der Wiener Küche schon immer hatten) und wurden in die verschiedenen Arbeits- und Lebensfestkreise eingebunden. Der Kinderauszählvers: „Also, Schmalzkôh, Budakôh, Rahmkôh . . ." dokumentiert die Beliebtheit dieser Kost in vergangener Zeit.
Im Mühlviertel gab es beim „Harfangen" (Ausziehen der reifen Leinpflanzen) neben Krapfen und Schifteln (viereckige Lebkuchen) ein kaltes Koch. Beim „Har-Riffeln" – die Samenkapseln des Leins („Har") werden auf rechenartigen Brettern („Riffel") zwischen zwei Riffelbäumen vom Stengel gerissen – aß man zur Jause eine Art Topfenkäse und einen Brein: Hirse, in Milch gekocht, in großen Fladen abgekühlt. Ein flinkes Bürschchen mußte versuchen, der Bäuerin den Brein aus der Küche zu stehlen. Mit seiner in ein Tuch gewickelten Beute trat er dann keck zur Riffel hin, sprach anfangs über belanglose Dinge, neckte die Helferinnen und zeigte ihnen zuletzt an, daß er den „Brein" habe. Dann mußte er flink laufen können, denn wurde er gefangen, band man ihn an der Riffel fest, schwärzte ihn mit Ruß und „schrie" ihn „aus". Den Abschluß bildete das Riffelmahl. Zuerst kam eine Schüssel voll Semmelsuppe auf den Tisch. War sie gegessen, klopfte jeder mit seinem hölzernen Löffel an den Rand der Schüssel. Daraufhin trug die Bäuerin das traditionelle Schmalzkoch auf, das mit gebackenen Apfelscheiben belegt war. Als Hauptgericht folgte dann der Brein, in große Stücke geschnitten, der aber meist nicht mehr gegessen, sondern mit nach Hause genommen wurde. Den Brein „schön kochen" und in hohen Stücken auflegen zu können, war Ehrensache jeder Bäuerin. Gebet und Tanz beendeten den Tag. Ein „richtiges" Riffelmahl sollte aus neun Richten bestehen (im nördlichen Mühlviertel gab es u. a. Seisuppe, Gugelhupf oder Buchteln, gesottene und gebackene Mohnnudeln, Mohnknödel, verschiedene Sterze und Brein). Während des Essens klopften die „Mohnnudelfechter" ans Fenster, Burschen, von denen jeder ein Reindl mit langem Stiel durchs Fenster hielt und um Mohnnudeln bat. Dann wurden sie aufgefordert, in die Stube zu kommen. Ein Riffeltanz schloß den Abend ab.
Im Salzkammergut aß man am Heiligen Abend das „Bachlkoch" (Koch aus Milch, Weißmehl und Weißbrot). Am Abend vor dem Dreikönigstag sollte man neunerlei Koche essen, der „Percht" mußte man ein eigenes „Perchtkoch" bereitstellen; die Kochschüssel ließ man mit den Löffeln auf dem Tisch stehen: die veränderte Anordnung der Löffel am Morgen ließ auf das Schicksal des Löffelbesitzers schließen.
Zur Erntezeit gab es ein **„Schnitterkoch".** Und wenn bei einer Totenwacht mehr als drei Rosenkränze ge-

betet wurden, tischte die Bäuerin nachher den Betern vielerorts ebenfalls ein „Kôh“ auf.

Mehlkoch, „Kindskôh“, „süßes Koch“

4–6 EL Mehl, 1–2 EL Milch, 1/2 l Milch, Zucker, 1–2 EL Rosinen, Zucker, Zimt

Mehl mit wenig Milch zu einem glatten Teig verrühren, in kochende, gezuckerte Milch einrühren und zu einem dicken Brei aufkochen – er soll so dick sein, daß die Kochlöffelspur beim Umrühren nur langsam wieder verschwindet. Mit Rosinen bestreuen, eventuell noch mit Zucker und Zimt versehen. Kann heiß und kalt gegessen werden. Wird es kalt genossen, vermischt man die Rosinen schon während des Kochens mit der Masse, läßt das Ganze stocken und stürzt es dann. Dieses Koch mit Weinbeeren, Rosinen, Zimt und Zucker wurde zum Schluß einer Hochzeitstafel als **„Rauhwuzlkôh“** aufgetragen. Als Hochzeitskoch fungierte (in Bad Goisern) vielfach das folgende Gericht:

Schmalzkoch, „Schmalzbrein“, Hochzeitskoch

1 l Milch, Salz, Zucker, 400 g Butter, Safran, 250 g mittelfeiner Grieß, Staubzucker (Handvoll Weinbeeren)

Milch aufkochen, leicht salzen und zuckern. Butter darin zergehen lassen, ein mit einigen Safranfäden gefülltes Mullsäckchen hineinhängen, kurz ziehen lassen und entfernen. Dann Grieß einstreuen, ständig dabei rühren und etwa eine Viertelstunde auf kleiner Flamme quellen lassen (darf keine Rammel bekommen). Auf Teller anrichten, mit Staubzucker bestreuen. Weinbeeren (oder Rosinen) können mit dem Grieß mitgekocht werden (gehörten ursprünglich nicht dazu). Dieses Schmalzkoch wird zu vielen festlichen Anlässen, wie dem Ende vom Getreideschnitt, Dreschen und Streumähen oder zur Hochzeit und als **„Almkoch“** zur Almabfahrt (mit knusprigem „Abrausch“ belegt) aufgetischt. Zum Hochzeitskoch trank man Kaffee, im Mühlviertel Tee mit Rum und viel Zucker. Vor dem Servieren kann man mit heißer Milch verdünnen.
Ein **Rahmkoch** aus 1 Seitel Rahm, 4 Dotter, geriebener Zitronenschale, 100 g Zucker, Schnee von 4 Eiklar und 4–6 EL Stärkemehl wird in einer gebutterten, mit Brösel ausgestreuten Auflaufform bei Mittelhitze gebacken.

Heute ist das Schmalzkoch zur Gänze in Vergessenheit geraten, während eine alte Kostverordnung festhält: „Bei Korn und Weitzschnitt vor die Mairleut ein Schmaltzkoch, sowie an allen heiligen Tagen am Abend Schmaltzkoch oder 1/2 Pfund Fleisch, Schwein oder Rind.“ Ein Lied aus dem Mühlviertel, das beim Neubau eines Gebäudes von den Handwerkern gesungen wird, bezeugt auch dabei den Brauch des Schmalzkochessens:

„Habn mir aber viel zan Trinka und nix zan Essn,
so wird do die Baufrau auf uns net vergessn.
Sie wird uns göbn weiß’ Brot und schweinas Fleisch,
so viel, daß no was übableibt.
Denn das Gebäude kost viel Nageln und Klopfen.
Drum valanga mir von da Baufrau a Reitern voll Krapfen
und von an Viertel Mehl a Koch,
denn vom Bamhöbn werdn d’Leut müad und schwach,
und an schweinan Schinken, den macht’s uns nöt z’gring,
und a Schmalzkoch bringt’s a in da Butterschwing.“

Im Laufe eines Hochzeitstages mußte ein Hirsebrei(n), ein fetter Grießschmarren (wie in Goisern) oder ein anderes Hochzeitskoch gegessen werden, meist schon zur „Fruahsuppn“ für die Gäste. Früher wurden zum Hochzeitsmahl den Kochbüchern die feinsten und kompliziertesten Gerichte entlockt, da gab es sogar Mandelkren, „brennenden Pudding“ oder eine Schokoladesulz. In der Gegend um Andorf wurden fünf Gattungen Fleisch und mehrere Mehlspeisen aufgetragen; zur Vorsuppe bevorzugte man Schöberln oder Leberknödel als Einlage, Rindfleisch mit Semmelkren und großen Anissemmeln, „Lingerl“ (Mitterndorf, Wesenufer, St. Roman, Vichtenstein, Esternberg, Raab) sowie Kalbsbraten und Schnitzel vervollständigten die Tafel. Gebackenes Geflügel war in Orten in der Nähe einer Stadt üblich (so um Schärding). Im Mühlviertel aß man neben Rindfleisch auch Kohl mit gerösteter Leber oder mit gebratenen Würsten und als Nachspeise einen Weinbeerlreis. Die Bäckereien waren ganz verschieden, meist wurden bei dreißig Torten gebacken (Riedau, Lambrechten, Raab, Altschwendt, Vichtenstein) und viele andere Gebäcke, so zu Raab ein „Haozatbrot“ (Weißbrot in verschiedenen Formen), zu Burgkirchen „Auflegsemmeln“, Riesengebäcke (St. Pantaleon) oder doppelt so große „Hochzeitssemmeln“ wie die üblichen, große Zuckerkipferln (Eggerding) aus Weizenmehl, Butter und Milch, mit Eierglasur und mit Kristallzucker bestreut, oder Krapfen (Zell a. d. Pram).

Barocke Großkrippe von der ehemaligen Bürgerspitalskirche in Braunau am Inn (heute Bezirksmuseum Braunau) mit der Darstellung der Hochzeit von Kana.

Den Abschluß bildete vielfach eine „Weinbeerlsuppe" (Hohenzell, Eggerding, Raab, St. Roman, Esternberg). Aus Raab ist folgende Speisenfolge eines Hochzeitstages um 1900 überliefert: Rindsuppe mit Leberknödeln und Schöberln, Beuschel, Rindfleisch mit Kren, Kalbsbraten und Salat, besoffener Kapuziner, Pudding, Wein; Gulasch, Torten; Einmachfleisch, Butterbögen, Nudelsuppe, Schnitzel, Kompott, Torte; Weinbeerlsuppe, Biskuitwandeln und Kaffee.

Franz Stelzhamer besang in „D'Ahnl" eine Innviertler „Haohzát" (Hochzeit):

„Nach der ‚Liabn Frau' (Englischen Gruß) aft is das Geistlige abtan und alls aus,
Und die lustingá Weltdrei: Essen, Trinkár und Tanzen nehmán in Anhieb. – Schau, wia vornehm die Tafel schon deckt is!
D'Tischtüacher schneeblüherlweiß von schwarn, eingaráchten Fuaßzeug (Gewebemuster);
's Zinngschirr hin die ganz Läng', das glanzt, als wann's silberplätiert wár;
Af die drei Hauptstuck: Messer, Gabel und Löffel, als fankliacht.
Gustálih anzschaun is's, und án iaden wird appetitlih.
Recht und áso will ma's hab'n! Denn sechts, da kimmt die erst Richt schon:
Schüsseln, án etlih, so groaß als wi d'Kesseln, mit gsattelter Suppen.
Spreizt 's enk net lang und folgt 's in Prokrader (Hochzeitlader), wo er enk hinzoagt . . .
Fleisch, für an iads á schöns Trum, und án Essikren, der vor Stärk raukt,
Der is für d'Manerleut recht, und die Zwiefelsoß schmeckt in Weibern!
Kraut und Kohlrabi bleibt stehn, d'Wochá siebnmal is s'oan' net seltsam!
Allweil noh besser kimt's: schau, iazt bringen s' droi (drei) Kaibel áf oanmal.
Aber schon z'stückelt und z'hackt und schön safti kemán s' und braun bratn.
Sáfrá, da schnotzeln die Baurn, und die Bäuringá essen so zierlá!
Siagst, bein Soilat (Salat) is wieder áf boad denkt, Manner und Weiber:
Süaßer und saurer is da und Zelrá (Sellerie) is an süaß und an saur."

Grießkoch

1 l Milch, 120 g Grieß, Salz, Rosinen, Butter, Zimt, Zucker

Milch mit Butter und Prise Salz aufkochen, den Grieß eingießen und kochen, bis ein dicker Brei entsteht. Dann 2 bis 3 Handvoll Rosinen dazugeben, im heißen Rohr in einer mit Butter ausgeschmierten Rein oder Pfanne überbacken. Mit Zucker und Zimt bestreuen.
Im Traunviertel heißt dieses Gericht **„Wanderkôh"**, es wurde wie das **„Flennakôh"** in Gmunden und Hinterstoder gemacht, wenn ein Dienstbote vom Hof zog. In Magdalensberg aß man am Neujahrstag anstelle der Suppe Störibrot und ein Grießkoch. Mit viel Schmalz dazu bzw. darauf heißt es „Schmalzkoch" (Seite 268). Bloß abgebrühter, gerösteter Grießbrei heißt auch **„Brennkôh"**. Bereitet man ein Koch statt mit Milch nur mit Wasser zu, erhält man das **„Wasserkôh"**. Das **„Steyrer Rahmkoch"** dagegen ist ähnlich den Salzburger Nockerln ein Soufflé.

Beim „Moar" in Hof bei Ort im Innkreis gab es zum Weizeneinführen häufig folgendes Gericht:

„Båchans (aussag'sodn's) Oarschmalzkôh"

Eier werden mit ganz wenig Mehl und Prise Salz verrührt und in heißem Butterschmalz schwimmend „herausgebacken", dabei mit einer Gabel zerschlagen, dann herausgehoben, in einen Topf gegeben. Die nächste Portion backen und wieder in den Topf geben – jede Schicht wird mit etwas Zucker bestreut. Dann leicht beschwert im Kühlen stehen lassen. Das Gericht wird kalt serviert. (Zilli Herzog, Lambrechten)

„Hupfauf"

¼ l Milch, 70 g Butter, 6 EL Mehl, 10 Eier, Prise Salz, Zucker, Rindschmalz oder Butter zum Backen

Milch leicht erwärmen, Butter darin zergehen lassen, leicht salzen, das Mehl darin versprudeln, ebenso die Eier, und zuckern (in der bürgerlichen Küche rührt man zuerst die Dotter ein, zuletzt den steif geschlagenen Schnee der Eiklar). In eine gefettete feuerfeste Schüssel oder Form leeren, zugedeckt langsam im Rohr backen, wobei die Masse hoch aufgehen soll. Eventuell zuletzt noch etwas Butter beigeben. Gezuckert mit Kompott oder ungesüßt mit Sauerkraut oder grünem Salat servieren. (Handgeschriebenes Kochbuch aus Mehrnbach, 1850)

Eine ähnliche Speise ist die **„gebratene Milch":** Zwei Schalen Obers, den nötigen Zucker, 5 Eßlöffel Mehl und 6 Eier absprudeln, in einen mit Butter geschmierten Model leeren und langsam im Rohr backen.

Weichgedünsteten Milchreis mit Marmelade bedeckt, mit einer „turbanartigen Haube" aus „Zuckerschnee" (mit Zucker zu steifem Schnee geschlagenes Eiklar) oder „Oberschaum" (Schlagobers) überbacken, nennt man in der Linzer Bürgerküche **„Türkenbund".**

„Aufgelaufenes Rahmkoch"

140 g Butter, 8 Dotter, 8 EL Mehl, 8 EL Obers (süßer „Rahm"), Zitronenschale, 8 Eiklar, Zucker, Butter

Butter flaumig abtreiben, Dotter nach und nach einrühren, mit jedem Dotter 1 Eßlöffel Mehl und 1 Eßlöffel Obers dazurühren, die feingeriebene Schale einer Zitrone und Zucker beigeben. Zuletzt den steifgeschlagenen Schnee darunterheben. In eine mit Butter ausgestrichene Form füllen und eine Dreiviertelstunde backen. (Mühlviertel)

Zum Traunviertler **„Mudlkoch"** oder „Rahmkoch": wird Mehl in heißer Butter erhitzt, mit Süßrahm aufgegossen, Zucker und Rosinen beigegeben und das Ganze in gefetteter Wandelform im Rohr gebacken. „Mudl" nennt man auch eine Katze, „mudlfein" bedeutet soviel wie „sehr weich".

Aus der Mehrnbacher Gegend ist ein **„Krapfenkoch"** überliefert: „Schneide die Krapfen messerrückendick, weiche sie in Milch ein, schmiere ein Kastroll mit Butter, leg eine Reihe Krapfen, gib darauf Eingesottenes, besäe es mit Zucker und Zimt, wieder Krapfen und so fort, zuletzt einige Butterbröckel, dann gib in ein Häfen 6 Eyerdotter, sprudle sie mit guter Milch ab, etwas Zucker, gieße es darüber, back es."

Buttermilchauflauf

200 g Mehl, 3–4 Eier, Salz, ca. ⅜ l Buttermilch; Butterschmalz

Aus Mehl, Eiern, Salz, Buttermilch einen dickflüssigen Teig wie zu Schmarren rühren. (Man kann zuletzt vom Eiklar steifgeschlagenen Schnee einziehen.) In einer Pfanne ¾ cm hoch Butterschmalz erhitzen, den Teig etwa 5 cm hoch eingießen. Bei Mittelhitze im Rohr etwa eine Dreiviertelstunde backen, wobei der Auflauf nicht durchgelockert werden darf. Wird erst bei Tisch portionsweise herausgestochen. (Innviertel)

Als Beilage gibt es eine **„Speitelbrühe"** (gedörrte Apfel- oder Birnenspalten oder Dörrpflaumen mit wenig Wasser und etwas Zucker weich kochen und wie Kompott anrichten).

„'s Hollakôh" (Holunderkoch)

500 g Holunderbeeren, Wasser, 2–4 EL Milch, ⅛ l Obers, 1–2 EL Mehl, Zucker, Zimt; Zwetschken

Holunderbeeren abrebeln, mit ganz wenig Wasser (⅛ l) überkochen und nach Wunsch passieren. Nochmals aufkochen lassen, etwas Milch zugießen, zuckern und zuletzt mit Obers binden, in das man 1 bis 2 Eßlöffel Mehl versprudelt hat. Mit Zucker und Zimt abschmecken. Man kann halbierte, entsteinte Zwetschken sowie Apfel- oder Birnenspalten mitkochen.

Ein Gedicht auf dieses Gericht schrieb der Mundartdichter Eduard Zöhrer, der 1856–1885 in meiner Heimatpfarre (St.) Lambrechten als Pfarrer wirkte:

„Tua nöt gro! 's Hollákoh,
wann dih hungert, magst ás doh!
Zwöschpn drin. Bácha Schni'n,
nöt gar z'dick, nöt z'dünn.
Wann's á bisserl krempisch (sauer) wá,
sollt ih dár's halt zugern (zuckern) áh?
Gel, á so megst ás doh
iewlnd (manchmal), 's Hollákoch?"

Sterze, Nocken, Schmarren

Mühlviertler Mehlsterz

Wasser, Mehl nach Bedarf, 1–2 gekochte Erdäpfel, Butter oder Butterschmalz

Im Kochtopf ca. drei Finger hoch Wasser zum Kochen bringen, zwei Finger hoch Mehl daraufsieben, mit dem Kochlöffelstiel einige Male hineinstechen, damit das Wasser durchwallen kann. 15 bis 20 Minuten kochen. Das restliche Wasser abseihen, ein, zwei gekochte, zerdrückte Erdäpfel dazugeben, mit dem Kochlöffel verrühren. In einer Pfanne ca. 1 cm hoch Butter oder Butterschmalz erhitzen, die Sterzmasse dazugeben, wobei es kräftig zischen soll. Sterz im heißen Rohr durchziehen lassen, dabei mehrmals auflockern.

Der Taktspruch für vier Drischeldrescher: „Sterz in d'Schüssel! “ bezeugt das Sterzessen in alter Zeit.

Am Abend vor dem Heiligedreikönigstag aß man im Greinerwald einen **„Dreiseidelsterz“**, bestehend aus 1 Seidel Mehl, 1 Seidel Mohn und 1 Seidel Schmalz – die Hautfarbe der Heiligen Drei Könige symbolisierend.

Holzknechtnocken

Ca. 300 g trockenes Mehl, Salz, Butterschmalz

Sehr trockenes Mehl (eventuell im Rohr kurz linden) leicht salzen, mit kochendem Wasser (ca. 3 Schöpfer) überbrühen, zu einem groben Teig kurz verarbeiten (nicht zu glatt) und mit der Hand daraus große Nocken formen, in kochendes, leicht gesalzenes Wasser geben und so lange kochen, bis sie sich an der Oberfläche zu drehen beginnen. Dann abseihen, abtropfen lassen und nebeneinander in heißes Fett legen, so daß sie eine Art Kranzscheibe bilden. Sobald sie an der Unterfläche braun sind (nach etwa 15 Minuten), mit einer Schmarrenschaufel untergreifen und im ganzen umdrehen (die Nocken dürfen dabei nicht zerfallen). Auf dieser Seite ebenfalls 15 bis 20 Minuten braun backen. Dazu dünstet man nach Wahl Obst (Äpfel, Zwetschken, Heidelbeeren usw.) in etwas Butter und gibt es auf die Nocken. Auch 2 bis 3 Eßlöffel Honig kann man daraufgeben. (Darnach die Bezeichnung „Apfel-, Zwetschken-, Heidelbeer-, Erdbeer-, Sauerkraut-, Honignocken“.) In der Pfanne servieren.

Ebenseer Holzknechtnocken

500 g Mehl, Salz, 250 g Butterschmalz, 4–5 Äpfel, Schwarzbrot, $^1/_8$ l saurer Rahm

Mehl und eine starke Prise Salz mit so viel kochendem Wasser übergießen, daß ein nicht zu fester und nicht zu weicher Teig entsteht, dann abrühren, in Nockerlform in kochendes Wasser legen und etwa 10 Minuten kochen. Unterdessen 250 g Butterschmalz erhitzen, die Nocken mit einem Seihlöffel abgetropft dazugeben, auf beiden Seiten rasch braun backen. In apfelreicher Zeit auf die fertig gebackene Seite haselnußgroße Apfelstücke geben, zugedeckt fertig braten. Das Kochwasser der Nocken leicht salzen, über kleingeschnittene Schwarzbrotschnitten gießen, sauren Rahm beigeben, das Ganze gut verrühren. (War eine willkommene Beigabe zu den Nocken.)

„Sturzhalter“ mit Schöpfer, „Muaser“ und anderen Sterz- und Schmarrenschäuferln.

„Wasserspatzen“

9 EL Mehl, 2 Eier, Milch, Salz; Fett

Griffiges Mehl, leicht gesalzen, mit den Eiern und etwas Milch (oder Wasser) zu einem glatten Nockerlteig verrühren, mit Löffel oder Messer Nockerln („Spatzen“) ins siedende Salzwasser schlagen. Einigemal aufsieden lassen, abseihen und in einer Kasserolle in heißem Fett abschmalzen; wenn man sie dazu noch mit Bröseln bestreut und zu einer Kruste rösten läßt, erhält man die **„Bröselnockerln“**, wenn man sie mit einigen mit Rahm versprudelten Eiern übergießt und diese stocken läßt, die **„Eiernockerln“**. Meine überaus sparsame und genügsame Tante „Mirzl“ (Maria), zuletzt Köchin bei einem Auszugsbauern, nahm zu ihren Wasserspatzen weder Milch noch Eier, hat sie aber in einer Zwiebelsuppe gekocht. Aber schon die Niederederin hat in ihrem „Linzer Kochbuch“ (1804) „Wasserspatzen von Rahm“ gekocht.

„Säuerling“ (Topfensterz)

250 g grober Topfen, 1 Ei, Salz, Mehl, Butter

Topfen mit Ei, Prise Salz und so viel Mehl vermengen, daß ein mittelweicher Nockenteig entsteht, daraus mit einem Löffel kleine Nocken formen, in eine Pfanne mit ca. 1 cm hoch heißer Butter legen, etwas flachdrücken, etwas Rahm darübergeben und beiderseits goldgelb backen. Überzuckern und mit Kompott servieren. (Traunviertel)

Diese Nocken werden auch mit Sauerkraut gegessen. Sie gelten besonders auf den Almen im Enns- und Steyrtal als eine beliebte Speise. „Säuerling“ sind aber auch ein „almerisches“ Schmalzgebäck.

„Wenn 's Schmarrnpfandl schebbert, so wird's was“, heißt es im Mühlviertel, denn der „positive“ Abschluß einer Brautwerbung wird mit einem Schmarren-Essen im Haus der Braut besiegelt.

Mehlschmarren („Kôh“)

$^1/_2$ l Milch, Salz, Mehl nach Bedarf, 1 EL Butter, 2 Eier; Fett zum Backen

In die leicht gesalzene Milch so viel Mehl geben, wie von der Milch aufgesaugt werden kann (nicht verrühren, sondern nur leicht unterheben). Etwas zerlassene Butter oder Butterschmalz dazugeben und trocken ausdünsten lassen. Dann die versprudelten Eier nur locker darunterschaufeln, eventuell noch etwas Butter dazugeben und überbacken. Mit Marmelade oder Apfelkompott anrichten. (Hausruckviertel)

Die verbürgerlichte Form dieses derben Holzknechtschmarrens findet man im

Ischler Schmarren

4 Eidotter, 4 Eiklar, 60 g Staubzucker, 50 g Mehl, Salz, 2 EL Rosinen; Butter, Zucker

Klar zu festem Schnee schlagen, Zucker einschlagen, dann das Mehl darunterheben, Prise Salz beigeben, zuletzt die Dotter und die Rosinen einrühren. In heißes Fett gießen, im Rohr oder zugedeckt auf dem Herd backen, umdrehen, zerteilen, fertig backen und zuckern. Dazu gibt man Zwetschken- oder „Hollerröster“.

In Bad Ischl kennt man auch **„Lebzeltenomeletten“**, mit Gewürzen bereitete Eierschneeomeletten.

„Semmelböller“

Weißbrot oder Semmeln, Milch, Butter, 3–4 Eier

Das Gebäck in dickere Scheiben schneiden, kurz in Milch tauchen, in heiße Butter in einer Pfanne legen, auf einer Seite hellbraun backen, umdrehen, nach Bedarf etwas Butter dazugeben, dann drei, vier Eier auf die gebähten Schnitten schlagen (die Dotter sollen ganz bleiben!), leicht stocken lassen. In der Pfanne servieren. Dazu Salat reichen.

Der „Poll“ (siehe Seite 426) ist eine feine Mehlsorte, im Salzkammergut auch die Bezeichnung für ein Gebäck daraus (rundes Kleingebäck aus mürbem Teig mit einer Kerbe in der Mitte in der Art einer Semmel).

Eierschöberln

4 altbackene Semmeln, $^1/_4$ l Milch, 4 Eier, Prise Salz; Fett

Semmeln in Scheiben schneiden, mit kalter Milch übergießen, aufweichen lassen, das Ganze dann mit versprudelten, leicht gesalzenen Eiern übergießen und zu einer bröckeligen Masse durchrühren. Eigroßes Stück Fett (Schweinefett oder Butter) in eine runde Pfanne geben, heiß werden lassen, die Semmelmasse darauf verteilen, im Rohr steif backen. Zum Auftragen in spitz zulaufende Dreiecke schneiden. Als Beilage grünen Salat servieren.

Im Innviertel heißt diese Speise **„Alte Weiber“**, in Obertraun **„Wasserhenn“** und wird in heißer Rindsuppe als Hauptmahlzeit serviert. Besonders im Salzkammergut trifft man diese Speise in mancher Variante an, so gibt es im nördlichen Salzkammergut die

„Grießwasserhenn"

1 Schale Grieß, 1 Schale Milch, Salz, 1 Schale Obers, 1 Ei, Backschmalz

Mittelfeinen Grieß mit Milch und Prise Salz verrühren, quellen lassen, Obers und Rahm, miteinander versprudelt, dazurühren, in gefetteter Rein im Rohr backen. Wird mit heißer Rindsuppe übergossen und zu Geselchtem und Sauerkraut gegessen. In der Obstzeit gibt man vor dem Backen Apfelspalten bzw. Apfelblatteln oder entsteinte, halbierte Zwetschken auf die eingegossene Masse.

Eingesetzte Eierspeis

„Gib in eine Rein Butter und Rahm, schneide Semmelradeln, hohle das Weiße heraus und dann lege eines nach dem andern in die Rein und schlage in ein jedes Radl ein Ei hinein, salzen, stell es ein wenig ins Rohr, jedoch daß die Eier nicht fest werden, sondern saftig." (Handgeschriebenes Kochbuch der Therese Maier)

Liegender Kuchen

300 g Mehl, 2 Dotter, Salz, 1–2 EL Mehl, Milch, 2 Eiklar; Früchte

Aus Mehl, Dottern, Prise Salz und etwas Milch einen Schmarrenteig bereiten, zuletzt den steifgeschlagenen Schnee unterheben; mit Früchten (Kirschen, Apfelspalten, Zwetschken, Heidelbeeren u. a.) vermengen, in eine gut gefettete Pfanne fingerdick aufgießen und backen. In viereckige Stücke schneiden, anzuckern und heiß servieren. (Kann aber auch kalt gegessen werden.) (Salzkammergut)

Besonders beliebt ist von dieser Speise der braun gebakkene Boden und Seitenrand. Bei uns zu Hause heißt das Gericht eigenartigerweise **„Öpfitaod"** (Apfeltod) – es erinnert an die steirischen Tommerlgerichte (im Kochbuch der Lambrechtener Unterwirtin fand ich tatsächlich ein ähnliches Gericht mit dem fälschlichen Titel „Apfel-Tromel"!). Wenn man diese Masse portionsweise wie dickere Palatschinken (bzw. Pfannkuchen) bäckt, diese dann übereinanderlegt, dazwischen immer etwas Zucker einstreut, erhält man die Traunviertler **„Apfeltatschkerln"**; sie werden als ganzer Stock serviert. Bei Tisch sticht man mit einer Schmarrenschaufel Portionen heraus. Kann warm und kalt serviert werden.

Triët („Triëd")

In eine weite Schüssel einige Lagen Zwiebackscheiben (oder gebähte Weißbrotscheiben) geben, heißen Glühwein oder Glühmost darübergießen, bis der Zwieback vollgesogen ist. Dann mit eingelegtem Obst etc. belegen. Man bestreut die Schnitten auch nur mit Zimt und bestreicht jede Scheibe mit etwas Marmelade. Oder man läßt die Marmelade weg und übergießt die gebähten Schnitten mit dem Saft frischer Erdbeeren oder Himbeeren, den man durch ein Tuch seiht und mit Zucker und Zimt würzt. Vor dem Servieren Triët stets kalt stellen. Pratos „Süddeutsche Küche" zählt „Triëtt" zu den Kompotten.

„Tellerbord," Umgebung Haslach, Mühlviertel.

Nudeln

„Ös Landler, ös Bandler, ös Nu(d)ldrucka,
Wann d'Innviertla kemman, müaßt's umirucka!"

„Selbachtnudeln", „saure bachane Nudeln"

400 g Mehl, Salz, Schmalz oder Butter, 4–6 Äpfel, ca. 1/4 l saure Milch, Sauerrahm

Das Mehl in eine Schüssel sieben, leicht salzen, einige Eßlöffel warmes Schmalz (Butter) dazugeben, mit so viel kochendem Wasser überbrühen, bis ein knetbarer Teig entsteht. Daraus fingerdicke Nudeln formen, der Länge nach nebeneinander in eine gut gefettete Rein legen, Apfelspalten daraufstreuen, eine zweite Nudellage quer zur ersten einlegen, wieder mit Apfelspalten bedecken usw. Obenauf soll eine Lage Nudeln liegen. Dann mit saurer Milch („Selbacht", „Selpern", „Söbern", „Selbörn", „Selbeern", „Selpehern"; Matthias Höfer leitet das Wort von französisch „sel" = Salz und „le beurre" = Butter ab) übergießen. (Einem Mann, wissen Mühlviertlerinnen, ist nicht zu trauen, so lang er noch „an Söbern beißen kann"!) Bei guter Hitze im Rohr backen. Dann mit der Schmarrenschaufel durchmischen, sobald sich oben eine goldbraune Kruste gebildet hat. Bei Tisch übergießt man das Ganze noch mit etwas saurem Rahm.

Im „Linzer Kochbuch" der Niederederin (1804) stehen neben den „geschnittenen Nudeln" (Suppennudeln) an erster Stelle die Grießnudeln („ausgedünste Griesnudeln", „Griesnudeln anderer Art") aus Grieß, Butter, Eiern und Prise Salz, die in Milch und Butter gekocht werden.

Wie vorsichtig man mit der Deutung von Speisenamen sein muß, lehrte mich eine Geschichte, die mir Frau Karoline Bögl aus Hof bei Eberschwang erzählte. Beim Moasterbauer in Krottenthal gab es hin und wieder an einem Fasttag Nudeln aus Mehl, mit kochender Milch abgebrüht, in Salzwasser gekocht, dann mit Apfelspalten und Butter in einer Rein überbacken. Der Bauer aß diese Nudeln leidenschaftlich gern, bekam aber nachher meist „Magendrucken"; so schimpfte er sie zwar fluchend „Sakramentsnudeln", „frimmte", (schaffte) sie aber doch immer wieder an. Auf diesem Bauernhof heißen diese Nudeln seither **„Sakramentsnudeln"**.

Erdäpfelnudeln

400 g mehlige Erdäpfel, 150 g Mehl, 2 Dotter, 50 g Butter, 2 Eiern, 1/8 l Milch, Prise Salz

Am Vortag gekochte Erdäpfel schälen, reiben, mit Mehl, Dottern, zerbröselter Butter und Prise Salz zu einem lockeren Teig verarbeiten und daumendicke Rollen daraus formen. Diese in ca. 5 cm lange Nudeln schneiden. In einer gefetteten Rein in zerlassener Butter (oder Butterschmalz) wälzen und senkrecht reihenweise nebeneinander aufstellen. Die Oberseite mit flüssiger Butter bestreichen. Im Rohr bei Mittelhitze goldgelb backen. Gegen Ende der Backzeit mit der Eiermilch (oder mit einer Mischung aus saurem Rahm, 1 bis 2 Eiern, Prise Salz und geriebener Muskatnuß) übergießen und stocken lassen. Am Boden und an den Rändern sollen sich an den Nudeln knusprige „Rammel" gebildet haben. – Man kann sie auch in ca. 1 Liter kochender Milch und 80 g Butter im Rohr langsam dünsten **(gedünstete Erdäpfelnudeln).** Mit Kompott anrichten.

In meinem Elternhaus gibt es eine ähnliche, jedoch mit Äpfeln verbesserte Speise, namens **„Man(n)dl-stehauf":** in einer gebutterten Rein werden wie oben je eine Reihe Erdäpfelnudeln senkrecht aufgestellt, dann eine Reihe etwas stärkere Apfelspalten, wieder eine Reihe Erdäpfelnudeln usw., bis die Rein voll ist. Dann im Rohr backen, hin und wieder und zuletzt etwas Obers darangießen. Überzuckert in der Rein auftragen.

Im Innviertel macht man aus dem gleichen Erdäpfelteig kleine, mit je einer Zwetschke gefüllte Knödel, legt sie in eine gut mit Butter ausgestrichene (oder 1/2 cm hoch mit Rindschmalz bedeckte) Rein, gibt noch obenauf und dazwischen halbierte Zwetschken. Bei Mittelhitze im Rohr etwa 1 Stunde backen. Dazu heiße Milch oder Sauermilch (Stöcklmilch) servieren. Neben diesen **Erdäpfelnudeln mit Zwetschken** gibt es im Innviertel auch **gebackene Erdäpfelnudeln:** Aus dem oben angeführten Erdäpfelteig 1/2 cm dicke Rechtecke von 8 mal 12 cm ausradeln. Kompottfrüchte oder frische Früchte daraufsetzen und zu Nudeln zusammenrollen. Wie oben in einer Bratpfanne mit wenig zerlassenem Butterschmalz im Rohr backen. Zuletzt mit einigen Löffel Rahm übergießen und überbacken.

Zwieg'spitzte Nudeln (Apfelnudeln), „zwig'spitzate Apfelzweckerln"

3–4 Erdäpfel, 2–3 Handvoll Mehl, Salz, wenig Fett (Öl), 1 Ei, säuerliche Äpfel, 3 Eier, Milch, Zucker; Butter

Gekochte Erdäpfel schälen, reiben, mit Mehl, Ei, Prise Salz und Öl zu einem geschmeidigen Teig verarbeiten. Aus dem Teig fingerlange Nudeln formen (an den Enden spitz zulaufend). In einer gebutterten Pfanne im Rohr goldgelb vorbacken. Inzwischen die kleingeschnittenen, geschälten Äpfel in wenig Wasser weich dünsten. Sobald die Nudeln gebacken sind, gibt man sie mit den Äpfeln in eine andere Rein, übergießt sie mit Milch, in die man die Eier versprudelt hat, und läßt das Ganze im Rohr stocken. Überzuckern und heiß servieren. (Anni Wolkerstorfer, Neufelden)
Früher hat man zu diesen Nudeln oder **Zweckerln** im Mühlviertel einen Mehlteig aus 300 g Roggenmehl, einem Ei, Prise Salz und lauwarmer Milch genommen und hat sie in heißer Butter, mit Vollmilch zur Hälfte bedeckt im Rohr halbgar gebacken. Dann bereitete man einen Schmarrenteig, vermengte ihn mit blättrig geschnittenen Äpfeln, goß das Ganze über die Nudeln und buk auch diesen Teig durch.

„Zweckerln"

1000 g Mehl, Salz, Wasser, 200 g „Buttersaures" (Rest von ausgelassener Butter), $^{3}/_{8}$ l Milch

Aus Mehl, Prise Salz und dem notwendigen Wasser einen mittelfesten Nudelteig machen, $^{1}/_{2}$ cm dick auswalken, in kleinfingerdicke Stücke schneiden, an beiden Enden spitz zulaufend rollen. In einer Pfanne „Buttersaures" erhitzen, die Milch dazugießen und aufkochen lassen, dann die Zweckerln hineingeben und zugedeckt dünsten lassen. Mehrmals mit einer Schmarrenschaufel durchlockern und fertig backen. (Traunviertel, Hausruckviertel)

„Bauchstecherln"

250 g helles Roggenmehl, 250 g Weizenmehl, Prise Salz, nußgroß Fett, 1 Ei, ca. $^{1}/_{4}$ l warme Milch, Salzwasser, 50 g Schweinefett, 3 Eier, Salz, Petersiliengrün

In einem Weitling Mehl mit Prise Salz, zerlassenem Fett, ganzem Ei und so viel warmer Milch tüchtig verarbeiten, daß ein festerer, geschmeidiger Teig entsteht; den Teig vollkommen glatt kneten. In kleinere Stücke teilen, auf unbemehltem Brett zu bleistiftstarken Schlangen auswalzen, davon kleinfingerlange Nudeln abdrehen (nicht abschneiden), in kochendes Salzwasser werfen und 8 bis 10 Minuten offen kochen, hierauf abseihen, kalt überspülen, abtropfen lassen, in heißem Schweinefett durchschwenken und teilweise krustig anrösten. Zuletzt 3 Eier mit Salz und gehackter Petersilie versprudeln und darübergießen. Kurz durchschwenken, bis die Eiermasse steif geworden ist. Locker gehäuft anrichten. (M. Ad. Hermann, Kragling)

Mühlviertler Mohnnudeln I

4 l Salzwasser, 500 g Mehl, Butter, Zucker, in Butter gerösteter Mohn

In einem Topf 4 l leicht gesalzenes Wasser aufkochen, das Mehl ohne Rühren eingießen. Mit dem Kochlöffelstiel einige Löcher in das Mehl einstechen, damit das Wasser durchkochen kann. 30 Minuten kochen lassen. Das übrige Wasser abgießen (nur 1 Schöpflöffel voll zurücklassen). Teig auf dem bemehlten Nudelbrett rasch ohne weitere Mehlzugabe durchkneten (Vorsicht, der Teig ist heiß!). Eine Rolle daraus formen, davon kleine Stücke zu Nudel- oder Nockerlform abschneiden (je kleiner, desto besser). Die Nudeln in einer Pfanne mit reichlich heißer Butter, mit Zucker und in Butter geröstetem Mohn bestreuen, kurz schwenken und für einige Minuten ins heiße Rohr stellen. Bei diesen Nudeln muß man rasch arbeiten, der Teig darf nie auskühlen.
Jedes Haus hat seine eigene Art, Mohnnudeln zuzubereiten, manchmal wird auch ein Teig wie für den Mehlsterz (mit heißen, gekochten Erdäpfeln) verwendet, in anderen Gegenden wieder sind **„Sterznudeln"** bekannt, die mit etwas mehr Fett bereitet werden und schwerer verdaulich sind; oft werden sie in der Pfanne nochmals mit heißem Butterschmalz übergossen.

Mühlviertler Mohnnudeln II

1000 g Erdäpfel, Salzwasser, 150 g Mehl (oder 3–4 Erdäpfel und 500 g Mehl), Butter, Mohn, Zucker

Erdäpfel schälen, in Salzwasser kochen, Wasser abgießen, Erdäpfel heiß zerdrücken, mit einem Kochlöffelstiel Löcher in die Masse stechen, das Mehl daraufstreuen, ohne weitere Zugaben etwa 20 Minuten lang weiterdämpfen lassen (Vorsicht, brennt leicht an). Dann den Teig mit dem Kochlöffel gut verarbeiten, aus der heißen Masse daumengroße Nudeln formen, in eine gebutterte Pfanne geben, mit geriebenem Mohn bestreuen und kurz im heißen Rohr dünsten lassen.

Strudel

In der oberösterreichischen Bauernküche findet man noch einige gekochte Strudel aus jener Zeit, als es kein Backrohr gegeben hat. Die im Rohr gebackenen Strudel kamen ja erst nach Einführung des Sparherdes mit Backrohr und auch dann erst aus der bürgerlichen Küchenpraxis aufs Land. Zum Kochen der folgenden „Milifleck“ hat meine Mutter die Herdringe des eisernen Ofens noch weggenommen und die große Kupferpfanne mit Milch tief ins Feuer gehängt.

„Milifleck“ (Milchflecke)

Ca. 300 g Mehl, Salz, 1–2 Eier, Milch; Butter, Grieß

Aus Mehl, Salz, Eiern und Milch nach Bedarf einen weichen Nudelteig kneten, kleine Laibchen machen und zugedeckt etwas rasten lassen. Dann auf mehlbestäubtem Brett zu runden Flecken (wie Palatschinken) messerrückendick auswalken, mit zerlassener Butter bestreichen, mit Grieß dünn bestreuen (auf Wunsch auch etwas Rosinen oder „Weinbeerln“ draufgeben), wie Palatschinken zusammenrollen. In eine Pfanne mit sechs Finger hoch siedender, leicht gesalzener Milch geben. Zugedeckt auf dem Herd gar kochen (ca. 15 bis 20 Minuten). Die Milch darf dabei nicht ganz verkochen. In der Pfanne servieren. Mit etwas weniger Milch kann man das Ganze auch im Rohr bei starker Unter- und schwacher Oberhitze ca. 30 Minuten backen.

Die von ausgezogenem Strudelteig gemachten Strudel, gefüllt mit Äpfeln, Rosinen oder mit einer Grieß-, Topfen- oder Rahmfülle, sind der bürgerlichen Küche entlehnt worden. Gern gießt man während des Backens Milch, Obers oder Sauerrahm auf diese Strudel.

Ebenseer Milchstrudel

300 g glattes Strudelausziehmehl, 1 Ei, 1 EL Öl, Salz, Wasser; 6 Eiklar, 200 g Staubzucker, 200–250 g Rosinen, 1 EL Rum, 2 TL Wasser, $1^1/_2$ l Milch, 1 Päckchen Vanillezucker

Aus Mehl, Ei, Öl, Salz, lauwarmem Wasser nach Bedarf einen glatten Strudelteig machen, 20 Minuten in ölbestrichener Laibchenform rasten lassen, dann papierdünn ausziehen, mit Fülle (siehe unten) bestreichen, Rosinen daraufstreuen und durch Heben des Tuches schlangenförmig zusammenrollen. Strudel in eine gebutterte Pfanne legen. Dann Milch mit Vanillezucker aufkochen, über den eingelegten Strudel gießen. Im gut erhitzten Rohr etwa 40 Minuten goldbraun backen. In Portionen ausstechen, überzuckern und nach Wunsch mit der restlichen Milch umkränzen.

Fülle: Eiklar zu steifem Schnee schlagen, mit 60 g Zucker ausschlagen, dann 140 g Zucker einrühren, Rosinen (mit Rum und 2 Eßlöffel Wasser zugedeckt erhitzen, dann auskühlen) beigeben.

Füllt man einen ausgezogenen Strudelteig mit 250 g kleinwürfelig geschnittenem, ausgelassenem Selchspeck, in dessen Fett man 150 g groben Grieß und 4 bis 5 mehlige, gekochte und zerdrückte Erdäpfel mischt und leicht salzt, dann erhält man den **Grießstrudel.** Er wird entweder in Salzwasser gekocht oder im Rohr lichtbraun gebacken, in Portionen geteilt und in Selchsuppe angerichtet.

Mühlviertler Rahmstrudel

300 g Mehl, 1 Ei, Salz, Wasser, Rahm, Äpfel, Zucker, Zimt, Fett, Milch

Aus Mehl, Ei, Prise Salz, etwas lauwarmem Wasser einen weichen Strudelteig glatt schlagen, zugedeckt eine halbe Stunde rasten lassen. Auf bemehltem Brett dünn ausziehen, mit Rahm bestreichen, dick mit Apfelspalten, Zucker und Zimt bestreuen, zusammenrollen, in eine gut gefettete Rein legen, etwas Milch darangießen und bei guter Hitze goldgelb backen.

Irdene Brat- und Backrein.

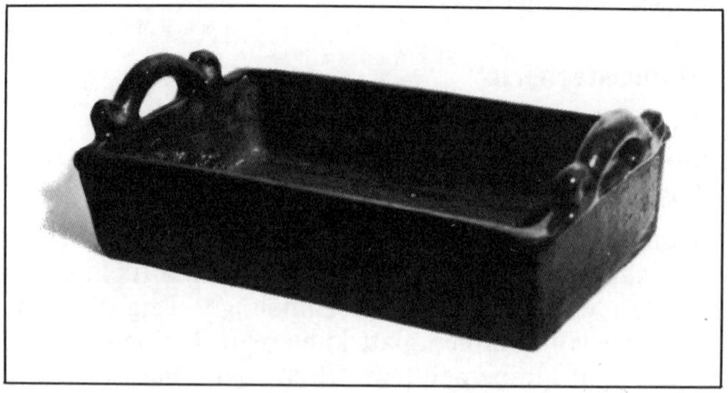

Maultaschen

Einen Erdäpfelteig wie zu den „zwieg'spitzten Nudeln" (Seite 275) bereiten, messerrückendick zu einem 25 cm breiten Streifen auswalken, mit zerlassener Butter bestreichen, mit Fülle (blättrig geschnittenen Äpfeln oder überkochten, kleingeschnittenen Kletzen oder auch mit Topfen, mit abgetriebener Butter, Ei und etwas Zucker verrührt) bestreichen, zu einem Strudel zusammenrollen, in etwa 10 cm lange Stücke schneiden, die Enden fest zusammendrücken, in zerlassene Butter tauchen und wie bei den Rohrnudeln in eine gefettete Rein schlichten. Etwas Milch darübergeben und im mittelheißen Rohr backen. Nach etwa 20 Minuten mit Apfelspalten bedecken und weiterbacken, bis die Äpfel weich sind. Inzwischen 1 Ei mit 5 Eßlöffel Rahm versprudeln, über das Ganze gießen und überbacken. Zuletzt noch etwas Butter oder Butterschmalz daraufgeben. Die Taschen mit einer Schmarrenschaufel vom Boden lockern. (Mühlviertel; heißen im Hausruck auch **„Milimäutasch'n".**)

Ähnlich sind die Maultaschen der Familie Leitner, Rainbach im Mühlviertel: Erdäpfelteig auswalken, viereckige Flecken ausradeln, mit Mohn füllen, zusammenlegen und in eine ausgefettete Rein reihenweise aufstellen. Im Rohr backen. Eventuell zuletzt etwas Obers oder Sauerrahm darübergießen.
Im Traunviertel werden die Maultaschen aus einem Nudel- bzw. Strudelteig (250 g Mehl, Prise Salz, 1 Ei, lauwarmes Wasser) bereitet: auswalken bzw. ausziehen, mit zerlassener Butter bestreichen. Mit Fülle (200 g Grieß in 50 g Butter hell rösten) belegen, zu einem Strudel zusammenrollen, in 10 cm lange Stücke schneiden, die Enden zusammendrücken, in Salzwasser 15 bis 20 Minuten kochen. Bei Tisch mit in reichlich Butter gerösteten Bröseln oder mit in reichlich Fett gerösteten Zwiebelringen übergießen. Als Beilage zu diesen **Grießmaultaschen** (Hausruckviertel) reicht man gedünstetes Kraut, eingebranntes Kraut, Krautsalat bzw. andere Salate oder Kompott.

Traunviertler Kletzenstrudel

300 g Mehl, Salz, 1 Ei, Wasser, 150 g Grieß oder Brösel, 60 g Butter; Fülle: 400 g Kletzen, 400 g Dörrzwetschken, 2 EL Rosinen, 200 g Feigen, 100 g Nüsse, Zucker, Zimt, $^1/_8$ l Rum oder Schnaps, Zitrone

Aus Mehl, Prise Salz, Ei, etwas lauwarmem Wasser einen mittelweichen Strudelteig machen, gut messerrückendick auswalken, mit der Kletzenfülle bestreichen und zusammenrollen. Dann in etwa 12 cm lange Stücke teilen, an den Schnittflächen zusammendrücken und ca. 10 Minuten in Salzwasser kochen. Inzwischen in heißer Butter Brösel oder Grieß rösten, die gekochten, gut abgetropften Strudelstücke darin wälzen. Zur Fülle alle Zutaten klein hacken, würzen, mit Schnaps oder Rum befeuchten und eine Zeitlang ziehen lassen.

„Apfelschlangl"

280 g Mehl, 280 g Butter, 2 Dotter, Salz, 1 TL Zitronensaft, 1 EL Wein, 1–2 EL Rahm, ca. 200 g Äpfel, Rosinen, Zimt, Zucker

Mehl auf Brett sieben, kalte Butter dünnblättrig darunterschneiden, beides zusammen möglichst nur mit dem Nudelwalker verarbeiten, bis Mehl und Butter gebunden sind, dann mit Dotter, Prise Salz, Zitronensaft, Wein und Rahm rasch zu einem Mürbteig vermengen. Soll nicht glatt aussehen, sondern noch grob. Eine halbe Stunde kühl rasten lassen, dann gut messerrückendick auswalken, mit einem Gemengsel aus dünnblättrig geschnittenen Äpfeln, Rosinen, Zucker und Zimt bestreuen, den Teig zu einem etwa 12 cm breiten Strudel übereinanderschlagen, oben mit einem Teigstreifen in Schlangenlinienform verzieren. Bei guter Hitze im Rohr backen. Noch warm überzuckern. (Traunviertel)
Einen ähnlichen Strudel kann man auch aus einem Germteig bereiten (mit Äpfeln, Zwetschken oder Marmelade füllen).

Schmalzgebackenes

In Schmalz gebackene Mehlspeisen gehören in der oberösterreichischen Küche zu den traditionellen Festtags- und Brauchtumsspeisen. Rauhnächte, Neujahrstag, Lichtmeß, Faschingstage, Sonnwendtag (Johannistag; „Sunnwendhansl"), Ernte- und Dreschtage, Kirchtag u. a. m. waren „Krapfentage". So lautet ein Taktspruch für sechs Drischeld-(Dreschflegel-)Drescher: „Hand (sind) Krapfa scho båcha?"

„Båchane Schni(d)n"

Bauernbrot, Backteig (150 g Mehl, Salz, 2–3 Eier, Milch nach Bedarf); Backschmalz

Bauernbrot in nicht zu große und nicht zu dicke Schnitten schneiden, in Backteig tauchen und in heißem Schmalz schwimmend auf beiden Seiten backen. Diese gebackenen Brotschnitten ißt man besonders zu gekochtem Schweinefrischfleisch („Ripperlfleisch"). Frau Kapfhammer, Oberwirtin in Lambrechten, bröselt in den Backteig etwas Germ hinein.

Im Inn- und im Mühlviertel bekamen die „Rauhnachtler" oder „Rauhschnittenbettler" in den fetten („foasten") Rauhnächten, der Mettennacht und der Nacht vor dem Heiligedreikönigstag, solche „Rauhschnidn" als Spende. Die Niederederin serviert sie in ihrem „Linzer Kochbuch" (1804) „mit Zucker besät". **„Wöla"** dagegen nennt man in Pasching in Backteig oder nur in verklopfte Eier getauchte und in Schmalz herausgebackene Schnitten vom Störibrot. Wenn sich im Kremstal ein Knecht am Pfingstsonntag zum nachmittägigen „Schnidnessen" nicht mehr zum Tisch setzte, sondern auf der Ofenbank sein Essen einnahm, wußte der Bauer, daß dieser Knecht zu Lichtmeß gehen wollte. Im Mühlviertel ißt man zur Sonnwendnacht ähnliche gebackene Brotschnitten. Zu den **„Mostschnitteln"** werden Semmelschnitten (ca. $1^1/_2$ cm dick) in versprudelte Eier (leicht gesalzen) getaucht, in heißem Fett schwimmend gebacken, dann kurz in (gesüßten) Most getaucht und in Zimtzucker gewälzt.
Die in ältesten handschriftlichen Kochbüchern aufscheinenden **„Armen Ritter"** werden ebenfalls aus (altbackenen) Semmelschnitten gemacht, man taucht sie kurz in Milch, dann in versprudelte Eier und bäckt sie in heißem Fett heraus. Man serviert sie gezuckert mit Kompott oder ungezuckert als Beilage zu gekochtem Fleisch, zu Salaten oder Gemüse. Eine verfeinerte Form sind die **„Paradiesschnitten"** oder **„Paradeisspalteln"**, wie sie in St. Roman bekannt sind. Das sind in dickeren Eierteig (aus Eiern, etwas Milch und Mehl und Prise Salz gerührt) oder nur in versprudelte Eier getauchte und in heißem Fett herausgebackene Bauern- oder Weißbrotschnitten oder „Semmelspalteln", die nach dem Backen in gesüßten, heißen Most und wieder in den Teig getaucht und darauf erneut gebacken werden. Nach dem Backen werden sie mit Zimt und Zucker bestreut (daher nennt man sie im Salzkammergut, aber auch im Innviertel **„Zimtspalten")**.

Im Koch-Schreibheft der Anna Dick, unserer Nachbarin in der „He(ö)weri" (Herberg), wie mein aus Holz gebautes Vaterhaus und das Nachbarhaus zusammen genannt werden, heißen diese „Paradiesschnitten":

„Weinspalten"

„Man nimmt alte Semmeln, schneidet die Rinde weg, schneidet sie in Spalten, lasse sie in Wein oder gezuckertem Most anlaufen, dann werden sie auch im Mehl gut umgedreht und in heißem Schmalz gebacken. Sind sie gebacken, werden sie in mit Zimt vermischtem Zucker gewälzt und dann zur Tafel." Allein die Schlußformel weist darauf hin, daß das Rezept aus bürgerlich-höfischem Kreis stammt und sehr alt ist.

In einer Handschrift des Stiftes St. Florian aus dem 14. bzw. 15. Jahrhundert heißt es, zu Weihnachten „chust (küßt) man die paum, so werden sie fruchtper des iars". Kinder, früher auch Erwachsene, gingen am Abend des Thomas- oder Dreikönigstages, seltener am Georgiabend mit heißen Krapfen oder Apfelkücheln im Mund, die frisch von der Pfanne kamen, von Baum zu Baum, sie umarmend, die Rinde küssend, und sagten dabei:

„Bam, i buß die,
sei fei lusti!
Sei net fäu(l)!
Wiar so voll wia mei Mäul!"

Wenn es gebackene „Schnidn“ gab, hat meine Mutter zur Nachspeise gern ein paar Äpfel in Spalten („Speigl“, „Speitl“) geschnitten, in den restlichen Backteig getaucht und in heißem Schmalz schwimmend gebacken **(„Öpfispeigö“).** Der Teig dazu wurde (so in Eberschwang) aus Mehl, Eiern, Prise Salz, lauwarmer Milch zähflüssig gerührt, die Äpfel auch in Scheiben geschnitten – solche gebackene Apfelschnitten bekam der Krauteintreter im Herbst zur Belohnung für getane Arbeit.

Krapfenschüssel.

Zu den **„Brennesselkrapfen“** (Traunviertel) taucht man junge Brennesselblätter in einen dickflüssigen Backteig und bäckt sie in Fett schwimmend heraus. **„Bachenen Holler“** (gebackene Holunderblütendolden) gibt es traditionell zur Zeit der Holunderblüte, besonders im oberen Innviertel am Sonnwendtag (24. Juni). Beliebter aber waren und sind die

Zwetschkenpofesen („Pafesen“)

Je zwei fingerdicke (abgerindelte) Weißbrotscheiben (Wecken oder Paarlsemmeln) mit Powidl bestrichen zusammensetzen, den Rand kurz in Milch tauchen, dann in versprudelte Eier (reichlich verwenden) eintauchen und sofort in heißem Schmalz schwimmend backen. Statt in Milch kann man die gefüllten Schnitten in mit Zimt gewürzten und gezuckerten Most tauchen, oder die Schnitten mit einer Marmelade bestreichen, je zwei zusammensetzen, in einen Back-(Palatschinken-)teig (aus 150 g Mehl, 2 Eiern, Prise Salz, 2 TL Zucker, Milch) tauchen und in Fett schwimmend backen. So werden die **Steyrer „Butzenscheiben“** oder **„Beichtpofesen“** gemacht, die man an den Beichttagen zu essen bekommen hat. Früher waren sie auch beim Kindlmahl (Taufmahl) als **„Kindstaufpofesen“** üblich. Auch zu Festtagsterminen und nach schwerer Arbeit, besonders zur Ernte- und Druschzeit, gab es die Pofesen.

„Zwötschknpafösn,
wo bis so lang g'wös'n?
Bin 99 Wocha
im Himmel umkrocha.“
(Kindervers)

Zur Ernte- und Druschzeit wurde in den Innviertler Bauernhäusern „aufgekocht“, und zwar meist nach einem im ganzen Innviertel gleichen Speiseplan (die Kochvorschriften von Weilbach decken sich mit denen in Rainbach): In der Früh gab es in der Erntezeit Kaffee mit Bunkel oder Gebackenem, zur Jause Käse, Butter, Fleisch, Rettich, Brot, Most und Bier, zu Mittag Nudelsuppe, gebackenes Huhn, Schnitzel mit grünem Salat, Most, zur Nachmittagsjause wieder Fleisch (vom Mittag), Butter, Rettich, Marmelade, Pudding, Most oder Bier, am Abend Gulasch oder Gesottenes, Kaffee, Kiachl, Krapfen, gebackenen Grieß, Strudel, besoffenen Kapuziner, Zwiegebackene, Zimtschnittel, Strauben oder Hauberling. Noch ausgiebiger fiel die Kost beim Maschindrusch aus (bis zu 30 Personen standen dabei im Einsatz): zur Neunuhrjause gab es Brot, Beuschel, Schweinsbraten (kalt), Krautsalat, Wurst, Butter, Käse, Marmelade, Most, Bier, Schnaps und Kaffee; zum Mittagessen Leberknödel- oder Nudelsuppe, Schweinsbraten, auch gebackene Hähne, Salat, „Maschinbunkel“, Krapfen; zur „Brotzeit“ (15-Uhr-Jause) das gleiche wie am Vormittag, dazu noch Eier, Apfelkoch, Hollerröster, „blaselte“ Äpfel (Bratäpfel). Zum Abendessen (für die „Maschinkundn“ und Hausleute) gebackenen Hahn, Bäckerei und Getränke.

Gebackener Grieß, Grießschnitten

3 Tassen Milch, 30 g Butter, 1 Tasse Grieß, Prise Salz, 80 g Zucker, Mehl, 3–4 Eier; Backschmalz, Zucker

Milch leicht salzen, aufkochen, Butter und Zucker darin zergehen lassen, den Grieß einrühren und aufkochen lassen. Die Masse soll nicht zu fest werden. Unter ständigem Rühren ziehen und quellen lassen. Dann auf ein Nudelbrett ein Küchentuch legen, mit Mehl bestauben, die heiße Grießmasse gut fingerdick aufstreichen, mit butterbeschmierter Handfläche glattstreichen

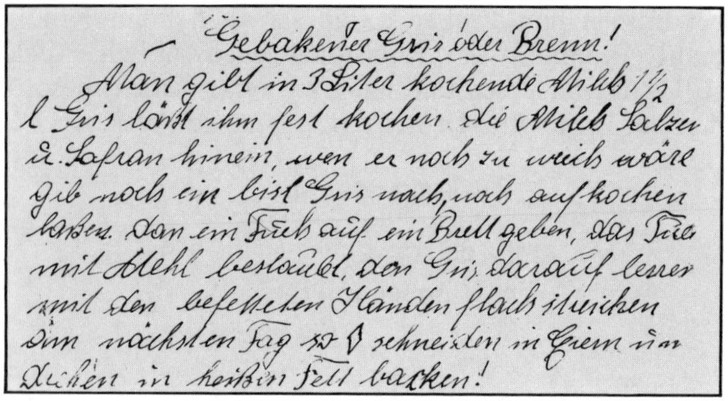
Gebakener Gris oder Brenn!
Man gibt in 3 Liter kochende Milch 1 1/2 l Gris lässt ihm fest kochen. die Milch Salzen u. Safran hinein, wen er noch zu weich wäre gib noch ein bisl Gris nach, noch aufkochen lassen. dan ein Tuch auf ein Brett geben, das Tuch mit Mehl bestaubt, den Gris darauf leeren mit den befetteten Händen flach streichen den nächsten Tag so schneiden in Griem zu Stücken in heißen Fett backen!

„Gebackener Grieß oder Brein." Aus dem handgeschriebenen Kochbuch der Mirzl Schaurecker, Eggerding 1929.

und zugedeckt überkühlen lassen. Jetzt in Schnitten oder Rauten schneiden, in zerklopfte Eier tauchen und sofort in heißem Schmalz schwimmend beidseitig herausbacken. Herausheben, abtropfen lassen, überzukkern. Heiß oder kalt servieren. (Frieda Maier, Lambrechten). Dazu reicht man Apfelmus oder Zwetschkenröster oder saure Milch. Auf die gleiche Weise werden **Grießkrapferln** und **Grießknödel** gebacken. Man kann sie nach dem Eibad auch wie Wiener Schnitzel in Bröseln panieren und backen.

Von den vielen Krapfenformen der altbäuerlichen Küche blieben in der bürgerlichen Küche heute nur noch die Formen der Bauernkrapfen und der Wiener Faschingskrapfen („Glaskrapfen") übrig. In der Bauernküche waren die Krapfen einerseits eine Fastenkost, sie wurden aber auch anstelle von Brot oder Knödel zum Braten gegessen; viele aßen und essen sie auch mit Sauerkraut (was die ursprüngliche Art gewesen sein dürfte). Meist aber waren die Krapfen brauchtums- und daher termingebunden.

Bauernkrapfen, braune Knödel, Küchel

500 g Mehl, 40 g Germ, ca. $^1/_4$ l lauwarme Milch, 80 g Zucker, 60 g zerlassene Butter, Salz, 1 EL Rum oder Schnaps, 3 Dotter; Backfett

Aus wenig Milch, etwas Mehl, Zucker und zerbröselter Germ ein Dampfl machen, mit Mehl dicht bestäuben, zugedeckt im Warmen aufgehen lassen. Sobald die Mehloberfläche Sprünge zeigt, alle anderen Zutaten dazumengen, zu einem glatten Germteig abschlagen. Zugedeckt im Warmen aufgehen lassen. Dann Laibchen formen, auch diese zugedeckt nochmals kurz gehen lassen. Dann einzeln mit beiden Händen in der Mitte aufnehmen, gleichmäßig rund und in der Mitte sehr dünn auseinanderziehen, den Rand etwas wulstförmig rund belassen. In heißem Fett schwimmend auf beiden Seiten backen. Herausheben, abtropfen lassen. Mit Zucker bestreuen oder mit Zwetschken- bzw. Kletzenpfeffer, auch „Hollerröster", servieren. Die Vertiefung der gebackenen Krapfen kann mit Marmelade gefüllt werden. Als Backfett verwendet man Schweinefett, Butterschmalz oder eine Mischung aus beiden.

Der Begriff „Bauernkrapfen" ist nicht im ländlichen Bereich entstanden, sondern scheint in den Kochbüchern Anfang des 19. Jahrhunderts – in einem Anflug von Nostalgie? – auf. Die Bauernköchinnen nennen sie nach wie vor „Krapfen", **„ausg'zogene Nudeln", „bachane Knoan", „Hauberlinge", „Haubakiachl"** (in rundkugeliger Form) oder **„bachane Mäus"** (meist mit etwas Marmelade gefüllt oder mit Rosinen im Teig, in runder Form gebacken), **„Maschinkrapfen"** (weil sie zum Maschindreschen gebacken wurden), **„Sonnwendkrapfen"** (als solche gelten auch Germ-, Holler-, Brennessel-, Klee-, Semmel-, Butterkrapfen), **„Rehrkrapfen"** (vom mittelhochdeutschen Wort „reren" = weinen; zum Abschied eines Dienstboten zu Lichtmeß) u. a. m. Im östlichen Innviertel wandern in den „foasten" (fetten) Rauhnächten (vermummte) Burschen (früher die Dorfarmen) von Hof zu Hof: „Wir bittn um an Rauhnachtskrapfn" – erkannt darf dabei keiner werden, sonst wird er in die Stube gezerrt und verspottet.

Der Unterschied in der Zusammensetzung der Zutaten zu den Bauernkrapfen ist dabei geringfügig. So sind für die **Gleinker Krapfen** folgende Zutaten überliefert: 500 g Mehl, 30 g Germ, 2 Eier, 100 g Butter, Prise Salz, 50 g Zucker, ca. $^1/_4$ l Milch.

„Jenseits des Traunflusses, in der Gegend der Stadt Wels", gab es nach Matthias Höfers „Etymologischem Wörterbuch", Linz 1815, aus Germteig im Schmalz gebackene Krapfen, namens **„Pimper"** bzw. **„Mehlpimper"** („Pimperl" = etwas Kleines, Rundes) – auch im unteren Mölltal sollen sie üblich gewesen sein.

In der Silvesternacht eilten die Bäuerinnen von St. Pankraz um Mitternacht mit der Krapfenpfanne und dem noch heißen Backschmalz vor das Haustor und sprengten mit einem Eiben- oder Segenbaumzweig Weihwasser ins heiße Fett, daß es aufschäumte („das alte Jahr außirausch'n"). Aus der Form des erstarrten Fettes nach dem Krapfenbacken in der Silvesternacht schloß man in Mondsee auf die Witterung des neuen Jahres: glatte Oberfläche bedeutet gutes Wetter, gewellte Oberfläche zeigt viel Hagel an.

„Heut ist Rauhnacht,
wer hat's denn aufg'bracht?
A stoaalta Mann,
hat a graue Hosn an,
is üwas Stiegl aufikrocha,
hat sie d'Hand und d'Fiaß abrocha,
die Krapfen 'raus,
sonst stich i a Loch ins Haus."

Ein anderer Mühlviertler Klöpflerspruch lautet:

„Vierundzwanzig Husaren warn da,
und taten bitten um a paar Dutzend Krapfen.
Drei warn a schöne Reih,
vier a schöne Zier,
der fünft, der ist g'schimpft,
der sechst war der Best,
der siebent ist a noh ka Sünd,
der acht, der ist g'acht,
der neunt is noh ka Feind,
den zehnten heraus
oder mir haun enk a Lucka ins Haus! "

„Zwiebachane Knoan" (zwiegebackene Krapfen)

Übriggebliebene oder frisch gebackene Krapfen oder Hauberlinge in größere Stücke schneiden oder nur halbieren, in reichlich zerklopfte Eier tauchen und in einem Gemisch aus Schweinefett und Butterschmalz schwimmend noch einmal backen (Hohenzell). Dazu ißt man Sauerkraut, Salat, Kompott oder Speitel- bzw. Dörrzwetschkenbrühe (so in Arnberg, Pattigham).

Im Innviertel aß man die „zwiebachan Knoan" gern zu Weihnachten, am Dreikönigstag, am Kirchtag und zu Lichtmeß. Eine Eberschwanger Bäuerin erinnert sich, daß man den ersten zwiegebackenen Hauberling nicht essen soll, weil man sonst „'s G'schenkte" (die Gier) bekomme (den letzten erhielt jeweils der Hund dieser Bäuerin, weil er „ihr Liebling gewesen war"). Den ersten und den letzten Krapfen soll man ins Feuer werfen.

In den Bürgerhäusern gab es zur Faschingszeit den „Wiener Faschingskrapfen" (zum Backen soll man Buchenscheiter heizen, weiß man um Kremsmünster).

F. Weigand, „Sonnenwendefeuer im Innviertel", 1889.

Der Faschings- oder Glaskrapfen (weil der Teig mit einem Trinkglasrand ausgestochen wird) kann auch gefüllt (und mit Vanillecreme oder Weinchaudeau angerichtet) werden.
Am Sonnwendtag (24. Juni) sollte man neunerlei Krapfen essen, z. B. Germ-, Holler-, Brennessel-, Klee-, Semmel-, Butterkrapfen, Schneiderfleck, Schneeballen, gebackene Mäuse, Strauben, Schiffel und „Schnidn". In Eidenberg rührten die Bäuerinnen aus Resten von Mehl, Milch und Schmalz einen Krapfenteig und warfen darin eingetauchte Brotschnitten in das Sonnwendfeuer; jeder Hausbewohner erhielt an diesem Tag eine Schüssel voll Krapfen und einen Laib Weißbrot. Andere rösten an Stöcken Brot im Feuer und essen davon. Unter Tags hatte man bereits Met getrunken, weil das gegen Kreuzschmerzen gut sei.

Strauben

Schmellers Wörterbuch erklärt die Strauben als „eine Art krauser Mehlspeisen". Je runzeliger, höckeriger und gezackter eine Straube im Gegensatz zum gleichmäßig geformten Krapfen ist, desto beliebter ist diese Mehlspeise. Die struppige Oberfläche erhält man auf verschiedene Weise: Man walkt Teigblätter aus, radelt der Länge nach zwei, drei Schnitte bis knapp an die Ränder (nach Art der „Schneeballen"); beim Einlegen in das heiße Schmalz hebt man die durch die Schnitte entstandenen Streifen aus der Ebene heraus, wodurch dem sich rasch versteifenden Gebäck die Ruppigkeit verliehen wird. Auch läßt man einen weicheren Germteig durch einen Trichter („Trachter") ins heiße Schmalz laufen **(„Trichterstrauben", „Trachterstrauben"),** oder man treibt diesen Teig oder einen Brandteig durch eine Spritze **(„Spritzstrauben");** aber auch Blüten, in Backteig getaucht und in Backschmalz gebacken, heißen „Strauben" (z. B. **„Holastrauben"** = Holunderblütenstrauben).
Wie in einem handgeschriebenen Kochbuch der Agnes Pilstl aus Raab um die Jahrhundertwende zu lesen ist, kennt man auch eine andere Art: „Mache den nämlichen Teig wie zu Spritzstrauben, anstatt gebacken, drucke sie in siedende Milch, lasse sie ein paar Mal aufwallen, dann nimm sie heraus, lege sie in einen bestrichenen Model, sprudle 5 Dotter mit ein wenig Obers, Zucker und Zimt gut ab, gieß es über die Strauben, backe sie im Rohr gelblich." (Überliefert bei Ingeborg Eckstein, Bauernkost im Innviertel, Dissertation, Innsbruck 1949.)

Pfingststrauben

3/8 l lauwarme Milch, 500 g Mehl, 40 g Germ, 1 Ei, 1 Dotter, Salz, 60 g Zucker, 40 g Butter, 1 EL Rum oder Schnaps; Backschmalz

Aus den Zutaten mit einem Dampfl wie beschrieben einen mittelfesten Germteig machen, aufgehen lassen, dann aus länglichen Teiglaibchen bleistiftstarke Schlangen auf bemehltem Brett drehen, diese zu Spiralen mit neun Windungen locker zusammenbiegen (die Enden befeuchtet zusammendrücken). Zugedeckt gehen lassen, dann auf beiden Seiten in heißem Backschmalz schwimmend backen. Abtropfen lassen, mit einem sternförmig ausgeschnittenen Papier belegen und stark mit Zucker bestreuen.
Da der weiche Germ-, Krapfen- bzw. Straubenteig sich leicht formen läßt und in Schmalz gebacken diese weichen Formen leicht erstarren, hat die bäuerliche Phantasie immer wieder neue Formen aus ihrem Arbeits- und Lebenskreis dafür „erfunden". So formt man im Innviertel und im reichen Bauernland um Wels **„Wetzsteine"** aus Krapfenteig; ungezuckert werden sie zu Sauerkraut gegessen, gezuckert mischt man dem Teig Weinbeeren bei und wälzt sie gebacken in Zimtzucker.
Ein Innviertler Freitagessen sind auch die **„Rechenzähne"** aus Germteig, unter den man einen halben Teller voll kleiner Apfelspalten mischt; nach dem Aufgehen den Teig zu 3 cm dicken, 15 cm langen Teigrollen formen, nochmals zugedeckt gehen lassen, dann in heißem Schmalz schwimmend rundum backen.
Zu den **„Hobelspänen"** radelt man aus einem fertigen Teig (150 g Mehl, 40 g Butter, 3 Dotter, Salz, 1 Msp. gestoßener Anis, saurer Rahm, evtl. 1–2 EL Wein) fingerbreite, spannenlange Streifen, wickelt je einen Streifen spiralenförmig um einen hölzernen Kochlöffelstiel und taucht ihn in das heiße Fett. Gebacken vorsichtig vom Stiel schieben und heiß überzuckern.
Ähnlich werden die **„Tannenzapfen"** bereitet (280 g Mehl, 140 g Butter, 140 g Zucker, 140 g geriebene Mandeln, je 1 Msp. Zimt, Nelken, Macisblüte und Salz, 4 Dotter, 1 Ei); den am Brett rasch bearbeiteten Teig eine halbe Stunde kühl rasten lassen, dann 3 mm dick auswalken, in Rechtecke ausradeln, die man über die Tannenzapfenform (Holzmodel in Form eines Tannenzapfens, mit 30 bis 40 cm langem Stiel) legt. Mit einer Schere den Teig rundherum aufzwicken. Die Form mit Teig in heißem Fett schwimmend backen. Vorsichtig vom Model schieben, abtropfen lassen. Mit Zimtzucker bestreuen.

Brandnudeln

$^1/_4$ l Milch oder Wasser, Salz, 60 g Butter, 250 g Mehl, 4–5 Eier, 1–2 EL Schnaps; Backfett

Wasser mit Prise Salz und Butter kochen, das Mehl eingießen, unter Rühren garen. Überkühlen lassen, die Eier nach und nach einrühren. Mit kleinem Löffel nußgroße runde Nockerln ausstechen und ins heiße Fett geben. Die Pfanne mehrmals schütteln, die Nudeln schön aufgehen lassen und rundum langsam backen. Herausheben und abtropfen lassen. Sie werden auch aus einem Spritzstraubenteig bereitet, häufig ißt man sie ungezuckert zu Sauerkraut (zu diesem Teig nimmt man eher Wasser als Milch und weniger Eier).

Erdäpfelnudeln mit Germ

15 g Germ, $^1/_{16}$ l lauwarme Milch, 250 g Erdäpfel, am Vortag gekocht, 250 g Weizenmehl, 1 Ei, 30 g zerlassene Butter, Salz, 1 TL Zucker

Germ in lauwarmer Milch auflösen, dann gekochte, feingeriebene Erdäpfel, Weizenmehl, Ei, zerlassene Butter, Prise Salz und wenig Zucker beigeben und zu einem glatten Teig verarbeiten. Eine halbe Stunde zugedeckt gehen lassen, dann den Teig auf bestaubtem Brett in dünne Schlangen auswalzen, davon schwach nußgroße Teilchen abschneiden, diese Teilchen zu kleinfingerlangen, bauchigen Nudeln walzen. Zugedeckt eine Viertelstunde rasten lassen. Dann gänzlich von Mehl abstauben, in heißem Fett schwimmend rundum goldgelb backen. Aus dem Fett heben, abtropfen lassen, locker gehäuft mit Zucker bestreut anrichten. Dazu beliebige, etwas verdünnte und erhitzte Marmelade servieren.

Gebackene Täuberlinge

3 EL Mehl, 3 Eier, Prise Salz, Milch; Backschmalz

Mehl, Eier, Salz und nach Bedarf Milch zu einem mittelflüssigen Teig rühren. In einer hohen Pfanne Backschmalz erhitzen. Die Täuberlingsform im Fett erwärmen, dann in den Teig tauchen, so daß sie außen knapp bis unter den Rand mit Teig bedeckt ist. Der Teig darf weder im Mittelstutzen noch über den äußeren Rand überlaufen. (Die Täuberlingsform ist eine Blechform in der Gestalt eines kleinen Gugelhupfmodels mit einem langen Stiel; der Formdurchmesser beträgt ca. 8 cm.) Die außen mit Teig bedeckte Form in das heiße Fett halten. Der Teig löst sich bald von der Form und wird hellbraun gebacken. Herausheben, abtropfen lassen, mit Zimt und Zucker bestreuen. Man hat sie im Innviertel zu Weihnachten, Ostern und für die Beichttage gebacken.

„Abrausch", „Raunkerl", „Rumpelnudeln", „Böllan"

650 g Mehl, 1 Handvoll Staubzucker, 1 TL gehackter Anis, $^1/_2$ TL Zimt, Prise Salz, 160 g Butterschmalz, Obers; Backschmalz

Aus den Zutaten einen bröseligen Teig machen, auf dem Nudelbrett zu einem $1^1/_2$ cm dicken Teigfleck auswalken und Stückchen von 2 × 3 cm Größe (in Form von Hirschlein, Gemslein, Kühlein, Sternchen u. a. m.) ausradeln bzw. ausstechen. Langsam in heißem Fett schwimmend herausbacken. Abtropfen lassen. In Staubzucker wälzen. Diese Gebäcke werden im Salzkammergut, in Gosau, Obertraun und an anderen Orten für den Almabtrieb gebacken und an Gäste bzw. Zuschauer ausgeteilt.

Im Mühlviertel bäckt man kleine, nußgroße Germteigkügelchen (**„Krapfanuß"**) oder Nudeln (**„Mohnnudeln"**) in heißem Fett und übergießt das Gebackene mit Honigwasser. Dann dünstet man in einer Rein Mohn und Honig in wenig Rindschmalz und in so viel Milch, daß die Masse weich wird, gibt dann die heißen Krapfennüsse darunter und serviert das Ganze sofort.

Ähnliche walnußgroße Germteigstücke bäckt man auch im Hausruck in heißem Fett schwimmend heraus und serviert dazu einen „Kletzenpfeffer" (siehe Seite 260); das Gebäck hat den anzüglichen Namen **„bachane He'ßlschoaßl"** („He'ßl" = Rössel).

Mühlviertler Topfennudeln

200 g Topfen, 60 g Schmalz, 2 EL Rahm, 2 Eier, 2 Dotter, 30 g Germ, etwas Milch, Prise Salz, ca. 350 g Mehl; Backfett

Topfen mit heißem Schmalz abbrennen, flaumig rühren, Rahm, Eier, Dotter, Prise Salz und die in wenig lauwarmer Milch aufgelöste Germ beigeben, zuletzt das Mehl einrühren. Zugedeckt gehen lassen, dann nochmals wie Germteig zusammenschlagen, auf bemehltem Küchenbrett zu Rollen drehen, in ca. 2 cm dicke und 2 cm lange Stücke schneiden. Zugedeckt nochmals aufgehen lassen, dann zwischen den Handballen zu fingerlangen Nudeln wuzeln und schwimmend in heißem Fett goldbraun herausbacken.

Innviertler Hasenöhrl

700 g Mehl, 100 g Butter, 2–3 Eier, 1 Msp. Salz, ca. 1/4 l Milch

Milch, Salz und Butter erwärmen, dann mit den Eiern und Mehl rasch zu einem mittelweichen Teig verarbeiten. Eine halbe Stunde rasten lassen. Dann messerrückendick auswalken, in Dreiecke oder Rauten ausradeln und in heißem Fett schwimmend auf beiden Seiten backen.

Die alte Unterwirtin zu Lambrechten nahm 750 g Mehl, 2 Eier, 1/2 l saure Milch, etwas Rahm, einen Schuß Rum und eine Prise Salz zum Teig. Hasenöhrl werden auch aus einfachem Nudelteig (nur mit mehr Fett) bereitet und im Fett schwimmend gebacken. Dazu serviert man gern saure Milch („g'stockte Milch") oder Sauerkraut.

Von einer Innviertler Bäuerin erhielt ich folgendes Rahm-Rezept: Aus 2 Seiteln (1 Seitel = 0,35 l) Mehl, einem halben Seitel süßen Rahm, etwas Salz, nach Belieben 2 bis 4 Eiern und 2 Eßlöffel Schnaps einen mittelweichen Teig bereiten. Der Teig kann anstelle von Rahm auch mit Milch gemischt werden, außerdem kann man auch weniger Eier nehmen. Nach einer halben Stunde Rast wie oben beschrieben ausfertigen und backen.

Im Kochbuch meiner Tante Anna lautet das Rezept so: 6 Dotter, 2/10 Liter sauren Rahm, Prise Salz, 2 Eßlöffel Wein versprudeln und auf dem Brett mit so viel Mehl verarbeiten, daß ein zarter, mittelweicher Teig entsteht. Abarbeiten, bis er Blasen wirft. Eine halbe Stunde kühl rasten lassen. Dann messerrückendick auswalken, Dreiecke daraus radeln und in heißem Fett schwimmend backen.

Der Welser Küchenchef Robert Darhuber verwendet folgendes Rezept: 250 g Mehl, Prise Salz, etwas Staubzucker, 1–2 Eßlöffel Rahm, 1 Eidotter, 40 g zerlassene Butter, 1 Kaffeelöffel Backpulver.

Weit verbreitet und volkstümlich in der oberösterreichischen Landesküche sind wie in den anderen Bundesländern auch die in Form und Material den „Hasenöhrln" ähnlichen **„Schiffeln"**, in bürgerlichen Kochbüchern meist als **„Polsterzipfe"** (gefüllt oder ungefüllt) erwähnt, im Inn- und Mühlviertel auch **„Schneiderfleck"** genannt. Als Fastnachtsspeise werden die „Hasenöhrl" schon 1534 im bayrischen Tegernseer Kloster-Kochbuch erwähnt. (In der Schweiz heißt der Sonntag „Invocavit" noch heute „Öhrlisuntig".) Heute sind sie allgemein ein „besseres" Essen.

Schneeballen

180 g Mehl, 6 Dotter, 2 EL Rahm, Prise Salz, 1 EL Rum; Backfett

Aus den Zutaten einen glatten Teig auf dem Brett kneten, eine halbe Stunde kühl rasten lassen. (Wenn man die Schneeballen sehr resch haben will, läßt man den Rahm weg und nimmt etwas mehr Mehl.) Runde Flecken, 2 bis 3 mm dick, 6 bis 8 cm im Durchmesser, auswalken, in diese Einschnitte radeln, so daß die Ränder ganz bleiben, wie bei den „Affen" (siehe Seite 285). Dann einen Kochlöffelstiel durch die Teigschlitze stecken, daß immer ein Streifen oben, einer unten ist, die Streifen etwas zusammenziehen und den Teigknäuel in die Schneeballenform geben. Im heißen Fett schwimmend goldgelb backen. Aus der Form lösen, abtropfen lassen und überzuckern. Die Schneeballenform ist eine vielfach gelochte Hohlkugel, die sich an einem Scharnier in zwei Halbkugeln auseinanderklappen läßt. Als Griff dient ein langer Stiel.

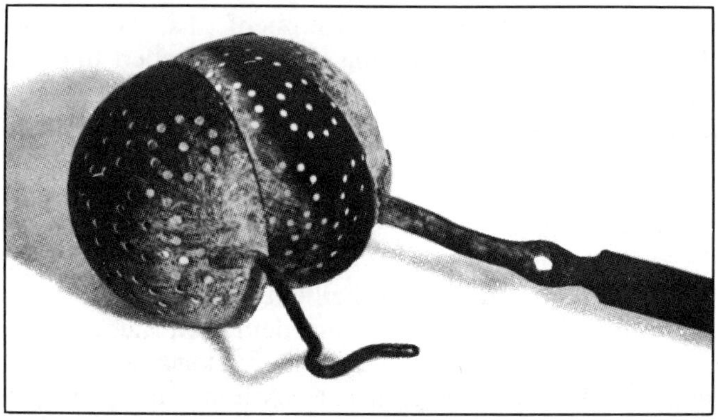

Schneeballeisen. Tauchmodel aus Blech in Form eines abgedeckten Siebschöpfers mit aufklappbarem Deckel.

Ohne Form werden die Schneeballen nach einem bäuerlichen Rezept aus Mehrnbach zubereitet: „Brösle 140 g Butter mit 280 g Mehl ab, mache es mit 2 Eiern und 3 Döttern, 6 Löffel Obers, 2 Löffel Wein, Salz und Zucker, mache den Teig geschwind zusammen, lasse ihn eine nicht gute Stunde rasten, walge ihn zwei-, dreimal auseinander und wieder zusammen, lasse ihn eine Stunde rasten, walge ihn messerrückendick aus, schneide viereckige Fleckl, schneide sie in der Mitte viermal durch, aber nicht ganz, und gib's füreinandergezogen in das Schmalz." Ähnlich liest sich das Schneeballen-Rezept im Kochbuch der Gastwirtin Agnes Pilstl aus Raab (Bezirk Schärding).

„Áffen", „Ápfn"

5 Eier, 5 Eidotter, 2 EL Obers, Sauerrahm, 2 EL Schnaps, Prise Salz, Mehl nach Bedarf

Eier, Salz, Dotter, Schnaps, Rahm und Mehl nach Bedarf zu einem mittelfesten Teig verarbeiten. Eine halbe Stunde kühl rasten lassen, dann runde, dünne Teigflecken (von 25–28 cm Durchmesser) auswalken. Mit dem Teigradl in etwa 1 cm Abständen in die Teigflecken parallel Schlitze schneiden, so daß der Teigrand dabei nicht durchgeschnitten wird. Dann einen hölzernen Kochlöffelstiel durch die Teigschlitze fädeln, ähnlich wie eine Nadel beim Stopfen (ein Streifen oben, einer unten); den letzten Teigstreifen über den ersten hinwegheben (wie bei den „Schneeballen"). Jetzt das Ganze mit dem Kochlöffelstiel in heißes Butterschmalz in einem eigens dafür angefertigten engen „Áffenpfandl" halten und goldgelb backen. Herausheben, noch heiß überzuckern. Kalt servieren. (Maria Kapfhammer, Oberwirtin, Lambrechten)

Dieses Festtagsgebäck macht nur die kundige Köchin (und die das richtige Geschirr dazu hat) zu Festtagen, wie Hochzeit, Kirchweih, Weihnachten, Ostern, Erntedank. Das Affen-Rezept der Dick-Bäuerin in der „Heweri" (Herberg) lautet: „Man nehme zum Mehl 3 ganze Eier und 3 Dotter, 2 Eßlöffel Obers und etwas Branntwein oder Essig. Wie Strudelteig bearbeiten." (Wie oben beschrieben ausfertigen.) Frau Herzog in Lambrechten verriet mir ihr Rezept pro Stück: „1 Eßlöffel Mehl, 1 Dotter, Prise Salz, Spritzer Branntwein. Sehr dünn auswalken."

Die Innviertler „Áffen" (in der Taufkirchner Gegend sagt man „Ápfn") haben mit den Affen der Tierwelt nichts zu tun, denn die „Teigáffn" spricht man mit einem hellen „a" aus (den „Teigaff'n" als Schimpfwort dagegen mit dumpfem a), die Urwaldbewohner werden in der Umgangssprache mit einem dunklen „a" ausgesprochen. Dr. Alfred Webinger aus Graz bringt das Wort „Áffn" mit dem Wort „Uhu" (mittelhochdeutsch „uve"), „Eule" (auch „Auff" genannt) in Zusammenhang. Die Teigáffen wären demnach ein Abbild federsträubender, struppig-kugeliger Vögel. Diese „rauhbudlatn" Nachtvögel sind sozusagen das Vorbild für die Mehlspeise geworden. Übrigens kennt die steirische Küche (im Donnersbachtal) eine Ostermehlspeise „Áffermann" (erstes a wird hell ausgesprochen!), und im Salzburger Kochbuch des Conrad Hagger aus dem Jahre 1719 heißt eines Schmalzgebäck **„Affelmund"**. Kohl nennt in seiner „Tiroler Bauernhochzeit" eine

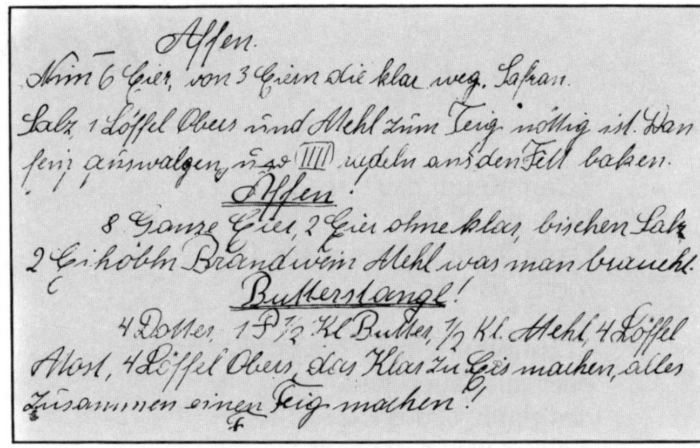

Affen.
Nim 6 Eier, von 3 Eiern die klar weg. Safran.
Salz 1 Löffel Obers und Mehl zum Teig nöthig ist. Wan fein auswalgen, u. s. w. IIII radeln ans den Fett baken.
Affen!
8 Ganze Eier, 2 Eier ohne klar, bischen Salz
2 Eilöffel Brandwein Mehl was man braucht.
Butterstangl!
4 Dotter, 1 P ½ Kl Butter, ½ Kl. Mehl, 4 Löffel
Most, 4 Löffel Obers, das Klar zu Eis machen, alles
zusammen einen Teig machen!

Aus dem handgeschriebenen Kochbuch der Anna Schwarz, Unterwirtin in Lambrechten, um 1930.

ähnliche Speise **„Affomann":** ein Teigblatt aus Mehl, Eiern, Rahm und Salz, rund wie ein Suppenteller, halbfingerdick ausgewalkt, der Quere nach abgeradelt, schön in Schmalz gebacken und sehr mürbe.

Aus den bürgerlichen Kochbüchern stammen die verschiedenen Rezepte der Schnür- oder Spagatkrapfen; sie gelten als besonders vornehmes Backwerk, das zu Fest- und Feiertagen gemacht wurde, und werden in Oberösterreich wegen ihrer Form auch **„Ochsengurgl"** genannt.

Sternkrapfen, Radlkrapfen, Rosenkrapfen

250 g Mehl, 100 g Butter, 2 Dotter, 1 EL Staubzucker, Prise Salz; Backfett, Marmelade, Zimtzucker, 1 Eiklar

Auf dem Nudelbrett Butter mit Mehl abbröseln, die Dotter, Zucker und Salz einarbeiten, den Teig tüchtig abarbeiten, bis er glatt wird und Blasen wirft. Eine Stunde zugedeckt kühl lagern. Dann messerrückendick auswalken, in 1 cm breite, 10 cm lange Streifen schneiden, die man an den Enden abschrägt. Die Streifen in der Mitte mit Eiklar bestreichen, je drei zu einem Stern übereinanderlegen, in der Mitte fest zusammendrücken, daß eine kleine Grube entsteht. In nicht zu heißem Schmalz goldbraun auf beiden Seiten backen. Das Grübchen kann man dann mit Marmelade füllen. Die Krapfen mit Zimtzucker bestreuen. Diese Sonderform soll nach den Worten einer alten Bäuerin im Hausruck zeigen, daß der Krapfen in all seinen Formen das uralte Symbol des sechsstrahligen Sterns ist, der Segen und Wohlergehen bringt. Bürgerliche Kochbücher bringen ähnliche Rezepte und nennen sie **gebackene Rosen**.

Backwerk

„Dampfnudl hab'n ma gestern g'habt,
Dampfnudl hab'n ma heit,
Dampfnudl hab'n ma alle Tag,
sooft's oar geit! "

„Dampfnudl in da Zwetschkenbrüah
oder mit Sauerkraut –
dös glaubt's, dös is a rari Kost,
da wird glei' einig'haut."

Zwischen diesen beiden Aussagen lag wohl die Wirklichkeit. Ein Lied aus der Julbacher Gegend (Mühlviertel) schildert folgenden Speiseplan:

„Heint ham ma Montag.
Da ham ma Sauerkraut!
Heint ham ma Dienstag,
da ham ma Leberknödel.
Heint ham ma Mittwoch,
da ham ma Dampfnudeln.
Heint ham ma Donnerstag,
da ham ma Fleischtag.
Heint ham ma Freitag,
da ham ma Fasttag.
Heint ham ma Samstag,
da ham ma Geldtag.
Heint ham ma Suntag,
da ham ma Rasttag."

Mühlviertler Dampfnudeln

700 g Mehl, 40 g Germ, Salz, ca. $^3/_8$ l Milch, 2 Eier, Fett

Aus wenig Mehl, aufgelöster Germ und etwas lauwarmer Milch ein Dampfl (daher der Name der Nudeln) anmachen, gehen lassen. Dann mit den übrigen Zutaten vermengen und einen mittelfesten Germteig bereiten. Gehen lassen, in Form von eigroßen Teigwürfeln ohne Fülle in eine Pfanne mit zerlassenem Fett setzen. Im heißen Rohr goldbraun backen. Kurz vor Ende der Backzeit mit heißer, gezuckerter Milch übergießen. Heiß servieren; bei Tisch kann man heiße Milch nachgießen. Im oberen Innviertel nennt man die Dampfnudeln anschaulich auch „Aufganga und Niederghockerlt".

Roggene Nudeln

200 g helles Roggenmehl, 1 Ei, $^1/_8$ l Wasser, 20 g Germ, etwas Butter, Salz; Milch, Rindschmalz; $^1/_4$ l Milch, 3 Eier, Obers oder Rahm, Salz

Mehl auf Nudelbrett sieben, Eier, lauwarmes Wasser mit darin zergangener Butter und aufgelöster Germ geben, salzen, mit der Gabel zu einem Teig verarbeiten, dann glatt kneten. Zugedeckt gehen lassen. Dann den Teig zu Rollen formen, in 2 bis 3 cm lange Stücke schneiden, diese zu fingerlangen, schwach bleistiftgroßen Nudeln wuzeln, in eine gefettete Rein legen, so viel Milch dazugießen, daß die Nudeln davon fast bedeckt sind. Im mittelheißen Rohr aufgehen lassen und unter öfterem Umrühren garen, bis die Milch verkocht ist. Jetzt die Nudeln kräftig mit Rindschmalz schmalzen, mit einer Mischung aus Milch, Eiern, Obers und Prise Salz begießen und diese im Rohr stocken lassen. (Südliches Innviertel, Kobernaußen)
Dazu ißt man Salat, Kraut oder – gezuckert – Kletzenbrühe. Der Roggennudelteig eignet sich auch besonders als „Haut" zu den Kübelspeck-Knödeln.

Rohrnudeln, Wuchteln, Buchteln

400 g Mehl, Salz, $^1/_8$ l Milch, 2 Dotter, 50 g Zucker, 50 g Butter, 20 g Germ; Fett

Die Rohrnudeln werden, nachdem der Teig gegangen ist, zu einer Art Buchteln geformt, in eine gefettete Pfanne dicht nebeneinander gesetzt und im Rohr gebacken.
Die Dampf- und auch die Rohrnudeln („Roanudl") wurden im Innviertel wochentags aus Roggenmehl („roggene Nudeln"), sonntags aus Weizenmehl („woazene Nudeln") gemacht. Dazu löffelte man gern eine Brühe aus gekochten Dörrzwetschken oder Kletzen. Im oberen Innviertel aß man die Nudeln auch zur Abendsuppe, im Sommer eher Dampf-, im Winter mehr Rohrnudeln. Ältere Leute essen auch heute dazu noch Sauerkraut.
Geformt werden die Nudeln gegendweise verschieden: mit einem in Fett oder Milch getauchten Löffel sticht man eigroße Teignocken aus, formt sie auf dem Brett zu „Nudeln", oder man rollt den Teig auf dem Brett

aus, sticht mit dem Krapfenausstecher fingerdicke Laibchen aus und setzte sie in die Pfanne. Auf jeden Fall taucht man sie vorher rundherum in flüssiges Schmalz. Meine Mutter füllte die „Rohrnudeln" gern mit frischen (oder gedörrten, aufgeweichten) Zwetschken, mit Kirschen, Heidelbeeren, einer Marmelade oder einer Handvoll blättrig geschnittenen (geschälten) Äpfeln – „trocken" aßen wir sie nicht gern. Am liebsten waren uns die vom Rand der Rein, denn diese hatten knusprige Rammel. Mein Vater, aus dem oberen Innviertel stammend, aß sie lieber ungefüllt zu Sauerkraut.

Linzer Köchin mit Goldhaube am Sparherd. Titelblatt aus dem „Linzer Kochbuch" der Niederederin, Ausgabe 1859.

Schmiedhamer Krapfen („Zoadln", Zelten)

Ca. 500 g Mehl, 40 g Germ, Milch, 2 Eier, Zucker, Fett

Einen Germteig mit Dampfl machen, etwas zuckern, dann gehen lassen. Vom Teig kleine Stücke ausstechen, diese länglich ausziehen, in der Mitte eine kleine Mulde ziehen (wie bei den Bauernkrapfen). Auf gefettetem Blech im Rohr backen. Noch heiß mit zerlassener Butter kräftig bestreichen und mit grobem Salz bestreuen. Das Butterschmalz muß in der Mulde zu stehen kommen. Zu den „Zoadln" ißt man in Frankenmarkt Sauerkraut oder eine Gemüsesuppe. Die restlichen Stücke verwendet man an Sonntagen als Knödelbrot.

„Bunk(e)l", „Schlögel", „Schedl", „Schober", „Wagga"

500 g glattes Mehl, 2 Eier, 80 g zerlassenes Rindschmalz, 100 g Zucker, Prise Salz, ca. 1/4 l Milch; Dampfl aus 40 g Germ, 1 TL Zucker, nach Bedarf Milch und Mehl; nach Wunsch Marmelade oder Rosinen (Weinbeeren); Schmalz für die Rein. – Zum „Weinbeerlbunkl": 400 g Mehl, 50 g Zucker, 120 g Butter, 1 Ei, 1 Dotter, 30 g Germ, ca. 1/4 l Milch, Weinbeeren; Fett

Aus dem aufgegangenen Dampfl (wie bei den Dampfnudeln ausgeführt), dem angewärmten Mehl und den übrigen Zutaten einen lockeren Germteig schlagen. Zugedeckt aufgehen lassen (beim **„Weinbeerlbunkl"** dann die Weinbeeren einrühren). Teig in eine gut gefettete Rein füllen (nach Wunsch etwas Marmelade schichtweise aufstreichen), mit zerlassener Butter bestreichen, nochmals zugedeckt gehen lassen und bei Mittelhitze im Rohr knusprig braun backen.

Während es bei uns zu Hause am Freitag zu Mittag meist Rohrnudeln gegeben hat, bekamen wir am Samstag abends zur Milch- oder Kaffeesuppe manchmal einen „Bunkl", in einer runden Rein oder Form (ohne Mittelzapfen) gebacken. Die Bezeichnung „Bunkl" oder „Bunggö" (oberösterreichischer Zentralraum, Salzkammergut) erklärt sich am ehesten aus dem Eigenschaftswort „bunkad" = knollig, dick, prall (bzw. vom mittelhochdeutschen „bunge" = Trommel, Pauke). Dieser Germteigkuchen – ähnlich dem Kärntner Reinling – ist in Oberösterreich unter den verschiedensten Namen bekannt: „Schä(e)dl" (unteres Innviertel, oberes Mühlviertel), „Wagga", „Wacker" (aus tschechischem wakar; nordöstliches Mühlviertel),

„Schlögl“ (oberes Innviertel), „Schober“, „Schowa“ (Traunviertel). Nach der Schwertberger Kostordnung um 1750 gab es für die Dienstboten am Samstag zu Mittag „Schober oder Goglhopf, Item ein Milchsuppen und Kraut“. Im Mühlviertel aß man am 24. Dezember nur den weichen „Mehlschädl“ und dazu gesottene Birnkletzen oder „Äpfelfeigen“, im oberen Innviertel gab es den „Weizenschlägl“ am Karfreitag. Als Kinder haben wir uns auf den „Bunggö“ stets sehr gefreut, besonders wenn die Mutter uns erlaubte, ihn noch ofenwarm essen zu dürfen, eine köstliche Sünde, die sie uns nur in beschränktem Ausmaß durchgehen ließ – er wäre sonst „auf einem Sitz“ gegessen worden. Als die Lisitant, eine ausgezeichnete Köchin, uns einmal einen „städtischen“ Gugelhupf gebacken hat, erfuhren wir Kinder erstmals, daß es über den „Bunkl“ hinaus noch eine Steigerung geben kann.

Apfelzelten

1000 g Mehl, 500 g Fett (Butter, Margarine), 5 Handvoll Zucker, etwas Salz, 5–6 EL saurer Rahm, 3 EL verdünnter Essig, Zimt; 1000 g Äpfel; Eiklar

Mehl mit Fett, Zucker und Prise Salz abtreiben (Fett nicht zergehen lassen!), dann mit den anderen Zutaten zu einem nicht zu festen Mürbteig kneten, gut eine halbe Stunde im Kühlen rasten lassen. Inzwischen die Äpfel feinblättrig schneiden. Dann den Teig ausrollen, in zwei Teile teilen, den einen Teil auf das Backblech legen, den Rand mit Eiklar bestreichen, die Apfelspalten 2 bis 3 cm hoch auflegen, mit Zucker und Zimt bestreuen, die zweite Teigfläche darauflegen, am Rand etwas andrücken, mit einer Gabel mehrmals bis zu den Äpfeln durchstechen und bei mittlerer Hitze hellbraun backen. (Anni Wolkerstorfer, Neufelden)

Apfelmaultaschen

Einen sehr weichen Erdäpfelteig (siehe Seite 274) zu größeren, sehr dünnen Flecken auswalken (in der Größe eines Nudelflecks), dann heißes Fett darauf verstreichen, ebenso Rahm, Apfelstücke daraufgeben, zukkern, einrollen und in einer gefetteten Rein im Rohr knusprig backen. Zum Schluß etwas Milch oder Ei mit Milch darangießen und zugedeckt im Rohr noch etwas nachbacken, damit sie sehr saftig werden. (Anni Wolkerstorfer, Neufelden)

Gerade die Bauernküche Oberösterreichs kam nicht ohne **Torten** aus. Allerdings holte man sich, vor allem wenn es ums Prestige ging, wie bei Hochzeiten und Primizen, versierte Köchinnen aus dem Dorf, aus der Verwandtschaft, eine Pfarrersköchin oder eine Wirtshausköchin, nicht zuletzt zum Ausfertigen der Torten. Torten zum Hochzeitsmahl bürgerten sich erst nach dem Ersten Weltkrieg auf dem Lande ein.

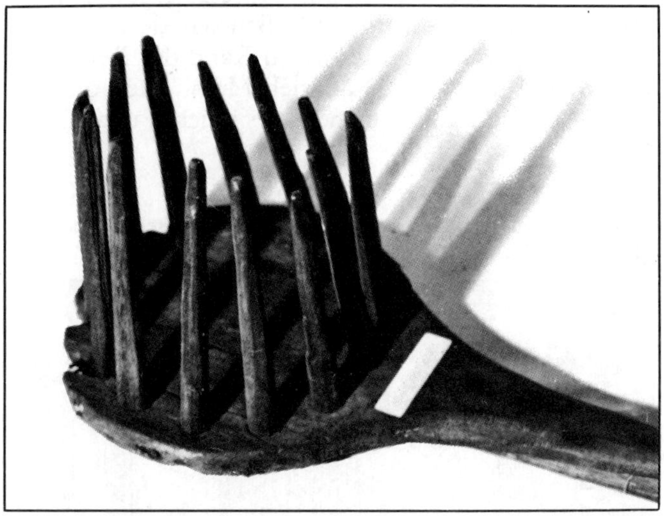

Apfelbrocker.

Eine Innviertler Hochzeit (ebenso das „Hochzeitstragen“, wenn die geladenen Hochzeitsgäste, Nachbarn, Verwandten ihre Geschenke im Haus der Braut abgaben) war dann ohne zwanzig und mehr Torten nicht denkbar. Auf einen Bauerntisch kamen Torten meist nur zu Weihnacht, Neujahr und Dreikönig, weniger zu Ostern. Es fällt auf, daß es in der Mundart nach wie vor wie schon zur Barockzeit „der Tortn“ und nicht „die“ Torte heißt. Die Torten, die in einer Bauernküche gebacken wurden, waren meist gängigen Kochbüchern entnommen, bewährte Rezepte wurden untereinander ausgetauscht, abgeschrieben und ins eigene „Repertoire“ aufgenommen. Ich selbst und auch meine Schwester Marianne haben in Kindertagen hin und wieder so ein Rezept in das Kochbuchheft unserer Mutter einschreiben dürfen.

„B'soffener Kapuziner“

4 Dotter, 4 Eiklar, 140 g Zucker, 50 g Brösel, 50 g geriebene Nüsse, 1 Rippe Schokolade, je $^1/_2$ TL Zimt und Gewürznelken; Butter und Brösel für die Form; Glühmost (1–2 EL Zucker, $^1/_8$–$^1/_4$ l Most, 1 Stück Zimtrinde und Zitronenschale)

Dotter und Zucker schaumig rühren, dann Brösel, geriebene Nüsse und Schokolade, Zimt und Gewürznelken einrühren. Zuletzt den mit etwas Zucker steif ausgeschlagenen Schnee unterheben. Eine hohe Tortenform mit Butter ausstreichen, mit Bröseln ausstreuen, die Masse einfüllen und bei mittlerer Hitze backen. Dann stürzen und auskühlen lassen. Schließlich mit dem Glühmost (Most mit den Zutaten aufkochen) übergießen. Im großen Mehrnbacher Kochbuch (1841) heißt es dazu: „Gib Glühwein darüber, mit Schado zur Tafel." Es genügt auch, einen einfachen Biskuit-Kuchen mit Glühmost zu übergießen.
In vielen handgeschriebenen bäuerlichen Kochbüchern aus dem Innviertel habe ich eine Art Triët (siehe Seite 273) als „besoffenen Kapuziner" bezeichnet gefunden. So ein Rezept lautet dann: „Rindle drei Semmeln ab, backe es aus dem Schmalz, dann fülle es mit Eingesottenem, die Semmeln müssen ausgehöhlt werden. Schütte dann 1 Seitl (= 0,35 l) warmen Wein mit Zucker und Gewürz darüber, lasse es auflaufen und noch ein wenig ins Rohr geben."

„Nußtorte vom Linseder"

170 g Zucker, 7 Dotter, 1 Ei, 110 g geriebene Nüsse, 7 Eiklar, 50 g Brösel; Fett; Marmelade, Glasur, Nüsse

Zucker, Dotter und Ei schaumig rühren, geriebene Nüsse und Brösel einrühren, zuletzt den steifgeschlagenen Schnee unterheben. In eine gefettete Form füllen und bei guter Hitze im Rohr backen. Stürzen, erkalten lassen, in der Mitte durchschneiden, mit Marmelade bestreichen, mit weißer Glasur überziehen und mit halbierten Nüssen verzieren.

Innviertler Primiztorte (Karottentorte)

250 g Zucker, 5 Dotter, 250 g Karotten, 200 g Mandeln, 50 g Mehl, 1 EL Rum, 5 Eiklar; Fett, Mehl; Kaffeecreme, Mandeln, Rumglasur (200 g Staubzucker, Rum)

Zucker nach und nach mit den Dottern schaumig rühren, feingeriebene Karotten, abgezogene geriebene Mandeln, Mehl und Rum nach und nach dazurühren. Zuletzt den Schnee darunterheben. In eine gefettete, gestaubte Tortenform füllen und bei mäßiger Hitze eine gute Stunde backen. Erkalten lassen, durchschneiden und mit Kaffeecreme füllen, auch außen mit der Creme einstreichen und mit gestiftelten Mandeln bestreuen. Kann auch ohne Cremefülle serviert werden, dann nur überzuckern oder mit Rumglasur überziehen.

Traunkirchner Torte

250 g Butter, 55 g Staubzucker, Vanillezucker, Zitronenschale und -saft, 280 g Mehl; Mandeln, Ei, Fett; Creme: 4 Eiklar, 4 EL Zucker, 4 EL Marmelade; Schlagobers, kandierte Weichseln

Butter und Zucker schaumig rühren, feingeriebene Schale und den Saft einer Viertel Zitrone dazurühren. Das Ganze mit dem Mehl auf dem Brett rasch abwirken, kühl rasten lassen, dann ausrollen und 4 bis 6 gleich große Tortenböden ($^1/_2$ cm dick) daraus formen. Diese auf befettetem, bemehltem Backblech bei stärkerer Hitze backen. Vor dem Backen das schönste Blatt mit Ei bestreichen und mit stiftelig geschnittenen Mandeln und Zucker bestreuen. Blätter auskühlen lassen, mit gezuckertem Obersschaum, Schlagobers oder mit folgender Creme füllen: 4 Eiklar steif schlagen, mit Zucker ausschlagen und mit Marmelade (Himbeermarmelade) vermengen. Dann füllen. Vor dem Servieren Oberfläche mit Schlagobers bestreichen, mit kandierten Weichseln verzieren. Die Torte soll 2 bis 3 Tage alt sein, schrieb die Lambrechtner Unterwirtin, Frau Schwarz, in ihrem Kochbuch zu diesem Rezept. Schon die Rokitansky führt diese Torte an, Hess und andere Autoren übernahmen sie in ihren Kochbüchern.

Dunkle Linzer Torte

140 g Mehl, 140 g Butter, 140 g Zucker, 140 g Mandeln, mit Schale gerieben (oder Haselnüsse), 3 Dotter (manche nehmen auch 3 passierte hartgekochte Dotter), Zitronenschale, Gewürznelken, Zimtpulver, Prise Salz, 250 g Ribiselmarmelade; 1 Ei

Mehl auf Brett sieben, blättrig geschnittene Butter dazugeben und miteinander verbröseln. Mandeln, geriebene Zitronenschale, Zucker, Gewürznelken, Zimtpulver und Dotter beigeben und rasch zu einem Mürbteig verarbeiten. (Wenn notwendig, etwas Weißwein beigeben.) Eine Stunde kühl rasten lassen. Dann mit zwei Dritteln des Teiges den Boden einer Tortenform (Durchmesser ca. 20 cm) auslegen. Mit Ausnahme eines fingerbreiten Randes diesen Boden mit Ribiselmarmelade bestreichen. Vom restlichen Teig fingerdicke Röllchen formen und rautenförmig darüberlegen, zuletzt mit einer dickeren Teigrolle rundherum abschließen. Rand und Gitter mit versprudeltem Ei bestreichen. In die Mitte gehobelte Mandeln streuen. Bei mäßiger Hitze (180 bis 200 Grad) 20 bis 25 Minuten backen. Vor dem Bestreichen mit Marmelade kann man eine Oblate auf die Teigfläche auflegen. Erkaltet aus der Form nehmen und zwei bis drei Tage ruhen lassen.

Für einen Besuch, für Sonn- und kleinere Feiertage wird oft rasch ein einfacher Kuchen, eine Roulade oder ein süßes Brot bereitet, im Sommer und Herbst gern auch mit dem jeweils anfallenden Obst oder Wald- und Gartenfrüchten versehen. Zu den hohen Feiertagen, namentlich zu Weihnachten, bäckt man vor allem Kleinbackwerk, Lebkuchen u. a., teils als Christbaumbehang, teils für den Nachtisch oder für Besuche.

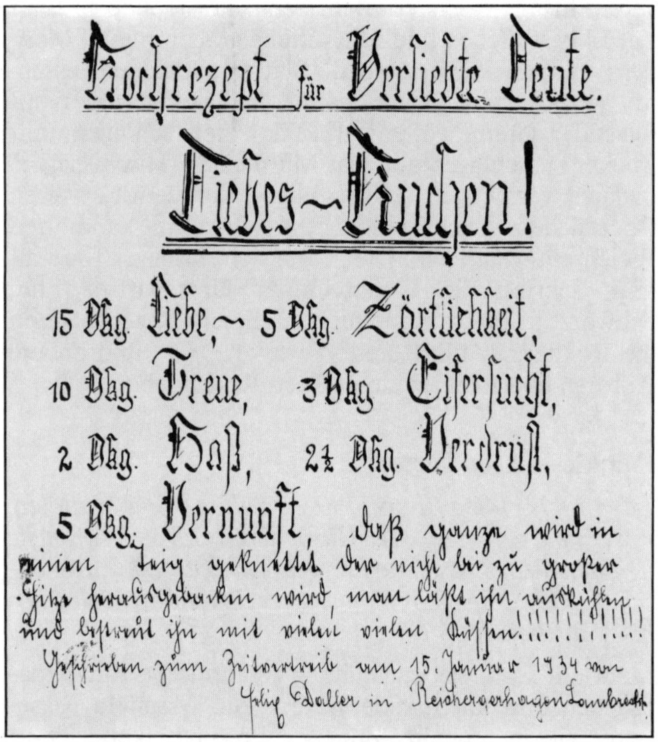
Kochrezept für Verliebte Leute.
Liebes-Kuchen!
15 Dkg. Liebe, 5 Dkg. Zärtlichkeit,
10 Dkg. Treue, 3 Dkg. Eifersucht,
2 Dkg. Haß, 2½ Dkg. Verdruß,
5 Dkg. Vernunft, daß ganze wird in einen Teig geknetet der nicht bei zu großer Hitze herausgebacken wird, man läßt ihn auskühlen und bestreut ihn mit vielen vielen Küssen!!!!!!!!!!!!!!
Geschrieben zum Zeitvertreib am 15. Jänner 1934 von Felix Daller in Reichergerhagen Lambrecht

Dieses Scherzrezept findet sich im handgeschriebenen Kochbuch der Anna Schwarz, Unterwirtin in Lambrechten, um 1930.

Häferlkuchen

2 Tassen Mehl, 1 Tasse Milch, 1 Tasse Zucker, 1 Päckchen Vanillezucker, 2 Eier, 1 Päckchen Backpulver, 100 g Butter (oder 80 g Butterschmalz)

Fett, Zucker, Vanillezucker und Eier nach und nach schaumig rühren, Milch und dann das mit Backpulver vermengte Mehl einrühren. Die Masse in eine gefettete Pfanne geben, mit frischen Kirschen, Erdbeeren oder anderem Obst belegen und bei Mittelhitze im Rohr backen. (Traunviertel)

Zwetschkenkuchen

370 g Butter, 5 Eier, 370 g Zucker, 750 g Mehl, 1 Päckchen Backpulver, Zwetschken, Ei

Butter und Eier nach und nach verrühren, Zucker dazurühren. Mehl, mit Backpulver vermengt, einrühren. Masse auf gefettetes, gestaubtes Backblech streichen, halbierte entsteinte Zwetschken (auch Kirschen, Heidelbeeren oder Marmelade) daraufgeben. Zu der restlichen Masse noch etwas Mehl einmengen, daraus Röllchen formen und ein Gitter auf die Früchte legen. Mit Ei bestreichen. Im Rohr bei mäßiger Hitze backen. Die Lambrechtner Unterwirtin vermerkte zu diesem Rezept: „Recht praktisch!“

Apfelpackerln, „Öpfibaiki“

250 g Schmalz oder Margarine, 50 g Zucker, 500 g Mehl, milder Mostessig; Äpfel, Zucker, Zimt; Eidotter

Fett mit Zucker schaumig rühren, Mehl und so viel Mostessig dazugeben, daß sich ein mittelfester Teig kneten läßt. Zugedeckt eine halbe Stunde kühl rasten lassen. Dann etwa $^1/_2$ cm dick ausrollen, in rechteckige Flecken schneiden, in die Mitte dünnblättrig geschnittene Äpfel, mit Zucker und Zimt gewürzt, geben, die Teigränder mit Eiklar bestreichen, über der Fülle zusammenschlagen wie bei den Kolatschen. Die Innviertler „Apfelbeikl“ werden wie Palatschinken gefüllt und übereinandergeschlagen. Mit zerklopftem Dotter bestreichen, auf einem leicht befettetem Backblech bei 200 Grad im Rohr etwa eine halbe Stunde backen.
Die Nanni-Tante in Taiskirchen nahm zum Teig stets „Buttersauß“ (Rest der gekochten Butter) – ihre „Öpfibaiki“ waren besonders mürb und „g'schmackig“. Anstelle von Äpfeln kann man auch halbierte, entsteinte, gut gezuckerte Zwetschken nehmen **(„Zwöschpnbaiki“).**

Wasserkipferln

500 g Mehl, 40 g Germ, $^1/_4$ l Obers, 250 g zerlassenes Fett, Milch, 1 Ei, 2 Dotter, Salz, Zucker

Aus Germ, etwas Mehl und lauwarmer Milch ein Dampfl anmachen, gehen lassen, dann mit Mehl und restlichen Zutaten einen mittelweichen Germteig kneten, in eine Serviette einschlagen und ins kalte Wasser hängen. Danach zu dünnen Rollen drehen, kleine Kipferln daraus formen, mit Ei bestreichen, mit Zucker bestäuben und im mittelheißen Rohr rasch backen.

Plohberger Schnitten

150 g Butter, 150 g Zucker, 1 Ei, 3 Dotter, 3 Eiklar, 150 g Mandeln oder geriebene Nüsse, 150 g geriebene Kochschokolade, 50 g Mehl; Glasur: ca. 300 g Staubzucker, Zitronensaft, 2 EL heißes Wasser, 1 Eibecher Rum

Butter mit Zucker, Ei und Dotter nach und nach schaumig rühren, dann geriebene Nüsse oder Mandeln, Schokolade und Mehl einrühren, zuletzt den steifen Schnee unterheben. Masse 1 cm dick auf ein gefettetes Backblech streichen und backen. Abkühlen lassen. Dann mit der Glasur (Staubzucker mit heißem Wasser, Zitronensaft und Rum gut verrühren) nicht zu dünn bestreichen und in Stücke schneiden. Das gleiche Rezept fand ich im handgeschriebenen Kochbuch der Frau Schwarz in Lambrechten.

Zaunerstollen

240 g geriebene Schokolade, $^1/_4$ l Obers, 120 g geriebene Nüsse, 110 g zerbröselte Waffeln oder Oblaten; Öl, Schokoladeglasur

Schokolade in Obers unter ständigem Rühren aufkochen, auskühlen lassen, dabei schlagen, bis die Masse steif ist. Ausgelöste Nüsse im ganzen rösten, dann reiben und mit den zerbröselten Waffeln zur Obersmasse mengen. In eine mit Öl ausgepinselte Form (Bogenwandel oder Rehrückenform) füllen und kalt stellen. Nach einem Tag stürzen, mit einer Schokoladeglasur bestreichen, dünn aufschneiden. Oder mit einer Tunkmasse überziehen. Halten fast unbegrenzt.

Dieses bereits an die siebzig Jahre alte Rezept gehört zu den berühmten Süßigkeiten der traditionsreichen Konditorei Zauner in Bad Ischl. Der Konditormeister Johann Zauner kam 1820 aus dem niederösterreichischen Haugsdorf nach Ischl, eröffnete 1832 in der Pfarrgasse seine Café-Konditorei und wurde Mitte des 19. Jahrhunderts Hoflieferant nicht nur für die sommerliche Ischler Kaiserresidenz, sondern auch für Wien.

Butterstangerln

500 g Butter (oder Margarine), 100 g Mehl; 400 g Mehl, 1 Ei, ca. $^1/_4$ l Wasser, Weißwein, 1 EL Essig oder Rum, Prise Salz; Eiweißglasur („Eis"): 2–3 Eiklar, $^1/_2$ Zitrone (Saft), 2 EL Mehl, Staubzucker

Butter oder Margarine feinblättrig schneiden, mit 100 g Mehl rasch verarbeiten. Zugedeckt kalt stellen. Aus Mehl, Ei, Wasser, Essig (oder Rum) und Prise Salz einen Strudelteig bereiten. Ebenfalls zugedeckt rasten lassen. Dann Strudelteig rechteckig, $^1/_2$ cm dick, ausrollen, den Butterziegel darin einwickeln, beide Teile zusammen mit dem Nudelwalker rechteckig ausrollen, die Teigplatte wieder in Ziegelform zusammenlegen. Zugedeckt im Kühlen rasten lassen. Diesen Arbeitsgang noch 4- bis 5mal wiederholen. Dann den Teig $^1/_2$ cm dick ausrollen, mit Eiweißglasur bestreichen, Streifen von 2 cm Breite und 10 cm Länge ausradeln. Auf kalt abgespültes Backblech legen, im vorgeheizten Rohr bei 220 bis 240 Grad Celsius backen. Sobald sie aufgegangen sind und die Glasur sich etwas abzuheben beginnt, auf 180 Grad zurückschalten und fertig backen. Die Glasur muß fast weiß bleiben. *Eiweißglasur:* Eiklar mit Saft einer halben Zitrone, Staubzucker nach Bedarf und Mehl zu einer dickflüssigen, schneeweiß glänzenden Masse verrühren (mit der Hand, keineswegs mit dem Handmixer!). (Christl Maier, Lambrechten)

Das Butterstangerl-Rezept der Jobst'n Nani, einer alten Köchin aus meinem Heimatort, lautet so: Butterziegel: 300 g Butter, 150 g Mehl; Strudelteig: 150 g Mehl, Prise Salz, $^1/_8$ l Weißwein oder gezuckerter Most oder Essigwasser, 3 Dotter; Glasur: 2 Eiklar, 5 EL Zucker, 1 TL Mehl, Saft einer halben Zitrone. Meine Schwester Marianne machte im handgeschriebenen Kochbuch unserer Mutter folgende Bemerkung zu diesem Rezept: „$^1/_4$ Stunde bei guter Hitze (harter Wit!) backen. Nicht öfter als einmal nachschauen!"

Aus dem gleichen Teig können auch Schaumrollen und „Bachta" bereitet werden. Für **„Bachta"** wird der Butterteig viereckig (ca. 5 × 5 cm) oder rechteckig ausgeradelt, im Rohr wie die Butterstangerln gebacken und erst nach dem Auskühlen mit ein paar Tupfen oder Fäden der Eiweißglasur verziert. „Auch die **‚Handstitzl'** werden so gemacht", schrieb unsere Nachbarin Anna Dick in ihr Kochschreibheft, „nur weniger Butter wird dazu genommen."

Anisstangerln der Tante Anna

210 g Zucker, 210 g Mehl, 3 Eier, Anis

Zucker, Eier und Mehl zu einer Masse verrühren, auf ein mit Butter bestrichenes Backblech streichen, mit Anis bestreuen und goldgelb backen. Nach dem Backen in Stangerln schneiden.

Die Tante Anna hatten wir Kinder besonders ins Herz geschlossen. Ich erzählte schon in meinem „Großen Sacher Kochbuch", wie wir ihr beim Krapfen-Backen gern Streiche spielten. Zum Nikolo warteten wir schon sehnsüchtig auf das große Paket, das sie uns jedes Jahr schickte – es war voll von Bäckereien und kleinen Geschenken.

„Man nähme drey Untzen schwartzigs Mehl, sieben Schaffel Honig und die gleiche Stuck an Eyern", heißt es im „Receptbuch Josephi Leuchtenmüllner de anno 1699", einem braunen Folianten, in Leder gebunden, einem Rezeptbuch eines Meisters der Lebzelter- und Wachszieherzunft in Oberösterreich. 57mal heißt es darin noch: „Man nähme . . .", ferner gibt es 18 Rezepte für süßen Met und 11 für Fasten- und Faschingsgebäck. Das Gewerbe der Lebzelter, Wachszieher und Metsieder zählte in Oberösterreich zu den bedeutendsten, Model in Heimatmuseen und „Lebzelthäuser" in verschiedenen Orten erinnern heute noch daran. Die Erzeugnisse dieses Gewerbes begleiteten einst den Menschen das ganze Leben, mit Tauf- und Sterbekerzen, Erstkommunions- und Hochzeitskerzen bzw. -wachsstöcken. Als sich im 16. Jahrhundert die Wiener Meister zu einer Zunft vereinigten, folgten ihnen bald die Lebzelter aus Nieder- und Oberösterreich. Die weit im Land bekannten Linzer Oster- und Bartholomäusmärkte boten wichtige Absatz- und Handelsmöglichkeiten. Auf dem Bartholomäusmarkt in Linz von 1583 hatten vier Lebzelter aus Steyr, vier aus Wels, einer aus Freistadt und einer aus Hellmonsödt ausgestellt. Den Lebzeltern aus Urfahr wurden zu Weihnacht, Neujahr, Christi Himmelfahrt, Pfingsten und Nikolo Stände in Linz bewilligt. In Gmunden ist es am Sonntag Lätare (vierter Fastensonntag), am „Liebstattsonntag", der Brauch, „den nahen Nächsten" mit einem Lebzelten „die Liebe abzustatten". Ende des vorigen Jahrhunderts sollen dabei auf den Straßen Gmundens regelrechte „Busserlschlachten" ausgetragen worden sein. Der Passauer Bischof Leopold Wilhelm hatte 1628 einen Brauch der mittelalterlichen Fronleichnamsbruderschaft wieder zu neuem Leben erweckt: nach der Messe am Lätare-Sonntag die Armen der Stadt zu einem Festmahl in den Pfarrhof einzuladen. Im Laufe der Jahre wurde daraus der heutige Brauch. Mit der Lebzelterei waren auch Wachszieherei und Metsieden eng verbunden, weil der Honig bzw. das Wachs zu allen drei Sparten benötigt wurde und weil der Honig in Fässern geliefert worden war, in die man die Bienenwaben einfach hineingepreßt hatte. Die Trennung von Honig und Wachs brachte als Nebenprodukt das Honigwasser, das man zu Met verarbeitete; es wurde als Süßmet, als starker oder vergorener Met oder als Verschnitt aus beiden Sorten verkauft. Durch die engen Handelsbeziehungen mit dem Osten wurde der Linzer Honigmarkt zu einem bedeutenden Wirtschaftsfaktor für die Stadt im Mittelalter bis herauf in die Barockzeit.

Lebzeltmodel aus Steyr.

Weihnachtsgewürzschnitten

6 Eier, 4 EL warmes Wasser, 500 g Rohzucker, 100 g Honig, 3 EL Rum, 2 TL gemahlene Nelken, 2 TL gemahlener Zimt, 2 TL Lebkuchengewürz, 2 TL Pottasche, 120 g geriebene Schokolade, 500 g Mehl, 250 g gehackte, ungeschälte Mandeln, 90 g gehacktes Orangeat; Glasur: 150 g flüssige Schokolade, 50 g gehackte, ungeschälte, etwas angeröstete Mandeln

Eier und warmes Wasser schaumig schlagen (im Mixer), dann Rohzucker nach und nach beigeben und weiterschlagen, bis die Masse cremig ist. Die Gewürze in Rum auflösen. Pottasche in wenig Wasser auflösen, beides der Eiermasse beigeben. Honig auf Körpertemperatur anwärmen, dünnfließend mit dem Kochlöffel einrühren. Zuletzt gehackte Mandeln, gehacktes Orangeat und geriebene Schokolade mit dem gesiebten Mehl vermengen und darunterheben. Masse auf gut gefettetes, gemehltes Backblech ca. 2 cm dick aufstreichen, bei mittlerer Hitze (190 Grad) im vorgeheizten Backrohr backen. In Schnitten schneiden, ausgekühlt mit flüssiger Schokolade bestreichen und mit den Mandeln bestreuen.

Brot und Brauchtumsgebäcke

„Alt's Braod is nöt höcht, koa Braod, dös ist höcht" (altes Brot ist nicht hart, kein Brot, das ist hart) und „a weng a Braod is a guada G'föhrt", sagt der Oberösterreicher, denn für ihn war und ist Brot stets ein „guter Gefährte", zur Milch- und sauren Suppe, zum Most, zur Jause, zum „Voressen", besonders zum Sauerkraut, zur „Dreiuhrjause" oder „Untern" und zur Suppe am Abend. Die Bauernköchin verwendet das Brot zu Knödeln und „båchanen Schnidn". Wer Brot bei sich trägt, so die Sage, über den habe der Teufel keine Macht; jeder Scheidende nahm ein Stück „Heimwehbrot" von zu Hause mit. Gevattersleute steckten ihrem neuen „Godnkind" das „Krösengeld", das sind drei Stücke Brot, neben dem Einbindegeld (drei kleine Geldstücke) und drei Palmmudeln in die Windeln, ehe sie in Begleitung des Vaters und der Hebamme zum „Taufgang" in die Kirche aufbrachen. Einer Braut wurde nach dem Kirchgang vor dem Hochzeitshaus u. a. ein Laib Brot gereicht, von dem sie das „Scherzl" abschnitt und es sorglich aufbewahrte, damit nie Mangel und Not im Ehestand eintrete; der restliche Laib wurde den Hochzeitsgästen gereicht. Zur Nachtwache bzw. beim „Beten" bei einem Toten im Haus setzte man den Betern Brot, Most, Schnaps und Tabak zur Stärkung vor (die Frauen bekamen auch Kaffee und einen „Bunkl"); Brot muß auch der „Krabitter" (Kirchenbitter) bekommen, der, wenn jemand gestorben ist, zu Nachbarn, Freunden und Verwandten zur Teilnahme am Begräbnis „einsagen" (einladen) geht. Das Brotgeschenk ist notwendig, sonst läßt er den Tod im Haus zurück. Auch der Fuhrmann und die Zugpferde des Leichenwagens bekamen je ein Stück Brot. Ebenso durfte das Brot bei der Totenzehrung nicht fehlen, sonst nimmt man den Tod mit nach Hause. Selbst dem Käufer eines Stücks Viehs gibt man ein Stück Brot als Glücksbrot mit, der neue Besitzer gibt dem Tier etwas davon mit Salz und Weihwasser im neuen Stall zu fressen. „Mit der Gottesgab darfst nöt urassn" (verschwenderisch umgehen), heißt es, und in Braunau „greint der Himmelvater" (es donnert), wenn einer Brot wegwirft.

Die meisten Bauernhäuser Oberösterreichs hatten ihren eigenen Backofen, oft ein eigenes „Bahhäusl" (Backhaus), ein gemauertes kleines Gebäude, in der Nähe des Hofes, aber außerhalb der Wirtschaftsgebäude, oder eine „Bahkuchl" im Haus, die an eine alte Rauchküche erinnert. Das Innengewölbe des gemauerten Backofens hat man aus Ziegeln gebaut, in die Bodenfläche wurden auch Kieselsteine eingebettet, um die Wärme besser zu halten. Mein Firmpate, der Gaderbauer zu Baumgarten, hatte schon vor 1918 einen eisernen Backofen in der Stube stehen (in Verbindung mit einem Kachelofen) – er war ein von uns Kindern stets bestauntes Ding.

Der oberösterreichische Bauernbrotlaib hat einen Durchmesser von 40 bis 50 cm und ein Gewicht von drei bis vier Kilogramm. Das Brotmehl setzt sich aus Roggenmehl und Weizenmehl zusammen (einem 60 bis 70 Prozent ausgemahlenen Mehl); im oberen Innviertel nimmt man $^2/_3$ Weizen- und $^1/_3$ Roggenmehl, die „Tann'zapfenwaldler" (Bewohner des Sauwalds) nehmen $^2/_3$ Roggen- und $^1/_3$ Weizenmehl. Früher hat man neben dem Suppenbrot in manchen Häusern ein besseres Jausenbrot gebacken, das mehr Weizenmehl enthielt (so in Altschwendt, St. Pantaleon); die Gewürze waren die gleichen: Salz, Kümmel, Fenchel, Anis und eventuell Koriander. In einem alten Wirtschaftsbuch (1601–1612) des Herrn Philipp Jakob von Gruenthal, Besitzer vom Kremseck, steht: „Im Backen pflegt H. W. R. v. Gr. unter das Hausbrot unter 15 Metzen Korn 3, 4 bis 5 Metzen Wicken zu tun ... Unter $^1/_2$ Mut (1 Mut = 30 Metzen) Treid 3, 4 oder 5 Metzen Gersten gemischt, wird das Brot kräftiger, weiß und gleich schön ..."

Gebacken wurde alle vierzehn Tage (für 8 bis 10 Erwachsene rechnet man etwa 25 Laibe). Aufs Brotbacken freuten wir uns schon Tage zuvor. Zuerst durften wir mit der Mutter in den Wald gehen, den „Bahwisch" zu holen, grünes Tannen- oder Fichtenreisig, das zu einer Art Besen an einem langen Holzstiel gebunden wurde; er wurde ins Wasser getaucht, kurz vor dem „Einschießen" der Teiglaibe wurde mit diesem die heiße Backfläche des Backofens von Glut und Asche gesäubert. Am Abend wurde der Backtrog in der Stube neben dem Kachelofen aufgestellt, mit der „Trogscher" (Eisenscherer mit Holzgriff) nochmals gründlich ausgekratzt und mit dem „Flederwisch" (einem getrockneten Enten- oder Hühnerflügel) gesäubert. Dann leerte die Mutter zwei, drei Schaff „zweit's Mehl" (roggenes Brotmehl) in den Trog. Zu Mittag (die Backzeiten waren nicht in allen Häusern die gleichen) wurde „'s Uara", „'s Urhab" (Sauerteig aus Teigrest vom letzten Backen) entweder gleich im Trog oder in einer „Uarakübö" (Kübel aus Holz) oder in einem ir-

Brotbacktrog, 1898.

denen Topf mit etwas Mehl und lauwarmem Wasser zum „Dampfl" angerührt (notfalls etwas Germ beigegeben). Das gärende Dampfl bildete bald Blasen, wurde „groaßaugad" (großäugig) und verbreitete einen säuerlichen Geruch (früher wurde ein brennender Kienspan an das Dampfl gehalten; erlosch die Flamme, war das Dampfl richtig). Nach der „Wegarbeit" (Stallarbeit) begann meine Mutter abends das „Uarasetzn": das Dampfl wurde mit dem Mehl lose im Backtrog vermischt und mit lauwarmem Wasser und Milch vermengt (für das „Gehen" des Teiges war die richtige Temperatur des Wassers bzw. der Milch wichtig!). Dann kam der Deckel darauf – im Winter war das der bevorzugte Aufenthaltsplatz von uns Kindern: im Buckel den warmen Kachelofen, in der Nase den säuerlichen Teiggeruch, im Backrohr „blasate" Äpfel (Bratäpfel) und im Ohr eine lustige „G'schicht, die net habt und net bricht", von der Mutter erzählt, der Vater eine Pfeife schmauchend – das war Glück, Heimat, Wärme und Innigkeit, das war unser „Dahoam" im Elternhaus.

Am nächsten Tag begann die Mutter noch vor der Stallarbeit (im Sommer um 4 Uhr, im Winter etwas später) mit der Teigbearbeitung. Dem Teig wurde Milch (Wasser) und Mehl beigegeben und mit Salz, Kümmel, Fenchel und Anis gewürzt und mit Weihwasser besprengt. Dann begann die Schwerarbeit des Knetens (auf einem großen Bauernhof kneteten meistens Bäuerin und Großdirn zusammen). Eine halbe bis eine dreiviertel Stunde wurde der Teig mit beiden Händen tüchtig geknetet, nach Bedarf noch Mehl beigegeben, bis er sich gut von den Händen löste – die Teigmasse darf nicht zu fest und nicht zu weich sein, zu fester Teig „geht" nicht auf, zu weicher fließt auseinander. Um 1900 unterschied man im Innviertel noch zwischen „Schüßlbraod" und „Bänganbraod" (Bänkebrot). Beim „Bänganbraod" legte man die Teiglaibe auf lange Leinenstreifen, die über die Stubenbänke ausgebreitet waren, daher mußte dieser Teig etwas fester sein als jener, der in die „Simperl", die strohgeflochtenen Teigschüsseln, kam.

Während der Teig im Backtrog ging, wurde der Backofen angeheizt. 22 bis 24 „Bahscheida" (Backscheiter aus Fichten- oder Föhrenholz; 60 bis 70 cm lang) wurden meist gleich nach dem letzten Backen im Backofen im „Kreuzstoß" rechtwinkelig aufeinandergesetzt; zwischen den Bodenscheiten lag eine „Burd" (Bündel) „feahrana Wied" (Föhrenreisig). Der „Wied" wurde angezündet, der Holzstoß begann zu brennen. Der Rauch kam durch das Ofenloch und durch weiter oben angebrachte, verschließbare Öffnungen und zog dann durch den Kamin ins Freie. (Unser „Backhäusl" war gemauert und stand zwischen Haus und Schmiedewerkstatt.)

Der Teig war inzwischen bis zum Trogrand „gegangen", war „schön polstert" und flaumig. Mit „an blechan Tella" (einem blechernen Teller) wurden die Laibportionen aus dem Teig gestochen, auf einem mit Mehl bestaubtem Brett „auag'wuzelt", fein geknetet und in Form gebracht, bis er keine Falten mehr aufwies. Um 1900 wurde der Teig mancherorts im Innviertel noch „getrifert", d. h. jede Teigportion wurde in einer Schüssel so lange geschüttelt und geworfen, bis der Teig fein genug war. Die Teiglaibe wurden in die mit einem Leinentuch ausgelegten Strohschüssel gelegt (bzw. auf die Bank).

Brotteig und Ofenhitze mußten zur selben Zeit parat sein. Dann mußte alles rasch gehen. Die Glut wurde mit der „Bahkrucka", einem großen eisernen Scherer an langem Holzstiel, gleichmäßig über die ganze Backfläche des Ofens verteilt. War der Boden gleichmäßig hell, war die rechte Hitze drin. Vor dem Glutausräumen wurden rasch ein paar **„Zelt'n"**, auch „Aschenzelt'n" genannt, gebacken: Aus Brotteigresten wurden runde Fladen gezogen und im Backofen gebacken; mit Butter bestrichen und gesalzen, waren sie eine „guate Sach". Dann wurden die Glutreste mit der „Bahkrucka" herausgeschert, und die „Bahgluat" (Backglut) in ein Blechgefäß geleert, mit Wasser abgedämpft oder luftdicht verschlossen – die holzkohlenartigen Stücke dienten später als Bügelkohle, aber auch als Tiermedizin, bei Ferkeln beispielsweise, wenn sie „'s Ausrinna" (Durchfall) hatten. Die Backfläche wurde mit dem nassen „Bahwisch" gesäubert, die Hitze noch einmal mit einer Handvoll eingestreuten Mehls geprüft. Darauf begann das „Einschießen" der Laibe, die inzwischen in die Ofennähe gebracht werden mußten. Jede Strohschüssel mit dem Teiglaib wurde auf die Ofenschüssel (ein rundes Brett mit langem Stiel) gestürzt, die Laibe mit einer mit Wasser benetzten Hand „gewaschen" (damit sie eine schöne Glasur bekamen) und sofort in den Ofen „geschossen" und gleichmäßig darin verteilt. Dann wurde das Backofenloch mit einem eisernen oder eichenen Deckel verschlossen und mit nassen Fetzen oder „Weri" (Flachswerg) abgedichtet. Die Backzeit betrug je nach Hitze rund eineinhalb Stunden. Dann wurden die Laibe wieder mit der Ofenschüssel einzeln aus dem Backofen geholt, erneut gewaschen und für einige Minuten wieder in den Ofen geschoben – das erhöhte den Glanz. Die Unterseite wurde schließlich von eventuellen Aschen- und Ziegelresten gesäubert und auf einem Brett oder einer Bank im Vorhaus zum Auskühlen aufgelegt oder gestellt. Das ganze Haus roch nach dem frisch gebackenen Brot. Ausgekühlt wurden sie in der Speis auf einem Gestell abgelegt; mancherorts bewahrte man sie auch in der vom Binder verfertigten „Brotkübel" mit Deckel auf – es heißt „die" (Holz-)Kübel, aber „der" (Metall-)Kübel. Bevor das Brot darin gelagert wurde, hat man das Faß leicht ausgeschwefelt.

Vor dem Anschneiden eines Laibes machte der Bauer oder die Bäuerin drei Kreuze, wobei ein „geiziger" Bauer insgeheim betete: „Acht Tage, vierzehn Tage, drei Wocha! " – so lange sollte nach seinem Wunsch dieser Brotlaib dauern! Mancherorts durfte auch der Großknecht den Laib anschneiden.

Weißbrot wurde in Bauernhäusern bis zum Zweiten Weltkrieg nur selten gekauft; dazu kam ein-, zweimal in der Woche der „Bäckermann" vorbei mit seiner „Bugökraxn" (Buckelkorb, geflochten, mit Tragriemen), in der er „weiße Wecken", „Paarlsemmel", Kaisersemmel, „Baunzel", „Salznägel" (Salzstangerln), Kipfel und in der Fastenzeit auch Brezen hatte. Die Feiertagsbrote, wie Seelwecken, Osterbrezen u. a. m., werden mit Ausnahme des Kletzenbrotes und des Störibrots kaum mehr auf dem Bauernhof selber hergestellt.

Im Herbst wurden nach dem Backen die Birnen zu Kletzen, die Zwetschken zu Dörrzwetschken gedörrt – dazu mußte ein Kind oder das „Kuchlmensch" in den noch warmen Backofen kriechen und die Früchte gleichmäßig verteilen und später wieder herausholen. Sie wurden in geflochtenen Körben oder Zögern auf dem „Schraod" (Balkon) aufbewahrt, wo auch die zu langen Zöpfen geflochtenen Zwiebeln hingen, im Winter wurden sie auf dem Dachboden oder in der Speis gelagert.

Ein sonst weiter nicht mehr bekanntes Gebäck, „bey dem Volke Ofendieb" (Matthias Höfer) genannt, bestand aus Grieß oder Germteig und wurde „gemeiniglich samt dem Brod in den Ofen geschoben".

Was dem Kärntner das „Quatemberbrot", dem Steirer das „Dreimessenbrot", dem Salzburger das „Weihnachtsbrot", das ist dem Oberösterreicher das **„Störibrot"** (gewesen), „unserer lieben Frau ihr Weisertbrot" (Gunskirchen). Wie „d' Feirta" (Feiertage), „d' Nacht'n" (Rauhnächte) und „d' Störing" zu Andrä (30. 11.) „daherkeman", so sind sie Valentin (14. 2.) wieder „dahin". „D' Störi" war neben dem Kletzenbrot das traditionelle Weihnachtsfestbrot in Oberösterreich, speziell zwischen Donau, Hausruck und Enns (und im angrenzenden westlichen Niederösterreich). Gegen das mittlere und untere Innviertel zu überwog das Kletzenbrot. Der Hauptbacktag der Störi ist der Thomastag (21. 12.; im Hausruck der Heilige Abend), denn „der Thomerl rührt 's Uarah an" (der heilige Thomas heißt auch „Kletzenwoaka"), aber die Vorbereitungen (Mehl mahlen) dazu begannen schon am Andreastag (30. 11.). Zur „Störi" nahm man feines, weißes Roggenmehl, „Kernmehl" (Vorschuß-, Auszugsmehl), später setzte sich immer mehr das Weizenmehl durch (das aber rascher austrocknet), denn je heller die Störi, desto besser. Vereinzelt wurde auch Gerstenmehl oder ein Mischmehl aus Weizen und Roggen verwendet (Gleink), manchmal sogar Erdäpfelmehl (St. Georgen, Steinbach) beigemengt.

Die Herkunft des Wortes „Störi" ist nicht zur Gänze geklärt, es dürfte mit dem althochdeutschen Adjektiv starah, sterihhi = stark in Zusammenhang stehen. Es könnte auch an die einstigen Mahlgemeinschaften erinnern, zu denen alle Beteiligten „zusammensteuerten"; durch die im Mittelalter üblichen Zins- und Steuerbrote mag sich der Name noch gefestigt haben. „Iß a weng a Störi, daß d' stark wirst", heißt es noch heute einladend. Und wie jedes Weihnachts- und Neujahrsbrot schimmelt auch „d' Störi" nicht, sagt man. Ist es trotzdem einmal der Fall, kündigt das den Tod eines Hausgenossen an.

Der Störilaib hat einen Durchmesser von 35 bis 80 cm; seine Herstellung ist landschaftlich verschieden, ja von Dorf zu Dorf, von Haus zu Haus anders. Der Zusatz von Germ fehlt. Meist aber wird er als „besseres Hausbrot" gemacht, anstelle von Wasser mit Milch, vor allem Buttermilch bereitet. Wichtige Beigaben sind Eier und Fett, an Gewürzen nimmt man Anis, Fenchel, Kümmel, Koriander, vereinzelt auch noch Nelken und Zimt, mit den Gewürzen bestreut man auch mancherorts die Laibe. Vor dem Backen werden da und dort verschiedene Getreidesorten auf die Störilaibe gestreut; diejenigen Körner, die beim Backen nicht verbrennen, deuten an, welche Getreidearten im nächsten Jahr besonders gut gedeihen. In Eberstallzell wurde ein Maßl Hafer, aus dem ein Büschel ungedroschener Hafer ragte, auf den Düngerhaufen im Hof gestellt, und wenn es Zeit war, die Störilaibe einzuschießen, steckte man dieses Büschel in einen Laib. Im Traunviertel gibt es ein sehr feines Milch- oder Kaffeebrot mit dem Namen **„Butterstöri"**, das aus feinstem Mehl, mit Eiern, Butter, Milch, Zucker und Rosinen bereitet wird; in Taiskirchen und Aspach und in Hellmonsödt bereitete man die Störi ungesalzen.

Das Backen bzw. die Backqualität der Störilaibe wird vielfach zum Orakel: Knacken die Scheiter während des Heizens im Backofen besonders stark, gibt es im Sommer starke Gewitter, fällt die Glut rasch in sich zusammen, gibt es einen Toten im Haus. Wird die Störi zu hell gebacken, ist der Tod mit eingebacken, wird sie zu dunkel, stehen Zwist und Hader ins Haus, ein Riß an der Oberfläche bedeutet ebenfalls Unglück und Verdruß im kommenden Jahr sowie Kreuzschmerzen für die Hausfrau. Es darf während der Zubereitungs- und Backzeit der Störilaibe kein „Unglück" auf dem Hof passieren (nicht einmal eine Maus darf gefangen werden), sonst würde die Seele der Bäuerin mit eingebacken. Schaut die Magd mit teigbedeckten Händen durch das Hoffenster in die nächtliche Stube und sieht sie am Backtrog den Tod stehen, muß sie im nächsten Jahr sterben. Nach der Herausnahme des letzten Störilaibs darf man nicht mehr in den Backofen schauen, erst nach der Mettennacht öffnet man die Backofentür wieder, um im Backofen entweder den „Zukünftigen" oder eine Totenbahre zu erblicken. Alle Abfälle eines Störilaibs werden sorgfältig gesammelt und auf Feld und Garten gestreut; ein Mädchen, das diesen Gang besorgt, wird in die Richtung heiraten, in der es zuerst einen Mann sieht. Oder man verbrennt alle Störikrumen für die armen Seelen (Windischgarsten). Mancherorts wurden für die Armen ein eigener Störilaib bzw. kleine Laibchen gebacken. Selbst das Hausvieh bekam eine „Viehstöri" als Schutz gegen Dämonen und böse Geister. Mit dem Störibrot soll nicht nur die Haus- und Hofgemeinschaft beteilt werden, sondern alle Nachbarn, Bekannten und Verwandten. Die Einladung: „Kimm' a weng d'Feirta ins Störibrot-Kosten!" wird von niemandem ausgeschlagen, denn wie beim Kletzenbrot sollte erst recht jeder sieben, neun oder zwölf verschiedene Störibrote gegessen haben, um im kommenden Jahr gesund zu bleiben oder nicht gar vom Teufel geholt zu werden.

Vom Heiligen Abend an kommt die Störi zu allen Mahlzeiten auf den Tisch. Auf nüchternem Magen ißt man sie am Weihnachtsmorgen, zum Neujahrs- und Lichtmeßtag. Am Weihnachtsabend ißt man Störi mit Butter bestrichen oder schneidet dünne Schnitten ab und bäckt sie wie Schnitzel in Fett schwimmend heraus (genannt **„Wöla"**, Pasching). Am Weihnachtstag schneidet man Störibrot als kräftigende Speise in die Suppe (**„Störisuppe"**, Waldneukirchen), oder man bereitet aus Kletzen eine nur zu Weihnachten übliche Suppe (Mondsee) und ißt dazu Störibrot. Die meisten Anschneidebräuche beim Störilaib decken sich mit denen des Kletzenbrotes. „D' Störi" soll auch gegen Zahnweh, Gicht und Kreuzschmerzen helfen. Einige Stücke Störi werden bisweilen länger aufbewahrt, so soll man für das ganze Jahr Stärke haben, wenn man auf dem Gang zur ersten Frühjahrsarbeit im Freien ein Störibrot ißt. Ein Kodex aus dem 14./15. Jahrhundert aus St. Florian überliefert: „In der lesten Rauchnacht tragent sy ein ganczen laib und ches umb das haus, unnd peissent darab. Als man pissen man tan hat, so vil schober wernt im auf dem veldt."

Mancherorts diente die Störi auch zur Besiegelung eines Heiratsversprechens. Von der Braut persönlich hergestellt wird die **„Hochzeitsstöri"**, das **„Heirats-"** oder **„Hochzeitsbrot"**, ein helles Roggenbrot in Laibform und mit reichlich Gewürzen versehen (gegen Osten hin nimmt man mehr Weizenmehl und wählt die Weckenform). Vereinzelt wurden am selben Ort vier verschiedene „Störi" genannte Gebäcke hergestellt: die mit Anis gewürzte **„weiße Störi"** aus weißem Kornmehl, die **„Butterstöri"**, der **„Zibebenlaib"** (aus einer Füllung von rund 5 kg Zibeben [!], die mit wenig Brotteig durchwirkt werden) und viertens die **„schwarze Störi"** oder die **„Kletzenstöri"**, wie das eigentliche Kletzenbrot auch genannt wurde.

Beim oberösterreichischen **Kletzenbrot** lassen sich mehrere Arten erkennen: einmal das (Bauern-)Kletzenbrot, bei dem die Früchte (meist nur kleingehackte Kletzen) direkt mit dem Brotteig vermengt werden, ein anderes, bei dem eine eigene Teighülle für die separat zubereitete Fülle hergestellt wird. Zur ersten Gruppe gehören die schon seltenen, urtümlichen Fladenbrote mit rauher, rissiger Rinde (deren Teig aus Roggenmehl besteht, dem gehackte Dörrbirnen, in besseren Haushalten auch gedörrte Zwetschken, direkt zugemischt werden). Diese Form entspricht den in der Gaflenzer Speiseordnung vom Jahre 1684 erwähnten Broten, von denen Pfarrer J. Poscher für den Heiligen Abend seinen Dienstboten „ieden ein guettes Stückl" von dem „klötzen flöcken" zu geben vorsieht, während er ihnen am 25. Dezember ein vier Pfund schweres (weißes) „Störbroth" zu schenken hatte. Das „bessere" Kletzenbrot dagegen enthält neben Kletzen und/oder Dörrzwetschken auch Nüsse, im oberösterreichischen Salzkammergut auch getrocknete Apfelspalten („Speitel"). Dienstboten durften sich zusätzliche Gewürze und Zutaten ausbitten (mußten diese allerdings selber kaufen); ein Hölzchen mit Namen oder aufgeklebtem Zettel weist den Besitzer des Laibes aus. Eine dritte Form von Kletzenbrot ist das heute durch Bäckererzeugnisse beeinflußte, dessen Fülle aus Südfrüchten, wie Feigen, Rosinen, Weinbeeren, Pignoli, Datteln, Zitronen- und Organenschalen („Arancini"), besteht. Oft wird bei den Zutaten alter Zahlenaberglaube beachtet, wie in Wimsbach, wo eine Beigabe von neun Bestandteilen (Kletzen, Zwetschken, Rosinen, Nüsse, Feigen, Zitronenschale, Gewürz, Mehl und Schnaps) verlangt wird.
Auch wurden die Kletzenbrotlaibe an der Oberfläche und auf der Unterseite (wie die Kärntner Weihnachtsbrote) ornamental verziert. Das ergab sich einmal beim Kletzenbrot schon durch die Luftlöcher, oft mußten auch Merkzeichen für die verschiedenen Laibbesitzer angebracht werden, auch religiöse Sinnbilder (IHS, KMB, Malteserkreuz) findet man. Im Gosautal verwendete man pilzartig geformte Tonstempel mit christlichen Sinnbildern, im Vöcklabrucker Bezirk wurde die ringförmige Verzierung durch Einpressen eines Glasrandes angebracht. Aus Linz-Land sind „Stöckelpflaster"-Muster und auch rautenförmige Verzierung bekannt. In Roßleiten (Bezirk Kirchdorf a. d. Krems) wurde das kreuzförmige Einpressen eines großen Schlüssels wie bei den Schlüsselbroten in Kärnten und in der Steiermark gehandhabt.

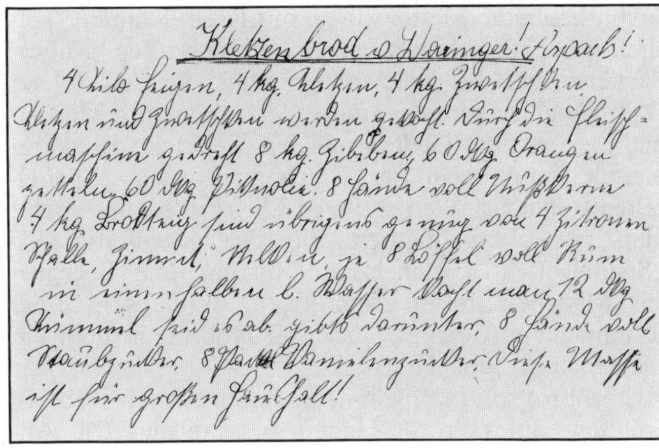
Kletzenbrod v. Daringer! Aspach!
4 Kilo Feigen, 4 kg. Kletzen, 4 kg. Zwetschken
Kletzen und Zwetschken werden gekocht. Durch die Fleischmaschine gedrückt 8 kg. Zibeben, 60 Dkg. Orangenschalen 60 Dkg. Pignoli. 8 Hände voll Nußkern
4 kg. Brotteig sind übrigens genug, von 4 Zitronen Schale, Zimmt, Nelken, zu 8 Löffel voll Rum
in einem halben l. Wasser kocht man 12 Dkg Kümmel [illegible] gibts darunter, 8 Hände voll Staubzucker, 8 Pakerl Vanillezucker. Diese Masse ist für großen Haushalt!

Kochbuch der Anna Schwarz, Unterwirtin in Lambrechten, um 1930. Dieses Rezept stammt aus dem Haus des akademischen Malers Daringer in Aspach. In diesem Kochbuch findet man Rezepte von vielen Lambrechtnerinnen, so „von der Wendlin", „von der Schmiedin", von der „Wirtin in Salaberg", „vom Linseder", von Frau Weilhartner, Langgruber, Herzog und Sesser, „von der Nandl", „von der Eder Mirzl" und „von der Frau Schulleiter". Bei vielen stehen Bemerkungen wie „sehr gut! ", „recht fein! ", „recht praktisch", „sehr hübsch", „nobel gut! ".

„Das Kleznbrot", schreibt 1925 Johann Ofenmacher aus Ach an der Salzach, „wurde in jedem Haus in Laibform mit Zutat von zerkleinerten Kletzen (gedörrte Birnen), Feigen, Ziweben, Nußkernen hergestellt. Ein jeder Hausgenosse wurde mit einem solchen Kleznlaib beteilt. Wollte ein Dienstbote oder sonstiger Hausgenosse ein besseres Kleznbrot, so kaufte er sich beim Krämer Ziweben und ließ sie sich zum Teig für seinen Kleznlaib dazugeben. Von den Bäckern wurde auch Kleznbrot in Weckenform hergestellt und verkauft. Üblich war auch, daß von seiten des Gastwirtes am Stephanitag jeder Gast mit einem in Papier verpackten Stück Kleznbrot beteilt wurde, wurde jemand übersehen, so gab's Verdruß . . ."
Um Gilgenberg, Handenberg und Schwand im Innviertel war das Kletzenbrot bis um 1900 das einzige Geschenk, das unter den neu aufgekommenen Christbaum gelegt wurde. Heute wird es nur noch selten in

den Bauernhäusern selber hergestellt, man läßt es beim Bäcker backen oder kauft es gleich dort. Im Steyrtal, um Klaus, nahm jeder Bauer oder Hausvater den „heiligen Laib“ (einen Kletzenbrot- oder Störilaib) unter seinem Mantel versteckt mit in das Mettenamt. Zu Hause wurde der Laib angeschnitten und an Mensch und Vieh verteilt. Wie überhaupt das Mahl nach der Mette meist kultische Speisen enthielt; übrig blieben davon heute die Mettenwürste mit Kren, Krapfen, Küchel, gebackene Apfelscheiben, Schnaps, Tee, Kaffee, Bäckerei und das Kletzenbrot. Selbst für den zuletzt Dahingeschiedenen des Hauses legte man zum Mettenmahl ein eigenes Gedeck auf den Tisch. Im Salzkammergut nennt man das Kletzenbrot auch **„Speitelzelten“** – bei fast allen größeren Ebenseer Krippen sieht man zwei Frauenfiguren, die sich gegenseitig den „Speitelzelten“ kosten lassen! Im Innviertel begegnet das Mädchen ihrem Zukünftigen, wenn es in einer Rauhnacht mit einem Stück Kletzenbrot, in dem ein Messer steckt, ums Haus geht.

Kletzenbrot soll man von neun verschiedenen Häusern erhalten, um sich vor Unheil zu schützen. Die Anschnittbräuche beim Kletzenbrot sind besonders weit verbreitet: unter Schüssen und Peitschenknallen ziehen Burschen in den Nächten vor die Fenster ihrer Liebsten, als Zeichen besonderer Gunst darf dann einer von ihnen das Kletzenbrot anschneiden – allerdings muß er eine „sakrische Schneid“ mitbringen, denn manches Mädchen hat Draht, Stricknadel oder Betonklötzchen in den Laib einbacken lassen. Wenn neun Burschen zum Kletzenbrot-Anschneiden auf den Hof kommen, gibt es bald eine Hochzeit im Haus, heißt es in Altmünster. Wahre „Kletzenbrotwallfahrten“ waren im Innviertel die Umritte zu Stephani (26. Dezember), das sogenannte Steffel-, Kletzenbrot- oder Störireiten, so in Orten des oberen Innviertels (Vormoos, Radegund, St. Georgen a. d. Mattig, Gilgenberg, Roßbach, Harlochen bei Schwand, Höring, Neukirchen a. d. Enknach). Ein oft fast faschingsmäßig aufgeputzter Zug von Reitern zog von Hof zu Hof, wo sie mit Kletzenbrot und Schnaps bewirtet wurden. Die Innviertler Heischegänger um Wildshut riefen am Heiligedreikönigstag: „Kletzei, Kletzei“, und der Sonntag danach hieß „Kletzenbrotsonntag“.

Aus den Resten des Kletzen-(und Störibrot-)Teiges bereitet man „Viehstöri“, die man am Morgen des Christtages den Rindern zu fressen gibt. Daneben werden drei bis vier kleine Gebäcke mitgebacken für Wind, Feuer und Wasser, manchmal auch für den Hagel. Am 25. Dezember vormittags trägt der Bauer um Windischgarsten ein kleines Brotkreuzlein, in Papier eingewikkelt, verstohlen in der Tasche auf dem Weg zum Christamt mit und wirft beim Überschreiten der Teichel, eines gefährlichen Gebirgsbaches, das geweihte Päckchen rasch in die Fluten (dabei darf ihn niemand sehen). Im Steyr- und im Kremstal gab es die Kreuzbrote, die man den Elementen opferte. In Klaus und Micheldorf bäckt man zum gleichen Zweck ein Laibchen aus schwarzem Teig, in Eberstallzell ein „Fischerl“. In der Mettennacht opfert man ein Brotkreuzlein dem Feuer, „damit das Feuer das Jahr über nicht aufs Dach laufe“, und schleudert ein laib- oder kugelförmiges Gebäck hoch in die Luft. Oder man legt gebackene Ringerln in eine Baumgabel oder spießt ein ungebackenes Teigstück auf einen Zaunstecken. In Klaus bewahrt man ein gebackenes Sechssternbrot **(„Hagelbrot“)** für die Sommertage auf; wenn gelbe Hagelwolken aufziehen, zerreibt („z'mühlt“) die Bäuerin rasch den Brotstern, vermischt ihn mit Asche, Brotkrumen und Weihwasser und setzt ihn auf einer Schaufel vor die Haustüre. Im Mühlviertel bekommt das Vieh nach dem Räuchern in der Mettennacht einen **„Kuhzelten“:** die Bäuerin mischt dazu beim letzten Backen vor Weihnachten einem Stück Brotteig Weizen-, Roggen-, Gerste- oder Haferkörner, Leinsamen u. dgl. mehr bei und bäckt daraus dünne Zelten. Im südlichen Mühlviertel erhalten die Kühe in der Mettennacht ein Stück Brot oder Kletzenbrot mit etwas Immergrün vom Fronleichnamstag und vom Palmbuschen des Palmsonntags. Die Palmbuschen und -beserl müssen mit Weidenrinden zusammengebunden werden, der Haselstecken dazu muß abgerindet sein, denn zwischen Holz und Rinde könnte eine Hexe sich versteckt haben, und in die Zweige müssen fünf rote Wollfäden geknüpft werden, die Wundmale Christi symbolisierend. Der Buschen selber besteht immer aus ungerader Anzahl von Zweigen, im Mühlviertel aus Hasel, Eichenlaub, Lärche, Buche, Wacholder, Segenbaum, Immergrün, Palmkatzerln und Weide, im Salzkammergut setzt sich ein Palmbuschen aus Palm, Hasel, Segenbaum und Weide zusammen, dazu kommen noch „Schradl“ (Stechpalme), Siglenz (Seidelbast), Sendl (Erika), Vogelbeer und Almgras.

In Neukirchen a. d. Enknach weiß man von einem **„Kripperlbrot“** (Miniaturformen von Laib, Wecken, Wirbelrad, Spirale, Doppelspirale, Brezel, Kipferln) für den Hochzeitstisch zu Kanaa für die große Kirchenkrippe. In einer Bäckerei in Oberneukirchen wird aus bestem Weizenmehl ein Gebäck in der Größe von 12 bis 20 cm hergestellt und **„Rauhnachtsbacht“** genannt.

Rosinenstollen, Weihnachtsstollen

1500 g Mehl, 150 g Germ, lauwarme Milch, 4 Eier, 300 g Zucker, Salz, 100 g Zitronat, 100 g süße Mandeln, 10 g bittere Mandeln, Zitrone, Zimt, Ingwer, Muskatnuß, Kardamom, 600 g Butter, 500 g Zibeben, 200 g Korinthen, 5 EL Rum; Butter, Zucker

Germ mit etwas lauwarmer Milch versprudeln, mit etwas Mehl daraus das Dampfl anmachen. Mit Mehl bestauben und gehen lassen. Dann mit dem ganzen Mehl verrühren, Eier, Zucker, etwas Salz, die nötige Menge lauwarme Milch beigeben und zu einem nicht zu weichen Teig vermischen. Länglich geschnittenes Zitronat, geschälte, feingeschnittene Mandeln, geriebene Zitronenschale und Gewürze nach Geschmack beigeben, aufgeweichte, aber nicht geschmolzene Butter sowie Zibeben und Korinthen (am Abend vorher mit Rum befeuchtet) dazugeben. Den Teig kneten, bis er Blasen wirft, in Stücke zerreißen, mit Gewalt aufeinanderwerfen und wieder zusammenwerfen, bis der Teig sehr geschmeidig wird. Dann zugedeckt zwei Stunden aufgehen lassen. Auf dem bemehlten Brett zu Striezeln formen, diese mit dem Nudelwalker von der Mitte gegen vorne austreiben, die ausgetriebene Hälfte mit kaltem Wasser bestreichen und über die dickere Hälfte des Teiges schlagen, wodurch die Stollen ihre eigentümliche Form erhalten. Dann auf mit Butter bestrichenes Papier auf das Backblech legen, nochmals aufgehen lassen, mit Butter bestreichen und backen. Nach dem Backen heiß erneut mit Butter bestreichen und reichlich mit Zucker bestreuen. Der Stollenteig wird auch für Sinnbild- bzw. Gebildgebäck verwendet.

„Weinbeerlkipferln“

500 g glattes Mehl, 70 g Zucker, 80 g Butterschmalz, 2 Eier, 2 Dotter, 30 g Germ, Milch, Prise Salz, geriebene Zitronenschale, 2 Handvoll Weinbeeren (Korinthen)

Aus Germ, etwas Mehl und lauwarmer Milch ein Dampfl anmachen, gehen lassen, dann mit den übrigen Zutaten einen festen Germteig bereiten. Gehen lassen, dann nochmals zusammenschlagen, auf bemehltem Brett auswalken, Vierecke ausschneiden, übers Eck einrollen, die Rollen zu Kipferln formen. Nochmals zugedeckt gehen lassen, mit Ei bestreichen und im mittelheißen Rohr backen. Diese Weinbeerlkipferln waren einst auf Kirchtagsbuden zu finden („an Met und a Kipferl zahl i dir a! “, verspricht in einem Volkslied der Bursch seinem Dirndl), aber auch am Fronleichnamstag, im Advent und in der vorösterlichen Beichtzeit.

Das **Nikolausgebäck** besteht aus Milchbrotteig (mit Weinbeeren) oder aus Semmelmehlteig: Man macht daraus handgeformte, handspannengroße Figuren, aus einem Lebkuchenteig mit Ausstechformen. An solchen gibt es u. a. Hasen, Hirsche, Rehe, Habergeiß, Hindin, Ziege, Eidechse, Maskengestalt, Männlein, Weiblein, Krampus, Bischof, Tasche, Revolver, Pfeife, Eber, Schlange, Fisch, auch gepaart (Hahn und Henne).

Das eigentliche Nikolausgebäck ist menschengestaltig, hat einfache Umrißformen, ist immer unbekleidet, der Nabel wird durch eine Wacholder- oder getrocknete Heidelbeere gebildet, auf dem Oberkörper unsymmetrisch eingesetzte Weinbeeren deuten mehr Zierat als Knöpfe an. Auf die Nase wird meist verzichtet, die Augen werden durch Beeren, seltener durch Einschnitte gebildet, wie sie auch zum Kennzeichnen des Mundes verwendet werden. Es hat häufig eine kahle Schädeldecke oder eine Andeutung von Hörnern, mitunter geradezu Spießen. Oft findet man auch Figuren mit „gespaltenem Haupt“, die Arme sind gesenkt oder erhoben bzw. in den Hüften aufgestützt, aber auch in tänzerischer, springender Beinstellung, wie Menschen auf den Primitivbildern in Felsenhöhlen. Weibliche Figuren (Linz, Kematen, Micheldorf) werden durch Andeutung eines Rockes („Weibl“) charakterisiert, hier liegt wohl eine Verwechslung mit dem bischöflichen Chorrock vor. So gibt es den Bischof oder Nikolo mit Infel, Chorrock, Stab, Buch, oft einen Wattebausch im Gesicht, „Gendarmen“ (Hinterstoderer Nikolausgebäck), „Nikolausfrau“, Habergeiß, hirsch- oder hindengestaltig (vor allem in Westösterreich), Krampusmännchen mit Hirschgeweih (Peuerbach); die Oberfläche des Gebäckes ist oft aufgerauht (Teufelsfell nachahmend), oder die Beine sind mit Mohn bestreut. Vereinzelt findet man auch Rauchfangkehrerfiguren.

„Christkindl“ ist ein Weihnachtsgebäck, das bis zur Jahrhundertwende verschiedentlich in Gestalt eines Wickelkindes, mit einer Spirale als Gesicht, gebacken wurde, etwa 20 cm lang: Die aus einer Teigwurst geformte Spirale wird am oberen Ende des Weckens eingedrückt, der kreuzweise eingeschnitten wird. Das **„Wirbelrad“** ist ein Neujahrsgebäck aus Semmelmehlteig, oft von einem Durchmesser bis zu einem halben

Meter: Den Teig in acht gleiche Teile teilen, einen neunten Teil etwas größer halten. Dann die Teile zu etwa 20 cm langen Würsten formen, diese spiralförmig aufrollen und rund um das größere, schneckenförmige Mittelstück gruppieren.

„Tannenzapfen“ formt man aus drei langen Semmelteigrollen, legt sie parallel nebeneinander und flechtet die obere Hälfte zu einem Zopf; die drei freien Enden rollt man spiralförmig auf. **„Wälischer“** heißt ein Faschingsgebäck aus dem Steyr- und Kremstal, es besteht aus zwei mit einem Teigfleck an der Unterseite zusammengehaltenen und mit dem Rücken aneinandergebakkenen Kipfeln. **„Stiefelknecht“** ist eine Variation davon, dessen Einzelstücke kräftiger gebogen sind als beim „Wälischen“ und mit einer Teigmanschette zusammengehalten werden. Das **„Harriedl“** ist ein Linzer Brauchtumsgebäck, das Buben zu Neujahr erhalten, ein 30 bis 40 cm langer, geflochtener Striezel, in Form eines Wergzopfes, in dessen Schlinge ein gefärbtes Ei eingebacken wird. Der Name – auch **„Harreißel, Harreistel“** – stammt von „Reisten“ = Büschel gebrochenen Flachses; es ist also ein nachgeahmter Werg- (= „Har-“)Flachszopf. Die Mädchen bekommen dagegen Sterne oder Kränze aus Semmel- oder Briocheteig.

Ein charakteristisches Fastengebäck waren und sind die **Brezen.** Verschieden ausgeführt, dienen sie auch als österliches Patengeschenk oder als Schmuck des Palmbaumes. (Nicht mehr üblich sind die herzförmigen Brezen, wie sie auf dem Grabstein von Hans Pachner, gest. 1455, in Lorch bei Enns abgebildet sind.) Die Beichtgeher brachten von der Osterbeichte heimkehrend den Daheimgebliebenen Brezen oder Beugel; in Klaffer stellten die Burschen eine bekleidete Strohfigur („Dattermann“) am Ortseingang auf, mit der Bitte, daß die Mädchen ihnen Brezen in den Korb legen sollen. In Kematen a. d. Krems wurden Brezen und Beugel in Gasthäusern beim Kartenspiel ausgespielt. Es gab auch das Brezenreißen: wer das Mittelstück in der Hand behielt, der durfte das ganze Gebäck behalten. Man hat früher auch die zu 50 oder 100 zusammengebundenen Brezen für die Brezelsuppe (bzw. für die Beugelsuppe) gekauft (Kematen a. d. Krems). In Obernberg am Inn schloß die Backzeit am Gründonnerstag mit einem

Krampus („Nikolausherr“), Allerheiligenstriezel, Thomaswecken.

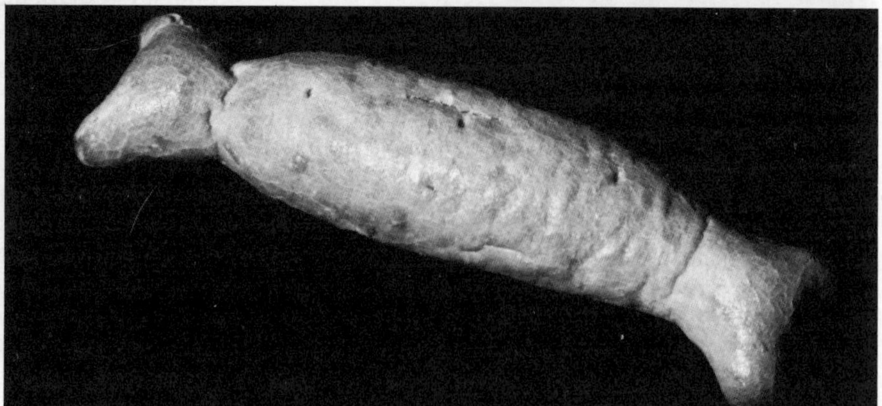

Beugel, Fastenbreze, Jahresradl, Osterfleck.

Umzug der Brezelbuben, die auf einer Reitstange durch den Markt getragen und bei der Roßschwemme ins Wasser geworfen wurden. 1655 hat ein bischöflich passauischer Befehl den Brauch an diesem Tag verboten, den Bürgern aber freigestellt, ihre Bäckerbuben zu einer anderen Zeit ins Wasser zu werfen.

Im oberen Mühlviertel gab es „marbe" (mürbe) Zukkerbrezen, um Spital am Pyhrn süße Beugel **(„Zwetschkenbauger")**. **„Schied(e)l, Oster-, Eierschiedl, -schill", „Haartauber"** nennt man einen langgestreckten Wecken mit tiefem Längsschnitt (für einzubackende oder einzulegende Ostereier), bis zu 45 cm lang und 1 bis $1^1/_2$ kg schwer, in „Baunzerl-"Form. „Schiedl" bedeutet soviel wie kleine Scheide. Die Schiedl werden aus Semmel-, Milchbrot- und Mürbteig gemacht.

„Baunzerl" heißt ein ebenfalls schiedlförmiges Gebildbrot (Pattigham), das in den Bittagen üblich war. In Altheim kannte man an diesen Tagen einen vierteiligen geflochtenen Striezel, genannt **„Fleßl"** (von „fleßln" = flechten), in Rüstdorf ein Gebildbrot namens **„Schüssel"**, eine ca. 15 cm große, safrangelbe Scheibe, die in der Mitte mit einem etwa 4 cm großen Loch versehen war.

Nach 1945 wurde der **„Eierkorb"**, aus Mürbteig geflochten, für die Ostereier eingeführt (Pasching, Altmünster). Die gebackene **„Himmelsleiter"** ist eine Besonderheit aus dem Kremstal (Kirchdorf) zu Allerheiligen, sie besteht aus vier bis acht aneinandergereihten, 12 bis 15 cm großen, S-förmigen Doppelspiralen (aus

Semmelteig) oder hat die Form einer Leiter mit sieben oder elf Sprossen (im Innviertel auch zum Nikolo). Einfaches **Schneckengebäck** gab es im Innviertel zum Nikolo, im Mühlviertel zu Neujahr als **„Jahresradel"**. Auffallende Formen von Ostergebäcken sind heute selten geworden. Da und dort gab es am Karfreitag kleine, flache Gebäcke, die man in der Kirche hatte weihen lassen. Früher wurden **„Flecken"** aus Semmelteig, auch ungesäuert, oder aus Mürbteig und mit einem Durchmesser von 20 bis 25 cm gebacken (Engelhartszell), daneben sind **„Osterflecken"** bekannt, auch in Form eines Striezels und etwa 60 cm lang. In Esternberg buk man **„Eifladen"** mit Weinbeeren, mit einem Durchmesser von 20 cm. Ostergebäcke, wie sie im Rieder Volkskundehaus zu sehen sind, Kranzflechtgebäcke, in deren Mitte gefärbte Eier liegen, sind heute in der Bauernküche nicht mehr üblich. Ein anderes Ostergebäck ist das **„Osterfloß"**, auch **„Floß"**, **„Floiß"** oder **„Flöte"**, **„Eierflöte"** genannt, ein Weißgebäck aus vier oder sechs zopfartig geflochtenen Strähnen, mit Mohn oder Salz bestreut; in den Bezirken Linz und Eferding gab es auch „Floß" (bzw. **„Fleß"**) und „Flöte" genannte Zeilengebäcke.

Linzer Osterfleck

250 g glattes Mehl, 15 g Germ, Milch, 2 Dotter, Salz, Rosinen; Ei zum Bestreichen

Aus Germ, etwas lauwarmer Milch und wenig Mehl ein Dampfl anmachen, zugedeckt gehen lassen, dann mit den übrigen Zutaten zu einem glatten Germteig schlagen. Wieder gehen lassen, zuletzt die Rosinen daruntergeben. Nochmals gehen lassen, dann den Teig auf bemehltem Brett drei Finger hoch zu einem runden Fleck auswalken, in eine gebutterte, bemehlte Tortenform legen, nochmals aufgehen lassen, mit versprudeltem Ei bestreichen und bei Mittelhitze backen.

Es gab auch viereckige oder herzförmige Osterflecken, von der Größe eines Bauernhutes oder eines Tellers.

Die Osterflecken wurden und werden auch von Bäkkern hergestellt, verschieden groß und im Gewicht von $^1/_4$, $^1/_2$, 1 bis 2 oder 3 Kilogramm, meist auch verziert mit Weinbeeren oder Stichelungen.

Die **Osterbrezen** und **Godnbrezen** aus Semmelteig, seltener aus Milchbrotteig, erreichten im oberen Innviertel eine Größe bis zu 75 cm (und hatten oft die Form eines Rades); im Mühlviertel und im Steyrtal gab es zu Ostern Riesenkipfel mit einer Spannweite von 60 cm. Weit verbreitet waren auch die **„Godnkipferln"** (Weißbrotkipferln mit Weinbeeren). **„Palmbrezen"** oder **„Eierbrezen"** (auch **„Weihbrezen"**) sind gelbe, mit Eiern und Butter versetzte Brezen zum Palmsonntag.

Als „Weisatgebäck" für eine Wöchnerin gab es das **„Zuzelbrot"**, eine Art Riesenbiskotten aus Weizen-, selten aus Roggenmehl, auch mit Mohn gefüllt oder mit Anis und Kümmel bestreut, bis zu 100 cm lange, dünne Teigsträhne, oder 50 bis 100 cm lange Haken, deren Enden S-förmig oder brillenartig gebogen waren; ferner **„Zwiemandel"**, ein Weißgebäck aus mehreren Teigsträhnen, die nebeneinandergelegt und zusammengebacken oder gekrümmt nach außen und nur an den Enden zusammengebacken waren; ferner **„Weckbrot"**, ein 250 bis 500 g schweres Weißgebäck, sowie kleine Gebäcke, 10 cm lang, mit knaufförmigen Verdickungen an beiden Enden. Im Mühlviertel hat man auch eigene **„Weisatsemmeln"** gebacken, der Kaisersemmel ähnliche Gebäcke. In Laakirchen wurde auf jedem Teller bei einer Hochzeit ein **„Hochzeitslaibchen"**, ein großes Weißgebäck, aufgelegt.

Zu Allerheiligen erhielten die Patenkinder („Godnkinder") unter 14 Jahren von ihren Tauf- bzw. Firmpaten einen **„Seelwöck'n"** aus Roggen- oder Weizenmehl, mit einem Durchmesser von 10 bis 15 cm. Daneben gab es auch längliche Brote, den **„Seelenspitz"** oder **„God'nspitz"** (so in Eggerding aus Semmelteig, bis zu einem halben Meter lang geflochten) oder rechteckige Wecken, wie die **„Heiligenstuck"** in St. Pantaleon (Bezirk Braunau). Im Innviertel fand sich beim Allerheiligen- bzw. Allerseelengebäck vielfach auch die runde Form der Rad- und Scheibengebäcke (wie Krapfen, Flecken, Zelten). Im Mühlviertel (Sarleinsbach) baten die „Allerseelweckerlgeher" mit folgendem Vers um den Heiligenstriezel:

„Bitt gar schön um an Heiligenstriezel!
aber an weißn, an schwarzn kann i net dabeißn,
aber an langa, an kurzn kann i net daglanga."

Die Dankformel lautete allgemein: „Vergeltsgott für die Armen Seelen!"

Die Größe der Patenbrote hing in Oberösterreich auch von dem Verwandtschaftsgrad des Paten und dem Alter des Beschenkten ab; in Kopfing gab es 2-kg-Seelwecken (siebensträhnig geflochten) von Firmpaten, 1-kg-Seelwecken (viersträhnig) vom Taufpaten, $^1/_4$-kg-Wecken (dreisträhnig) von den Großeltern.

Dem Thomas (21. Dezember) geweiht war der „Thomaswecken", wie ein Stück im Freistädter Heimathaus zu sehen ist.

Milch

Die Milch wurde in den „Milisechter" gemolken, dann in den „Miliamper" (blecherne Milchkanne mit Traghenkel) geseiht und – vor der Einführung der „Milischleuder" (Zentrifuge) – in einem „Milihäfen" oder „Seihhaferl" (Töpfe aus Tonerde) „stehen gelassen", nach einer Zeit der „Rahm" (Obers) mit dem „Schöpfer" abgeschöpft. Der süße Rahm wurde wieder „stehen gelassen" zum „sauren Rahm". Oder die gemolkene, abgekühlte Milch kam in die „Milirein", in eine längliche Pfanne aus gebrannter Tonerde oder aus Emailblech, die, auf vier Füßen stehend, am tieferen Ende mit einer Abzapfstelle zum Ablassen der Magermilch versehen war. Der Rahm wurde nach einer Zeit abgeschöpft, in einem Gefäß gesammelt und zu Butter verarbeitet; dazu gab es das „Butterfaß", ein rotierendes, faßartiges Holzgerät (eventuell mit kleinem Schaufenster). Daneben gab es die „Buttertrommel", ein trommelartiges Holzgefäß, in seinem Innern ist ein Schaufelrad, das mit der Handkurbel gedreht wird; die Schaufeln des Rades sind durchlöchert. Die Trommel ist oben zu öffnen. Ähnlich wie die Buttertrommel ist der „Rührkübel", aber in Kleinkistenform. Der „Stoßkübel" oder das „Strottfaß" ist ein Holzgefäß, ähnlich einem Kanonenrohr, aber aufrechtstehend, mit Holz- oder Eisenringbereifung, dazu gehört eine hölzerne Stoßstange mit einer durchlöcherten Bodenscheibe. Butterrührgefäße gab es auch in Form einer Schwinge und einer Schaukel. Es gab auch einen „Knettisch" mit Walker zum Kneten und Walken der Butter (um sie zu entwässern).

Bäuerinnen verzierten die Butterstriezel mit Sternen, Schnecken, Monden, Sonnen und Wellenlinien, in Gasthöfen formte man die Butter für den Frühstückstisch durch kleine Model zu Würfeln oder Scheiben, auf die Blumen, Tiere, Bäume oder Sonnen aufgedrückt wurden, oder man stellte die Butter in Form von Spritzstrauben, Kugeln, Rosen, Schnecken oder Sonnenrädern her.

Kühe waren und sind in jedem Hof wertvoller Besitz und daher auch in das magische Denken der Bauern stets eingeschlossen. Im Traun- und im unteren Mühlviertel gingen die jungen Frauen vor Sonnenaufgang „Taufangen" oder „Taufischen"; nackt streiften sie den Tau in einen Krug, mit taunasser Hand fuhren sie den Kühen über den Rücken, damit diese mehr Milch geben. Am Neujahrsmorgen fütterte man sie mit Erbsenstroh und getrockneten Erbsen. Auch am Morgen des Jakobitages rieb man die Kühe mit taunassem Gras ein, dagegen galt das Weidegras nach dem „Simandltag" (hl. Simon, 28. Oktober) für das Vieh als schädlich, selbst wenn das Wetter noch sonnig-warm war. In der Advent- und Weihnachtszeit bekam das Vieh oft Extrarationen, und in der Mettennacht konnte jeder Bauer hören, was das Vieh über ihn denkt und urteilt. Im Mai soll man die Kühe kräftig mit Lavendelzweigen einreiben. Besonders gefürchtet waren die Stallhexen: Fichtenzweige, im Stall aufgehängt, bannen sie – unter das Bett gelegt oder an den Türstock genagelt, sollen sie auch gegen Blitzschlag wirken. Eine Schüssel Milch in den Keller gestellt, hält in der Mettennacht die Hexen vom Haus fern. Am Faschingsdienstag verkaufte keine Bäuerin Milch vom Hof, jedes Stück Vieh bekam ein Stück Brot mit Salz. Märzenkälber, -ferkel und -füllen hielt man für besonders wertvoll und kräftig. Die Kälber wurden mit Vorliebe an einem Dienstag „abgesetzt"; auch für etwaige Viehtriebe soll dieser Tag besonders geeignet sein, ebenso der Donnerstag und der Sonntag, und ein Donnerstagkälbchen soll besonders stark werden – das Düngerfahren dagegen sollte der Bauer an einem Donnerstag lieber unterlassen.

Butterrollmodel.

Haustrunk

„Der Jagl tuet's salzen,
der Lenzl tuet's schmalz'n,
der Bartl gibt eahm ein G'schmach,
der Michl brockt's ab."

Oberösterreich ist ein obstreiches Land, vor allem wurde es aufgrund des reichlichen Obstmostes *das* Mostland; in guten Zeiten erzeugte mancher Bauer 400 bis 500 und noch mehr Hektoliter. Besonders die Bewohner des Traunviertels (und der angrenzenden Teile Niederösterreichs), wo es den besten **Most** gibt, wie Ludwig von Hörmann in „Genuß- und Reizmittel in den Ostalpen" schreibt, haben darum den Spitznamen „Mostschädel", der aber bereits wie ein Ehrenname gehandhabt wird. (Das Innviertel dagegen ist ein traditionelles Bierland!) Berühmte Mostgegenden sind das Krems-, Url- und Steyrtal; ein Spitzenmost ist der Landlbirnmost. Kostbarer noch ist der Apfelmost.

„Kennst ünsan Oepfelmost?
Waunst erscht den alden kost'!
Spreiz di nöt, thue nit schen,
Laßt'n nöt stehn!"

fragt der Ennser Karl Adam Kaltenbrunner in seinem Gedicht „A Roas' in'n Landl".
Joseph Kyselak, der manche Felswand mit seinem Namen verzierte, schrieb 1829 in seinen „Skizzen einer Fußreise durch Oesterreich": „Von Aschach abwärts bis nach Enns erstreckt sich das eigentliche Obstland; die Bäume scheinen unter der Last ihrer süßen Bürde zu erliegen." Und der Topograph Benedict Pillwein schrieb 1830: „Hinsichtlich der Obstcultur geht der Hausruckkreis allen übrigen vor. Alle Feldraine, Wege und Straßen sind mit Obstbäumen geziert ... An allen obstreichen Orten macht der Most wenigstens des Tages einmal das Hauptgetränk der Bewohner aus. Überall versteht es der Bauer herrlich, den Most aufzubewahren, die Qualität desselben zu verbessern. Als die beste Baumschule des Kreises, ja des ganzen Landes ob der Enns, ist die Pfarre Scharten bekannt."
Um 1800 gingen vom Stift St. Florian neue Impulse aus. Und F. C. Weidmann bemerkte 1842 in „Das pittoreske Oesterreich" auch über das Innviertel: „Die Obstbaumzucht wird immer lebhafter betrieben. Man findet Bauern, die vor 20 Jahren noch nicht an Obstculturen dachten und heute 40 bis 50 Eimer Most erzeugen." Der in Ried im Innkreis 1867 geborene Mundartdichter und spätere Bürgermeister von Kremsmünster, Franz Hönig, schrieb u. a. sein berühmtes Gedicht:

„Dá Mostschädl"

„Dös besser Getränk,
wann ih wiadáwöll denk,
is allweil dá Most ...
Á Gselchts, recht schön foast,
wia's dá Brauch is, des woaßt,
und á Hausbrot dazua,
nacher laßts má(r) án Ruah,
nacher laßts mih alloa(n)
in dá Andacht, ih moa(n),
's is á himmlische Kost,
á Trum Speck und á Most ..."

Birnen und Äpfel zum Most werden von den Bäumen „gebeutelt"; die bekannteste Mostbirnsorte sind die (großen, kleinen und gelben) „Landlbirnen". Vor etwa hundert Jahren gab es noch Most von Holzäpfeln, von dem Franz Stelzhamer in „D'Ahnl" schreibt:

„Holzöpflmost, old und echt,
wiast'n trinkst, moanst, a Wein is's.
Macht di g'sprächi und frisch,
und wannst affstehst, siagst as,
der draht di!"

Schon im „Haushaltungsbüchel für junge Eheleut" des Herrn Philipp Jakob von Gruenthal, Besitzer des Gutes Kremseck, 1601–12, heißt es: „Oepffl und Piermösst. Holtz Oepffl und Piern gestoßen, gepröest, vnd in Vässl gossen, jesen (stehen) lassen, ist ein guett Tranckl für die Bawrn. Die Trebern von Piern in ein Vässl oder Poding gethan, Wasser daran gossen, gibt denselben Tag ein guet Tranck für das Gesind. Die bösten Biern Möst sein, so schön klar werden vnd sieß bleiben, auch recent sein zum thrinckhen." Und er gibt noch den Rat: „Oepfl oder Piern soll man im altten Mond oder zum

Gefüllte Forellen (Rezept siehe Seite 525). ▷ „Schlutzkrapfen" mit Spinatfülle (Rezept siehe Seite 481). ▷▷

Geschnitzte und bemalte Mostpresse, 1852, vom „Prumer" aus Schieferegg bei Kronsdorf, heute Oberösterreichisches Landesmuseum.

Vollmond lesen und nicht auf Stro, sondern bloße Bünn legen" sowie: „Von Holtz Oepffl wird gar guter Essig. Prob's, darnach lob's." Ein gutes Mostjahr erwarten die Bauern, wenn in den Rauhnächten die Bäume vom Rauhreif dicht überzogen sind.

„In den oberösterreichischen Bauernhäusern", schreibt Karl Foltz in „Die Grundlagen der Bodenproduction in Oberösterreich", „finden sich unterirdisch geräumige Keller zur Einlagerung des Obstmostes, des Sauerkrautes, der Kartoffeln, des Gemüses und der Milch. Oberhalb des Mostkellers ist das Preßhaus angebracht, in dessen Mitte der sogenannte Roßwalzel, eine mühlsteinähnliche Scheibe von $1^1/_2$ Meter im Durchmesser, steht, welche durch ein Pferd in Bewegung gesetzt, zum Zermalmen des Obstes verwendet wird. Von den Pressen läuft der Most in den Keller und direct in Fässer..." Zu Beginn des 19. Jahrhunderts wurden die Obstmühlen („Preßmühlen") eingeführt: Obst wird in den „Korb" geschüttet, darin durch einen messerartigen Mechanismus zerkleinert; es fällt dann, durch zwei Steinwalzen getrieben, als Maische in den „Trog" darunter. Die Maische wird je nach Gegebenheit mit Wasser vermischt, kommt in die „Presse" und wird darin mit einer Spindel ausgepreßt; der süße Most wird in die vorbereiteten Holzfässer geleitet, deren Spundloch einige Wochen lang noch offen bleibt, solang der Most „arbeitet" (gärt). Sobald die Gärung beendet ist, werden die Fässer fest verschlossen. Stärke und Güte des Mostes hängen von der Qualität des Obstes und der Menge des Wasserzusatzes bei der Maische ab. Wenn meine Eltern am Ostermontag mit uns Kindern zu meinem Firmpaten, dem Gaderbauern zu Baumgarten, gingen, nahm der Vater meist eine Flasche seines besten Mostes mit, um zu beweisen, daß er den besseren habe. Denn zwischen beiden herrschte darin eine friedvolle, aber stete Konkurrenz, und einer schalt des andern Most spaßhalber eine „Lefizibriah".

„I han mi me ban Most
valaunlt und valost"

läßt Pater Maurus Lindemayr, der Vater oberösterreichischer Dialektdichtung, den Titelhelden in seinem Volksstück „Der versoffne Hans" singen.

„No a Kandl kann da Magn
Ohne kröpfazen datragn."

Und Norbert Purschka dichtete in „Der Mostrausch":

„I bin da Baua, sagt a,
von Doarf, sagt a,
und ön Most, sagt a,
trink i scharf, sagt a,
a paar Maßl, sagt a,
trink i schan, sagt er,
kennst ma derda, sagt a,
nu nix an."

Bis zur Zeit Karls d. Großen wurde **Bier** in den Haushalten gebraut; Mälzen und Brauen besorgten vor allem die Frauen. Im frühen Mittelalter wurde die Bierproduktion Sache der Grundherren, im 9. Jahrhundert entstanden die Klosterbrauereien. Klosterbier wurde dann so beliebt, daß man eigene Fronhöfe für die Bierherstellung errichtete und man gegen Ende des 12. Jahrhunderts auch Schenken für den Vertrieb dieses

◁ „Hullaschoiba'l" – gebackene Holunderblüten (Rezept siehe Seite 46).

◁◁ Erdäpfelstrudel (Rezept siehe Seite 43).

Klosterbiers eröffnete; man schenkte drei Sorten aus, Bier für die Mönche, Bier für die Knechte und die Pilger und Bier für das „gemeine" Volk.
Der Oberösterreicher, speziell der lange Zeit zu Bayern gehörige Innviertler, trinkt seit eh und je gern ein gutes Bier. Viele kleine Brauereien versorgten einst die entlegensten Landesteile. Um 1890 gab es 239 Brauereien im Lande ob der Enns, die jährlich 850.000 Hektoliter Bier erzeugten, helles und dunkles aus Gerste, weißes aus Weizen und Hopfen (1713 wurde durch Patent der Landesregierung das Bierbrauen aus Weizen abgestellt), davon stellten 15 größere Brauereien rund 380.000 Hektoliter Bier her. (Bierbrauereien haben früher meist mit den Trebern Mastochsen gemästet.) Zur Erntezeit holten sich die Bauern „Arndtbier". In den Wirtshäusern wurde und wird überwiegend Bier getrunken (es gab um 1850 in Oberösterreich 2669 Gasthöfe und Schenken). Im Sommer schenkten die Wirte das Bier in ihren „Märzenkellern" aus (noch Stelzhamer ruft: „Oda liabt enk a Bier, hamar a nöt weit in an Kellar!"); es war dies ein kühler Keller in einem eigenen Gebäude nahe dem Wirtshaus, wo im Sommer das im März gebraute Lagerbier („Märzenbier") ausgeschenkt wurde. „Wo's dös böst Bier ágát, z'Raab halt i stád", mag mancher Fuhrmann geschworen haben („Raaberbier, Raaberbier, bist wiar a grawer Stier, schlöckst um di, stoaßt um di, Sakaradie"). Das Bier wurde damals noch aus Maßkrügen (bayerisches Maß) getrunken, heute bestellt man eine „Halbe". Einer besonderen Übung bedurfte die „Handhabe" eines „Doppelliter-Kruges" – man durfte ihn nur mit einer Hand heben und weiterreichen.
Dr. Krackowizer schilderte in „Sommertage im Innviertel", 1894, das „Brau- und Gasthaus des Herrn Schwendmaier" bei Obernberg am Inn: „Da jedoch im Innviertel alle durstigen Bewohner den Sommerabend nur im Keller verbringen und dort auch die Speisen genießen, welche vom Gasthaus ziemlich weit dahin getragen werden müssen, so verzehrte ich ein auf dem Spieße vollendet fein gebratenes Huhn in dem geräumigen und schattigen Bierkeller meines liebenswürdigen Wirtes ..." In Helpfau erquickte er sich im schattigen Schmidhammer-Keller „an einem ‚Kellersteine', nämlich an einem ‚Maßkrug' voll schäumenden Bieres, das aus einem großen Fasse unmittelbar aus der Tiefe des Kellers heraufgeholt wird. Für gewöhnliche Sterbliche thut es ein Glas Bier, das einen halben Liter faßt und aus dem ‚laufenden' Fasse gezapft wird ... vor allem ist der Gerstensaft des Innviertels gesund; dort dient nicht der Magen zur Gährbottich wie bei den Bierfabriken der Stadt. Zur Vermehrung des Durstes dient vornehmlich der landesübliche ‚Radi', für den Eingeborenen die wichtigste Culturpflanze. Geschmackvolles Hausbrot und täglich frisch gemachte Würste, bei denen der Speck nicht gespart wird, stehen gleichfalls im Keller bereit."
Der Hopfenanbau war früher stärker in allen Teilen des Landes verbreitet. Für die heimische Bierbrauerei war die Hopfenkultur im Mühlviertel wichtig, die sich um die Mitte des 19. Jahrhunderts entwickelte, als die Leinenweberei durch die Einführung der Baumwolle zum Niedergang verurteilt war. Im Urbar des Stiftes Wilhering ist der Hopfenanbau schon 1287 nachgewiesen. Führend im Hopfenanbau wurde Neufelden, wo es 1845 schon 16.490 Hopfenstangen gab; in Putzleinsdorf standen um 1860 bei 40.000 Hopfenstangen. Verkauft wurde der Hopfen ballenweise an die Bräuer und Kommunebrauhäuser in den Märkten (1864 wurde in Neufelden die erste Hopfendarre gebaut), dann auch in die Bundesländer südlich der Donau und zum Teil bis nach Bayern (1861 sogar nach England). 1878 gab es rund 660 Hektar Hopfenanbaufläche in Oberösterreich, 1908 stieg sie auf mehr als 800 Hektar an. Der Erste

Bierglas mit zinnernem Deckel.

Weltkrieg 1914–1918 zwang die meisten Bauern, wieder Getreide und Erdäpfel anzusetzen, nur um Neufelden hielt sich die Hopfenkultur bis 1939.
Früher hat man helles und dunkles Bier auch in einzelnen Bauernhäusern gewonnen, man hatte Bier zu „zinsen", die Bürgerhäuser in den Städten besaßen die Braugerechtigkeit. Allmählich entstand ein eigenes Braugewerbe. Im Mühlviertel hatten oft mehrere Wirte zusammen das Braurecht, und noch um 1900 wurde hier in einigen Wirtshäusern Bier gesotten. Besonders berühmte Bierspezialitäten gab es auf dem Aigner Kirchtag. Auf einem Kirchtag im Innviertel oder bei einer Bauern-„Hächzat" (Hochzeit) im Sauwald schenkte man bisweilen 600 bis 900 Liter Bier aus. Ein besonders würziges dunkles Bier stellt heute noch aus Münchener Malz und Mühlviertler Hopfen die kleine Höhnharter Brauerei her. Berühmt wurde das Zipfer Bier, nicht unbekannt sind das Grieskirchner Bier und der Eggenberger „Urbock". Das Stift Schlägl betreibt noch heute die einzige Stiftsbrauerei in Österreich.

Bier

16 l Wasser, 250 g Gerste, 250 g Zucker, 30 g Hopfen, 30 g Germ

Gerste licht bräunen und mit einem Hammer zerschlagen. Dann im Wasser eine Stunde sieden, abseihen, Zucker und Hopfen beigeben und wieder eine halbe Stunde sieden. Dann abseihen, in einem Topf stehen lassen, bis es lauwarm ist, dann aufgelöste Germ dazugeben. In Flaschen füllen und gut verstoppeln. Kühl im Keller stehen lassen.

„Á Schnáps áf an fett'n Brat'n
tát nöt schad'n."

Schnaps wurde und wird in vielen Häusern Oberösterreichs gebrannt. Denn zu Neujahr sollte jeder Schnaps trinken, „sonst wird einem die Haut zu eng". Im Mühlviertel und im Eferdinger Becken aßen die Leute an diesem Tag auf nüchternen Magen in Branntwein getauchte und angezündete Lebkuchen, das schützte angeblich vor dem „Hoaruck" (Aufstoßen). Die Mühlviertler nennen den Schnaps auch „Höllmandlgeist". Vorwiegend brennt man Obst und Weizen zu Schnaps.

„Hollerschnaps"

3 l Holunderbeeren, 2 l Wasser, 1000 g Zucker, $^1/_2$ Päckchen Vanillezucker, 1 Stück Zimtrinde, 3 Gewürznelken, $^1/_2$ l Weingeist oder Obstschnaps

Holunderbeeren mit dem Wasser eine halbe Stunde kochen, durch ein Tuch filtern, mit Zucker, Zimtrinde, Gewürznelken und Vanillezucker aufkochen, abseihen und kalt stellen. Zuletzt mit Weingeist oder Schnaps versetzen, in Flaschen füllen, verschließen und ein halbes Jahr stehen lassen.

Met bzw. Honigwein kannte man seit uralter Zeit. Mittelalterliche Kochbücher bringen Rezepte zum Met: man siedet einen Teil Honig und sechs Teile Wasser zusammen, entfernt durch Abschäumen die ausgeschiedenen Eiweißstoffe und bringt die Flüssigkeit zur Gärung. Über ein Jahr lang mußte sie in wohlverschlossenen Fässern unter Zusatz von Hopfen und Hefe (und Gewürzkräutern, wie Salbei) gären. Erst seit dem Mittelalter kannte man das „Metsieden" (zum Unterschied vom „Bierbrauen"). In den folgenden Jahrhunderten bis ins 20. Jahrhundert war der Met ein wichtiges Getränk bei festlichen Veranstaltungen, wobei er in erster Linie von Frauen genossen wurde.
Gerade in Oberösterreich war der Met bis ins 20. Jahrhundert im Brauchtum verankert. Anlaß zum gemeinschaftlichen Mettrinken gaben Feiertage, so die vorösterlichen Beichttage („Menscher-" und „Weiberbeichttag" nach der „Christenlehre"), die Karwoche (in Andorf trank man Met nach dem „Lichtlgehen", dem Besuch des Heiligen Grabes in der Kirche), der Palmsonntag, der Kirchweihtag, Fronleichnam, der Sonnwendtag (24. Juni), Weihnacht und die Erntezeit. In vielen Häusern wurde der Met selbst bereitet, so bezeugt in Gilgenberg, Arnberg, Engelhartszell, Schiedlberg (vom Obmann des Imkerverbandes für den „Imkerball"), in Kleinreifling, Christkindl, Micheldorf in Oberösterreich und Wim. Meist aber wurde er gewerbsmäßig von den Lebzeltern hergestellt. Joseph Leuchtenmüller, ein Linzer Lebzelter, schreibt in seinem „Receptbuch de anno 1699": „Mercket: die Metsiederei kostet zwar viel Sorgfalt, aber der Gewinn ist immer beachtlich und kann sich oft mit dem messen, der uns aus der Lebzelterey zukommt." Noch bis 1938 war Met bei Linzer Lebzeltern allgemein erhältlich. Zur Aufbewahrung bzw. zum Transport dienten eigene zinnerne „Metpitschen" (im Mühlviertler Heimathaus ist eine zu sehen).
In Eferding wurde noch 1937 der Metkeller der Lebzelterei Vogl zum traditionellen Mettrinken am Sonnwendtag (der hl. Johannes der Täufer hieß deshalb auch „Methansl") mit Birkengrün geschmückt und mit Wachslichtern erhellt. Schon Michael Denis, ein 1721

in Schärding am Inn geborener Barockdichter, berichtet in den „Lesefrüchten" (1797) über das Sonnwendfeuer, bei dem immer auch Met getrunken wurde. Dort, wo kein Lebzelter an einem Ort arbeitete, brachten ihn Marktfahrer („Metkramer"), die einen „Kirtastand" oder eine eigene „Methütte" aufstellten, so beim Georgikirta in Wildenau-Aspach, zum Patroziniumsfest am Heiligenstein bei Gaflenz, beim Simonikirta in Hornbachgraben, beim Bartholomäusmarkt in Linz. Lebzelter waren u. a. bezeugt in Weyer, Grieskirchen, Oberneukirchen, Ischl, Lambach, Enns, Schärding, Steyr, Wels, Eferding, Linz, Freistadt und Ried im Innkreis. Auch Wirtshäuser und Konditoreien schenkten Met aus. In Gmunden, Altmünster, Ebensee und Pinsdorf warteten die Mädchen am „Liebstatt(l)sonntag" (= Lätare, am vierten Sonntag in der Fasten), um von ihren Burschen ins Gasthaus oder zum Lebzelter auf einen Met und zu „was Gutem" zum Eintunken eingeladen zu werden.

Außer dem üblichen Mettrinken aus Gläsern wird auch über die Verwendung von **„Metsemmeln"** berichtet (E. Burgstaller, „Met im oberösterreichischen Brauchtum", 1956). Man nahm dazu im Innviertel die glatte „Paarsemmel", nicht die Kaisersemmel, höhlte sie mit den Fingern aus, goß den gekauften Met in die Aushöhlung und verschloß sie mit der Semmelschmolle wieder. Dann trug man sie nach Hause. Wenn das Ganze vom Met durchtränkt war, aß man die Semmel. In der Regel aber wurde der Met mit Lebkuchen (wie jetzt noch am Gmundner Liebstattsonntag) genossen. Beim Markt in St. Anna in Ried im Innkreis übte man am Metstand das „Leckerlhacken" (Lebzeltenschlagen), bei dem man mit einer kleinen Hacke die zähen Lebkuchen spaltete bzw. zerkleinerte. In St. Ulrich aß man am Sonnwendtag Krapfen zum Met. Zur Sonnwend und zur Getreideschnittzeit wurde mancherorts in Oberösterreich die **Metsuppe** hergestellt, dazu wurden gebähte, gezuckerte Weißbrotschnitten (oder Lebkuchen) wie beim Triët statt mit gesüßtem Most oder Wein eben mit heißem Met übergossen. Zur Erntezeit aß man diese Metsuppe im Glauben an die vorbeugende Wirkung des Mets gegen das beim Getreideschnitt so gefürchtete Kreuzweh; auch beim Ennser Kirta tranken die Bauersleute gern Met, damit sie beim Kornschnitt keine Kreuzschmerzen bekamen.

Zur Zeit der Agilolfinger und Karolinger gab es im heutigen Oberösterreich mehr Orte mit Weinbau als im damaligen Niederösterreich, wie Werneck ausführte. Im Mittelalter gedieh **Wein,** urkundlich erwähnt, in der Umgebung von Braunau, von Ried, in Aurolzmünster, St. Martin, Lambrechten (hier gibt es beispielsweise noch den Hofnamen „Weinberi" = Weinberg), Senftenbach, Obernberg am Inn. An der Südseite meines aus Holz gebauten Elternhauses (1688) trug bis zum Zweiten Weltkrieg ein Weinstock noch hin und wieder Früchte. (1187 hat ein Priester Magnuson in meiner Heimatpfarre – damals noch „Beneventenreuth" genannt – mit dem Weinbau begonnen.) Wein gab es auch im Hausruck- und Traunviertel, so im Aschachwinkel. Klöster (Mondsee, Göttweig, Michaelbeuren, St. Florian, Garsten) und das Passauer Domkapitel besaßen hier Weingärten. In der Nähe von Unterach am Attersee (wo es auch Edelkastanien gibt), rund um Linz (die Gegend um das Linzer Kapuzinerkloster hieß laut Krackowizer „im Weingarten") gediehen Weintrauben. Friedrich III. hatte den Linzer Hauern Befreiung von jeder sonst dafür eingehobenen Abgabe gewährt. Günstige Anbauflächen gab es auch im Mühlviertel. Die Weinbauern fanden immer wieder genau jene kleinen Wärmeinseln, die für den Weinbau günstig waren. Die langsame Klimaveränderung und die billigen Importe aus den inzwischen führenden Weinländern beendeten den Weinbau in Oberösterreich.

Zinnerne Metpitsche. Später trug man darin auch das Weihwasser aus der Kirche nach Hause und bewahrte das „Ura", den Sauerteig für das Brot, auf.

Salzburg

Neues
Saltzburgisches
Koch-Buch/
Für
Hochfürstliche und andere vornehme Höfe/ Clöster/
Herren-Häuser/ Hof- und Hauß-Meister/
Köch und Einkäuffer;
Wie auch
Für einschichtige/ gesund und krancke Persohnen/ nicht allein
zu Hauß/ sondern auch im Feld.
Mit mehr dann 2500. Speisen/ und 318. in schönen Kupffer
gestochenen Formen/ aus eigener langwieriger praxi
also eingerichtet/
Daß man auch bey Hoch-Fürstl. und vornehmer Höfe Tafeln/
bey grossen Gastereyen und gemeinen Mahlzeiten die Tische
auf das Zierlichste mit annehmlichsten Abwechslungen täglich
versehen und bestellen kan/
Bestehend
Aus 4. Theilen/ in 8. Büchern eingetheilt/ bey deren
jeden ein doppelt Register mit angehänget.
Durch
Conrad Hagger/ Hoch-Fürstlich-Saltzburgischer
Stadt- und Landschafft-Koch.
Mit Röm. Kays. Maj. allergnädigstem Privilegio.
AUGSPURG/
Druckts und verlegts Johann Jacob Lotter/
1719.

Salzburg gehört mit Vorarlberg und Burgenland zu den kleineren Bundesländern. Sein starkes Rückgrat hat das Land in den Hohen Tauern; der Salzburger teilt es ein in das „Land innerhalb des Gebirges“ und das „Land außerhalb des Gebirges“. Ein Drittel der Bewohner leben in der Hauptstadt Salzburg. Der Lebens- und Wirtschaftsraum der Bauern Salzburgs ist sehr klein, der Boden karg, ihre Mühen und Plagen sind groß, aber die Wurzeln sind tief und zäh.

60 Prozent der Landesfläche liegen über 1200 Meter, 30 Prozent sind Bergland zwischen 800 und 1200 Meter, der Rest ist Hügelland. Ein Sechstel der Landesfläche ist ertraglos. 2300 Heimgüter liegen unter 500 m, rund 2400 über 1000 m (ein Sechstel aller landwirtschaftlichen Betriebe), etwas mehr als die Hälfte liegt über 700 m. Der Haupterwerbszweig ist die Viehwirtschaft. Die Vor- oder Niederalmen liegen hier schon zwischen 700 und 1100 m; sie werden im Frühjahr und Herbst als Almen bewirtschaftet, im Sommer wird Heu geerntet. Die Grundalmen liegen zwischen 1200 und 1700 m und werden Anfang Juni bis Oktober bewirtschaftet, die Hochalmen, über 2000 m, werden Mitte Juni bis Anfang September bezogen – Voraussetzung für hervorragende bodenständige Viehrassen, die Noriker oder Pinzgauer Pferde und das Pinzgauer Rind.

Salzburg, als das große Talbecken zwischen Alpenvorland und Kalkhochalpen, ist reich an Bodenschätzen, die Fluß- und Paßverbindungen verschaffen dem Land eine günstige Verkehrslage im Schnittpunkt von West und Ost, Nord und Süd.

Das Land wurde spätestens in der Jungsteinzeit (4000 bis 1800 v. Chr.) besiedelt, wobei es sich als ein Mischkessel jungsteinzeitlicher Völker und Kulturen erwies. Der Kupferbergbau in der Bronzezeit (1800 bis 900 v. Chr.) leitete dazu an, die Besiedlung auch in die unwirtlichen Gebirgsgegenden voranzutreiben; Kupferbergbau, Salz- und Goldabbau brachten Reichtum und Macht ins Land und gaben ihm schon früh eine europäische Bedeutung. Die Römer bauten Iuvavum, auf dessen Boden heute die Landeshauptstadt Salzburg steht; die nur zum Teil romanisierte keltische Urbevölkerung lebte daneben weiter und gab kulturell weiterhin den Ton an. Stärkerem römischem Einfluß unterlagen die Bewohner des Voralpenlandes. Der transalpine Handelsverkehr ließ das römische Salzburg machtvoll erblühen. Die Handelswege nach dem Westen wurden ausgebaut. Nach den Wirren der Völkerwanderung ließen sich um 530 die Baiern hier nieder.

Salzburg als geistliches Territorium begann damit, daß um 700 der heilige Rupertus sich in den Ruinen des römischen Iuvavum niedergelassen hat. 739 wurde die Siedlung Sitz des Bistums, 798 des Erzbistums. Die bayerischen Agilolfinger sowie fränkische und deutsche Könige beschenkten die Salzburger Erzbischöfe mit den Waldgebieten des Pongaus und mit Einzelbesitzungen in Bayern, Kärnten, Steiermark, Tirol und Niederösterreich. 1228 belehnte Kaiser Friedrich II. Erzbischof Eberhard II. mit dem Pinzgau; 1246 folgte der Lungau; im 15. Jahrhundert erreichte das Erzstift seine größte territoriale Ausdehnung. Neben dem Kerngebiet unterstanden ihm das Zillertal (seit 889), Windisch-Matrei (1203), Gmünd (1142), Friesach und das Liesertal in Kärnten, Rann und Pettau in der Südsteiermark sowie ein bis Niederösterreich reichender Streubesitz. Der Lungau allein war ein geschlossenes slawisches Siedlungsgebiet gewesen.

Die Salzburger Erzbischöfe hielten seit 1296 den Habsburgern die Treue; im Land selber fehlte ein mächtiger Landadel, besonders stark war daher immer schon die Bauernschaft, ihr erster Aufstand von 1462/1463 gehört zu den frühesten deutschen Bewegungen dieser Art. Früh fand auch die Reformation Eingang, besonders unter den Bergknappen und im Landvolk des Pongaus. Im 17. Jahrhundert kam es zur ersten großen Protestantenaustreibung (aus dem damals salzburgischen Defereggental). 1731/42 wanderten rund 20.000 aus dem Pongau und den benachbarten Orten aus nach Ostpreußen, Holland und Georgia in Nordamerika sowie nach Ungarn. 1803 wurde das Erzbistum säkularisiert und war dann 1805 bis 1809 bei Österreich, fiel 1809 an Frankreich, 1810 an Bayern, an das es dann den Rupertiwinkel abtreten mußte, kam 1816 wieder an Österreich und unterstand zunächst Österreich ob der Enns. 1848 (1850) wurde der wirtschaftlich fast vergessene Winkel der Monarchie selbständiges Kronland.

Der Kulinarhistoriker muß Salzburg besonders in sein Herz schließen, denn um die Küche der Salzburger Erzbischöfe war es wohl schon immer sehr gut bestellt. 1549 schrieb Hans Sachs seinen „Lobspruch der Stat Saltzburg“:

„Von Hallein bringt man da das Salz,
Aus dem Birg bringt man Käs und Schmalz,
Aus dem Welschland mancherlei Wein,
Von Nekar, Frankenland und Rhein,
Auch het man da guet kaltes Bier.
Auch het es um der Stadt Revier
Viel Weiher, See und Bächlein frisch,
Darin man liegt allerleigut Fisch,
Auch in Gebirgen fern und nahen
Ist Vogel und Wildpret zu fahen,
Auch in den Tälern Wunn und Waid;
Aus Bayern bringt man viel Getraid,
Auch Brot und Flaisch, daß ich dir's kuertz,
Allerlei Spezerei und Wuertz
Findt man täglich in rechtem Kauf."

Nicht ohne Grund ist uns der Name des Mundkoches des Erzbischofs Johann Jakob I., von Kuen-Belasy, aus dem Jahre 1565 bekannt: Im Kapitelprotokoll wird zum 14. Mai erwähnt, daß auf Wunsch des Erzbischofs der Vetter des hochfürstlichen Mundkochs Hans Pillinger in die Präbend, also als Pfründner der Domschule in die gemeinsame Wohnung und Verköstigung aufgenommen werde. Ein Beweis für den guten Ruf der Salzburger Küche war auch, daß Herzog Eugen von Württemberg 1576 den Küchenjungen Hans Goldt an den Salzburger Hof in die Lehre schickte, den er 1581 durch einen eigenen Boten und mit einem Schreiben vom 29. März zurückforderte, nachdem er nun wohl „es gesehen, erfahren und erlernntt haben werde". Der Hofrat stellte dem jungen Kochkünstler am 12. April ein Zeugnis seines Fleißes und Wohlverhaltens sowie einen Paßbrief aus. Auch aus dem Jahre 1585 ist der Name eines hochfürstlichen Kuchelmeisters, Christoph Frankenmann aus Brabant, überliefert.

Salzbehälter. Vom Salz hat das Bundesland seinen Namen, Salz hat Salzburg einst reich gemacht.

Den Höhepunkt kulinarhistorischer Entwicklung auf Salzburger Boden stellt unbestritten Conrad Haggers „Neues Saltzburgisches Koch-Buch" dar, das 1718/1719 erschien. Hagger wurde 1666 in Marbach im Rheintal geboren, arbeitete zwischen 1678 und 1680 als Küchenjunge in der Klosterküche zu St. Gallen, kam im Dienste des Grafen Latour im Türkischen Krieg bis Ofen, Essenk und Griechisch-Weissenburg, arbeitete dann am Chur-Bayrischen Hof und ging in die Lehre beim Augsburger Stadtkoch Johann Ludwig Pressin. 1690 als Geselle freigesprochen, trat er in die Dienste des Bischofs von Chiemsee und wurde 1701 fürsterzbischöflicher „Stadt- und Landschaftskoch" in Salzburg. Die Rezepte in seinem Kochbuch lassen zwar auf keine eigene „Salzburger Landesküche" schließen – dazu war Hagger als Mann von Profession zu sehr barock-höfischer Kochkünstler einer Herrschaftsküche, es gewährt aber dennoch einen tiefen Einblick in die Küche von damals, zumal Hagger sehr viele süddeutsch-österreichische Eigenheiten verwendet (Obers, selchen, bähen, Reindl, Schwammerln, Kuttelkraut, „Taiglein", Glütlein, Kren, Beiner, Biegel, Biskotten, Eigelbeeren u. a. m.). Eines zeigt das Kochbuch Haggers auf alle Fälle, daß von einem geschlachteten und gejagten Tier alles verwendet, von „Kopf bis Fuß" alles in Speisen „umgesetzt" wurde: Ochsenaugen (als Frikassee oder Ragout), Kalbseuter, Eier, Magen und Leber einer Schildkröte genauso wie Ohren von Ochs, Schwein, Kalb, Hirsch, aber auch Stier-, Hirsch- oder Dendelhoden, Blut, Kalbsbries, Schwanz und Kinnbacken vom Ochsen. Auffallend viele Rezepte finden wir auch für Obst und Gemüse: Brennessel, Sauerampfer, Zichorie (Kraut und Wurzel), Portulak, Pastinaken, Bertram, Zuckerwurzeln („Pöperl"), Bocksbart („Haferwurz"), Mispel, aber auch Granatäpfel, Artischocken, Kapern, Oliven, Pistazien- und Pinienkerne, Maronen, Feigen, Datteln, Limonen und Pomeranzen.

Ein nicht geringes Verdienst für die Erforschung der Salzburger Volksnahrung steht Franz Wirleitner zu, der „Die Bauernkost im Lande Salzburg" 1951 erstmals summarisch zu erfassen versucht hat. Sein Buch hat mir den Zugang zur „Salzburger Kost" wesentlich erleichtert.

Suppen und Suppeneinlagen

„Guat und g'nuag,
das ist die best' Bauernkost."

Conrad Haggers „Neues Saltzburgisches Koch-Buch" wiegt mehr als 2,5 Kilogramm und enthält „mehr denn 2500 Speisen, aus eigener langwieriger Praxis also eingerichtet, daß man auch bey Hochfürstlichen und vornehmer Höfe Tafeln, bey großen Gastereyen und gemeinen Mahlzeiten die Tische auf das Zierlichste mit annehmlichsten Abwechslungen täglich versehen und bestellen" könne. Man findet in dem dickleibigen Buch sogar ein eigenes Kapitel bodenständiger Gerichte unter dem Titel „Gemeine Suppen vor einsamme Hauß-Leuth / vor Krancke und einzelne Persohnen / so man etwann in der Frühe / und Abends zu geben pflegt", als da sind: Wein-, Biersuppe, Milchsuppe auf „Niderländisch", „Ram-, Eyer-, Schmaltz- oder Zwibelsuppen (mit verlohrnen Eyeren)", „ein sogenannte Brenn-Suppen von Meel", Kümmelsuppe, Suppe „von gedörrtem Haaber-Kern", „Haber-Kern in Milch", Mandel-, „Haniff- oder Melonen-Kern-Suppen", Brezen-, Spinat-, Käse-, Erbsensuppe, Milchsuppe „mit verlohrnen oder abgetribenen Eyer-Dottern", „die gesäurte Dotter-Suppen", verschiedene Fischsuppen, Reissuppe mit Parmesankäse, „Gersten in der Erbs-Brühe", „Haber-Kern-Suppen", „Kösten-Suppen" und „Erbs-Suppen mit hart-gesottnen Eyeren". Darüber hinaus führt Hagger 281 Fleischsuppen und 107 Fastensuppen an.

„Millisuppe", Vollmilchsuppe

Vollmilch, gesalzen gekocht, aß man mit (Schwarz-) Brotschnitten täglich zum Frühstück bei den Bauern im oberen Pinzgau, im Flachgau, im Tennengau und im Pongau, hier auch besonders an Sonn- und Feiertagen; im Lungau kam die Milchsuppe auch abends als Vorspeise auf den Tisch und war allgemein das Sonntagsfrühstück (später durch Kaffee mit Butterbrot, „woazan Nudl", Milchbrot u. dgl. weitgehend abgelöst). Wenn es bei einem Pinzgauer Bauern am Samstagabend nur Magermilchsuppe gab, spöttelten die Knechte: es müsse der Pfarrer geholt werden, um die Samstagmilch zu „versehen" (ihr die Letzte Ölung zu geben), „weil s' soviel lötz is". Oder ein Knecht untersuchte auffällig das Euter der Kühe, und auf die Frage, warum er das mache, antwortete er, daß er jenes „Luder" ausfindig machen wolle, das die „blaue Samstagmilch" (Magermilch, auch „Boaßmili") lieferte. Oft gab es zur Vollmilch gekochte „Erchtling" (Erdäpfel), so im Lungau und im Tennengau, vor allem dann, wenn es nicht „g'nötig" war, wenn es keine schwere, dringende Arbeit gab. In der Mahderzeit brachte man um 7 Uhr früh eine Vollmilchsuppe mit Brotschnitten und „Nudl" aufs Feld (die Neunuhrjause entfiel dann); bei besonders harter Arbeit gab es im Lungau eine **„Schnapsmilch"** (Milch mit einem Schuß Schnaps).

„Schottsuppe"

„Man rührt zwei große Löffel voll Schotten (das ist Topfen aus Buttermilch) mit kaltem Wasser fein ab, mischt 3 Löffel sauren Rahm dazu und sprudelt 1 Liter kochende Milch oder Wasser damit ab, salzt es und gießt es über feine Brot- oder Semmelschnitten." (Rosa Karolina Neuwirth, „Praktisches Salzburger Kochbuch", 1898)
Die Schottsuppe aß man im Flachgau und besonders im Unterlungau zum Frühstück, im Oberlungau wurde sie eher am Abend gegessen, ebenso im Pongau (zusammen mit Erdäpfeln). In der Abtenauer Gegend war sie das ganze Jahr über als „erste Richt" üblich (ihr folgte immer wieder eine Milchsuppe, im Sommer auch ein Eierschmarren). In vielen Teilen des Pinzgaus dagegen war die Schottsuppe nicht sehr gefragt, denn „Schottsupp'n und Verdruaß hat man bald gnuag".
Zur Schottsuppe verwendet man in der Abtenauer Gegend den aus Buttermilch gewonnenen „Rührmilchschotten" oder den „Almschotten" aus der auf den Almen gewonnenen Käsemolke. Schottsuppe aß man jahrein, jahraus an Sonn- und Werktagen auch im bergigen Teil des Flachgaus.

Im salzburgischen Rauris gibt es eine besondere Form der Taube, die als Heiliger Geist über dem Eßtisch sonst überall zu finden ist: Der vier Zentimeter lange, roh aus Holz geschnitzte Körper der Taube trägt Flügel und Schwanz aus gefaltetem bunten Papier und steckt in einer grünlichen Glaskugel von zehn Zentimeter

Durchmesser. Diesen „Heiligen Geist" in der Glaskugel stellte der Roßhäuslkaspar in Bischofswiesen bei Berchtesgaden her. Sie waren früher nicht selten in Oberösterreich, Salzburg und in Tirol zu finden. „Diese Form trägt auf dem Lande einen recht unfeinen Namen, den ich aber, weil bezeichnend, hier anführen will; die Bauern nennen sie ‚Suppenbrunzer', weil der aus der Suppenschüssel aufsteigende Dampf sich an der kalten Glaskugel niederschlägt und wieder in die Suppe herabtropft, denn der ‚Hl. Geist' schwebt stets über der Schüssel des Eßtisches, der im Herrgottswinkel steht", schrieb die Salzburger Volkstumsforscherin Marie Andree-Eysn 1910.

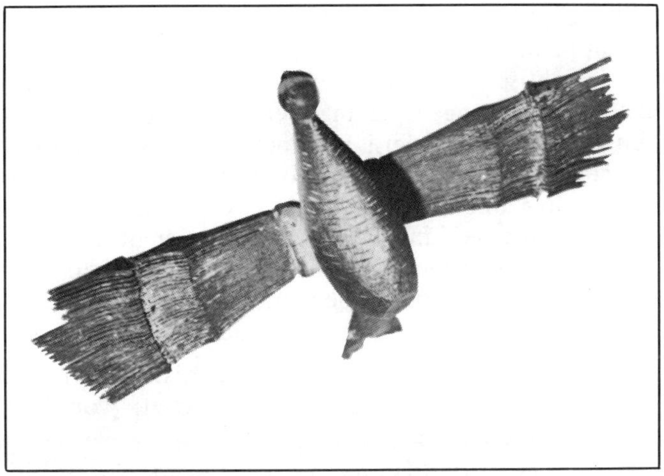

Die Taube als „Heiliger Geist" schwebt über dem Eßtisch.

Buttermilchsuppe

1 l Buttermilch, ½ l Wasser, 2 EL Mehl, Salz, Kümmel, saurer Rahm

Wasser mit Kümmel und Prise Salz aufkochen, Milch und Mehl verrühren, dazugießen und kurz kochen lassen. Mit saurem Rahm verbessern. (Gebähte) Schwarzbrotwürfel als Einlage geben.

Auf die gleiche Weise bereitet man die **Rahmsuppe** (mit saurem Rahm) und die **saure Milchsuppe** (mit saurer Milch), im Tennengau „Klew(b)ermilli" genannt. Bei den Bauern wurden früher Suppenbrocken auch auf Vorrat geschnitten und in einem „Suppenbrockenschaffl" aufbewahrt; das war ein niederes Holzschaffl mit Deckel und meist rundum mit bunter Malerei verziert.

Brotsuppe

30 g Fett, 250 g Bauernbrot, Salz, Petersiliengrün, evtl. 30 g Mehl, ⅛ l Milch oder 1 Ei

Kleinwürfelig geschnittenes Brot in heißem Fett mit gehackter Petersilie rösten, leicht salzen, mit kochendem Wasser (oder heißer Fleischsuppe) aufgießen, gut verkochen lassen, versprudeln (oder passieren). Man kann diese Suppe mit in Milch oder mit Ei verrührtem Mehl zusätzlich binden.

Die Brotsuppe war in der Gegend von Lofer-Unken beliebt und wurde dort auch **„Schmälzsuppe"** oder **„Jagerhundsuppe"** genannt; sie wurde zusätzlich mit in heißem Schmalz gerösteter, fein- oder grobgehackter Zwiebel abgeschmalzen (**„Zwiebelschmalz"**).

„Brennsuppe", Einbrennsuppe, „Abschmalzsuppe"

60 g Fett, 60 g Mehl, 1 Zwiebel, 1 l Fleischsuppe oder Wasser, Salz, Pfeffer, Kümmel, Muskat, ½ Lorbeerblatt, 1 Ei

Mehl in heißem Fett dunkel rösten, feingeschnittene Zwiebel dazugeben und glasig rösten, mit Wasser oder Fleischsuppe aufgießen, mit Salz, Pfeffer, Lorbeerblatt, Muskat und Kümmel würzen und gut verkochen lassen. Mit einem versprudelten Ei binden. Als Einlage kommen (gebähte) Brotwürfel, Backerbsen oder – wie im Lungau – „Brennknödel" (in Schmalz gebackene Knödel) in Betracht. Eine Buttereinbrenn kann auch mit Milch aufgegossen werden (**„einbrennte Milchsuppe"**).

Die Brennsuppe gab es im Pinzgau anstelle der Milchsuppe manchmal zum Frühstück, im Flachgau zum Frühstück oder zum Abendessen. Sie wurde gegen Erkältungsschmerzen und „anderes inneres Vergift" angewendet. Als „Brennsuppenbauern" bespöttelte man die armen Leute im Gegensatz zu den „Muasbauern", die Butter genug hatten, ein fettes Mus auf den Frühstückstisch stellen zu können. Zu der im Lungau mancherorts üblichen **Einmachsuppe** darf das Mehl nur lichtgelb geröstet werden, ansonsten erfolgt die gleiche Fertigung wie bei der Brennsuppe. **„Schlemmhaxlsuppe"** nennt man im Pinzgau eine gute, nicht zu dicke Brennsuppe, in die gekochte Suppennudeln gegeben werden; man aß sie gerne im Winter an Tagen mit wenig anstrengender Arbeit, mitunter auch zur Jause, zum Untern, als Vorspeis. Eine fett- und kraftlose Arme-Leute-Suppe dagegen nannte man spöttisch „Schwoabsuppe" (von mittelhochdeutsch „sweiben" = schwemmen).

„Gerstlsuppe"

150–200 g Rollgerste, 100 g Schotten nach Wahl, 30 g Butter, Salz, Pfeffer, Wasser

Gerollte („genoilte") Gerste und Sauerschotten mit Butter abschmalzen; dazu verwendet man auch geräucherten Schotten („Ziegerschotten", „Schottengirgei"). Mit Wasser aufgießen, salzen, pfeffern und kochen.

Gerstlsuppe wurde im Pinzgau als Vorsuppe zum Untern, im Winter auch zum Abendessen, und im Tennengau sogar am Ostersonntag zu Mittag gegessen, dabei mußte sie aber ein paar Körner von allen Getreidearten und Bohnen enthalten. Gern werden auch ein paar frische Pilze mitgekocht.

„Eiersuppe", Eiergerstel, Eingetropftes wurde in Lamprechtshausen mitunter bei kaltem Wetter zum Untern als warme Suppe serviert. Die **„Erchtling-"** oder **Erdäpfelsuppe** wird im Lungau und im Flachgau fallweise zum Frühstück bzw. Abendessen angerichtet. Wird mit oder ohne Einbrenn, auch püriert zubereitet.

Erdäpfelsuppe mit Topfen

600 g Erdäpfel, 1 größere Zwiebel, Suppengemüse, 1 kleine Speckscheibe, alles würfelig geschnitten; ca. 1 l Wasser, 1–2 Paradeiser, 150 g Topfen, $^1/_8$ l Milch, Salz, Pfeffer, Petersilie oder Schnittlauch

Würfelig geschnittene Erdäpfel, Zwiebel, Suppengemüse und Speck bzw. Schwarte in leicht gesalzenem Wasser gut eine halbe Stunde kochen lassen, dann passieren (oder im Mixer pürieren), den passierten Paradeiser dazugeben. Topfen und Milch verrühren, in die Suppe geben, mit Salz und Pfeffer würzen und abschmecken, mit gehackter Petersilie oder Schnittlauch darauf anrichten. (Dr. Traude Gumpelmayer, Salzburg)

Fleischsuppe gab es bei Salzburger Bauern nur nach einer Hausschlachtung bzw. einer Notschlachtung. Sie wurde mit Schwarzbrotschnitten, hausgemachten Suppennudeln, Bratwürsteln (**„Zipflsuppe"** genannt), Frittaten, Schöberln oder einer anderen Einlage gegessen. Traditionell war die Fleischsuppe mit Frischfleisch im Tennengau am Karsamstag nach der kirchlichen Auferstehungsfeier und mit „Schneidnudeln" und Würsten als **„Mettensuppe"** nach dem Besuch der weihnachtlichen Mitternachtsmesse. Wie in anderen Bundesländern auch war eine **Hühnersuppe** früher auf einem Bauernhof selten und galt vor allem als Wöchnerinnenkost. Beliebt war nach einer Hausschlachtung die **Beuschelsuppe;** Pongauer aßen sie am Ostersonntag schon zum Frühstück. Als **„Frühgraisch"** („Ingraisch" = Eingeweide) wurde sie den weither gewanderten Hochzeitsgästen in der Abtenauer Gegend zum Frühstück im Hochzeitshaus serviert.

„Suppengrudl" nennt man im Lungau eine früher häufig gegessene Suppeneinlage; sie wird aus Brotteig von grobgemahlenem Roggenmehl, ungefähr faustgroß, gleichzeitig mit den Brotlaiben gebacken, aber erst am nächsten Tag aus dem Backofen genommen; die kleinen Laibchen werden sehr hart, halten lange und schimmeln bei entsprechender Aufbewahrung nicht. Zum Einbrocken in eine Suppe müssen sie in einem Tuch mit einem Hammer zerkleinert werden.

Eine **„Jagersuppe"** bildete im Pinzgau wiederholt das Mittagessen; man bezeichnet damit eine Eierschmarrensuppe mit Selchfleischeinlage. Allerdings findet man im „Praktischen Salzburger Kochbuch" (1898) folgende **„Jägersuppe":** „Lunge, Gekröse, Füße oder das Junge einer Gans wird in einem irdenen Topf mit Zwiebel, Thymian, einem Lorbeerblatt, Salz, Essig, Neugewürz und Wasser weich gekocht. Unterdessen macht man eine dunkelgelbe Einbrenn, gießt die obige Brühe durch ein Sieb darauf und läßt sie kochen. Das Fleisch schneidet man, nachdem die Knochen ausgelöst wurden, in Stücke und gibt sie auch in die Suppe."

Im Flachgau (wie in Teilen von Oberösterreich) sehr beliebt sind die gebackenen Leberknödel; von hier stammt auch der folgende Vierzeiler:

„Der Leberknödel und der Fastenknödl
ham sie mitanand z'tragen
da hat der Leberknödel an Fastenknödl
hintern Tisch einig'schlagn."

Brennesselsuppe

40 g Butter, 40 g Mehl, $1^1/_4$ l Wasser oder Fleischsuppe, 100 g frische junge Brennesselblätter, Salz, Pfeffer, Muskatnuß, 1–2 EL süßer oder saurer Rahm

In heißer Butter das Mehl anschwitzen, mit Suppe oder Wasser aufgießen und etwas kochen lassen, dann die Brennesselblätter mit etwas Wasser zerkleinern (oder im Mixer pürieren), in die Suppe einrühren, ein paar Minuten kochen lassen. Mit Salz, Pfeffer und geriebener Muskatnuß würzen. Mit Rahm verfeinern. Man kann zuletzt eine kleinwürfelig geschnittene Extrawurst bzw. Knackwurst hineingeben und heiß werden lassen. (Therese Thaler, Salzburg)

Kräuter- oder Gesundheitssuppe (Frühlingskräutersuppe)

Ca. 100 g Kräuter, 100 g Spinat, 1 Zwiebel, 50 g Butter, 30 g Mehl, Salz, Pfeffer, $^1/_{16}$ l Sauerrahm, Fleischsuppe (oder Wasser)

Fünf, sieben oder neun Frühlingskräuter (siehe unten) putzen, waschen, abtropfen lassen. Feingeschnittene Zwiebel in Butter anlaufen lassen, zwei Drittel der gehackten Kräuter dazugeben und leicht anschwitzen lassen, zusammen mit frischgekochtem Spinat passieren. Aus Butter und Mehl eine lichte Einmach bereiten, mit den Kräutern verrühren, mit Suppe oder Wasser aufgießen, würzen und fein verkochen lassen. Mit den restlichen frischen Kräutern sowie mit etwas Sauerrahm (oder süßem Rahm oder einer Legierung aus Eidotter und Obers) verbessern. (Anneliese Paukenhaider, Salzburg)

An Kräutern werden verwendet: Kerbelkraut, Kresse, Sauerampfer, Petersilie, Gundelrebe, Lungenkraut, Brennessel, Schafgarbe, Löwenzahn, Spitzwegerich, Veilchen- und Gänseblumenblätter, Erdbeerblätter. Die Kräuter sind nur im frühesten Frühjahr zu verwenden, wenn sie ganz zarte Triebe und Blätter haben.

Als „Pinzger Suppe" wird eine weiter nicht ausgeführte „Mischlingssuppe" bezeichnet. Im Pinzgau gab es an Festtagen meist eine „bessere" Suppe, eine Rindsuppe mit Einlage, Grießnockerlsuppe, Frittaten-, Nudel-, Leberknödel-, Schöberlsuppe. An den Beichttagen aß man wie fast überall eine Brezensuppe aus ungesalzenen Brezen, die mit gerösteten Semmelbröseln „aufgeschmälzt", das heißt in Schmalz geröstet wurden, um der Suppe Geschmack zu geben. Manchmal wurde geriebener Käse dazugegeben **(„Käse-Brezensuppe").** Ursprünglich hat das Brezenbacken erst am Aschermittwoch, an manchen Orten schon am Sebastianstag begonnen und dauerte bis zum Palmsonntag, an dem das Bäckerfeuer gelöscht werden mußte. In der Stadt Salzburg spendete man einst den Armen am Kunigundentag (3. März) Brezen; lebhaften Absatz fanden die Brezen in der Fastendult. Bei der ländlichen Bevölkerung kauften die „Beichtgeher" eine beliebige Anzahl Brezen beim Bäcker und verteilten sie unter die Hausgenossen. Diese Gepflogenheit wurde von jedem, der zur Osterbeichte ging, mit gewissenhafter Genauigkeit eingehalten. Die Buben, die am Palmsonntag die hohen Stangen zur Palmweihe in die Kirche trugen, schmückten die Palmstangen mit Äpfeln, buntgefärbten Hobelscharten und auch einer Anzahl Brezen. Das „Brezenhakeln" wurde anschließend betrieben, wobei jener Verspieler und zugleich Zahler war, dem das gewundene Mittelstück der Breze, Kreuz genannt, in der Hand verblieb. Im Tennengau aß man die Brezensuppe am Gründonnerstag („Weichenpfinztag"). Dazu gab es Antlaßeier („die sollen schon in der Henne geweiht sein! ").

Brezensuppe

300 g Brezen (Salz- oder Käsebrezen), 1 Zwiebel, 1 Knoblauchzehe, 4 Eier, 1 l Fleischsuppe, Salz, Pfeffer, Kümmel, geriebener Parmesan, Butter oder Schmalz

Feingeschnittene Zwiebel, Kümmel und gehackten Knoblauch in Butter und Schmalz rösten, die Fleischsuppe dazugießen, kochen lassen, dann durchseihen, mit Gewürzen abschmecken und auf die zerbrochenen Brezen gießen. Verlorene Eier daraufgeben, etwas heiße Butter (oder Schmalz) dazugeben („aufschmälzen") und mit geriebenem Parmesankäse überstreuen.

Biersuppe

1 l helles oder dunkles Bier, Butter, 1 Dotter, 2–3 EL Obers, Salz, Pfeffer, Zucker, Muskat

Bier heiß machen, mit Salz, Pfeffer, Zucker, Muskat (und nach Belieben Safran) würzen. Zuletzt etwas Butter und den Dotter, mit etwas Obers versprudelt, hineinrühren, aufsprudeln und sofort servieren.

Conrad Hagger hat den Boden jeder Suppenschüssel als erstes mit gebähten Weißbrotschnitten (heute würden wir „Toastbrot" nehmen) ausgelegt.

Aus dem Pongau ist eine **„Straubensuppe"** überliefert (in Fett herausgebackene Strauben werden in einer Fleischsuppe angerichtet), aus dem Pinzgau eine **„Haderlumpensuppe",** eine süße Suppe aus gedörrten Zwetschken oder Kirschen, die als „Zue-Eß" zu Germkrapfen an Feiertagsabenden gegessen wird. Im gebirgigen Teil des Flachgaus ißt man diese **„Zwetschkensuppe"** zum „Weinbeerlschlegel" am Heiligen Abend.

Branntweinsuppe

1 l Milch, Butter, Zimt, Gewürznelken, 100 g Zucker, 2 Eier, $^1/_8$–$^1/_4$ l Branntwein

Milch kochen, daumengroß Butter, Zimt und Gewürznelken beigeben, ebenso Zucker und Branntwein. Zuletzt zwei Eier einrühren, aber nicht mehr kochen lassen. Diese stärkende Suppe erhielt früher eine Wöchnerin gleich nach ihrer Entbindung. (Lilli Pichler, Tamsweg, Glanz)

„Beim Anblick der Speisen möchte einem das Wasser im Munde zusammenlaufen", schreibt Karl Adrian von einer Flachgauer Bauernhochheit in den siebziger Jahren des 19. Jahrhunderts, „so schmackhaft sind sie bereitet. Meist um 12 Uhr beginnt das Mahl. Zuerst werden gebackene Leberknödel aufgetragen, dann bekommt jeder Hochzeitsgast zwei Paar Würstel, hierauf ein Lüngerl, dann Rindfleisch mit Essigkren, dem folgt eine frische Wurst mit Nudelsuppe, und den Schluß des ersten Teiles des Mahles bildet das Geselchte mit Kraut und Senf.
Während des Mahles erscheint die Köchin mit großem blumengeschmücktem Kochlöffel und sammelt das Trinkgeld ein. Dann folgt das Brautstehlen. „Gegen 6 Uhr sind die Gäste wieder im Gasthause eingetroffen, und das Mahl findet seine Fortsetzung. Es kommt zunächst eingemachtes Kalbfleisch oder gebackenes Lämmernes auf den Tisch, dann folgen zwei Braten, Kalbs- und Schweinsbraten, um 1/2 9 Uhr abends gibt es Frischschweinernes und endlich um 9 Uhr Kaffee mit je zwei Faschingskrapfen für den Gast oder einem Stück Torte.
Daß die so reiche Menge der Speisen nicht von dem einzelnen verzehrt werden kann, ist wohl erklärlich; daher nehmen die Hochzeitsgäste die mehr trocken bereiteten Speisen als ‚Bschoadessen' für ihre Kinder und Freunde mit nach Hause. Sie schlagen die Speisen in bunte Tüchel ein, in vergangenen Zeiten benutzte man dazu auch die kleinen sechseckigen Halleiner Hochzeitsbrettel, die eigens für diesen Zweck gemacht wurden. In der Gegend an der Saalach, und zwar nur in einem schmalen Streifen an derselben, traf man auf den sonderbaren Brauch, daß während des Mahles auf einer Zinnplatte Stücke ungekochten Rindfleisches, und zwar des besten, aufgetragen wurden. Diese nahmen die Hochzeitsgäste mit nach Hause für die Großeltern, Eltern oder Austragsleute."

Sprudler aus einem „ausgedienten" Christbaumwipfel.

Der Herr Pfarrer erhielt seine Gaben während des Hochzeitsamts. Die Kranzljungfer stellte auf den Altar einen Porzellanteller, der mit einem hübschen Kranz verziert war und in dessen Mitte entweder Zitronen und Pomeranzen oder eine Torte lagen, die Hochzeitsgäste legten beim „Opfergang" eine Spende auf den Teller. Im Pongau begann der Hochzeitstag im Haus der Braut mit einem Beuschel als Morgensuppe, im angrenzenden Abtenauergebiet „Frühgraisch" (siehe Seite 314) genannt, dann wurde zur Trauung geritten oder gefahren. Im Pinzgau mußte die Braut, bevor die Suppe zum Hochzeitsmahl aufgetragen wurde, in die Küche gehen und die Suppe salzen. Der Suppe folgten Lüngerl und Rindfleisch, dann gingen die Gäste „über die Gasse" oder „feiertagen", das heißt, sie besuchten andere Gasthäuser im Ort, nach der Rückkehr wurde das Mahl fortgesetzt, und zwar mit Knödeln, Braten, Nudeln und einem eigenen Schmalzgebäck, dem „Hirscheng'stämm". Wildpret und Fische gab es bei einem sonst reichlich besetzten Hochzeitsmahl nirgends, diese galten „für des Edelmanns Tisch". Das stehende Gericht am Schluß eines Hochzeitsmahls war eine „Gerstensuppe", dem bäuerlichen Ehepaar wohl nach den Freuden des Tages seinen Stand in Erinnerung rufend. Ähnliches meint wohl ein Spruch der Flachgauer:

„Die Liab vergißt man,
nach der Hochzeit: Was frißt man?"

Jause

„Dös Böst, was i kost't han, wori olls liaßat stehn,
is a Dierndl a schnidögs und an Oarschmalz recht len."
(Sylvester Wagner)

„Fünfmal soll der Mensch essen, dreimal warm und zweimal kalt", heißt es im besser begüterten Flachgau. Der Lungauer sagt es allgemeiner: „Die schönste Zeit ist immer die Mahlzeit." Die Hauptmahlzeiten werden nicht selten wie in Kärnten mit der „Eßglocke" (im Glockenturm auf dem Hausdach) oder mit einer „Essenklapper" und dem „Klenghammer" (Holzhammer wird auf Bretter geschlagen) eingeläutet. Zum **Frühstück** findet man sich zwischen $^1/_2$ 6 und 7 Uhr ein, im Sommer früher, im Winter später. Im Pinzgau ist es üblich, die Arbeit – außer Stallarbeit – erst nach dem Frühstück aufzunehmen (daher nimmt man das Frühstück schon früher ein), im Lungau werken von Josefi (19. März) bis Ruperti (27. März) alle schon ein, zwei Stunden vor dem Frühstück, im Winter allerdings nur die Kuchl- und Stalleute; die „Weiberleut" müssen überall schon früher aufstehen.

Um neun Uhr folgt die **Neunerjause,** der **„Neuner"**, wenn auch nicht immer und überall (in Zederhaus beispielsweise nur bei schwerer Arbeit); gegessen wird meist Brot, Fleisch, Speck, auch Käse, Rettich, „Honigmoasen" (Butter und Honig), im Winter oft auch ein warmes Gericht (Krautspeck, Erdäpfel, Milch – „Boaßmili" = Magermilch), Obst; getrunken wird Milch, im Sommer auch Bier. Die Neunerjause fällt (so im Pongau) aus, wenn es zum Frühstück Mus gegeben hat oder wo es der Brauch ist, die Hauptmahlzeit am Nachmittag zu halten, das „Jausenessen". Die Vormittagsjause, die ein Handwerker erhielt, hieß im Pinzgau „Anmahl", im Oberpinzgau „Unmahl" („Umei").

Das **Mittagessen** findet zwischen $^1/_2$ 12 und 12, an Sonntagen schon um 11 Uhr statt, da an diesen Tagen die Vormittagsjause ausfällt. Bauersleute und Dienstboten essen gemeinsam an ein und demselben Tisch, vielfach auch aus einer Pfanne, Schüssel oder Rein. Nur auf großen Bauernhöfen sitzen Bauer und Bäuerin oder auch nur die Bäuerin und die Kinder an einem eigenen Tisch oder essen in der Küche. Früher saßen bei großen Bauern die Männer um einen runden, die Frauen um einen viereckigen Tisch – heute sind nicht mehr so viele Dienstboten auf einem Hof, daß zwei Tische nötig wären. Vor und nach dem Mittagessen eröffnet der Knecht das „Essenbeten" und beginnt als erster mit dem Essen, auch wenn der Bauer am Tisch sitzt. Das Essen wird von der Großdirn aufgetragen. Nur für solche Speisen, die nicht gut aus einer Schüssel gelöffelt werden können, hatte jeder Esser früher einen eigenen Teller. Die Muspfanne steht auf dem „Pfannholz" (auch „Pfannhauser" genannt), die Nudelrein auf dem Nudelbrett, das vorher zum Zudecken der Rein gedient hat. Der „Dreihax" oder „Hengst" ist ein eisernes Gestell, das die Schüssel mit der Zuspeise (Sauerkraut u. ä.) so trägt, daß sie sich über der Muspfanne, der Knödelschüssel oder der Nudelrein befindet. Gibt es eine gebackene Mehlspeise, so steht diese auf dem Hengst und die „Zue-Eß" darunter auf dem Tisch. Dieser Salzburger „Dreihax" entspricht dem Kärntner „Krauthengst" (siehe Seite 90).

Hatte im Pongau ein Dienstbote zu Lichtmeß noch keinen neuen Arbeitsplatz gefunden, ging er mit einem Löffel auf dem Hut zur Kirche; dieses „Löffelaufstecken" zeigte an, daß der Knecht „verhar(sch)t" werden wollte, einen neuen Arbeitsplatz suchte.

Die Vorspeise, „erste Richt'", „Voressen", im Pongau „Vorricht" genannt, bestehend aus Suppe, Sauer- oder Süßkraut oder einem Salat, fällt aus, wenn eines dieser Vorgerichte zur Hauptspeise gegessen wird, z. B. Suppe oder Sauerkraut zu Fleischknödeln bzw. Krapfen. Als Hauptspeise oder „Mitterricht" gibt es „Wasserkost" oder „Schmalzkost" – „Wasserkost" sind alle einfachen Speisen, mit wenig oder gar keinem Schmalz zubereitet. Gibt es zu Mittag eine „Schmalzkost", ißt man abends eine „Wasserkost". Am häufigsten waren und sind die Mehl- und Milchspeisen (bzw. Erdäpfelgerichte); Fleischgerichte waren selten und nur an Festtagen üblich, häufiger waren und sind die „fleischigen Mehlspeisen", Mehlspeisen mit Fleisch als Zugabe (z. B. Fleischknödel). Wo das „Jausenessen" der Brauch ist, gibt es mittags „Wasserkost" und zum nachmittägigen „Jausenessen" eine „Schmalzkost". Im arbeitsreichen Sommer ist die Schmalzkost allgemein häufiger.

Eine salzburgische Eigenheit ist das **„Jausenessen"**, **„Untern"**, **„Untarn"**, **„Untal"**, das im Pinzgau und in den an den Pinzgau angrenzenden Teilen des Pongaus die Hauptmahlzeit des Tages ist und zwischen 14 und 15 Uhr stattfindet. Das Wort „Untern" leitet sich vom mittelhochdeutschen „untarn, untern" ab und bedeutet ursprünglich die Mittagszeit. Wenn übrigens die Sonne von Hohensalzburg aus gesehen genau über dem Untersberg steht, ist es in Salzburg tatsächlich etwa ein Uhr mittags (fälschlich hat man das Wort „Untern" daher auch von „Untersberg" abgeleitet; „Zwölferkogel", „Zwölferhorn" andernorts als Bergbezeichnung deuten ebenfalls auf solche Zusammenhänge hin). Das „Untarn" wird mancherorts nur im Sommer eingehalten, es gibt eine ausgiebige „Schmalzkost", in der heißen Jahreszeit als „Vorricht" einen durststillenden Grünsalat, „Fi(e)selbohnen" (Fisolensalat), im Winter „Rohnachbohnen" (Rote Rüben und weiße Bohnen), eine Suppe u. dgl. mehr.

Wo das „Untern" nicht gebräuchlich ist, wird nach einem kräftigen und ausgiebigen Mittagsmahl eine kalte Mahlzeit, die **Nachmittagsjause,** zwischen 15 und 16 Uhr gehalten. Im Pinzgau hieß sie vor gut hundert Jahren „Merd" (eine Lehnform aus „merenda"). Je nach Jahreszeit und Arbeit ißt man Brot, Speck, Käse, Butter, Rettich, Äpfel, Magermilch (süß oder sauer), Most, Bier, Kaffee, manchmal auch eine Suppe, gedünstete Äpfel oder „Erdäpfelblattl", Essigknödel. Im Lungau werden die „Mistställe" (Tiefställe) jeden Samstag ausgemistet; der Mistaufleger erhält dafür eine Speckjause und Schnaps; im Flachgau gab es nach beendeter Getreideernte einen „Hafer-Untern" mit Bratwürsten und Bier. Als früher in den Wintertagen täglich gesponnen wurde, kamen nachmittags oft bis zu zwanzig Gäste zum „Roasgehn" auf Besuch. Zum „Untern" gab es dann eine Schüssel voll Erdäpfel, süße Milch oder eine Zwetschkensuppe und Most – eine Brennsuppe dagegen schreckte die Besucher eher ab!

Das „Assach", im Pinzgau die „Achtzeit", heißt die Arbeitszeit zwischen zwei Essenszeiten.

Das **„Nachtessen"** oder **„Nachtmahl"** (im Pinzgau „Nachtei") findet im Sommer um 19 Uhr, im Winter bereits um 18 Uhr statt. Nach einem ausgiebigen „Unternessen" fällt das Abendmahl bescheidener aus (und heißt dann oft auch nur **„Abendmilch");** es gibt Wasserfarferln („Spatzen") oder Nocken in verschiedenen Formen, Erdäpfel, Einbrennsuppe oder Milch und Erdäpfel, Fisolen u. dgl. oder eine einfache Mehlspeise bzw. kaltes Schmalzgebackenes, das von Mittag oder vom Unternessen übriggeblieben ist (das „Gloabet", wie im Pinzgau das Übriggebliebene heißt). An Samstagabenden gab es Vollmilch und „bessere" Kost.

Thomas Ender, „Der Weyerhof im Oberpinzgau", um 1870.

Fischgerichte

Auch die Salzburger Bauernküche kennt den Fisch kaum; höchstens am Karfreitag gab es ihn dann und wann im Flachgau. Die Städte und deren Bürgerküchen dagegen wußten den Fischreichtum des Landes sehr wohl seit je zu schätzen. So stehen in Haggers barockem Salzburger Kochbuch aus dem Jahre 1718/19 neben 88 Fischsuppen-Rezepten (selbst im Kapitel „gemeine Suppen“ scheinen drei Fischsuppenrezepte auf: „Suppen von Hausen, Schaiden oder Waller und Rutten“) nicht weniger als 542 Fischrezepte.
Die Seen in der Umgebung der Stadt Salzburg lieferten immer schon vorzügliche Fische. 1438 kaufte Erzbischof Johann II. den Zeller See und teilte ihn fischereirechtlich in „Fischen“ ein, die entweder als Lehen vergeben oder verkauft wurden. (Um 1600 wurde ein solches Fischrecht um den gleichen Preis wie ein Zeller Bürgerhaus gehandelt!) In einem Pachtvertrag aus dem Jahre 1818 liest man, es dürften im „Freisinnigenfischen“, also in einem bestimmten gepachteten Seeteil, „Biber und Otter mit Netzen und Schlageisen gefangen werden“. Schon im 14. Jahrhundert waren die „Reinanken“ (Renken) so häufig, daß die Fischer neben dem eigenen Verbrauch jährlich 27.000 Zeller Renken „dienen“ (abliefern) konnten; schon damals sehr gut verkaufen ließen sich die geräucherten Zeller „Reinanken“. Um 1400 wurden auch die ersten Hechte eingesetzt, aber eine „Hechtenseuche“ vernichtete den Bestand bald. Um 1600 wurden Weißfische, Schiedlinge und Nasen aus dem Chiemsee eingesetzt.
Noch um die Jahrhundertwende war am Irrsee das Eisfischen üblich gewesen: sechs aufeinander eingeübte Männer führten das große Zugnetz, die „Segn“, ins Wasser, schwenkten es und zogen pro Zug etwa 100 Kilogramm Fische heraus; ein „Zug“ dauerte vier Stunden. Gefangen wurden Brachsen, Hechte, Zander, Saiblinge und Karpfen. Aufgrund alter Privilegien durften die Salinenarbeiter in Hallein am Ausfluß der oberen Albe in die Salzach „nasen“ (Fische fangen), und zwar um Johanni, nach Sonnenuntergang, unter Fackelbeleuchtung und mit eisernen Zwei- und Dreizacken, die „Perfurcln“ hießen. Und am Waller See gab es früher einmal eine Sammelstelle für Schnecken und Frösche, die als begehrte Leckerbissen nach Straßburg exportiert wurden. Berühmt waren die Krebse des Zeller Sees, gefragt sind noch heute die Fische aus den Gebirgsbächen und den vielen kleinen Seen des Salzburger Landes.

Forelle oder Reinanke

1 Forelle oder Reinanke (pro Portion 200–300 g), 300 g Pilze, 1 Zwiebel, Knoblauch, 1/8 l Weißwein, Butter, Salz, Pfeffer, Zitrone

In heißer Butter feingeschnittene Zwiebel und zerdrückten Knoblauch leicht anrösten, den mit Salz, Pfeffer und Zitronensaft gewürzten Fisch dazugeben, anrösten, mit Weißwein aufgießen und dünsten. Extra in heißer Butter blättrig geschnittene Pilze schmoren, mit Salz und Pfeffer würzen, dann zum Fisch, mit gehackter Petersilie bestreut, servieren.

Karpfen in Sauerkraut

1000 g Karpfen, Fett, 1 Zwiebel, Knoblauch, 500 g Sauerkraut, Kümmel, Salz, Pfeffer, 1/8 l saurer Rahm, Schnittlauch; Mehl, Eier, Semmelbrösel und Backfett

In heißem Fett Zwiebelringe und zerdrückten Knoblauch rösten, salzen, pfeffern, Sauerkraut, etwas Wasser, Sauerrahm und Kümmel dazugeben und weich dünsten. Gleichzeitig den mit Zitronensaft marinierten, abgetrockneten und in Stücke geschnittenen Karpfen in Mehl und in zerklopfte Eier tauchen, in Bröseln panieren und in heißem Fett schwimmend backen. Auf das angerichtete Kraut legen.

Gesottene Krebse

20–25 Flußkrebse, 1/4 l Weißwein, Knoblauch, Kräuter, Salz, Pfeffer, Ingwer, Muskatnuß; Wasser

Wasser mit zerdrücktem Knoblauch und Kümmel sowie gehackten Kräutern zum Kochen bringen, die lebenden Krebse hineinwerfen und kochen, bis sie rot und gar sind, dann herausnehmen, mit Pfeffer, Ingwer und Muskat würzen und in einer Pfanne in etwas Butter kurz überbraten. Einen Teil des Kochsuds einkochen, dann etwas Weißwein, Pfeffer, Salz, Ingwer und Muskat dazugeben, gut verkochen und die Soße über die Krebse, in Suppentellern angerichtet, gießen.

Fleischgerichte

„Salzburger Land, das ist bekannt,
weil's den Stier gewaschen ham't."

Auch auf den salzburgischen Bauernhöfen gibt es in und unmittelbar nach den Tagen einer Hausschlachtung außer dem frischen, „grünen" Fleisch reichlich Grammeln („Groigen", Pinzgau), Hirn und Nieren, Hirn mit Ei, die Innereien, das „Gwamb", „Innerarch" (Pinzgau) bzw. „Ingraisch", „Züngerl" (Beuschel), Blutwürste, Brat- und Leberwürste, Gulasch, „Saukeps" (Schweinskopf, Pongau) und Frischschweinsbraten bzw. „Krenfleisch".
Fürsterzbischof Ernest Graf Thun bestimmte Ende des 17. Jahrhunderts, in welchem Gau die Fleischer, die zugleich auch Viehhändler waren, das Schlachtvieh einkaufen durften. Dennoch mußten 1730 und 1796 aus Ungarn Ochsen eingeführt werden. Das gekochte Rindfleisch ist auch heute nicht aus dem Speisezettel der Salzburger wegzudenken. Das Spottwort von den Salzburger „Stierwaschern" mag sie nicht kümmern: als die Stadt Salzburg einst von bösen Feinden belagert worden war, hatten die Belagerten nur mehr einen Stier, alles Vieh war bereits geschlachtet. In der Not zeigten die Einwohner ihn den Feinden auf der Bastei, dann trieben sie ihn in den Stall, strichen ihn mit Farbe an und präsentierten ihn dem Feind als ein neues Tier, zogen ihn wieder zurück, wuschen ihn und bemalten ihn wieder. Der Feind soll daraufhin die Hoffnung aufgegeben haben, die Salzburger aushungern zu können. Eine Spezialität ist das geselchte Rindfleisch („Rindersaftschinken"); die „Wiener" oder „Frankfurter" nennt man die „G'selchten", die „Speckwurst" ist eine Variante der Knackwurst, die „Stockwurst" ißt man warm und mit sauren Rüben. Die hautlosen „Münchner G'schwollenen" stammen aus Bayern, die „Salzburger Weißwürste" sind milder und mit weniger Grünzeug versetzt als die Münchner. Eine „Milzwurst" nennt man „umg'kehrten Bauernschmaus".

Bratwürste

200 g Schweinefleisch, 200 g Weißbrot (3–4 Semmeln), Fleischsuppe oder Milch, 500 g frischer Speck, 2–3 Knoblauchzehen, Salz, Pfeffer, Neugewürz, Zitrone, Majoran

Fleisch von Schulter, Kamm, Schopf oder Fleischabfälle („Abfallfleisch" beim Aushacken des Schweins) zuerst klopfen, salzen, zweimal fein faschieren. Würfelig geschnittenes Weißbrot in Fleischsuppe oder Milch einweichen, gut ausdrücken und ebenfalls faschieren. Beide Massen vermengen, mit Salz, Pfeffer, Neugewürz, Majoran und geriebener Zitronenschale würzen, das Ganze tüchtig kneten, dabei etwas Knoblauch, kaltes Wasser (0,2 l) oder Fleischsuppe dazugießen. Man kann 500 g würfelig geschnittenen Speck beimengen. Das Brät locker in gesäuberte Dünndärme füllen, mit Nadel mehrmals einstechen, zu „Paarln" drehen, die man abbindet. Schön aussehende Bratwürste erhält man, wenn man Schafdärme („Saitlinge") verwendet. Bratwürste einige Minuten ins kochende Wasser legen, abtrocknen, in Mehl allein oder in einen Teig aus Mehl und Rahm tauchen und in nicht zu heißem Fett braten. Man kann das obige Brät auch in Stücke vom Schweinsnetz eindrehen und in heißem Fett braten.
Bei den Hausschlachtungen, zu Weihnachten oder zu Lichtmeß, gab es früher gelegentlich die Bratwürste. Davon bekamen auch die Dienstboten je nach Rangordnung und Leistung ein Stück von bestimmter Länge, zum Beispiel der „Moarknecht" einen Meter Bratwurst, die anderen jeweils kürzere Stücke. Diese Wurst wurde zusammen mit einem Stück Frischfleisch (vom „Hochrucken"-Karree) und Bäckereien auch den Angehörigen der Dienstboten geschenkt.

Salzburger Braten

1000 g untergriffene, geschröpfte Jungschweinsbrust, 10 g Mehl, ca. $^1/_2$ l Wasser oder Suppe, Salz, Kümmel, Pfeffer; Fülle: 300 g Bratwurstfülle (siehe vorhergehendes Rezept oder vom Metzger), 50 g Speck, 100 g Schinken

Außen und innen mit Salz, Pfeffer und Kümmel gewürzte Brust mit der Fülle stopfen, zunähen, in eine Bratpfanne in fingerhoch Wasser mit der Schwartenseite nach unten legen und eine halbe Stunde zugedeckt dünsten. Dann die Brust umdrehen und auf der Schwartenseite knusprig braten, dabei öfter mit dem Saft begießen. Nach dem Braten Saft entfetten, mit Mehl stauben, durchrösten, mit etwas Suppe oder

Wasser aufgießen, scharf aufkochen und extra zum angerichteten Braten servieren.
Fülle: Bratwurstfülle mit feingehacktem Speck und kleinwürfelig geschnittenem Schinken gut vermengen.

„Pfannhaber" – ein senkrecht an der Wand befestigtes Kantholz mit waagrechten Einschnitten, in die die Pfannenstiele geschoben werden.

Gefüllte Schweinsbrust

1000 g Bruststück vom Jungschweinernen, 30 g Fett; Fülle: 3–4 Semmeln, 1/4 l Milch, 40 g Butter, 2 Eier, Brösel oder Mehl, Salz, Pfeffer, Petersiliengrün

Schweinsbrust untergreifen (zwischen dem Rippenstück und dem Fleisch eine sackartige Tasche einschneiden), innen und außen salzen und pfeffern, mit folgender Fülle füllen: In einen Butterabtrieb nach und nach Eier und dann die in Milch (oder Wasser) eingeweichten, gut ausgedrückten Semmeln rühren, mit Salz, Pfeffer und gehacktem Petersiliengrün würzen, wenn nötig, mit Bröseln oder Mehl etwas festigen. Die gefüllte Schweinsbrust wie Schweinsbraten braten.

„Die Nahrung der Lungauer", schreibt L. Hübner in „Beschreibung des Erzstiftes und Reichsfürstentums Salzburg", 1796, „ist im Vergleich mit jener ihrer inländischen Nachbarn sehr schlecht, Bohnen, Schottensuppen, Knödeln von Gerstenmehl mit etwas Fleisch gemischt und mit einer gesalzenen Brühe übergossen sind nebst dem mit Speck ekelhaft gewürzten Kraut, das sie für besonders schmackhaft halten, nebst Rüben und den im Schmalz schwimmenden Nudeln die ganze Abwechslung ihrer Kochkunst." Nur zu Weihnachten, Neujahr, Heiligendreikönig, Ostern, Pfingsten und am Kirchweihtag gab es mehrere „Richten", als Voressen ein Lüngerl mit Knödeln (in Muhr und Zederhaus einen Milchreis), dann hie und da Bratwürste, als Hauptspeise ein Schweinsbratl, dazu Erdäpfelsalat, saure „Erchtlinge", Preiselbeeren, Krenkoch, Apfelkren, Rettich- oder Krautsalat, an Mehlspeisen dagegen eine größere Auswahl (Germkrapfen, Gugelhupf, Weinbeerstrudel, Ochsenaugen, Honigkrapfen, Zwetschkenschnitten mit eingekochten Beeren, Butterschmalztunk oder Zwetschkenbrühe), dazu Schnapsmilch, Biersuppe, Kaffee, Tee oder gar Bier.

„'s Bluat", Blutgröstl

1 l Blut, 200 g gekochtes Frischfleisch („Wangenspeck"), 700 g gekochte Erdäpfel, 1/8 l Milch, 1 Zwiebel, Salz, Pfeffer, Majoran, 1–2 Knoblauchzehen, Fett für die Pfanne

Feingeschnittene Zwiebel in heißem Fett anrösten, das verrührte Blut dazugeben, mit Salz, Pfeffer, Majoran und zerdrücktem Knoblauch würzen, stocken lassen, dann zerkleinern und rösten. Gekochte, blättrig geschnittene Erdäpfel und etwas Milch dazugeben, vermengen, nach Notwendigkeit nachwürzen und in eine gefettete Bratpfanne geben. Im heißen Rohr backen. Dieses Gericht aß man im Lungau gern anstelle der sonst üblichen Blutwürste.

Wenn am Heiligen Abend die Mettengeher, so berichtet Adrian, aus dem Haus waren, stellte der „Mettengamer" bzw. die „Mettengamerin", die das Haus zu hüten hatten, einen Häfen mit Suppenfleisch aufs Feuer. Wenn die Hausleute gegen zwei Uhr von der Mitternachtsmesse heimkamen, aßen sie einen Teller heiße Fleischsuppe. Die Heilignachtkerze auf dem Tisch ließ man bis zum Morgen weiterbrennen. Am Weihnachtstag aßen die wohlhabenderen Pinzgauer Bauern zu Mittag gebackene Knödel in der Fleischsuppe, Rindfleisch, Schweinsbraten, Würste, Honigkrapfen, Pofesen und Zwetschkenbrühe. Im Pongau gab es schon am Morgen des Weihnachtstages oft eine Würstelsuppe, Rindfleisch, Bratwürste, Kaffee und Mehlspeisen. Zu Mittag aß man dann Leberknödelsuppe, Braten oder Schnitzel, Zwetschkenküchel, am Abend Schottsuppe, Erdäpfel, Würstelsuppe, Milchkoch und Reste vom Mittagessen, das „Gloabet" oder „Gloappert".

„Überfluß" an Fleischspeisen gab es erst wieder zu Ostern. Da aß man in Lungau zuerst die „Weich", den in der Kirche geweihten Osterschinken (auch Selchfleisch oder Speck), Brot und Ostereier („in manchen Bauernhäusern des Vorlandes beläuft sich die Zahl der Eier, die um die Osterzeit hart gesotten werden, wohl an die zwei- bis dreihundert", bemerkte Adrian 1924), dann Schweinsbraten oder Rindfleisch, einen Lamm- oder Kitzbraten. Nach Sartori brachte man in Rauris ein lebendes Schaf zur Osterweihe in die Kirche. Braten mit Preiselbeeren, Krapfen und Kaffee servierte man auch, wenn das Heu aus den „Birgmahden" der Almen hinunter ins Tal in den Hof gebracht wurde.

„Am Kirchweihtag", berichtet Karl Adrian in „Von Salzburger Sitt' und Brauch" (1924), „kommt zu Mittag zweierlei Fleisch auf den Tisch, vielleicht Schweinernes und Kälbernes oder Rindfleisch und Schweinernes, hiezu rote Rüben, Kartoffelsalat und Kraut, ferner eine aufgetürmte Schüssel Gebackenes. Jeder kann nach Belieben zulangen."

Speckkraut

1000 g Sauerkraut, Salz Kümmel, 4–6 zerdrückte Wacholderbeeren, 1 kleines Lorbeerblatt, 400 g Selchspeck (oder Surspeck)

Sauerkraut mit Salz, Kümmel, Lorbeerblatt und Wacholderbeeren in wenig Wasser weich kochen, dabei das Fleisch in Schnitten auf das Kraut legen und weich kochen. Dazu Semmelknödel oder Salzerdäpfel servieren.

Diese Speise ist eine Art Krautfleisch aus Sauerkraut und mitgekochtem Selchfleischspeck. Im Lungau wird es am Faschingsdienstag (daher auch **„Faschingspeck"** genannt) und am Lichtmeßtag, im Pinzgau am Dreikönigstag und zu Lichtmeß gegessen (dann folgen noch Gugelhupf, Kaffee und Schnaps oder Apfelküchel mit einer süßen „Zue-Eß"). Im Pongau ißt man an diesen Tagen Speckknödel, abends einen gekochten Saukopf mit Sauerkraut und die „Schlengerkrapfen". Hier tischt man am Faschingssonntag Speckknödel („Faschingsknödel") mit Sauerkraut oder „Fleischkrapfen" bzw. „Blattlkrapfen" auf; „Speckküchel", Fleisch- oder Speckkrapfen kennt zum Fasching auch die Pinzgauer Küche.

„Blattlkrapfen", Fleischkrapfen, „Speckküchel"

Pinzgauer Blattlteig: 600 g Kornmehl, 125 g Weizenmehl, 40 g Fett, Salz, Wasser; Fülle: 250–300 g gekochtes Selchfleisch (oder Faschiertes aus dreierlei Fleisch), 500 g gekochte Erdäpfel, 1 Zwiebel, 30 g Fett, Salz, Pfeffer

Aus Mehl, Fett, Prise Salz und heißem Wasser einen mittelweichen Nudelteig kneten, daraus eine Rolle formen, Stücke davon abschneiden, diese sehr dünn oval auswalken, mit der noch warmen Fülle häufchenweise belegen, wie zu dreieckigen Schlickkrapfen (Ravioli) zusammenschlagen, die Ränder fest zusammendrücken und in Fett herausbacken. (Sie können auch viereckig zusammengelegt werden.)

Fülle: Feingeschnittene Zwiebel in heißem Fett rösten, gekochtes, kleinwürfelig geschnittenes Selchfleisch

Eine schon damals auf eine gesunde Ernährungsweise bedachte Köchin schrieb bereits um 1800 einen „diätetischen Anhang".

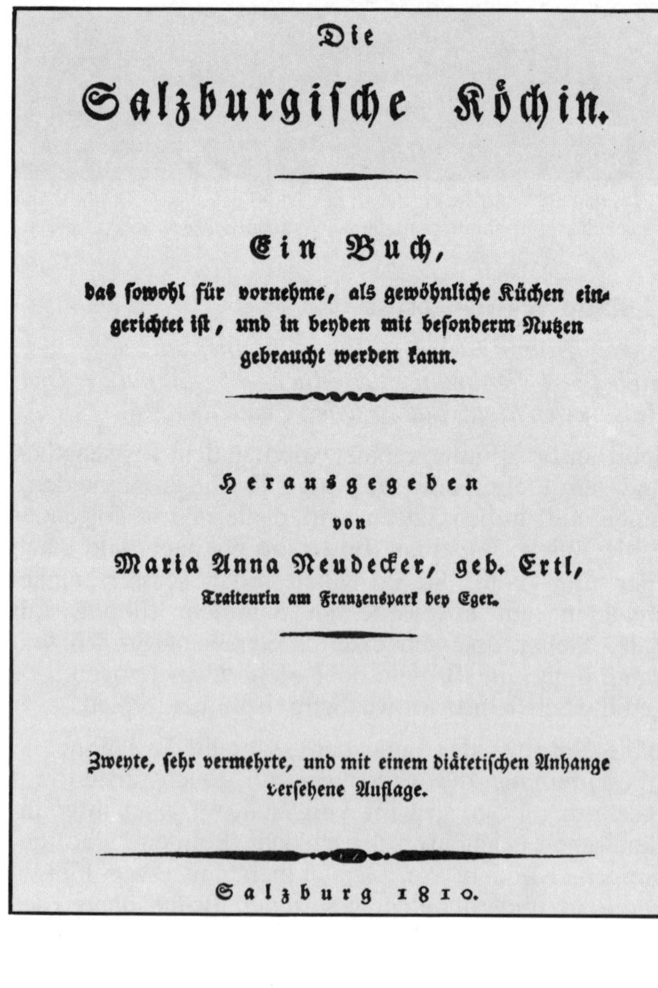

Die

Salzburgische Köchin.

Ein Buch,

das sowohl für vornehme, als gewöhnliche Küchen eingerichtet ist, und in beyden mit besonderm Nutzen gebraucht werden kann.

Herausgegeben

von

Maria Anna Neudecker, geb. Ertl,

Traiteurin am Franzenspark bey Eger.

Zweyte, sehr vermehrte, und mit einem diätetischen Anhange versehene Auflage.

Salzburg 1810.

(oder Faschiertes) und kleinblättrig geschnittene gekochte Erdäpfel dazumischen, mit Salz und Pfeffer würzen und rösten. Etwas überkühlen. (Therese Kornberger, Salzburg)
Dazu serviert man Salat, Sauerkraut oder eine klare Fleischsuppe. Im Tennengau ißt man die Blattlkrapfen vorwiegend am Dreikönigstag, im Fasching und am Kirchtag.

Ähnlich wie die Blattlkrapfen werden die Pinzgauer **„Schlipfblattl"** gemacht (gefüllt mit Selchfleisch oder Schotten, in Salzwasser gekocht oder in Schmalz herausgebacken).

Fleischfarferln (Speckfarferln), Fleischnocken

250 g Selchspeck und geselchtes Rindfleisch (evtl. etwas Wurst), 1 Zwiebel, 2 gekochte Erdäpfel, 3 Eier, Salz, Pfeffer, Petersilie, 200 g Mehl; Schnittlauch

Feingeschnittene Zwiebel in kleinwürfelig geschnittenem Speck rösten, kleinwürfelig geschnittenen Selchspeck und Rindfleisch (Wurst) mitrösten, mit den geriebenen Erdäpfeln vermengen, mit den Eiern und dem nötigen Mehl einen festeren Teig machen, mit Salz, Pfeffer und feingehackter Petersilie würzen, mit einem Löffel große Nocken ausstechen und in Salzwasser kochen. Mit der Kochsuppe (mit Salz und Suppenwürze abschmecken) und mit viel Schnittlauch bestreut servieren. Man kann die Nocken auch abseihen, kurz abspülen, gut abtropfen lassen und nach Wunsch in heißem Fett schwenken. Eine Lungauer Kost, die im Sommer gern zu einem etwas reichlicher bemessenen Abendessen serviert wird. Dazu gibt es grünen Salat, mit etwas Erdäpfelsalat vermengt.

Salzburger Bierfleisch

750 g Rindfleisch, 150 g Schinken, 1 Zwiebel, $^1/_2$ l dunkles Bier, 2 EL Mehl, Butter, Salz, Pfeffer, Thymian, $^1/_2$ Lorbeerblatt, Petersiliengrün, Zucker, Essig

Feingeschnittene Zwiebel in Butter anschwitzen lassen, fingerdick geschnittenes Fleisch und Schinken dazugeben und rösten. Dann mit Mehl stauben, kurz weiterrösten, mit dem Bier aufgießen, salzen, pfeffern, etwas Thymian, Petersilie und Lorbeerblatt dazugeben und zugedeckt das Fleisch weich dünsten. Zuletzt mit etwas Zucker und Essig pikant abschmecken. Als Beilage gibt es Nudeln. (Ingrid Hufnagel, Siezenheim)

Rinderherz auf Bauernart

1 Rinderherz, Salz, Pfeffer, Majoran, Thymian, 1 Zwiebel, $^1/_2$ Knoblauchzehe, 200 g Wurzelwerk, 2 Essiggurkerln, 4 Erdäpfel, 80 g Selchspeck, 2 EL Paradeismark

Das halbierte Rinderherz waschen, abtrocknen, in kleinfingerdicke Scheiben schneiden, Salz, Pfeffer, Majoran, Thymian, gehackten Zwiebel und zerdrückten Knoblauch dazugeben, durchmischen. Wurzelwerk, Essiggurkerln und Erdäpfel feinstreifig schneiden. Kleinwürfelig geschnittenen Selchspeck anschwitzen lassen, das Herz beigeben, bis zum Steifwerden rösten, Wurzelwerk und Gurkerln beigeben, ebenso Paradeismark, mit Wasser fingerhoch bedeckt auffüllen. Zugedeckt langsam kernigweich kochen. Dann die Erdäpfel dazugeben (Flüssigkeit soll gleich hoch stehen). Zugedeckt alles weich kochen, bis die Erdäpfel teilweise zerfallen.
Zum Flachsbrecheln wurde im Lungau früher der „Brechlbock" geschlachtet, das war in der Regel ein „Schnitzbock" (ein kastriertes, junges Ziegenböckl) oder ein „K'straun" (Kastraun oder Hammel). Im Pongau und auch im Pinzgau aß man zu Michaeli (29. September) als „Lichtbratl" einen Schafsbraten; es war das jener Tag, ab dem Handwerker zu ihrer Arbeit wieder künstliches Licht in den Bauernhäusern benötigten. In den hellen, langen Sommertagen wurde bei Stallarbeiten bzw. Arbeiten in der Bauernstube nur in Ausnahmsfällen Licht gebrannt; ab Michaeli aber benötigte man zur Innenarbeit bereits künstliches Licht; Holzspäne, Talgkerzen waren die altertümlichen Beleuchtungsmittel. Spanleuchten und Kerzenleuchter findet man noch da und dort in alten Bauernhäusern bzw. heute in den Heimatmuseen.
Beim Flachsbrecheln kam auch auf den Tisch der Pinzgauer eine „bessere" Kost; das Brecheln begann mitunter schon um Mitternacht mit Milch und Butterbrot, um 4 Uhr früh gab es Mus und Milch, vormittags Tee und Butterbrot, zu Mittag Suppe, Fleischspeise und Krapfen, um 16 Uhr einen Schafbraten, den „Brechelbraten", dann Apfelküchel und Milch, am Abend Milchsuppe mit Schwarzbrot. Bei anderen Bauern wieder aß man den „Brechelbraten" schon zu Mittag. Ebenso festlich war das „Einheugermahl" und das „Abdreschmahl".

Das Fleisch von Ziege und Schaf wird ähnlich dem Kalbfleisch verwendet: Schlegel, Karree, Nieren- und Schlußbraten eignen sich zu Schnitzel und zum Braten,

Schulter, Brust und Schopfbraten zum Braten, Dünsten und Kochen, Bauchfleisch, Hals und Kopf für Gulasch und zum Kochen.

Schafschnitzel, gedünstet

850 g Schnitzel (Schafschlegel), Salz, Pfeffer, Mehl, 60 g Fett, 1/8 l Sauerrahm

Schnitzel klopfen, salzen und pfeffern, in Mehl tauchen und beiderseits in heißem Fett abbraten. Mit etwas Wasser aufgießen und unter stetem Beigießen (nach Notwendigkeit) weich dünsten. Zur Verbesserung der Soße etwas Sauerrahm dazugeben. Will man mehr Saft, staubt man die fertige Soße zusätzlich mit etwas Mehl oder rührt Sauerrahm und etwas Mehl ab und gibt es zum Bratensaft.

Kitzbraten

1 Kitz oder kleines Lamm (ca. 3–4 kg), Salz, Pfeffer, Fett, Petersilie; Zitronensaft, Macisblüte, Rahm, Kresse, Stück Butter

Kitz oder Lamm innen salzen und pfeffern, außen nur salzen (mit Salz einreiben). In die Bauchhöhle einen Bund Petersilie geben (oder eine Semmelfülle aus in Milch geweichten, ausgedrückten Semmeln, einem Ei, Kitzleber, dem gekochten Herz, alles feingehackt, sowie feingehackten Kräutern). In heißem Fett im Rohr auf beiden Seiten anbraten und unter häufigem Begießen goldbraun braten. Die Soße mit Zitronensaft, Macisblüte, etwas Rahm, Stück Butter und feingehackter Kresse abschmecken.

Gemsenbraten

1000 g Schulter (von junger Gemse), 60 g Selchspeck, Salz, Pfeffer, Wacholderbeeren, Pfefferkörner, 1 Lorbeerblatt, Thymian, Muskatnuß, Zitrone, Wurzelwerk (Petersilienwurzel, Stück Sellerie, 1 Stange Porree, 1 gelbe Rübe), 1 Zwiebel, 50 g Fett, Wasser, 2–3 EL Mehl, 1/4 l saurer Rahm, Rotwein, etwas Weinessig

Schulter häuten, in der Faserrichtung mit Speckstreifen spicken, mit Salz, Pfeffer und zerdrückten Wacholderbeeren kräftig einreiben. Das blättrig geschnittene Wurzelwerk in heißem Fett anrösten, darin die Schulter rundum rasch anbraten, die Gewürze beigeben, mit Wasser und etwas Weinessig aufgießen und zugedeckt 1 1/2 bis 2 Stunden weich dämpfen. Das weiche Fleisch herausnehmen, warm stellen. Die Soße (man kann sie vorher passieren) mit Rahm, der mit Mehl versprudelt wurde, aufgießen, ebenso den Wein dazugießen und kurz aufkochen lassen. Abschmecken.

„Henderl bi-bi,
Henderl ga-ga,
balst ma koa Oaderl lögst,
stich i di a."

(Kinderauszählvers)

Neben gebratenen Hühnern (auch gefüllt), gebackenen Hühnern, Paprikahuhn und eingemachten Hühnern, gebratenen Enten und Gänsen gibt es in der Salzburger Landesküche auch Tauben, wie Hühner gebraten (und gefüllt), in Paprikasoße, auf Wildbretart. Am „Auffahrtstag" (Fest von Christi Himmelfahrt) gab es an manchen Orten als Mittagsbraten so ein „fliagats Fleisch".

Tauben in Linsen

4 junge Tauben, Salz, Pfeffer, 40 g Fett, 400 g Linsen, 60 g Selchspeck, 1 Zwiebel, 1/4 Zitrone, 1 Sardelle, Petersilie, Majoran, 2–3 EL Paradeismark, Rotwein

Tauben sauber rupfen, absengen, ausnehmen, waschen, Kopf mit Hals und Flügel knapp am Rumpf abhacken, die Zehen stutzen. Kalt waschen, mit Tuch abtrocknen, mit Salz und Pfeffer einreiben, mit heißem Fett in der Kasserolle überziehen, im heißen Rohr unter öfterem Begießen etwa 20 Minuten auf beiden Seiten braten. Dann herausnehmen und warm stellen. Daneben die über Nacht in kaltem Wasser eingeweichten Linsen mit frischem Wasser knapp bedeckt zustellen, leicht salzen, halbweich kochen. Kurz vor Gebrauch abseihen. Im Bratfett kleinwürfelig geschnittenen Selchspeck glasig anrösten, darin gehackte Zwiebel anschwitzen, mit geriebener Zitronenschale, einer feingehackten Salzsardelle, etwas Petersiliengrün und Majoran – ebenfalls alles fein gehackt – würzen, kurz durchrösten, etwas Paradeismark beigeben, etwas salzen und pfeffern, die abgeseihten Linsen dazumischen, so viel Wasser, Suppe oder mit Linsensud aufgießen, daß das Ganze wässerig erscheint. Die vorgebratenen Tauben halbieren und vierteln, die Viertel in die Linsen einbetten und zugedeckt langsam dünsten, bis das Taubenfleisch weich geworden ist. Gegen Schluß mit Rotwein verfeinern. Linsen in einer tiefen Schüssel anrichten, darüber die Taubenviertel und um das Fleisch gehackte Petersilie legen. Die Linsen mit kleinen, in Butter goldgelb gerösteten Semmelwürfelchen bestreuen.

Gemüse, Salate, Soßen

Unter „Zue-Eß" und „Zuesetzert" versteht man im Salzburgischen die Beilagen, Gemüse, Salate, die „Zuspeise", das, was man zum Hauptgericht „dazu ißt", „dazusetzt". Grüne Salate, Sauerkraut, Süßkraut, Gemüse aller Art werden im Flachgau und im Lungau gern als „Vorspeise" gegessen (die Knödel dagegen ißt man mit der Suppe). Zu den Mehlspeisen ißt man im Lungau hauptsächlich süße oder saure Magermilch, im Winter warme Milch, mitunter auch Kompotte, süße Brühen, im Pongau auch Sauerkraut. „Zuamaß" (so im Pinzgau) können auch Käse und Schotten sein.

„Tuschbohnen" heißen im Tennengau die gekochten **Bohnen**, die um Abtenau zum Abendessen angerichtet werden. Häufig kocht man sie zusammen mit „Orbessen" (Erbsen) oder mit Rollgerste. Die große Sorte der Tuschbohnen heißt „Gasteinerbohnen", die kleine Sorte „Fischbacherbohnen". Im halbreifen Zustand nennt man die grünen Tuschbohnen im Pinzgau und im Tennengau „Fi(e)selbohnen" (Fisolen).

Sauerkraut dient wie in anderen Bundesländern gern als Vorspeise, wird, so im Lungau, auch mit Erdäpfelscheiben oder gekochten Erbsen oder Bohnen vermischt und mit in Fett gerösteten geschnittenen Zwiebeln (**„Zwiebelschmalz"**) abgeschmalzen. Zum Abschmalzen von Kraut verwendet man das **„Gmachet"**, ein mit Speck vermischtes Schweineschmalz. „Gmachet aufs Kraut" heißt soviel wie an etwas den letzten Schliff anlegen, etwas vervollkommnen. Im Tennengau kennt man den **Sauerkrautsalat** (gekochtes Sauerkraut kalt mit Essig anrichten), im Pinzgau nennt man den Krautsalat auch **„Zettelkraut"**. Im Flachgau aß man an den Sonntagabenden meist Sauerkraut, dann eine Milchsuppe. Kraut wurde früher auch als „Gruakraut" in „Krautsölden" (in Erdgruben) konserviert; es wird wie Sauerkraut zu Fleischknödeln und „schmalzigen" Mehlspeisen, wie „roggene Blattln", Rohrnudeln, Germkrapfen und „Erdäpfelnüdei", gegessen.

Neben dem Sauerkraut kennt man auch das **Rübenkraut** („Ruabkraut", geschnitzelte Halmrüben – „Radiruabn" – werden wie Sauerkraut – gewöhnlich zusammen mit etwas Sauerkraut – eingesäuert). In Lamprechtshausen aß man es als Vor- oder als Zuspeise.

Sulzrüben galten in der Saalfeldner Gegend in der Weihnachtszeit als „seltsame Kost": Rüben (auch „Radiruabn" genannt) waschen, oben und unten abschneiden und in Salzwasser weich kochen. Dann geschnetzelt in ein hohes Ton- oder Holzgefäß geben, schichtweise mit geriebenem Kren und etwas Kümmel bestreuen, mit der Kochbrühe übergießen, mit einem Brett bedecken und mit einem Stein beschweren.

Saure Rüben, eingebrannt

600 g saure Rüben, Wasser, Kümmel; 40 g Fett, 40 g Mehl, 1 Zwiebel, Prise Zucker, Salz, Pfeffer

Saure Rüben in Wasser mit etwas Kümmel weich kochen. Aus Fett und Mehl eine Einbrenn machen, feingeschnittene Zwiebel mitrösten, das Rübenkraut dazugeben (mit etwas Kochflüssigkeit) und gut verkochen. Mit Salz, Pfeffer und Prise Zucker würzen.

„Krautsölden" im Tennengau. In dieser überdachten Erdgrube konservierte man die Krauthäuptel.

„D(T)uschen", „Tutschn"

750–1000 g Wasser- oder Stoppelrüben („Duschen"), Salz, Pfeffer, Kümmel, 40 g Butter, 40 g Mehl, Petersilie, Essig

Rüben schälen, kleinwürfelig schneiden, in wenig Salzwasser weich kochen. Mehl in heißem Fett einbrennen,

mit dem Kochsud aufgießen, die gekochten Rüben und Kümmel beigeben, aufkochen lassen, mit Salz, Pfeffer und etwas Essig säuerlich abschmecken und würzen. Mit gehackter Petersilie bestreut servieren.
In den Kriegszeiten bildeten die „Duschen" in vielen Haushalten eine Hauptnahrung (man kann das Gericht auch als „Duschensuppe" bereiten).
Hin und wieder gibt es zu Mittag im Lungau „abg'röste Erchtling" (Erdäpfelgröstl), im Flachgau (Berndorf bei Salzburg, Anthering) schätzt man besonders zur Neunuhrjause im Winter die **„Erdäpfelblattl":** roh geschälte Erdäpfel in Scheiben schneiden, in einer Pfanne auf dem Herd oder auf dem Blech im Rohr braten, mit Butter beschmieren und salzen. Im Pongau nennt man die gerösteten Erdäpfel „Erdäpfelschnitz" und das Erdäpfelgulasch „Bettlmandlgulasch".

Gedünsteter Hopfen

400 g junger Hopfen, Salzwasser, 40 g Butter, 1–2 EL Mehl, Salz, Pfeffer

Jungen Hopfen putzen, waschen, in Salzwasser weich kochen. Butter heiß machen, den abgeseihten Hopfen dazugeben und dünsten, mit etwas Mehl stauben, mit etwas Fleischsuppe aufgießen und wieder kurz einkochen. Würzen und abschmecken. Man kann abgekochten Hopfen als Salat mit Essig und Öl anrichten, („Gummerersalat"). Als Grünsalat schätzt man Häuptelsalat, Endivien-, Vögerl- oder Acker-, Kressesalat, im Winter Rettich- und Rote-ROben-Salat. An Stelle des Essigs verwendet man im Pinzgau die „Säuer", die gesäuerte Schottenmolke.

Dörrobstkompott

500–750 g Dörrobst (Birnen, Kirschen, Zwetschken, Apfelspalten), 1 Stück Zimtrinde, Zitronenschale, 100–150 g Zucker, Wasser

Dörrobst waschen, über Nacht einweichen, entkernen, im Einweichwasser mit Zimtrinde, Zitronenschale und Zucker weich kochen. Zimt und Zitronenschale entfernen.
Im Pongau und im Pinzgau nennt man die Dörrobstbrühe **„Fuchs"**, also **„Birnfuchs"**, **„Kerschfuchs"** usw., sie wird gern zu Schmalzgebackenem serviert.

„Honigschmalz"

Honig und Butter erwärmen, bis alles flüssig verrührt werden kann. Honigschmalz verwendet man als Überguß zu gebackenem Mus und Schmalzgebäck. Aus Butter, Honig und Branntwein macht man die **„Honigmoasn"**. (Großarl)

Honigsoße, Honigbrühe

40 g Butter, 40 g Mehl, 1/4 l Honig, 1/4 l Wasser

In heißer Butter Mehl leicht anschwitzen lassen, mit Honig, halb mit Wasser verdünnt, aufgießen und gut verkochen lassen.

Hölzerner Schöpflöffel.

„Honig"

1/4 l Buttermilch, 125 g Zucker, geriebene Zitronenschale, Vanillezucker

Alle Zutaten unter ständigem Rühren etwa eine Dreiviertelstunde auf kleiner Flamme kochen lassen, bis sich kein Schaum mehr bildet. Dieser „Honig" kann für Lebkuchen verwendet werden. Dickt man die Masse noch mehr ein, kann man daraus „Zuckerln" machen.

„Rahmsoß", „Rührtunk", „Rahmtunk"

Frischen Rahm (Obers) im „Stoßkübel" (Butterfaß, Rührkübel) etwa 10 Minuten bearbeiten, bis der Stößl im Rahm steckenbleibt. Angeblich sind 100 Stampfer nötig, bis die „Rührtunk" richtig fest ist. Entspricht dem Schlagobers der bürgerlichen Küche.

Koche und Aufläufe

Im Salzburgischen (und im östlichen Tirol, das lange Zeit zu Salzburg gehört hatte) nennt man den Brei „Koch" (was im übrigen Tirol „Muas" heißt). Unter „Muas, Mias" dagegen versteht man in Salzburger Küchen eine Art Schmarren. Mit Martini (11. November) wird im Pinzgau die „Muas-Zeit" abgeschlossen und die „Koch-Zeit" begonnen; der „Stadler", jener Mann, der bei der Heuernte das Heu im Stadl zu verteilen hat, wird damit geneckt, daß er ab nun als erste Tagesarbeit die „Koch-Zeit" einzuspringen habe. Und die Maishofener gehen zu Martini „ums Koch", d. h., sie machen eine Wallfahrt von Maishofen nach Maria Alm.

Koch, Milchkoch, Grießkoch, Milchpolenta

160 g Grieß, Mehl oder Polenta (Maisgrieß), 30 g Zucker, Prise Salz, $1^1/_2$ l Milch, Butter

In die kochende Milch Grieß, Mehl oder Maisgrieß mit Zucker und Prise Salz einlaufen lassen, so lange rühren, bis ein dicklicher Brei entsteht. Ein Stück Butter dazugeben. In das angerichtete Koch so viele Grübchen eindrücken, als Esser am Tisch sind. In jede Vertiefung ein Stück Butter geben.

Beim Mehlkoch muß die Köchin vermeiden, daß Mehlknollen beim Kochen entstehen, diese nennt man spöttisch „Weißkerschen". Das Koch gab es im Salzburgischen vor dem Mus als „Zue-Erst" beim Frühstück, besonders an Tagen mit nicht zu strenger Arbeit, vorwiegend im Winter. Mitunter gab man auf das Koch noch ein Mus. Im Tennengau folgte im Winter beim Frühstück nach der Schottsuppe meist ein Milchkoch oder ein Grießkoch, im Sommer ein Mus.
Zu Jakobi (25. Juli), wenn die Almmatten mit dem üppigsten Grün bekleidet sind und die Almblumen in vollster Blüte stehen, zieht es die Talbewohner hinauf ins „gelobte Land" der prangenden Almen, wo „Milch und Honig oder besser gesagt Butter fließt" (Adrian). An diesem Tag ist es im Lungau Brauch, daß Verwandte und Bekannte die Senninnen (im Pinzgau die Melker) besuchen; dieser Tag heißt „Jogaß'ntag", die Almbesucher nennt man „Jogaß'ngeher" (auch am Bauernfeiertag der hl. Anna übte man mancherorts diesen Brauch aus). Die „Jogaßer" werden von der Sennerin im Sonntagsstaat empfangen und mit allem, was die Almwirtschaft erzeugt und ihre Kochkunst vermag, bewirtet.

„So tiat's amoi g'schwind jaußna hiatz
und tüchtig zuagreifn a niat's,
denn dös is enk ea seltsam gwiß,
denn ma find' solches nirgen's sist
als wia nur auf den Almenhöhn,
wo viele süaße Kräutlein blüahn.
Dö Moaßn ist schöa gelb und rein,
dö Milch ko neama süaßa sein!"

(Adrian)

Bei dieser Bewirtung gibt es u. a. „Rahmmuas" (im Lungau „Rahmkoch" genannt), Kaffee, Milch, Butter („Moaßn") in Honig, Käse, Schnaps, ein „Schwimm-Müsel", das im Schmalz schwimmt, den „G'flokketen", ein besonders leichtes, flockenähnliches Mus, Schmalzkoch, Schottnudel und anderes mehr. In Alm nennt man die Almbesucher „Hoaminger"; sie bekommen nur Vollmilch, Butter, Käse und Brot. „Finden sich die Paare zusammen, so spielt auch die Zither zu einem Tänzchen auf, und es herrscht ‚inner des Alpenzaunes', der solche Freiheit gestattet, für ein paar Stunden eitel Fröhlichkeit und Alpenlust. Der Rückweg wird oft erst in finsterer Nacht angetreten, denn der Spruch sagt:

Almerisch, pinzgerisch,
Hoamgehn, wann's finster is."

Zu Jakobi kommt auch der Bauer mit einem Fuhrwerk und großen Butterkübeln auf die Alm, um Butter (die „Moaßn") und Käse nach Hause zu führen. Dieses „Butterführen" wiederholt sich um den kleinen Frauentag (Mariä Geburt) und beim Almabtrieb.

Lungauer Rahmkoch

1 l Süßrahm, Anis, Zimtrinde, 200 g Mehl, Prise Salz, 1 Ei, 100 g Butter

In einer Rein oder eisernen Pfanne Süßrahm zum Kochen bringen und so lange kochen, bis er „schmalzig" wird, d. h. Fett austritt. Etwas Zimtrinde und Anis kann man mitkochen (die Zimtrinde wieder entfernen!). Inzwischen fertigt man die „Brocken" an, das sind Farferln (siehe Seite 333) aus Mehl und Rahm; diese leicht salzen und mit frischer Butter in den Rahm geben und weiterkochen. Sollte die Masse zu dick werden, etwas Butter dazugeben. (Man kann jetzt auch Weinbeeren bzw. Rosinen und etwas Zucker dazugeben.) Dann das Koch so lange „rudern", regelmäßig mit dem Kochlöffel bzw. mit dem Muser durchrühren, bis sich die Masse leicht vom Kochlöffel bzw. Muser löst. In ein flaches Geschirr gießen. Das Rahmkoch wird heiß und kalt gegessen. Nach dem Erkalten in Stücke schneiden. Vollendet ist ein Rahmkoch, wenn es nicht mehr nach Mehl schmeckt, wenn sich die Masse leicht vom Muser und beim Essen „vom Gaumen" löst bzw. wenn beim Hineinbeißen die Zähne im Mus keine Spur hinterlassen. (Frau Holzer, Bruck a. d. Glocknerstraße)

Rahmkoch

1000 g Mehl, $^1/_2$ l saurer Rahm, 500 g Butter, Weinbeeren, Anis, Prise Salz, 3 Handvoll Zucker, Zimt, 2 Eier, Rum

Mehl in Schüssel sieben, mit saurem Rahm vermengen und gut abbröseln. In einer Pfanne die Butter cremig zergehen lassen, die Rahm-„Brocken" hineingeben, dazu Anis und Weinbeeren sowie eine Prise Salz. Kochen lassen, bis es ein Koch ist. Zucker dazurühren, weiterrühren und kochen lassen, bis sich das Koch vom Muser löst. Etwas Zimt darüberstreuen, vom Feuer ziehen, die Eier mit dem Schneebesen hineinrühren, nach Belieben auch etwas Rum. Dieses Koch wird warm gegessen. (Cilli Gruber, Tamsweg, Glanz)
Ein ähnliches **„Aniskoch"** ißt man im Pongau am 24. Dezember zu Mittag, andernorts die im folgenden Rezept festgehaltene Köstlichkeit:

„Ba(s)chlkoch", „Perchtenkoch"

1 l Milch, 80–100 g Mehl, Prise Salz, 100 g Butter, Mohn, Honig, Kümmel oder Anis

Mehl mit wenig Milch bespritzen und Farferln daraus machen (siehe Seite 333), in die kochende, leicht gesalzene Milch einsprudeln, eine Zeitlang langsam kochen lassen. Etwas Kümmel oder Anis dazugeben. Man kann ein Stück Butter einrühren oder gebräunte Butter auf das angerichtete Koch gießen. Zuletzt mit Mohn bestreuen und mit „Honigschmalz" übergießen.

Die Zeit der Rauhnächte war ein wichtiger Termin für das traditionelle Breiessen. Im Pinzgau und im Pongau bestand das Mittagessen am Heiligen Abend aus einem „Bachlkoch" (oder „Baschlkoch"), darnach wird dieser Tag auch „Ba(s)chltag" genannt. Dieser Tag war ein „halber" Feiertag, die Leute gingen in der Früh in die Kirche, vom „Engelamt" brachte man die große „Heilignachtkerze" heim und den notwendigen Weihrauch zum Räuchern von Haus und Hof sowie ein Häferl Honig für die Jause nach der Mitternachtsmesse, der Mette. Beim mittäglichen Bachlkochessen durfte keines der Familienmitglieder fehlen, dies hätte die „Percht" übelgenommen. Mit dem Bachlkoch fütterte man auch

Schüssel mit Löffel.

die Elemente; der Bauer schöpfte vor dem Essen vier Löffel des Bachlkochs auf einen Holzteller und stellte diesen auf das Hausdach, wo er das Jahr über blieb. Die Kinder in Embach gingen in den Garten, „dö Bam, dö Imb, dö Küah und dö Schaf" zu „laden", und steckten den „Bachlboschen", einen Tannenwipfel oder ein Fichtenbäumchen, auf den Gartenzaun. Mit dem Rest des Bachlkochs ging die Bäuerin nach dem Essen in den Obstgarten und rief: „Bam eßt's! " – die Bäume sollten im kommenden Jahr besonders reiche Früchte tragen. Während das Bachlkoch gegessen wurde, sah man es nicht gern, daß unangemeldet ein Fremder das Haus betrat, denn das bedeutete, daß im folgenden Jahr jemand aus dem Haus sterben müsse. (Nach dem Bachlkochessen war es Zeit zum „Kripperl-Herrichten" und zum Ausschmücken des Herrgottswinkels.)

Da das „Bachlkoch“ nur einmal im Jahr gegessen wurde, zählte man das Lebensalter eines Menschen gern nach der Anzahl der gegessenen Bachlkoche. Da es auch Stärke verleiht, spottete ein überlegener Rangler über seinen unterlegenen Gegner: „Du muaßt no an etla Bachlkoch leck'n“, was heißen soll, er sei noch zu jung, um mit ihm zu kämpfen. Das Bachlkoch dürfte mit der altgermanischen Speiseordnung zusammenhängen; die verlangte beim Totenkult vor allem die Seelenspeise, den Brei, und zwar besonders den Hirsebrei. Auch im Salzburgischen war Hirse eine alte festliche Speise und galt lange Zeit noch als typische Kirchtagsspeise.

„Klotzenkoch“

1000 g gedörrte Birnen („Klotzen“), Wasser, 1 EL Mehl, 40 g Butter, Zucker

Gedörrte Birnen in wenig Wasser weich kochen, dann faschieren, mit etwas Kochsud und Mehl binden und aufkochen. Ein Stück frische Butter daraufgeben. „Klotzenkoch“ wurde am „Sebastianitag“ (20. Jänner), einem Bauernfeiertag, gegessen.

Der **„Brein“,** wie wir ihn auch in anderen Bundesländern vorfinden, wurde im Lungau gern als „Zuesetzert“ gegessen, und zwar gekocht aus Rollgerste, häufig unter Beigabe von Erbsen, mit einer Einbrenn oder mit saurem Rahm, Salz und Essig zubereitet. Als Kirchtagsspeise gab es laut Adrian auch **„gebackenen Brein“,** dessen Nachfolge der gebackene Grieß übernahm.

Aufgegangene Topfennudeln

500 g Topfen, 50 g Butter, 3 Dotter, Zucker, 3 Eiklar, 3 EL Mehl, Prise Salz; Butter, Zucker

Topfen mit Butter, Dottern und etwas Zucker flaumig abtreiben, dann Schnee von 3 Eiklar und das Mehl (mit Prise Salz) darunterheben. Stück Butter in einer Kasserolle heiß werden lassen, mit einem Eßlöffel Nockerln ausstechen, eines neben das andere legen und im Rohr backen. Mit Zucker bestreut anrichten. Man kann auch Rosinen dazugeben. (R. K. Neuwirth, „Praktisches Salzburger Kochbuch“, 1898)

Salzburger Nockerlauflauf

150 g Mehl, 20 g Butter, 1/4 l Milch, 1 Ei, 1 Dotter, Prise Salz, 1/2 l Milch; Abtrieb: 40 g Butter, 50 g Zucker, 20 g Mehl, 3 Dotter, 3 Eiklar, Vanillezucker, Zitronenschale

Milch, Butter und Salz zum Kochen bringen. Dann das Mehl einrühren und mit dem Schneebesen so lange am Feuer bearbeiten, bis sich die Masse vom Geschirr löst. Sofort Ei und Dotter einrühren, den Teig dann auf bemehltem Brett zu daumendicken Rollen formen, diese in ca. 3 cm lange Nockerln schneiden. Die Nockerln in 1/2 l kochende Milch einlegen, kurz kochen lassen, bis sie fest werden, herausheben, abtropfen und auskühlen lassen. *Abtrieb:* Butter mit halber Zuckermenge, etwas Vanillezucker und geriebener Zitronenschale schaumig rühren, nach und nach die Dotter einrühren. Restlichen Zucker mit Eiklar zu Schnee schlagen und mit dem Mehl unter den Abtrieb heben. Diese Abtriebmasse mit den Nockerln vermengen, in eine gefettete, mit Mehl gestaubte Backform füllen und im mittelheißen Rohr etwa 25 Minuten backen. Portionsgerecht ausstechen und mit Zucker bestreut anrichten.

Im Laufe der Zeit entstand nach Richard Witzelsberger eine „Salzburger Nockerl-Familie“. Die ursprünglichen waren die oben angeführten aus Brandteig.

Salzburger Nockerln

„(Originalrecept nach Angabe der Wirthin in Golling, deren Specialität diese Speise ist.)
Ein eigroßes Stück Butter wird zerlassen und mit 5 Eidottern, 1 Messerspitze voll Mehl, 2 Messerspitzen voll Zucker und dem Schnee von 3 Eiweiß gut verrührt. In eine Pfanne gibt man so viel Milch, daß der Boden bedeckt ist, dann ein nußgroßes Stück Butter und ein Stückchen Vanille. Wenn dies siedet, gießt man den Teig hinein, deckt die Pfanne zu, läßt sie einige Minuten stehen, dreht den Teig dann stückweise um, sticht mit einem Eßlöffel rasch Nocken aus und serviert diese so schnell wie möglich.“ („Die praktische Wiener Küche“ von Anna Strobl o. J.)

Aus: Marie Dorninger, „Bürgerliches Wiener Kochbuch“, 4. Aufl., 1913. Sie hat zu jedem Rezept auch die Gestehungskosten vermerkt.

Nr. 1418. Ramsauer Nockerl. Preis: 1 *K* 8 *h*.

Man schlägt von 6 Klar Schnee und mischt die 6 Dotter, ein Stäubchen Salz, 1 Eßlöffel Zucker und 2 Kaffeelöffel Mehl dazu. In einer größeren Omlettenpfanne läßt man 7 dkg Rindschmalz heiß werden, gießt den Teig hinein, teilt ihn, wenn er halb gebacken ist, in vier Teile, schlägt die Hälfte von jedem Teil um, daß es wie ein großes Tascherl aussieht, läßt die Nockerl dann noch ein paar Minuten im Rohre backen, damit sie schön hoch sind, gibt sie dann auf eine Schüssel, streut Zucker darüber und serviert sie rasch, da sie gleich zusammenfallen.

„Salzburger Nockerln. Ohne Milch. (Sehr fein)"

„100 g Butter werden sehr flaumig mit 50 g gestoßenem Zucker abgetrieben, nach und nach 3 Dotter dazugerührt, dann der feste Schnee von 3 Klar, und zuletzt wird 1 schwacher Eßlöffel voll Mehles hineingestaubt. Ein kleines Stückchen Butter wird in einer Frittatenpfanne nur zerschleichen gelassen, der Teig hineingeschüttet und mit einem Messer gleichgestrichen. Die Pfanne läßt man nun einige Minuten (3 bis 4) auf der heißen Herdplatte stehen (nicht auf offenem Feuer), bis der Teig gelblich bäckt, dann werden mit dem Eßlöffel Nockerln gestochen, umgedreht, daß sie auch auf der anderen Seite gelblich werden, jedoch noch saftig bleiben. Wenn sie als 3. Speise kommen, darf man sie erst backen, währenddem das Fleisch verspeist wird." (Marie v. Rokitansky, „Die Österreichische Küche", 8. Aufl., 1913.)
Ein ähnliches Rezept steht in dem „Goldenen Buch der Küche", Wien o. J.:

„Salzburger Nocken auf spezielle Art (altes Klosterrezept)"

„Bedarf: 100 g Butter, 5 Eier, 1 Eßlöffel feines Mehl, 2 Eßlöffel Staubzucker, $^{1}/_{2}$ Packet Vanillezucker

Zubereitung: Von den 5 Eiern wird der Schnee steif geschlagen. Der Zucker wird rasch daruntergemischt. Der Vanillezucker darübergestreut. Weiter mit der Schneerute abtreiben, dazwischen einige kurze Pausen machen. Nur 2 Eidotter einmischen. Dann den Eßlöffel Mehl darunterrühren. Die Butter in der Pfanne heiß zerlaufen lassen, aus dem Teig ein paar große Nocken stechen, am offenen Feuer ein wenig anbacken lassen. Dann in das bereits sehr heiße Rohr geben und ungefähr 6 Minuten backen lassen, daß die Nocken noch cremeartig bleiben."

Salzburger Nockerln auf der Pfanne

1 Portion: 20 g Zucker, 10 g Mehl, 3 Eiklar, 3 Dotter, $^{1}/_{2}$ Päckchen Vanillezucker

Eiklar steif schlagen, zuletzt den Zucker einschlagen. Dotter und Vanillezucker seitlich dazugeben, mit dem Schnee verrühren, das Mehl darüberstreuen und kurz darunterziehen. In einer Palatschinkenpfanne ein großes Stück Butter zerlassen, aus der Masse 3 Nokkerln hineingeben, auf der Kochplatte (oder Feuer) heiß werden lassen (bis seitlich leichter Rauch aufsteigt), dann umdrehen und 2 bis 3 Minuten im vorgeheizten Rohr überbacken. Auf runder Platte hoch aufrichten, mit Staubzucker bestreut ohne Beilage servieren. (Richard Witzelsberger, „Das österreichische Mehlspeisenkochbuch", 1979)

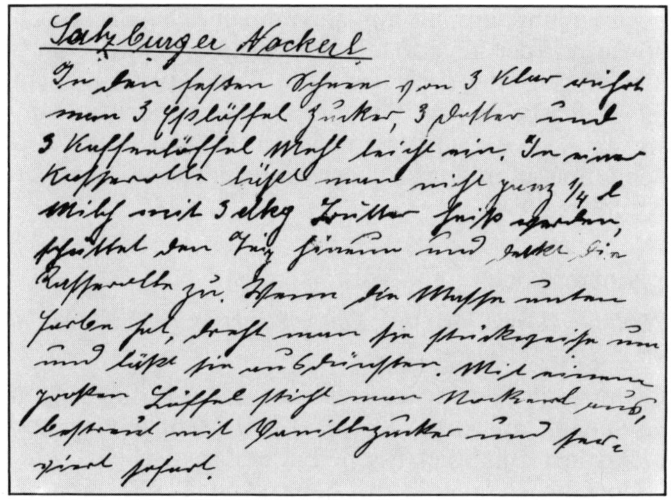
Salzburger Nockerl

Aus einem handgeschriebenen Kochbuch aus der Gegend um Salzburg.

„Pongauer" (Salzburger Nockerln in der Schale)

Nockerlmasse wie linke Spalte unten, Butter, Staubzucker

Nockerlmasse wie im vorangehenden Rezept bereiten. Eine ovale Schale stark mit Butter ausstreichen, da hinein drei Nockerln nebeneinander einlegen, im heißen Backrohr 3 bis 5 Minuten backen. Mit Staubzucker bestreuen und sofort servieren. Oder zuerst auf beiden Seiten anbacken, dann im heißen Backrohr Farbe nehmen lassen.

Salzburger Nocken in der Milch

Nockerlmasse wie linke Spalte unten, $^{1}/_{4}$ l Milch, Stück Butter, 1 Dotter, Vanillezucker

In einer flachen Pfanne Milch und nußgroß Butter zum Kochen bringen. Aus der obigen Masse drei Nocken einlegen, 2 bis 3 Minuten langsam kochen lassen, wenden und nochmals 1 bis 2 Minuten kochen und auf heißem Teller anrichten und ins Backrohr stellen. Dotter, etwas Vanillezucker und restliche Kochmilch mit Schneebesen versprudeln, über die Nocken gießen und sofort servieren.

Muse, Sterze, Schmarren

„Beim Essen schwitzen, beim Beten schlafen und bei der Arbeit frieren" sind die drei besten „Tugenden".

Unter „Mias" (Mus) versteht man in der Salzburger Bauernküche eine Art festen, fetten Mehlschmarren, der zum Frühstück gegessen wurde; er entspricht etwa dem Mehlsterz im Steirischen. Zum Mus gibt es Milch, Kaffee, Sauermilch, im Pongau eine Schottsuppe.
Das Küchensalz hieß früher auch „Muessalz"; solches „Muessalz" mußte stiftungs- oder vertragsmäßig von den Salnern aus zur Küche der verschiedenen Klöster, Spitäler, Beamten usw. abgeliefert werden.
Das folgende Rezept findet man hin und wieder in den bürgerlichen Kochbüchern des 19. Jahrhunderts:

Mehlmus mit gebranntem Zucker

1 l Milch, Prise Salz, 50 g Butter, ca. 100 g glattes Mehl, pro Portion 3–4 EL Zucker

Milch, Salz und Butter zum Kochen bringen, das mit wenig Milch zu einem Teig verrührte Mehl einrühren und kochen, bis ein dicker Brei entsteht. Auf Teller anrichten, dick mit Zucker bestreuen und mit einer glühend gemachten Schmarrenschaufel den Zucker auf dem Brei „brennen". Hat man kein offenes Feuer, wird der Zucker in einer Pfanne gebrannt (karamelisiert) und rasch über das angerichtete Mus gegossen.

„Pinzgermus"

400 g Mehl, ca. 3/8 l Milch, Prise Salz, 200 g Butter (oder halb Butter, halb Schweinefett)

Mehl salzen, mit so viel kochender Milch (oder nur Wasser) abbrennen und nur ganz leicht durchrühren, daß ein eher krümeliger „Teig" (wie bei den Farferln) entsteht (auf keinen Fall ein Nockerlteig!). In einer eisernen Pfanne Butter erhitzen, den Teig hineingießen, unter häufigem Durchschaufeln mit dem „Muser" backen, bis das Ganze locker wie ein bröseliger Grießschmarren, aber mit Rammerln, auseinanderfällt.
Diese Mus-Zubereitung ist aus dem Pinzgau über den Paß Thurn ins nachbarliche Tirol gekommen, wo es in Jochberg noch immer als „Pinzgermias" bekannt ist.

Gibt man in ein Mus blättrig geschnittene Äpfel und läßt man das Ganze zugedeckt gar dünsten, erhält man das **„Apfelmus"**, das noch kräftig gezuckert werden muß. Anstelle von Äpfeln gibt man auch Kirschen, Moosbeeren und Preiselbeeren („Granggenmiasl") bzw. Weinbeeren („Weinbeerlmus") in das Mus.

Ein „trockenes", also fettarmes Mus nennt man spöttisch „Promenadenschotter". Wenn ein Pinzgauer Dienstbote die Muspfanne mit einer Voralm vergleicht, weil's „dort so früh aper wird", heißt das, daß die Bäuerin mit dem Fett gespart hat. Noch schlimmer steht die Sache, wenn die Muspfanne gar einmal rostig würde, weil sie doch immer „schmierig sein soll".
Im Pongau hat man das Abbrennmus an Tagen schwerer Arbeit als Hauptspeise gegessen, vor dem Mus gab es als „Zue-Eß" meist ein Koch, mitunter gab man das Mus gleich auf das Koch drauf (an solchen Tagen entfiel meist die Neunerjause am Vormittag).
Im Lungau ist ein Mus das gleiche Gericht, das im angrenzenden Katschtal „Abbrennmus", im Steirischen „Brennsterz" heißt und auch dort die Hauptnahrung der Holzknechte bildete.

„Abbrennmuas"

1/2 l Milch, 500 g Mehl, Salz, 200 g Butter

Milch aufkochen, salzen, über das Mehl gießen, kurz durchrühren, daß die Masse flaumig wird. In heiße Butter geben, backen, dabei ständig durchrühren. Dazu ißt man Süßkraut oder Kohlrabisuppe. (Mühlbauer Peter, genannt Lochpeter, Hintersee)
Brennt man das Mehl anstatt mit Milch mit Rahm ab, erhält man das **„Rahmmus"**. Nach beendeter Heuernte, vor dem Getreideschnitt, gibt es auf dem Heimgut unten im Tal weniger Arbeit, man besucht die Alm, dabei erhalten die Besucher meist dieses Rahmmus. „Wandermus" nennt man jenes Mus, das am Lichtmeßtag, dem Tag des Dienstbotenwechsels, für die scheidenden Dienstboten außerhalb der gewohnten Essenszeit aufgekocht wurde.
Im Tennengau ist das **„kaltgegossene Mus"** bekannt: es wird wie das Abbrennmus zubereitet, nur rührt man

das Mehl mit kalter Milch an und verrührt den Teig sofort in heißem Fett.
In längst vergangener Zeit soll man im Oberpinzgau auch ein **„Linsetmus"** gegessen haben, aus Leinsamenmehl zubereitet. Das **„Zwöschpenmus"** ist eine Art Schmarren mit Zwetschken.

Topfenmus

500 g Topfen, 250 g Mehl, Prise Salz, 150 g Butter

Topfen leicht salzen, mit so viel Mehl verrühren, wie er aufnimmt, dann die Masse in heiße Butter in der Pfanne geben, unter Rühren backen, bis das Ganze wie ein bröseliger Grießschmarren ausschaut. (Lungau)

Topfensterz, Kesselsterz wird aus Roggen- oder Weizenmehl und Topfen zubereitet und wie die Tiroler „Kesselnudel" in Dampf gegart, dann abgeschmalzen angerichtet. (Lungau)

„Pfannhaber" und Pfanne. Zum Einstellen der Höhe verwendete man ein Schraubengewinde mit Querbrett.

„Polentakoch"

$^3/_4$ l Wasser, $^1/_4$ l Milch, ca. 300 g Polenta (Maisgrieß), Salz, Butter

Milch, Wasser und Prise Salz zum Kochen bringen, ein paar Schöpflöffel Maisgrieß dazugeben, ständig rühren und nicht zu dick, aber auch nicht zu dünn verkochen lassen. Zuletzt braune Butter darübergießen. Mit Marmelade oder Kompott als Beilage servieren.

Schmarren, Eiermus, „Nudl"

250 g Mehl (griffig), 4–6 Eier, Prise Salz, ca. $^3/_8$ l Milch, 120 g Butter, Zucker

Mehl, Eier, Prise Salz und Milch zu einem eher dickflüssigen Teig verrühren, auf einmal in das heiße Fett gießen, auf beiden Seiten braun backen, dann mit zwei Gabeln in Stücke zerreißen, diese noch kurz ausdünsten lassen. Überzuckert anrichten. Man kann auch geschälte, blättrig geschnittene Äpfel, Heidelbeeren u. a. in den Teig hineingeben, eventuell weniger Eier nehmen, dann aber mehr Butter zum Backen. Um die Begriffsverwirrung voll zu machen, wird im Lungau das Tiroler „Eiermüasli" als „Nudl" bezeichnet. Dieser Schmarren wurde und wird besonders bei schwerer Arbeit schon zum Frühstück (mit Kaffee) serviert (weil an solchen Tagen das warme Mittagessen meist ausfällt). Es gibt ihn auch noch als „Moosbeernudl", „Apfelmus", „Lebermus", „Topfenmus" u. dgl. mehr.

Eine Eierspeise wird **„Oahaserl"** genannt, denn mit „Haserl" werden verschiedene leichte Speisen bezeichnet, die rasch zuzubereiten sind.

Scheiterhaufen, „Äpfelbröcklert", „Apfelaufbrokkert"

4–6 alte Semmeln, 1000 g Äpfel, ca. $^1/_2$ l Milch, 1–2 Eier, 80 g Zucker, Butter, Weinbeeren

Semmeln blättrig schneiden, Milch, Ei, Prise Salz und Zucker verrühren, über die Semmelschnitten gießen und aufweichen, dann abwechselnd Semmelschnitten und blättrig geschnittene, geschälte Äpfel mit Weinbeeren in eine gefettete Pfanne geben, obenauf ein Stückchen Butter legen und das Ganze im Rohr knusprig backen.

Pfannkuchen bzw. Palatschinken nennt man im Pongau auch **„Flenggen"** (je nach der Fülle dann „Äpfelflenggen", „Kerschflenggen", „Weinbeerflenggen", „Moosbeerflenggen"). Man gibt aber Kirschen, Äpfelschnitzel u. ä. auch gleich in den Teig (8 EL Mehl, Prise Salz, $^1/_8$ l Milch, 4 Eier, 1 bis 2 EL Zucker). Der **„Biesthas"** ist eine Eierspeise aus Biestmilch.
In Conrad Haggers „Salzburgischem Kochbuch", 1719, findet man im Kapitel „Von glatten Kochen und Brein in Schüsseln, Pfannen, Reindel, Casserol und Dopff" u. a. „Haber-, Holder-Blüte-, Trauben-Muß", ein „gewürmletes Butter-Muß", „Strauben-Muß", „Haiden- und Hirsch-Bräun".

Nocken, Nudeln, Knödel

Pinzgauer „Farfei" (Farferln)

150–250 g Weizenmehl, Prise Salz, Wasser (1 Ei)

Mehl salzen, mit kaltem Wasser (und/oder mit versprudeltem Ei) besprengen, mit beiden Händen so lange locker durchmischen (reiben), bis alles Mehl zu kleinen, Reibgerstl ähnlichen „Farferln" zusammengeballt ist. Kurz übertrocknen lassen, in kochendes Salzwasser geben und gar kochen. (Solche **„Wasserfarferln"** werden spöttisch auch „Sterbefarfei" genannt, weil sogar ein Sterbender sie noch essen bzw. beißen könnte.) Sie können auch in Milch gekocht werden **(„Milchfarferln");** die Milch wird dabei dick eingekocht und mitserviert (im Tennengau brockt man zusätzlich noch Brot hinein). Die gekochten Wasserfarferln werden abgetropft mit Zwiebelschmalz abgeschmalzen.

Die „Farfei" zählen zur „echten" Pinzgauer Kost, wurden gern von Melkern und Holzknechten zubereitet („Melkerfarferln", „Holzknechtfarferln"). Nimmt man zu den Farferln ein Ei, werden sie im Tennengau **„Goldhahn"** genannt. Zu knollig geratene Farferln nennt man spöttisch „Stier". Vielfach bereitet man die Farferln aus einem Knödelteig, zwar ohne Brotbeigabe, oft aber mit einer Zugabe von kleinwürfelig geschnittenem (Selch-)Speck („Speckfarferln"), faschiertem Fleisch („Fleischfarferln", siehe Seite 323). Die Tennengauer „Nockenfarferln" sind ein Mittelding zwischen Farferln und Nocken.

„Kasfarfei"

80–100 g Mehl, Salz, 150 g Hartkäse, Pfeffer, Wasser, 20 g Butter

Mehl mit wenig Wasser befeuchten und das Mehl abbröseln („abgrudeln"). In kochendes, leicht gesalzenes Wasser einrühren, geriebenen Käse dazurühren und leicht pfeffern. Zuletzt gebräunte Butter daraufgeben. Man kann die „Kasfarfei" mit Schnittlauch bestreut servieren.

Die **„Nock'n", Nockerln, „Nocken",** auch **„Wasserspatzen", „nackete Buam", „Einschlagnocken"** genannt, werden aus gewöhnlichem Nockerlteig gemacht (eventuell mit Eizugabe), der durch die Nockengatze („Gatz", „Gatzl") gedrückt oder vom Nockenbrett ins kochende Salzwasser hineingeschabt wird. Als „Gatzl" bezeichnet man – wie auch in Tirol – im Pinzgau den durchlöcherten Schöpflöffel, durch den man den Nokkerlteig drückt. Die Bezeichnung „Gatzlmacher" („Katzlmacher") für die Italiener stammt von dem Namen für dieses Küchengerät, weil die Gatzl meist von Italienern hergestellt bzw. vertrieben wurden. Je nach der Beigabe zum Nockerlteig unterscheidet man auch in der Salzburger Küche Fleisch-, Schott-, Käse-, Erdäpfel-, Schnittlauch-, Zwiebelnocken u. a. m. „Kasnock'n", Pinzgauer Blattln, Preßknödel, Vogelbeerschnaps und „Jagertee" gehören noch heute zur bodenständigen Pinzgauer Kost.

Pinzgerer Nocken

500 g Mehl, Salz, 120 g durchzogener Speck, 1 Zwiebel, 1–2 Eier, 1/4 l Milch; Butter

Über gesalzenes Mehl im Weitling reichlich geröstete Speckwürfel samt dem Fett schütten (eventuell auch noch mitgeröstete feingeschnittene Zwiebel dazugeben), durchmischen, dann mit Ei(ern) und Milch einen Nokkerlteig machen. Mit einem kleinen Löffel Nocken ausstechen und in kochendes, leicht gesalzenes Wasser geben. Gar kochen, abgießen, abschrecken und in heißer Butter schwenken.

„Schottnocken"

400 g Mehl, Salz, 1/4 l Flüssigkeit, 80–100 g Butter, 250 g Schotten (geräucherter Topfenkäse), 2–3 Knoblauchzehen, Schnittlauch

Aus griffigem Mehl, etwas Salz und einer entsprechenden Menge Wasser (oder Milch) einen Nockerlteig bereiten, durch ein Nockerlsieb in kochendes Salzwasser tropfen lassen. Die fertigen Nockerln abgießen, abschrecken. In einer Pfanne reichlich Butter bräunen, den zerriebenen Schotten hineinstreuen und mit der aufschäumenden Butter vermengen. Die Nockerln dazumischen, Knoblauchzehen darüberpressen, durchrühren und mit gehacktem Schnittlauch bestreut anrichten. Dazu grünen Salat. (Inge Lindt, Salzburg)

„Gatzl" – solche hölzerne Schöpfer wurden von den „Gatzlmachern", italienischen Wanderhändlern, weitum vertrieben.

Pinzgauer „Kasnocken"

400 g Mehl, Salz, 60 g Fett, 2 Eier, 1/4 l Milch, 100 g Butter, 200 g Pinzgauer Käse

Mehl, Prise Salz, lauwarme Milch, Eier und zerlassenes Fett zu einem nicht zu festen Nockerlteig verrühren (Teig gut abschlagen), mit einem Löffel kleine Nokkerln ausstechen, in kochendes Salzwasser geben und kochen, bis sie obenauf schwimmen, herausheben, abtropfen lassen. In heiße Butter kleinwürfelig geschnittenen Käse geben, kurz rösten lassen, die Nockerln dazugeben, gut vermengen und kurz weiterrösten lassen.

Nudeln

300 g Mehl, 1 Ei, Wasser, Öl

Mehl, Ei und etwas Wasser zu einem glatten Teig kneten, einige kleine Laibchen daraus formen, mit Öl bestreichen und rasten lassen. Dann die Laibchen dünn auswalken, etwas trocknen lassen, zu feinen schmalen Suppennudeln oder breiten Bandnudeln (oder Flekkerln) schneiden. In kochendes, leicht gesalzenes Wasser geben, etwa 12 Minuten kochen lassen. Aus dem Wasser heben, gut abschwemmen, abtropfen lassen und weiterbehandeln zu **„abgeschmalzenen Nudeln"** (nur in Butter oder Butterschmalz schwenken), **„Bröselnudeln"** (in heiße Butter etwas Semmelbrösel geben, leicht rösten und die abgetropften Nudeln hineingeben), **Grießnudeln** (anstelle von Bröseln Grieß nehmen), zu **„Kasnudeln"** (wie Bröselnudeln machen, zuletzt geriebenen Käse sowie feingeschnittenen Schnittlauch daraufstreuen), **Nußnudeln** oder **Mohnnudeln** (zu den abgeschmalzenen Nudeln geriebene Nüsse oder Mohn geben). Nudeln können auch in leicht gesalzener Milch gekocht werden **(„Milchnudeln")**. Man kann auch feingeriebenen Topfen darübergeben **(„Schottnudeln")**. Die Milchnudeln (mit der Milch etwas Butter mitkochen) kann man dick einkochen, gut ausdünsten und Rammeln bekommen lassen.

Topfennudeln

300 g Mehl, 250 g Topfen, Salz, 1–2 Eier, Milch, Fett

Zu Mehl, Topfen, Prise Salz und Ei(ern) so viel Milch gießen, daß eine Art Nockenteig entsteht. Rasten lassen, dann mit dem Eßlöffel Nocken ausstechen, flachdrücken und in heißem Fett (halb Butter, halb Schmalz) beidseitig backen. Man kann sie zusätzlich in eine Kasserolle geben, mit saurem Rahm übergießen und etwa 10 Minuten im Rohr überbacken. (Lilli Pichler aus Tamsweg, Glanz, übermittelt von Dr. Herbert Mösslacher)

Im Pinzgau werden die Topfennudeln zuerst in Salzwasser gekocht, dann in Butter abgeschmalzen und mit Zucker und Zimt bestreut.

„G'sodener Nudel"

Etwas Sauerteig („Ura") mit Roggenmehl zu einem Teig verlängern, etwas salzen und mit Wasser abtreiben. Dann gehen lassen (am besten die Nacht über). Einen Nudelkessel mit Fett ausschmieren und die Masse im Kessel etwa eine Stunde wie einen Pudding über Dunst garen. Im Sommer gibt man frische Kirschen in den Teig. Auf den fertigen „Nudel" wird heiße Butter gegossen. Dazu serviert man kalte Milch. (Rezept von der Mesnerin in St. Leonhard ob Tamsweg)

Erdäpfelnudeln, „Erdäpfelnüdei"

400 g Erdäpfel, 50 g Mehl, 1 Ei, Prise Salz; Schmalz, Semmelbrösel

Gesottene, geschälte und geriebene Erdäpfel mit Mehl, einem Ei und Prise Salz zu einem Teig kneten, der ziemlich fest sein soll. Stücke abschneiden, diese zu langen Rollen formen, in 2 cm lange Stücke schneiden, aus jedem Stück mit der Handfläche auf dem Küchenbrett eine Nudel rollen. In Salzwasser kochen, bis sie in die Höhe steigen, herausheben, abtropfen lassen und in eine Kasserolle mit in Schmalz gerösteten Semmelbröseln geben, gut durchmischen und im heißen Rohr Rammerln bekommen lassen. (R. K. Neuwirth, „Praktisches Salzburger Kochbuch", 1898.) Das Gericht heißt auch „Lamplschwafei" und „Buamazipfei".

Im Pinzgau nennt man die Erdäpfelnüdei auch „Weanüdei" (man bezeichnet mitunter die Erdäpfel als „Weanaruab'n"), im Pongau „Krampusschwanzel", „Kreparachnüdei" oder „Himmelnudeln", aber auch „G'schaftelnudeln", „g'schaftige Buam", „Daumen-" oder „Fingernudeln". Was im Pinzgau „Nudeln", „Nüdei" heißt, nennt man im Pongau hin und wieder „Nocken".

Pinzgauer „Nüdei", Pongauer „Nock'n"

1000 g Erdäpfel, 200 g Mehl, 50 g Butter, 250 g Speck, Salz

Gekochte Erdäpfel schälen, noch heiß zerstampfen, mit Mehl und Prise Salz zu einem Teig kneten, auswalken, in fingerbreite und -lange Streifen schneiden (oder ausradeln), diese zu fingerdicken Nudeln rollen und in eine reichlich ausgefettete Pfanne oder Rein eng aneinander legen oder aufgestellt schichten, mit zerlassenen Speckwürfeln bestreuen, im Rohr ausbacken. Dazu warmen Krautsalat oder Sauerkraut servieren.
Die Pongauer Küche kennt ferner „Schiftelnudeln" oder „Milchschifteln" sowie „Krautnudeln" und „Neunhäutlnudeln". Werden Erdäpfelnudeln im „Läuterkoch" (in den Resten ausgelassener Butter) gebacken bzw. abgeschmalzen, erhält man die **„Schmalzkochnudeln"**.

Heidelbeernocken

300 g griffiges Mehl, Salz, ca. $^1/_2$ l Wasser (oder Milch), $^1/_2$ l Heidelbeeren, 300 g Butter

Mehl, Salz und Heidelbeeren gut vermischen, mit siedendem Wasser (oder Milch) übergießen („abbrennen") – der Teig soll nockerlteigartig sein, daß man mit einem Löffel leicht Nockerln ausstechen kann. In einer Pfanne gut zwei Finger hoch Butter heiß werden lassen, die mit dem Löffel ausgestochenen Nockerln hineingeben, etwas flach auseinanderdrücken, auf beiden Seiten goldbraun backen.
Anstelle von Heidelbeeren nimmt man auch dünnblättrig geschnittene geschälte Äpfel **(„Apfelnocken")** bzw. entsteinte, in Streifen geschnittene Zwetschken **(„Zwetschkennocken")** oder entsteinte Kirschen **(„Kerschnocken", „Kerschspatzen")**.

Schwarzbeernudeln

6 Eier, 6 EL Mehl, 6 EL Milch, Salz, Zucker, 200–250 g Heidelbeeren, Butterschmalz

Einen Omelettenteig aus Eiern, Milch, Mehl, Prise Salz und Zucker rühren, gereinigte Heidelbeeren dazumengen. In einer Pfanne Butterschmalz heiß werden lassen, den Teig portionsweise in die Pfanne geben, flachdrücken und beidseitig backen. (Frau Cilli Gruber, Tamsweg, Glanz)

Traditionelle Knödeltage (bzw. mit Fleisch- und Speckknödeln fleischhältige Mehlspeistage) im Flachgau waren und sind Dienstag, Donnerstag und Sonntag, Mehlspeis- bzw. Nudeltage Montag, Mittwoch, Freitag und Samstag; in den gebirgigen Landesteilen gibt es Dienstag, Donnerstag, Freitag, Samstag und selbst Sonntag „Mehlspeisen". Im Tennengau gelten Dienstag, Donnerstag (Samstag) und Sonntag als Knödeltag, Montag, Mittwoch und Freitag als Nudeltag; der Samstag stand gegendweise außerhalb dieser Ordnung, die ansonsten streng eingehalten wurde. Im Lungau ißt man Montag, Dienstag und Donnerstag **Knödel,** sie waren früher aus „girstan" Mehl (Gerstenmehl) oder Weizenmehl, oft mit einer Beigabe von Erdäpfeln (Milch und Eiern).
Die Fleischeinlage bei den Salzburger Fleisch- und Speckknödeln wird mit der Teigmasse vermengt und nicht als Fülle im ganzen von einer Teighülle umgeben (wie das bei den Innviertler Speckknödeln geschieht); sie entsprechen also den Tirolerknödeln. Die Salzburger Fleischknödel werden häufig mit einer Fleischsuppe oder einer „Abschmalzsuppe" (Brennsuppe) gegessen, die Fastenknödel (Knödel ohne Fleischbeigabe) mit einer Erbsensuppe oder gekocht mit Zwiebelschmalz (siehe Seite 325) übergossen angerichtet. In vielen Lungauer Bauernhäusern wurden Knödel fast jeden Tag gegessen, im Winter vorwiegend zu Mittag, im Sommer häufig am Abend.
Im Pinzgau waren und sind Dienstag, Donnerstag und Sonntag die Knödeltage. An solch einem Knödeltag scheuen manche Bauern davor zurück, die Almfahrt (den Almauftrieb) zu beginnen; sie befürchten, daß während der langen Almzeit zu viel Knödelfleisch verbraucht würde, und das wieder bringe „Unreim" (Unglück). Daher gilt der fleischlose Freitag als Almfahrtstag zwar für günstiger, doch ist ein Freitag an und für sich nicht recht geheuer, also auch kein günstiger Tag für den Viehauftrieb, ja überhaupt kein Tag für wichtige Unternehmungen bzw. Geschäfte. So bleiben nicht mehr viele Tage für eine Almfahrt, denn der Knödel ist ein wichtiger Bestandteil des Pinzgauer Mittagessens.

Nicht nur um des Reimes willen nennt man die Fuscher spöttisch „Knödeltuscher". Die Knödel werden hier aus Weizenmehl und Weizenbrot gemacht; Selchfleisch oder -speck, gehackt, wird mit Knödelbrot und etwas Mehl und Prise Salz gut vermengt und mit Milch oder Wasser zu einem Knödelteig angemacht. Seltener gibt man ein Ei dazu, hie und da kalt geriebene, gekochte Erdäpfel. Als Zuspeise zu den Fleisch- bzw. Speckknödeln gibt es Fleischsuppe, grünen Salat, Erdäpfelsalat, Rettichsalat, Rote-Rüben-Salat oder Sauerkraut.
In einem Spottlied der wallfahrenden Zeller und Saalfeldener zum Dom nach Salzburg heißt es über die Flachgauer:

„Heiliger Sankt Örg, du warscht mirakulos,
schick uns hoia recht leibige Roß,
Knödelfleischmähna san ma koan."

Die Pinzgauer schimpften die Flachgauer also „Knödelfleischmähna" (Ochsenlenker), weil man im Flachgau Ochsenfleisch in den Knödelteig mischte und Ochsen statt der Pferde zum Zug verwendete.

Die Salzburger Bauernküche verfügt über eine große Auswahl an Knödelvarianten, meist sind es heute Weißbrotknödel mit verschiedenen Beigaben, also Fleisch-, Speck-, Grammel-, Wurst-, Brat-, Leberknödel, Brot-, Brenn-, Kas-, Grieß-, Topfen-, Erdäpfelknödel, „bach'ne" (gebackene) Knödel, Preßknödel sowie süße Knödel wie Zwetschken-, Äpfel- oder Kerschknödel u. a. m.

Mehlknödel

250 g Mehl (Roggenmehl), Prise Salz, Wasser

Aus Mehl, Salz und etwas Wasser eine Knödelmasse rühren, mit nassen Händen Knödel formen und in Salzwasser kochen. Werden zu Geselchtem mit Sauerkraut und zum Schweinsbraten serviert.

„Z'samm'g'legte Knödel", Taschenknödel, „Kapseltaschen"

300–400 g Mehl, 1 Ei, Salz, Wasser, Butter, etwas Grieß, ca. 250 g gekochte(s) Selchfleisch- oder faschierte(s) Rindfleisch(reste)

Aus Mehl, Ei, Prise Salz und warmem Wasser einen nicht zu festen Nudelteig machen. Stücke davon abschneiden, diese zu runden, handtellergroßen Flecken auswalken, mit zerlassener Butter bestreichen, mit wenig Grieß bestreuen und in die Mitte jeweils ein Häufchen kleingehacktes Selchfleisch oder faschiertes Fleisch geben, dann den Teigfleck wie eine Tasche oder ein Kuvert zusammenlegen und mit einem Zahnstocher die Teigenden feststecken. Die Taschenknödel in kochendem Salzwasser 10 bis 15 Minuten kochen lassen. Sie werden in einer Rindsuppe serviert oder zu Sauerkraut gegessen. (Maria Leitgeb, Thalgau)
Als Fülle kann man außer Selchfleisch oder Rindfleisch auch kleingehackten Speck, gehackte, in Fett geröstete Leber oder nur (mit Zwiebeln gerösteten) Grieß geben. Die „z'samm'g'legten Knödel" kennt man hauptsächlich im Flachgau und im Tennengau.

Fleischknödel

Nudelteig: 400 g Mehl, Salz, 1 Ei, 5–6 EL Milch; Fülle: 250 g Rindfleisch, 500 g Schweinsschulter, 200 g Kalbsnuß, Salz, Pfeffer, Fett, 1 Zwiebel, Kümmel, Petersilie, Paprika

Fleisch in bleistiftdicke Schnitzel schneiden, auf beiden Seiten in heißem Schmalz braten, innen sollen diese Schnitzel roh bleiben. Dann Fleisch auskühlen lassen und mit dem Wiegemesser fein zerkleinern (oder faschieren). In heißem Schmalz etwas feingehackte Zwiebel goldgelb anrösten, das Fleisch und den ausgetretenen Fleischsaft beigeben, mit etwas Salz, Paprika, gehackter Petersilie und gehacktem Kümmel würzen, gut vermischen und durchrösten. Fülle auskühlen lassen. Inzwischen den Teig aus glattem Mehl, Milch, Ei und etwas Salz kneten, $^1/_2$ cm dick ausrollen, mit einer Form runde Stücke ausstechen, darauf je einen Kaffeelöffel voll Fülle legen. Daraus Knödel formen und eine Viertelstunde in Salzwasser schwach kochen lassen. Dazu wird Sauerkraut gegessen. (Inge Lindt, Salzburg.) Was anderswo „Zusetzert" (Salate, Sauerkraut, Gemüse) ist, wurde in Salzburger Bauernhäusern meist als Vorspeise gegessen.

Ähnlich werden die **Grammelknödel** bereitet; sie werden aber auch mit Brandteig gemacht: $^1/_2$ Liter Wasser mit etwas Salz und 100 g Fett aufkochen, dann 300 g griffiges Mehl einrühren. Auskühlen lassen. Dann noch ca. 200 g griffiges Mehl und 2 Eier dazurühren. Fertigen Brandteig ausrollen, in Vierecke schneiden, mit Grammeln füllen und nicht zu große Knödel daraus formen. Etwa 8 bis 12 Minuten in kochendem Salzwasser kochen.

Salzburger Speckknödel

5 altbackene Semmeln, $^1/_4$ l Milch, 1 Ei, Salz, Petersilie, 300 g durchwachsener Speck, Mehl

Kleingehackten Selchspeck (bzw. Selchfleisch) mit einer Semmelknödelteigmasse vermischen, zu Knödeln formen und in Salzwasser kochen. Mitunter werden sie ähnlich den Schöberln in heißem Rohr in einer gefetteten Rein gebacken, dann in Scheiben geschnitten und mit heißer Fleischsuppe übergossen angerichtet.

Knödel sind auch in der Salzburger Bauernküche für jede Bäuerin ein Kriterium ihrer Kochkunst, aber auch ihrer Freigebigkeit. Wenn Knödel mit einem Schindelholz verglichen werden, weil sie „so astrein sind", bedeutet das bei Gott kein Lob für die Köchin, man kritisiert damit, daß solche Knödel zu wenig Fleisch bzw. Speck enthalten! Ist das Knödelfleisch gar zäh und schwer zu beißen, bemerkt ein Pinzgauer boshafterweise, daß der Knecht schon eine „Achtzeit" (die Arbeitszeit zwischen zwei Mahlzeiten) vor dem Knödelkochen „B'setzertschuach" (alte Schuhe) vom Dachboden heruntergeräumt habe; das soll heißen, daß die Knödelbeigabe zäh wie altes Leder ist! Und wenn einer während des Knödelessens nachschauen muß, ob das Hausdach noch ganz ist, heißt das, daß die Knödel zu fest und hart geraten sind, daß einem sein Knödel „durchgangen" ist, als er ihn mit der Gabel anstechen wollte, und daß dieser Knödel möglicherweise ein paar Dachschindel durchgeschlagen haben könnte. Gute Knödel müssen „schön rosen und rogel" sein.

„Bach'ne Knödel" heißen die verschiedenen Knödel dann, wenn sie in Schmalz schwimmend herausgebacken werden, so die gebackenen Leberknödel, Kasknödel, Fleisch- und Speckknödel; sie werden zu feierlichem Anlaß und an arbeitsreichen Tagen gemacht. Werden sie in einer Brennsuppe serviert, spricht man von „Brennknödeln".

„Preßknödel" dagegen sind eine Pinzgauer Spezialität, aus Semmelknödelteig, gerösteten Fleisch- oder Wurstresten, zu fleischlaibchengroßen Stücken geformt und in heißem Schmalz gebacken, dann etwas flachgedrückt und in Salzwasser 5 Minuten überkocht. Der bei der Zubereitung dieser Preßknödel abfallende Teig, der zu anderen Speisen verwendet wird, heißt „Tranterach".

Pinzgauer „Kasknödel"

200 g Knödelbrot (5 altbackene Semmeln), 2–3 EL Mehl, Salz, $^1/_8$–$^1/_4$ l Milch, 200 g Pinzgauer Käse („Almkas", ein Sauerkäse), 2 gekochte Erdäpfel, 2 Eier, Petersilie; Fett zum Backen

Knödelbrot in Milch einweichen, dann mit Mehl, Prise Salz, nötiger Milch und gehackter Petersilie wie bei Semmelknödeln zu einem Knödelteig vermengen (man kann auch eine feingehackte, in Fett geröstete Zwiebel dazugeben), den kleingeschnittenen Käse daruntermischen und ebenso die geriebenen Erdäpfel (man kann diese auch weglassen). Alles gut abmischen, daraus Knödel (oder Laibchen) formen, in heißem Fett schwimmend backen. Dazu serviert man Erdäpfelsalat. (Josefine Muhlitzer, Zell am See)
Auch Kasknödel werden häufig wie die Pinzgauer Preßknödel zuerst in Schmalz gebacken und dann in Salzwasser oder Suppe noch etwas überkocht. Im Lungau nimmt man den weicheren Lungauer Bauernkäse dazu.

Zum **„Muasknödel"** verwendet man anstelle eines Knödelbrotteiges im Pinzgau ein fettes Mus. Mit der entsprechenden Beigabe lassen sich auf diese Weise ebenfalls alle Knödelvarianten „durchspielen".

Erdäpfelknödel

Ca. 1000 g Erdäpfel, 60 g Mehl, Salz; Mohn oder Marmelade, Butter

Rohe Erdäpfel reiben, gut ausdrücken, salzen, mit Mehl zu einem mittelfesten Teig kneten. Daraus Knödel formen, die man mit gestoßenem, in Butter geröstetem Mohn oder mit beliebiger Marmelade füllt. Etwa 15 Minuten in Salzwasser kochen, vor dem Servieren mit heißer Butter abschmalzen.

„Kerschknödel" werden wie anderswo auch aus Brandteig, Mehlknödelteig oder Erdäpfelteig bereitet; im Tennengau nennt man sie **„Bamfleischknödel"** (Baumfleischknödel), und sie werden auch mit gedörrten (in Wasser vorgeweichten) Kirschen gefüllt. In Salzwasser kochen und in heißer Butter (mit Bröseln und Zucker vermischt) abschmalzen.

Schmalzgebackenes

Als ein Meisterstück der Kochkunst gilt auch bei den Salzburger Bäuerinnen das Krapfenbacken. Die Teige dazu sind verschiedenartig, man verwendet u. a. Germteig (zu Krapfen), Mürbteig, Brandteig und Butterteig (zu anderen Schmalzgebäcken) sowie einen Nudelteig (zu den „Blattln“).
Das Backen von Krapfen bzw. das Krapfenessen ist meist eng mit einem wichtigen Termin bäuerlichen Lebens verbunden, so gibt es zu Allerseelen im Pinzgau die „Allerseelenkrapfen“, am Kirchtag waren und sind Krapfen ebenfalls obligat, am Beichttag, „dem einzigen guten Tag in der Fastenzeit“, und zu Weihnachten („Heiligenabendwar“). An den „Schlenkeltagen“ (Lichtmeß, Martini-, Georgi- und Michaelitag) gibt es die „Schlenggerkrapfen“ für die wandernden Dienstboten. Im Lungau kennt man den Brauch des „Krapfenziehens“: es zieht dabei der Bauer mit der Bäuerin an einem Krapfen, der „Moarknecht“ mit der „Moardirn“, der „Ableerer“ oder „Ochser“ mit der „Viehdirn“, der „Rosser“ mit der „Hausdirn“, der „Halter“ mit der „Sendin“; wer dabei das größte Stück Krapfen erheischt, der kann von sich behaupten, daß er besser beten könne als sein unterlegener Gegenüber. Nach dem Essen bedanken sich die Dienstboten dann beim Bauern und der Bäuerin mit einem „Vergelt's Gott“ – früher war das „Handlbussen“ üblich gewesen (wie die Kinder auch ihre Eltern siezten).

Germkrapfen

500 g Mehl, 40 g Germ, ca. 100 g Zucker, Salz, etwa 1/4 l Milch (1–2 Dotter), 50–150 g Butter

Aus zerbröselter Germ, 1 Teelöffel Zucker, 1 bis 2 Eßlöffel Mehl und 2 Eßlöffel lauwarmer Milch ein Dampfl bereiten, mit Mehl bestäuben und gehen lassen, bis sich Sprünge auf der Mehloberfläche zeigen. Dann das Mehl mit dem Dampfl und lauwarmer Milch verrühren, zerlassene Butter, Zucker und eventuell Dotter dazurühren, schwach salzen. Den Teig gut durchschlagen, bis er Blasen wirft. Mit Öl bestreichen und aufgehen lassen, bis er doppelt so hoch ist. Dann verarbeiten. Statt süßer Milch kann auch Molke, saure Milch, Butter- oder Biestmilch genommen werden. Die Milchmenge hängt von der Mehlqualität ab. An Fett eignen sich Butter, Butterschmalz, Öl, auch Schweine- und Kernfett.

„Das Kirchweihfest“, schreibt Karl Adrian in „Von Salzburger Sitt' und Brauch“, „ist vor allem ein häusliches Fest, daher trachtet jung und alt zur rechten Zeit nach Hause zu kommen. Dort geht es in der Küche gar regsam zu, gilt es doch das Meisterstück der Kochkunst, ‚den Krapfen‘, mit Fleiß und Genauigkeit herzustellen.
Auf langen Brettern werden die durch den Germ geschwellten, feinen Teigformen mit Leinwand bedeckt, um sie vor Staub und Zug zu schützen. Die Köchin trägt sie dann zum offenen Herdfeuer; dieses hat das Schmalz in der Pfanne schon geschmolzen und erhitzt, so daß die aufsteigenden Blasen zischend und pratzelnd zerplatzen. Nun nimmt sie eine Form nach der andern, hebt und dehnt sie in der Luft und legt sie dann mit sicherem Griff auf das brodelnde Schmalz, das sich gierig in den weichen Teig einsaugt. Jetzt heißt es aufmerksam sein, daß dem Krapfen von dem heißen Schmalz nicht zu arg zugesetzt werde; er muß daher fortwährend gehoben, gedreht und gewendet werden, bis er endlich vollkommen dem Glutbade entsteigen kann. Nun belegt man das Brett neuerdings, Krapfen reiht sich an Krapfen. Wie ein zartes Geschmeide zieht sich zwischen der goldbraunen oberen und unteren Hälfte der weiße Krapfenring ringsherum, die feine Krapfenhaube in der Mitte, unten weiß, oben gelb, verleiht ihm ein besonders geschmackvolles Aussehen . . .
Der Krapfen ist auch als Geschenk für Verwandte und gute Bekannte bestimmt, und der Beschenkte freut sich dessen; sagt doch der Volksmund von einem recht vergnügten Menschen: ‚Er lacht, als wenn er Krapfen im Sack hätte.‘“ Adrian berichtet ferner, daß noch 1914 in einem Gasthaus nahe der Stadt Salzburg am Kirchtag „3000 Krapfen gebacken, Berge von Pofesen aufgetürmt, mehr als 1000 Paar Würstel geselcht und 150 Hühner gebraten“ wurden (ein Huhn mit „Eiersalat“ kostete 3 Kronen).

Wenn die gebackenen Krapfen mit einer **Honigbrühe** (aus Honig, Butter und etwas Wasser auf Feuer verrührt) übergossen werden, spricht man von **„Honig-**

krapfen"; sie werden in Thomatal zu Georgi gegessen, wenn die Roßbauern dorthin wallfahrten kommen; im Pongau ißt man sie gern zur Getreideschnittzeit, im Pinzgau an den Beichttagen, in Großarl beim „Brechlmahl". **„Grüabeikrapfen"** heißen die Krapfen mit dem Grübchen in der Scheibenmitte im Pongau.
Am „Mahdersonntag" (Sonntag vor Jakobi, 25. Juli) feiert man im Lungau nach beendeter Heumahd oder erst nach beendeter Getreide- und Grummeternte, beim Danksagungsfest oder am Samstag vor dem Kirchweihsonntag das „Mahdermahl"; dazu werden alle Leute auf den Hof geladen, die bei der Ernte mitgeholfen haben, und mit „Mahderkrapfen" gespeist (entspricht dem „Einheuger-Mahl" im Pinzgau).
Besonders festlich wurde der „Drischleg" gefeiert, der Tag, an dem ein Bauer mit dem Dreschen fertig wurde. So gab es im Flachgau beim Ausdreschen jeder Getreideart Krapfen, beim Weizen auch noch Hasenöhrl und Strauben. Am Drischlegtag war schon die Morgensuppe außergewöhnlich reichhaltig. Zur Vormittags- und Nachmittagsjause erhielten die Drescher Bier und Geselchtes, mittags feine Knödel, Fleisch über Bedarf, mit zweierlei Gemüse, Krapfen und Bier, abends Braten, Leber- und Blutwürste, da am Tag zuvor meist ein Schwein geschlachtet wurde.
Im Lungau (in Muhr) sind nach Beendigung des Getreidedreschens zum „Klemmbratl" die „Klemmkrapfen" üblich. „Klemmen" ist ein Brauch, bei dem die Mannerleut nach der Drescharbeit die Bäuerin und die Weiberleut den Bauern „überfallen" und mit dem Dreschflegel (mit dem „Rohen" oder „Plenkl") „klemmen", oder sie „raideln" sie mit Strohbändern so lange, bis die Bäuerin sich bereit erklärt, ein festliches Essen mit Krapfen zu bereiten, und der Bauer einen Schnaps dazu spendiert.

Schmalztopf.

Im Pongau ißt man schon während der Getreideschnittzeit Honigkrapfen oder „Öpfelradl" („Apfelküchl"), beim Abdrusch in Radstadt zu Mittag Krapfen, abends Knödel und Zue-Eß.

„Wetzsteinnudeln", „Wetzsteinkrapfen"

1250 g Kornmehl, 250 g Weizenmehl, 50 g Germ, Salz, Kümmel, 50 g Fett, 1 Ei, lauwarmes Wasser, Backschmalz

Aus den Zutaten wie beim Germ(teig)krapfen beschrieben mit dem Dampfl einen mittelweichen Germteig machen, ohne ihn zu stark zu schlagen. Aufgehen lassen, etwas Mehl einrühren und dann fingerdicke, längliche, einem Wetzstein ähnliche Germnudeln formen, nochmals zugedeckt gehen lassen, dann in heißem Fett schwimmend herausbacken.
Diese „Wetzsteinnudeln" sind besonders im Pinzgau und Pongau beliebt. Im Lungau nennt man sie „Zergl" oder „Halbkrapfen". Im Pinzgau ißt man sie mit Vorliebe mit einer süßen Einlage (Marmeladefüllung).

„Rennkrapfl", das sind kleine Germteigkrapfen, erhält im Lungau jeder, der als erster am Johannistag vom Kirchgang nach Hause kommt. Die Saalfeldener **„ang'loanten"** (angelehnten) **„Nudeln"** sind bessere Germkrapfen mit einer Fruchtfülle, in Schmalz gebacken, dann in der Nudelpfanne mit gezuckerter Eiermilch übergossen. Im Pinzgau ißt man sie zur Erntezeit.

Wie in der Dreikönigsrauhnacht in Oberösterreich die „Rauhschnidngeher", so heischen jenseits des Hausrucks die „Glöckler", weißgewandet, mit geschwärztem Gesicht, an einem langen Stock ein Glöckchen tragend; sie werden nach ihrem Ruf: „Krupf, Krupf! I möcht an Krapfen oder Guglhupf!" die „Krupf-Krupf" – ähnlich wie die im nordwestlichen Flachgau heischenden Anglöckler (und im Innviertel um Wildshut) „Kletzi-Kletzi" – genannt. Je mehr Glöckler anklopfen gehen, desto fruchtbarer wird das Jahr. In Hochfeld, Mattsee, Obertrum, Schleedorf, Seeham und andernorts gehen die Glöckler am Glöckltag einzeln oder in Gruppen, bei Tag arme Leute, abends die Bur-

schen, sie sind vermummt, singen Adventlieder und bekommen Krapfen, Küchl und „Fleck" (Polsterzipf): Je mehr Glöckler gehen, desto besser wird das Getreide. In Obertrum gingen die „Rauhsinga" noch vor 30 Jahren um „an Rauhkrapfn", es waren 20 bis 30 Burschen, in Mattsee waren es Bauerndirnen und Knechte. Selbst die Sternsinger von Eugendorf haben von diesen Vorgängern den Ruf übernommen: „I bitt um an Glöcklerkrapfen." In St. Georgen bei Oberndorf, wo an den Advents-Donnerstagen die „Kletzi-Kletzi" umgehen, kannte man vor etwa 60 Jahren noch den Brauch, daß Arme am Vorabend von Dreikönig um „Rauchnachtskrapfen" kamen. In Wald wurden bei einem Begräbnis eines reichen Bauern Brotlaibe oder im Haus des Toten hergestellte Krapfen ausgeteilt, damit der Tote viele „Vergeltsgott" bekomme; auch aus Wagrain sind „Totenkrapfen" überliefert.
Conrad Hagger führt in seinem Barock-Kochbuch, 1719, im Kapitel „Von Schmaltz-Gebachnem" 77 „Veränderungen" an, u. a. „Germb-, Faßnacht-, Stärck-, Zopf-, Bixen- und Pfannen-Krapffen", „Gold-Handl", „Schmaltz-Nudlen oder Zümpffel", „Sack-Küchlein", Schneeballen, Strauben.

Die **„Buamaschinken"** werden aus einem besseren Germteig (mit mehr Eier- und Zuckerzugabe) bereitet; dazu formt man auf einem Brett fingerdicke Teigrollen, schneidet 1 cm breite Stücke davon ab und bäckt diese in heißem Fett schwimmend. Dann bereitet man eine lichte Einbrenn aus Butter und Mehl, gießt mit Kirschen- oder Mostbrühe auf und läßt das Ganze gut durchkochen, nach Belieben wird mit Zucker gesüßt. Dann gibt man die „Buamaschinken" in diese Brühe oder serviert beides getrennt. Man kann die Einbrenn auch mit gezuckertem, mit etwas Wasser verdünntem Wein oder mit einer Honigbrühe aufgießen. (Nach Frau Holzer, Bruck a. d. Glocknerstraße)

Die Pinzgauer **„Metzenwadeln"** (Mädchenwaden) dagegen sind den „Schnittküchln" im Tennengau ähnlich, das sind die zur Zeit des Getreideschnittes gebakkenen Zwetschkenküchel, die gebacken ebenfalls in einer Rein mit Honigbutter übergossen werden. Eine Lungauer Spezialität sind die **„Zottlkrapfen"** bzw. die **„Perchtlkrapfen"** (im Pongau so genannt), die am Heiligedreikönigstag gebacken werden; es sind Germkrapfen, die nach dem Backen in Ei oder auch nur in Eidotter getaucht noch einmal in heißem Schmalz schwimmend gebacken werden (entsprechen den oberösterreichischen „Zwiebachenen Knoan").

„Zottlkrapfen"

2000 g Mehl, 2 TL Salz, Anis, Weinbeeren, Hagelzucker, 40 g Germ, 6 Eier, 100 g Butter, ca. 1 l Milch; 500 g Butter, 500 g Schweinefett zum Backen

Aus wenig Mehl, Germ und etwas lauwarmer Milch ein Dampfl machen, gehen lassen, dann mit den restlichen Zutaten vermischt einen Teig schlagen, bis er Blasen wirft. Gehen lassen, dann Krapfen formen und im heißen Fett schwimmend backen. Die Krapfen in versprudelte Eier tunken und nochmals backen. Zuletzt mit Zucker bestreuen. (Lilli Pichler, Tamsweg, Glanz)

Auch die Zeit der „Abkehr" von den Hochalmen wird fröhlich begangen, wenn die Sömmerung ohne Unglück, Viehabsturz u. ä. verlaufen ist. Mit Kränzen um die mit Rauschgold verzierten Hörner geschmückt, kehrt das Vieh heim, voraus die wenigen Ziegen, dann das Jungvieh, die Kühe, zuletzt der „Jodel" (Stier) mit dem Melksechter, die Senner und „Goaßer", die Sennin, der Hüterbub und der Bauer. Die Sennin teilt „Aufkässchotten" und Erzeugnisse ihrer Backkunst aus, so den **„Kneifl"**, ein viereckiges Schmalzgebäck, und **„Schnurraus"** oder **„Arrausch"** (im Flachland) **„Abrausch")**, backerbsengroße oder wie „Rosenkranzgrallerln" geformte, in Schmalz gebackene Kügelchen; sie werden meist aus einem Brandteig zubereitet, halten sich lange und werden noch zu Weihnachten mit „fetter Tunk" (gezuckertem Schlagobers) Gästen aufgetischt. Sie können auch aus einem Mürbteig oder einem Germteig bereitet werden. Der Name des Backwerks bezieht sich auf den Anlaß der Zubereitung, nicht auf die Gebäcksart. In der Steiermark trägt das letzte Mahl auf der Alm, vor dem Almabtrieb, vor der „Abfahrt", dem „Abrauschen", die Bezeichnung „Abrausch". Da und dort werden „Abrausch" auch in der Form kleiner Apfelküchel zubereitet. Im Lungau heißt das gleiche Gebäck **„Schnurraus"** und wird aus Germteig in Form kleiner „Nüdei" (zirka Zwetschkengröße) gemacht, in tiefem Fett herausgebacken und von der Sennerin bei der Almabfahrt an Zuschauer und Bekannte am Weg verteilt. Schon zu Fronleichnam gibt es die gleichen kleinen Krapferln, sie heißen dann **„Prangnüdei"**. Ein schon erwähntes Pinzgauer Germteiggebäck, das **„Hirscheng'stämm"**, hat die Form von Hirschgeweihen und wird ebenfalls in Schmalz herausgebacken; man findet sie sinnigerweise auf der Pinzgauer Hochzeitstafel, sie werden auch ins „Bschoadpackerl" für die Hausleute und Kinder mit eingepackt.

Franz von Pausinger, „Heimkehr von der Alm", 1889.

Die **„Blatt(l)krapfen"** werden im Gegensatz zu den Germkrapfen aus einem festen Nudelteig gemacht (oder aus Mürbteig – „Moarbblattln" genannt) und gehören zur charakteristischen alpinen Festtagskost. Die „Blattln" („Plattln") sind runde, kinderhandgroße ausgewalkte Nudelteigflecken aus Roggen- oder Weizenmehl (daher auch „roggene" und „waazene Blattln" genannt), die mit oder ohne Fülle, in ovaler (halbmondförmiger) Form (wie die Kärntner Nudeln), in heißem Schmalz schwimmend herausgebacken werden. Die Fülle dazu ist süß oder sauer, also eine beliebige Marmelade, ein Mus bzw. Erdäpfel, mit Salz und Schnittlauch vermischt, Spinat, süßes oder saures Kraut, saure Rüben, Käse (solche sind bereits im 13. Jahrhundert nachweisbar), Schotten (Topfen), Faschiertes, Fleisch oder Speck („Fleischkrapfen", „Speckkrapfen"). Die Blattln mit einer sauren Fülle ißt man vorwiegend an Fasttagen und an gewöhnlichen Wochentagen, die Fleisch- und Speckkrapfen gern an Festtagen, am Abend vor dem Heiligedreikönigstag und am Kirchtag; ungefüllte Blattln serviert man entweder mit Sauerkraut oder einer süßen Dörrobstbrühe („Birnfuchs", „Kerschfuchs", siehe Seite 326) oder mit süßer oder saurer Milch.

Pinzgauer „Blattln" aus Kornmehl

1250 g Kornmehl, 250 g Weizenmehl, Salz, 40 g Fett, ca. 1 l Wasser, Backschmalz

Siedendes Salzwasser und Fett über das Mehl gießen, einen mittelweichen Teig machen, den man sehr lange knetet. Dann eine Rolle daraus formen, Scheiben abschneiden, diese sehr dünn in ovaler Form auswalken und beidseitig in heißem Fett schwimmend backen.

„Woazene Blattln"

400 g Mehl, Salz, 2 gekochte Erdäpfel, ca. $^1/_2$ l kochendes Wasser, 500 g Schweinefett

Mehl, Prise Salz, geschälte und geriebene Erdäpfel in eine Schüssel geben, mit kochendem Wasser übergießen und so lange kneten, bis ein geschmeidiger Teig entsteht. Mit einem Löffel Stücke ausstechen, diese auf bemehltem Küchenbrett dünn auswalken (in der Größe einer Kinderhand) und in heißem Fett beidseitig backen. Dazu Sauerkraut servieren. (Tennengau)

„Moarbblattln" (Mürbteigblattln)

500 g doppelgriffiges Mehl, Prise Salz, ¼ l Rahm, Milch nach Bedarf (ca. ⅛ l), Fett zum Backen

Mehl mit Salz, Rahm und Milch auf einem Brett rasch vermengen und kneten. Kurz im Kühlen rasten lassen, dann messerrückendick auswalken, in verschobene Vierecke radeln oder schneiden. Noch einmal rasten lassen, in heißem Fett schwimmend beidseitig knusprig backen. Heiß zu gekochtem Sauerkraut und Braten servieren. (Stefanie Klantschnik, Kaprun)

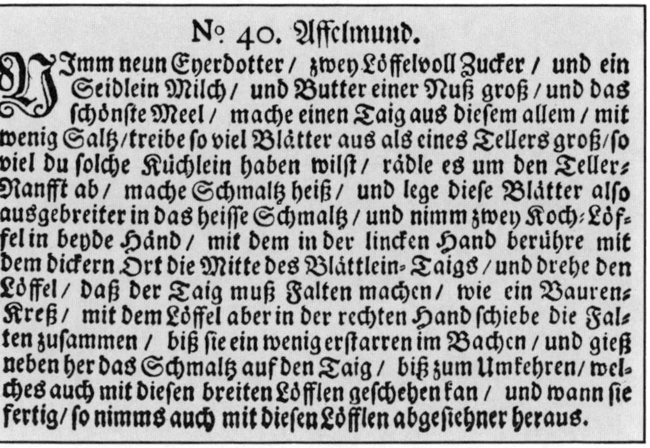

N° 40. Affelmund.

Nimm neun Eyerdotter / zwey Löffelvoll Zucker / und ein Seidlein Milch / und Butter einer Nuß groß / und das schönste Meel / mache einen Taig aus diesem allem / mit wenig Saltz / treibe so viel Blätter aus als eines Tellers groß / so viel du solche Küchlein haben wilst / rädle es um den Teller-Nanfft ab / mache Schmaltz heiß / und lege diese Blätter also ausgebreiter in das heisse Schmaltz / und nimm zwey Koch-Löffel in beyde Händ / mit dem in der lincken Hand berühre mit dem dickern Ort die Mitte des Blättlein-Taigs / und drehe den Löffel / daß der Taig muß Falten machen / wie ein Bauren-Kreß / mit dem Löffel aber in der rechten Hand schiebe die Falten zusammen / biß sie ein wenig erstarren im Bachen / und gieß neben her das Schmaltz auf den Taig / biß zum Umkehren / welches auch mit diesen breiten Löfflen geschehen kan / und wann sie fertig / so nimms auch mit diesen Löfflen abgesiehner heraus.

Aus: Conrad Hagger, „Neues Saltzburgisches Kochbuch", 1719. „Affelmund", „Afmunt" heißen noch heute im Unterlungau Mürbteigkrapfen aus tellergroßen weizenen „Blattln".

Pinzgauer „Moarbkrapfen"

500 g Mehl, Salz, 100 g Butter, 1 Ei, ca. 3 EL Milch oder Obers; Marmelade, Fett

Mehl salzen, mit Butter abbröseln, mit Ei und Milch rasch zu einem Mürbteig kneten. Eine halbe Stunde kühl rasten lassen. Dann messerrückendick auswalken, ca. 10 × 10 cm große Vierecke ausschneiden, in heißem Fett schwimmend beidseitig backen. Man kann die Teigflecke mit Marmelade füllen, die Teigränder mit Eiklar bestreichen, dann die Ränder aufeinanderdrücken und backen. (Frau Holzer, Bruck a. d. Glocknerstraße)

Im Tennengau würzt man sie mit Anis und nennt sie dann **„Aniskrapfen"**.

Die „Moarbkrapfen" – „marbe Kräpfflein" nennt Conrad Hagger sie in seinem Salzburger Kochbuch aus dem Jahre 1719 – sind vermutlich jüngeren Datums, da sie im Brauchtum keine besondere Bedeutung haben. Als ursprüngliche Salzburger Faschingskrapfen gelten die **„Pongauer Fleischkrapfen"** (Blattlkrapfen, gefüllt mit kleinwürfelig geschnittenem Selchfleisch oder Speck); man kennt sie in Zederhaus, wo man sie am Heiligedreikönigstag, im Fasching und mitunter auch beim Heuziehen ißt (im übrigen Lungau sind sie nicht bekannt). Auch die **„Pongauer Speck-"** oder **„Perchtkrapfen"** gehören zu den Blattlkrapfen, man füllt diese roggenen Blattln mit in Fett geröstetem Faschiertem oder Speck, mit Topfen oder gerösteten Erdäpfeln. Während am Faschingsdienstag im Oberpinzgau die „Brotpercht" auftritt und Gaben heischt, erscheint im Pongau die „Dientener Krapfenpercht", ein vermummter Mann mit einem Buckelkorb, aus dem ein „Kinderfuß" ragt.

Die **„Läuterkochblattln"** sind Mürbteigblattln, die anstelle von Butter Läuterkoch (das ist der Bodensatz beim Butterauslassen) als Zutat haben und mit einem fetten Mus gefüllt werden.

Lungauer „Hasenöhrl"

1000 g Roggenmehl, Salz, 2 Dotter, saure Milch, saurer Rahm, Fett zum Backen

Mehl, Salz, Dotter, saure Milch und etwas Sauerrahm rasch zu einem mittelfesten Mürbteig kneten, eine halbe Stunde kühl rasten lassen, messerrückendick ausrollen, Rhomboide, Quadrate oder Vierecke ausradeln und in heißem Schmalz schwimmend backen. Dazu serviert man im Lungau Sauerkraut.

Die **„Schneckennudeln"** (auch im Tiroler Bezirk Kitzbühel bekannt) sind mit Beeren- oder Kletzenfülle bestrichene „Bladln", die zusammengerollt und dann in Scheiben geschnitten werden.

Mit den Germkrapfen verwandt sind die **Strauben.** Trotz der Unterschiedlichkeit in Form und Oberfläche haben die Strauben vieles mit den Krapfen gemeinsam, was das Salzburger Kochbuch des Conrad Hagger aus dem Jahre 1719 bestätigt, wo es heißt: „Strützeln und Strauben, die in Schmalz gebacken werden und dieselben auch Krapfen genannt werden."

Pinzgauer Strauben

500 g Roggenmehl, 500 g Weizenmehl (oder nur 1000 g Weizenmehl), 1–2 Eier, ca. $^{1}/_{8}$ l–$^{1}/_{4}$ l Milch, Zucker, Salz, 50 g Germ; Fett zum Backen, Zucker

Zuerst aus wenig Mehl, lauwarmer Milch, Germ und einer Prise Zucker ein Dampfl anrühren, mit Mehl bestreut in der Wärme gehen lassen. Alle Zutaten mit dem Dampfl zu einem nicht zu festen, eher flüssigen Germteig schlagen, der mit dem „Straubenlöffel" spiralenförmig portionsweise in das heiße Butterschmalz gegossen und beidseitig gebacken wird. Abtropfen lassen und mit Zucker bestreuen.

Strauben

400 g Mehl, 2–5 Eier, Salz, $^{1}/_{2}$–$^{3}/_{4}$ l Milch, Fett zum Backen

Einen nicht zu weichen Schmarrenteig rühren, mit einem Trichter oder aus einem Schnabelhäferl spiralenförmig und portionsweise in das heiße Fett einlaufen lassen, beidseitig backen. Gezuckert servieren.

Aus dem gleichen Straubenteig kann man auch die **„gebackenen Mäuse"** bereiten, die im Flachgau (in Anthering) „Mausköpfl" oder „Hauberling" (wie im benachbarten Oberösterreich) genannt werden. Im Lungau nennt man sie auch „Vöge(r)l" oder „Löffelnudeln", weil sie mit einem Eßlöffel wie die Nockerln ausgestochen und in heißem Fett herausgebacken werden. Im Pongau nennt man sie „Katzennudeln" bzw. „Katzenköpf". Im Tennengau gibt es die „Pfingststrauben", wenn es bei der Zubereitung dieser Strauben der Bäuerin „in die Teigschüssel regnet", wird der Weizen „nachlassig" (zu weich), d. h. daß ein „letzer" (verregneter, unguter) Erntesommer folgt.

Spritzstrauben, Brandteigstrauben

$^{1}/_{4}$ l Milch, 220 g Mehl, 3–4 Eier, Prise Salz, 40 g Butter, 1 EL Rahm, 1–2 EL Rum oder Schnaps; Fett zum Backen
Feiner Brandteig: $^{1}/_{8}$ l Wasser, 125 g Butter, 330 g Mehl, 4 Eier, 1 EL Rahm, 1–2 EL Rum; Fett zum Backen

Wasser oder Milch und Butter mit Prise Salz zum Kochen bringen, das Mehl auf einmal hineingeben, am Herdrand weiterrühren, bis die Masse glatt ist und keine Klumpen mehr bildet bzw. sich vom Geschirr löst. Den Teig etwas überkühlen lassen, dann einzeln nach und nach die Eier sowie etwas Rum dazurühren. Mit dem Spritzsack Strauben auf ein Brett spritzen und im heißen Fett beidseitig backen. Überzuckern.

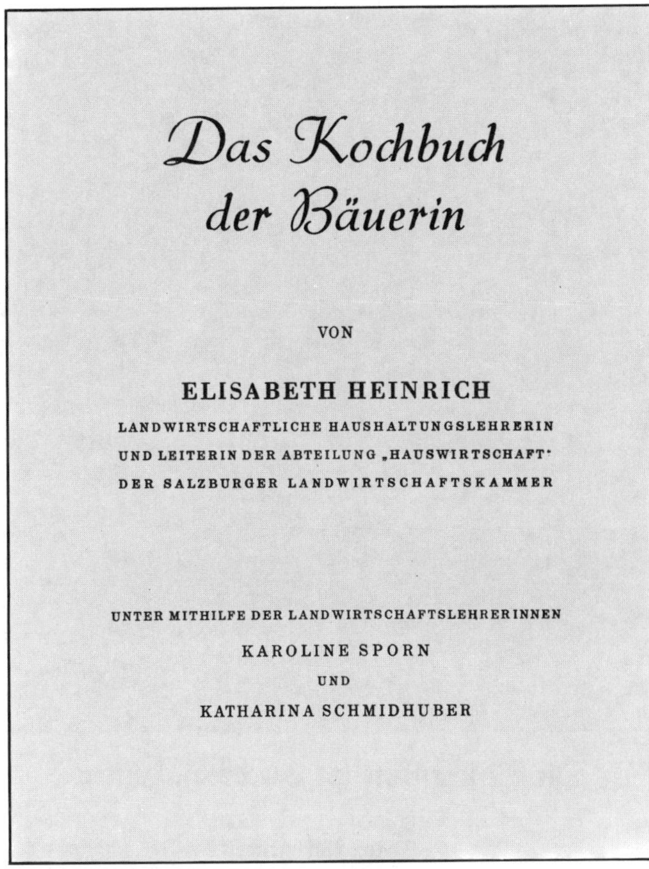
Das Kochbuch der Bäuerin

VON

ELISABETH HEINRICH

LANDWIRTSCHAFTLICHE HAUSHALTUNGSLEHRERIN
UND LEITERIN DER ABTEILUNG „HAUSWIRTSCHAFT"
DER SALZBURGER LANDWIRTSCHAFTSKAMMER

UNTER MITHILFE DER LANDWIRTSCHAFTSLEHRERINNEN
KAROLINE SPORN
UND
KATHARINA SCHMIDHUBER

Eine Fundgrube für „alpenländische Spezialitäten" aus möglichst unverfälschten Grundnahrungsmitteln und ein Handbuch für die bäuerliche Vorratskammer. 1975 bereits in der 7. Auflage erschienen: Generationen von Haushaltsschülerinnen haben aus diesem Buch gelernt.

„Goldhühner„ („Goldhahn")

Einen Brandteig wie zu Brandteigstrauben machen. Eine flache Pfanne mit Butter ausstreichen, den Brandteig fingerdick eingießen. Im Rohr überbacken, nur so viel, daß der Teig fest wird, dann mit einem Schauferl daumengroße Stücke ausstechen, in nicht zu heißem Schmalz unter öfterem Schütteln herausbacken – die „Goldhühner" müssen schön auflaufen. Mit Zucker und Zimt bestreut, werden sie zum Abendessen serviert.

1951 hat Franz Wirleitner den ersten Versuch unternommen, die Kost eines Bundeslandes zu dokumentieren.

„Senninhupfer“

Einen feinen Eierteig (wie zu einem Schmarren) bereiten, mit einem Löffel Nocken ausstechen und in heißem Schmalz schwimmend backen. Die „Senninhupfer“ sind in der Gegend um Lofer – Unken im Pinzgau eine beliebte Gästekost auf den Almen.

„Hasenöhrl und Öpfelradl,
ja, da gfreun si Buam und Madl.“

Mit **„Küchl“** oder **„Kiachl“** bezeichnet man in der Salzburger Bauernküche Früchte, Blütendolden, Kräuter etc. in einen Backteig getaucht, in heißem Fett schwimmend gebacken. Man unterscheidet Apfel-, Holler-, Salbei-, Brennessel-, Speck-, Zwetschken-, Brot-, Oblatenküchl u. a. m. Das zuletzt gebackene Stück wird mancherorts „Toad“ (Tod) genannt. Übriggebliebenen Backteig ins heiße Backschmalz träufeln und backen, ergibt eine Suppeneinlage (**„Groigen“**).

„Öpfelradl“ (Apfelküchl, gebackene Apfelscheiben)

Backteig: 200 g Mehl, $^1/_4$–$^1/_2$ l Milch, 1–2 Eier, Salz; 5–10 Äpfel; Fett zum Backen, Zucker

Aus Milch, Eiern, Prise Salz und Mehl einen dickflüssigen Backteig rühren. Die vom Kerngehäuse befreiten, geschälten Äpfel in ca. 1 cm dicke Scheiben schneiden, in den Teig tauchen, ganz kurz abtropfen lassen und sofort in heißem Schmalz schwimmend auf beiden Seiten goldgelb backen. Abtropfen lassen und mit Zucker (und Zimt) bestreuen.

Apfelküchl essen die Pongauer zur Erntezeit, im Tennengau feiert man zu Ruperti (24. September) daheim den „Einheuger“ damit („Abheugerküchl“ genannt). Im Pongau serviert man als **„Sonnwendküchl“** die auch in anderen Bundesländern bekannten „Hollerstrauben“ und „Salbeiküchl“ (gebackene Holunderblüten und Salbeiblätter). Wenn diese „Hollerstrauben“ (oder auch ein „Hollerkoch“) auf den Tisch kommen, übt man im Lungau einen Brauch aus, den wir schon aus Oberösterreich kennen; jeder nimmt seinen Tischnachbarn am Ohr und zieht mehr oder weniger kräftig daran. Dieses „Ohrenzupfen“ geht reihum, bis sich die ganze Tischrunde an den Ohren hält. Dabei dürfen Kinder ihre Eltern, Dienstboten auch den Bauer und die Bäuerin kräftig am Ohr ziehen. In Kuchl hat man bei der Fronleichnamsprozession blühenden Holunder noch am Ast hängend zu „Hollerkrapfen“ gebacken.

„Grasschnitten“ nennt man im Flachgau in Backteig getauchte, in Schmalz gebackene, in Scheiben geschnittene Schwarzwurzeln. In St. Johann im Pongau tischt man zum Erntedankfest „Danksag-Küchl“ auf. Gedörrte, vorgeweichte bzw. halbweich gekochte Dörrzwetschken (immer zwei zusammen) in einen Backteig getaucht und im Schmalz schwimmend herausgebacken, ergibt **„Zwetschken in drei Häuten“,** weil man nach dem ersten Backen den Backteig etwas verdünnt, die bereits einmal gebackenen Zwetschken wieder in den Teig taucht und in Schmalz herausbackt; das Ganze wiederholt man mit einem noch einmal etwas mit Milch verdünnten Backteig.

Auch in Backteig getauchte Roggenbrotschnitten werden in Schmalz schwimmend herausgebacken (**„roggene Schnittenkrapfen“**). In der Radstädter Gegend heißen die „Pafesen“ **„Brotkrapfen“,** im Tennengau sagt man dazu **„Pofesenschnitten“;** sie werden als Kirchtagsspeise mit Honigschmalz übergossen (**„Honigschnitten“**). Im Pinzgau wieder nennt man sie **„Brudernudeln“.**

Backwerk

Die große Anzahl der aus ausgezogenem Teig gebakkenen (oder gesottenen) Strudel, die einst in den Bauernküchen, noch mehr in den Bürgerküchen bzw. in den bürgerlichen Kochbüchern gang und gäbe waren, hat sich inzwischen stark reduziert. Von den Apfel-, Birnen-, Zwetschken-, Kirschen-, Heidelbeer-, Topfen-, Rahm-, Brösel-, Mohn-, Nuß-, Mandel-, Schokolade-, Grieß-, Kraut-, Schinken-, Grammel-, Erdäpfel-, Rübenstrudeln sowie den vielen Germteig- und Mürbteigstrudeln sind heute nur mehr ein paar Strudel übriggeblieben, zumal der Strudel in den westlichen Bundesländern – im Gegensatz zu den östlichen – nie im Brauchtum tiefer verankert war. Er war einfache Alltagskost oder Feiertagsessen und wird heute meist nur als Dessert serviert. Als „Zue-Eß" gab es in den Bauernhäusern zu den verschiedenen Strudelarten Milch (süß und sauer), Dörrfrüchte(n)brühe, Rübenkraut oder Sauerkraut.

Strudelteig

400–500 g Mehl, 2–3 EL Öl oder zerlassenes Fett, ca. $^1/_4$ l lauwarmes Wasser, Salz

Mehl, Wasser, zerlassenes Fett oder Öl und Prise Salz verrühren, mit den Händen zu einem glatten Teig kneten, bis der Teig seidig ist und Blasen wirft. Auf bemehltem Brett und mit etwas Öl bestrichen in kleinen Laibchen eine halbe Stunde rasten lassen. Dann etwas ausrollen, mit den bloßen Handrücken dünn ausziehen, mit der gewünschten Fülle bestreichen, zusammenrollen und auf gefettetem Backblech im Rohr backen (oder in Salzwasser stückweis kochen; dabei kann man zum Teig auch ein Ei nehmen, aber das Öl bzw. Fett weglassen).

Kornmehlstrudel

300 g Kornmehl, 70 g Butter, 70 g Zucker, 2 Eier, 4–5 EL Milch, Zimt, Nelken, 1 Päckchen Backpulver, Marmelade, 1 Ei, Fett

Butter, Eier und Zucker abtreiben, Gewürze, Milch und das mit Backpulver zusammen gesiebte Mehl beigeben, kneten, auswalken, mit beliebiger Marmelade füllen, zusammenschlagen, auf ein gefettetes Backblech legen, mit verklopftem Ei bestreichen und bei mittlerer Hitze backen.

Daneben bevorzugt man in der Salzburger Küche noch (ausgezogenen) Apfelstrudel, Topfenstrudel, Schwarzbeerstrudel, Grammelstrudel, Rahmstrudel und Milchstrudel, wie sie auch in anderen Bundesländern gemacht werden.

Als Nudel(n) werden in der Salzburger Landesküche auch verschiedene Germspeisen bezeichnet, die meist im Rohr, manchmal auch im tiefen Fett schwimmend wie die Krapfen gebacken werden. Sie sind sowohl in ihrer äußeren Form als auch im inneren Aufbau ungleich. Unter der Sammelbezeichnung „der herrische Nudel" meint man oft das feinere Backwerk, wie Torten, Marmorkuchen und Rouladen (auch der Gugelhupf heißt vielfach „Germnudel"). Allgemein dürfte auch für Salzburg gelten, daß als „der Nudl" ein Gebäck gemeint ist, bei dem der Teig in einem einzigen Stück gebacken wird, während „die Nudeln" die in kleine Stücke geteilten und gebackenen Teigportionen sind. Dabei gibt es unterschiedliche Bezeichnungen, die sich nach der Form, der Backweise, der Fülle richten, zum Beispiel Rohrnudeln (die Buchteln bzw. Wuchteln der Bürgerküche), Pfannennudeln (mit Äpfeln, Kirschen, Zwetschken, Heidelbeeren u. a., in der Pfanne am Herd gebacken – im Pongau auch „Nocken" genannt), Apfel-, Kirschen-, Zwetschken-, Heidelbeer-, Topfen- oder Schottnudeln, Weinbeernudeln, Dampfnudeln, Kasnudeln, Erdäpfelnudeln, Lebernudeln. Dagegen versteht man unter „Wasser-, Schneid- bzw. Schnittnudeln" die Suppennudeln. Gegendweise gibt es noch andere Bezeichnungen, wie im Grenzgebiet von Salzburg und Kärnten die „Rearnudeln", das sind Rohrnudeln, die für die scheidenden Dienstboten oder als Abschiedsessen für Scheidende überhaupt gebacken wurden. (Im Lungau, wo Mittwoch, Freitag und Samstag „Nudeltage" waren, sagt man auch zu einer Art Eierschmarren „Nudl" bzw. „Eiermus".)

In der Zubereitung der Germnudeln gibt es beträchtliche Unterschiede, oft werden bzw. wurden an den Wochentagen nur Roggennudeln, an Sonn- und Festtagen Nudeln aus Weizenmehl gemacht. Die Rohrnudeln werden im Rohr gebacken, die „Dampfnudeln“ in einer gefetteten Pfanne auf dem Herd über Dampf gegart (sie entsprechen den bayerischen Dampfnudeln bzw. den Tiroler „Sticknudeln“).

Dampfnudel, „Kesselnudel“, „Sticknudel“

Der mit einem Dampfl angemachte Germteig aus Roggenmehl (früher auch aus Gerstenmehl) wird in faustgroßen Portionen in leinene Tücher eingeschlagen und in einem hohen Topf („Kessel“) unter Dampfeinwirkung wie die „Germknödel“ gegart, hernach mit heißer Butter abgeschmalzen. Der Kessel enthält unter dem Einsatz, auf dem die Nudeln liegen, Wasser und ist mit einem Deckel („Hut“ oder „Hülle“ genannt) gut verschließbar. Diese Speise wurde im Lungau gern am Abend gegessen.
Im Pinzgau sind die „Sticknudel“ in Milch eingekochte Suppennudeln oder Bandnudeln, die abgeschmalzen zu Mittag gegessen werden. Als solche sind sie auch im Pongau bekannt. Da in den Almküchen meist kein Backrohr vorhanden war, gab es dort auch keine Rohrnudeln.

Die **„Flossennudeln“** aus dem Flachgau sind eine Art roggene Dampfnudeln, die aus Germteig bereitet und auf der „Flossen“, d. i. auf der Herdplatte („floß“ = seicht) und nicht im Rohr gebacken werden. Man gibt auf den Boden der Rein oft blättrig geschnittene Äpfel. In der kalten Jahreszeit hat man sie meist im Rohr gebacken (weil sie auf dem Herd leicht speckig werden können) – speckige Rohrnudeln nennt man „Schneidernudeln“. Dazu serviert man in Lamprechtshausen und St. Georgen kalte Milch oder eine Zwetschkenbrühe.

„Nudl in der Rein,
Nudl in der Rein,
Heut muaß’ ma
Lustig sein!“

Rohrnudeln, „Schneckennudeln“

400 g Mehl, 30 g Germ, 50 g Zucker, $^1/_4$ l Milch, Salz, Zitronenschale, 1 Ei, 1 Dotter, 80 g Butter; Fülle: 400 g Kletzen, 1 EL Rum, Zimt; 150 g Butter für die Pfanne

Aus wenig lauwarmer Milch, etwas Mehl und Germ das Dampfl anrühren, mit Mehl überziehen und reifen lassen, bis das Mehl Sprünge bekommt, dann mit dem ganzen Mehl, lauwarmer Milch, Prise Salz, zerlassener Butter, feingeriebener Zitronenschale nach Geschmack, Zucker und Ei und Dotter zu einem ziemlich festen Germteig schlagen. Zugedeckt im Warmen eine Stunde gehen lassen. Den Germteig dann auf bemehltem Brett dünn ausrollen, mit der Kletzenfülle bestreichen, wie einen Strudel einrollen (eher dünn und lang), davon etwa 5 cm lange Stücke abschneiden, diese in flüssige Butter tauchen und mit der Schnittfläche nach unten nebeneinander in die gefettete Pfanne legen. Die „Nudeln“ nochmals aufgehen lassen, dann im mittelheißen Rohr backen.
Fülle: Entstielte Kletzen in wenig Wasser weich kochen, faschieren, mit Rum und Zimt würzen und abschmecken.
Ursprünglich wurden die „Rohrnudeln“ als „roggene Nudeln“ aus einem Germdampflteig von Roggenmehl, ohne Fett im Teig, bereitet.
Von alten Leuten weiß man, daß im Tennengau am Ostersonntag früher kein Schweinefleisch gegessen wurde, sondern nur bessere Rohrnudeln, um vom „Grimmen“ (Bauchkrämpfen) das Jahr über verschont zu bleiben. Die Almleute in der Adneter Gegend bekommen sie nach dem Almabtrieb auf dem Hof unten im Tal. Im Lungau nennt man die Rohrnudeln auch „Spottnudln“. Im Flachgau ißt man zu den Rohrnudeln gern Sauerkraut, „Apfeldünster“, Dörrobstbrühe oder Milch. Bessere Rohrnudeln, mit Weinbeeren und Butter zubereitet, gibt es in den Rauhnächten, „Ra(u)chnudeln“ genannt, die mit viel Schmalz bereitet und zuletzt mit Honig übergossen werden. Am Dreikönigs-Vorabend nennt man sie im Tennengau auch „Perchtnudeln“; der Rest dieses Abendessens bleibt auf dem Tisch stehen, die Eßlöffel werden an die Milchschüssel gelehnt, damit die Percht, wenn sie in der Nacht kommt, sich ihrer bedienen kann, denn die Percht und die „Hudlwuchei“, die jungen Perchten, gehen in dieser Nacht um. Rohrnudeln werden – wie anderswo auch – gern mit einer Fülle (Marmelade, frische Zwetschken, blättrig geschnittene Äpfel u. a. m.) bereitet.

„Schleg(e)l“ besteht aus einem Rohrnudel-Germteig (mit Weinbeeren), der als ganzes Stück in einer gebutterten glatten Rein – ähnlich dem Kärntner Reinling bzw. einem Germgugelhupf – im Rohr gebacken wird, besonders für den Samstagabend in Abtenau sehr geschätzt, an anderen Orten des Tennengaus seltener, in Annaberg im Lammertal nur an Festtagen, in Kuchl-Golling nur am Heiligen Abend. Im Pinzgau heißt der

Schlegel auch „Ofenschlegel“ oder „Ofenguck“, im Lungau „Nudl“. Der „Moarknecht“ hat meist die Ehre, den aufgetragenen Schlegel anzuschneiden. Dazu wird eine „Rahmsoß“ oder „Rahmtunk“ (siehe Seite 326) serviert, in die man die Brocken eintunkt. In den Germteig zu einem Schlegel kann man auch Rosinen mengen.
Im Flachgau wird ein gebackener, ausgekühlter Schlegel (oder Reste davon) in Schnitten geschnitten, diese werden in versprudeltes Ei getaucht und dann in heißem Schmalz schwimmend herausgebacken **(„gebackene Schleglschnitten“).**
Wird der Germteig aus Mehl, Dampfl und Biestmilch, aber ohne Eizugabe, zubereitet, heißt er **„Biestschlegl“;** er geht hoch auf und soll noch warm sofort gegessen werden, weil er nach dem Auskühlen stark zusammensinkt. (Tennengau)

Torte aus Kornmehl

300 g Roggenmehl, 100 g Zucker, 100 g Butter, 1 Ei, 3 EL Obers, Zitronenschale, 1 Päckchen Backpulver; Butter, Mehl, Marmelade

Butter mit Mehl abbröseln, die restlichen Zutaten rasch darunterkneten. Eine halbe Stunde kühl rasten lassen. Zwei Drittel des Teiges in eine gefettete, bemehlte Tortenringform füllen, mit Marmelade bestreichen, aus dem restlichen Teig Röllchen formen und als Gitter darauflegen. Bei Mittelhitze backen.

Salzburger Muscazintorte

140 g gestiftelte Mandeln, 70 g Zucker; 210 g Zucker, 2 Eier, 8 Dotter, 140 g Mandeln, 40 g Zitronat, 35 g Aranzini, 1/2 Zitrone (Schale), Neugewürz, Gewürznelken, Macisnuß, 70 g Brösel, 1 EL Rum, 7 Eiklar

Stiftelig geschnittene Mandeln in 70 g Zucker rösten, dann ausgekühlt zerbröseln. Zucker, Eier und Dotter schaumig rühren, 140 g mit Schalen geschnittene Mandeln dazurühren, dann die gestiftelten, in Zucker gerösteten Mandeln, ebenso würfelig geschnittenes Zitronat, Aranzini, Zitronenschale, die Gewürze sowie mit Rum befeuchtete Brösel dazurühren. Zuletzt den steifgeschlagenen Schnee unterheben. In eine gefettete, bemehlte Tortenform füllen, im mittelheißen Rohr backen. Mit beliebiger Glasur überziehen, mit beliebigen Früchten verzieren. („Die Kochkunst, Kochbuch der Wiener Mode“, Wien 1893)

Gasteiner Brot

210 g Zucker, 1 Ei, 4 Dotter, Zitronenschale, Prise Salz, 280 g Mehl, Marillenmarmelade; Ei

Zucker, Ei und Dotter schaumig rühren, feingeriebene Zitronenschale und Prise Salz sowie das Mehl daruntergeben, kneten, den Teig fingerdick auswalken, mit Marillenmarmelade bestreichen, zusammenrollen, mit Ei bestreichen und bei Mittelhitze langsam backen.

„Kuchlanricht“ und Schüsselrehm im Pinzgauer Heimatmuseum Schloß Ritzen in Saalfelden.

Bischofsbrot

80 g Butter, 80 g Vanillezucker, 1/4 Zitrone (Schale), 1/2 Orange (Schale), 5 Dotter, 1 TL Rum, 50 g Haselnüsse, 50 g Mandeln, 60 g kandierte Früchte, 50 g Rosinen, 50 g Zitronat, 5 Eiklar, 70 g Zucker, 120 g Weizenmehl

Butter, vanillierten Zucker, feingeriebene Schale von Zitrone und Orange und nach und nach die Dotter sowie den Rum schaumig verrühren, dann grobgehackte kandierte Früchte, grobgeschnittene geschälte Mandeln und gehackte Haselnüsse, Rosinen, feingehacktes Zitronat fein mit dem Butterabtrieb verrühren. Zuletzt Mehl und steifgeschlagenen Schnee darunterheben, in eine gefettete, bemehlte Bischofsbrotform füllen, im mittelheißen Rohr bei etwas geöffnetem Türchen eine Viertelstunde backen, dann Rohr schließen und in gut einer Stunde ausbacken. Nach dem Backen stürzen, ausgekühlt in Scheiben schneiden.

Butterkeks auf Alt-Salzburger Art

210 g Butter, 280 g Mehl, 1 Dotter, 100 g Zucker; 1 Ei, Hagelzucker, Mandeln oder Haselnüsse

Butter, Mehl, Dotter und Zucker auf dem Brett abbröseln, rasch zusammenkneten. Eine Viertelstunde kühl rasten lassen. Groben Zucker mit grobgehackten Mandeln (oder Haselnüssen) vermischen. Die mit Modelformen ausgestochenen Teigstückchen mit einem zerklopften Ei bestreichen, in die Zucker-Mandel-Mischung tauchen bzw. damit bestreuen. Im Rohr hellgelb backen. (Dr. Friederike Prodinger, Salzburg)

Salzburger Lebkuchen

1250 g Mehl, 100 g feingeschnittenes Zitronat, 100 g Aranzini, 200 g geriebene Nüsse, 1 EL Zimt, 1 TL gemahlene Gewürznelken, geriebene Zitronenschale, 25 g Hirschhornsalz, 17 g Pottasche; 500 g Honig, 500 g Zucker, $^1/_8$ l Wasser, 3 EL Butter, 3 Eier

Mehl, Zitronat, Aranzini, Nüsse, Zimt, Nelken, Zitronenschale, Hirschhornsalz und Pottasche in einem Weidling gut vermengen. Honig, Zucker und Wasser zusammen aufkochen, auskühlen lassen, dann Butter und Eier dazurühren, das Ganze in den Weidling geben und alles zu einem Teig verarbeiten, fein kneten. Dann zwei, drei Tage stehen lassen. Auf bemehltem Brett auswalken. Mit Formen ausstechen, auf gewachstes Backblech legen und backen. – Modelformen werden auf Lebkuchenteig folgendermaßen sichtbar: den Teig mit feinem Zucker bestauben, die Modelformen aufdrücken und vor dem Backen die Model-Lebkuchen eine Nacht lang liegen lassen. (Dr. Friederike Prodinger, Salzburg)

Am Barbaratag (4. Dezember) erhielten die Bergknappen in Rauris ein „Barbarabrot" aus Lebzeltenteig. Um Pauli Bekehrung (25. Jänner) zogen einst Dorfbuben und -burschen von Hof zu Hof und führten ein „Sommer- und Winterspiel" auf, der Sommer in Hemdsärmeln, einen Fichtenzweig auf dem Strohhut, der Winter mit einem rauhen Kotzen umgetan und einer Kapuze auf dem Kopf; sie sangen und rangen abwechselnd in den Stuben, jeder lobte in Versen seine Vorzüge, nach dem dritten oder vierten Streitdialog obsiegte der fröhliche Sommer über den trotzigen Winter. In diesen Tagen war in Gebirgsgegenden auch das „Lebzelthacken" Brauch: unter Scherzen wurden große, hart gewordene Lebkuchen vom Heiligen Abend mit einer mächtigen Breithacke zerkleinert und unter die Hausgenossen verteilt. Das „Adneter Schifflspiel" in Golling lockt auch heute noch Neugierige an: gegen Geldeinsatz spielte man früher – heute nur noch am Prangtag (Fronleichnam) – um Lebkuchen.

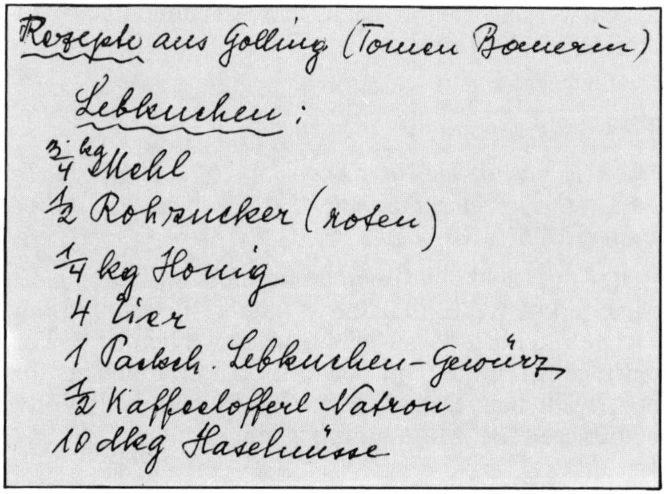
Rezepte aus Golling (Tauern Bäuerin)
Lebkuchen:
3/4 kg Mehl
1/2 Rohzucker (roten)
1/4 kg Honig
4 Eier
1 Packerl. Lebkuchen-Gewürz
1/2 Kaffeelöffel Natron
10 dkg Haselnüsse

Aus dem handgeschriebenen Kochbuch einer Wiener Sommerfrischlerin, um 1925.

Muskazinerln

210 g geriebene Nüsse oder 140 g gestoßene Mandeln, 140 g Zucker, Zimt, Gewürznelken, Muskatnuß, geriebene Zitronenschale, 40 g Mehl, 4 Dotter oder 1 Eiklar; Glasur: $^1/_2$ Zitrone (Saft), 70 g Staubzucker, evtl. etwas Wasser

Alle Zutaten auf dem Brett zu einem glatten Teig kneten. Eine halbe Stunde rasten lassen, auswalken, kleine Formen ausstechen, auf gewachstem Backblech im Rohr hell backen. Ausgekühlt mit der Glasur dünn überziehen und trocknen lassen. Für die Glasur Zitronensaft und Staubzucker (eventuell etwas warmes Wasser) zu einer streichfähigen Masse rühren und nicht zu stark auftragen.

Brot und Brauchtumsgebäcke

„Wannst in' Himmel willst kema,
Muaßt a Bschoadpackl mitnehma,
Denn in' Himmel is's a Nout,
Da kriagst nix als wia Brout."

Mehl verbrauchte man in den Salzburger Bauernhäusern das Jahr über viel, einmal für die (schmalzgebakkenen) Mehlspeisen, die roggenen Blattln, vor allem aber auch für das Brot. Noch im Mittelalter aßen Dienstboten meist nur Hafer- oder Gerstenbrot bzw. Roggenbrot, Weizenbrot war nur für die Reichen, für die „Herrischen". In der Küche verwendete man Weizenmehl hauptsächlich als Kochmehl (für Mehl- bzw. Fastenspeisen); Weizenbrot wurde als Knödelbrot verwendet, Schwarzbrot eher zum Einbrocken in die Morgen- bzw. Abendsuppe. Die Lungauer Köchin dagegen mußte mit Weizenmehl sparsam umgehen, da hier wenig Weizen gedieh. Aus der Gegend von Rauris und Saalfelden ist vereinzelt eine Art Vollkornbrot bzw. Vollweizenbrot überliefert, das eigentlich aus Kärnten (Heiligenblut) stammt, die „Munggen". Aus Saalfelden weiß man, daß in der Heiligen Nacht oder als erste Richt am Weihnachtsfesttag gekochte Weizenkörner gegessen wurden: der gekochte Weizen wurde mit in Schmalz geröstetem saurem Schotten bestreut.

Mit dem Brotbacken begann man im Lungau bereits um drei Uhr früh, die Dirn bekam dafür als Zubuße eine Backjause, bestehend aus Kaffee und Butterbrot oder einem Schnapstee und Speck. Die schwere Arbeit des Teigknetens übernahm meist der „Moarknecht" (schon zwischen drei und vier Uhr früh), während die Dirn das „Wellen" besorgte. War das Brot einmal durch „gache Hitz" im Backofen zu jäh in die Höhe getrieben und waren dadurch Risse („Bäckerseel" genannt) im Laibinnern entstanden, wurde die „Baudirn" (so heißt im Pinzgau die erste Dirn) geneckt: „Die Baudirn hat beim Broteinschießen den Hax'n z'hoch aufg'hebt"; oder es heißt auch: „A g'schnablert's Brot – a g'schnablerte Dirn; a g'hupft's Brot – a lustige Dirn."

Ein Teil des zu Weihnachten gebackenen Brotes wurde in Abtenau am Schüttboden in Getreidehaufen gelagert; es soll nicht hart und schimmelig werden und noch zum Getreideschnitt gegessen werden können. Im Pinzgau wurden ein bis zwei Wochen vor Weihnachten das Haus- und das Kletzenbrot miteinander, seltener nacheinander gebacken. Die Menge der Laibe bzw. Wecken, die in einem Backofen auf einmal gebacken wurden, heißt „eine Bäck" oder „eine Leg" und umfaßt 9 oder 12, aber auch 11 oder 15, in großen Höfen bis zu 30 Laibe. Gebacken mußte vor dem 21. Dezember werden, dann herrschte bis 6. Jänner Backverbot. Früher wurden oft drei, vier und fünf „Bäck" an aufeinanderfolgenden Tagen gebacken. Jede „Bäck" sollte immer der Reihe nach, wie sie gebacken wurden, verbraucht werden. Das Hausbrot mußte bis Dreikönig, in vielen Häusern bis Sebastiani (20. Jänner), Pauli Bekehr (25. Jänner) oder gar bis Lichtmeß (2. Februar) reichen. „Ganz früher hat das Brot bis zum Almfahren im Juni langen müssen", erinnert sich ein alter Buchebener Bauer, denn „Mühlwarm und Ofenwarm machen den Bauern arm". Zu Weihnachten erhielt auch das gewöhnliche Hausbrot – meist waren es Laibe, seltener Wecken – auf der Oberseite von Bäck zu Bäck leicht vermehrte, schlichte Verzierungszeichen, „ein March", „damit's länger langt", und zwar in Form von Kreuzen, Kreisen, Strahlen, Sternen, Punkten, mit einer Gabel gestupften Kreuzen, Ringen, Reihen oder Modelabdrucken (selbstgefertigt aus einer Rübe, einer Kartoffel oder aus Holz). Die letzte Bäck wurde als „Armeleutbrot" den Ortsarmen geschenkt. Bei dieser letzten Bäck wurden zum Schluß aus leerem roggenem Brotteig mit freier Hand Figuren geformt und dann mitgebacken, u. a. eine Kuh (oft mit einem Kalb), Haarreistl (Flachssträhne), Hufeisen, früher auch ein Roß, ein Schwein, eine „Facklsau", eine „Bruthenne", ein Hirsch, wobei „die g'wissen armen Leut' die g'wiss'n Viech" erhielten: der Melker eine gebackene Kuh, der Rosser die Hufeisen, die Dirn das Haarreistl. Jetzt bekommen das Backwerk vielfach die Kinder. (Nach Richard Treuer, „Weihnachtsbrot-Backen in Pinzgauer Bauernhöfen", 1957.)

Karl Adrian schildert, daß am Weihnachtsvorabend in vielen Höfen des Großarltales das Wind-, Haar- und Viehbacheln Brauch war. „Das sind Bachelgaben für die guten Haus- und Schutzgeister. Es werden aus Teig geformt eine Kuh, ein Haarraffel und ein Pferd. Diese

Josef Thoma, „Bergmühle“, 1861.

Gebilde werden gebacken und unter den Dachfirst gehängt, damit Haus und Hof vor Unglück bewahrt bleiben.“ Gern wurden drei Hörner, auch „Hufeisen“ genannnt, gebacken; in eines der drei Hörner wurde meist ein gebackenes Vöglein hineingesetzt und kam ebenfalls unter das Hausdach als Schutz gegen böse Geister, wie „Bit, Drud, Percht, Putz und Unreim“ (Karl Fiala). Ein drittes Horn blieb im Backofen als Gabe für das Feuer und als Schutz vor der „Brandhexe“. Die Kipfel des Bäckers werden im Arltal durchwegs als „Hörndl“ bezeichnet.

„Kletzenbrot“, „Klotzenbrot“

„Mit Anfang der Adventzeit“, liest man im „Kronprinzenwerk“ um die Jahrhundertwende über Salzburg, „beginnt die Sorge für die Beschaffung des ‚Kletzenbrotes‘, dieses allgemein verbreiteten, bei Hoch und Nieder geschätzten Leckerbissens, dessen Genuß durch Sparsamkeit bis zum Beginne der Fastenzeit zu erstrecken gesucht wird. Der Einkauf der erforderlichen Bestandteile, als kleine Weinbeeren, Zibeben, Pinoli, Gewürze, soweit sie nicht der eigene Haushalt liefert, wie gedörrte Zwetschken und Birnschnitze, Wall- und Zirmnüsse, setzt Kaufleute und Krämer, die Zubereitung aber die Hausgenossen und Bäcker in Bewegung. Einzelne ‚Anglöckler‘ lassen sich sehen.
Am ‚Heiligen Abend‘ wird ‚kollazt‘, das ist ein kaltes Abendmahl genossen, aus Käse, Brot, Eiern (‚ein Haferl voll Honig und eine ganze Rührbutter‘), für Kinder aus Äpfeln, Birnen, Nüssen, Brot bestehend. Die Sitte des Christbaumes ist in die Städte erst seit Anfang der fünfziger Jahre eingedrungen, hat sich aber rasch ausgebreitet und zu den großen Christbaumfesten für arme Kinder erweitert, die aber mehrere Tage früher stattfinden und durch Erbauungsreden gewürzt werden. Am ‚heiligen Tag‘ wird der ‚Kletzenlaib‘ oder das Kletzenbrot angeschnitten; der ‚Kletzenscherz‘ oder der Anschnitt des Laibes ist unter Liebenden noch gebräuchlich. Das Opfer an die Elemente, indem man von jeder Speise einen Bissen auf das Dach trug, auch ‚Windfüttern‘ genannt, sowie die Sitte, daß sich Bauer und Bäuerin am ‚Bacheltag‘, Weihnachtstag, unter dem ‚Bachelboschen‘ (Tannenbaum) zum Gedächtnis an die Erniederung des Herrn in der Krippe, in der Stube auf Stroh lagerten, sind abgekommen.“

Für das Kletzenbrot, auch „Kastelbrot“ (nach dem Getreidekasten, dem Ort, wo es aufbewahrt wird) genannt, gibt die Salzburger Bäuerin den Teig her, das „Klotzenbrotzeug“ („Klotzen“ = Dörrbirnen, Dörrzwetschken, Feigen, Weinbeeren, Zibeben, Aranzini, Nüsse u. a. m.) und den „Geschmack“ (Zimt, Gewürznelken, Rum, Schnaps) kaufen sich die Hausleute oft selber. Früher gab man auch den Kletzenlaiben und -striezeln ein besonderes „March“ als Kennzeichen des jeweiligen Besitzers, häufig drei Kreise, drei Sterne, drei Kreuze oder drei Herzen. Auf das Kletzenbrot wird meist Anis und Koriander gestreut, da und dort wird ein eingedrücktes Kreuzzeichen von angehäuftem Anis umgeben. Durch Kombinieren all dieser Verzierungszeichen hat jeder Hof seine bestimmte, hauseigene Art von „Weihnachtsmarch“. Heute tragen die Kletzenbrotlaibe am Scherz meist einen Namenszettel, wie Richard Treuer über das „Weihnachtsbrot-Backen in Pinzgauer Bauernhöfen“ 1957 berichtet. In manchen Höfen wird das Kletzenbrot „eingeraucht“, dabei geht man am Heiligen Abend mit der Glutpfanne, aus der Speik, Weihrauch und Kranewitt duften, in den Keller oder in den Getreidekasten, wo das Kletzenbrot eben aufbewahrt ist, und beräuchert es, „weil's dann mehr dagibt“.

Wie lange ein jeder mit seinem Kletzenbrotlaib das Auslangen findet, ist seine Sache. Hauptanschneidtermin ist der Stephanitag, da geht man „in d'Scharzen“ – vorher wird ein Messer zum Anschneiden geschliffen, denn zum Anschneiden benötigt man eine „bissige Schneid“, eine gute „Bachlschneid“ – die Dirndln backen oft ein Stück Draht im Laib mit, damit „ihr“ Bursch es nicht zu leicht hat, den Scherz anzuschneiden. Diesen Anschnitt („Scherz“) jemandem Bestimmten zu geben, bedeutet „Ehr und Zuneigung“. Im Oberpinzgau ist am Stephanitag das „Scherzziehen“ Brauch: weiß gekleidete Burschen mit hohen papierenen Spitzhüten ziehen als „Rösser“ einen Schlitten mit einer Truhe, auf der ein „Fuhrmann“ sitzt, und sammeln von Hof zu Hof bei Musik und Schabernack Brotscherz und Schnaps ein. In der Abtenauer Gegend ist das „Scherzzahlen“ zu Neujahr üblich: jeder Bursch, der einen Scherz bekommen hat, muß die Spenderin im Gasthaus bewirten. Für die „Godnwecken“ stellt die Patin-Bäuerin alle Zutaten selber zur Verfügung. Die Kinder erhalten meist auch am Stephanitag, dem allgemeinen Besuchstag, von ihren Patenleuten einen Weihnachtslaib, diesen sollten sie erst am Sebastianstag (20. Jänner) anschneiden („angent'n“, angehen): „Z'Sebastian genth i mein Goudnloab on, z' Pauli Bekehr hab i koan Breki meö.“ In Hüttenschlag müssen sich nach K. Adrian die Buben ihren „Weihnachtsstrutzen“ selbst aus dem Backofen holen.

Besonders gut gemacht und reich verziert wird das gemeinsame „Klotzenbrot“ des Hofes, der „Mettenlaib“ oder „Heilignachtlaib“; das „Klotzenbrotzeug“ dazu spendet der Bauer persönlich. Angeschnitten wird dieser Laib oder Wecken nach dem Rosenkranzbeten zur späten Stunde des Heiligen Abends im Kreis der Familie – als Einleitung zu einer reichlichen Mettenjausen vor dem Mettengehen. Das Scherzl gehört dem, der anschneidet. Bauer oder Knecht schneiden dann die weiteren Stücke für alle Hausleute ihrem Rang nach ab und reichen sie ihnen, die rund um den großen Stubentisch sitzen. Alle dürfen ihr Stück mit Butter und Honig bestreichen. Dienstboten erhalten dabei oft ihren eigenen „Zelten“; auch Kinder bekommen einen Laib oder Wecken (sowie Äpfel, Nüsse und heiße Milch).

In den Krippen des Salzkammerguts sind die schon im Oberösterreich-Teil erwähnten „Speitelzelten-Anschneiderinnen“ meist als eigene Figurengruppe verewigt – sie reichen sich gegenseitig Kletzenbrot zum Anschneiden (die Legende setzt den Ursprung des Kletzenbrots in der Geburtsstunde des Christuskindes an).

Das alte **Kletzenbrotrezept,** das die Fürthermeierhofbäuerin Kathi Aberger aus Fürth im Gemeindegebiet von Piesendorf von ihrer eigenen Mutter auf dem Rauriser Nösslingbauerngut gelernt hat, beginnt mit „35 Kilo schön trockenem Fichtenholz“, 50 Kilo Sauerteig aus Roggenmehl und 50 Kilo Früchten: Birnen- und Apfel„gschpeidl“, Feigen, Zibeben, Zimt und Nelken, Zitronenschalen, Fenchel und „hibsch a Nussn“. Die Prozedur dauert fast 24 Stunden. Um 14 Uhr beginnt's mit dem „Dampfl“, das sie mit Warmwasser aus einem alten, hartgewordenen Sauerteig anrichtet, in Ruhe gehen läßt, wieder knetet, wieder gehen läßt, noch einmal mit den schnaps- oder rumgetränkten Früchten über Nacht zugedeckt gehen läßt. Um sechs Uhr früh wird der Backofen angeheizt, und um zehn Uhr werden die inzwischen angerichteten, in ein Teigblatt eingeschlagenen Striezeln und Laibe „eingeschossen“. Nach einer Stunde ist alles „feschtig“ (fertig). (Überliefert von Edgar Breuss, in Salzburger Nachrichten, 1977)

„A verredt's Brot hat siaße Ringla –
a verredt's Brot ißt man z'tot.“

Die letzte „Bäck“ schenkte man in großen Bauernhöfen, wie schon erwähnt, den Ortsarmen als „Armeleutbrot“; zum Schluß des Backens wurden aus roggenem gewöhnlichem Brotteig besondere Formen gebildet und gebacken, und zwar auf größeren Höfen mehrere Stücke von jeder Form, in kleineren Höfen oft nur je ein Stück. Heute gibt es nicht mehr viele aus freier Hand gebildete **„Gebildbrote“.** Matthias Schönberger aus Wagrain berichtet einem Volkskundler: „In den meisten Bauernhöfen wurde ein besonders schmackhaftes Anklöcklerbrot gebacken und diesem die Form von Pferden, Kühen, Schafen, Ziegen, Schweinen, Hühnern gegeben, auch Stangen, Brezen und Schleifen. Wenn die Bäuerin hat an rechten Reim haben wollen mit einem Viech, hat sie das Anklöcklerbrot in der Form dieses Tieres gebacken.“ In St. Johann wurden für die „Armen“ Anklöcklerbrote gebacken, und zwar ein Hufeisen, ein Pferd und eine Kuh. „Das Hufeisen soll dem Hof Glück bringen, das Pferd soll Unglück bei den Pferden verhindern, die Kuh soll im Kuhstall den Rindern Glück bringen“, wie Flora Orlich aus St. Johann bemerkte. Und Frau Elise Fletschberger, die Frau des Engelmoar, erzählte einem Forscher noch 1949 in Goldegg: „Brot hat man früher in verschiedenen Formen gebacken, in Kuhform und andere Viecher. Das ist an Arme verschenkt worden vor Weihnachten. Die Woche vorher oder an den Donnerstagen (also an die Anklöckler). Die am Nachmittag kommen, beschenkt man mit Fleisch, Mehl, Brot. Das sind die Oama, da muaß ma mehr geb'n. Was man für Weihnachten verschenkt, das ist Glück und Segen das ganze Jahr wieder.“ Der alte Paulbauer aus Großarl wußte noch 1945: „Roßeisen und a Kuah und a Kaibl und a Schafi hat ma aus Toag gmacht und bachn. Die san größer wia die Wecken für Wind, Foir und Wassa. Ma hat's an die arma Leit verschenkt, die zu Weihnachten betteln kemma.“ Von Großgmain ist überliefert, daß es hier der Brauch war, aus Zeltenteig Tier- und Heiligenfiguren zu backen, die dann im Stall auf einen Tram gelegt wurden, um Glück und Segen im Viehstand zu erbitten. Am 21. Jänner, am Tag des heiligen Meinrad, einem Brotheiligen, gab es in Salzburg den „Meinradswecken“.

„Bäuerin aus der Gegend von Salzburg“, um 1825.

Das Brezenbacken begann ursprünglich am Aschermittwoch, an manchen Orten schon am Sebastianitag; es dauerte bis zum Palmsamstag, an dem auch das Bäkkerfeuer gelöscht werden mußte. In Salzburg erfolgte am Kunigundentag (3. März) eine Brezenspende an die Armen. **Brezen** aß man auch gern zur Zeit der Salzburger Fastendult. Auf dem Lande sind die Fastenbrezen an den Beichttagen sehr beliebt gewesen; die Osterbeichte – nach Ständen und Ortschaften – dauerte oft zwölf Werktage. An diesen Tagen übte man auch das Brezen-Hakeln. In Hallein wurden noch 1960 zu Allerheiligen an die Grabkreuze auf dem Friedhof „Seelenbrezeln“ gehängt.

„Zeltln“ sind ein selbstgebackenes Milchbrot und werden besonders zum Frühstück an Fest- und Sonntagen im Flachgau gegessen. „Bitt gar schen ums Heiligenstuck, hat enks vielleicht der Hund verzuckt?“ (zucken = stehlen, rauben), heißt es dann. Zu Ostern und zu Allerheiligen bekommen die Patenkinder einen Zopf, ein Weißgebäck mit Flechtwerk; der Allerheiligenstriezel heißt hier auch „Heiligenstuck“. Im Oberpinzgau trägt man das Osterbrot, hier „Flecken“ genannt, zur Osterspeisenweihe am Ostersonntag in die Kirche; man kennt für den „Fleck“ auch den Ausdruck „Fochetz“. Auch die Patenkinder erhalten zu Ostern einen „Flecken“.

Weintraubenstrudel (Rezept siehe Seite 404). ▷ Spritzstrauben (Rezept siehe Seite 343). ▷▷

Vorratswirtschaft

Eier wurden im Tennengau in Getreidekörnern oder Mehl eingelagert, wo sie lange frisch bleiben sollten (wie das Brot), besonders Eier, die in der Zeit zwischen den zwei Frauentagen (15. August und 8. September) gelegt wurden. Die ersten gefärbten Ostereier bekamen am Palmsonntag bereits die Palmbuschenträger, jeder vier, fünf Stück, die Hausleute je eines. Auch die am Gründonnerstag, Karfreitag und -samstag sowie am Ostersonntag gelegten Eier erhielten Kinder und Dienstboten als „Ostereier".

Am Gründonnerstag vergrub man ein Osterei in einem Ameisenhaufen, dies sollte gegen Hagelschlag schützen. Manchmal begrub man auch eines mitten im Feld oder legte es auf das Hausdach. Die am Karfreitag („Moachterfreitag") gelegten Eier („Moachteroar") sollten gegen Blitzschlag schützen. Im Tennengau glaubt man, daß die Antlaßeier vom Gründonnerstag schon in der Henne geweiht werden sollten, man aß sie am selben Tag; Mannsleute sollen rohe Ostereier trinken, damit sie „keinen Leibschaden bekommen", „sich nicht überheben". Jeder Dienstbote erhielt einst zwölf Ostereier, die Patenkinder sechs Stück, die Begleiter drei bis vier, ebenso viele die Bekannten und andere Besucher an diesen Tagen.

Hinweise auf das Verzieren der Ostereier finden wir in den Ostergeschichten des Predigers Andreas Strobl (in 2. Auflage 1700 in Salzburg bei Melchior Haan erschienen): „Ovum Paschale novum oder Neugefärbte Oster-Ayr: Man verguldts, man versilberts, man belegts mit schönen Flechten und macht allerhand Figuren darauff, man marmelirts, man mahlts auch und ziehrts mit schönen erhebten Farben, man kratzets aus, man machet etwan ein Oster-Lämblein, ein Pelican, so seine Junge mit aignem Blut speiset oder die Urständ Christi oder was anders darauff, man siets, man färbts grün, roth, gelb, goldfarb etc. Man machts auch schön gesprängt, und verehrt es hernach ein guter Freund dem andern. Ja, man tragts heut in großer Menge in die Kirch zu der Weych."

Neben Mehl hat die Salzburger Landesküche immer schon viel **Milch** verbraucht, im Pinzgau 1 bis $1^1/_2$ Liter pro Kopf und Tag gerechnet, vor allem Magermilch, süß und sauer, oder als „Boaßlmilch", das ist eine schwach gelabte Sauermilch, die vor der Almzeit im Mai gewonnen wird (schlechthin heißt hier jede auch ohne Labzusatz gewonnene Sauermilch so). Im Flachgau „aß" man Milch als Zuspeise, Nachspeise und zur Jause; es ist hier fast immer Vollmilch gewesen, im Pinzgau dagegen meist Magermilch, ausgenommen die Samstag-Abend-Milch. Dafür war dort der Butterverbrauch wesentlich größer. Aufbewahrt wurde die Milch in der Milchkammer im Haus, auch „Steingaden" genannt.

„Marschiern, maschiern,
Frau, leih mit dei Dirn,
Zum Waschn, zum Bachn,
Zum Budern-Ausriern."
(Kinderauszählreim)

Im Salzburgischen sagt man seit eh und je „der" **Butter,** bezeichnet die Butter schlechtweg oft auch als „Schmalz", vereinzelt auch als „der Anken" („Manken") (von althochdeutsch „anko" = Butter, aus dem Lateinischen unguen[tum] = Salbe, Schmiere, oder es stammt von „anken" = stoßen ab). Geläuterte, also ausgelassene Butter („Rindschmalz") heißt auch „Butterschmalz". Zu Ostern kommt im Lungau die „Weichbutter", die geweihte Butter, auf den Tisch, oft kunstvoll verziert, in der Form eines Osterlamms. Adrian schildert: „Kunstfertig formt man hübsche Figuren, das Christkindl auf einem Polster ruhend, die Flucht nach Ägypten, das Osterlamm auf einem Buch, Hühner und Walfische; zumindest schmückt man den goldgelben Butterknollen mit dem schönsten Hochzeitssträußchen. Besonders berühmt ist in dieser Beziehung der Lungau. Dort baut man gleich ganze säulentragende Tempel aus Butter auf, deren Spitze von dem auferstandenen Heiland gekrönt wird. Verschlungenes Krauswerk und mit Buttermerkel eingedrückte Darstellungen zieren die Seite. Beim festlichen Mittagsmahl am Ostertage kommt diese Butter als prangendes Schaustück auf den Tisch, um später dann verzehrt zu werden." Zum Osterfestessen, gewöhnlich schon um 11 Uhr 30, durfte auch der „Bratlschuß" nicht fehlen, Böllerschüsse rund um den Hof. Am Bartholomäustag (24. August) gibt es im Pongau die „Bartlmäbutter".

◁ „Öpfelradl" (Rezept siehe Seite 344). ◁◁ Kletzenbrot (Rezept siehe Seite 351).

Und die Werfener im Pongau träumten einst: „In' Rahm Butter einbrocken und einen Speck dazu beißen, das war hübsch a fett's Essen!"

Selbstverfertigter Butterrührkübel.

Almleute am Hundstein begaben sich am Bartholomäustag zum Schutzhüttenwirt, brachten frische Almbutter mit, der Wirt stellte dazu Honig auf den Tisch, und sie feierten bei dieser Jause ein fröhliches Beisammensein. Im Pinzgau waren die Almen einst nur mit Männern besetzt gewesen – die größte Salzburger Alm war die Hintertrattbergalm bei St. Koloman; sie zählte zur Hochblüte 33 Sennhütten. Pongauer Sennerinnen sollen meist eine Pfefferbüchse griffbereit in der Türnähe stehen gehabt haben, um sich etwaiger Überfälle, vor allem nach dem Krieg, erwehren zu können.

Außer den Almen wurden auch in Salzburg im Mittelalter „Schwaigen" angelegt, die im Gegensatz zu den Almen Dauersiedlungen sind und in einer Höhe zwischen 800 und 1100 Meter liegen, also noch in der Region, in der Roggen gedeiht. Diese Schwaigen sind erst seit dem 12. Jahrhundert nachweisbar; sie wurden von den Herrschaften (Grundbesitzern) angelegt, damit sie Produkte der Viehzucht und der Milchwirtschaft (in Form von „Diensten") erhielten. Jede Schwaige war für sechs oder zwölf Kühe vorgesehen, pro Kuh mußten an die Herrschaft 300 Stück **Käse** (pro Stück etwa $^1/_2$ bis 1 Kilogramm) abgeliefert werden. Es handelte sich im Durchschnitt um Magerkäse aus Kuh-, Schaf- und Ziegenmilch. (Die „Herrenkäse" waren kleinere Stücke mit einem Gewicht von einem Pfund, in der Größe eines „Groschenlaibes".) Im Laufe des 14. und 15. Jahrhunderts wurde allgemein der „Käsedienst" dieser Schwaigen umgelegt in einen „Schmalzdienst" (Butter und Butterschmalz), d. h., daß Butter und Schmalz und die damit bereiteten Speisen mehr und mehr begehrt wurden, daß sich der Geschmack (der sozial gehobenen Schicht) dahingehend verändert hatte. Zwischen den beiden Weltkriegen wurden neue Käsereien errichtet, 1931 entstand der „Salzburger Käsereiverband".

„Und i woaß nöt, tropfetzt der Schotten,
und i woaß nöt, glunketzt die Kuah;
und i woaß nöt, gwigetzt dö Krattn
oder maultrummelt mei Bua."

„Schotten" ist heute schon schwer zu beschaffen; es handelt sich um eine Art Käse, zu dem der Schotten in Kugel- oder Kegelform gepreßt wird und dann etwa zwei Wochen in der Selchkammer bleibt. Nachher soll er etwas lagern, um zu Hartkäse zu werden, der gerieben werden kann, ähnlich dem Parmesan.

Frau Cilli Pichler, Tamsweg, Glanz, bereitet den **Schotten** so: 5 Liter Buttermilch vorsichtig erwärmen und unter ständigem Rühren durch ein Tuch tropfen lassen, zuletzt auspressen und über Nacht stehen lassen. Dann den Schotten fest kneten. Er wird hauptsächlich zur Schottsuppe verwendet.

Im bajuwarischen Sprachgebrauch ist „Schotten" jenes eiweißreiche Milchprodukt, das im alemannischen Bereich „Zi(e)ger" heißt (in der Gegend Lofer–Unken kennt man ebenfalls die Bezeichnung „Zi[e]ger"). Im Pinzgau dagegen verwendet man den oben erwähnten geräucherten, sauren Schotten („Schottengirgei", **„Zi[e]gerschotten"**) als eine Art Reibkäse für Schottennocken und die Gerstensuppe.
Im Tennengau nimmt die Senndirn den süßen Schotten, auch „Aufwühlschotten", „Gottsnamschotten" genannt, zu Portiunkula (1. Sonntag im August) zum „Böcktreiben" (zum Beichten) von ihrer Alm ins Tal mit (die Sennen und Hüter müssen schon ein, zwei Wochen vorher, zu Skapulier [am Sonntag nach Maria vom Berge Karmel, 16. Juli] beichten gehen!). Auch bei der Almabfahrt (um Abtenau-Annaberg

sowie im Pongau um Radstadt) wird der „süße Schotten“ gemacht; er wird aus der zuletzt auf der Alm gemolkenen Vollmilch bereitet, mit Zucker, Weinbeeren und Anis gesüßt und gewürzt; oft gibt man auch noch Butter obenauf. Er wird im Hof unten im Tal verzehrt, auch unter Nachbarn, Verwandten und Freunden verteilt.

Käse verzehrt man im Pinzgau überaus reichlich, besonders in Form des „Pinzgauer Schnittkäses“, der aus Kuhmagermilch und Ziegenvollmilch auf den Almen bereitet wird. Es ist ein Labkäse von 8 bis 12 kg, oft auch 15 kg schwer. Eine geringere Rolle spielt hier der „Sperkäse“, ein magerer Sauermilchkäse. Auch Topfen bzw. Schotten werden viel in der Salzburger Küche verwendet. Der Lungauer Röstkas oder Sauerkas ist ein Kochkäse, der hie und da zur Neunuhrjause noch gegessen wird. Der „saure Kas“, der Radstädter Käse, wird aus abgerahmter saurer Milch bereitet.
Der **„Rammkäse“** wird wie der „süße Schotten“ von der letzten gewonnenen Milch vor der Almabfahrt bereitet. Die Lungauer Bezeichnung dürfte nicht von „Rahm“, sondern von „Räumen“ abzuleiten sein. Dieser „Rammkäse“ wird nämlich nicht aus Rahm, sondern aus Vollmilch mit mehr oder weniger Magermilchbeigabe hergestellt: die Milch wird mit Lab („Kasboaß“) im Kessel „dickgelegt“. Der Käsebruch wird mit Anis vermengt und ausgeformt. Im Tennengau stellt man einen „Suppenkas“ her, eine Art Reibkäse, den man aus Sauermilch gewinnt und trocken über die Kasnocken reibt. Der Ziegenkäse heißt „Hipfkas“ (von Hippe = Ziege).

Um **Kräuter** und **Wurzeln** rankt sich ein dichter Kranz von Aberglauben und Gesundglauben. Viele Häuser sind von „Wurzgärten“ und Obstgärten umgeben, vor anderen Häusern liegen Haus- oder Gemüsegärten. Der am Palmsonntag geweihte Palmbuschen schützt das Haus vor Blitzschlag wie Verhexung und das Feld vor Hagelschlag. „D’Jöring-Astl“, den blühenden Zweig des Elsen- oder Traubenkirschenbaums, soll man am Georgi-(Jöring-)Tag an die Gitter der Stallfenster stecken. Als Hexen- und Trudenbaum hilft er gegen Hexen. Am Sonnwendtag steckt man Zweige des Johanniskrautes (auch „St.-Johannes-Blut“, „Jagateuferl“, „Löcherkraut“, „Kreuzblut“ genannt) kreuzweise vor die Hausfenster, um das Jahr über die bösen Geister zu verjagen und die Gewitter zu verscheuchen. Die Zeit zwischen Mariä Himmelfahrt (15. August) und Mariä Namensfest bzw. dem Fest der Kreuzerhöhung nach Mariä Geburt heißt „der Frauendreißigst“; da haben alle Kräuter ihre vollste Kraft und die Wurzelgraber volle Arbeit. Im Lungau findet am Mariä-Himmelfahrts-Tag (15. August) die Kräuterweihe in der Kirche statt. Der „Weihbuschen“ enthält außer Zwiebelblüte, gelber Rübe und Knoblauch auch einige Haselzweige, die vier Getreidearten und auf alle Fälle „neunerlei“ Nutzkräuter, wie Johanniskraut, Tausendguldenkraut, Kamille, Schafgarbe, Wermut, Königskerze bzw. Kräuter persönlicher Wahl. Es war durch die Tradition genau bestimmt, wer für den Weihbuschen auf dem Hof zu sorgen hatte, die Moardirn, die Viehdirn oder die Senndirn. In kleinen Gaben wurde zu Hause oder auf der Alm auch etwas davon den Tieren unter das „Geleck“ gegeben, vielfach wurde er auch zum Ausräuchern der Häuser zur Rauhnachts- bzw. Weihnachtszeit verwendet. Bei einem starken Gewitter wirft die Bäuerin etwas davon ins Feuer. Ein Wacholderzweig auf dem Hut ist ein gutes Mittel gegen den Wolf, das Wundwerden bei weiten Fußreisen. Spitzwegerich und Lungenkraut helfen gegen Lungensucht, Fettwurz, Fettkraut, Milzkraut und Sauerampfer heilen Flechten, Schwindwurz („Schöllkraut“) hilft Warzen entfernen. Der Hexenkreis, der durch ein Farnkraut gebildet wird, ist Wanderern sehr gefährlich; denn leicht befindet sich darin die Irrwurz. Den echten oder gelben Speik (Valeriana celtica) gibt es außer zwischen dem Mur- und Drautal nur noch im salzburgischen Lungau; er wird seit alter Zeit als Räuchermittel, als Heilmittel und Duftstoff (für Bäder und Seifenerzeugung) verwendet. Der blaue Speik, auch Roßspeik, Frauenspeik, im Lungau „Zerfas“ genannt, wird im Oberpinzgau zur Glühweinerzeugung und in Teeform als Mittel gegen Herzbeschwerden verwendet. Auch die Aurikel, als „Gamsbleaml“ oder „Peterstamm“ bekannt, wird mitunter als gelber Speik bezeichnet. In Nachbarschaft mit dem Edelweiß findet man eine alpine Schafgarbenart, die gebietsweise weißer Speik, „Kuahspeik“, „Birgwermut“ oder „Kuahrauten“ genannt und als Magenheilmittel geschätzt wird.
Am Gertraudtag (17. März) beginnt die Bäuerin den Gemüsegarten zu bearbeiten, am Ägyditag (1. September) ist für die Herbstsaat zu rüsten. Im „wachsenden Mond“ soll man Pflanzen ansetzen und Bäume propfen, im abnehmenden Mond aber den „Zittrach“ und den Kropf vertreiben. Wo eine Haus- oder Donnerwurz auf dem Dach in einem Blumentopf gehalten wird, schlägt kein Blitz ein.

Anstelle des im Garten angebauten Knoblauchs verwendet man im Pinzgau mitunter den wilden Knoblauch, den Sieglauch der Almen. Reichlich nimmt man auch Zwiebel und Schnittlauch aus dem Hausgarten.

„Zistl" – Korb zum Obstpflücken.

An **Wild-** und **Waldbeeren** sammelt man Heidelbeeren (Schwarzbeeren, „Zeckbeeren", „Äuglbier", fälschlich auch Moosbeeren genannt), Moosbeeren („Saubeere", „Moosgranzen"), Preiselbeeren („Granggen", „Kranichbeere", „Kreistling", „Rauschbeere", „Nebelbiere", „Resl- oder Rötelbeere"), Brombeeren („Kratzbiere", „Muhn", „Molbier"), Himbeeren („Hindlbiern"), Berberitze („Gischgalitzen").

Kirschen, Zwetschken, Apfelspalten und Birnenschnitzel werden gedörrt und als **Dörrobst** im Winter verwendet. Aus den frischen Früchten bereitet man im Sommer bzw. Herbst einen Röster, u. a. den „Hollerröster" aus Holunderbeeren, und Kompott, aus den gedörrten im Winter süße Brühen („Birnfuchs", „Kerschfuchs" genannt), die als „Zue-Eß" zu den im Schmalz gebackenen Mehlspeisen, aber auch nur gegen Durst serviert werden.

Moosbeeren sind rot, sauer, etwas größer als die Preiselbeeren. Sie werden erst dann, wenn sie durchgefroren sind, gegessen und wie Preiselbeeren mit Zucker eingekocht. Sie liefern auch ein kühlendes Getränk (3 l Beerensaft und 500 g Zucker 15 Minuten lang kochen; nach Erkalten in Flaschen füllen).

Moosbeerfleck

1000 g Moosbeeren, Wasser, Zucker, 2 EL Mehl, Kümmel

Beeren mit wenig Wasser, Kümmel und Zucker nach Geschmack weich kochen, dann Mehl dazugeben und zu einem dicklichen Koch einkochen, auf Rübenblätter oder „Foissnblattln" (Blätter des Huflattich) streichen und in der Sonne trocknen lassen. Das gleiche Verfahren kann man mit den Heidelbeeren anwenden. Diese Schleckerei war besonders bei den Kindern beliebt. – Die Blätter des Huflattichs oder „Alpensauerampfers" werden auch zum Einhüllen von Butter verwendet, um die Butter frisch zu halten.

Der Lungau ist das einzige Gebiet Salzburgs, wo pflanzliches **Öl** in beträchtlicher Menge gewonnen und zum Kochen verwendet wurde bzw. wird, vor allem das Leinöl. Die Ölkost muß einer von Kindheit an gewohnt sein; man bäckt beispielsweise Hasenöhrl noch heute gern in einer Leinöl-Schmalz-Mischung; auch Apfelküchl, seltener die verschiedenen Krapfen. Erdäpfel werden ebenfalls manchmal in Leinöl und anderen Fetten zusammen geröstet.

Haustrunk

„Zinkerlbier, Zankerlbier,
Holzöpfelmost;
I kaf ma koan Malvasier,
weil er zvil kost."

Neben Wasser, süßer und sauerer Magermilch, Vollmilch, Rühr- und Buttermilch trank und trinkt man gern süße Brühen aus Dörrobst und Fruchtsäfte, seltener Most, hin und wieder Heidelbeer- und Ribiselwein, Schnaps und Wein dagegen nur zu besonderen Anlässen.

„Den **Wein** bringt man auff Wasser und Land überflüssig aus aller andern Landen herzue, alss nemblich vom Rhein, Neckar, Elsass, Franckhen, Oesterreich, Steier, Hungern, aus dem Welschland, Friaul, Therant, Muscatell, Malvasier, Romanier . . . und andern Wein, rott und weiss", meldet der Chronist Jordan aus Salzburg. Als Würze für geistige Getränke verwendete man Ingwer („Zinkerlbier", Zinkel-Ingwer, Rauschbeere).

„**Bier** hat seine Domäne im Herzogtum Salzburg, wo es als Volksgetränk bezeichnet werden kann", schreibt Hörmann 1912 in seinem Artikel „Genuß- und Reizmittel in den Ostalpen". Tatsächlich wird schon im 12. Jahrhundert das Handwerk der Bräuer („praxator", „bruvvo") hier urkundlich belegt, hundert Jahre später hatte das Stift St. Peter in Salzburg zum Andenken eines fast unbekannten Bischofs Diethelm von Konstanz die Armen jährlich mit Klosterbier „zu regalieren". Aus dem 14. Jahrhundert ist eine Salzburger „Pirprewin", wohl die Frau eines Bräuers, urkundlich erwähnt.
Als ältestes Hopfenanbaugebiet auf altsalzburgischem Boden gelten das heute bayerische Rupertiländchen und angrenzende Teile Tirols, wo noch heute Orte namens „Hopfgarten" liegen. Ende des 12. Jahrhunderts wurden von vielen Meier- und Bauernhöfen östlich und westlich der Salzach neben anderen Abgaben (wie Hirse, Bohnen, Rüben, Hühner, Gänse, Holz und Geld) Hopfendienste an das Stift St. Peter geleistet. Auch der Malzdienst wurde im 12. Jahrhundert eingeführt (als Rohstoffe verwendete man Gerste und Hafer). 1210 verpflichtet Erzbischof Eberhard II. das Kloster St. Peter, den Armen dreimal im Jahr an bestimmten Tagen „Bier nach freiem Begehr" auszuschenken. Erzbischof Siegmund von Wolkendorf erließ 1460 die erste Brauordnung im Lande. 1463 beschlossen die Pfleger, der Stadtrat und die Gemeinde von Radstadt, daß Bier wegen der Feuergefahr nur außerhalb der Stadt gebraut werden durfte. Im 15. Jahrhundert zählte man in der Stadt Salzburg allein sieben Brauereien (bei 15.000 Einwohnern). Die Salzburger Erzbischöfe, meist in Geldnot, nützten die Brauereien als ergiebige Einkunftsquelle reichlich aus und behielten sich die Braurechte vor, so 1518 die Brauhäuser in Kaltenhausen und am Habermarkt in Salzburg, später die Brauereien in Teisendorf (1666), Henndorf (1693) und Lofer (1694); Erzbischof Leonhard von Keutschach zwang alle Wirte, Bier nur von seinen Hofbrauhäusern zu beziehen (dieses erzbischöfliche Biermonopol wurde erst 1803 aufgehoben). Die Salzburger Bürger jedoch waren erbost über das „zickhend (saure) Gesöff" und gaben dem Erzbischof den Spottnamen „Liendl (Leonhard) Wirt" und „Liendl Peyerschenk"; man hielt sich nach wie vor an das Bier der bürgerlichen, privaten Brauhäuser, die ihr Produkt im „naturkalten" Keller lagerten und es dort auch ausschenkten. Klingende Namen haben sich bis heute erhalten.
Im 16. Jahrhundert entstanden weitere vier bürgerliche Brauereien in der Salzburger Residenzstadt. 1664 gab es im Erzstift Salzburg insgesamt 95 bürgerliche Bierbrauereien. 1746 kam es zu einem regelrechten Bierkrieg; gegen eine neue Brauordnung von Erzbischof Jakob Ernst weigerten sich alle Bräuer vier Wochen lang, Bier zu sieden, und erklärten, „dem Herrn Erzbischof in allem lieber 20.000 Gulden zu geben, als mit solchen Regeln Bier zu sieden, die sie alle an den Bettelstab brächten".
Seit damals wurde das Salzburger Bier auch qualitativ besser, denn noch im 16. und 17. Jahrhundert hatte man kein Bier zu trinken bekommen, das älter als acht Tage war. Ein zur Zeit der „Hollerpluehe", also im Frühsommer, bei zunehmendem Monde eingesottenes Bräu galt als besonders bekömmlich. Erst im 19. Jahrhundert erlangte das Salzburger Bier Weltberühmtheit, man hatte es inzwischen den bayerischen Bieren angeglichen, so vor allem das vollmundige „Stiegl-Bier";

Christoph Weigel, Abbildung der Gemein-Nützlichen Haupt-Stände: „Der Bierbrauer". 1698.

das „Stern-Bier" ist weniger „gehopft", süßer und besonders bei Damen beliebt. Das „Kaltenhauser" ist dagegen ein bitteres Bier und steht wie das steirische „Gösser Bier" dem „böhmischen Charakter" näher. Das „Augustiner-Bräu" wird etwas stärker eingesotten. Beliebt sind auch die übergrädigen, stärker eingebrauten und nur zu bestimmten Zeiten zum Ausstoß kommenden Spezialbiere: der Josephi-Bock ab 19. März, der Mai-Bock Ende April, der Ruperti-Bock im September. Das ganzjährig gebraute dunkle, starke Paracelsus-Bier gilt schon beinahe als Medizinalbier.

Nach Aufhebung des Bierzwangs und des Zunftwesens sowie nach Einführung der Gewerbefreiheit (1860), aber auch infolge technischer Neuerungen (1877 Einführung der Kältemaschinen) entwickelten sich Kleinbrauereien zu industriellen Großbetrieben, doch nur das Hofbräu Kaltenhausen konnte sich wirklich entfalten (erzeugte 1851 rd. 21.000 hl Bier = $^1/_{16}$ der Gesamten Bierproduktion der 78 Brauereien im Lande Salzburg). 1860 wurde in Kaltenhausen die Dampfmaschine eingeführt, die kleinen Brauereien waren dem Wettbewerb nicht gewachsen. Von 80 Brauereien im Jahre 1854 sank der Stand auf 58 im Jahre 1880. Nur wenige kleine Landbrauereien (wie die heute noch bestehenden in Oberndorf, Obertrum, Schwarzach und Saalfelden) konnten sich durch besondere Qualität behaupten. Von 1893 bis 1927 sank die Anzahl der Betriebe von fünf auf drei in der Stadt und von 54 auf elf Betriebe auf dem Land. 1907 schlossen sich die Brauereien zum Kundschafts-Versicherungsvertrag der Alpenländischen Brauereien zusammen, 1916 übernahm Kaltenhausen die Betriebe der „Vereinigten Salzburger Brauereien". Die zwei Kriege beeinträchtigten die Produktion gewaltig, und erst 1949/50 wurde erstmals wieder Bier in Friedensqualität (12grädig) hergestellt. Von 1950 bis 1960 verdoppelte sich der Bierausstoß in ganz Österreich nahezu (von 2,756.000 hl auf 5,355.000 hl), die Anzahl der Brauereien hat sich dagegen um acht auf 84 vermindert. 1970/71 gab es in Österreich nur noch 78 Brauereien, davon acht im Lande Salzburg.

Im Sommer wird im Lungau zur Erntearbeit zum Durstlöschen die „Schottbrühe" getrunken. Nach der Heuernte zahlte der Bauer seinen Helfern das „Egartbier" im Dorfwirtshaus. Mitunter gab es im Lungau zur Erntearbeit als Haustrunk den „Gischgerlatzenwein" aus Berberitzen, Saft aus Moosbeeren oder den „Patschenwein" aus Hagebutten.

„Kumpfwasser" nennt man im Lungau den **Branntwein** und trinkt ihn in Thomatal und anderen Orten bei der „Mahderjausen" zu Speck und Schwarzbrot – die „Mahder" (Mäher) standen schon um $^1/_2$ 4 Uhr in der Früh auf und zogen zum Mähen auf die Wiesen hinaus. Eine besonders „kostbare" Köstlichkeit ist der Ebereschenschnaps, für den man heute einige hundert Schilling pro Liter zahlen muß. Der Konsum von Branntwein begann im Salzburgischen um die Mitte des 16. Jahrhunderts „einzureißen", seit 1600 tauchte das Brennen aus Beeren, Wurzeln und Obst auf, das Brennen aus Getreide war verboten, dagegen wurde Schnaps häufig aus Wein- und Biergeleger gebrannt. Der „Etschbranntwein", aus dem Etschland eingeführt, war einst das „Lieblingsgetränk des Pinzgaus" (1807), der friaulisch-krainische Schnaps („Welschbranntwein") war billiger, aber auch schlechter. Aus Kärnten erhielt man den „Kranabetbranntwein".

Eine heute vergessene „Leidenschaft" war im Pinzgau, Pongau und Lungau das Arsenikessen, gefördert durch den Arsenikabbau im Lungau.

Steiermark

**„Was aufgesetzt wird auf den Tisch,
segne uns der Vater Jesu Christ,
speis uns, Herr, mit Deinem Wort,
daß wir satt werden hier und dort
und im ewigen Leben. Amen."**

**„Gelt's Gott, speis Gott, tröst Gott
alle christgläubigen armen Seel'n
im Fegefeuer."**

(Tischgebet)

Die „grüne, eherne Mark“ Steier ist ein Land der Vielfalt in Klima, Boden, Landschaft, Wirtschaft und Kultur. Flächenmäßig das zweitgrößte Bundesland Österreichs, reicht es von den Dachsteingipfeln im Nordwesten bis zum Muraustritt im Südosten, liegt also zum Teil im, zum Teil vor dem Gebirge, „vom vergletscherten Hochgebirge verklingend gegen die pannonische Ebene“ (Anni Gamerith). Seinen Namen hat das Land nach der Stammburg Styria der Otakare im oberösterreichischen Traungau; in der Dichtung des 13. und 14. Jahrhunderts hieß es „Steier“ und „Steierland“, doch setzte sich „Steiermark“ – marchia Styriae – als Landesname durch.

Vor etwa 150.000 Jahren lag in der Salzofenhöhle im Toten Gebirge die „höchste eiszeitliche Jagdstation Österreichs“. Ein erster einheitlicher Kulturbereich beginnt sich in der späteren Bronzezeit in der Mittelsteier abzuzeichnen, der sich im 8. Jahrhundert v. Chr. in das südweststeirische Sulmtal verlagert. Ab dem 3. vorchristlichen Jahrhundert wurden in der Obersteiermark nach den Illyrern die Kelten seßhaft, in der Mittelsteiermark konnte sich eine ostnorische Eigenentwicklung durchsetzen, allerdings unter illyrischem Vorzeichen. Die Illyrer standen in Verbindung mit mediterranen Hochkulturen, wie der „Opferwagen von Strettwegen“ beweist. Das gegen Ende des 2. Jahrhunderts v. Chr. faßbare Königreich Norikum dürfte vermutlich den größten Teil der heutigen Steiermark umfaßt haben und wurde 15. v. Chr. dem Römischen Reich einverleibt: die Obersteiermark gehörte damit zu (Ufer-)Norikum, der Rest zu Pannonien.

Das Christentum dürfte sich im 4. Jahrhundert durchgesetzt haben. 468 besetzten Ostgoten das Land, ab 582 erfolgte der Einbruch der Awaren und Alpenslawen. Bereits vor der Mitte des 8. Jahrhunderts wurde das steirische Ennstal von Baiern besiedelt, mit einher ging die zweite Christianisierung. (Später wurde die Steiermark nördlich der Drau kirchlich Salzburg, das Gebiet südlich der Drau Aquileia unterstellt.)

Ausgangspunkt der mittelalterlichen Steiermark war die (Karantanische) Mark an der Mur. In den folgenden Jahrhunderten wuchsen Gebiete zwischen Semmering, Wechsel, der Buckligen Welt und der Piesting, die restliche Oststeiermark, Gebiete um Marburg, die Mark Pitten mit Wiener Neustadt und Aspang zu. Beherrscht wurde das Land zunächst von den Eppensteinern, dann von den Wels-Lambachern, zuletzt von den „Traungauern“. 1180 wurde die Steiermark zum selbständigen Herzogtum erhoben. Der kinderlose Otakar IV. schloß mit dem Babenberger Leopold V. auf dem Georgenberg bei Enns einen Erbvertrag („Georgenberger Handfeste“), und nach dem Tod Otakars fiel die Steiermark an die Babenberger, war somit das erste der heutigen Bundesländer, das sich mit Österreich vereinigte. Nach dem Aussterben der Babenberger teilten sich zunächst Ottokar Přemysl von Böhmen und Bela von Ungarn das Land, bevor es 1282 von den Habsburgern übernommen wurde. Um diese Zeit waren Rodung und innerer Ausbau vollendet. Von 1379 bis 1457 und wieder von 1564 bis 1619 regierten in der Steiermark habsburgische Nebenlinien, Graz war in diesen Jahrzehnten Residenzstadt von Innerösterreich mit eigener Hofhaltung und eigenen Zentralbehörden.

Das mag mit ein Grund dafür gewesen sein, daß Graz ab Ende des 17. Jahrhunderts ein Zentrum der Kochbuch-Literatur geworden ist. Es ist das Verdienst von Frau Dr. Herta Neunteufl, nicht nur das erste gedruckte österreichische Kochbuch („Koch- und Artzney-Buch, gedruckt zu Grätz, bey denen Widmanstetterischen Erben. 1686“) entdeckt, sondern auch nachgewiesen zu haben, daß dieses die meist wortwörtliche Quelle für den berühmt gewordenen „Freywillig-auffgesprungenen Granat-Apffel“ der Eleonora Maria Rosalia von Lichtenstein, Fürstin zu Eckenberg, aus dem Jahre 1697 darstellt. Auch das von einem „J. M.“ herausgegebene „Grätzerische Kochbuch“ von 1790 ist dem höfisch-aristokratischen Granatapfel-Kochbuch verpflichtet. 1797 folgte „Die Steyermärkische Köchin, oder neues bürgerliches Kochbuch für alle Stände, von welcher Art noch keines im Druck erschienen ist. Herausgegeben von Marianna Catharina Lindau, Köchin zu Wien. Erschienen in Grätz: Christian Friedrich Trötscher“ (zweite Auflage 1801), und bereits 1807 bei Alois Tusch das „Allerneueste Kochbuch für Fleisch- und Fasttäge. Zum Besten des weiblichen Geschlechts, und aller derjenigen, welche in der Kochkunst eine Fertigkeit erhalten wollen, nach dem Unterrichte der Maria Anna Bußwald, herrschaftliche Köchin in Grätz“. Der Höhepunkt dieser Entwicklung war dann

„Die Süddeutsche Küche", 1858 in Graz von Katharina Prato (Edle von Scheiger) herausgegeben.
Maria Theresia beendete die staatliche Sonderstellung der Steiermark. Schwere Prüfungen brachten die Einfälle der Ungarn, Hajduken, Kuruzzen und Türken vom 15. bis zum Anfang des 18. Jahrhunderts; Reformation und Gegenreformation hinterließen tiefe Spuren, 1797 und 1805 schließlich besetzten die Franzosen das Land. Die folgenden Jahrzehnte des Biedermeier wurden für die Steiermark durch das Wirken Erzherzog Johanns, des „Brandhofers", besonders segensreich, vor allem auch für die Entwicklung der Landwirtschaft.
„So grundverschieden wie die steirischen Landschaften, so grundverschieden waren die überlieferten Ordnungsformen bäuerlicher Kost", schreibt Anni Gamerith in „Die Nahrung des steirischen Bauern". Dessen Kost stammte bis zur letzten Jahrhundertwende größtenteils aus der eigenen Wirtschaft. Auf der niederschlagsreichen Nordseite der Tauern überwogen Milchwirtschaft und Schafzucht, auf den trockenen Südhängen die Rinderzucht, in den Waldgebieten die Ochsenmast und im Hügelland und in der Ebene Ackerbau, Schweinezucht, Obst- und Weinbau. Diesen „Landschaften" entsprechen die jeweiligen „Kostlandschaften": Im Ennstal waren Milch und deren Produkte (Rahm, Butter, Butterschmalz, Topfen, Schotten, Käse), Schaffleisch und Roggen (als Brotgetreide) die Grundnahrungsmittel, im oberen Murtal Fleisch, Milch, Hafer, Roggen und Gerste, in den Fischbacher Alpen Gerste (zum Brein), Roggen (als Mehl), Fleisch, im Hügelland und in der Ebene Hirse, Heiden, Weizen, Bohnen, Schweinefleisch, während sich in der Weststeiermark früh Mais und Erdäpfel eingebürgert hatten.
Darüber hinaus waren für die verschiedenen Großkostlandschaften die Entwicklung der Garungstechniken und die damit zusammenhängenden Zubereitungsarten entscheidend: In der Nordwest-Steiermark kochte man vor der Einführung des Sparherdes auf dem Herd (über offenem Feuer), und es gab daher in erster Linie in Wasser gesottene, in tiefem Schmalz gebackene und in den Pfannen geröstete Speisen; der heiße Ofeninnenraum fehlte in diesem „Herdgebiet" (der Backofen stand meist außerhalb des Hauses). Dagegen waren im „Ofengebiet" der Südost-Steiermark diese Teig-Gerichte unbekannt, hier garte man im trockenen Heißluftraum-Ofen (später im Backrohr des Kesselofens, im kleinen Backöferle). Fleisch (Selchfleisch, Frischfleisch), Kraut, Rüben, Erbsen, Bohnen, Wurzelsuppen, Erdäpfel und Dörrobst dagegen konnten im Ofen genauso wie auf dem Herd (in Kesseln, Pfannen, Häfen, Krügen) gegart werden. So ist, wie Anni Gamerith in „Speise und Trank im Südoststeirischen Bauernlande", Graz 1961 (Dissertation), ausführte, „die altüberlieferte bäuerliche Kost des oberen Ennstales herdbedingt", die geographisch diametral gegenüberliegende Südostecke des Riegersburger Berglandes dagegen „ist beinahe durchwegs ofenbedingt"; „alle dazwischen liegenden Gebiete aber zeigen Mischformen der Kost, die Herd- wie Ofengerichte in ihrem Speisezettel bergen". (Gamerith stellt dazu noch fest, daß die westlichen Länder Österreichs, also Salzburg, Tirol, Vorarlberg und das oberösterreichische Innviertel, durchwegs mit geringen Ausnahmen reine Herdkost hatten.)

Ein Koch- Und Artzney-Buch.
Gedruckt zu Grätz/
Bey denen Widmanstetterischen Erben. 1686.

Titelblatt des ersten in Österreich gedruckten Kochbuchs. Im 18. und 19. Jahrhundert war Graz ein Zentrum der Kochbuch-Literatur.

Suppen und Suppeneinlagen

„Im Alpengebiet“, schreibt Anton Schlossar 1885 in „Cultur- und Sittenbilder aus Steiermark“, „darf auf den Bergen wie im Tale die Milchsuppe nie fehlen, sie besteht einfach aus gesottener Milch, in welche Brot geschnitten und die also verspeist wird. Durch einen Zusatz von ‚Schotten‘, einer Art Käse, wird diese Milch zu der Schottsuppe, welche in jeder Almhütte die im Tage häufig eingenommene Nahrung bildet und durch ihren Namen schon oft die Aufmerksamkeit touristischer Neulinge, die in das Gebiet unserer Alpen gekommen, erweckt hat. Die Mehlsuppe wird aus geronnener Milch und Weizenmehl bereitet. Diese findet man besonders im Mittellande. Um Straden, Gnas, Mureck, Leibnitz ist die sogenannte Verhacketsuppe, von den gehackten Fleischstückchen darin so benannt, ein häufiges Gericht. Noch südlicher in Gegenden, die waldreich sind, darf Schwammsuppe nicht fehlen, man ißt sie häufig mit Sterz aus ‚Türkenmehl‘, darum lautet auch ein Liedchen daselbst:

He lusti, wohlauf,
Is der steirische Brauch,
A türkischer Sterz
Und a Schwammsuppen drauf.

Diese Suppe ist hauptsächlich als Fastenspeise beliebt, das gleiche gilt von der sauren Rahmsuppe. Die eigentliche Rindsuppe, in der Rindfleisch gekocht wird, erscheint in Obersteiermark besonders bei feierlichen Gelegenheiten auf dem Tische, so darf sie bei Hochzeiten nie fehlen und wird sogar einige Male aufgesetzt, bald mit weißen Brotschnitten und geräucherten Würsten, dann wieder mit Nudeln, Reis, Gerstengrütze usw. Bei größeren Hochzeitsmahlzeiten beginnt man vier- bis fünfmal mit der Suppe und beschließt die Abteilung mit einem Braten. Noch sei endlich die Einbrennsuppe erwähnt, die mit Eiern gemengt und im Unterlande oft aufgetischt wird.“

Bevor die Bauersleute sich im Sommer um 6 Uhr zum „Fruisti“ setzten, hatten sie schon eine Menge Schwerarbeit, Stall-, Mist-, Milch-, Haus- und Küchenarbeit, Futterarbeit und oft schon einige Stunden Mahd- und andere Außenarbeit auf Feld oder Wiese verrichtet. Daher mußte das Frühstück Kraftnahrung sein: ein Sterz, mit saurer oder süßer Milch übergossen, oder mit einer schwach gesäuerten Mehlsuppe oder Obstmost, auch mit einer Schwammerlsuppe. Wo es reichlich Milch gab, aß man auch saure Suppe und Brocken voraus, dann Frühstückstommerl mit Milch oder wie im Sulmtal jahraus, jahrein Türkensterz (meist gab es das gleiche auch zum Nachtmahl oder ein Koch aus Maismehl und dann saure Milch). In der Blumauer Gegend aß man immer saure Suppen und Brocken, dann Frühstücksterz allein; zur Apfelzeit gab es eine Rein mit im Rohr bei etwas Wasserzusatz frisch gebratenen Äpfeln dazu. Neben Milch-, Kaffee- oder nur Suppensterz gab es bei geringerer Arbeit auch nur ein Häferl Kaffee (in der Erhebung aus den dreißiger Jahren des 19. Jahrhunderts wird Kaffee – wohl selbstgebrannter Malzkaffee – nur zweimal als bei „vermöglichen“ Bauern erwähnt, und einmal als Schmuggelware!) oder Milch nach der „Suppe“, bei Schwerarbeit Heidensterz und saure Suppe, in Weinbaugebieten auch einen Weinsterz. In der Südost-Steiermark dagegen hatte die Milch eine untergeordnete Rolle. „Wann ma oan statt der Suppn morgens a Mülch hingstellt hätt', so hätt' er's wegg'schütt', die hätt' neamd 'gessen“, verriet ein alter Bauer der Forscherin Anni Gamerith, erst gar, wenn es eine „blaue Suppe“, eine verwässerte Milchsuppe, gewesen wäre.

Saure Suppe

1 l Wasser, Salz, 20–30 g Mehl, Knoblauch, Essig

Leicht gesalzenes Wasser aufkochen (meist mit etwas Knoblauch). Dann Suppenmehl (Roggenmehl, dunkleres Weizenmehl oder Mischmehl) mit wenig kaltem Wasser (oder mit heißem Obstessig) versprudeln, ins kochende Salzwasser einsprudeln (die Suppe heißt daher im Sulmtal auch **„Wassersuppe“**) und ein wenig verkochen. Vor dem Auftragen wird sie in der Südost-Steiermark mit heißen Speckgrammeln oder Schweinefett abgeschmalzen und mit frischen gehackten Gewürzkräutern verbessert **(Grammelsuppe).**

Man kann statt Wasser auch eine Selchsuppe (Fleischsuppe) verwenden, ein paar Schwarten mitkochen und dann mit gesäuertem dünnem Mehlbrei versprudeln. Gamerith nimmt an, daß die (essig)saure Suppe auf den gesäuerten milchgegorenen Mehlbrei (wie Kwas, Braga und Geislitz) zurückzuführen sei. Die saure Mehlsuppe gab es besonders in Hirseanbaugebieten.

„Schottsuppe"

200 g Schotten (Topfen), 2 EL Sauerrahm, $1^{1}/_{2}$ l Wasser, Schnittlauch oder Petersilie, altes Bauernbrot

Schotten, Sauerrahm und Wasser aufkochen. Geschnittenen Schnittlauch oder gehackte Petersilie und würfelig geschnittenes Brot dazugeben.

Schotten gewinnt man, indem man die Buttermilch zum Kochen bringt; dabei umrühren, damit sie nicht übergeht. Dann den Topf vom Feuer nehmen und stehen lassen. Später abseihen. Der dicke Rückstand wird mit siedendem Wasser übergossen. Dann in einem feinen Leinentuch abtropfen lassen. Schotten wird auf den Almen aus Molke oder Buttermilch, den Rückständen der Butter- und Käseerzeugung, gewonnen, in Holzfäßchen eingestampft und aufbewahrt. Daher aß man in der Obersteiermark durchs ganze Jahr täglich dreimal Schottsuppe als erste Richt (früh, mittags und abends). Dazu gab es dann noch eine Schüssel Milch mit Brotschnitten. Wirtschaftsertrag und Kochtechnik stimmen hier gänzlich überein. Diese Suppen einzusprudeln und gegen das Überkochen zu sichern, ist auf dem Herd leichter als im Ofen.

Saure Milchsuppe (steirische „Stosuppe")

$^{1}/_{2}$ l Buttermilch oder saure Milch, 40 g Mehl, $^{1}/_{2}$ l Wasser, Salz, 1 TL Kümmel, $^{1}/_{8}$ l saurer Rahm

Saure Milch oder Buttermilch mit dem Mehl versprudeln, in das siedende, gesalzene, mit Kümmel gewürzte Wasser einsprudeln und kurz kochen lassen. Vor dem Anrichten den sauren Rahm dazurühren. Mancherorts kocht man dazu einige geschälte Erdäpfel in Salzwasser und gibt sie dann zerkleinert oder zerstoßen in die Suppe. Diese saure Milchsuppe kann auch mit Schnittlauch bestreut werden.

Beim Mittagessen war die Suppe die erste „Richt", nur bei den Berglern gab es sommers teilweise zuerst eine Schüssel Salat. Auf großen Höfen, wo es genug Fleisch und Fleischsuppe gab, hat man mit den arbeitsaufwendigen „falschen Suppen" nicht viel „umgetan". Da stellte man lieber eine Schüssel Salat oder Sauerkraut auf den Tisch. Suppe als erste Mittagsricht mag sich überhaupt erst mit dem Anwachsen des städtisch-bürgerlichen Vorbilds durchgesetzt haben, denn eine Fleischsuppe muß sofort genutzt werden, „hintennach mag sie niemand mehr". Im Sulmtal gab es statt der Fleischsuppe auch die oben erwähnte „Wassersuppe", gekochtes Salzwasser, mit etwas Essig und Mehl versetzt, mit heißen Speckgrammeln verbessert. Denn Fleisch kam höchstens zweimal in der Woche auf den Tisch, auch dann nur in kleinen Brocken auf dem Kraut (**„Auflage"** genannt).

Bemalter Löffelrehm. Hartholz; mit Szene vom Almleben und „IHS"-Christussymbol. Landschaftsmuseum Schloß Trautenfels.

Frischfleischsuppe gab es nur unmittelbar nach dem Schlachten, und das geschah einst nur ein-, zweimal im Jahr. Öfter gab es die Selchsuppe, und zwar mit eingeschnittenen Brotbrocken, oder als **„eing'quirlte Selchsuppe"** (Mehl mit wenig Wasser und Essig oder saurem Rahm versprudeln und in die Suppe geben). Im Sommer wurde das Geselchte oft „stark", das heißt leicht ranzig, da mußte die Suppe nachgesäuert werden. War sie frisch, wurde sie meist nur über Brotbrocken gegossen. Rindsuppe und saure Milchsuppe gab es auch als Krankenkost, ebenso die Einbrenn- und die Semmelsuppe. Am Ostersonntag wurden in der ersten Fleischsuppe jene Faschingskrapfen aufgeweicht, die am Aschermittwoch übriggeblieben und am Dachboden luftig aufgehängt worden waren. (Sulmtal)

Die neueren Suppeneinlagen an Sonn- und Festtagen haben sich erst allmählich eingebürgert: Nudeln, geriebenes Gerstl, Reis, Eingetropftes, Backerbsen, gebakkener Lungenstrudel, Knödel (nordwestlich von Kirchberg an der Raab und in der mittleren Oststeiermark waren u. a. die „Hoadenknödel" aus Heidenmehl zur Selchsuppe üblich). Festtagssuppe am Christtag im Sulmtal war eine Nudelsuppe mit Bratwürsteln (gab es auch beim „Weingarthauen", dem Auflockern und Düngen des Bodens). Wenn Würste in Wasser gekocht wurden, verwendete man den dicken Kochsud ebenfalls als **„Wurstsuppe"** (mit der dünneren Suppe davon wurde der Bluttommerl aufgegossen); im unteren Murtal kennt man einen eigenen Wurstsuppensterz und Wurstsuppentommerl. Als „Hochzeitsknödel" überliefert uns Theodor Unger in „Steirischer Wortschatz" (1903) die gebackenen Leberknödel in Rindsuppe, die es im Oberland meist als Schlußgericht des Hochzeitsmahls gab. Ein Lieblingsessen der Ennstaler soll die **„Beugelsuppe"** (Milch, mit eingelegten, vorher abgeschmalzenen Beugeln) gewesen sein. **„Drostlat"** nennt man im Ennstal fein geriebenen Farferlteig als Suppeneinlage; daneben gab es **Tropfnudeln** in der Obersteiermark (in die Suppe eingetropften Teig) und **„Einbrennfarferln"** (Farferln in einer Einbrennsuppe) als typische Suppeneinlagen für die Fastentage; heißt es doch im Volksmund – aufs Wetter bezogen –: „Trockene Fasten schafft Mehl in den Kasten."

Gesäuerte Einbrennsuppe

2 EL Schmalz oder Butter, 6 EL Mehl, $^1/_8$ l Suppe, Wurzelwerk (Möhren, Lauch, Sellerie, Petersilie), Zwiebel, Nelken, Muskat, Lorbeerblatt, 1 l Wasser, Sauerrahm oder Essig; Brot oder Semmeln

In heißem Fett Mehl rösten, mit $^1/_8$ l klarer Suppe oder Wasser aufgießen, Wurzelwerk und Gewürze beigeben, nach und nach mit 1 l Wasser aufgießen. 2 Stunden langsam sieden. Dann passieren und Schwarzbrotschnitten oder gebähte Semmelwürfel in die angerichtete Suppe geben sowie zwei Eßlöffel sauren Rahm oder auch 1 Eßlöffel Essig.

Das „Grätzerische Kochbuch", 1790, kennt schon gekochte Erdäpfel „mit der Montirung", eingebrannte Erdäpfel und Erdäpfelsalat; „sie sind", heißt es dann, „eine wohlschmeckende und nahrhafte Speise, und man kann sie auch bey verschiedenen Speisen als Stockfisch, Kalbfleisch etc. anwenden".

Lautere Erdäpfelsuppe, „Kestnsuppe"

1000 g Erdäpfel, 60 g Speck, Fett, 100 g Brot, Salz, Kümmel, Petersilienwurzeln, 1 Zwiebel, Petersilie

Geschälte, würfelig geschnittene Erdäpfel in Wasser mit Salz, Kümmel und Petersilienwurzeln weich kochen, mit viel Fett und würfelig geschnittenem heißem Speck und gerösteten Zwiebeln überschmalzen. Gehackte Petersilie oder andere frische Kräuter sowie in Stangerln geschnittenes Brot dazugeben. Das Kochwasser bleibt dabei klar („lauter"). „Kestn" heißen in der Steiermark auch die Erdäpfel (siehe Seite 386). Wird auch mit Einbrenn und Sauerrahm zubereitet.

„Klachelsuppe" (Schweinshaxlsuppe)

$1^1/_2$ l Wasser, 40 g Mehl, 40 g Fett, 1000 g Schweinshaxen („Klacheln"), Suppengrün, Schwarten, Salz, 1 Zwiebel, 1 Lorbeerblatt, Majoran, Wacholder- und Pfefferkörner (oder Knoblauch, Pfeffer, Salz, Kümmel), etwas Essig

Schweinshaxen vom Fleischhauer in Scheiben hacken lassen, mit den gewünschten Gewürzen, Suppengrün und Zwiebelscheiben weich kochen (im Druckkochtopf etwa 45 Minuten), dann mit Essig säuern und abseihen. Eine lichte Einbrenn aus Fett und Mehl mit der abgegossenen Suppe vergießen und das von den Knochen gelöste Fleisch hineingeben. (Oder das Mehl mit kaltem Wasser versprudeln, in die heiße Kochbrühe einkochen und das Fleisch hineingeben.) Man kann die Suppe auch extra essen und die Haxln gesalzen und gepfeffert mit frisch gerissenem Kren anrichten. (Antonia Jessl, Allerheiligen, Ziegelberg)
Die Klachelsuppe gab es früher an Schlachttagen und wurde in der Südost-Steiermark meist mit Heidensterz gegessen. Man kann Salzerdäpfel oder gebähte Brotschnitten dazu servieren.

Die **„Verhackertsuppe"** besteht aus Essig und Mehl, versprudelt und in Wasser gerührt, aufgekocht und über Verhackert gegossen, mit Thymian und Bertramkraut extra gewürzt. (Bis ins 16. Jahrhundert ist eine **„Gehecksuppe"** überliefert.) **„Geschneitelsuppe"** ist eine gesäuerte Suppe mit dem „Geschneitel" (zerhackte Innereien wie Lunge, Herz, Leber, Milz), ähnlich dem „Lüngerl" bzw. Beuschel der Wiener Küche.

Im steirischen Oberland war die **„Zungsuppe"** (Schweinszunge, gekocht, in einer Soße) sehr beliebt und durfte beim Hochzeitsmahl nie fehlen.

Schwamm(erl)suppe

4 mittelgroße Erdäpfel, 200 g Schwammerln (oder 1 Handvoll getrocknete), 40 g Fett, 40 g Mehl, 1 Zwiebel, 1 Knoblauchzehe, Salz, Majoran, Thymian, Kümmel, Petersilie, Pfeffer, 1 Lorbeerblatt, 1¼ l Wasser

Wasser mit den geschälten, würfelig geschnittenen Erdäpfeln und den feingeschnittenen Schwammerln aufs Feuer stellen. In heißem Fett feingeschnittene Zwiebel anrösten, mit Mehl stauben, mit wenig Wasser aufgießen, gut verrühren und zur Suppe nebst den Gewürzen geben. Bis zum Weichwerden der Schwammerln kochen lassen. Zuletzt gehackte Petersilie und gepreßte Knoblauchzehe hineingeben. Man kann auch Sauerrahm und etwas Paprika beigeben. Nimmt man Trockenpilze, diese zuerst 2 Minuten im Wasser kochen, das Wasser weggießen, dann zur Suppe geben und weich kochen. (Maria Schmied, Graz)

Käsesuppe besteht nach Ungers „Steirischem Wörterschatz" aus süßer Milch und „Käsemachet" (Schotten). Man kann auch Mehl in Fett lichtbraun rösten, mit Wasser vergießen, dann mit siedendem Wasser (oder Milch) aufgießen und kochen (dabei mit dem Schneebesen schlagen). Zuletzt mit Ei und Obers binden, mit gebähtem Brot, geriebenem Käse und Schnittlauch anrichten.

Alte Suppeneinlagen der steirischen Bauernküche waren Gersten-, Heiden-, Pfennich- und Hirsegreiß (siehe Seite 427) bzw. Brein aus diesen Kornfrüchten. So ist die **„Hoadngreißsuppe"** eine Suppe aus Heidenkorn, auf eigene Art enthülst; der Heidengreiß wurde in Wasser gekocht, eingebrannt und schwach mit Essig gesäuert. **„Gerschtbreinsuppe"** war Spelzgerste, in Wasserstampfe entspelzt und entkleit, licht in Fleischsuppe eingekocht (oder mit Fett und Mehl eingebrannt, dann mit Selchsuppe eingekocht). Dies dürfte wohl die **„Gerstsuppn"** gewesen sein, die selbst in den feinsten und festlichen Tafelfolgen früherer Zeiten oft genannt worden ist. Sie galt einst als eine Grundspeise im Waldheimatgebiet und in den Fischbacher Alpen. Im oberen Ennstal verwendete man Gerstenmehl für die Suppe. Auch der Brein dürfte als Suppeneinlage in die klare Fleischsuppe verwendet worden sein, so der Hirsch- oder Pfennichbrein in der mittleren Steiermark, der Heidenbrein im Südosten des Landes. Heiden und Fleischsuppe passen geschmacklich sehr gut zusammen; Heidensterz und klare Fleischsuppe waren sogar in der bürgerlichen Küche, Heidenknödel in der Fleischsuppe in der mittleren Oststeiermark sehr beliebt. Und noch um 1800 gab es am Ende eines bäuerlichen Hochzeitsmahles u. a. auch immer eine „gerollte Gerste in der Suppe". Alte Kochbücher kennen auch schon „feine Gerste mit Müscherlsuppe" und „Suppe mit Kaisergerstel"; um „feine Ulmergerstel" weiß zu erhalten, hat man Zitronensaft ins Kochwasser gegeben.

„Türkensuppe"

40 g Maisgrieß, Salz, süße oder saure Milch

Wenig Türkengrieß (Maisgrieß) wird in so viel Salzwasser eingekocht, daß er am besten aufzuquellen vermag und einen weichen Brei ergibt. Vom Feuer nehmen, mit viel kalter süßer oder saurer Milch verrühren. Mundwarm und suppig essen.
Diese „Türkische Suppe" wurde in der Weststeiermark dreimal am Tag gegessen; wollte man eine ausgiebigere, schwerere Speise daraus machen, so kochte man den Brei einfach steifer ein und aß die Milch extra dazu als **„Sterz mit Milch"** bzw. **„Milchsterz"**. Dieser Sterz wurde meist noch bröckelig abgegabelt und überschmalzen. Der Türkengrieß hat erst in den letzten zwei Jahrhunderten die Hirse endgültig abgelöst.

„Talggn"

Eine alte Frühkost im oberen Murtal waren die „Habertalggn". „Habertalggn" (durch Quellen, Dörren, Enthülsen aufgeschlossene, vorgegarte Haferkörner) wurden am Vorabend oder ein, zwei Stunden vor dem Essen mit der doppelten Menge heißem Wasser überschüttet und zugedeckt auf kleinem Feuer quellen gelassen. Zum Essen schüttete man entweder Milch darauf oder aß die Milch getrennt dazu (die Zwischenmahlzeit fiel bei diesem kräftigen Essen aus). Daneben gab es auch „Korntalggn" und „Woaztalggn" bzw. „Talggn" (allerdings verstand man unter „Talggn" oft auch das Mehl der Kletzen, der gedörrten Birnen).
Noch F. Krauß schreibt in seiner „Ehernen Mark" von „Talken (Hafergrütze) in die Suppe zum Frühstück". Felicetti-Liebenfels definiert das Wort „Dalken" 1. als „mißlungene Mehlspeise, besonders Krapfen, die beim Backen nicht aufgegangen sind, und 2. als aus dem Residuum des Mostobstes (Birnen) und aus Hafer gemahlenes Mehl, welches bei schlechter Roggenernte in die Suppe gestreut wird". Und Johann Andreas Schmeller schreibt im „Bayerischen Wörterbuch": „Abgeschmalzene Dalken liebt der Steyrmärker zum Frühstück."

Anni Gamerith weiß von den Techniken zu berichten, wie man in der Steiermark, im gesamten oberen Murtal bis über Leoben, im Koralpegebiet und verstreut auch in der Waldheimat (dort als „haberner Greiß"), Hafer aufzuschließen verstand, wobei Getreide stark quellen zu lassen, dann zu trocknen oder zu rösten, eine Urtechnik war, um Kern und Hüllen voneinander zu trennen. In der Steiermark, so Gamerith, wurden zwei Drittel des Hafers aufgekocht und warm zum Quellen stehen gelassen. Dann schaufelte man das restliche Drittel unter den gequollenen und bedeckte das Ganze mit Säcken, um auch den Rest aufquellen zu lassen;

Graz war neben Wien immer ein Erscheinungsort berühmt gewordener Kochbücher. Residenz und aktive Druckergenerationen sowie kluge, tüchtige Frauen setzten hier Meilensteine der gesamtösterreichischen Kochbuch-Literatur.

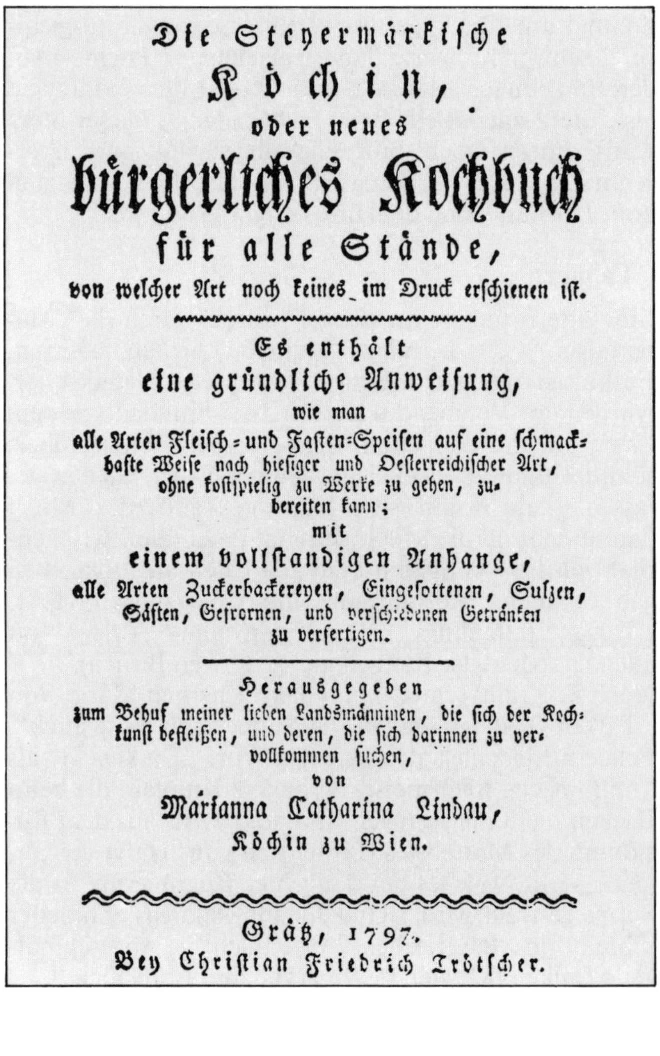
Die Steyermärkische
Köchin,
oder neues
bürgerliches Kochbuch
für alle Stände,
von welcher Art noch keines im Druck erschienen ist.

Es enthält
eine gründliche Anweisung,
wie man
alle Arten Fleisch- und Fasten-Speisen auf eine schmackhafte Weise nach hiesiger und Oesterreichischer Art, ohne kostspielig zu Werke zu gehen, zubereiten kann;
mit
einem vollstandigen Anhange,
alle Arten Zuckerbackereyen, Eingesottenen, Sulzen, Säften, Gefrornen, und verschiedenen Getränken zu verfertigen.

Herausgegeben
zum Behuf meiner lieben Landsmänninen, die sich der Kochkunst befleißen, und deren, die sich darinnen zu vervollkommen suchen,
von
Marianna Catharina Lindau,
Köchin zu Wien.

Grätz, 1797.
Bey Christian Friedrich Trötscher.

schließlich wurde der aufgequollene Hafer in den heißen Backofen geschüttet, auseinandergebreitet und von Zeit zu Zeit mit der Krucke umgeschaufelt. Sobald er „krachdürr" war, wurde er in die Mühle gebracht und zu Greiß gebrochen (die Spelzen wurden abgefaht).

Wenngleich in den handgeschriebenen und gedruckten bürgerlichen Kochbüchern des Barock und Biedermeier schon eine Vielfalt von Suppeneinlagen angeführt wird, so haben sie in der bäuerlichen Küche der Steiermark erst verhältnismäßig spät Eingang gefunden. Als Suppeneinlage bei Hochzeits- und großen Festessen, später auch beim Sonntagsmahl, gab es Schnittnudeln, verschiedene Knödel, Nockerln, Schöberln, Frittaten, Leberreis u. a. m. Dabei spielte stets auch die Kochgelegenheit eine Rolle: Im südoststeirischen Ofenkostgebiet gab es lange keine gekochten Mehlgerichte als Suppeneinlage (wie Farferln, Knödel, Nockerln, Spatzen, gekochte Strudel), die im Herdkostgebiet des Oberlandes bereits bestens bekannt waren.

„Predinger Brotsuppe"

100–150 g Schwarzbrot, 1 l Fleischsuppe, 1–2 EL saurer Rahm, Salz, Pfeffer, gekochtes oder gebratenes Fleisch, Zitrone, 1 Eidotter, 2 EL saurer Rahm, Schnittlauch

Schwarzes Brot in ein Reindl schneiden, siedende Fleischsuppe darübergießen und einmal aufkochen. Dann sauren Rahm darunterrühren. Nochmals aufkochen lassen, würzen und in die Suppenschüssel gießen. Mit dem Wiegemesser etwas gekochtes oder gebratenes Kalb-, Rind- oder anderes Fleisch sowie Schnittlauch und feine Zitronenschnitzchen auf die Suppe streuen (die Suppe soll daher nicht zu dünn sein, damit die Auflage obenauf liegen bleiben kann). Eidotter und etwas sauren Rahm absprudeln, langsam über die auf der Suppe liegenden Fleischstückchen gießen, das Gericht noch einmal im Ofen heiß machen und eine braune Kruste bekommen lassen. (Nach Rosalia Neumann, „Die Wiener Köchin", 1864)

Ähnlich wurde und wird auch die **„Semmelsuppe"** zubereitet, die im Sulmtal eine Wöchnerin die ersten vierzehn Tage nach der Entbindung bekommen hat. Von der ersten Suppe erhielt auch das Kleinkind ein paar Tropfen. Allgemein erhielt eine junge Mutter die ersten Tage nur eine dünne Wassersuppe, danach steigend etwas Weißbrot und leichte Zukost. Kaffee und Milch waren noch lange streng verboten.
Die Taufpatin überbrachte – meist eine Woche nach

der Geburt – im „Weisatkorb“ oder „Gabkorb“ 50 Semmeln und 50 Kipferln, in weißem Tuch eingeschlagen; sie trug den Korb auf dem Kopf, wurde gegendweise mit einem Böllerschuß empfangen und – überall anders – bewirtet. Die Gabe war als Schonkost für die erste Stillzeit gedacht. Die Sitte war in der ganzen Steiermark verbreitet, mit verschiedenen Arten von weißen Gabbroten.

Früher gab es hausgebackenes „Moabrot“ (Mürbbrot), „Kindbettbrot“ oder „Taufbrot“ genannt, später meist große Semmeln und Kipferln, beim Bäcker gekauft, dazu geflochtene oder verzierte Taufstriezel oder Gugelhupf, gegendweise noch verschiedene Zugaben wie Kaffee, Zucker, Wein sowie Geschenke für die Mutter und auch für den Vater. In der Oststeiermark waren die geflochtenen Taufstriezel üblich (mit „Hidln“), heute sind sie in der mittleren Steiermark nur mehr eine Spottgabe („Sprungstriezel“), die einem ledigen Vater oft mit Schubkarren und Katzenmusik überbracht wird. Bei der Geburt eines Knaben wurden Striezel mit auswärts gebogenen Hörnern geschenkt, bei Mädchen solche mit einwärts gebogenen Hörnern (Kaindorf bei Hartberg). Als Bewirtungsspeise für die Korbzuträgerin gab es „Scheiterhäufl“ oder „goldene Schnitten“. (Ramsau)
Vor der Erfindung und Verbreitung des Gummisaugers für das Baby gab es außer mühsamer Eingabe mit dem Löffel nur eine Möglichkeit, dem Kind Getreidekost zusätzlich zur Muttermilch einzuflößen, den „Zuz“ (die „Ludel“ ist nur im bürgerlichen Bereich verbreitet gewesen). Das **„Zuzelbrot“** wurde aus hellerem Weizenmehl ohne Triebmittel mit Wasser und Anis gut und lange gebacken, dann fein zerrieben, allenfalls pulverisierter Kandiszucker dazugemischt und in einen reinen „Zuzelfleck“ aus weichem Stoff eingebunden. War er trocken, tauchte man den „Zuz“ kurz in Wasser oder Zuckerwasser. Um Schladming kam eine Mutter ins Gerede, wenn nicht täglich am Strick schneeweiße Zuzelflecke, allen sichtbar, vor dem Haus zum Tocknen aufgehängt wurden. Für eine solche Frau konnte es dann auch eine „Brummelsuppe“ oder eine „Greinsuppe“ geben, wie man Schelte, Verweis und Tadel volkstümlich nannte. Und wer überhaupt faul auf den Pölstern herumlag, „kochte eine Polstersuppe“.

Weinsuppe

1 l Wein, 5 EL Zucker, 2 TL Zimt, Zitronenschale, 8 Dotter, 2 EL Butter, 3–5 Semmeln

Wein aufkochen, nach und nach Zucker, Zimt, geriebene Zitronenschale beigeben. Dotter mit wenig Wasser versprudeln. In Scheiben geschnittene Semmeln in heißer Butter anrösten. Die Dotter in die Suppe rühren. Suppe auf kleiner Flamme heiß halten. Zuletzt Semmelschnitten dazugeben.
Wie in anderen Alpenländern auch, gab es im Ennstal an hohen Feiertagen zum Frühstück eine **„Branntweinsuppe“**, eine mit Schnaps versetzte Suppe. Als Frühstückszugabe im Oberland beliebt war zur Holunderzeit die **„Hollersuppe“**, ein filtrierter Absud von zerdrückten Hollerbeeren. Die dicker eingekochte Hollersuppe hieß **„Hollermannl“**.

Lindau (Seite 366) und Bußwald waren Vorläuferinnen der fünfzig Jahre später auftretenden Katharina Prato.

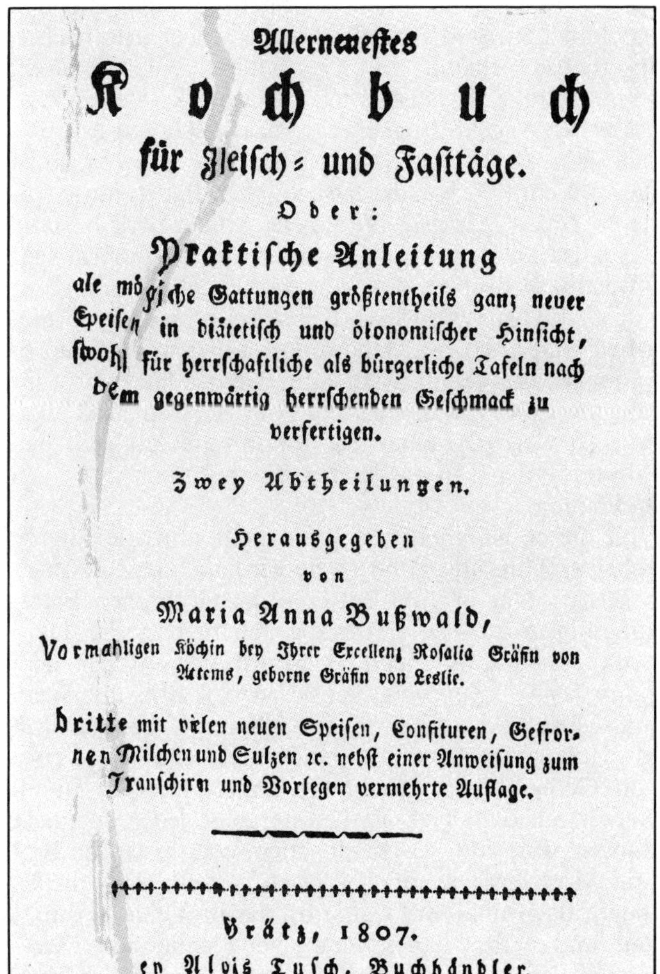

Allerneuestes
Kochbuch
für Fleisch- und Fasttäge.
Oder:
Praktische Anleitung
alle mögliche Gattungen größtentheils ganz neuer Speisen in diätetisch und ökonomischer Hinsicht, sowohl für herrschaftliche als bürgerliche Tafeln nach dem gegenwärtig herrschenden Geschmack zu verfertigen.
Zwey Abtheilungen.
Herausgegeben von
Maria Anna Bußwald,
Vormahligen Köchin bey Ihrer Excellenz Rosalia Gräfin von Attems, geborne Gräfin von Leslie.
Dritte mit vielen neuen Speisen, Confituren, Gefrornen Milchen und Sulzen ꝛc. nebst einer Anweisung zum Transchiren und Vorlegen vermehrte Auflage.
Grätz, 1807.
bey Alois Tusch, Buchhändler.

Jause

„Brot und Most
ist den Bauern sein' Kost."

„Der Appetit der bäuerlichen Landesbewohner macht sich auch in der Zahl der Mahlzeiten bemerkbar, deren im Tage nicht weniger als fünf selbst dem Feldarbeiter geboten werden müssen, nämlich ein Frühstück, eine Vorjause, ein Mittagessen, eine Jause und ein Abendessen. Alle diese Mahlzeiten müssen reichlich sein, wenn nicht der arbeitgebende Bauer seine Arbeiter geradezu verlieren will", meint Anton Schlossar in seinen bereits erwähnten „Cultur- und Sittenbildern". Wenn man heute in „chic" und „folkloristisch" sich gebenden Kochbüchern und Reiseführern von einer „steirischen Brettljause" erzählt, mit Geselchtem, Selchwürsteln, gebratenem Schweinsbrüstel, Selchspeck, Verhackert, Käse, Kren, gekochten Eiern, Paprikaschoten und Paradeisern, Bauernbrot, Most, Wein und Schnaps, so ist das weit entfernt von der tatsächlichen Bauernjause früherer Zeiten. Denn gerade in der Steiermark bestand die Jause meist nur aus Obstmost und Jausenbrot (das etwas besser war als das Suppenbrot) und wurde meist nur als „Trunk" erwähnt. Selbst bei schwerster Erntearbeit und auch für Handwerker auf dem Hof gab es kaum etwas anderes. Dazu kam, daß das Jausenbrot für längere Zeit vorausgebacken wurde, also hart und trocken war, und einer also schon gute Zähne haben mußte, um sich in der kurzen Rastzeit auch satt essen zu können.

Von dieser Kargheit berichten nicht nur alle älteren Schriften einmütig, sondern sie wird auch geschichtlich bestätigt: Nur in zwei Bezirken der Göthschen Befragungsbögen zu Zeit Erzherzog Johanns ist die Jause extra erwähnt. So heißt es in Riegersburg aus dem Jahre 1845: „Zur Jause bei der Arbeit Brot mit Wein und Most." Als gemeinsame Rast- und Essenszeit gab es die Jause auch nur während der langen Tage, etwa von Georgi bis Michaeli, im Winter nur für Handwerker auf dem Hof. Es konnte sonst jeder, wenn er hungrig war, zum Tischladl gehen, oder es wurde Brot und Most einfach auf den Tisch gestellt. Aber in ärmeren Bauernhäusern war selbst das Brot eine Kostbarkeit und wurde daher vorgegeben, stand den Hausleuten während einer „Laß" – die Zeit zwischen zwei Mahlzeiten in der Obersteiermark – nicht frei zur Verfügung. In einzelnen Häusern verlegte man zeitweise den schwerverdaulichen Teil des Abendessens auf das „Halberabendbrot", aß also zur Nachmittagsjause (zwischen 15 und 16 Uhr) Bohnen- oder Rettichsalat. Die Schulkinder, die oft den ganzen Tag nicht zu Hause waren (es gab fünf Schultage, aber ganztägig und mit einer einstündigen Mittagspause, dazu einen weiten Schulweg), hatten meist nur ein Stück schwarzes Brot und allenfalls einen Apfel, selten einmal ein Stück vom Frühstückstommerl mit. Zutaten wie Butter, Fleisch oder gar Wurst wären in der Schule, aber auch zu Hause für jung und alt undenkbar gewesen. Die einzige Ausnahme bildete der Schlachttag mit dem anfallenden „Brennfleisch". Aber in der Schule hätte es schon der Lehrer nicht geduldet, „daß ein Kind was Besonders" habe und den anderen „lange Zähne mache". Vereinzelt findet man in wohlhabenderen Gegenden, daß zur Mahd- und Schnitterzeit Fleisch und Wurst zur Jause gegeben wurden. Und als die Pfarrersköchin von Edelsbach damit anfing, einige Stücke Zucker zum Most zu geben (im gesüßten Most weichte man das harte Brot ein), wurde das weit und breit unter den Leuten beredet, und die Taglöhner und Handwerker strömten ihr von allen Seiten zu.

Das Frühstück gab es im Sommer um 6 Uhr, im Winter etwas später, die Vormittagsjause („Vorjause") zwischen 9 und 10 Uhr, das Mittagessen um 12 Uhr, die Nachmittagsjause nahm man zwischen 15 und 16 Uhr, das Nachtmahl im Sommer um 20 Uhr, im Winter auch schon früher ein.

Gegessen wurde stets in der Rauchstube (heute Wohnküche) mit der Doppelfeuerstelle: hinter dem offenen Herd stand der gemauerte Backofen, im Gegensatz zur Rauchküche („schwarze Kuchl"), die nur dem Kochen, nicht auch dem Wohnen gedient hatte.

In der nordwestlichen Steiermark waren die Tages-, Arbeits- und Essenszeiten, der Wochenspeisezettel und die Brauchtumsgerichte feste Sitte, verpflichtend geordnet; gegen Süden und Südosten des Landes hielt man diese Vorschriften schon etwas lockerer, und sie verschwammen gegen die Grenzen zu meist noch mehr. Früher war das Frühstück sehr kalorienreich und ausgiebig, eingedenk des Spruches:

Morgens wia a König,
um Mittag wia a Bauer,
abends wia a Bettelmann.

Später verlegte sich das Schwergewicht ausgiebiger Kraftnahrung vom Frühstück auf die „Neunizeit" (Vorjause). Das Mittagessen („Tagmahl") hatte (im Sulmtal) drei „Richten". Die erste Richt bestand gewöhnlich aus Wassersuppe (häufig mit Mehl und etwas Essig versetzt) oder einer Fleischsuppe. Die zweite Richt bestand je nach Jahreszeit aus grünem Salat, grünen Bohnen, Sauerkraut („Schwerkraut"). Fleisch gab es meist nur an zwei Wochentagen, in kleinen Brocken geschnitten, auf dem Salat oder auf dem Kraut als Auflage gereicht. Die dritte Richt bildeten grobe Mehlspeisen (Tegerlkoch, Reinling, Backerl, Tommerl, Linsnudeln, Polsterzipf, Breinwamperl u. a. m.).

Zum Nachtmahl aß man das gleiche wie zum Frühstück: Türkensterz oder ein Koch (Brei) aus Maismehl mit saurer Milch. Voraus gab es noch Salat und Brot oder ein „Weinzierlkoch", bestehend aus Kukuruzmehl, in Wasser dick eingekocht und mit süßer Milch übergossen.

An Sonn- und Feiertagen aß man fast keine andere Kost, nur etwas reichlicher bemessen. Zu Mittag Schweinefleischsuppe, Geselchtes oder frisches Schweinefleisch oder Hühner sowie derbe Mehlspeisen, seltener Schwamm- oder Modelkrapfen oder Schneeballen. Zur Mahdzeit gab es zur Vor- und Nachmittagsjause einen **„Mahderkater"** (gesäuerter Pudding aus Weizenmehl, Eiern und Rosinen). Bei den „Jagglern" gab es ein schweres („speeres", „hartes") Koch und zum Halberabendmahl „Watschen", eine beliebte Mehlspeise.

Der Brandhof. Erzherzog Johann hat 1819 diese bergbäuerliche Musterwirtschaft erbauen und einrichten lassen.

Fischgerichte und Fastenspeisen

Das 1686 bei den „Widmanstetterischen Erben" in Graz gedruckte „Koch- und Artzney-Buch" (das erste in Österreich gedruckte Kochbuch und Vorläufer des berühmten, 1697 erstmals in Wien erschienenen „Granatapfel"-Kochbuchs), das „nur das Besondere, nicht aber das Alltägliche" (Herta Neunteufl) aufnahm, weist 25 Rezepte „Allerley Speysen von Fisch" auf. Darin gibt es Hechte, Karpfen, Aale, Rutten, Äsche („Eschlinge"), Huchen und Schaiden, Saiblinge, Forellen („Forchen"), Hausen, Biber, Schildkröten und als einzigen Meerwasserfisch die „Plateisen" (Schollen). Diese Fische werden blau oder in brauner Suppe gekocht, mit „Lemoni", Kapern, Öl gebraten (elfmal wird Butter verwendet!), in Mehl gewendet und in Schmalz gebacken (nicht aber paniert), auf Spieß gebraten (mit zerlassener Butter und Rosenessig begossen), eingemacht bzw. gedämpft (in einer Erbsensuppe); gekocht wurden die Fische meist in einer Erbsensuppe, in Wein und Wasser, gewürzt wurde mit Salz, Essig, Pfeffer, Ingwer, Safran, Muskatblüte, Lemonischeiben, Weinbeeren, Zucker, Petersilienwurzel, besteckt mit Zimt, Nelken und Rosmarin, angerichtet mit Mandeln, Zitronen, sauren Pomeranzen und Lorbeerblättern. Wie schon die Gewürze und Zubereitungsarten zeigen, waren alle Rezepte ausschließlich für die reiche Oberschicht, für Klosterküchen, Schlösser und Residenzen, gedacht. Der einfache Mann wird sich seinen Fastenfisch mit weniger Aufwand zubereitet haben, sofern er überhaupt einen Fisch zu sehen bekam. Allerdings hatte er als Grundholde im Handrobot die Verpflichtung, für seinen Herrn auch zu fischen; Kranke und Schwangere durften ungestraft ein oder zwei Fischlein fangen, wie es im Donnersbacher Grundrecht aus dem 15. Jahrhundert festgehalten ist. In der 1797 bei Christian Friedrich Trötscher in Graz erschienenen und von Marianna Catharina Lindau, Köchin zu Wien, geschriebenen „Steyermärkischen Köchin" scheinen neben Fischrogen-Suppe, Krebs-Knöpflein, gefüllten Krebsnasen, gestoßener Karpfensuppe an Fasttagen auch Stockfisch und Austernpastete auf – insgesamt im Kapitel „Vom Fische" 58 Rezepte.

Obgleich die Klöster ihre eigenen Fischzuchten und -teiche betrieben haben, mußte man eine große Menge Fische in der Fastenzeit stets dazukaufen. Als billigste Sorte galten die Heringe, eingesalzen oder getrocknet. Neben Karpfen und Hausen zählte vor allem der Hecht als Leckerbissen, ebenso die Forelle. Beliebt als Fastenspeise waren auch die Krebse, die es damals noch in großer Zahl in den heimischen Bächen gab.

Heute gibt es die überall bekannten Zubereitungsarten von Fischen, blau, gebacken, gegrillt, gedämpft und als Gulasch. Nach dem Zweiten Weltkrieg ist es gelungen, den (Pflanzen fressenden) weißen Amur („Graskarpfen") aus seinen Heimatgewässern Ussuri und Amur in Sibirien in die Waldschacher Badeteiche östlich von Graz zu verpflanzen. Der Fisch erreicht ein Gewicht von 20 bis 30 Kilogramm; mit etwa sechs Jahren ist er mit 4 bis 6 Kilogramm am schmackhaftesten. In der Teichwirtschaft Waldschach wurde außerdem der Silberkarpfen (oder Algenamur) erfolgreich gezüchtet.

Die Teiche der südlichen und östlichen Steiermark eignen sich besonders für die Karpfenzucht, die meisten Teichanlagen sind mehrere Jahrhunderte alt und umfassen heute etwas mehr als 500 ha Wasserfläche; die Karpfen wachsen hier bereits im zweiten, statt im dritten Jahr zu Speisefischen heran. Man kann Höchsterträge von 2000 Kilogramm pro Hektar erzielen.

Silberkarpfen-Gulasch

1200 g Silberkarpfen, 1 EL Fett, 100 g Zwiebeln, 20 g Paprika, 1 Paradeiser, 2–3 grüne Paprika, $^{1}/_{8}$ l Sauerrahm, Salz

Fischfilet würfelig schneiden und salzen. Kleingeschnittene Zwiebeln, Paradeiser und grüne Paprika in heißem Fett anlaufen lassen, mit Paprika bestreuen, durchrühren und die Fischstücke zugeben. Etwa 2 Minuten ziehen lassen, mit $^{1}/_{8}$ l Wasser ablöschen und 10 bis 20 Minuten leicht kochen lassen, dabei den Topf wiederholt rütteln, aber nicht umrühren. Vom Feuer nehmen und den Rahm einrühren. Dazu Fischerdäpfel oder Haluschka servieren.

Mönche verwendeten auch die Schnecken als Fastenspeise und legten nach römischen Vorbildern Schneckengärten an. Das Gesinde des Klosters Admont hat noch 1776 während der fleischlosen Tage (in der Fastenzeit) 71.924 Schnecken verzehrt. Heute ist das Sammeln der unter Naturschutz stehenden Schnecken an eine behördliche Genehmigung gebunden. Im Juni sammelt man die frischen Weinbergschnecken, im Herbst die Deckelschnecken. Früher hielt man sie in einem Keller bei gleichbleibender Temperatur auf Vorrat bis zur Fastenzeit. Die Kochbücher des 18. und 19. Jahrhunderts sind voll von Rezepten für Fische, Schnecken, Biber, Otter, Krebse, Muscheln, Meerspinnen, Schildkröten und Froschkeulen.

Aus: „Grätzerisches durch Erfahrung geprüftes Kochbuch." Herausgegeben von J. M., Graz 1790.

Hechten mit Krenn.

Der Hecht wird blau abgekocht; die Brühe fängt man an zu machen so bald der Fisch aufgesetzt ist. Auf jede Person nimmt man zur Brühe zwey Loth Butter, dieselbe wird zerlassen, etwas Mehl darein gerührt, und wenn sie zu braten anfängt, so viel Wasser zugegossen, als man zur Brühe gebraucht. Alsdann etwas Weinessig daran gegossen, thut etwas Zucker, geriebenen Krenn, gestossenen Zimmet, Nägerl und Citronenschalen dazu. Wenn der Fisch gar ist, werden die Stücke in eine Schüssel gelegt, diese auf einen heißen Wasserkessel gesetzt, und auf ein jedes Stück ein wenig Krenn gestreuet. Man läßt sie zehn Minuten auf den heißen Theekessel zugedeckt stehen, damit der Krenn durch die Fleischstücke ziehen kann: alsdann wird die Brühe heiß darüber gegossen, und etwas Muskatennüsse darüber gerieben.

Die Bäuerinnen haben die kirchlichen Fastengebote immer sehr ernst genommen. Selbst die Pfanne, in der das Krapfenfett zur Faschingszeit heiß gemacht wurde, wurde am Aschermittwoch sorgfältig mit Asche ausgerieben, um jede Spur des tierischen Fettes daraus zu entfernen. Man kochte in der Fastenzeit ausschließlich mit Pflanzenöl. Nach Milderung der strengsten Fastenvorschriften nahm man wenigstens in den Milchwirtschaft treibenden Alpengebieten Rinderschmalz, im Hügelland „Milchschmalz" genannt. An Stelle der Fleischauflage auf Salat und Kraut gab es meist kleingeschnittene „Eierpfanzel", eine Art feste Eierspeise. Später verwendete man Schweinefett, aber noch vor dem Ersten Weltkrieg war das etwa im Sulmtal während der letzten 14 Tage vor Ostern verboten. Am Karfreitag aß man nur **„Oafisch"**, in Schmalz gebackene Eier, mit in Fett gerösteten Semmelbröseln und gehacktem Knoblauch bestreut.

„Oatatscherl"

2–3 Eier, 1 EL Milch, 1 EL Mehl, Salz, 30 g Fett

Eier werden mit etwas Milch, Mehl und Prise Salz verrührt und in heißem Fett etwas fester als eine Eierspeise herausgebacken, zerschnitten und wie Fleischstücke auf das angerichtete Gemüse gelegt.

Diese Fastenspeise, um Lembach und an der südlichen, steirisch-burgenländischen Grenze üblich, war sonst eher eine Ausnahme, denn mit den Eiern ging die Bäuerin sehr sparsam um, sie brachten ihr meist das einzige „Schürzengeld" (auch „Eierkreuzer" genannt), mit dem sie ihre Haushaltsausgaben (für Zucker, Kaffee, Salz) bestreiten konnte.

Fleischgerichte

Bis zur letzten Jahrhundertwende war in der Steiermark das unveredelte bayrische Landschwein (langer Rüssel, kurzer gebogener Rücken, dicker Speck) verbreitet. Um die Mitte des 19. Jahrhunderts wurde das englische Edelschwein (Yorkshire, Berkshire; langer Rumpf, viel Fleisch, kurzer Rüssel) zuerst vereinzelt in Gutsbetrieben (Plessing in Kirchbach) gehalten, bis es dann die landwirtschaftlichen Genossenschaften verbreiten halfen. Eine Züchtung mit Zuchtebern von Landschwein und Edelschwein ergab das veredelte Landschwein; ab 1920 setzte die gelenkte Schweinezuchtförderung ein, die gerade in unserem Jahrzehnt durch Konsumgewohnheiten neue Wege suchen muß.

J. R. Bünker schreibt 1897 über die östliche Mittelsteiermark: „Die Bauern, welche die höher gelegenen und rauheren Gebiete bewohnen, befassen sich vorzüglich mit Viehzucht. Es gibt in der Gegend von Stubenberg größere Bauern, die einen Viehstand von 30 Stück besitzen. Einer der begütertsten Bauern der Gegend, der ‚Heider-Bauer' in Zeil-Stubenberg, hat in seinen Ställen 8 Paar Ochsen, 8 Stück Kühe, 6 Stück Jungvieh, 50 Schafe und 20 Schweine stehen. Von den 8 Paar Ochsen stehen gewöhnlich zwei in der Mast. Sie werden gelegentlich dem Fleischhauer ausgeliefert. Die Milch ... wird zum Teil als solche im Hause verbraucht, zum Teile wird ‚saurer Käser' daraus bereitet. Aus der überflüssigen Butter wird Schmalz gemacht und dieses zum Teile zum Verkauf gebracht. Von den Ergebnissen der Schweinezucht kommen nur die überzähligen Ferkel und ‚Frischlinge' zu Markte. Ältere Tiere werden geschlachtet und dienen den Hausgenossen zur Nahrung. Da außer Schaffleisch kaum anderes Fleisch als Schweinefleisch auf den Tisch kommt, so ist es leicht einzusehen, daß bei einem solch großen Hause, wie es der ‚Heider-Bauer' zu führen gezwungen ist, eine erkleckliche Zahl von Schweinen das Jahr hindurch das Leben lassen muß. Eine gewisse Anzahl von Schweinen wird in der Regel um Weihnachten und Neujahr auf einmal geschlachtet. Sowohl das Fleisch als auch der Speck werden im Rauche über dem offenen Herdfeuer oder in eigenen Rauchkammern geräuchert, und die Hausfrau muß es sich einteilen, daß sie das ganze Jahr hindurch Vorrat an beidem habe. Der Speck wird zumeist roh als Beigabe zum Jausenbrot genossen. Das Fleisch kommt als ‚G'selchtes' gesotten zu Sauerkraut oder ‚Prein' auf den Tisch."

Bis zur Einführung von Erdäpfeln und Kukuruz hielt man die Schweine meist auf der Weide, ab dann begann man regelrecht mit der Schweinemast, was den Fleischverbrauch allmählich stark ansteigen ließ.

In dem überwiegend von Milch- und Almwirtschaft lebenden Ennstal gab es dagegen nur geringe Schweinezucht, aber ausgedehnte Rinder- und Schafzucht. Nur an den wenigen Festtagen gab es hier größere Stücke Fleisch, sonst wurde geselchtes Schaf- und Rindfleisch überwiegend in Knödeln, Nocken und Strudeln verarbeitet. Die wenigen Jungschweine wurden zu Fleischspeck geselcht. Man verwendete in der Küche ausschließlich Butterschmalz, hie und da nahm man Leinöl oder Rindstalg.

Im Jungviehzuchtgebiet der Obersteiermark schlug andererseits jeder größere Hof im Jahr ein-, zweimal ein Schwein, mancherorts hielten es zwei Nachbarn so, daß einer zu Weihnachten, der andere zu Ostern ein Schwein schlachtete, und beidemal teilte man sich das Schwein. An den Fleischtagen der Woche bekam jeder sein Stück geselchtes Rind-, Schaf- oder Schweinefleisch auf ein Holzbrettchen vorgelegt, Salat, Kraut, Knödel dagegen wurden aus der gemeinsamen Schüssel gegessen. Auf den Waldweiden des Wechsels und der Fischbacher Alpen wurde Ochsenmast betrieben: der Fleischverzehr entsprach dem im Ennstal. Im Hügelland und in den Ebenen des Südostens war das Fleisch sehr spärlich – in dünnen Schnittchen bzw. kleinen Stücken wurde es auf das Gemüse aufgelegt, und man konnte es mit dem Löffel zusammen mit dem Gemüse essen.

Wie gering die Fleischmenge noch im 19. Jahrhundert war, geht aus den Antworten auf die im Auftrag Erzherzog Johanns ausgeschickten Göthschen Fragebögen hervor. So heißt es aus Riegersburg 1845 nach Aufzählung der Wochentagsgerichte, unter denen das Fleisch völlig fehlte: „Sonntags Fleisch, was das Haus vorbereitet, gekauftes Rindfleisch selten." Aus Feldbach berichtete man 1842 nach Aufzählung der Getreide- und Hülsenfrüchte- und Grünspeisen, „... nur vermöglichere Bürger in den Märkten können sich Fleischspeisen herbeischaffen". Aus Fürstenfeld wird 1811

„Eine Bäuerin aus der Gegend von Leoben in Steyermark." 1825.

Fleisch überhaupt nicht erwähnt. Nur aus Feistritz bei Olz heißt es 1811: „Ihre Nahrung besteht aus Mehl- und Milchspeisen, meistens von türkischem Mehle, Kraut und Grünzeug, dann geselchtem Schweinefleisch."

Das geschlachtete Schwein wird auf steirischen Bauernhöfen auf zwei Arten aufgemacht und zerteilt: entweder wie allgemein üblich am Bauch geöffnet, ausgeweidet und in zwei Teile gehackt, oder – in der West- und Mittelsteiermark – vom Rücken aus geöffnet.

Hans Maria Fuchs beschreibt in „Die Bauernkost im Sulmtale" jene alte Art der Aufarbeitung des geschlachteten Schweines vom Rücken aus, wobei durch die Dreiteilung der „hohe Rücken" gesondert ausgehackt wird. Nach dem Stechen, Abbrühen und Putzen wird das Tier auf den Schragen gelegt, dann wird knapp hinter den Ohren die Schwarte in Form eines kleinen Kreuzes durchtrennt und diese Stelle mit dem am Stefanitag geweihten Salz bestreut. Dieser Querschnitt (des Kreuzes) wird bis zum Maulwinkel verlängert, und an allen vier Füßen wird die Schwarte samt Speck über dem zweiten Gelenk bis zum Fleisch durchgetrennt. Dann legt man das Schwein mit der Bauchseite auf den Schragen (die vier Beine hängen zwischen den Holzstäben herab). Der Längsschnitt des kreuzförmigen Einschnittes wird bis auf die Dornfortsätze der Wirbelsäule vertieft und bis zur Schwanzwurzel fortgesetzt. (Der Umfang der Schwanzwurzel soll die Dicke des Rückenspeckes anzeigen und wird vor dem Einschnitt mit einem Schürzenzipfel gemessen.)

Dann löst man Schwarte und Speck im ganzen über den Fleischteilen vorsichtig ab, sie sinken nach beiden Seiten auf den Schragen. Die dicken Rückenmuskeln, die außen am Rückgrat liegen, werden im ganzen abgelöst (Karree oder „Mullbratl" genannt). Draufhin durchtrennt man in etwa 10 cm Entfernung von der Wirbelsäule zu beiden Seiten die Rippenknochen mit dem „Spitzmesser", dabei ist größte Vorsicht am Platz, um die Gedärme darunter nicht zu verletzen. Dann wird das Rückgrat samt Schwanz abgehoben, der Kopf abgetrennt (aber ohne den Speck des Unterkiefers, der mit dem übrigen Speck vereint bleibt). Die Eingeweide, die jetzt freiliegen, werden entfernt, oben und unten abgebunden, damit ihr Inhalt nichts verunreinigt, später gereinigt und zur Wurstfüllung vorbereitet. Daraufhin trennt man Schinkenfleisch und Schulter los, ebenso die langen Rippen, an denen nur eine dünne Fleischschicht haftet, sowie den dicken Bauchfilz („Schmer"). Eigens ausgelöst werden die dünnen Bauchmuskeln an der Innenseite des Specks („Hasen" genannt). Es bleiben noch Speck und Schwarten, die, in einem belassen, schwach gesalzen und einige Wochen zum Trocknen am Dachboden aufgehängt, aber nicht geräuchert werden.

„Blutbackerl"

Das beim Stechen des Schweins aufgefangene Blut mit Milch, etwas Mehl und in Fett gerösteten, fein geschnittenen Zwiebeln versprudeln, mit viel Fett in einer flachen Rein zu einer Art flachen Kuchen backen.

Landskroner Blutgraupen

250 g grobe Graupen, 100 g Bauernspeck, 1 große Zwiebel, 300 g Schweinefleisch, Salz, Pfeffer, Majoran, 2 zerdrückte Knoblauchzehen, 2 Semmeln, $^1/_2$ l geseihtes Schweinsblut; Fett und Brösel für die Backpfanne

Graupen in genügend viel gesalzenem Wasser ziemlich weich kochen, dann abseihen (aber nicht kalt schwemmen). Kleinwürfelig geschnittenen Speck blaßgelb anschwitzen, darin gehackte Zwiebel anrösten, dann das in haselnußgroße Würfel geschnittene Fleisch mitrösten, Salz, Pfeffer, Majoran und zerdrückten

Knoblauch dazugeben. Das Ganze gut durchrösten. Dann die abgeseihten Graupen dazurühren, ebenso die kleinwürfelig geschnittenen Semmeln und das geseihte Blut. Die ziemlich weiche Masse sogleich in eine gefettete, mit Bröseln ausgestreute Backpfanne gut zwei Finger hoch einfüllen und etwa eine Dreiviertelstunde im Rohr backen, bis sie durch und durch gestockt ist. In Portionen ausgestochen, mit gelbem Erbsenpüree oder mit Sauerkraut auftragen.

„Schwarze Breinwürste"

Kopffleisch oder Schwarten, Lunge, Leber, 1000 g Brein oder Reis, Salz, Majoran, Pfeffer, Knoblauch, Bohnen- oder Pfefferkraut, Neugewürz, Basilikum, $^1/_4$ l Blut

Blut, in Salzwasser oder Kopffleischsuppe angekochten, gequollenen Brein (Hirsegreiß, auch Gerst-, Pfennich- oder Heidengreiß) – heute verwendet man Rollgerste oder Reis –, zerkleinerte gekochte Lunge, Leber und Fleischabfälle gut vermengen, mit Salz, Knoblauch, Pfeffer, Majoran, Bohnen- oder Pfefferkraut, etwas Neugewürz und Basilikum würzen; eventuell einige Fettstückchen beigeben. In den gesäuberten Dickdarm („keastelter Darm" genannt wegen seiner Einschnürungen) und in den „Bodingtanz" (den Wurmfortsatz) füllen und binden. Eine Dreiviertelstunde kochen und dann in heißem Fett braten.
Ohne Blut kann man die **„weißen Breinwürste"** bereiten. Breinwürste halten sich nur ein paar Tage. Breinwürste, in Fett gebraten, mit Sauerkraut gab es früher zu vielen Hochzeiten nach der Suppe, allerdings meist nicht in der „ordinären" Form, sondern als **„Knopperwürste":** Die Hirsebreinfülle wird mit „Fleischknoppern", das sind knopfförmig gehackte Fleischabfallstücke, durchsetzt. Die dann luftgeselchten Würste wurden gekocht und in etwa 10 cm lange Stücke geschnitten und in Kranzform auf das Sauerkraut gelegt. Breinwürste wurden im Flach- und im Hügelland der Steiermark auch als Schlachtgeschenk an Nachbarn und die „Freundschaft" (Verwandte, Schwägerschaft) verteilt.

Bratwürste

1000 g Abfallfleisch vom Schwein (halb mager, halb fett), $^1/_8$ l Wasser, Knoblauch, 10 g Salz, Pfeffer, Schweinsdärme

Knoblauchwasser bereiten: einige Knoblauchzehen mit Salz fein zerdrücken und einige Stunden in Fleischsuppe oder Wasser liegen lassen, dann durchseihen. Inzwischen die Fleischstücke mit der Fleischmaschine faschieren oder sehr fein zusammenschneiden bzw. wiegen. Dann Knoblauchwasser, Salz und nach Wunsch etwas Pfeffer dazugeben, gut durchkneten (mindestens eine halbe Stunde), in enge, gut geputzte und geschleimte Schweinsdärme füllen und abbinden. Beim Braten zuerst in lauwarmes Schweinefett geben, dann langsam heiß werden lassen und rundum braten. Zur Wurstmasse kann man auch ein, zwei Semmeln (in Fleischsuppe eingeweicht, fest ausgedrückt und mit dem Fleisch faschiert) dazugeben.

„Salzgimpl" – Behältnis für Kochsalz. Mit helmförmiger Abdeckung.

Selchwürste („Krainerwürste")

2 Teile mageres Schweinefleisch, 1 Teil fettes Schulterstück, etwas kerniger Speck, Salz (auf 1 kg Wurstmasse 12 g Salz und 10 g Pökelsalz), Pfeffer, Zucker, Neugewürz, Knoblauch, Zitronenschale oder Paprika

Mageres Fleisch in große Stücke schneiden, mit Salz und Pökelsalz einreiben. Schulterstück und Speck ganz lassen und ebenfalls einsalzen. Einen Tag im Kühlen ziehen lassen. Dann das Fleisch faschieren, und zwar die eine Hälfte durch die feine, die andere Hälfte durch die große Lochscheibe. Den Speck mit der Hand kleinschneiden. Dann alles vermengen, kräftig würzen und gut abarbeiten, in saubere Därme füllen (dabei mehrmals anstechen, damit die Luft entweichen kann), in etwa 12 bis 15 Zentimeter lange Paare drehen, abbinden, eineinhalb Tage kühl lagern, dann langsam und kühl einen Tag selchen. Die Würste werden in Fleischsuppe oder mit Sauerkraut gekocht.

Die beim Wurstmachen übriggebliebenen Därme und der Magen werden im Sulmtal weich gekocht, in Streifen geschnitten, in Fett mit kleingeschnittener Zwiebel und gehackter Petersilie geröstet und gedämpft. Dann mit einer mit etwas Mehl sämig gemachten Fleischsuppe aufgießen und gut verrühren. Mit Salz, Pfeffer und Majoran würzen.

Selchwürste („Roratewürste") gab es im Judenburger Bezirk zur Mette (sowie Rindfleisch mit Kren, Schweinshaxerl oder Ripperlfleisch). Bis um 1936 aß man um Spital am Semmering zur Jause vor der Mette auch Rindsuppe mit Rindfleisch, jetzt Kaffee und Gugelhupf, gelegentlich auch eine Sulz.
„Roratewürste" hießen sie, weil sie den Dienstboten am ersten Adventsonntag vorgesetzt wurden, wenn sie von der Rorate-Frühmesse nach Hause kamen.

Das an Schlachttagen anfallende Frischfleisch, das **„Brennfleisch"**, wird an den folgenden Tagen zur Jause aufgetischt. Frisch genossen wurde sonst in alter Zeit nur ein sehr geringer Teil. Gekocht bzw. gebraten wurde der „Hochrucken", die Wirbelsäule mit den anhaftenden Fleischteilen.

Schweinskopf

Schweinskopf, Essig, Salz, Pfeffer, 12 Wacholderbeeren, 2 Lorbeerblätter, Thymian, 10 Pfefferkörner, Rosmarin, Salbei, 2 Zwiebeln, 1 Stück Ingwer, 2 Gewürznelken, Zitronenschale, 1/2 l Weißwein

Die Haare über Feuer sauber absengen, eine Nacht lang wässern, dann mit Essig auswaschen, mit Salz und Pfeffer innen einreiben. So einige Stunden ziehen lassen. Dann den Speck von den Wangen schneiden, den Schweinskopf in einen großen Topf voll Wasser geben, Wacholderbeeren, Lorbeerblätter, Thymian, schwarze Pfefferkörner, Rosmarin, Salbei, die Zwiebeln in Schale, Ingwer, Gewürznelken und etwas Zitronenschale beigeben und weich kochen. Sobald das Fleisch von den Knochen fällt, den Kopf mit einem halben Liter Weißwein übergießen und viermal aufkochen. Dann das Fleisch auslösen und in Streifen schneiden. Extra dazu serviert man auf einem Teller ein Gemisch aus Wein, Essig, Kernöl, Pfeffer, Kapern und Zitronenscheiben sowie Obers- oder Apfelkren. Man kann den Schweinskopf auch in zwei, drei Liter Rotwein mit Zitronenschale, Pfeffer, Salbei, Zwiebeln, Rosmarin und Lorbeerblatt weich kochen. Kalt servieren.

Schweinshaxen

Schweinshaxen, Salz, Essig, Öl, Pfeffer, Schnittlauch, Ingwer

Schweinshaxen putzen, die Hornklauen abziehen. Haxen auseinanderschneiden und in Salzwasser weich kochen. Herausnehmen, ausgekühlt das Fleisch von den Knochen lösen, in Streifen schneiden und in eine Schüssel geben. Essig, Öl, Ingwer, Pfeffer, Salz, Schnittlauch verrühren und extra servieren.

Pöllauer Sulz

„Nimm Kälberfüß, Kälber- und Rindsknochen, auch Kalbfleisch, wenn eines übrig ist, lege es in eine große Rein, gib Petersilwurzel, Möhren und Zwiebel dazu, gieße es mit Wasser an. Kann auch ein Stück rohes Selchfleisch dazugegeben werden. Gar kochen, einsieden, salzen und mit etwas Zitronensaft säuern. Zimt und Zitronenschalen beigeben, stehen lassen, bis die Sulz zum Gießen ist." (Rosalia Neumann, „Die Wiener Köchin", 1864)

„Hasen", gefüllte Schweinsbrust

500 g „Hasen" (oder Schweinsbrust), Salz, Kümmel, Knoblauch, 150 g Weißbrot, 40 g Fett, 2 Eier, 1/8 l Milch, Petersiliengrün, Zwiebel, Pfeffer, Basilikum

Die dünnen Bauchmuskeln („Hasen") an der Innenseite des Specks auslösen, zwischen den Bauchmuskeln bzw. in das unterhöhlte Schweinsbruststück eine reichliche Füllung aus kleinwürfelig geschnittenem Weißbrot, in Milch geweicht, mit in Fett gerösteten Zwiebeln, Eiern, Salz, Pfeffer, Basilikum u. a. Gewürzkräutern versetzt. Das Fleisch außen mit Salz, Pfeffer, Knoblauch und Kümmel würzen. Im heißen Rohr ca. 2 Stunden braten. Heiß oder kalt servieren.

Steirisches Wurzelfleisch, Krenfleisch

800–1000 g Schweinernes (Schulter, Bauchfleisch mit Schwarte), 360 g geschältes Wurzelwerk (gelbe Rüben, Petersilien- und Selleriewurzel), 1 Zwiebel, 3 rohe Erdäpfel, Salz, 3 EL Weinessig, 1 Lorbeerblatt, Pfefferkörner, Neugewürzkörner, Kümmel, 1 Knoblauchzehe, Majoran, Petersiliengrün, Kren

Das Fleisch in kochendes Wasser geben, Knoblauch, halbierte Zwiebel, Salz, die Gewürze in einem Säckchen dazugeben und nahezu weich kochen. Dann das grob geschnittene Wurzelwerk im Kochsud mit Essig weich dünsten. Beim Anrichten das Fleisch in Scheiben schneiden, mit den gekochten Wurzeln und mit Essig gesäuertem Sud überziehen. Dazu gerissenen Kren.

„Klachelfleisch“

1500 g Schweinsstelzen („Wadschinken“) und Kopffleisch, 300 g Wurzelwerk, 1 kleine Zwiebel, 1 Lorbeerblatt, Salz, 4 Pfefferkörner, Thymian, 2 Neugewürzkörner, Majoran, 1/8 l Sauerrahm, 2 EL Mehl, Petersilie

Die Stelzen in 2 cm dicke Scheiben schneiden, mit dem blättrig geschnittenen Wurzelwerk, Zwiebel und Gewürzen in einen Topf legen, knapp mit Wasser bedeckt weich dünsten. Rahm und Mehl versprudeln, den Kochsud damit binden, kurz verkochen lassen. Das Fleisch herausnehmen, grobnudelig schneiden, in einer Schüssel anrichten, den suppigen Kochsud über das Fleisch passieren und mit gehackter Petersilie bestreuen oder samt dem kleingeschnittenen Wurzelwerk und geseihten Kochsud anrichten. Mit gerissenem Kren bestreuen. Als Beilage dienen Salzerdäpfel oder Knödel.
Ungers „Steirischer Wortschatz“ erklärt das Wort „Klachel“ so: „1) Glockenschwengel; 2) Schwengel bei Mühlen; 3) plumper Mensch, plumpes Ding; 4) schlechter Kerl, Lump; 5) was allg. Kerl; 6) Penis.“

Ritschert I

200 g Bohnen (jede Bohnenart), 100 g Rollgerste, 250 g Erdäpfel, 150 g Selchfleisch, Salz, Lorbeerblatt, Thymian, Essig

Bohnen tags zuvor in Wasser einweichen, mit der Rollgerste in Salzwasser halbweich kochen, dann kleinwürfelig geschnittene Erdäpfel und das Selchfleisch beigeben. Mit den Gewürzen zusammen gar kochen und zuletzt mit Essig abschmecken.

Ritschert II

250–500 g Bohnen, 150 g Rollgerste, 40 g Butter, 300 g mageres Selchfleisch, 1 Lauch, 2 Blättchen Salbei oder 2 Blättchen Liebstöckel, 1 Zwiebel, 100 g Suppenwurzeln, 1 TL Petersilie, 1 Knoblauchzehe, Salz, Pfeffer

Bohnen tags zuvor in Wasser einweichen. Selchfleisch, Suppengrün und -wurzeln sowie Gewürz weich kochen. Feingeschnittene Zwiebel und gehackte Petersilie in Butter anschwitzen, nach und nach die abgetropften Bohnen und die Rollgerste dazugeben, würzen, mit Selchfleischsuppe aufgießen und langsam weich dünsten. Zugedeckt im Backrohr ausdünsten lassen. Der Ritscher (oder das Ritschert) soll körnig weich sein. Eventuell nachsalzen. Das Selchfleisch, in Stücke geteilt, zum Ritschert geben.
Anderswo nimmt man anstelle von Selchfleisch auch frische, klein geschnittene Schweinshaxen ohne Knochen (und grüne Erbsen und Kohlsprossen). Das „jüdische“ Ritschert ist ein „Ganselritschert“. – Früher wurde auch Pfennich- und Gerstgreiß-„Ritschert“ gekocht (mit Bohnen und Speckschwarte als Eintopf.)

Der größte Teil eines geschlachteten Schweines wurde vor der Einführung des „Einrexens“ und des Tiefkühlens durch Räuchern konserviert – es mußte ja meist länger als ein halbes Jahr für viele hungrige Mäuler reichen. Ein Einpökeln, wie es in Oberösterreich bekannt und beliebt war, ist in den meisten Teilen der Steier-

Aus dem handgeschriebenen Kochbuch für Frl. von Wettstein. Wien 1899.

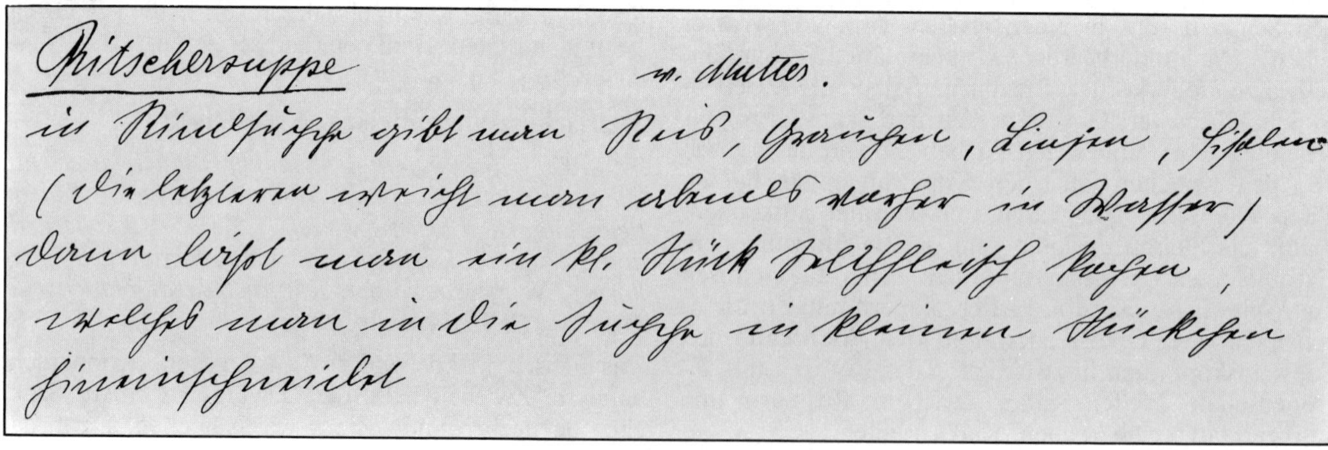
Ritschersuppe v. Mutter.
In Rindsuppe gibt man Reis, Graupen, Linsen, Fisolen (die letzteren weicht man abends vorher in Wasser) dann läßt man ein kl. Stück Selchfleisch kochen, welches man in die Suppe in kleinen Stückchen hineinschneidet

mark nicht üblich gewesen. Man hat das Fleisch mit einer Mischung aus Salz, Knoblauch, Wacholderbeeren, Kümmel, Koriander und schmackhaften Wildwurzeln kräftig eingerieben (das Einpökeln mittels salpeterhältigem Pökelsalz in „Sur" erfolgte erst viel später). Nachdem das eingesalzene Fleisch zwei bis höchstens acht Tage im Salz gelegen hatte, wurde es geräuchert – je höher ein Hof lag, desto mehr hatte man bei Speck und **Rauchfleisch** mit dem Salz gespart. In der ehemaligen Rauchküche des abgeriegelten Flurküchenhauses der Oststeiermark lag der Rauchschlot den Feuerstätten diagonal gegenüber; im alten Rauchstubenhaus erfolgte der Rauchabzug über ein Rauchfenster ober der Tür in das Vorhaus, in die „Labn", in der sich auch der Rauchschlot befand. Das Fleisch hing oberhalb dieser Öffnung in der „Labn". Schinken, Speck und Fleisch hing man auf einer „Fleischstang" (einer langen Stange mit Querstipfeln) oder auf direkt im Rauchschlot angebrachten Stiften in den Rauchfang. Was dort nicht Platz hatte, hing möglichst weit vom Feuer entfernt an der Küchen- bzw. Stubendecke. So wurden die Fleischstücke möglichst im kühlen, luftigen Rauch geselcht. Später hat man dem Herdkamin auf dem Dachboden eine sehr feuergefährliche, hölzerne Rauchkammer angefügt. In der Ebene wurden zum raschen Räuchern im Freien in einiger Entfernung zum Wohnhaus große Kasten aus Brettern aufgestellt, worin man das Fleisch selchte; den Rauch lieferte ein in einer Erdgrube brennendes Feuer. Oft wurde das Fleisch schwarz geselcht, d. h. über Buchenholzfeuer geräuchert, bis es eine schwarze Patina hatte. Später wurde es luftig auf dem Dachboden oder in der Speis aufgehängt; der „Mantel", ein Holzrahmen, schützte es vor Katzen, Mäusen und anderem Getier.

Selchfleisch wird in der steirischen Bauernküche gekocht und mit Kraut und Knödeln gegessen. Früher wurde es in kleine, bissengroße Stücke aufgeschnitten und auf das in der gemeinsamen Schüssel angerichtete Gemüse gelegt. „Es war schon viel, wenn man zwei bis drei Stückl erwischt hat", heißt es sogar aus wohlhabenderen Häusern.

Auch die **geräucherten Schwarten** des luftgetrockneten Specks bildeten ein beliebtes Essen. Sie wurden vorsichtig vom Speck gelöst, in handgroße Stücke geschnitten, mit etwas Pfeffer und einigen Lorbeerblättern in Wasser weich gekocht und entweder heiß mit Apfelkren oder kalt, gesulzt und mit Essig, Kernöl, Pfeffer, viel Zwiebeln und Knoblauch, gegessen.

Der **Speck** selber wird fein gehackt, das geräucherte Fleisch in Stücke zerteilt, alle Knochen entfernt, dann leicht gebraten und in einen großen Holzkübel gelegt. Die Zwischenräume werden mit dem feingehackten Speck („Verhackert") ausgefüllt, fest eingedrückt, schließlich mit ausgebratenem Fett übergossen. (Auch frisches, „grünes" Schweinefleisch wird gut gebraten und in solchen Kübeln mit Fett luftdicht zugegossen.) „Bei guter Wirtschaft sollen die letzten Stücke erst dem Kübel entnommen werden, wenn das erste Schwein des nächsten Jahres schon gestochen ist", schließt Hans Maria Fischer seine Ausführungen über das Sulmtal.

Krainer Essen

250 g gelbe ganze Erbsen, 1½ l Wasser, 40 g Schweinefett, 1 Zwiebel, 250 g Selchfleisch, 100 g Wurst, 50 g Pilze, Salz, schwarzer Pfeffer, Majoran, ½ Lorbeerblatt

Erbsen die Nacht über einweichen, am nächsten Tag abgießen, mit dem Wasser auffüllen und aufs Feuer stellen. In Schweinefett kleingeschnittene Zwiebel rösten, unterspicktes, kleinwürfelig geschnittenes Selchfleisch und ebenso geschnittene Wurst und blättrig geschnittene Pilze dazugeben und durchrösten, mit Salz, Pfeffer und Majoran würzen, nochmals durchschwitzen lassen, zu den Erbsen geben, das Lorbeerblatt beigeben und zugedeckt sehr langsam weich kochen, bis die Erbsen teilweise zerfallen.

„Verhackert"

Der Rohspeck wurde nicht nur zu Selchspeck (im Oberland) oder zu Schmalz und Grammeln (in der Ost- und teils in der Mittelsteiermark) verarbeitet, sondern auch zum „Verhackert" (in der West- und teilweise auch in der Mittelsteiermark).
Frischen, fetten Schweinespeck mit Salz einreiben und zwei, drei Wochen – ohne ihn zu beizen – in der Räucherkammer hängen lassen. Dann die Schwarten sauber abziehen, alles auf dem Verhackertstock mit dem Verhackertmesser erbsengroß „verhacken". Einen Steinguttopf innen mit Fett ausschmieren, das Gehackte fest hineinkneten. Dann Kernfett vom Ochsen heiß werden lassen und heiß über den Topf gießen. Später lösten hölzerne „Speckmühlen" das mühsame Zerhacken mit der Hand ab. Zum Einstampfen in den kleinen Verhackertkübel verwendet man konische und gerade, sehr fest gefügte Gebinde. Man ißt Verhackert als Aufstrich zu Schwarzbrot, verwendet es zur Ein-

brenn, zum Krautsalat und zum Erdäpfelschmarren und gibt es heiß auf den Erdäpfelsalat. In der Mittelsteiermark ist die Redewendung bekannt: „Sich auf etwas freuen wie der Hund aufs Hackellecken."

Beim Weingartenhauen helfen die Nachbarn oft einander aus. Neben Geldentschädigung gibt es auch ein festliches Essen wie Nudelsuppe mit gekochter Bratwurst, Schweinefleisch mit Sauerkraut, danach „Bakkerl" oder Reinling, mit Zwetschken gefüllt, dann nochmals Schweinefleisch mit Kren und zuletzt Krapfen. Am Abend ißt man entweder Salat oder Kraut mit einer Auflage von Schweinefleisch oder Fleisch mit gekochtem Kren, dann gekochtes Obst, mit Branntwein übergossen, dazu Schneeballen oder Branntweinkrapferln. Wenn das Schweinegeselchte schon zu Ende war, gab es zur Weinlese im Sulmtal meist Rindfleisch mit Semmelkren, dann Branntweinkrapferln. Zu Michaeli, am 29. September, spendete der Hausvater oder der Meister das „Lichtbratl-"Festmahl.
Gebratenes Fleisch war in den Bauernhäusern sehr selten, höchstens fand sich ein Hase, ein Kaninchen oder in reichen Höfen nahe der burgenländischen Grenze auch einmal eine Ente am Sonntag auf dem Tisch. Hühner wurden früher verkauft, Rinder und

Schmalzkübel.

Kälber nur bei Notschlachtung auf dem Hof verwertet. Für die Dienstboten bot der Fasching eine besonders essensreiche Zeit. Am „foasten Pfingsti" oder „Sauschädelpfingsti", am Donnerstag vor dem Faschingssonntag, gab es fettes Schweinskopffleisch und Krapfen in unbeschränkter Menge, die Mahlzeiten am Faschingsonntag und -dienstag waren oft viel weniger reichlich bemessen. Bei Nachmittagshochzeiten begann das abendliche Mahl mit einem Aufschnitt von Wurst, Eiern und Kren. Dann gab es nach Wunsch Gekochtes, Gebratenes, dazwischen Mehlspeisen mit Wein, gegen Morgen Tee und Kaffee. Es gab aber auch Rindfleisch mit Semmelkren, Rostbraten, Schweinsschnitzel mit Triët, hie und da ein Hendl, dazwischen Omeletten, immer einmal Spritzstrauben, gedünstete Äpfel, Dörrzwetschken und Preiselbeeren. Nur eines der drei Gerichte war brauchgemäß immer bei einem Hochzeitsmahl: Weinbeerstrudel, Bröselkoch oder Spagatkrapfen.
Am „Tavensamstag" (Karsamstag) wurden und werden in den Sulmtaler Häusern Selchfleisch und Bratwürste gekocht, feines Weißbrot gebacken, gekochte Eier mit umgebundenen Zwiebelschalen gefärbt, bevor das Ganze (eventuell mit einigen Krenwurzen) in einen großen, flachen Stroh- oder Weidenkorb kommt, der verziert und mit Papier ausgelegt und in ein schönes Leinentuch gebunden am Ostersonntag zur Weihe in die Kirche getragen wird. Oft kam der Pfarrer auch zu einer Hofkapelle. Nach der Weihe werden Kirche oder Kapelle von allen so rasch wie möglich verlassen, denn wer den Wettlauf nach Hause gewinnt, wird das ganze Jahr bei der Feldarbeit sehr fleißig sein (Radkersburg).
In St. Georgen an der Stiefing bestand der Brauch, daß die Burschen am Ostersonntag mit dem geweihten Fleisch um die Wette nach Hause fuhren. Das Feuer zum Kochen des **„Weihfleisches"** soll mit dem glühenden Feuerschwamm entzündet werden, der am Karsamstagmorgen vor der Kirche bei der Feuerweihe geweiht wurde. Auch die alten, im Vorjahr geweihten Palmbuschen werden dabei verbrannt. Am Ostersonntag wird schon beim Frühstück vom Inhalt dieser Körbe gegessen, auch jeder Vorübergehende wird damit bewirtet, und die Dienstboten bekommen davon einen größeren Teil als Beikost für die nächsten Tage. In St. Martin an der Salza schenken die Mädchen ihren Burschen bunte Eier, mit Papier und weißem Holundermark verziert und einem Vers („Aus Lieb und Trei / Dies Osterei"); am Kirchtag war ein Lebkuchenherz als Gegengeschenk der Burschen fällig.

Ein Leichenmahl („Bestattung") war im Sulmtal meist noch reichlicher bemessen als ein Hochzeitsessen. Nach dem Englischen Gruß aß man Rindsuppe, Rindfleisch mit Kren, dann einen Schweinsbraten mit Sauerkraut oder Salat, dann ein Weinbackerl oder Semmelbackerl oder einen Weinbeerstrudel, ebenso Triët. In reicheren Häusern wurde durch Einschieben weiterer Gänge das Mahl noch vermehrt. Vor vierzig, fünfzig Jahren noch gab es bei der Bestattung eines reichen Bauern in Fresen dreizehn Gerichte; an diesem Mahl nahmen 90 Personen teil, es dauerte zwölf Stunden. Rosa Fischer schreibt in „Oststeirisches Bauernleben" (1906): „Endlich aber, wenn sie aus der Kirche gehen, da werden sie allesamt eingeladen, sich im Wirtshaus zur ‚Bestattung' oder ‚Totenzehrung' einzufinden. Das ist so altbäuerliche Sitte und wird auch ‚Tragermahl' genannt, und es kommt vor, daß hiebei manchmal aufgetischt wird wie bei einer Hochzeit. Für gewöhnlich aber gibt es kein warmes Essen, nur Semmeln und Wein, viel Wein. Man sagt darum auch im derben Volkston: ‚Loabl abstech'n' oder den Verstorbenen ‚vertrinken', und es kommt wohl vor, daß zuweilen des Guten zu viel getan wird dabei."

Auch die „Knaffl-Handschrift" (1813) nennt die „Todtenzehrungen" einen „Unfug, weil dabey nicht nur gewöhnlich schwelgerisch geschmaust und gezecht wird, so zwar, daß von den lekerern Speisen die so, wie alle übrige im Uiberfluß aufgesezt werden, noch tüchtige Portionen von den geladenen Gästen mit nach Hause genohmen werden; sondern auch weil diese Zehrungen fast durchgehends aus der Masse des Verstorbenen und auf Unkösten der Pupillen bestritten werden".

Die Steiermark hat auch gutes Mastochsenfleisch. In alten Kochbüchern tauchen immer wieder Rezepte auf mit dem Namen: „Steirisches Rindfleisch", „Steirischer Rindbraten", „Steirer Rostbraten" bis hin zum weltbekannten „Girardi-Rostbraten".

Steirisches Rindfleisch

800 g Rindfleisch, Salz, 2 Zwiebeln, 200 g Wurzelwerk, 1 Knoblauchzehe, 8 Pfefferkörner, 1 Lorbeerblatt, Essig, 3–4 Erdäpfel, Kren

Unterspicktes Rindfleisch in Portionen teilen, salzen, mit Zwiebeln, kleingeschnittenem Wurzelwerk, etwas Knoblauch, einigen Pfefferkörnern, einem kleinen Lorbeerblatt, etwas Essig und wenig Wasser halbweich dünsten. Dann geschälte, geviertelte Erdäpfel mitdünsten. Mit Wurzelwerk und gerissenem Kren servieren.

Steirer Rostbraten

„Schneide von einem abgelegenen Riedstück schöne Rostbraten herab, klopfe sie gut und bestreue sie mit Pfeffer und Salz, bestreiche sie mit zerlassener Butter und überbrate sie auf beiden Seiten, gib noch ein Stückchen Butter, sehr fein geschnittene Zwiebel, Limonieschalen, etwas Knoblauch, Beizkräutel und Lorbeerblätter dazu, lasse es zusammen dünsten, dann gieße Rahm, etwas Bratensaft oder Rindsuppe und ein paar Löffel guten Weinessig daran, koche es noch einige Minuten auf und passiere die Sauce durch ein Sieb." („Österreichisches Kochbuch", o. J.)

Merlhofer Mostbraten

1000 g Lungenbraten, Speckscheiben, 250 g Wurzelwerk, 1 Zwiebel, 6 Pfefferkörner, Salz, Most (oder Wein), Kastanien

„Einen gut abgelegenen Lungenbraten häutet man ab, legt ihn auf Speckscheiben in eine Casserolle, gibt fein gewiegte gelbe Rüben, Pastinakwurzeln und Zwiebeln dazu, sowie einige Pfefferkörner, gießt so viel guten Wein- oder Mostobst darüber, daß das Fleisch halb bedeckt ist, läßt auch noch eine Handvoll geschälte, gebratene Kastanien mitkochen, deckt die Casserolle gut zu und läßt das Fleisch mürbe dünsten. Der Saft muß dicklich einkochen und wird passiert über das Fleisch angerichtet. Will man außer der Zeit des neuen Weins diese Speise bereiten, so kocht man schon trinkbaren Wein- oder Obstmost auf die Hälfte ein und füllt ihn in Flaschen und verkorkt diese gut. Beim Gebrauch vermischt man den gekochten Most mit etwas Wasser." (Marie von Rokitansky, „Die Österreichische Küche", 1897)

Girardi-Rostbraten

4 Stück Rostbratenbeiried (à 160 g), 50 g Fett, Salz, Pfeffer, Mehl, 40 g Butter, 80 g Champignons, Petersilie, 1 kleine Zwiebel, Zitronenschale, 1 EL Kognak oder $^1/_8$ l Weißwein, Paradeismark, etwas Bratensaft, $^1/_8$ l saurer Rahm, 1 hartgekochtes Ei

Die gut abgelegenen Rostbraten klopfen, salzen, pfeffern, in heißem Fett rasch beidseitig braten und warm stellen. Bratfett abgießen, Butter aufschäumen, darin Feingehacktes aus Champignons, Petersilie, Zwiebel und etwas Zitronenschale anschwitzen, mit Kognak oder Weißwein ablöschen, mit Paradeismark binden, dann mit fettlosem Bratensaft aufgießen, kurz kochen lassen und die Rostbraten darin dünsten. Über die angerichteten Rostbratenstücke je einen Streifen Sauerrahm ziehen und obenauf grobgehacktes Eiweiß streuen. (Dieses von der hohen Gastronomie komponierte Gericht wurde nach dem 1850 in Graz geborenen Schauspieler Alexander Girardi benannt.)

Im Drautal lebt seit der Römerzeit das schwerere Bergamasker-Schaf, im Berg- und Alpbereich das bajuwarische, stehohrige, leichtere Steinschaf. Zuerst in Kärnten, dann seit Beginn dieses Jahrhunderts auch in der Steiermark eingeführt, werden seit dem Zweiten Weltkrieg weiße Schafrassen aus der Schweiz und aus Württemberg gehalten. Durch die heranwachsenden Jungtiere verdoppelt sich die Schafherde auf den Almen über den Sommer. Zur Einstellung im Herbst wurden und werden überzählige Tiere geschlachtet. Das **Schaffleisch** wird teils frisch verwertet, teils geselcht. Besonders zu Martini kam „Kastraunenes" auf den Tisch. Steirische Lammgerichte haben internationalen Stellenwert erlangt.

Steirischer Lammbraten

1 ausgelöster Lammschlegel (1200 g netto), kleingehackte Lammknochen, 200 g grobwürfelig geschnittenes Wurzelwerk, 1 Zwiebel, je 5 Pfeffer- und Neugewürzkörner, 1 Lorbeerblatt, Salz, Pfeffer, Knoblauch, Basilikum, Zitronenmelisse, Öl; 2 EL Brösel, 1 EL gehackte Petersilie und Parmesan, Butter, gehackter Knoblauch; 1 TL Mehl, 1 TL Paradeispüree, $^1/_8$ l Rotwein, $^1/_8$ Fleischsuppe

Lammschlegel hohl auslösen, Fett entfernen, Fleisch mit Salz, Pfeffer, Knoblauch und Basilikum würzen. Knochen kleingehackt in wenig Fett anrösten, das Wurzelwerk und die gehackte Zwiebel kurz mitrösten, die Gewürze beigeben und das Fleisch auf diese Unterlage legen. Mit Zitronenmelisse bedecken und zugedeckt im vorgeheizten Rohr unter fleißigem Begießen etwa 1 Stunde bei 280 bis 300 Grad braten. Nach der Hälfte der Bratzeit das Fleisch wenden. Das gare Fleisch auf eine feuerfeste Platte legen. Brösel, Petersilie, Parmesan und Knoblauch vermischen, den Braten damit bestreichen, mit Butterflocken belegen und bei Oberhitze im Rohr leicht bräunen. Bratenfett inzwischen abgießen. Pfanne mit Mehl stäuben, Paradeispüree beigeben, kurz durchrösten, mit Rotwein und Suppe aufgießen, zu einer sämigen Soße verkochen, abseihen und heiß servieren. Dazu Polentaschnitten.

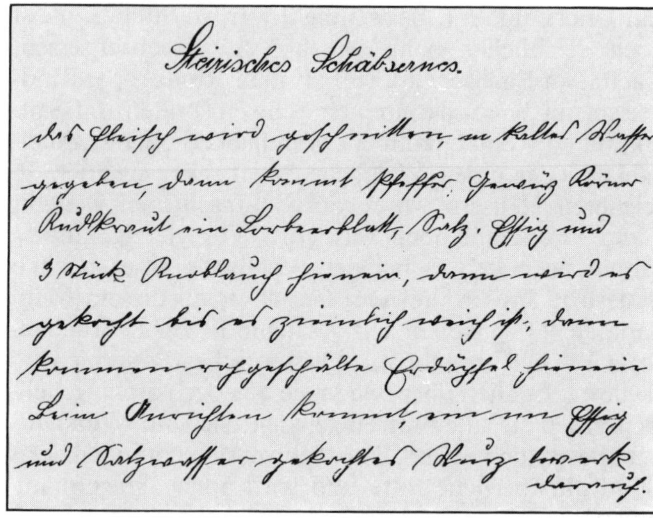
Steirisches Schöpsernes.
das Fleisch wird geschnitten, in kaltes Wasser gegeben, dann kommt Pfeffer, Gewürz Körner Kuttelkraut ein Lorbeerblatt, Salz, Essig und 3 Stück Knoblauch hinein, dann wird es gekocht bis es ziemlich weich ist, dann kommen abgeschälte Erdäpfel hinein. Beim Anrichten kommt ein in Essig und Salzwasser gekochtes Kraut [illegible] darauf.

Kochbuch aus dem südsteirischen Raum. Um 1900.

Steirisches Schöpsernes

800 g mageres, knochenloses Schöpsernes (Brust, Hals, Schulter, Schlegel), Salz, 2 Knoblauchzehen, 1 Zwiebel, 300 g Wurzelwerk, $^1/_2$ Lorbeerblatt, 2 Gewürznelken, 2 Stengel Thymian, Kümmel, 12 Erdäpfel, Majoran, 60 g Schweinefett, 50 g Mehl, Essig, Pfeffer, Schnittlauch

Fleisch grobwürfelig schneiden, mit kochend heißem Wasser abbrühen, abseihen und dann mit frischem Wasser fingerhoch bedeckt auffüllen. Salz, 2 ganze Knoblauchzehen, grob zerkleinerte Zwiebel, grob geschnittenes Wurzelwerk, Lorbeerblatt, Kümmel, Gewürznelken und Thymian beigeben. Zugedeckt langsam weich kochen. Daneben kleine Erdäpfel in Salzwasser weich kochen, dann schälen und halbieren. Majoran fein zerhacken, in eine goldbraun geröstete Einbrenn aus Fett und Mehl geben und kurz anschwitzen lassen, sofort mit einem tüchtigen Spritzer Essig abschrecken. Dann mit dem samt Wurzelwerk und Zwiebeln passierten Schöpsenkochsud zu einer mollig-flüssigen Soße aufgießen, mit Pfeffer würzen, aufkochen, die Fleischwürfelchen und die halbierten Erdäpfel in die Soße geben und zusammen noch kurz dämpfen lassen. Reichlich mit Schnittlauch bestreuen. „Man kann diese Speise auch vom dicken Kügerl zubereiten und nennt sie dann Wurzelfleisch" („Stöckel's österreichisches Universal-Kochbuch", 1923).

Arbeiten, bei denen sich die Nachbarn gegenseitig halfen, wurden meist mit einem größeren Mahl beendet, so das „Dungführen" im Spätherbst oder Vorfrühling, das Heumähen und Brecheln. J. R. Bünker überliefert uns einen Speisezettel zu solch einem Festmahl: Eingemachte Suppe, Geselchtes auf Kraut, Gugelhupf, Schöpsernes mit Krensauce, Schweinsbraten mit Salat und Krapfen in gezuckertem Schnaps.

„I gib a feiste Henn und mein großen Hahn,
Du, Stanzl, bring a in a Wandl
A zuckasüßes Aepfelmandl,
Der Urberl an Laib Brot,
Weil's geht dem Kind so noth.
Der Toni bringt a Lampl und an Wein.
Die Miadl Milchsuppn und Semmelbrocken drein,
Die Thresl Butter und Salz,
Die Katl Eir und Schmalz."

(Mitterdorfer Hirtenlied)

Steirisches Poulard

1 junges Masthuhn, Salz, $^1/_8$ l Weißwein, Pfeffer, 60 g Fett, 1 EL Kognak

Poulard rupfen, ausnehmen und waschen. In einer heißen Eisenpfanne den Boden mit Weißwein und einem halben Teelöffel Salz bedecken. Poulard innen und außen mit Salz und Pfeffer einreiben und mit der Brust nach unten eine halbe Stunde in die heiße Pfanne legen, dann Fett abgießen. Alle zehn Minuten mit einem Löffel heißes Wasser begießen, zwischendurch einen Eßlöffel Kognak darüberträufeln. Gesamtbratzeit etwa eine Dreiviertel- bis eine Stunde. Herausnehmen, tranchieren, mit Reis und Häuptelsalat servieren.

Seit mehr als hundert Jahren exportiert die Steiermark das „Steirische Poulard" („Poularde de Styria"). So war beispielsweise das Sulmtaler Huhn bis nach Norddeutschland begehrt.

„Steirische Landhühner." Aus: Bruno Dürigen, „Katechismus der Geflügelzucht". Leipzig 1890.

Im Sulmtal wurde und wird ein Huhn wie Schweinsbraten in der Pfanne auf Erdäpfelscheiben gebraten.

Steirisches Poulard, gefüllt

1 Poulard, Salz, 30 g Butter; Fülle: 30 g Butter, 2–3 Semmeln, Hühnerleber, 20 g Butter, 1–2 Eier, Milch, Salz, Petersilie, evtl. Rosmarin

Gefüllt werden Poulards bzw. Kapauner (kastrierter Hahn) mit einer Fülle aus 2 bis 3 Semmeln, blättrig geschnitten, mit versprudelten Eiern und Milch getränkt, gesalzen, feingewiegter Petersilie und geschabter und in Butter geröstete Hühnerleber, sowie schaumig gerührte Butter, alles gut vermischt. Das Ganze in die untergriffene Brust füllen und auch den Bauch damit ausfüllen. Das außen gesalzene Poulard mit heißer Butter übergießen und je nach Größe eine Dreiviertelstunde bis etwa eine Stunde im Rohr langsam braten, dabei wiederholt mit Eigenfett begießen.

„Da der steyrische Kapaun", schrieb F. G. Zenker in „Vollständige theoretisch-praktische Anleitungen zur feineren Kochkunst", Wien, 2. Auflage 1824, „der schönen Poularde (erwachsenen Henn, vor dem Eyertragen verschnitten, dann geschoppt) am nächsten kommt, so will ich durchaus denselben unter Poularde verstanden haben."
Fehring ist heute ein Zentrum der steirischen Hühnerzucht, das jährlich mehr als zwei Millionen Stück Federvieh auf den Markt bringt.

Steirisches Hirschragout

600 g Hirschfleisch (Schulter), 60 g Fett, 250 g Wurzelwerk, 1 Zwiebel, Salz, 8 Pfefferkörner, 6 Gewürzkörner, 5 Wacholderbeeren, $^1/_2$ Lorbeerblatt, 1 Knoblauchzehe, Thymian, Muskatnuß, 20 g Mehl, $^1/_{16}$ l Rotwein, 2 EL saurer Rahm, Zitronensaft, 1 bis 2 EL Preiselbeeren

Das Fleisch im ganzen mit Salz, Lorbeerblatt, Thymian, den Pfeffer- und Gewürzkörnern und Wacholderbeeren fast weich kochen. Herausnehmen, etwas überkühlen und in kleine Würfel schneiden. Inzwischen in heißem Fett feingeschnittene Zwiebel und feingeriebenes Wurzelwerk anrösten, das kleingeschnittene Fleisch beigeben, mit dem geseihten Kochsud aufgießen und zugedeckt im Rohr weich dünsten. Zuletzt mit Mehl stauben, den sauren Rahm, Rotwein, geriebene Muskatnuß, Preiselbeeren und etwas Zitronensaft beigeben, abschmecken und verkochen lassen.

Gemüse, Salate, Soßen

Kraut und Rüben, Bohnen, Erbsen und Linsen waren im Mittelalter im Gegensatz zum Getreide als „kuchel nothdurfften" in der Regel zehentfrei. Mit dem Wandel der alten Fruchtfolge zur neuen Fruchtwechselwirtschaft in der Zeit Josefs II. vervierfachte sich bis 1905 der Krautanbau, durch die Einführung von Erdäpfeln und Mais änderte sich dann die Ernährung grundlegend; denn Erdäpfel und Mais ermöglichten die gezielte Mast der Schweine, die bis ins 17. Jahrhundert frei geweidet wurden, auch der Sturz der Wollpreise ließ die Bauern vom Schaf auf das Schwein umsteigen. Die Hülsenfrüchte, im Hügel- und Flachland bisher im Vordergrund stehend, traten in den Hintergrund.

Kraut auf Steiermarker Art

„Nimm einen mittelgroßen Krautkopf, gib den Stengel und die äußeren Blätter weg, schneide von den übrigen Blättern die Rippen aus und schneide sie fein wie zu einem Krautsalat, gieße siedendes Salzwasser darüber, lasse es zugedeckt eine kleine Weile stehen, gib in ein Kasseroll kleinwürfelig geschnittenen Speck und Zwiebel, röste es zusammen einige Minuten und gib das ausgedrückte Kraut mit Salz und etwas Kümmel dazu, lasse es dünsten, bis es eine Farbe hat, staube Mehl daran, gieße etwas Rindsuppe, 1 Löffel Weinessig und Rahm dazu, daß es die rechte Dicke bekommt. Und lasse es zusammen noch eine Viertelstunde dünsten." („Österreichisches Kochbuch", Linz, o. J.)

Wenn das Kraut noch keinen harten Kopf („Göpel", „Gepel") hat, wird es wie Kelchkraut (Kohl, Wirsing) ungesäuert mit einigen Erdäpfeln gekocht und mit einer Einbrenn versehen.

Süßsaures Weißkraut

1 kleiner Krautkopf, 150 g Speck, 2 kleine Zwiebeln, 1 saurer Apfel, 1 EL Kümmel, 1 TL Pfeffer, Prise Salz und Zucker, 2 EL Essig, 1 Lorbeerblatt, 4 Wacholderbeeren, je 1 Msp. Basilikum und Thymian, etwas Zitronenschale

Kleinwürfelig geschnittenen Speck anschwitzen, würfelig geschnittene Zwiebeln dazugeben und glasig rösten, den geviertelten Apfel und das gehobelte Weißkraut dazugeben, ebenso alle Gewürze, und mit $^1/_4$ l Wasser oder Rindsuppe angießen. Gut durchrühren und zugedeckt weich dünsten lassen (dabei mehrmals durchrühren und bei Notwendigkeit etwas Flüssigkeit nachgießen).

Im Herbst wird das Sauerkraut im steirischen Oberland zusammengehackt und in große Holzbottiche gegeben, um „es später als Schweinefutter zu verwenden". Das Krauthacken geschieht bei der „Hackbrucken". Dazu gibt es auch hin und wieder noch ein spöttisches „Krauthackg'sangl", so lautet eine Strophe aus Gröbming im Ennstal:

„Sepp, Sepp, Sepp,
Kropfert ist der Sepp;
Sollt' der Sepp nit kropfert sein,
Schlupfert er beim Mausloch 'nein."

Sauerkraut kam, wie noch Peter Rosegger zu berichten wußte, in der Winterszeit täglich auf den steirischen Bauerntisch. „Das Kraut wird mit Speck ‚eingemacht', in Ermangelung eines solchen oder wenn kirchlicher Fasttag ist, mit Butterschmalz geschmälzt oder mit ‚Einbrenn' (geröstetem Mehl) versetzt, oder es werden Erdäpfel oder Feldbohnen hineingekocht. In meiner Handwerkszeit kam ich just einmal an den Herd, als die Bäuerin in Ermanglung eines anderen G'machets eine Talgkerze in den brodelnden Krauttopf steckte. Bei derselben Mahlzeit hat's den anderen recht geschmeckt, ich aber habe an der Krautschüssel nicht mitgehalten. Lebensphilosophen sagen es ja immer, daß das Wissen das Genießen verdirbt.

Nun also kommt das Kraut in einer großen Schüssel auf den Tisch, die Leute fahren mit ihren Löffeln oder Gabeln darauf los und beißen Brotschnitten dazu ...

Im alten Bauernhofe wird das ‚letige' Kraut, es kommt täglich mittags und abends auf den Tisch, als ein Gericht für sich verzehrt. Erst wenn die Krautschüssel leer ist, kommen Knödel in der Fleischsuppe und Geräuchertes oder ‚Grünfleisch', wovon der Hausvater jedem, der bei Tische sitzt, ein kleines Stück auf den Teller legt." Soweit Rosegger. Allerdings gab es früher auch Kraut und Fleisch zusammen, wobei das Fleisch in kleinen – und meist nicht zu vielen – Brocken auf das Kraut aufgelegt wurde.

Krauthobel aus dem Heimatmuseum Feldbach.

Welchen Stellenwert das „Kraut" bei den Bauern hatte, zeigt ein alter Hochzeitsbrauch (im Bezirk Fohnsdorf und in der Gegend Judenburg), von dem es in der „Knaffl-Handschrift" aus dem Jahre 1813 heißt: „Der erste Weg des Brautführers mit der Braut ist in die Küche, die Braut muß da aus einem schon für sie bereiteten Topfe zwischen zween Fingern Salz nehmen und die beym Feuer stehenden Häfen mit Kraut salzen. Hieraus läßt sie in den Salztopf ein, zwei oder drey Zwanzger Stücke fallen, welches ein Geschenk der Köchin ist. Diese Zerimonie heißt das Krautsalzen." Der Speisezettel zum Hochzeitsmahl einer „mittelmäßigen Bauernhochzeit" umfaßt laut dieses anschaulichen Berichts von Knaffl: „1 Suppe mit gebähter Semel. 2 Rindfleisch mit gekochten Krenn. 3 Kraut mit Wurst oder gebackener Leber (‚Gesattelte Zuspeisen'). 4 Eingemachtes Kälbernes und Lämernes. 5 Spanferkeln und Schweinener Braten. 6 Unterspeis, bestehend aus Lungenkoch und Schmarn. 7 Gepaiztes Rindfleisch mit sauern Salat. 8 Kalbsköpfe. 9 Hennen in der Reissuppe. 10 Frische ganze Zungen mit Weinberl, Mandel und Ziweben. 11 Ganzes Pastetengebäck. 12 Kleinere viereckigt geformte Butterkrapfen. 13 Kalbsbraten mit Salat. 14 Gerollte Gerste in der Suppe. 15 Grosse Krapfen, im Durchmesser von anderthalb Schuhen. 16 Gebackene Zwetschgen... Hier muß ich noch bemerken, daß wohl auch Torten und anderes Zuckergebäcke, oft auch wohl Kaffee etc. auf den Tisch kömmt und daß von jeder trocknen Speise ... jeder Gast seine tüchtige Portion mit nach Hause nihmt, welches Bschoadessen genent wird."

Kerniger als das „Faßkraut" war das **„Schwer-"** oder **„Grubenkraut"** – „man wird seiner nie überdrüssig", bekennt Rosegger, und er schildert, wie die Krautköpfe im großen „Gmoakessel" in siedendem Wasser überbrüht wurden (20 bis 30 Köpfe konnte man auf einmal kochen), „dann werden sie mit großen Seihern herausgefischt, auf den Karren gelegt und, wenn das Wasser abgeronnen ist, in den ‚Krauttaler' gebracht. Der Krauttaler ist in der Nähe des Hofes im Freien. Er ist ein etwa eine Klafter weiter und vier bis fünf Klafter tiefer Schaft; die Wand ist mit Lärchenholz stark eingefaßt und der Grund mit Stroh belegt. Da hinab werden nun die weichgebrühten Gebel geworfen. Ist der Schacht voll, dann wird das Kraut mit einem runden Deckel zugedeckt und mit wuchtigen Steinen beschwert, die es zusammenpressen... Somit ist das Kraut von der Luft abgeschlossen, und da unten kann es nun Jahr und Tag verbleiben, ohne daß es verdirbt." (Peter Rosegger, Haus und Heim.) Die einer solchen Grube entnommenen Krautköpfe wurden auf dem Krautstock geschnitten, dann lange gekocht. In den Inventarverzeichnissen der Göthschen Serie finden sich allerdings nur Krauthobel und Krautbottich für jedes Bauernhaus angegeben. Doch auch Hans Maria Fischer berichtet über das „Schwer-" oder „Grubenkraut" im Sulmtal, weitere Belege für das „Grubenkraut" gibt es in den Fischbacher Alpen, in der Weststeiermark, im Mürztal und aus dem Ennstal.

Die dritte und wohl älteste Art, das Massengemüse Kraut in der Steiermark zu konservieren, war das Räuchern bzw. Selchen der Krautköpfe (Koralpe); dazu benötigte man nur ein Feuer. So dürften diese drei Arten auch drei historischen Schichten entsprechen.

Weiße Rüben

500 g Rüben, 60 g Fett, 20 g Mehl, Salz, Kümmel, 3 EL Milch

Weiße Rüben schälen, blättrig, fadendünn oder kleinwürfelig schneiden, mit Salz und Kümmel im Wasser

Titelblatt zum „Grätzerischen Kochbuch". 8. Aufl. Graz 1804. Zeigt eine reich ausgestattete Küche eines Adels- oder Bürgerhauses, mit offener Feuerstätte.

(gut überdeckt) kochen. Zuletzt mit einer Einbrenn aus Fett (oder Speckwürfelchen) und Mehl vermischen. Etwas Milch beigeben, wodurch der bittere Geschmack der Rüben gemildert wird.

Will man **gesäuerte Rüben,** werden sie wie Kürbis geschabt, mit Salz und Kümmel in Essigwasser weich gekocht und zum Schluß mit einer Einbrenn vermengt.

Als Abwechslung in der eher eintönigen Wintermahlzeit galten die **„Tresterruabn":** ganze, gewaschene weiße Rüben wurden lagenweise zwischen frisch ausgepreßten Obsttrestern wie Sauerkraut in einem Bottich eingeschichtet, beschwert und der Gärung überlassen. Vor Gebrauch wurden die Rüben geschält und dann wie die frischen Rüben zubereitet.

Neben Blaukraut und Möhren (die man lieber für Suppen als für Salate verwendet) und Roten Rüben (als Salat) bereitet man gern die grünen Bohnenschoten (Fisolen) als Gemüse.

Nach Hirse wurden die Bohnen zuerst allein („ledi"), später in Mischkultur mit Erdäpfeln und Mais angebaut. Die Bohnen, büschelweise ausgerauft, wurden in Büscheln zum Trocknen zuerst am Ackerrand zusammengestellt, dann auf Böden von Hütten und Scheunen ausgetrocknet, dann mit Drischeln gedroschen, ausgereitert, später durchgewunden. Das Bohnenklauben war einst Arbeit für die langen Winterabende und erfolgte meist als Gemeinschaftsarbeit. Bohnen waren zur Zeit der Leibeigenschaft ein Grundnahrungsmittel und das „Jausenbrot" der Robotbauern, die zu Mittag nur Kraut und Brot bekamen, sich aber mit den heimlich mitgenommenen gekochten Bohnen dazwischen sättigen konnten. Viele haben auch später eine Tasche voll gekochter Bohnen zur Feldarbeit mitgenommen, genauso wie die Wallfahrer. Noch nach dem Ersten Weltkrieg aßen ältere Wallfahrer am „Zellerfestsonntag", dem Sonntag nach Mariä Geburt, in Söchau Bohnen (auch viele Burgenländer nahmen an dieser Wallfahrt teil!).

Bohnen wurden als Frühstück, mit Butterschmalz abgeschmalzen, nach der Milch- bzw. Schottsuppe im Vorgebirge gegessen, im Flach- und Hügelland an Freitagen und anderen Fasttagen auch zu Mittag, vermischt mit Hirse, als „Ritschert" oder in anderer Form in einem warmen Gericht (Unger übermittelt als Hülsenfruchtspeise den Namen **„Feselspeise"**). Täglich am Abend vor dem Brei(n) (später vor dem Grießkoch) gab es „saure Bohnen" – „Bouhn af d'Nacht und a Kouch ah" war die Mindestforderung aller Dienstboten und Tagwerker auf einem Hof. Den Fisolenpflanzen muß man besonders „schön tun", denn keine Frucht hat dem Herrgott so schwer zu schaffen gemacht wie diese, weil er sich dabei die Zehennägel beschneiden mußte, weiß die Legende.

Fisolengulasch

100 g Selchspeck, 1 EL Öl, 1 Zwiebel, Salz, Essig, Paprika, 700 g Fisolen (Bohnenschoten), 100 g Paradeiser oder 20 g Paradeismark, 1 EL Mehl

Speck würfelig schneiden, mit etwas Öl und ringelig geschnittener Zwiebel anlaufen lassen. Dann Paprika und einen Spritzer Essig sowie die in Stücke geschnittenen Fisolen beigeben. Wenig Flüssigkeit dazugießen und weich dünsten. Zur Verbesserung gibt man entkernte Paradeiser oder Paradeismark dazu. Zuletzt mit ganz wenig Mehl stauben.

Offene Feuerstätte in einer bäuerlichen Küche aus der gleichen Zeit wie die Küche auf dem gegenüberliegenden Bild.

Saure Bohnen

Einen Hefen Bohnen weichte man am Vorabend in Wasser ein, kochte ihn dann bereits am Morgen für den ganzen Tag. Zu Mittag standen sie, etwas ausgekühlt, zum „Nachschütten" bereit. Der Rest wurde abends gegessen. Die „sauren Bohnen" wurden nur mit Essig angemacht. Selten kamen ein paar Tropfen Öl darauf, dann war das Gericht aber schon etwas „besonders Feins". Manchmal gab man statt Essig auch Milch über die Bohnen. Das Bohnenwasser schüttete man in den Sautrank, wurde aber, wo regelmäßig täglich eine Menge anfiel, auch als Kälbertrank verwendet, da die Kälber davon besonders schön werden sollen. In Tagwerkerhäusern, in denen auch die Bohnen „kluag" (rar) waren, wurde sogar das Bohnenkochwasser zu einer Suppe genutzt.
Die Hülsenfrüchte, vor allem Bohnen, setzten sich erst in der Erzherzog-Johann-Zeit im Anbau allgemein durch, das tägliche Bohnenessen jedoch weist auf eine ältere Tradition zurück. Früher kannte man ausschließlich die Ackerbohne, auch Feld-, Pferde- oder Saubohne genannt. Bohnen, nur mit Essig abgemacht, waren die übliche „Vorricht" des Abendessens.

Einige tausend Hektar in der Oststeiermark sind dem Anbau von Chinakohl gewidmet, der heute einen beachtlichen Exportartikel darstellt. Chinakohl gedeiht nur dann richtig, wenn ein bestimmter Tag-Nacht-Rhythmus gegeben ist; er wird deshalb nur im Frühjahr und Herbst angebaut und dann beim Bauern eingelagert und aus dem Lager heraus ausgeliefert.

Der **Kürbis** wurde nach der Völkerwanderungszeit aus den römischen in die deutschen Lande gebracht. Lange nur als Heil- und Zierpflanze erwähnt, scheint der „Kürbiskäse" seit Ende des 16. Jahrhunderts bis Mitte des 19. Jahrhunderts in den Dokumentenbüchern der steirischen Patrimonatsherrschaften auf. Feldmäßig angebaut wurde er zum Beispiel in den Bezirken Fürstenfeld und Riegersburg erst im 18. Jahrhundert, im 19. Jahrhundert ist sein Anbau im steirischen Unterland bereits allgemein, wo die Kürbisse in großer Menge zwischen dem Mais gepflanzt und sowohl als Futter für die Schweine als auch zur Ölgewinnung verwendet wurden. Beim Kürbiseinsetzen bzw. -säen soll man viel lügen, dann gedeihen die Pflanzen besonders gut.
Kürbisse werden wie die Rüben und das Kraut auch in Holzbottichen gelagert, gesalzen und mit Wacholderbeeren eingestampft, mit Brett und Steinen beschwert.

Kürbiskraut, „Kaiserrüben"

500 g Kürbis, 80 g Fett, Kümmel, Essig, Prise Zucker, Paprika, 1 Zwiebel, 3 EL Mehl, $^1/_8$ l Sauerrahm

Kürbis entkernen, schälen, nudelig schneiden, salzen, mit Kümmel und etwas Essig vermengt marinieren. In heißem Fett gehackte Zwiebel anlaufen lassen, etwas Zucker und Paprika sowie Kümmel beigeben, den Kürbis darin zugedeckt dünsten lassen. (Eventuell etwas Milch beigeben.) Sobald er weich ist, Mehl mit etwas Wasser versprudeln und dazurühren. Kurz weiterdünsten lassen. Zuletzt den Sauerrahm einrühren.

Süßsaurer Kürbis

1000 g Kürbis, 500 g Zucker, $^1/_8$ l Weinessig, 1 Stück Zimtrinde, 1 Stück Ingwer, 3 Gewürznelken, 2 Zitronen

Kürbis in Streifen schneiden, schälen, entkernen und grobwürfelig schneiden. In einer Mischung aus Wasser

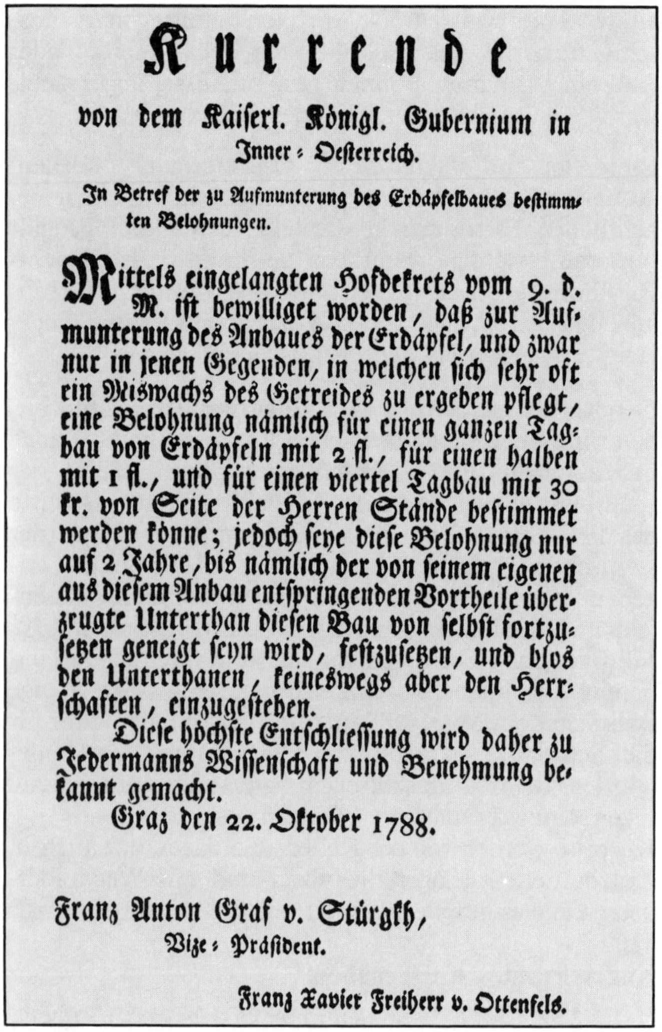

Kurrende

von dem Kaiserl. Königl. Gubernium in Inner-Oesterreich.

In Betref der zu Aufmunterung des Erdäpfelbaues bestimmten Belohnungen.

Mittels eingelangten Hofdekrets vom 9. d. M. ist bewilliget worden, daß zur Aufmunterung des Anbaues der Erdäpfel, und zwar nur in jenen Gegenden, in welchen sich sehr oft ein Miswachs des Getreides zu ergeben pflegt, eine Belohnung nämlich für einen ganzen Tagbau von Erdäpfeln mit 2 fl., für einen halben mit 1 fl., und für einen viertel Tagbau mit 30 kr. von Seite der Herren Stände bestimmet werden könne; jedoch seye diese Belohnung nur auf 2 Jahre, bis nämlich der von seinem eigenen aus diesem Anbau entspringenden Vortheile überzeugte Unterthan diesen Bau von selbst fortzusetzen geneigt seyn wird, festzusetzen, und blos den Unterthanen, keineswegs aber den Herrschaften, einzugestehen.

Diese höchste Entschliessung wird daher zu Jedermanns Wissenschaft und Benehmung bekannt gemacht.

Graz den 22. Oktober 1788.

Franz Anton Graf v. Stürgkh,
Vize-Präsident.

Franz Xavier Freiherr v. Ottenfels.

Staatliche Subventionen schon damals: Man förderte den Anbau der Erdäpfel . . .

und Essig drei Stunden ziehen lassen, dann herausnehmen und trocknen lassen. Inzwischen Zucker, $^1/_8$ l Weinessig und Wasser, geriebene Zitronenschale und Saft der Zitronen in einem Topf aufkochen, die Kürbisstücke dazugeben, ebenso Zimt, Nelken und Ingwer. Eine halbe Stunde kochen (bis die Kürbisstücke weich sind). Die Gewürze entfernen, Kürbis samt Brühe in eine Schüssel gießen und abkühlen. War eine beliebte Beilage zu gekochtem Rindfleisch. Dieser süßsaure Kürbis kann auch konserviert werden: noch heiß in Gläser füllen, mit der Kochbrühe bedecken, ausgekühlt die Gläser zubinden.

Um 1800 führte der fortschrittliche Bauer Paul Adler aus dem Dorf Mühlreith in Pichl bei Aussee die **Erdäpfel** im steirischen Salzkammergut ein. In der Südost-Steiermark hießen sie „Erdköstn" oder „Kestn", im Salzkammergut „Erdbohne", in der Südwest-Steiermark „Erdrübe", im steirischen Ennstal „Nudel", in der Weststeiermark auch „Fletzbir(ne)", in der nordöstlichen Steiermark „Bunse", in der Mittelsteiermark „Erdbirne". Die Erdäpfel kamen später als der Kukuruz ins Steirerland. Bald darauf erreichte die Kultur dieser „unschätzbaren Frucht" um Graz nach damaliger Einschätzung bereits einen „sehr hohen Grad". Der Ernteertrag in der Steiermark war um 1830 hinter Tirol und Vorarlberg der drittgrößte. Noch 1846 spricht F. X. Hlubek „von den Kartoffeln, welche nur nebenbei in geringer Ausdehnung zum eigenen Bedarfe angebaut werden", und schätzt deren Anbaufläche auf $^1/_{50}$ bis $^1/_{40}$ des gesamten Ackerareals in der Steiermark. „Von großer Wichtigkeit war der Anbau von Hirse und Haiden, geringer scheint der von Mais und noch geringer der von Kartoffeln gewesen zu sein, denn diese werden in dem Wirtschaftsbuche (in Jagerberg) nicht einmal erwähnt, obwohl seit 1775 in der Gegend bekannt." (Hans Rohrer, „Versuch über die deutschen Bewohner der oesterreichischen Monarchie", 1804.)

Die Erdäpfel, zuerst versuchsweise in Kleinkörbchenmenge als Seltsamkeit im Garten gebaut, verbreiteten sich nach dem Wegfall von Hirse und Bohnen schnell und wurden unentbehrliches Mastfutter für Schweine, drangen aber im Oberland nur langsam als wenig geschätzte Zugabe in die Bauernkost ein. Doch in Notstandsgebieten und in ärmeren Haushalten wurden sie rasch Hauptnahrungsmittel, man verwendete sie auch bald für vielerlei sonst nur mit Mehl bereitete Speisen. Im „Grätzerischen Kochbuch", 1790, heißt es nach verschiedenen Rezepten (u. a. Erdäpfelsalat, eingebrannte Erdäpfel, in Schale) von den Erdäpfeln bereits: „Sie sind eine wohlschmeckende und nahrhafte Speise."

Erzherzog Johann ließ Erdäpfelsaatgut in armen Gegenden der nordöstlichen Steiermark an Werksarbeiter und Holzknechte verteilen (405 Metzen an mehr als 700 Empfänger). Versuchsanbauten machte man auf gepachtetem Herrschaftsgrund für das Jahr 1819 und erweiterte die Aktionen auf das Paltental, Oppenberg, Donnersbach, Sölktal, Ennstal (Gstatt) und Aussee.

Früher aß man das Gemüse allein für sich mit oder ohne aufgelegte Fleischbrocken, nur der Brotlaib lag auf dem Tisch bereit, so daß sich jeder bedienen konnte.

Neue

Kartoffelküche.

Eine

Sammlung praktiſch erprobter Recepte

für den einfachſten und feinſten Haushalt.

Herausgegeben

von

Paula Kortſchak.

Durchgeleſen und empfohlen von

Katharina Prato,

Verfaſſerin der Süddeutſchen Küche.

Zweite vermehrte Auflage.

Graz und Leipzig 1891.

Ulrich Moſer's Buchhandlung

(J. Meyerhoff).

... hundert Jahre später gab es bereits eine beachtliche heimische „Kartoffelküche-Literatur“.

In der oststeirischen Küche haben sich die Erdäpfel nur langsam durchgesetzt. In diesem Ofengebiet hat man sie am liebsten im heißen Ofenraum gegart, und sie kamen als gebackene Erdäpfel auf den Tisch. Meist aber haben sie sich gekocht und geröstet als Zugabe zur zweiten Richt eingebürgert. Allmählich lernte man auch eigene Erdäpfelspeisen, wie die lautere Erdäpfelsuppe, „Kestnsterz“, Erdäpfelstrudel, -wurst, -knödel. Aber bis heute spielen gerade in der oststeirischen Küche die Erdäpfelgerichte eine eher untergeordnete Rolle, in erster Linie dienten die Erdäpfel der Forcierung der Schweinezucht. Auch im Sulmtal wurden die Erdäpfel zur Schweinemast verwertet; in den sandigen Böden der Berglagen gediehen sie prächtig, in den Lehmböden des Hügellandes sind sie erst seit den dreißiger Jahren dieses Jahrhunderts stärker verbreitet.

Gebackene Erdäpfel

600 g Erdäpfel, Salz, 80 g Fett, Fleischreste, Schwarteln, $^1/_4$ l Sauerrahm, Butter

Geschälte rohe Erdäpfel blättrig schneiden, in eine gefettete Rein schlichten und salzen. Schwarteln, Fleischreste (oder was man sonst an Fleischresten hat) dazwischengeben, mit Sauerrahm übergießen, mit einigen Butterflocken obenauf im Rohr backen.

Die bekannteste Zubereitung von **Pilzen** im Sulmtal heißt „Schwammerln mit neunerlei Kräuteln“: Verschiedene Pilze werden mit Zwiebel, Knoblauch, Petersilie, Basilikum, Majoran, Thymian, Kümmel, Salz und Pfeffer in heißem Fett geröstet.

Schwammerlgulasch

60 g Fett, 150 g Zwiebeln, 200 g Erdäpfel, 500 g Schwammerln, 1 EL Mehl, Salz, Kümmel, Paprika, 2–3 EL saurer Rahm, 1 Knoblauchzehe

Feingeschnittene Zwiebeln in heißem Fett braun rösten, gesäuberte Schwammerln, blättrig geschnitten, dazugeben, ebenso etwas Paprika, Kümmel und einige kleinwürfelig geschnittene Erdäpfel. Salzen und zugedeckt mit etwas Wasser oder Fleischsuppe weich dünsten. Mit Mehl stauben, mit Sauerrahm und zerdrücktem Knoblauch verbessern.

Salate durften in der altsteirischen Bauernküche nicht fehlen und ergänzten als Würze und Zukost die einfache Bauernkost. Im bäuerlichen Hausgarten wurden und werden Frischsalate wie Häuptelsalat, Rapunzelsalat, Endivien, Gurke („Murkn“), Paradeiser, Paprikaschoten, einige weniger arbeitsbelastende feinere Gemüse, aber reichlich Würz- und Heilkräuter gezogen. Bevor man Gartensalat ernten konnte, sammelte man wildwachsenden Feldsalat („Feldrabinsel“ oder „-rebinsel“), Röhrlkraut (Löwenzahn), „Rampfe“ (Sauerampfer), Zichorie, Bachkresse, „Specksalat“ (grundständige Blattrosette von Hieracium auricula), „Teichtröserl“ (Crocus vernus), von denen die Staubfäden und Stempel vor dem Genuß entfernt werden, sowie frische Keimlinge von Stoppelrüben. Auch den Häuptelsalat baut man sehr dicht, damit schon Teile davon als „Zupfsalat“ herausgenommen werden können. Im Spätsommer gab und gibt es Frischkraut und Rüben, meist mit einer dünnen Einbrenn und einem Schuß Essig bereitet. Im Winter gab es als „Zukost“ neben dem milchgesäuerten Massengemüse (Sauerkraut und

Rüben) Bohnen, Rettich (mischte man gern auch mit dem Bohnensalat), Rote Rüben und Erdäpfel. Die Salate werden mit Obstessig (aus selbstgemachtem Apfelmost gewonnen) und viel Öl (Kürbiskernöl) angemacht. War eine Schüssel Grünsalat leergegessen, schüttete man in die übriggebliebene Essigbrühe gekochte Bohnen.

Die Steiermark verfügt in den Bezirken Feldbach und Radkersburg über die einzigen österreichischen Großanbauflächen für **Kren.** Mußte in den sechziger Jahren Kren noch importiert werden und betrug noch 1970 der österreichische Kren-Export nur zehn Tonnen, so werden derzeit in den beiden steirischen Bezirken jährlich 1400 bis 1500 Tonnen produziert, wovon an die 700 bis 900 Tonnen der Eigenversorgung dienen, während 1979 541 Tonnen ausgeführt wurden. Durch Anbauverträge wird der Ernteabverkauf gesichert. Frisch gerissenen Kren benötigt die steirische Küche besonders für das „Steirische Wurzelfleisch".

In der landwirtschaftlichen Versuchsanstalt in Burgstall bei Wies werden auch exotische Gemüsesorten kultiviert, um so den heimischen Bauern neue Möglichkeiten zu erschließen.

Apfelkren

2–3 Äpfel, 2 EL geriebener Kren, Essig, Zucker, Zitronensaft

Äpfel schälen, fein reiben, mit etwas Essig, Zucker und Zitronensaft verrühren, zuletzt den Kren darunterrühren.

Essigkren

2 EL geriebener Kren, 20 g Zucker, Prise Salz, 1 EL Öl, 1/8 l Weinessig

Geriebenen Kren mit Essig, Zucker und Salz gut verrühren, zuletzt das Öl einrühren. Rührt man den geriebenen Kren vorher mit etwas heißer Rindsuppe ab, wird er weniger scharf.

Oberskren

1/4 l Schlagobers, Prise Zucker, Salz, Pfeffer, 1 TL Zitronensaft, 3 EL geriebener Kren

Schlagobers mit Zucker steif schlagen, mit Salz, Pfeffer und Zitronensaft abschmecken und den Kren darunterrühren.

Mandelkren

2 EL geriebener Kren, 50 g Mehl, 40 g Fett, 40 g abgezogene Mandeln, 20 g Zucker, 1/2 l Milch, Salz

Mehl in heißem Fett anschwitzen lassen, mit Milch aufgießen und zu einer sämigen Soße verkochen. Dann feingestoßene oder feingeschnittene Mandeln, Zucker und Prise Salz dazugeben, zuletzt den Kren darunterrühren und abschmecken.

Sauerampfersoße

1–2 Handvoll Sauerampfer, 40 g Butter, 20 g Mehl, Fleischsuppe, Salz, Muskatnuß, 1 Dotter

Sauerampfer waschen, gut abtropfen lassen, klein schneiden, in heißer Butter dämpfen, mit Mehl bestäuben, etwas weiterschwitzen lassen, mit heißer Fleischbrühe aufgießen, mit Salz und geriebener Muskatnuß würzen und zu einer sämigen Soße einkochen. Man kann die Soße zuletzt mit einem Dotter binden (dann nicht mehr kochen).

Hölzerner Schöpfer.

Hagebuttensoße

250 g frische Hagebutten („Hagenbutze", „Hiefen", „Arschkitzel"), 1/4 l Flüssigkeit (halb Wasser, halb Wein), 100 g Zucker, Zimt, Zitrone, 1 EL Mehl

Hagebutten halbieren, entkernen, waschen und abtropfen lassen. Mit der Flüssigkeit weich kochen, dann passieren (wenn die Masse zu dick ist, mit Flüssigkeit verdünnen). Mit Zucker, etwas Zimt und feingeriebener Zitronenschale würzen und eine Viertelstunde auf kleiner Flamme zur gehörigen Dicke einkochen. Sie kann zuletzt mit etwas Mehl noch eingedickt werden.

Koche

„Der Talggntippl schmeißt den
Kochgoggl über neun Zäun!"

Hirse wurde als Kolbenhirse („[P]Fennich") im Frühjahr und Rispenhirse („Hirsch") nach der Weizenernte angebaut. Nach dem Schneiden, Schmeißen, Dreschen und Reinigen wurden die Körner nachgetrocknet (oft im Dörrofen), dann „gerieben" bzw. gestampft, um die Schale vom Kern, dem „Greißkern" („Greiß"), zu lösen. Nach der „Greißreibe" wurde das Hirsekorn in der „Breinanke" gestampft, bis alle Schalen vom Kern gelöst waren (die losen Schalen wurden auf einer Holzschaufel weggeblasen). Es gab auch Fußstampfen (das Stampfen war Männerarbeit an den langen Winterabenden) und bei einigen Bachmühlen eigene Hirsestampfen. Der aus dem Hirsegreiß zubereitete Hirsebrein war einst eines der wichtigsten Nahrungsmittel, und noch F. X. Hlubek („Ein treues Bild des Herzogtums Steiermark", Graz 1860) erwähnt ihn als das Lieblingsessen des Sulmtales. „Breinwürste", „Tegelbrein" und „Breinwamperl" zeugen noch heute von der starken Verbreitung des Breins in der Vergangenheit.

„Brein" („Hirschbrein", „Pfennichbrein")

250 g Brein („Greiß"), 1/4 l Flüssigkeit (Milch)

Gewaschenen Greiß dreimal mit heißem Wasser abbrühen, durchrühren, dann gleich viel Flüssigkeit (meist halb Milch, halb Wasser) dazugießen und so lange langsam kochen lassen, bis er gut sämig ist (wenn der Brei eindickt, Milch nachgießen). Die Pfennichkörner sind kleiner, fester und härter und müssen länger kochen (bis zu einer Stunde) als die Hirschkörner. Meist gab man weniger Greiß und mehr Flüssigkeit dazu, damit er nicht zu dick und auch nicht zu fett wurde.
Der Brein wurde in der Mittel-, zuletzt in der Südost-Steiermark stets als Abendessen gegeben, nach Bohnensalat, oder dicker eingekocht allein. („Der Brein tuat den Moagen zuspian.") Hatte man einmal keine Milch, wurde der Brein in Salzwasser weich gekocht, dann mit in Fett gerösteten Zwiebeln und verschiedenen Gewürzkräutern oder auch mit Grammeln oder Speckresten überschmalzen. Da bei diesem Brein soviel Milch dabei war, wie ein Stier Milch gibt, nannte man das „stiere" Essen auch spöttisch **„Stierbrein"** – ihn mochte niemand gerne. In der südlichen Oststeiermark wurden zum Abendmahl „Bohnen und Brein" gegessen, allerdings konnten sich arme Häuser für viele Esser die Bohnen für den Abend nicht leisten. In der mittleren Oststeiermark hieß es später immer „Bohnen und Grießkoch".
Brein konnte auch noch auf andere Weise zubereitet werden, so besonders im Ofengebiet der Südost-Steiermark: hier wurde der gewaschene Greiß in einen gefetteten „Tegel" (Tiegel, irdene Rein) gegeben, reichlich mit kalter Milch übergossen (pur oder gewässert) und dann im Ofenraum gegart. Die Flüssigkeitsmenge mußte sofort richtig getroffen werden, denn man durfte während des Garens nichts mehr nachgießen. Auf den feinen, gebräunten süßen „Foam" (Schaum), den die Milch obenauf bei diesem „Tegelbrein" bildete, freuten sich vor allem die Kinder. Als dann der türkische Grieß (Maisgrieß) und der billige Reis den Greiß verdrängten, versuchte man die gleiche Zubereitung auf diese Nahrungsmittel zu übertragen.

„Tegelbrein"

Hirsch- oder Pfennichgreiß in einen mit Fett ausgeschmierten „Tegel" (irdene Rein) geben, mit etwa doppelter Flüssigkeitsmenge (Milch oder gewässerte Milch) begießen, leicht salzen und im heißen Ofen garen. Die Speise soll innen weich bleiben, außen eine braune Kruste erhalten. Oft gießt man auch zuletzt Eier darüber (und versprudelt in die Milch einige Eier).
Auf die gleiche Art bereitet man auch den **gebackenen Hirsch, Pfennich** und **Reis.** Sie wurden meist schon im 19. Jahrhundert durch die „Aufläufe" der bürgerlichen Küche verdrängt.
In Rokitanskys „Österreichischer Küche" (1897) steht das folgende, von Pratos „Süddeutscher Küche" übernommene Rezept:

Hirsebrein in Milch

„4 dl gut ausgewaschenen Hirsebreines kocht man in 8 dl Milch ein und läßt ihn ohne umzurühren langsam kochen. Sobald der Brein dicklich wird, gibt man etwas Butter oder Rindschmalz darauf und läßt ihn im Rohre leichte Krusten bekommen. Beim Anrichten gibt man die gebräunte Seite in die Höhe und überzuckert sie, oder bestreut sie mit geriebenem Lebkuchen."

Eiserne Dreifußpfanne, geschmiedet. Die Füße sind angeschmiedet, das erspart den „Dreißfuß" beim offenen Feuer auf der Herdplatte.

Auch Gerstenkörner wurden gestampft, enthülst (oder „gerollt"), in Wasser 2 bis 4 Stunden zu **„Gerstbrein" („Brein")** weich gekocht, mit Fleischsuppe übergossen oder gleich mit Beinfleisch, Fleischstücken, Knochen, Speck oder Schwarten weich gekocht. Im Gebiet der Fischbacher Alpen gab es „Gerstbrein" an zwei oder mehreren Tagen in der Woche, mit Schaffleisch war das auch ein Sonntagsgericht. Wird der Gerstgreiß nur in Salzwasser dick eingekocht und mit heißem Schmalz abgeschmalzen, spricht man von einem **„dicken Brein"**, wenn man ihn zuletzt mit einer Einbrenn aus Fett und Mehl vermengt, heißt er **„einbrennter Brein"**. Gerstgreiß, aber auch Pfennichgreiß wurde und wird auch zum Ritschert (siehe Seite 376) verwendet. Gerstgreiß wurde meist schon beim Frühmahl-Kochen mit- und angekocht, zu Mittag dann weich bzw. fertig gekocht.
Die Prato bemerkt in ihrer „Süddeutschen Küche": „Grütze ist gröber als Grieß, aber, weil sie enthülst und geschrotet ist, feiner als die nur enthülsten Graupen. Die feinsten Graupen heißen Perlgraupen und sind aus Weizen oder Dinkel. Gerstengraupen sind bedeutend gröber. Sie werden meistens gerollte Gerste genannt. Hirsegraupen nennt man gewöhnlich Brein."

„Heiden" (Buchweizen) war wie Hirse ein Volksnahrungsmittel hohen Rangs. Der Heiden war ja zur Zeit der Leibeigenschaft nicht zehentpflichtig gewesen und wurde als Nach- bzw. Zwischenfrucht nach dem Roggen angebaut. Nach dem Getreideschnitt durfte das abgeerntete Feld vor dem Heidenanbau nicht von der Sonne beschienen werden, hieß es, es mußte also sofort angebaut werden; der Heiden sollte noch vor dem ersten Frauentag (15. August) in Blüte stehen.

„Einbrennter Heidenbrein"

$^1/_2$ l Heidengreiß, Wasser, Salz, 80 g Fett, 60 g Mehl

Heidengreiß in leicht gesalzenem Wasser kochen, mit einer Einbrenn aus Fett und Mehl oder auch nur mit heißem Schmalz vermengen.
Diese Speise galt im südlichen Grenzgebiet der Steiermark als seltenes Fastengericht. Sehr schmackhaft war Heidengreiß als Suppeneinlage in einer Fleischsuppe (wie heute Reis). Noch heute schätzt man den Heidenbrein als Wurstfülle.

„I armer Hausl kum a daher,
Dir und Dein liebes Kind verehr,
Bring Dir dahe a Bissel a Mehl
Und a Hapel Kraut von Kehl,
Das will ich Dir verehren hoch,
Koch Dir und Deinen lieben Kind a Koch."

(Altsteirisches Krippenspiel)

Das oder auch *der* **Koch** ist laut Anni Gamerith ein „weicher Brei" aus einer dickflüssigen Masse, „deren Oberfläche in jedem Gefäß wie ein Wasserspiegel in eine Ebene verfließt". Die Koche traten aber gegenüber Brein, Suppe und Sterz meist „erheblich" zurück. Zum Frühstück gab es zur Suppe mit wenig Brotschnitzchen („Brocken") an schweren Arbeitstagen oft ein Koch, in Gebieten mit Brockenbreien an leichteren Tagen und im Winter (Ennstal) oder im festen Wochenplan, so in Hochschwab an Montagen, Mittwochen und Freitagen nach der Suppe ein Koch (Dienstag, Donnerstag und Samstag dagegen einen Sterz, am Sonntag nur Suppe, später Kaffee). Am Abend gab es in den ehemaligen Hirseanbaugebieten an Stelle des Hirsebreins später das Grießkoch aus weißem Maisgrieß bzw. im Westen das „Türkenkoch" aus gelbem Maisgrieß. Freitags war außerhalb des südöstlichen Ofengebietes ein Milchkoch

fast überall der Brauch, gegendweise auch am Samstag (Stubalpe, Salzkammergut); im Pölstal gab es Mittwoch das „höllverdammte Grießkoch" aus Türkenmehl. An Festtagen verwendete man zum Koch feineres Mehl und süße Zutaten sowie sehr viel Butter, Schmalz oder Rahm (solche Koche gab es auch an schweren Arbeitstagen).
Gern wurden Beeren und Obst, auch gedörrt (besonders im gebirgigen Oberland), in die Koche gegeben. Eine an Kochen reiche Gegend war das Gebiet zwischen Mürz, Mur, Wechsel und der flacheren Mitteloststeiermark. Die „Pudlmutternacht" (vom 5. auf den 6. Jänner) war die „Neunkochnacht" – die neun Koche, die man an diesem Abend essen sollte, blieben allerdings Legende, doch hätte man sicher mehr als diese neun Koche zubereiten können: Mehl-, Grieß-, Semmel-, Apfel-, Holler-, Zwetschken-, Beeren-, Reis-, Most-, Brösel-, Topfenkoch u. a. m. Im oberen Murtal und bis ins steirische Salzkammergut hinaus heißen Koche auch die steifbrockigen Pfannensterze (weil dort die meisten Mehlgerichte „Koche" heißen, unterscheidet man die echten Koche durch Bezeichnungen wie „Mehl-, Milch-, Grieß-, Einbrenn-, Reiskoch"). In bürgerlichen Haushalten wieder gab es als Abendessen weit über den Ersten Weltkrieg hinaus Milchbreie, in Milch eingekochten Grieß, Reis, Mehl, Hirse oder Nudeln. Mit Einführung des Maises aß man gegend- und hausweise bis zu dreimal am Tag eine „türkische Suppe" oder – dicker eingekocht – das „Türkenkoch" (bzw. den „Türkensterz").

„Wasserschnalzen"

250 g Weizengrieß, Fett, 1 l Wasser, Salz

Weizenbraungrieß ohne Fett linden (eventuell auch mit etwas Fett anlaufen lassen), mit kaltem Wasser aufgießen, salzen und dick einkochen. (Schneeberggebiet, Frein)

„Ahndlkoch"

20 g Mehl, 1 Zwiebel, 80 Fett, 1 l Wasser, 100 g Grieß (oder Mehl), Salz

Weizenmehl(grieß) braun in Fett anlaufen lassen, geschnittene Zwiebel dazugeben, ebenfalls anlaufen lassen, mit Wasser aufgießen, bis die Einbrenn ganz dünn wird, salzen, dann Grieß oder Mehl dazugeben und darin einkochen.

„Schwarzkoch"

90 g dunkles Mehl (Knödelmehl), $^1/_2$–$^3/_4$ l Wasser, 40 g Fett, Salz, „Bachfett"

Mehl in heißem Fett anlaufen lassen, mit viel Wasser aufgießen, salzen und lange kochen lassen. Zuletzt mit „Bachfett" (Schmalz, in dem schon einmal Schmalzgebackenes gebacken wurde) abschmalzen.
Zu diesem Koch nahm man Roggenmehl sowie Dörrkirschen, im Sommer auch Heidelbeeren; es war im Ennstal gewöhnlich das zweite Morgengericht im Winter. Verwendete man an „besseren" Tagen Weißmehl, erhielt man das **„Weißkoch"**.

Apfelkoch

6 Äpfel, 2–3 EL Mehl, ca. $^1/_2$ l Wasser, Zucker, Zimt

Äpfel schälen, schnitteln und im Wasser weich kochen. Langsam Mehl einrühren, mitkochen, zuletzt mit Zucker und Zimt würzen.
Auf die gleiche Weise bereitete man das **„Mostkoch"** (mit Most als Flüssigkeit) bzw. die Beeren- und Obstkoche, zu diesen gibt man auch etwas Milch oder Rahm dazu (so zum **„Hollerkoch")**.

„Milchkoch", „Mehlkoch"

$^1/_2$–$^3/_4$ l Milch, 60 g Mehl, Salz, Zucker

Milch zum Kochen bringen, Mehl mit etwas kalter Milch versprudeln und in die siedende Milch einkochen. Unter Rühren langsam weiterkochen, bis der Brei weich und dick ist. Zuletzt nach Geschmack zuckern und ein Stück frische Butter daraufgeben.

„Grießkoch" erhält man auf die gleiche Weise wie „Mehlkoch", wenn man Mais (auf Grießstärke vermahlen) in (meist etwas) gewässerter Milch einkocht. Diese Speise hat in der mittleren Oststeiermark den Hirsebrei als Abendgericht abgelöst und gilt auch als Mittagsgericht (mit einem Stück Butter darauf). Obersteirer Bauern haben in Hausmühlen eigenen Weizen auch zu Weizengrieß vermahlen, daraus wurde das **„Weizengrießkoch"** (Grieß in halb Wasser, halb Milch einkochen; zuletzt etwas Butterschmalz daraufgeben), man aß es zum Frühstück oder einmal in der Woche auch zu Mittag (anstelle von Mehlkoch). Wird der Grieß bzw. das Mehl nur in gesalzenem Wasser gekocht und mit reichlich Schmalz überschmalzen, erhält man ein **„Wasserkoch"**.

Matthäus Loder, „Küche auf der Zeires-Alm". 1822. Kopie von M. Stürgkh. Die „Schwaigerin" rührt sitzend Butter im Stoßbutterfaß; Herd mit Kesselreid („Kesselschwing"), Hängekessel, Kessel auf Dreifuß. Stilpfanne. Hölzerne Aufrahmgefäße („Milchstötzl").

„Einbrennkoch"

60 g Fett, 60 g Mehl, $^1/_2$–$^3/_4$ l Milch, Prise Salz

Aus heißem Fett und Mehl eine Einbrenn machen, mit der Milch aufgießen, leicht salzen; wenn notwendig, noch mit Mehl eindicken. (Murau)

„Krenkoch", „Semmelkren"

2 Semmeln, Fleischsuppe, Kren, Salz, Rahm

Semmeln (oder Weißbrot) blättrig schneiden, in heißer Fleischsuppe versprudeln, bis die Masse fein ist. Zuletzt den gerissenen Kren und eine Prise Salz darunterrühren. „Zur Verbesserung kann man sauren Rahm dazugeben", heißt es im „St. Martiner Kochbuch" (1928). Man sprudelt aber auch Mehl in heißer Fleischsuppe ab, läßt das Ganze aufkochen, sprudelt ein Ei hinein und zuletzt den gerissenen Kren, oder man nimmt anstelle von Fleischsuppe Milch bzw. Rahm.

„Gesulzte Milch", „Stiermilch"

$^1/_2$–$^3/_4$ l Milch, 2–3 Eier, 60 g Mehl, Rosinen, Salz, Zucker

Feines Weizenmehl in wenig kalter Milch verrühren, in die kochende Milch einsprudeln, salzen und leicht zuckern, cremeartig kochen lassen. Zuletzt versprudelte Eier und Rosinen darunterrühren. (Obersteier)

„Hanserlkoch"

Milchkoch, Zucker, Zimt, Rosinen

Ein feines Milchkoch (Seite 391) dicker einkochen, mit reichlich Zucker und etwas Zimt bestreut anrichten. Auch Rosinen kann man darunterrühren.
Diese Speise war im Hochschwabgebiet und im steirischen Jogelland an Festtagen das erste und letzte Gericht; wird auch gestürzt und kalt mit Zucker und Zimt bestreut als **„kaltes Koch"** serviert.

„Weinbeerlkoch"

60 g Butterschmalz, 60 g Grieß, $^1/_2$–$^3/_4$ l Milch, Salz, Zucker, Zimt, 1 Handvoll Weinbeeren (Rosinen)

Grieß in heißem Butterschmalz anlaufen lassen, mit leicht gesalzener, siedender Milch abbrennen und unter ständigem Rühren weiterkochen, dabei sollen sich braune „Rammeln" bilden können. Dann nach Geschmack zuckern sowie Zimt und Weinbeeren daraufstreuen. Wird heiß gegessen (nordöstliche Steiermark).

Das **„Fedlkoch"** wird wie das „Weinbeerlkoch" von der Sennerin zur Almabfahrt gekocht, oft schon acht Tage im voraus gemacht (bei Gebrauch mit etwas Milch aufwärmen), und wird als Bewirtungskost und als Gabe für jeden in der Hofgemeinschaft des Heimathauses verteilt („fedeln, feteln" heißt in der Obersteiermark soviel wie „mit Heim und Gut übersiedeln").

„Hans, Hans, Hans,
Hast mich verstanden ganz,
Thua an ötla Schnittn bacha
Und für's Kind a Schmalzkoch macha,
Nimm aber du mei Bua, ja mei Bua,
Nimm koa starks Schmalz dazua!"

(Krippenlied)

„Schmalzkoch"

Für dieses in der Nordosthälfte der Steiermark übliche Festtagskoch hat Anni Gamerith fünf Bereitungsarten gefunden: 1 l Wasser und 200 g Butter getrennt erhitzen, dann vermengen, darin Grieß einkochen, reichlich Zucker, Rosinen und etwas Safran einrühren (im Mürztal das Mittagsgericht zu Allerheiligen). Oder halb Butter, halb Milch aufkochen, den Grieß darin einkochen, dann kalt stellen. Vor dem Essen aufwärmen, mit der Gabel aufrühren, stark zuckern (Hochschwab). Oder Grieß in siedende Milch einkochen (wie beim Grießkoch), etwas dünsten lassen, abkühlen, dann Eier darunterrühren und in viel Butterschmalz abrösten, zuletzt Zucker, Zimt und Weinbeeren hineingeben (Wechselgebiet). Oder rohen Weizengrieß in heißes Butterschmalz geben, trocken abrösten, darauf mit Milch aufgießen, eindicken, Weinbeeren dazugeben und schmarrenartig auflockern und zerkleinern (Pöllau). Oder in heiße Butter kochende Milch gießen, ebenso Zucker und Zimt beigeben und den Grieß darin sehr dick einkochen. Gibt man in dieses Schmalzkoch reichlich Korinthen, erhält man das **„Weinbeerlschmalzkoch"** (Obersteier). In Ehrenschacher veranstaltete man an einem Sonntag im August („Schmalzkochkirchtag") ein großes Schmalzkochessen bei Musik und Tanz.

In der bürgerlichen Küche der Rokitansky heißt dieses Rezept:

„Steirisches Rahmkoch", „Steiermärker-Koch"

4 Dotter, 6 EL Zucker, $^1/_4$ l Sauerrahm, Prise Salz, 4 Eiklar, $^1/_2$ EL Mehl, Butter

Rahm, Dotter und Zucker versprudeln, eine Prise Salz beigeben, dann den steifgeschlagenen Schnee und einen halben Löffel Mehl darunterheben und die Masse in einer ausgebutterten Schüssel langsam eine halbe Stunde backen. Als Beilage eine **Milchsoße** aus $^1/_4$ l gesüßter Milch und einem Eidotter.

Zu Allerheiligen kamen früher die Striezelbitter und erhielten ein „Schmalzkoch", wie Peter Rosegger in „Armenbrot" erzählt: „Ist Gottes Segen gewesen im Hofe und hat die Hausmutter im letzten Jahr hindurch viel Butter und Schmalz gewonnen auf der Alm, so opfert sie nicht den Göttern, sondern ihren armen Brüdern und Schwestern. Sie ladet die Strizelsammler zu ihrem Tische und setzt Sterz und Schmalzmus vor. Die Leutchen lassen sich's schmecken. Gott gesegne ihnen den fetten Bissen, sie haben ihn des Jahres nur einmal. Es bleibt kein Stäubchen und kein Tröpfchen in der Schüssel; nun legen sie die Hände an den Rand des Tisches und sagen den Segensspruch: ‚Schmalzkochbäuerin, wir wünschen dir Glück und Segen für deine Küah, Glück und Segen für Haus und Stall und für deine Hühner und Kinder all! Vergelt's Gott, Schmalzkochbäuerin!' Das ist ein kräftiger Spruch, der bleibt hängen in der Luft und bringt Gedeihen." Allerdings gibt es für „jemandem schmeicheln" auch die Redewendung: „Einem ein Koch um's Maul schmieren."

„Rahmkoch"

Aus Mehl und gezuckertem Frischrahm (der letzten drei Alptage) oder aus Mehl und Eiern (und Rahm) mit den Handflächen „Farferln" reiben und abbröseln, diese in eine große Menge kochenden Süßrahm (in dem die Milch bereits ausgekocht ist) geben, ebenso Zucker; mit einem hölzernen Kochlöffel rühren, bis die Masse sich von Geschirr und Löffel löst. Dann mit Zimt, Weinbeeren, reichlich Anis und Zucker vermengt in ein hölzernes Gefäß füllen und erkalten lassen. Es wird fest und hält drei Wochen. Das Rahmkoch wird in Schnitten aufgeschnitten und gilt als Almfahrtskost für Gäste und Hausleute. (Westliche Obersteier, Hochgebirge, oberes Murtal)

„Läuterkoch", „Läutrachkoch"

In das warme „Läutrach" (das ist der Rückstand, der beim Aussieden frischer Butter zu Butterschmalz übrigbleibt) Milch gießen, aufkochen, dann darin Grieß dick einkochen.

Dieses „Läuterkoch" war im Mürztal das Samstagmittagsgericht. Im Schneeberggebiet gibt man während des Auskochens der Butter schon ein Schöpferl voll Grieß dazu; in das „Läutrach" gibt man dann blättrig geschnittene gekochte Erdäpfel und stößt alles fein ab.

„Türkenkoch", „Schwemmkoch"

Maisgrieß oder -mehl (oder Weizenmehl) in Salzwasser weich kochen, daß ein grießkochartiger Brei entsteht, den man 10 Minuten ausdünsten läßt. Zuletzt saure oder süße Milch darunterrühren (Weststeiermark, Sulmtal). Dazu ißt man im voraus grünen Salat und Brot. Im Sulmtal kennt man ein **„Weinzierlkoch"** (Maismehl in Wasser kochen, zuletzt mit Süßmilch übergießen); es wurde für die Winzer („Weinzierl") gekocht.

Sterze, Tommerl, Schmarren

„Zan an Fruahsti a milchets Ko(c)h,
Na, fürn Winta tat's as no(c)h.
s'Dröschn geat fraili schwa(r),
s' wit da Mogn z'schnell la(r).

Kimt oba da stockat Sta(r)z,
Main, do locht ma's Ha(r)z,
A Kruag vull Schilchawain –
Af da Welt kann nix besser sain."

„Heferlsterz", Heidensterz

Ca. 300 g Mehl, 1 l Salzwasser, 100 g Schmalz, Grammeln

Weizen-, Roggen-, Heiden- oder Türkenmehl rasch auf einmal an einer Stelle ins kochende (brodelnde) Salzwasser im „Hefen" (daher der Name der Speise) schütten, kocht sofort zu einem Klumpen zusammen. Diesen kochen lassen (Roggenschwarzmehl etwa eine Dreiviertelstunde, Heidenmehl kürzer: braucht nur solange zu kochen, als eine langsame Magd braucht, „um über den Stubenboden zu gehen"). Dann einmal umdrehen, anstechen und weiterkochen. Schließlich alles überflüssige Wasser in ein Gefäß gießen (warm stellen), mit der Gabel zu kleinen Brocken zerkleinern (eventuell heißes Kochwasser dazugießen) und ausdünsten lassen. Vor dem Servieren mit Schmalz und heißen Grammeln tüchtig abschmalzen. In der Leibnitzer Gegend verwendet man zum Abschmalzen das **„Sterzmachet"**: Spreckgrammeln, Verhackert, mit Kümmel vermengt und heiß gemacht.

Zu dieser Zubereitungsart des „Heferlsterzes" benötigt man kleberreiches Mehl, das mit der Eigengrobvermahlung abgekommen ist. Heute macht man den **„eingerührten Sterz"** (Mehl oder Grieß in Salzwasser unter Rühren langsam einkochen, ständig dabei rühren; dann mit der Gabel abbröseln und überschmalzen) oder den **„gelundenen Sterz"** (Mehl oder Grieß zuvor ohne Fett in der Pfanne anlaufen lassen, „linden", bis er gut riecht, dann heißes Wasser darübergießen, verrühren und quellen lassen, schließlich zu Brocken abgabeln, nachdünsten lassen und zuletzt überschmalzen). Der gekochte **„Heidensterz" („Hoadnsterz", „hoadana Sterz")** wurde und wird in Geschmack und Ausgiebigkeit höher eingeschätzt als der spätere „türkische" Sterz (aus Maisgrieß) – die Bezeichnung „Türkensterz" war in der Steiermark nicht üblich. In der Göthschen Serie heißt es aus Riegersburg um 1846: „Ein Lieblingsgericht ist der Heidensterz auf dem Tisch des Landmanns und Bürgers." Und Schlossar schreibt im Jahre 1881: „Sterz ist zumeist aus Heidenmehl. Dieser Heidensterz zählt zu den beliebtesten gewöhnlichen Speisen des Steirers."

Benditsch schreibt 1808 sogar: „. . . auch in Grätz eine beliebte Speise . . . Wenn das Mehl sehr weiß und fein ist, wenn der Sterz mit Speck lege artis auf den Tisch gestellt wird, kann er in jedem Betrachte der Pastete vorgezogen werden." Für Heidensterz, weiche „Heidentommerl" und den „halbaufgehenden Frühstückssterz" wurde der Heiden in Lohnmühlen zu feinem Mehl gemahlen, ebenso für die im nördlich angrenzenden Gebiet der mittleren Oststeiermark üblichen Heidenknödel. Beim Mahlen wurden die schwarzen, festen Hüllen, die „Luschn", mitvermahlen, darnach als Kleien abgesondert (heißen „Zenserln") und an Schweine und Rösser verfüttert. Der Heidensterz gilt heute in manchen Hotelgaststätten als eine „steirische Spezialität". Er wird mit „saurer Suppe" oder mit saurer Milch serviert, gelegentlich auch mit einer Fleischsuppe, mit Wein oder Most.

Gekochte Sterze werden auch aus Roggen-, Weizenbraun- sowie Gerstenmehl bereitet; im Jogelland gab es den **„habernen Grießsterz"** als Morgenkost, aus „Habertalggn" (Seite 365) bereitet und mit einer Buttermilchsuppe dazu.

Heidensterz mußte es auch sein – beileib kein Türkensterz! –, wenn im Mürztal einst die „Zäuner" mit dem „Sterzfördern" (-fordern, -betteln) anfingen, als ob sie zu Mittag zu wenig gekriegt hätten: die Zäuner schlugen mit ihren „Hackln" im Vierer- oder im Sechsertakt, so ungefähr „ein Vaterunser lang", auf eine feichtene Stange ein, und einer mußte „jutzen" (jauchzen), daß es über Berg und Tal bis zur Bäuerin hin klang. Und eine Mürztaler Bäuerin wußte dann, was sie zu tun hatte: tief in den Schmalztopf zu greifen, nicht so sparsam wie sonst, da es dreimal in der Woche, am Dienstag, Donnerstag und Samstag abends, „Sterz" und Milchsuppen gab. Bei so einer bedurfte es dann des

Zurufs der übermütigen Zäuner nicht: ,,Muatta! Kocht's uns an guatn Sterz, weil die Arbeit is' stark!" – das wußte die Bäuerin schon selber, daß man ,,beim Zäun' und beim Steuerzahln an starken Daam (Daumen) haben muaß", wie Leopold Kretzenbacher berichtet.

Weitaus nicht so beliebt waren zunächst die Sterze aus Türkengrieß (Maisgrieß). Der ,,Türkensterz" wird aus Maisgrieß oder weichem Maismehl bereitet (meist als gerührter Sterz); dazu serviert man süße oder saure Milch, Suppe oder süßen Kaffee. Der ,,Grießsterz" aus der mittleren Oststeiermark ist ein gelundener Sterz und wurde als Morgen- und Abendkost gegessen.

,,Türkensterz"

300 g grob gemahlener Maisgrieß (Maissterzmehl), 100 g Schmalz, 1/2 l Wasser, Salz

Aus dem alten grob gemahlenen Maisgrieß konnte der gekochte Sterz wie ein Heferlsterz (siehe Seite 394) gemacht werden. Oder das Fett ins kochende gesalzene Wasser geben, den Grieß einrühren, ausdünsten lassen und verbröseln. Oder Maisgrieß in heißem Fett rösten, bis er heiß ist, dann mit kochendem Salzwasser abbrühen, zugedeckt am Herdrand stehen lassen, ausdünsten und aufbröseln. Dieser Sterz wurde und wird mit Rinds-, Schweins- oder Einbrennsuppe, süßer oder saurer Milch oder Buttermilch gegessen. Gern wurde und wird auch Milch, Kaffee oder Suppe darübergegossen (daher **Milch-, Kaffee-, Suppensterz** genannt).

Grießsterz

100 g Fett, 250 g Grieß, ca. 1 l Wasser oder Milch, Salz, Speckgrammeln

Fett heiß werden lassen (aber nicht bräunen), Maisgrieß dazugeben, so lange unter ständigem Rühren ,,linden", bis er gelblich geworden ist. Mit so viel kochendem Salzwasser (oder Milch) aufgießen, daß der Grieß recht anschwellen kann, im Rohr oder auf kleiner Flamme zugedeckt ausdünsten lassen. Vor dem Auftragen mit einer Gabel zu sterzartigen Brocken auflockern und reichlich mit Speckgrammeln überstreuen. Dazu grünen Salat servieren.
Man kann auch groben Türkengrieß (Weizengrieß wurde nur zu hohen Festtagen verwendet) in eine gefettete Rein mit Milch oder Wasser geben und im Rohr backen lassen. Dann mit der Sterzgabel zerreißen und abbröseln.
Dieser Grießsterz ist eine Übergangsform vom Brodel- zum Ofensterz und heute kaum mehr üblich. Nur noch in der mittleren Oststeiermark wird er fallweise bei schwerer Arbeit nach der Suppe aufgetischt (aber dann nicht mehr aufgebröselt und heißt **,,Grießnigl"** – so nennt man noch heute die Leitersdorfer ,,Grießniglbauern"). In einer Variante wird abwechselnd eine Schicht trockener Türkengrieß und eine dicke Schicht Obst in die gefettete Rein gegeben, mit Milch oder Wasser aufgegossen, im Rohr gebacken und dann wie Bröselsterz mit der Gabel zerrissen und abgebröselt.

,,Türkensterz" wurde in der gebirgigen Obersteiermark als ,,Dodlfutter" abgelehnt, im Hirsegebiet wurde der ,,Türken" (Mais) gar als die ,,gelbe Gefahr" bezeichnet. Daß der Kukuruz (,,türkischer Weizen", ,,Türkischwoaz") nach Einführung aus der Neuen Welt dennoch auch in der Steiermark bald Hirse und Heiden von Feld

Aus der ,,Knaffl-Handschrift". 1813. Kameralverwalter Johann Felix Knaffl hat ,,Volkstümliches" nicht nur beobachtet, sondern erstmals auch systematisch aufgeschrieben, wie hier die Bauernfeiertage.

Benennung des Feyertages				Anmerkung
Monath	Tag	nach den eigenen Namen	nach der Volkssprache	
Jäner	20ten	Sebastiani	*Wastionstag*	Pestpatron
Febr.	3ten	Blasius	*Blasentag*	Halspatron
"	24ten	Mathias Apostel	*Matheistag*	Aposteltag
		Faschingmontag	*Foastmonta*	Schwelgereyen
		Faschingdienstag	*Faschingerta*	
März	19ten	Joseph	*Josephstag*	ist ortweis kein Feyertag
		Siebenschmerzen	*Schmeschzhafte Freytag*	Beichttag
		Gründonnerstag	*Antlaspfinsti*	wegen Gräberbesuchen
		Charfreytag	*Charfreyten*	
		Charsamstag	*Tafelsamsta*	
		Osterdienstag	*Oastaörta*	
April	20ten	Georgi	*Jörgentag*	wegen der Kirchfart
May	1ten	Phillipp	*Phillipstag* Apostltag	nach Silweg
"	3ten	Kreutzerfindung	*Kreutztag*	wegen Andacht
"	4ten	Florian	*Florianstag*	Feyerpatron
		3 Täge in der Bittwoche	*Betmonta* / *Betirta* / *Betmita*	wegen Bittprozessionen
May		Pfingstdienstag	*Pfingstörta*	gehört noch zu die Pfingstfeyertäge
Juny	24ten	Johann	*Siñawendtag*[1])	Johanssegen trinken
July	25ten	Jakob	*Jakobstag*	Aposteltag
Augusti	2ten	Porziunkula	*Puschzunkula*	wegen Gewiñung des Ablasses
		Oswald	*Oaswald*	wegen Viehmarkt in St. Oswald
do.	10ten	Laurenzius	*Lorenzen*	[2]),
do.	24ten	Bartholomeus	*Barschtlmei*	Aposteltag
		Mathias	*Mathirs*	Aposteltag
Septbr.	24ten	Rupertus	*Rurprechtstag*	Markt und Kirchtag in Fohnsdorf
"	29ten	Michaeli	*Michelstag*	
8ber	21ten	Ursula	*Ursula*	Markt in Judenburg
do.	28ten	Simon Judi	*Simonjudi*	Aposteltag und do.
9ber	2ten	Allerseelen	*Allerseelen*	Bethtag für Abgestorbene
do.	6ten	Leonhard	*Lenhaschtag*	Viehpatron
do.	11ten	Martin	*Möschtentag*	Schwelgerey
do.	21ten	Maria Opferung	*Maria Opferung*	
do.	30ten	Andreas	*Andrerstag*	Aposteltag
Decbrm.	6ten	Nikolaus	*Nikla*	Wasserpatron
do.	21ten	Thomas	*Thomastag*	Aposteltag
do.	24ten	Adam und Eva	*Heiligabend*	Vorabend des Christtags
do.	27ten	Johann Evangelist	*Johannstag*	Schwelgerey
do.	28ten	Unsch: Kindl	*Allkindlen*	do.
do.	30ten / 31ten	Sylvester	*Wandertäg*	wegen Dienstbothenwechslung[3])

und Tisch vieler Bauern verdrängen konnte, lag auch daran, daß der Mais von Kaiser Karl IV. 1733 für zehentfrei erklärt worden ist. Allerdings war der Maisanbau von vielen Grundherren zunächst verboten worden, weil dann weniger Zehentweizen gebaut worden wäre.

Der Boden im Grazer Feld eignete sich besonders gut für den Maisanbau. Schon im 17. Jahrhundert bewahrte man in einigen Grazer Bürgerhäusern unter Nippsachen auch einzelne Maiskörner auf und zeigte sie als Seltenheit den Gästen.

In Neudorf wurde Mais in einer kleinen Menge erstmals 1636 erwähnt. Allgemein angebaut wurde Mais (wie der Kürbis) erst im Laufe des 18. Jahrhunderts, die Gerichte wurden im 19. Jahrhundert allgemein bekannt, so daß lange irrtümlich der „Türkensterz" fälschlich als eine „steirische Spezialität" in verschiedenen bürgerlichen Kochbüchern geführt wurde. Erst um die Mitte des 19. Jahrhunderts drang der Mais an den ersten Platz der Fruchtfolge. Geerntet wurde er durch das „Ausbrocken" (Abreißen) der reifen Kolben. Mit der Maisernte hat sich im letzten Jahrzehnt des 19. Jahrhunderts ein eigener Brauch entwickelt: Das „Woazschölln", „Woazhäutn", das Entblättern der Maiskolben, wurde in Gemeinschaftsarbeit unter Volksbelustigung durchgeführt. Die „entleischten" Kolben wurden dann zu vier bis sechs Stücken zusammengeknüpft und auf Stangen unter dem Dach zum Trocknen aufgehängt.

Früher mußten die Bauern den Mais auch selber zu Mehl und Grieß vermahlen – das „Grießmahlen" war Abendarbeit der Männer. Als Speiseersatz für Hirsegerichte wurde weißer Mais angebaut, Maismehl und -grieß wurden zum Strecken des Weizenmehls für den Frühstückstommerl und den Brotteig verwendet. Im Sulmtal war der türkische Sterz die Hauptgrundlage der bäuerlichen Kost, in den ärmeren Häusern wurde er fast bei jeder Mahlzeit gegessen, jahraus, jahrein auch schon zum „Fruahsti" zusammen mit süßer oder saurer Milch bzw. mit einer schwach gesäuerten Mehlsuppe oder mit Obstmost, auch mit einer Schwammerlsuppe oder mit der Brühe, in der die Bratwürste gekocht worden waren. Wird ein sehr fetter Heiden- oder Türkensterz zuletzt mit Wein übergossen, erhält man den **„Weinsterz"**, er wurde in Weinbaugebieten gern zum Frühstück serviert. Der „Türkensterz" hat damit den üblichen Brein (Hirsebrein) verdrängt – die Bewohner des linken Murufers von Ehrenhausen hießen „Breinfresser", die Bewohner des rechten Murufers schimpfte man bald „Türkensterzfresser". Noch in den siebziger Jahren des 20. Jahrhunderts gaben Bauern und Kätner (Keuschler) vielfach als Morgenkost überschmalzenen Türkensterz an.

> **Steirischer Sterz.**
>
> Man bringt 1½ Maß Wasser zum Sieden, schöpft so viel aus, daß ½ Maß Haidenmehl Platz hat, gibt dieses in das siedende Wasser, läßt es eine Viertelstunde kochen, dreht die Mehlkugel um, und läßt sie wieder eben so lange kochen; gießt dann so viel Wasser ab, daß Mehl und Wasser gleich hoch stehen, wenn man jenes niederdrückt, gibt Salz darauf, und rührt den Sterz mit dem Kochlöffel möglichst schnell und kräftig ab, so daß kein Mehl mehr sichtbar ist. — Würde er zu trocken, so kann man etwas Wasser zugießen. Dann schmalzt man ihn mit Rindschmalz im Häfen, deckt dieses gut zu, und läßt es noch etliche Minuten so stehen. Zuletzt rührt man den Sterz mit einer großen Gabel (Krautgabel) gut ab, und bröselt ihn mit einer kleinen Gabel auf die Anrichtschüssel.
>
> An Fasttagen wird gewöhnlich Milch, auch eine Fastensuppe (besonders Schwammsuppe) dazu gegeben.
>
> Häufiger wird dieser Sterz an Fleischtagen gegeben, mit klein würflig geschnittenem Speck abgeschmalzt, und mit klarer Rindsuppe aufgetischt.

Aus Rosalia Neumann: „Die Wiener Köchin". 8. Aufl., Wien 1866.

Zu den „Pfannensterzen" (laut Gamerith „steifbrockige Teigbreie aus angeteigtem Mehle") zählen in der Steiermark folgende Sterzarten:

Mehlsterz

250 g Mehl, Salz, ¼ l Wasser, 100 g Fett

Mehl mit kaltem Wasser und Prise Salz verrühren, in heißes Fett in die Pfanne gießen, ankrusten lassen, mit der Sterzschaufel umdrehen und bröckelig zerstoßen, dabei immer wieder wenden. Er wurde als ausgiebiger Sterz in sparsameren Häusern und von den Holzknechten des Oberlandes gegessen.

„Brennsterz", „Abbrennsterz"

250 g Mehl, ¼ l Wasser, Salz, 140 g Fett

Mehl mit kochendem Salzwasser (oder mit Mager- bzw. Buttermilch) abbrühen, zu Klümpchen (Brocken) verrühren und im heißen Fett in der Pfanne wie den

Mehlsterz fertigen, bis er bröselig (wie ein Grießschmarren) wird (daher auch „Bröselsterz" genannt). Er benötigt mehr Fett, wird aber feiner und hat sich daher mehr durchgesetzt. Der „Brennsterz" war im Hochschwabgebiet beliebt, im oberen Murtal heißt er bereits „Koch", im Ennstal „Mus".
Bei Rokitansky („Die Österreichische Küche") lautet das Brennsterz-Rezept so:
„Man gibt in einen Weidling 8 dl schwarzes Einbrennmehl und rührt nach und nach 4 dl gesalzenes kochendes Wasser dazu; der Teig muß ziemlich weich werden, worauf man ihn gut abschlägt. In eine flache Kasserolle gibt man ziemlich viel Schweineschmalz, und wenn dieses heiß geworden, gibt man den Teig hinein, läßt ihn rösten, wobei man ihn öfters mit der Gabel zersticht. Er soll etwas Rammeln bekommen und kleinbröckelig werden."

„Oasterz"

Wird wie der Mehlsterz zubereitet, nur daß man ins Wasser noch Eier versprudelt, dann in reichlich Butterschmalz fertig gart. Er gleicht dem Schmarren, wird aber ohne Milch und ohne Eischnee zubereitet. Mit leichteren Mehlen wird er heute wie ein Schmarren – unter dem Namen „Oasterz" – zubereitet.

Variationen der Pfannensterze ergeben sich durch verschiedene Zutaten: **„roggener Sterz"** (aus Roggenmehl), **„schwungener Sterz"** (aus feinstem lichtestem Roggenmehl = Schwungmehl), **„schwarzer Sterz"** (aus dunklem Roggenmehl ohne Kleie), **„woazerner Sterz"** (aus Weizenbraunmehl), **„Weißmehlsterz"** (aus lichtem Weizenmehl), **„Rindschmalzsterz"** (mit Butterschmalz anstelle von Schweinefett). Zu diesen Sterzen hat man das Mehl da und dort auch „gelunden".

„Kaltes Muas" wird wie Mehlsterz bereitet, nur wird das mit Kaltwasser abgerührte Mehl in viel Fett gegart (nordwestliche Steiermark und Salzburg).
Das **„Abbrennmus"** wird wie der „Brennsterz" zubereitet, das **„Oarmus"** wie der „Oasterz", und das „feine Oamüasl" wird mit mehr Eiern, weniger Mehl und reichlich Butterschmalz als Festtagsgericht gekocht; das **„Schmalzmus"**, ein Brennsterz mit sehr viel Butterschmalz, ist Kost für Schwerarbeiter.

Erdäpfelsterz, „Kestnsterz"

500 g gekochte Erdäpfel („Kestn"), ca. 150 g Mehl, 100 g Fett (oder Grammelschmalz), Salz

Erdäpfel schälen, reiben, mit Mehl und Salz vermengen, in heißem Fett auf beiden Seiten rösten, dann mit der Schmarrenschaufel zerkleinern.

Schließlich gibt es noch die Kombination von zwei Breien bzw. Sterzen in den **„Doppelbreien"** („Koch und Sterz"):

„Gesattelter Widder"
In der mittleren Oststeiermark wurde das Maisgrießkoch als Arbeitskost oft übereinander angerichtet: auf dem heiß in einer Schüssel angerichteten dicken Maisgrießkoch bildet sich zunächst eine dickere Haut, darauf wird ein Heidensterz gestürzt.

„Bohnensterz"

„Brennsterz" (Seite 396), 250 g Bohnen, Salzwasser

Zuerst einen „Brennsterz" aus Weizenbraun- oder Heidenmehl (seltener aus Roggen- oder Maismehl) wie einen Pfannensterz ohne Eier bereiten, dann mit in Salzwasser getrennt weich gekochten Bohnen vermengen. (Kalkgebiet des Mittellandes)

„Blöchelsterz"

2–3 Mehlknödel, 60 g Fett, evtl. Sterz

Mehlknödel vom Mittagessen des Vortags (selten eigens dafür gekochte) kleinwürfelig schneiden, diese „Blöchel" in Fett in der Pfanne schmoren, meist noch mit einem Brenn- oder Pfannensterz vermischen.

„Halbsterze" sind meist „zwiespannige" Sterze: In einen Brennsterz werden zuletzt gekochte, geschälte, blättrig geschnittene Erdäpfel daruntergemischt und mitgeschmort. Oder man kocht roh geschälte Erdäpfel in Salzwasser, gibt während des Kochens Sterzmehl (Grieß) ins kochende Salzwasser, rührt alles durch, zerbröckelt das Ganze mit einer Gabel und gibt zuletzt heißes Schmalz darüber. Oder man mischt roh geriebene Erdäpfel bereits in den Teig zum Pfannensterz.

Eine besondere Form von Sterzen sind die **„Ofensterze"**. Diese Formen von im Ofen oder Rohr bereiteten Breien in der Südost-Steiermark fallen aus dem Rahmen, sie haben nicht die geringste Ähnlichkeit mit dem Sterz, wohl aber mit jener Speise, die in anderen Gebieten der Steiermark mit dem Namen „Tommerl" oder „Ofenkater" bezeichnet wird. Zum „Ofensterz" führt Ungers Zettelmaterial Stellen aus dem Riegersburger Idiotikon von Dr. Fleckch an: „Riegersburg und Ilz könnte man das Sterzland nennen. Es gibt mehrere 100 Arten davon, die sich auf zwei Arten zurückführen lassen: 1. schmarrenartig zerbröckelter Sterz, 2. Ofensterz (anderswo Wider, Guglhupf genannt). Entweder ‚aufgead', d. i. gesäuert, oder ‚deab', d. i. ungesäuert." (Zitiert nach W. Rottenbach, Volkstümliche Speisenamen in der Steiermark, Dissertation, Graz 1941.) Dabei bedeutet „aufgead" etwas, das beim Backen (wie ein Auflauf) in die Höhe steigt. Man kann sich diese Form in der Weise entstanden denken, daß man den flüssigen Teig – statt ihn über dem Feuer zu rösten – in einer gefetteten Pfanne im Ofen-Backrohr bäckt. (Bei „Ofensterz" dürfte es sich wohl um eine Bedeutungsübertragung gehandelt haben.) Zu diesen „Ofensterzen" zählen laut Anni Gamerith Tegelbreine (siehe Seite 389), Tegelkoche, gebackene Breine, gebakkener Hirsch, (P)Fennich-, Reis- und „Frühstückssterz".

Speisenamen wie „Tommerl", „Backerl", „Nigl" und „Schmarren" bezeichnen in der steirischen Bauernküche eine Mehlspeise aus glattem, flüssigem, dünnem Teig von Mehl (Weizen-, Heiden- oder Maismehl), auch feinem Grieß (in der Bauernküche erst jüngeren Datums), Eiern, Prise Salz und der entsprechenden Menge Flüssigkeit (süße oder saure Milch, Biestmilch, Wasser, Mineralwasser, frisches Blut u. a. m.), der ursprünglich in einer Eisenpfanne mit viel heißem Fett auf dem Herd, d. h. auf dem offenen Feuer gebacken wurde. In die Flüssigkeit kann man auch ein paar Tropfen Essig oder etwas Fett geben; am lockersten wird der Teig mit saurer Milch, süße Milch macht den „Tommerl" etwas lederartig.

Die Bezeichnung „Tommerl" ist im ganzen steirischen Gebiet mit Ausnahme des oberen Murtals und des Ennstals verbreitet und ging auch in die bürgerliche Küchensprache ein. Schon in einem handschriftlichen Kochbuch aus dem Jahre 1768 scheint ein „Krebsen Tomerl" auf; Schreiner erwähnt 1846 den aus Maismehl hergestellten „Tommerl" und bezeichnet ihn als „Nationalspeise" der Steirer. „Backerl" nennt man die Speise in der westlichen Weststeiermark, „Nigl" ist nur in der Oststeiermark jenseits der Raab üblich. „Bakkerl" und „Nigl" können auch die allgemeiner gefaßte Bedeutung einer im Ofen gebackenen Mehlspeise (Kuchen) annehmen (also auch für Germgebäcke sowie Mehlspeisen überhaupt); auch „Tommerl" wird längst in diesem Sinn verwendet, allerdings dann nur in der Zusammensetzung von „Ofentommerl" (bzw. „Ofenkater" für „Ofentommerl"). In der mittleren Oststeiermark heißen diese „Tommerl" auch „eing'setzte Nigl", weil sie sich durchs Einsetzen ins Backrohr von anderen Nigln, dem „g'rausten Nigl" und dem „neunhäutigen Nigl" oder „Hefennigl", unterscheiden. Um Bierbaum heißt der weiche (Herd-)Tommerl sogar „Sterz". In der Fastenzeit verwendete man anstelle von tierischen Fetten nur Kernöl zum Backen der „Tommerl".

„Woaztommerl" (Weizentommerl)

150 g Weizenmehl, 1 Ei, $^1/_4$ l Milch, 100 g Schweinefett, Prise Salz

Mehl, Ei, Milch und Prise Salz zu einem Tropfteig verrühren, in eine Pfanne mit heißem Fett fingerdick eingießen, im Rohr so lange backen, bis der Teig aufgelaufen und durchgebacken ist. In Stücke geschnitten anrichten. Dazu Salat, Kompott oder Marmelade und Kaffee servieren.

Ferdinand Wüst, „Obersteirisches Bauernhaus". 1890.

„Weicher Ofentommerl"

250 g Mehl (Heiden-, Weizen-, am besten aber Maismehl), 100 g Fett, ca. $^1/_2$ l Flüssigkeit (Milch, Wasser, saure Milch, Biestmilch, Buttermilch, Blut, Mineralwasser), Prise Salz, evtl. 1 Ei

Alle Zutaten außer Fett zu einem dünnflüssigen Teig rühren. In eine gefettete Rein kleinfingerdick aufgießen und im Rohr backen. Je dünner der Teig aufgegossen wird, desto besser wird der „Tommerl".

In der Oststeiermark war und ist er – ohne jede Zugabe der Fülle – gern die letzte Mittagsricht. Ein richtig zubereiteter Tommerl ist außen resch, aber locker, innen flaumig-feucht, weniger trocken als eine Omelette, die

ja deswegen einer Füllung bedarf. Weil beim Tommerlbacken das Mehl stärker quellen und daher schon etwas „dextrinieren“ kann, wird der Tommerl meist ohne Zuckerzugabe seine gewisse Süße erhalten.
Im unteren Raabtal und auf reichen Höfen wird der Tommerl gern auf einer Grammelschicht gebacken (oder auch Grammeln auf den eingegossenen Teig gestreut und mitgebacken). Auch werden mehrere dünne gebackene Tommerl übereinandergeschichtet, im Rohr warm gehalten, dann radial wie eine Torte aufgeschnitten.
„Weicher“ Tommerl wird die Speise zur Unterscheidung vom „halbaufgehenden“ und vom „aufgehenden Tommerl“ (Seite 413) genannt. „Weiche-Tommerl“-Rezepte werden auch in den bürgerlichen Kochbüchern angeführt, meist aber mit einem viel zu dicken Teig; dieser Umstand, so vermutet Anni Gamerith, sowie das Fehlen einer genügend großen Backfläche im bürgerlich-städtischen Haushalt mag mit ein Grund gewesen sein, warum sie wenig bekannt, geschätzt und verbreitet worden sind. Und das, obwohl die Prato in ihrer „Süddeutschen Küche“ unter „Tommerl und Ofenkater“ „Kukurutz-, Zwetschken-, Äpfel-, Heiden-, Weizen- und Rahm-Tommerl“ anführt und auch Rokitansky in ihrer „Österreichischen Küche“ „Kukuruz-Tommerl mit Eiern, Heiden-, Weizen-, Rahm-, Apfel- oder Birnen- und Erdäpfel-Tommerl“ bringt. In der Mundart wird der Name „Tommerl“ oft auch im verächtlichen Sinn verwendet, auch für eine Mehlspeise, die nicht gelungen ist („Was machst denn da für ein' Tommerl?“).
Gern verbessert man den „weichen Tommerl“ mit einer Beigabe von Obst bzw. Beeren. Man kann sie kleingeschnitten entweder mit dem Teig vermengen oder zuvor in die gebutterte Rein geben und dann den Teig daraufgießen, schließlich auch zuerst den Teig, dann Obst oder Beeren hineingeben und backen; die Bezeichnung erweitert sich jeweils um die Beigabe, also „Apfel-, Zwetschken-, Kirschen-, Marillen-, Ribisel-, Heidelbeer-, Rhabarber-Tommerl“ (auch Dörrobst, zerkleinert und aufgeweicht, kann verwendet werden). Mich erinnert dieser steirische „weiche Tommerl“ an eine ähnliche Mehlspeise in meinem Elternhaus, mit Äpfeln zubereitet, die eigenartigerweise „Äpfeltod“ (siehe Seite 273) genannt wird.
Verwendet man Blut anstelle von Milch oder Wasser, erhält man den **„Bluttommerl“**; dieses Gericht (auch **„Blutkater“** genannt) gab es nach dem Schlachten meist als dritte Richt zum Mittagessen.

„Türkentommerl“ I (Apfel-, Zwetschkentommerl)

1 Tasse Maisgrieß, 2 bis 3 Tassen Milch, Prise Salz, etwas Zucker, Äpfel oder Zwetschken

Eine lange Strudelrein oder Pfanne mit entsteinten, halbierten Zwetschken oder mit geschälten, in Spalten geschnittenen Äpfeln auslegen. Grieß mit Milch, Prise Salz und etwas Zucker versprudeln und über das Obst gießen. Im Rohr backen (soll aber keine harte Kruste bekommen). In Quadrate schneiden und heiß servieren. (Erna Wakonigg, St. Margarethen bei Knittelfeld)

„Türkentommerl“ II

100 g Maisgrieß, 60 g Zucker, 50 g Rosinen, 140 g Butter, 200 g säuerliche Äpfel, $^1/_4$ l Milch, 3 Eier, Zitronenschale, 1 Päckchen Vanillezucker, Prise Salz, 1 Msp. Zimt; Staubzucker

Maisgrieß mit kalter Milch verrühren. Zucker, Eier, Salz, abgeriebene Zitronenschale, Vanillezucker und Zimt dazugeben und durchrühren. In einer Backpfanne Butter erhitzen, die Masse hineingießen, auf Feuer oder Kochplatte kurz anbacken, dann wegstellen. Geschälte, grob gerissene Äpfel gleichmäßig über die Oberfläche der Masse verteilen, Rosinen daraufstreuen und alles im mittelheißen Rohr ca. 10 Minuten backen. Dann mit der Backschaufel zerteilen und noch einmal 5 bis 10 Minuten überbacken (bei stärkerer Oberhitze). Anzuckern und in der Pfanne servieren. (Richard Witzelsberger, „Das österreichisches Mehlspeisenkochbuch“, 1979)

Topfentommerl

300 g Topfen, 50 g Zucker, 150 g Mehl, Prise Salz, 2 Eier, $^1/_2$ l saure oder süße Milch, 50 g Fett

Zucker und Dotter schaumig rühren, passierten Topfen und Milch dazurühren, salzen, Mehl und steifgeschlagenen Schnee darunterheben, in eine mit Butter bestrichene Form füllen und im heißen Ofen eine Dreiviertelstunde backen.

Apfeltommerl

$^1/_4$ l Milch, 250 g Mehl, 3 Dotter, Prise Salz, 2 EL Zucker, eigroß Butter, 1 Handvoll Rosinen, 5–6 Äpfel

Milch, Mehl, Dotter, Salz, Zucker verrühren und Butter darin auf kleiner Flamme zergehen lassen, Rosinen und kleingeschnittene, geschälte säuerliche Äpfel unterziehen, in eine gefettete Form oder Rein einfüllen, im Rohr etwa eine Stunde bei mäßiger Hitze backen. Stürzen und mit Zucker bestreut anrichten.

Der Begriff „Nigl" deckt sich mit dem des „Tommerl" und „Backerl", doch kommt „Nigl" auch in der Bedeutung von (Sonntags-)Kuchen vor; in diesem Fall heißt es aber „Germnigl" oder „Ofennigl"; daneben gibt es noch die Abart des „neunhäutigen Nigl", des „Über- und Übernigl". Nigl ist die Namenskurzform von Nikolaus (wie Tommerl von Thomas). In der Oststeiermark gibt es als Ostersonntaggericht einen **„Brennesselnigl"** (Tommerlteig mit jungen gehackten Brennesseln).

„Neunhäutiger Nigl", „Über- und Übernigl"

150 g Mehl, 3 Eier, Salz, ca. 1/4 l Milch, 100 g Fett

Man bereitet einen dünnen Weizentommerlteig aus Milch, Mehl, Eiern, Prise Salz und gießt zunächst eine dünne Schicht in eine flache Rein mit heißem Fett, so daß eine dünne Scheibe gebacken wird, jetzt das Ganze wenden, wieder etwas dünnen Teig daraufgießen, diesen nach dem Backen wieder umdrehen und wieder Teig aufgießen. So fortfahren, bis man einen etwa 10 cm dicken Kuchen gebacken hat. Dazwischen etwas Fett dazugeben. Im Palten- und Ennstal heißt diese Speise auch „Scheiwal", „Schouwal" (Schober).

Pratos „Süddeutsche Küche" bringt im Kapitel „Aufläufe, Köche, Puddings" zwischen „Grieß-Koch" und „Reis-Koch" das folgende Rezept:

„Grieß-Nigel"

„Man sprudelt 3 Eier gut ab und macht etwas Salz, 7 Deka Zucker mit Geruch und 2 Deciliter Grieß dazu. Dies gibt man nur fingerdick in einen gut mit Butter ausgeschmierten Model und bäckt es im Rohr. Man stürzt es noch heiß in eine Schüssel, gibt 7 Deciliter gute rohe Milch mit eigroß Butter und viel Zucker mit Vanille darüber und läßt es zugedeckt 1/2 Stunde im Rohr dunsten. Dann stellt man die Schüssel über eine Serviette auf eine flache Schüssel."

In manchen Gegenden der Mittelsteiermark sehr beliebt waren **„Biesttommerl", „Biestbackerl", „Biestnigl"**, gemacht mit dem „Biest", der ersten Milch, die eine Kuh nach dem Kalben gibt. Unger übermittelte auch noch „Biestkoden" (Art Pudding) und „Bieststerz". In Kindberg im Mürztal wurde aus dem Biest auch Kochbutter hergestellt.

Tommerl, Nigl oder Backerl unterscheiden sich von Omeletten-, Palatschinken- bzw. Schmarrenteig der bürgerlichen Küche vor allem durch die Mengenverhältnisse von Mehl und Flüssigkeit. Nach dem Grabnerhof-Kochbuch nimmt man zum Schmarren 1/2 l Milch und pro Ei 300 Gramm Mehl. (Milch kann ganz oder teilweise auch durch Wasser ersetzt werden. Wird auch das Ei weggelassen, muß mehr Mehl genommen werden, da die Hebkraft des Eies fehlt.) Für einen „weichen woazenen Tommerl" dagegen darf man aber je nach Eigröße pro Ei nur 150 bis 200 Gramm Mehl nehmen; würde zuviel Mehl genommen, wird der Tommerl „diegn" (= fest) und geht nicht auf. Beim „woazenen Tommerl", „Nigl" bzw. „Backerl" genügt es, die Hälfte der für Mehlschmarren bzw. Omeletteteig benötigten Menge an Mehl zu nehmen (für Omelettenteig zu 1/2 l Milch, 2 Eiern etwa 250 bis 300 g Mehl), weil der Tommerlteig allseits von gleichmäßiger Hitze im Rohr umgeben wird und dadurch viel besser quellen und garen kann, als wenn der Teig in der Omelettenpfanne auf dem Herd beidseitig gebacken wird. Außerdem wird der Teig zum Weizentommerl viel dünner aufgegossen als seine „Herdbrüder".

Was in der West- bzw. Oststeiermark allgemein „Tommerl" bzw. „Nigl" heißt, nennt man in der westlichen Weststeiermark (an der Grenze gegen Jugoslawien) noch hie und da **„Backerl"**; Unger führt Belege aus dem Sulmtal, Raabtal und aus Leutschach an. Für die allgemeine Bedeutung von „Backerl" für Backwerk, Bacht, Gebächt gibt es Belege aus Windisch-Hartmannsdorf in der Oststeiermark und aus dem Raabtal an der Grenze gegen Ungarn, aber auch aus Mureck in der Weststeiermark. Das Wort ist schon längst im Schwinden, hielt sich nur in einigen Gebirgsgegenden länger. Die Herkunft ist noch ungeklärt; Gelehrte bringen es mit dem mittellateinischen „bacale" = Schüssel, Becken, Pokal in Verbindung.

„Semmelbackerl"

3–4 Semmeln, 1/4 l Milch, 2–3 Eier, Prise Salz, 80 g Rosinen, 60 g Butter

Eine Masse aus feinblättrig geschnittenem Weißbrot, Milch, Eiern, Rosinen und Prise Salz, gut vermengt und aufgeweicht, in einer gefetteten Rein im Rohr backen. Das Gericht entspricht dem „Scheiterhaufen"; wird es mit heißem, gezuckertem Wein übergossen, erhält man das **„Weinbackerl"**.

Nocken, Nudeln, Knödel

Wassergekochte Mehlspeisen hängen immer vom Mehl und der Kochgelegenheit ab. So fehlten in der Südost-Steiermark noch vor einigen Generationen die ab Kirchberg und der Mittelost-Steiermark längst bekannten Farferln, Vorläufer aller gekochten Teigspeisen. Farferln, abgebröselte Teigknötchen, und löffelgeformte Nocken und Spatzen benötigen kein fein vermahlenes Mehl wie die späteren Nudeln und Mehlknödel, die beide erst im Laufe des 16. Jahrhunderts aufgekommen sind. Vorher gab es Knödel aus Fleisch und Fisch, schon auch vermengt mit aufgeweichtem Weißbrot. Der Mehl- und später der Semmelknödel ist also eine von der unteren Bevölkerungsschicht nachgemachte Speise der Oberschicht (nach Günter Wiegelmann, Alltags- und Festtagsspeisen). Zudem haben diese wassergekochten Mehlspeisen hauptsächlich in Herdgebieten Fuß fassen können. So fehlten die in der Obersteiermark gut bekannten Farferln, Nocken, Spatzen, Knödel, Schnittnudeln (und Kochstrudel) im Ofengebiet des südoststeirischen Raumes ursprünglich ganz. Sie waren vor zwei, drei Generationen dort noch fast unbekannt, heute haben sie ebenso wie die Schnittnudeln längst Eingang gefunden, ja sind vielfach durch die Industrieprodukte ersetzt worden.

„Wasserspatzen" und „Nocken" aus Mehl und Wasser, vielfach auch aus „Brennsterz" gemacht, werden mit einem Löffel ausgestochen und in siedendes Salzwasser gegeben. In der Oststeiermark werden sie gut abgetropft und noch kräftig abgeschmalzen – als schwer verdauliche Kost waren sie vor allem das Essen der Holzknechte; gern wurden die Nocken zusätzlich mit einem in Fett und mit Zwiebeln geröstetem Weißkraut vermengt **(„Krautnocken")** und galten als *das* Mittagessen der Holzknechte und Salinenarbeiter, besonders der Bergleute bis 1937/38 am Erzberg (man nahm sie fertig gekocht und abgeschmalzen in einem Häferl mit und wärmte sie zu Mittag nur auf.) An Festtagen vermengte man die gekochten (und abgeschmalzenen) Nocken und Wasserspatzen oft zusätzlich mit Äpfeln, Käse, Schnittlauch, Zwiebeln, Waldbeeren **(„Apfel-, Kas-, Schnittlauch-, Zwiebel-, Beerennocken")**.

Rudolf Meringer schreibt über die Ausseer Kost (1891): „Das Mittagsmahl besteht aus Mehlklössen (‚Knödln') mit oder ohne Zugabe von Speckstücken oder aus ‚Nocka', gerösteten ‚Knödln', welchen man Schwarzbeeren, Aepfel oder andere Früchte beigibt. Die ‚Nocka' werden ebenso wie die ‚Knödln' auch aus Gries bereitet. Andere Mehlspeisen heißen ‚Schmeanzga', ‚Feistlingknöpf', ‚Ofennudln' (der österreichische Gugelhupf), ‚Hasenöhrln' u. a. Sehr beliebt ist auch der ‚Schmarrn' und der ‚Ko' (Koch). Fleisch erscheint meist nur Sonntags auf dem Tische ... Alle Speisen kommen in der Pfanne, in der sie bereitet wurden, auf den Tisch. Dabei wird die Pfanne auf ein hölzernes oder eisernes ‚Pfannbrett' gestellt. Aus der Pfanne essen auch Alle. Bei ‚Nocka' langt man mit den Fingern zu ..." Im Ennstal gab es früher an den Samstagen meist **„Fleisch-"** oder **„Kasnöckel"**.

Der im steirischen Oberlande heute unentbehrliche **Mehlknödel,** der im oberen Murtal in verschiedensten Abwandlungen fast täglich, im Enns- und Mürztal wie im Jogelland sehr häufig auf dem bäuerlichen Mittagstisch anzutreffen ist, fehlte im Südosten des Landes ebenfalls. Knödel gab und gibt es an den Fleischtagen der Woche (Dienstag, Donnerstag und Sonntag; teils auch Montag oder Mittwoch, Samstag immer) stets mit eigenem Gericht. Der Mehlknödel wurde allenfalls mit Kräutern in Salzwasser gekocht und zu einem Stück

Ferdinand Wüst, „Inneres einer obersteirischen Holzknechthütte", 1890.

Fleisch pro Person nach der Gemüseschüssel und „leerer" Selchsuppe (ohne Suppeneinlage) gegessen (in den Viehzucht- und Mastgebieten des oberen Murtals, des Hochschwab und der Fischbacher Alpen). An Fasttagen gab es vielfach den **„Einbrennknödel"** in einer Einbrennsuppe (wurde vor dem Kochen oft auch schmalzgebacken). In den Milchwirtschaftsgebieten, wo der Fleischgenuß geringer war und bei der Herbsteinstallung Tiere geschlachtet und deren Fleisch geräuchert wurde, kam in den Knödelteig kleinwürfelig geschnittenes Selchfleisch **(„Fleischknödel")**. Oft wurden und werden die Knödel durch Zugabe von Schnittlauch, Petersilie, Lustock oder gehackter Leber (nach dem Schlachten) abgewandelt. Erst nordwestlich von Kirchberg an der Raab und in der mittleren Oststeiermark sind „Hoadnknödel" üblich – sie werden meist zur Selchsuppe gegessen.

„Hoadnknödl" (Heidenmehlknödel)

Ca. 200 g Heidenmehl, 2 Eier, 100 g würfelig geschnittener Speck, etwas Fett, ca. 1/2 l kochendes Wasser, 160 g Knödelbrot, Salz, Petersilie

Knödelbrot mit Heidenmehl, Salz, gehackter Petersilie vermengen. In Fett geröstete Speckwürfel dazugeben, kochendes Wasser einarbeiten, bis eine feste Knödelmasse entsteht. Ebenso die zwei Eier. Auskühlen lassen, Knödel formen, in Salzwasser ca. 12 Minuten kochen lassen.

Speck- und Grammelknödel gibt es nach Vorhandensein von Speck und Grammeln, und zwar entweder in den Teig gemengt oder als Knödelfülle. Die neueren Formen der **Erdäpfelknödel** sowie den Zwetschken- und Marillenknödel gibt es erst seit der Verbreitung der Erdäpfel und des billig gewordenen Zuckers.
Bürgerliche Kochbücher führen hin und wieder auch einen „Grazer-Semmelknödel" (Rokitansky, „Die Österreichische Küche", 1897), einen „Obersteirischen Grießknödel" (Anna Bergmann, „Wiener Küche", 3. Aufl. 1914) oder einen „Friedberger Grundbirn-Knödel" (Neumann, „Wiener Köchin", 1864) an.
Wie in Salzburg gibt es auch in der Steiermark die **„z'sammg'legten Knödel"**, im Gebiet der Fischbacher Alpen die **„Viereckerten"** genannt.

Nudeln lassen sich in der Steiermark bis 1540 zurückverfolgen, wo sie in einem Murauer Ratsprotokoll zu finden sind, das sich mit den „Nudelpäcken" beschäftigt, nach Richard Peinlich Weinwirte, die das Recht hatten, im Hause gebackenes Brot an ihre Gäste zu verkaufen. Inventare aus dem 17. Jahrhundert enthalten u. a. auch Geräte zur Nudelbereitung: Nudelkessel und „Nudelsüber" (Sieb, Durchschlag). Eine steirische Gesindeordnung aus dem Jahre 1750 betont: „Die vor einigen Jahren aufgekommenen Nudeln, Eykuchen, Strauben, Semmelschnitten sind unter Strafe sofort abzustellen" (als Kost für Dienstboten – Grimm erwähnte, daß das Wort „Nudel" um die Mitte des 16. Jahrhunderts aufgekommen sei). Und „Hausnudel" bedeutete nach Unger-Khull auch eine Mahlzeit, zu der der Besitzer und Erbauer eines Hauses die Leute einlud, die beim Hausbau geholfen haben.
Aus Groß-Florian bei Deutschlandsberg sind „Linsnudel", „Linzen- oder Fleckelnudel" bzw. „Linznudel" überliefert; sie wurden aus derbem, geknetetem Teig von dunklem Mehl und Wasser zu dünnen Flecken ausgerollt, im Backrohr gedörrt, dann zerbröckelt und in Salzwasser gekocht, nach dem Abgießen des Wassers mit heißem Schmalz oder Speck abgeschmalzen. Man verwendete diese Brocken auch als Suppeneinlage; in Edelschrott heißt diese Speise **„Fleck"**. In der Mittel- und Oststeiermark verstand man unter „Fleck" einen im Ofen gebackenen flachen Kuchen, mit Topfen und Rahm gefüllt, der nach Beendigung der Druscharbeit bereitet wurde.
In der Oststeiermark blieben die Nudeln wie die Nocken als Haupt- und Nebengericht bis in die jüngste Zeit herauf beinahe unbekannt. Dagegen war die volkstümlich-bäuerliche Vorform dieser Nudeln, die **„Scharla"** (siehe Seite 422), schon lange bekannt.

„Breinwamperl"

In Milch gequollene Hirse wird in einen Nudelteigfleck eingewickelt, dann entweder gebacken und gesüßt oder in Salzwasser gekocht und mit heißem Fett abgeschmalzen. In letzterem Falle wird der Fleck mit Kerbelkraut („Keferfill") gewürzt. Dieses Gericht ist laut H. M. Fuchs im Sulmtal schon um 1930 verschwunden.

„Strucklnudln"

Nudeln aus Strudelteig bereiten, der ausgezogen, mit Fett beträufelt, dann zusammengerollt und in Form von faustgroßen Stücken in Salzwasser gekocht wird. Dann in Streifen schneiden, diese abschmalzen.

Strudel

Der Strudel war in der bäuerlichen Kost meist die dritte Richt an schweren Arbeitstagen, an fleischlosen Tagen und auch am Sonntag. In Gösser Akten aus dem Jahre 1540 heißt es: „Ein Struggel 3–4 Zoll lang, 2–3 Zoll breit, von Waizmell oder Korn Schwung oder Gerstenkorn und Waizmell gemischt und Kreithl eingefüllt. 2 Stück samt ein Stückhl Selchfleisch erhält jede Person." Ein handgeschriebenes Kochbuch aus dem 16. Jahrhundert verzeichnet „Struggl" neben der Form „Struechl"; im selben Kochbuch erscheint auch die Schreibung „Nuedln" (für „Nudeln"). In einem Kochbuch aus dem 17. Jahrhundert und im handgeschriebenen Kochbuch des Mathias Linarter von 1689 wird die Form „Strugl" verwendet (gemeint ist der ausgezogene Strudel). Im 18. Jahrhundert finden sich bereits Belege für beide Lautformen, ebenso bereits für „Strudel", so in handgeschriebenen Kochbüchern aus den Jahren 1629, 1644, 1718 und 1720. Ein Kochbuch aus dem Jahre 1780 verzeichnet einmal „Struggl", einmal „Struckhl" und „Strudl", doch überwiegt noch die Form „Strugl". Ebenso findet man in Kochbüchern des 19. Jahrhunderts alle drei Formen nebeneinander; Unger verzeichnet für Seckau 1811 die Form „Struckl", Benditsch erwähnt in seinem Buch über Graz, 1810 herausgegeben, eine Mehlspeise unter dem Namen „Strucke" – diese Form findet sich übrigens auch in der „Grazer Tagespost" 1891 (Nummer 300): „Struckel buken die Bäcker zu Graz zu gewissen Zeiten im Jahr." In der Nr. 286 des Jahres 1892 wird ein „Tirolerstruckl" erwähnt.

„Struckl" sagt man im oberen Murtal, in der Weststeiermark und in der Untersteiermark; gegen Norden wird das Verbreitungsgebiet durch die Niederen Tauern begrenzt, die Grenze gegen Süden in der Untersteiermark ist nicht bekannt. In der Oststeiermark von der Südgrenze bis einschließlich Mürztal sagt man „Strugl", im Ennstal, im Ausseer Land, auch in Trofaiach sagt man wie heute überall in Märkten und Städten „Strudl". Zu der Form „Struckl" wird ausdrücklich betont, daß es sich dabei um eine bürgerliche Kost handelt. In den bürgerlichen Kochbüchern wird seit Beginn des 19. Jahrhunderts mit der Einführung der „Wiener Küche" die Form „Strudel" verwendet.

Die Herstellung des einfachen, festen, nudel- und strudelartigen Teiges dürfte man verhältnismäßig früh gelernt haben, also ihn mit der Hand, einem Stein oder Holz flach zu drücken oder zu klopfen, später mittels Rundholz auszuwalken (zu füllen und im Rohr zu backen); allerdings später als die gekochten und gebakkenen Breiformen, denn der Strudelteig erfordert bereits ein gleichmäßig und fein zerkleinertes Getreideprodukt, das Mehl. Ob man den Teig vor oder nach dem Backen füllt bzw. mit Fülle bestreicht, wie die Flecken, oder ob man sie durch Belegen der einen Hälfte der ausgewalkten Teigflecke und durch Überschlagen der zweiten Teigfläche füllt wie die „Balassn", sind letztlich nur technische Abwandlungen, wie Anni Gamerith ausführt.

Gekochte Strudel dagegen, die im Ofengebiet der südlichen Oststeiermark weder heimisch noch bekannt waren, schätzt man sehr im steirischen Oberland, im Ennstal ißt man sie meist an zwei Wochentagen als Hauptgericht, im Hochschwabgebiet sind sie mancherorts so beliebt, daß sie die gewohnten Knödel ganz oder teilweise verdrängen. Ebenso beliebt sind sie im Murauer Gebiet.

Über das Leben der Bauern in der Oststeiermark schreibt J. R. Bünker 1897 u. a.: „Fleisch gibt's in der Regel nur einmal in der Woche, und zwar am Dienstag. Das Frühstück ist die Milchsuppe; dieselbe besteht aus saurer Milch, Roggenmehl, Salz und Wasser. Am Mittagstische erscheint Sterz, aus Kartoffeln oder Mehl erzeugt, Krapfen, aus Leinöl und Unschlitt herausgebacken, Knödel (Klösse) aus Weizenmehl. Der sogenannte Germniegel (ein Kuchen, aus weißem Mehl mit Presshefe hergestellt), Strudel (zusammengerollter Teig mit Rosinen gefüllt) und am Sonntag Gerstenmus."

Steirischer Strudelteig

300 g Mehl, Prise Salz, evtl. 1 Ei, ca. $^1/_8$ l lauwarmes Wasser, 1 EL Öl

Aus den Zutaten einen glatten, geschmeidigen Teig auf dem Küchenbrett kneten, zugedeckt eine halbe Stunde rasten lassen, dann mit den Handballen noch einmal kräftig kneten, etwas ausrollen und mit Handrücken und Finger gleichmäßig so dünn wie möglich aus-

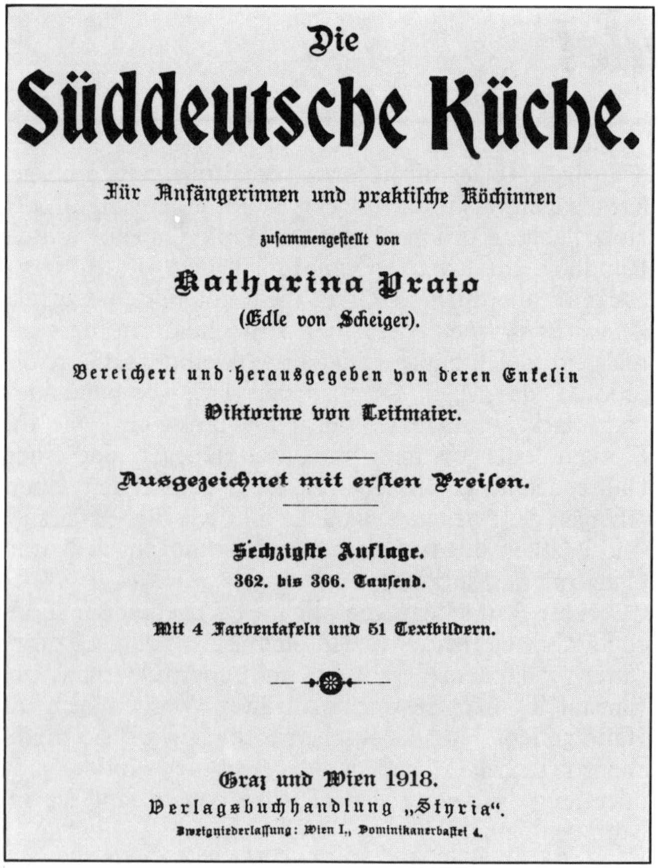
Die
Süddeutsche Küche.
Für Anfängerinnen und praktische Köchinnen
zusammengestellt von
Katharina Prato
(Edle von Scheiger).
Bereichert und herausgegeben von deren Enkelin
Viktorine von Leitmaier.
Ausgezeichnet mit ersten Preisen.
Sechzigste Auflage.
362. bis 366. Tausend.
Mit 4 Farbentafeln und 51 Textbildern.
Graz und Wien 1918.
Verlagsbuchhandlung „Styria".
Zweigniederlassung: Wien I., Dominikanerbastei 4.

Ihr Pseudonym „Prato" wurde eine Rangbezeichnung. Als Tochter des Grazer Privatiers Eduard Polt 1818 geboren, war sie Zeitgenossin von Brillat-Savarin, jung verwitwet heiratete sie den Grazer Historiker Edlen von Scheiger. Sie starb 1897. „Die Prato" hat am besten den „Sprung" von der Pfund-Lot-Messung zu den neuen Kilo-Deka-Gramm-Quantitäten gemeistert.

ziehen. In der Bauernküche wird der Strudelteig meist ohne Ei gemacht, jedoch mit etwas Ölbeigabe; nur zu besonderen Gelegenheiten gibt man auch ein Ei dazu. Das Einrollen verlangt eine besonders dünne Teigfläche, das Backen dagegen einen engen Backtegel (die breiten Backbleche sind erst mit dem Herdrohr eingedrungen); auch die viereckigen gußeisernen Pfannen bzw. Reinen kamen erst im 19. Jahrhundert auf – während „Flecken" und „Balassn" (siehe Seite 422) auf der Innenfläche des Ofens gebacken wurden.

„Weinbeerlstrudel"

Strudelteig (siehe Seite 403); Fülle: $^1/_4$ l saurer Rahm, 3–4 Eier, 60 g Böseln, Rosinen, Zucker, Zimt; Butter

Auf herkömmliche Art aus Mehl, warmem Wasser, Öl, Prise Salz (und eventuell Eiern) einen Strudelteig machen, rasten lassen, dann ausziehen, mit zerlassener Butter bestreichen. Sauren Rahm versprudeln, mit den Eiern verrühren, auf die ausgezogene Strudelteigfläche streichen, mit in Butter gerösteten Bröseln bestreuen, Rosinen (Weinbeeren) sowie Zucker und Zimt daraufgeben. Dann Teigfläche zusammenrollen, in eine mit Butter ausgeschmierte Rein legen, im Rohr backen. Man kann zur Fülle auch frische Weintrauben verwenden **(„Weintraubenstrudel")**.
Die gleiche Fülle kann man auch auf einen mehr oder weniger feinen Mürbteig, der möglichst dünn ausgewalkt wird, streichen. Mit gewöhnlichem Strudelteig und weniger feinen Zutaten wird er an schweren Arbeitstagen und auch sonntags aufgetischt. Im Sulmtal wird der Weinbeerlstrudel mit einer feinen Fülle an den höchsten Feiertagen, zur Hochzeit und Primiz, aber auch zur „Bestattung" (Leichenmahl) serviert.

Neben den bekannten Apfel-, Topfen-, Grieß-, Reis- und anderen Früchtestrudeln, neben Grammel-, Speck-, Erdäpfel-, Kohl-, Kraut- und Rübenstrudeln gibt es einen mit Brein und Obst (frisch oder Dörrobst) gefüllten **„Breinstrudel":** Den dünn ausgezogenen Strudelteig mit in Milch gekochtem Hirsebrein füllen; man gibt nach Belieben zusätzlich Zucker, auch Beeren, Obst, etwas Topfen oder Rosinen dazu. Er war in der Oststeiermark die dritte Mittagsricht.

Steirischer Kohlstrudel

Strudelteig (siehe Seite 403); Fülle: 600 g Kohl, 1 EL gehackte Zwiebel, Öl, 300 g Faschiertes, 1 Knoblauchzehe, Petersilie, 1 rote Paprikaschote, Salz, Pfeffer, Majoran, Kümmel, 2 Eier, $^1/_8$ l Sauerrahm, 1 EL Brösel, Schnittlauch, braune Butter

Kohl in Salzwasser weich kochen, abseihen und kleinhacken. Zwiebel in heißem Öl anrösten, Faschiertes, zerdrückten Knoblauch, gehackte Petersilie und nudelig geschnittene Paprikaschote und Kohl mitrösten, würzen und überkühlt auf die mit Fett bestrichene, mit Bröseln bestreute Strudelteigfläche auftragen. Mit Rahm beträufeln, einrollen und in einer mit Fett bestrichenen Pfanne zugedeckt garen (kann auch in Schnellkochpfanne geschehen: 12 Minuten). Mit brauner Butter und Schnittlauch servieren. Dazu Bohnensalat, mit Kürbiskernöl und Weinessigmarinade.

Schmalzgebackenes

„Bäurin, koch Krapfen,
Sechszipfede Zupfen,
Die beangged'n, bauched'n
Körndln thoan hupfen."

(Drescherspruch)

Das steirische Oberland kennt nicht nur die in Wasser, sondern auch auf dem Herd in Schmalz „gesottenen" Teiggerichte. Das obere Ennstal, schmalzreicher, aber getreideärmer als die meisten anderen steirischen Landschaften, hat deren eine große Zahl: „Blattlkrapfen" („Dinnkrapfen") und roggene Krapfen (Ennstal), anderswo Hasenöhrl oder auch Polsterzipf genannt, runde und viereckige Krapfen, „Kücherl", Strauben, „Nudel", Schnitten (wie die Pofesen), die „aufgehenden Niederhucker", „Wizl", „Vögl" und „Flantschkerla" (am Heiligedreikönigstag „Dreikönigssterne" genannt), Rosen-, Schwammkrapfen (Sulmtal) und Prügelkrapfen, von denen die einfachen an Schmalztagen bzw. Mehlspeistagen der Woche (Montag, Mittwoch, Freitag), auch zu schwereren Arbeiten, zur Erntezeit (zum „Stadlhahn"), die feineren nur an hohen Festtagen gebacken wurden.

In der Ramsau nannte man die Krapfen auch „Rahmpunge"; dort gibt es auch „Oakraus" (bereits einmal gebackene Krapfenstücke werden in versprudelte Dotter getaucht, dann noch einmal in Schmalz schwimmend gebacken; so wurden übrigens immer wieder Festtagsgebäcke vor der Einbürgerung des Zuckers verziert). „Perchtkrapfen" (Möderbrugg), „Perchtenstrauben" (Haus), „überzogene Zwetschkenschnitten", „Fedlkrapfen" und „Kloankrapfla" (Ramsau) mit Rosinen, „Heiliggeistkrapfen" (zu Pfingsten) gab und gibt es neben Dreikönigs- und Stanglkrapfen (oberes Murtal), „Affn", „Branntweinnudeln", „Urakrapfen" (Birkfelder Hinterland), „Glöcklerkrapfen" (Kalwang), „Riegelkrapfen" und „Schuhfleck" (Obersteier). Unger-Khull („Steirischer Wortschatz") nennen auch noch den „Affermann" im Ennstal („Krapfen aus Butterteig"), das „Feinste, was man sich bei Landleuten vorstellt, meist zu Ostern auf der ländlichen Festtafel erscheinend". Die „Breferlkrapfen" sind viereckige kleine Krapfen, an den Ecken ausgezahnt und in Form eines „Breferls" (Amulett).

Zum Krapfenbacken verwendete man Rindschmalz oder Butter, Schweineschmalz war verpönt. Das Schmalz wurde in hölzernen Gebinden („Schmalzgießl") aufbewahrt; viele volle „Gießl" und „Schmalzstetzl", aufgerollt auf die Bretter („Treandln") in Speis, Keller oder Kammer, waren der Stolz jeder Ennstaler Bäuerin.

Neben den sehr kleinen, dreifüßigen Eierspeispfandln sind die großen „Schmalzpfannen" das einzige geschmiedete Kochgeschirr der sonst lehmreichen, daher auf Irdenware eingestellten Südost-Steiermark gewesen. Das Schmalzaussieden war meist das Geschäft älterer Frauen, die gegen Entgelt mit ihrer großen Pfanne auf die Höfe gerufen wurden. Im unteren Ennstal rechnete man noch im 19. Jahrhundert pro Kopf 50 bis 60 Pfund Schmalz im Jahr. Andere Krapfen wurden in eigenen Krapfenmodeln gebacken, in deren muldenförmigen Vertiefungen man die Krapfen ohne große Fettmenge auflaufen und ausbacken ließ. Nach Erzählungen alter Leute gab es früher Model je nach Art und Größe eines Haushalts für fünf bis siebzehn Krapfen auf einmal. Beim Backen der Herzkrapfen (Feldbach) beispielsweise verwendete man den Herzkrapfenmodel.

Früher wurden die „Blattlkrapfen" oder „Dinnkrapfen" (dünne Krapfen) im Ennstal jeden Mittwoch zu Mittag und an den Samstagen am Abend bereitet (die übriggebliebenen aß man am Sonntag zum Frühstück). Heute werden am Samstag abends und am

Tauchmodel aus Blech zur Herstellung der in Schmalz gebackenen Herzkrapfen.

Sonntag meist nicht mehr diese Blattlkrapfen, sondern die „Backkrapfen“ oder Rundkrapfen, aus dünnerem Germteig (und heißer Magermilch) gebacken. Allerdings gibt es Rezepte, bei denen man auf 500 g Mehl 200 g Butter, 12 Dotter, 1/4 l süßen Rahm und 3 Eßlöffel Germ, mit warmem Wasser verrührt, nimmt. Ausgefertigt werden diese Krapfen dann wie die (Wiener) Faschingskrapfen, auch gefüllt mit Marmelade – früher gab es diese Faschingskrapfen nur in wohlhabenden Bürgerhäusern. Das „Allerneueste Grätzer Kochbuch für herrschaftliche und andere Tafeln. Herausgegeben von einem erfahrenen fürstlichen Koch“, Grätz o. J. (1790), kennt Spieß-, Rohrprügel-, Waffen-, Germ-, Prügel-, Spritzkrapfen, Topfen- und Butternudeln, das „Koch Buech der Theresia Edlen von Eggenwalt gehörig, pro Anno 1796“ (im Museum der Stadt Leoben) nicht nur „die guten Fasching Krapfen“, sondern auch noch „Bichßen Krapffen, Waffen Krapffen, Sammet Kräpfl, Mandel Krapfen, Gute Bauern Krapfen, Gerben Brigl Krapfen, Spieß Kräpfl“ und „Pischgotten Brigl Krapfen“. Ein anderes, vermutlich aus Leoben stammendes handgeschriebenes Kochbuch (ebenfalls im Leobner Museum) aus der ersten Hälfte des 18. Jahrhunderts führt noch „Ströck Krapfen, Gewürzte Krapfen, Spriz Krapfen und Ringel Krapfen“ an. Das von Herta Neunteufl kommentierte „Koch- und Artzney-Buch. Grätz 1686“ kennt auch „Ram-Krapffen“ und „Drey Pfannen-Krapffen“. Schon zu Beginn des 18. Jahrhunderts beanstandete die Leobner Stadtkämmerei in einer Überprüfung des städtischen Radwerkes in Vordernberg, daß zum „Fasching Krapfen pachen“ 1 1/2 Schaffeln Schmalz verbraucht worden seien (nach Günther Jontes, „Der Streit um die Krapfen“, 1979).

In den Gasthäusern wurden zu Hochzeiten und Primizen die „Rundkrapfen“ gebacken, nur in der mittleren Oststeiermark kamen sie öfter im Jahr, so zu Ostern, für alle Hausleute auf den Tisch. Der Leobner Bürgermeister Philipp von Vissa berichtete 1812, daß die Dienstboten an hohen Festtagen unter anderem „drey Krapfen jeder wenigsten 4 Loth im Gewicht“ bekämen. Am Lichtmeß- bzw. Blasltag (2. bzw. 3. Februar) wurden sie in der mittleren Steiermark gegessen, damit der Wind während des Jahres das Hausdach nicht herabreiße (Leibnitz) oder damit der Weizen nicht brandig werde (St. Georgen an der Stiefing). In Eisenerz hießen sie „Wanderkrapfen“, da zu Lichtmeß der Dienstbotenwechsel stattfand. Im Ennstal nennt man die Freßfröhlichkeit der Faschingstage, der „Foastwochn“, das „Faschingsloben“. „An diesem Tag“, schreibt Anton Schlossar 1885, „wird dann auch wacker gesotten und gebraten, und der für fette Speisen überaus schwärmende Älpler vertilgt von Krapfen, Schmarren und fettem Schweinefleisch so ungeheure Portionen, daß der Beiname des Tages nur zu gerechtfertigt erscheint.“ Kann man die Faschingskrapfen im Freien bei warmem Sonnenschein essen, so wird man das Osterfleisch in der Stube beim geheizten Ofen verzehren müssen, heißt eine Bauernregel. Und wenn die Hochzeitskrapfen nicht ganz durchgebacken, innen gar noch teigig sein sollten, dann bleibt diese Ehe kinderlos, dann wird Unfriede ins Haus ziehen. Nach der „Knaffl-Handschrift“ (1813) gab es am Hochzeitstag schon zum Frühstück u. a. Butter- und Schmalzkrapfen und zum Hochzeitsmahl „kleine viereckigt geformte Butterkrapfen“ und „große Krapfen, im Durchmesser von anderthalb Schuhe“.

Ennstaler Krapfen

500 g Roggenmehl, 1/2 l Magermilch, Buttermilch oder Wasser, Prise Salz; Butterschmalz, Graukäse

Mehl sieben, salzen, mit Flüssigkeit zu einem festen Teig kneten, eine halbe Stunde rasten lassen. Dann zu einer Rolle (Durchmesser ca. 6 cm) formen, davon je 4 cm dicke Scheiben schneiden, diese auf bemehltem Brett messerrückendick auswalken. Die Teigflecken in heißem Schmalz schwimmend auf beiden Seiten rasch backen (sollen nicht zu braun werden!). Die gebakkenen Flecken zugedeckt warm stellen, dann mit grauem Käse bestreuen und wie Palatschinken zusammenfalten. Man kann sie auch mit gerösteten Fleischresten oder mit Marmelade füllen. Diese Krapfen kommen in ihrer Form der ursprünglichen Bedeutung des Wortes Krapfen (althochdeutsch „crapho“ = Haken, gebogene Klaue, von hakenförmiger Gestalt) schon näher.

„Gfadelte Krapfen“, „Moahderkrapfen“

300 g Mehl, 200 g Butter, 100 g Zucker, 1 Dotter, Prise Salz, saurer Rahm, 1 EL Essig, geriebene Zitronenschale; Backschmalz

Mehl, Dotter, Zucker, Butter, etwas saurer Rahm, Prise Salz, Essig und geriebene Zitronenschale rasch auf dem Küchenbrett zu einem mürben Teig verarbeiten, ähnlich der Konsistenz eines feinen, weichen Nudelteiges. Eine halbe Stunde kühl rasten lassen, dann so

dünn wie möglich auswalken, in große Vierecke schneiden, durcheinanderziehen (wie die Strauben) und in heißem Fett schwimmend backen.
Diese Krapfen wurden als feineres Mürbgebäck dem Gast vorgesetzt. Sie sind verhältnismäßig schnell gemacht. Auch an Sonn- und Feiertagen, zur Erntezeit, zur „Moahderzeit", durften sie nicht fehlen.

„Heiliggeistkrapfen"

Sind Krapfen aus feinem Mürbteig wie bei dem Rezept vorher. Den Teig nach dem Rasten zu kleinen Kugeln formen, jedes Kugerl zu einem kaffeetellergroßen Teigblatt auswalken. Diese Blattln in heißem Schmalz schwimmend backen, dabei bekommen sie durch Einstechen und Drehen mit dem Krapfenspieß oder einer Gabel einen „Dreh", wodurch sie eine an die „Heiligen-Geist-Taube" erinnernde Vogel- bzw. Taubenform erhalten. Das Gebäck wird sehr spröde und ist leicht zerbrechlich. Es kommt im oberen Ennstal im Jahr einmal, und zwar am Pfingstmontag, nach dem Mittagsmahl auf den Tisch.

Unger meldet aus Leibnitz den **„Heiligengeistnudel"** bzw. den **„Pfingstnudel"**; er wird aus Mürbteig gemacht, mit einer Mischung aus Rahm, Hirse und Bertram gefüllt (beim Backen wird aber weniger Schmalz verwendet als zu den Krapfen); die Speise scheint hauptsächlich in der Weststeiermark vorgekommen zu sein. In Edelschrott besteht der „Pfingstnudel" aus einem großen Teigfleck, der mit einer Mischung aus eingeweichten Semmeln, Eiern, Milch und „Lustkräutl" gefüllt und dann gebacken wird.
Die **„Kathreinkrapfen"** haben die Gestalt eines Rades und werden (wie in Kärnten) am Vorabend des Kathreintages (25. November) an die Sänger der Kathreinlieder verteilt. (Enns-, Palten-, oberes Murtal)

„Buabn", „Mandln"

Dieses Gebildbrot wurde in Eggersdorf beim Festmahl nach dem Flachsbrecheln gegessen; es sind spannenlange Nachbildungen einer menschlichen Gestalt, gebacken aus Krapfenteig. Nach dem dritten oder vierten Gang werden die „Buabn" möglichst rasch aufgetragen, und zwar stecken vier bis fünf solche „Buabn" auf einem halbierten, ausgehöhlten Kürbis, mit Holzspänen befestigt und blumengeschmückt. Jede Brechlerin versucht möglichst schnell, so viele wie möglich zu erwischen, und versteckt sie dann in ihrer Schürze.

Einzig die Bauern um den Rosenkogel haben bis zur Mitte der sechziger Jahre unseres Jahrhunderts am Anbau von Flachs festgehalten. Das Abschlußessen für die Brechlerinnen gab der jeweilige Bauer, es gab keine feste Speisenfolge, man aß Schweinsbraten mit Sauerkraut oder Krenkoch, gebackenes und gebratenes Fleisch, Geselchtes mit Kraut und Knödeln oder ein „Lendbratl" mit Kraut und Salat, trank dazu Most und Wein. Zum Schluß gab es Branntweinkrapfen (nußgroße Krapfen, mit Schnaps, Zucker und Honig übergossen, die mit dem Löffel gegessen wurden) und eine Schüssel voll Krapfen, unter denen ebenfalls einige Teigfiguren („Mandl", „Brechmandl", „Haarmandl", „Tatterlotter" genannt) versteckt waren.

„Branntweinkrapferln" kennt auch das Sulmtal zum Weingarthauen; sie sind aus gewöhnlichem Germteig bereitet, werden ausgewalkt, mit dem Teigrädchen zu kleinen Fleckchen von 5 cm im Geviert ausgeradelt, in heißem Fett gebacken und dann mit verdünntem, gezuckertem Branntwein übergossen. In der Obersteiermark gibt es die bereits erwähnten **„Branntweinnußn"**, kleine Germteigkrapferln, in der Brechelzeit und an den Weihnachtstagen. Um St. Marein bei Knittelfeld nennt man die bohnengroßen Germteigkügelchen **„Boanlnudeln"**; auch sie werden mit verdünntem, gezuckertem Branntwein begossen. Werden dagegen gewöhnliche, große Bauernkrapfen (mit der tiefen Delle in der Mitte) mit Honigschmalz (Honig wird mit Butter flüssig und heiß gemacht) übergossen, nennt man sie **„Honigkrapfen"**; sie waren im oberen Murtal am Christmorgen üblich. Die „Branntweinkrapferln" oder „Branntweinnudeln" waren besonders auch zum „Stadlhahn" nach dem Getreidedreschen üblich, wie ein Lied dazu bezeugt:

„Frau Bäurin, 's Krapfenholz liegt afn Herd,
Die Drescher san an Stadlhahn wert!
A Reiter voll Krapfen,
A Beinsumpa groß Schöberl,
A Pflugradl großer Rahmstrudl,
A Mühlstoan großer Gugelhupf,
A Streukorb voll Branntweinnudel,
Dazu a halbi Sau und a Eimer Wein,
Das soll für die Drescher der Stadlhahn sein! "

Die **„Weinbeerkrapfla"** sind kleine Rundkrapfen aus feinem, mit vielen Weinbeeren untermischtem Germteig. Sie werden im Ennstal zu großen Festtagen gebacken.

„Fedlkrapfen“

Auf einem ausgewalkten Germteigflecken werden auf die eine Hälfte kleine, quadratisch geschnittene Lebzeltstückchen, auf die andere Hälfte kleine Rosinenhäuferl gelegt. Mit einem zweiten Teigblatt wird das Ganze zugedeckt und zwischen den einzelnen Füllhäufchen der Teig mit den Fingern niedergedrückt, dann zu kleinen Kräpfchen auseinandergeschnitten; auf diese Weise erhält man eckige und runde Krapfen, die in Butterschmalz herausgebacken werden. Mancherorts werden in diese Fedlkrapfen auch kleingeschnittene Feigen oder Weinbeeren eingefüllt. („Fedln“, „feldeln“, „feteln“ bedeutet soviel wie mit Hab und Gut auf dem „Fedelwagen“ übersiedeln; die „Fedelmilch“, am Morgen der Heimfahrt von der Alm gemolken, gehört nach altem Brauch den Armen. Zum Frühstück aß man auf der Alm auch noch eine „Fedlbutter“.)

Die Fedlkrapfen sind, wie Gamerith feststellen konnte, wohl eine bäuerliche Umbildung der klösterlichen Kochüberlieferung und dürften auf die „Nonnenkräpflein“ zurückgehen. Sie sollen einst auch als festliches Gebäck für die Ernteleute bereitet worden sein. Im oberen Ennstal werden die „Fedlkrapfen“ auch mit „Oakraus“ (siehe Seite 409) überzogen. Krausgebakkene kleine Krapfen („krauste Tatscherln“) gab es früher in der Oststeiermark zum Taufschmaus.

Diese „Fedlkrapfen“ bereitet die Sennerin im oberen Ennstal vor der Almabfahrt und verteilt sie dann aus einem großen Wäschekorb an die Zuschauer bzw. an die ihr Begegnenden.

„Flantschkerla“

Germteig zu zwei suppentellergroße Flecken auswalken, den einen Fleck in der Mitte mit Rosinen, würfelig geschnittenem Lebkuchen und geschnittenen Feigen belegen, den zweiten Teigflecken darüberlegen, den Rand mit dem Finger fest zusammendrücken und mit dem Messer radial einschneiden, so daß beim Backen kleine Zipfel („Flantschkerla“) entstehen und das Ganze beim Backen im Schmalz ein sternförmiges Gebilde wird. „Flantschkerla“ werden ebenfalls mit „Oakraus“ (siehe unten) überzogen und vor dem Essen mit heißem Honig übergossen. Man aß sie am Dreikönigstag zu Mittag (oberes Ennstal; nach Anni Game-

Edmund Mahlknecht, „Almabtrieb“. Um 1900.

rith). „Flantschkerl“ bezeichnet ein abgerissenes Stück Zeug, aber auch ein liederliches Mädchen.

„Lebzeltwizl“

Feinen Germ- oder Nudelteig zu zwei Flecken auswalken, den einen Fleck in weiten Abständen mit länglich-rechteckigen Lebzeltstücken belegen, mit dem zweiten Teigblatt bedecken, den Teig zwischen den Lebkuchen abdrücken, die Stücke auseinanderschneiden, den Rand festdrücken und in heißem Butterschmalz herausbacken. Man macht sie ebenfalls im oberen Ennstal zu Weihnachten und zu einer Hochzeit und überzieht sie dazu mit „Oakraus“.

„Oakraus“ (Eierkraus)

Einige Eier leicht vorwärmen, mit klarem Wasser mit einer Gabel zu einer schmierigen Masse rühren (nicht schaumig rühren), dann mit den Fingern rasch und schwungvoll feine Spritzer aus dieser Masse in das heiße Butterschmalz spritzen, gerade soviel, wie zum Überziehen für einen „Wizl“ benötigt wird. Es muß ein zusammenhängendes Netz entstehen, das mit einer Gabel herausgefaßt und sofort über den „Wizl“ oder einen „Fedlkrapfen“ gelegt wird. Der Stolz einer jeden Bäuerin ist es, diesen „Oakraus“ so feingliedrig, licht und gleichmäßig wie möglich zu machen. Schon Haggers Barock-Kochbuch (1719) kennt „Eyer in Schmaltz / das Kraußte / oder das sogenandte Bauren-Eyer und Schmaltz“.

Im oberen Murtal bereitet man zum Almabtrieb kleine Festtagskrapfen, **„Rumpelnudeln“**, auch **„Jungfernnudeln“** oder **„Prangnudeln“**, oft auch nur „Nudln“ genannt. Sie werden aus Mürbteig gemacht, die als „Jungfernnudeln“ bei der Fronleichnamsprozession von den Jungfrauen, als „Rumpelnudeln“ von der Sennerin beim Almabtrieb verteilt werden. Die „Braunnudeln“ kennt Frau Färber (sie verbrachte ihre Kindheit bis 1908 im Kreis Murau) in der Verwendung der „Jungfernnudeln“ am Fronleichnams- oder Prangtag. Die „Rumpelnudeln“ haben vom Wort „rumpeln“ = Geräusch verursachen ihre Bezeichnung (auch die Kärntner Küche kennt sie!). In Edelschrott nennt man sie **„Löffelkrapfen“**, weil der Germteig mit einem kleinen Löffel ausgestochen wird, bevor sie im heißen Schmalz herausgebacken werden. Im Hochschwabgebiet sagt man dazu **„Säulinge“** oder „Almsäu(er)linge“. Aus dem Ennstal sind nußgroße Krapfen namens **„Schnurrausberla“** bekannt. Zu erwähnen sind noch die **„Rahmpunzen“** oder **„Rahmbinzen“** (aus eiklarlosem feinerem Germteig) aus dem steirischen Oberland und die **„Spüalkrapfen“**, auch **„Toalkrapfen“** oder **„Stangelkrapfen“** genannt (tellergroße Teigstücke erhalten Längseinschnitte, so daß beim Backen „Spüal“ = Rippen entstehen), die mit Honig übergossen werden.

Oft werden Festgebäcke aus Zeitmangel und aus Mangel an Mitteln auf die einfachste Weise hergestellt, ähnlich den Erädpfelnudeln. In beiden Fällen wird der Teig zu einer länglichen Wurst geformt, die man in Stücke schneidet und wiederum länglich auswuzelt. Es handelt sich dabei wohl um keine deutlich ausgeprägte Formgebung, doch scheint die Grundbedeutung stets etwas „Längliches“ zu sein. Ebenso fremd wie solche **„Nudelkrapfen“** sind der südoststeirischen Bauernküche die **„Küchl“** der nordweststeirischen Küche. Meist bereitet man sie aus einfachem Backteig aus Mehl und Magermilch, selten mit Ei, mit Käse **(Kasnudeln)**, oft auch mit Früchten wie die **Kerschnudeln**, die **Schwarzbeernudeln**, zu denen durchgeschnittene und aufgeklappte Feigen, und die **Apfelküchel**, zu denen blättrig geschnittene Apfelstücke in den Backteig getaucht und in heißem Schmalz herausgebacken werden. Um Radkersburg gibt es Akazienstrauben, **„Hidlbuam“** genannt. In manchen Gegenden der Steiermark verschenkt die Brautmutter an die Zuschauer **Krapfennudeln, Brautkrapfen** und **Birnenkrapfen.**

Strauben sind in der ganzen Steiermark üblich, ursprünglich aus gewöhnlichem Straubenteig, später auch aus Germteig gefertigt, sie wurden wie die „Mahderkrapfen“ manchmal auch für unerwartete Gäste in der Südost-Steiermark bereitet. Im Sulmtal werden sie aus derbem Germteig, in der Südsteier auch aus Nudelteig (5 Dotter, ca. 300 g Mehl, 10 EL Weißwein, Prise Salz) gemacht, kleinfingerdick, in quadratische Stücke geschnitten und in der Mitte mehrfach durchgetrennt oder zu Schlangen gerollt, in heißem Schmalz herausgebacken und zuletzt überzuckert. Oder man bereitet sie aus einem derben Mürbteig, der am Brett aus Mehl, Eidottern, saurem Rahm, etwas Rum und Zucker geknetet, dann messerrückendick ausgewalkt wird. Früher aß man sie neben Braten, Wein und Kaffee zum Taufschmaus (oder es gab „Modelkrapfen“). Auch am Dreikönigstag macht man sie, ebenso die **„Perchtstrauben“** in der Ramsau, mit Honig übergossen. Zu Ostern werden in Laßnitz auch die Dornenkrone nachahmende Strauben gebacken (ein dünner Schmarrenteig wird gezackt ins heiße Fett eingegossen).

Strauben aus Heidenmehl

1000 g Heidenmehl, 1 1/2 l kochendes Salzwasser, 400 g Weizenmehl, 5 Eier, 1/2 l saurer Rahm; 1000 g Schweineschmalz; Staubzucker

Heidenmehl mit kochendem Wasser langsam übergießen, bis ein Knödel entsteht. Mit beiden Händen das Weizenmehl, Prise Salz, Eier und Rahm daruntermengen, den Teig schmiegsam kneten. Eine Stunde an einem warmen Ort rasten lassen. Dann kleinfingerdick ausrollen, auf die Spitze gestellte Vierecke ausschneiden oder ausradeln und in heißem Schmalz auf beiden Seiten goldbraun backen. Mit Staubzucker bestreut servieren.

Was in den bürgerlichen Kochbüchern „gebackene Mäuse" genannt wird, heißt in der Obersteiermark **„aufgehende Niederhocker"**; sie wurden früher aus einfachem Nudelteig, später aus leichtem Germteig bereitet, unabhängig von allfälligen Früchtezugaben. Und was anderswo „Pofesen" heißt, nennt man in der Obersteiermark **„Schnitten"**, **„Brotkrapfen"**, **„Brudernudeln"**, die, aus Schwarz- oder Weißbrotschnitten, einfach oder doppelt über eine Fülle (süß oder sauer) übereinandergeklappt, in Backteig getaucht und in tiefem heißem Schmalz herausgebacken werden. An Schnitten gab und gibt es gerade im oberen Ennstal sehr viele, so Zwetschkenschnitten, Brotschnitten, Speckschnitten, Hirnschnitten, Brennesselschnitten, Salbeischnitten, Hollerschnitten.
Ebenso fremd wie diese Schnitten ist in der Südost-Steiermark die folgende Speise:

„Neunhäutelnudeln"

Ihr Innerstes besteht in Schladming aus einer getrockneten Feige, die dann – der Sage nach – neunmal in einen Eierteig getaucht und ebensooft in Schmalz herausgebacken wird. In Wirklichkeit taucht man sie meist nur ein paarmal hintereinander in den Backteig und ins heiße Schmalz und streift sie dann vom „Spandel", dem Milchspan. Die „Neunhäutelnudel" gibt es zur Schwerarbeit, beim Hausbau, zur Erntezeit – von den männerfaustgroßen Nudeln, die sehr fett sind, vermag selbst ein kräftiger Esser meist nur ein Stück zu verzehren. In der nördlichen und mittleren Oststeiermark nennt man sie **„neunhäutige Nigl"**, **„Neunhäutlinge"**, **„gekrauste Nigl"** oder **„Schober"** (Fischbacher Alpen), und sie werden in einem eigenen „Schober-" oder „Niglkessel" in halbtiefem Schmalz gebacken. In manchen Orten des Jogellandes war der „Schober" das Donnerstagessen und auch an Festtagen der Brauch.

„Vögl"

Kleine Knöderln aus fein gehackten und gewürzten Fleischstücken, ohne Mehlbeigabe, aber leicht in Mehl gerollt, werden in Backteig getaucht und in tiefem Schmalz gebacken. Die „Vögl" gibt es im Ennstal zur Hochzeit und zu anderen Festtagen, aber auch dann nur sehr selten.

„Almraunkerl"

1000 g Mehl, 200 g Butter, 200 g Zucker, 1/4 l saurer Rahm, Prise Salz, Zimt; Backfett

Aus den Zutaten einen Mürbteig bereiten, nach dem Rasten auswalken, mit einem Ausstecher („Raunkerlmodel") Herzformen ausstechen und diese in heißem Fett backen. Die „Raunkerl" werden zur Almheimfahrt gebacken und im Ausseerland von der Sennerin an die begegnenden Personen ausgeteilt.

Die über Hohlformen gebackenen Spagat- und Schnürkrapfen sind in der Ost- und Mittelsteiermark an hohen Festtagen üblich; Rezepte finden sich in allen bürgerlichen Kochbüchern. Die Krapfen werden in heißem Rindschmalz, aber auch in Leinöl oder in einem Mischfett gebacken.

„Raunkerlmodel". Ausstechform, aus Ahornholz geschnitzt, um 1850. Für die beim Almabtrieb ausgeteilten kleinen Festtagsgebäcke.

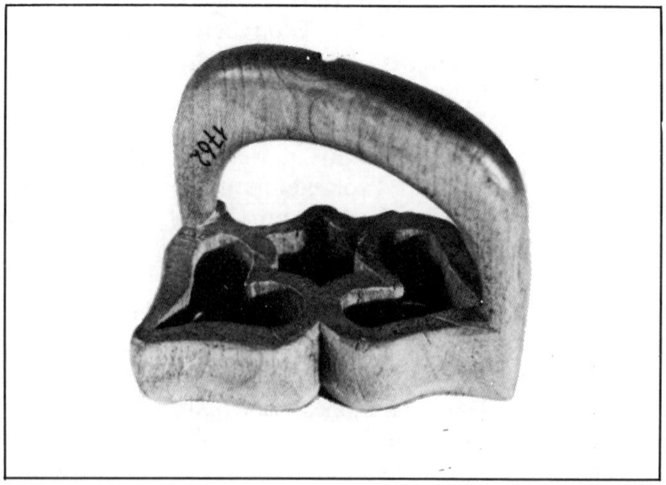

Sulmtaler Spagatkrapfen

560 g Mehl, 280 g Butter, 6 EL Obers, Salz, etwas Wein, 4 Dotter, 2 ganze Eier, fein geriebene Zitronenschale; Backfett; Zimt und Zucker

Aus den Zutaten rasch einen Mürbteig bereiten, rasten lassen, dann messerrückendick auswalken, Vierecke (von 10 cm Länge) ausschneiden oder -radeln, auf die Blechröhren binden, in heißem Fett backen, herausnehmen, den Faden entfernen, vorsichtig abstreifen und in Zimtzucker eintauchen.

Schwammkrapfen

Sie werden aus einem dünnen, gezuckerten Schmarrenteig gemacht, in den man ein in heißem Fett erhitztes, eigens geformtes Eisen taucht. Damit in heißem Fett backen, bis der Teig sich leicht vom Eisen lösen läßt. Von der Form des vom Model gelösten Backwerkes stammt der Name dieser Krapfen, die ihr bürgerliches Vorbild in den „Löffelküchlein“ haben. (Sulmtal)

Herzkrapfen

Ein eierreicher Schmarrenteig wird bereitet. Dann wird ein eigener Herzmodel aus Blech zuerst ins tiefe heiße Fett, dann in den Schmarrenteig und wieder ins Fett getaucht und dort gebacken. Herzkrapfen gab es selten, so zum Fasching, an hohen Festtagen und schweren Arbeitstagen.

Der konische Holzprügel wird wie ein Bratspieß in einem Gestell ständig gedreht, dabei wird Teigschicht auf Teigschicht über offenem Feuer zum „Prügelkrapfen“ gebacken.

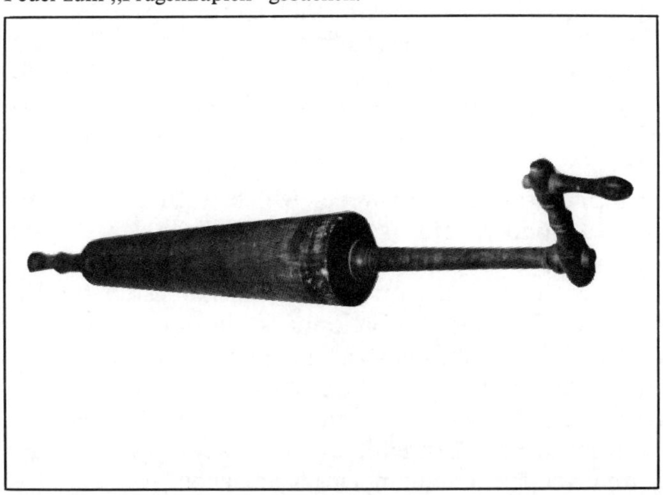

Der „Prügelkrapfen“ wird an der Glut des offenen Feuers gebacken. Admont, Krampelschmiede, 1961 aufgenommen.

Als die Krone aller Krapfen galt der **Prügelkrapfen.** Man bereitete ihn nur zu den größten Hochzeiten, den feierlichsten Primizen. Seine kunstvolle, langwierige Herstellung verstanden nur wenige, meist bürgerliche Köchinnen, auch die Zutaten waren kostbar. Beschreibung, Zutaten, Teig und Herstellung sind in älteren Ausgaben der Prato noch verzeichnet. Karl Haiding hat 1962 genau beschrieben, „wie die Prügelkrapfen gebacken“ werden. Sie wurden dann noch „beeist“, das heißt mit Zucker-Eiweiß-Masse mit der Spritztüte verziert, wodurch sich der Prügelkrapfen in einen ausgezackten, weißen Spritzberg verwandelte, der zusätzlich durch gefärbte Zuckermasse mit verschiedenem Zierat (meist ornamental, aber auch grüne Tannenbäumchen) versehen war. In das obere Loch steckte man ein bei einem Zuckerbäcker in Graz gekauftes Brautpaar bzw. einen Priester. Als dann die Torten als Festspeise eingeführt wurden, verschwand der Prügelkrapfen bald ganz. Der Prügelkrapfen wurde als einziges Herdgebäck nicht im tiefen Schmalz, sondern über der Gluthitze des offenen Feuers gebacken. Er galt in Leoben als spezielle Hochzeitsspeise (Günther Jontes, „Der Streit um die Krapfen“, 1979). Vissa schildert 1812 eine Leobner Hochzeitstafel, bei der auch ein Gang aufgetragen wurde, der „aus einem Thurme von einem Prügelkrapfen (eine Art gebratener Pisquitten Torte)“ bestand, „welcher mit Lämmer, Schäferinnen, Ziegenböcken, Ochsen und Kühen, Laubern und Bäumen von Tragant-Teig verziert ist“.

Backwerk

„Ich brauch noch Germ um einen Groschen, Weinbeerl'n um fünf Kreuzer, Zucker um fünf Groschen, Safran um zwei Groschen und Neugewürz um zwei Kreuzer", läßt Peter Rosegger die Mutter zum Peterle in der Weihnachtsgeschichte „Als ich Christtagsfreude holen ging" sagen. Freilich sind die (hochaufgehenden) Germgebäcke verhältnismäßig junge Gebäckformen, da die allgemeine Verwendung der zuerst flüssigen Bierhefe für Weißgebäck, die erst im 17. Jahrhundert in Frankreich einsetzte, zunächst sogar leidenschaftlich als gesundheitsschädlich bekämpft worden war. Die feste, daher leichter transportierbare Preßhefe kam 1867 in Wien auf. Doch gab es schon Vorläufer, die einen Teig durch alte Teigreste („Ura", „Zeig") oder durch eine Art „Dampfl" zum „Gehen" brachten, so die „Urakrapfen" des Jogellandes, der „Nudel" (Dampfnudel) des nördlichen Koralpengebietes sowie andere Backhilfen, wie leichte Holzaschenlauge (eine Art Pottasche) für Krapfen im Ennstal, säuerliche Mineralwässer im Grabenland für „Tommerl", Kleien verschiedener Malzmehle oder Gärschaum des Weins.
Der **„Nudel"** war ein in gefetteter Rein gebackener Brotteig; er war durch die lockere Kruste schmackhafter als das Brot und ist heute ein ebenso gebackener weißer Germteig. Den „Nudel" zerteilte man in Brocken, die man dann in „Läutrach" (Rückstand von Butterläutern bzw. -auslassen) tunkte (auch **„Nudeltunk"** genannt). Früher stellte die Bäuerin jeden Samstagabend ein Schüsserl mit „Läutrach" auf den Tisch. Dieser „Nudel" dürfte das ins Volk abgesunkene „begozzen Brodt", eine beliebte Herrenspeise im Mittelalter, gewesen sein. Es kam im Gebiet von Knittelfeld bis Murau dazu, daß man auch das Gebäck **„Nudeltunk"** nannte. Seine Herstellung wird in der Sammlung von Professor Ferk (Archiv des Steirischen Volkskundemuseums) folgendermaßen beschrieben: „Man macht sechs Laibchen aus Kornbrotteig, die man gut fettet und zusammen in einer runden Rein bäckt. Die Speise wird in heiße Milchsuppe getaucht und gegessen." In Schöder bei Murau bezeichnet man eine ähnliche Art eines in der Rein gebackenen Kuchens aus Korn- oder Weizenmehl, der in heißes Schmalz getaucht und gegessen wurde, als **„Reinnudel"**.
Den Salzburger „Kesseinudeln" entspricht in der Steiermark der **„Dampfnudel"** (die Bezeichnung leitet sich nicht von „Dampf", sondern von „Dampfl" ab), ein Riesenknödel aus Roggenbrotteig oder aus Weizengermteig, in einem Tuch über Wasser gegart; in den Häusern auf der Koralpe verwendete man dazu selbstfabrizierten „Trieb", später allerdings auch schon Germ. Der Dampfnudel galt als Samstagsgericht und wurde auch am Abend des 24. Dezember gegessen. In Modriach aß man ihn mit Mohn und Butter.

„Halbaufgehender"

250–270 g Mehl, 1/8 l Milch, Zucker, 20 g Germ; Fett

Germ wird am Abend in etwas lauwarmer Milch und mit einer Prise Zucker und wenig Mehl verrührt, dann zugedeckt an einem warmen Ort gehen gelassen. Am nächsten Tag wird das nötige Mehl und etwas Wasser mit dem Dampfl zu einem Teig verrührt, gehen gelassen und dann der Teig fingerdick in eine gefettete Rein gefüllt und noch einmal warm gestellt. Sobald der Teig gegangen ist, eine halbe bis Dreiviertelstunde im heißen Rohr backen. Noch warm essen.
Von diesem Gebäck dürften nur noch wenige alte Leute wissen. Der Teig dazu wurde früher täglich mit einem Teigrest des Vortags (als eine Art Dampfl) angemacht. Dieses Gebäck könnte eine Urform für alle späteren „ganz" Aufgehenden gewesen sein. Später wurde für den „Halbaufgehenden" auch Germ verwendet.
Den Teig des „Halbaufgehenden" unterscheidet von anderen Germteigen (500 g Mehl, 1/4 l Milch, 30 bis 40 g Germ), daß er viel dünner eingerührt, eine kleinere Menge Germ oder Dampfl verwendet und dünn auf eine große, gut gefettete Fläche gestürzt wird. Zum Dampfleinrühren wird weder Milch noch Zucker verwendet, sondern nur Wasser, sonst würde der Teig zu sauer werden. Dieser „Halbaufgehende" zum Frühstück ist heute noch im Südteil des rauchstubenfreien Gebietes der Südost-Steiermark bekannt. Abarten davon sind der „Grießsterz aus grobem Türkengrieß" (im „Heimgarten" 1881 erwähnt), der „Ofensterz", „Ofenkater" oder „Ofentommerl" aus Heiden-, Weizen- oder Maismehl, diesmal nicht im Topf gesotten, sondern in einem Tiegel gebacken.

„Aufgehender Tommerl“

500 g Mehl, 30 g Germ, $^1/_4$ l Milch, Salz, 50 g Fett, 50 g Zucker

Das ist ein in einer gefetteten Rein im ganzen gebakkener Germteig aus Weizenmehl, ähnlich dem Reinling in Kärnten oder einem (aufgehenden) Gugelhupf aus Milchbrotteig, oft gefüllt mit Powidl, gekochtem Dörrobst, blättrig geschnittenen Äpfeln, Marmelade oder auch nur mit Zucker, Zimt und etwas flüssig gemachter Butter oder Weinbeeren oder mit türkischem Grieß (roh oder in Milch gekocht), mit Honig und Zucker abgerührt. Dieser „Tommerl“ gilt als festliche Mehlspeise für den Weihnachtsmorgen oder zur Jause (dazu wurde er besonders gut gefüllt, auch mit Nüssen, seltener mit Mohn). Die gleiche Germspeise taucht auch unter anderen Namen auf, in der Riegersburger Gegend heißt sie **„Stubensterz“** (weil der Germteig zum Aufgehen in die warme Stube gestellt wird), östlich davon nennt man den „Kuchen“ den **„aufgehenden Sterz“**, in der mittleren Oststeiermark heißt er der **„gehende Nigl“**; ob dieser „Germnigl“ mit dem von Bünker erwähnten Kuchen aus Heidenmehl, „ti gehati Nigl“ genannt, identisch ist oder mit dem „halbaufgehenden Tommerl“, konnte noch nicht geklärt werden, wie Anni Gamerith in ihrer Dissertation „Speise und Trank im südoststeirischen Bauernlande“, Graz 1961, ausführt. „Bei der Bereitung von Hefenteig“, schreibt Katharina Prato in ihrer „Süddeutschen Küche“, „ist von besonderer Wichtigkeit, daß man feines und trockenes Mehl und süße, fette Butter oder gutes Rindschmalz verwendet.“

Aus: Marianna Catharina Lindau, „Die Steyermärkische Köchin“. Graz 1797.

Schön aufgehender Gugelhupf.

Nimm einen Vierting Butter, und einen Vierting Schmalz, treibe es recht pflaumig ab, hernach nimm ein halb Pfund Mehl, nimm 10 Eyer und 8 Dötter, rühre eines nach dem andern hinein, gieb Anfangs unter dem Rühren immer einen Löffel voll Mehl dazu nach jedem Ey, am Ende gieb 3 Löffel voll Germ darunter, und allezeit einen Löffel voll Mehl, salze den Teig, und gieb auch ein Loth Zucker darunter, schmiere ein Beck mit Schmalz, besäe es mit Semmelbrösel, fülle ihn ein, und backe ihn.

„Wid(d)er“

In der Weststeiermark, in der Gegend westlich von Gnas, heißt der „aufgehende Tommerl“ auch „Wid(d)er“: diese Bezeichnung war vor rund 150 Jahren auch noch in Graz üblich, so erwähnt Franz Oer als 19. Richt bei einer Sekundiz in der Grazer Umgebung im Jahre 1810 „Schweinernes Aufgeschnittenes mit Widder“, und Benditsch nennt unter den Bäckereien und Zuckerbäckereien der Stadt, die aus feinstem, reinstem Weizenmehl bereitet wurden, als ersten den „Widder“. In einem handgeschriebenen Kochbuch (1718) heißt es: „Mach ein guethen Germb Taig wie zu einem Widter und walg fingerdicke Platten so groß als die Widter Rein ist . . . Laß es gehen und pachs wie ein Widter.“ Es hatte also wie zu Gugelhupf und Reinling auch eine bestimmte Form („Widter-Rein“) für den „Widder“ gegeben. Ungers „Steirischer Wortschatz“ kennt für die Mittelsteiermark den „Wider, Name eines Germgebäckes mit Rosinen, ähnlich dem Gugelhupfe“. Die Bezeichnung „Wiederbäcker“, „Widerlbäcker“ als bürgerliche Gewerbebezeichnung („Gugelhupfbächer“ nach Unger) weist darauf hin, daß das Wort nichts mit dem „Widder“-Tier zu tun hat. Die Widerlreinform war in Groß-Florian eine runde Rein, in Hitzendorf eine längliche, ovale oder viereckige. Dieses Gebäck steht damit auch im Gegensatz zum Weißbrot, das in keiner Form gebacken wird und auch nicht hoch aufgeht. Die Verkleinerungsform „Wi(e)derl“ deutet auf ein Feingebäck hin.

„Aufgegangener Gugelhupf“

125 g Butter, 8–10 Dotter, $^1/_4$ l Milch, 1 TL Germ, 125 g Mehl, Prise Salz, 2 EL Zucker, 250 g Weinbeeren; Butter zum Backen, Staubzucker

Butter schaumig rühren, nach und nach die Dotter und die lauwarme Milch dazurühren, dann restliche Zutaten einrühren. Eine Gugelhupfform mit Butter ausschmieren, mit Bröseln ausstreuen, den Teig in die Form füllen, zugedeckt eine halbe Stunde gehen lassen und dann goldbraun backen. Aus der Form stürzen und mit Puderzucker bestreuen.
In der Schöckelgegend, bei St. Radegund, hatten einige Stücke dieses Gebäckes die Form einer Mütze und wurden beim Hochzeitsmahl mit brennenden Kerzen besteckt. Die Kranzljungfrauen tanzten mit dem Gebäck auf dem Kopf, bis die Kerzen ausgelöscht waren („Gugelhupftanz“).

Unger überliefert die Bezeichnung „Kapaunerweizer" für eine Art Gugelhupf, der im Oberlande an Festtagen als Nachspeise auf den bäuerlichen Tisch kam („Kapaunermehl" war eine Mehlgattung geringerer Güte).

In einem handgeschriebenem Kochbuch der Theresia Pitzerin, 1774, findet man folgendes Rezept: **„Fein germtaig zum gugl Hopf.** Nimm $^1/_2$ Pfund butter in ein weidling, treib ihn wohl ab, schlag 10 aier daran, 4 gantze, und 6 dotter, aber eines nach den andren gut verühret, ein halbes trink gläsl Voll milch, 3 löferl germ daran und 18 lott Mell, sooft du ein aier daran schlagest, so thue auch ein löfel Voll Mell darein, und wohl Verrühren, Saltze den taig, schmier das böck mit Schmaltz, schittle den taig darein, lass ihn gut gehen, alsdann bach ihn, wann du willst, kanst weinberl oder ziweben in den taig mischen. fertig." Maria Theresia Knauerin in Leoben schrieb 1780 in ihr „Koch Buech": „Die Gerben Wändl Zumachen: Nimb ein Vierdling schmalz, treibs schön fäimbig ab nimb ain ganzes Ay und 5: dodter riers Vntereinander ab, nimb 14: Loth schöns Mell Ein Halbs Seidl siessen Rämb gieß ihm Loblet darunter 2: Eßß Löffel Voll Piergerben, Salz, riers ab, schmirb die Wändl mit schmalz an, fils ein Halb Voll Laß es gehen und Pachs."

Potitze, Putitze

500 g Mehl, 60 g Zucker, 60 g Butter oder Margarine, 20 g Germ, Prise Salz, $^1/_4$ l Milch, 1 Ei, 1 Dotter, geriebene Zitronenschale; Fett für die Form, Zucker zum Bestäuben
Nußfülle: 150 g geriebene Nüsse, 250 g Kuchenbrösel, 60 g Zucker, 20 g Honig, $^1/_8$ l Milch, Zitronenschale, 2 EL Rum, Vanillezucker, Rosinen
Mohnfülle: 150 g geriebener Mohn, 100 g Kuchenbrösel, 60 g Zucker, 20 g Honig, $^1/_8$ l Milch, geriebene Zitronenschale, 1 EL Rum, 1 Msp. Vanillezucker, Rosinen

Mit der halben Menge erwärmter Milch Germ auflösen, mit etwas Mehl zum Dampfl rühren, mit Mehl bestäuben und an einem warmen Ort zugedeckt gehen lassen. Sobald das Mehl Sprünge zeigt, die anderen Zutaten (lauwarme Milch, Zucker, Butter, Prise Salz, Ei und geriebene Zitronenschale verrühren) mit dem Mehl zum Teig kneten. Zugedeckt gehen lassen, dann den Germteig in zwei gleich große Teile teilen, beide in der Länge der Wandelform rechteckig und fingerdick ausrollen, jede Hälfte mit der gewünschten Fülle stark bestreichen, wie einen Strudel die Flecken einrollen, aber von beiden Seiten zur Mitte hin mit dem Schluß nach oben in die gefettete Form legen, gehen lassen und bei mittlerer Hitze etwa 40 Minuten backen. Vor dem Stürzen auskühlen lassen, dann mit Zucker bestäuben.
Nußfülle, Mohnfülle: Milch, Honig und Zucker aufkochen, noch heiß die übrigen Zutaten (Nuß- oder Mohnfülle-Zutaten) einrühren. Ist die Masse zu fest, verdünne man mit etwas kalter Milch.

Die Potitze ist das in der Steiermark (und im Slowenischen) beheimatete Gegenstück zum „Kärntner" Reinling; der Name kommt von der Art der Herstellung (slowenisch potica = Kuchen, von potivi = einwickeln), und die Speise wurde, wie ich im Großen Sacher Kochbuch ausführen konnte, bereits 1689 von Freiherrn von Valvasor in seinem Werk „Ehre des Herzogtums Krain" genau beschrieben. Je dünner der Germteig zwischen der dick eingestrichenen Fülle ist, desto besser wird die Potitze.
J. M. Hetz nennt in „Die Wiener Bürger-Küche" (Wien, o. J.) die Potitze ein „Krainisches Nationalgermgebäck" und führt u. a. „Bertram-, Honig- und Speck-Potitze" an. In Gegenden, wo die Potitze nicht bekannt war, hat man zu Allerheiligen einen nußgefüllten „aufgehenden Tommerl" als Allerheiligenstriezel gebacken.

Osterpinza

30 g Germ, 50 g Mehl, etwas Milch; 100 g Weizenmehl, 10 g Butter, 10 g Zucker, 1 Dotter, Milch; 2 Dotter, 1 Ei, 30 g Zucker, 20 g Butter, Zitronenschale, 200 g Mehl, Prise Salz, $^1/_4$ l Weißwein, 1 g gestoßener Anis; 8 Dotter, 120 g Zucker, 600 g Mehl, 120 g gelöste Butter

Germ mit 50 g Mehl und etwas lauwarmer Milch zu einem halbfesten Dampfl anmachen. Zugedeckt aufgehen lassen. Dann 100 g Mehl, 10 g Butter, 10 g Zucker und Dotter beifügen, mit lauwarmer Milch nach Bedarf vermengen und zu einem festeren Teig glatt durcharbeiten, wieder zugedeckt gehen lassen. Dann diesen Teig sowie 2 Dotter, ein ganzes Ei, 30 g Zucker, 20 g gelöste Butter, etwas abgeriebene Zitronenschale, Prise Salz und 200 g Mehl und Milch zu einem festen, glatten Teig kneten. Zugedeckt halbhoch aufgehen lassen. Über Nacht hat man schwach $^1/_4$ l Weißwein mit 1 g gestoßenen Anis ziehen lassen. Nun seiht man den Wein ab, schlägt 8 Dotter mit 120 g Zucker über Dunst warm dickschaumig, danach kalt, fügt 600 g Mehl, 120 g gelöste Butter und den Aniswein zum halbhoch gegangenen Teig und knetet alles zu einem festen, seidenglatten Teig, den man einige Stunden kalt stellt. Dann auf unbestaubtem Brett in gleichmäßig große Teile teilen (in doppelt eigroße Stücke) und durch festes Niederdrücken mit der flachen Hand auf unbestaubtem Brett unter gleichzeitiger Kreiselbewegung der Hand zu Kugeln formen, diese auf butterbestrichenem Papier auf ein Backblech legen und an einem kühlen Ort halbhoch aufgehen lassen. Schließlich mit Eigelb bestreichen, jedes Laibchen mit einem Einschnitt in der Mitte oder drei zur Mitte verlaufenden Einschnitten oder aber mit einem Kreuzeinschnitt versehen. Die Schnitte mit Schere oder Messer ausführen, aber bis höchstens zu einem Drittel der Teigtiefe führen. Langsam goldbraun backen.

Ofenbackspeisen wurden vor Erfindung des Sparherdes meist im Backofen, in kleinen Backstätten – als Zwischenstufe in der Durchsicht des Zimmerofens – gebacken; nach Einführung des Sparherdes wurde allgemein nur noch im Rohr gebacken; allerdings auf Bauernhöfen auch noch im Backofen, wenn gerade Brot gebacken wurde. Solange es nur ein offenes Feuer gegeben hat, hat man Torten und anderes Backwerk in einer „Dorten-Pfann" oder im „Dorten-Model" gebacken, die Tortenpfanne hatte einen gut verschließbaren Deckel, stand auf Beinen und konnte so oben und unten mit Glut bedeckt werden. Es gab noch eine zweite Art Tortenpfanne, in die der mit Backgut gefüllte Tortenmodel eingesetzt wurde. Im Bauernhaus waren beide Formen äußerst selten vorzufinden.

Das **„Schafl"**, ein altüberliefertes steirisches Backwerk, bezeugt noch diese frühe Phase des Backens: Das „Schafl" ist ein gußeiserner Model, der die Hohlform eines liegenden Schafes umschließt und in der Hälfte aufklappbar ist. Die Form wird mit einer Sandmasse gefüllt, geschlossen und dann in der Glut gebacken. Das Gebackene wird noch mit Zuckerglasur reichlich verziert (für das weiße Wollfell), die Augen werden durch Pfefferkörner gebildet. Das Lamm erhält schließlich ein Seidenband um den Hals und ziert so die Primiztafel oder dient als Namenstagsgeschenk.

Bevor die **Torten** auf die Festtafel der Bauern kamen, waren Schmalzgebäcke, vor allem der kostbare Prügelkrapfen, und andere Formen „Schaugebäck" gewesen. Mit den Torten als Festspeise verschwanden die Prügelkrapfen mehr und mehr. Glasuren und Zierat in allen möglichen Farben, hohe Tortenaufbauten und Zuckerwerkgebilde bildeten die überreiche Verzierung zu den Torten für ein Hochzeitsmahl oder eine Primiztafel. Oft fügte man zwei, drei Torten stufenweise übereinander oder baute eine einzige mit stufenweisem Aufbau; die einzelnen „Etagen" wieder wurden reichlich verziert und mit Glasuren überzogen. So konnte man auf der untersten Stufe einer Hochzeitstorte kleine Lämmer, „Schafl", Bruthennen mit Kücken finden,

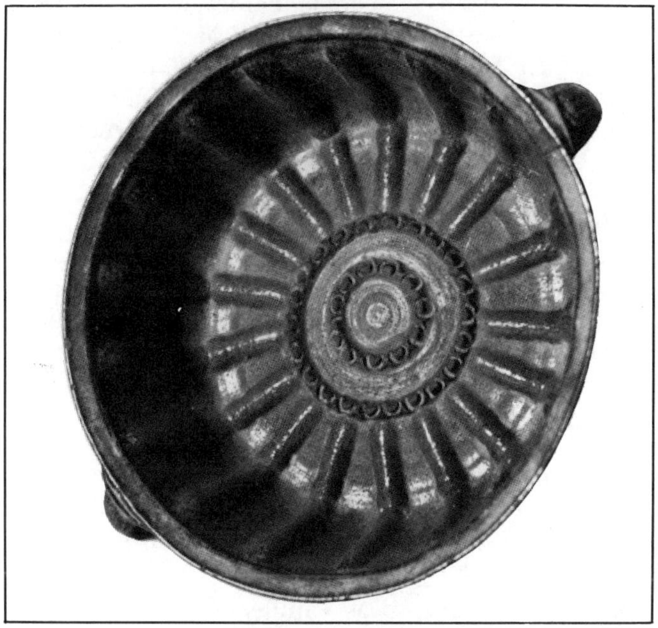

Backrein. Hafnerkeramik aus Schwarzton.

auf der zweiten Stufe Pilze (Glückspilze) aus Zuckerwerk und auf der letzten Rosen aus Zucker. In der krönenden Kuppel hingen an einem Faden zwei Eheringe aus Zucker. Primiztorten schmückte man gern mit Lämmchen, Tauben, Monstranzen (samt Hostie) oder einem Meßbuch aus Zucker, mit einem Kranz brennender Kerzen, oder man buk eine Torte gleich in Form eines aufgeschlagenen Meßbuches. Auch ganze Häuser, Schlösser, Kirchen, Hochzeitskutschen u. a. wurden aus Backwerk und gegossenem Zuckerwerk angefertigt.

Die Tortenmasse war eine Biskuitmasse. Die Torte wurde meist nicht sofort gegessen, sondern solange aufbewahrt, bis sie zu zerbröckeln begann. Gefertigt wurden diese „Schaustücke" nicht von gelernten Zukkerbäckern, sondern von Bäuerinnen, es standen ihnen dabei nur einige verschieden große Reindln, Backbleche, eine Spritze für das Zuckerwerk, Papier und geschickte Hände zur Verfügung.

Die bürgerliche Backkunst selbst war im 17. Jahrhundert bereits sehr hoch entwickelt, wie Herta Neunteufl in ihrer „Kochkunst im Barock" nachweisen konnte. Es gab Germ-, Brand-, Butter-, Mürb-, Mandelmürb- und Plunderteig, Sand- und Biskuitmassen, leichte und schwere Massen also. Die meisten barocken „Dorten" hatten eine üppige Mandelbeigabe. Nur eigene Namen hatten die süßen Geschöpfe barocker Zuckerbäcker noch kaum, sie wurden vorwiegend nach ihrer charakteristischen Zutat benannt: „Zimmet-Dorten, Mandel-Dorten, Reyß-Dorten, Speck-Dorten, Kräuter-Dorten" u. a. m. In Maria Anna Bußwalds „Allerneuestem Kochbuch", Graz 1807, gibt es „Muskatnuß-, Linzer-, Gefüllte Chocolade-, Brösel-, Kleyen-, Weichsel-, Eyer-, Semmelbrösel-, Spritz-, Muskatblüh-, Nudel-, Kitten-, Kästen-, Äpfel-, Gesottene Brod-, Pomeranzen-, Stangel- oder Blätter-, Kaffee-, Tyrolische Kaiser-, Weiße-, Blättl-, Neue Kletzen-, Muskazin-, Krach-, Portugieser-, Biskoten- und Germ-Torte".

Grabnerhoftorte

250 g Schrotmehl, 280 g Zucker, 140 g Mandeln, 60 g Zitronat, 60 g Orangeat, 120 g Datteln, 8 Dotter, 8 Eiklar, 1 Zitrone, Vanillezucker; Fett und Mehl für die Form; Creme, Schokoladeglasur

Zucker, Dotter und etwas Vanillezucker fein schaumig rühren. Zitronat, Orangeat und Datteln fein schneiden und mit dem Abtrieb verrühren. Dann Schrotmehl, die geriebenen Mandeln, Saft und etwas feingeriebene Schale einer Zitrone dazugeben. Zuletzt den steifgeschlagenen Schnee unterziehen. Zwei gleich große Tortenformen befetten, mit Mehl ausstauben, die Masse einfüllen und backen. Nach dem Erkalten mit beliebiger Creme zusammensetzen und mit einer Schokoladeglasur überziehen.

Grazer Bröseltorte

350 g Butter, 350 g Mehl, 210 Zucker, 210 g Mandeln, Zimt, Zitrone, 1 Ei; Marmelade, Glasur

Auf einem Nudelbrett Butter, Mehl, Zucker, fein gestoßene Mandeln samt Schalen, etwas Zimt, Saft und etwas feingeriebene Schale einer Zitrone und ein Ei zu einem mürben Teig anmachen. Eine halbe Stunde kühl lagern, dann auswalken und drei Tortenblätter backen. Jedes gebackene Blatt mit einer anderen Marmelade bestreichen, die Blätter aufeinanderlegen und mit einer beliebigen Glasur überziehen. (Anna Marbler, „Praktisches Kochbuch", Graz o. J.)

Heidentorte

140 g Zucker, 6 Dotter, 50 g Schokolade, 70 g Heidenmehl, 6 Eiklar; Marillenmarmelade, Schokoladeglasur; Butter für die Form

Dotter, Staubzucker und geriebene Schokolade schaumig rühren, den Schnee der Eiklar und das Heidenmehl vorsichtig unterheben, in eine befettete Tortenform füllen und im vorgeheizten Rohr langsam backen. Die ausgekühlte Torte auseinanderschneiden, mit Marillenmarmelade bestreichen und wieder zusammensetzen. Mit einer Schokoladeglasur überziehen. (Gertrude Prietl, Bruck a. d. Mur)

Rehrückenform. Hafnerkeramik. Diese Modelform scheint erst gegen Ende des 19. Jahrhunderts in den bürgerlichen Kochbüchern auf.

„Grätzer Mandeltörtchen"

280 g Mehl, 280 g Butter, 140 g Zucker, 140 g geriebene, ungeschälte Mandeln, 2 Dotter, 2 Msp. Zimt, 2 Msp. Nelkenpulver, Zitronenschale; Fett und Mehl für die Form; Glasur („Zitroneneis"): Staubzucker, Zitronensaft, 1 Eiklar

Die Zutaten rasch zu einem Mürbteig kneten und eine halbe Stunde kühl rasten lassen. Dann in gefettete und bemehlte Tortlettenformen drücken oder zu einer 1 cm dicken Teigplatte auswalken und runde Scheiben ausstechen. Im Rohr backen. Schließlich mit „Zitroneneis" überziehen, in die Mitte eine kandierte Weichsel setzen, mit Zitronenblättchen verzieren und trocknen lassen. Glasur: Fein gesiebten Staubzucker mit den Zutaten zu einer dicklichen weißen Masse verrühren.

Mandeltorten dürften in Graz bzw. in der Steiermark eine Tradition gehabt haben, schon 1568 wurde „ein guet Manndldorten" erwähnt, und noch im „Linzer Kochbuch" der Maria Elisabetha Niederederin (1804) scheint eine „Mandeltorte auf Steyermarker Art" auf. Die oben angeführten Mandeltörtchen hat Frau Dr. Herta Neunteufl aus den Rezepten „Mandel-Dorten" und „Zimmet-Dorten" aus dem „Koch- und Artzney-Buch", 1686 in Graz gedruckt, kombiniert und ergänzt (in: „Kochkunst im Barock", 1976). Auch das folgende Rezept hat Frau Neunteufl aus dem barocken Kochbuch „transkribiert":

„Kräuter-Dorten"

1 Packung Tiefkühlspinat oder gekochten, gehackten Spinat, 1 Semmel, Milch, 3 Dotter, 3 Eiklar, Brösel oder „Eiertöpfel" (in saurem Rahm aufgekochte, dann ausgepreßte Dotter), Salz, Pfeffer, gehackte Petersilie, etwas Bertram; Butter

Spinat mit der in Milch geweichten, ausgedrückten und passierten Semmel, den Dottern und den gehackten Kräutern vermengen, würzen, zuletzt den steifgeschlagenen Schnee und die Brösel oder „Eiertöpfel" darunterheben. In eine gefettete, mit Bröseln ausgestreute Auflaufform füllen, mit Butterflöckchen belegen und im Ofen backen.

Steirische Topfentorte

50 g Butter, 70 g Mehl, 30 g Zucker, 1 Dotter, Zitrone; Fülle: 30 g Butter, 2 Dotter, 30 g Zucker, Vanillezucker, Prise Salz, 2 Eiklar, 250 g Topfen; 2 Eidotter, 2 EL Butter, 2 Eiklar, 3 EL Zucker, 1 EL Mehl

Auf dem Brett aus Butter, Mehl, Zucker, Dotter und etwas abgeriebener Zitronenschale rasch einen Mürbteig kneten und eine halbe Stunde kühl lagern. Dann auswalken, mit dem bemehlten Handrücken in eine Tortenform drücken und nur licht anbacken. Inzwischen Butter abtreiben, Dotter, Zucker und etwas Vanillezucker sowie Prise Salz verrühren, dann den steifgeschlagenen Schnee von 2 Eiklar und den passierten Topfen darunterheben. Diese Masse auf den licht gebackenen Teig streichen, der inzwischen vollständig ausgekühlt sein muß. Jetzt nochmals von 2 Eiklar einen steifen Schnee schlagen, 2 Dotter und 2 Eßlöffel zerlassene überkühlte Butter, 3 Eßlöffel Zucker und 1 Eßlöffel Mehl darunterheben, das Ganze auf die Fülle gießen und eine gute halbe Stunde vorsichtig zu schöner Farbe backen.

Eisenbahnschnitten

140 g Zucker, 1 Ei, 5 Dotter, 140 g Mandeln, 5 Eiklar, 1/2 Tasse Brösel, etwas Rum, Fett für das Backblech; 1/4 l Schlagobers, Schokoladeglasur

Zucker, 1 Ei und 5 Dotter schaumig rühren. Die geschälten, geriebenen Mandeln, den steifgeschlagenen Schnee von 5 Eiklar und die mit Rum befeuchteten Brösel darunterheben. Auf ein befettetes Backblech streichen und backen. Noch warm in Vierecke schneiden, die je zwei mit Schlagobers gefüllt und mit Schokoladeglasur überzogen werden. (Hermine Feicht, Leoben-Seegraben)

Grammelkrapfen

250 g Mehl, 250 g Grammeln, 200 g Zucker, 2 Eier, 1/2 Päckchen Backpulver, Zimt, Zitrone

Mehl mit feingewiegten oder faschierten Grammeln und den anderen Zutaten zu einem festen Teig verarbeiten. Eine halbe Stunde kühl rasten lassen. Dann messerrückendick ausrollen, Scheiben ausstechen und bei guter Hitze backen. Nach dem Backen je zwei Scheiben mit Marmelade zusammensetzen.

Grazer Butterbrezen

20 g Germ, 10 g Zucker, 1/8 l Milch, 200 g Butter, 400 g griffiges Mehl, 1 Prise Salz, Milch, 1 Ei, grob geriebene Mandeln oder Zucker

Germ mit Zucker und lauwarmer Milch auflösen, 200 g warm zerlassene Butter, Weizenmehl, Prise Salz und nach Bedarf so viel lauwarme Milch dazugeben, daß ein sehr fester Germteig entsteht. Glatt kneten und zu einer nahtlosen Kugel formen. In einen Kübel mit frischem Wasser legen und zwei Stunden ruhig stehen lassen, bis der Teig aufgegangen ist und an die Oberfläche des Wassers steigt. Dann abtropfen lassen, auf bemehltem Brett glatt kneten und besenstieldicke Rollen wälzen, diese in schwach eigroße Teile schneiden und in kleinfingerdicke Schlangerln rollen, die man zu hübschen Brezen formt und auf einem bemehlten Küchenbrett auflegt. Mit zerklopftem Ei bestreichen und mit geriebenen Mandeln oder Kristallzucker bestreuen. Auf ein gefettetes Backblech legen, 20 Minuten warm stehen lassen und bei guter Hitze hellbraun backen.
Neumann überliefert in ihrem Kochbuch aus dem Jahre 1864 ähnliche „Grazer Kastanienbretzeln".

„Kindbettbrot"

250 g Zucker, 4 Eier, 125 g Zitronat, 125 g Orangeat, 1 Zitrone, 250 g Mehl, 1 EL Anis, 125 g Butter

Zucker und Eier schaumig rühren, Zitronat, Orangeat, Saft und geriebene Schale der Zitrone, Mehl und Anis sowie schaumig gerührte Butter dazugeben. Zweifingerdick auswalken, runde Plätzchen ausstechen und auf gefettetem Backblech backen.

In der berühmten „Knaffl-Handschrift" aus der Obersteiermark (1813) liest man zum Stichwort „Kindstaufen" u. a.: „Der Gevater oder die Gevatterin wohnt der Taufhandlung bey und steckt dem Kinde nach vollendeter Taufhandlung einen Speziesthaler in die Fatschen. Dieser Thaler heißt Krösengeld . . . Mit diesem Gelde aber steckt er auch andere kleine Münzen dem Kinde ein . . . Dieses kleine Geld heißt das Schnattergeld. Der Taufpathe führt die Hebamme gewöhnlich ins Wirtshaus, zahlt ihr dort ein Frühstück oder einen Jausentrunk . . . Am fünften Tag kommt dann gewöhnlich der Gevater die Wöchnerin besuchen, um ihr und dem Hause Glück zu wünschen, er läßt einen Korb mittragen, in welchem mürbes weißes Brod, eine Flasche Wein, eine lebendige Henne, einige Eyer und das sogenannte Lockgewandel enthalten ist . . . Mutter und Vater danken dem Pathen für das erwiesene Christliche Werk, empfehlen das Kind seiner Obsorge und bewirthen ihn mit besserer Hausmannskost, wodurch die sogenannten ehe gewöhnlichen Kindelmahle von sich selbst abgestellt worden sind."

Schloßbergkuchen

4 Eier, 120 g Zucker, 120 g Mehl, Vanillezucker, Zitronenschale, 40 g Butter; Weichselkompott; Creme: 1 Paket Vanillepudding, 100 g Zucker, ½ l Milch, 250 g Butter, Schokoladeglasur

Eier mit Zucker schaumig rühren, Mehl, Vanillezucker, geriebene Zitronenschale und erweichte Butter dazurühren. Die Masse in einer Kuppelform oder Tortenform backen. Ausgekühlt in Scheiben schneiden, jede mit etwas Saft des Weichselkompottes beträufeln. Für die Creme nach Vorschrift einen Vanillepudding kochen und nach dem Erkalten löffelweise zerlassene Butter einrühren. Die Creme auf die Lagen des Kuchens streichen, wieder zusammensetzen und das Ganze mit der Schokoladeglasur überziehen. (Elisabeth Vötsch, Rein, Tallak)

„Waffelkrapfen", Waffeln, sind durch Jahrhunderte nachweisbar und verschwanden erst mit dem Vordringen der Sparherde. Sie wurden mit einem Waffeleisen über dem offenen Feuer gebacken.

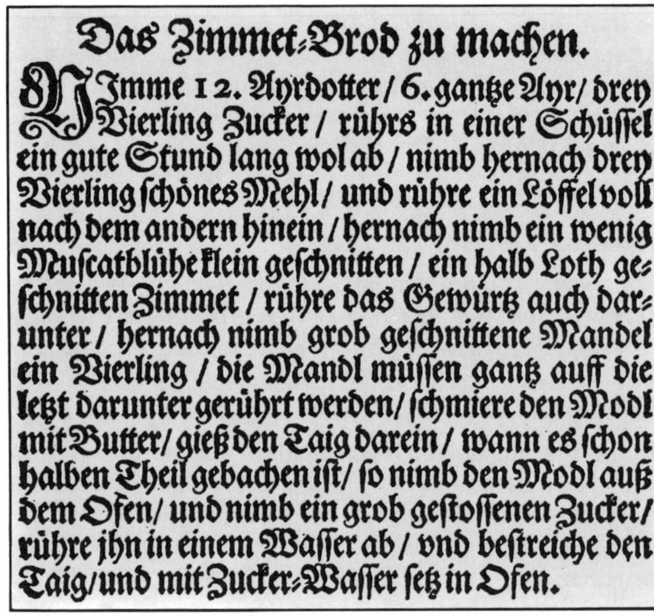

Das Zimmet-Brod zu machen.

Nimme 12. Ayrdotter / 6. gantze Ayr / drey Vierling Zucker / rührs in einer Schüssel ein gute Stund lang wol ab / nimb hernach drey Vierling schönes Mehl / und rühre ein Löffel voll nach dem andern hinein / hernach nimb ein wenig Muscatblühe klein geschnitten / ein halb Loth geschnitten Zimmet / rühre das Gewürtz auch darunter / hernach nimb grob geschnittene Mandel ein Vierling / die Mandl müssen gantz auff die letzt darunter gerührt werden / schmiere den Modl mit Butter / gieß den Taig darein / wann es schon halben Theil gebachen ist / so nimb den Modl auß dem Ofen / und nimb ein grob gestossenen Zucker / rühre jhn in einem Wasser ab / vnd bestreiche den Taig / und mit Zucker-Wasser setz in Ofen.

Aus: „Ein Koch- und Artzney-Buch." Graz 1686.

„Zimmet-Brod"

3–4 ganze Eier, 140 g Mehl, 140 g Mandeln, 170 g Staubzucker, 1 Mokkalöffel voll Zimt, etwas zerhackte Muskatblüte; abgesprudelter Dotter zum Bestreichen, Hagelzucker zum Bestreuen

Zucker mit Eiern im Rührgerät laufen lassen, bis die Masse dicklich wird, Mandeln, Mehl und Gewürze einrühren. In eine bemehlte, befettete Kastenform streichen, bei Mittelhitze hell backen, mit Ei bestreichen und mit Hagelzucker bestreuen, nochmals kurz ins Rohr stellen.
Dieses Rezept hat wiederum Herta Neunteufl aus dem Grazer Kochbuch, 1686 erschienen, transponiert und selber nachgebacken.
In Graz wurden in der Barock- und Biedermeierzeit am Nikolotag Zimtkipferln als „Niklokipferln" verkauft.

Eine besondere Bewandtnis muß es mit dem Grazer Zwieback gehabt haben; er wird in vielen Varianten immer wieder in allen Kochbüchern des 17., 18. und

19. Jahrhunderts angeführt, und selbst die Kochbücher der jüngsten Zeit wissen noch immer um dieses Pflichtrezept.

Grazer Zwieback

1/8 l Wasser, 1/2 l Milch, 30 g Germ, ca. 500 g Mehl, 150 g Zucker, 20 g Malz, 150 g Fett oder Öl, 2 Eier, 15 g Salz, ca. 1500 g Mehl

Lauwarmes Wasser mit Germ, Malz und glattem Mehl dampfeln und vollständig reifen lassen. Dann Zucker, Fett oder Öl, Eier und Salz sowie die Milch und so viel Mehl beigeben, daß ein trockener, mittelfester Teig entsteht. Tüchtig durchkneten und zusammenstoßen. Stücke zu einem halben Kilogramm auswiegen, durchkneten, rasten lassen, dünne lange Wecken formen und auf Bleche setzen. Mittelstark garen lassen, stupfen, bei mäßiger Hitze backen (gut ausbacken). Am nächsten Tag dünne Scheiben schneiden, mit Zucker anstauben, auf beiden Seiten auf einem Gitter bei offenem Rohr leicht bähen.

Richtig gebähter Zwieback muß trocken sein, darf aber nicht so lange ausgedörrt werden, bis er hart wird. Er muß verhältnismäßig leicht zerbröckeln. Rokitansky gibt etwas Anis in den Teig und staubt dann mit Zucker, der mit Vanille oder Zimt leicht vermischt ist, ein. Anna Bauer läßt den gebähten Zwieback noch heiß in Vanillezucker wälzen.

Rosalia Neumann bringt in ihrem Kochbuch „Die Wiener Köchin", 1864, einen „Hartberger Zwieback", und Pratos „Süddeutsche Küche" kennt einen „Grazer Zwieback", zu dem sie einen Milchbrotteig aus 1 1/2 l Mehl, 4 dl Milch oder Obers, 40 g Germ, 70 g Zucker, gestoßenen Anis, etwas Salz, 70 g Butter oder Rindschmalz und Schnee von 2 Eiklar nimmt.

Grazer Triët

400 g Zucker, 2 Päckchen Vanillezucker, 8 Eier, 500 g Mehl, 100 g Butter; Wein, Zitronenschale, Zimt, Gewürznelken

Zucker, Vanillezucker und Eier schaumig rühren, langsam das Mehl einrühren. Fingerdick auf ein mit Butter bestrichenes Backblech aufstreichen und im Rohr etwa 25 Minuten backen. Nach dem Erkalten in Scheiben schneiden und im warmen Backrohr bähen. Vor dem Servieren einige Stücke in tiefe Teller legen, mit warmem, gewürztem Wein (Glühwein) übergießen und kurz durchziehen lassen. Kalt servieren.

„Steyrisch Brot"

12 Eier, 125 g Zucker, 500 g Mehl, 100 g Mandeln, 1 Zitrone, Oblaten

Eier schaumig rühren, Zucker dazurühren, nach und nach Mehl und geschälte, gebrannte und stiftelig geschnittene Mandeln dazugeben, mit geriebener Zitronenschale und mit Zitronensaft abschmecken. Oblaten auf Backblech auflegen, Teigmasse teelöffelweise darauf verteilen. Wie Zwieback 20 Minuten backen.

Zwieback-Vorformen (zweimal gebacken) finden wir bereits im 1686 in Graz erschienenen „Koch- und Artzney-Buch" im Kapitel „Von allerley Bebachtwerck" mit den Rezepten „Sack-Kuchen zu machen", „Ein gutes Essen so man den faulen Hannß nennet", bei dem ein Semmelteig (Germteig) mit bestem Milchrahm und Dottern wie ein Zuckerhut geformt und gebacken, dann in Scheiben geschnitten, mit Butter, vermischt mit Zucker, bestrichen und im „Bachofen" noch einmal „überbacken" wird.

Das Backen von **Lebkuchen** wurde zuerst in den Klosterküchen ausgeübt. Der erste steirische Lebzelter wird in einem Reiner Urbar aus dem Jahre 1395 erwähnt. Im 15. Jahrhundert gab es in den Städten und Märkten die ersten berufsmäßigen Lebzelter, sie erhielten 1597 eine erste Handwerksordnung; in Graz gründeten 1678 und 1783 die Familien Mandl und Haller ihre Geschäfte. (Die Wachsarbeit wurde von den „Wachskerzlern" besorgt.) Die Lebzelter haben ihre Waren bei Wallfahrten, Jahrmärkten und Kirchweihfesten in die Dörfer hinaus getragen. Die „Kirchtag-Büchel" des Hauses Hofer in Irdning aus den Jahren 1797 bis 1828 geben Auskunft über diese Marktfahrer: „Von Irdning fuhr der Lebzelter am Feste des Süßen Namens Jesu nach Gröbming, das er, wie Oblarn und Haus, auch am Lichtmeßtag aufsuchte. Im Fasching ging es nach Öblarn, am Osterdienstag nach Stainach, am Sonntag vor Georgi und zu Georgi nach Pürgg, am dritten Sonntag nach Ostern nach Mitterndorf, am Kreuzauffindungstag nach Öblarn, am Pfingstmontag nach Schladming und am Jakobstag nach Haus. Noch viele andere Festtage des Jahres gaben Anlaß zum Marktfahren, auch nach Liezen, Wörschach und Donnersbachwald." Neben Lebkuchen, Kerzen und Wachsstöcken stellten die Lebzelter auch Met her; Met-Termine waren um die Sommersonnenwende („Johannismet") – „um kein Kreuzweh zu bekommen" –, bei Firmungen zur Pfingstzeit, zu Fronleichnam („Kranzlmet"), an Kirchtagen und zu den Jahr- und Viehmarkttagen. Beim Auswaschen des Wachses stellte man in der Obersteiermark auch in den Bauernhäusern Met her, den „süßen Met", eine einfache Huniglösung, gekocht und gewürzt, und den „starken Met", mit etwas Hopfen versetzt und auf einen geringeren Süßigkeitswert heruntergegoren.

Ennstaler Lebkuchen

1000 g Roggenmehl, 220 g Butter, 1000 g Honig, 200 g Mandeln, 100 g Aranzini, Kardamom, Muskat, Zimt, Zitronenschale, Milch, Schnaps oder Rum, 1/2 TL Natron oder 1 Päckchen Backpulver

Gewürze fein stoßen und mit dem Mehl vermengen. Natron in der Milch auflösen und mit dem zuvor erhitzten Honig versprudeln. Mehl, Honig, Butter, die Hälfte der geriebenen Mandeln, kleingehacktes Aranzini und restliche Gewürze sowie 4 bis 6 Eßlöffel Schnaps oder Rum mit dem Kochlöffel zu einem Teig verarbeiten. Den Teig zwei bis drei Tage rasten lassen. Dann fingerdick auswalken, auf ein mit Bienenwachs befettetes Backblech legen, mit den restlichen geschälten ganzen Mandeln verzieren und backen. Überkühlt in Stücke schneiden. (Johann Ehrenreiter, Wien)

Gefüllter Lebkuchen

500 g Roggenmehl, 200 g Zucker, 100 g Honig, 2 Eier, 1/2 TL Natron oder Backpulver, Neugewürz, Gewürznelken, Zimt, Kardamom, Zwetschkenschnaps; Fülle: 15 Dörrzwetschken, 5 Feigen, 50 g Haselnüsse, Marmelade

Aus Mehl, Zucker, Honig, Eiern, Natron und den Gewürzen einen Teig bereiten und durcharbeiten. Die Hälfte des Teiges ausrollen und auf befettetes, bemehltes Backblech legen, mit beliebiger Marmelade bestreichen, mit den fein geschnittenen Früchten und Nüssen bestreuen. Die zweite Teighälfte ausrollen und darüberlegen. Mit Ei bestreichen, mit ganzen, geschälten Mandeln belegen und backen. Überkühlt in Stücke schneiden und nach Wunsch auch noch glasieren. (Johann Ehrenreiter, Wien)

In der Murauer Gegend folgten der „Sendung der Heiligen-Geist-Taube" Lebkuchen und gedörrtes Obst aus der Dachluke der Pfarrkirche auf die Gläubigen. Daraufhin gab es noch einen Wasserguß auf die übermütigen Kämpfer um diese Süßigkeiten, wie H. Koren in „Vom Brauchtum im Kirchenjahr" berichtet.

Honigkuchen

10 g Pottasche, 1 Gläschen Rum, 250 g Honig, 120 g Butterschmalz oder Ganslfett, 500 g griffiges Weizenmehl, 2 Eier, 80 g Zucker, Zimt, Gewürznelken, Sternanis, 50 g Nüsse, grobgehackte Nüsse, grober Zucker, 1 Eiklar

Pottasche am Abend vorher mit einem Gläschen Rum auflösen, am nächsten Tag mit Honig und Butterschmalz vermischen und handwarm erhitzen. Diese Honiglösung über das Mehl schütten und gut abarbeiten, dabei 2 ganze Eier nach und nach, Zucker, Zimt, Gewürznelken, Sternanis und grobgeschnittene Nüsse einarbeiten. Zusammengepreßt den Teig über Nacht ruhen lassen, am nächsten Tag daumendick auf ein gut gefettetes Backblech ausbreiten und in mittelheißem Rohr zu goldbrauner Farbe backen. Während des Backens ab und zu mit gewässertem Eiklar bestreichen, gegen Schluß des Backens mit grobgehackten Nüssen und grobem Zucker bestreuen.

Steirische Honigspringerl

3/10 l Honig, Saft einer Orange, Zimt, Gewürznelken, Kardamom, 1/2 Zitrone, 2 EL Rum, Mehl, Milch, 10 g Hirschhornsalz; Mandeln, Zitronat

Honig mit Gewürzen und dem Saft einer Orange, einer halben Zitrone und 2 Eßlöffel Rum vermischt kochen, dann ausgekühlt mit so viel Mehl vermischen, daß ein leichter Teig entsteht, etwas lauwarme Milch und reines Hirschhornsalz beigeben. Teig zusammengepreßt über Nacht stehen lassen. Dann auf dem Brett mit dem nötigen Mehl verarbeiten, den Teig messerrückendick auswalken, kleine Formen ausstechen, Mandeln und Zitronat in die Mitte daraufdrücken. Kühl backen. – „Springerl zu machen" heißt schon ein Rezept im Grazer Kochbuch aus dem Jahre 1686.

Franzosenbrot

1/2 l Honig, 1 EL Zimt, 1 EL gestoßene Gewürznelken, 2 TL Ingwer, 1 TL geriebener Pfeffer, 1 TL Koriander, 1 TL geriebene Muskatnuß, 2 Zitronen, 500 g Mehl

Honig und etwas Wasser verrühren, Gewürze und die klein geschnittenen Zitronen dazurühren. Eine halbe Stunde kochen lassen. Dann das Mehl unterheben und einen festen Teig machen, in eine gefettete Tortenform füllen und 2 bis 3 Stunden bei kleiner Hitze langsam backen.

Brot und Brauchtumsgebäcke

„Beim Wasch'n und Bach'n
san d'Weibat'n zwider."

„Das Brot", schreibt Anton Schlossar in „Cultur- und Sittenbilder aus Steiermark", 1885, „wird im ganzen Lande gewöhnlich aus Roggen (Korn) etwa noch mit einem Zusatze von Gerste bereitet, hie und da finden sich wohl auch Weizenbrote und Semmeln, aber der große Brotlaib darf im Bauernhause nie fehlen und sind stets, da im vorhinein gebacken wird, einige solche Laibe vorhanden. Wenn ein Fremder als Gast ins Haus kommt, so verlangt die Gastfreundschaft und der alte Brauch, daß man ihm ein Brot vorlegt mit dem Messer dazu. Früher gab man auch Salz auf den Tisch, da nicht jedes Brot gesalzen war. Das Sprichwort sagt: ‚Das fremmi (fremde) Brot ist guat fürn gachen Tod', oder auch ‚das fremmi Brot ist guat fürs Zahnweh'. Früher herrschte sogar der Brauch, dem Gaste, der fortging, noch ein Stück Brot mitzugeben. Überhaupt steht das Brot in hoher Achtung beim Manne des Volkes."

Im oberen Ennstal stehen kleine Gebäude mit dem Backofen außerhalb des Hofbereiches und wurden ausschließlich zum Brotbacken verwendet; es wurden oft 30 Brotlaibe (je 3 bis 4 kg) auf einmal darin gebacken. In der übrigen Steiermark befand sich der Backofen im Haus. Das in flachen Laiben gebackene Bauernbrot wurde im Sulmtal aus einem gemischten Mehl hergestellt: zur Hälfte Roggen, zur Hälfte türkischer Weizen, zusammen gemahlen. Im gebirgigen Teil des Landes gab es meist nur reines Roggenbrot, in großen, hohen Laiben gebacken. Das Brotmehl wurde einst in einfachen Haus-Wassermühlen oder auf altmodischen Handmühlen gemahlen. Wenn die Bauern in den Faschingstagen gern und recht fleißig tanzen, „so geits guati Jahr. Wird da Hoba schöan zottat und 's Korn schöan schwar".

„Fleckn", Brotflecken

Wenn in einem südoststeirischen Bauernhaus Brot gebacken wurde, gab es oft diese „Fleckn"; eine Handvoll gesäuerter Brotteig wird auf der bemehlten Ofenschüssel flachgedrückt und im Backofen rasch gebacken, bevor die Glut aus dem Backofen geräumt wurde. Im Ofen sollte dieser Flecken mit der Backkrucke kurz geschlagen bzw. niedergedrückt werden. Sobald er gebacken ist, wird er herausgezogen, von Mehl und Aschenteilen gesäubert oder leicht abgewaschen, mit einem Salbeibüschel mit Kernöl, Butter, Rahm oder Topfen bestrichen, leicht gesalzen oder mit Honig bestrichen. Das Fleckenbacken inmitten der Glut muß rasch vor sich gehen, denn die Backofenhitze für das anschließende Brotbacken darf nicht gemindert werden. Mancherorts werden die Flecken auch erst nach dem Backen hergestellt. Die gebackenen Flecken werden für eine gemeinsame Richt nach dem Bestreichen auf einer flachen Schüssel aufeinandergeschichtet, mit einem Tuch bedeckt, dann läßt man sie ausdünsten. Bei Tisch schneidet man sie radial auf.

Im Grenzgebiet gegen das Burgenland zu bereitet man diese Flecken aus einem gewöhnlichen oder auch aus

Holzmulter aus einem Stück. Diente zum Kneten des Brotteigs, aber auch zum Einsalzen von frisch geschlachtetem Schweinefleisch.

feinerem weißem Germteig (oder Mürbteig), den man extra dazu macht. Diese Flecken werden dünn ausgewalkt, die Teigränder zu einem Rand aufgezogen, gebacken und dann eine Topfen-, Rahm-, Mohn- oder Nußfülle oder auch nur Honig daraufgestrichen. Manchmal wird der rohe Teigfleck mit geschnitzelten Äpfeln oder mit Zwetschken belegt. Flecken werden auch aus einem Strudelteig gemacht oder aus einem eireichen Erdäpfelteig **(„Erdäpfelfleck“).** Sie werden sehr dünn gebacken, mit Milch und Honig bestrichen und aufeinandergeschichtet. In manchen Gegenden wird der Backofen eigens mit Reisig geheizt, um Flecken zu backen. Die Flecken werden auch mit leicht in Fett überdünstetem, gewürztem Kraut bzw. Rüben gefüllt **(„Krautflecken“, „Rübenflecken),** ähnlich dem Kraut- bzw. Rübenstrudel.

„Balass(e)n“

Das sind dickere, halbüberschlagene Flecken aus derberem Teig, dick mit einer Fülle versehen. Unger definiert „die“ oder „das“ „Palas“ („Balassn“) als „in zwei Nudelflecken eingeschlagenes und gebackenes Füllsel“. „Mittelmehl“ (dunkleres Weizenmehl allein oder mit Roggenmehl gemischt) wird mit Wasser oder Milch verrührt und zu einem Nudelteig geknetet, zu großen Flecken ausgewalkt, mit in Fett gedünstetem kleingeschnittenem Weißkraut (auch Rüben) oder Äpfeln (Unger kennt auch eine Birnen-, Knoblauch- und Zwiebelfülle) gefüllt. Den Teig in der Hälfte übereinanderschlagen, die offenen Ränder des Halbkreises aufbiegen und fest zusammendrücken. Die Teigoberfläche mit einem eigenen Kamm (aus Holz, in der Größe eines Staubkamms, mit einer langen Zinkenreihe) durchlöchern und im Ofen backen. Daneben stehen Milch- und Rindschmalz, zusammen aufgekocht, bereit, um die gebackenen „Balassn“ mit einem Salbeibüschel damit zu bestreichen.

Diese für eine Bauersfrau eher arbeits- und zeitaufwendigen Balassn wurden höchstens ein- oder zweimal im Jahr gebacken, meist zur Herbstzeit, nach der Ernte, vor allem nach der Kraut- oder Rübenernte oder zur Brechelzeit. Dann aber buk man gleich einen großen Korb voll, zur Auswahl gefüllt mit drei verschiedenen Füllen (Kraut, Rüben, Äpfel); sie stellten eine Woche lang die dritte Richt beim Essen, dienten aber auch als Leckerbissen außerhalb der gewöhnlichen Essenszeiten und als „Mitgebsel“ für die Brechlerinnen oder für andere Aushilfs-Arbeitskräfte auf dem Hof. Auch dazu wurde der Backofen eigens geheizt. Alte Bäuerinnen erinnern sich auch noch an **„Apfelbalassn“** aus feinerem Weizenmehlteig, auch in kleineren Mengen nach dem Brotbacken in den Backofen eingeschossen oder auf der Platte des eisernen Herdes gebacken.

Die Bezeichnungen „Balassn“ und „Flecken“ für diese Speise verwischen sich im steirisch-burgenländischen Grenzgebiet. „Balassn“ dürfte die ältere Form gewesen sein (von ihnen hört man heute schon sehr wenig); man kann in ihnen auch den Vorläufer des ausgezogenen Strudels sehen. In den „Flecken“, vor allem in den einfachen „Brotflecken“, haben wir den Abkömmling des uralten Fladenbrotes vor uns, das allerdings ursprünglich ungesäuert bereitet worden war.

„Scharl(a)“, „Scharling“

Was in der Südost-Steiermark die „Flecken“ bzw. „Balassn“ waren bzw. sind, sind in der Obersteiermark und im Ennstal die „Scharl“, „Scharla“ oder „Scharling“. Einst in der ganzen Steiermark verbreitet, sind sie in der mittleren Oststeiermark heute noch beliebt (so daß ein Weizer Bäcker sie immer noch herstellt). Aus Wasser und Mehl wird ein sehr fester Nudelteig geknetet, sehr dünn ausgewalkt und nach dem Brotbacken im Backofen gebacken. Die „Scharl“ sind beliebig lang lagerbar. Als Mittagsessen bricht man die dürren, spröden Flecken in kleine Stücke, siedet sie in Salzwasser und schmalzt sie dann mit Fett und darin gerösteten Zwiebeln ab. Im oberen Ennstal wurden die „Scharl“ in geringerer Menge auch auf der Herdplatte gebacken. Man darf sie als die Vorläufer der „Schnittnudeln“ (Suppennudeln) betrachten. Ungers „Steirischer Wortschatz“ erklärt: „Scharl, Name einer derben bäuerlichen Mehlspeise in Obersteiermark.“

„Nemts ös marbe Stritzl
Und hübsch junge Kitzl,
Nehmts ös Taffet Äpfel und an Brein,
Thuets ös zsamen mach'n,
Denn mit solchen Sach'n
müessen mir uns stellen ein.
Nemts mit Oar a Körbl
und mit Schmalz a Scherb'l,
Nehmts ös Buttermilch und an Kaß,
Das kints ja leichtli geb'n,
Kints wohl denno leben,
Habts ja gnueg von solchen G'fraß.“

(Aus einem altsteirischen Weihnachtslied)

Christmessen- oder Dreimessenbrot, Schlüsselbrot, Quatemberbrot gab es, wie wir schon im Kärntner Kapitel dargestellt haben, auch in der Steiermark. Auch hier glaubt man, daß das geweihte Brot vor Blitzschlag und Almunglück schütze, die Fruchtbarkeit im Stall und auf dem Feld fördere. In der Steiermark wurden die Christ- und Dreimessenbrote in kleine Stücke gebrochen, in Papier gewickelt und um den Hals oder im Geldbeutel getragen, wenn man zur Mitternachtsmette ging bzw. damit drei Messen (Mette, Frühmesse, Hochamt am Christtag) hintereinander besuchte.
Das Verbreitungsgebiet der Schlüsselbrote erstreckt sich auf die Bezirke Gröbming (Öblarn), Liezen (Lassing), Judenburg (St. Wolfgang bei Obdach), Murau (Mariahof) und Leibnitz (Gleinstätten). In Kallwang (Bezirk Leoben) war der Brauch noch um 1900 bekannt. G. Graber weiß zu berichten, daß man in der Greifenburger Gegend sich von dem bereitgestellten Laib Brot abschneidet, um das ganze Jahr über keinen Mangel an Brot zu leiden, andererseits drückte man „vor der Perchtennacht mit dem Schlüsselbart allerlei Zeichen in die Unterseite des Brotlaibes und schreckte Kinder mit der Bemerkung, daß der Percht Fußspuren im Backofen gesehen worden seien“. Es wurde in der Regel zwischen Thomas- und Dreikönigsnacht gebacken, es „schimmle“ nie (Öblarn), es müsse mit dem Viehhorn gekennzeichnet werden, ehe es in den Backofen kommt, sonst verbrenne die Percht die Brote darin, und man könne sich nicht satt an ihnen essen. Das Brot schütze vor Zauber und Teufel, hält den Blitz ab, zeigt, im Geldbeutel aufbewahrt, dem Träger an, wo gutes, billiges Vieh zu kaufen sei.

Im Bezirk Ennstal-Irdning ist das „Schwartling-“ oder „Scherzanschneiden“ Brauch. Die Mädchen geben ihren Burschen die abgeschnittenen Endstücke („Scherzln“) des Kletzenbrotes oder Weihnachtszeltens, die dann von den Burschen (in der Irdninger Pfarre) an einer Schnur wie eine Trophäe um die Achsel getragen werden. Es gilt als besondere Ehre, die längste „Schnasn“ von „Scherzln“ bzw. „Klotzenschwartlingen“ zu besitzen. Das „Schwartlingschneiden“ dauert von Stephani bis Sebastiani (20. Jänner), denn „Sebastian geht mit dem Bodenscharz davon“. Ein von drei Seiten angeschnittener Kletzenbrotlaib heißt scherzweise „Dreikönigstern“. In der Oststeiermark kommen am Stephanitag die „neuen Leute“, die für Neujahr gedungenen Dienstboten, zu ihrem neuen Herrn auf Besuch „Brot kosten“.

Tischecke beim vulgo Karlbauer in Leising bei Kraubath.

Kletzenbrot aus dem Gesäuse

750 g Roggenmehl, $^3/_4$ l warmes Wasser, $^1/_2$ Würfel Germ, 2 TL Salz, Milch; Fülle: 500 g Kletzen, 100 g Orangeat, 300 g Walnüsse, 100 g Pignoli, 100 g Sultaninen, 200 g Zibeben oder Korinthen, $^1/_8$ l Rum, Lebkuchengewürz oder $^1/_2$ TL Nelken, 2 Msp. Zimt, 2 Msp. Kardamom

Kletzen, Orangeat, Walnüsse und Pignoli schneiden oder grob hacken (Stiele und Gehäuse der Kletzen dabei entfernen), Sultaninen und Zibeben beimengen, würzen und mit Rum übergießen, die Nacht über ziehen lassen. Dann Brotteig bereiten: Mehl warm stellen. In $^1/_2$ l lauwarmem Wasser 2 Eßlöffel Mehl rühren, die Germ einbröseln, verrühren und zugedeckt eine halbe Stunde gehen lassen. Das Dampfl mit restlichem Wasser zum Mehl geben, salzen und zu einem festen Teig verarbeiten. Eine Stunde zugedeckt gehen lassen, dann die Früchte unter den Teig mengen, zu Laiben formen und backen. Nach 30 Minuten mit etwas Milch übergießen und weitere 20 bis 30 Minuten backen lassen.

„Windradl“

Das „Windradl“ wird aus dem Brotteig, aus dem das Brot vor Weihnachten gebacken wird, geformt. Das Rad (Durchmesser ca. 15 cm) besteht aus einem schmalen Teigstreifen, in der inneren Lichtung sind zwei Teigstreifen kreuzweise angebracht.
Das Gebildbrot, das aus der Gegend von Rottenmann bekannt ist, wird am Weihnachtsabend zum „Windfüttern“ verwendet, zu dem in der Regel allerdings nur Speisenabfälle verwendet werden. In einem Prozeßakt gegen Zauberei im Schloß Hainfeld bei Feldbach in der Oststeiermark heißt es einmal: „Der Angeklagte gesteht, in der Dreikönigsnacht vor Sonnenaufgang Brösel und andere Speisenabfälle in einem neuen Topf auf die Torsäule gestellt zu haben, um Windschaden abzuwehren.“
Noch um die Jahrhundertwende war der Brauch des Windfütterns im Sausal, im oberen Murtal und im mittleren Ennstal bekannt; aus der hohlen Hand ließ sich der Bauer oder die Bäuerin vom Wirbelwind das Mehl stäubend entführen: „Hiaz sull er halt wuhl a gnua hab'n, der Wind mit sein Kind!“ F. Ilwolf schrieb 1907: „Noch heute kommt es in Obersteiermark vor, daß man Mehl in die Luft streut, damit Wind und Wetter Haus und Hof verschonen.“ Der Blasiustag (3. Februar) und nach Peter Rosegger auch der erste „Hundstag“ waren zwei weitere Termine für das Windfüttern. Am Tag des Halswehpatrons stieg ein Bauer in der Gegend von Seckau mit einer Schüssel voll Sauerkraut und Bohnen aufs Hausdach, stellte sie zwischen Dach und Rauchfang nieder und machte nach allen vier Himmelsrichtungen das Kreuzzeichen. In der mittleren Steiermark dagegen aß man (wie schon erwähnt) Krapfen, „auf daß der Wind nicht die Dächer herabreiße“.

„Feuerbrot“ wird aus dem gleichen Brotteig wie das „Windradl“ gebacken; es hat die Form einer Hand, allerdings mit sieben Fingern, und eine Länge von etwa 30 cm. Hans Maria Fuchs schrieb dazu 1933: „Am Weihnachtsabend gibt man in eine Pfanne Glut, in diese wirft man geweihte ‚Palmbuschen‘, getrockneten Speik (Caleriana celtica), ‚Zeller Rach‘, ein in Mariazell, dem berühmten Wallfahrtsort, käufliches Räuchermittel, und ‚Wein-Rach‘, die harzigen Körner, die Waldameisen in ihrem Bau sammeln und die früher in Steiermark allgemein in Apotheken verkauft wurden. Die Pfanne wird mit diesen glühenden Ingredienzien, nachdem sie vorher mit Weihwasser besprengt worden waren, unter dem Beten des Rosenkranzes um die Felder, die um das Bauernhaus liegen, und durch alle Räume von Haus und Stall getragen. Zuletzt kommt man in die Küche. Hier werden die in der Pfanne befindlichen Reste in den Herd geschüttet und das Feuerbrot dazu geworfen. Das Windradel, das vorher auf dem Küchentisch liegen geblieben war, wird jetzt ohne weitere Zeremonien auf die Torsäule gelegt. Das Opfern dieser beiden Gebildbrote soll heute noch auf vielen Bauernhöfen geübt werden.“

Luziastriezel, Luzienbrot

Dieses Gebildbrot aus dem steirischen Sulmtal, um Leibnitz, zwischen Sulm und Mur und in Mettersdorf am Saßbach, ist ein flacher, runder, ungesäuerter Fladen aus grobem Maismehl, etwa 1 cm dick und mit einem Durchmesser von 12 bis 75 cm, oder ein viereckiges Brot (15 × 20 cm), und wird am Luziatag (13. Dezember) gebacken. Jeder Bewohner eines Hauses erhält ein solches Gebäck, es muß auf nüchternem Magen noch am selben Tag gegessen werden, wenn es vor dem Biß wütender Hunde und Tollwut schützen soll. Das Maismehl wird mit heißem Wasser abgebrüht, dann mit etwas Milch oder süßem Rahm (oder auch Zwiebeln, saurer Milch) durchgeknetet und im Backofen gebacken. Fuchs meint 1933: „Noch vor 40 Jahren war es allgemein verbreitet.“ Das altertümliche Kultbrot heißt um Leibnitz und zwischen Sulm und Mur auch „Lucienfleck“.

Speisennamen nach Heiligen sind auch die **„Niklokipferln“**, meist Zimtkrapferln (die in Graz am Nikolaustag verkauft werden), ebenso der „Niklostrutz“, die Dreikönigskrapfen und -laibl, aber auch der **Allerheiligenstriezel.** „Gelobt sei Jesus Christus, bitt' gar schön um an Haaligenstritzl“, sangen und riefen die Kinder schon zur Tür herein, wenn sie am Vormittag des Allerheiligentages „schockweise“ zum Heiligenstriezelsammeln auszogen, weiß Höfler zu berichten. In der Oststeiermark buk man in jedem Haus selbst die Striezel, es waren kleine, rundliche „Laibl“ aus feinerem Brotteig.

Ein Striezel spielt auch beim Hochzeitsbrauch eine Rolle. In manchen Gegenden der westlichen Steiermark ist es Sitte, daß die Hochzeitsgäste während des Hochzeitsmahls dem Brautpaar einen Weißbrotstriezel darbieten, so groß und lang, wie er überhaupt im Backofen eingebracht werden kann, und an seinen beiden Enden in Form von Hörnern auslaufend. Er wird während des Mahls, in weiße Tücher gehüllt, von einem Mann herbeigetragen. Die Musiker suchen sich desselben zu bemächtigen, der Träger muß versuchen, ihnen zu entrinnen und seine Last unversehrt in den Speisesaal zu bringen. Gelingt es ihm, dann wird der Striezel in so viele Teile zerschnitten, als Gäste da sind, und jeder nimmt seinen Anteil mit nach Hause.

„Hidlbua"

„Hidlbua" ist ein Seelengebäck der Südost-Steiermark, es ist in verschiedenen Formen überliefert, als kreuzförmiges Allerseelen- und Nikologebäck, als straubenartiges Gebäck, ist aber auch der Name eines Kinderschreckgespenstes bzw. des Teufels („Herndlbua", „Hidlbua"). Es besteht aus Semmelteig und ist ein etwa 15 cm großer Heiligenstriezel („Spitzweckerlbua") oder ein vierzipfeliges Gebäck mit eingerollten „Hörnern". Das Gebäck wurde von den Eltern den Kindern gespendet.

Weihbrot, Osterbrot

Zur Osterzeit werden große Laibe „Weihbrot" oder radförmige Kuchen („Kolać") aus weißem Mehl mit Milch und Germ (ohne Zucker) im Backofen gebacken, manchmal gibt man auch eine Handvoll Zibeben in den Teig („Zibebenbrot"). Ein Stück von diesem Brot wird mit dem Fleisch geweiht. An den Ostertagen kommt kein anderes Brot auf den Tisch als dieses.

Aus Mariazell ist der Brauch überliefert, daß am Gründonnerstag eine holzgeschnitzte Figur des brotsegnenden Heilands auf den Tisch der zur Fußwaschung ausgewählten alten Männer gestellt wird (es wird für ihn auch gedeckt). Alle „Apostel" und deren Führer bekommen ein Osterbrotlaiberl aus Semmelteig geformt (im Durchmesser etwa 10 cm). Die Christusfigur hält in ihrer Hand ein etwas größeres Laiberl. Da die Brote gesegnet werden, werden sie mit nach Hause genommen und dort in Gemeinschaft mit der Familie verzehrt.

Taufbrote

Nach der Geburt eines Kindes bekam das Kind seinen „Gödn-Gulden", die Kindsmutter einen großen Korb, mit 100 Semmeln oder Kipferln, einen Zuckerhut, etwas Bohnenkaffee und einen beinahe meterlangen, geflochtenen Striezel, aufgeputzt mit Vögerln, Ringerln, Sträußerln, Herzerln, alles aus Teig geformt, daraufgepickt und mitgebacken. Zu dieser Arbeit hatte ein Bäcker meist seine Kinder abgerichtet, die den Teig gestalten durften, wie sie es eben konnten. Zu diesem Striezel kam noch ein ebenso großer Wecken, aber nicht geflochten und auch nicht verziert, mit „z'samdrehten Hiedln", die wie zwei Kipfeln mit vier Zipfeln an den beiden Weckenenden abstehen. War die Patin nicht so reich, waren es weniger Kipferln und Semmeln, auch die anderen Gaben waren kleiner oder fielen ganz weg. Der Patenkorb, immer beim Bäcker bestellt (das Gödngeld wurde in einem Schachterl dazugelegt), wurde durch eine Botin ins Geburtshaus geschickt, die dafür bewirtet werden mußte. Um Kaindorf bei Hartberg wurden für den Patenkorb meist Kipfel genommen, keine Wecken dazugelegt, aber vier Brezeln an den vier Tuchzipfeln aufgefädelt, die nach dem Knüpfen nach allen vier Seiten herabhingen.

„Grazer Salzbrezeln"

500 g Mehl, 15 g Germ, Salz

„Mehl mit Wasser und Germ zu einem festen, glatten Germteig kneten, salzen und gut gehen lassen, dann ziemlich große Brezel formen, indem man den Teig zuerst zu einer langen Wurst rollt, davon eigroße Stücke abschneidet, diese zu dünnen Stangen formt und daraus die bekannte Brezelform dreht. Man kocht die Brezeln zuerst in Salzwasser, legt sie dann gut abgetropft auf ein mit Butter bestrichenes Blech und bäckt sie, mit Salz oder Kümmel oder Mohn bestreut, im Rohr." (Rokitansky, „Die Österreichische Küche", 1897)

„Schödervögel", „Zeiringer Vögel"

Diese Gebildbrote sind 15 bis 20 cm große Vögel (in Gleinstätten „Heilig-Geist-Taube") aus geflochtenem Teig. Die Zeiringer pilgern im Frühjahr zur Pfarrkirche von Schöder, denn die munteren Vögel von Schöder hatten 1715 mit ihrem Trillern und Zwitschern das Ende der schrecklichen Pest angekündigt – deshalb werden Jahr für Jahr in Schöder für die Wallfahrer die „Zeiringer Vögel" gebacken.

Vorratswirtschaft

„Speck und Schweineschmalz macht woach,
Butter und Rindschmalz aber fest.“

Roggen war einst Hauptfrucht im Ennstal und wurde nach Anni Gamerith dort für das dunkle Hausbrot und zu Schottsuppe, schmalzgebackenen Brotschnitten, Blattlkrapfen und Einbrennkoch verwendet. Weizen gedieh reich im Raabtal – „er war das Gold der Bauern, wurde gezinst und verkauft“ (Gamerith). Bauchiger Gebirgshafer wurde zu „Habertalkn“ verarbeitet und war im oberen Murtal, im Koralpgebiet „bäuerliches Nahrungsmittel“. Im oberen Murtal verwendete man Gerstenmehl als Brotzusatz, für Knödel und Suppe; die Spelzgerste wurde in Wasserstampfen entspelzt und entkleit und war in dieser Form in Waldheimat und Fischbacher Alpen eine wichtige Grundspeise gewesen. Es ist das Verdienst Anni Gameriths, gerade am Beispiel „Steiermark“ auf die auf alter Bauerntradition beruhenden Grundtechniken der „biologischen“ Aufschließung und Zubereitung des **Getreides** und der Nahrung daraus hingewiesen zu haben.
Bis vor etwa einem Jahrzehnt gab es noch etwa dreißig Wasserstampfen für Gerste (und Lein) im Birkfelder Hinterland, die großteils noch in Betrieb waren. Sie standen in eigenen Stampf- oder in den Mühlgebäuden (vereinzelt wurden ein oder einige „Schiasser“ als Knochenstampfe verwendet). Das Stampfen der Gerste wurde in den Landesteilen unterschiedlich vollzogen. Im Jogelland netzte man die Gerste mit kaltem Wasser und wand dreimal den Abfall ab, im Packgebiet überspritzte man die kleinen Mengen kurz mit heißem Wasser und schälte sie in einem kürzeren Arbeitsgang schnell aus.
Die Stampfgerste (alte Form der Rollgerste), also die enthülste Gerste, war einst die Grundkost der unteren Volksschichten Europas. War die große Stampfmühle weit entfernt, hatten die meisten Bauern ihre eigene Handstampfe („Ankl“, „Strämpfl“) für kleinere Mengen. Daneben gab es auch Steinanken in der Südwest-Steiermark mit hölzernem Ankenblock; sie waren meist für Fußbetrieb eingerichtet, doch stampfte man auch mit der Hand darin, gleich, ob es sich um eine mit Hand, Fuß oder Wasser betriebene „Mühle“ handelte. Bei kleineren Hand- oder Fußstampfen wird „Anke“ auch als Sammelbezeichnung für das ganze Gerät verwendet.
Aus der südlichen Weststeiermark sind auch Steinhandmühlen überliefert. Das Prinzip dieser Handmühlen entspricht der „Quern“, der Mahlvorrichtung Mittel- und Nordeuropas vor der Einführung der römischen Wassermühle. Bei Fehlen der Wasserkraft hat sie sich bis in unsere Zeit, vor allem auf ärmeren Höfen, erhalten, wurde allerdings zuletzt nur mehr für den Mais verwendet, der sich leicht und rasch damit mahlen läßt. Wo reichlich Wasserkraft vorhanden war, vor allem in den Berggebieten, standen einst bäuerliche Hausmühlen – in erster Linie für die Roggen- und Futtergetreidevermahlung – zur Verfügung.
In den Hausmühlen der Bergbauern wurden außer Körnerfrüchten (zu Mehl) auch trockene Fichtennadeln, Haferspreu und kurz gehäckseltes Haferstroh zu Schweinefutter gemahlen. In den Tal- und Hügellagen standen die Bachmühlen (zwei bis vier Einzelmühlen), u. a. Brotmühle (für Roggen- und Brotmehl), Weizenmühle (für das „schöne“ Mehl), Hafermühle (für Hafer und Gerste) und Heidenmühle (für Heidenmehl und Ölfrüchte). Das Weizenmehl wurde zu „schönem“ Mehl, Knödelmehl oder Kochmehl vermahlen (die Kleie diente als Tierfutter). Früher wurde das Mehl (in der Steiermark, Kärnten, Niederösterreich und Wien) auch als „Poll“ (in Aussee „Pollerl“) bezeichnet; dieses Wort hatte im 14. Jahrhundert die Bedeutung „feines Mehl“; man unterschied den weißen, braunen und schwarzen „Poll“, der weiße (Kern-)„Poll“ war die feinste Mehlsorte und hieß auch „Einbrennmehl“. In der Obersteiermark bezeichnete „Poll“ schlechtweg den schwarzen Poll; die schlechteste Pollmehlgattung, „Rockenpoll“ („Rockenboll“) ist das Weizenmehl, „Streifpoll“ das gröbste Mehl („Poll“ entlehnt aus dem lateinischen Wort für Pollen, Blütenstaub).
Im Heimatmuseum Feldbach steht eine alte Pfennichmühle (auch „Greißmühl“ oder „Reib'n“ genannt) mit hölzernen Mahlflächen; sie diente dem schonenden Zerreiben der Hülsen („Giggerln“), ohne den Fruchtkern zu verletzen. Diese Mühlen waren vor allem in der südlichen Oststeiermark verbreitet. Im Flach- und Hügelland standen an vielen Haus- und Stallwänden die Fußstampfen („Anken“), die meist der Enthülsung

Gabriel Hackel, „Die Handmühle" oder „Quern". Seit dem letzten vorchristlichen Jahrhundert bekannt (althochdeutsch quirn). Horizontal liegender Mahlstein und schräg geführte Drehstange. Diente zuletzt meist nur zum Mahlen von Mais.

von Pfennich und Gerste, aber auch zum Zerkleinern von Ölfrucht dienten.

Der zuerst heiß gequollene, dann im Backofen gedörrte Pfennich (und auch Heiden) wurde auf der Greißmühle zweimal gerieben, und jedesmal wurden die geplatzten Hüllen (die „Giggerln") abgewunden; dann kam die Frucht in die Fußstampfe, wurde gestampft und ein drittesmal abgewunden. Dabei fiel das „Saumehl" ab.

Der „Hirsch" ist schwerer zu enthülsen als der „Pfennich". Vor allem für den „Hirsch", aber auch für Pfennich hatten die Lohnmühlen der Hirsegebiete einen eigenen „Greißstock": auf einer hölzernen Mahlfläche (aus Linden- oder Pappelholz) lief ein besonders leichter, körniger Sandstein. Er diente demselben Zweck im großen wie die Greißmühle bei der Hausverarbeitung für kleinere Mengen.

Der Vorgang des Enthülsens des „Hirsches" mit Greißstock, Winde und Wasserstampfe zu Greiß gleicht jenem der Greißgewinnung auf Greißmühle und Fußstampfe. Nach zwei-, bei ungleich großer Frucht auch dreimaligem Durchlassen auf dem Greißstock und jedmaligem Winden wird er gestampft und nochmals gewunden. „Himmelthau" wurde wegen seiner länglichen Form nur gestampft.

„Greiß" heißt in der Südost-Steiermark immer die enthülste und kochbereite Frucht, so gibt es Gerst-, Hirsch-, Pfennich- und Heidengreiß. Wird Greiß gekocht, so heißt die fertige Speise „Brein" (siehe Seite 389). Aus Heidengreiß wird also Heidenbrein.

In der nördlichen Steiermark entfällt diese Unterscheidung zwischen Greiß und Brein – wie jene zwischen verschiedenen Fruchtarten. „Brein" heißt hier nur die Gerste, gestampft, enthülst und als Speise.

Im „Steirischen Wortschatz" wird die Form „der Grauß und Gräuß" überliefert und erklärt als „1. enthülste Körner von Hirse, Fenchel, Gerste u. a.; 2. Grütze aus Hirse, Heiden, Gerste u. dgl.; 3. grob gemahlenes Getreide im Gegensatz zum Grieß". Aufbewahrt wurde das „Gräußlach (Greißlich)" oder „Gräußelwerk" in der „Gräußltruhe" bzw. im „Gräußlkastl".

1952 betrug der Anteil der Almflächen in der Steiermark 22% der Katasterfläche des Landes und 33% von dessen Grundlandflächen. Es wurden 2662 steirische Almen mit 2359 Almhütten, 550 Hirtenhütten und 4356 Ställen gezählt. An der steirischen Almfläche haben 13 Bezirke Anteil, davon der politische Bezirk Liezen allein mit 38,1%; ihm folgen nach dem Ausmaß der Almflächen Murau, Judenburg und Bruck.

Im Gegensatz zu einer Alm sind die „Schwaigen" (von mhd. „sweige" = Viehhof) selbständige, das ganze Jahr bewohnte Wirtschaften; es gab etwa 600 Schwaigen, davon etwa 500 allein in der Obersteiermark (der Rest in der mittleren Steiermark). Die Güter haben bzw. hatten keinen oder nur einen geringen Getreideanbau, dafür Viehzucht (weniger Schafzucht), sie waren im 12. bis 14. Jahrhundert entstanden (meist an der oberen Grenze des Getreidebodens); das Vieh wurde damals von der Grundherrschaft bereitgestellt, Milch, Butter und Käse mußten gezinst, das heißt ein gewisser Anteil an die Herrschaft abgeliefert werden.

Die täglich anfallende **Milch** auf einer Alm wurde früher im „Milchstötzl", ein flaches Gefäß, zum Aufrahmen aufgestellt; meist stellte die Sennerin oder Schwaigerin mehrere „Milchstötzl" übereinander. Sobald die Milch in den Stötzln aufgerahmt hatte, löste die Sennin mit dem Rahmzweck den Rahm vom Gefäßrand, hielt ihn mit dem Holz zurück und ließ aus dem geneigten Stötzl die Magermilch abrinnen, oder sie „blattelte" den Süßrahm aus dem Stotz heraus. Der

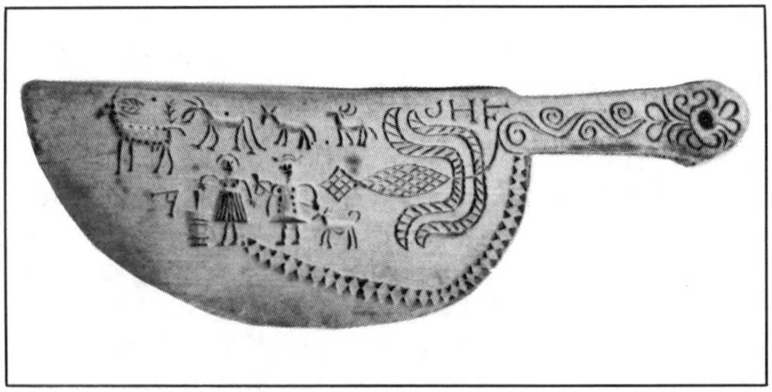

„Rahmzweck" – „Rahmspan".

Rahm selber wurde im „Rahmschaff" gesammelt, das häufig eiförmig gestaltet war; eine verstärkte Daube war als Ausguß geformt. Rahmzwecke waren übrigens ein häufiges Geschenk an die Sennin (oft mit eingeritzten Sprüchen), es gab solche mit sieben und neun Löchern und mit gezähnter oder glatter Schneide.

„Mein Schatz ist a schworgrin,
hat a segs a sim Kühr,
sie hat an gschetertn Bolster
gut lieg ist bei ihr."
(Rahmzweck-Inschrift, 1895)

Der Rahm von mehreren Tagen wurde im „Rahmkochl" aufbewahrt oder täglich zu **Butter** verarbeitet, dazu gab es das alte Stoßbutterfaß (in den Seitentälern des Ennstals oft bis heute verwendet) oder das Drehbutterfaß bzw. den Rührkübel, der um 1500 erfunden wurde.

„Bitzl di, batzl di,
Geh nur glei z'samm!
Ih bin a schöne Schwa(i)gerin
Und rühr nit gern lang! "

heißt es in einer Aufzeichnung aus Jauring bei Aflenz. Die in einem Rührkübel oder auf eine andere Weise geschlagene Butter wurde in einer „Butterschüssel" oder in einer „Multer" sachte geschupft (um das Wasser herauszuschlagen) bzw. mit Händen oder durch Kneten mit einem Holz alles Wasser ausgeschlagen und zu einem Striezel zusammengeschlossen. Wöchentlich erschien der „Oatroa" und kaufte neben jungen Hühnern, Enten, Gänsen, Suppenhühnern und Eiern auch die Butterstriezel. Früher brachten die „Berglerinnen" oft selber Eier und Butter in die nächste Stadt („Stadtgehn"); später taten sich „Bergler" zu kleinen „Buttergemeinschaften" zusammen, Vorläufer der Molkereien. Noch heute wird die Butter gern verziert. Dazu verwendet man den „Buttermodel". So ein Butterstriezel erhält seine Auszier entweder mit dem Butterradl, das die Sennin darauf abrollt und dessen Stirnseite sie eindrückt, oder mit dem Aufdruckmodel, den sie flach mit Butter bestreicht und dann aufdrückt. Besonders schön sind die fünfteiligen Klappmodel, zwischen 1760 und 1840 entstanden. Auch das längliche „Emoasbrettl" wird mit Butter bestrichen, die dann in ein Gefäß mit Wasser abrollt. (Die Bezeichnung „Moasn", Meise, für frische Butter, aber auch für Butterbrot mit Honig oder Käse, ist in Ost- und Obersteier noch mancherorts anzutreffen.) Die Truhenformen der Buttermodel gehören meist einer jüngeren Schicht an.

Besonders geschätzt war die „Barthlmäbutter". Am Tag des Heiligen Bartholomäus, so berichtet eine obersteirische Legende, ging der „Heilige", seine abgeschundene Haut über der Schulter, an einem Krautgarten vorbei und sah eine Bäuerin darin jäten. Beide bedauerten sich, die eine, daß sie an diesem Tag arbeiten müsse, der Heilige ob seiner Qualen und Leiden. Die Bäuerin brachte dem Heiligen aus der Kammer einen Butterstriezel als Geschenk.

Wie im niederösterreichischen Ybbstal gab es auch in der Steiermark eine „Neujahrsbutter" bzw. den **„Honigbutterlaib"**; dabei wurden Honig und Butter entweder getrennt als Zugabe zu Weißbrot („Flecken") oder Kletzenbrot serviert oder gemischt zu „drei Elementen" (2 kg Butter, 1 l Honig, 1 l Schnaps) und mit Löffeln aus der gemeinsamen Schüssel zu Weißbrot gegessen (um Knittelfeld das Heiligen-Abend-Gericht, in Judenburg zu Mittag am Weihnachtsfesttag, in Murau am Neujahrsmorgen als **„Neujahrsbutter")**.

Aus der abgerahmten Milch werden Schotten, Topfen, Käse und die dabei anfallende Molke („Karwasser") gewonnen. An **Schotten** unterscheidet man zweierlei Arten, den „Anrührschotten" aus der Butter- bzw. Rührmilch und den „Aussiedschotten" aus Karwasser und Buttermilch. Die zweite, sehr mühsame Art der Schottengewinnung ist heute nicht mehr üblich, sie

ergab aber den besseren Schotten. Das Karwasser, die Molke, wurde teils als kühlender Trunk an heißen Tagen oder zur Essigbereitung, teils auch als Kälber- und Schweinefutter verwendet.
Die zerdrückte Käsemasse wird in den „Kasstötzl" (Käsekar) gedrückt; nicht überall erfolgte dann das „Kasschwarn" (mit einem Stein die Käsemasse niederdrücken). Das Käsekar ist ein Gefäß mit durchlöchertem Boden, damit das Käsewasser abrinnen kann.

Butterstempel.

„Ih woaß net, trupfazt da Schott'n
Oder hör' ich die Glock'n
Oder juhizt mein Bua
Auf die Almhütt'n zua."

(K. Mautner, Steirisches Raspelwerk)

Steirischer Strachino

„8 Deziliter gute neugemolkene Milch wird gesotten, währenddem reibt man am Reibeisen ungefähr $^1/_2$ Kilo sehr guten fetten Topfen (trockener Topfen ist dazu nicht verwendbar) und schüttet ihn noch während des Siedens in die Milch, verrührt beides gut und läßt es sieden, bis die Masse zäh zu werden beginnt, was deutlich zu ersehen ist; nimmt es dann schnell vom Feuer und seiht die Milch gänzlich ab. Hierauf gibt man die Topfenmasse in eine tiefe Schüssel, salzt sie, gibt einen gehäuften Eßlöffel voll gutes Rindschmalz und, wenn man will, auch ein Ei dazu, arbeitet alles zusammen mit einem Kochlöffel oder noch besser mit den Händen recht gut und so fein wie möglich ab, formt ein Laibchen, welches man über Tag und Nacht leicht beschwert. Die Bereitung erfordert sehr mäßiges Feuer." (Anna Marbler, „Praktisches Kochbuch", 5. Auflage, Graz o. J.)

Die steirische Bauernküche verwendet **Öl** aus Kürbiskernen, Mohn, Nüssen, ausnahmsweise aus Lein, Raps und Rips (diese meist aber nur als Heilmittel für Mensch und Tier), in Notzeiten auch von Bucheckern. Die Kerne müssen vorher in Wasser aufgeweicht und dann geschält („geheppelt") werden; früher gab es auch noch Öl aus den Kernen der Weinbeeren (von Kernen der Trauben, die 300 Liter Wein ergeben, erhält man ca. 1 Maß Öl). Nußöl spielte nie eine große Rolle, als im Krieg fast alle Nußbäume für Gewehrschäfte verkauft wurden, hörte es damit ganz auf.

Früher hatte man Kürbisarten mit Kernen, die eine dicke, weiße Schale hatten, die einzeln mit der Hand „abgeheppelt" werden mußten; vorher wurden sie mit heißem Wasser befeuchtet. Bei dieser mühsamen Arbeit an den langen Winterabenden halfen alle Hausgenossen, oft auch die Nachbarn mit (wie beim „Weizschälen", dem Entfernen der Deckblätter von Maiskolben); dabei wurde jedem eine bestimmte Tagesmenge (1 bis 2 Maß) vorgegeben, gleich, ob Kindern oder Erwachsenen. Diese Gemeinschaftsarbeit war vergnüglich, man plauderte, sang, stärkte sich bei Brot und Most, mitunter gab es anschließend auch Tanz.
1735 wurden erstmals „die ausgeschölten Kürbiskhern" erwähnt. Die Kerne müssen vor dem Mahlen „ausgetriftert" werden; nachdem sie in Wasser aufgeweicht wurden, schwenkte man sie in flachen, weiten Strohkörben so lange, bis die dünne Oberhaut sich zu lösen begann. Ausgepreßt wurde das Öl erst im Februar, die Mühlen mußten dazu einen eigenen Gang zum Mahlen der Kerne einrichten. Für kleinere Mengen hatten viele Häuser eigene Hausmühlen. Der gemahlene Kernbrei, das „Kack", wurde zu Hause in etwa 1 m langen und $^1/_2$ m breiten flachen Trögen, „Holzmultern" genannt, mit etwas heißem Wasser vermischt und tüchtig durchgeknetet. Aus dem krümelig gewordenen Brei drückte man einst das Öl mit den Händen aus; der zusammengeballte Rest wurde in Flachpfannen auf starkem Feuer geröstet und dann gepreßt („ausgeschlagen"). Heute wird das „Kack" zur Gänze geröstet und dann gepreßt.
Als altertümliche Presse diente die „Ölkuh", dabei wurden Keile zum Zusammenpressen der hölzernen „Ölkandln" senkrecht mit einem hölzernen Handhammer eingeschlagen; später schlug man mit einem

mehrere Meter von der Decke herabhängenden schweren Eisenhammer die Keile waagrecht ein; die Arbeit war dadurch um vieles leichter, die Ausbeute um vieles größer geworden. Ja, dieses Gerät bewährte sich so, daß viele nach Versuchen mit der modernen Schraubenpresse wieder zur „Schlaglkuh“ zurückkehrten. (Vom Eintreiben der Keile durch Schläge stammt der Ausdruck „Ölausschlagen“; da die Spitzen der „Kandl“ unten aus dem Stamm ähnlich einem Kuheuter herausragen, entstand der Ausdruck „Ölkuh“.) Diese Arbeit war mühsam und schwer, die Beteiligten erhielten eine Eierspeise, die aus dem frisch gewonnenen Öl gebacken wurde. Kürbiskernöl ist sehr fettreich, graubraun und von eigenem Geschmack; viele Steirer ziehen es dem Olivenöl vor.

Mohnöl („Magnöl“) wurde und wird auf die gleiche Weise gewonnen, ist fast wasserklar, sehr wohlschmekkend, aber nicht so haltbar (es wird leicht ranzig). Die Preßrückstände nennt man „Kas“. Während der „Kürbiskas“ als Kraftfutter für das Vieh dient, galt der „Magnkas“ (Mohnkäse) bei den Schulkindern als eine beliebte Delikatesse und wurde gern als Tauschmittel für Steinkugeln, Taschenmesser u. a. verwendet. Weil die „Ölkuh“ durch Fetteinwirkung sich dunkel färbt, heißt das Öl scherzhaft auch „Milch der schwarzen Kuh“.

Ein steirisches Spezialerzeugnis ist der Ölkürbis, der heute aber nicht mehr so sehr zur Gewinnung von Salatöl, sondern vor allem in der Medizin verwendet wird. Der Kürbis gedeiht richtig nur im wärmsten Teil der Steiermark, so in der Gegend von Radkersburg bis Leibnitz. Derzeit (1980) gibt es bereits eine Anbaufläche von 4000 Hektar für Kürbisfrüchte (eine Erweiterung auf 20.000 Hektar ist möglich!). 1979 wurden etwa 200 Tonnen Kürbiskerne für medizinische Zwecke geliefert, für 1980 war bereits die vierfache Menge vorgesehen.

„Iß Kranawett und Bibernell,
nachher stirbst du nit so schnell!“

Wie die Kärntner Köchin verwendet auch die steirische Bauernköchin viele **Kräuter** aus dem eigenen Garten, dem Wurzgarten, so im Sulmtal (nach H. M. Fuchs) Zwiebel, Knoblauch, Sellerie, „Maraun“ (Majoran), Lorbeer, „Bransilka“ (Basilikum), „Hálant“ (Liebstöckl), „Dimes“ (Thymian), „Limonikräutel“ (Eberreis), Dille, „hantigen Kim“ (Kümmel), „süßen Kim“ (Anis), Fette Henne, Salbei, „Berchtram“ (Estragon), „Keferfüll“ (Kerbelkraut), Petersil, „Schnittling“ (Schnittlauch), Wermut, „Kathreinkräutel“ (Pfeffer- oder Bohnenkraut), „Prominzen“ (Pfefferminze), „Insupf“ (Ysop), Fenchel, „Spikanári“ (Lavendel), „Weinkräutel“ (Weinraute), weißen Beifuß, „Mutterkräutel“ (Katzenminze). Mancherorts ißt man noch heute (als Rest der mittelalterlichen Frühlingskur) im Mai das **„Kräutelschmelzach“** (so nach Hans Maria Fuchs im Sulmtal), das ist eine Eierspeise mit „Fetter Henne“, „Prominzen“, weißem Beifuß, „Mutterkräutel“ und verschiedenen Wiesenkräutern, darunter Brennessel, Schafgarbe und „Unreben“ (Gundelreben), fein zerhackt. „Feiglwurz“ (getrockneter Wurzelstock der Schwertlilie) gab man zahnenden Kindern zum Kauen.

In den letzten Jahren hat sich ein Teil der steirischen Landwirte auf den Heil- und Gewürzkräuteranbau spezialisiert. Von kleineren Betrieben im Süden und Westen der Steiermark und im steirischen Hügelland im Osten konnten 1979 bereits bei 60 Tonnen getrocknete Heilkräuter aus eigenem Anbau dem heimischen Markt zugeführt werden.

Gedörrt wurden und werden Waldbeeren, Birnen, „Apfelschnitz“, Sauerkirschen, Zwetschken sowohl im Backofen wie auf Dörrhürden in Harstuben, in Dörröferln, in der Küche oder in der Sonne. Das **Dörrobst** wird dann gekocht, zu Kompott, Suppen oder zum weihnachtlichen Kletzenbrot bzw. als Fülle zu Mehlspeisen verwendet. Als Süßkost noch eine Rarität auf einem Bauernhof war, waren diese „Gutsel“ für Kinder besonders begehrenswert. Und wenn der „Bartl“ zum Nikolo Äpfel, Nüsse – und wenn's hoch herging – eine Handvoll Kletzen brachte, war die Freude um so seliger, oder wenn die „Pudlmuatta“ am 5. Jänner abends (in der mittleren Oststeiermark am Luzientag, dem 13. Dezember) die Stubentür einen Spalt aufmachte, rasch ein Säckchen Äpfel, Kletzen und Nüsse bei der Tür hereinschüttete, daß der Inhalt in die Stube „puddelte“ (kugelte, rollte). Vor der Mitternachtsmette am Heiligen Abend gab es das **„Heiligenabendobst“**, einen Kletzen- oder Zwetschkenpfeffer.

Ein Orakelbrauch war in Haus am Weihnachtsabend oder am Morgen des Weihnachtstages, von Neujahr und Dreikönig das „Boaresch-Essen“ auf nüchternem Magen – eine Mischung aus Wacholderbeeren und Knoblauchzehen, die für alle Familienmitglieder auf einem Teller bereitgestellt waren, und Weißbrot: Je nach der Zahl (gerade oder ungerade Anzahl) der mit den Fingern erfaßten Beeren geht der Wunsch in Erfüllung oder nicht.

Die ersten Obstfunde in der Steiermark wurden in einem Brandgraben bei Wies gemacht, sie stammten aus der Hallstattzeit, 560 bis 500 v. Chr. Um 400 v. Chr. gediehen hier bereits Edelkastanien, die vom Bacherngebirge angefangen über das südsteirische Weinbaugebiet entlang des Fußes der Koralpen bis in den Bezirk Voitsberg noch heute stark verbreitet sind. Die Römer hatten den **Obstbau** weiter kultiviert, aber auch die im 6. nachchristlichen Jahrhundert eingewanderten Slawen fanden noch zahlreiche Obstkulturen vor, wie Ortsnamen (Apfelberg, Birnbaum, Kirschberg, Nußberg, Weichselbaum u. v. a.) bezeugen. Mit der Gründung von Benediktinerklöstern fanden der fachkundig betriebene Obstbau und die Obstbaumpflege über die obstreichen Klostergärten Eingang zu den Gutsherrschaften und über die vielen klösterlichen Lehensgüter bald Verbreitung im ganzen Lande. Zur Zeit Maria Theresias ermöglichte der bedeutende Überschuß an steirischem Obst bereits einen Export in andere Kronländer. Besonderer Wertschätzung erfreute sich dabei der Maschanzker (ein Pfund kostete damals 2 bis 3, ein Pfund Rindfleisch dagegen 4 Kreuzer).

Krugförmiger Schüttkorb.

Erzherzog Johann widmete sich ganz besonders auch der Hebung der Obst- und Weinkultur und ließ aus allen obstbautreibenden Ländern Europas Pflanzgut und Edelreiser kommen und in einer eigens gegründeten Baumschule in Graz und an anderen Orten vermehren. Ackerbauschüler und Dorflehrer verbreiteten die Kenntnisse der richtigen Obstbaumpflege. Der größte Teil der Apfel- und Birnenernte wurde zwar zur Mosterzeugung und zur Herstellung von Dörrobst sowie von Branntwein verwendet, doch wurde auch bereits viel Tafelobst exportiert; steirische Äpfel gingen vor allem nach Wien, aber auch ins Ausland, sogar bis nach Ägypten. Bereits in den achtziger Jahren des vorigen Jahrhunderts waren die steirischen Obstbauern in Obstbauvereinen organisiert. 1888 wurde vom Steiermärkischen Landesausschuß der erste Wanderlehrer für Obstbau, Obergärtner Koloman Größbauer, eingestellt, dem bald weitere – vor allem für den Weinbau – folgten.

Heute haben sich viele kleinbäuerliche Betriebe im steirischen Hügelland dem Erwerbsobstbau zugewendet, neue Kulturen mit niederen Baumformen wurden angelegt. Seit 1957 wurden in der Steiermark rund 1500 ha mit neuzeitlichen Intensivobstkulturen bepflanzt, davon 1200 ha mit Apfel-, 126 ha mit Birnen- und 192 ha mit Pfirsichbäumen. Dazu kommen noch rund 350 ha Schwarze Johannisbeeren. Im neuen, auf acht Sorten beschränkten Apfelsortiment ist von den herkömmlichen Sorten nur mehr der „Kronprinz Rudolf" vertreten.

Quitten- und Apfelkäse

1000 g Quittenbrei, 800 g Zucker, 1 Zitrone

Quitten waschen, mit Schalen und Kerngehäuse in Stücke schneiden, mit ein wenig Wasser weich kochen, dann abseihen und durch ein Sieb passieren. Durchpassierten Brei wiegen und auf je 1000 g Quittenbrei 800 g Zucker nehmen, gut verrühren, den Saft einer Zitrone dazugeben und das Ganze auf starkem Feuer unter ständigem Rühren so lange kochen, bis es so dick ist, daß ein Löffel voll auf einem Teller sofort sulzt. Den heißen Quittenbrei in Formen, die man vorher mit kaltem Wasser ausgespült hat, streichen. Nach einigen Tagen herausstürzen, in Pergamentpapier einschlagen und kühl lagern. Auf die gleiche Weise bereitet man Apfelkäse. Auch Quitten und Äpfel gemischt kann man verwenden.

„Granggen" (Preiselbeeren)

5000 g Preiselbeeren, 2000 g Zucker, 1 l Wasser

Zucker und Wasser aufkochen, die Preiselbeeren dazugeben und so lange kochen, bis die Beeren weich und sulzig sind. Noch heiß in gewärmte Gläser füllen, sogleich zubinden. Preiselbeeren werden gern auch ohne Zucker eingekocht (halten sich gut), sind aber herber.

Seit 1946 ist die steirische Obstzuchtabteilung auch mit der Förderung der steirischen Bienenzucht betraut. Nebst dem Obst war ja früher der **Honig** der einzige Süßstoff, er wurde allein oder mit Rindschmalz bzw. Butter warm gemacht und über festliche Speisen gegossen. Die Bienenpflege war, wie Franz Leskoschek in „Biene, Honig und Wachs im steirischen Volksbrauch und Volksglauben“ ausführte, schon bei den Alpenslawen bedeutend und erfuhr durch die Klöster im Mittelalter neuen Aufschwung; jedes Kloster hatte seine eigenen „Zeidelweiden“, die Bienenzucht war wegen ihrer Wichtigkeit für den täglichen Lebensbedarf durch das öffentliche Recht geschützt. Daher gab es auch überall Zünfte und Gilden von Imkern, Metsiedern, Lebzeltern und Wachsziehern.

Maria Theresia erklärte zwar die Bienen zu Haustieren, doch gelang es dem Menschen bis heute nicht, sie wirklich zu Haustieren zu machen. Kein anderes Tier wird daher mit solcher Ehrfurcht und Bewunderung genannt und behandelt, ja es heißt, wenn der Imker keine solche Behandlung auf die Bienen anwende, blieben sie nicht bei ihm. Man sagt auch, ein unfreundlicher, ungeduldiger Mensch werde nie mit Bienen richtig umgehen können, und ein Imker, der sich seinem Nachbarn gegenüber knausrig gebe, werde im folgenden Jahr mit einer schlechten Honigernte bestraft. Wer ein Bienenvolk der Ausbeutung von Honig und Wachs wegen ersticke und vernichte, dem entfliehe das Glück, Eheleuten, die in Zwietracht leben, stürben die Bienen im Haus ab. Gut behütete Bienen aber bewahren das Haus vor Blitzschlag. Ihnen muß man auch den Tod des „Bienenvaters“ ansagen („Meinö liabn Bein, da Voda is g'storbn! “). Hat man den Verstorbenen aus dem Haus getragen, wurden die Bienenvölker in der Untersteiermark gerüttelt oder überhoben. Sein erstes Bienenvolk soll man nicht kaufen, sondern geschenkt bekommen, und schon gar nicht darf man die Bienenstöcke eines Verstorbenen kaufen.

Um Raubbienen zu züchten, brauche man die Bienen nur mit Schnaps und Honig zu füttern, worauf sie auf den Bienenstand des Nachbarn losstürzten. Summen die Bienen am Heiligen Abend stark, wird das Frühjahr schön und bringt eine gute Frühjahrstracht. Am Lichtmeßmorgen ruft der Imker in die Fluglöcher seiner Bienenstöcke: „Freut euch, Bienlein, Lichtmeß ist da! “ Und am Peterstag (22. Februar) klopft er vor Sonnenaufgang an die Bienenkörbe und ruft: „Beinln, auf, auf, der Peterl is do! “ Tropft es am Aschermittwoch von den Bäumen, folgt ein gutes Honigjahr; ein schönes

Bemalter Bienenstock.

Maiwetter erfreut den Bienenvater, denn „ein Bienenschwarm im Mai ist wert ein Fuder Heu“.

Einst wurden die Waben mit einem gekrümmten Messer herausgeschnitten, erwärmt und durch Tücher ausgepreßt. Der Rückstand („Beinlbeißa“) wurde zum Räuchern bei Eutererkrankungen der Kühe verwendet. Früher wurden die Bienenvölker, die zum Überwintern im strohgeflochtenen Bienenkorb zu schwach waren, durch Schwefeln getötet, im Ennstal auch durch das „Owassern“, in der Mandlinger Gegend durch das „Ausschwoaben“ (man hielt den ganzen Strohkorb in fließendes Wasser). Honig und Wachs werden seit Jahrhunderten von dem Gewerbe der Lebzelter verwertet.

Honig und Honigwasser werden von alters her auch in der Volksmedizin verwendet, innerlich als leichtes Purgiermittel und schleimlösendes Brustmittel, dämpfend gegen „innerliche Hitze“, äußerlich als „Honigteigerl“ zeitigt er Abzesse, „zieht die schwärenden Wunden aus“ und lindert Brust- und Magenleiden. Am Christabend, am Christtag zu Mittag, am Silvesterabend und vor allem am Neujahrstag wird eine aus Butter, Honig oder Met und Branntwein hergestellte **„Honigweike“** zusammen mit geschnittenem Weißbrot oder Krapfen gegessen (Bezirk Murau, Judenburg, um Köflach). Am Neujahrstag muß in jedem Haus Honig gegessen werden, es war der einzige Tag, an dem „Honig gegessen wird, auch bei Bauern, die selbst Bienen züchten, an keinem andern Tag“.

Gebackener Grieß (Rezept siehe Seite 279). ▷ „Tirggenribele“ (Rezept siehe Seite 474). ▷▷

Haustrunk

Längst haben die meisten Bauernhöfe fließendes **Wasser** eingeleitet. Aber noch um die Jahrhundertwende konnte man die verschiedenen Brunnen landauf, landab sehen, wie sie Hans Rohrer in einem Artikel „Unsere Brunnen“ 1930 in den Blättern für Heimatkunde beschrieben hat. Danach gab es „Schöpfgruben-Brunnen“, die tiefen mit einem ausgezimmerten Schacht, andere mit Feldsteinen ausgelegt. Später führte man die Schachtwände über das Erdreich heraus, deckte den Schacht mit einer runden Steinplatte zu und schüttete ringsherum Erde auf. Das Wasser entnahm man mit dem „Schapfen“. Diese Brunnen nannte man, je nachdem das Wasser aus der Erde quillt, „Ludl-, Pudl-, Perlbrunn“, nach der Lage etwa „Buchbrünnl“, nach dem Besitzer beispielsweise „Greaglbrunn“. Lag der Wasserspiegel besonders tief, wurde ein Schacht gebaut und rundherum ein Brunnenkranz gezimmert („Hanzlbrunnen“ geheißen). Auf den Bergen stand der „Windbrunnen“, manchmal mit einem großen Schwungrad, umgeben war er mit einer hölzernen Brustwehr. In manchen Dörfern fand man auch wie im heutigen Burgenland den „Hengstbrunnen“ (eine Art Pußtabrunnen) – vereinzelt fand ihn Holzer noch im unteren Murtal. Ein Volksrätsel bezieht sich auf seine Bauart und Arbeitsweise: „Hulznigelnagel, Bamsteigergragl. Hupft mit'n Arsch, beutelt mit'n Schädl. Laßt sie ban Arsch a Brettl aufinageln, halt's oder halt's net.“ Schließlich fanden die Pumpbrunnen Eingang.

Alkoholische Getränke waren und sind der **Most** und der Traubenwein. Zur Mostgewinnung wird das Mostobst gleichmäßig zerkleinert und zerquetscht, dazu in einem Winkel des „Preßblatts“ (das ist der große Preßraum der alten schweren Baumpressen) nacheinander lagenweise auf diesem aufgebreitet, barfuß mit schweren Holzstößln zerstampft, die nächste Lage aufgeschüttet. Wenn genug zum Pressen gestoßen war, wurde die Masse in kreisförmigen Schichten aufgeschichtet, wobei die obere jeweils kleiner als die darunterliegende war. Jede Schicht wurde einzeln und sorgfältig mit der „Zucht“ umwickelt, auf der letzten Schicht mit dem Zuchtnagel festgesteckt. Die „Zucht“ war ein aus Weiden zopfförmig geflochtenes breites Band. Geschätzter, aber kostbarer waren „Zuchten“ aus Kranawet (Wacholder). Dann wurde durch Senken des schweren Preßbaums die Masse ausgepreßt, dabei mußte die Zucht lagenweise abgewickelt werden. Häufig wurden die gepreßten Treber noch einmal zerstoßen, eingewässert und nochmals zu einem Haustrunk gepreßt. In der nördlichen Oststeiermark gab es auch den uns schon bekannten Rollnursch als Obstquetsche. (Die Apfelmühle wurde erst vor 1800 von dem deutschen Pfarrer Christ in Celle erfunden.) An Stelle der „Zucht“ verwendete man auch die „Stotzn“, den „Korb“ oder „Kübel“, einen Holzgitterkorb. Ältere Leute erinnern sich noch an die gehackten Baumpressen: das „Preßblatt“ und das „Koar“, dessen Umrahmung, wurden aus einem Stück Baumstamm ausgehackt und deren einige ineinandergefügt. Die Holzgewinde der Spindeln für die Obst- wie Ölpressen mußten ebenfalls mit der Hand ausgehackt werden. Der junge Most wird in die eichernen Fässer im Keller gefüllt, die dann unberührt stehen bleiben, bis der Most „alles ausgeschmissen“ hat, d. h. gegärt ist. Ist der Most geklärt und rein, wird das Faß aufgefüllt und gut verschlossen. Man muß den rechten Augenblick erwischen, daß der Most gut bleibt; ein zu früher Verschluß treibt den Pfropfen heraus, ein zu später läßt den Most „sichtig“ (kahmig) oder essiggärig werden.

Aus dem Preßrückstand, den Trestern, wurde **Essigmost** gewonnen; die Äpfel dazu durfte man nicht zu stark zerstampfen; man zerschlug den durch die erste Mostpressung noch nicht ganz ausgepreßten Treberstock, bröselte ihn auseinander und ließ die Trestern in einem Bottich stehen, bis sie durch die Gärung so heiß geworden sind, „daß ma si bam Einigreifn richti brennt“. Je heißer, desto besser wurde der Essig. Dann wird mit reichlich Wasser aufgefüllt – je nachdem, wie stark bzw. schwach man den Essig haben will. Auch diese gleich warm werdende Masse läßt man einige Tage stehen, preßt sie dann aus, füllt ein Faß nicht ganz voll und stoppelt es gleich zu. Der Essig wird mit der Zeit stärker, darf aber nicht angerührt werden. An der Oberfläche des Essigspiegels bildet sich eine Haut, die „Essigseel“; „druckt“ man diese ab, verletzt sie oder stößt sie in den Essig hinein, verdirbt er. Der

◁ Bauernkrapfen (Rezept siehe Seite 280). ◁◁ Mohnnudeln (Rezept siehe Seite 181).

Holzapfelessig galt meist als nur äußerlich anwendbares Heilmittel für Mensch und Tier.

Wacholderbeerenessig

„Man nimmt 56 Deka frische Wacholderbeeren, zerquetscht sie gänzlich und gibt sie samt dem allenfalls ausgelaufenen Saft in eine Flasche, in welcher man sie mit 21 Deka Spiritus und $1^1/_2$ Liter starken Essig ansetzt. Diese Mischung stellt man an einen mäßig warmen Ort, gießt sie nach mehreren Tagen ab und preßt den Saft des Rückstandes dazu. Durch Zusatz von Essig kann man diese Quantität bis auf 3 Liter vermehren." (Anna Marbler, „Praktisches Kochbuch", Graz o. J.)

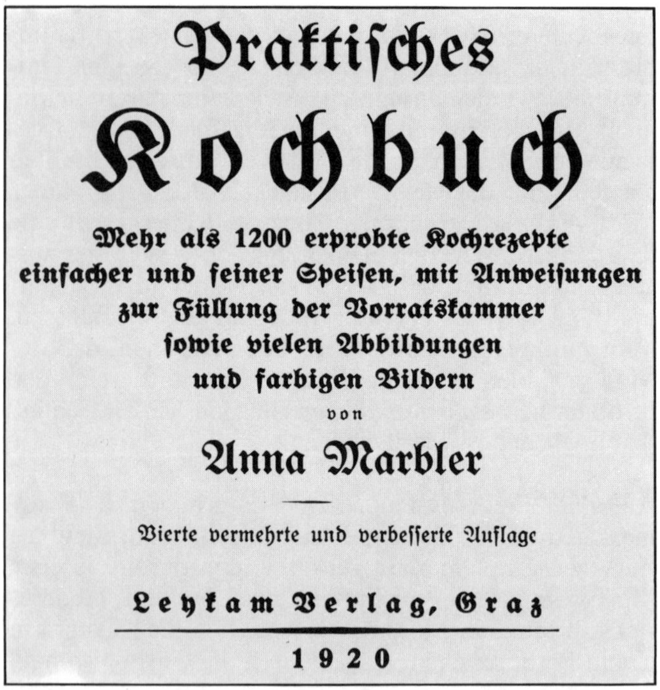
Praktisches Kochbuch

Mehr als 1200 erprobte Kochrezepte einfacher und feiner Speisen, mit Anweisungen zur Füllung der Vorratskammer sowie vielen Abbildungen und farbigen Bildern

von

Anna Marbler

Vierte vermehrte und verbesserte Auflage

Leykam Verlag, Graz

1920

Ebenfalls eine „bewährte Ratgeberin in Küche und Vorratskammer", wie es im Vorwort zur vierten Auflage heißt.

Bertramessig

Bertramkraut (Estragon), $^3/_4$ l Weinessig, 1 EL Salz, $^1/_8$ l Wasser

Ein Literglas mit ausgelesenem, kalt gewaschenem und gut abgetropftem Bertramkraut zu einem Drittel voll füllen. Dann Weinessig und Salz sowie Wasser langsam zehn Minuten kochen und überkühlt über das Bertramkraut gießen. Obenauf kann man eine kleinfingerdicke Schicht lauwarm zerlassenes Rinderfett geben. Das Glas luftdicht verschließen und vier Wochen kühl lagern. Zweckdienlich gießt man den Bertramessig danach in kleine Flaschen ab und bewahrt diese verkorkt auf. Das Bertramkraut kann, neuerdings mit abgekochter Essiglösung aufgegossen und verschlossen, beliebig lang auf Vorrat gehalten werden. – Frisches Dillkraut ist auf die gleiche Weise für den Winter einzulegen.

Branntwein wurde von den Bergbauern nicht nur als Medizin und Stärkungsmittel bei anstrengender Arbeit, besonders beim Holz- und Heuziehen im Winter, sondern auch als Genußmittel bei verschiedenen Gelegenheiten, beim Fensterln, beim „Handschlag" (Abschluß eines Handels), auf der Hochalm usw. verwendet. Wo es keinen Wein gab, vertrat er früher auch dessen Stelle. In der Göthschen Serie steht immer wieder die Klage, daß die hohe Weinsteuer das landfahrende Volk zum wohlfeileren, billigeren Branntwein treibe. In den letzten Jahrzehnten ist das Selberbrennen vor allem seit Ende des letzten Krieges verbreitet worden. Die erlaubte Menge diente dem Hausgebrauch, der Bewirtung von Gästen, als Zugabe zur Kost von Handwerkern und Taglöhnern im Haus.

Zum Schnapsbrennen wurde und wird jedes Obst verwendet, auch Frühobst oder anderes, nicht frisch verkäufliches Obst; es wird sofort eingemaischt. In Jahren reicher Zwetschken- oder Birnenernten wird auch daraus Schnaps gebrannt. Im Gebirge werden nach wie vor Destillate von Heidelbeeren („Darmdürrener" genannt), rotem Holunder und von Wacholderbeeren bereitet, aber mehr als Heilmittel angewendet denn als Genußmittel. In der Obersteiermark, im Ennstal, wo Obst, Most und Wein fehlten, gab es viele Getränke aus Wildbeeren, mehr Schnaps, auch Molke als Trunk und Erfrischungsgetränk.

Die schon öfter zitierte Rosalia Neumann („Die Wiener Köchin", 1864), die auffallend viele steirische Rezepte aufgenommen hat, bringt u. a. auch das folgende:

„Rosenkoglwein"

„Man zerquetscht eine beliebige Menge Schwarzbeeren (Waldbeeren, Myrtillen) in einem Gefäß, gibt auf jede Maß (= 1,41 l) 2 Loth (= 35 g) Zucker, und läßt das

Ganze an einem mäßig kühlen Ort einige Tage stehen, bis es zu schäumen und zu gären anfängt, preßt sodann den Saft durch ein grobes Tuch, zerquetscht den Rest, mit etwas weißem Wein angefeuchtet, nochmals, und preßt ihn wieder durch – und läßt diesen Most zu Wein vergären. Geringe Quantitäten kann man auch in Flaschen gären lassen, indem man diese mit Blasen verbindet und in letzteren mit Nadeln mehrere Stiche anbringt."

Der **Weinbau** in der Steiermark ist uralt, seine Anfänge dürften in die keltische Zeit zurückgehen. Aus einer bodenständigen Wildrebe entstand beispielsweise die bekannte Schilcherrebe. Im späten Mittelalter erreichte der steirische Weinbau seine erste Blütezeit, so in den Tälern der Pinka und Lafnitz, in der Radkersburger Gegend, im Laßnitztal, im Hügelland um Leibnitz und Wildon, an den Südhängen des Boßrucks und im Pettauer Gebiet. Im ausgehenden Mittelalter wurden auch dort Reben gezogen, wo heute niemand Weinbau vermuten würde. Die meisten Weinbauflächen waren im Besitz der Erzbistümer, Bistümer, Stifte und Pfarren, aber auch der Landesherr hatte reichlich Weingründe. Es herrschte damals vorwiegend Mischkultur, in den Weinrieden wurden auch Linsen oder Kürbisse, hin und wieder auch Obstbäume gepflanzt. Allerdings hätte der Wein von damals nicht dem heutigen Geschmack entsprochen. Dennoch war der Wein in dieser Zeit das Volksgetränk, er gehörte schlicht und recht zu jeder steirischen Mahlzeit. Einige Sorten wurden schon damals immer wieder lobend erwähnt, so der feurige „Luttenberger", der in einem unechten Neidhartlied als „wunderstarker Wein" gerühmt wurde.

„Darnach kam ich gen Wien ans fürsten tisch,
man gab mir wilpret unde fisch,
man hieß mich frölich essen,
man schönkt mir Luttenperger ein,
meines leides höt ich vergessen."

Erstmals erwähnte diesen feurigen Prälatenwein aus der heutigen Untersteiermark Peter Suchenwirt im 14. Jahrhundert. Nach der Taxordnung von 1521 stand der Luttenberger an der Spitze aller steirischen Weine. (Die Taxordnung legte die Bewertung der einzelnen steirischen Weinsorten in drei Preisgruppen fest.) In einem Patent der steiermärkischen Landschaft vom 12. März 1543 wurde er als Gewächs aus dem „pesten gepürgen" bezeichnet.

Das beliebteste Getränk der Landbevölkerung stellte einst der **Schilcher** dar. Das Hauptanbaugebiet dieses süffigen, aber starken Weins waren Stainz, Deutschlandsberg, Schwanberg, Ligist bis Eibiswald; in diesen

„Lagl" – Tragfäßchen.

Gegenden hatte fast jeder Bauer seinen Weingarten. Den besseren Wein verkaufte er nach Graz, zum „Haustrunk" blieb ihm noch immer genug. „Sie haben uns einen rosaroten Essig vorgesetzt, den sie Schilcher nennen", schrieb Papst Pius VI. despektierlich in sein Tagebuch, als er auf seiner Reise zu Kaiser Joseph II. nach Wien im Franziskanerkloster Maria Lankowitz übernachtete. Heute wird dieser Schilcher wieder zu Recht hochgerühmt, gerade auch ob seiner Rosé-Farbe; er wird ausschließlich aus der blauen Wildbacherrebe gewonnen, die als einzige der aus Amerika eingeführten Reblaus widerstanden hatte, und gedeiht rund um Stainz und Deutschlandsberg im westlichen Teil der Steiermark. Wahrzeichen dieser Gegend ist der Klapotetz, ein von slowenischen Weinbauern vor urdenklichen Zeiten konstruiertes hölzernes Windrad, das durch sein aufgeregtes Klappern die Vögel von den reifen Trauben abhalten soll. Dieser Schilcher, Österreichs ältester Rosé, ist ein „Gleichgepreßter", ein Wein, der zwar aus blauen Traubensorten gewonnen

wird, bei dem aber nicht wie beim Rotwein die Maische mitvergoren (was dem Rotwein den in den Beerenschalen enthaltenen roten Farbstoff verleiht), sondern ähnlich wie beim Weißwein sofort abgepreßt wird. Dadurch färbt sich der Wein nur zart rötlich. Heute kredenzt man auch Schilcher Sekt.
Im Sommer trank man den starken Schilcher besonders in den Landwirtshäusern, mit heimischem Mineralwasser verdünnt. Zum Versprudeln der Kohlensäure bediente man sich eines „Didldeitscheks", einer Art Quirl, einer kleinen runden, mehrfach durchlöcherten Holzscheibe an einem Stiel. In den letzten Vorkriegsjahren wurde es in Wien modern, in Bars und Kabaretts Champagner zu trinken; da dessen Kohlensäure als schädlich galt, wurden Miniatur-Didldeitscheks – ohne diesen Namen zu kennen – aus Gold und Silber verfertigt, die dann von den mondänen Damen des Nachtlebens an der langen Lorgnette getragen wurden.
Am stärksten war der Weingenuß einst im Süden des Landes, wo der bereits erwähnte kräftige Luttenberger und auch die Pettauer Weine, die Marburger, Windischbühler und wie sie heißen mögen, gewonnen wurden. Davon nahm der bäuerliche Bewohner der Untersteiermark reichlich Gebrauch, in erster Linie von den billigeren, leichteren Sorten, den „Sauerampfern" wie Grünhainer, Hainisch, Weißwippacher.
Hatte die steirische Weinbaufläche Ende des 16. Jahrhunderts ihre größte Ausdehnung erreicht, so drängten die folgenden Klimaverschlechterungen, Türkeneinfälle, Einfälle der Ungarn und Kuruzzen, Seuchen, Steuerdruck und Kriege den Weinbau rasch zurück; außerdem bekam der Wein im Bier einen starken Konkurrenten. In den achtziger Jahren des 19. Jahrhunderts vernichtete dann die Reblaus die steirischen Edelkulturen. Heute macht die Edelweinbaufläche der Steiermark knapp 2000 Hektar aus, bringt aber Spitzenprodukte wie den Traminer hervor und sichert etwa 5000 Weinbauern des Grenzlandes ihre Existenz.

Für die Steiermark hat E. Kümmel das Vorkommen von **Bier** bereits in der Zeit der Hohenstaufen urkundlich nachgewiesen; selbst auf dem Land war der Biergenuß häufiger als gegenwärtig. Denn schon im 14. Jahrhundert besaßen viele größere Bauernhöfe ihre eigene Brauereieinrichtung; es war freilich ein einfaches Getränk, aus Hafer bereitetes Weißbier; in den Klöstern wurde das „Paterbier" oder das „Herrenbier" für die Städte und Märkte gebraut, das aus Weizen hergestellt wurde. In den Städten war der Bierverbrauch viel größer, so hatte Bruck im Jahre 1347 drei Brauereien mit ausgedehnten Privilegien. 1887 gab es in der Steiermark 67 Brauereien. Das „Grazer Bier" wurde bis Alexandrien exportiert.
Neben dem oberösterreichischen Mühlviertel hat die südliche Steiermark um Leutschach das wichtigste Hopfenanbaugebiet (ca. 60 ha) Österreichs. In der Oststeiermark ist im Jahre 1788 von einem Anton Haring, vulgo Moosmayer, zu Feistritz bei Ilz der erste Hopfengarten angelegt worden. Ihm folgten Feistritzer, Kalsdorfer und Ilzer, später auch Fürstenfelder Bürger. Im 19. Jahrhundert war der Hopfenanbau über große Teile der Oststeiermark verbreitet. Der Höhepunkt lag in den achtziger Jahren des vorigen Jahrhunderts mit rund viereinhalb Millionen Hopfenstöcken. Um 1900 gab es noch 1000 ha Hopfen. Nach 1945 begann man in Leutschach wieder mit dem Hopfenanbau und deckt heute etwa die Hälfte des Bedarfs der steirischen Brauereien. Als berühmteste Bierbrauerei im Land gilt Göß, die 1893 gegründet wurde.

Gern wurde früher das Bier mit **Met** gemischt. Met allein trank man ebenso, so führten am Tag St. Johanni die Burschen ihre Mädchen zum Met, „der Schönheit und Stärke verleiht" (P. Sartori).

Ein besonderes Reizmittel, das früher gerade in den Alpenländern weit und stark verbreitet war, ist das **Arsenik.** Es findet sich vor allem im nördlichen und nordwestlichen Teil der Steiermark, in den Bezirken Hartberg, Murau, Leoben, Judenburg. Der Genuß verleiht (nach allgemeiner Ansicht der Arsenikesser) Gesundheit, Kraft und Ausdauer, gibt einen sicheren Tritt, macht stark und schneidig und erleichtert das Atmen. Gerade wo starke Pferdezucht betrieben wurde, gab es reichlich Arsenikesser, da Arsenik als Beisatz zum Pferdefutter diente, um die Tiere wohlleibiger und feuriger zu machen.

Erhart, Christian, „Wein- und Hopfenbau". Stich von Emanuel Eichel.

Tirol

„Sitz zu Tisch ohn Sorg, ohn Zorn, ohn Leyd,
Und so viel müglich zu bestimbter Zeit,
Die Speiß sey nicht zu kalt und nicht zu heiß,
Iß fruetig, nicht zu viel, kau wol die Speiß,
Halt Ordnung in Richten, hab dran nicht zuviel,
Hör auff mit Lust, im trincken halt Ziel,
Saum' dich nit lang mit langem Tischen,
Bleib' bey dem Mallm, iß und trinck nicht zwischen,
Nach dem Essen nicht schlaff, nicht bad, nicht üb,
hast anders dein Gesondt und lang Leben lieb."

(Hippolyt Guarinoni, „Die Greuel der Verwüstung menschlichen Geschlechts",
1610)

Tirol, das „Land im Gebirge“, war und ist als inneralpines Paßland Österreichs Brückenland zwischen Nord und Süd, war auch Brücke zwischen den östlichen und westlichen Erbländern der Habsburger. Seit dem Ende der Eiszeit besiedelt, sah es im Lauf der Jahrtausende Illyrer, Veneter, Etrusker, Kelten, Kimbern, Römer, ostergermanische Langobarden, Alemannen, Slawen und im 6. Jahrhundert die Baiern. Zur Römerzeit gehörte Tirol zu Norikum und zu Rätien, auf die kurze Herrschaft der Ostgoten folgten die Franken. Nach der Besiedlung durch die Baiern wurde Tirol mit den Grafschaften im Inn-, Eisack-, Puster- und Etschtal Teil des bayerischen Herzogtums. Die schwäbischen und bayerischen Bistümer und Klöster erwarben Besitz an der Etsch und im Gebirge.

Den Vintschgauer Grafen von Tirol gelang es, die gesamte Macht in ihrer Hand zu vereinigen, sie gaben dem neuen Raumgebilde nach ihrem Stammschloß Tirol über Meran auch den Namen. Ihr Erbe setzten die Görzer Grafen fort. Um 1218 verfügte Meinhard II. von Görz-Tirol über das gesamte damalige Land Tirol, ausgenommen das Pustertal. Seine Enkelin, Margarete Maultasch, vermachte 1363 das Land ihrem Cousin Rudolph IV. von Habsburg. Um 1500 kamen das Pustertal und das Lienzer Becken zu Tirol, 1504 die bisher bayerischen Landgerichte Kitzbühel, Kufstein und Rattenberg im Unterinntal. 1716 mußte Salzburg das Zillertal und die Herrschaft Itter-Hopfgarten sowie (Windisch-)Matrei in Osttirol an Tirol abtreten. Außer den kurzen Unterbrechungen von 1810 und 1814 gehörte Tirol stets zu den Habsburgern; und 1919 erlitt es mit der Abtretung Südtirols an Italien seinen schmerzlichsten Verlust.

Sehr früh schon erhielten die Tiroler Bauern größere persönliche Freiheit und Besitzrecht, früher als sie der Bauernstand im Osten des Reiches bekommen hat. Seit dem 14. Jahrhundert gehörten zu den Tiroler Landständen nicht nur Ritter, Prälaten und Bürger, sondern auch Bauern als eigener Stand. Immer wieder griffen sie mit der Waffe in der Hand in die Geschicke ihres Landes ein, das stets das Herz Österreichs und die „Zitadelle des heiligen römischen Reiches“ war. Ebenso wichtig und entscheidend für die Entwicklung Tirols und seiner Landesküche war die Tatsache, daß 1379–1490 und 1564–1665 eine eigene Habsburger Linie in Tirol ihre Residenz hatte.

Adel und Bürgertum des Landes wurden durch den Abbau reicher Gold-, Salz-, Silber- und Kupferlager wohlhabend, der Handel zwischen augsburgischen und venezianischen Handelshäusern vermehrte den Reichtum, internationalisierte ihn.

Obwohl in Tirol 24 Prozent der Gesamtfläche Ödland, 33 Prozent Wald, 36 Prozent Grünland (Almen) und nur drei Prozent Ackerland sind, war es uraltes Bauernland, und ist dies trotz Industrialisierung, Elektrifizierung und Fremdenverkehr, die einen radikalen Umsturz der Sozialstruktur herbeigeführt haben, in bestimmter Weise auch geblieben. Wobei nicht übersehen werden kann, daß heute ein großer Teil des landwirtschaftlichen Bodens verbaut ist und viele Bergbauernhöfe und Almwirtschaften den Touristentummelplätzen gewichen sind.

Die geographische und (durch die Habsburger bedingte) dynastische Nähe zu Italien hat in Tirol die Eß- und Trinkkultur stark und oft wesentlich beeinflußt. Schon Maximilian I., der Innsbruck zu seiner Hauptstadt gemacht hat, vereinte – nicht zuletzt durch seine zwei Heiraten – flandrische und italienische Eßkultur. Georg Rösch von Geroldshausen zählt in seinem „Tiroler Landreim“ 1588 auf, was Tirols Küche und Keller damals zu bieten hatten, u. a. Erbsen aus dem Stubai, Spargel und Artischocken aus dem Süden, Zitronen und Orangen aus der Gardaseegegend, Nüsse aus dem Passeier, Äpfel aus Brixen, Birnen aus Lienz, Käse aus Virgen, Zi(e)ger aus dem Stubai und Jochberg, Fische aus dem Heiterwanger See, Nudeln aus dem Pustertal, Rauchfleisch aus Schneeberg bei Sterzing.

Im Schloß Ambras bei Innsbruck fand in der Zeit Erzherzog Ferdinands II. (gest. 1595) und seiner Gemahlin Philippine Welser die Kochkunst liebevolle Pflege und Förderung; die „Welserin“ schrieb und sammelte eigenhändig Rezepte, die heute ein Dokument von mitteleuropäischer Gültigkeit sind. Zu dieser Zeit (bis 1656) wurde das Gericht Stubai dem Hofküchenmeister zur Verwaltung übertragen (deshalb erhielt es auch die Bezeichnung „Hofgericht“ bzw. „Hofkuchlgericht“). „Unstreitig am anziehendsten und bezeichnendsten für diese Epoche ist das von Philippine Welser eigenhändig geschriebene Kochbuch“, schrieb schon Eufemie von

Kudriaffsky in „Die Historische Küche", 1880. Auf die schöne „Filippina" mag (auch) zurückgehen, daß später einige Gerichte „nach Tiroler Art" („à la tyrolienne") in die internationale Gastronomie Eingang gefunden haben. Der Haller Stiftsarzt Dr. Hippolyt(us) Guarinoni(us) zu Helffberg und Volderthurn (1571–1654) hat in seinem 1610 erschienenen Buch „Die Greuel der Verwüstung menschlichen Geschlechts" 343 Folioseiten dem Essen und Trinken gewidmet; als Mitbegründer der öffentlichen Hygiene hat er sich namentlich der Gesundheit des Menschen gewidmet und ist gegen die Unmäßigkeit seiner Mitbürger zu Felde gezogen. Schade, daß er seinen Plan, auch über die bäuerliche Küche Tirols zu schreiben, nicht verwirklicht hat.

Wenngleich die Bauernküche Tirols nicht wenige „Kuchlfesttage" im Jahr feierte (Neujahr, Dreikönig, Fastnacht, Palmsonntag, Ostersonntag, Pfingstsonntag, Kirchtag, Mariä Himmelfahrt, Allerheiligen und die Weihnachtstage sowie Hochzeiten und Primizen), so sah der Speisezettel des bäuerlichen Alltags durch Jahrhunderte hindurch bis zur Mitte des 20. Jahrhunderts gleich und sehr bescheiden aus: zum Frühstück Koch oder Mus und Milch oder Brennsuppe, Käse, Roggenbrot, zu Mittag waren Dienstag und Donnerstag meist Knödeltag (Knödel und Salat oder Kraut), Mittwoch Nudeltag (oder Strauben, Erdäpfelnocken), Freitag gab es Kiachl oder Polenta, Samstag Nudeln mit Fisolen-, Erbsen- oder Gerstensuppe oder Knödel und Kraut, Sonntag und Montag Kraut und Fleisch; zur Jause gab es Brot und Milch, auch einmal eine Suppe oder Bohnen und abends Erdäpfel und Suppe oder Suppe und Mus oder auch einmal Nudeln oder Kraut.

Auch die Tiroler Speisennamen und Bezeichnungen für Lebensmittel sind ein Beweis dafür, daß kaum ein anderer Teil des Volkslebens ein derart buntes bis schier unentwirrbares Gemengsel von altem Erbgut und von Ausdrücken mit so langen Wanderwegen und Überschichtungen aufzuweisen hat, wie er aus dem Wortschatz der Speisen und Mahlzeiten auf uns zukommt.

Hugo Charlemont, „Bemaltes Altwirtshaus in Ötz", 1893.

Suppen und Suppeneinlagen

„Vom Suppe-Essn bekommt man schöne runde Knie", heißt es im Tirolischen, und auch die Tiroler Bauern begannen ihr Tagwerk mit einer kräftigen Suppe, mit dem „Moargatössa" (Paznaun), „Morget-Essn" (Pitztal), „Fruastuck", „Tschmorganst" (Brixental), „Vormaß" (Pustertal, Defereggen), „Formeß" (Stubai), „Vormous" (Osttirol). Bis ins hohe Mittelalter war das „Frühstück" sehr einfach, man kochte meist ohne Fett geröstetes Mehl mit einer Flüssigkeit (Milch, Wasser, Molke) zu einer dickeren oder dünneren „Brennsuppe". Dazu oder zuvor gab es Milch, dann ein Mus oder Koch. Vollmilch wurde nur in der Fasnachtszeit verwendet; wer von den Dienstboten als letzter seinen Löffel in die Suppenschüssel tauchte, hatte im Laufe des Jahres ein Mißgeschick zu erleiden. Oft trank man nur die „Tschuffa" (auch „Sufa", „Schuffa", „Schüfa", „Schugl" genannt), das war ein dünnflüssiges „Mus", gekocht aus Milch und Weizenmehl, man trank es vor allem zur Mahdzeit auf den Almen, wenn für das Kochen keine Zeit war. Nach Einführung der Erdäpfel aß man am Morgen da und dort auch eine Erdäpfelsuppe, manchmal gab es die vom Vortag übriggebliebenen Krapfen oder „Türtlen", oder man brockte sich Hartbrot ein. Das „Zschnachtessn" der Osttiroler Bergbauern bestand meist aus einer Schüssel voll Milch oder „gestockter" Milch (saurer Milch) und gekochten Erdäpfeln (die man mit dem Löffel schälte). Die Redensart „einmal guite Milch mit Rahm" bedeutet für die Osttiroler Bauern noch heute soviel wie „einmal etwas Besonderes". Verschwunden aus den Stuben ist, wie Hans Fink in „Südtiroler Küche, Tisch und Keller", 1980, feststellte, das „Brockenstötzl", ein Holzgebinde am Stubenbalken, das zur Aufbewahrung des mit der „Grambl" zerkleinerten Hartbrotes diente und aus dem man die „Bröcklen" fingerte und sie in der Schüssel voll Milch aufweichen ließ.

Aufgestanden wurde mit dem „Betläuten", im Sommer um 5 Uhr, in den Tälern auch schon um 4 Uhr, im Winter bis Josefi (19. März) um 6 Uhr. Als erste stand die „Kuchelin" (Großdirn) auf und kochte Milch und Mus für das Frühstück; es mußte im Winter um 7 Uhr, im Sommer um $^1/_2$ 6 Uhr auf dem Tisch stehen. Die Suppe, mit einigen Brotbrocken drin, kam in einer irdenen Schüssel, das Mus in der eisernen Pfanne auf den Tisch. Teller gab es keine, alle löffelten gemeinsam aus Schüssel oder Pfanne, die bis zu einem halben Meter Durchmesser haben konnte. Der Mairhofer Bauer im Lüsnertal soll eine so große Muspfanne gehabt haben, daß ein großer Knecht zum Musrühren mitten in die Pfanne hatte steigen müssen, wissen die Leute scherzend zu überliefern. Vor und nach jedem Essen wurde meist um den Tisch stehend gebetet. Darauf ging man (wieder) an die Arbeit.

Heute ist das Essen in fast allen Tälern Tirols der bürgerlichen Küche angeglichen; nur die Bergbauern halten zum Teil noch an ihrer alten Kost und den alten Speisenfolgen fest.

„Brennsuppe", „Bräunersuppe", Wassersuppe

4 EL Mehl, 1 l Wasser, Salz, Kümmel

Die Tiroler Brennsuppe wurde meist ohne Fett zubereitet. Mehl im Kochtopf vorsichtig über Feuer bräunen, salzen, dann mit Wasser aufgießen und mit etwas Kümmel gut eine halbe Stunde langsam kochen.

Diese Suppe wurde jahrhundertelang als Frühstück und meist auch zum Abendessen gegessen. Dazu gab es „grauen Kas", den man in die Suppe einbrocken konnte. Nachher trank man Milch. Besser wurde sie natürlich, wenn man das Mehl (pro Person einen Eßlöffel voll) in Butter (Schmalz) bräunt (eine dunkle Einbrenn macht), dann mit Wasser aufgießt und fest kochen läßt. Gewürzt wird mit Salz und Kümmel (eventuell auch mit Majoran). Zuletzt schüttet man sie über Brotschnitten oder -brocken. Im Oberland heißt sie auch „Pfruselsuppe".

Mit Vorliebe bröselte man auch Zi(e)ger darauf und nannte diese Suppe dann **„Zi(e)gersuppe".** Wer's hatte, goß mit einer Fleischsuppe auf und richtete sie mit gebähten Semmelschnitten an. Auch mit Rotwein oder Essig gewürzt und abgeschmeckt findet man sie, und als Einlagen gibt es u. a. Frittaten oder geschnittene Nudeln **(„Gröll'nsuppe").**

Die Obergopperazbäuerin Ludwina Rauchegger, geb. Tastner, aus Rodeneck erinnert sich, daß die Brennsuppe stets am Karfreitag gegessen wurde – und sonst nichts an diesem Tag. Auch nach dem „Türkenabfitschen", bei dem oft 30 bis 40 Nachbarsleute auf einem

Hof zusammenkamen, gab es zur Belohnung eine Brennsuppe, Erdäpfel und eine „rahmige Milch“ sowie Äpfel zum Mitnehmen. Eine Villgratener Bäuerin meint zur „Bräunersuppe“: „Sell ischt gar a so a Ding ette (keine besondere Sache), sell ischt a schnells Geköche“; zuerst „'s Bräuner“ (Einbrenn) aus Fett und Mehl machen, dann in kaltes Wasser „inbissn“ (einrühren), gut „abissn“ (verrühren, mit dem „Muaser“ verrühren). Wer „Knölleleln“ will, muß das Wasser zuerst sieden lassen und dann erst das „Bräuner“ darin verkochen lassen. Wenn man's besonders „guit will richten“, gibt man etwas Zimt („Simonpulver“) bei und „Brückla“ (Brotbrocken) – das Brot „tuat man grambln“, weil es sehr hart ist. Vom frischen Brot macht man „Schnittlan“ (aber besser schmeckte ihnen das harte Brot). Im Brandenberger Tal salzt man zuerst das Mehl etwas, bröselt es nach Art der Farferln mit wenig Wasser ab und kocht dann das Ganze in siedendem Wasser ein. Unter ständigem Rühren läßt man die Suppe noch ein-, zweimal kurz aufkochen und gießt zuletzt braune heiße Butter darüber.

Ähnlich wie die Brennsuppe bereitet man die **Milchsuppe („Milchschidl“):** in einer Messing- oder Kupferpfanne brennt man das Mehl (pro Kopf etwa 1 bis $1\,^1/_2$ Eßlöffel Weizenmehl) mit oder ohne Fett und gießt statt mit Wasser mit Milch (Vollmilch oder frischer Buttermilch) auf. Mit Salz und Zi(e)ger würzen.

Im Brixental, wo die Brennsuppe fast nicht gebräuchlich war, wurde die Milchsuppe ohne „Brennach“ (Einbrenn) zubereitet. Man goß heiße Milch einfach über Brotschnitten, war die Milch knapp, goß man nur heißes Wasser drüber **(„Wasserschidl“).** Eine Milchsuppe mit eingerührtem schwarzplentenem Teig (aus Buchweizenmehl) heißt **„Pfarflsuppe“**, die von den Villandern gern gegessen wird.

„Zi(e)gersuppe“, „Schottsuppe“

Wasser in eine Pfanne gießen, einen Löffel voll Zi(e)ger oder Schotten „voneinanderbissn“ (mit dem Kochbesen auseinanderrühren), einen Löffel Mehl „inbissn“, das Ganze fest „abissn“, aufkochen und dann in die Schüssel leeren. Oder in eine Brennsuppe geriebenen Zi(e)ger geben. Dazu gibt man Brotbrocken in die Suppe. „Das is g'schwind g'kocht“, versichern die Villgratener Bäuerinnen.

Als Suppeneinlage verzeichnet das handgeschriebene Kochbuch für Anna Schweigl, 1916, **„Schott Knödel“** aus Butter, Eiern, Topfen und Semmelbröseln.

„Juttzigersupp“

100 g Butter, 4–5 EL Mehl, Milch, 4 EL „Juttziger“, eigroß Butter

Aus Butter und Mehl in einer Messingpfanne eine Einbrenn machen, pro Kopf ca. $^1/_2$ l etwas gewässerte Milch daraufgießen, Juttziger einbröseln, kurz aufkochen lassen, in eine irdene Steingutschüssel gießen und ein hühnereigroßes Stück Butter einrühren. Man kann Brotbrocken dazugeben und mit Bröseln von der Zi(e)gerkugel bestreuen.

„Jutt“ ist die Molke, die dünne, grüne Flüssigkeit, die beim Erhitzen und Gerinnen von Milch entsteht. „Juttziger“ ist Topfen, der aus Buttermilch durch Erhitzen gewonnen wird; er ist schärfer als der Topfen aus der Magermilch.

„Mudlsuppe“, „Wirelesuppe“, „Frigelesupp“‘, „Pfarflsuppe“

Pro Person $^1/_2$ l Flüssigkeit (Wasser, Fleischsuppe, Milch), 1 EL Mehl, 1 EL Milch, Salz, Butter

Rührbesenbehälter aus Fichtenholz, mit Monogramm Christi und Initialen I. T. in roher Kerbschnittumrahmung und eingeritzten Sternrosetten.

Für die „Mudl", „Wirele" oder „Frigelen" (in anderen Bundesländern „Farferln", „Farfl" genannt) in einem Teller je einen Eßlöffel Mehl und Milch zwischen den Händen verreiben, in die kochende Flüssigkeit, leicht gesalzen, einstreuen. Auf die gekochte Suppe in der Schüssel ein Stück Butter geben. Die Mudl, Wirele oder Frigelen können zuvor in etwas Butter geröstet werden (das nachträgliche Abschmälzen mit Butter fällt dann weg!).

„Nichts als eine Frigelesupp' haben" heißt soviel wie sehr arm sein. Anna Tagwerker nennt in ihrem „Neuesten Kochbuch", Innsbruck o. J., diese Suppe „Taferl-Teig"-Suppe. Nach Geschmack gibt man auf die angerichtete Suppe etwas zerbröselten Graukäse oder Zi(e)ger. Mancherorts gibt man auch einen **„Zwiflpfitsch"** darauf: Feingeschnittene Zwiebel in heißer Butter anlaufen lassen und samt heißem Fett über die fertige Suppe geben; dabei zischt („pfitscht") es **(„Pfitschsuppe").**

Die Wirlsuppe aß man im Schmirntal, im Pfoffental nennt man sie „Pfurflsupp'", im Ötztal „Friglsupp", im Brixental ist sie ident mit der „Wasserschidlsupp". Früher aß man die Wirlsuppe im Stubai wie die Gersten-, Gemüse- und Erdäpfelsuppe gern als Vorsuppe zu Mittag. An Freitagen und anderen Fasttagen wurde sie ohne Ei hergestellt (wie „Milchschidl"). Anstelle des „Zwiflpfitsch" gibt es auch **„Zwiebelschmalz"** auf die fertige Suppe: In einer kleinen Eisenpfanne ein hühnereigroßes Stück Butter erhitzen, darin einige Zwiebelscheiben abrösten.

„Schnallsuppn" oder „Versoff'ne Suppn"

Brotbrocken in eine Schüssel geben, Knoblauch, Zwiebel, Schnittlauch und „zween Boller Käse" dareinschneiden, darauf siedendes Wasser gießen und mit Schmalz „inbrennen".

Die kleinen selbstgemachten Käsekügelchen nennt man in Villgraten auch „Balleleln". „Versoff'ne Suppe" heißt sie deshalb, weil nur einer, der zu lange „gesoffen" hat, diese Suppe auch verträgt (oder benötigt).

Zillertaler „Schüttlsuppe", „Eierschüttlsuppe"

Wurzelwerk, 200–250 g beliebiges Suppenfleisch, 2–3 Eier, Salz, 4–5 EL Mehl, Schnittlauch

Würfelig geschnittenes Wurzelwerk und das Fleisch in reichlich Wasser weich kochen, salzen. Das Fleisch klein schneiden, Eier versprudeln, Mehl einrühren, daß ein dicker Tropfteig entsteht, den man unter Rütteln und Schütteln des Suppentopfes in die leicht kochende Suppe eintropfen läßt. Einmal aufkochen. Mit Schnittlauch bestreut servieren.

Nimmt man zu einem Ei eine Handvoll Grieß und läßt es gut vermengt in einer Fleischsuppe kochen, erhält man die **„Grießschüttlsuppe".** Ähnlich wie diese Eintropfsuppe bereitet man die **„Gaggerlesuppe"**, wie Anna Schweigl aus Stams in ihrem handgeschriebenen Kochbuch von 1916 schreibt: „Wiege etliche Hühnerleber klein auf, schlage 2 Eier dran. Man kann auch etwas Milch nehmen. Dann gibt man Mehl drein, bis es ein dicklicher Teig wird, drückt den Teig durch eine Gaze mit großen Löchern in eine siedende Suppe und laß es sieden. So kann man es auch mit der kälbernen Milz machen."

In Villgraten heißt diese „Gaggerlesuppe" auch **„Flettersuppe"** oder **„Zeftersuppe":** mit „an Gackelen" (Ei) und Mehl einen weichen Teig machen, salzen, den Teig in das siedende Wasser einrühren, daß „Flettern" (= Teigflocken) entstehen, und salzen. „A weng a Bräuner (Einbrenn) g'hört hinein", meint eine Tiroler Köchin dazu. Ist einmal die Suppe „rach" (versalzen), dann tät die „Kuchile" (Köchin) gern heiraten, kommt die Suppe „erlaß" (zu wenig gesalzen) auf den Tisch, so ist das das kleinere Übel, meint man in Osttirol.

Brezensuppe, „abgeschmalzene Brezler"

4–8 Brezen, Wasser, Salz, 40 g Graukäse, 40 g Butter, 1/2 Zwiebel

Die Brezensuppe ist streng genommen keine Suppe, weil die Flüssigkeit zuletzt abgegossen wird. Brezen mit heißem Wasser übergießen, eventuell etwas nachsalzen, darin quellen lassen. Dann das restliche Wasser abgießen, die Brezen mit dem zerbröselten Graukäse bestreuen. Schließlich feingeschnittene Zwiebel in heißer Butter rösten und über die Brezenmasse geben („abschmalzen").

Die „Brezensuppe" war eine beliebte Fastenspeise (im Unterinntal ißt man das Gericht noch heute am Aschermittwoch als Hauptgericht) und wurde am Mittwoch nach Invocavit (erster Fastensonntag) gegessen. „Ihre Beliebtheit", schreiben Drewes-Kostenzer in ihrem vorbildlich-sorgfältigen Buch „Tiroler Küche" (1974), „wird in Tirol durch die Brezelstiftungen bewiesen. Die Geistlichen und Ministranten der Thaurer

Palmprozession bekommen in der Sakristei der Rumer Kirche Brezeln. In Tisens wurden nach alten Kirchenrechnungen jährlich am Palmsonntag für 5 Gulden Brezeln an die Kinder verteilt."

Die folgende Suppe kocht man in Tirol am Gründonnerstag, wer sie ißt, dem geht das ganze Jahr über das Geld nicht aus. In einem handgeschriebenen Tiroler Kochbuch um 1800 heißt es:

Neunkräutelsuppe

„Man siedet Runkelrüben, Kerbelkraut, Spinat, Sauerampfer, Salat, Petersilie, Selleriekraut, Karfiol, Porree, Krößlkraut." Aus Mehl und Butter eine lichte Einbrenn machen, mit Suppe aufgießen, das Kräutlwerk fein wiegen, in die Suppe geben, kurz aufkochen lassen. Zuletzt ein Ei und gebähte Semmelschnitten in die Suppe geben.
Hebenstreits Kochbuchaufzeichnungen vermerken eine **„Kräutergerstlsuppe"**: „Man treibt ein Stück Butter mit 2 ganzen Eiern und 3 Dottern flaumig ab, reibt eine Semmel darunter und gibt fein gewiegte Kohlrüben, Petersilie und Selleriekraut darunter und gibt es in die siedende Fleischbrühe, sie muß aber schön klar bleiben."

„Kesselreid" bzw. „Hengst" mit Hängekessel, rechts ein dreifüßiger Gerstenhafen aus „Glockenspeise".

„Supp' mit Wiaschtl", Nudelsuppe mit Würstl gab es meist nur im Gasthaus und galt für die Bauern als eine Delikatesse. Man serviert sie in Tirol zu Hochzeiten, zur Kirchweih und anderen Festtagen des Jahres sowie auf Wallfahrten. Eine „Würschtlsupp'n" gab es auch auf dem Bauernhof, wenn beim „Schlachtigen" die Bäuerin „Würschtlan" selber machte: „Da tuat ma Fleisch soidn, a bissel a guites, a handriges (beiniges) Rindfleisch, Faknfleisch, nit hackl", wie man es hat. Dann macht man mit Mehl und einem Ei auf dem Brett „Pfriegelen" an, recht trocken, „daß grad a die Ballelen" („Knöllelen") bleiben, „so trocken den Taag, den tuat ma am nächsten Tag in der Fruah reiben, dann in die Suppe einkochen. Das Fleisch herausnehmen, das sell g'hört fürs Zettelkraut." In die fertige Suppe gibt man die selbstgemachten, gekochten Würste (diese zuvor ein wenig stupfen). „Na' ischt's fertig."
Die Schweinsknochen nagelte man im Winter nach dem Schlachten an den Dachfirst und verwendete sie nach Bedarf (in Brandenberg). Eine Fleischsuppe aus Surfleisch nennen die Villgratener Bergbauern „saure Suppe".

Saure Suppe

„Ein wenig Surfleisch klein schneiden, a bißl herbraten in a Pfandl, a bißl a Soß darauf machen. Dann macht man a Bräuner" (Einbrenn). Sobald das Fleisch weich ist, gießt man mit kaltem Wasser auf und verkocht die „Bräuner". Dann verrührt man es in eine Schüssel. Mit etwas Essig säuern. Dazu stellt man Essig auch auf den Tisch, damit sich die Suppe jeder selber nachsäuern kann, wie er will. Dazu ißt man Roggenbrot.
Im übrigen versteht der Tiroler, besonders der Südtiroler, aber unter einer „sauren Suppe" (kurz die „Saure" genannt) die folgende Kuttelflecksuppe:

Kuttelflecksuppe, „Fleck"

500 g gekochte Kutteln („Wampm", vom Schweins- oder Kalbsmagen), 2 l Wasser, Wurzelwerk, Salz, 40 g Fett, 30 g Mehl, 1 Stück Zucker, Wasser oder Fleischsuppe, 1 Zwiebel, 1 Knoblauchzehe, 1 Lorbeerblatt, Neugewürz, Petersiliengrün, 1/4 Zitrone, Essig oder Rotwein, Pfeffer

Die gereinigten Kutteln 2 bis 3 Stunden mit Wurzelwerk und reichlich Wasser weich kochen. Gehackte Zwiebel, Knoblauch und gehackte Petersilie in heißem Fett rösten, etwas zuckern, mit Mehl stauben, weiterrösten, mit Wasser oder Fleischsuppe aufgießen und ko-

chen lassen. Würzen und pikant säuerlich abschmecken. Man kann gehackte Kapern, Essiggurken, Pfefferoni dazugeben. Die in Streifen geschnittenen, weich gekochten Kutteln dazugeben, noch etwas am Feuer ziehen lassen und abschmecken.
Man aß die Kuttelflecksuppe gern als Morgensuppe nach dem Kirchtag. Bei der Bozener sauren Suppe gibt man extra noch frische, leicht aufgerissene Paradeiser (oder Paradeismark) und Weißwein sowie geriebenen Käse (Parmesan) dazu. Der Bischof Piero Carlo von Umbrien bekam diese „Flecksuppe" um 1485 auf seiner Visitationsreise durch Osttirol u. a. auf der Burg Lengberg vorgesetzt. Eine „saure Suppe" erhielten schon 1431 auch die Bauern, als sie in Burgeis die Fürstenburg belagerten. „Saure eingemachte Kuttelflecke, die beim Bauernvolke in Tirol so sehr beliebten", gab es nach F. Kohl bei einer Bauernhochzeit im Oberinntal noch 1908 als fünften Gang (vorher aß man Speckknödel mit eingemachtem Kalbfleisch, Brautmus mit Butterteigkrapferln, Rindfleisch mit Kraut, Kalbskopf mit Erdäpfelsalat, nach den Kuttelfleck noch gebackenes Kalbfleisch, Kalbsbraten mit Beilagen, und um Mitternacht wurde die Brauttorte aufgetragen, welche die Braut aber nach Hause mitnahm). Im Zillertal aß man bei einem Totenmahl Nudelsuppe mit Würsteln, ein „Voressen aus sauren Kuttelfleck", Knödel, „Rohrleber", Schweinsbraten und Germnudeln.
Nur mehr in alten Schriften und Speiszetteln (so aus dem Kloster Neustift in Südtirol) überliefert ist der (oder das) **„Viztum"**, eine Art dicke Suppe mit eingekochten Erbsen, Fisolen, Bohnen, Gerste und Nudeln oder Grieß und Apfelschnitz, ähnlich einem Eintopf. Das mittellateinische Wort „vitzedoum" (lateinisch vicedomus) bedeutet Stellvertreter oder Amtsmann (des Landesherren); diese ließen ihren Zinsbauern zu bestimmten Zeiten das „Viztum" auftragen. So erhielten die Dienstboten im Kloster Neustift nach der Küchenordnung aus dem Jahre 1747 unterm Jahr mit einigen Ausnahmen täglich Suppe mit Fleisch und Kraut oder Gerste mit Geselchtem, Würste, abends meist Gerste mit Geselchtem, in der Fastenzeit den sonst nur an Freitagen und Samstagen gebräuchlichen „schwarzen Plenten" (als Sterz oder Knödel) viermal in der Woche zu Mittag; dazwischen und abends gab es Erbsen, „Viztum", Milchmus oder „Prei" (offenbar Türken- oder Wassermus) sowie 1 bis 2 Maß Wein täglich. (Diese Speiseordnung entsprach einem sehr begüterten Bauernhof.)

Titelblatt eines handgeschriebenen Tiroler Kochbuchs „Einer Barticulary (selbständigen) Köcherey. Im Jahr 1802".

„Kacksuppe"

Gesottenes Fleisch wiegen oder faschieren, mit Wurzelwerk, Petersilienkräutl und feingeschnittener Zwiebel in Butter rösten, nach Belieben einige versprudelte Eier dazuschlagen und mitrösten. Dann in eine große Suppenschüssel geben und eine kochendheiße Fleischsuppe darübergießen. Dazu als Einlage gebähte Semmelschnitten geben. (Handgeschriebenes Kochbuch für Anna Schweigl, Stams 1916)

Biersuppe

1 EL Butter, 1 EL Mehl, Milch, 1 Gewürznelke, Zimtrinde, Zitronenschale, Zucker, ca. $^1/_4$ l Bier, 1 Ei, Salz

Butter erhitzen, Mehl dazustäuben, hell einbrennen, mit etwas Milch aufgießen, unter Rühren auf kleiner Flamme 10 Minuten kochen lassen. Gewürznelke,

Zimtrinde, Zitronenschale und Zucker beigeben, ebenso das Bier, heiß werden lassen, aber nicht mehr kochen. Durchseihen und mit einem verschlagenen Ei binden. Salzen. (Rosa Kreutner, Kirchberg in Tirol)

Terlaner Weinsuppe

$^1/_4$ l Weißwein, $^1/_4$ l Obers, $^1/_2$ l Fleischbrühe, Salz, Muskatnuß, Zimt, 4 Dotter

Weißwein, Dotter, Fleischsuppe und Obers in einer Kasserolle auf kleinem Feuer aufschlagen, bis die Suppe cremig wird. Mit Salz und Muskatnuß würzen. Dazu in Butter geröstete kleine Weiß- oder Schwarzbrotwürfel, mit Zimt bestreut, geben.

Branntweinsuppe, Schnapssuppe, „Prügelsuppe"

Man kocht guten Branntwein mit Wasser vermengt in einer Pfanne auf und läßt darin ein Stück frische Butter und etwas Zucker zergehen. Diese heiße Suppe gab es besonders zur Winterszeit für die Knechte, wenn sie vom Holzfällen oder Heuziehen halberfroren heimkamen. Das Brot brockte man ein. „Das gibt Kraft und macht warm." Auch zum „Vormeß", zur „Neuner" und zur nachmittäglichen Marende erhielten die Dienstboten und Taglöhner anstelle der Milchkost bei schwerer Arbeit oder besonderer Kälte hin und wieder eine Branntweinsuppe. Diese Suppe ist nicht erst mit der „Branntweinseuche" in Tirol aufgekommen, keine „neue Erfindung, sondern ein altes, besonders im Unterinntal und im Pustertal bekanntes, wenn auch verhältnismäßig selten zur Verwendung kommendes Erwärmungsmittel", wie Ludwig von Hörmann schreibt; sie soll vor dem Ersten Weltkrieg noch als tägliche Morgensuppe stark verbreitet gewesen sein. Heute findet man sie höchst selten, so beim Flachsbrecheln im Brixental. Cäcilie Mayr rezeptiert sie folgendermaßen: „In einer kleinen Eisenpfanne läßt man 60 g Butter heiß werden, bis der ‚Rätsel' (Schaum) braun wird, dann eine halbe Tasse kaltes Wasser dazugeben und einen Eßlöffel Honig. Einmal aufkochen, ein oder zwei Budele Schnaps dazugeben, sofort vom Feuer nehmen und heiß trinken."

Tiroler Erdäpfelsuppe

40 g Butter, 1 Zwiebel, Wurzelwerk, 400 g Erdäpfel, Salz, 1–2 EL Mehl, Kümmel, Lorbeerblatt, Majoran

Gelbe Rüben, Petersilie, Sellerie und Zwiebel aufschneiden, in heißer Butter braun dünsten lassen, die geschälten, zerkleinerten Erdäpfel dazugeben, salzen, mit Kümmel, Lorbeerblatt und Majoran würzen und mit etwas Flüssigkeit ganz weich dünsten. Dann mit Mehl stauben, nochmal eindünsten und mit Wasser (oder Fleischsuppe) aufgießen, Kümmel beigeben. Schließlich die Suppe passieren, aufkochen lassen, nach Notwendigkeit Wasser beigeben und mit gebähten Semmelschnitten servieren.

Eine **Unterländer Erdäpfelsuppe** wird mit dem Stück eines Schweinskopfes (400 g), würfelig geschnittenen Erdäpfeln, Wasser, Salz, Pfefferkörnern und Wurzelwerk gekocht, zuletzt mit einer Einbrenn aus Butter, gehackter Zwiebel und Mehl gebunden.

Wildsuppe

400 g Wildfleisch, Wurzelwerk, 1 Lorbeerblatt, 6 Wacholderbeeren, 8 Pfefferkörner, 40 g Butter, 40 g Mehl, 1 kleine Zwiebel, $^1/_{16}$ l Rotwein, Paprika, Pfeffer, Salz, Zitrone, 2–3 EL Sauerrahm, $1^1/_2$ l Wasser

Wildfleisch (Hirsch, Reh oder Hase) samt Knochen mit Wurzelwerk, Lorbeerblatt, Wacholderbeeren und Pfefferkörnern in reichlich Wasser weich kochen. Eine Einbrenn aus Butter, Zwiebel und Mehl dazurühren, mit Salz, Pfeffer, Rotwein, Paprika, Zitronensaft und Sauerrahm würzen und abschmecken. Dazu als Einlage kleine Semmelknödel oder Semmelschnitten geben.

Ähnlich bereitet man auch die Schöpsenfleischsuppe und die Kalbseinmachsuppe zu. Diese Art Eintopfsuppen wurden oft auch als Hauptgericht gegessen, dann wurden sie etwas dicker eingekocht und mit kleingeschnittenen Fleischstücken angereichert.

„Gerschtsuppe" (Gerstensuppe)

100 g Speck, 60 g Rollgerste (4 EL), 150–200 g gesurtes oder geselchtes Schweinefleisch, $1^1/_2$ l Fleischsuppe, Wasser oder Selchsuppe, 150 g Wurzelwerk, Salz, Pfeffer

Kleinwürfelig geschnittenen Speck langsam zerlaufen lassen, die über Nacht eingeweichte Rollgerste dazugeben, kurz mitrösten, mit Wasser aufgießen. Schweinernes und Wurzelwerk dazugeben. Alles mitsammen langsam etwa 2 Stunden weich kochen. Fleisch herausnehmen, in kleine Stücke schneiden und wieder in die Suppe geben. Abschmecken. Mancherorts kocht man zuletzt auch kleinwürfelig geschnittene Erdäpfel mit.

Die „Gerschtsuppe" war weit verbreitet, weil Gerste bis auf Höhen von über 1500 m gedeiht; vor allem als „Faschtengerschte" (Fastengerstensuppe) war sie in der

40tägigen Fastenzeit sehr beliebt. An den Fasttagen (Freitagen, Quatembertagen, Heiliger Abend) wäre selbst dieses „Noi-Gerschten-Gericht" noch zu üppig gewesen, wenn ein Stück Fleischknochen oder gar Fleisch mitgekocht worden wäre. Bei der **„Faschtengerschte"** blieb das „Baan" (Bein, Knochen) weg, dafür wurde sie geschmälzt, eingebrannt und mit in Butter gerösteten feingeschnittenen Zwiebeln aufgebessert. Wer „reicher" war, kochte statt der Gerste in der Fastenzeit eine Erbsensuppe.

Gerstenmehl hat man noch um 1900 (wie Bohnenmehl) zum Brotteig genommen. Das Gerstenkorn wurde dazu nur „g'noit", d. h. in einer Gerstenstampfe in der Mühle enthülst. Diese „Rollgerste" oder „Noi-Geascht" kochte man zu einem dicken Brei in den Osttiroler Bergbauernhöfen jahraus, jahrein. „Gerschte zusetz'n ischt jeden Tag aufs Abend zu tan bei uns", und wenn im Hochsommer die Gerste zu Ende gegangen war, wartete man sehnsüchtig auf die neue Ernte. Meist ließ man zwei, drei „Galfern" (eine Galfer = ca. 12 Liter) Gerste „noien", dann in einem großen Sack austrocknen, im Sommer an der Sonne, im Winter auf dem Stubenofen, auf der „Ofenbrucken", einer Bretterlage oberhalb des gemauerten Stubenofens, die auf einem Holzgestänge auflag. „A weng wölgn tuit man den Sack", damit die Gerste leichter trocknen konnte.

Solange an den Fleischknochen noch etwas Fleisch daran war, kochte man sie mit der Gerste mit und schnitt das weichgekochte Fleisch hinein. In vielen Töpfen war aber auch am „Gerstenbein" keine Faser Fleisch mehr dran, mitgekocht wurde der Knochen immer noch. In manchen Häusern schenkte man selbst einen schon mehrmals ausgekochten Knochen noch Ärmeren, wobei er in deren Suppentopf noch einmal als „Gerschtenbein" dienen mußte.

Auf 3 Liter Wasser gab man 1 Kaffeeschale Gerste in einen dreifüssigen Gerstenhafen (aus „Glockenspeise") und dazu „a Baan" (einen Knochen) vom Hausfleisch. Am Abend schon setzte man den Häfen auf den Ofen, („beim Zschnachtskochen siedet man sie leicht mit"). In der Früh ließ man sie beim Suppenkochen wieder leise mitkochen. Zu Mittag wurde sie nochmals gekocht bzw. „eingekocht": „A bissele Milch mit 2 Löffel waza Mehl aubissn" (mit dem Kochbesen verrühren), dann in die Gerste einrühren, da wird „die Gerschte erst recht muisat" (musartig, dicklich wie ein Mus). „Heut hascht sie net ing'kocht, die Gerschte, heut' ischt sie net muiesat", tadelte der Bauer seine Bäuerin, wenn die Gerstensuppe einmal zu dünn und wässerig auf den Tisch gekommen war (nach Maria Lang-Reitstätter). Wurde die Gerstensuppe mit Rübenkraut oder mit Sauerkraut vermischt, erhielt man die **„Rübengeascht"** bzw. die **„Krautgeascht".** Sie wurde einst im Brandenberger Gebiet vor jeder Mahlzeit als „Vorricht" gegessen.

„Kienzl" (Fisolen-Apfel-Suppe)

100 g Fisolen, Salz, 750 g Äpfel oder 400 g „Figgen" (getrocknete Apfelschnitzel), 100 g Zucker, Zimtrinde, Zitronenschale, Nelke, Wasser, 40 g Butter, Zimt

Fisolen in leicht gesalzenem Wasser weich kochen. Die geschälten, entkernten, in Stücke geschnittenen Äpfel mit wenig Wasser, etwas Zucker und den Gewürzen kernigweich dünsten. Die Fisolen mit dem fertigen Kompott mischen, mit brauner Butter abschmalzen und mit etwas Zimt bestreut anrichten. Wenn man „Figgen" dazu nimmt, nehme man weniger Zucker. Man muß den „Kienzl" (vielleich zu Kuonz, Kunz, Hainze = Hans?) eher dicklich einkochen (Stubai, Mittelinntal). Er wird als süße Suppe, aber auch zu Schmalzgebackenem angerichtet.

„Oasuppe" (Eiersuppe)

Pro Person $^1/_2$ l Milch, 1 Ei, 80 g Butter, 4–5 EL Mehl

Die Eier mit dem Rührbesen, einer ca. 40 cm langen Rute aus starken geschälten Birkenzweigen, in der Milch versprudeln, dabei aufkochen lassen, kurz verkochen. Butter in einer Pfanne erhitzen, das Mehl dazustreuen, rösten, mit dem Muaser verrühren, bis es gleichmäßig hell- bis mittelbraun wird, dann mit etwas Milch verrühren und die restliche Milch dazugießen. In eine steinerne oder irdene Schüssel gießen, mit heißer Butter auf der dicken Suppe servieren.

Aus einem handgeschriebenen Tiroler Kochbuch, um 1820.

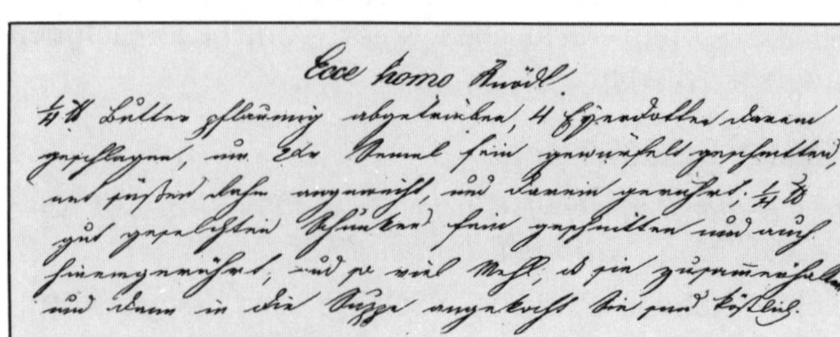

Milch-Dotter-Suppe

40 g Butter, 4 EL Mehl, 1 l Milch, Zucker, Zimt, 2–3 Dotter

In einer Pfanne etwas Butter erhitzen, einige Eßlöffel Mehl darin weißlich rösten, Milch angießen, verrühren, leicht salzen, Zucker und Zimt beigeben, daß es eine schöne Farbe bekommt. Dann 2 oder 3 Dotter mit wenig Milch „zerbesen", in die Suppe eingießen, die dann nicht mehr sieden darf. Auf gebähten Weißbrotschnitten anrichten. In einem handgeschriebenen Tiroler Kochbuch heißt diese Suppe „falsche Schokolade".

Reichhaltig war und ist die Palette der Suppeneinlagen in der Tiroler Küche; es haben nicht umsonst die „Tirolerknödel" als klassische Suppeneinlage in die bürgerlichen Kochbücher und in die internationale Gastronomie Eingang gefunden. Alle diese „Tirolerknödel", Speckknödel, Schwarzplentenknödel, Zillertaler Fleischknödel, Schottknödel u. a. m., werden als Suppeneinlage in kleinerer Form ausgeführt, sonst gleichen sie in Zutaten und Bereitung den großen Knödeln gleichen Namens.

„Krapflsuppe"

Man mache einen Teig an mit Butter, lauwarmer Milch und Mehl. Salzen und fest abwalgen. Wie zu Blattlan austreiben und kleine, viereckige Blattlan ausradeln, diese in heißem Schmalz schwimmend herausbacken und in der Fleischsuppe servieren. (Handgeschriebenes Kochbuch für Anna Schweigl, Stams 1916)

Specknockerln

Fleischsuppe, 60 g Speck, 120 g Mehl, Salz, $^1/_8$ l Wasser, 1 Ei

Schinken- oder Bauchspeck kleinwürfelig schneiden, mit dem Mehl gut vermischen, salzen, mit Wasser und Ei zu einem Nockerl- bzw. Spatzenteig verrühren. Mit einem kleinen Löffel kleine Nockerln ausstechen und in das kochende Salzwasser einlegen. Etwa 5 Minuten leicht kochen lassen. Abgießen und in die heiße Fleischsuppe geben.

Neben Leberknödeln, Reisknödeln, Beinmarkknödeln, Herzknöderln, Grießknöderln und Speckgrießknödeln und -nockerln als Einlage gibt es auch Backerbsensuppe, Frittatensuppe („Pflanzelsuppe"), Milzschnitten u. a. m., was auch in den bürgerlichen Kochbüchern und in den anderen Landesküchen Österreichs anzutreffen war bzw. ist.

Leberknödel

„Recht viel Leber aufwiagn, a bißl Knofla, a bißl Pfeffer, a bißl Salz. (Bal man noch a Salz über hat vom Suren, das nimmt man, da ischt schon Knofla, Neugewürz und Pfeffer drein.) A bißl Brot, wazanas, a Gakkele (Ei), a bissel Milch a'zumachn. Am beschtn ischt Schlakamilch (Rührmilch). Inkochn ins soidendige Wasser wie die Knödel mit zwa Kellelen, a klaners und a größers." (Nach Maria Lang-Reitstätter, „Villgrater Bergbauernkost")

Lebersuppe mit Schöberlen

„Lege in eine Rein etliche Speckplatteln nebst ein wenig Fett, darauf die geschnittene Leber, Petersilienwurzel, Zwiebel, Salz, eine Handvoll Mehl und etwas Gewürz. Dieses alles bräunlich dünsten lassen, dann fein stoßen. Fleischsuppe darangießen und sieden lassen. Die Fette herunterlassen, zu den Schöberln kommt noch Kräutl, Fett oder Mark, in Milch eingeweichte, gut ausgedrückte passierte Semmeln, mit 2 Eiern angemacht. Dann gibt man die Masse in ein kälbernes oder schweinernes Netz, backt es in einer Pfanne mit Glut, legt es in die Schüssel und richte die Suppe drauf an." (Handgeschriebenes Kochbuch für Anna Schweigl, Stams 1916)

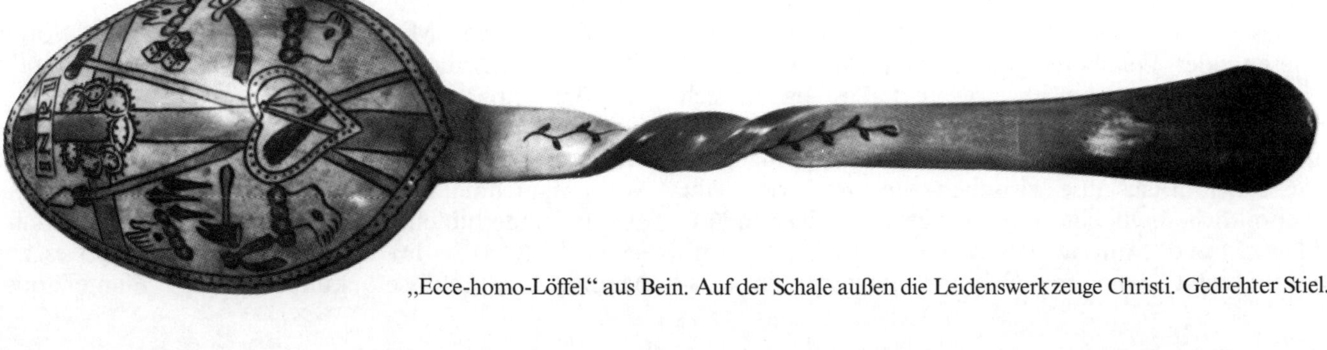

„Ecce-homo-Löffel" aus Bein. Auf der Schale außen die Leidenswerkzeuge Christi. Gedrehter Stiel.

Jause

Wie für das „Moargatössa“ (Frühstück), so gab es in Tirol auch für die Zwischenmahlzeiten verschiedene Bezeichnungen. Zur nicht überall üblichen Vormittagsjause um ca. neun Uhr („Neuner“) sagt man „Neunern“, „z'Neiniössa“, „Neunerstückl“ oder „Stückl halten“ (Villanders, Brixental, Tux, Sexten), „Neunerlen“ (Ötz-, Pitztal) oder „Vorjause“ (Defereggen); stand man wie zur Weihnachtswerkwoche schon um 4 Uhr früh zum Drischeldreschen auf, gab's auch schon einmal eine „Achter“-Mahlzeit (um 8 Uhr früh). Im Stubaital heißt die Vormittagsjause „Untermahl“ (-zeit). In Südtiroler Gegenden sagt man dazu auch „Halbmittag machen“ („halten“). Der Ladiner sagt „danmisdè“ (= vor dem Mittag), der Grödner „Pan dla núef“ (Neunuhr-Brotzeit).

Im Pitz-, Ötz- und Stubaital war die vormittägliche Jause meist nur zur schweren Heu- und Getreideerntezeit gebräuchlich, bis 1850 kannte man sie im Ötztal und in Enneberg überhaupt nicht. Nach Aufzeichnungen des Südtiroler Klosters Sonnenburg scheint auch dort keine vormittägliche Vesper üblich gewesen zu sein, in Tux wieder war sie nur auf großen Bauernhöfen der Brauch, und im Innsbrucker Mittelgebirge gab es um 1710 nur „ein Brot“ am Tag. Auch das Sarntal und das Mittelgebirge von Terenten kannten derlei Zwischenmahlzeiten nicht. Die Jause sah überdies meist sehr kärglich aus, bestand aus gesottenen Erdäpfeln samt Schale („Schelfnerdäpfl“), Milch, einigen vom Vorabend übriggebliebenen Krapfen oder gar einmal aus einer Brennsuppe. Gab's schwerere Arbeit, gab es mehr und Besseres, besonders in Weinbaugegenden, wo es auch Butter, Käse, Wurst, Speck, Nüsse, Brot und „Druckwein“ gab, oder den alkoholarmen „Leps“, eine Art Wasser- oder Tresterwein. In Sexten aß man eine „Breinasuppn“, Milch und „Bricka“ oder eine „Schnallsuppn“. Waren Felder, Wiesen oder Weinberge weitab vom Hof, wurde das „Halbmittag“ meist nachgetragen. Längst haben sich heute auch die Zwischenmahlzeiten geändert und Erdäpfel, Milch und Suppe dürften kaum noch genügen.

Die Nachmittagsjause zwischen drei und vier Uhr nachmittags heißt in Tirol durchwegs „Marend(e)“ oder „Mrend“, nur in Tux sagt man auch „Untarn“ oder „Untal“ (wie im Salzburger Pinzgau), in Gossensaß „Rändel“; gelegentlich sagt man „Dreier“, dem – nur bei harter Weinberg- oder Heuernte – um dreizehn Uhr der „Oanser“ vorausgeht und „z'Viari-Nöma“ bzw. der „Fünfer“ um sechzehn bzw. siebzehn Uhr folgen; „Oanser“ und „Fünfer“ bestehen nur aus einem leichten Trunk. Aufgetragen wurden zur Marend je nach Jahreszeit und Freigiebigkeit der Hausmutter Milch, gesottene Erdäpfel, Brennsuppe, Milchkaffee, Brot, Butter, Speck und Wurst, Käse, auch gebratene oder gesottene „Kösten“ (Kastanien), Nüsse, auch Wein oder Leps. Früher aß man in manchen Tälern während der schweren Erntezeit eine „gekochte Marend“, meist Schmalzgebackenes. Im Innsbrucker Mittelgebirge gab es noch um 1710 gewöhnlich nur Milch und Brot, vom St. Veitstag (15. Juni) an bis über die Dreschzeit hinaus aber eine „gekochte Marend“: „Salath allezeit, dazu am Montag Tempfnudl, am Erchtag Milchnocken oder Nudl, am Mittwoch Tempfnudl, am Pfingstag ein Mueß, am Freitag Tempfnudl, am Samstag haben sie die Nudl auf die Nacht“ (Schuler). Auch im Brixental gab es bis zum Ersten Weltkrieg zur Erntezeit zum „Untern“ Schmarren oder Knödel, „gschnachts“ (abends) aber nur Brot und Kaffee. Im Ahrntal war noch nach 1945 das ganze Jahr durch eine gekochte Marend üblich, im Winter Suppe, Milch, Brot, sonst Erdäpfelnocken, in der „strengen“ Zeit der Mahd und Ernte „voraus a Friglsuppe“, „nar a Gebachnes“, auch „Bachmuis“ oder „Milchmus“ genannt (wurde immer im Haus eingenommen).

Im Schnalstal gab's zur Erntezeit „Schnalser Nudl“, oft mit Fleischsuppe oder mit Milch als Marend auf dem Feld, auf der Südtiroler Seiseralm bei größeren Bauern ein „Gröschtl“, bei Heuarbeit Schmarren oder „plentenen Ribl“, Kaffee, Milch, bei Regenwetter „woazene oder plentene Frigl in Milch“.

Für die Zeit von Michaeli (29. September) bis „Jörgi“ (23. April) fiel die Marend aus: „Der Michl nimmt's, der Jörgl bringt's.“

Getrunken wurde zu den Zwischenmahlzeiten, wie schon erwähnt, Milch, Wasser („Kuehschnaps“), auch Wein, manchmal auch ein „Hoiapunsch“ (ein Getränk aus Holunderblüten) oder gar ein „Krammat-Trunk“ (siehe Seite 515). Im Osttiroler Villgraten gab es zur Marend eine Schüssel „kuihla Milch“, Plenten oder

Brot, in Innervillgraten aß man „g'stockte" (geronnene) Milch – „bald man sie im Langes milcht, kriegt man sie im Herbescht z'ess'n", sagte spöttisch der Maxnbauer, der lieber „guita Milch" (frische Vollmilch) haben wollte. Die „Stear-Geher" bekamen als Morgenimbiß eine Brennsuppe, dann ein schmalziges Türkenmus, um 9 Uhr Käse, Brot, frischgeschlagene Butter mit Honig oder gar ein Glas Kirschbranntwein. Mittags gab es geröstete Erdäpfel, Milch, schmalzige Nudeln, zur Marend Milch, Brot, Käse, abends (um 19 Uhr) gedämpfte Erdäpfel, Milch, eine schmalzige Mehlspeis oder ein Türkenmus (so lautete die Speisenordnung im Oberinntal, wo das „In-die-Stear-Gehn" von Handwerkern lange im Schwange war).

„'s Nachtössa", das Abendessen, „Zschnachtmoahl", fand zwischen 19 und 20.30 Uhr statt, es gab mit Ausnahme der Samstage und des Vorabends eines größeren Feiertags sehr einfache Kost, und es war im Unterinntal reichhaltiger als im Oberland. Im Spertental gab es Fleisch- bzw. Fasten-Knödel (manchmal waren es nur „Zweifelknödel", wenn so wenig Fleisch drin war, daß man „zweifeln" mußte, ob es Fleisch- oder Fastenknödel waren), im Winter war Suppe, hernach „Gerscht" und Salat oder ein Erdäpfelgollasch üblich. In Tux wechselten Kasnocken, Milch- und Wassergrießkoch (dieses mit Zi[e]ger oder Käse überstreut), mit Schlichternudeln oder Semmlmandl. In Schmirn war die „Wirlsuppe" als Voressen üblich, dann folgten Mus, Milchnocken, seltener Polenta. In Neustift aß man abends meist „Gerschtsuppn und a Kloanigkeit G'selchts drein, nar g'stopfte oder g'röaschte Erdäpfl odr an Erdäpfelgulasch". Im Pitztal gab es häufig „Schelfn-Erdäpfel" (in der Schale) mit Milch, dann eine Riebelesuppe oder Nudelsuppe, im Passeiertal eine Brennsuppe und Mus oder eingebrannte Erdäpfel mit Salat oder Brennsuppe mit „walschen Plenten" (Maisplenten). Samstag abends aß man im Pitztal Milchnudeln (selbstgemachte Suppennudeln, in Milch gekocht und gut abgeschmalzt). Im Gebiet von Kitzbühel, im „Kuhhimmel Tirols", wo es viel Schmalzgebackenes gab und das für die Oberländer wie ein Schlaraffenland war, gab es am Samstag Abend „Rohrnudel" mit Kraut, „Salsn" (Marmelade) oder „a'g'sottne Biir" (Beerenkompott) oder einen „Ofenstoß" (Gugelhupf), in Tux „gor ollm" (gar immer) Krapfen, in Schmirn „eppas von Schmalz", wie Nudln oder Küechl.

Franz von Defregger, „Rosenkranzbeten". 1893.

Fischgerichte

Wie die Jagd war auch die Fischerei dem Landesherrn vorbehalten. Auch die Klöster haben im Laufe des Mittelalters Fischereirechte erhalten, um für die rund 200 Fasttage im Jahre genügend Fische in der Küche zu haben. Für den Eigenbedarf zu fischen war in Tirol nur den ansässigen Untertanen und den in den Bergwerken Tätigen ortsweise erlaubt. Auf dem Achensee durften schwangere Frauen mit einer Bettdecke frei fischen, „wenn sie nach Fischen gelüstet". 1526 beschwerte sich der fischereiberechtigte Abt vom Stift Georgenberg, daß oft zehn bis zwanzig Bauernweiber zugleich kämen, vier bis fünf Strohsäcke und Bettziehen aneinanderknüpften und selbst Brutfische fingen.
Kaiser Maximilian I. fand nicht nur an der Jagd „groß Lust und Vergnügen", sondern auch an der Fischerei. Wie über die Jagd ließ er auch über seine Fischgewässer alles Wissenswerte aufzeichnen („Fischereibuch von Tirol und Görz", 1504). Selbst fischte er „zu Notdurft seiner Kuchel" vor allem im Achensee, im Plansee und im Heiterwanger See, und im „Weißkunig" rühmt er sich, für den Transport lebender Fische einen „Behalter" erdacht zu haben. Im „Fischereibuch" sind folgende Fischarten erwähnt: Aland (Nerfling), Aitel, Äsche, Seesaibling, See- und Bachforelle, Grundel, Hasel, Hecht, Karpfen, Bachneunauge, Nase, Barbe, Barsch, Pfrille, Brachsen, Blei, Felchen, Renken, Huchen, Rutte, Schleie, Koppe.
„Na, Fisch deriß i net", überliefert Maria Lang-Reitstätter in „Villgrater Bergbauernkost", 1933, den Ausspruch eines Bergbauern, und sie bemerkt, daß in Sillian beispielsweise nur ein reicher Holzhändler und der Wirt das Fischrecht im Villgrater Bach und im Winkeltalerbach besaßen. Noch um die Jahrhundertwende fand am Karfreitag, dem Schmerzensfreitag, in Hall eine nachmittägliche Wallfahrt statt; der Heimweg führte die Leute vielfach über Mils, wo im rühmlich bekannten Gasthaus „Zum Tiefenthaler" eine Schüssel gehäuft voll mit schmalzgebackenen Dolmen und ein erster „Nißlsalat" auf die hungrigen Pilger wartete. Heute ist „Dolm" meist nur mehr ein Schimpfwort für einen ungeschickten, narrhaften Menschen. Den in den Ritzen des Flußbettes versteckten, dickkopfigen, etwa 10 cm langen Fisch kennt man kaum mehr. Einst aber konnte man an Frühlingstagen längs des Inns zum Löwenhaus stets Buben und ältere Männer sehen, die mit einer zweizinkigen scharfen Gabel mit „Dolmstechen" beschäftigt waren. Haben sie etwas gefangen, dürfte es ihnen nicht so ergangen sein wie dem Ander, einem Sagschneider, der an einem Samstag einen Fisch aus seinem Bach herausgefangen und diesen beim Gasslgehen seinem Thresele gebracht hatte, die Dirn zu Michla in Unterwalden war. Er wollte ihr eine Freude damit bereiten. Aber die Thresele war „a bissiges Luada"; empört schrie sie ihn an: „Du Lottermandl, du ghörschte mit dem Fisch abgehauen und dann noch ingestößt, bische geahscht (bis du gehst!)"
In der bürgerlichen Küche waren Fische seit eh und je als Fastenspeise beliebt. So war der Fischverbrauch im 16. Jahrhundert in Tirol so groß, daß der Haller Arzt Guarinoni den Rat gab, nur mehr an Fasttagen (Freitag und Samstag) Fische aufzutragen; Sämling und Förchen (Forellen) seien überhaupt so zarte Fische, daß sie nur auf die Tafeln von Fürsten gehörten. An heimischen Fischen zählte er die Förchen, Äschen, „Selbling" (auch im Wattental vorkommend), „Grundeln" und Ränken auf. In der Etsch gab es Schleien oder Scholen, „Aeln" (Aale), Rutten, Tolmen und Karpfen. Sogar „venedische" Austern wurden in Hall gegessen, auch Stockfische und „Blatteiß". „Grundlen" wurden

Krebshafen aus Ton, mit unglasierter Wandung, durchlocht.

in frischer Butter und einem „Essigsüpplein“ gekocht und dann mit Zimt überstreut, Karpfen, Forellen und Äschen wurden heiß gesotten gegessen, wie Guarinoni im Speiseplan seiner „Morgensuppen oder Mahl“ schreibt. Und schon in Philippine Welsers Rezeptesammlung steht u. a. folgendes Rezept:

„Salm mit wirtskreyter salse“ (Salm in Kräutersoße)

1000 g Salm (oder Huchen), 1 l herber Weißwein, 4 Zwiebeln, 2 Möhren, Thymian, Petersilie, Dille, Kerbel, Pfefferkörner, Salz, Zitrone, 2 Dotter

Einen Fischsud aus Wein, kleingehackten Kräutern, den in Ringe geschnittenen Zwiebeln, Salz und Pfefferkörnern bereiten. Kurz aufkochen lassen, den ausgenommenen, gesäuberten Salm mit Zitronenscheiben abreiben und im Sud 5 bis 8 Minuten brodelnd kochen lassen. Dann den Fisch herausnehmen. Den Sud mit 2 Dottern binden und über den Fisch gießen.

Anna Dorn, eine Wiener Köchin und Kochbuchautorin aus dem 19. Jahrhundert, empfiehlt in ihrem biedermeierlichen „Großen National- oder Österreichischen Kochbuch“ das folgende Rezept:

„Karpfen auf tyroler Art“

„Karpfen entschuppen, in Stücke schneiden, salzen, in wenig Rindschmalz backen, ingleichen Krebsschweife und geputzte Schnecken, die man zuvor in Mehl umgekehrt hat. Sodann überbrenne man Kohlbrockerln, nur nicht zu weich, dämpfe die Karpfenstücke in Butter, lege die gebackenen Schnecken und Krebsschweife dazu, würze es, und lasse es mit einer Einbrenn auf der Gluth sieden. Statt Kohlbrockerln kann man auch schönen Kohl in vier Theile schneiden und überbrennen. Beim Anrichten gibt man zwischen den Kohl die Stücke Fisch und auf die Schnecken die gebratenen Krebsschweife auf die Schüssel.“

Tiroler Stockfischgröstl

1000 g Stockfisch, Salz, Wasser, 500 g Erdäpfel, 4 EL Öl oder 80 g Butter, 1 Zwiebel, Salz, Pfeffer, Petersilie, $^1/_8$ l saurer Rahm

Stockfisch zwei Stunden in Wasser legen. Gekochte Erdäpfel schälen, blättrig schneiden. Den Stockfisch herausnehmen, abtropfen lassen, 10 Minuten in kochendes, leicht gesalzenes Wasser legen, dann abseihen, entgräten. Fein geschnittene Zwiebel in heißem Fett rösten, Erdäpfel dazugeben und mitrösten, salzen. Die Fischstücke ebenso beigeben und mitrösten, würzen und vorsichtig vermengen. Nach Wunsch mit etwas Sauerrahm verbessern. Dazu serviert man Sauerkraut.

„Die schicklihait und pesserung aller furstlichen lust und nutz der vischerey.“ Tioler Fischerbuch. Im Auftrag Kaiser Maximilians I. 1504 geschrieben.

Der Fisch war auch in der bäuerlichen Fastenküche unbekannt. Noch 1835 berichtet P. Tschurtschenthaler aus dem Pustertal: „Die Fasttage werden am Lande streng gehalten; an manchen Orten enthält man sich sogar des Schmalzes, und zu den beliebten Knödeln wird nur Mehl und Brot genommen.“ Am Karfreitag aß man am Bauernhof meist nur eine Brennsuppe, bevor man in die Fastenpredigt ging. Der Bischof von Brixen, Kardinal Nikolaus von Cues (1401–1464), hatte besonders harte Fastengebote eingeführt: in der Fastenzeit war es an jedem Montag, Mittwoch und Freitag und in der ganzen Karwoche verboten, weder Milch, Butter noch Eier zu essen; gekocht durfte nur mit Öl, nicht mit tierischem Fett werden. Übrigens hatte sich das Südtiroler Nonnenkloster Sonnenburg diesen „Reformbestrebungen“ widersetzt.

Fleischgerichte

Fleisch spielte in der Tiroler Bauernkuchl der Vergangenheit – im Vergleich zu den Getreide- und Milchprodukten – keine große Rolle. „Plente und Knödel, Knödel und Plente“ war in Villgraten die gewöhnliche Speisenfolge, dazwischen „Pfriegelen“ oder „Schlipfkrapfen“, „Zettelnudeln“ oder „Schnitznudel“, gesottene Erdäpfel und Milch. Die einzige Verbesserung dieser Gerichte erfolgte durch das „Schmälzen“, das Übergießen mit zerlassener Butter. Ein Tiroler Bauer schlachtete im Jahr gewöhnlich ein Schwein und ein, zwei Schafe (meist eine alte „Eb“, ein weibliches Schaf) und ein „Fackele“ oder „a Fakn“ zur Weihnachtszeit oder auf Lichtmeß zu, Schafe oder „Gaßvieh“ (Zicklein) um Allerheiligen, zur Kirchweih im Oktober („Kiaschtasunnta), denn zu den heiligen Zeiten wollte doch jeder gern auch einmal „grians Fleisch und grianen Speck“; das restliche Schweinefleisch vom Schlachtfest zwischen „Kathreini-Sunnta“ und Weihnachten wurde meist fast zur Gänze geselcht („Jahrfleisch“, „Hausfleisch“). Um Ostern „schlachtigten“ nur die Reichen, und nur der Herr Pfarrer konnte auch mitten im Sommer ein Schwein schlachten. Kälber und Kühe haben nur bei Notschlachtungen das „Jahrfleisch“ aufgebessert. Auf Südtiroler Höfen mit vielen Dienstboten wurde einst im Winter öfters auch ein ganzes Rind gepökelt und geselcht, alles Fleisch samt dem Fett, meist auch noch die kahlgeschabten Knochen. Dieses Fleisch wurde mit Vorliebe in der Gerstensuppe gekocht. Sollte man einer Aufzeichnung aus dem Jahre 1600 Glauben schenken, hatte damals selbst ein Häusler und Handwerker einen ganzen Ochsen und ein paar Schweine fürs ganze Jahr geselcht, näher der Wirklichkeit kam wohl eine Mitteilung um 1650, nach der man auf einem Durchschnittshof nur 25 kg geselchtes Rindfleisch und 28 kg Speck in der Räucherkammer vorfand. Um 1806 rechnete man nach einem Bericht aus der Herrschaft Lengberg in Osttirol pro Kopf 18 kg Selchfleisch im Jahr; gegessen wurde es mit Gerste, Kraut und Knödeln.

Ein Brandenberger Bauernhof dagegen hatte 1738 an „Essendtte Speisen“ Vorräte von 34 Star (à 30,6 l) Roggen, 32 Star Weizen, 14,5 Star Gerste, 37 Star Hafer, 1 Star Erbsen, 11 Star Bohnen, 24 Tösen (Holzschaff mit Deckel, etwa 30–40 Liter fassend) gehacktes Rübenkraut, 18 Tösen „Zödlkraut“, 1 Star „Darrtuschen“ (gedörrte Rüben), 13 Pfund Butter, 6 Pfund Winterkäse, 12 Pfund Speck und 20 Pfund Selchfleisch.

Zum „Schlachtigen“ kommt meistens der Metzger – oft auch zwei – vom Dorf auf den Bauernhof. Nach ein, zwei Tagen erscheint er wieder zum Aushacken der Schweinehälften („Seiten“, „Bacheter“, „Hammen“ „Mezater“), dabei werden die „Henkilan“ und „Speckseiten“ von der „Grippen“ (Körper) in handliche, ca. 1 bis 1,5 kg schwere „Zentalen“ gehackt. Dann wird das Fleisch „eipoaßt“, eingesalzen. Dazu bereitet man eine Mischung aus Salz (3 kg Salz für ca. 60 kg Fleisch), Pfeffer, Neugewürz, (Majoran), Wacholderbeeren, einigen Knoblauchzehen und einer kleineren Zwiebel. Dann streut man den Fleischkübel („Fleischpanzn“) mit dieser Salzmischung aus, reibt die einzelnen „Zentalen“ ebenfalls mit der Salzmischung ein und schlichtet sie eng in den Fleischkübel, wo jede Lage extra mit der Salzmischung bestreut wird. Obenauf werden die für den Weihnachtsbraten bestimmten Stücke sowie Rippenstücke und Knochen gelegt, ebenso eine Handvoll Wacholderzweige (im Sommer Brennesseln). Man beschwert das Ganze mit einem Holzdeckel und mit Steinen und läßt das Salz in die Fleisch- und Speckstücke einziehen. Nach acht Tagen gibt man die „Sure“ über das Fleisch, in der dritten Woche gibt man die unteren Speckseiten nach oben, die oberen nach unten. Die Rippenstücke und Knochen werden bereits nach drei, vier Tagen aus dieser „Poaß“ (Beize) genommen und drei, vier Tage zum Selchen aufgehängt. Nach vier bis fünf Wochen kommt das Fleisch aus der Beize und wird in der Selchkammer („Ase“) geselcht, wo es ca. vier Wochen im „kalten“ Rauch (unter 20 Grad) hängen bleibt. Während des Selchens heizt man mit Sägespänen und vielen Wacholderzweigen. Danach werden die Stücke im kühlen, luftigen Raum aufbewahrt.

So lange das Fleisch in der „Poaß“ liegt, gibt es „Geköche“ von „grünem“ Frischfleisch. Den „grianen“ Speck schneidet man in Osttirol in handgroße Stücke, siedet ihn in Salzwasser wie Suppenfleisch, dann wird er in einer Schüssel mit Kraut aufgetragen – „er ischt aber recht a wiaches (fettes) Essen. Man derpackt ihn nit so guat, zelm ischt man gleich volla (satt)“, meinen die Osttiroler Bauern. Das grüne Fleisch gibt auch ein feines „Bratl" mit recht viel „Briah" (Saft), dazu ißt man Brot.

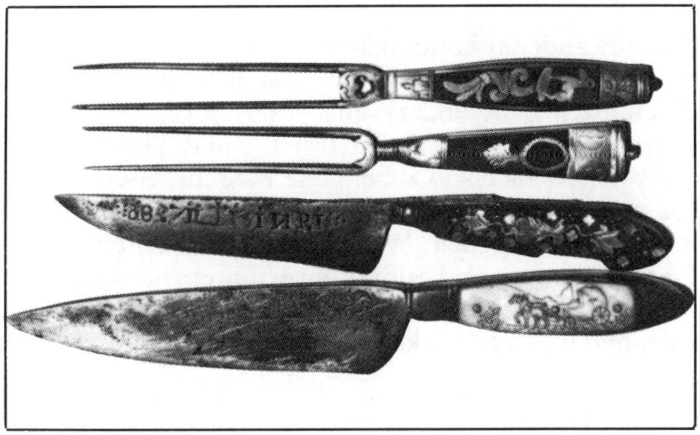

Bratspieße und Messer aus Südtirol.

Schweinsbraten

800 g Pökelfleisch, 1–2 EL Schweinefett, 1 Zwiebel, 1–2 EL Mehl, Wasser, 2–3 Erdäpfel

Dazu nimmt die Bäuerin aus dem „Fleisch-Panzn" die für den Braten bestimmten Fleischstücke, die schwächer gesalzen sind. In einer weiten Eisenpfanne läßt sie ein Stück Schweinefett zergehen und brät das Fleisch mit geschnittenen Zwiebeln rundum an, streut dann 1 bis 2 Eßlöffel Mehl darauf, röstet alles zusammen etwas weiter, gießt mit kaltem Wasser auf, etwa 2 bis 3 cm hoch, und läßt es aufkochen. Das Wasser ergibt mit dem Bratfett und den Zwiebeln einen guten Saft („Briah"). Auch eine Handvoll rohe, in Scheiben geschnittene Erdäpfel werden mitgeschmort. Zuletzt wird eventuell noch mit etwas Paprika gewürzt (so im Brandenberger Tal). In der Pfanne servieren.

Diesen Schweinsbraten gab es zu Mittag am Weihnachts- und am Heiligedreikönigstag. Sonst bekamen nur noch die Senner (Melcher) beim Almabtrieb zu Michaeli von ihren Bauern beim Dorfwirt einen Schweinsbraten spendiert. Im Brandenberger Tal aß man am Neujahrstag und auch am Sonntag nach Weihnacht „G'hengknödel" (siehe Seite 485), Gulasch gab es am Stephanitag.

Darüber hinaus gab es kein „grünes" Fleisch. Noch im Notjahr 1816 sättigte man sich eher mit Brennesseln und Klee, ehe man ein Schaf, ein Kitz oder eine Henne schlachtete. Fleisch war eben nur für die „Herren" da, selber aß man Frischfleisch nur zu Weihnachten, Neujahr, Dreikönig, am Fasnachtssonntag und -dienstag, zu Ostern, am Kirchtag und zu besonderen Festtagen wie Hochzeit, Taufen, Jubiläum, Primiz und eventuell bei einigen „strengen" Wallfahrten; beim Totenmahl aß man im Wirtshaus gekochtes Rindfleisch, in die Suppe geschnitten, ebenso bei bestimmten Bittgängen; am Ritten heißt es nicht „Totenmahl", sondern „Toatfall", und man aß Suppe, Rindfleisch, Brot, Wein, früher auch Fastenknödel und Eingemachtes.

Am Schlachttag legt die Bäuerin Stücke vom rohen Schweinefett dicht übereinander zu einem Klumpen, umwickelt ihn mit dem Schweinsnetz und hängt das Ganze in die Selchkammer. Diesen „Schmer" verwendet sie als Heilmittel beim Vieh. Unterm Jahr hängt er im „Firststadl" oder in der Kornkammer (und heimlich fressen die Mäuse dran). Aufgeblasene Därme legt man zum Wurstmachen beiseite – besonders aus Fleisch vom notgeschlachteten Vieh. Aus der „Faknblater" (Saublase) machen die „Gitschen" (Mädchen) einen „Tiwaksack", innen mit hochrotem Futter ausgenäht, den Rand mit einem hellgrünen Band besetzt – wenn die Saublase nicht der Metzger für sich beansprucht hat. Das Schweinsschwanzl bekommt die „Kuchelin", die große Dirn.

Den schönsten Speck soll nach Meinung Südtiroler Bauern ein Schwein bekommen, wenn es knapp gefüttert wird, etwa nur mit Gras, Brennesseln, Schwarzplenten; Bäcker-, Müller- und Gasthausfacken hatten immer mehr weißen (fetten) als roten (mageren) Speck; die Qualität und Güte eines Bauernspecks hängt auch von der Rasse, der Mästung, dem Gewicht, dem „Ausbraten", Pökeln, Räuchern, Lagern, ja sogar vom Aufschneiden ab. Der „Rack" (Schimmelbelag des fertigen Specks) wird gern mit Kranewittholz gemacht. Mit der Errichtung von Sparherden sind die Selchkammern auf dem Bauernhof selten geworden. (Im Paznaunertal kamen die ersten Sparherde im Jahr 1860 auf, die meisten aber erst in der Zwischenkriegszeit. Der erste Elektroherd wurde 1943 aufgestellt.)

Ein Schlachttag war auch sonst fast „festtäglich" auf dem Bauernhof, denn zum frischen Fleisch und den Innereien gab es festliche Mehlspeisen, bei denen die Bäuerin ihre ganze Kochkunst zeigen konnte. Dazu gehörten u. a. der Blattlstock, Strauben und Krapfen. Die „Greipen" (Osttirol) oder „Groiggen" (Zillertal), also die Grammeln, gab es fast das ganze Jahr über, so sparsam ging man damit um; sie wurden anstelle von Knödelfleisch in die Knödel getan. Wer gar einmal zu viele Groiggen hatte, veranstaltete einen „Groiggenball", einen Tanz in der Stube mit Schnaps, Brot, Groiggen und eingesäuertem Rübenkraut (so im Zillertal). Doch am Schlachttag und den Tagen darnach gab es noch andere Köstlichkeiten der Tiroler Landesküche, wie die folgenden Rezepte zeigen.

„Hirntürtl", „Hirntirtel"

500 g Schweinshirn, 60 g Butter, 1–2 Eier, Brösel, Salz, Pfeffer, Zucker; Butter für die Pfanne

Das gesäuberte Schweinshirn in leicht gesalzenem Wasser sieden, dann häuten. Butter schaumig rühren, das kleingeschnittene bzw. gehackte gekochte Hirn und danach die Eier einrühren, mit Salz, Pfeffer und einer Prise Zucker würzen. Brösel nach Bedarf dazugeben, damit die Masse fester wird, in eine mit Butter ausgestrichene Rein füllen und im heißen Rohr backen.

„Herznudeln"

500 g Schweinsherz, 60 g Fett, Brösel, 1–2 Eier, Mehl, Butter, Salz, Pfeffer; Fett für die Pfanne

Das Schweinsherz „klug" (fein) mit dem Wiegemesser hacken, auch etwas Fett dazuwiegen, dann mit Eiern, nach Bedarf Bröseln und so viel Mehl verrühren, daß eine dickliche Masse entsteht. Mit Salz und Pfeffer würzen. Kleinlöffelweise wie große Nöcklein ausstechen, in eine gefettete Pfanne legen und im heißen Rohr gelblich backen. (Handgeschriebenes Kochbuch für Anna Schweigl, Stams 1916)

„Lungentürtl"

500 g Schweins- oder Kälberlunge („G'schlingel"), 60 g Fett, 1–2 Eier, Semmelbrösel, Milch, Salz, Pfeffer; Butter für die Pfanne

Lunge weich sieden („die Lunge im Hafen und die Liebe im Hause lassen sich nicht verbergen", heißt es in Gossensaß), klein aufhacken, auch etwas Fett darunterhacken, in einer Schüssel mit 1 bis 2 Eiern verrühren, Brösel und etwas Milch dazugeben („mach es dünn!", heißt es dazu in einem handgeschriebenen Kochbuch von Anfang des 19. Jahrhunderts), mit Salz und Pfeffer würzen, die Masse in eine mit Butter gut ausgestrichene Rein geben und im heißen Rohr backen. (Handgeschriebenes „Koch-Buch einer Barticulary Kocherey". 1802.) Solche oder auf ähnliche Weise bereitete „Türtl" oder „Tirt(e)l" (Spinat-, Mark-, Eier-, Fleisch-, „Faißt-" „Tirtel") findet man in vielen Tiroler Kochbüchern.

Wie alle anderen Landesküchen kennt auch die Tiroler Bauernküche geröstete Leber, das Beuschel („Tiroler G'schlingel"), besonders aus Kalbslunge, und saure Nierndln; alte Kochbücher des 17. und 18. Jahrhunderts weisen auch süß zubereitete Fleischspeisen auf, so das **„guethe Niernkoch"**: feingehackte gekochte Nieren mit Bröseln, Zibeben, Weinbeeren, Zitronenschalen, 4 Eiern, 4 Dottern und Süßrahm verrühren, das Ganze in ausgerollte Mürbteigblätter füllen, diese mit Ei bestreichen und im Rohr backen.

Tiroler Leber

500 g Leber (Schweins-, besser Kalbsleber), 100 g Speckscheiben, 1 kleine Zwiebel, 40 g Butter, Salz, Pfeffer, 1 EL Mehl, 1 Glas Weißwein, 1 Schöpfer Fleischsuppe, Zitronenschale, Kapern

Leber zu dünnblättrigen Scheiben schneiden, mit dünnen Speckscheibchen und gehackter Zwiebel in heißer Butter rasch rösten, mit Mehl stauben, durchrösten, würzen, mit Weißwein löschen und mit etwas Fleischsuppe kurz nachdünsten lassen. Dazu Rösterdäpfel, Preiselbeeren und grünen Salat servieren.

Tiroler Kalbsleber

600 g Kalbsleber, 80 g Fett, 50 g Zwiebel, 60 g Mehl, $^1/_8$ l Rahm, 1 EL Essig, 10 g Kapern, Zitronenschale, Salz

Leber in Schnitten teilen, eine Seite mit Mehl bestauben und rasch in heißem Fett abbraten. Im selben Fett (überflüssiges Fett abseihen) feingeschnittene Zwiebel anrösten, mit Mehl stauben, mit Wasser aufgießen, Rahm, Kapern, Essig, etwas Zitronenschale und Salz dazugeben, aufkochen lassen, die Leber dazugeben und noch ein paarmal aufkochen lassen.

Bei einer Ötztaler Hochzeit in Umhausen, im Haus des Bräutigams, gab es Nudelsuppe mit Wurst, das „Bluat" (Blutkoch mit Zucker und Rosinen, ein Gericht, das folgendermaßen angekündigt wurde: „Do bring i enk g'stompfti Moga, die liega'n enk gwiß in Moga"), „Lebera" (Leber), feingehackt, mit Weinsoße, geröstete Lunge („Do hon i enk a Lungera, dia kimmt hea aus Ungera"), gesottenes und geröstetes „Kreas" (Gekröse), eingemachtes Kälbernes und Speckknödel, Rindfleisch und Schöpsenfleisch mit Rettich, Kren und Rüben, Kalbs- und Schöpsenbraten mit Zwetschken, gedörrten Birnschnitz und Kirschen. Um 15 Uhr erschien ein Schweinernes, gesotten, geräuchert und gebraten, mit Sauerkraut (mit Pöllern wurde „auf das Kraut geschossen"), dann Mehlspeisen: „Kasküachla, Brot- und Apfelküachla, Zwetschkenpofesen, Kroßar, Schallringa, Blattla, Strauba, Kropfa, Predig(t)kappla, Milchreis mit Rosinen, Nuischmalz mit Blattla und alte Weibar, Schmalznudla."

Abendkarte des Gasthauses „Fechtlwirt" in Innsbruck.

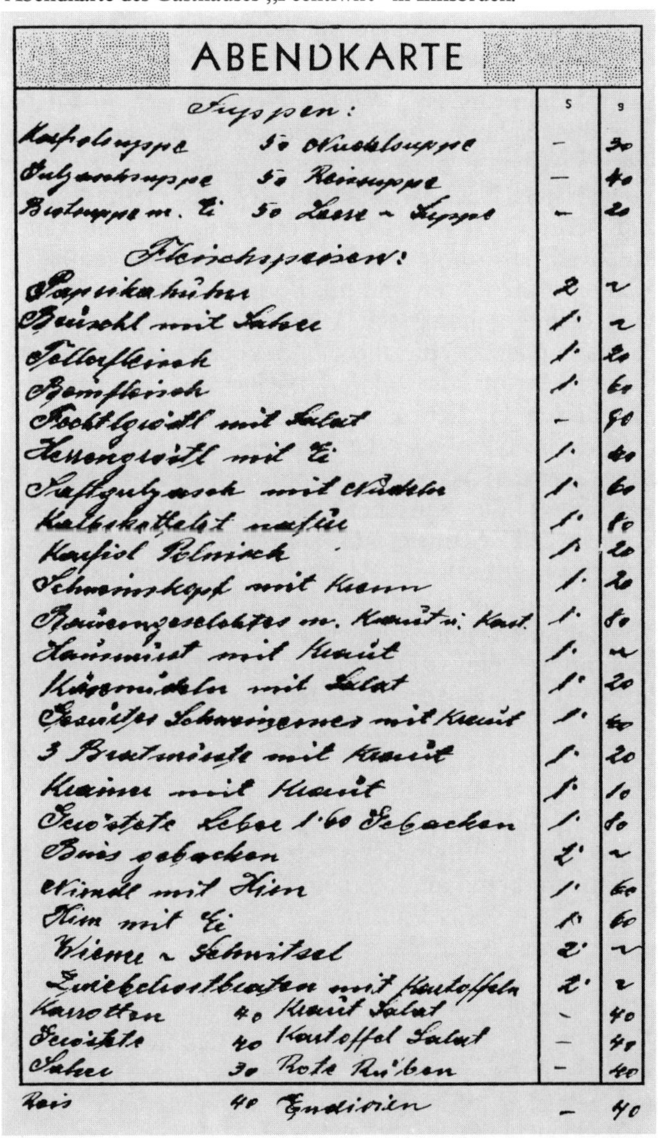

„Ofenleber"

500 g Schweinsleber, 150 g Schweinefleisch, Fett, 150 g Lunge und Herz, 1 Zwiebel, 1 Knoblauchzehe, 4 Semmeln, 2 Erdäpfel, 3 EL Mehl, 2 Eier, Salz, Pfeffer, Majoran, Petersilie, Schweinsnetz, 50 g Speckscheiben

Leber, Schweinefleisch, Lunge, Herz, Zwiebel, Knoblauch und in Wasser geweichte, gut ausgedrückte Semmeln fein faschieren. Geschälte Erdäpfel dazureiben, mit Mehl und Eiern vermengen, kräftig würzen. Das Schweinsnetz in eine gefettete Auflaufform legen, die Lebermasse einfüllen, das Netz darüberschlagen, mit dünnen Speckscheiben abdecken und im heißen Rohr etwa eine Stunde backen.

Je nach Gegend verschieden ißt man die „Ofenleber" mit einer heißen Nudelsuppe übergossen, aber auch mit eingesäuertem Rübenkraut, Fastenknödeln, Gulaschsoße, Erdäpfeln und Salat.

Zillertaler „Leberröstl"

250–300 g Leber (Rind, Schwein, Wild, Kalb), 2 Dotter, 150 g Mehl, Salz, Petersilie, Pfeffer, Majoran, Milch, 2 Eiklar, 2 EL Schweinefett

Leber fein faschieren, mit Dotter, Mehl, Salz, Petersilie, Pfeffer und Majoran unter Zusatz von etwas kalter Milch zu einer dickflüssigen Masse verrühren. Steifgeschlagenen Schnee von 2 Eiklar darunterheben. In einer Pfanne Fett erhitzen, die Masse kleinfingerdick eingießen, im heißen Ofen steif backen, dann mit der Backschaufel zerkleinern (wie Schmarren) und noch kurz nachdünsten lassen. Locker anrichten, mit grünem Salat oder Sauerkraut servieren.

„Bluatg'röstl"

1000 g Erdäpfel, 100 g Schweinefett, 1 Zwiebel, Knoblauchzehe, 1/4 l geseihtes Schweineblut, Salz, Pfeffer, Majoran

In Salzwasser gekochte Erdäpfel heiß schälen, mit einer Gabel grob zerkleinern. In heißem Fett feingehackte Zwiebel gelb anlaufen lassen, zerdrückten Knoblauch beigeben, ebenso die Erdäpfel, salzen, pfeffern und gut durchrösten. Dann über die Erdäpfel das Blut, mit Pfeffer, Salz und Majoran gewürzt, gießen und unter häufigem Durchschaufeln so lange rösten, bis das Blut stockt und das „G'röstl" „trocken" ist. Gehäuft anrichten und Sauerkraut dazu servieren.

„Blutofenmus", „Ofergugger", „Blutkuchen"

500 g Mehl, 150 g Filz (Fett), 3 Semmeln, 100 g Sultaninen, 100 g Zucker, 1 Schale Milch, 1 Schale Blut, Salz, 30 g Germ, Schweinsnetz

Aus mit wenig Milch aufgelöster Germ und etwas Mehl ein Dampfl rühren. Mit Mehl bestäuben und reifen lassen, bis sich Sprünge an der Mehloberfläche zeigen. Mehl, würfelig geschnittenen Filz, in Milch geweichte, gut ausgedrückte Semmeln, Sultaninen, Zucker, Blut, warme Milch und das Dampfl zu einem sehr weichen Germteig schlagen. Salzen. Eine Auflaufform mit dem Schweinsnetz auslegen, den Germteig einfüllen, mit dem Netz zudecken und im heißen Rohr backen. Heiß servieren. Dazu wird Milch getrunken.

Wurstmaschine aus Buchenholz. Hoher Kasten zur Aufnahme des Bräts, mit Auslaufrohr zum Abfüllen der Würste.

Da die Tiroler Bauern ihr Fleisch lieber selchten, blieb für Würste meist nicht viel Fleisch übrig. Aus Fleischabfällen wurden einige **Hauswürste** gemacht, die ebenfalls hart geselcht wurden („Kaminwurzen", „Hartg'selchte", „Boxelen", „Kastelruther" genannt). Im Etschland werden aus den Innereien (Lunge, Herz, Kronfleisch) die „Schuber" oder „Schublwürste" gemacht. Zu einem Festmahl kaufte man auch einmal „Zizi-Würstle" (von italienisch salsiccia = Wurst) vom „Wurster" (Fleischer, Selcher). Früher bekamen die Klöckler im Advent von den Bäuerinnen außer „Klöcklerkrapfen" hin und wieder auch „Klöcklwürst" geschenkt. Im Pitztal gab es zu Silvester als besondere Küchenspezialität eine „Schlachtschüssel" mit Selchfleisch und geselchten Hauswürsten, „Schwoaß-" oder Blutwürsten sowie Sauerkraut.

„Die Neunhäuserer Ochsenköpf
schicken mi Eslkopf
zun enk Schweinsköpf,
ös möcht mit enkere weiblichen Schafköpf
zum Kälberkopfessen kemmen! "

So lud man aus dem Weiler Neunhäusern in Olang einst die Nachbarn zum „Kälberkopfessen" ein. Dieser Brauch ist heute längst vergessen. Es war ein Dank für die geleistete Nachbarschaftshilfe bei der Getreideernte und beim Dreschen. Der gesottene (oder gebackene) Kalbkopf (es konnte auch ein Schweinskopf sein) war beladen mit Zigarren und mit Blumen geschmückt. Solches Gemeinschaftsessen veranstalteten auch andere Berufsgruppen, so die Jäger und Vogelfänger von Hötting zu Martini, die Müller, Bäcker und Wachszieher von Brixen (5. Februar), die Innsbrucker Stadtmusikanten (6. Oktober), die Zimmerleute, Holzhacker, Leinweber und Maurer von Innsbruck zu Kathrein (25. November), die Kutscher und Rosser („Fuhrmannsmahlele"), die Schuster am „Tinzltag" (althochdeutsch dinsan = tanzen) zu Michaeli (30. September) das „Lichtbratl", die Brautleute das „Handschlagmahlele", die Schnitter und Drescher des Vintschgaus den „Schnittauf" bzw. „Dreschauf", die Mäher die „Mahderhenn". Die Pustertaler aßen einen Kalbskopf bei der „Gunggl" (ursprünglich Bezeichnung für den Spinnrocken bzw. das Spinnrad), einer Art Polterabend vor dem Hochzeitstag. Ein bäuerliches Festessen war auch das „Roboten" der Feldthurner bzw. das „Ou-dien" (Abdienen) in Villanders sowie das „Korntragen" am Schlandererberg; an so einem Kornschneidtag im Juli aß man laut Hans Fink in der Früh Mus und Brennsuppe, zum „Neunerstückl" Brot, Speck, Wurst, Käse, Wein und Leps, zu Mittag Salat, Knödel, Gulasch, grüne Krapfen, Krapfen mit Mohn und Köstenfülle, Wein, zum „Einser" Kaffee oder Grantensaft, Leps oder Himbeersaft für die Weiber, Schnaps, gewässert und gezuckert, für die Männer, zur Marende Salat,

Speck, Wurst, Käse, Krapfen, Topfen, Rindfleisch mit gesäuerten Erdäpfeln, zum „Fünfer" Kaffee und Wein, abends Selchfleisch mit Gerste, Krapfen mit Wein oder Kuchen mit Kaffee.

„Gröschtl" (Tiroler Gröstl)

40 g Schweinefett, 1 Zwiebel, 300 g Schweinefleisch (Schulter), Kalb- oder Rindfleisch, Salz, Pfeffer, Majoran, Fleischsuppe, 500 g Erdäpfel, 40 g Butter, Petersilie

Im heißen Schweinefett eine feingeschnittene Zwiebel gelb anlaufen lassen, feinblättrig geschnittenes Fleisch dazugeben und rösten, salzen, pfeffern, etwas Majoran dazustreuen. Das Ganze rasch durchrösten, dann die gekochten, blättrig geschnittenen Erdäpfel dazumengen, rösten bzw. leicht ankrusten lassen. Man kann die Erdäpfelscheiben auch extra in Butter rösten, salzen und dann erst mit dem mit Zwiebeln gerösteten Fleisch vermischen. Mit gehackter Petersilie bestreut anrichten.

Hess verwendet in der „Wiener Küche" Schweinsschulter (250 g und 750 g gekochte Erdäpfel) und bemerkt dazu: „Statt Schweinefleisch verwendet man in Tirol häufig Rindfleisch und statt frischen Fleisches Bratenreste, die man blättrig schneidet und nach Anrösten der Zwiebeln zugleich mit den gekochten, blättrig geschnittenen Kartoffeln röstet."

„Bauerngröstl"

Gekochtes Rindfleisch blättrig schneiden, mit reichlich Zwiebel in Fett rösten, salzen, pfeffern und Majoran beigeben, sonst wie beim oben angeführten Rezept mit gerösteten Erdäpfeln vollenden. Als Beilagen dienen Krautsalat, Speckkraut, Sauerkraut, grüner Salat.

Aus Kalbfleisch bereitet man das folgende Gericht:

„Herrengröstl" (Innsbrucker Gröstl)

500 g blättrig geschnetzeltes Kalbfleisch mit gehackter Zwiebel in 60 g Butter anrösten, sonst wie beim „Gröschtl" verfahren, aber nur 400 g frisch gekochte, blättrig geschnittene Erdäpfel dazumischen. Reichlich mit gehackter Petersilie bestreut anrichten.

Es gibt auch längst Fleischlaibchen, in Tirol auch „Fleischkrapferl", früher durchwegs „Fleischtirtl, Fleischtürtl" genannt. Ein anderes Rezept lautet:

Tiroler Netzlaibchen („Eingebundenes vom Gehack")

400 g Schweinefleisch (Schopfbraten, Schulter), 1 Zwiebel, Petersilie, Salz, Pfeffer, 1 Knoblauchzehe, Majoran, Kümmel, 60 g Fett, 1 TL Essig, 750 g Erdäpfel, Kümmel, Fenchel, Schnittlauch; Schweinsnetz

Fleisch in daumendicke Streifen oder in dünne Blätter schneiden, mit feingehackter Zwiebel, gehackter Petersilie, Salz, Pfeffer, zerdrücktem Knoblauch, Majoran und gehacktem Kümmel pikant vermischen. Das Ganze in heißem Fett tüchtig durchrösten, bis sich das Fleisch steif anfühlt. Mit Essig abschrecken und „trocken" ausdünsten lassen. Daneben rohe geschälte Erdäpfel vierteln, in Salzwasser mit Kümmel und Fenchelzusatz kernigweich kochen, abseihen, zugedeckt weich ziehen lassen. Dann fein zerstampfen, mit dem überdünsteten Fleisch vermengen. Schweinsnetz durch lauwarmes Wasser ziehen, mit Tuch abtrocknen und ausbreiten. Darauf halbportionsgroße Häufchen der vorbereiteten Masse setzen, das Schweinsnetz genügend groß in Vierecke schneiden, die Fülle darin ganz einhüllen, die Stücke wie Laibchen formen. Mit der schönen Seite nach oben die Netzlaibchen in eine gebutterte Pfanne oder Rein ordnen, im heißen Rohr braten. Mit gehacktem Schnittlauch bestreut anrichten. Dazu warmen Krautsalat oder eingebranntes Sauerkraut servieren.

Kapuzinerfleisch

4 Scheiben entfettete Kalbsnieren und 4 Stück Kalbsnierenbraten, Salz, Pfeffer, Basilikum, 4 EL Öl, 1 Glas Weißwein, 250 g Fisolen, 8 dünne Speckscheiben, 1 Knoblauchzehe, Fleischsuppe

Nierenscheiben mit Zahnstocher auf den dicken Kalbsnierenbratenscheiben feststecken, salzen, pfeffern, mit Basilikum einreiben und im heißen Öl beidseitig anbraten. Mit Weißwein löschen, die gekochten Fisolen darübergeben, ebenso die Speckscheiben, fein zerdrückten Knoblauch und etwas Fleischsuppe. Das Ganze zugedeckt dünsten, bis das Fleisch gar ist. Dazu Erdäpfelpüree mit in Butter gerösteten Zwiebelringen (oder Bratkartoffeln oder Grießplatteln).

Eingemachtes („Ing'machtes")

500 g Innereien, 60 g Fett, 1 Zwiebel, 2 Knoblauchzehen, Salz, Pfeffer, Neugewürz, 1 EL Mehl

Dazu kann man in Abwandlung eines Kalbfleischeingemachten alles „Ingeräusch" (Innereien) nehmen, 's Paunzele (Wanst, Magen), „die Darm". Alles zu kleinen Stücken schneiden. In heißem Fett feingeschnittene Zwiebel rösten, die Innereistücke beigeben und mitrösten, zerdrückten „Knofla", Salz, Pfeffer und Neugewürz beigeben, mit etwas Mehl stauben, nachrösten und bräunen. Dann mit kaltem Wasser rasch aufgießen, verrühren, das „Bräuner" (die Einbrenn) aufkochen lassen. „Bal' man's haß tät werd'n lass'n, werd' all's Knöllele!" Dann weich dünsten. Man kann ein kleines Lorbeerblatt mitschmoren. (Osttirol)

Aus Südtirol ist der Brauch der „Stierschlachtungen" bei Wallfahrten überliefert. Früher war man oft tagelang zu einer Wallfahrt unterwegs gewesen, ging barfuß, schlief bei Bekannten und guten Leuten, aß von Zuhause mitgenommenen Speck, hartgekochte Eier und Brot oder nahm selbst den Knödelteig mit. Bei größeren Wallfahrten war der eine oder andere Bauer verpflichtet, gegen Entgelt einen jungen Stier zu stellen, zu schlachten, zu Suppenfleisch zu verkochen und an die Pilger auszuteilen, so in Onach bei St. Lorenzen bis 1833 bezeugt (für den 5. Sonntag nach Ostern), in St. Nikolaus in Hinterlüsen bis 1822, von St. Magdalena im Berg hinter Villnöß bis 1820/22 für den 22. Juli, den Tag des Kirchenpatrons der hl. Magdalena (der Stier wurde in der „Pfingstkuchl" an der Friedhofsmauer ausgekocht); eine zweite „Pfingstkuchl" gab es zu St. Valentin in Villnöß. In Reischach hat man ebenfalls jährlich ein Rind (1577 im Wert von 12 Gulden) geschlachtet und an Ortsarme und Wallfahrer (mit einer „schwarzen Zukost") verteilt, ebenso in Pufels in Gröden, wo um 1473 ein ähnliches Mahl beurkundet ist, das in der „Spentküche" an Arme und Pilger aus Kastelruth, Steinegg, Gummer und Gröden verschenkt wurde, und zwar am Dreifaltigkeitssonntag (bezeugt bis 1778). In Ridnaun wurde eine Kuh geschlachtet, abgekocht wurde sie aber nicht gemeinsam, jeder hatte selber davon sein Mahl zuzubereiten. So ein Rezept steht in der Sammlung der Ambraser Schloßherrin Philippine Welser (16. Jahrhundert):

„Fleysch in wirtzkreyter gesoten" (Suppenfleisch mit Kräutern)

500 g Rindfleisch (Brust, Bein), $1^1/_2$ l Wasser, 4 EL Kräuter (Löwenzahn, Brennessel, Kerbel, Sauerampfer), Salz

Fleisch in kaltes Wasser geben, aufkochen, nach einer Stunde leichtem Kochen die Kräuter beigeben und nochmals mehr ziehen als kochen lassen. Salzen, Fleisch herausnehmen, kleinschneiden und wieder in die Suppe geben. Heiß servieren.

Das gebackene Wiener Schnitzel wurde zwar erst gegen Ende des 19. Jahrhunderts, von der Wiener Küche ausgehend, in der heutigen Form üblich (1871 aß Ludwig Steub in einem Wirtshaus im Dorf Reit gebackene Schnitzel und grünen Salat, „alles in sehr eleganten Geschirren", wie er in „Drei Sommer in Tirol" vermerkt), fand aber in der bäuerlichen Festtagsküche Tirols rasch seinen festen Platz, besonders bei Hochzeiten und am Kirchtag. Unter **„Tiroler Gebackenes"** verstand man ursprünglich Schnitzel, die in der Bratpfanne mit etwas Fleischsuppe begossen und zugedeckt im Rohr gedünstet wurden.

Gebackenes Kitzel

1 junges Kitzel (oder Lämmernes oder Kaninchen), Salz, 60 g Mehl, 2 Eier, 1 EL Wasser, Öl, 100 g feine Brösel; Backfett

Fleisch in mehrere Stücke teilen, salzen, in Mehl, Eiflüssigkeit (Eier mit Wasser und etwas Öl versprudeln) und Bröseln wenden, in heißem Fett schwimmend beidseitig backen.

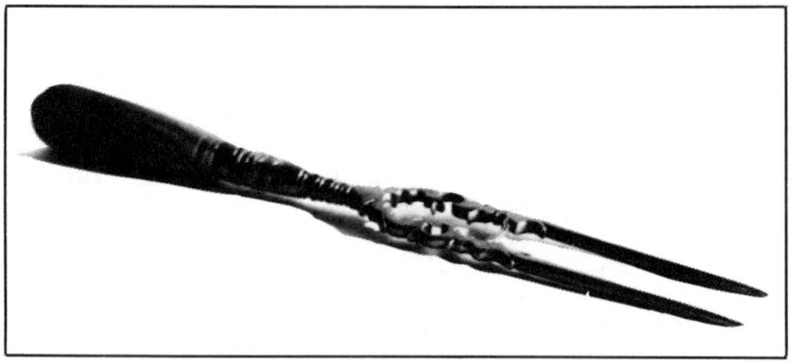

Zweizinkige Gabel aus Eisen, reich geschmückt und ausgeschnitten.

Gebackenes Kuheuter

800 g Kuheuter, 250 g Wurzelwerk, Salz, Essig, 60 g Mehl, 2 Eier, 1 EL Wasser, Öl, 100 g Semmelbrösel; Backfett

Kuheuter reinigen und auswässern, etwa drei Stunden in einem Sud aus Wurzelwerk, Salz und Spritzer Essig weich kochen. Dann die Haut abziehen, trockentupfen, über Nacht beschweren und kühlen, in dünne Schnitzel schneiden, in Mehl, Eiflüssigkeit und Bröseln (wie beim Wiener Schnitzel) wenden und in heißem Backfett schwimmend beidseitig knusprig herausbacken.

Bauernschöpsernes

1000 g Schulter (Schlegel, Koteletts), 40 g Fett, 1 Zwiebel, Salz, 750 g Erdäpfel, 1 Lorbeerblatt, Petersiliengrün, 1 Glas Rotwein

Fleisch häuten, in Stücke schneiden und einsalzen. Im heißen Fett Zwiebelringe rösten und das Fleisch darin rasch anbraten, unter Zugießen von Wasser oder Fleischsuppe zugedeckt halbweich dünsten. Geschälte, geviertelte Erdäpfel dazugeben, ebenso Lorbeerblatt und gewiegte Petersilie. Langsam gar dämpfen. Die Soße kann zuletzt mit Rotwein verbessert werden. Sehr heiß in der Bratrein servieren.

Nach dem bereits mehrmals zitierten „Die Greuel der menschlichen Verwüstung" von Guarinoni wurde in den Tiroler Städten und Märkten des 16. und 17. Jahrhunderts sehr viel Fleisch gegessen, neben dem fast täglichen Rindfleisch wird Kalb-, Schweine-, Hammel- und auch Bockfleisch, das Guarinoni für sehr ungesund hält, verwendet; Hühner, Koppen (Kapaune), Gänse, Enten, verschiedenes Wildgeflügel und Wildbret kamen nur auf den Tisch vermögender Leute; das Fleisch wurde mit vielen Gewürzen, besonders mit Pfeffer, zubereitet, in Essig eingemacht oder mit Speck gespickt. Gemüse und Fleisch wurden gemeinsam gegessen. Guarinoni findet es für nicht notwendig, daß alle Speisen „verfleischt" sein müssen wie das Kraut mit Speck, der Kohl mit Bratwürsten, die Rüben mit Schöpsernem.

In die Bauernküche verirrte sich ein Huhn oder gar Wildgeflügel nur ganz selten, höchstens zur Erntezeit, beim „Mahdhenn"-Mahl, und dann wurde auch das **„Hühnerblut als Voressen"** verwendet: Hühnerblut mit etwas Milch, ein, zwei Eiern verrühren, mit Salz, Neugewürz und einer Prise Zucker würzen, abrühren und in heißer Butter in der Pfanne „herunterkochen, daß es ein Schötten wird", wie es im handgeschriebenen Kochbuch für Anna Schweigl, 1916, heißt. Dann in ein „Gatzl" (Sieb) geben, „tauch es recht ein, wenn es gestanden ist, schlag es heraus, schneide es zu Schnittlan oder zu Herzlein, gib es in eine mit Butter bestrichene Rein, mach ein Gestandnes darüber und back es im heißen Rohr."

Huhn in Krensoße

1 Huhn, Salz, Hühnersuppe, 60 g gerissener Kren, 60 g geschälte, geriebene Mandeln, 1 Zwiebel, 30 g Butter, 20 g Mehl, 1/8 l Rahm, Ingwer, Salz

Huhn zerteilen, salzen, in eine Bratpfanne geben, mit Hühnersuppe schwach bedecken. Kren, Mandeln, gehackte Zwiebel darauf verteilen. Zugedeckt weich dünsten lassen. Das gare Fleisch herausnehmen, den Saft mit einer Butterkugel (Butter und Mehl zu einer kleinen Kugel vermengen) etwas eindicken, mit Rahm verbessern, mit Ingwer und Salz würzen und über das Hühnerfleisch passieren.

Wildbret gehörte in den Alpenländern zu den bevorzugten Gerichten, allerdings traf das auch wieder nur auf die bürgerliche Küche, also bei Bürgern, Hofleuten und in geistlichen Kreisen, zu. Wenngleich man – bei der Fleischknappheit das ganze Jahr über – den Anteil der Wilderer in den vergangenen Jahrhunderten nicht zu klein bemessen darf. So manche Bäuerin mußte dabei erst Erfahrungen sammeln, um einen Gams-, Reh- oder Hirschbraten „waidgerecht" zuzubereiten.
Die moderne Gastronomie hat die alten Rezepte übernommen. Als Grundregel für jedes Wildfleisch gilt: „Lade, eh den Hirsch du hast, auf den Braten keinen Gast!" – man sollte das Fleisch also immer gut abliegen lassen. Hebenstreit gibt dazu in seinem handgeschriebenen Kochbuch folgendes Rezept:

Wildfleisch in Beize

Halb Essig, halb Wasser, Pfeffer, Neugewürz, Nelken, Ingwer, Lorbeerblatt, Zitronenschale, Zwiebel, Sellerie, Petersilie, gelbe Rüben, Thymian aufkochen lassen. Überkühlt über das Fleisch gießen und im Kühlen zugedeckt stehen lassen; das Fleisch dabei mehrmals wenden. Oder das Fleisch eines Reh-, Hirsch- oder Gemsenbratens in eine große, mit Essig getränkte Serviette legen, gut einwickeln und 24 Stunden im Kühlen lagern lassen.
Am nächsten Tag das Fleisch mit Speckstreifen spicken, mit Zwiebeln, Wurzelwerk, Lorbeerblatt, Wacholderbeeren, Pfefferkörnern, Knoblauch, Majoran und Kümmel in Fett anbraten und im Rohr unter öfterem Begießen und Wenden braten (nach zwei Stunden 1/8 l Weißwein und 1/4 l Rindsuppe vermischt angießen). Zuletzt den Saft mit 1/8 l Sauerrahm und etwas Mehl binden. Die Soße über den angerichteten Braten passieren.

Kreszenz Trebo empfiehlt in ihrem „Tiroler Kochbuch mit besonderer Rücksicht auf bürgerliche Kreise und Wirtschaften in Pfarrhöfen" folgende Wildbeize: $^2/_3$ Wasser, $^1/_3$ guten Weinessig, Lorbeerblätter, Rosmarin, Zwiebel, nelkengespickt, Zitronenschnitten und Salz.

Gebeizter Gemsschlegel

1000 g Gemsschlegel, 1 EL Öl; Beize: $^3/_4$ l Wasser, $^1/_4$ l Wein, $^1/_4$ l milder Essig, 250 g Wurzelwerk (Karotten, Sellerie, Petersilienwurzel, Porree), $^1/_2$ Zwiebel, Lorbeerblatt, Pfeffer- und Neugewürzkörner, Muskatblüte, Zitronenschale, Petersiliengrün, Bohnenkraut, Basilikum, Liebstöckl, Salbei, Estragon. – 50 g Bratfett, 50 g Speck, Fleischsuppe, 30 g Butter, 30 g Mehl, $^1/_2$ Zwiebel, Petersilie, Salz, 1 EL Ribisel- oder Preiselbeerkompott, Zitronensaft, $^1/_8$ l Weißwein

Fleisch mit Öl bepinseln, 3 bis 5 Tage in der gekochten, dann ausgekühlten Beize liegen lassen. Das Fleisch herausnehmen, trockentupfen, mit Fett und Speck rundherum anbraten, mit Suppe (oder Wasser) aufgießen, einen Schöpfer Beize beigeben und gar dünsten. Feingeschnittene Zwiebel in Butter anrösten, mit Mehl stauben, weiterrösten, gehackte Petersilie beigeben, zum Fleisch geben und zuletzt mit Kompott, Zitronensaft, Weißwein und Salz abschmecken. Die Soße passieren und über das zerteilte Fleisch geben. Dazu Fastenknödel, Erdäpfelnudeln, Blaukraut, Preiselbeeren.

„Jägerrecht vom Hasen"

Hasenleber, 40 g Fett, 1 Zwiebel, Petersilie, 1 Sardelle, 1–2 EL Brösel; Semmelscheiben, Butter

Die gebeizte Leber ausstreifen, mit gehackter Zwiebel, Petersilie, einer Sardelle und etwas Bröseln in Fett abrösten und dann passieren. Sollte es zu trocken werden, mit wenig Beizflüssigkeit oder Fleischsuppe verdünnen. Semmelscheiben auf einem mit Butter bestrichenen Backblech rösten (bähen), mit der obigen Masse bestreichen.

Der Name dieses Gerichts leitet sich davon her, daß sich der Jäger nur die Innereien und die Trophäen behalten durfte. Das Fleisch aber mußte er abliefern.

„Schnepfengeist"

„Nimm das Eingeweide von Schnepfen, wieg alles samt dem Darm klug (fein) auf, gib Butter in eine Pfanne, ein wenig Mehl, dann das Feingewiegte dazu, gieß etwas weißen Wein an, gib Semmelbrösel dazu, an Gewürzen Salz, Neugewürz, Nelkenpulver und Muskatnuß und koche das Ganze auf kleiner Flamme. Reich es auf gebähten Semmelschnitten und gib es mit gebratenen Schnepfen auf den Tisch." (Handgeschriebenes Kochbuch für Anna Schweigl, Stams 1916)

Wildfleisch auf Alpenjägerart

1000 g ausgelöste Schulter (Reh, Hirsch oder Gemse), Salz, Pfeffer, 150 g Suppenwurzelwerk, 1 Zwiebel, 1 Lorbeerblatt, Kuttelkraut, 1 EL Wacholderbeeren, $^1/_8$ l milder Essig, $1^1/_2$ l Wasser, 40 g Fett, 1 Stück Butter, 1 EL Zucker, 60 g Mehl, $^1/_8$ l Rotwein

Fleisch im ganzen mit Salz und Pfeffer einreiben und in einem Topf mit blättrig geschnittenem Wurzelwerk, grobgeschnittener Zwiebel, allen Gewürzen, Essig und Wasser versehen, langsam weich kochen. Dann in Schweinefett und Butter Zucker bräunen, mit Mehl stauben, weiterrösten, mit Rotwein aufgießen, dick einkochen, nach und nach mit der samt den Wurzeln passierten Fleischsuppe zu einer molligen Soße aufgießen, in die man das würfelig geschnittene Fleisch gibt, und vollends weich dünsten läßt. Als Beilage Wasserspatzen, Preiselbeeren, Hausnudeln, Grießblatteln, Semmelknödel und gemischten Salat.

Schützenscheibe mit Hirsch. Lienz 1843. Osttiroler Heimatmuseum Schloß Bruck. Schützengilde Lienz.

Gemüse, Salate, Soßen

Vor jedem mittäglichen Hauptgericht gab es als Voressen („zan an Vorrichte") eine Suppe, Sauerkraut, ein Gemüse, im Sommer manchmal nur eine Schüssel grünen Salat, auch geröstete Erdäpfel oder „a g'wärmt's Köuch" von der Früh. In ärmeren, kinderreichen Familien bestand das Mittagessen und auch das Abendmahl meist nur aus „Vorrichten", die eigentliche „Richt" fiel aus. Als Vorrichten dienten in erster Linie ein, zwei Gerichte aus Kraut oder Rüben, aus Bohnen, Erbsen, Erdäpfeln bzw. ein Gemengsel aus mehreren davon. Die Landesordnung von 1532 zählte die Hülsenfrüchte zu den lebensnotwendigen Nahrungsmitteln. An Fasttagen waren neben Mehl, Nudeln, Obst, pflanzlichen Fetten und Grünzeug nur noch Bohnen und Erbsen erlaubt gewesen.

„Puene mache 's Herz fruene! " (Bohnen machen das Herz schwellen; wobei „fruene" auf die Sexualsphäre beschränkt war!), sagten die Alten. Inzwischen aber haben Mais und Erdäpfel längst die **Bohnen** verdrängt; nur bei der Bohnenernte im Herbst werden noch hin und wieder Bohnen „geplaatscht", d. h. samt den Hülsen in Salzwasser weich gekocht und heiß gegessen – was heute schon mehr eine „Schleckerei" als eine Mahlzeit ist. Unter „Poan" verstand man damals immer die schon in der Vorgeschichte bekannten Sau- oder Pferdebohnen (Vicia faba). Sie wurden im 17. Jahrhundert durch die aus Amerika stammenden Gartenbohnen verdrängt, haben sich aber in den Bauernküchen noch lange gehalten.

Im Brandenberger Tal gibt es hin und wieder im Sommer eine Schüssel voll grüner, nicht ausgereifter Bohnenschoten, mit Erdäpfeln gekocht, als **„Hos'npoan"** (dazu Buttermilch) zum Abendessen. (Die leeren Schoten nennt man „Hos'n".) Die ausgeschälten, noch nicht reifen Bohnen werden in Salz getunkt und gegessen. Alte Leute mögen sich daran erinnern, daß man Bohnenmehl und Gerstenmehl einst auch zu Brot verbuk, und in Kriegs- und Notzeiten erlebten die Bohnen wieder eine „Renaissance", mitunter als Kaffee-Ersatz. Am Allerseelentag stellte man einen Bohnenbrei in einem hölzernen „Seelennapf" auf die Gräber am Friedhof. Wer einem das „Bohnenmehl aufsät" (aufstreut), der wird einem „kräftig einheizen" und „warm machen", sagt der Volksmund.

„Bohnschal'n"

Grüne Bohnen samt Schalen weich kochen, auslösen, mit Salz bestreut essen. Für den Wintervorrat ließ man die Bohnen ausreifen, bis sich Schoten und Blätter schwarz verfärbten, schnitt sie dann mit der Sichel knapp über dem Boden ab. Die Stengel samt den Schoten wurden büschelweise erst auf Schöbern, dann auf dem Dachboden getrocknet und zum Schluß mit dem „Bengel" (Dreschflegel) ausgedroschen. Gekocht hat man sie mit Rollgerste als **„Poa-Geascht"** oder mit gekochten Apfelschnitten bzw. mit einem Apfelkompott als **„Poa-Paaz"** (im Brandenberger Tal als Vorricht gegessen).

Wenn Osttiroler Bergbauern schwer zu arbeiten hatten, aß man gern einen Teller voll „ungemachte Boahn, mit Mogn (Mohn) ungemacht und recht g'schmälzt – des he't fescht" (das hält an). Erbsen und Bohnen haben noch lange den Hunger vieler Bergbauern stillen müssen.

Geschmälzte „Boahn"

300–500 g Bohnen, Salbei, Mohn, Butter

Die Villgratener Bäuerinnen kochten die vorgeweichten „Boahn" (getrocknete Bohnen) in ungesalzenem Wasser mit Salbeiblättern weich, gossen das Wasser ab, leerten die Bohnen in eine „Blattlschüssl", streuten „ginoiten Mogn" (gestoßenen Mohn) darüber und schmälzten das Ganze mit heißer Butter ab. Auch Zuckerwasser goß manche darüber.

Im Brandenberger Tal wurden die vorgeweichten Bohnen in Salzwasser weich gekocht, das Kochwasser dann abgegossen, die gekochten Bohnen mit einer Einbrenn aus Mehl und Fett vermengt, mit Salz und Pfeffer gewürzt.

In vielen Landesteilen baute man bis nach 1945 auf einem schmalen Ackerstreifen **Erbsen** („Arwassn") und ließ sie an bis 1,5 m hohen Eschenreisern hochranken. Die Stauden wurden dann zusammen mit dem Reiser ausgerissen und auf der „Labm" (Söller) getrocknet, später mit dem „Bengel" ausgedroschen. Erbsen durfte man, so der Aberglaube, nur an Donnerstagen essen. Schon in Georg Rösch's „Tiroler Landreim" wurde die

Qualität der Stubaier Erbsen besonders hervorgehoben. Die gekochten getrockneten Erbsen wurden laut Albert Atzl als Vorricht zu „woazane Nudln“, meist an Vorabenden von Festtagen, gegessen. In der Fastenzeit gab es die traditionelle **Erbsensuppe.** Die Trockenerbsen wurden in Wasser vorgeweicht, dann in Salzwasser weich gekocht, mit einer Einbrenn vermischt und mit heißer Butter abgeschmälzt; auch die Fastenknödel wurden darin serviert.

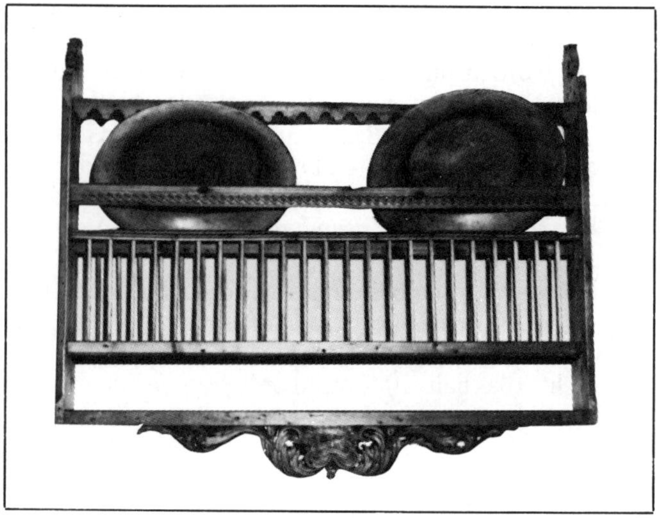

Brot- und Schüsselre(h)m aus Zirbelholz. Das unterste Stellenbrett mit Maske und Akanthus verziert. Pustertal.

Unter den **Rüben** wurden als Nahrungsmittel vor allem die runde und flachgedrückte weiße Kraut- oder Wasserrübe (Brassica rapa rapifera), auch „Scheiblrübe“ genannt, und die gelbfleischige Kohlrübe (Brassica napus napifera), im Brandenberger Tal „Tusche“ genannt, verwendet. Rüben waren bis nach 1945 oft tägliche Kost, und jedes Bauern- und Söllhaus hatte einen Rübenacker. Sie wurden entweder im Frühjahr oder als Zweitfrucht nach dem Getreideschnitt angebaut.

Die geernteten Rüben wurden gesäubert, gewaschen, in einem flachen, zerlegbaren Holztrog auf einem großen Hackbrett mit einem säbelartigen Messer auf Reiskorngröße gehackt. Das beim Hacken abfließende „Ruabmwasser“ hat man als Heilmittel gegen Wurmbefall aufgefangen und gesammelt. Die Rübenschnitzel mußten ohne Saft mit einer Hand wie zu einem Schneeballen leicht zusammengeballt werden können. Wenn Kinder oder nichtsahnende Erwachsene vorbeikamen, forderte man sie auf, „das Kraut zu blasen“; sobald sie den Kopf in das Faß steckten, tauchte man sie tief ein. Die Rübenschnitzel werden lagenweise in Tösen oder kleine Prenten (zylindrische Bottiche, oben offen, mit einem Durchmesser von 40 bis 60 cm und 90 bis 120 cm hoch) eingestampft. Zwischen die etwa 10 cm dicken Lagen wird eine Handvoll Salz eingestreut. Zuletzt wird das Ganze mit einem Leinentuch bedeckt, mit einem Holzdeckel abgeschlossen und mit Steinen beschwert. Das Tuch wird alle drei Wochen gewechselt, dabei auch das Brett mit heißem Wasser gesäubert. Dieses **„Ruabkraut“** (Rübenkraut) kam im Unterinntal früher täglich auf den Tisch, abwechselnd mit Sauerkraut, gekocht oder roh.

Aber schon im Spätsommer und Frühherbst wurden im Brandenberger Tal die „Tuschen“ frisch geschält, blättrig oder streifig geschnitten, in gußeisernen Häfen eine halbe Stunde als Gemüse weich gekocht, eingebrannt und leicht gewürzt, zu Gemüse als Vorricht zubereitet oder damit „Tuschennudel“ gefüllt. Die restlichen frischen „Tuschen“ wurden gewaschen, geschält und in fingerstarke Streifchen geschnitten, auf einer korbgeflochtenen Platte ausgebreitet und auf dem Stubenofen zu „Darr-Tuschen“ (getrockneten Kohlrübenschnitzeln) gedörrt, dann in Leinenbeuteln in trockenen kühlen Räumen hängend für die Zubereitung von **Tuschengemüse** mit seinem eigenartig süßlichen Geschmack aufbewahrt. Dieses wird wie die frischen Tuschen zubereitet, also weich gekocht, nach dem Abgießen des Wassers zerdrückt und mit einer gezuckerten Einbrenn vermengt. Man rührt etwas Kochwasser dazu, es wird auch mit einem Milch- oder mit Mehlteig gekocht oder mit gekochter Gerste versetzt.

Aus den weißen „Ruibn“ macht man das **„weiße Kraut“;** man kocht es wie die Gerste. Etwas Fleisch oder wenigstens ein Stück Fleischknochen gibt man in den Hafen zum Rübenkraut und läßt alles zusammen weich kochen. Den Tag vorher muß man das Rübenkraut ins heiße Wasser geben, dann säuert es gut aus. „Na außerbaln; 'n nächschte Tag Schmalz oder Fett in a Pfann und a'röaschtn“ (abrösten). Dann kommt das kleingeschnittene Fleisch oder der Speck dazu, das man in der Grieben-Teig-Suppe sieden hat lassen. In Villgraten machte man das auch nur alle heiligen Zeiten, meist wurde es ohne Fleisch zubereitet.

Ist das Rübenkraut gegen den Langes (Frühling) zu schon sehr sauer geworden, hängt man die Rübenkraut-Tagesportion in einen leinenen Sack, tut es in die „Krautliache“ oder in das „Krautkittl“ (zwei halbkreisförmige Bretter sind durch 10 bis 12 Holzstäbchen von ca. 50 cm Länge so miteinander verbunden, daß daraus ein Behälter entsteht); das Ganze stellt man unter das laufende Brunnenwasser, um die Rüben zu entsäuern. Wer keine „Krautliache" hat, hängt das Krautsackl in den Brunnentrog oder in frisches Wasser.

„Ruamkraut" (Rübenkraut)

500 g gehacktes, eingesäuertes Rübenkraut, 1–2 Zuckerwürfel, 1 TL Kümmel, 40 g Fett, 1 EL Mehl, Salz, Wasser

Rübenkraut mit dem Zucker in Wasser etwa eine Stunde weich kochen. Aus Fett, kleingeschnittener, gebräunter Zwiebel und Mehl eine Einbrenn bereiten, mit Wasser aufgießen, würzen, verrühren und das Kraut dazugeben. Gut verkochen lassen. Sind die gehackten, eingesäuerten Rüben zu sauer, muß man sie vor dem Kochen ausdrücken. Speckscheiben kann man mitkochen lassen.
Wer das Gericht nicht so scharf und säuerlich haben will, gebe 1 Schöpflöffel gekochte Rollgerste dazu und mache eine dunkle Einbrenn **(„Ruabm-Geascht").**
Rübenkraut verwendet man auch gern als Fülle von Schlipfkrapfen, Krautblatteln und Krautkrapfen.

„Kraut vom Kübel
hilft gegen 99 Übel."

Weißkohl, Weißkraut war wie die Rüben durch Jahrhunderte ein Hauptbestandteil bäuerlicher Ernährung. Der Haller Spitalsarzt Guarinoni sang in „Die Greuel der Verwüstung menschlichen Geschlechts", 1610, das Loblied auf das **Sauerkraut („Kowaskraut")** und läßt eine verwitwete „Jungbäuerin" sagen:

„Ich hab das Holtz bei der Wend
und das Kraut in der Brendt,
darzu ein feiste Sau geschlagen
und mein alten Mann vergraben.
Erst will ich mit eim jungen ein guten Winter haben."

Gesotten kam es als Sauerkraut oder „Zedlkraut" täglich als Voressen auf den Bauerntisch, denn es galt als Garant der Gesundheit (wurde aber dann durch die Kartoffeln verdrängt). „Kommt das Kraut ins Haus, muß der Doktor hinaus", sagten die Alten, und mit Kraut vertreibt man „Fleach" (Flöhe) und Kopfweh. Daher war man um seinen Krautacker überaus besorgt, er wurde gegen Ungeziefer mit geweihtem „Ignatiuswasser" (21. Juli) besprengt, und der Bauer betete an drei Ecken des Krautackers um Schutz und himmlischen Segen – durch das vierte Eck sollten die Würmer entkommen können! Das Kraut war auch fester Bestand der alten Hochzeitsbräuche, es gehörte als vierter Gang zu den Knödeln beim Hochzeitsmahl, zuvor wurde der Braut aber der Kranz abgenommen, und sie mußte beim „Krauttanz" mit allen männlichen Gästen tanzen. Die Thaurer waren ob ihres Sauerkrauts berühmt, man nannte sie spöttisch „Pletschenkönige".
Die Krautköpfe wurden wie in anderen Bundesländern auch halbiert und auf der „Zedl-Bank" gehobelt, in eine hohe lärchene Prenten (Holzfaß) gestampft, dabei mit Salz, Kümmel und einigen Scheiben Kren gewürzt (auf 25 Krautköpfe kommt etwa 1 kg Salz), manchmal auch mit Wacholderbeeren. (Das Krauteinstampfen darf nur bei abnehmendem Mond durchgeführt werden, sonst steigt es im Faß immer nach oben und verdirbt.) Schon Oswald von Wolkenstein (1377–1445), der Südtiroler Dichtersänger und Weltenbummler, parodierte das „Fürstenlob", indem er ein Wappen beschreibt, das eine Leberwurst, Haferstroh, einen Futtersack und einen Topf Sauerkraut aufweist. Die „Krautsuppe", die im Krautfaß sich bildende Brühe, soll auf nüchternem Magen getrunken Magenleiden beheben, gegen Fieber, Husten und Halsschmerzen helfen.
Gekocht wird das Sauerkraut gern mit einigen rohen Erdäpfelscheiben, zerdrücktem Knoblauch und in Fett gerösteter Zwiebel, oder es wird mit gekochter Rollgerste oder „Noigerste" vermischt **(„Krautgeascht").** (Auch Rollgerste allein, dick eingekocht und mit Einbrenn aus Fett und Mehl, war eine beliebte Vorricht.)

„Erdäpfel in der Früeh,
zu Mittag in der Brüeh,
wenn mier z'nachts ah nou' iehre derglangen,
werd's tüen. Des Absterbens Amen."

1705 oder 1709 setzte erstmals eine Nonne des Klosters Sonnenburg vermutlich versuchsweise **Erdäpfel** an, in Lüsen war es der Pfarrer Anton Kröll um 1712. Aber in dieser Weizengegend hatte man für die neue „Bettelkost" und „Wasserrübe" nicht viel übrig, und in Meran fürchteten die Bauern, die Erdäpfel könnten solche Wurzeln bilden wie das Unkraut der Quecke („Gramme"). In größerem Ausmaß dürften nach Hans Fink die Erdäpfel vom Westen her nach Tirol und Südtirol eingeführt worden sein: im Rabland erstmals um 1745, am Schlanderer Nörderberg um 1796, am Reschen um 1802, in Mals um 1817. Eine Pinaider Bäu-

erin aus Vilnöß fand auf dem Heimweg vom Klausener Markt einige Erdäpfel und baute sie zu Hause an, und noch heute gelten die „Pinaider“ als gute Setzerdäpfel. Die Pustertaler sahen die Erdäpfel noch um 1830 als „Wunderäpfel“ an, im Mühlwalder Tal noch um 1840. Im Brandberger Tal scheinen die Erdäpfel um 1800 noch in keinem Hausinventar auf. Die Ladiner dagegen holten sich schon 1796 ihre ersten Erdäpfel aus Sachsen (daher „Sassoni“ genannt, die „Sächsischen“, heute zu „Soni“ verkürzt). Erdäpfel soll man im abnehmenden Mond setzen, beim dreitägigen Mai-Stier (im Tierkreiszeichen des Stiers im Mai), dann bleiben sie tief in der Erde unten, glauben die Schwazer Bauern.
Um 1820 war die Verbreitung der Erdäpfel in Tirol im großen und ganzen abgeschlossen. Sie hatten allmählich die alten Linsen-, Erbsen- und Bohnengerichte verdrängt, mancherorts traten sie sogar an die Stelle des abendlichen Muses. Nach und nach hat sich die gesamte Tiroler Küche der Erdäpfel angenommen und sie an die Stelle der alten Mus- und Rieblergerichte gesetzt. Sie wurden und werden gesotten, geröstet („greaschte“ oder „g'richte“ Erdäpfel), gebraten, gedünstet, gedämpft, zu Nocken, Püree, „Blattlan, Riebler, Paunzelen, Puffer, Maggerunser“ verarbeitet, zu Käse und Milch gegessen, als Suppe, als Pellkartoffeln (Schelfn-Erdäpfel) und zu Kartoffelmehl sowie als Mastfutter für die Schweine verwendet. Aber im Grunde halten die meisten Tiroler jene Erdäpfel immer noch für die besten, die zuerst „durch die Sau durchdraht“ worden sind. Heute sind Erdäpfel bereits gewohnte Beilagen.

„Grattler“ (Erdäpfelgulasch, „Zigeunerbratl“)

40 g Fett, 80 g Selchspeck, 40 g Mehl, 1 Zwiebel, 750 g Erdäpfel, Salz, Paprika, Kümmel, 1 Knoblauchzehe, 1 Lorbeerblatt, Pfeffer, Wasser, Essig, Zitronenschale, Petersilie

Feingehackte Zwiebel und würfelig geschnittenen Speck in heißem Fett rösten, geschälte, geviertelte Erdäpfel beigeben, ebenso Paprika darüberstreuen, kurz durchrösten, mit Wasser aufgießen, daß alles gut damit bedeckt ist. Alle restlichen Zutaten beigeben und kochen lassen, bis die Erdäpfel zu zerfallen beginnen. Zuletzt Mehl mit wenig Wasser verrühren, in den „Grattler“ einrühren, nochmals aufkochen lassen, damit das Gericht sämig wird. Schließlich abschmecken.

Tiroler Erdäpfel

600 g Erdäpfel, 1/4 l Milch, Salz, Zucker, Schnittlauch, Butter

Erdäpfel roh schälen, kalt waschen, in kleine Stücke schneiden, leicht salzen, dann locker in eine mit Butter ausgestrichene Kasserolle legen. Darüber die Milch gießen, schwach zuckern und zugedeckt im Rohr dünsten, bis der Milchaufguß verdampft ist, die Erdäpfel weich geworden sind und gelbe Ränder aufweisen. Nötigenfalls den Deckel etwas früher wegnehmen. Umgerührt soll erst gegen Schluß werden. Locker gehäuft anrichten, stark mit Schnittlauch bestreuen. Als Beilage Paradeissoße oder leicht gesalzene Milch.

„Erdäpfelwirrler“, „Erdäpfelstieber“

1000 g Erdäpfel, 250 g Mehl, Salz, 250 g Fett (Butter, Butterschmalz, Margarine)

Gekochte Erdäpfel schälen, passieren, salzen und mit dem Mehl vermischen, bis die Masse grießig trocken und nicht mehr klumpig ist. Dann wie einen Sterz in heißer Butter unter ständigem Umrühren trocken rösten. Dazu serviert man Apfelkompott, Schwarzbeerkompott oder Buttermilch.
Dieses Gericht wurde früher gern als Abendessen serviert. Hat die Bäuerin mit dem Fett gespart, befahl der Knecht der Dirn scherzhaft: „Geh, Moidl, nimm a Tuich und luck in Herrgott im Winkel übern Tisch a wian zui, sunst kannt er sovl staabig wer'n“ („Stieben“ – „staabig“ heißt „stauben“, erklärt Hans Fink dazu in „Südtiroler Küche, Tisch und Keller“, 1980, und bemerkt, daß die Ahrntaler auf diese ihre Spezialität „irgendwie stolz zu sein schienen“.)

„Erdäpfelpaunzen“

500 g Erdäpfel, 200 g Mehl, Milch, 1 EL Zucker, 20 g Germ, Salz; 1/4 l Milch, 40 g Butter, 40 g Zucker

Erdäpfel kochen, passieren, salzen, mit dem Mehl vermengen, die in wenig Milch und mit Zucker aufgelöste Germ dazugeben und einen festen Teig daraus schlagen. Auswalken, kleine verschobene Vierecke ausschneiden, auf befettetem Backblech gehen lassen, dann im Rohr goldgelb backen. In einer Pfanne Milch, Zucker und Butter heiß werden lassen, die Paunzen darin aufdünsten. Feucht anrichten und dazu ein Kompott servieren. (Kundl, Kufstein, Unterinntal)

„Erdäpfelstampf“, Erdäpfelbrei, „Schtampf“

750 g Erdäpfel, 150 g Butter, 1 Zwiebel, 1 EL Mehl, 200 g Selchfleisch, 3/4 l Wasser; Fett, 1 Zwiebel

Rohe Erdäpfel schälen, blättrig schneiden. In heißer Butter grobgehackte Zwiebel rösten. Mehl dazustreuen und mitrösten; darauf die „gebladlten" Erdäpfel geben sowie kleinwürfelig geschnittenen Selchspeck. Alles abrösten, dabei ständig umrühren, bis die Erdäpfel hellbraun sind. Etwa $^3/_4$ l Wasser (bis zur Hälfte der Erdäpfelmasse) aufgießen und 15 bis 20 Minuten kochen lassen. Dann die Erdäpfelscheiben in der Pfanne zu Brei zerstampfen, in großer Schüssel mit Zwiebelschmalz anrichten. Dazu Buttermilch servieren.
Diese Kost ist seit Beginn des 19. Jahrhunderts im Brandenberger Tal bekannt. Gelegentlich gab es dort auch **„Easchtöpfelreastl"** („Erdäpfelgröstl"), im übrigen Tirol als „Tiroler Gröstl" (siehe Seite 457) bekannt: Erdäpfelscheiben und etwas Fleisch mit einer Handvoll Zwiebel in heißem Schmalz gut rösten.

Salat fand durch die Nähe Italiens verhältnismäßig früh in der Tiroler Küche Verwendung. **Häuptelsalat** wurde beispielsweise im letzten Drittel des 19. Jahrhunderts in Gärten des Brandenberger Tales kultiviert. Gern wird der Häuptelsalat mit gekochten Erdäpfelscheiben vermengt, mit Essig und heißer Butter „o'g'macht", eventuell auch mit gerösteten Speckwürfelchen **(„Specksalat").** Er dient dann als Vorricht oder Beilage zu Knödeln u. a. Im Frühjahr ißt man gern junge Bachkresse, später auch die Gartenkresse („den Kreß"), Rapunzel, Paradeiser, Gurken, Sellerie, „Insl-" oder „Nißlsalat". Bei den Villgratener Bauern wurde der grüne Salat auch mit Pfeffer gewürzt. Anna Tagwerker führt einen **„Hopfen-Salat"** an (junge Triebe in Salzwasser kochen, mit Essig, Öl, Zucker, Salz und Pfeffer anmachen).

Warmer Rohnensalat

4 gekochte Erdäpfel, 1 gekochte Rohne (Rote Rübe), 6 EL gekochte Fisolen, 40 g Butterschmalz, 1 Zwiebel, 1 Zuckerwürfel, Zimt, Essig, 30 g Butter, $^1/_2$ Zwiebel

Erdäpfel blättrig schneiden, mit gehackter Zwiebel in heißem Fett rösten, die Rohne dazu raffeln, Fisolen und Gewürze beigeben. Mit so viel Essig vermengen, daß etwas Flüssigkeit darin stehen bleibt. Den fertigen Salat mit in Butter gerösteten Zwiebeln abschmalzen. Rumpolt schreibt einmal von einer „roten Rübensauce mit Krän gemacht, wie man's im Bergland machet". Wird im Ötztaler Gericht als Vorspeise gegessen.

Der **Erdäpfelsalat** wird auch mit Kresse, Endivienblättern oder mit einem Vogerlsalat vermengt angerichtet.

Von den anderen Beilagen und Soßen seien als Beispiele der Tiroler Küche angeführt der **Preiselbeerkren** (geriebenen Kren mit Zucker, Prise Salz und Zitronensaft würzen und mit Preiselbeerkompott vermischen), **Kräutersoße** (8 EL Mayonnaise mit 4 EL saurem Rahm und reichlich Küchenkräutern, wie Kerbel, Petersilie, Zitronenmelisse, Basilikum, Dillkraut, Bohnenkraut, Estragon, Liebstöckl oder Schnittlauch, vermengen, mit Essig oder Zitronensaft abschmecken), **Seefelder Soße** (8 Eßlöffel Mayonnaise mit 2 Eßlöffel geriebenem Kren und 2 Eßlöffel Paradeismark mischen).

Tiroler Soße

Mayonnaise (aus 2 Dottern und Öl), 2 EL Paradeismark, 1 EL gehackte Petersilie, Salz, Pfeffer, Zitronensaft, Zucker

In eine fertige Mayonnaise Paradeismark und Petersilie geben, mit Salz, Pfeffer, Zitronensaft und Zucker pikant abschmecken. Diese Kombination ging in die internationale Gastronomie ein.

Als „Zuricht" zu Schmalzgebackenem sind das Apfelschnitz-(„Figgen-")Kompott und der „Kienzl" (siehe Seite 446) sowie die folgenden „Hoanzen", „Mandl" und der „Zwetschkenpfeffer" beliebt.

„Mooshoanzen", „Moosbeermandl"

500 g Moosbeeren, 100 g Zucker, Wasser, 1 EL Mehl

Frische oder getrocknete Moosbeeren mit wenig Wasser weich kochen, einen weichen Teig aus Wasser und Mehl verrühren und dazugeben. Zuckern. Das gleiche „Kompott" bereitet man aus Schwarz- oder Heidelbeeren, Holunderbeeren (dazu kocht man auch frische Zwetschken oder Äpfel- und Birnenspalten mit) und Kirschen **(„Schwarzbeer-, Holler-, Keasch-Hoanzen"** oder **„-Mandl").**

„Zwetschkenpfeffer"

200 g Dörrzwetschken, 1 EL Zucker, 30 g Butter, 1 TL Mehl, 2 Gewürznelken, Zitronenschale, Flüssigkeit

Dörrzwetschken in Zuckerwasser weich kochen, die Steine auslösen, die Zwetschken fein wiegen (oder faschieren). Aus Butter und Mehl eine lichte Einbrenn machen, mit Kochwasser, Milch oder Rotwein aufgießen. Zwetschken und etwas vom Zwetschkensud dazugeben, mit Gewürznelken und geriebener Zitronenschale würzen.

„Apfelmandl"

„Die Äpfel werden geschält und fein geschnitten, dann mit Zucker und sehr wenig Wasser gekocht, durchpassiert und auf die Schüssel gerichtet, dick mit Zucker bestreut und mit einem glühenden Schmarrnschäuferl gebrannt, und zur Tafel geben. Ist sehr gut zum Thee." (Handgeschriebenes Kochbuch, 1895)

„Hollersaft" (Holundersaft)

Holunderbeeren mit wenig Wasser eine Viertelstunde aufkochen, passieren, den Saft mit viel Zucker noch einmal eine Viertelstunde kochen. In Flaschen abfüllen. Wird mit Wasser verdünnt zu den „Küachl" als Zuspeise genommen. (Kreszenz Trebo empfiehlt ihn auch für Husten und Katarrh.)

Ebenso als Zuspeise zu Schmalzgebackenem dienen **„Himbeerwein"** ($^1/_4$ l dicken Himbeersaft mit ca. $^1/_2$ l Rotwein leicht erwärmen, die Nacht über stehen lassen und wieder leicht erwärmen), **Honigsoße („Heiniglek")**, **„Honigtunke"** ($^1/_4$ l Honig mit $^1/_4$ l heißem Wasser verrühren), **„Honigschmalz"** (Honig erwärmen, mit frischer Butter sämig verrühren, manche geben auch etwas Branntwein dazu), **Weinschaum** ($^1/_4$ l Weißwein mit 80 g Zucker und 3 Dottern über Dampf dickschaumig schlagen), **Weinpunsch** ($^1/_4$ l Wasser, 250 g Zucker, Zitronen- und Orangenschalen, Zimtrinde und Gewürznelke aufkochen, mit 2 Glas Rotwein vermischen, nochmals aufwärmen).

„Nuischmalz", „nuies Schmalz"

$^1/_2$ l Milch oder Obers, 40 g Butter, 80 g Mehl (davon die Hälfte griffiges Mehl), Prise Salz, Butter, Honig,

Milch oder Obers mit Butter und Mehl zu einer Art Mus kochen. Unter ständigem Rühren erkalten lassen, bis es lippenwarm ist. Dann reichlich Butter (bis zu 500 g) einrühren und so lange weiterrühren (ca. Dreiviertelstunde), bis die Masse flockig und weiß wie Schlagobers ist. Pyramidenartig (auf einem Zinnteller) anrichten, mit flüssig gemachtem Honig übergießen.
Das „Nuischmalz" ist eine hochgeachtete festtägliche Nachspeise und wird im Oberinntal, besonders im Ötztal, zur Weihnachtszeit serviert. Es wird auch als Kirchtags-Festessen sehr geschätzt, das im Oberland aus mehreren Gängen besteht (Käse-, Speckknödel, Küechel aller Art, Krapfen, Nocken, Nudeln u. a. m.).

„Maibutter"

$^1/_4$ l Schlagobers, 60 g Zucker, Zimt

Schlagobers steif schlagen, süßen und mit Zimt bestreuen. Wird gerne als Nachspeise gegeben oder zu Kaffee und Kuchen serviert.

Käsewasser wurde in Osttirol gern zum „haberen Plente" getrunken, es ist ein dünnes, milchiges Wasser, das beim Gerinnen der Milch zurückbleibt, wenn man den Topfen weggenommen hat. Es wurde auch zu anderen trockenen Mehlspeisen gereicht.

Salzbehälter aus Lindenholz. Aus dem Fleimstal. Aus dem Deckel Kerbschnittrosette mit Monogramm Christi und Initialen G. I. F. Vorne mißverstandenes Monogramm Christi und I. I. F. L. 1755. LDS. Da man dem Salz reinigende Kraft zusprach (jeder Täufling bekommt etwas Salz auf die Zunge gestreut), erhielt auch der Behälter eine entsprechend kostbare Verzierung.

Koche, Muse, Plenten und Riebler

„Allweil kreuzlusti und guat's Muats", beschreibt ein Brixentaler das „Bauersein" und zählt seinen Speiszettl auf:

„Die Kost is a wieder recht laut.
Ma habnd allweis Muas a da Fruah.
z'Mittag habn man Gselcht's mid an Kraut.
Und zan Nudaln a kröftigö Brüah.
Aff'n Obnd da is woll a wenk minda,
sand Knödl und Krapfn da Brauch,
es is hald zan Schlaffn vie g'sünda,
wenn aana nid z'voll is an Bauch."

Noch im 17. Jahrhundert stand das biblische „Linsenmus" neben angeblich weiteren 52 Arten von Milch-, Mehl-, Gemüsebrei oder Müsl hoch in Ehren. Mus galt einst als Kultspeise, als solche durfte es bei keinem religiösen und weltlichen Festmahl fehlen. Der Braut reichte man vor Betreten des Gasthauses, in dem das Hochzeitsmahl stattfand, Weizenmus, oder man überreichte ihr beim Überschreiten der Hausschwelle neben dem Hausschlüssel die Muspfanne und den Musbesen. Der „Wintin" hat man Mehl oder Kleie als Futter gestreut oder ihr ein Mus vors Haus gestellt; tat man es nicht, so ging der Wind noch weitere 30 Tage. Außer Milch, Mehl, Rahm, Butter und Weißbrot pflegte man auch Mus der Sonne darzubringen, vor das Fenster zu stellen, sobald sie sich nach den langen Winterwochen wieder sehen ließ. Und der „Sennpuppe", einem Popanz aus Stoff, Holz, Stroh, Heu, Butter, Käse oder festem Teig, strich man solange Mus ein, bis sie lebendig wurde, zu einem Ungeheuer wuchs und nur von einem siebenjährigen Stier bewältigt werden konnte, der seinerseits nur mit Milch und Mus gefüttert wurde, weiß die Sage („Hoanzl" nennt man die Figur in Rodeneck und Lüsen, „Unze" im Pustertal, „Nuinze" in Osttirol, „Tschuntsch" und „Toggl" im Sarntal). Ein heiratslustiges Mädchen muß dreimal mit einer Pfanne voll Mus am Samstagabend ums Haus laufen, immer im Uhrzeigersinn, ohne den Bannkreis der Dachtraufe („Trupfstall") zu verlassen; während der dritten Runde begegnet ihr der künftige Bräutigam – wenn sie alles richtig machte (sonst ereilte sie Unheil oder gar der Tod).

„Habermus und Ruibensupp
und beim Mannerl liegn
ischt die beschte Gutigkeit",

mag sich die eine oder andere dabei gedacht haben. Wenn Hühner das Jahr über vor den Geiern sicher sein sollen, gibt man ihnen am Heiligen Abend ein Mus.

„Muas" oder „Miasl" ist in Tirol ein dicker, fast schnittfähiger Brei aus Hafer-, Mais- oder Weizenmehl und Milch. In den meisten Gegenden Tirols wird dieser Brei „Mus" genannt. Im östlichen Nordtirol (und im angrenzenden Salzburg) heißt der Brei „Koch". Im Tiroler Unterland (und in Osttirol) versteht man unter „Mus" auch eine dem Kaiserschmarren ähnliche Speise (nur ohne Ei). Man unterscheidet dabei „Kerschn-", Schwarzbeer-, Moosbeer-, „Grantl-", Apfelmus, wenn nämlich Kirschen, Heidelbeeren, Moosbeeren, Preiselbeeren oder geschnitzelte Äpfel in den Teig gemischt werden. Dieses Mus war für die Holzfäller das „tägliche Brot"; sie aßen es meist zweimal am Tag. Das ursprüngliche Mus war ein Mus aus Hafermehl und Milch, „Gei(s)litz" (mittelhochdeutsch „giselitze") genannt – in Kals aß man es bis ins 19. Jahrhundert: Hafermehl samt Kleie übergießt man in einem hölzernen Gefäß, das das ganze Jahr hindurch nicht mit heißem Wasser ausgewaschen werden darf, mit Wasser und läßt das Ganze stehen und durchsäuern. Bei Bedarf wird der Teig aus dem Wasser genommen und mit Milch (oder Wasser) zu einem Brei verkocht – ohne Fett und ohne Salz.

Einst wurde viel Hafer im Lande angebaut. Aus einem Bauernhaus-Inventar um 1782 geht hervor, daß „Haaber" und 2 Star (61,12 l) „Rendl-Mehl" vorhanden waren. Der Hafer wurde etwas überreif geschnitten, beim Drusch fielen die „Flaiden" oder „Flein" (Hülsenspelzen) ab; die „Flein" verwendete man zur Polsterfüllung (auch Säuglinge lagen auf Fleinsäcken in der Wiege). Die Haferkörner wurden noch in den Deckspelzen im Backofen, im „Darrofen" oder in einer großen Eisenpfanne auf dem Herd gedörrt, heiß in hölzerne Gebinde gefüllt und sofort zur Mühle gefahren; der Müller hatte schon die dazu notwendigen Steine in sein Mühlwerk gegeben, denn zum Hafermahlen brauchte er niedergestellte Läufersteine. Die

Haferkörner wurden nun in der „Gosse“ aufgeschüttet und „g'rellt“ (gerollt), dabei fielen die „Hafersprüan“ (Spelzen) ab. Der Hafer mußte zehn-, zwölfmal aufgeschüttet werden, bis alles zu hellbräunlichem Mehl gemahlen war, das bereits feine Mehl sammelte man in der Lade (das noch grobe Mehl mit Spelzenresten wurde wieder aufgeschüttet und weitergemahlen).
„Rellmehl“ mußte vor seiner Verwendung gut zwei Jahre gelagert, mehrmals umgeschüttet und durchgelüftet werden. Im Unterinntal bereitet(e) man daraus das im folgenden Rezept wiedergegebene Gericht:

„Rellkoch“

1 EL Butter, 1 Tasse Wasser, 1¼ l Milch, ¼ l Rellmehl (Hafermehl), Salz, 2 EL Butter

Einen Löffel Butter in einer Kupferpfanne erhitzen, dann Wasser, Milch und Prise Salz dazugeben, das Rellmehl in etwas kalter Milch verrühren, in die kochende Milch einrühren und auf kleinem Feuer unter ständigem Rühren langsam kochen lassen (mindestens eine Stunde), bis sich „Brinzen“ (Krusten) bilden. In das gargekochte Rellkoch noch Butter geben, denn es wird wie die anderen Koche mit Schmalz in der „Schmalzgrube“ obenauf aufgetragen.
Das Brandenberger „Rellkoch“ entspricht dem „Habermues“ anderer Talschaften Tirols, man aß es täglich zum Frühstück, mancherorts auch noch abends, später nur mehr im Winter, bis es vom Türkenkoch verdrängt worden war. „Habermus“ war im Mittelalter das traditionelle Fasten- und Traueressen gewesen. – Jedes Mus muß eine Stunde kochen, eine Stunde auskühlen und eine Stunde (an)halten, heißt es im Volksmund.

„Lustig sein mir Pusterer Buiben,
mir tanzen auf ein Fuiße,
die gnaze Woch' a Frigelesupp,
sonntags a haberne Muise.“

Nicht nur die Bauersleute, auch Bürger und Edelmann aßen im Mittelalter Mus. Schon Oswald von Wolkenstein singt:

„Ich mues hinfuer derwelcken,
kauft ich mir nit ain Kue,
damit ich hab zu melken
ain Mues des Morgens frue.“

„Habermus“ und „Rellkoch“ schmeckte mit seinen vielen „Gratn“ schon um 1830 niemanden mehr so recht, wie Berichte bezeugen, nur der Müller von Aurach versteht sich noch heute auf das „Redln“ des Hafers und hatte noch 1947 von Herbst bis Lichtmeß mehr als 2000 kg Hafer „g'redelt“. Noch bis um 1900 benötigte man im Jahr pro Kopf 2 Star (61,12 Liter) Hafer. Der Außervillgratener Kurat Andreas Bachmann bemerkte 1834 in seiner Beschreibung des Hochtals Villgraten in Osttirol: „Sie nährten sich größtenteils mit Haber, blieben dabei gesund, kräftig und munter und erreichten allgemein ein hohes Alter. Dermalen will die Haberkost nicht mehr recht schmecken.“

„Melchermuas“, „Schwingermuas“

150–200 g Butter, 250 g Mehl, ¾ l Voll-, Mager- oder Buttermilch, Prise Salz, 150–200 g Butter

Das „Melchermuas“ aßen die Almleute in Schmirn und Tux, im Ahrntal und in den Kitzbühler Alpen früher gern zu Mittag, während es für die am Hof Verbleibenden ein seltener Leckerbissen gewesen ist. Denn die Zubereitung des Melchermuses war Vorrecht der Männer, ja die „Weiberleut“ können es nach Ansicht der Melcher gar nicht richtig, „Nid vül Gscheid's hun i nia nid g'sechn vu die Weiberleut“, meinte in diesem Zusammenhang ein alter Melker. Das Melkermus wird auf offenem Feuer viel schöner und besser als auf einem geschlossenen Sparherd. Man läßt ein mannsfaustgroßes Stück Butter in der eisernen Pfanne (in einer anderen soll man es gar nicht probieren) heiß werden, dann rührt man mit dem „Muaser“ Gersten-, Roggen- oder Weizenmehl ein. Mit ziemlich viel Milch (teils Voll-, teils Magermilch oder auch Buttermilch) aufgießen, salzen und „afn Fuir föscht umanondrihrn“, bis ein Löffl drinn stecken bleibt. Dann benötigt man eine zweite Eisenpfanne, die ausschließlich für „Melchermuas“ und Schmarren verwendet wird und nie ausgewaschen werden darf; sie ist vom vielen Fett ganz glatt, so daß nichts „hangen bleibt“. In diese Pfanne ebensoviel Butter wie in die erste geben, zergehen lassen, die breiartige Masse hineingeben und über dem sehr starken Feuer ausbacken lassen, indem man die Pfanne ständig leicht kreisend „schwingt“ (daher der Name „Schwingermus“). Das Mus muß dabei so beschaffen sein, daß sich seine Ränder immer wieder bis zur Mitte überschlagen; wenn man dabei mit dem Muaser nachhelfen oder es auseinanderdrücken muß, bis das Muas „brinzig“ ist, ist es nach dem strengen Urteil der Melcher schon nicht mehr ganz echt. „Bal's richtig a-g'kocht isch, schlag ma die ganze Pfann ibr“, d. h., man

wendet ähnlich wie beim Palatschinkenbacken das ganze Mus in der Luft um (zuvor muß etwas flüssiges Fett abgegossen werden, damit es nicht verspritzt).
Im Almer-Latein erzählt man sich, daß es besonders geschickte Melcher gebe, die das Mus bei dem bei einem offenen Feuer immer sehr großen Kamin „hinausschutzen", indessen schnell vor die Hüttentür laufen und es dort mit ihrer Pfanne auffangen! Nach dem Umwenden läßt man das Mus noch kurze Zeit auf dem Feuer stehen, bevor es (eventuell gezuckert) gegessen wird. Dazu ißt man Preiselbeerkompott oder „Birnmandl". „Kalt ist es nicht zu mögen." Auf den Almen der Tuxer Schieferalpen soll es diese Speise früher tagtäglich gegeben haben, und die Melker rühmten sich, daß sie für zwei (oder nur ganz selten drei) Personen 50 bis 60 kg Butter in einem Sommer verbraucht hätten.

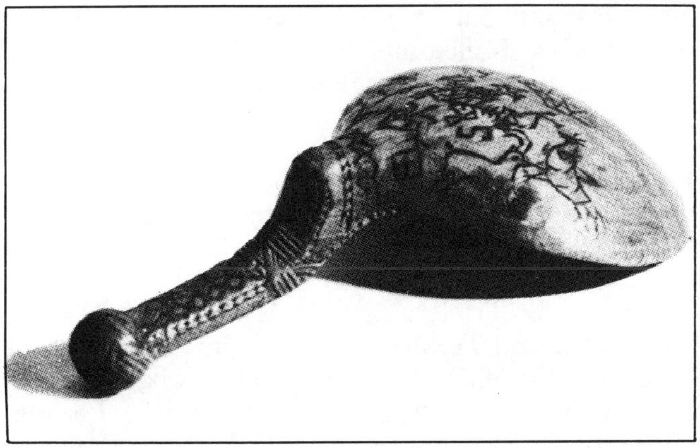

Löffel aus Ahornholz. Außen Monogramm Jesu zwischen Tieren, Ranken und Initialien A K eingeritzt. Der kurze Stil mit Knopfende einfach gekerbt.

„Rahmmiasl"

200 g glattes Mehl, Prise Salz, $^{1}/_{2}$ l Obers; Preiselbeermarmelade

Obers, Prise Salz und Mehl mit dem Schneebesen glatt verrühren, in einer breiten Pfanne auf starkem Feuer unter ständigem Rühren aufkochen, bis die Masse dick wie Brandteig wird. Dann mit der Backschaufel zerteilen, ähnlich wie beim Schmarren, bis das Milchfett aus der Masse austritt, dieses etwas abschöpfen und unter öfterem Wenden das Miasl backbraun werden lassen. Vom Feuer nehmen, Preiselbeermarmelade darüber verteilen und in der Pfanne servieren.

Tiroler Mus

1 l Milch, 1 l Wasser, Salz, Butterschmalz (oder Butter), 125 g Mehl (1 Schale), 125 g Weizengrieß (1 Schale), $^{1}/_{2}$ l Milch; 40 g Butter

In einer mit Butter oder Butterschmalz ausgestrichenen weiten (Eisen-)Pfanne 1 l Milch und 1 l Wasser zum Kochen bringen, salzen, dann langsam das in wenig kalter Milch verrührte Mehl und den Weizengrieß einrühren, einmal aufkochen lassen, ohne zu rühren auf kleinem Feuer dick einkochen, die restliche Milch dazugeben und wieder einkochen lassen. Zugedeckt etwas stehen lassen, vor dem Anrichten kleine Butterflöckchen auf die Oberfläche geben. Das Gericht wurde in der Eisenpfanne auf dem „Pfannknecht" serviert (Maria Drewes/Otto Kostenzer, „Tiroler Küche", 1974)

„Ofannmuis", „Ofenmuis"

$^{1}/_{4}$ l Milch, 250 g Mehl, Salz, Zimt, 1–2 Msp. Backpulver oder Speisenatron; Fett für die Pfanne

Aus Milch und Maismehl allein oder Maismehl und Weizenmehl gemischt einen nicht zu festen Teig machen, daß er leicht in die Pfanne rinnt. Mit etwas Zimt („Simonpulver") und Prise Salz würzen und „a bißl a Backpulver oder Natronpulver" dazugeben. Eine Pfanne mit Fett ausschmieren, mit etwas Türkenmehl ausstreuen, die Masse einfüllen und im Ofen backen. Noch heiß aufschneiden und sofort servieren, denn kalt wird es „gar recht starr".
Will man es besser bereiten, „a wenig gelimpfiger" (gelinder), nehme man weniger Türkenmehl und mehr Weizenmehl (Osttirol).
Gibt man in diese Musmasse oder in das Tiroler Mus frische Kirschen, erhält man das **„Kirschmuis"**; ähnlich wird das **„Schwarzbeermuis"** bzw. das **„Moosbeermuis"** zubereitet. Man kann auch extra Heidelbeeren mit Zucker und Zitronensaft verrühren und den Beerenbrei auf das fertige Mus streichen. Im Sarntal gab es nach Hans Fink ein **„Fümpfarmues",** einen Mehlbrei aus fünf verschiedenen Mehlsorten und mitgekochten Haselnüssen, Waldbeeren oder Obstschnitzeln.

Reismus (Milchreis)

$^{1}/_{4}$ l Reis, $^{3}/_{4}$ l Milch, Salz, 30 g Butter, Zucker, Mehl

Es wird gern mit Weinbeeren zubereitet, zuletzt mit Zucker und Zimt bestreut und das Ganze mit brauner

Butter „abgeschmalzt" – „wie mehr, wia bessa!". In Osttirol kocht man den Reis gleich in Milch und streut nach dem Aufkochen ein, zwei „Handlan" voll Mehl ein, damit der Reis „a bißl a Muis" wird.
Ähnlich wird dort das **„Milchmuis"** gekocht. „Bal das Muis stodet (stockt) und recht pfapfzet und sprutzt, darf die Kuchile (Köchin) zum Rühren schaun, sischt brennt's an." Beim Milchmus aus Mehl und Milch ist das Schmälzen mit Butter besonders wichtig. „Und die Esser", setzt Maria Lang-Reitstätter in „Villgrater Bergbauern" ihre Schilderung fort, „machen ‚Butze' (Vertiefungen) hinein, jede recht tief, daß sich ordentlich Schmalz darin sammeln kann."

Seit dem Zweiten Weltkrieg hat sich der **Reis** rasch und stark verbreitet, die Mus- und Rieblergerichte wurden zurückgedrängt (diese gibt es im Paznaun nur mehr an Festtagen auf den Almen und bei der Heuarbeit auf den Bergwiesen). Heute ist der Milchreis wie der Reis als Beilage bereits eine volkstümliche Speise geworden.

Der **geröstete Zwetschkenreis** ist ein Milchreis, der zuletzt mit gekochten, entsteinten Zwetschken in heißer Butter geröstet wird. Die Zwetschken können durch Apfelschnitten ersetzt werden **(gerösteter Apfelreis).**
Im Tiroler Oberland nahm die Bäuerin zum dort ebenfalls weit verbreiteten Milchmus weißes, zum Wassermus gelbes Türkenmehl; in das Wassermus gehört auch ein „starker" Käse.
Auf der Südtiroler Seiseralm gab es zum Frühstück stets eine Brennsuppe, dann „Wozan-Muas und Gaggelen (Eier) draun". Nachdem die Häuserin ein, zwei „Gaggelen aug'lockt" (aufgeschlagen) und roh auf das fertige Mus verstrichen hatte, ließ sie im Schmälzpfandl viel Butter zergehen und so heiß werden, daß die Flammen auf das Schmalz übersprangen; dann ging sie mit dem brennenden Schmalz vor die Hütte und goß es über das Mus, so daß einen Augenblick lang die „gonze Pfann brinnt"; „so wer'n die Gaggelen au'g'bachen". Dann stellte sie das Mus auf den Pfannknecht am Tisch.
Im Zillertal gab es bei mancher Hochzeit „einen Pfefferkoch" (auch in alten handschriftlichen Kochbüchern und Reiseberichten heißt es oft „der" Koch) aus kleingehackten und gekochten „Birnklötzen" (Kletzen); außerdem kennt man noch Braut-, Grieß-, Brot- und Weinkoch u. a. m. Die „Perchtenmilch" oder das „Bachlkoch", wie es in Kärnten oder Salzburg bekannt ist, wird am Tiroler Weihnachtsabend für das Christkind und die Muttergottes bereitgestellt.

„Holzermuas" (Kaiserschmarren ohne Ei)

750 g Weizenmehl, $^1/_2$ l Wasser, Salz, 250 g Butter

Mehl, Wasser, Prise Salz in einer „Toagkehl" zu einem weichen, dickflüssigen Teig verrühren. In einer flachen, weiten Eisenpfanne Butter heiß werden lassen, den Teig eingießen und wie eine dicke Omelette beidseitig backen, dann mit dem schaufelartigen „Muaser" in kleine Stücke zerstechen und noch etwas weiterbacken, bis es knusprig wird. Dieses Mus darf nicht weich und patzig sein.
Gibt man in den Teig dieses „Holzermuas" zusätzlich 1 bis 2 Eier, so erhält man das **„Oamuas"** oder **„Oamiasl" (Holzermus mit Ei).**
Im „Wochensack" eines Holzfällers im inneren Brandenberger Tal befanden sich 2 bis 3 kg Weizenmehl, 1 kg Butter oder Butterschmalz in einer „Spatl", etwas Grauskäse, Salz, vielleicht noch ein Hafen Sauerkraut oder „Ruabmkraut" sowie seit den letzten Jahrzehnten auch Zucker, Kaffee und Erdäpfel (nach Albert Atzl, „Die alte Brandenberger Bauernkost"). Es gab meist nur „Muas" oder „Spotzn".

Heute wird meist das „Tirggenkoch" (Türkenkoch) gemacht, so in der Kitzbüheler Gegend; Türken- oder Maisgrieß wird in Milch eingekocht. Da die Salzburger Pinzgauer das Türkenkoch höchst ungern essen, necken sie die Tiroler: „Geht's ös Tiroler, ös Häuser-Areischpler und Türknkochesser!" (die Häuser werden jährlich mit einer Brennessellauge abgerieben – „a'g'reischplt"). „Tirggenmehl", Maisgrieß, Polenta, dürfte zu Beginn des 18. Jahrhunderts im Brandenberger Tal eingeführt worden sein und ist dort noch heute hochgeschätzt; im Tal selbst gedeiht Mais nicht, es muß vom Inntal („vom Land draußen") eingekauft werden. Das „Tirggenkoch" aß man in der Früh und als Abendmahl. „Tirggalen" ist ähnlich dem Kärntner Sterz.

Wasserkoch, „Tirggenkoch"

Pro Portion $^1/_2$ l Wasser, 100–120 g Maisgrieß, 1 EL Weizenmehl, 1–2 EL Butter, Salz

Wasser in einer großen Eisenpfanne zum Kochen bringen, Maisgrieß, Weizenmehl und Prise Salz hineingeben und mindestens eine Stunde auf kleiner Flamme kochen lassen, dabei ständig umrühren, bis sich eine dicke „Brinz", eine zähe, lederartige Bodenkruste und knusprige Randkrusten gebildet haben. Diese „Brinz" (von brennen, leicht angebrannt) wird besonders köstlich, wenn man kurz vor Ende der Kochzeit (etwa nach einer Dreiviertelstunde) zwischen „Brinz“ und Pfannenrand einige Teelöffel Butter gibt. Sobald der Brei zu kochen beginnt, „spritzt“ er; dann begann man am offenen Herd früher die Glut und brennende Holzscheiter nach außen zu schieben, das Koch konnte so langsam zu Ende kochen. Auf das fertige Koch wird heiße Butter geschüttet, jede Person am Tisch drückt mit dem Löffel eine kleine „Schmalzgrube“ am Rand der Pfanne ein, man ißt gemeinsam, jeder bleibt aber im Bereich seiner „Schmalzgrube“.

Küche in einem Tiroler Bauernhaus.

Bis zur Jahrhundertwende bzw. bis zum Ersten Weltkrieg hat man auf ein fertiges „Wasserkoch“ gern eine Handvoll Graukäse gebröselt. Im Sommer gab man eine Handvoll Kirschen oder Schwarzbeeren ins Wasserkoch und erhielt so das „Keasch-“ und „Schwarzbeerkoch“. An Wochentagen aß man das Wasser- oder Milchkoch häufig auch als Abendessen. Das **Milchkoch** wird im Brandenberger Tal genauso wie das Wasserkoch bereitet, nur nimmt man anstelle von Wasser Milch (Vollmilch). Ähnlich bereitet man das **Brennkoch** (aber mit Weizenmehl allein).

Häufig wurde zum Mus auch Gerstenmehl verwendet, dem man in Tux etwas Weizenmehl beimengte, im Pfossental feines „Türkenmehl“, in Schmirn gern „a Habern's, wal's föscht dickn tuät, das Gerschtane aber nit“. Im Stubai wieder gibt man oft „a bißl an starchn Butter“ (fast ranzige Butter) in die eiserne Pfanne, dann „a Kell voll Mehl einsaan und a bißl braun wern lassn, dann a Tröpfl Wasser draun, nar die Milch. Bal's kocht, mit a Dirchlkell a gerschtas Vormeahl einsaan und föscht besn. Bals dick isch, mit d'r Kell weiterrühm und kochn lassen, bis Brinzn sein. Na'r wegstellen, an Batzn Buttr drautian und anstreichen. Muaskochen hat allm die groaße Dirn müassn“. („Dirchlkell“ – „Dirchlkhl“ – ist eine durchlöcherte Kelle, „Dürhelkelle“, von mittelhochdeutsch dürkel, dürchel, dürhel = „löcherig“, durchlöchert, durchbohrt.)

Jedes Koch bzw. Mus wird zuletzt „geschmälzt“. Ziemlich genau decken sich mit dem Verbreitungsgebiet der Namen „Muas“ und „Koch“ für ein und dieselbe Speise auch zwei Gewohnheiten des Schmälzens: Man gibt auf das fertige Mus „an Brockn Schmalz“ und verstreicht die dabei flüssig werdende Butter mit dem Löffel, bevor die Pfanne auf den Tisch gestellt wird. Beim Koch dagegen wird in der Mitte eine große Mulde eingedrückt („Schmalzgruabn“), in der man frische Butter zergehen läßt. Zu Beginn des Essens macht sich dann jeder an seinem Pfannenrand eine kleinere „Schmalzgruabn“ (in Südtirol auch „Gunne“ genannt), die große Dirn teilt jedem aus der großen Schmalzgrube einen oder mehrere Löffel zerlassene Butter zu. Seltener (zum Beispiel im Pfossental) wurde die Butter in einem kleinen Pfandl gebräunt und über das aufgetragene Mus oder Koch gegossen.

Auch Mus-Essen will gelernt sein: Der Kenner löffelt es immer von unten nach oben, hält den Löffel in der geschlossenen Faust und ist stets bestrebt, sich so der Pfannenmitte zu nähern, daß er der Schmalzgrube rascher als die anderen näher kommt.

„Geaschtmilli“

400 g Rollgerste, Salz, 2–3 EL Butter, Schnittlauch

Rollgerste mit Prise Salz in Wasser etwa $1^1/_2$ Stunden dünsten lassen, bis das ganze Wasser verkocht ist, dann den ziemlich trockenen Gerstenbrei mit 2 bis 3 Eßlöffel Butter in der Eisenpfanne abrösten. Mit gehacktem Schnittlauch bestreut servieren. Dazu trank man Buttermilch.

Zillertaler „Kasa"

Man bäckt aus einem Schmarren-Palatschinkenteig ohne Eier dünne Palatschinken. Dann gekochte, zerstampfte Erdäpfel mit geriebenem Graukäse, fein geschnittener Zwiebel, Schnittlauch, Salz, Pfeffer, Paprika und etwas warmem Wasser breiig verrühren und eine Viertelstunde langsam unter ständigem Rühren kochen oder in Butter abrösten. Damit die Palatschinken füllen.

„Schmackofene", Speckomelette

120 g Mehl, 1/4–1/2 l Milch, 2 Dotter, Eiklar, Salz, 100 g Speck, 4 altbackene Semmeln, Weinbeeren; Butter

Aus den in Milch geweichten, gut ausgedrückten Semmeln, feingeschnittenem Speck, Milch, Eiern, Salz, etwas Mehl und Weinbeeren einen weichen Knödelteig machen. Pfanne mit heißer Butter ausstreichen, den Teig hineinfüllen, Butterflöckchen daraufgeben und im Rohr braun backen. Stürzen und mit beliebigem grünen Salat servieren.

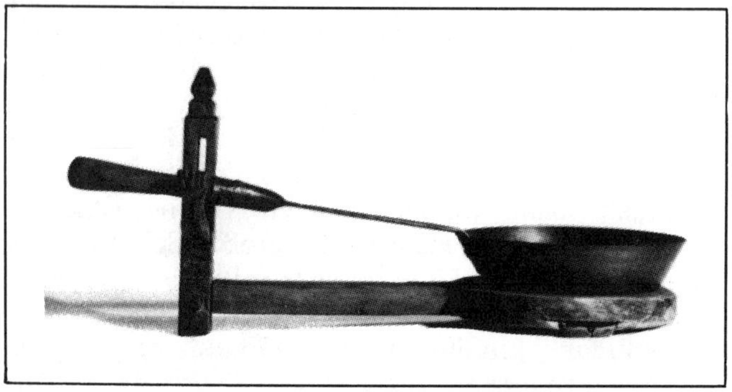

Pfannknecht aus Holz („Pfannholz", „Pfannhaber"). Die Stellvorrichtung für den Pfannenstiel in Form einer Hand („Neidfeige") geschnitzt. Aus dem Zillertal.

Wenn in einem Osttiroler Bauernhof einmal überraschend Besuch kam und die Bäuerin „a bißl eppes Guits" auftischen wollte, machte sie:

„Ungemachtes Broat"

Vom harten Brot Brocken „grambeln" (wenn das Brot noch weich ist, Schnittlan machen), in eine Schüssel geben, mit Birnmehl oder Bockshörndlmehl „ungmachen" (abmachen, vermischen) und mit heißem Schmalz abschmälzen.

Ein Gericht aus in Milch getauchten, mit Honig und Mohn überzogenen Semmelschnitten heißt im Zillertal **„Magschaden"**; Hörmann dagegen bezeichnet als „Magschaden" („Mohnblatteln") eine Speise, die den kärntnerischen „Stockblattlan" bzw. dem „Blattlstock" entspricht.
Nichts mit dem Tiroler Mus zu tun hat das **„gibachne Muis"**, das **„Bachmus"**, wie alte Leute für Schmarren, Omeletten oder Palatschinken zu sagen pflegten.

Zum **„Ofenschutta"** verrühren Kastelruther Bäuerinnen Mehl, Prise Salz und „Biestmilch", backen es im Ofen in einer mit Butter ausgestrichenen Pfanne und servieren es mit aufgestrichener Marmelade.

Schneemilch, „Nidel", besteht aus in gesüßte Milch getunkten Weißbrotstücken, mit einer Auflage von Maibutter (siehe Seite 509), Zimt und „Zibeben" (Rosinen). Sie dient im Vintschgau wie auch im Ötztal als Nachspeise.

„Schmanggerln" („Schmankerlkoch") nennt man ein übriggebliebenes Mus, das man am nächsten Tag in Butter abröstet (Tux). Als **„Grattlermus"** dagegen bezeichnet man eine Armeleutkost („gratteln" heißt soviel wie „einen Karren ziehen"); es ist nichts anderes als ein aufgewärmtes Mus mit eingeweichten Hartbrotstücken (Eisacktal).

Ein Gericht alter Vintschgauer Hirten, das zwischen Schmarren und Melchermus liegen mag, ist das **„Rahmgeröst"**; es dürfte den Ahrntaler Schmalznocken nahekommen, nicht zuletzt, weil beide Gerichte von den Almern sowie den Kraxenträgern und Jochsäumern mitgenommen werden konnten; man hieß sie auch die „Mite" (das Mitgenommene).

„Knödeln, Nudeln, Nocken, Plenten
sein die vier Tiroler Elementen."

Vom „Türkenkoch" zum „Plenten" ist es nicht weit. Unter „Plenten" versteht man den gekochten Maismehlbrei, in Osttirol ist „Plente" die Bezeichung für jeden gekochten festen Brei schlechthin. In den Hochtälern Osttirols gab es einst den „haberen Plente" aus Hafermehl, allerdings war er nicht sehr beliebt, denn er „stabt einem beim Ohr hinaus" (weil im grob gemahlenen Hafermehl viele, oft zündholzgroße Stifte und „Graten" waren). „Kaswasser dazu", das dünne, milchige Wasser, das beim Gerinnen der Milch zurückbleibt, wenn der Topfen abgeseiht wird, war auch gerade kein tröstlicher Leckerbissen zum haberen

Plenten, da wäre schon eine Schüssel „guita" Milch, eine Vollmilch, besser gewesen, aber die hat es beim Bergbauern nur selten zum Trinken gegeben. Besser schmeckte schon der „Schwarzplenten" aus Buchweizenmehl („Heiden", „Hoaden").
Wurde ein fester Plentenbrei mit Milch und heißem Butterschmalz übergossen und auf dem „Plun", einem großen Holzteller, angerichtet, sprach man in Lüsen von einem „Plunplente".
Zur Zeit der Almmahd gab es den „ung'hackt'n Plente"; das war ein noch festerer Brei als der „Plunplente", man hat ihn auf dem „Plentestoan" serviert, auf einem tischartigen Granitfindling, oder auf einem Baumstrunk, dem „Plentestock".
Um nichts Eßbares dagegen handelt es sich beim „Plentebauer"; damit bezeichnete man das verkürzte Rosenkranzgebet, ähnlich dem „Holzhacker" der Waldarbeiter, die auch nicht viel Zeit zum Beten hatten. War an einem heißen Julitag der Roggen abgeerntet, galt es die Erde rasch umzupflügen, um am nächsten Tag schon den Buchweizen aussäen zu können – die Aussaat mußte vor dem 22. Juli erfolgen, damit er vor Einbruch der Herbstkälte reifen kann. Weil man aber den Zugochsen nicht die größte Julihitze zumuten konnte, pflügte man am späten Abend den Acker, folglich mußte das abendliche Rosenkranzbeten verkürzt werden. Aus jener Zeit, da noch viel Buchweizenmehl verwendet wurde, dürfte auch der Vers stammen:

„Weiß sein die Holerblüeh,
schwarz isch der Plentn.
Heut gibt's an g'sottnen,
morgen an verbrennt'n! "

„Tirggalen", „Türkn"

600 g Maisgrieß ($^2/_3$ grob, $^1/_3$ fein), $^1/_2$ l Milch oder Wasser, Salz, 200 g Butter

Maisgrieß in einer „Toagkhl" (Teigkelle, flache Holzschüssel mit geschwungenem Handgriff) mit kochendheißer Milch (oder Wasser) vermengen, zugedeckt quellen lassen, salzen. Den aufgequollenen Polentabrei in erhitzter Butter in einer Eisenpfanne auf Feuer langsam und zugedeckt dünsten lassen, dabei öfter umrühren. Sobald die Masse bröselig-trocken ist, offen noch 5 Minuten rösten lassen. Eventuell mit gekochten Apfelschnitzen (oder Erdäpfelscheiben) vermengen, zuletzt etwas Butter, Milch oder Rahm einrühren und dünsten lassen. Oder in heißer Butter Erdäpfelscheiben heiß werden lassen, den Polenta daraufschütten, auf kleinem Feuer kurz dünsten lassen, mehrmals umrühren. In der Pfanne servieren. Dazu Buttermilch reichen.

Der **Villgratener „Plente"** geht noch einfacher: „'s Wasser soidn lassn, 's Mehl (Türkamehl, Plentemehl) ingebn und lei so a Weile rührn. Nit zuviel Mehl eini, soviel lang rührn, bis sich die Plentenkelle, der Plenterädl säubert (nichts mehr dran kleben bleibt). Na ischt si genui." Man kann „die Plente" sofort schmälzen, oder man kann sie „unmachen" (Mohn, Birnenmehl oder Bockshörndlmehl daraufstreuen und dann erst schmälzen).

Um 1573 findet man den Mais als „türkischen Weizen" erstmals in Salurner Rechnungsbüchern, um 1590 auch in Friaul. Im Etschland fand er als „Welschkorn" zwischen 1747 und 1757 starke Verbreitung, 30 Jahre später noch schrieb die Regierung den Bauern vor, Mais anzubauen (weil die Pflanze nassen Böden die Feuchtigkeit entzieht), Zuwiderhandelnde wurden hoch bestraft. Die Bauern wehrten sich auch heftig gegen den von der Kirche eingeführten Maiszehent; der Rechtsstreit darüber dauerte von 1660 bis 1720. Auch die Nordtiroler führten im 17. Jahrhundert vom Süden den „Türggen" ein, besonders in der Föhngegend von Kufstein bis Imst wurde er als Ersatz für das dort fehlende Getreide bevorzugt – man nannte ihn nicht von ungefähr „Korn der Armen". 1626 hatte man bereits in Telfs den zehnten Teil der Maisernte abzuliefern. Im 19. Jahrhundert erfuhr der Mais im Etschland starke Verbreitung, wurde aber nach der Flußregulierung vom Obstbau verdrängt. Der Mais wurde auch in das Tiroler Brauchtum übernommen, so sieht man den „Türggen" bei den Fasnachtsumzügen in Imst, aber auch als Schmuck bei Feld- und Stubenkreuzen. Die Strohsäcke wurden mit den „Türggetschillen" (Deckblätter der Maiskolben) anstelle mit Stroh gefüllt. Das abendliche „Türggenausflitschen" (Entfernen der Hüllblätter der Maiskolben) hat vor allem der Jugend im Inntal Gelegenheit gegeben, unter Singen und Zutrinken lebhaftes Treiben zu veranstalten. In Osttirol hat man bei dieser Gemeinschaftsarbeit den Rosenkranz gebetet.
In der Küche Tirols fand der Mais sehr bald Verwendung, als Brei, auch mit dazugemischtem Obst als „Ofenplent" bzw. „Ofenbrater", als „gelber Plentn", mit Wasser verkocht, aber auch zu Brotmehl und zu verschiedenen Musarten.

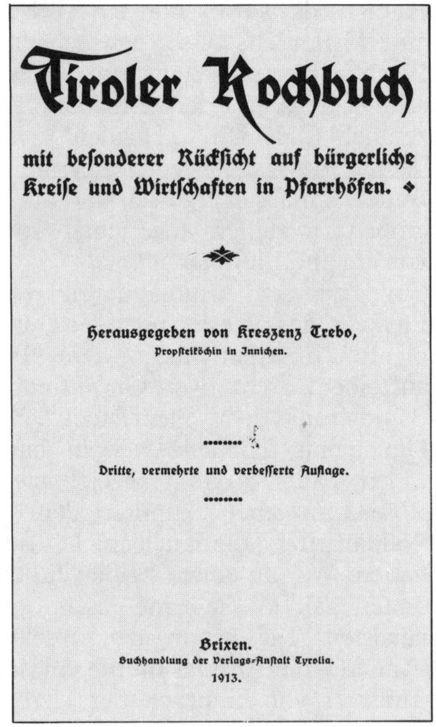

Neben der seit Philippine Welser, 16. Jh., bestehenden handgeschriebenen Kochbuchtradition hat Tirol auch eigenständige gedruckte Kochbücher aufzuweisen.

„Tirggenribbler", „Ri(e)bler", „Ribele", „Ribl"

2 Schalen Maisgrieß, 2 Schalen Wasser, 500 g Äpfel, Butterschmalz, Zucker, Marmelade

Maisgrieß mit heißem Wasser übergießen, 1 bis 2 Stunden zugedeckt quellen lassen. Dann geschälte, entkernte, gehobelte oder blättrig geschnittene Äpfel dazugeben. Das Ganze in heißem Butterschmalz rösten bzw. backen. Zuletzt mit Marmelade bestrichen anrichten. Dazu trinkt man Buttermilch.

Der „Riebler", „Ribl" sowie der „Wir(r)ler" gehören zu den schmarrenartigen Speisen und entsprechen etwa dem „Sterz" – wobei im Passeiertal der **„schwarzplentene Ribl"** aus Buchweizengrieß neben den „schwarzplentenen Knödln" das häufigste Mittagsgericht war: Buchweizenmehl wird mit Wasser angemacht, in sehr viel Schmalz wie ein Schmarren gebacken. Manchmal gibt man etwas Rahm dazu, „do hebt 'r besser un" (wird ausgiebiger). Wird das Mehl zuerst am Feuer „g'lundn" (ohne Fett leicht gebräunt), dann wird es ein **„Lendribl".** Beim **„Pfurflribl"** dagegen verwendet man etwas weniger Wasser.

Der **„fette Riebler"** oder **„Wir(r)ler"** war im Bereich der alemannischen Besiedlungseinflüsse (Paznaun-, Staufertal) bzw. der Maisanbaugebiete eine häufige Kost. Im Oberen Gericht in ähnlicher Form der „Türggeler". In Schmiern werden zum „Ribler" gekochte Erdäpfel zerdrückt, mit Roggenmehl und Prise Salz abgebröselt („a'g'riblt", daher der Name) und die Masse dann schmarrenartig im heißen Schmalz gebacken. Je nach Bedarf und Vorrat wird oft noch während des Backens Schmalz beigegeben. Genauso macht man den „Ribler" im Ahrn- und im Pitztal. Eine ähnliche Speise heißt im Stubai „Erdäpfel-Wirler". Ähnlich ist dort auch ein **„Topfenwirler"** beliebt, für den anstelle der Erdäpfel Topfen mit Mehl abgebröselt und wie oben gebacken wird. Das gleiche gilt für den Pfossentaler „Sprößß-Riebler" („Sprößß" ist im Eisacktal die Bezeichnung für Topfen). Das sonst meist als **„Wirler"** oder **„Wixer"** bezeichnete Maisgericht heißt im Stubai „Sterschz", also Sterz, obwohl dieser Name in Tirol sonst nicht gebräuchlich ist. Im Stubai kocht man dazu weißen Maisgrieß in Milch ein, röstet die Masse nach dem Erkalten in heißem Schmalz ab und gibt noch

Weinbeeren dazu. Der **„Türken-Pfürfl“** ist Maismehl, mit Wasser abgebröselt. In Vomp wird zum **„Türkenwirler“** oder **„Türkenwixer“** weißer Türkengrieß, oft mit kleingeschnittenen Birnen vermischt, mit siedendem Wasser nicht zu dick angemacht, zugedeckt stehen gelassen, dann in Schmalz und etwas Rahm wie ein Schmarren langsam geröstet. Auch im Brixental macht man ihn so, gibt jedoch anfangs kein Obst dazu, dafür legt man zuletzt obenauf Obst oder Beeren, „Hullersals“ (eingekochte Holunderbeeren), Apfelspalten oder Erdäpfel. In dem Wasser zum Anmachen läßt man Butter und ein wenig Zucker zergehen. Sowohl in Vomp als auch auf vielen Brixentaler Bauernhöfen war dieses Gericht im Winter das Samstag-Mittagessen.

„Schwarzplentenstupfer“

2 Schalen Buchweizenmehl, 6 Schalen Wasser, Salz, 100 g Butter, 1 Schale Wasser, 500 g Birnen oder Äpfel

Buchweizenmehl mit heißem Wasser übergießen, salzen, ein paar Stunden zugedeckt quellen lassen. Blättrig geschnittene Birnen (oder Äpfel) dazumengen, das Ganze in heiße Butter in eine eiserne Pfanne geben, das Fett einziehen lassen, in der Mitte der Masse eine Grube bilden und etwas Butter hineingeben. Damit den Plenten rösten. Zuletzt gießt man vorsichtig am Pfannenrand noch eine Schale Wasser langsam dazu, gibt den Deckel darauf und überdunstet den „Stupfer“ kurz. Der „Plentenstupfer“ ist in Tux, im Ahrntal und in Sexten zum Abendessen serviert worden.

„Schwarzplentenschmarrn“

2 Schalen Heidenmehl, 3/4 l Milch, Salz, 2 Eier, Schnittlauch, Butter

Mehl, Eier, Milch, Prise Salz und reichlich geschnittenen Schnittlauch zu einem Frittatenteig verrühren, dünne Palatschinken backen, zu kleinen Bröcklein zerstechen und mit grünem Salat servieren. Eignet sich als Beilage zu Gulasch oder Hauswürsten mit Kraut.

„Spatzlgatze“ („Dirchlkelle“, Lochkelle) aus Ahornholz. Die schwachovale Schale durchlocht, der Stiel hackenartig umgebogen.

„Kaseromeletten“

Palatschinken („Bladl“): 200 g Weizenmehl, 1/4 l Milch oder Wasser, Salz; Butter; Fülle („G'schöpp“): 200 g gekochte Erdäpfel, 1–2 EL Graukäse oder Zi(e)ger, 2–3 EL Milch oder Wasser, 100 g Butter, 1 Zwiebel, Paprika, Salz

Aus Mehl, Milch und Salz einen weichen „Muastag“ rühren. In einer Eisenpfanne daraus in heißer Butter ganz dünne Blätter („Bladl“) beidseitig wie Palatschinken backen, auf jedes „Bladl“ einen gehäuften Eßlöffel „G'schöpp“ geben, verstreichen und zusammenrollen. Für die *Fülle* gekochte Erdäpfel zerdrücken, Graukäse, Wasser oder Milch, Butter, feingehackte Zwiebel, Salz und etwas Paprika zu einem Brei vermengen, in einer Eisenpfanne mit Butter abrösten.

Der **„Tschutsch“** schließlich ist eine im Bozener Unterland beliebte Speise aus 70 g würfelig geschnittenen Speck- und Wurstschnitten, die mit 3 bis 4 Eiern, 1/2 l Milch und 300 g Schwarzplentenmehl (oder Maismehl) verrührt und gesalzen und bei mäßiger Hitze in einer Rein mit Fett im Rohr (ca. 1 Stunde) gebacken werden. Hans Fink leitet das Wort von der Grödner Bezeichnung für Speck („ciòc“) ab.

Nocken und Nudeln

Auch die Nocken zählen zu den „Tiroler Elementen"; allerdings ist diese Bezeichnung „Nockn" auf einen kleinen Raum beschränkt, und zwar auf die Kitzbühler Gegend, das Sölland und Brixental. Man unterscheidet dabei Erdäpfel-, Kas-, Kraut-, Milch-, Fleisch-, Leber-, Kersch-, Schwarz- und Moosbeernocken u. ä. m. Während die Erdäpfel- und Kasnocken etwa den Tuxer „Boidrn" entsprechen (werden auch in Schmalz gebacken, ohne Suppe als eigene Speise angerichtet), werden für Kersch-, Schwarz- und Moosbeernocken Mehl und Milch mit Kirschen bzw. Heidelbeeren zu einem dickflüssigen Nockerl- bzw. Schmarrenteig bereitet; davon schöpft man dann mit dem „Gatzl" (einem kleinen Schöpfer) entsprechende Portionen heraus und bäckt sie in heißem Schmalz zu kleinen Laibchen auf beiden Seiten schön „brinzig" (leicht überkrustet). Die gleichen Speisen heißen in Vomp bei Schwaz **„Boscher"** (Erdäpfel-, Schwarzbeer-, Äpfelboscher), während man dort unter „Nocken" – so wie im Zillertal – eine Art Kaiserschmarren versteht (was anderswo wieder „Muis" heißt, um die Verwirrung vollkommen zu machen). Im Ahrntal, in Tux, Schmirn und Sexten sind die „Nockn" das Samstag-Mittagessen, weil es an diesem Tag erst am Abend das bessere, ausgiebige Essen gibt.

Tuxer Nocken

$^1/_8$ l Milch, $^1/_8$ l Wasser, 300 g Mehl, Salz, Zi(e)ger

Halb Milch, halb Wasser, eine Prise Salz und Zi(e)ger nach Geschmack aufkochen. Aus Mehl, Wasser und Prise Salz einen dünnflüssigen Nockerlteig machen, diesen in die kochende Flüssigkeit mit „an Muaser aufschern, aftang werd'ns g'stopfet, mit'n Nocknstopfer" (einer Art kleiner Schmarrenschaufel) und mit einem größeren Nocknstopfer, im Ahrntal „Nocknklockar" genannt, zerkleinert.

„Kasnocken"

4 gekochte Erdäpfel, 250 g Graukäse, 250 g „schiacheres" Weizenmehl, 300 g Butter, Salz

Noch heiße Erdäpfel und Graukäse „klug" (fein) zusammen kleinhacken, mit dem Mehl zu einem Nockerlteig verarbeiten, leicht salzen. Aus dem Mehl große Nocken (wie flachgedrückte Knödel) formen, diese in der Schmalzpfanne mit Butter herausbacken. (Ludwig Weinold, „Almerkost", 1952)

Diese Kasnocken werden mit „guter" Milch (Vollmilch) sofort vom Herd weg gegessen. Ähnlich bereitete Nocken scheinen im „Jubiläums-Kochbuch" der Josephine Türck (1908) als „Tiroler Holzknechtessen" auf: „Man gibt dazu Birnenkompott", meint Türck. Dieselbe Autorin kennt auch:

„Wasserspatzen", „Spotzn", „Spazn", „Wasserspazlen"

400 g Mehl, 1 Ei, Salz, $^1/_4$ l Wasser, 250 g Butter, 1 Zwiebel

In einer „Toagkhl" Mehl, eventuell 1 Ei, Prise Salz und Wasser zu einem zähen Teig verrühren. Mit einem Löffel nußgroße Stücke davon ausstechen, in siedendes Salzwasser geben und kochen lassen, bis sie an die Oberfläche steigen. Nach einigen Minuten herausnehmen, in kaltem Wasser abschrecken, dann in einer Eisenpfanne in heißer Butter und mit kleingehackter Zwiebel schwenken bzw. rösten. Darauf nach Belieben einige Eßlöffel zerbröselten Graukäse oder Zi(e)gerkugelbröckel und viel Schnittlauch streuen. Dazu Buttermilch oder Sauerkraut servieren. Streut man über die fertigen Spatzen Reibkäse, erhält man die **„Kasspazlen"**.

Eine Abart der Spatzen, die **„Einsieder"**, bereitet man für ein bis zwei Personen aus dem gleichen Teig wie oben, nur mit entsprechend geringeren Mengen; Mehl und Salz mit wenig Wasser (pro Person 2 Eßlöffel) zu einem festen Teig verrühren. Dazu gibt man in eine kleine Eisenpfanne pro Person $^1/_4$ l Wasser und 1 Eßlöffel Butter, läßt es erhitzen und die Teigstücke darin kochen, bis das Wasser verkocht ist. Wird mit einem „Ruabmkraut" in der Pfanne serviert. Das ist ein Essen für Holzfäller und „ledige Ingehäusen" gewesen, die nicht viel Zeit zum Kochen hatten.

In der Osttiroler Küche heißen die Nocken oder Spatzen auch „Pfriegelen" bzw. „Pfarfelen"; man unterscheidet **„Wasserpfriegelen"** (**„Wasserspatzlan"**)

Tiroler Bauersleute. Um 1825.

und **„Milchpfriegelen“**, auch **„g'schmälzte Nockn“**. Eine Osttiroler Bäuerin beschreibt sie so: „Mehl in eine Schüssel geben, a Keidl Wasser (wenig Wasser) dazugießen (zu den Milchpfriegelen nimmt man Milch), nicht zu viel, daß es nicht zu naß wird. Der Teig ischt netta a so wie a Knödltag.“ Mit dem Kochbesen fest rühren, daß daraus kleine „Pfriegelen“ werden und „net eppa Batzn“, dann mit dem Kochlöffel einen tüchtigen Brocken auf ein wasserbenetztes Brettl geben, mit dem Eßlöffel dünn ausstreichen, dann „so Fetzelen“ ins gesalzene siedende Wasser streichen. Ordentlich sieden lassen, mit der Dirchlkelle (Seiher mit größeren Löchern) herausheben und ins kalte, gesalzene Wasser hängen. Dann mit dem Reibkäse „unmacha – immer eine Lage Nöcklan und eine Lage Reibkäse“. Zuletzt mit heißer Butter abschmälzen. „Die san guit na!“ (Nach Maria Lang-Reitstätter, 1933)

„Zi(e)gernocken“

300 g frischer Topfen („Zi[e]ger“), 4 gekochte Erdäpfel, Salz, 200 g Weizenmehl, 1/8 l Wasser, 200 g Schmalz

Topfen, zerdrückte Erdäpfel, Prise Salz, Mehl und knapp 1/8 l Wasser zu einem festeren Teig kneten, daraus knapp faustgroße Kugeln formen, flachdrücken, in heißem Schmalz in einer Eisenpfanne beidseitig braten. Man ißt sie mit den Händen und tunkt die abgerissenen Stücke in heiße Butter. Dazu gibt es Buttermilch.

In Schmirn wird für die „Zi(e)gernockn“ aus Mehl, Zi(e)ger, Salz und Wasser ein Nockerlteig gemacht, von dem man kleine Nocken in siedendes Salzwasser sticht, kocht, abseiht und dann abschmalzt.

Das gleiche, aber ohne Zi(e)ger, sind die **„Schroa-Schneckla“**, die im Pitztal oft nach einem aus Erdäpfeln bestehenden Voressen das Mittagsmahl bilden; früher hat man dazu meist Gersten-, seltener Weizenmehl verwendet. Wenn sie nach dem Abseihen in das heiße Fett kommen, zischt es, „do schreie se“ – davon haben sie ihren Namen bekommen.

In Sexten mischt man beim Abschmalzen der fertig gekochten und gut abgetropften Nocken „Kobeskraut“ (Sauerkraut) darunter **(„Krautnocken“).**

„Tuschennocken“

1 Kohlrübe („Tusche“), 1 EL Zucker, 300 g Mehl, Salz, 2–3 EL Milch oder Wasser; 200 g Butter

Rübe waschen, schälen, in Stücke schneiden und in leicht gesalzenem Wasser weich kochen. Dann fein hacken, mit Mehl, Zucker, Prise Salz und Milch oder Wasser zu einem festeren Teig kneten. Daraus Laibchen formen, flachdrücken und in heißer Butter beidseitig braten.

Erdäpfelnocken

4 gekochte Erdäpfel, 300 g Mehl, Salz, ca. 1/4 l Milch, 1–2 Eier; Salzwasser, Butter

Aus gekochten, geriebenen Erdäpfeln, Mehl, Salz, Milch oder Wasser, Eiern (und eventuell geriebenem Käse) einen nicht zu festen Nockerlteig machen. Nocken ausstechen und in Salzwasser kochen, in heißer Butter abschmalzen.

Tuxer „Hunte“

300 g Mehl, 150 g gekochte Erdäpfel, Salz, 1/4 l Magermilch, Salzwasser, 40 g Butter, 1 Zwiebel

Ein Drittel gestampfte gekochte Erdäpfel, zwei Drittel Mehl, Prise Salz mit nötiger Magermilch zu einem festeren Nockerlteig verarbeiten, auf das Nockerlbrett geben, mit dem Nudelmesser kleine Nockerln in das

siedende Salzwasser stechen. Inzwischen gehackte Zwiebel in heißem Fett rösten, die gekochten, abgeseihten „Hunte“ dazugeben, mit „an U'sana“ (von säen) bestreuen: dazu wird fein geschnittener Käse im Sommer mit Schnittlauch, im Winter mit gehackter Zwiebel vermischt. Zuletzt gießt man über die fertig angerichteten Nockerln braune Butter.
Die „Hunte“ sind auch im Zillertal beliebt, werden auch wie Wasserspatzen (siehe Seite 476) gemacht, mit etwas Kochwasser, in Butter gerösteten Zwiebeln, Salz, Paprika, Käsewürfelchen und Süßrahm angerichtet.

Bergnocken

Aus dem Tiroler Speckknödelteig (siehe Seite 484) oder einem Knödelteig mit einem nassen Löffel kleine Nocken ausstechen, in heißem Butterschmalz braten. Die Bauern nahmen diese Nocken mit zum Bergheuen und zur Holzarbeit in den Bergwald und haben sie dort vor dem Essen rasch in einer mitgebrachten Brenn- oder Erbsensuppe heiß gemacht.

Almernocken, Milchnocken

30 g Butter, 1 l Vollmilch, 200–300 g Mehl, Milch oder Wasser, Salz, Butter

In einer Pfanne 30 g Butter zergehen lassen. Vollmilch eingießen. Dann aus Mehl und etwas Milch (oder Wasser) und Prise Salz einen „lehnen“ (weichen) Teig rühren (dünnflüssig wie einen Palatschinkenteig). Wenn die Milch zu kochen beginnt, den dünnen Teig auf einmal hineinleeren und fest umrühren. Bei sehr großem Feuer ca. eine Stunde kochen lassen, dann vom Feuer nehmen. Durch das starke Feuer (besonders beim offenen Herd) soll es rundherum an den Seitenteilen der Pfanne eine dicke Kruste („Brinzen“) ergeben. Damit sich die „Brinze“ leicht löst, gibt man etwas Butter an den Rand der Pfanne. Auch die Nocken werden leicht mit Wasser bestrichen, damit sich keine Haut bilden kann. Diese Milchnocken brauchen eine Zeit zum Auskühlen. Aufgewärmt schmecken sie noch besser. Zu diesem Zweck gibt man etwas frische Butter hinein, schert die Brinzen mit dem Muser auf und dreht die Nocken einmal um. (Ludwig Weinold, „Almerkost“, 1952)

Das Essen auf einer Alm unterschied sich wesentlich von der Kost im Bauernhaus unten im Tal. Auf der Alpe standen vor allem Milch, Butter und Käse reichlich zur Verfügung, Mehl, Erdäpfel und Brot kamen bei der „Auffahrt“ mit. An Brot herrschte regelmäßig Mangel. In der Früh gab es eine Milchsuppe, mittags „Melchermus“, „Kasnocken“, Preßknödel oder Wasserspatzen. Der Senner kochte für sich und den Hüterbuben. Marend oder Jause gab es nicht, wer Hunger hatte, konnte Käse essen. Abends war mehr Zeit zum Kochen der „Almer-“ bzw. „Milchnocken“.

Glasierte Tonschüssel. Auf weißlichem Grund und braun bemalt, im Fond großer Dreipaß mit 6 grünen und 3 braunen Blättern. 1749.

In Aurach und Jochberg bei Kitzbühel ißt man am Samstag zu Mittag die **„Samstagnockn“**, dann haben die Leute Feierabend: Aus Mehl und Wasser macht man große „Forfl“ (Forfl = Pfurfl = Frigl; das ist der „neumodische“ Ausdruck für mit etwas Wasser abgebröseltes und in Wasser eingekochtes Mehl), läßt sie in Wasser kochen und gibt dann Graukäse dazu. Wie beim Koch bzw. Mus wird in der Mitte eine „Schmalzgruabm“ gemacht, von der die große Dirn jedem mit dem Löffel zerlassene Butter zuteilt.
Ähnlich sind auch die **„Umschüttnockn“**, die manchmal am Samstag Mittag oder an einem anderen Wochentag auch abends an Stelle von Knödeln bereitet werden: die gekochten Nocken werden abgeseiht, dann in eine Pfanne geschüttet (daher „Umschüttnockn“), wo sie mit gehackter Zwiebel und Reibkäse in heißem Schmalz abgeschmalzen werden. Früher wurden diese

Nocken im Brixental in „Jutn“ (Molke) gekocht und daher auch **„Jutnnockn“** genannt.

Wenn man in einen Nockerlteig kleingehackte Wurst, Selchfleisch oder Speck gibt, erhält man **„Wurst-“, „Selchfleisch-“** oder **„Specknocken“.** Mit feingeschabter Leber vermischter Nockerlteig ergibt die **„Lebernockn“** bzw. **„Lebernöcklan“** (wie sie auch jenseits des Paß Thurn im Salzburger Pinzgau bekannt sind), die in Osttirol **„Leberschmarrn“** heißen („einen Teig wie zu Nöcklan machen, nur ein wenig läuterer; in eine Pfanne Fett geben, herbachen, umikehren, mit an Schuber klan aufstechen, daß es wia a Pfarfl oder a Plente werd“).

„Schledernocken“ sind etwas größer geformte Nocken, in Salzwasser gekocht, dann in heißem Fett mit gehackten Zwiebeln geröstet, zuletzt mit Käse bestreut. (Tiroler Oberland)

„Denftnocken“ (gedämpfte Nocken) werden zuerst wie die Nocken bereitet, aber in Milch und Schmalz gekocht und zuletzt darin noch dunsten (dämpfen) gelassen. (Osttirol)

Gibt man in den Nockerlteig geschnittenes rohes Sauerkraut und bäckt man die ausgebackenen Nocken in heißem Fett heraus, erhält man **„Kufsteiner Krautnocken“.**

Pustertaler Schwarzbeernocken

250–300 g Mehl, ca. $^1/_4$ l Milch, 2 EL Zucker, Salz, 500 g Heidelbeeren, Schmalz zum Backen, Zucker zum Bestreuen

Aus Mehl, Milch (Wasser), Prise Salz und Zimt einen dünnflüssigen Nockerlteig bereiten, gereinigte Heidelbeeren dazurühren. Mit dem „Gazl“ (kleinem Schöpfer) portionsweise in heißes Butterschmalz geben, zu kleinen Laibchen formen und auf beiden Seiten backen. Überzuckern. Der ohne Ei bereitete Teig benötigt mehr Fett zum Backen. Anstelle von Heidelbeeren kann man auch kleingeschnittene Äpfel **(„Apfelnocken“),** Kirschen **(„Kerschnockn“)** oder „Grangen“ **(Preiselbeernocken)** zum Teig geben bzw. andere **„Obstbauscherl“** bereiten.

„Schottenwanzlen“

„Man rührt Butter ab, rührt den Topfen darunter und Semmelbrösel und Eier, salzen, gibt in eine Rein einen Butter, gießt gute Milch drein, läßt sie sieden, rührt den Teig untereinander und ein wenig Zimt dazu, macht kleine Knödel in das Reindl und läßt sie unten und oben schön rößlt werden.“ (Handgeschriebenes Kochbuch für Anna Schweigl, Stams 1916)

Nocken und **Nudeln** gibt es auch heute noch in der Tiroler Küche, geändert hat sich dabei lediglich die Mehlsorte; hat man früher Gerstenmehl, Roggen- und Maismehl verwendet, nimmt die Hausfrau von heute Weizenmehl. Die in Schmalz herausgebackenen Drucknudeln aus Türkenmehl kennen nur mehr die älteren Leute.

Die hausgemachten Suppennudeln und die breiten Bandnudeln nennt die Tiroler Köchin **„A’sidnudl“;** dazu wird Weizenmehl und „giaschtas“ (Gersten-)Mehl mit Wasser und Prise Salz zu einem „hiachtn“ (harten) Teig verarbeitet, dann mit einem „Triebl“, einem Nudelwalker, der meist ohne Griff ist und die Form einer großen, an beiden Enden konisch zulaufende Walze hat, ausgewalkt, etwas übertrocknet, dann zu schmalen Suppennudeln oder breiteren Bandnudeln geschnitten. Sie werden nie auf Vorrat, sondern immer frisch gemacht. „Nar werd Wasser ibrgetu und die Nudl eichngetu zan Siadn. Bal’ se g’sotten hent, kimmt a kalt’s Wassr dru, as de feschtr wernd. Aftang tüat man in a Pfann a Schmalz odr an Buttr und die Nudl drei, a U’sana drauf, af z’lescht a bißl a’schmälzn.“

„Ei’sidnudln“ werden wie die Suppennudeln gemacht, das Kochwasser aber dann nicht abgegossen; man gibt etwas Butter dazu, läßt die Flüssigkeit ganz einkochen und streut dann „a U’sana“ darauf.

Zu den **„Zillertaler Schliachtrnudln“** bröselt man in das kochende Salzwasser Zi(e)ger und kocht darin Bandnudeln 7 bis 8 Minuten. Man mengt auch würfelig geschnittenen Bergkäse (oder Emmentaler) darunter, zum Schluß verbessert man die Speise mit einer Schale Obers und einigen Butterflocken. Oder man kocht Bandnudeln in halb Milch, halb Wasser, Prise Salz und Zi(e)ger, läßt aber die Flüssigkeit nicht ganz einkochen wie bei den „Ei’sidnudln“, sondern „dö müaßn a biß läne“ (weich, lind), also suppig bleiben. Zuletzt gibt man etwas Rahm dazu, läßt sie noch einmal aufkochen und übergießt sie vor dem Essen mit brauner Butter.

Die **„Zillertaler Schissalnudeln“** sind hausgemachte Nudeln, in Salzwasser gekocht, abgeseiht, mit Kaltwasser abgeschreckt; dann werden lagenweise abwechselnd Nudeln, zerbröselter Graukäse, würfelig geschnittener Bergkäse und etwas Zi(e)ger in eine Schüssel geschichtet (daher ihr Name), mit Reibkäse bestreut, mit heißer Zwiebelbutter abgeschmälzt.

Vomper Schnittnudeln (Vomper Drucknudeln)

300 g Mehl, Salz, 4–6 EL Wasser, 1 EL Öl; 100 g Schmalz, Rahm, Milch, Birnen

Aus Roggen- und etwas Weizenmehl, Salz, Öl und Wasser einen Nudelteig machen, zu dickeren Blättern auswalken und schmale Nudeln schneiden. Wo es eine Nudelpresse gibt, wird der Teig durch die „Nudldruck“ gepreßt. In einer Pfanne mit viel heißem Schmalz etwas Rahm und Milch, zu unterst blättrig geschnittene Birnen, dann die in Salzwasser gekochten, abgetropften Nudeln geben, langsam kochen und durchziehen lassen. Mit Milch oder Kompott als Mittagessen servieren.

„Rezlnudln“

400 g gekochte Erdäpfel, 250 g Weizenmehl, Salz, 5–6 EL Milch, 250 g Butter, 1/4 l „Re(t)zl“ (Schaum und Rückstände ausgelassener Butter)

Erdäpfelteig aus kalten, zerdrückten Erdäpfeln (früher nahm man dazu Topfen), Mehl, Salz und Milch kneten, fingerdick auswalken, 1 bis 2 cm lange Streifen schneiden, diese wieder in 1 bis 2 cm lange Stücke schneiden. In einer Eisenpfanne Butter erhitzen, die Teigstücke darin rösten und wiederholt umrühren. (Können auch in Salzwasser gekocht werden.) In einer kleinen Eisenpfanne „Rezl“ erhitzen und über die gekochten Erdäpfelnudeln schütten, zugedeckt einige Minuten weiterbraten lassen. In der Pfanne servieren.

„Huniknudai“ (Honignudeln)

Teig und Mengen wie bei den oben beschriebenen „Rezlnudln“ bereiten, auswalken, kleinwürfelig schneiden, die Teigstücke in einer Eisenpfanne in heißem Schmalz rösten, in eine Schüssel umschütten. In der Eisenpfanne 5 bis 6 Eßlöffel Honig in 4 bis 5 Eßlöffel Wasser auflösen. Aus Butter und Mehl eine helle Einbrenn machen und dazugeben, alles über die angerichteten Nudeln gießen. Dazu serviert man eine Schüssel Voll- oder Magermilch. Honignudeln gab es im Unterland früher als Abendessen am Silvestertag.

Drucknudeln

Diese Nudeln werden nicht am Brett zu Nudeln geschnitten, sondern der Teig wird durch eine „Nudldruck“ gepreßt; das ist im Oberland ein häufiges, unterhalb Innsbruck schon selteneres und ab etwa Schwaz fast unbekanntes Gerät, bei dem der Teig durch ein fleischmaschinähnliches Sieb gepreßt wird, so daß lange, spaghettiartige, aber dickere Nudeln herauskommen. Drucknudeln sind die Stubaier „Bluat-“ und „Biaschtnudeln“, die Pitztaler „Türknnudln“ und die Schnalser Nudeln (werden auch in Schmalz gebacken).

Pitztaler „Türknnudln“

300 g Maisgrieß, Gersten- und Maismehl, 1 l Salzwasser, Mehl; Schmalz

Feines Maismehl („Kloameahl“) in Wasser einkochen, bis die Masse ganz dick ist, etwas auskühlen lassen, dann Türken- und Gerstenmehl einkneten, soviel man kann. Den Teig dann durch die „Nudldruck“ drücken und die Nudeln in Schmalz, dem etwas Wasser beigefügt wurde, kochen. Um Schmalz zu sparen, nimmt man mancherorts auch etwas Rahm dazu.
Im Ötztal nennt man diese Nudeln auch „Drucknudeln“. Um Imst macht man sie ebenfalls, knetet aber Roggenmehl statt Gerstenmehl in den Maismehlteig. Im Oberern Inntal um Fiß wurden die Türkennudeln

„Nudeldruck“ aus Holz. 1814. Auf den Seiten in Kerbschnitt: „Kejathan . . .“ Aus dem Oberinntal.

Rosentaler Hochzeitsreinling (Rezept siehe Seite 125). ▷ Schnürkrapfen, Butterstangl, Rosenkrapfen, „Aff'n“ (Rezepte siehe Seite 285). ▷▷

bis zum Ersten Weltkrieg häufig gekocht, besonders für Hirten und wenn man auf einer Bergweide arbeitete. In Fiß gab es vor 1850 nur Gersten- und Roggenmehl zum Kochen, da man den Anbau von Weizen auf der 1500 m hoch gelegenen Terrasse erst später versucht hat. Um Mehl für die Türkennudeln zu bekommen, fuhren die Bauern mit ihren Karren bis Silz ins Inntal, wo damals schon viel Mais angebaut wurde, zum „Gerscht-A'tauschn" (Gerste gegen Mais tauschen). Zum „Inwalle" (Einkneten) nimmt man auch in Fiß schon längst Weizenmehl. Die Nudeln werden stets frisch zubereitet; früher hat man sie auch auf Vorrat gemacht (gedörrt); davon haben die Leute angeblich häufig „Bauchschmerzen" bekommen.

Schnalser Nudeln

300 g Mehl, 150 g Topfen, Salz; Butter

Aus zwei Drittel Roggenmehl, einem Drittel „Spröß" (Topfen) und etwas Salz auf dem Brett einen Nudelteig anmachen, der nicht zu „lauter" (weich, patzig), aber auch nicht zu derb sein darf. In großen Teigbrocken dann durch die „Nudldruck" pressen, unter der der hölzerne „Nudlmalter" (eine flache, rechteckige Holzlade) steht, und die Nudeln sofort etwas einmehlen, damit sie nicht zusammenkleben. Dann in zerlassener Butter (nicht im sonst üblichen Butterschmalz) kochen und in dieser schwimmend auftragen. Diese überaus sättigende Kost ist den wirtschaftlichen Verhältnissen angepaßt gewesen: Mehl war auf den Höfen, die über der 2000-m-Grenze liegen, bereits sehr kostbar, während die Erzeugnisse der Milchwirtschaft reichlich vorhanden waren.

Im Stubai kennt man als Band- und Drucknudeln auch „Bluatnudln" (mit Blut erzeugt, im Backofen überbacken) und „Biaschtnudeln".

„Schutznudeln"

Mit „schutzen" bezeichnet man in Villgraten hüpfen, springen, werfen, schleudern. Einen festen Nudelteig (wie bei den „Blattlan"; siehe Seite 490) machen, zu Blättern („Blattlan") auswalken, „Schnittelan", „Bröcklan" abschneiden, die restlichen „Zipflan" nochmals auswalken, davon wieder „Schnittlan" schneiden. Die Nudeln in siedendes Salzwasser „neinschutzen, ans nach'n andern wia die Nöcklan". Mit der Dirchlkelle herausfischen, sobald sie an die Oberfläche steigen, kalt abschrecken, in einer Pfanne mit heißem Schmalz „a'röascht'n" – „wia fetter wia besser! ".
Von diesen Schutznudeln ist auch ein Spottrezept überliefert: „Auf'n Herd an Stuhl stellen, aufihuckn, Kittel auf d'Höh' hebn und die Nudln über die Knia abischutzn in die Pfann, an nach'n andern. Das ischt fein, daß man die Knia a amal herbadet und durch den Dunst aufwacht (aufweicht); drum haßt man die Schutznudln auch Knianudeln." Ein ähnliches „Verfahren" kennt man auch bei den „Knieküachln"!

„Zettelnudeln"

Diese Osttiroler Spezialität hat den Namen wie das Zettelkraut davon, daß sie „zettelat" sind, d. h. lange, schmale, fransige Streifen bilden. Sie werden aus dem gleichen Nudelteig wie die Schutznudeln bereitet, ausgewalkt, aber zu etwas größeren Stücken geschnitten. Die „Blattlan" sollen so dünn wie möglich ausgewalkt werden; dann die Blattlan etwas trocknen, eins nach dem andern auf den „Flecke" (Küchenbrett) legen, Mehl darauf streuen, die Blätter zusammenrollen und fein schneiden, auseinanderschütteln und übertrocknen. In siedendem Salzwasser kochen. Herausheben, abschrecken, dann abschmälzen bzw. „anmachen" wie die „Nöcklan" oder „Pfrigelen".
Beim Essen faßt jeder mit seinem Löffel unten weg. Wem am Schluß der „Stock" zufällt, der muß am kommenden Sonntag „pfleg'n", das heißt das Haus hüten.

„Boahnlnudln"

Der Nudelteig dazu wird in Villgraten aus Weizen- oder Gerstenmehl gemacht, in mehrere Teile gewalkt, Nudeln daraus geschnitten, die nicht größer sein dürfen als eine Bohne (daher der Name). Werden in Salzwasser gekocht, dann in Butterschmalz „geschmälzt".

„Schlipfkrapfeln", „Schlutzer", „Schlutzkrapfen"

300 g Mehl (evtl. halb Weizen-, halb Roggenmehl), 1/4 l Wasser, Salz, Fülle: siehe unten; Butter

Aus Mehl, Wasser, Prise Salz einen Teig (fester als Knödelteig) mischen. Auf dem Brett mit den Händen kneten, dann einen „langen Nudel machen", Stückchen davon abschneiden, jedes handtellergroß rund auseinanderdrücken oder mit dem Triebl auswalken („wölgn") und rund (mit einem Glas oder dem Krapfenausstecher) ausstechen, auf jedes Blattl ein Löffel-

◁ Gebildbrote aus einer Bäckerei in Eggenburg. ◁◁ „Blattlstock" (Rezept siehe Seite 119).

chen der Fülle (siehe unten) geben, dann jede gefüllte Scheibe auf die Handfläche legen, zur Hälfte umschlagen und den Rand „zsammepitschn" (zusammendrücken). In siedendes Salzwasser geben, einmal fest aufsieden und dann mehr ziehen als kochen lassen. Sobald sie an die Oberfläche steigen, herausheben, abtropfen lassen und „anmachn"; wenn sie mit einer säuerlichen Fülle gefüllt sind, mit geriebenem Käse bestreuen und zuletzt abschmalzen.

Als *Fülle* verwendet man kleingeschnittenes rohes Sauerkraut (in Villgraten gibt es am Samstag zu Mittag „Schlipfkrapfen" und Kraut) oder Rübenkraut, geriebene oder zerdrückte gekochte, leicht gesalzene Erdäpfel oder folgende Fülle:

Erdäpfelfülle: 200 g gekochte Erdäpfel, 150 g Topfen, 100 g nicht sehr reifen grauen Käse, 20 g Butter, 1 Zwiebel, Schnittlauch, Salz; 40 g Butter, 1 Zwiebel, Reibkäse oder Zi(e)ger, Schnittlauch

Gekochte Erdäpfel heiß schälen, passieren, mit Topfen, geriebenem Käse, in Butter gerösteter feingehackter Zwiebel, etwas Salz und Schnittlauch verrühren. Die Schlipfkrapfelblättchen damit füllen. Kochen, abseihen, in eine vorgewärmte Schüssel geben, lagenweise einmal Nudeln, einmal Zi(e)ger oder Reibkäse und Schnittlauch geben. Zuletzt mit in Butter gerösteten Zwiebeln abschmälzen.

Spinatfülle: 500 g Spinat in Salzwasser halbweich kochen, abtropfen lassen, fein hacken, in 30 g Butter schwenken, mit 2 Eßlöffel Bröseln festigen. Salzen und pfeffern. Nach Wunsch Grammeln dazugeben.

Fleischfülle: 300 g Fleischreste faschieren, in 30 g Fett gehackte Zwiebel samt Fleisch rösten, mit Ei, 1 Eßlöffel Brösel, Petersiliengrün vermengen, mit Salz, Pfeffer, Majoran würzen.

Hirnfülle: Feingehackte Zwiebel in 30 g Fett rösten, kleingehacktes Hirn (250 g) darin mitrösten, mit einem Ei binden, mit Salz und Pfeffer würzen.

Kletzenfülle: 500 g Dörrbirnen kochen, faschieren, mit 250 g passiertem Topfen, 100 g Bröseln (in 50 g Butter geröstet), 100 g gemahlenem Mohn, Zitronenschale, 100 g Zucker, 1 Eßlöffel Honig und Zimt verrühren.

„Steffelnidai"

750 g Erdäpfel, 250 g Mehl, 1 Ei, Salz, Muskatnuß, Butterschmalz; 20 g Mehl, Butter, Milch, Honig

Gekochte, geschälte, passierte Erdäpfel mit Mehl, Ei, Prise Salz und etwas Muskat rasch zu einem Teig kneten, auswalken, in kleine Quadrate ausradeln, in der Größe ca. 2 × 2 cm, diese in heißem Butterschmalz „herausrösten", die Fleckerln in eine Kasserolle geben und mit „Honigleck" übergießen.

„Honigleck": Mehl in heißer Butter sehr hell anlaufen lassen, mit etwas Milch aufgießen, aufkochen lassen und mit Honig süßen.

Da diese Nudeln am Stephanstag gegessen werden, heißen sie in Alpbach „Steffelnidai".

„Damnidai" (Daumennudeln) sind im Tiroler Unterland sehr verbreitet. Man macht sie aus einem Erdäpfelteig (wie im vorhergehenden Rezept). Ihren Namen haben sie von ihrer Größe (daumendicke Stückchen). Sie werden in Butter langsam „gesotten" oder – was sparsamer ist – in Schmalz gebraten. In Vomp kennt man sie unter dem Namen „P(B)aunzn", verwendet dazu aber nicht soviel Butter.

Manchmal kocht man sie – wie im Brixental – zuerst in Salzwasser und schmälzt sie dann mit heißem Butterschmalz ab – das sind dann die **„nackatn Hüntl"**, weil sie glatt und farblos wie neugeborene Hunde sind. In einem handgeschriebenen Tiroler Kochbuch (vermutlich um 1820) entdeckte ich ein ähnliches Rezept:

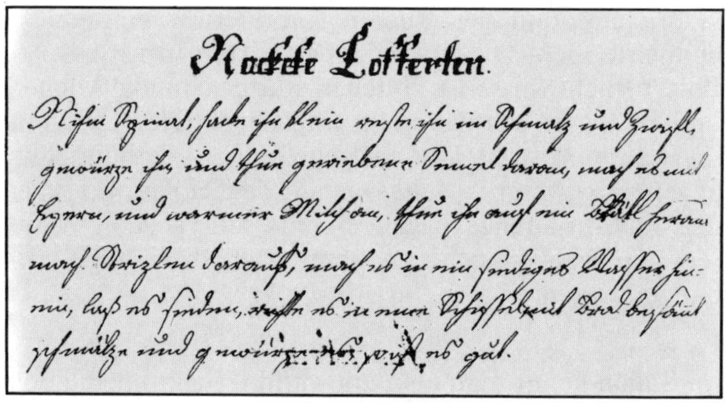
Nackete Lotterlen.

„Schottnidai" werden ähnlich wie die „Damnidai" gemacht; bekannt sind sie im Tiroler Oberland, in der Stamser Gegend. Der Teig dieser Nudeln besteht aus zwei Dritteln Mehl (halb Türken-, halb Weizenmehl) und einem Drittel passierten Topfen („Schotten"). Werden auch wie die „Damnidai" zubereitet.

„Schottpaunzen" macht man aus 500 g Schotten (Topfen), 125 g Mehl, und Prise Salz genauso und bratet sie in heißer Butter, bis sie Farbe bekommen. In einer Kasserolle werden sie mit Rahm gedämpft. Zu den „Schottpaunzen" aß man eine Brennsuppe, heute serviert man Milch oder ein Kompott dazu.

Knödel

„Heut hab mier Knödl ghabt
von Plentenmehl,
morgen gibt's Teufelsschwänz
in Essig und Öl!"

„Plentene hab mier gestern ghabt
lei mit an Krautsalat.
Knödl aus Woaznmehl
hätt' i viel lieber, gell?"

Die Knödel gehören zu den vier Tiroler Elementen: Feste Knödeltage waren Dienstag, Donnerstag (ausgenommen in der Kitzbühler Gegend und im Stubaital, wo es an diesem Tag meist Gebackenes gab) und der Samstag (hauptsächlich in Südtirol). Nur wenn es Knödel gab, hatte jeder einen eigenen Teller auf dem Tisch, sonst wurden fast alle Mahlzeiten gemeinsam aus der großen Pfanne oder Schüssel gegessen, die die große Dirn mit dem hölzernen „Pfannholz" oder geschmiedeten „Pfannknecht" (Pfannenuntersatz) oder dem „Pfannhaber" auf den Tisch stellte. Ausgedient haben längst die **„Habergäul"** (Knödel aus Hafermehl) und die **„gerstenen" Knödel** (Knödel aus Gerstenmehl).

„Schwarzplentene" Knödel, „Plentenknödel"

4 altbackene Semmeln, 100 g fetter (Selch)speck, 1 Zwiebel, Petersilie oder Schnittlauch, 50 g Selchwurst, 2 Eier, $^1/_4$ l Milch, 6 EL Schwarzplentenmehl (Heidenmehl), 3 EL Weizenmehl, Salz

Semmeln (früher nahm man Hausbrot) kleinwürfelig schneiden, den gewiegten Speck mit feingeschnittener Zwiebel glasig anlaufen lassen, zum Brot geben, ebenso das feingeschnittene Grünzeug, die gewiegte Wurst, Milch und Eier, verrührt, und das Mehl. Leicht salzen und zu einem festen Teig verrühren. Zugedeckt quellen lassen. Mit nassen Händen große, feste Knödel formen, in siedendes Salzwasser geben und mehr ziehen als kochen lassen. Zu Fleischsuppe, Sauerkraut oder soßigem Fleisch servieren.

Früher waren die „plentenen" Knödel größer und fester („gleimer"). Ein einfacheres Rezept lautet: Eine Schale kleinwürfelig geschnittenes Brot mit kleingeschnittener Zwiebel und gehackter Petersilie in wenig Fett rösten, 300 g fetten, kleinwürfelig geschnittenen Speck beigeben, ebenso eine zerdrückte Knoblauchzehe, dann 3 Schalen Buchweizenmehl, mit heißem Wasser und Prise Salz zu einem Knödelteig bereiten, Knödel daraus formen und in Salzwasser kochen. (Elisabeth Scherlin, Erl)
Die restlichen Plentenknödel werden zur Marende kalt aufgeschnitten, in Essig gegessen oder abends mit blättrig geschnittenen Erdäpfeln in Fett geröstet. In Villanders aß man noch in der Zwischenkriegszeit täglich schwarzplentene Knödel (mit Salat und Milch), nur freitags gab es einen Plentenschmarrn (mit Milch). In Südtirol findet man heute da und dort noch an jedem Werktag diese Plentenknödel. Die Südtiroler Köchinnen mußten die Knödel mit der Kelle rund formen, ohne sie mit der Hand zu berühren; wer das nicht tat, kam nicht zum Heiraten.

Preßknödel sind plattgedrückte (gepreßte), mit Käse vermengte Teigklumpen, die man halb zu den Nocken, halb zu den Knödeln rechnet; sie werden in heißem Öl oder heißer Butter braun gebacken bzw. gebraten wie die Kasnocken (siehe Seite 476), dann aber in eine andere Eisenpfanne gegeben und mit Wasser übergossen, bis sie bedeckt sind; das Wasser zum Kochen bringen, kurz kochen lassen, dann die Knödel herausheben. Werden trocken oder in einer Suppe angerichtet. In Tux gießt man auf die gebratenen Knödel Wasser, kocht sie darin und gibt Zi(e)ger und Salz in die Suppe. Im Ahrntal werden in einer zweiten Eisenpfanne Wasser, Salz und Käse gekocht und darin die Preßknödel fertig gekocht. Die flachgedrückten Knödel nennt man im Zillertal auch „Zerggl" oder „Böidr".

Oberinntaler „Kasknödel"

4 altbackene Semmeln, 1 EL Mehl, 1 Stück Zwiebel, Petersiliengrün, etwas Kümmel, 1 EL Butter, Salz, Pfeffer, 150 g Graukäse, $^1/_8$ l Milch, 1–2 Eier

Kleinwürfelig geschnittene Semmeln mit Mehl mischen. Feingeschnittene Zwiebel, gehackten Kümmel und Petersilie in heißer Butter anlaufen lassen, die Semmeln dazumischen, Salz, Pfeffer beigeben, den zerbröselten Graukäse (oder geriebenen Hartkäse oder auch nur trockenen Topfen) beigeben. Ei und Milch versprudeln, darübergießen, durcharbeiten, 10 Minuten ziehen lassen, dann Knödel daraus formen und in kochendes Wasser geben. Etwa 12 bis 15 Minuten langsam kochen lassen. Dazu gibt man grünen Salat oder Gurkensalat.

In Brandenberg bereitet man die Kasknödel (oder Preßknödel) aus Knödelbrot, zwei, drei gekochten passierten Erdäpfeln und Mehl, Milch, Zwiebel und Graukäse, kocht die Knödel, röstet dann feingehackte Zwiebel in reichlich heißer Butter, gibt sie in die Suppe, bröselt ebenso Graukäse in die Knödelsuppe hinein, würzt das Ganze mit Salz und Paprika, trägt die Knödel samt ,,Suppe" auf und serviert dazu Sauerkraut oder Rübenkraut sowie Vollmilch.
In Tux gib man Zi(e)ger zum Knödelteig (und läßt das Knödelbrot weg, macht also Mehlknödel); im Zillertal bereitet man ,,Kasknödel" auch aus 750 g gekochten Erdäpfeln, 150 g trockenem Topfen, 150 g Mehl, Prise Salz und zerbröseltem Graukäse.

Paznauner ,,Kasknödel"

250 g altbackenes Schwarzbrot, 50 g Fett, Petersilie, Salz, 100 g Schnittkäse, 2 Eier, $^1/_8$ l Milch, 2 EL Mehl

Kleinwürfelig geschnittenes Brot, heißes Schweinefett, gehackte Petersilie und Salz vermengen, kleinwürfelig geschnittenen Käse beigeben, Eier mit Milch versprudeln, darübergießen und verrühren. Ziehen lassen. Daraus Knödel formen und 15 Minuten im siedenden, leicht gesalzenen Wasser mehr ziehen als kochen lassen. (Frieda Juen, See im Paznaun)

,,Vater unser, der du bischt –
Knödln stehn aufn Tisch,
der Löffel liegt aa dabei,
konnst kostn, wia's sein.
Vater unser, der du bischt,
und Knödl aufn Tisch
und a Bratl in der Pfannen –
unseres Absterbens, Amen! "

Tiroler Speckknödel, Tirolerknödel, Fleischknödel

,,Da timmer (tun wir) na recht Mehl zemme (zusammen) und Fleisch (kleingehacktes Selchfleisch), und salzn, a Gackele (Ei), Milch oder Wasser, a weng Schnittla (Schnittlauch), an Tag (Teig) machn. Jeden Knödel mit a zwaa Kellele rund machen und drin ins soidendige (siedende) Salzwasser! " So lautet das einfache Rezept der Villgratener Bodnerbäuerin. Die zwei ,,Kellele" sind zwei nicht gleichgroße Schöpfkellen, eine davon muß kleiner sein, daß eine in die andere ,,ingeht" (hineinpaßt).

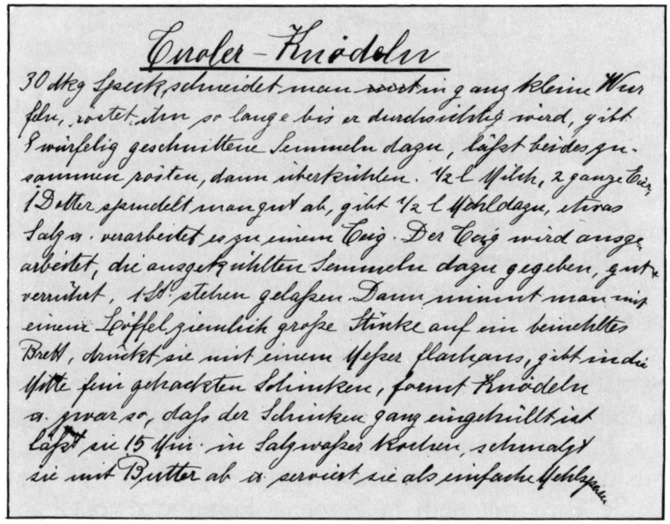
Tiroler-Knödeln
30 dkg Speck, schneidet man vorher ganz kleine Würfeln, röstet ihn so lange bis er durchsichtig wird, gibt
8 würfelig geschnittene Semmeln dazu, läßt beides zusammen rösten, dann überkühlen. 1/2 l Milch, 2 ganze Eier,
1 Dotter sprudelt man gut ab, gibt 1/2 l Mehl dazu, etwas Salz u. verarbeitet es zu einem Teig. Der Teig wird ausgearbeitet, die ausgekühlten Semmeln dazu gegeben, gut verrührt, 1 St. stehen gelassen. Dann nimmt man mit einem Löffel ziemlich große Stücke auf ein bemehltes Brett, drückt sie mit einem Messer flach aus, gibt in die Mitte fein gehackten Schinken, formt Knödeln u. zwar so, daß der Schinken ganz eingehüllt ist läßt sie 15 Min. in Salzwasser kochen, schmalzt sie mit Butter ab u. serviert sie als einfache Mehlspeise

Tiroler Kochbuch. Für Teresia Heidenreichin. Um 1820.

In bürgerlichen Kochbüchern liest sich das Rezept der ,,Tiroler Knödel" dann folgendermaßen:

Tiroler Knödel (Tirolerknödel)

5 Schneidsemmeln, 1–2 Eier, ca. $^1/_4$ l Milch, 100 g Speck, 1 kleine Zwiebel, Petersiliengrün, 50 g Mehl, 150 g (gekochtes) mageres Selchfleisch oder geräucherte Wurst, Salz, weißer Pfeffer

Schneidsemmeln kleinwürfelig schneiden. Kleingeschnittene Zwiebel und gehacktes Petersiliengrün in würfelig geschnittenem Speck anschwitzen, zu den Semmelwürfeln geben. Milch und Eier verrühren, ebenfalls dazugeben, mit Salz und Pfeffer würzen, gut durchmischen und die Semmelwürfelchen anziehen lassen. Zuletzt das Mehl und das kleinwürfelig geschnittene Selchfleisch daruntermengen, aus der Masse mit nassen Händen Knödel formen und in Salzwasser ca. 12 Minuten kochen lassen.
Manche geben nur geröstete Selchspeck- oder Räucherwurstwürfelchen dazu, andere wieder Petersiliengrün und Schnittlauch, sie werden auch nur mit Speck, ohne Wurst, Selchfleisch und Butter bereitet.

In der Fastenzeit bleibt der Selchspeck weg, diese Knödel heißen dann **„Faschtnknödel" (Fastenknödel),** die schon im ausgehenden 16. Jahrhundert bei einem Hochzeitsmahl erwähnt werden. Statt des Specks gibt man in Brandenberg zu den Fastenknödeln ca. $^1/_8$ l Zwiebelschmalz (kleingehackte Zwiebel in 50 g Butter geröstet) zum Knödelteig und serviert sie in einer dicken Erbsensuppe oder im Kochwasser mit Zwiebelschmalz darauf. Dazu gibt es Sauerkraut oder „Ruabmkraut", auch Rote Rüben („Run").

Die Tiroler Speckknödel gab und gibt es gern Donnerstag und Sonntag, wobei sie am Sonntag immer mehr durch Frischfleisch und Reis ersetzt werden. Heute werden die Tiroler Speckknödel mit Knödelbrot (Weißbrot oder Bauernbrot) wie Wiener Semmelknödel bereitet, zusätzlich mit kleingehacktem Selchspeck vermengt. Ursprünglich wurden sie, wie das Osttiroler Rezept zeigt, ohne Weißbrot als Mehlknödel bereitet, so heute noch da und dort in Villgraten, im Pustertal und in Gebirgsbauernhäusern. Vielfach wurden sie zuerst in Schmalz hellbraun gebacken, dann erst in die Suppe gelegt und überkocht. Diejenigen, die nur gekocht werden, nennt man im Stubaital spöttisch „Schneiderknödel", weil sie bei weitem nicht so ausgiebig und sättigend sind wie die in Schmalz gebackenen, sie reichen gerade für den Kraftaufwand eines Schneiders bei seiner Arbeit!

Man kann zur Roggenbrot- oder Semmelknödelmasse auch zwei, drei gekochte und passierte Erdäpfel dazumischen **(„Brandenberger Fleischknödel")** und anstelle von Speck auch kleinwürfelig geschnittene Bratenreste oder rohes Rindfleisch nehmen, in Fett mit einer feingeschnittenen Zwiebel geröstet, mit gehackter Petersilie gewürzt **(„Zillertaler Fleischknödel").** Die Tiroler Speckknödel werden entweder trocken oder (vor allem im Winter) in der Suppe (im Knödelwasser) mit viel Schnittlauch bestreut angerichtet. Dazu serviert man Sauerkraut, „Ruabmkraut" oder grünen Salat. Der Volksmund hat folgende Regel aufgestellt: Den ersten Knödel ißt man in und mit der Suppe, den zweiten zum Sauer- oder Rübenkraut, den dritten zu Eingemachtem oder Schweinerem, den vierten zu Salat. Dann kann jeder wieder von vorne beginnen – wenn er es schafft.

In Notzeiten hat man anstelle von Speck auch Käse – und sogar Rübenwürfel in den Knödelteig gegeben. In Vals bei Mühlbach entstand darüber der Spottname „Ruibmkirschta" (Rübenkirchtag). Natürlich gibt es über die Entstehung des Tiroler Speckknödels auch Legenden. So soll er beispielsweise in Hall in Tirol erfunden worden, ein Kind der Not und dem Fürwitz einer Tiroler Köchin entsprungen sein. Im Gasthaus „Zu den drei Lilien" soll die Wirtin spätabends einmal von einer Soldatenhorde aufgefordert worden sein, rasch und reichlich Essen und Trinken bereitzustellen. Aber ihre Speisekammer war leer. So suchte sie alle Reste zusammen: Brot, Speck, Wurst, Mehl, Eier, Salz, mengte daraus eine Teigmasse und formte sie zu Knödeln. Übrigens haben Tiroler deswegen einen Kropf, „weil sie immer einen guten Speckknödel in Vorrat halten wollen". Nicht geklärt ist, ob die ersten bildlich dargestellten Knödel Südtirols, auf einem Fresko um 1200 in der Schloßkapelle von Hocheppan, Speckknödel sind: die Muttergottes liegt im „Wochenbett" und schaut einer Magd zu, wie sie gerade einen (Tiroler) Knödel zu verkosten scheint.

In Gegenden mit vielen Kastanienbäumen gab es manchmal **„Köstenknödel"** aus Kastanienmehl (beliebt waren sie nicht!), zur Zeit der Winterschlachtung gab und gibt es „Bluat-" bzw. „Schwoaßknödel", Leberknödel, „Graipmknödel" (Grammelknödel) sowie die **„G'hengknödel",** die wie die Tiroler Speckknödel bereitet werden, anstatt Speck nimmt man ca. 500 g gekochte Innereien (Leber, Lunge, Herz); dazu nach Geschmack 1 bis 2 zerdrückte Knoblauchzehen, Majoran, Salz, Pfeffer, gehackte Petersilie und Selleriekraut („Schöaikraut"). Diese Knödel waren einst Mittagskost am Neujahrstag und (eventuell) am Sonntag zwischen Weihnacht und Dreikönigstag. Sie gleichen in etwa den Leberknödeln.

Oberinntaler „Schwoißknödel" (Blutknödel)

4–5 altbackene Semmeln, 1 Zwiebel, Petersilie, Majoran, 50 g Fett, 2 EL Weizenmehl, Salz, Pfeffer, $^1/_4$ l geseihtes Blut

Semmeln kleinwürfelig schneiden. Feingeschnittene Zwiebel, gehackte Petersilie und frischen Majoran sowie zerdrückten Knoblauch in Fett heiß schwitzen und damit die Semmeln vermischen. Mehl, Salz und Pfeffer beigeben, rasch und gründlich mit dem Blut durcharbeiten, etwas zusammendrücken und eine Viertelstunde rasten lassen. Dann mit nassen Händen Knödel formen und in kochendem Salzwasser eine Viertelstunde kochen. Als Beilage gibt es eingebrannte saure Rüben.

Schmalzgebackenes

Im Brixental, im Spertental und anderswo bei „guten" Bauern gab es täglich, ausgenommen am Sonntag, etwas „Gebachenes", „Schmalzgebackenes". Dienstag, Mittwoch, Donnerstag, Freitag zu Mittag und Samstag am Abend stand Schmalzgebackenes auf dem bäuerlichen Speisezettel; wie in anderen Bundesländern auch, ist in Tirol das Essen schmalzgebackener Speisen tief mit dem Brauchtum und der Arbeit verbunden gewesen. Übrigens kennt die Osttiroler Bäuerin den Ausdruck „backen" (bei Mehlspeisen) nur für das Sieden im heißen Schmalz. Für alles, was im Rohr fertig gegart wird, sagt sie „braten", ob es Fleisch oder Mehlspeisen sind. Waren im Brixental „Krapfen" eine Alltagskost, gehörten sie im Pitztal und anderswo zur Festtagsspeise und wurden daher nur zu Weihnachten, Ostern und am Kirchtag, im Ötztal auch noch beim „Grammeln" (Flachsbrecheln) aufgetischt. Die Benennung der Bauernkrapfen ist vielfältig und richtet sich einmal nach der Machart, dem Mehl, der Form dieser Krapfen, nach der Fülle oder nach dem Verwendungszweck.

Die Weihnachtskrapfen heißen in Hopfgarten „Weihnachtsnudeln", in Alpbach „Rachnudeln", in Jochberg „Heiligenabendnudeln". An diesem Tag soll der Tiroler neunerlei Krapfen essen (wie in anderen Bundesländern neunerlei Koche üblich sind), damit er das ganze Jahr nie Mangel leide. Mancherorts werden zu Mittag des Heiligen Abends an die „Eahalten" (Dienstboten) die „Aulöger-Krapfen" ausgeteilt; die Dirn kocht dazu ein extra „guits Muis", darauf dick **„Mölfö"** kommt, das ist ein Honigwasser mit Mohn oder Birnenmehl vermischt. Oder es gibt „Türstlan" und „a süß geschmälztes Minggilan" oder Schmalzkrapfen und gefüllte Weihnachtsküchln, deren äußere Krapfenformen einander meist ähnlich sind, unterschiedlich ist nur die Fülle: „Magn-" (Mohn), Apfel-, Weinbeeren-, Kletzen-, Zwetschken-, Topfen-, Käsefülle, in der Meraner Gegend kennt man auch eine Nuß- und Kastanienfülle. Die Unterinntaler „Weihnachtsschmalznudeln" sind viermal so groß wie die normalen Schmalznudeln. In St. Leonhard bei Brixen ißt man an diesem Tag honiggefüllte Krapfen, die **„das kleine Himmelreich"** heißen.

Am 24. Dezember gibt es das „heilige Mahl", zu Mittag oder am frühen Nachmittag, von manchen Orten wurden davon 14 Gerichte gemeldet (Alpbach); dem Tiroler drohen daher am Heiligen Abend drei große Gefahren, das „Derhungern" (wegen des Fastens bis Mittag), das „Derfallen" (beim Mettengang) und das „Derschnöllen" (= Platzen beim Essen des „Heiligen Mahls"). Sämtliche Speisen stehen dabei auf dem Tisch, eine Person räuchert die Speisen; nach dem Essen folgt das „Große Gebet", ein stundenlanges Rosenkranzbeten. Einst hat man auch den Elementen geopfert, von jedem Gericht hat man einen Löffel voll ins Feuer und in den Wind geworfen, in die Erde vergraben und in den Brunnen geschüttet.

Osttiroler Bauernkrapfen

500 g Mehl, 40 g Zucker, 50 g Butter, 1 Ei, 1 Dotter, 30 g Germ, Salz, Anis, $^1/_4$ l Milch; Backfett

Aus Germ, etwas lauwarmer Milch und etwas Mehl das Dampfl bereiten. Zugedeckt gehen lassen, mit den restlichen Zutaten auf dem Brett kneten, zu einem Laib formen, kreuzweise einschneiden, zugedeckt gehen lassen. Dann in vier Teile teilen, jeden Teil zu einer 4 cm dicken Rolle drehen, gleichmäßige, etwa 5 cm breite Stücke abschneiden, diese etwas rund formen, die Rundung nach oben etwas nachformen, zu einer Art Schüsselchen „pitschen". Den Rand dabei bis zur oberen Schnittfläche hochziehen, dann den Rand unter ständigem Drehen zusammenfassen, die entstandenen Falten zu einem Zapfen drehen, mit dem Zapfen nach unten auf das Küchenbrett legen und die Laibchen flachdrücken (der Zapfen muß in der Mitte sein). Zugedeckt gehen lassen. Dann die Laibchen umdrehen, vorsichtig auswalken. Diese Krapfen haben einen Durchmesser von 10 cm und sind 1 cm dick. Mit der Oberseite nach unten in heißes Backfett legen, kurz zudecken, dann mit Fett überschütten, umdrehen und fertigbacken.

Man aß sie am „großen Kirchtag", dem „Freßkirchtag", da gab es am ersten Tag „suppene" Krapfen, am zweiten weizene und am dritten „Türtlen" und „Nigelen". Als Vormeß aß man Fleischsuppe und Krapfen, zu Mittag das „Kirchtagsmahl", bestehend aus Suppe mit Würsteln, gebackener Leber und Gröstl, Mus oder Reis mit Weinbeeren, Knödeln mit Kraut, Fleisch mit Kren, Kraut mit Speck, Gugelhupf oder Grießkoch mit gesottenem Wein, Braten mit Zwetschken, „Nigelen“, kurze Krapfen und Butter.

„Woazene Nudln“, „auszogene woazane Nudln“, „aufgegossene Nudln“

1000 g Weizenmehl, 40 g Germ, 50 g Zucker, $^3/_8$ l Milch, nußgroß Butter, evtl. 3 Dotter, 1 Ei; Butter, Schmalz zum Backen

Aus Dampfl und Zutaten einen Germteig schlagen, bis er Blasen wirft. Gehen lassen, dann mit den immer wieder in warme Butter getauchten Fingern semmelgroße Stücke aus dem Teig nehmen, daraus runde Laibchen formen, die zu ringförmigen Scheiben mit breitem Rand ausgezogen werden (Durchmesser 15 cm, Außenring 2 bis 3 cm dick). Zugedeckt nochmals gehen lassen, dann im nicht zu heißen Schmalz schwimmend backen; mit einem kleinen Löffel heißes Schmalz auf der Oberseite aufgießen (daher auch der Name). In der Mitte soll eine dünne Kruste entstehen.

Man aß sie im Brandenberger Tal nach Albert Atzl als Abendessen am Heiligen Abend, vor Dreikönig, in der Fasnacht, am Ostersamstag, am Vorabend anderer hoher Kirchenfeste, früher auch beim Hochzeitsmahl, bei der Totenzehrung, beim „Einheiga“ (Ende der Heuernte), beim „Heimfahrn“ der Rinder von der Alm, beim Brecheln, beim „Wazumführen“ (Transport der Brautausstattung am Donnerstag vor der Hochzeit). Als Nachspeise folgte meist eine Schüssel Schlagrahm mit eingebröckeltem Weißbrot.

„Küachlschüssel“ – Doppelschüssel mit Schmalzschüssel in der Mitte.

Anderswo nennt man diese Krapfen **„Ziehkiachl“**; sie werden entweder „süß“, in der Mitte mit einer Mohnfülle, einer Honigsoße bzw. gefüllt mit Kompott von Schwarzbeeren, Kirschen, Äpfeln, oder sauer mit eingebranntem Sauerkraut gegessen. Im Brandenberger Tal nennt man sie auch „Thräschera (Thierseer) Küachl“. Man kann sie auch in rundlicher Form und in Faustgröße machen (dabei weniger ausziehen). Andernorts nennt man diese in einer eisernen Pfanne auf dem Herd gebackenen Krapfen „Herschdnudl“ (Herdnudl) und „Schmalznudeln“. Aus dem gleichen Teig, aber in größerer Form – etwa dreimal so groß wie Faschingskrapfen – und in heißer Butter schwimmend gebacken sind die **„Beichtnudeln“** in der Niederndorfer Gegend (im Inntal unterhalb Kufstein); ähnlich, nur aus einem einfacheren Germteig sind die **„Mahnnudln“**, die es im Inntal unterhalb Kufstein und um Walchsee-Kössen gibt. Am Niederndorfer Berg waren sie früher im Sommer mindestens dreimal in der Woche der Brauch; auch bei einem Hausbau, beim Dachdecken oder bei anderen größeren Arbeiten, zu denen fremde Leute herangezogen wurden. Da wurden aus einem Germteig ziegelförmige große Stücke geformt, in einem eigenen Gefäß, dem „Mahnnudlkessl“, in Butter „gesotten“ (gebacken). Dazu aß man Kompott oder extra zerlassene Butter.

Oswald Menghin erzählt in „Drei Schüsseln Tiroler Knödel“ in der Geschichte „Krapfen“, wie das fünfjährige Peterle um seine Krapfen backende Mutter herumschmeichelte und hoffte, daß sie ihm „freiwillig“ einen Krapfen zum Verkosten gebe, denn betteln wollte er nicht darum, weil nur die „Lötter“ bitten und betteln. Schließlich riß ihm aber doch der Geduldsfaden, und er meinte:

„Muetter! Ös kanntets woll a amol öppas sagn.“
„Ja was soll i denn sagn“, wunderte sich die Mutter.
„Kanntets nit amol sagn: Peaterle, maggsch Krapfen?“

Runde Krapferln, aus Germteig ausgestochen und in Schmalz gebacken, mit Honig und Mohn übergossen, nennt Kreszenz Trebo in ihrem „Tiroler Kochbuch“, Brixen 1901, **„Minkeln“.** Auseinandergezogen werden die Brixentaler **„Bachnudeln“** vor dem Einlegen ins heiße Schmalz. Ähnlich den „ausg’zogenen woazanen Nudeln“ sind die **„Kniekùachl“**, sie werden aus einem weichen weizenen Teig ohne Germ, aber mit viel frischem Topfen zubereitet. Der Teig muß tüchtig geschlagen werden. Die Teigstücke sollen angeblich über dem Knie zu einem Krapfen ausgezogen bzw. geformt worden sein (daher wie bei den „Knianudeln" ihr Name – diese spöttische Erklärung hat fast jedes Bundesland bereit!).

„Roggene Küachl"

4 gekochte Erdäpfel, 120 g frischer, trockener Topfen, 40 g Germ, $^1/_8$ l lauwarmes Wasser oder Magermilch, 1 TL Zucker, 600 g Mehl (entweder $^1/_3$ Roggen-, $^2/_3$ Weizenmehl oder $^3/_4$ Roggen- und $^1/_4$ Weizenmehl), Prise Salz; Backschmalz

Aus den Zutaten mit einem Dampfl einen Germteig machen, gehen lassen, dann ovale Stücke (12 cm lang, 5 bis 6 cm breit) daraus formen, nochmals gehen lassen. Dann in heißem Schmalz schwimmend backen. Früher hat man mehr als die Hälfte Roggenmehl genommen (daher ihr Name); dieser Teig wurde fester, die ausgebackenen „Küachl" zäher und fester. (Brandenberg)
Da in der mittelalterlichen Fastenzeit außer Eiern und Milch auch Butter in der Küche nicht erlaubt war, verwendete man zum Backen der „Ölküechel" pflanzliches Öl (Hanf-, Lein-, Rapsöl); in Brixen gab es um 1525 noch eine „Ölkuchelgasse" (heute Brunogasse).

„Patzal"

400 g frischer Topfen (Zi[e]ger), 3–4 gekochte Erdäpfel, 125 g Weizenmehl, Germ, Prise Salz, 1 Ei, $^1/_8$ l Milch oder Wasser; Butterschmalz

Aus den Zutaten mit einem Dampfl einen dickbreiigen Teig anmachen, 2 Stunden gehen lassen. Dann die wie Nocken geformten, eigroßen Stücke in heißem Butterschmalz schwimmend backen. Oder die Teigstücke in eine Eisenpfanne mit wenig Schmalz legen und beidseitig braten. Gehen locker auf. „Patzal" gab es im Brandenberger Tal an knödelfreien Wochentagen zu Mittag.

Wenn man den Teig zu faustgroßen Stücken formt, erhält man die **„Zi(e)gernocken"**, wenn man sie zu daumendicken, spannenlangen Rollen formt, diese an den beiden Enden zu einer Hufeisenform zusammenbiegt und im Schmalz schwimmend backt, erhält man die **„Huafeisen"**. Ähnlich den „Patzal" sind die **„Köeinudln" (Kellennudeln)** oder **„Bauernnudeln"**: Den Teig aus Weizen- und Roggenmehl und viel frischem Topfen oder Zi(e)ger zubereiten, mit einer kleinen Kelle („Köei") Teigkugeln von Eigröße ausstechen, zugedeckt in einer Eisenpfanne in wenig heißer Butter eher braten als backen.

„Krapfennudeln" und **„Allerheiligenküachl"** werden in Tirol am Allerheiligenabend für die Armen Seelen auf dem Tisch stehen gelassen; auch Dienstboten und Krapfengeher bekommen an diesem Tag Krapfen, mit der Auflage, für die Verstorbenen des Hauses zu beten. „Kein Wunder, daß auf größeren Höfen mehr als ein Star (ca. 30 Liter) Weizenmehl für die Krapfenbereitung aufging und der Teig in einem Gefäß von der Art eines Waschtrogs, einer sogenannten Mitten (Backtrog), bereitet werden mußte." (Wopfner)
Im Lienzer Talboden gehen in den Allerseelennächten die „Krapfenschnaggler" um, das sind Scharen vermummter, in Hemden, Säcke und Kittel gekleideter Buben (früher waren es nur Erwachsene). Sie führen manchmal kunstvoll geschnitzte Klapperinstrumente sowie eine Art Steckenpferd mit beweglicher Kinnlade mit sich, die vor jedem Bauernhaus „geschnaggelt" werden. Die Heischer bekommen dafür die „gepitschten" Krapfen und einen Hut voll Nüsse. „Glöcklerkrapfen" werden auch für die „Krapfenberchten" (Tux-Lanersbach) gebacken.

Osttiroler „Krapfenschnaggler".

Zu Lichtmeß gibt es am Vortag zum Abendessen die „Rearkrapfen" (rearen = weinen), wenn ein Dienstbote seine Stellen wechseln sollte, in Südtirol nennt man sie „Hußaus-Krapfen", im Unterinntal wird schon zu Mittag „aussigeküechelt". Im Pustertal gibt es zum Frühjahrsanbau die „Anbaukrapfen", am Veitstag (16. Juni) muß im Brixental jeder Dienstbote drei Krapfen bekommen zum „Aufg'hoit'n", von denen der erste in der Abenddämmerung, der zweite vor dem Schlafengehen, der dritte morgens – noch im Bett – gegessen werden muß. Auch zu Martini werden am Abend da und dort kleine „Krapflen", die „Drescherkrapflen", aufgetischt.

„Weinpaunzen" („Weinnudeln")

$^1/_2$ l Milch, 200 g Grieß, Salz, 20 g Butter, 1 EL Zucker; 2 Eier, Brösel; Backfett; Glühwein: $^1/_4$ l Wasser, $^1/_2$ l Wein, 100 g Zucker, Zitronenschale, 2 Gewürznelken, Stück Zimtrinde

Milch salzen, aufkochen, Butter und Zucker beigeben, dann den Grieß einlaufen lassen, unter Rühren dick einkochen, etwas ziehen lassen, auf einem Brett aus der Masse eine Rolle formen, davon kleine Stückchen abschneiden, zu fingerdicken Nudeln („Paunzen") formen, diese in zerklopften Eiern und in Bröseln panieren und im heißen Schmalz backen. Dann den Glühwein abgeseiht über die „Paunzen" schütten.

„Tuschennudeln"

1 „Tusche" (Rübe; ca. 1000 g), 500 g Mehl, 1 EL Zucker, Salz, 1 Ei, 30 g Germ, $^1/_8$ l lauwarme Milch; Backschmalz

Aus den Zutaten mit einem Dampfl einen lockeren Germteig machen, gehen lassen, dann mit einem Löffel eigroße Nudeln ausstechen, kugelig formen und in heißem Schmalz backen. (Brandenberg)

Einen besonderen Brauch entwickelten die Osttiroler Kinder um Villgraten. Wenn sie erfuhren, daß in einem Haus ein besseres „Gebachte" gemacht wurde, gingen sie „Spieße einheben"; sie stiegen auf das Dach des Hauses und ließen durch den „Kemat" (Kamin) einen Sechter oder eine Kandl herunter, dabei rüttelten sie, daß es unten in der Kuchl ordentlich „geläutet" hat. Die Bäuerin wußte schon, daß sie das Geschirr mit den ersten frisch gebackenen Krapfen, „Nigelen", „Hasenöhrln" u. a. m. zu füllen hatte. Die Gaben wurden hochgezogen, den Ruß hat man kurzerhand abgeschüttelt, dann die Gaben aufgeteilt und verspeist. Heute gehen die Kinder an das Kuchlfenster, aber begehrt sind diese ersten Stücke noch immer.

Nur den Namen mit den Krapfen gemeinsam haben die **„Holzknechtkrapfen":** dazu wird Weizenmehl, Milch, Ei und Prise Salz zu einem „Reaschtltoag" angemacht, einer Art Schmarrenteig („Reaschtl" heißt in Tux soviel wie Schmarren, „Gerösteter"), von dem man in der größten Pfanne dicke Palatschinken bzw. Omeletten bäckt und je zwei mit einer Erdäpfelfülle gefüllt aufeinanderlegt.

„Nigilan", „Niggelan", „Hochzeitsnigelen"

400 g Mehl, 2 Erdäpfel, 1 Ei, 2 Dotter, $^1/_4$ l Milch, 50 g Butter, Salz, 20 g Germ, 1 EL Zucker; Backschmalz; 50 g Mohn und Honigsoße (siehe Seite 466) oder 50 g Mohn und Zuckerwasser

Mehl mit gekochten, geschälten, geriebenen Erdäpfeln, Ei, Dottern, zerlassener Butter, lauwarmer Milch, Salz und dem Dampfl (aus in wenig lauwarmer Milch aufgelöster Germ und Mehl) zu einem weichen Germteig verarbeiten. Tüchtig abschlagen und zur doppelten Höhe zugedeckt aufgehen lassen. Dann mit bemehltem Löffel nußgroße Teigkugeln ausstechen, zugedeckt noch einmal gehen lassen, dann in das heiße Backschmalz geben und rundum backen. Noch heiß mit gestoßenem Mohn bestreuen und mit Honigsoße beträufeln. Dazu ißt man Kompott oder trinkt Milch. Drewes und Konstenzer erklären in „Tiroler Küche" zu ihrem Rezept: „Die Nigelen nennt man auch ‚gangene Paunzen'."

Wenn ein Osttiroler Bergbauer das Wort „Nigelen" hört, denkt er sofort an Hochzeit, denn die kleinen, nußgroßen Schmalzgebäcke werden vor allem zu Hochzeiten gemacht, und zwar aus einem nicht zu festen, feinen Germteig, in den etwas Rum und Anis gehören. Er wird im „Nigelemittl", einem kleinen hölzernen Trögele, angemacht, dann auf dem Nudelbrett rasch geknetet, „sischt hangt alles un". Dann schneidet man mit einem Messer „so klane Dalklan" ab, legt sie auf die andere Seite und läßt sie zugedeckt gehen. Dann das Fett heiß werden lassen, sobald „a blawes Rachele", ein bläulicher Rauchdunst, aufsteigt, die Nigelen beidseitig backen. Zuvor die Teigstücke mit dem „Nigelenspieß" etwas stupfen (einstechen), damit „sie net hupfen, netta so wia die Blattlan. Sischt geben sie

söllene Dalkn und kane schianen Nigelen". Man kann in die Teigstücke auf jeder Seite der Länge nach mit einem Messer „a größeres Schlitzlan schneiden, daß es nit hupft" beim Backen, verrät eine Osttiroler Bäuerin und meint, daß die Nigelen den Leuten trocken lieber sind, also nicht „angmacht" („die tui man nit unmachen, da ißt glei alls Milch dazui"). Man kann die gebackenen Nigelen auch wie die „Blattlan" anmachen, also in Honig- bzw. Zuckerwasser tauchen, mit zerstampftem Mohn bestreuen und mit brauner heißer Butter übergießen oder mit Mohn bestreuen und flüssig gemachten Honig darausträufeln. Zu Hochzeiten macht man die Nigelen meist etwas größer.
Die Mundartforscher leiten das Wort „Nigel" von „Igel" ab, in Osttirol wird gegendweise auch ein kleiner Bub, ein Knirps, „Nigl" genannt, in Virgen heißen die Roßäpfel „Roßnigle".
Ähnlich wie die „Nigelen" sind im Brixental die **„Almnüßl"**, das sind kleinfingergroße Germteigwuzel, in heißem Schmalz herausgebacken. Sie werden hauptsächlich zur „Almabfahrt" gebacken. In der Walchseer Gegend zwischen Kufstein und Kössen warfen die Sennerinnen bei der Almabfahrt unter die am Weg stehenden Kinder und Zuschauer in Schmalz gebackene **„Kronnudeln"** (Germteignudeln, -laibchen in Form einer Krone) – dieser Brauch hörte gegen Ende des Ersten Weltkriegs auf.

„Krapfen" sind nicht immer Krapfen (aus Germteig), denn in der Tiroler Küche bezeichnet man im weitesten Sinne mit „Krapfen" auch eine Speise, die man aus Mehl, Salz, heißer Milch (oder Wasser) zu einem eher festen Nudelteig bereitet, daraus man kleine Blätter, Teigvierecke, „Zeltln" oder „Blattln" (Blatteln, Platteln, „Blattlan") auswalkt bzw. ausschneidet oder -radelt (im Durchmesser von etwa 20 cm), die dann ungefüllt wie die „Hasenöhrl" oder „Polsterzipf" der bürgerlichen Küche in Schmalz **(„Schmalzblattlan")** oder im Rohr **(„brate Nigelen")** gebacken oder gefüllt und zu kleinen, halbmondförmigen Täschchen wie größere Ravioli zusammengelegt und in heißem Schmalz schwimmend gebacken werden.
Die Herstellung solcher Blattlkrapfen ist in Tirol fast überall gleich, die Fülle richtet sich nach dem jeweils Vorhandenen bzw. nach dem Verwendungszweck. Daß es eine Menge Arbeit ist, bis da hundert und mehr „Blattlan" gebacken in der Schüssel liegen, ist unbestritten. Neben den „Schmalzblattlan" gibt es „gewöhnliche" Blattlan, wie sie bei Osttiroler Bergbauern

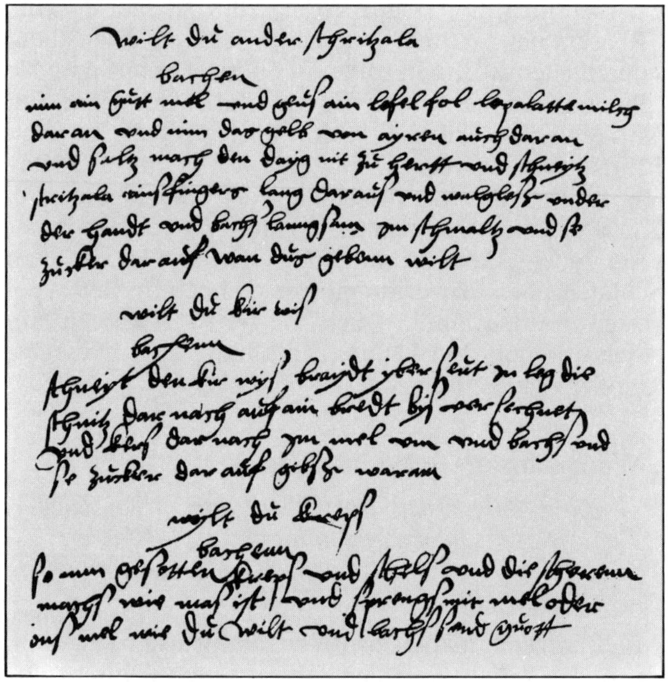

Aus der Rezeptsammlung der Philippine Welser, 16. Jahrhundert.

an „Halbfeiertagen" gegessen wurden, in deren Nudelteig man „a bißl a Anis oder a Fenchel, zelm ischt gleich, gibt, a bißl eppes Guits halt"; der Teig wird mit dem Triebel „austriebelt" (gewalkt), „kugelat" (kreisrund) und fingerdick, mit dem Messer mehrmals angestochen und im Rohr auf gefettetem Blech gebacken („brate Nigelen").
Im Laufe der Zeit hat sich die Teigzusammensetzung für die „Blattlan" verändert, man gibt ein Ei dazu und Germ oder Backpulver, man nimmt zu gleichen Teilen Mehl und gekochte passierte Erdäpfel, oder man bereitet sie aus einem Topfenteig oder aus einem Mürbteig.

„Blattlan", „Blattlküachl"

300 g Mehl, 3 Dotter, 1/8 l Obers, Milch, 2 EL Rum, Salz; Backschmalz. Oder: 300 g Mehl, 3/16 l Wasser, 50 g zerlassene Butter, Prise Salz; Backschmalz

Mehl auf dem Küchenbrett mit allen Zutaten zu einem weichen Nudelteig kneten, daraus kleine Laibchen formen und zugedeckt rasten lassen. Dann messerrükkendick ausrollen, zu verschobenen Vierecken (Rhomboiden) schneiden oder radeln und in heißem Fett schwimmend backen.

„Blattlküachl“, „Erdäpfelblattln“

400 g passierte gekochte kalte Erdäpfel, ca. 250 g Weizenmehl, Prise Salz, 5–6 EL Milch; Schmalz

Aus den genannten Zutaten einen Teig kneten. Etwas rasten lassen, dann auswalken (etwa 5 mm dick), viereckige Stücke ausradeln und in heißem Schmalz schwimmend backen. (Brandenberg, Brixental)

„Topfenplatteln“, „Tschotteblattlan“

400 g Topfen („Tschotte“), 300 g Mehl, 20 g Butter, 1 Ei, Salz, Kümmel; Schmalz

Aus den Zutaten einen Teig kneten, kalt rasten lassen, dann messerrückendick ausrollen, kleine Rechtecke ausschneiden und in heißem Schmalz backen.
Zu den „Blattln“ wird meist Sauerkraut, aber auch ein süßes Kompott gegessen.

Zillertaler Krapfen

300 g Mehl (halb Weizen-, halb Roggenmehl), Salz, Wasser, 1 Dotter, 1 EL Öl; Fülle: 2–3 gekochte, passierte Erdäpfel, 100–200 g Topfen, 100 g Graukäse, 20 g Butter, 1 kleine Zwiebel, Schnittlauch, Salz, Pfeffer, 1 Ei, etwas Sauerrahm; Schmalz zum Backen

Aus den Zutaten einen Teig kneten, eine halbe Stunde kühl rasten lassen, messerrückendick auswalken, zu Quadraten von Spannenlänge ausschneiden, seitlich einer Diagonale die Fülle auftragen, entlang dieser Fülle die Teighälften zusammenschlagen, etwas biegen, halbrund ausschneiden und die Ränder fest aufeinanderdrücken. In heißem Schmalz schwimmend backen. – *Fülle:* Gekochte, passierte Erdäpfel mit den anderen Zutaten zu einer geschmeidigen Masse rühren.
Die Zillertaler Krapfen werden am Rand einer großen Krapfenschüssel angerichtet, in die Mitte gibt man etwas Butterschmalz oder flüssige heiße Butter. Als Beilage serviert man Sauer- oder Rübenkraut, grüne Salate, Paradeissoße, Milch.
Ähnlich, aber noch viel kleiner als diese Zillertaler Krapfen geformt werden die **„Schmalzkrapfeln“** oder **„Schmalznudeln“**. Die **„Pflerscher Krapfen“** füllt man mit einer Fülle aus Topfen, geriebenem Mohn, Bröseln, feingeriebener Zitronenschale, Zucker, Zimt und frischen Moosbeeren.

Im Südtiroler Kastelruth nennt man die gefüllten Krapfen auch **„Pitscher“** und unterscheidet „süße Pitscher“ (gefüllt mit gekochten Dörrbirnen, Kletzen) und „grüne Pitscher“ (gefüllt mit Spinat). Im Tuxertal werden diese Krapfen – nur zu „allen heiligen Zeiten“ – mit Preiselbeerkompott gefüllt oder mit einer Zwetschkenfülle versehen. Im Ahrntal ißt man Krapfen, gefüllt mit einer Mohnfülle, ausschließlich am Kirchtag. Im Paznaun ißt man sie zu Weihnachten, gefüllt mit gestampftem Mohn, gewiegten Kletzen, Zibeben und Neugewürz; auch Anis und Honig dienen als Fülle, in Südtirol Kastanienpüree (**„Köstenkrapfen“**).

„Affoman“ heißt in Abfaltersbach eine Speise aus halbfingerdicken, runden Teigblattln (aus Mehl, Eiern, Rahm und Prise Salz), von der Größe eines Suppentellers; sie werden der Quere nach „angeradelt“ und in Schmalz schwimmend gebacken. Der Teig ist sehr mürb, so daß man von einer zimperlichen Person vergleichsweise sagt: „Moarb wie a Affoman.“ Oder die Teigblattln werden vor dem Backen in der Mitte zusammengeschoben, daß sie das Aussehen eines Mascherls haben. Man serviert sie zu Kaffee und Wein zur Hochzeitsladung. Sie gleichen den „Schneeballen“ und den oberösterreichischen „Åffen“.

Im Paznaun gibt es beim Hochzeitsmahl ein eigenartiges Gebäck, die **„Schallringa“:** zwei aus einem Blattlteig gewalkte, aufeinandergelegte Blättchen werden in der Mitte mit einem Loch versehen, dann in heißem Schmalz schwimmend gebacken; sie bähen sich auf und sehen dabei einem Schellenring ähnlich. (Sie entsprechen in etwa den ungarischen Lochkrapfen.)
„Krautkrapfen“ werden wie Blattlkrapfen bereitet, gefüllt werden sie mit Sauerkraut (heißen auch „Krautar“); man aß sie im Ahrntal an Samstagen schon zur Marend, abends aß man die **„Schottener“** (mit Schotten gefüllte Blattlkrapfen), während die **„Mogenen“** (mit süßer Mohnfülle) „lei af'n Kirchtag sein“. **Erdäpfelkrapfen** werden aus gekochten, heiß zerstampften Erdäpfeln und Mehl zubereitet, mit Zi(e)ger und Käse (je ein wenig süßen, sauren und Schweizer) vermengt, mit Salz und Schnittlauch oder gehackter Zwiebel gewürzt (heißen auch „Erdäpfler“). Im Sommer mischt man Schotten unter die Erdäpfelfülle (**„Schottar“, „Schottener“**); man kann auch „a'gebrunnen Topfen piaßn“ (zerhacken, wiegen, passieren) und unter die Erdäpfelfülle mengen, ergibt die **„Schowar“**. „Tuschn“ (Rüben) zerkleinert, gekocht, passiert, mit Zucker und Zimt gewürzt, ergeben die **„Tuscher“** oder **„Tuschar“**. Für die Fülle der **„Brater-**

krapfen" („Brater" = Topfen; Braterwasser = Molke) wird im Brixental Topfen gesalzen, eine Woche lang an einem lauwarmen Platz stehen gelassen, „nar werschd a'g'sichn, kluag au'g'mudlt und g'salzn" (wird der Topfen geseiht, fein aufgebröselt, mit der Hand, und gesalzen). **„Klowankrapfen"** nennt man in Brandenberg Blattlkrapfen, gefüllt mit „Klowan" (Kletzen), gekocht, kleingehackt oder gewiegt; man ißt sie am Stephanitag am Abend.

Für die im Spertental, in Jochberg bei Kitzbühel (und im Salzburger Pinzgau) bekannten **„Schnecknnidai"** werden mehrere Nudlblattln mit einer Fülle aus eingekochten Beeren oder mit Powidl bestrichen, übereinandergelegt und eingerollt. Dann in Schnitten schneiden, die durch die Füllung und Überlagerung eine schneckenförmige Zeichnung aufweisen. Im heißen Schmalz schwimmend backen. Sie werden auch auf beiden Seiten langsam in wenig Schmalz gebraten und zugedeckt fertig gedünstet. Dazu serviert man Milch.

„Moarbblattln"

500 g glattes Weizenmehl, 30 g Butter, $^1/_4$ l Milch, Prise Salz, 1 Ei; Backschmalz

Mehl sieben, das Ei dazuschlagen. Milch, Prise Salz und Butter erwärmen, nach und nach zum Mehl geben, daraus einen glatten Nudelteig kneten, ohne rasten zu lassen in vier Teile teilen, diese zu Nudelflecken ausrollen, jeden Fleck mit dem Teigrädchen zu kleinen Flecken (ca. 8 × 6 cm) ausradeln. Die Blatteln nach und nach im heißen Backschmalz backen und ohne Eßbesteck zu Tisch geben. Dazu wird meist Apfelmus gegessen. Man kann aber auch jedes Teigblattl vorher beliebig füllen, mit Marmelade (Ribisel, Preiselbeeren), Dörrbirnen und Mohn; mit Kletzen (und Dörrzwetschken): weich kochen, wiegen oder faschieren; Milch, Butter und Zucker aufkochen, geriebenen Mohn einrühren, kurz ziehen lassen, vom Feuer nehmen, mit geriebener Zitronenschale, Zimt und Nelkenpulver und Spritzer Rum würzen und abschmecken und mit den Kletzen vermischen. In Südtirol nimmt man als Fülle passierte Kastanien; dabei den Mohn nicht zu dünn aufkochen, eventuell mit Bröseln festigen, Milch und Butter werden dabei weggelassen. Die Fülle soll immer cremig sein.

Oft werden die Kirchtagskrapfen und Blattlkrapfen schon am Vorabend gebacken, man ißt sie dann als Hauptspeise zu Milch, Kaffee oder als Nachspeise zu Wein. Auch Besuchern wartet man sie gern auf. Im Ötztal macht man die Blattlkrapfen zwischen Weihnachten und Heiligedreikönig zur „Gemat" (Fest für die Patenkinder), die Kirchtagskrapfen werden lagenweise auf einer Platte aufgelegt und dazwischen mit **„Ongsats"** bestreut („Ongsats" besteht aus Birnenmehl, gemahlenem Mohn, Johannisbrotmehl und Zucker); darauf wird heißes Butterschmalz gegossen, dann werden wieder Krapfen aufgelegt und wieder Ongsats und Butterschmalz darüber, so wie beim „Blattlstock" (siehe Seite 493). Das Ganze wird dann beschwert und kalt in Stücke geteilt, denn das „Ongsat" ißt man kalt.

„Ob'n a Haut, unt'n a Haut und mitt'lt drinn a Hauf'n Kraut", definiert der Volkswitz das **„Türtl"** und meint, „ohne Türtl hat man nicht gegessen". Dieses Türtl (auch „Türschtl", „Tirtla", „Tircla" genannt) ist vor allem in der Südtiroler Küche beheimatet. Man unterscheidet die süßen, die sauren und die grünen „Türtl". Die süßen „Türtl" werden mit einer Mischung aus Preiselbeeren oder Marmelade und „Boxelemehl" (Johannisbrotmehl) gefüllt, die sauren mit Kraut, die grünen mit Spinat oder „Pießl" (Mangold), mit Topfen („Tschotte", „Sprößʺ) und zerstampften gekochten Erdäpfeln. Zum Türtlteig nimmt man Weizen- und Roggenmehl zu gleichen Teilen, spare nicht mit Milch, Eiern und Butter und knete einen festen glatten Teig daraus, forme ihn zu einem mächtigen „Nudel", schneide ihn in Würfel und walke diese zu tellergroßen dünnen Scheiben (wie bei den Blatteln) aus. Je eine mit Fülle bestrichene und eine leere Teigscheibe übereinanderlegen, mit dem Türtlradl kreisrund ausradeln, den Rand fest zusammendrücken und in heißem Schmalz schwimmend backen.
Früher galt das Türtl um Brixen, im Pustertal und an der Gader als ein feiner Leckerbissen, man aß es jeden Mittwoch und Freitag, vorwiegend aber jeden Samstag am Abend. Feinschmecker behaupten, das „Türtl" schmecke am besten, wenn es aus dem heißen Schmalz herausgefischt und für einen Augenblick unter kaltfließendes Brunnenwasser gehalten würde. Andere wieder essen „Türtl" mit Vorliebe kalt am Sonntagmorgen zum Mus, zur Brennsuppe, zum Kaffee. Im oberen Pustertal (Lienzer Gegend) gab es „Stock-Türschtlan" (siehe „Blattlstock", Seite 493).
Die sonderbarsten „Türtlen" dürfte man in Olang am Vorabend des Sebastianitages (19. Jänner) gemacht haben: Nach einem alten Pestgelübde war an diesem

Tag alles zu essen verboten, was von einem Tier herrührte, also auch Butter, Eier, Milch und Schmalz. Daher stellte man aus Zwiebel und Leinöl eine Masse her und übergoß das Produkt mit einer „Mete" von ebenfalls sonderbarer Art: Man nahm eine Einbrenn zu gleichen Teilen aus Leinöl und Mehl, Zuckerwasser, Mohn und – Holzkohle. Es galt als besonderes Fastenessen, wenn die „Mete" recht schwarz aussah.
In Raas bei Brixen sagte das Gesinde dem Bauern für das erste Türtl am Samstagnachmittag ein besonderes Vergeltsgott. Alte Leute wissen noch, daß das Türtl ursprünglich ein Essen an hohen Festtagen war, allmählich aber bürgerte es sich auch als Wochentagsessen ein, und es verdrängte schließlich die „Schlutzkrapfen" am Samstag. Das Türtl ist aber auch in den Bürger- und Stadthäusern gut bekannt gewesen, so in Brixen, Klausen, Brunneck. 1749 fand in Lüsen am St.-Georgi-Kirchtag des Meierhofes das übliche Mahl für die Armen statt, es waren 125 Gäste aus dem ladinischen Gadertal und von Stufels bei Brixen da, für die in 7 Kesseln Fleisch, in 3 Kesseln Kraut und in 3 Pfannen Mus gekocht wurde. Neben 325 Portionen Fleisch und 500 Broten kamen auch Würste, Suppe und Krapfen sowie eine Unmenge von „Törteln" zur Verteilung, was weder Törtchen noch eine Art Fleischkrapfen (diese heißen „Fleischtirtl") waren. In ihrem handgeschriebenen Kochbuch vom 20. April 1837 berichtet die damals berühmte Hochzeits- und Primizköchin Nothburga Engl, daß sie „Türteln" auf elf verschiedene Arten herstellte, und zwar Butter-, Fleisch-, Grieß-, Hirn-, Milz-, „Musgatzonen-", Nudl-, Reis-, Schokolade-, „Sembl-" und Sterntürtl. Das Verbreitungsgebiet beginnt bei Innichen, umfaßt das ganze Pustertal bis an den Eisack, auch seine Seitentäler, ausgenommen die von Sexten und das Ahrntal. In Milland bei Brixen fand bis gegen 1925 am zweiten Fastensamstag der „Türtlmarkt" statt; viele kamen zu diesem Viehmarkt extra wegen des Türtl-Essens.
Das Wort „Türtl" dürfte eine Verkleinerungsform von „Torte" sein. Denn die Tiroler Küche bezeichnet auch andere Speisen mit „Türtel", so nennt man eine Art Scheiterhaufen **„Brottürt(e)l"** bzw. **„Semmeltürtl"**; bei Kreszenz Trebo, „Tiroler Kochbuch", 1901, lautet dieses Rezept so: „Man rührt ein Stück Butter, gibt zwei Eier darein, um 4 Heller würfelig geschnittenes Semmelbrot, zirka 35 cl Milch, Salz, Zucker, Zibeben, Weinbeeren, auch Kirschen, rührt alles gut untereinander und bäckt es in einem mit Butter bestrichenen Reindl."

Ähnlich bereitet sie „Lebertürtl", „Apfeltürtl", „Kirschentürtl" und das folgende **„Fleischtürtl"**:
„Übriggebliebenes Kalbfleisch samt Limonienschalen wiegt man fein aus, rührt ein Stück Butter aus, gibt nach und nach zwei Dotter darein, dann das Fleisch, Semmelbrösel, Zucker, Zibeben und Weinbeeren nach Belieben, macht es mit etwas rahmiger Milch ab, gibt noch zwei Klar Schnee leicht darunter und stellt es in den Ofen in ein mit Butter bestrichenes Reindl."
In der Tiroler Landesküche kennt man auch **„Schwarzplententürtl"**, wobei Schwarz- oder Weißbrotschnitten mit Apfelschnitzen und Weinbeeren in eine gebutterte Auflaufform geschlichtet werden, dann wird ein Palatschinkenteig aus Heidenmehl (Schwarzplentenmehl), Milch, Eiern, Prise Salz darüber gegossen, mit Butterflocken belegt und im Ofen gebacken.

Osttiroler „Blattlstock"

Teig: 1500 g Mehl, 150 g Zucker, 150 g Butter, 4 Eier, 60 g Germ, Salz, $^3/_4$ l Milch. Fülle: 1500 g Dörrbirnen, 750 g Mohn, 300 g Zucker (oder Honig), Zitronenschale, Zimt, Nelkenpulver, 300 g frische Butter zum Abschmalzen

Aus einem Dampfl und den anderen Zutaten einen mittelfesten Germteig abkneten. Zugedeckt gehen lassen. Aus dem Teig eine Rolle formen, 7 gleich große Stücke schneiden, jedes zu einem Blatt in Tortenformgröße auswalken. Zugedeckt wieder gehen lassen, dann mit einer Nadel mehrmals einstechen und im Rohr backen.
Fülle: Dörrbirnen weich kochen, faschieren, mit geriebenem Mohn, Zucker, geriebenen Zitronenschalen, Zimt und Nelken und etwas Birnensud zu einer geschmeidigen Masse verrühren.
Dann das erste Blatt auf eine Platte legen, 1 cm dick Fülle auftragen, mit zerlassener, aber nicht brauner Butter übergießen, das zweite Blatt darauflegen, füllen, überschmalzen usw. Auf das letzte Teigblatt gießt man am meisten Butterschmalz, daß es seitlich abtropft und erstarrt.
Manche backen die Blätter einige Tage vorher, tauchen sie dann kurz in heißes Honigwasser und bestreichen sie mit einer Mohnfülle (geriebenen Mohn mit Milch und Zucker kurz aufkochen, mit Zimt, Nelken, Zitronenschale und etwas Rum würzen) und übergießen das Ganze mit so viel Butterschmalz, daß auch die Seitenwand damit überzogen wird und der Überguß eiszapfenartig erstarrt. Vom Stephanitag an (daher auch „Ste-

phansstock" genannt) wird nach jeder Mahlzeit etwas davon verzehrt und dazu eine Schüssel Milch auf den Tisch gestellt. Den Kindern hat man früher „sölene Schnittlan" für das Neujahrswünschen geschenkt, nachdem sie ihren Neujahrsreim (nach Tschurtschenthaler) aufgesagt hatten:

„Wünsch enk a glückseligs neues Johr,
A Christkindl mit gekrauste Hor;
Rilla, rolla!
Alla Kiste und Kasten volla;
An augilögn Tisch,
Af alla vier Öggn an Fisch,
In der Mitte a Moß Wein,
Daß alle kenn lustig sein.
Wünsch enk a glückseligs neues Johr."

Ein ähnlicher Blattlstock wird als weihnachtliches Festgericht im Iseltal als aus dünnen Brotfladen bestehend beschrieben, die mit einer Fülle aus Butter, Honig und gestampftem Mohn bestrichen und auf einem Teller turmartig aufgebaut werden. „Dieser Blattstock prangt als Gegenstand allgemeiner Bewunderung auf dem großen Eßtische. Rings um den Teller pflanzt man wie Bollwerke einer Festung Stücke von Zelten und Kuchen sowie etliche Maßflaschen ‚Roten Tiroler' auf."

Mohnmörser aus dem Iseltal.

Rosenkrapfen, „Roselan" werden aus Germteig, Nigelenteig, Nudelteig, Butterteig oder Mürbteig gemacht. Den Teig messerrückendick auswalken, mit rosenförmigem Model verschiedener Größe ausstechen, falls nicht vorhanden, runde Blättchen ausstechen und vom Rand gegen die Mitte zu fünf kurze Einschnitte machen, die Blättchen in der Mitte mit Eiklar betupfen, dann mit dem größten unten beginnend, drei bis fünf Stück aufeinanderschichten und in der Mitte zusammendrücken (evtl. mit einer Gewürznelke befestigen). Mit der kleinsten Rosette nach unten ins heiße Fett legen und beidseitig backen.

Aus Nigelenteig oder aus einem Blattlteig macht die Bauernköchin zur Hochzeit auch gern **„Bänderpacklan"** – dazu werden größere Teigblätter dünn ausgerollt, mit dem „Radla" nebeneinander längliche Einschnitte gemacht, das Ganze der Länge nach eingerollt, oben und unten ein „Drahna" gemacht (rosenförmig zusammendrehen), dann in heißem Schmalz gebacken. Dabei gehen die Streifen bänderförmig auseinander, beim „Drahna" oben und unten scheinen sie zusammengeknöpft zu sein. Man kann auch aus einem ausgerollten Teigfleck einfach mit dem Radl lange Streifen schneiden, diese bordenförmig zusammendrehen und in heißem Schmalz backen. **„Predigtkappla"** sind eine Hochzeitsspeise aus dem Ötztal; es sind kleine, barettförmige Krapfen; dazu wird eine süße Kirschensuppe gegessen.

Schnürlkrapfen, Spagatkrapfen, „Ochsengurgln"

300 g Mehl, 150 g Butter, 2 Eier (besser: 4 Dotter), 3 EL Obers oder Milch, 2 EL Rum, 1 EL Zucker, 1 Msp. Zimt, Salz; Backschmalz

Mehl und Butter abbröseln, die übrigen Zutaten von der Mitte ausgehend einmengen, zu einem Laib kneten. 1 Stunde zugedeckt kühl rasten lassen, dann messerrükkendick ausrollen, Vierecke in der Größe der Krapfenform für die Krapfenmodel ausschneiden, um den Krapfenmodel legen (die Enden dabei etwas überlappend), andrücken, mit Spagat in zwei Finger breitem Abstand leicht anschnüren, in heißes Backfett haltend rundum backen. Herausheben, den Spagat lösen, die Krapfen vorsichtig von der Form schieben. Mit gezuckertem Schlagobers füllen, außen mit Zucker bestreuen.

In Osttirol sind die **„Küachlan"** Gebäcke aus Nigelenteig, „das ischt a Germtag, Are (Eier) eini, net hakl (heikel), wieviel". Mit einem Löffel gibt man sie portionsweise ins heiße Schmalz. Beidseitig in Schmalz schwimmend backen.

Andere, sehr volkstümliche Schmalzgebäcke der Tiroler Küche sind die in Tropfteig getauchten und in heißem Fett schwimmend herausgebackenen Früchte, Brot- und Semmelschnitten oder Kräuter und Dolden. Trotz verschiedentlicher Benennung des Teiges (Schmarrenteig, Tropfteig, Backteig, Omelettenteig, Küchelteig) verwendet man überall einen ähnlichen Teig aus Mehl, Milch und Eiern. Da die Tiroler Küche keine eigentlichen „Hochzeitskuchen" kennt, werden diese „Küchel" oder „Küchlan" gern zu Hochzeitsküchel, so die „Apfelküchel".
Die Kastelruther kennen als Hochzeitsküchel „Oblatenküchel" (auf Oblaten gesetzt) und „Schlieferküchel" (eine Schleife bildend), das übrige Tirol kennt sie für dieses Fest als Kas-, Brot- und Apfelküchel. Ein Hochzeitsküchel wird immer als glückbringendes Geschenk an die Braut gewertet. Im Raum Landeck wird am „Kassunti" (1. Fastensonntag) das Scheibenschlagen gepflegt; zu Mittag gibt es „Kaskiachla".
Im Brixental (Unterland) gibt es am Kirchtag die **„P(r)ofesenkiachl"**, das sind Zwetschkenpofesen (werden nach dem Backen mit einer Soße aus verdünntem, gezuckertem Wein oder Most übergossen, in dem Rosinen mitgekocht wurden), und gebackene Apfelscheiben **(„Apfelradl", „Apfelkiachl")**. In Backteig getauchte, in Schmalz gebackene Apfelscheiben oder -spalten, sind „eppes Guits", verrät eine Villgratener Köchin, denn Äpfel waren hier selten, sie wachsen nicht im Tal, sondern müssen „draußen im Land", im Drautal, teuer gekauft werden. Im Brixental gab man über die gebackenen Apfelkiachl eine warme Honigbrühe. Auch die „Hollerküchel" werden in Tirol geschätzt.

„Joachalstern"

5 altbackene Semmeln, Ribiselmarmelade; Backteig aus ca. 150 g Mehl, 1/4 l Milch, 2 Eiern, Prise Salz; 1/4 l Milch, 50 g Butter

Je zwei Semmelschnitten mit Marmelade zusammensetzen, kurz in etwas Milch tauchen, dann in den etwas dünner gehaltenen Backteig. In einer weiten Kasserolle Butter und 1/4 Liter Milch heiß werden lassen, die Schnitten einlegen und im Rohr backen. Sobald sie etwas gebacken sind, umdrehen und ebenfalls Farbe nehmen lassen. Dann noch etwas Milch beigießen, damit sie nicht anbrennen. Zugedeckt so lange dünsten, daß sie beim Servieren noch saftig sind.

„Alte Weiber" sind – ähnlich wie in Oberösterreich – Weißbrotstücke, jedes mit einer Zibebe und Mandel besteckt (beklebt); durch die Brotstücke wird ein längerer Faden gezogen, in Backteig getaucht und in heißem Schmalz schwimmend gebacken. Den Faden zuletzt entfernen. **„Die alten Weiber"** in Kreszenz Trebos „Tiroler Kochbuch" (1901) sind zwei hartgesottene, geschälte Eier, die in Tunkteig getaucht, in Schmalz gebacken werden; das Ganze wird dreimal wiederholt, worauf sie geteilt und in siedendem süßen Wein ein paarmal aufgekocht werden.

„Altweiberfersen"

4 Eier, Milchbackteig (siehe unten), Backfett; Weinschaum

Eier hart kochen, schälen, in Backteig tauchen, in heißem Schmalz schwimmend backen. Jedes Ei dann durchschneiden, jede Hälfte wieder in den Backteig tauchen und in Schmalz backen. Dann die Eierhälften wieder teilen, die Vierteln wieder in Backteig tauchen und in Schmalz backen. Diese Eierstücke zu einer Pyramide schichten und mit Weinschaum anrichten.
Im Ötztal präsentiert man diese **„Kroßar"** genannte Speise zur Hochzeit. Sie wird mit heißem Glühwein übergossen aufgetragen.

„Versoffene Ritter" sind Semmelschnitten, zuerst in Rotwein, dann in Backteig getaucht, in heißem Schmalz gebacken, überzuckert und zuletzt noch mit Glühwein übergossen. Heiß servieren.

Zu den **„Magen-Pofesen"** bestreicht man Semmelschnitten mit einer Fülle aus mit Wasser (Milch) aufgelöstem, mit gestoßenem Mohn verrührtem Honig, taucht sie in Tunkteig, bäckt sie in Schmalz und bestreut sie mit Zucker. (Kreszenz Trebo)

„Zwetschkennigelen"

500 g Dörrzwetschken, 100 g Mandeln; Milchbackteig: 200 g Mehl, 1/4 l Milch, 2 Eier, Prise Salz, 1 EL Rum; Backfett; Zimtzucker

Große Dörrpflaumen halbweich kochen, die Kerne entfernen, dafür je eine geschälte Mandel stecken, dann in Backteig tauchen und in heißem Fett schwimmend backen. Noch warm mit Zimtzucker bestreuen.

„Mohnbingelen", „Mohnnigelen"

300 g Dörrbirnen, 150 g Mohn, 1/8 l Milch, 120 g Zucker, geriebene Zitronenschale, Zimt, Nelkenpulver, Rum; Backteig: 120 g Mehl, 1/8 l Milch, 2 Eier, Salz, 1 EL Rum; Backfett

Birnen weich kochen, entkernen und dann faschieren. Inzwischen Milch, Zucker und geriebenen Mohn kochen, die Gewürze beigeben, dann mit den faschierten Birnen vermengen. Einen Backteig extra bereiten. Dann je eine mit dem Löffel ausgestochene Portion der Birnenmasse in den Backteig tauchen und in heißem Schmalz schwimmend backen.

Strauben waren im Tirolischen oft eine Zusage- bzw. Zustimmungsspeise beim Brautwerben. Beim „Richtigmachen" gab es als Zugabe die Strauben; „Streub'm z' essen gehen" hieß in Kastelruth und anderswo soviel wie Brautwerben gehen. Die Herstellung dieser Strauben kam sicher erst durch die Kloster- und Schloßküchen aus dem Süden ins Volk.

Hugo Engl, „Abendlicher Heimgarten zur Winterszeit". 1893.

Der Teig zu den Strauben und auch die Ausführung ist überall sehr ähnlich und variiert nur ganz leicht. Meist werden sie aus einem Brandteig gemacht (1/4 l Milch, 1 Eßlöffel Butter, Prise Salz, 1 Eßlöffel Rum, 200 g Mehl, 2 Dotter) oder aus einem Germteig wie im Brandenberger Tal (500 g Weizenmehl, 2 Eier, 1/4 l lauwarme Milch, 10 g Germ, Prise Salz, eventuell 1 Eßlöffel Rum), auch aus einem dickflüssigen Tropfteig, wie er zu den **„Leierstrauben"** aus Osttirol überliefert wird (500 g Mehl, ca. 1/2 l Milch, 3 Eier, Prise Salz, etwas Zimt und Zucker): „Den Teig fest schlagen, bis er schön rinnt; er darf nicht abreißen, sobald man ihn in die Straubenleire (‚Lorl', Trichter) gibt, hält man unten zu, dann fährt man mit der vollen Leire über das heiße Schmalz rundum, daß a rundes Kranzele mit lauter Ringlan werd; das ischt schnell gelb. Man tuits umkehren und außerheben. A gröaßere Pfanne darf man nia nehma, lei ane für a Straubn. Alle Bittfüruns ischt ane fertig." (Nach Maria Lang-Reitstätter)
Bei **Rahmstrauben** wird an Stelle der Milch süßer Rahm verwendet. Sonnenstrauben aß man, wenn die Sonne wiederkehrte, beim einzigen Bauernhof im Osttiroler Ködnitztal, wo sechs Winterwochen hindurch kein Sonnenstrahl hindringen kann; man feierte die Wiederkehr der Sonne mit einem ortsüblichen Festessen. Die erste Straube wurde für die wiederkehrende Sonne auf den Söller gestellt.

Nach dem „Richtigmachen" folgte im Pfarrhof („Widum") der „Handschlag", darauf der Verlobungsschmaus („Handstraachmohl") im Wirtshaus; in Abfaltersbach war schon dieses Mahl (für 12 bis 14 Personen) ausgiebig: „geriebene Tagsuppe" und Würste, Rindfleisch mit Zuspeisen, Knödel und Eingemachtes (Kalbfleisch), „Bratl mit Zweschbm", „Reistuchtn" (Reistorte) mit Glühwein, Kaffee und Strauben. Außerdem hat jeder ein „Bschaadessn" nach Hause mitgenommen (1 Stück „Bisgoitn", 1 Straube, 1 Stück Gugelhupf).
Der Speisezettel der Hochzeit selbst war dann dementsprechend umfangreicher: „Griebene" Teigsuppe mit „Würstlan", „haßg'sott'nes" Kalbfleisch, „G'restl mit gebach'ner Leber", Rindfleisch, Kraut und Speck darauf und saurer „Rattich", „gibachandö Kölbosköpf und Füeße mit Salat und Granten", Brotkoch mit Himbeersaft, Schweinskopf in dicker Weinsoße, Tirolerknödel und saure Suppe, Kalbsbraten mit Zwetschken, Milchreis mit Weinbeeren, gebratene Gans mit gedünsteten Äpfeln und Kastanien, Leberwürste, „ungimachta Nigilan". Nach der siebten Richt, den Tirolerknödeln, folgte der Brauttanz und anschließend das „Brautstehlen". Als „Schlußricht" wurde das „Bschaadessn" aufgetragen, „in an Tüchl ingipockt zin Hamtrog'n"; es bestand aus 1 Krapfen, 1 „Kranzl" und 1 „Hörndl", 2 Stück Konfekt, je 1 Stück Torte, Bisquit und „Prezidee-Strützl" sowie einem Stück Kalbsbraten.

An vielen Orten fand vor der Hochzeit im Gasthaus bereits eine „Morgensuppe" statt; dazu gab es eine Suppe mit Würsten, „geröstete Lunge" („Lüngerl", „Voressen"), Rindfleisch mit Gemüse und Braten.

„Widderbeutel"

250 g Mehl, $^1/_8$ l Wasser, Prise Salz; Backfett

Wird jeweils nur für eine Person bereitet: Aus Weizenmehl, gut $^1/_8$ l Wasser und einer Prise Salz macht man einen Musteig. Dann das Ende eines daumendick zugerichteten Holzspanes in den Teig tauchen, in siedendem Schmalz herausbacken, wieder in den Teig tauchen, dann wieder im Schmalz backen und so fort, bis ein vielschichtiger schmalzgebackener Klumpen von Faustgröße am Span steckt.
Davon biß der Holzknecht stückchenweise ab. Während ihrer Arbeit aßen die Holzer Brot mit Salz (gegen den Durst), „Widderbeutel" waren eine starke Kost, und man brauchte einen guten Magen dazu. Selbst die Holzfäller hatten mit diesem Gericht keine große Freude.

„Tiroler Korb"

„Mache einen dünnen Straubenteig, nimm einen mittelmäßigen Kochlöffel, tauche ihn in den Teig ein, backe ihn sodann unter beständigem Schütteln im Schmalz, mach den Teig mit einem Ei noch etwas dünner, tauche dann den überbackenen Löffel wieder ein, sooft man will, nimm dann den Löffel heraus, gib ins Loch gesottene Weichsel oder Weinbeeren, gib's in eine Schüssel, bestreue es mit Zucker, gib auf den Boden der Schüssel Wein mit Zucker, wenn man sie trocken haben will, muß man sie nochmals aufkochen. Man kann auch mehrere Stücke von einem machen." (Handgeschriebenes Kochbuch für Anna Schweigl, Stams 1916)

Ein Glanzstück, da und dort auch ein spezielles Hochzeitsgebäck der Alttiroler Küche, aber doch der bürgerlichen Küche zugehörend, war (und ist) der Prügelkrapfen:

Prügelkrapfen (Brandenberger „Prügeltorte")

10 Eier, 10 Ei schwer Butter, 10 Ei schwer Zucker, 10 Ei schwer Mehl, Prise Salz, Zitronenschale

Butter flaumig rühren, Zucker und nach und nach die Eier schaumig einrühren, eine halbe Stunde abtreiben, dann gesiebtes Mehl und feinstgeriebene Zitronenschale nach Geschmack einrühren. Auf einer offenen Feuerstelle ein Feuer aus Buchenholz machen (weiches würde zu rasch brennendes Feuer ergeben). Ein Gestell mit einer länglichen, prügelförmigen Walze aus Holz (ca. 30 bis 60 cm lang, an einem Ende 9 cm, am anderen 10 cm Durchmesser, mit Holzstiel zum Drehen) aufstellen. Die Walze mit Pergamentpapier umwickeln, dieses mit Faden festigen. Von der Teigmasse jeweils 2 Schöpfer Teig auf einen Teller und diesen in Feuernähe stellen. Man trägt nun schichtweise mit einem Löffel oder kleinem Schöpfer Teig auf die Walze auf. Dabei muß eine Person die Walze fleißig, aber gleichmäßig über dem Feuer drehen. Ist die erste Lage rundum hellbraun, wird wieder Teig aufgetragen, der Vorgang wiederholt sich, bis der ganze Teig aufgetragen ist. Das Feuer muß bis zuletzt gleichmäßig stark anhalten. Die gebackene „Prügeltorte" vorsichtig von der Walze streifen, geruchfrei und trocken aufstellen. Sie hält sich lange, nur ist sie sehr geruchsempfindlich.
Diese „Prügelturschten", auch Baumkuchen genannt, wurde vor allem in den Bürgerhäusern hergestellt, und zwar für Weihnachten, zu Hochzeiten und Taufschmäusen. Man kann sie mit Schaum füllen, in die obere Öffnung steckt man Blumen, die Seiten werden girlandenförmig „vereist" (glasiert). Je mehr Zacken so ein Baumkuchen hat, desto wertvoller ist er nach Meinung des Volkes.

Backwerk

Im Rohr gebackene Mehlspeisen kommen heute an Festtagen und Sonntagen anstelle der alten, in Schmalz herausgebackenen Mehlspeisen allgemein auf den Tisch. Statt Krapfen, „Kaskiachl", „Brotkiachl", „Blattln" oder aus Brotteig hergestellem Gebäck werden verschiedene Strudel, Kuchen, Buchteln, Gugelhupf und Kleingebäck auf den Festtagstisch gestellt.

„Außigeküchelte Nidai"

400 g Mehl, Salz, 20 g Germ, $^1/_4$ l Milch, 1 Ei, 2 Dotter, Zitronenschale, 50 g Zucker, 60 g Butter, Marillenmarmelade, 80 g Butter, Staubzucker

Aus wenig Mehl, etwas lauwarmer Milch und Germ das Dampfl ansetzen, mit Mehl bestreuen und reifen lassen. Sobald Sprünge an der Oberfläche entstehen, mit Mehl, lauwarmer Milch, Ei, Dotter, etwas geriebener Zitronenschale, Zucker und Prise Salz zu einem weicheren, gut abgeschlagenen Germteig verarbeiten. Zugedeckt aufgehen lassen, auf bemehltem Brett auswalken, Rechtecke ausschneiden, jedes mit etwas Marmelade belegen, die Ecken darüberschlagen und gut verschließen. Etwas runden und, in zerlassene Butter getaucht, in eine ausgefettete Rein schlichten. Im Rohr backen. Angezuckert servieren. (Unterinntal)

Dampfnudel

400 g Mehl, 30 g Butter, 30 g Zucker, Salz, $^1/_4$ l Milch, 2 Dotter, 30 g Germ; 125 g Butter, $^1/_4$ l Milch oder Rahm, Zimt, Staubzucker, Marillenmarmelade

Aus wenig Mehl, etwas lauwarmer Milch und Germ das Dampfl (daher der Name) ansetzen, mit Mehl bestreuen und reifen lassen. Sobald sich an der Oberfläche Sprünge zeigen, mit Mehl, Zucker, flüssiger Butter, lauwarmer Milch, Dotter, Prise Salz einen Germteig schlagen. Zugedeckt aufgehen lassen. Dann mittels Löffel eigroße Knödelnocken ausstechen, am Brett rund formen und nochmals zugedeckt gehen lassen. In einer Kasserolle Milch erhitzen, die Butter einrühren und die Germteigkugeln darin einschlichten. Mit vorgewärmtem Deckel und einem darübergelegten nassen Tuch fest abschließen und auf kleinem Feuer im Rohr backen (etwa eine halbe Stunde). Jede Kugel soll eine helle, blasige Haube, am Boden eine leicht braune Kruste haben. Mit Zimt und Zucker bestreut in der Kasserolle auftragen. Beim Essen taucht man sie in Marillen- oder Schwarzbeermarmelade ein.

„Sticknudeln", „ang'lahnte Nudeln" werden aus dem gleichen Dampfnudelteig (wie oben beschrieben) bereitet; man formt eigroße Nudeln daraus, die wie die Buchteln mit etwas beliebiger Marmelade gefüllt werden. Nochmals zugedeckt gehen lassen, zu fingerlangen, gut daumendicken Nudeln ausziehen, dann in heißes Butterschmalz einlegen (darin schwimmend oder auch nur den Boden bedeckend). In eine mit Milch fingerhoch bedeckte Rein einlegen, eine an die andere „dicht angelehnt" (daher der Name). Zugedeckt im Rohr dämpfen lassen. Wenn notwendig, etwas Milch nachgießen. Sie müssen bis zuletzt saftig bleiben.

„Brate Nigelen"

Aus einem Germteig große „Blattlan" triebeln (auswalken), mit „an blecharn Scheiblan" ausstechen, zugedeckt gehen lassen, dann in gefetteter Kasserolle im Rohr backen. Gebacken, sofort mit Zuckerwasser bestreichen, damit sie schön „roat" werden.

Vintschgauer Rahmnudeln

„Von 300 g Mehl, 30 g in Milch geweichter Germ, 20 g Butterschmalz, 1 Löffel Zucker, Salz, 1 Ei und 3 Dotter und $^2/_{10}$ Liter gutem, sauerm Rahm macht man einen Teig, den man schlägt, bis er Blasen hat. Gibt ihn dann auf ein Brett, macht eine Rolle davon, schneidet Stücke ab und formt daraus fingerlange und gut daumendicke Nudeln. Bestreicht ein tiefes Bratenreindl mit Butterschmalz, taucht die Nudeln in Butterschmalz und legt sie hinein; streut Zucker und etwas Zimt darauf, legt wieder in Butterschmalz getauchte Nudeln darüber, bestreut sie wieder mit Zucker und Zimt und macht so 3 Lagen übereinader; läßt sie gehen, bis das Reindl beinahe voll ist, und gibt dann gut gemessen $^1/_{10}$ Liter siedenden Obers langsam darüber. Stellt sie gleich in das Rohr und bäckt sie bei mäßiger Hitze gut $^3/_4$ Stunden; stürzt sie (sie fallen von selbst voneinander), bestreut sie mit Zucker und Zimt und gibt Glühwein dazu." (Anna

Tagwerker, „Neuestes Kochbuch für feine und bürgerliche Küche", Innsbruck, o. J.)

Tiroler „Fochazbrot"

300 g Mehl, 20 g Germ, 20 g Zucker, Salz, 30 g Butter, $^1/_8$ l Milch, Zitronenschale, Anis; Dotter, Milch

In wenig Mehl Germ verbröseln, Zucker und 3 Eßlöffel lauwarme Milch verrühren, mit Mehl zudecken und reifen lassen. Dann das Dampfl mit dem Mehl vermischen, restliche lauwarme Milch mit zerlassener Butter, Dotter, Prise Salz, Anis und feingeriebener Zitronenschale glatt kneten, gehen lassen. Dann einen Laib formen, mit einer Stricknadel kreuzweise einritzen, daß die Spur gut sichtbar bleibt. In guter Hitze hell backen, dabei mit Dotter und Milch bestreichen.

Aus dem gleichen Teig kann man auch einen **Nußstrudel** bereiten, gefüllt mit Nußfülle aus 150 g geriebenen Haselnüssen, 100 g Zucker, $^1/_8$ l Milch, 50 g Rosinen, etwas Zimt, Nelkenpulver und geriebener Zitronenschale, 1 Eßlöffel Rum und 20 g Butter. Den Teig ausrollen, die cremig verrührte Fülle auftragen, zusammenrollen, mit verklopftem Dotter bestreichen, ein paarmal anstechen und bei mittlerer Hitze backen.

Aus dem ungefüllten Teig kann man auch einen **Striezel** formen oder Sultaninen in den Teig einkneten und einen Zopf flechten, das ergibt den **Osterstriezel.**

Fast alle Kochbücher des 17., 18. und besonders des 19. Jahrhunderts führen mindestens ein Rezept **„Tyroler Strudel"** an; er wird einmal aus Butterteig, einmal aus Mürbteig, aber auch aus Germteig bereitet. Dabei verwendet man meistens die damals übliche vornehme Mandelfülle aus der bürgerlichen Küche.

Aus dem handgeschriebenen Kochbuch für Anna Schweigl, Stams 1916.

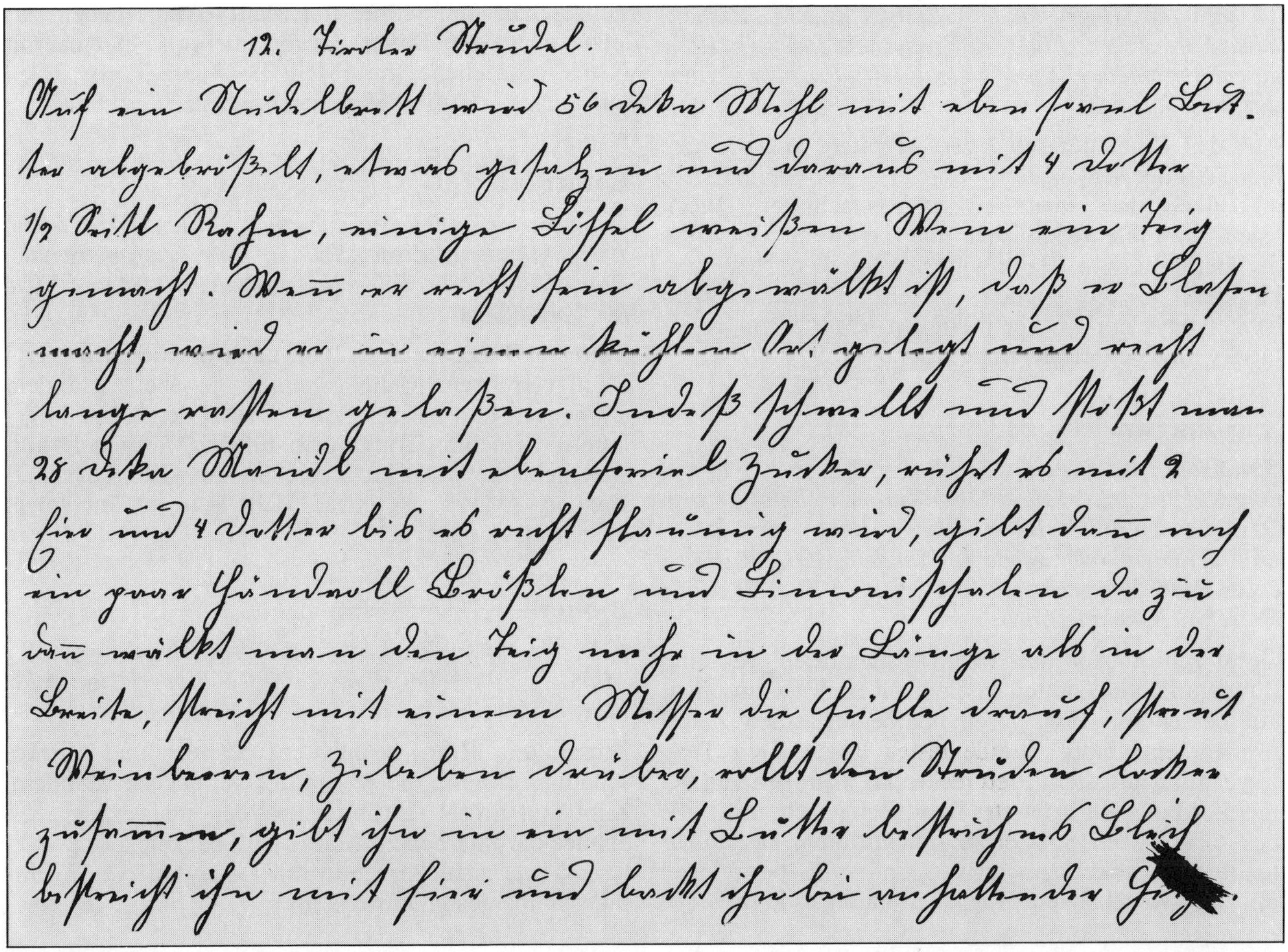

12. Tiroler Strudel.

Auf ein Nudelbrett wird 56 deka Mehl mit ebensoviel Butter abgebröselt, etwas gesalzen und daraus mit 4 Dotter 1/2 Seitl Rahm, einige Löffel weißen Wein ein Teig gemacht. Wenn er recht fein abgewalkt ist, daß er Blasen macht, wird er in einem kühlen Ort gelegt und recht lange rasten gelassen. Indeß schwellt und stoßt man 28 deka Mandel mit ebensoviel Zucker, rührt es mit 2 Eier und 4 Dotter bis es recht flaumig wird, gibt dann noch ein paar Händvoll Bröseln und Limonischalen dazu. Dann walkt man den Teig mehr in der Länge als in der Breite, streicht mit einem Messer die Fülle darauf, streut Weinbeeren, Zibeben darüber, rollt den Strudel locker zusammen, gibt ihn in ein mit Butter bestrichenes Blech, bestreicht ihn mit Eier und backt ihn bei anhaltender Hitze.

Tiroler Strudel

70 g Mehl, 40 g Germ, $^1/_8$ l gezuckerte lauwarme Milch; 110 g Butter, 3 Dotter, Salz, 30 g Zucker, 1 EL saurer Rahm, 700 g Mehl, Milch; Fülle: Honig, feingeschnittene Mandeln, Zibeben, Aranzini, Zitronat, Datteln, Feigen, Pignolien

Aus Mehl, Germ und Milch ein Dampfl machen, gehen lassen, dann mit den restlichen Zutaten vermengen, den Teig gut abschlagen und gehen lassen. Einen Bischofsbrotmodel mit Butter ausstreichen und fein geschnittene Mandeln einstreuen. Dann den Teig kleinfingerdick ausrollen, mit Honig bestreichen, die Fülle dicht aufstreuen, den Strudel zusammenrollen und in den Model legen. Nochmals gehen lassen, langsam backen und kalt oder warm servieren.

Tiroler Strudel aus Mürbteig

280 g Butter, 315 g Mehl, 1 TL Essig, 1 Ei, etwas Zucker, Prise Salz, Milch; Fülle: 105 g Zucker, 3 Dotter, 105 g geschälte, feingeriebene Mandeln, 140 g Rosinen, Schnee aus 3 Eiklar, 1 Ei

Aus den Zutaten rasch einen Mürbteig kneten, eine halbe Stunde kalt lagern, dann in 2 Teile teilen, fein auswalken, den einen Teil auf das bebutterte Blech legen, die Fülle aufstreichen und die zweite Teighälfte darüberlegen, am Rand gut verschließen. Mit zerklopftem Ei bestreichen, im Rohr semmelfarben backen und mit Zucker bestreuen. (Marie von Rokitansky, „Die Österreichische Küche", 1897)

Kapuzinerstrudel

Strudelteig: 400 g Mehl, 250 g Butter, 3 Eier, 40 g Germ, 60 g Zucker, 2 EL Milch, Salz, Zitronenschale; Ei zum Bestreichen; Fülle: 100 g Zucker, 100 g ungeschälte, grob geriebene oder gehackte Mandeln, 100 g Rosinen, etwas Rum, 50 g geriebene Schokolade, 3 Eier, 50 g süße Brösel; Schokoladeglasur

Germ mit Zucker und Milch glatt rühren, gekühlte Butter und alle Zutaten in einem Kessel gut mischen, auf bemehltem Brett rasch abarbeiten, einen Ziegel formen, eine halbe Stunde rasten lassen. Den Teigziegel auf bemehltem Brett rechteckig ausrollen, auf bemehlter Folie auf befettetes Backblech geben, mit Fülle bestreichen, den Strudel zusammenrollen, das anhaftende Mehl abkehren, mit verklopftem Ei bestreichen und im vorgeheizten Rohr bei mäßiger Hitze (150 Grad) eine halbe Stunde backen, auf 175 Grad erhöhen und nochmals eine halbe Stunde backen. Erkalten lassen, dann mit einer Schokoladeglasur überziehen. Ähnlich ist dieser Strudel auch in Grünzweigs „Wiener Koch- und Wirtschaftsbuch" (1895) beschrieben.

Schon Philippine Welser hat einige Tortenrezepte in ihrer Rezeptsammlung überliefert, so eine „semladorten und Mandeldortten fein", auch eine Brottorte, Torten aus Heidenmehl, Kastanientorte, Mohntorte, Moostorte, Topfen- und Nußtorte sowie eine „Bonifazius-Torte".

„Bonifacitorte"

350 g Zucker, 4 Eier, 5 Dotter, 5 Eiklar, 280 g Mehl, 140 g Butter; Butter und Mehl für Form

Zucker mit Eiern und Dotter nach und nach rühren, steifgeschlagenen Schnee mit Mehl darunterheben, zuletzt zergangene Butter daruntermengen. In eine mit Butter bestrichene, mit Mehl bestäubte Form füllen und backen. (Hutter, Handgeschriebenes Kochbuch)

Karnertorte

100 g Butter, 100 g Staubzucker, 2 Eier, 100 g Mehl, 100 g Mandeln, Zimt, Nelken, Salz, Zitronenschale; Preiselbeeren oder Ribiselmarmelade, Butter und Mehl für Tortenform

Butter und Zucker abtreiben, nach und nach mit den Eiern verrühren, Mehl, geschälte, geriebene Mandeln einmengen und würzen. Zwei Drittel der Masse in gefettete, bemehlte Tortenform füllen, Marmelade aufstreichen, die restliche Masse als ein Gitter darüberstreichen (Masse mit etwas Mehl festigen). Im vorgeheizten Rohr backen.

Brottorte

6 Dotter, 140 g Zucker, 70 g Schwarzbrotbrösel, 30 g Mandeln, 50 g Schokolade, Zimt, 1 Stamperl Rum, 6 Eiklar; Glühwein oder Weinpunsch, Staubzucker

Brösel mit Rum befeuchten; Dotter und Zucker schaumig rühren, die geschälten, geriebenen Mandeln, Zimt und Brösel einrühren und den steifgeschlagenen Schnee darunterheben. Mäßig heiß backen. Die gebakkene Torte anzuckern und mit Glühwein oder Weinpunsch übergossen anrichten.

Kemater „Krapflen“

„Man macht einen gewöhnlichen Butterteig, schneidet viereckige Blattlen draus, legt sie viereckig zusammen, füllt sie mit einer Mandelfülle, bestreicht den Rand mit Ei und backt sie im Rohr. Zur Fülle nimmt man 280 g gestoßene Mandeln, ebensoviel Zucker, 3 Eier, 2 Dotter, Limonischalen, Zimt und etwas Brößlen.“ (Handgeschriebenes Kochbuch für Anna Schweigl, Stams, 1916)
In Marie von Rokitanskys „Die Österreichische Küche“, 8. Aufl., Wien 1913, lautet dieses Rezept:

„Kematner Krapferln“

„140 g Mehl und 140 g Zucker werden auf dem Brette fein abgebröselt, dann mit 4 Dottern, 1 Kaffeelöffel voll weißen Weines und 1 Kaffeelöffel voll sauren Rahmes, sowie Salz und etwas Zucker zu einem feinen Teig abgearbeitet. Man schneidet ihn in 35 Stücke, treibt jedes Stück mit einem kleinen Nudelwalker zu viereckigen Blättchen und füllt sie mit folgender Fülle: 140 g feinen Zucker, 140 g fein gestoßene Mandeln und 3 ganze Eier rührt man durch $^{3}/_{4}$ Stunden sehr flaumig ab und gibt dann die fein gewiegte Schale einer Zitrone hinein. Nun gibt man auf jedes Blatt 1 Löffel voll dieser Fülle, legt sie wie einen Brief zusammen, doch so, daß man in der Mitte die Fülle sieht, bestreicht die Fülle noch mit Ei und bäckt die Krapfen gleich im Rohre zu schöner gelblicher Farbe.“
In anderen bürgerlichen und handgeschriebenen Kochbüchern findet man dieses Rezept auch unter der Bezeichnung „Kematner Briefe“.

„Bauernlaibl“

140 g Zucker, 2 Eier, 140 g Mehl, geschälte Mandeln

Eier und Zucker schaumig rühren, Mehl einmengen und auf bewachstem Backblech kleine Häufchen setzen, in die Mitte eines jeden eine halbe weiße Mandel stecken. Im heißen Rohr backen.
Nimmt man anstelle der Mandeln etwas gehackten Anis, erhält man die **Anislaibchen.** Dazu überliefert Hutter in seinem handgeschriebenen Kochbuch folgendes Rezept: „3 Ei schwer Zucker, 2 Ei schwer Mehl, Butter, 3 Eiklar. Butter und Zucker verrühren, steifgeschlagenen Schnee und Mehl darunterheben, löffelweise auf mit Butter bestrichenes Backblech setzen, mit Anis bestreuen, rasch backen.“

„Haller Törteln“

Muskazonenteig: 200 g Mandeln, 200 g Staubzucker, 1 Ei, Muskatnuß, Zimt, Nelkenpulver; Haller Törtelteig: 4 Dotter, 240 g Zucker, 240 g Mandeln, 20 g Aranzini, 20 g Zitronat, Zimt, Kardamom, Nelkenpulver, 4 Eiklar, Backoblaten; Zuckereis (Glasur): 150 g Staubzucker, 1 Eiklar, 1 TL heißes Wasser

Muskazonenteig: Fein geriebene Mandeln mit Zucker, Ei und den Gewürzen zu einem geschmeidigen Teig verarbeiten. *Haller Törteln:* Dotter mit Zucker schaumig schlagen, alle feingeriebenen Mandeln, gewiegte Aranzini und Zitronat, Gewürze und den steifen Schnee darunterheben. Auf Oblatenscheibchen (Durchmesser 10 cm) einen zarten Muskazonenteigrand aufdrücken, in die Schüsselchen den Törtelteig füllen und backen. Erkaltet mit „Zuckereis“ verzieren (Wellenlinien, andere Formen). *„Zuckereis“:* Gesiebten Staubzucker mit Eiklar und etwas heißem Wasser (Zitronensaft oder etwas Essig) zu steifer, spritzfähiger Glasurmasse verrühren.
Die „Haller Törteln“ (Törtchen) kannte man bis ins vorige Jahrhundert auch als „Zimt-Türtln“; ihre Entstehung kann man bis in die Zeit Sigismund des Münzreichen (1439–1490) zurückverfolgen.

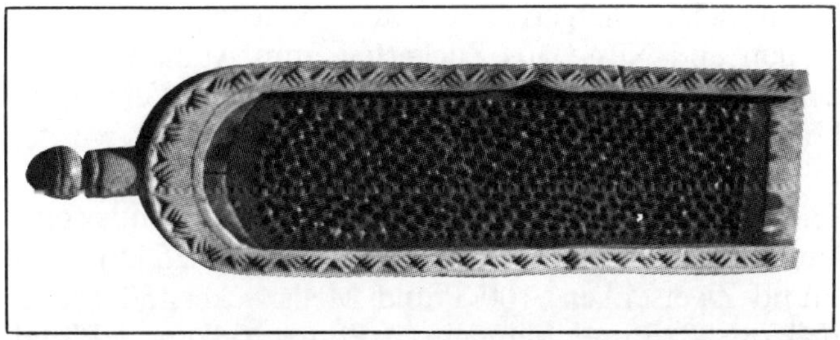

Muskatreiber aus Landeck. Durchlochtes Eisenblech auf flacher Schatulle mit einfacher Schnitzerei. Schuber dazu fehlt. Wegen der Kostbarkeit der Muskatnuß hat man auch den Reiber entsprechend kostbar gestaltet.

Die Rezepte der Haller Törteln wurden von den Haller Stadtköchen als Familienschatz streng gehütet. Eine Nachkommin des Haller Stadtkoches, Marie Grass-Cornet, schildert 1953 das Geschehen rund um diese Haller Törtchen; man benötigte zu einer „Portion“ Haller Törteln 100 Eier, ein Haller Törtel wurde 1832 um 9 Kreuzer verkauft, kam also gleich teuer zu stehen wie ein halbes Pfund Butter (250 g) – das kosteten die „ganz Gueten“, die auf Bestellung angefertigt wurden. Die „Gewöhnlichen“ kosteten $6^{1}/_{2}$ Kreuzer (der Teig wurde mit vielen Eiern verdünnt, man erzielte so eine größere Menge). Beide waren auch verschieden verziert. Auf der Unterseite der Oblatenscheiben prangte das Fuchs-Stadtkochwappen mit der Jahreszahl 1552. Neben den Haller Törtchen wurde in der Haller Konditoreiwerkstatt täglich noch Butter-, Karner- und Biskuitteig in großen Mengen bereitet und verarbeitet zu Biskotten, Limoniherzen, Karnertörtlein und den Torten für festliche Anlässe, besonders zu den kunstvoll ausgefertigten und verzierten Schautorten für Hochzeiten, Primizen und Kindstaufen. Auch ein Kirchtag in einem der umliegenden Orte brachte eine Menge Arbeit, da es Brauch wohlhabender Bauern war, eine Riesentorte aus Blätterteig beim Stadtkoch anfertigen zu lassen (da es zu Hause meist noch kein Backrohr gab!). Die Ingredienzien brachten die Bauern selber mit.

Zu Allerheiligen bzw. zu Ostern mußten die traditionellen Brauchtumsgebäcke und Gebildbrote für die Patenkinder angefertigt werden: Brezen, Hennen und Hirsche, kleine Biskuitovale, darauf ein Osterlamm, mit „Zuckereis" verziert; um Nikolo sollten die „Klaubauf-"Schüsseln voll süßer Zimtschifteln, Muskazonen und Wiener Gebäck sein, und um Weihnachten schickte man das „Christkindl" einkaufen, wozu auf schönen Tellern lauter feines, zartfarbiges Kleingebäck hergerichtet war, daneben Kirschen, Birnen und Nüsse aus Zuckerteig zum Aufhängen auf den Christbaum oder für die Gedenkteller. Welch eine Unmenge an Lebensmitteln dazu benötigt wurde, zeigen die Aufschreibungen, wonach die „Stadtköchin" Frau Josepha Bayr am Herbstmarkt 1832 folgendes einkaufte: 112 Star Weizen (1 altes Star = 25 kg), 100 Pfund Zwetschken, 100 Pfund Meliszucker, 50 Pfund Kakao, 50 Pfund Mandeln, 1 Pfund Nelken, 1 Pfund Muskatnuß, $8^1/_2$ Pfund Zimt, $^1/_2$ Pfund Hausenblasen (zum Gelieren durchsichtiger Sulzen) und 1 Loth „Gutsch Nilli" (Cochenille zum Rotfärben der Glasur) etc. Auf einem Kirchtag wurden 268 Pfund Butter gekauft (das Pfund kostete 19 Kreuzer).

„Muskazonerl" aus Oberperfuß

140 g Zucker, 2 Dotter, Zitronensaft, 140 g gewiegte Mandeln, 2 EL Brösel, Rum, Zucker, Oblaten

Zucker und Dotter dick und schaumig rühren, dann Zitronensaft nach Geschmack beigeben, gewiegte Mandeln, schließlich mit Rum befeuchtete Brösel dazurühren. Auf kleine, runde Oblaten setzen, backen.

Lienzer Schnitten

150 g feines Maismehl, $^1/_2$ Päckchen Backpulver, 2 Eier, 1 Rippe Kochschokolade, 40 g Fett, 120 g feiner Zucker, ca. 2–3 EL Wasser, Äpfel, Zitronensaft, Zucker, Rum

Maismehl mit Backpulver vermengen, zwei ganze Eier, geriebene Schokolade, warmes Fett, Zucker und so viel Wasser einrühren, daß ein feuchter Teig entsteht, auf gefettetem Backblech fingerdick breitdrücken. Die Teigoberfläche ganz mit grobblättrig geschnittenen Äpfeln, mit Zucker, etwas Zitronensaft und Rum gewürzt, belegen. Mit Zucker bestäuben, in mittelheißem Ofen 35 bis 40 Minuten backen. Erkalten lassen und in Schnitten schneiden. Nochmals mit Zucker bestreuen.

Der Gugelhupf heißt in Tirol auch **„Ofenstoß"**, vermutlich deshalb, weil er früher, als man noch auf dem offenen Herd kochte, im Stubenofen gebacken wurde.

„Trissenet"

Milchbrot- oder Striezelscheiben, Zuckerwasser, 125 g Zucker, Gewürznelken, Zimt, Orangenschalen, Muskatnuß, Anis, 1 Prise Pfeffer (Sandel)

Weißbrotscheiben mit Zuckerwasser bestreichen, dann Zucker, mit den Gewürzen vermengt, auf je eine Seite der Scheiben streuen. Im heißen Rohr bähen, die zweite Seite bestreuen und ebenfalls im Rohr bähen.

„Gewürzschifteln"

70 g Butter, 280 g Mehl, 210 g Zucker, 70 g Mandeln, 2 Eier, Zimt, Gewürznelken; Ei, Mandeln

Butter, Mehl, Zucker und fein geriebene Mandeln gut miteinander verreiben, mit Eiern, Zimt und Gewürznelken zu einem Teig kneten, messerrückendick auswalken, zu Schifteln schneiden, mit Ei bestreichen und in die Mitte je eine Mandel setzen. Kühl backen.

Oberinntaler Lebkuchen

100 g Zucker, 2 Eier, 150 g Honig, 100 g Nüsse, 70 g Aranzini, 2 TL Zimt, Nelkenpulver und Muskatnuß, geriebene Zitronenschale, 1 TL Natron, 300 g Brotmehl

Zucker und Eier nach und nach schaumig rühren, flüssigen Honig, feingehackte oder geriebene Nüsse, gewiegte Aranzini, Gewürze, Natron und Mehl einarbeiten. 1 Stunde rasten lassen. Halbfingerdick ausrollen. Formen ausstechen, bei guter Hitze backen.

Lebzeltmodel aus Holz. Auf beiden Seiten geschnitzt. Vorne Doppeladler, auf der Gegenseite der heilige Georg.

Tiroler Lebkuchen, gefüllt

400 g helles Roggenmehl, 1 Päckchen Backpulver, 1 Msp. Ingwer, Muskatnuß, Neugewürz, Pfeffer, Salz, 1 TL Zimt, 200 g Honig, 200 g Rohzucker, 2 Eier; Fülle: 300 g Dörrpflaumen, 100 g Rosinen, 200 g Datteln, 200 g Kletzen, 100 g Nüsse, 50 g Zitronat, 50 g Aranzini, 2 EL Rum, Zimt, Zucker, Schokoladeglasur

Mehl mit Backpulver, Ingwer, etwas geriebener Muskatnuß, Neugewürz, gemahlenem Pfeffer, Salz und Zimt vermengen. Daneben den Honig kochen, mit Rohzucker einmal aufkochen, überkühlen, das abgemischte Mehl und Eier beigeben. Alles zu zähem, glattem Teig kneten (Mehl bzw. Wasser zur Korrektur zusätzlich beigeben). Kurz rasten lassen, halbfingerdick auswalken, auf gefettetes, bemehltes Backblech legen und in mittelheißem Rohr hellbraun backen. Noch heiß in zwei gleich große Teile schneiden. In ein feuchtes Tuch einschlagen, 48 Stunden liegen lassen.
Fülle: Saftige, entkernte Dörrpflaumen, Rosinen, Datteln, in wenig Wasser weichgekochte Kletzen, geriebene Nüsse, Zitronat und Aranzini, alles kleingehackt, vermischen, mit Rum, Zimt, Zucker und Kletzenkochwasser nach Bedarf marinieren, daß eine saftig-zähe Füllmasse entsteht. Diese auf das eine Lebkuchenrechteck verteilen, den anderen Lebkuchenteil fest aufdrücken, das Ganze mit einem Brett beschwert wieder 24 bis 48 Stunden kühl stehen lassen. In gewünschte Formen aufgeschnitten, kann man diese auch mit einer Schokoladeglasur überziehen, aber erst, wenn der Lebkuchen durch die Lagerung mit der Fülle etwas weich geworden ist.

Weder **Waffeln** noch **Hippen** wurden in Österreich zum Volksgebäck, sie waren ein Produkt der Kloster-, Adels- und gehobenen Bürgersküche.
Waffel ist alles gewesen, was im rechteckigen Klemmeisen hergestellt bzw. gebacken wurde. Für Hohlhippen dagegen nimmt man das zangenförmige, runde Klemmeisen. Der fettlose Teig der Hohlhippen besteht aus Mehl, Milch, Eiern, etwas Zucker, Zimt und Anis; er wird wie ein dickflüssiger Omeletten- oder Schmarrenteig bereitet. Das Eisen ist bei diesen auf offenem Feuer zu erhitzen, dann mit Butter inwendig zu bestreichen. Einen Löffel Teig daraufgeben, langsam zuschließen und auf beiden Seiten durch Wenden des Eisens hellbraun backen. Den über den Rand des Eisens austretenden Teig mit einem scharfen Messer wegschneiden. Nach dem Backen die Hippen sofort über ein rundes Holz rollen, mit dem man sie dann aus dem Eisen heraushebt. Vor zwei Jahrhunderten hatten in Tirol noch viele bürgerliche Brautleute ein Waffel- oder Hippeneisen als Brautgeschenk erhalten.

Waffeln

250 g Butter, 350 g Zucker, 7 Eier, 1 Päckchen Vanillezucker, Saft und Schale von 1 Zitrone, 500 g Mehl, 1 Msp. Backpulver, Milch

Butter und Zucker und nach und nach die Eier einrühren. Vanillezucker, geriebene Zitronenschale und Zitronensaft, Mehl, mit Backpulver vermischt, dazurühren und so viel Milch, daß eine Rührmasse entsteht. Mit einem Löffel Teig in das vorgewärmte, gefettete Waffeleisen geben und hellbraun backen. Heute verwendet man längst elektrisch geheizte Waffeleisen.
Masse für alte eckige Klemmeisen-Waffeln: 100 g Zucker, 4 Dotter, 1 Päckchen Vanillezucker, 4 Eßlöffel Rahm oder 40 g Butter, 4 Eiklar Schnee, 70 g Mehl.
Im Oberinntal und im Pustertal war das Waffelbacken insbesondere zur Weihnachtszeit in Übung.

Brot und Brauchtumsgebäcke

„Wann bey dem gemeinen Böfel nur etwan einem ein stuckel (Brot) auff die Erden entfällt, so hebt man solliches mit großer Ehrerbittung wieder auff und küßt es, da man die anderen Speisen liegen läßt."

(Hippolyt Guarinoni)

Noch heute tritt in Brauchtum und Sage die Hochschätzung des karg zugemessenen Brotes beim Tiroler Bergbauern zutage. Viele Sagen erzählen von Strafen für die Verächter dieser „Gottesgabe". Dem Tiroler gilt das Brot als etwas Kostbares, das gesegnet wird, wenn es auf den Tisch kommt. Bei entfallendem Brosamen sagt der Tiroler: „Arme Seelen rappet (raffet), daß es der Teufel nit dertappet." Und einem in die Fremde ziehenden Kind nähte die Mutter ein Stück Hausbrot unbemerkt ins Kleid.

Ursprünglich wurden die Getreidekörner nicht gemahlen, sondern entweder ganz oder in Holz-, später in Steinmörsern zerquetscht, zerstampft und zu Brei verkocht. Aus dem Brei wurde im Laufe der Zeit der Fladen, der nieder und fest blieb, weil kein Sauerteig dazu verwendet wurde.

Das ungesäuerte Fladenbrot wurde **„Foche(t)ze", „Fogatze", „Fogatslen"** (Villgraten) genannt und noch lange im Hochtal Villgraten aus Hafermehl (heute Weizenmehl ohne Germ) bereitet; es sind dünne, harte Gebäcke von dunkler Färbung, die auch als „Blattlan" bezeichnet werden. Im Zillertal und im benachbarten Alpbach ist vor 60, 70 Jahren noch derartiges Fladenbrot neben dem Brot gebräuchlich gewesen; es wurde als „dünnes Brot" bezeichnet und nur ein paar Mal im Jahr gebacken. Zu Volders im Unterinntal nannte man es „Tuxer Brot". Im Laufe der Zeit wurde die alte Art des Fladenbackens zur Bereitung feinerer Gebäcke wie Kuchen und Torten angewendet. Noch heute nennt man in Tirol ein weißes Brot von besonderer Güte (wie das Osterbrot) „Fochenz", „Fochetz", „Fogatzen".

Hartbrot war in den Alpengebieten einst stark verbreitet, es ist stärker gesäuert als das Fladenbrot und wird ebenfalls nur ein-, zweimal im Jahr gebacken, und zwar in Scheiben (Durchmesser bis 20 cm, 1 bis 3 cm dick); es ist sehr porös und zeigt einen glasigen Bruch und oft dunkle Färbung (durch grobvermahlenes, dunkles Mehl). Es wird aus Roggenmehl gemacht (wenn genug vorhanden war), zumeist aber aus „hinterem Mehl" (mit Kleie) von Weizen, Gerste und Roggen oder gar aus Hafermehl („Haberbrot"). Man hat noch lange dem Brotmehl Hafermehl beigemischt oder eine Mischung aus Roggen-, Hafer- und Gerstenmehl, ja auch Gerstenmehl allein zum Brot verwendet. In Vanders gab es vor 70 Jahren noch die „Haferwäia" (flache Laibe aus Hafermehl). Roggenmehl (von minderer Qualität) oder eine Mischung aus grob vermahlenem Roggen und Hafer und ebensolcher Gerste wurde in Villgraten und Defereggen zum Backen der „Fogatzn" („Fogatslen") verwendet. In Defereggen pflegte man einem mit der Aufforderung zu necken: „Kost amal a insa Brot, dös hat aso lai Fochetzn." (Kostet einmal unser Brot, ihr habt zu Hause ja so nur Fochetzn.) In Villgraten wurde noch nach dem Ersten Weltkrieg alle sechs bis acht Wochen gebacken; in den Brotteig gibt die Villgratener Bäuerin ein „Bischele Zigeunerkraut" (blaublumiger Steinklee, Schabziger- oder Käseklee genannt).

Backofen bei einem Bauernhaus in Neustift, Stubaital.

Mit der Ausbreitung des Maises wurde immer mehr auch das Maismehl zur Brotbereitung herangezogen; im Oberinntal buk man „Türggenbrot“ in großen, hoch aufgegangenen Laiben. Viele Bergbauern hatten im Tal ihre Maisfelder. In Höhenlagen, wo kein Getreide mehr gedeiht, wie in Gurgl im innersten Ötztal, hat man Brot auch aus Erdäpfeln und Türkenkleien gebacken. Vielfach wurde Bohnenmehl dem Brotteig beigemischt. Auch Kastanienmehl verwendete man. So schreibt Marx Sittich von Wolkenstein in seiner Landbeschreibung um 1700: „Im Vinstgau, auf Tisens, zu Nals, auch zu Terlan, zu Bozen dem Gebirge nach hat es viele Kastenwälder . . . die armen Leute nähren sich damit, machen Mehl und Brot daraus.“ Heute gibt es keine Erinnerung mehr an das Kastanienbrot. Auch Mehlbeeren, gedörrte Birnen und getrocknete Schwarzbeeren wurden in Notzeiten dem Brotteig beigegeben. Berüchtigt war das Brot im inneren Ahrntal; da mit dem Getreide sehr viel „Klapf“ (Unkraut) aufwuchs, dessen Samen ins Korn kam, wurde das Mehl dunkel („blau“ sagten die Bauern), das Brot selber bekam einen bitteren Beigeschmack.

Auch wenn Getreide bzw. Mehl zu lange bzw. schlecht gelagert wurde, bekam das Brot einen schlechten Beigeschmack und üblen Geruch. Der Haller Arzt Hippolytus Guarinoni wandte sich um 1610 bereits gegen das „Dömeln“, das Grau- oder Schimmeligwerden des Brotes, er empfahl, der Hausvater möge das Getreide an luftigem Ort verwahren und öfter umschlagen. Das Brotmehl war oft auch feucht, mit ihm „hätte man Schneeballen spielen können“ (Jeremias Gotthelf).

Um den schlechten Geschmack zu überdecken, mußte kräftig gewürzt werden. Als Brotwürze dienen von alters her Kümmel, Anis, Fenchel, Koriander und Salz.

In Tirol blieb die von Bauern abstammende Bevölkerung dem stärker gewürzten Brot treu, auch wenn sie in die Stadt gezogen war. „Nichttiroler“, die nach Innsbruck kommen, „schimpfen“ auf das gewürzte Schwarzbrot der Bäcker, vermerkt Hermann Wopfner noch 1933 („Das Brot der Bergbauern“). Zur Bearbeitung des Hartbrotes bedient man sich eines Gerätes, das man in Tirol nach dem gleichartigen Gerät zum Flachsbrechen, der „Haargrammel“, als „Brotgrammel“, kurz „Grambl“, bezeichnet. Sie besteht aus einem Brett und einem schweren Messer, das, nach links und rechts sowie auf und ab bewegbar, an einem Ende auf dem Brett festgemacht ist. Aufbewahrt wird das Hartbrot in eigens angefertigen Brotständern, „Broatre(h)m“, „Broatrume“, „Brothurten“ genannt; ein Traggerüst, in das die scheibenartigen Brote gelegt oder senkrecht gestellt werden.

Im Brandenberger Tal hat man noch bis nach dem Zweiten Weltkrieg auf den großen Bauernhöfen alle drei bis fünf Wochen 12 oder 20 Schwarzbrotlaibe (zu etwa 3 kg) gebacken. Früher verwendete man Sauerteig, nach dem Ersten Weltkrieg flüssige Bierhefe (von der Brauerei Kundl). Bis in die zwanziger Jahre standen noch die offenen Backöfen neben den Häusern, oft sogar zwei übereinander mit um 90 Grad versetzten Türen. In Notzeiten mischte man zum Roggenmehl auch Gersten- und Bohnenmehl oder gar Kleie, in besseren Zeiten Weizenmehl.

Im Oberland wurde nur zwei- bis viermal im Jahr aus Roggenmehl gebacken. Viele Lienzer Bauern hatten noch um 1780 in den Monaten Jänner bis August gewöhnlich kein Brot mehr im Haus. Im Hochtal Tux war nach Hermann Wopfner ein gewaltiger Käseverbrauch die Folge des Brotmangels. Nach Beda Webers Schilderungen aus dem dreißiger Jahren des 19. Jahrhunderts sollen damals im Durchschnitt bei 30.000 kg Käse in den Magen der etwa 1070 Bewohner des Hochtals eingegangen sein (also 28 kg pro Kopf und Jahr).

Im Villgratener Hochtal, das bei Sillian in Osttirol vom Pustertal nach Norden abzweigt, gibt es wie in Kärnten als Bauernbrot kleine, kaum 3 cm hohe **„Dalken“** („Talggen“), im Durchmesser 12 bis 18 cm, innen graubraun, vielfach mit Gersten- oder Hafermehl vermischt; es wurde alle sechs bis acht Wochen gebacken. Will man dieses Brot essen, muß man es ebenfalls „grambln“: mit dem „Gram(b)l-“ bzw. Brotmesser bricht man kleine Stücke herunter, es „kratscht“ beim Beißen. Es wird ohne Sauerteig gebacken, zwei Tage vor dem Backen muß man den „Mitte inwach'n“ (etwas Roggenmehl in warmem Wasser verrühren) und an einem warmen Ort zum Reifen aufstellen. Dadurch entsteht die Säure, „der Höfl“ (eine Art Dampfl, wie beim Germteig). Am Vorabend des Backtags wird der „Höfl“ dann angesetzt: man nimmt soviel Mehl, wie man braucht, gießt lauwarmes Wasser dazu und verrüht das Ganze mit dem „Höfl“.

Im roggenarmen Passeiertal hat man nur zweimal im Jahr gebacken, meist im April, bei wachsendem Mond, und vor Weihnachten; im Mai durfte nicht gebacken werden, da in diesem Monat das Korn blüht, es hätte schimmelig werdendes Brot ergeben. Wer im November bäckt, hat das ganze Jahr wieder nur „zachis Broat“. Wenn einer jungen Frau das Brot „hupft“

(innen einen Hohlraum bildet), bekommt sie keine Kinder, sagt man in Villgraten.
Beim Brotbacken ergaben sich auch Teigabfälle, aus denen man dann und wann kleinere Brotstücke buk, wie das **„Paarla“**, kleine Bauernbrote, schon in der Teigform zu je zwei Stücken zusammengelegt und so gebacken. Der **„Ofnkrapfn“** wieder wurde aus den Resten des Teiges in Krapfenform hergestellt und dann trocken im Backofen gebacken. Das **„Ofnblattl“** wurde wie die „Ofnkrapfen“ hergestellt, nur dünner. In Südtirol formte man aus Teigresten die hufeisenförmigen **„Klampern“**, im Oberen Gericht die bogenförmigen, resch gebackenen **„Baga“**. Weitum bekannt sind noch heute die „Vintschger Paarlen“ aus Roggenmehl (**„Vintschgerl“**).

„Brotgrammel“ aus Fichtenholz zum Zerkleinern des Hartbrotes. Bozen. Halbkreisförmig mit Deckel gewölbt, der in Form eines Halbmondes ausgeschnitten und beschnitzt ist.

Im Südtiroler Ultental buk man einen „Gott“, ein Gebäck aus dem vom Teigbrett geschabten restlichen Brotteig. Das **„Lamplbrot“** dagegen wurde aus einem Brotteig gemacht, der mit dem Blut eines während der Christmette gestochenen Lammes abgeknetet wurde, es wurde in derselben Stunde noch gebacken und verzehrt, es sollte nach dem Wildschützenglauben im Pustertal kugelfest machen. Zu Ostern bekamen die Knaben nach Hörmann Gebäckformen von Hasen, Hirschen oder Pferdchen aus Mürbteig, kranzförmig gebogen, die Mädchen dagegen Hennen. Bis um 1890 spendeten Brandenberger Bauern am Simon-Juda-Tag (28. Oktober) den Armen **„Zeah-Zöttn“** (Zehrzelten), dünne Wecken aus Brotteig, unterteilt in drei, vier kleine Stücke von je 20 bis 25 cm Länge (Albert Atzl, „Die alte Brandenberger Bauernkost“).
Zu Allerheiligen erhielten Arme (und Bettler) kleine, rundliche Laibchen, die nach Talschaften verschiedene Namen und Formen hatten: „Allerseelenbrot“, „Totenbrot“, „Seelenlaibchen“, „Seelenbuchelen“, „Mugelen“, „Mohnelen“, „Pitschen“, im Oberinntal aus Maismehl, im Unterinntal aus minderem Roggenmehl. Oft hängte man eine Reihe solcher Laibchen in Zeilenform aneinander und brach sie erst beim Verteilen auseinander. Im Zillertal wurden „Seelzelten“ und „Hexenbucheln“ gebacken, mit denen auch die Dienstboten und Viehhirten beteilt wurden.
In Fließ und Pfunds bekommen die Patenkinder von ihren Paten das „Sealastück“ oder „Sealabrot“. Die „Stückl“ aus Semmelteig in der Größe von 15 bis 20 cm gebackenen Brotformen, im Bezirk Reutte „Seel-“ oder „Heiligenstuck“ genannt, wurden vom Paten am Weihnachtsabend dem Patenkind ins Haus gebracht. Im Ahrntal sammelten die „Pischle-Singer“, weißgekleidete Burschen, im Namen der armen Seelen „Seelenbrote“.
In Schwaz erhielten die Franziskaner so viele „Seelenbrote“ geschenkt, daß sie damit die ganze Franziskanerprovinz mit Knödelbrot versorgen konnten. Am „Klebeltag“ („Geleibel“ = Leibwerdung), dem Fest Mariä Empfängis (8. Dezember), gingen alle werdenden Mütter im Brixental nach dem Festgottesdienst auf den Friedhof und beteten für die armen Seelen, damit ihre eigenen Kinder rechtschaffen und gesund werden; am Vortag buken sie Brote, von denen der erste Laib am Klebeltag angeschnitten und zum Teil an die Dorfarmen verschenkt wurde. Auch das Vieh bekam etwas davon. Man nannte diesen Tag auch „Brottag“ oder „Lebenstag“.
Aus dem vorletzten Brotteig wurde ein etwa 12 bis 15 cm breiter, 20 cm langer Fladen oder **„Ofenstriezl“** gebacken, zuweilen mit Rosinen vermischt. Aus dem „ganz letzten“ Brotteig buk man „Zelten“, die schon beträchtlich zäh waren.
Im Zillertal, in Bozen und im oberen Vintschgau erinnert man sich an ein zwei- oder dreimal eingekerbtes Weißgebäck mit dem Namen „Pine“ (aus venezianisch bina = vier oder mehrere aneinandergereihte Semmeln). Wie vielfältig sich eine Bezeichnung ausbreiten kann, soll anhand des Brot- bzw. Weißgebäcks **„der Pitschen“** aufgezeigt werden. „Der Pitschen“ ist im Pustertal ein

Brotwecken, auch ein Erdäpfelbrot, in Antholz ein Mohnbrot, im Lesachtal ein kleines Allerheiligengebäck aus Brotteig, im Unterinntal (und im salzburgischen Pinzgau) eine Weißgebäckzeile; im übertragenen Sinn bezeichnet man auch das Totenmahl in Südtirol mit „Pitschen". Darüber hinaus gibt es „Brotpitschen" (Bauernwecken, Hartbrot, im Jaufental), Totenpitschen, Allerheiligenpitschen (kleines, rundes Brot in Südtirol), Kaiserpitschen (Semmel in Zillertal und Kufstein, Unterinntal) und Sechserpitschen (sechs aneinandergereihte Semmeln, West-Pustertal).

Die Gebildbrote **„Hennen"** und **„Rösser"** werden aus Brot- oder Germteig gemacht; drei gleichmäßig dünne Teigstränge werden von den dünneren Enden aus zu zwei Drittel zu einem Zopf geflochten, dieser wird dann zu einer Henne geformt, indem das schmale Ende den Kopf bildet, der in den dickeren Leib übergeht; die drei dicken, offenen Enden des Zopfes bilden – glatt nebeneinandergelegt – den aufwärts gerichteten Federstoß, die Augen werden aus Rosinen nachgebildet. Aus Semmelteig gibt es zum Nikolo verschiedene Figuren, so in Elbigenalp „Männchen", „Hase", „Henne", „Schnecken", „Pfeifen", in Seefeld „Männchen", „Schnecken", „Bohrer", „Thomasrollen", in Ischgl, Ötz und Pruz „Hasen" und „Hennen", in Hall, Ellbögen, Innsbruck, Mussers, Nassereith und Telfs das „Thomasradl" und den „Thomasring". Die 3 bis 4 cm großen „Nikolauslaiber" wurden noch um 1900 in Seefeld aus ungesäuertem Teig gemacht. Zu Weihnachten wurde an weibliche Patenkinder das „Hennabrot" in Form einer Henne verschenkt.

Zur Fastenzeit gab es die **„Fastenbrezen".** Sie genügten für sich allein als Speise oder als Zuspeise zu einem Viertel Wein, vor allem bei Wallfahrten oder Wirtshausbesuchen. Als rohe Weißbrotteigrollen werden sie in Holzaschenlauge gesotten, dann in Brezenform gebracht und gebacken. Daher bleiben sie wochenlang unverändert. Die Bauern kauften eine größere Menge Brezen für die Alm als Vorrat; die daraus gefertigte „Brezensuppe" brachte Abwechslung in den sonst eintönigen Milchspeisenplan. Die Sarntaler kannten ein Brezelspiel: An den Donnerstagen der Fastenzeit wurde nachmittags um Brezen „perlagget" oder „geboten", ein Kartenspiel, bei dem ein Spieler einen ganzen Korb voll Brezen gewinnen konnte; sie wurden auf eine Schnur gereiht und heimgetragen. Aus mürbem Teig bereitet, ist die Breze von der Fastenzeit nach Ostern weitergewandert und als Ostergebäck geführt worden.

Ein anderes brezelartiges Weißgebäck aus vier Ringen hieß im Lechtal „Murschallo" („Muntschallo"). Am Karfreitag bekam das Vieh ein „Marterbrot". Am 12. März, dem Tag des heiligen Gregorius, dem Schulheiligen, erhielten die Schulkinder „Gregoriusbrote". Am Gertraudstag (17. März) aß man ein spezielles Weißbrot, das „Gertraudsbrot", zu einem Festmahl, mit dem man den Frühling feierte (mit dem Gertraudstag ist die Winterarbeit beendet, die Frühjahrs-Gartenarbeit beginnt).

Wenn im Stubai jemand starb, wurden von den Angehörigen in der ganzen Gemeinde Haus für Haus Brote verteilt – bei jedem „Vergelts-Gott" flog die Seele des Verstorbenen „an Ruck aufi". Auch den Betern bei der Totenwacht wurden Brot und Branntwein vorgesetzt. In Elbigenalp gab es beim Totenmahl 8 bis 10 cm lange, vierzeilige „Totenbrote" aus Roggenmehl, in Stams teilten die reichen Bauern bei Sterbefällen und zu Allerheiligen an die Armen „Seelenlaibchen" aus, in Brandenberg „Teil-" oder „Spendbrote", in Sölden und Wenns wurden noch um 1900 bei Todesfällen „Armenseelenbrote" ausgeteilt, in Brixen spendeten die Angehörigen des Toten den Armen, die zum Beten ins Haus kamen, Salz, Mehl und Brot. In Obervintschgau wird beim Totenmahl neben den „Toatnloabilen" der „Patzlung" (vielleicht „langer paz", wie Hans Fink in seinem wertvollen Buch, „Südtiroler Küche, Tisch und Keller im Laufe der Jahrhunderte", 1980, vermutet) aufgelegt.

„Unter Zelten versteht man in Tirol jenes braunrindige, mit gedorrten Birnenschnitzen (Klotzen), Nüssen, Feigen, Zibeben und dergleichen gefüllte Gebäcke . . . Auch bäckt man ihn selten mehr zu Hause, sondern kauft ihn lieber in der Zuckerbäckerei oder läßt sich einen starkgewürzten, überzuckerten Boznerzelten kommen, der sich zum echten altbürgerlichen verhält wie ein verzärteltes Stadtkind zu einem vierschrötigen, bocklederhosigen Passeierbauern", schrieb Ludwig von Hörmann 1909 in „Tiroler Volksleben". Dieses **„Klotzenbrot"** mit seinen exotischen Früchtenbeigaben war früher der einzige Luxus der Bauersleute zu Weihnachten. Die Zusammensetzung der Zutaten verriet auch gleich etwas über den Wohlstand einer Gegend. Im Unterland waren die **Weihnachtszelten** auch begehrte Preise beim Zeltenschießen und beim Preiswatten, einem Tiroler Kartenspiel.

Backtag der Zelten, der „Klotzenbrote", war und ist auch in Tirol meist der Thomastag. „Während in Alpbach und Reith", so Ludwig Weinold in „Rund um das

Klotzenbrot" (1950), „nur Laibe gebacken werden, gibt es in den anderen Orten Laibe und Wecken. Die Hauptsache sind die Zutaten. In den Zelten kommen zur Hälfte im Wasser aufgeweichte, geschnittene Klotzen, schwarze und gelbe Zibeben, die vor ihrer Verwendung gewaschen werden, dann Feigen, Orangenschalen, Mandeln, Nüsse, Anis, Zimt, Kümmel. Als Mehl wird Roggenmehl verwendet. Ein großer Laib hat einen Durchmesser von 50 bis 60 Zentimeter und wiegt 10 bis 15 Kilo. Jedes Familienmitglied und jeder Dienstbote bekommt einen Zelten. Häufig wird ein Zettel mit dem Namen des Besitzers an den Rand des Zeltens geklebt. Für den allgemeinen Hausgebrauch wird ein kleineres Brot, der Kosta (Koster), gebacken, der auch zuerst angeschnitten wird."

Gern wird beim Anschneiden ein Vierzeiler aufgesagt. Peter Hopfgartner, Schuldirektor von Unterlangkampfen, hat 1935 solche Sprüche aufgezeichnet:

„Gelobt sei allezeit
die heilige Weihnachtszeit.
Da gibt's an Klotzenwöggn
a in da ärmstn Bauernfröttn.

Süeß san die Zeltn,
und guat is da Schnaps.
Das kriagt man halt seltn,
außa vom Schatz."

Den Scherz (den Anschnitt mit dem Namenszettel) zu bekommen, galt als Ehre und Auszeichnung; der Besitzer wartete, bis „Göd" oder „God", Freund oder Freundin, der „Bua" oder das „Diarndl" zum „Anscherzen" kamen. Um den Anschneider „an Tuck z'toan", zu ärgern, wurden heimlich in den Zelten Stricknadeln oder Nägel oder gar ein Drahtring rings um den Laib eingebacken. Dem Anschneider wird zum Klotzenbrot Schnaps und Butter gereicht. Der Stephanitag ist der erste Tag des Anschneidens, und die jungen Leute gehen an diesem Tag „uscheaschzn", denn der Scherz gilt auch als „sichtbares Zeichen des heimlichen Gernhabens" (Ludwig Weinold). In Alpbach gelten als Anschneidetage der Stephanitag, der Johannistag, der 1. und 2. Jänner. In Kundl ist am Stephanitag abends das „Kluababrotziehen" der Brauch; Burschen ziehen mit einem Schlitten unter lautem Peitschenknallen, Hü- und Hottrufen durch das Dorf und bekommen dafür meist vom „Koster" geschenkt. Viele Zeltenbesitzer legen Wert darauf, daß ihr Zelten dreimal „angeraucht" wird, also erst am Dreikönigstag angeschnitten werden darf (die drei Rauchabende sind: 24. und 31. Dezember und 5. Jänner).

Tiroler Zelten aus der Kitzbüheler Gegend

Aus 1 kg Roggenmehl, 1/4 l Wasser, 20 g Germ und Prise Salz einen Brotteig machen. An süßen Zutaten kommen hinein: 500 g aufgeweichte gedörrte, kleingeschnittene Birnen („Klotzen"), 500 g Feigen, 250 g Haselnüsse, 250 g Nüsse, 250 g Zibeben (große Rosinen), 125 g Aranzini, etwas Zitronenschale, 1 EL Anis, Kümmel und Koriander, 1 TL Zimt und Nelkenpulver, 1/8 l Rum oder Schnaps

Alle diese Geschmackszutaten werden gereinigt, zerkleinert und über Nacht mit Rum oder Schnaps eingeweicht. Am nächsten Tag zuerst den Brotteig machen, die Fruchtmasse mit einem Teil der Teigmasse vermengen, die zweite Teighälfte zu großen Teigblättern auswalken, die Fruchtteilteige in entsprechenden Portionen auf die Teigblätter geben und diese darüberschlagen. Mit dem Schluß nach unten auf das Teigbrett legen, 2 Stunden gehen lassen, mit einer Gabel dann mehrmals anstechen, mit Milch bestreichen und langsam backen. – Das Wort „Zelten" kommt von der germanischen Wurzel „téld-" = flach überdecken.

„Biarazelta" aus dem Paznaun

Teig aus Roggenmehl und Milch bereiten, in den zerschnittene eingeweichte gedörrte Birnen („Biara"), Zibeben, Mandeln, manchmal auch Kerne der Zirbel- und Haselnüsse, etwas Anis, Kümmel und Koriander eingeknetet werden. Laibe von ca. 30 cm Durchmesser formen. Gebacken werden diese „Biarazelta" vom Hausvater persönlich. Heiß werden die gebackenen Laibe mit warmer Butter, in die ein Eidotter eingerührt ist, bestrichen.

Zelten aus dem Unterinntal („Kloawabrot")

Zu 2 kg Weizenbrotmehl und 1 kg Roggenmehl mit dem nötigen Wasser und Germ benötigt man an Früchten 2 kg Dörrbirnen, 500 g Dörrpflaumen, 2 kg Feigen, 1 kg Rosinen, 500 g Walnüsse, 500 g Pignoli, 250 g Aranzini, 500 g Zitronat, 500 g Zucker, 1/4 l Rum; früher nahm man auch noch Kürbiskerne und Zirbennüsse sowie „2 Briefl" Zeltengewürz, „1 Briefl" Zimt und „1 Briefl" Nelkenpulver.

Vorratswirtschaft

„Mit Kasan und Treiba
konn man d' Schulda vertreiba."

(Spruch aus dem Paznaun).

Milch und Milchprodukte haben im bäuerlichen Speisezettel Tirols immer eine wichtige Rolle gespielt. Viele Tiroler Bergbauernhöfe hatten kein Getreide zu ernten, sie betrieben auf den Schwaighöfen Viehwirtschaft. Ein Schwaighof hatte durchschnittlich fünf bis sechs Kühe, 20 bis 30 Schafe, er mußte jährlich 300 **Käse** (je ca. 250 g) „zinsen", an Fleisch mußten jährlich Lämmer und Zicklein gezinst werden, dafür stellten die Grundherren Getreide und Salz bei. In den Tallagen gab es die Kornhöfe, diese zinsten an Zehent Roggen, Gerste, Hafer und Bohnen. (1949 wurden von 3,600.000 l Milch der Almen 60.000 kg Butter, 254.000 kg Fett und 62.000 kg Graukäse hergestellt.) Für Sauerkäse kommt die Milch von mehreren Tagen zusammen (aus 100 l Milch gewinnt man rund 80 kg Graukäse oder 40 kg Butter oder 90 kg Schweizerkäse und 9 kg Butter).

Alpbacher Brautschaff. Zum Tragen kleiner Habseligkeiten und des Alpnutzens zur und von der Alm. Sie wurden so zu Minnegaben und Stücken der Aussteuer.

Der Rahm wurde in der „Raamschissl" gewonnen, einer etwa $^3/_4$ l fassenden flachen Tonschüssel, glasiert, zum Aufstellen und Rahmen der Milch. Vor den Tonschüsseln verwendete man nur Holzschüsseln, viele Hirten hatten noch nach 1900 diese hölzernen in Verwendung (so im Sarntal). Die gemolkene Milch wurde in einen hölzernen „Stotzen" oder „Emper" gefüllt, dabei geseiht; als Sieb verwendete man das „Seichkraut" (geflochtene Schnüre aus Schwanzhaaren der Kühe). 30 bis 50 Stotzen besaß jedes Bauernhaus vor Einführung der Milchzentrifuge; nach ein, zwei Tagen wurde die Rahmschicht oben mit dem hölzernen Rahmmesser abgeschöpft und in einer Schüssel zum „Rüahren" oder „Buttern" („Treiba") gesammelt. Größere Buttermengen wurden zu Butterschmalz ausgelassen und in irdenen Töpfen oder in „Tösen" (Holzschaffel mit 30 bis 40 l Inhalt) aufbewahrt.

Die Butter hatte auch im Brauchtum ihren Platz. Am Fasnachtssonntag soll man im Zillertal als erste Speise „Faschingsbutter" essen, „damit die Not nicht einziehe". Am Vorabend vor dem Pfingstsonntag gab es als Nachtisch die **„Maibutter"** oder den **„Halbg'schlagenen"**, das ist geschaumtes Obers (Schlagobers) oder halbgeschlagene Butter, mit Zucker und Zimt oder mit „Boxele-" bzw. „Kloaz'nmehl" bestreut. Buttermodel gab es in Tirol in vielen Formen und überwiegend mit religiösen Motiven, die Heimatmuseen bewahren besonders kunstvoll ausgeführte in großer Menge auf.

Aus der sauer gewordenen Magermilch wurde im Sommer auf den Almen durch Erhitzen der Topfen oder Schotten (im Brandenberger Tal „Zi[e]ger" genannt) gewonnen. Sauer gewordene Magermilch wird in einem Kupferkessel langsam 1 bis $1^1/_2$ Stunden bei 80 Grad erhitzt; dabei trennen sich grünliche Molke („Jutt") und Topfen („Zi[e]ger"). An der Kesselwand bildet sich Schaum und steigt auf. Eine Stunde muß die Temperatur gehalten werden. Dann werden „Spia-Tösn" (Schaff) und „Kas-Gretz" vorbereitet. Das „Kas-Gretz" wird in die „Spia-Tösn" gestellt, mit der Öffnung nach oben, darüber kommt ein rupfernes Zi(e)gertuch. Mit der Zi(e)gerkelle wird der Zi(e)ger aus dem Kessel auf das Zi(e)gertuch geschöpft, die „Jutt" fließt ab, sammelt sich in der „Spia-Tösn" (einem 20 cm hohen Schaff mit ca. 90 cm im Durchmesser).

Der zurückbleibende Zi(e)ger soll zum Kochen oder zum Essen saftig bleiben, zur Herstellung von Graukäse dagegen soll er möglichst trocken, frei von Jutt sein. Der trockene Zi(e)ger wird mit Salz und Pfeffer vermengt, man macht aus der Masse kleinere Portionen, die sofort in das „Kas-Khea" oder „Kas-Kar" gedrückt werden, das ist ein zylindrisches Holzgefäß (innen 30 bis 40 cm hoch, 20 bis 25 cm lichte Weite), mit Löchern im Boden und in den Wänden. Der Zi(e)ger bleibt, mit Stein oder Holzscheibe beschwert, zwei Tage drinnen, wird dann vorsichtig herausgestürzt und für eine Woche auf die „Astn" zum Trocknen gestellt. Zum Reifen kommt der noch immer weiße „Zi(e)gerkas" in einen feucht-kühlen Raum. Im Brandenberger Tal und auf den Almen des Unterlandes bereitet man die **„Zi(e)gerkugl";** dazu wird ein Kessel voll Buttermilch (30 bis 40 l) auf kleinem Feuer 5 bis 6 Stunden leicht und gleichmäßig gekocht; der daraus gewonnene **„Juttziger"** ist schärfer als der gewöhnliche Topfen; mit der Hand formt man Kugeln (5 bis 6 cm Durchmesser) und preßt diese kräftig aus. Dann läßt man diese Kugeln im Rauch der Almhütte auf einem Brett auf der „Astn" einige Wochen liegen und reifen, bis sich eine braune Kruste außen und blaugrüne Zellen und Flecken innen bilden. Von der steinhart gewordenen Zi(e)gerkugel schabt man die Kruste ab und reibt mit einem Reibeisen davon Brösel als Gewürz für „Spotzen", Schneidnudeln, Wassersuppe und andere Suppen. Bei kühler, trockener Lagerung sind die Zi(e)gerkugeln fast unbegrenzt haltbar. Schriftlich erwähnt wurde der „Zi(e)ger" (für Kleinkäse) erstmals 1380. Gegessen wird er mit Essig, Öl und Zwiebel (und Salz und Pfeffer).

Im Zillertal heißen die beim Kochen aufwärts steigenden süßen Teile „Auffer-Schotten", die zu Boden sinkenden sauren dagegen „Bodenschotten", das Gemisch aus den beiden „Schottenziger". Allgemein aber wurde der weiße Käse schlechtweg „Schotten" genannt.

Am Kässamstag (Samstag vor dem 1. Fastensonntag) abends gab es im Oberinntal die „Kasküchel"; „sie lassen sich wie Kautschuk auseinanderziehen und sind eine recht liebliche Speise für einen, dessen Magen mit Leder ausgeschlagen ist. Wenn ein Mädchen so einen zähen Teigpatzen ‚brühwarm' dreimal ums Haus trägt, so erscheint ihr im Traum der künftige Bräutigam", berichtet Hörmann. Der Kässamstag ist im Bauernjahr ein wichtiger Termin gewesen, die Gemeindebediensteten wurden neu gedingt, Senner und Seltner angestellt. Die rechtliche Verbundenheit mit der Milch- und Almwirtschaft kommt so zum Ausdruck. Der „Graukas" wurde früher nur auf den Almen hergestellt. Man läßt ihn mancherorts besonders lange reifen: er wird vor allem zur Herstellung der „Preßknödel" (siehe Seite 483) verwendet.

„Nutze" heißt in Tannheim ein mit Kümmel gewürzter Topfenkäse, in Prettau kennt man einen **„Girgile"** genannten kleinen Käse. Zu „Nöcklan" und Krapfen ißt man in Osttirol gern die **„Ballele",** kleine, runde Käselaibchen aus Schotten, mit Salz und Schnittlauch vermengt; **„Flamma"** wird in Zams der Käseschotten (gewöhnlich „Presse") genannt, und der **„Ritzel"** ist in Prägraten der von Ziegenmolke gewonnene Käsetopfen.

Kostbar in der Vorratskammer einer Tiroler Bäuerin waren außer Mehl, Speck und Schmalz auch die **Eier.** Sie ging stets sparsam damit um, denn für die verkauften Eier konnte sie das Notwendigste für die Küche beim Krämer besorgen. Sorgfältig aufbewahrt wurden die am Gründonnerstag gelegten „Weihenpfinztageier" oder „Antlaßeier", damit man das ganze Jahr über genug Eier hatte. Sie brauchte man nicht weihen zu lassen. Wer ein Antlaßei auf nüchternen Magen ißt, ist gegen alle Krankheiten gefeit; an Stellen, wo man einen Erdrutsch befürchtet, gräbt man ein solches Ei ein. Auf ihren Almen graben die Bauern drei Antlaßeier ein, eines vor der Hüttentür, eines vor der „Jühhagtür" (Stalltür), eines am Ende der Alm (in der

Eierbehälter aus Zirbelholz. In Form einer Henne. Der an Zapfen drehbare Deckel mit Rosette und Kerben verziert. Brixen.

Windau in der siebten Furche des Ackerlandes); zwei wirft man in das Sonnwendfeuer oder beim Scheibenschlagen den brennenden Scheiben nach. Geht ein Gewitter über das Brixental, wirft man ein Antlaßei in das Getreideland oder wirft ein Antlaßei und geweihte Palmkätzchen über einen Kirschbaum. In der Zeit des „Frauendreißigers" füttert man manchmal die Haustiere mit einem Antlaßei – es soll für gute Kälbergeburten und gegen Krankheit im Stall bürgen. Im Spertental vergräbt man die Antlaßeier in der Zeit des „Frauendreißigers". Holzknechte und „Taxenstümmler" sollen bei einer Haselnußstaude ein Antlaßei vergraben, um sich gegen Unglück zu schützen. Wenn zankende Eheleute ein Antlaßei in ihren Strohsack legen, kehrt wieder Friede ein. Antlaßeier faulen nicht, und je älter eines ist, desto wertvoller ist es. In der Gegend um Reith bei Kitzbühel gelten die Antlaßeier von schwarzgefiederten Hennen mehr als die von weißen. Um Jochberg trägt man auch die Antlaßeier am Ostersonntag zur Weihe in die Kirche, es darf aber davon keines gegessen werden. Gibt man aber einem Siechkranken bei zunehmendem Mond ein geweihtes Antlaßei, wird er bald gesund.

„Z'Weihnachten an Zelten,
z'Oastern an Oa,
z'Weihnachten recht lustig,
z'Oastern recht froa! "

In bäuerlichen Haushalten war die Zahl der Ostereier für jeden Dienstboten oft genau festgelegt: im Sarntal erhielt jeder sechs Eier, im Pustertal und in der Brixner Gegend dreizehn Stück, aber ungefärbte, an anderen Orten wieder waren die Eier zu Ostern frei, jeder konnte nach Belieben davon nehmen. Braungefärbte Eier erhielt man mit Zwiebelschalen, rote mit Erlenrinden, grüne mit jungem „Wasserkraut" (Schierling). Wiesenschierlingsblätter („Osterbamlen" genannt) wurden mit Faden aufs rohe Ei befestigt oder mit Osterglocken auf einen Leinenfleck gelegt und ums Ei befestigt und dann gesotten. Heute kauft man alle möglichen Abziehbilder mit Hennen und Hasen und bunten Farben. Heiratslustige junge Dorfbewohner haben auch Sprüche und Zeichnungen mit einer in Scheidewasser getauchten Feder auf das gekochte Ei gekritzelt („Das Ei ist jung und Du bist alt, ich bitte dich, heirate bald.") Aus Villnöß ist folgender Spruch überliefert:

„Nimm lei dös Goggele schian blau,
iß es net heb's lieber au'."

Die Kinder betreiben verschiedene Spiele, so das „Hecken", das Anwerfen des Eies mit einer Münze, und das „Guffen" bzw. „Geffen", das „Pecken", wobei man herausfordernd den Gegner fragt: „Willst Spitz, Guff (das abgestumpfte Eiende) oder Gantsch (den Bauch)." In Zams veranstaltete man einen Wettkampf, das „Eierklauben".

Ein Tiroler Bauernhaus hat meist einen „Früh-" oder **„Hausgarten"**, im Unterinntal „Bießgarten" genannt, der besonders gut gepflegt wird. Angebaut werden darin Salate, Kohlrüben, gelbe und rote Rüben, Winterrettich, Spinat, „Peterzimmel" (Petersilie), Schnittlauch, Kresse sowie eine Auswahl von Gewürz- und Teekräutern, wie Anisstauden, Kümmel, Brotsamen (Fenchel), Minze, Kamille, Thymian („Gwendl", „Grawendl"), Liebstöckl („Glufnstock"). In einer Ecke des Gartens steht meist ein „Sevenbaum", in einer anderen ein Rauten- oder „Spicketstock" (Lavendula spica). Auch Blumen finden ihren Platz: Rosen, Pfingstrosen, mit Bux eingefaßte Beete, weiße und rote Nelken, gelbe „Veigelen" und wohlriechender Rosmarin, Primeln im Frühjahr, Astern im Herbst. Im Frühgarten (oder neben dem Haus) steht oft ein Bienenstock oder ein Bienenhaus.

Die **Heilkräuter** haben in der Zeit von Mariä Himmelfahrt bis Mariä Geburt, der Zeit des „Frauendreißigers", ihre größte Heilkraft; daher sammelt man sie gerade in dieser Zeit. Am „Hochunserfrauentag", am Fest Mariä Himmelfahrt, dem 15. August, bzw. zu Mariä Geburt, am 8. September, findet in den Kirchen die Kräuterweihe statt. Zu einem Weihbuschen gehören mindestens neun verschiedene Kräuter, so sollen (nach Ludwig von Hörmann) Frauenschuh, Wegwart, Mohn, brennende Lieb, Rauten, Wohlgemut, Johanneskraut, Himmelbrand, „Fochal" (Schafgarbe), Mutterkraut, Tausendguldenkraut, Wermut und das heilige „Karbendelkraut" (Thymus serpyllum) dabei sein. Anderswo wieder rechnet man auch Kirschbaumlaub, „Elzen" (Elsbeere) und Feuerkraut zu den Weihekräutern, auch nimmt man Kornrade, Bergarnika, Fingerhut, Pfefferminz, Edelweiß, Ringelblume, „Baslgoam" (Basilikum), „Safflor", Wolfswurz (Eisenhut) und was sich sonst noch gerade auf Feld, Alm und Garten anbietet. Der geweihte Kräuterbusch wird im Haus, meist im Hausgang, aufgehängt. Droht ein gefährliches Unwetter, wirft man eine Handvoll geweihter Kräuter ins Feuer. Erkrankt ein Vieh, mischt man einige geweihte Kräuter unter das Futter.

Nach Hörmann wurde die Veredelung des **Mostobstes** in Tirol durch den Obstzüchter Anton Falch in Grins eingeführt, der in den siebziger Jahren des 19. Jahrhunderts auch mit der Mostbereitung begann. Er gründete noch vor 1900 in Landeck den ersten Obstbauverein. Seine Söhne Anton und Johann Falch setzten die Arbeit fort, so entstanden an verschiedenen Orten Tirols, besonders im Inntal, Obstbauvereine, die sich die Veredelung von Obstbäumen, die Anpflanzung von Mostobstbäumen und die Gemüsezucht zur Aufgabe gestellt haben. Nach 1900 nahm der Landeskulturrat die Sache in die Hand und veranlaßte durch fünf „Wandergärtner" in allen Haupttälern von Nord- und Südtirol die Gründung von Obstbauvereinen.

Ende 1911 bestanden bereits 108 solcher Vereine, die dem „Verband der Obstbauvereine für Nordtirol" unterstanden. Früher hatte man die Bäume meist ungepflegt wachsen lassen und sich mit der bescheidenen Ernte begnügt. Im Oberland darf man nach dem Landkirchtag, dem dritten Sonntag im Oktober, „ichara" gehen, d. h., das dann noch an den Bäumen hängende Obst darf von jedem heruntergeschüttelt und mitgenommen werden.

Die Äpfel werden gern zu Spalten oder Schnitzen geschnitten und wie die Kirschen und Heidelbeeren auf der „Labm" (Balkon) an der Sonne getrocknet; die Birnen werden im Backofen zu „Kloawan", „Klotzen", „Klötzen" („Kletzen") gedörrt. Ebenso die Zwetschken. Aus getrockneten (oder frischen) Moosbeeren wird der „Hoanzn" oder „Moosbearmandl" als Zuspeis zu Küachln bereitet.

Besonders geschätzt wird die „Kranawettstauden". Im Juni hängt an Regentagen von diesen Kranawettstauden eine gelbliche „Schmere" herab, die ganz weich ist, diese soll man in einen Hafen einsammeln, mit Weinschnaps und Arnikablumen ansetzen, das gibt eine vortreffliche Einreibung und soll auch bei Wunden heilsam sein.

Quittensulze

10 kleine Quitten, 2 l Wasser, 280 g Zucker, Gelantineblätter

Die Quitten zu Spalten schneiden, im Wasser recht weich kochen, dann den Saft auspressen. Diesen mit dem Zucker so lange sieden lassen, bis er ganz klar ist. Dann die aufgelösten Gelatineblätter (25 g für 1 l Sulze) dazuseihen. Inzwischen die Model in kaltes Wasser tauchen, die Sulzmasse einfüllen, die Model schließen und

Latwergemodel aus Zinn, zweiteilig, in Form einer Birne. Aus Igls.

im Kühlen stehen lassen. Wenn die Masse fest ist, auf ein weißes Papier schlagen. Früher hat man Hausenblase verwendet (20 g Hausenblase wurden in $^1/_4$ l Wasser aufgelöst).

Mandelsulze, Blanc manger

500 g abgezogene Mandeln, Milch, $^3/_4$ l Obers, Zucker, Vanillezucker, 30 g Gelatineblätter

Abgezogene Mandeln mit wenig Milch recht fein stoßen. In einer Messingpfanne Obers, etwas Zucker und Vanillezucker und die gestoßenen Mandeln unter beständigem Sprudeln kochen lassen. Dann durch eine Serviette seihen und ausgekühlt die aufgelösten Gelatineblätter darunterrühren. In die mit Mandelöl bestrichenen Model füllen und auf Eis stellen.

Im 18. und 19. Jahrhundert wurde von der Familie Schmid die sogenannte **Stubaier Sulze** erzeugt und vertrieben. Sie wurde hauptsächlich aus Wacholderbeeren hergestellt, zu denen noch geheimgehaltene Kräuter getan wurden. Die Beeren wurden zerquetscht, in Wasser gekocht, passiert und neuerdings gekocht, bis eine halbdicke Flüssigkeit entstand. Sie wurde von der Universität Innsbruck als Heilmittel aberkannt, soll aber gegen Brustkrankheiten, Magenverkühlung, Appetitlosigkeit, „Fäulung der Lunge" und „Verhärtung der Leber" wirksam sein, gegen Gelbsucht, Gallenkrankheiten, Folgen von Stürzen, Verrenkungen, Bleichsucht, Frauenkrankheiten und Husten und mußte früh und abends eingenommen werden.

Haustrunk und Genußmittel

Funde von Traubenkernen und Gegenständen der Weinzubereitung reichen im Südtirolischen bis etwa 500 v. Chr. zurück. Die Bajuwaren (ca. ab 600 n. Chr. eingewandert) sicherten sich die großen Weingüter und schufen viele Neuanlagen. Heimischer **Wein** um Meran wird dann 760 erstmals erwähnt, ja man hat auch nördlich des Brenners versucht, Wein anzubauen. Ende des Mittelalters standen selbst im Inntal Rebgärten. „In den Städten, Märkten und größeren Ortschaften herrscht im Gebrauch der geistigen Getränke eine solche Völlerei, daß z. B. in einer kleinen Stadt des Inntales in einem Monat 300 bis 1000 Yhrn Wein konsumirt wurden", berichtet der gelehrte Arzt Hippolyt Guarinoni im 17. Jahrhundert. Anders verhielt es sich auf dem Lande. Ein Bauer kam nur an Sonn- und Feiertagen und zu besonderen Anlässen wie Handgelöbnis, Hochzeiten, Kirchweih und Märkte ins Wirtshaus. Zu Hause gab es höchstens zu Weihnachten, Ostern und Pfingsten einmal Wein. Wirtshäuser gab es zuhauf nur in Tälern, durch welche große Straßenzüge führten, so über den Brenner, durch das Oberinntal und den Vintschgau, durch das Unterinntal und ins Salzburgische hinüber, und Fuhrleute, „Vürsetzer", Aufleger und Hausknechte hatten oft großen Durst.
Anders verhielt es sich in Südtirol, wo jeder männliche Dienstbote Anrecht auf ein oder zwei Liter Wein täglich hatte (der weibliche auf die Hälfte); daneben stand im Hausschrank ein stets gefüllter Weinkrug, aus dem jeder Durstige trinken konnte – es war allerdings Wein aus der dritten Pressung. Bei Antritt oder Abgang eines Dienstboten gab es den „Instiehner" bzw. Einstandstrunk und den „Stanzer" oder „Hußauswein".
Das Totenmahl nennt man in vielen Gegenden auch „Totentrunk", in Südtirol „Pitschen"; die Geladenen begeben sich nach einem Begräbnis ins Wirtshaus in die „schöne Stube" oder ins „Herrenstübele". Im Vintschgau wurde bei armen Leuten bloß Wein verabreicht, dazu brachte jeder Trauergast sein flaches Brot („Vintschgerbrötl") nebst Alpenkäse selber mit. Gewöhnlich aber bestritten die Angehörigen des Verstorbenen die ganze Bewirtung. Wohlhabende bewirteten oft das halbe Dorf mit Wein und Speisen.
Das **Bier** hat im 16. Jahrhundert einen großen Aufschwung genommen. Um diese Zeit gab es ansehnliche Brauereien, die zum Teil noch heute bestehen, in Innsbruck (Büchsenhausen 1641), Hall, Volders, Rattenberg (Ledererbräu), Kundl (1658), Kufstein, im Mühlgraben bei Erl. Der Bierverbrauch muß sehr groß gewesen sein, da sich die tirolischen Stände auf dem Landtag vom Jahre 1646 wegen des übermäßigen Biergenusses beschwerten. In Bauernhäusern wurde Bier schon im 10. Jahrhundert zubereitet. In Innsbruck spricht man schon um 1339 von einer konzessionierten Bierausgabe. Um 1680 gab es da schon 41 Bierwirte, sechs Jahre später waren sie auf 22 reduziert worden. Beim Bier bestellte man ein Kleines, ein Seidl, ein Großes, eine Maß und den „Schnitt", wenn das ausgetrunkene Glas noch einmal zur Hälfte angefüllt werden sollte, gelegentlich trank man auch einen „Stiefel" oder eine „Lisl", Hohlmaße von 2 bis 3 Liter Inhalt.

Bierpitsche aus Zirbelholz. Mit großem Schnabel und ausgeschnittenem Deckel, der an dem Henkel in Scharnier beweglich ist.

Mit Mohn vermengt, hat man aus Honig die begehrte **„Mete"** oder **„Mölse"** (Rodeneck, Südtirol) hergestellt, mit der man Krapfen übergossen, die man aber auch Kleinkindern zum Saugen gegeben hat, damit sie schlafen. Paul Tschurtschenthaler berichtet, daß es um 1860 in Pflaurenz bei St. Lorenzen außerdem noch einen „Metar", den **Met,** gegeben hat, der aus Honig, Wasser und Kräutern gemacht wurde – das Bienenvolk wurde durch Schwefeldämpfe getötet (auf dem Misthaufen oder in einer kleinen Grube), die Waben wurden herausgeschnitten, mit Wasser langsam aufgekocht, dann abgekühlt, Honig und Wachs getrennt (Honig in einem glasierten Kessel, Wachs als Scheibe); im Kupferkessel blieb ein dicker Satz, der mit Wasser verdünnt, aufgekocht und dann durch ein feines Sieb passiert wurde. Noch in der Mitte des 19. Jahrhunderts wurde Met anläßlich der Ringspiele bei der Jochberger Waldkapelle ausgeschenkt, später war er nur mehr am Fronleichnamstag nach dem Antlaßritt der Brixentaler in manchen Gasthäusern üblich, wo auch das **„Traunsteiner Bier",** eine Mischung aus Bier und Met, eine Rolle spielte.

Nicht unberühmt ist Tirol ob seines **Branntweines** und der angesetzten Schnäpse. Große Klagen führte man einst über die Verbreitung von Branntwein. Gerade ein Gebirgsbauer benützt Branntwein nicht nur als Medizin und als Stärkungsmittel bei schwerer Arbeit, vor allem beim winterlichen Holz- und Heuziehen, sondern auch als Genußmittel bei vielen Gelegenheiten, so beim Fensterln, beim Handschlag, auf der Hochzeit. „Moosbeerler" (Moosbeer-Branntwein) trank man zum „Richtigmachen" bei der Brautwerbung im Ötztal; die Bäuerin braucht Branntwein zum „Klötzenbrotmachen". Schon Guarinoni erwähnt Anfang des 17. Jahrhunderts, daß auf dem Lande, wo der Wein auch in den Wirtshäusern sehr selten war, „Branntwein in außerordentlicher Menge getrunken" wurde; allerdings war das noch „Selbstgebrannter", „Enzeler" (Enzianbranntwein, vorzüglich im Zillertal), „Kerscheler" (Zillertal), „Kranewitter" (Oberinntal), „Mespeler" (aus Vogelbeerbaum-Frucht), „Moos-" und „Faulbeereler" (Unterinntal), getrunken in „Fraggelen, Stamperlen und Pudelen", aber auch Branntwein von Äpfeln, Birnen, Zwetschken, Weichseln, Roggen, Erdäpfeln, Schlehen.

„Wie die Enzianwurzel
Ischt gar kueni so stark,
Sie wachst von dem Bergspitz
Bis ins Herz und ins Mark!"

„Im Zillerthale", schreibt 1834 Julius Max Schottky in „Bilder aus der süddeutschen Alpenwelt", „ist für viele Leute, meistens weiblichen Geschlechtes, das Meister- und Enzianwurzen-Graben und Brennen ein ordentlicher Erwerbszeig. Sie bleiben den ganzen Sommer hindurch auf dem höchsten Gebirge, wo sie eigene Hütten haben. Viele ziehen in dieser Absicht in die Gebirge des südlichen Tirols, auch nach Kärnten, Steiermark und Schwaben. Beinahe jeder Knecht und jede Bauernmagd haben ein Fläschchen solchen Lebensgeistes in ihrer Gewandtruche verborgen."
Im 18. Jahrhundert ist der Schnapsgenuß rapid angestiegen, das Verderbliche daran war vor allem die Qualität. 1896 stellte der Abgeordnete k. k. Professor Dr. Aemilian Schöpfer in der Landtagssitzung den Antrag auf Bekämpfung der „Branntweinpest" in Tirol; die Ausgaben für Branntwein in einer Gemeinde von 1100 bis 1300 Seelen, führte der Redner aus, beliefen sich jährlich auf 24.000 bis 30.000 Kronen, daß in Deutschtirol jährlich $6^1/_2$ bis sieben Liter, ja in manchen Bezirken neun bis zwölf Liter auf den Kopf treffen und daß auf manches Haus jeden Tag ein Liter falle. Bei Hochzeiten und den „Leichenmahlen" sei der Schnapsgenuß ebenfalls ein sehr großer. „Gelüstet es das Weib", so schreibt Karl Payr 1887 über Tiroler Bäuerinnen, „wenn sie zur Dorfkrämerin kommen, nach Branntwein, und ist kein Geld vorhanden, so schleppt es, was es eben hat, Eier, Butter, Käse, Honig, Speck, Getreide, Flachs, Leinwand, ja sogar Kleider und Wäsche zum Schnapsverkäufer und verschleudert diese für die eigene Wirtschaft meist so notwendigen Artikel, wenn es nicht anders geht, um ein Spottgeld. Schließlich wandert alles, was nicht niet- und nagelfest ist, in den Branntweinladen, und wer nicht derartiges sein eigen nennen kann, entwendet etwas, um sich Branntwein zu verschaffen."
Ja der Branntwein verdrängte mancherorts sogar frühere Kost, wenn an Stelle der Milchkost die „Ehhalten" (Dienstboten) als Frühkost nun eine „Branntweinsuppe" und zum „Vormeß" oder „Neuner" und zur „Marende" statt Milch häufig Schnaps bekamen. „Seit einiger Zeit", so Ludwig von Hörmann in „Genuß- und Reizmittel in den Ostalpen", 1912, „ist besonders im Unterinntal in der Gegend von Wörgl der Teetrunk beim weiblichen Geschlecht aufgekommen, den ebenfalls die Krämereien vermitteln." Das war Tee minderer Qualität, den Hauptbestandteil aber bildete der zugegossene Rum, richtiger gesagt: gefärbter und parfümierter Spiritus.

Hörmann erinnerte sich 1912 an die Erzählung seiner Mutter, daß sie in den zwanziger Jahren nur heimlich vom **Kaffee** nippte aus Furcht vor den polizeilichen „Kaffeeriechern"; man habe auch nur fünf bis sechs Bohnen zu einer Schale genommen, ja an manchen Orten, so in der Wildschönau, wurden die ganzen Kaffeebohnen ungemahlen gleich Hülsenfrüchten behandelt und gesotten. Noch Mitte des 19. Jahrhunderts galt in vielen Seitentälern, so im Brixental, Kaffee als verwerflicher Luxusartikel, man glaubte, wer Kaffee trinke, „hause" bald ab. Die oft zollfreie Einfuhr aus der Schweiz begünstigte die Verbreitung des Kaffees in manchen Gegenden. Da Kaffee bzw. Ersatzkaffee („Packl-" oder Feigenkaffee) für viele zu teuer war, verwendete man meist billige Zusätze bzw. Ersatzmittel. Am verbreitesten war die blaublühende Lupine oder blaue Wolfsblume, auch „Feldbohne" genannt (Lupinus angustifolius), deren kleine, fast kugelrunde Samenkörner getrocknet, dann geröstet, gemahlen und rein oder als Zusatz zum Kaffee verwendet wurden. Im Ötztal kam der „Stragelkaffee" aus den Bohnen derselben Lupine zur Verwendung. Im Eisacktal wurden dazu auch die „Saubohnen" verwendet, im Pustertal und in der Umgebung von Meran und Bozen bereitete man Kaffee aus den haselnußähnlichen Wurzelknollen der „Erdmandeln" (Arachis hypogaea). In anderen Landbezirken Tirols verwendete man gerösteten Hafer, Roggen und besonders Gerste, Jahrzehnte vorher, ehe „Kathreiner Malzkaffee" in den Handel kam.

Tiroler Kochbuch. Für Teresia Heidenreichin. Um 1820.

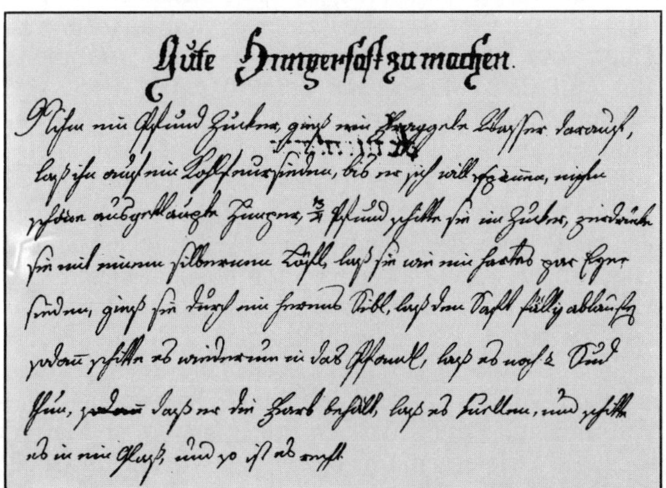

Quittensaft

Man reibt sauber geputzte Quitten auf einem Reibeisen, drückt sie durch ein Tuch, daß der Saft klar wird. Auf gut ein Viertel Liter Saft nimmt man 560 g Zucker, siedet alles zusammen rasch auf, bis der Saft klar ist. Abgekühlt in Flaschen abziehen.

Der **„Pumbltrank"** ist ein ähnliches Getränk aus Preiselbeeren.

Zimtwasser

Man siedet 4 Maß Wasser (1 Maß = 1,41 l) in einem Häfen, gibt 280 g Zimt dazu und läßt es eine Weile sieden. Dann vom Feuer nehmen und zugedeckt kalt werden lassen. Dann noch 560 g Zucker darin verrühren und in Flaschen verschlossen aufbewahren.

„Hoiapunsch"

Auf 10 Liter Wasser nehme man 10 „Hollertraupen" (Holunderblütendolden), 500 g Zucker, $^1/_4$ l Weingeist und eine in Scheiben geschnittene Zitrone. Alles zusammen 48 Stunden stehen lassen, dann die Flüssigkeit abseihen, in Flaschen füllen und kühl aufbewahren.

Moosbeerensaft

Gesäuberte Beeren mit etwas Wasser kochen, durch ein Tuch seihen und zu 3 l Saft 500 g Zucker 15 Minuten kochen. Nach dem Erkalten in Flaschen füllen. Moosbeeren werden auch wie die Preiselbeeren eingekocht, gern streckt man damit auch Preiselbeerkompott.

„Krammattrunk"

Dieses Getränk aus Wacholderbeeren („Krammat", „Kranebeth", „Kranebitt") ist schon sehr alt. Eine Bäuerin bei Stams berichtete 1948, daß dieser bei ihnen vor etwa 60 Jahren zum letztenmal gemacht wurde. In Sölden, auch im inneren Ötztal, ist er noch heute bekannt, besonders zur Erntezeit. Dazu werden Kranawittstauden, -beeren und -wurzen kleingehackt, so viel, wie ein Mann leicht tragen kann, und in den „Trankkübl" (ein oben enges, unten weiteres, mit einer Pipe versehenes Holzgefäß) gegeben. Darauf gießt man ca. 100 Liter Wasser, gibt ein kleines Sackl Gerste hinein (im Inntal auch „Figgn" – gedörrte Apfelspalten – und getrocknete Kirschen, damit wird dem Getränk die Schärfe genommen). 4 bis 6 Wochen stehen lassen.

Das Reizmittel **Tabak** wurde als Rauch-, Schnupf- und Kautabak verwendet. Im Oberinntal sagt man zum Tabakrauchen neben „roacha“ auch „bucheln“. Um Landeck (wie auch in Vorarlberg) und um Meran heißt es auch „Tabak trinken“, „eine Pfeife trinken“, was früher der allgemein übliche Ausdruck war. Die Tabakpfeife heißt „G'stemm“, „G'schuß“ (Meran), „Zuig“ (Zeug), „Buchel“, „Nagl“. Es gibt überaus schön geschnitzte Holzpfeifen; Porzellanpfeifen kamen erste Mitte des 19. Jahrhunderts auf dem Lande auf. Früher bestand das Material aus Holz oder Eisen (besonders bei den „Nasenbrennern“). In Südtirol kennt man auch noch die „Reggl“, ein innen mit Eisen gefuttertes Pfeifchen mit kurzer, fast fadendünner Röhre, und das „Tschedrapfeifl“. Beliebt war das „Pfitscherpfeifle“, ein kleines Pfeifchen aus Blech, messingverziert, mit hohem, durchlöchertem Spitzdeckel; sein Wassersack war aus Holz, das kurze, oben geknotete Rohr aus Bein, ebenso das drei- bis zehnmal geknotete Pfeifenröhrl. Geraucht hat man „Gewöhnlichen“ oder „Ordinären“ (Landtabak), zuweilen vermischt mit „Schwarzem“ (Roller, Rolltabak); dafür gab es unter der Bank an der Wand neben Hanfsamen. Quetschstein, Pfannholz und Steigeisen fast in jeder Bauernstube das „Tabakbrettl“ mit einem beweglichen Tabakmesser. Häufig verwendete man für Tabak auch Ersatzmittel wie das Lauskraut (Nicotiana rustica), auch „Lauser“ (Oberinntal) genannt; noch im 19. Jahrhundert hatte jeder Bauer seinen „Saltzügler“ (selbstgezogene Tabakpflanzen); doch erlaubten die Behörden den Anbau nur selten oder verboten ihn ganz. Im Lechtal und im Leutaschtal gab es auch sehr viele rauchende Frauen. Die Vintschgauer dagegen enthielten sich zur Fastenzeit des Rauchens, um sich „Abbruch zu tun“.

Das Schnupfen von **Schnupftabak** haben die Bauern schon im 19. Jahrhundert aufgegeben, in Nordtirol schnupften, so Hörmann 1912, nur mehr die Geistlichen und die Lehrer. Manche mischten Schnupftabak mit pulverisiertem Wacholder- oder Kranewitholz, was zur „Kräftigung der Augen“ dienen sollte, wie überhaupt das Tabakschnupfen „die unreinen Säfte aus dem Kopfe“ ziehe.

Mitte des 18. Jahrhunderts war auch das Kauen von **Kautabak** bekannt, namentlich im hinteren Zillertal. Schon 1785 schrieb Moll in seinen „Naturhistorischen Briefen“ über diese „abscheuliche Gewohnheit“ der Zillertaler, Tabak zu kauen: „Nie kann ich an diese gräßliche Sitte ohne Ekel denken: und doch ist das die Lieblingskost unserer Älpler. Mancher Mann kaut jede Woche seine halbe Rolle Tabak, und mehrere Bauernknechte versplittern damit ihren ganzen Jahrlohn. Die Zähne färben sich davon recht ekelhaft braun . . . Die Gewohnheit, Tabak zu kauen, hat sich vermutlich von hier aus auch ins Pinzgau und weiter in das Brixental, dann in die tirolischen Täler Allbach und Witschenau (Wildschönau) verbreitet – und sie scheint auch unter den Bauern im Unterinntale immer bekannter zu werden.“ Das billigere Tabakkauen hat im Laufe des 19. Jahrhunderts eher noch zugenommen, und der „Koitabak“ ist so beliebt geworden, „daß viele ihn auch während des Betens, Trinkens und Schlafens nicht aus dem Munde nehmen“. Hörmann berichtet, daß im Zillertal, Pustertal und Pinzgau Freunde als Dokumentierung ihrer Freundschaft auch das „Koiatl“ oder die „Koide“ austauschen; selbst Mädchen werden als Beweis ihrer Liebe oft zur Annahme eines bereits gekauten Tabaks aufgefordert, denn es heißt: „Magst du nöt mei Mummla, hast du mich nöt gern.“ Im Zillertal, so berichtet die Mär, habe man einmal einen Tabakraucher, einen Tabakschnupfer und einen Tabakkauer seziert, beim ersten habe man alle Eingeweide verbrannt, beim zweiten einen Morast, beim dritten alles schneeweiß gefunden. Um die Schärfe der Beize des Kautabaksaftes zu mildern, verwendeten manche mitunter etwas „Bärenzucker“.

Moll bemerkt am Schluß seiner Ausführungen noch, „daß man in manchen Gegenden des Unterinntales, z. B. in Gnadenwald, den Rolltabak zuerst als Kaumittel genießt und dann erst noch trocknet und raucht. Das ist doch die gründlichste Ausnützung“.

Älter als das Tabakkauen ist das **Pechkauen.** „Mein Führer“, schreibt der oben zitierte Moll aus Zell am Ziller vom siebenten Herbstmonat 1783, „sammelte hier (auf dem Marsch ins Zemtal) emsig Pech von Fichten, um es zu kauen.“ Auch das Harz von Kirschbäumen wurde gekaut. Man machte dies vor allem, weil dadurch die Zähne besonders weiß blieben. Auch beim Pechkauen ist besonders unter Verliebten der gleiche Brauch des gegenseitigen Austausches üblich. „Beiß mach (mir's) aft acha“, fordert der Bursch sein Mädchen auf und läßt das Zipfelchen seines Pechflenkens zwischen den festgeschlossenen Zähnen hervorzücken. Um 1900 beschränkte sich dieses Pechkauen nur mehr auf das tiefere Zillertal und Oberinntal.

Verbreitet war auch das **Arsenikessen,** so in Matrei, Kals und Defereggen, um Bozen und Meran, im Oberinntal (Pitztal) und vorzüglich wieder im Zillertal.

Vorarlberg

**„Flack us, flack us
Über alle Spitz’ und Berg’ us!
Schmalz i dar Pfanna,
Kara i dar Wanna,
Küechli i dar Schüßla,
Pflueg i dar Erda;
Gott alls grôta lòt
Zwüschat alle Stega und Wega!“**

(Spruch zum Küechlisonntag)

Die Durchreisenden finden allhie guten Einkehr und werden von der guten, zahmen und wilden Federpracht und schönen Früchten tractiert und mit gutem Trunk versehen, welches alles im Land wächst und zu bekommen ist. Und ist an allda über alles, was in Teutsch Welschen Land fürgehet, wegen des Passes wohl avisiert: Derohalben neben gutem Trank auch gute Ansprach oder Conversation allda zu finden." So schrieb Johann Wolfgang Goethe am 2. Juni 1788 bei seinem Aufenthalt in Feldkirch. Schon eine italienische Reisebeschreibung aus dem Jahre 1492 erwähnt das Gasthaus „Zum Schwert", und der Sekretär zweier venetianischer Edelleute schrieb auf der Durchreise, daß die Stadt Feldkirch ein „sauberes und starkes Kastell" sei. In der „Topographia Sueviae" Merians, „Die Beschreibung des Schwabenlandes aus dem Jahre 1643", stimmt der weitgereiste Textverfasser ein Loblied auf die Feldkircher und auf ihre Wirtshäuser an. Der Vogteibeamte David Papus in Bludenz erwähnt in seiner Beschreibung um 1600 Herbergen in Gargellen und auf dem Zeinisjoch. Als man 1656 alle Wirte des Montafoner Tales zu einer „Schulung" nach Bludenz rief, kamen 23 Wirte aus Gaschurn, St. Gallenkirch, Galgenuel, Schruns, Bartholomäberg und St. Anton.

Vorarlberg ist der „Staat" unter den neun Bundesländern Österreichs. Volk, Dialekt und Wirtschaftsleben, Hausform, Tracht und Kost sind alemannisch geprägt. Der Arlberg trennt Land und Volk vom übrigen Österreich. Die Vorarlberger leben „im Paradies" und im (Nenzinger) „Himmel" – oder in einem von Tobeln durchtobelten Tobel.

Zur Römerzeit wurden die keltisch-rätischen Stämme des Landes zu „Rätoromanen". Die ersten Einbrüche alemannischer Stämme erfolgten im 3. nachchristlichen Jahrhundert, im 5. Jahrhundert wurden das Gebiet um den Bodensee und das untere Rheintal alemannisch. Die weitere Durchdringung erfolgte friedlich und über Jahrhunderte hinweg; so waren der Walgau und das Montafon teilweise noch bis ins 17. Jahrhundert rätoromanisch, der Bregenzerwald dagegen wurde von den Alemannen gerodet, die Seitentäler des Montafons von Rätoromanen. Den „Wäldern" konnten einst weder Burgherren noch Vogte befehlen, sie waren seit eh und je frei und demokratisch – die Bezeggsäule erinnert daran. Sie leben im Winter im Dorf, wohnen von Mai/Anfang Juni bis Anfang Juli mit der Familie auf dem „Maiensäß", auf der Voralpe, gehen dann mit dem Vieh auf die Hochalpe, die Bergweiden, kehren im Herbst auf das Maiensäß zur Familie zurück und ziehen vor Wintereinbruch mit dem Vieh heim ins Tal.

Die entlegensten Täler und Hochalpen blieben den Walsern vorbehalten; seit 1313 urkundlich nachgewiesen, wanderten sie im 13./14. Jahrhundert aus dem Süden kommend nach Vorarlberg ein, wobei Laterns für das Große Walsertal, Lech für das Kleine Walsertal und das Gebiet um Tannberg „Mutterkolonien" wurden. In diesen Gebieten hat sich das Walsertum sowie dessen „Höchstalemannisch" bis heute erhalten. Die Ursachen der Walserwanderung sind nicht ganz geklärt: ob Überbevölkerung, Landhunger, Wandertrieb, Freiheitsliebe – sicher ist, daß die Rodungsfreiheit der Walser wesentlich zum sozialen Aufstieg der Vorarlberger Bauern beigetragen hat.

Obwohl Vorarlberg den geringsten Prozentsatz an bäuerlicher Bevölkerung in Österreich und überwiegend Bergbauernhöfe hat, nimmt das Land in der Milch- und Käsewirtschaft eine führende Stelle ein. Das „Montafoner Rind" ist ob seiner Milchleistung über die Grenzen des Landes bekannt geworden. Erdäpfelanbau überwiegt den Getreideanbau, Mais (in Föhngebieten) und Feldgemüse folgen, im Rheintal und im Walgau nimmt der Obstbau größere Ausmaße an; im Rheintal gibt es Weinrieden.

Vom 14. Jahrhundert an begannen die Habsburger das Land stückweise aufzukaufen. Doch stärker als deren Vögte war die bereits im 14. Jahrhundert gestiftete Einheit zwischen der freien Bauernschaft und dem Bürgertum – ohne Geistlichkeit und ohne Briefadel. Die Freiheit, Wien entgegenzutreten, wenn es sein muß, haben die Vorarlberger stolz bis heute nicht verloren.

„Die Belustigung der Ratsherren und angesehener Bürger hatte eine eigene Form. Zum Versammlungsplatze diente meistens ein größeres Gemach auf dem Rathause, die gewählten Speisen und Getränke wurden auf die Familien ausgetheilt; die eine hatte Geflügel, die andere Schinken, die dritte kalten Braten, die vierte Backwerk, die fünfte Wein und Brod, und so jede etwas anderes herbei zu schaffen; Musik wurde gemeinschaftlich bestritten, oder es fanden sich im Vereine kundige

Liebhaber, welche abwechselnd Tänze aufspielten.“ So schildert Franz Joseph Weizenegger in „Vorarlberg“, Innsbruck 1839, das Leben der Bürger in Vorarlbergs Städten um 1800. (Siehe auch Seite 557.)
Beim „gewöhnlichen Landvolk“ verhielt es sich nach Weizenegger etwas anders: „Die gewöhnlichen Speisen bestanden in Türkenbrei (Maisbrei), Hafermuß, gerollter Gerste mit Bohnen oder Fisole, Gartengemüse, frischem oder getrocknetem Obste. Milch ohne Rahm – Sahne – folgte nach jeder Mahlzeit, oder wurde mit der gekochten Türkengrütze aufgestellt; wollte man sich aber gütlich thun, so blieb der fette Rahm auf der Milch, und die Schüssel wurde mit Brodstücken vollgemacht. Fleisch aß der Bauer höchstens an Sonn- und Festtagen, wenn etwa ein Schwein oder Rind eine Zeitlang gemästet ward; frisch genoß man nur, was sich nicht aufbewahren ließ, alles andere kam in die Salzbeitze und dann in den Rauchfang, von wo es besonders zur Faschings- und Kirchweihzeit als Diegenes auf den Tisch gestellt wurde.“
Die Hauptspeisen mittags im „Ländle“ waren vorwiegend Eintopfgerichte; dazu aß man Sauerkraut oder ein „Schnitzwasser“ (Kompott aus frischem oder gedörrtem Obst). Der Speiseplan der Wochentage hatte einen festen Rhythmus, von alters her eine strenge Abfolge. Nur das Essen an Sonn- und Feiertagen war auf den großen Ablauf des Jahres ausgerichtet, da wechselten Fülle und Fasten, Fleischgerichte und fleischlose Kost in größeren, unregelmäßigen Abständen, von der Natur vorgeschrieben. Im Jahresbrauchtum sind noch Spuren dieser „Natur-“Termine und Gewohnheiten zu finden. Der Herbsttermin eröffnete die Feste der „Gabenfülle“, die sich von den Schlachtfesten über Weihnachten erstreckten. Der Fasching trumpfte noch einmal mit viel Essen auf – um den Winter endgültig zu besiegen. Ostern war kein Fest der „Völlerei“ – diese bot sich erst wieder zur Erntezeit an. Allerdings schrumpften im Laufe der Zeit auch diese festlichen Wochen voll Arbeit, aber auch voll von Speis und Trank, auf ein paar Tage zusammen, und nur die hohen kirchlichen Festtage, wie Weihnachten, Ostern und Pfingsten, umfassen noch heute einen Zeitraum von mehr als einem Tag. Und nur an diesen Festtagen folgen mehrere Fleischgerichte hintereinander. Das mag noch „an die alte Stellung des auch mengenmäßig großen Fleischgerichts“ (Ilg) erinnern, wobei dieses Mahl häufig von „sauren“ Fleischspeisen oder Fleischsalaten eingeleitet wurde, die ohne sonstige Zutaten gegessen wurden.

Hugo Charlemont, „Ein Bregenzerwälderhaus“. 1893.

Das Abendmahl der Vorarlberger Bauern war immer und ist auch heute noch überaus bescheiden. Es gab häufig ein Erdäpfelgericht, Salzerdäpfel mit Käse, Zi(e)ger und Salz- oder Braterdäpfel, auch ein „Riebel“ wurde gerne aufgetragen (im Rheintal und im Walgau sogar häufig); in den Berggebieten waren Habermus und Maismus beliebt, nicht selten begnügte man sich mit einer Brenn- oder Milchsuppe, in die man Braterdäpfel oder Brot gab. Kinder bekamen nach dem abendlichen Melken meist zusätzlich eine Schale Milch.
Zusammenfassend charakterisiert nach Karl Ilg die volkstümliche Alltagskost der vorarlbergischen Bauern das Fehlen von Brot zu den Hauptgerichten, das Überwiegen der Pfannengerichte, die sich aus der Herstellung von Brei und dem Garkochen über offenem Feuer entwickelten, und der starke Käseverbrauch, der Hand in Hand mit der Fleischarmut ging.
Die Tischordnung war im Haus der meist dienstbotenlosen Vorarlberger Bauern jahraus, jahrein die gleiche: An der einen Seite saß der Vater, ihm gegenüber die Mutter, jeder hatte sein eigenes Besteck. Auch die vorarlbergische Kochlandschaft und Lebensart hat sich seither weitgehend erneuert und gewandelt, aber immer noch kann ein „Ost-Österreicher“ die Eigenartigkeit von Landschaft, Menschen und Kost Vorarlbergs erleben. Hier muß ich vorweg Herrn Dr. Herbert Sohm in Bregenz meinen aufrichtigen Dank abstatten; er hat mir in großzügiger Weise die vielen von ihm gesammelten Vorarlberger Hausrezepte zur Verfügung gestellt – ohne sie wäre ich ein „Fremder“ in der Küche des Ländles geblieben.

Suppen und Suppeneinlagen

„Vater unser, der du bist,
d'Suppe staht (a)uf (d)em Tisch,
d'Löffel hangen a(n) der Wand,
der Vater schlacht mi(ch) abe(i)nand,
d'Mueter macht mi(ch) wieder ganz
mit dem neuen Hagenschwanz."

„Suppaschwob" nennt der Vorarlberger einen Suppenliebhaber, von denen es in Vorarlberg nicht wenige geben dürfte. „Wegen aner dicke Suppo ist noch kan Knecht fortgango." – „Das ist a dicke Suppe, daß der Löffel steako blibt." Mit diesen zwei Sprüchen charakterisiert der Vorarlberger den „Stellenwert" und zugleich die Beschaffenheit seiner Suppen (die geschätztesten Suppen in Berggebieten waren früher die Milchsuppe, die Gerstensuppe und die Brenn- bzw. Einbrennsuppe).

Das beginnt bei der Suppe zum Frühstück, wenn zur **Milchsuppe** in die kochende Milch langsam ein dünner Mehlteig oder geriebener Teig eingerührt wird. Dabei ist zu achten, daß sich ja keine Bolle oder „Böllele", keine Teigklümpchen, bilden. In die Milchsuppe gibt es oft auch Riebele als Einlage **(„Milchsuppe mit Riebele").** – Von einem bleich aussehenden Menschen sagt man, daß er „uslueget wia a erbrochene Milchsuppe". Heute wird man die Milchsuppe nur noch in den entlegensten Berggebieten vorfinden. Dazu gab und gibt es Schwarzbrot. Nur ausnahmsweise wurde es durch Weißbrot ersetzt. Eine Speise aus Milch und Weißbrot heißt **„Bitsche".** Oft gab es nur Brot und Käse.

Kaffee genoß man meist ungezuckert, gezuckerten Kaffee durfte man nur an hohen Festtagen erwarten. Allerdings dient gerade Vorarlberg als Beispiel für die frühe Übernahme des Kaffees – doch die Gründe liegen anderswo: „Um das Jahr 1780 standen im Lande eigene Unternehmer auf, und bald wurde dieser Erwerbszweig allgemein, brachte aber auch eine solche Veränderung im Volkscharakter mit sich, daß von dem alten Bilde kaum mehr ein Schattenriß zurück blieb.

Kinder, welche vorher in der freien Luft erstarkten, wurden jetzt an das Spinnrad, erwachsene Mädchen zum Stickrahmen und größere Knaben in den Webkeller gebannt . . . Die bisherige Hausmannskost sagte der sitzenden Lebensart nicht zu; blaß und kränklich kamen die Kinder aus ihrem Zwinger, bis man den Kaffee einführte, dessen flüchtiges Öhl die erschlafften Lebensgeister wieder aufregte, und öfters im Tage mußte dieses Reitzmittel wiederholt werden, das jetzt statt des Brodes mit den schon gemein gewordenen Kartoffeln die Hauptnahrung ausmachte. Wollten die Eltern diesem Getränk den Eingang sperren, so brach in dem Hause eine kleine Meuterei aus . . . denn jetzt waren die Kinder der verdienende Theil im Hauswesen und konnten genau die Summen vorrechnen, welche ihre Hände einbrachten. Die Eltern mußten nachgeben und machten am Ende selbst mit, obgleich für diese Bohne und den Zucker ein Namhaftes von dem Gewinne wieder abfiel." (Weizenegger und Merkle, „Vorarlberg", 1839)

Früher, besonders in Notzeiten, war die Suppe oft die einzige kräftige Sättigung auch zu Mittag; gerade deshalb sollte die Suppe sehr dick sein, möglichst „dick-

Kaffeemühle. Heimatmuseum Bezau. In Vorarlberg hat der Kaffeegenuß schon sehr früh eingesetzt: Kaffee wurde neben den Erdäpfeln Hauptnahrungsmittel gerade der ärmsten Bevölkerung.

flüssig“ wie eine Art Eintopf, denn „das Dicke hat's Gelt kostat“. Dazu bot sich besonders die Gerstensuppe an; mit einem mitgekochten Stück „Diegenes“ (Selchfleisch) oder Siedfleisch wurde sie zur sättigenden Eintopf-Mittagskost, eingedenk des Spruches: „Mit der Gabel hat man die Ehr, aber mit dem Löffel bekommt man mehr.“

Gerstensuppe

Über Nacht vorgeweichte Gerstenkörner in Salzwasser kochen. Besonders schmackhaft wird die Suppe, wenn man ein Stück Diegenes mitkocht und mit Salz und Pfeffer würzt. Häufig wurden auch vorgeweichte Bohnen mitgekocht sowie manchmal ausgelassene Speckwürfel auf die fertige Gerstensuppe gestreut. Zum sättigenden Eintopf wird die Suppe, wenn man sie so lange einkocht, bis sie „stampfdick“ wird – ein hineingesteckter Löffel darf dann nicht mehr umfallen.
Diese Gerstensuppe wurde meist für mehrere Tage vorgekocht – wenn sie am Sonntag in einem großem Topf, in einem großen „Suppenkessel“, neu gemacht wurde, mußten die Portionen oft bis zum Donnerstag reichen.

Aus geröstetem Hafermehl und Wasser wurde die **„Habersuppe“** bereitet. Die Haferspreu („Helbe“ genannt) wurde übrigens zum Füllen von Unterbetten („Helbnsack“) verwendet.

„Brennsuppe“, Einbrennsuppe, Mehlsuppe

80 g Butter oder Schmalz, 4–6 EL Mehl, ca. $1^1/_4$ l Wasser, Salz, Muskatnuß, (Kümmel)

Weizen-, Mais- oder Hafermehl in einer Pfanne mit Butter nicht zu dunkel rösten, dann mit Wasser langsam verrühren, mit Salz und Muskatnuß (und Kümmel) würzen. Das Mehl sorgfältig verrühren, damit sich keine „Ralle“ bzw. „Rellele“ (Mehlknöllchen) bilden. Zur Brennsuppe ißt man gekochte, geschälte Erdäpfel.
Zu Mittag kam sie als Fastensuppe besonders an Freitagen auf den Tisch. Im Walgau, Walsertal und im Montafon sagt man zu dieser Suppe auch „Mehlsuppe“. Die „Weizenmehlbrennsuppe“ wird von vielen als Medizin geschätzt. Auch die Brennsuppe kann in größerer Menge auf Vorrat für mehrere Tage in einem großen Suppenkessel gekocht und immer wieder aufgewärmt werden. In Schoppernau diente die Einbrennsuppe als „Kindbettsuppe“.
Nimmt man Maismehl zur Einbrenn, erhält man die **„Türkensuppe“.** Dickt man eine Brennsuppe ein, entsteht ein Brei, den man **„geröstetes Mus“** nennt; darauf gießt man als „Aufbrenn“ heiße Butter und streut Zucker darüber. Dieses Gericht ist im Montafon bekannt. Eine besonders dick eingekochte, breiartige Suppe heißt in Vandans „pulte Suppe“ („Pult“ ist die Bezeichnung für einen dicken Brei aus Maismehl, Kleie, Erdäpfeln und wird als Hühnerfutter verwendet). Ein für Suppen, Soßen u. dgl. in Butter geröstetes Mehl (Einbrenn) nennt man **„Rost“** („einen Rost mache“, heißt es in Brand und Bartholomäberg), was man sonst allgemein Einbrenn nennt.

Einlaufsuppe, Eintropfsuppe, „Bettlersuppe“, „Traufsuppe“

4–6 EL Mehl, (2 Eier), Prise Salz, 2–3 EL Milch oder Wasser

Aus Mehl und Milch oder Wasser (und Eiern) einen leicht flüssigen Teig rühren (darf weder zu dünn noch zu dick sein), in einem Schnabelhäferl verrühren, salzen und langsam in kochendes, leicht gesalzenes Wasser (oder in klare Fleischsuppe) einlaufen lassen. Bei mehr Mehlzugabe wird der Teig dicker, kann nur noch eingetropft werden und ergibt die Eintropf- oder **Knollensuppe.** Das Volk nennt die Einlaufsuppe auch „Bettlersuppe“, weil sie im Vergleich zur Gersten- und Einbrennsuppe nicht so kräftig und, vor allem, weil sie fettlos ist.

Geröstete Brotsuppe

4–6 Brotschnitten, 1 Zwiebel, Petersilie, 2 EL Mehl, 40 g Fett, Salz, 1 l Wasser, 2–3 Eier

Altes Schwarzbrot (bei Weißbrot entsteht die **„Panadlsuppe“**) in dünne Scheiben schneiden, mit „Zwieble“, gewiegter Petersilie und wenig Mehl in heißem Fett anrösten, mit Wasser aufgießen, leicht salzen und kochen, bis die Brotscheiben verkocht sind. Dann 2 bis 3 zerklopfte Eier einrühren, mit Suppenwürze abschmecken. Man kann vorgekochte gelbe Rüben, würfelig geschnitten, und feinblättrig geschnittene „Zitzele“ („Wienerle“) dazugeben.

Eine Zwiebelsuppe kocht man in Vandans besonders für das kranke Vieh. Zwiebel setzt man übrigens am St. Benediktstag (21. März), denn „Benedikt macht d' Zwieble dick“.

Bröselsuppe, „Brislesuppe“, „Ri(e)belesuppe“

3 EL Mehl, 1 Ei, 1 l Suppe oder Salzwasser

Mehl und Ei zu einem dicken Teig rühren. Diesen Teig durch ständiges Rühren zu Bröseln bzw. Bröckerln oder Mehlknöllchen („Brisle“, „Riebele“) formen; die Köchin nimmt dazu den „Brisler“ oder einen „Spieß“ oder zerkleinert den Teig trocken und reibt ihn auf dem Reibeisen zu „Ri(e)bele“. Dann in Salzwasser oder Fleischsuppe aufkochen.

In Bizau heißt diese „Suppe mit Brisle“ **„Bettlersuppe“;** mancherorts heißt sie auch „Eiergerstelsuppe“. Man kann aber auch kleinwürfelig geschnittene Erdäpfel und „Gelbräbe“ („gealbe Rüable“, gelbe Rüben) in Salzwasser fast zu Brei kochen, dann gekochtes Selchfleisch oder Wurst in kleinerer Menge, ebenfalls kleinwürfelig geschnitten, beigeben. Die Brösel oder Riebele (oder auch nur Reste einer Nudelsuppe) einlegen und das Ganze kurz aufkochen. Heißes Fett mit darin gerösteten gehackten Zwiebeln als **„Aufbrenn“** ergibt im Bregenzerwald eine beinahe „fürstliche“ Bettlersuppe. Eine weitere „Bettlersuppe“ erhält man, wenn man dünne Scheiben Schwarzbrot mit viel in Fett gerösteten Zwiebeln abschmalzt und mit kochendem gesalzenem Wasser übergießt, allenfalls noch mit Salz und Pfeffer würzt.

Eine magere, fettlose Suppe ist „stolz“, denn sie „luagat oan mit koam Og a“. Zu einem, der sich für unentbehrlich hält, sagt man: „Wenn ma di nit hätt' und kein Löffel, müeßt ma d'Suppe lappe.“ Und „der tuat, als hätt'r di Gschiede (Klugheit) mit d'r Suppe gessa“. Wenn einer einem antwortet: „D'Suppe ist nimma zum Blasen“, meint er, daß das Erzählte keine große Neuigkeit mehr sei.

Kessel aus Glockenspeise – sie wurden gern in der Nähe von Glockengießereien hergestellt.

„Fastensuppe“ hieß früher jede Suppe, die statt mit Fleischsuppe nur mit heißem Wasser zubereitet wurde, da der Genuß von Fleischsuppe an den Fasttagen untersagt war. Dennoch konnte und kann man auch diese Suppe nahrhaft zubereiten: Zuerst Suppengerste kochen, gewürfelte Erdäpfel und vorgeweichte Bohnen dazugeben und salzen. Im Suppentopf alles zusammen weich kochen. Dann alles Wasser abgießen, so viel Milch darangießen, daß eine dicke Suppe entsteht. Nochmals kurz aufkochen lassen. In nicht zu heißem Fett geröstete kleingeschnittene Zwiebel als „Aufbrenn“ geben, denn „des g'hört dazua! “, wie ein Montafoner Heimatforscher versichert. Man kann zu dieser Suppe (oder auch zu einer anderen) **Fastenknödel** machen, indem man einer Semmelknödelmasse kleinwürfelig geschnittene Dörrbirnen beigibt, sie zu Knödeln formt und in Salzwasser kocht. Mit geschnittenen Kräutern oder in Fett gerösteten Zwiebelwürfeln darauf anrichten. Macht man die Fastensuppe nur mit Milch, kann man die darin angerichteten Fastenknödel auch mit Zimt bestreuen.

Ursprünglich war die Fleischsuppe nach Art einer Gerstensuppe die einzige Fleischsuppe. Grünfleischsuppe gab es nur zu den „heiligen Zeiten“. An hohen Festtagen sind verschiedene Suppeneinlagen aus der bayrisch-österreichischen Küche verwendet worden, wie „Flädle“ (Frittaten; gibt man in den Frittatenteig geriebenen Käse bei, erhält man **„Älplerflädle“**), Nudeln, **Butterknödel** (aus Butter, Mehl und Bröseln), **Brätknödel** (aus Brät, Brot und Eiern), Grießknödel, **Brotschnitten** (auch mit einer Auflage von Milz, Leber und Ei, geröstet, und wie Pofesen in Fett gebacken), Eierteig- und Leberspätzle bzw. -knöpfle, Backerbsen oder „Mehlerbsen“, im Bregenzerwald und in Lustenau „Hochzitsbölla“ genannt, u. a. m.

„In den Alpen wird das Produkt, das sich nach der sogenannten zweiten Scheidung der nach Entnahme des ‚Vorbruchs‘ im Sennkessel verbliebenen Sirte (Käsemilch) bildet, gerne statt einer Suppe gegessen. Es besteht aus den weißlichen Ziegerteilchen, die in der grünen Flüssigkeit, der sogenannten Schotte, schwimmen“, schreibt Claudia Helbok in ihrer Dissertation „Die Küche und die volkstümlichen Speisen in

Vorarlberg", Wien 1931. Im Vorderwald heißt diese Suppe **„Sennsuppe"**, im Mittel- und im Innerwald **„Schottsuppe"**, im Walsertal und im Montafon **„Suffe"** (Saufe; von mittelhochdeutsch supfen = trinken, schlürfen).

Walser Käsesuppe

1 l Fleischsuppe, 2 Stück Schmelzkäse, 1/8 l Obers, 1–2 Dotter, Schnittlauch

In die Fleischsuppe den Schmelzkäse, in Flöckchen geschnitten, geben, ein paar Minuten ziehen lassen, dann mit dem Schneebesen kräftig durchschlagen und mit Obers, in das die Dotter verklopft wurden, binden (nicht mehr kochen). Mit Schnittlauch reichlich bestreut anrichten.

Montafoner Käsesuppe

1 l Knochensuppe, 1 EL feingeschnittene Zwiebel, 20 g Fett, 20 g glattes Mehl, 3 Stück Schmelzkäse, Salz, Pfeffer, Schnittlauch, gebähte Semmelwürfel

Feingeschnittene Zwiebel in Fett anlaufen lassen, Mehl beigeben und hell rösten. Mit kalter Suppe aufgießen, die Käsestücke dazugeben und bei schwacher Hitze verkochen lassen, dabei mit dem Schneebesen verrühren. Salzen und pfeffern. Mit Schnittlauch und gebähten Semmelwürfeln anrichten. Oder eine Fleischsuppe mit Käse und Brotschnitten, mit Butter abgeschmalzen, bereiten. Im Vorderwald versteht man unter einer „Kässuppe" eine Fleischsuppe mit geriebenem Teig oder mit Reis, Ei und geriebenem oder kleingeschnittenem Käse darauf.

Da viele Suppeneinlagen längst durch Fabriksware ersetzt worden sind, gelten die selbstgemachten Suppeneinlagen bereits wieder als besser und feiertäglich, wie Karl Ilg meint. Langsam setzte sich von Tirol aus der „Tirolerknödel" als werktägliche Suppeneinlage durch. Daneben gibt es eine Reihe anderer Suppen, die verschiedenen Gemüsesuppen, Hülsenfrüchtesuppen, Püreesuppen, Leber- und Milzsuppen. Eine „leise" Suppe dagegen ist eine Suppe, die zu wenig gesalzen ist. Und unter einer **„Lumpensuppe"** versteht man frisches Sauerkraut, mit Essig und Öl als Salat zubereitet.

Beliebt sind auch die süßen Suppen aus frischen bzw. gedörrten Früchten, so eine Zwetschken- und Apfelsuppe, zubereitet wie die folgende Kirschensuppe.

„Kriesesuppe" (Kirschensuppe)

500 g Kirschen, 1/4 l Wasser, Zucker, Zimt; 1 l Rotwein, 1/4 l Wasser, 150 g Zucker, 1 Handvoll geriebenes Milchbrot oder Zwieback

Kirschen aussteinen, mit Wasser, Zucker und Zimt weich kochen. Inzwischen die Steine im Mörser zerstoßen, mit Wein, Wasser, Zucker und Bröseln eine halbe Stunde kochen. Dann die weichen Kirschen mit der Brühe in die Suppenschüssel geben und die von den Steinen gewonnene Soße durch ein Sieb darüber anrichten. Gibt man die Kirschensuppe warm, wird ein Stückchen Butter mit den Kirschen gekocht. Als Kaltschale wird sie mit einem Teller Bisquit serviert.
Von gedörrten Kirschen bereitet man die Suppe auf die gleiche Art, nur müssen die gedörrten Kirschen, bevor man sie aussteint, weich gekocht oder 24 Stunden in Wasser eingeweicht werden. In Vandans war die Kirschensuppe ehemals Hochzeitssuppe; am Morgen des Hochzeitstages erhielten die Verwandten, Nachbarn und Kinder im Haus der Braut einen Imbiß, „Morgensuppe" genannt. Im Walsergebiet wird diese „Kriesesuppe" aus gedörrten Kirschen am „Küechlesonntag" (Funkensonntag, erster Fastensonntag, „Invocavit") bereitet, allerdings in etwas einfacherer Form: das Obst wird nur mit Wasser (und eventuell einem Gläschen Wein) und einem Stück Zimt langsam weich gekocht und über geröstete Brotwürfel angerichtet; oder es wird zunächst eine dicke Mehl- bzw. Einbrennsuppe bereitet, mit eingedicktem Holundersaft, Prise Salz, Zucker, Zimt und Gewürznelken gewürzt und mit gedörrten Apfel- oder Birnenschnitzen („Schnitzle", „Süeßlarschnitz") oder anderem Dörrobst, alles klein geschnitten oder faschiert, gekocht. Ähnlich wird auch die **„Biresuppe" (Birnensuppe)** bereitet.

„Holdersuppe" (Holundersuppe)

1/2 l Holunderbeeren, 1/2 l Wasser, 1 Glas Rotwein, 1 Stück Zimt, Zucker, 30 g Mehl, 1/4 l Milch, Semmelwürfel, Schmalz

Beeren mit Wasser, Rotwein, Zimt und Zucker zugedeckt langsam weich kochen. Mehl und Milch glatt verrühren, zum Holunder geben und noch eine Viertelstunde kochen lassen. Würfelig geschnittene Semmel in Schmalz gelb rösten und gleichfalls zur Suppe geben. Alles noch einmal aufkochen lassen. Wird vorzugsweise kalt serviert. – Auf die gleiche Weise bereitet man die **„Heidelbeersuppe"** und andere Beerensuppen.

Jause

Auch die Vorarlberger kennen heute allgemein fünf Mahlzeiten im Tag, wie Karl Ilg in „Vorarlberger Nahrungsvolkskunde“ (1954) ausführte; fünfmal ißt man vor allem in den Sommermonaten, teilweise auch im Herbst und im Frühjahr. In den Wintermonaten fällt die Vormittagsjause meistens aus. Die Walser kennen nur während der Heuernte eine fünfte Mahlzeit am Tag. Unterschiedlich ist auch die Bezeichnung, vor allem für die Zwischenmahlzeiten am Vormittag und am Nachmittag. „Marend“ heißt in Lustenau die nachmittägige, vereinzelt (Südvorarlberg, Großes Walsertal, Rheintal) auch die vormittägige Jause in den länger romanisch gebliebenen Gebieten südlich des Kummenberges (sie unterstanden kirchlich Chur). In altbesiedelten Talschaften des Walgaus und im Rheintal, aber auch im Montafon und in den Walsertälern trifft man die Bezeichnung „Brionda“, „Brendesso“, um Frastanz, Blons auch die Formen „Brend“ und „Brenn“. Diese Formen – „Marend“ sowie „Brionda“ und „Brendesso“ – leiten sich vom lateinischen „merenda“ = „das einem Zustehende“ bzw. vom rätoromanischen „Marenda“ = „Mittagessen“ ab. Ein „Marender“ ist einer, der beim Essen stets tüchtig zugreift! In vielen Gebieten heißt die Vormittagsmahlzeit „Z’Nüni“, die nachmittägliche Mahlzeit „Marende“; die Bezeichnung „Vesperbrot“ geht auf mittelalterliche klösterliche Einflüsse zurück. Alle übrigen Mahlzeiten werden mit deutschen Namen bezeichnet, das Frühstück heißt „Morgeneasso“, das Mittagsmahl „Z’Mittag“ oder „Mittageasso“, das Abendmahl „Z’Nacht“ oder „Z’Nachteasso“; die Neunuhr-Zwischenmahlzeit heißt in Südvorarlberg auch „Unterbrot“, die Nachmittagsjause „Z’Viereeasso“. Zweifelsohne sind diese Bezeichnungen nach der Uhrzeit jüngeren Datums.

Bestimmt werden „Marend“ wie auch die anderen Mahlzeiten in Vorarlberg vor allem durch die Milchwirtschaft. Schon am Vormittag gibt es hauptsächlich Brot, Käse und Most. Man errechnete als wöchentlichen Käseverbrauch in einem bäuerlichen Haushalt pro Person $1^1/_2$ bis 2 Kilogramm Käse. Die „Zi(e)gerschabete“, das vom „Zi(e)gerling“, „Zi(e)gerkopf“ Abgeschabte und Gewürzte, wird gern auch als Zwischenmahlzeit gegessen. Speck, Selchfleisch („Diegenes“) oder Wurst gibt es zu schwerer Arbeit.

Wenn die Tage kürzer werden, stellt man die Nachmittagsjause ein, denn „Bartlome treibt ’s Abendessen über den See“. Dann aber hat man Zeit für eine „Stubet(e)“, einen gemütlichen Hausbesuch, und der „Stubetbube“, der Freier, kann jeden Tag „Stubettag“ halten, seine Braut besuchen. Allerdings soll er auch da auf den Tag achten, weil jeder seine Bedeutung hat. Am Montag geht der zur Stubete, der am Sonntag nirgends Einlaß findet, der Dienstag ist kein Glückstag, er ist Zinstag („hast Zinstag“, fragt man einen Buben mit offenem Hosenlatz); auch der Mittwoch ist ein Unglückstag, da gehen die „Roßschelme“ zur Stubete; man soll nicht auf die Alpe ziehen oder auf der Alpe Weideplätze wechseln, keine Reise machen und nicht heiraten (ein „Mittwochblägger“ ist ein am Mittwoch geborenes Kind, das viel schreit). Am Donnerstag gehen die Burschen zur Stubet. Der Freitag ist wie der Mittwoch ein Unglückstag, am Freitag gehen die „Schmalzbettler“ zur Stubete, und am Freitag soll kein Grab offen stehen. Auch am Samstag soll niemand begraben werden; an diesem Tag gehen die „Schuhwichser“ zur Stubet. Der Sonntag ist als Glückstag der Hauptstubettag.

„Bazide“, auch „Tanse“ genannt. Ein Rückentraggefäß, mit ovalem Querschnitt, für Milch oder Wasser.

Fischgerichte

Schon in vorgeschichtlicher Zeit hat man auf dem Bodensee Fischerei betrieben, zur Römerzeit hat die Nutzung fortgedauert; auch die Alemannen haben sich diese Nahrungsquelle zu eigen gemacht. Die Lebensbeschreibung des heiligen Gallus aus dem 7. Jahrhundert berichtet, daß sich die Alemannen gerade wegen der Fruchtbarkeit des Landes und des Wassers neben der zerstörten Stadt Brigantium niedergelassen haben. Wie die Jagd war auch die Fischerei nicht allgemein frei. Vermutlich haben sich schon sehr früh schwäbische Grafen innerhalb ihrer Gaue und Grafschaften das Fischrecht vorbehalten. In der Besitzbestätigung für das Kloster Mehrerau durch den Papst vom Jahre 1249 werden nach den vielen liegenden Gütern auch die Fischereirechte (piscationes) im Bodensee und im Fluß Bregenz angeführt. In den Urkunden, mit denen die Grafen von Montfort die Herrschaften Feldkirch 1375 und Bregenz 1451 und 1523 den Herzögen von Österreich verkauft haben, werden als Zubehör derselben auch die Wildbanne und „Fischenzen", d. h. Fischereirechte angeführt (sie galten wie die Herrschaft im ganzen als Reichslehen). Beim Verkauf der Herrschaft Neuburg bei Rankweil 1363 wird die „Fischenz" am Rhein ausdrücklich als Pfandrecht des Reiches verzeichnet. Genauere Rechtsverhältnisse vermitteln allerdings erst die Urkunden ab dem 14. Jahrhundert.

„Unter den Flußfischen", berichtet Weizenegger 1839, „stehen die Forellen oben an, die schmackhaftesten werden in den Bergbächen des Bregenzerwaldes, Walsertales und Montafons gefangen, seltener ist die Aalraupe oder Trüsche, die nach St. Gallen geliefert wird. Aale gibt es wenige, und sie haben einen hohen Preis. In der Ill wird zur Laichzeit, die in den August und September fällt, zwischen Mainingen und Feldkirch ein Lachs gefangen, der hier den Namen Rheinanke – salmo Salar – hat . . . An dem See war ehemals Hard ein eigentliches Fischerdorf, als die strengen Fasten noch bestanden, und gegen 20 Klöster in Schwaben und der Schweiz mit der Ausbeute versehen wurden . . . Die Seeforellen und der Hecht erreichen ein Gewicht von 12, 15 bis 20 Pfund. Karpfen sind häufiger, und werden in Bregenz, Feldkirch und in der Schweiz abgesetzt; noch ergiebiger sind die geringeren Fische, wie Braxmen, Alant oder Weißfische, die oft ihre Freiheit wieder erhalten, weil sie Niemand kauft, und die Fischer mit frischen und geräucherten Würsten aus deren Fleische nicht umgehen können oder wollen. Der Gangfisch ist einer der beliebtesten See-Einwohner; die kleineren werden Stüben, die größeren Fölchen genannt . . . Was als Gangfisch nicht frisch verspeist wird, brät man auf dem Roste, marinirt sie mit Essig, Zitronen, Lorbeerblätter etc. und verschickt sie in kleinen Tönnchen." Die große, fettreiche Leber der Bodensee-Trüsche hatten schon die Römer als Leckerbissen importiert. Heute leben 35 Fischarten im Bodensee. Der österreichische Anteil der Bodenseefischerei ist in fünf Reviere eingeteilt.

Gefüllte Forellen

4 Forellen (à 250–300 g), Salz, Zitronensaft, Mehl, 3 EL Butter; Fülle: 30 g Butter, 100 g Champignons, Petersilie, Salz, Pfeffer, Zitrone, Rindsuppe, Brösel

Frische, ausgenommene Forellen innen mit Salz und Zitronensaft würzen, in Mehl wenden, in der Pfanne beidseitig in Butter goldbraun anbraten. *Fülle:* Gehackte Zwiebel in Fett anrösten, gehackte Petersilie, Champignons, blättrig geschnitten, beigeben, anschwitzen, in wenig brauner Suppe schwenken, mit Salz, Pfeffer, Zitronensaft abschmecken. Mit etwas Rindsuppe aufgießen, mit Bröseln festigen. Die feste Füllung in die vorgebratenen Forellen geben und diese im Rohr etwa 8 bis 10 Minuten fertig braten. Mit Zitronenscheiben, Petersilienerdäpfeln und grünem Salat anrichten. Für dieses Rezept eignen sich auch die Felchen.

Felchen heißen um Bregenz im 1. Lebensalter „Heuerling", im 2. „Stübe", im 3. „Gangfisch", im 4. „Renke", im 5. „Halbfisch" und im 6. „Dreier". Der Felchen war und ist für die Bodenseefischer schon immer der „Brotfisch" (dem der Barsch und heute auch der Aal folgen). Im Bodensee sind vor allem zwei von Bedeutung, der Blaufelchen und der Gangfisch.

Stockfischgerichte wurden einst wie alle Fischgerichte an den Fastentagen verzehrt, erlangten aber nur in den verkehrsoffenen Gebieten einige Volkstümlichkeit. Bauernkost wurde der Fisch auch in Vorarlberg nicht.

Fleischgerichte

„Mastung", schrieb Weizenegger 1839, „ist nicht Sache des Vorarlbergers, es gebricht an Mehlfrüchten und ihren Abgängen zu mehlichten Tränken. Was hier und da von Zugochsen in die Mastung gestellt wird, erreicht den wirklichen Bedarf nicht einmal annähernd... Schweine werden nur zerstreut und an keinem Orte mit Vorzug gehalten ... Die Schafzucht wird in Sonnenberg und Montafun so weit betrieben, daß jährlich eine große Zahl in die Schweiz und nach Schwaben abgegeben werden kann... Ziegen halten sich ärmere Leute der Milch wegen ... Die Haushenne ist auf dem Lande daheim, in Städten nur dann, wenn Abgänge in die Haushaltung zum Futter zureichen, oder Kapaunen und Poularden – Blättchen – für die Faschingszeit gezogen werden; Indianen hält man hier und da zum gleichen Zwecke. Eier werden aus dem benachbarten Liechtenstein der Menge nach auf den Markt nach Feldkirch gebracht. – Gänse und Enten sind häufiger in den Seegegenden... Es werden eine Menge Gänse abgeschlachtet und zu Salamiwürsten verarbeitet..."

Zwei Hackmesser.

Die Vorarlberger Bauern schlachteten einst in der Regel nur ein Schwein im Jahr; dieses Schlachtfest fand meist um St. Gallus (16. Oktober) oder um Martini (11. November) statt. Das meiste Fleisch wurde eingesäuert bzw. geräuchert. Außer an hohen Festtagen bot die Küche Vorarlbergs in der Vergangenheit wenig Fleisch. Insgesamt wurden pro Woche und Person durchschnittlich $^{3}/_{4}$ Kilogramm errechnet (im oberösterreichischen Innviertel betrug der tägliche Fleischverbrauch pro Person $^{1}/_{2}$ Kilogramm).
Nur an einem Schlachttag lebte man in vergangener Zeit aus vollen Zügen und in vollem Übermaß. Für die übrigen Tage im Jahr dürfte oft der Spruch treffend die Not zum Ausdruck gebracht haben: „Besser e Lus auf dem Krut als gar kein Fleisch!" Wenn einer „alle Fleischtag kunnt" (kommt), heißt das in Egg, daß er sich äußerst selten anschauen läßt.

Nach einer Hausschlachtung wird ein besonders reichlicher Abendschmaus veranstaltet, zu dem Nachbarn, Verwandte und Bekannte geladen werden („z' Obed heat ma's Wuerschtmohl!"). Es gibt vor allem selbstgemachte Würste, wie Blutwurst, Blunzen (besonders dicke Blutwurst), Leberwurst, Bratwürste, Schweinefleisch, gesotten („Kesselfleisch") und gebraten, ähnlich dem „Bauernschmaus" bzw. einer „Schlachtplatte". Grabherr schildert so ein Fest in Lustenau: „Eine außerordentliche Rolle spielte in Lustenau das Schlachtfest, ‚Gusti' genannt. Die Hausschlachtung ist ein großes Ereignis, und zum abendlichen Essen werden bis zu 30 Personen eingeladen. Essen und Trinken wird in Fülle gereicht. Verwandte, Nachbarn und Arbeitskollegen beteiligen sich daran. Speisefolge: Leberknödel-, Nudelsuppe, Spätzlesuppe, Blutwurst mit Kraut, Speck mit Kraut, Braten mit Eierteigwaren, Salat, bis alles satt ist. Hernach bleibt die Runde bei Most und Schnaps beisammen, manchmal werden noch Spiele gemacht. Das Prunkstück der Gusti ist der ‚Poppertanz', d. i. das mit Blut gefüllte Ende des Dickdarms. Je größer er ist, je mehr Schmalz herausquillt, um so größer ist die Feststimmung, um so mehr werden Metzger, Hausvater und – Schwein gelobt."
Auch im Rheintal und im Walgau (mit Randgebieten) feiert man das Schlachten, die „Metzgete", als altes Erntefest. Das Fleischstück, das bei so einer Hausschlachtung Nachbarn und Bekannten zum Geschenk gemacht wird, heißt ebenfalls „Metzgete" oder die „Schlachtete" bzw. „Schickete".
Ebenso festlich mit Braten, Bier, Wein und Tanz wird die Heimkehr der Alpleute am „Alpsonntag" auf Ko-

sten der Alpbesitzer gefeiert („Alplerkilben"), was den Sennen nach den fleischlosen Wochen auf der Alp erstmals wieder ein Fleischgericht beschert. Bei Speck, Schüblingen, Käse, Brot, Most und Schnaps feiert man auch das Schälen der Maiskolben („Brätscha", „Türkenschälete"), das gewöhnlich von Burschen und Mädchen gemeinsam besorgt wird.

An einem Schlachttag bekommen Feinschmecker besondere Leckerbissen wie gekochte Schweinsohren, den gekochten Schweinsrüssel („Saugrans", in Lustenau auch „Simpl" genannt) oder einen „Schwartenmagen" (sulzartige Preßwurst, Schweinemagen, gefüllt mit Kopffleisch, Schwartenstücken und bisweilen auch mit Beigabe von Schweineblut). „Da host wahrhaftig Heeretag", sagt man in Vandans zu einem Tag, wo es beim Bauern Fleisch gibt. Und die Höchster feiern sogar eine „Wurstkirchweihe", auch „Galluskirchweihe" genannt, da um diese Zeit die Hausschlachtungen durchgeführt werden. (Obwohl in Vorarlberg der Kirchtag weniger gefeiert wird als in den anderen Bundesländern.)

Noch vor 50 Jahren schlachtete man in bäuerlichen Haushalten hin und wieder auch ein Rind und kochte und räucherte das Fleisch; heute sind die meisten bäuerlichen Betriebe in Viehversicherungsgesellschaften eingetragen, das schlachtreife Rind kommt in die Fleischbank, das Rind ist auf dem Bauernhof nur noch Milch- bzw. Zuchttier. Rindfleisch wird schon längst beim Fleischer gekauft. Das Fleisch von einem jungen Rind, „Junges" genannt, heißt in Vorarlberg auch „Stallkalbfleisch" (weil das Kalb im Stall aufgezogen wird; sein Fleisch ist etwas dunkler und billiger als das im Sommer sehr teure Kalbfleisch).

Am „gumpigen" oder „schmutzigen" Donnerstag (Donnerstag vor dem Faschingssonntag) gibt es im Montafon Fleischsuppe, Sauerkraut und Diegenes. Die Dorfburschen versuchen dabei, den Suppenhafen aus der Küche zu stehlen, besonders dort, wo eine heiratsfähige Tochter im Haus ist. Gelingt der Scherz, wird die Suppe irgendwo verspeist und den Geschädigten abends der bekränzte Topf mit einem Liter Wein als „Entgelt" zurückgebracht. Pfiffige Mädchen täuschen die „Entführer" mit einem alten Topf, in dem irgendeine ungenießbare Brühe ist. An anderen Orten herrscht an diesem Tag der Brauch des Bratenstehlens.

„Iß gern! " grüßt der Altvorarlberger zu Mittag; „Ja und o(u)ch)! " wird ihm erwidert.

„Schübling" heißt eine geräucherte, 10 bis 15 cm lange, einer Knacker ähnliche Wurst aus Rind- und Schweinefleisch, so genannt, weil das Brät in den Darm „hineingeschoben" wird. Spezialitäten sind die „Lindauer Schüblinge" („Schieblinge") und die extragroßen „St. Galler Schüblinge", auch „Doppelschüblinge" genannt. **„Harder Kotelettes"** sind Schüblinge, der Länge nach durchgeschnitten und in heißem Fett abgebraten (man kann darauf noch Eier zu Ochsenaugen fest werden lassen).

„Lindauer Schieblinge"

6750 g Rindfleisch, 1 Handvoll Salz, 2250 g fettes Schweinefleisch, 840 g Speck, 1 l Wasser, 1 EL Pfeffer, ½ EL geriebene Gewürznelken, 35 g Salpeter

Rindfleisch („noch warm") und Schweinefleisch „nicht ganz fein" wiegen (faschieren), den Speck kleinwürfelig schneiden, alles gut vermengen, mit Salz, Pfeffer und Gewürznelken würzen, Salpeter dazugeben, nach und nach das Wasser einarbeiten und zu einer Farce verarbeiten. Das Brät über Nacht im Kühlen stehen lassen, dann in sauber geputzte Rindsdärme sehr fest einfüllen, pro Wurst ca. 250 g schwer machen, dann abschneiden, an beiden Enden mit Holzspießchen umschlingen oder mit Spagat zubinden und 12 bis 14 Stunden in den Rauch hängen. Bei Gebrauch etwa 1 bis 2 Stunden auf schwachem Feuer langsam sieden, „für gewöhnlichen Tisch gern in Reis-, Gersten- oder Erbsensuppe". (Christine Charlotte Riedl, „Lindauer Kochbuch", 10. Auflage, 1886)

Wiegemesser.

Kleine Würstchen nennt man „Krenwürste", in der Mundart heißen sie außer in Dornbirn „Zitzele"; diese „Zitzele" sind die „Frankfurter" („Wiener Würstchen") der österreichischen Küche. Neuerdings hört man besonders in städtischen Gasthäusern die aus der Schweiz übernommene Bezeichnung „Wiener Würstle" bzw. „Wienerle" für diese Würstel. Seltener sind die „grünen Zitzele", die noch ungeräuchert sind. In Dornbirn versteht man unter „Zitzele" kleine Bratwürste, die nicht paarweise, sondern nach Gewicht verkauft werden; sie liegen in großen Spiralen, in Därme gefüllt, auf dem „Ladenpudel" – man zeigt die gewünschte Länge an, dann schiebt der Metzger das Brät etwas auseinander, reißt den Darm ab und dreht ihn ein wenig zusammen. Zu den Zitzele und den paarweise verkauften Bratwürsten ißt man in Dornbirn – auf Unterhaltungen, im Fasching, zu Weihnachten – mit Vorliebe Apfelmus. Das Wort „Zitzele" kommt vom italienischen „salsicce". Die geräucherten Würstchen dagegen nennt man in Dornbirn „Bocksel", „Bocksele" (wohl nach der Ähnlichkeit ihrer Form mit dem Bockshörndl, der Frucht des Johannesbrotbaumes). Eine andere geselchte Wurst von langer, plattgedrückter Form heißt – wie auch in Tirol – „Landjäger".

„Gschwollene", „Geschwollene" sind eine besondere Art von Bratwürsteln ohne Haut. Das Wurstbrät wird vom Metzger direkt in kochendes Wasser gepreßt und erstarrt dabei. Geschwollene werden nur in den kalten Monaten des Jahres gemacht. Je nach Größe ein bis zwei Geschwollene in einer Bratpfanne in heißem Fett rundum gut braten. Dazu „sure Kartoffla" (saure Kartoffeln).

„Häss" ist die mundartliche Bezeichnung für Kleidung: „Er hanget im Häss", sagt man zu einem Abgemagerten, dem die Kleider am Leib schlottern. In der Küchensprache bedeutet „Häss" soviel wie Panier.

„Bratwurst im Häss"

Bratwürste (oder Gschwollene) im heißen Wasser überbrühen, enthäuten, leicht bemehlen, in versprudelten Eiern wälzen, in Bröseln drehen (panieren) und in heißem Fett oder Öl schwimmend herausbacken.

Schweinespeck wird in der „Griebenpfanne" zu Schweineschmalz „ausgesotten". Die Griebenpfanne ist ein Gefäß mit doppeltem Boden (der obere ist durchlocht) zum Durchseihen des heißen Schweineschmalzes, wobei die **Grieben** zurückbleiben. Die Grieben („Grüba, Grüaba") werden, noch warm, gesalzen, mit Schnittlauch bestreut und zum Schwarzbrot gegessen.

„Diege(ne)s", diegen Fleisch, Geselchtes

Das Schweinefleisch wird in Vorarlberg nicht „geräuchert", sondern „(ge)dignet" (das Eigenschaftswort „diegen" gibt es nur in Verbindung mit „diegenes Fleisch" für geräuchertes oder gedörrtes Fleisch, im Gegensatz zum „grünen" Fleisch; das Wort leitet sich vermutlich vom mittelhochdeutschen „dîhen" = gedeihen ab). Das spezifisch bairisch-österreichische Wort „selchen" ist wie auch „räuchern" wahrscheinlich erst durch die Tiroler Holzarbeiter („Schwazer") sowie über Kochbücher und Gasthausküchen eingeführt bzw. verbreitet worden.

Ofenbraten

Frisches („grünes") Schweinefleisch in heißem Speck anbraten, dann in einer Pfanne mit Fett, etwas Wasser, Knoblauch und Salz im Stuben- oder Backofen braten. In Scheiben geschnittene Erdäpfel dazugeben, und zwar so, daß Fleisch und Erdäpfel gleichzeitig gar werden. Durch das hochbrennende Feuer bilden sich sowohl an Fleisch und Speck wie an den Erdäpfeln schöne Krusten.

Zum gebratenen grünen Fleisch ißt man verschiedene Zuspeisen (grüne Salate, Erdäpfel, Bohnensalat, Sauerkraut), während die Beilagen zum Selchfleisch einförmiger sind; vor Einführung der Erdäpfel gab es hauptsächlich Rollgerste, „Hafeloab" und Sauerkraut zum Geselchten.

„Moschtbröckle" ist der Name eines kalten Gerichtes aus trockengeräuchertem Rindfleisch: zunächst in grobe Würfel schneiden, dann in papierdünne Scheibchen. Dazu trinkt man Most („Moscht") oder Rotwein.

Neben den verschiedenen Rindfleischzubereitungen (gekocht, gebraten, als „Rindsvogel", „Golasch" u. a. m.), Kalbfleischgerichten (eingemachtes Kalbfleisch, Kalbsbraten u. ä.) und Speisen aus Faschiertem („Jägerbraten", „Fleischpölsterle", die Fleischlaibchen der Wiener Küche, **„Fleischnudeln":** gekochte Nudeln, vermischt mit geröstetem Faschierten, und **„Krautwickel":** mit Faschiertem gefülltes Krautblatt, gebraten) sowie „saurem Nierndle" gibt es in der Vorarlberger Küche häufig Kutteln.

„Sure Kuttla“ (Saure Kutteln)

600 g Kutteln, 60 g Mehl, 60 g Fett, 1 Zwiebel, Essig, Zitronenschale, Wasser, 1 Lorbeerblatt, Salz, Pfeffer, Kümmel

Mehl in heißem Fett gelb rösten, die feingeschnittene Zwiebel mitrösten, bis alles braun ist. Mit einem Spritzer Essig und etwas Wasser zu einer mitteldünnen Soße aufgießen, gut verrühren und verkochen, mit Zitronenschale, Lorbeerblatt, Salz, Pfeffer und Kümmel würzen. Die nudelig geschnittenen, vorgekochten Kutteln beigeben. Das Ganze etwa eine halbe Stunde weich kochen. Abschmecken.

„D'Kuttla rühra“ bedeutet, einem das Messer im Leib umzudrehen, und „einem die Kuttla wäschen“ heißt, einem gründlich die Meinung sagen.

„Kuttlagröstl nach Wälderart“

1–2 EL Schweinefett, 1 große Zwiebel, 500 g gekochte Kutteln, 500 g gekochte Erdäpfel, Salz, Kümmel, geriebener Käse

Reichlich feingeschnittene Zwiebel in viel Fett goldgelb rösten, die gekochten, feinnudelig geschnittenen Kutteln dazugeben und rösten. Sobald die Flüssigkeit verdunstet ist, die gekochten, nudelig gehobelten Erdäpfel beigeben, mit Salz und Kümmel würzen und gar rösten. Mit geriebenem Käse anrichten.

Gekröse, „Kranzele“

400 g Gekröse, 40 g Fett, 1 Zwiebel, Salz, Pfeffer, 1 TL Kümmel

Den ungekräuselten Kranz in einer leeren heißen Pfanne rühren, bis das schleimige Wasser verdunstet und er sich kräuselt. Dann waschen, weich kochen und nudelig schneiden. In heißem Fett mit gehackter Zwiebel rösten, mit Salz, Pfeffer und Kümmel würzen. Oder in einer sauren Kraftbrühe einkochen.
Dazu serviert man **„Walser Rösti“** (die gehobelten Erdäpfelscheiben müssen beim Braten ganz bleiben!).
In Frastanz, Alberschwende und Bizau wird das Gekröse, vor allem das Kalbsgekröse, wie auch die Kaldaunen des Kalbes, „Kranz“ bzw. „Kranzele“ genannt.

Die wertvollen Innereien (Herz, Lunge), besonders eines Kalbes, nennt man in Dornbirn und Bregenz „Gestell“, das Gericht davon (in einer sauren Soße in der Art eines Beuschels) heißt dann „surs (saures) G'stell“. Im Oberland sagt man dazu „Geschlinge“.

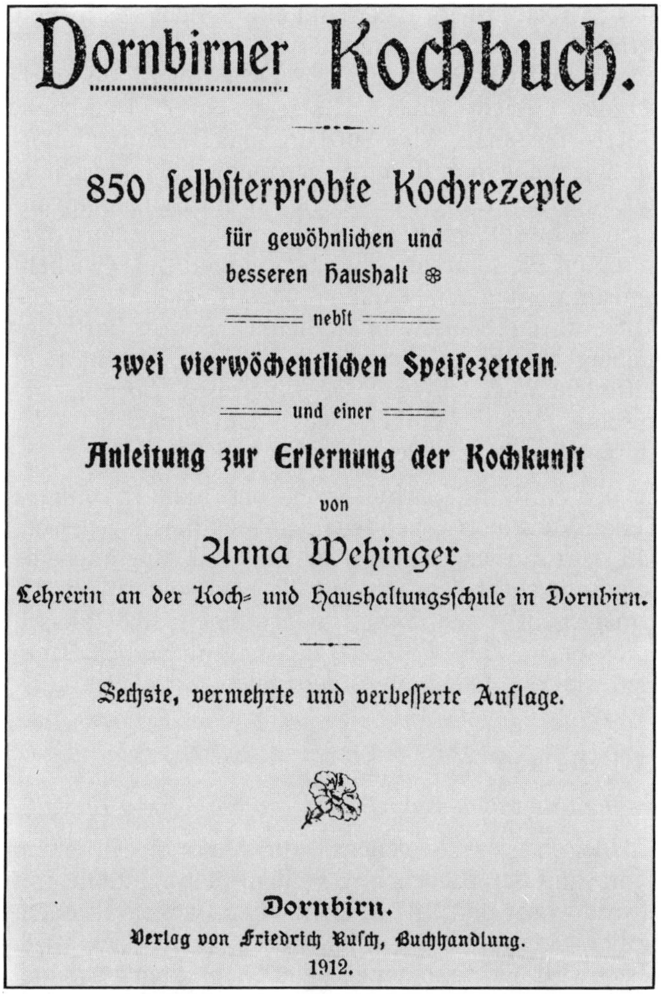

Dornbirner Kochbuch.

850 selbsterprobte Kochrezepte

für gewöhnlichen und besseren Haushalt

nebst

zwei vierwöchentlichen Speisezetteln

und einer

Anleitung zur Erlernung der Kochkunst

von

Anna Wehinger

Lehrerin an der Koch- und Haushaltungsschule in Dornbirn.

Sechste, vermehrte und verbesserte Auflage.

Dornbirn.

Verlag von Friedrich Rusch, Buchhandlung.

1912.

Auch die alemannische Küche hat ihre Kochbuchtradition.

„Surs G'stell“, „Saures Gestell“

1 Kalbsgestell (800 g Herz und Lunge), Salz, 1–2 EL Schmalz, 1–2 EL Mehl, Essig, Fleischbrühe oder Wasser, Lorbeerblatt

Das Kalbsgestell mindestens 1 Stunde in Salzwasser kochen, herausnehmen, abkühlen und feinnudelig schneiden. In heißem Schmalz so viel Mehl rösten, daß es noch leicht zu rühren ist. „Dieser Mehlbrand oder Mehlrost wird mit Essig und Fleischbrühe oder Wasser abgelöscht, mit Salz und einem Lorbeerblatt gewürzt und das Gestell darin wenigstens eine halbe Stunde gekocht.“ (Anna Wehinger, „Dornbirner Kochbuch“, 1912)

Das **„Gröstl“** ist im Unterland ein Gericht aus in Fett gerösteten Fleischstücken und gekochten Erdäpfeln.
Wie in anderen Bundesländern gibt es auch in Vorarlberg das Gericht namens **„Katzengeschrei“;** in Altach, Götzis, Lustenau, Thal-Sulzberg und Bezau im Innerwald versteht man darunter geröstetes, klein geschnittenes Fleisch, Lunge, Leber usw. vom frisch geschlachteten Schwein, in Bizau auch ein Gericht aus vermischten Fleischresten, die noch einmal mit Zwiebeln geröstet werden.
Aufgewärmte Speisereste bezeichnet man in Bartholomäberg abfällig „Geschmäus“; in Egg versteht man darunter auch ein aus verschiedenen Speisen gemischtes Essen (ähnlich dem „Durchmarsch“ oder „Grenadiermarsch“ der bürgerlichen Küche).

In den vorigen Jahrhunderten hat man in einigen Teilen Vorarlbergs auch reichlich Schaffleisch gegessen. Mit dem Zurückgehen der Schafhaltung ging auch die Schafschlachtung zurück. Bleibt noch die „Kuh der armen Leut'“, die Ziege, zu erwähnen; das Fleisch einer jungen Ziege („Gitzi“) hat man im Stuben-Backofen wie den „Ofenbraten“ zubereitet:

„Gitzibraten“

1500 g Kitzbraten, Salz, Pfeffer, Majoran, 500 g Erdäpfel

Kitzfleisch salzen, pfeffern, mit Majoran einreiben, dann samt den Knochen in heißem Fett anbraten, mit etwas Wasser und Salz in den heißen Backofen stellen. Dabei achten, daß das Kitzfleisch nicht zu stark angeröstet wird. Etwas später als beim Ofenbraten geschälte, in Scheiben geschnittene Erdäpfel beigeben und so lange braten, bis Fleisch und Erdäpfel gleichzeitig gar sind. Mit dem Verschwinden der Backöfen geriet auch der Ofenbraten in Vergessenheit.

Geflügel kam selten auf den Tisch, mußte doch jeder leibeigene Mann und Einsäß jährlich seiner Herrschaft „Fasnacht-Hännen“ abliefern; später verkaufte man die jungen Hähne an Gasthäuser oder brachte sie in die Stadt auf einen Markt. Die Hennen wurden aufgezogen.

Hühnerbrüste auf Montafoner Art

4 Stück Hühnerbrüste, 50 g Butter, 100 g Speck, 100 g Zwiebeln, 1/8 l Weißwein, 1/4 l Wasser, 1/8 l Obers, 30 g Mehl, 1 Stück Schmelzkäse, Salz, Muskatnuß, Petersiliengrün

Die Hühnerbrüste von den Brustknochen lösen, Haut abziehen. Salzen und in heißer Butter auf beiden Seiten langsam anbraten. Aus dem Fett heben und in eine Kasserrolle schlichten. Im Bratfett in dünne Streifen geschnittenen Räucherspeck glasig rösten, die feingehackten Zwiebeln darin anrösten, mit Weißwein und Wasser ablöschen und gut verkochen lassen. Über die Hühnerbrüste gießen und zugedeckt eine halbe Stunde im Rohr weich dünsten. Hühnerteile herausnehmen, warm stellen. Mehl und Obers versprudeln, die Soße damit binden. Schmelzkäse dazugeben, verrühren und so lange kochen, bis der Käse sich aufgelöst hat. Mit Salz und Muskatnuß würzen. Mit gehackter Petersilie bestreut anrichten. Dazu passen Spinatspätzle.

„Hochwild“, so Weizenegger 1839, „gibt es wenig, an der Gränze von Liechtenstein wechseln dann und wann Hirsche, auf welche sogleich Jagd gemacht wird; Rehe trifft man in den Waldungen hinter Dornbirn und Laterns; Gemsen sind in den Bregenzerwälder-, Sonnenberger- und Montafuneralpen etwas zahlreicher. Seitdem die Jagd an Privaten verkauft ist, werden die Hasen mehr geschont, deren es in den Hochalpen auch weiße gibt, wo auch das Murmelthier noch haust. Das Schwarzwild ist gänzlich ausgerottet . . . Unter dem Wildgeflügel, dessen Jagd in Sonnenberg und Montafun frei ist, kommen vor: Der Auerhahn, Birkhahn, der hier Spielhahn genannt wird, das Schnee- oder Steinhuhn, das rote Rephuhn – Pernіß –, das gemeine Rep- und das Haselhuhn, die Wachtel, Wald- und Sumpfschnepfe, die Löffel- und gemeine Wildente, Drosseln verschiedener Art; da und dort hält sich ein Liebhaber Vogelherde zum Fange der Buch- und Tannfinken . . . Das Erträgniß der Jagd genügt kaum zur Befriedigung des Gaumens, und bringt keinen Gewinn von außen.“

Montafoner Hirschrücken

1500 g Hirschrücken, 150 g Speck, 1 EL Fett oder Öl, 100 g Pfifferlinge, 20 g Butter, Petersilie, Salz, Pfeffer

Hirschrücken mit Salz und Pfeffer gut einreiben, mit Speckstreifen (100 g) spicken und in heißem Fett ca. 2 1/2 Stunden im Rohr braten, dabei wiederholt mit Bratenfett begießen. Die restlichen Speckstreifen rösten, gehackte Petersilie dazugeben und zusammen mit den Pfifferlingen, extra in Butter geschmort (mit Salz, Pfeffer und gehackter Petersilie gewürzt), den angerichteten Braten garnieren. Dazu serviert man „nackte Spätzle“ und Preiselbeeren.

Gemüse, Salate, Soßen

„Suppe und Kr(a)ut, das tönt nit l(a)ut;
mit Speck und Nocke(n), da mag man klocke(n).“

(Bludenzer Spruch)

Über die „Gartengewächse“ schreibt Weizenegger 1839: „Der Küchengarten steht noch sehr weit zurück, man scheut Kosten und Mühe, kalte und warme Frühbeete anzulegen... Das früheste Gemüse ist der Spinat, auf welchen die Zuckererbse folgt, die von fleißigen Landleuten viel und zu guten Preisen an die Hebräer in Hohenems abgesetzt wird. Weißer Mangold ist minder beliebt als Spinat. Broccoli und Rosenkohl sind Fremdlinge, mit denen man nicht umgehen will, Spargeln gehören unter die Seltenheiten. Monatrettich und Salat füllen die meisten Gartenbeete an, Kohlraben pflanzt man nur einmal, und wartet meistens zu, bis sie groß und hölzern sind. Krauskohl ist sehr häufig, noch mehr aber Weißkohl oder Kabus, der für den Winter als Sauerkraut eingemacht wird. Blumenkohl oder Karfiol setzen einige zwischen die Weinstöcke in die Rebberge, wo er sehr gut gedeiht, aber von den Leuten nicht schmackhaft befunden wird. Die weiße Rübe ist geschätzt und fleißig gebaut, man säet sie gewöhnlich auf das Land, aus welchem der Hanf gerade vorher genommen wurde, und zieht diese Gattung allen anderen vor, grün und wie Sauerkraut eingemacht, ist sie eine Winternahrung. Gelbe Rüben zieht man wenig, höchstens um sie mit dem Fleische zu sieden, ebenso Petersilie und Selleri, von andern Suppenkräutern weiß man wenig oder nichts. – Unter den Hülsenfrüchten ist die Fisole oben an, in Bregenz heißen sie Kichern, in Feldkirch Spitzölen ... eine große Masse wird grün verspeist, von den übrigen trocknet man die Bohne, hält sie als Wintervorrat, und siedet sie mit gerollter Gerste als Suppe. Gurken und Sommerrettiche ißt der Städter und Landmann in heißen Tagen gern; gebricht es an Weinessig, so nimmt man statt dessen Essig von Obst, der mit Holzäpfeln und Sauerdorn – Spitzbeeren – schärfer gemacht wird. – Knoblauch kommt in den Weingärten sehr gut fort, ist aber der Entwendung ausgesetzt; Zwiebeln werden nicht nach Bedarf angebaut, und von beiden vieles aus Tirol bezogen.“ Weizenegger betrachtet diese Aufzählung an „Gartengewächsen“ als beinahe „erschöpfend“.

Ursprünglich waren in Vorarlberg die Beilagen zum (festtäglichen) Schweinsbraten, wie schon erwähnt, nicht sehr zahlreich, die Hauptsache war das Fleisch (es war ja selten genug!). Heute gelten als „volkstümliche“ Beilagen zu Fleischgerichten neben „Spätzle“ auch Nudeln und Reis. Erdäpfel und „Polenta“ waren dem Volk ursprünglich zu „minderwertig“, die Rollgerste ist immer noch die Hauptbeilage zum geselchten Fleisch, die außer dem Brot das Fleischmahl begleitet hatte.

Krauthobel.

Vor der Einführung der Erdäpfel gab es hauptsächlich **Sauerkraut** und die wie Sauerkraut eingesäuerten Rüben, mit einer Einbrenn als Gemüse (oder auch als Salat) zubereitet.

Hunderte Montafoner gingen noch im vorigen Jahrhundert jährlich im Oktober und November als Krautschneider auf die Wanderschaft. Jeder hatte ein bestimmtes Gebiet, zumeist jährlich auch dasselbe Quartier in der Fremde. „Mit grauer Joppe und grünem Tirolerhut, ausgerüstet mit dem sechsmesserigen Kraut-

hobel und einem Ledersack (voll Speck, Käse, Kirschengeist usw.), zog der Krautschneider hinaus" (Alfred Höck); sie beherrschten „das ganze große Gebiet zwischen Rhein und Theiß, zwischen Saar und Oder", berichtet Vonbun. „Man sieht solche Händler mit einem größeren oder kleineren Krauthobel im Herbste versehen, mit welchem sie den Weißkohl zu Sauerkraut einschneiden, oder mit dem kleineren sich in den Küchen mit Gemüsehobeln Nahrung und Verdienst zu verschaffen wissen . . .", schreibt Weizenegger. Die eigenen Krauthobelfabriken haben diesen Erwerb zum Erliegen gebracht.
Da die Landwirtschaft zu Hause nicht die gesamte Bevölkerung ernähren konnte, mußten immer schon junge Vorarlberger einige Monate auswärts verdienen, so als Bauhandwerker, Sensen- und Wetzsteinhändler, Ährenleserinnen; selbst Kinder wurden als „Schwabenkinder" in die Fremde arbeiten geschickt. „Nach Lichtmeß, wenn anders schon gelinde Witterung eintritt, beginnen die Züge der Kinder, die in Schaaren nach den schwäbischen Ufern des Bodensees, in das Allgäu und bis Waldsee und Biberach wandern; meistens hat jede Truppe einen Aufseher, der den Kindern um Dienste schaut, die Lohnbedingungen ausmacht, und dann wieder nach haus geht . . . Solche Kinder werden meistens als Viehhirten angestellt, erhalten nebst der Nahrung einige Kleidungsstücke, als: Hemden, Strümpfe, Hosen, kurze Röcke von grobem Zwillich und Schuhe, der Geldlohn besteht etwa in 4 bis 6 Gulden, und diesen müssen sie ungeschmälert nach Haus bringen. Gegenwärtig sind diese Kinderkarawanen im Abnehmen, indem die jungen Leute aus der Entfernung von 1 bis 2 Stunden täglich in die Spinn- und Webmaschinen geschickt werden . . . Zur Erntezeit begeben sich erwachsene Mädchen aus dem Montafon nach Schwaben, verdingen sich zum Getreideschneiden, oder folgen den Schnittern als Aehrenleserinnen. Wer in Arbeit steht, nimmt seinen Lohn in Korn, läßt es gärben . . . Viele Mädchen bleiben über den Winter aus und erwerben sich nebst dem täglichen Unterhalte einige Gulden mit Spinnen, wozu sie das Rad aus ihrem Thale mittragen; solche Spinnräder sind sehr einfach und kunstlos gearbeitet, taugen aber vortrefflich zu gröberem Gespinste . . ."

Überbackenes Sauerkraut

500 g Sauerkraut, 1 Zwiebel, 750 g Erdäpfel, 200 g Wurst, etwas Milch, Butter, Brösel, Öl, Salz, Kümmel

Nudelig geschnittene Zwiebel in heißem Öl anschwitzen lassen, Sauerkraut und etwas Kümmel beigeben und weich dünsten. Die Erdäpfel extra kochen, schälen, passieren, mit Milch und Butter zu einem Püree verarbeiten. Eine Auflaufform fetten, mit Bröseln ausstreuen, dann abwechselnd schichtweise Erdäpfelpüree und Sauerkraut einfüllen. Zuletzt eine Schicht Erdäpfelpüree obenauf geben. Mit Butterflocken belegen und eine halbe Stunde im Rohr überbacken.

Krautkrapfen aus dem Kleinwalsertal

Nudelteig (siehe Seite 549); 40 g Fett; Krautfülle: 1 Zwiebel, 500 g gekochtes Sauerkraut, 200 g gewürfelter Speck, Salz, Pfeffer

Einen fertigen Nudelteig ausrollen, in 5 cm breite Streifen schneiden, diese mit Krautfülle belegen, zu Krapfen zusammenrollen und in einen flachen ausgefetteten Topf oder Hafen (Kasserolle) senkrecht dicht nebeneinanderstellen. Zugedeckt eine halbe Stunde bei leichter Hitze im Rohr dünsten; wenn nötig, etwas klare Rindsuppe (oder Wasser) zugießen. Im Topf servieren. Dazu schmeckt heißes „Öpfelmuas" am besten. Zur Krautfülle feingehackte Zwiebel und Sauerkraut, ebenfalls kleingehackt, und feinwürfelig geschnittenen Speck, gesalzen und gepfeffert, gut vermengen.

Neben Sauerkraut und Rüben waren als Winterspeise vor allem die Hülsenfrüchte geschätzt; so stand einst an erster Stelle der Suppen in Vorarlberg die Gerstensuppe, die vielen mit einer Bohnenzugabe am besten mundete. Neben Erbsen („Kicher"), grünen Zuckererbsen bzw. Brockererbsen („Brockelerbsen") und gelben Erbsen (in Dornbirn versteht man unter „Erbsen" auch grüne Bohnen in der Schale, die Fisolen) liebt man vor allem die grünen Stangenbohnen („Spitzöle" genannt) und die völlig ausgereiften („Spiggöle" genannt; italienisch „spicchio" = Hülse, Schote); in Dornbirn und Sattein heißen die Stangenbohnen auch „Stiegelbohnen" bzw. „Stickelbohnen" (Stickel = Stange). Unter „Schefe", „Schefl" versteht man in Südvorarlberg und im Walsergebiet Hülse bzw. Schote von Bohnen und Erbsen, aber auch die grüne, noch nicht ganz reife Bohne, speziell die Stangenbohne samt der noch weichen Schote. Im Rheintal sind die eingebrannten Fisolen sehr beliebt, in Krumbach ißt man eine „Schefesuppe" (eingebrannte Suppe mit Schefen), allgemein bekannt ist der „Schefensalat" (= Fisolensalat).

„Sure Bohna mit nackte Spätzle“

400 g Bohnen, Salz, 1 Lorbeerblatt, Thymian, 60 g Speck, 1 Zwiebel, 40 g Mehl, Wasser, 2 EL Essig

Trockenbohnen die Nacht über in Wasser einweichen, dann mit frischem Wasser, Salz und Thymian weich kochen; dann abseihen. Inzwischen ein Stück Speck kleinwürfelig schneiden, mit einer geschnittenen Zwiebel glasig rösten, eine gesäuerte, nicht zu dunkle Einbrenn aus Fett, Mehl und Wasser dazugeben, dann die abgeseihten Bohnen und, wenn nötig, mit essiggesäuertem Wasser aufgießen. Salz, Thymian, Lorbeerblatt dazugeben und verkochen. Dazu werden „nackte“, in Butter geschmalzene Spätzle angerichtet (oder ungezuckerter Schmarren).

„Dia dempfta Erdöpfel, wia schmecken miar dia,
Erdöpfel am Margat, Erdöpfel z'Mittag,
Erdöpfel am Obat, dia schmeckan halt guat.
Vronika, mi Alte, kocht Erdöpfel halt guat,
nünt Salz und viel Schmalz und an Ziger dazua.“

(Hochzeitslied aus Vandans, 19. Jh.)

„Kartoffeln sind erst seit der Mitte des 18. Jahrhunderts im Land bekannt“, schreibt Weizenegger noch im Jahre 1839. „Die ersten sollen Joseph Hämmerle und Anton König im Jahre 1753 nach Lustenau gebracht und angepflanzt haben . . . Viele Leute nähren sich blos von Grundbirnen, obwohl die Ärzte ihren häufigen Genuß nicht für zuträglich erklären; sie wecken sehr früh den Geschlechtstrieb und stumpfen – vielleicht in Folge dessen – die Geisteskräfte ab.“ Nach 1800 waren die **Erdäpfel** bereits im Land verbreitet und wie der Mais ein Volksnahrungsmittel. Das Wort Erdäpfel („Ärd-, Heard-, Hördäpfel“) ist im Montafon, Klostertal, Rheintal, Bregenzerwald sehr verbreitet. Daneben verwendet man die Bezeichnung „Grundbirne, Grumpire“ und (am See) auch „Bodebire“ (Bodenbirne). Der Anbau der Erdäpfel soll, so weiß man es im Großen Walsertal, im Zeichen der Waage und bei abnehmendem („untersich“ gehendem) Mond geschehen, im Krebs gepflanzte Erdäpfel wachsen schlecht und werden fleckig (im Krebs soll man überhaupt nicht säen und anpflanzen), aber „steck mi, wenn du willst, vor dem Brachet komm i nit! “ Am besten pflanze man sie am „Maiabend“, dem Vortag zum 1. Mai. Im Montafon besprengt der Bauer an diesem Abend Haus, Stall und Bäume mit Weihwasser, im Walgau und im Rheintal schreitet der Bauer unter Verbrennen des vorjährigen Palmbuschens die Felder ab. Im Zeichen des Löwen soll kein Vieh auf die Weide getrieben werden, soll man nicht mähen, sonst wächst das Gras nicht gut nach, man soll die Schafe scheren, säen und Kartoffeln anpflanzen. Wenn der „Mond wächst“ („zuenimmt“), soll man im Garten säen (die Zweifler halten dagegen: „I säe nit in Mond, i säe in Bode! “). Getreide soll man im „roten Mond“, vom ersten Viertel bis zum Vollmond, säen, und „um Lorente (Laurentius, 10. August) kornete man“. Wenn der „Mond übersich gaht“, soll man besonders solche Pflanzen ansetzen, die in größere Höhe wachsen sollen (Frastanz), wenn der „Mond gaht untersich“, soll man Wurzelfrüchte, Kartoffeln oder Buschbohnen anpflanzen; auch den Mist soll man in diesem Zeichen auf die Wiese ausstreuen. „Vor Lorente gibt's Räben (Rüben), nachher gibt's Schwänze.“
Im „Lindauer Kochbuch“ (nach 1850) stehen die Erdäpfel (mit 20 Rezepten) bereits an erster Stelle im Kapitel „Gemüse“ und haben auch bei den „gesalzenen Mehlspeisen“ ihren Platz erhalten.

„Erdäpfelbrose“, „Erdäpfelkratzet(e)“, „Grumperato(t)sche“

400 g Erdäpfel, 300 g Mehl, Milch, Salz, 1 Ei, 60 g Fett

Gekochte Erdäpfel schälen, kalt reiben, mit fast gleich viel Mehl, etwas Milch, Ei und Prise Salz zu einer ziemlich festen Masse vermengen. In heißem Fett nach Art eines Kartoffelschmarrens rösten.

Erdäpfelpresse. Aus gesottenen, gepreßten Erdäpfeln wurden mit Mehlzusatz flache Brote, die „Erdäpfel-Fagatscha“, gebacken.

In Buch versteht man unter „Erdäpfeltotsche“ Bratkartoffeln, in Lustenau heißen die Röstkartoffeln „Bratere“. Ganze, kleine gebratene Kartoffeln nennen die Altacher „Trölerdäpfel“ (der „Tröler“ ist ein Rundholzstamm; „trölen“ bedeutet „rollend bewegen“).

„Erdäpfelriebel“, „Erdäpfelbrösel“

500 g Erdäpfel, 2 EL Mehl, Salz, 80 g Schmalz

Gekochte, geschälte Erdäpfel raffeln (reißen), mit etwas Mehl vermengen, salzen und in heißem Schmalz wie einen Riebel (siehe Seite 544) zubereiten. Am besten verwendet man dazu mehlige Erdäpfel und etwas Milch.

In Blons nennt man geröstete Erdäpfel „Grundbirekoch“. Im Montafon ißt man gern **„Bluterdapfel“** (Erdäpfel mit Schweineblut gemischt und gekocht), in Langenegg einen **„Bluttosche“** (Erdäpfelschmarren mit Blut vermischt und geröstet), in Brand kennt man einen **„Bohnenpläutsch“** (eine Art Erdäpfelschmarren, mit gekochten Saubohnen vermischt).

„Sure Grumpera mit Flädle“

700 g Erdäpfel, 40 g Fett, 30 g Mehl, Essig, 1 Zwiebel, 4 Wacholderbeeren, 1 Lorbeerblatt, Salz, Pfeffer

Gekochte Erdäpfel schälen, auskühlen lassen und grobblättrig schneiden. Feingeschnittene Zwiebel in heißem Fett rösten, mit Mehl stauben, mit einem mit etwas Essig gesäuerten Wasser aufgießen und eine dunkle Einbrenn daraus fertigen, glattrühren, mit zerdrückten Wacholderbeeren und Lorbeerblatt würzen. Die blättrig geschnittenen Erdäpfel dazugeben und unter vorsichtigem Umrühren aufkochen lassen. Mit Salz, Pfeffer und Essig würzen und säuern. Man kann zerdrückten Knoblauch und Kümmel als Würze in die Einbrenn geben. Dazu werden möglichst dünne Flädle (dünn gerollte Palatschinken) serviert.

„Hafeloab“, „Hafeloib“ (Hafenlaib)

Dieses Gericht ist in den „Hofsteiggemeinden“ (Schwarzach, Wolfurt, Hard, Lauterach, Bildstein, Buch) und in Dornbirn als Fastengericht, als Fleischgericht und als Beilage beliebt. „Hafe“, „Hafo“ leitet sich von Hafen, Häfen, Kochtopf (in dem das Gericht gekocht wird) ab, „Loab“, „Loib“ von Laib (nach der länglichen Weckerlform des Gerichts). Es gibt viele Rezepte von „Hafeloab“, jede Hausfrau schwört auf ihr eigenes, und es gibt viele „Hafelaiber“ (Spottname für die Bewohner von Wolfurt, wo „Hafeloab“ die Leibspeise ist), Leute, die den „Hafeloab“ gern essen (sie schätzen vor allem den Geschmack der Maisbeigabe). Er ist eine Art Knödel aus Weizen- und Maismehl, in Wasser oder Gerstensuppe gekocht. Früher hat man statt Maismehl Hafermehl verwendet, das man mit etwas Gerstensuppe zu einem festen Brei knetete; daraus formte man längliche Knödel, die man in der Suppe im Topf gar kochte.

1. Ein altes Rezept verwendet 250 g Türkengrieß (Maisgrieß, Mais-, Türkenmehl) und 250 g Weizenmehl („Schildmehl“); salzen und daraus in einer Schüssel unter Beigabe von kochender Fleischbrühe einen Nudelteig arbeiten. (Anna Wehinger, „Dornbirner Kochbuch“, 1912)
2. Oder man nimmt je 160 bis 200 g Türkengrieß, Weizenmehl und Semmelbrösel.
3. Ein neueres Rezept verwendet $^1/_2$ Schale weißes Türkenmehl bzw. Türkengrieß, $^1/_2$ Schale Weizengrieß, rührt beides mit heißem Wasser nicht zu feucht an, salzt es und läßt es quellen; dann mit $^1/_2$ Schale Weißmehl und einer eingeweichten, gut ausgedrückten Semmel (oder Schildbrot) gut verkneten.
4. Ein anderes „sicheres“ Hausrezept nach Art eines Brandteiges lautet: 250 g weißen Maisgrieß mit 70 g Weißmehl, Prise Salz und ganz wenig Backpulver mischen. Dann $^1/_2$ Liter Milch, $^1/_8$ Liter Wasser und 50 g Butter zum Kochen bringen, die Mehlmischung langsam einrühren, bis sich der Brei von der Pfanne löst. In einer Schüssel auskühlen lassen. Dann nach und nach 2 bis 3 Eier einrühren.

Aus jedem dieser angeführten Teige (und es gibt noch eine Menge weiterer Zusammensetzungen) formt man walzenförmige Laibchen („Weggele“) von ca. 5 cm Dicke und läßt diese in leicht gesalzenem Wasser, besser noch in einer Fleischsuppe (bevorzugt wird dazu die Gerstensuppe, in der ein Stück Speck oder Diegenes mitgekocht wird), etwa eine Stunde (bei den ersten zwei Rezepten) bzw. bei Rezept 3 und 4 nur bis zu einer halben Stunde ganz leicht kochen bzw. mehr ziehen als kochen. Dann in Scheiben schneiden, wenn man sie als Beilage zu Fleischgerichten serviert. Als Eintopf werden die Scheiben oder Laibchen in die Gerstensuppe zurückgegeben, obenauf legt man Diegenes in Schnitten. Dazu ißt man mit Vorliebe auch Dörrobst. Die Scheiben kann man auch in heißer Butter mit gut abgerösteten Zwiebeln abschmalzen und mit Rüben- („Räbe-“) oder Sauerkraut („Surkrut“) servieren.

Eine Steigerung erfährt der Hafeloab-Genuß, wenn das Selchfleisch mit Hafeloab vereinigt wird (wie im folgenden Rezept), denn „Speck und Hafeloab verschoppet d'Löcher", weiß der Rheintal-Bewohner und meint damit, daß diese Kost recht nahrhaft ist.

„Hafeloab mit Seele"

Diegenes (Selchfleisch) in einer Gerstensuppe verkochen, dann herausnehmen, gut abtropfen lassen, mit Hafeloabteig (siehe Seite 534) umhüllen und in der Gerstensuppe noch etwa eine Stunde gar kochen lassen. Dazu serviert man Sauerkraut oder Rübenkraut.

Schöpfer, Seiher, Pfandl im Bezauer Heimatmuseum.

An **Salaten** als Zuspeise gibt es verschiedene Sorten, wie Bohnen-, Grundbire-, Kraut-, Rettich-, Gelbe-Rüben-, Sellerie-, Rote-Rüben- („Rande", „Randig"), Gurken- („Guggummere-") Salat, Blattsalate (Häuptel- oder Kopfsalat, Nüssele- oder Ackersalat aus Rapunzeln), Brunnenkresse-, Endivien- („Antifi-"), Schnittsalat, Hopfensprossensalat, **Specksalat** (anstelle von Öl „geringeren" Kopfsalat mit gerösteten Speckbröckelen angemacht), **Käsesalat** (aus Käse, Zwiebeln, Essig und Öl; besonders im Rheintal und im Bregenzerwald beliebt), Wurstsalat (Wurst mit Essig und Öl) sowie verschiedene Krautsalate. In Langenegg und Thal-Sulzberg ißt man Zwiebelsalat. Am Heiligen Abend streut man in zwölf Zwiebelschalen (für jeden Monat des kommenden Jahres eine) etwas Salz; wo sich dieses zuerst auflöst, soll der betreffende Monat die meisten Niederschläge bringen.

Besonders beliebt in der Vorarlberger Bauernküche waren und sind die **süßen Beilagen.** Zur „Kratzete" und zu den „Küechli" kochte man im Winter und zu Festtagen einen Glühwein, im Sommer ein Kompott oder ein Mus („Pult") aus Kirschen, Heidelbeeren, Äpfeln, Birnen u. ä.

„Bire(n)stock", „Bire(n)bigg"

500 g Birnen, Wasser, 40 g Butter, 1 EL Zucker, 20 g Mehl (Brösel)

Frische Birnen samt Schale halbieren, in wenig Wasser vordünsten. Inzwischen in heißer Butter Zucker bräunen, etwas Mehl (oder Brösel) beigeben, zu einer gebräunten Einbrenn rösten, Birnen samt Saft und Flüssigkeit dazugeben, den Saft unter ständigem Rühren dick einkochen lassen. – Ein auf die gleiche Art zubereitetes Kirschenkompott nennt man in Vadans einen **„Kriesebrägel"**.

Für die lange Winterzeit hat die bäuerliche Küche sich reichlich mit gedörrtem Obst eingedeckt; Äpfelschnitzchen bzw. -scheiben, Birnenschnitze, Kirschen und Zwetschken werden auf Hürden gedörrt oder in Scheiben geschnitten, auf Spagat aufgereiht und im Fenster hängend von der Sonne getrocknet. Der „Schnitztrog" war früher stets gefüllt („Schnitz" ist die Bezeichnung für gedörrtes Obst; also „Bire[n]schnitz", „Äpfelschnitz"; die Verkleinerungsform „Äpfelschnitzle" bedeutet dagegen ein Kompott aus frischen, in Schnitze geteilten Äpfeln – zum Unterschied von „Apfelmus"). Neben Nüssen durfte früher der heilige Nikolaus bei der Bescherung auf keinen Fall auf die „Schnitz" vergessen. „Schnitz" werden in der Vorarlberger Küche „in ganz merkwürdigen Zusammenstellungen gegessen", bemerkt Helbok in ihrer bereits zitierten Dissertation; Dornbirner „Nationalgerichte" sind „Schnitz und Kichere" oder „Schnitz und Bohnen" sowie „Schnitz und Grumpe" (Erdäpfel) – wegen der Bevorzugung der Schnitz in ihrem Speisezettel werden die Dornbirner neckisch auch „Süßler" oder „Süßlerschnitz" genannt. Auch „Hafeloab" und „Süßlerschnitz" lieben die Dornbirner sehr, ja selbst in

Volksliedern und Neckversen tauchen diese beiden als ein unzertrennliches Paar auf. „Dornbirner Süßlerschnitz schwellen auf, ihr glaubt es nicht? Drei geben einen ganzen Hafen voll" (man meint damit die Dornbirner, die als prahlerisch gelten); oder „Dornbirner Süßlerschnitz gehen in die Geschäfte und kaufen nichts!" „Süßlerschnitz" („Süeßlarschnitz") ist eine Art Kompott aus frischem (oder gedörrtem) Obst (Birnen, Äpfeln, Kirschen).

Apfelsoße, „Süeßlarschnitz", Apfelmus

6 Kochäpfel, $^1/_4$ l Wein (oder Wasser), 1 Stück Zimt, 2 Semmelscheiben, Zucker, 1 EL Rum, Zitronensaft, 35–50 g Butter

Äpfel schälen, Kernhaus entfernen, in dünne Scheiben schneiden, mit Wein oder Wasser, Zimt und Semmelscheiben bedeckt weich kochen, durch ein Sieb treiben, nach Bedarf mit Wein (oder Wasser) verdünnen; zuckern, Butter dazugeben und unter ständigem Rühren heiß, doch nicht kochend machen.

Ähnlich bereitet man mit frischen Kirschen eine **Kirschensoße** bzw. ein Kirschenmus (statt mit Rum aromatisiert man mit Kirschwasser). Getrocknete entsteinte Kirschen (oder Weichseln) werden vorher im Mörser zerstoßen.

Zwetschkensoße

20 Zwetschken, 2 Semmelscheiben, Wasser, Zitrone, Zimtstück, Zucker, 35–50 g Butter

Zwetschken schälen, aussteinen, mit Semmelscheiben, einem Gläschen Wasser, Zitronenschale und Zimt zugedeckt weich dämpfen. Sonst wie Apfelsoße fertigen (aber ohne Rum und Zitronensaft).

Beerenobst, aber auch Äpfel werden zu Marmelade („Eingesottenes", „Insutt") verarbeitet; beliebt ist auch eine Art Sirup aus Holundersaft, „Latwerge" genannt, und der „Birenhonig" (eingedickter Birnenfruchtsaft); dies alles wird meist im „Kopfhus", im oberen Teil des Stubenkastens, aufbewahrt.

„Birnenhonig"

Den hellsten Birnensaft von der Mostpresse nehmen, auf starkem Feuer so lange einkochen, bis er dicklich vom Löffel läuft, wobei häufig umgerührt werden muß. Erkaltet in Töpfe füllen. Oder man schneidet süße Birnen, kocht diese mit wenig Wasser in einem irdenen Geschirr sehr weich, preßt alles durch ein Tuch und behandelt dann den Saft wie geschildert. „Ist mit Senfmehl verrührt gut zum Rindfleisch; gleichfalls schmeckt es gut, wenn einige Eßlöffelvoll in Wildpretsaucen gerührt werden. Auch auf Butterbrot ist er angenehm", heißt es im „Lindauer Kochbuch" von 1886.

„Pfeffergericht", „Hochzeitsmues"

3 EL Mehl, 30 g Fett, Wasser, 250 g Brösel, 20 g Butter, $^1/_2$ l Wein oder Most, 1–2 EL Latwerge (eingedickter Holundersaft), Zucker

Mehl in Fett rösten, mit etwas Wasser aufgießen, die in Butter gerösteten Brösel dazurühren, mit Wein aufgießen, zuckern und Latwerge einrühren. Langsam aufkochen. Wird zu in Butter gebratenen Nudeln serviert.

Das Gericht war zu Hochzeiten (Buchboden) üblich und wurde in den Walsertälern auch am „Küechlesonntag" (1. Fastensonntag) aufgetischt. Zum Kochen verwendete man dazu einen eigenen Pfefferkessel; im Bregenzerwald wurde das Hochzeitsmus für die ganze Gemeinde im Sennkessel bereitet.

Muse und Koche

„Mus und Milch
gitt rote Backele.“

„Die alte Bauernkost kannte statt des heute üblichen Frühstücks aus Kaffee und Brot nur das Mus, also einen Brei“ (Helbok). „Mithalten, wer an Löffel hat“, lautet demnach noch heute der Gruß an den Gast, der während einer Mahlzeit in eine Älplerhütte tritt. Bei der Vielzahl der fleischlosen Gerichte war der Löffel das wichtigste Eßwerkzeug, vor allem bei der „Älplerkoscht“, den Gerichten der Breie und „Müser“, den ältesten „Mehlspeisen“ aus Mehl und Milch, die lange Zeit die Hauptnahrung der Älpler bildeten. Früher kam das Mus überall in den Bergtälern, aber auch auf dem flachen Land fast täglich zum Frühstück auf den Tisch, heute meist nur noch auf den Vor- und Maiensäßhütten, zubereitet von Sennen und Hirten. Man verwendet dazu eine eigene dreifüßige „Muspfanne“ aus Eisen, seltener aus Kupfer, und bereitet darin das Mus auf offenem Feuer. Mus wird ausschließlich aus Nahrungsmitteln gemacht, die im Haus zur Verfügung stehen, aus Milch und Milchprodukten (wie Rahm, Butter, Topfen, Molke, Schotten, Zieger, Käse, Sufe, Sirmeta, Gsig) und Mehl. Da diese Kost lange „anhalten“ muß, ist sie überaus fett-, also kalorienreich. „Mues gibt o an starke Fueß“ – und diesen „starken Fueß“ benötigt der Älpler, denn seine Arbeitszeit beginnt bereits um vier Uhr früh und endet gegen neun Uhr abends mit dem „Nachtässa“. Für ein aufwendiges Kochen und Braten oder Backen bleibt wenig Zeit, die Gerichte müssen schnell zuzubereiten sein. So schließt sich der Kreis, der mit der Suppe („a Mues is ke Suppe“, was zugleich auch heißen soll: Müssen ist nicht wollen!) bzw. der zum Brei verdickten Suppe (z. B. bei der Brennsuppe) beginnt und beim eingedickten Mehlbrei, Mehlkoch endet, der dann „geröstetes Mues“ heißt und zum „Riebel“, „Brösel“, „Stopfer“ wie zur „Kratzete“ bzw. zum Schmarren weiterführt. Wie wichtig dieses Mus in der Volksnahrung einst war, bezeugt auch, daß das „Mus“ in viele Redensarten in die Volkssprache Eingang gefunden hat (was immer ein untrügliches Zeichen dafür ist, daß eine Speise tief im Volk verankert war).

Die „süaßen Müser“ dagegen (beispielsweise Apfel-, Birnen-, Haber-, Wein-, Semmel-, Kriese-, Zwetschkenmus) kann man auf die ebenso verbreitete häufige Milchsuppe zurückführen, vermengt mit der jeweiligen Zutat; das Ganze wird dann mit so viel Mehl versehen, daß beim Einkochen ebenfalls ein Mus, ein dicker Brei, entsteht, der zusätzlich gesüßt wird (in der Pfanne, wenn daraus gemeinsam gegessen wird, sonst erst im Teller). Gesüßt wird meist mit Zucker und Zimt oder geriebener Schokolade, ebenso mit einer Mischung aus Kakaopulver und Zucker bzw. mit eingedicktem Fruchtsaft (Himbeersaft, „Holdersaft“), oder man gibt nur zerlassene, goldgelbe Butter darauf. (Anstelle von Weißmehl kann auch Türken- oder Weizengrieß, Hafermehl, aber auch Reis verwendet werden.)

Vor langer Zeit sah man im köstlich gewürzten Mus noch einen Leckerbissen ganz besonderer Art, wie Weizenegger von einem Brauch aus dem mittelalterlichen Feldkirch berichtet: „... alle zwei bis drei Jahre lud der letzte Montforter die Knaben seiner Herrschaft in

Alois Gabl, „Bludenzer Bürgersfrau und Tannberger Braut“. 1893.

die Stadt auf die alte Fasnacht ein, sie zogen mit hölzernen Waffen, zierlichen Fähnchen und Spielleuten in Reih und Glied auf und erheiterten den alten Mann mit ihren drolligen Manieren. Es wurden hölzerne Rinnen aufgeschlagen und mit Hirsebrei, in Milch gekocht, angefüllt. Wie die Schafe beim Salze standen die Jungen umher und langten tapfer mit ihren Löffeln zu. Jeder erhielt noch ein besonders geformtes Brot, das den – vielleicht rätischen – Namen Putschellen hatte. Diese Jugendfreude wurde von der Stadt fortgesetzt, und im Jahre 1539 das letzte Fest, bei welchem man 2200 Köpfe zählte, gegeben." Gesüßten Hirsebrei findet man auf Brueghels Hochzeitstisch, und bis 1850 wurde nach Schuldirektor Blanks Mitteilung im Bregenzerwald ein **„Brautmus"**, ein mit in Butter gerösteten Bröseln bestreutes und mit Honig übergossenes Milchmus, aufgetragen, das die Brautleute aus einer Schüssel gemeinsam essen mußten. Im inneren Bregenzerwald kochte man dazu am Morgen des Hochzeitstages in einem Sennkessel das Mus (mit Zucker und Weinbeeren besonders fein zubereitet), zu dem alle Dorfbewohner, die Sippschaft und besonders die Kinder geladen waren.
Schon am Montagvormittag, dem Vortag einer Hochzeit im Silbertal, kam die Köchin mit zwei Mädchen und einem „Kochibuab" ins Haus der künftigen Frau. Abends fand ja die „Mainata", eine Vorfeier der Hochzeit, statt. Den Hochzeitstag selber leitete die „Margatsopaa" (Morgensuppe) ein, die längst mehr war, als ihr alter Name verrät. Es gab Suppe, Würste und Glühwein, Gugelhupf, Gebäck und Kaffee. Sie ist das einzige Mahl, zu dem auch die Kinder eingeladen werden. Scherzender Aberglaube sagt, daß es in der Ehe so viele Buben und Maidlein geben werde, „als bei der Morgensuppe zu Gast sind", schreibt Richard Beitl über eine Silbertaler Hochzeit. Das Hochzeitsmahl selber leiteten Glühwein und Torten ein. Eine Nudelsuppe eröffnete das eigentliche Festmahl. Kraut und Fleisch, gedämpfte Erdäpfel, Gesottenes und Gebratenes, Apfelmus, Erdäpfelsalat und „Rotrandig" (Rote-Rüben-Salat) folgten. „Eine bestimmte brauchübliche Folge der Gerichte wurde nicht beachtet" (R. Beitl). Das Hochzeitsmahl fand im Haus der Frau oder des Mannes statt, je nach den Umständen. Dieses feierliche Gemeinschaftsmahl im Wirtshaus zu halten war nicht unbekannt, aber schlicht denkende, sippenbewußte Bauern verurteilten diesen „bequemeren Ausweg", schließt Beitl seinen Bericht. Zu der von ihm geschilderten Hochzeit im Jahre 1912 waren vierzig Gäste geladen gewesen. Im Walsertal dagegen aß man die „Morgensuppe" im Wirtshaus.

„Geröstetes Mus", „Brennt(e)r" (Brennbrei)

Eine Brennsuppe (siehe Seite 521) wird durch Zugabe von reichlich Mehl bis zum Brennbrei eingedickt. Der „Brennt(e)r" ist ein Brei aus Hafer- oder Maismehl und wurde gewöhnlich am Abend gegessen.

„Habermus", Haferbrei

1 l Flüssigkeit (Wasser, Milch oder Obers), Prise Salz, 125 g Hafermehl oder 150 g Hafergrütze, Butter

In Flüssigkeit so viel Hafermehl oder -grütze einrühren, daß ein dicker Brei entsteht. Salzen und aufkochen, zuletzt mit reichlich Butter abschmalzen.
Wird es mit Rahm bereitet, erhält man den fetten **„Rahmhaber"**. (Innerwald)

Kindsmus, Milchmus

$^3/_4$ l Milch, 4–6 EL Mehl, Prise Salz, Butter, Zucker

Mehl mit Milch fein verrühren, leicht salzen und unter ständigem Rühren so lange auf dem Feuer lassen, bis es an der Seite zu kochen beginnt. Dann weiterkochen lassen, bis der Mehlgeschmack vergangen ist und das Mus auf der Bodenseite eine gelbe Kruste hat. Anrichten und mit Zucker bestreuen. Die Bodenkruste kann man mit einer Schaufel aus der Pfanne nehmen und über das Mus legen. Besser wird es, wenn man das aufgekochte Mus in eine flache, dick mit Butter ausgestrichene Auflaufform leert, mit etwas Zucker versüßt und im Backrohr noch eine halbe Stunde backen läßt. (Sollte das Mus während des Kochens zu dick werden, gibt man etwas Milch nach. Dies gilt auch bei jedem anderen Mus.) Zum Kindsmuskochen verwendete man meist eine kleinere Muspfanne und einen eigenen Muslöffel (hölzern, mit runder Laffe).
Das Wiegenkind heißt scherzhaft „Musmehlvogel", und spöttisch nennt man die Bewohner von Fraxern „Musschleifer". Einen Buben, der zur Arbeit noch zu schwach ist, fordert man auf: „Mueß noch mehr Mus esse! " Und wenn einer den ganzen Tag an einer Arbeit umständlich werkt, sagt man: „Er must de ganze Tag dran umher." Die „Musete" ist soviel wie langsames, umständliches Reden oder Arbeiten. „Tue nit so musig" bedeutet soviel wie „Sei nicht so langweilig, temperamentlos" oder „Rede nicht so undeutlich, als

wenn du Mus im Mund hättest". Und ein „Muser" ist nicht nur einer, der das Mus zubereitet, sondern auch einer, der langweilig ist, umständlich und unbeholfen arbeitet und undeutlich redet. Gern werden auch Wortspiele mit „Mus" und „Müssen" gemacht.
Wird ein Mus mit Wasser statt mit Milch zubereitet, nennt man es in Vandans **„Wassermus"**, nimmt man dagegen Wein, erhält man das **„Weinmus"**. Streut man auf ein Milch-Mehlmus geriebenen Schottagsig („Alpenschokolade" genannt; siehe Seite 564), bekommt man das **„Schottagsigmues"**. Wird ein fein verrührtes Mus nach Art eines Auflaufes im Ofen gebacken, nennt man es **„aufgezogenes Mus"**. Auf den Alpen nimmt man statt Milch auch Rahm (Obers), damit die Speise „furig und ihebig" (nahrhaft und schnell sättigend) wird.

Rahmmus

½ l Obers, 100 g Mehl und 100 g Grieß, Prise Salz, Butter

In der Muspfanne Rahm (Obers) aufkochen, leicht salzen, mit je zur Hälfte Weizenmehl und Weizengrieß eindicken. Das Mus nach Art des Schmarrens weiterrösten, bis es sich dunkelgelb färbt. Vor dem Anrichten allenfalls heiße Butter darübergießen.
Nach einem anderen Rezept zuerst Mehl und Ei zu Mehlbrösel abrühren, in den fast siedenden Rahm geben und das Ganze eindicken lassen, rösten bzw. backen, bis es Form und Farbe eines festen Riebels (siehe Seite 544) angenommen hat. Etwas Zimt und Zucker darüberstreuen. Dieses Rahmmus ist am Festtag Mariä Himmelfahrt („Unserfrauentag", 15. August) Brauch auf den Hochalpen des Montafons.

„Bim Muese", beim Muskochen, kann die Masse am Pfannenboden eine Kruste, ein Rämle (Raume, zu mittelhochdeutsch „râm" = Schmutz), einen „Rummet", „R(a)umete" bilden, was besonders von den Kindern geschätzt wird. Es darf aber nicht angebrannt schmecken. Damit davon jeder seinen Teil bekommt, wird das „Rämle" am Pfannenboden durch Einkratzen mit dem Löffelstiel in gleich große Felder aufgeteilt; löffelweise fahren alle am Tisch fast gleichzeitig in die Pfanne.
„Wo im Hus ist d'Muottor numma (nimmer), neand halt frönd Lütt Rom (Rahm) und Rumma", heißt es in Armin Diems episch-dramatischer Dichtung „Der Pfellar-Pfifar". Sogar die Katzen „wallfahren gen Rom" (gehen heimlich zur Rahmschüssel – in scherzhafter Verwechslung mit dem mundartlich gleichlautenden Namen der Stadt Rom). Zur „Hoadelzit", der Zeit der Heidelbeerreife, gibt es in Egg und Andelsbuch ein Mus aus eingekochten Beeren (Heidel- oder Holunderbeeren), genannt die **„Schlänzete"**.

Hoadle und Äsche,
d' Bueben sind die besten,
d' Moatle sind koan Nütz,
wo man sie anhin stützt."

(Kinderreim aus Viktorsberg)

„Hoadelbeerschlänzete", „Hoadelbeerg'schlänzat"

500 g Heidelbeeren, ¼ l Wasser, 60 g Zucker, 3–4 EL Mehl, Milch, 40 g Butter

Heidelbeeren mit wenig Wasser und Zucker weich kochen. Mehl und ein wenig kalte Milch glattrühren und in das Heidelbeermus einrühren, das Ganze zu einem dicken Brei einkochen. Mit einem Stück Butter vollenden.
Ähnlich wird auch das „Hollermus" („Holdermus", Holundermus), das Zwetschken-, das Apfel-, das Kirschenmus („Kriesemues") bereitet. Werden Milch und Semmeln mit Zucker zu einem dicken Brei verkocht, erhält man das **Semmelmus.** Manchmal wird ein dünnerer Brei aus Mehl und Milch im Ofen gebacken, dann erhält man das **„Plattlmus"** oder **„Plettelemues"**, da es auf einer Platte in das Backrohr kommt.

„Schälmle", „Schelmle", „Schelble"

Zirka ½ l Wasser (Milch), 200 g Butter, 100 g Fett, 1 Schale Mehl, Salz

Die Herkunft des Namens dieser einst auf den Hochalpen und Vorsässen überaus beliebten Speise ist nicht geklärt. (In Langenegg und Krumbach im Vorderwald gibt es eine ähnliche, sehr fette, breiartige Speise aus Mehl, Butter, Prise Salz und Milch oder Schotten, die **„Schwämmle"** genannt wird. Leo Jutz vermutet in seinem „Vorarlbergischen Wörterbuch", 1965, daß auch „Schälmle" unter Einwirkung von „Schwamm" zu Schwämmle umgebildet wurde.)
„A Schälmle ischt a guets Eässe, aber wenn's felgoht (mißlingt), so söllt's koa Su freasse." Die Speise besteht aus Mehl, Milch oder Wasser und Butter. Sie ist gar nicht so leicht zuzubereiten, denn „das ka ma nüt verzälla, das muaß ma gseha ha! ", meint Alois, genannt

„Wise", lange Zeit Koch auf einer Voralpe (und auch als Maler tätig). Heute finden sich nur noch wenige Älpler, die es können: Zuerst einen Topf auf das Feuer stellen und mit Wasser füllen („aber warten, bis der Herd ghörig warm ischt!"). „Zerscht muaß i hoßes Wasser häa, aber nüt viel", meint Alois dazu. Sobald das Wasser kocht, warm stellen, dann eine kleine Muspfanne auf das Feuer stellen, reichlich (etwa 200 g) Butter hineingeben („Butter darf man nüt spara!"), und 100 g anderes Fett, damit das Schelmle nicht „zu schwer" wird. Sobald das Fett heiß ist und zu rauchen beginnt, eine Tasse Weißmehl unter raschem Rühren langsam ins heiße Fett laufen lassen, so lange rühren, bis es lichtgelb geworden ist. Dann vom heißen Wasser langsam unter Rühren so viel zugießen ($^1/_4$ bis $^1/_2$ l), bis das Fett nach oben kommt, austritt, „ausschwitzt". Unter weiterem Rühren leicht salzen und etwas ausdünsten lassen. Rasch servieren. Das heiße Schmalz kann zuvor teilweise abgegossen werden. Dazu trinkt man kühle Milch.
Anstelle des heißen Wassers kann auch heißer Klarschotten dazugegossen werden. Beim ursprünglichen „Schelmle" wurde keine Milch verwendet – dadurch unterscheidet es sich vom „Schwozermues". Andere Rezepte rechnen pro Person einen gehäuften Eßlöffel Mehl und 70 g Butter; hellgelb bräunen, mit kochendem Wasser ablöschen, salzen und zu dünnem Mus anrühren, dann „braten", bis es sich gut von der Pfanne löst. Oder man gibt zum Schmalz heiße Milch. Im Arlberggebiet (Lech) dagegen versteht man unter „Schelmle" eine Eier-Rahm-Speise.

Schälblig

500 g Butter, 1 l Wasser oder „Sirmeta", 2 Schalen Mehl, Prise Salz

Dieses dem Wälder-Schelmle ähnliche Gericht stammt aus den Walser Tälern (Schnifis, Fontanella). Die Wortähnlichkeit deutet auf die ähnliche Machart hin: In einem Topf (für 4 bis 5 Personen) Butter zergehen lassen, dann heißes Wasser oder heiße „Sirmeta" (= Käsewasser, Schotten) – bis zu einem Liter – zugießen. Nebenbei in einer Muspfanne 2 Schalen Mehl lichtgelb ohne Fett rösten (linden) und die Mischung aus heißem Wasser bzw. heißer „Sirmeta" und Butter aufsprudelnd dazugießen. Das Ganze unter ständigem Rühren einige Zeit kochen lassen, leicht salzen, bis sich das Schmalz scheidet und nach oben kommt. Es kann mitgegessen (ist aber sehr, sehr fett!) oder zum Teil zuerst abgeschöpft werden. Das Mus wird gemeinsam aus einer Pfanne gelöffelt. Dazu serviert man frische kalte Milch oder grünen Salat.

„Pfannenholz" und Pfanne.

„Schwozermues" („Schwohzarkoh")

Wasser, Mehl, Salz, Schmalz

Die Bezeichnung dieses Muses geht auf die „Schwozer" oder „Schwohzar" (Feldkirch) zurück, auf die Männer aus Schwaz in Tirol, die einst zum Holzfällen und -flößen in den Bregenzerwald geholt wurden. Die Herkunftsbezeichnung übertrug sich allmählich auf die Holzfäller schlechthin, und wenn man zu einem sagt: „Er iaßt wie an Schwozer", bezieht sich das auf die immer hungrigen Holzfäller. Auch für dieses Mus gibt es verschiedene Zubereitungsarten. Wichtig ist, daß Milch oder Obers – im Gegensatz zum Original-Schelmle – dazu verwendet wird. Freilich gibt es auch hier viele Variationen, so kann man Milch und Wasser, Milch und Obers oder Wasser mit versprudeltem Ei dazu verwenden. Auch eignet sich fast jede Art von Mehl (einst nahm man grobkörniges). Je einen gehäuften Eßlöffel Weißmehl zum Beispiel pro Portion mit der Flüssigkeit glattrühren (Bollen- oder Bröselbildung soll dabei vermieden werden). Dann salzen, zu einem „rahmdünnen" Teig abrühren, etwas dünner als der Flädleteig (Palatschinkenteig). Dann den Teig mit dem Mueser (Bratschaufel) in das heiße Fett rühren (vom Fett eine ordentliche Menge nehmen!), wobei das Fett aufbrodeln muß. Dabei entsteht eine Art dicker Flädle (ca. 1 cm hoch). Unter leichtem „Durchstöbern" (Durchrühren) das Mus bis zu schöner brauner Krustenbildung rösten, nun mit dem Mueser (mit der scharfen Kante) in mehreren Stücken vom Pfannenboden abheben, umdrehen und kurz auch die andere Seite rösten. Sofort servieren. Dazu gibt es Milch oder Salat.

Nach einem anderen Rezept wird das Mus nur leicht „durchstöbert" und zerstampft, nicht aber gewendet. Oder im ganzen rösten und wenden (dazu gehört eine noch größere Menge Fett) und nochmals leicht rösten lassen. Am Boden der Pfanne kann sich dabei ein „Rummet" bilden, für den, der das zu schätzen weiß.

A. Schwarz schreibt 1946 in einem Artikel „Die ‚Schwozer'" über das „Schwozermus":

„Weißmehl wird mit Milch zu einem Teig gerührt, aufgekocht und in heißem Schmalz auf weich gebraten und etwas zerstopft. Heute kocht man dieses Mus nur mehr selten, da in den meisten Familien sparsamer mit dem Fett umgegangen wird. Die Sennerei fordert ihre Abgabe, und auch der Bauer stellt die Butter nicht mehr selbst her." Noch kürzer beschreibt es Josef Fetz (1947): „Wasser, Mehl, Salz, Schmalz – Schluß! Das ist das richtige Schwozermus nach alter Holzersitte, denen ja nur selten Milch oder Eier zur Verfügung standen, aber es hat auch so einen ganz besonders ‚kernigen' Geschmack." Fährt aber dann ausführlicher fort: „Man kann wohl auch zum Teig-Anrühren warme Milch verwenden oder bei einer größeren Menge anstatt Milch ein Ei und warmes Wasser. Je Person rechnet man mit 2 gehäuften Eßlöffel Weißmehl. Der Teig muß langsam mit warmem Wasser oder mit heißer Milch angerührt werden, damit Knollenbildung verhindert wird. Dann wird der Teig so stark verdünnt, bis er als ‚Rahm' vom Löffel rinnt, um dann in das inzwischen heiß gemachte Schmalz eingerührt zu werden. Nun läßt man zuerst eine leichte Kruste bilden, teilt sie dann in einige Stücke und wendet die noch dünne, bisherige obere Schicht nach unten, ohne weiter zu zerkleinern. Wenn die größeren Stücke auf beiden Seiten goldbraun sind, ist das „Schwozermus" fertig, je nach Feuerstärke in wenigen Minuten. Man kann viel Fett sparen, wenn man bei schwacher Hitze langsam kocht und nötigenfalls ‚nachschmelzt'. Das ‚Schwimmen im Fett' hielten die Schwozer wohl aus, ist aber heute in jeder Hinsicht eine übertriebene Sache." Josef Fetz, der die Aufzeichnung des A. Schwarz mit diesen Bemerkungen ergänzt, bekam das „Schwozermues" noch während des Zweiten Weltkriegs im Bregenzerwald vorgesetzt. Die Feuerstelle bestand aus ein paar Steinen oder einem Dreifuß. Eine andere Bezeichnung ist „Flößermus" und „Rallenmus". Im Laufe der Zeit kam es wohl auch zu einer Vermischung bei der Zubereitungsart von Schälmle und Schwozermues; so entstand das folgende Gericht:

„Schälmle-Schwozermues"

150 g Mehl, Salz, Wasser nach Bedarf, 60 g Butter

Mehl und Prise Salz mit lauwarmem Wasser zu einem dünnen Teig verrühren. Manche geben ein Ei dazu. Diesen Teig in viel heiße Butter gießen (nicht zu schnell!), dabei langsam mit einem Holzlöffel rühren, bis das Fett oben austritt („ausschwitzt"), dann, ohne umzudrehen, leicht anrösten lassen (darf sich aber nicht anlegen). In größere Stücke zerteilen.

Ein ähnliches Mus kennen auch die Walser:

„Geslimues"

150 g Mehl, Prise Salz, 3 Eier, 1 EL Zucker, Milch nach Bedarf, Fett

Als Fett verwendet man Butterschmalz, als Flüssigkeit Milch und Ei. So bereitet man aus Mehl, Milch, Eiern, Prise Salz eine dünne Schmarren-Flädle-Masse, die man langsam in das heiße Butterschmalz einrührt, „durchstöbert" und leicht gelblich röstet. Dazu trinkt man Milchkaffee.

„Ofenmus" oder **„Biestmus"** ist ein Breimus, gewöhnlich aus Biest(milch), der ersten Milch einer Kuh nach dem Kalben, Mehl, Eiern und Prise Salz im Ofen gebacken (Südvorarlberg, Bizau). In Braz im Klostertal heißt dieser Auflauf „Biestdutter" (siehe unten) oder „Ofenschupf", im Vorderwald „Biesttotsche", in Wolfurt, Alberschwende, Innerwald und Lech heißt die gebackene Speise aus Biest „Biestbraten", in Brand „Ofenschuster", in Bludenz nur „Schuster" und im Montafon auch „Ofenschuechter", in Frastanz und Viktorsberg „Guckeofen".

„Biestdutter", „Ofenschupf"

1/8 l Biestmilch, 80 g Mehl, 2–3 Eier, 50 g Zucker, Rosinen, Dörrzwetschken oder Kletzen; Mehl und Fett für die Form

In Biestmilch gibt man Mehl, Eier, Zucker, Rosinen, Dörrzwetschken oder geschnittene Dörrbirnen (wenn nötig etwas vorgekocht). Gut vermischen. In eine gefettete, mit Mehl ausgestaubte Gugelhupfform füllen, im heißen Rohr (im Montafon gern im Stubenofen) backen. Der „Dutter" geht ohne Germ auf und wird warm gegessen.

„Kratzete“, „Riebel“, „Stopfer“

Auf Brei, Koch und Mus folgen in der Entwicklung der volkstümlichen Pfannengerichte die schmarrenähnlichen Speisen. In Vorarlberg ist der Begriff „Schmarren“ nicht bodenständig geworden (er wurde nur in den Stadthaushaltungen übernommen). Anstelle von „Schmarren“ heißt es hier (die) „Kratzete“, (der) „Tosche“, (die) „Pflutter“ oder (das) „Pflütterle“ und (der) „Riebl“ oder „Riebel“, „Stopfer“ oder „Säer“. Erfolgt die Beigabe von Beeren, Kirschen („Kriese“) u. dgl., heißt das Gericht dementsprechend „Kriesekratzete“ (Schmarren mit Kirschen) usw.
Im Montafon und in den Walsertälern heißt diese Speise auch (der) „Koch“; aber zur Bereitung eines „Koch“ verwendet man stets nur Weizen- oder Roggenmehl (nie Türkengrieß) und unterscheidet demnach einen „roggenen“ und einen „weizenen Koch“. Von einem prahlerischen Menschen sagt man noch heute, „seine Rede hört sich an wie ein roggener Koch“.

Alois Gabl, „Bregenzerwälderin“. 1893.

„Kratzete“, Mehlschmarren („Eierhaber“)

8 EL Mehl, 4 Eier, Salz, 1/4 l Milch, 70 g Butter

Mehl, Eier, Prise Salz und Milch zu einem nicht zu dicken Teig verrühren. In einer breiten Omelettenpfanne Butter heiß werden lassen, den Teig eingießen, unter Lüften und Einstechen mit dem Backschäufelchen gelb backen, damit das Flüssige nach unten läuft. Wenn sich nichts Flüssiges mehr zeigt, in kleine Stücke stechen, umkehren und auch von der anderen Seite backen. Anrichten und mit Zucker bestreuen.
„Diesen Schmarren kann man ebensogut in einer dick mit Butter bestrichenen Bratpfanne im Bratrohr backen. Wenn der Kuchen von der unteren Seite schön gelb ist, wird er in Stücke gestochen und von der anderen Seite gleichfalls schön gelb gebacken, auch nach Belieben noch zerkleinert. – Kann auch gewöhnlicher bereitet werden: man nimmt dann mehr Mehl und mehr Milch.“ (Christine Riedl, „Lindauer Kochbuch“, 10. Aufl. 1886.) Gibt man Äpfelschnitzelchen oder Kirschen in den Teig, erhält man eine **„Apfelkratzete“ (Apfelschmarren)** oder **„Kriesekratzete“ (Kirschenschmarren),** mit Birnen die **„Birnenkratzete“**, mit Heidelbeeren die **„Hoadelkratzete“.**
In Bregenz wird das Gericht auch aus Weißbrotstücken (Brocken), in Milch gekocht, mit Eiern übergossen und wie eine Art Semmelschmarren gebacken und das **„Brocket(e)“** genannt. Nimmt man zu all den Schmarren, vor allem zum Mehlschmarren, keine Rosinen, nennt man diesen Schmarren spöttisch „Ogenverdirber“ (Augenverderber), weil man sich beim Suchen nach den begehrten Rosinen die Augen verderben könnte.

„Tosche“, „Tatsch“ heißt im Vorderwald eine aus Mehl, Milch, Eiern und Prise Salz in Fett gebackene, in Brocken zerkleinerte Mehlspeise, ähnlich dem Schmarren bzw. der „Kratzete“. Im Bregenzerwald ist die Bezeichnung „Tosche“ anstelle von Kratzete allgemein üblich. Je nach der zusätzlichen Beigabe gibt es Eier-, Erdäpfel-, Kirschen-, Apfel-, Birnen-, Heidelbeer-To(t)sche. Von der Kratzete bzw. der Tosche unterscheidet sich der „Tatsch“ dadurch, daß dieser etwas teigig bleibt und breitgedrückt ist.

„Bolmentosche“ (Topfenschmarren)

Schmarrenteig, 125 g Topfen, Butter

In einen Schmarrenteig den frischen, trockenen Topfen einrühren und bei schwacher Hitze wie den Mehlschmarren backen. Dazu trinkt man Süßmilch.
Bei Hausschlachtungen wird hin und wieder der **„Blutkoch“**, ein Blutgröstl, wie ein Schmarren bereitet, auch **„Blutrose“** genannt (Gisingen bei Feldkirch).

Eierspeis-Backpfanne.

„Eiertosche“

Mehl, Milch und reichlich Dotter verrühren, leicht salzen, zuletzt den steifgeschlagenen Schnee von Eiklar darunterheben und nach „Toscheart“ in heißem Fett backen. Zuletzt mit Staubzucker bestreuen.

Ein **„Feuriger“** dagegen ist ein Schmarren, dessen Teig statt mit Milch mit heißem Wasser „abgebrannt“ wird.

Mais („Türken“) wird vorwiegend im Rheintal, im Walgau und im Montafon angebaut, wo er einst das Hauptnahrungsmittel der Bevölkerung war. „Die ergiebigste Fruchtgattung“, so Weizenegger 1839, „für kleine Grundstücke ist der Mais – Türkenkorn – und wird am häufigsten gepflanzt. Zu Grüze gemahlen, mit Fett und Milch eingekocht, genießt ihn der Bauersmann, und hat eine Schüssel mit Milch daneben, mit welcher der Türkenrübel, besonders wenn das Schmalz gespart ist, hinabgespült wird. Unter anderes Mehl gemengt, gibt der Türken ein süßliches, nahrhaftes Brod, allein aber ist es schwer und hart zu verdauen. Bei dieser Nahrung hält der Bauer am längsten in der Arbeit aus, ohne zu hungern, während Fleischspeisen zu schnell sich auflösen und Durst erregen.“

Türkenmehl wird in Milch oder Wasser angerührt, dann in heißem Fett in der Pfanne gebacken und dabei in kleine Stücke zerteilt. Für diese Speise gibt es wieder nach Landschaften verschiedene Namen; im Rheintal sagt man dazu die **„Pflutter“** bzw. das **„Pflüttele“**, eine fette, nicht ganz ausgebackene Schmarrenart, aber doch fester als das Mus. (Der Brei wird ins heiße Fett „geklatscht“, daß es „pfluttert“ – ähnlich wie beim „Tatsch“.) In Götzis versteht man unter „Pflutter“ allgemein einen dicken Brei. Und „die Pflutte“ ist nicht zuletzt die Bezeichnung für ein dickes, faules Weib (Südvorarlberg, Gisingen, Götzis, Hohenems, Bregenz, Buch); „der Pflutte“ ist dann gerechterweise ein fauler Dickwanst. (In Hohenems ist „der Pflutte“ auch die Bezeichnung für einen Mehlknödel.)
Im Rheindelta kennt und liebt man eine **„Käsepflutte“, „Käspolt“:** Türkenmehl (Maisgrieß) mit leicht gesalzenem Wasser zu einem dicken Musbrei kochen. In einer Schüssel lagenweise abwechselnd mit geriebenem „sura Käs“ oder Bergkäse (oder einem Reibkäse) anrichten. Zuletzt mit reichlich Butter übergießen. Der geriebene Käse kann bereits in den Brei eingerührt werden oder vor dem Backen nur darübergestreut werden. Wichtig ist bei diesem Gericht die heiße Butter als „Aufbrenn“.
Als „Käspolt“ bezeichnet man mitunter auch den Topfen (Bolmen) allein. In Dornbirn und Lustenau nennt man diese Speise auch „(Türken-)Bascher“ (von „bascheln“ = mischen, einen Misch-Masch herstellen – so wie man einen Schwätzer, einen, der „hin und her redet“, „Bisi-Besi“ nennt). Die Vorliebe für den „Türken“ (Mais) hat den Dornbirnern den Spottnamen „Türkenmehler“ eingetragen.

Entwicklungsgeschichtlich war zuerst das Schmoren über bzw. im Feuer, dann erst kam das Sieden im Kessel. „Backglocke“ und „Brot“ sind zwar seit vorgeschichtlicher Zeit bekannt, aber das vermehrte Backen gehört erst der jüngeren Epoche an. Die bäuerliche Küche verharrte besonders lange auf der Stufe der Pfannengerichte auf offenem Herd. Gerade im Vorarlberger **„Riebel“** haben wir eines jener Pfannengerichte, die sich unmittelbar aus dem Kessel, aus dem Brei entwikkelt haben; er liegt somit zwischen Kessel- und Bratpfannengerichten. Daß dieser Riebel, eine im Fett gar gemachte Breispeise, eine alte Kost ist, liegt schon in der Tatsache begründet, daß er in ganz Vorarlberg vorwiegend eine weitverbreitete Morgenkost war (und noch da und dort ist, mit Ausnahme der höchstgelegenen Walsersiedlungen und Montafoner Täler), in den bäuerlichen Küchen beheimatet ist, ja selbst die bürgerlichen und Arbeiter-Küchen davon stark beeinflußt wurden, zumal in Vorarlberg „Bürger“ und Arbeiter aufgrund des kleinen Grundstücks, das diese meist besitzen, den Anbau der Frucht, die dazu nötig ist, selbst durchführen können. Wo der Anbau der benötigten Frucht nicht möglich war, wurde auch die Kost des Riebels meist durch eine andere ersetzt.

Der Riebel ist als Zwischenstufe von Kessel- und Pfannengerichten eine Art Schmarren („Kratzete“). Zum Riebel, der zu den Vorarlberger Nationalspeisen zählt, verwendet man grobkörniges Hafer-, Mais- oder Weizenmehl. Ursprünglich nahm man handgemahlenes Hafermehl (jeden Tag wurde die benötigte Menge Hafer in einer kleinen Handmühle gemahlen – gerieben), dessen Gebrauch sich von den Haupttälern in die gebirgigen Nebentäler zurückgezogen hat.

Die Einführung des Maisanbaus – verstärkt im 18. Jahrhundert – ließ den „Haberriebel“ als minderwertig erscheinen, die meisten gingen zum „Türken-“(Mais-) Riebel über, der Hafer wurde reine „Viehnahrung“. Nur die Bergbauern blieben notgedrungen dem Hafer treu. Selbst als man den Maisanbau wieder aufgab, hielt man am bereits populären „Türkenriebel“ fest. Nur an Sonn- und Festtagen gab es den Riebel aus Weizenmehl.

Wenn auch das Brot, das den täglichen Tisch der Vorarlberger Bauern nie so stark wie in den anderen Bundesländern beherrschte, lange schon nicht mehr von der Hausmutter gebacken wird, so bereitet doch jede Hausfrau den Riebel auch heute noch gerne selber: Eine Menge Mehl wird mit entsprechender Menge Wasser oder mit Wasser verdünnter Milch abgebrüht und zum Aufquellen gebracht, bis die Masse zum festen Brei geworden ist; dieser wird in der Pfanne in heißem Fett geröstet, mit einer passenden Schaufel zerkleinert, wodurch die Masse „riebelig“ (leicht zerbröselt) wird. („Riebel“ heißt auch der kleine Reibbesen aus Erika oder Reisstroh zum Reinigen von Pfannen u. a. Gefäßen.) Gerade der Riebel wurde in Vorarlberg die traditionelle Morgenkost (und nicht Brei und Suppe mit Brot). Zum Riebel trinkt man Milch oder Kaffee. Viele, vor allem die Kinder, lieben es, ihr Milch- oder Kaffeehäferl mit dem Riebel so hoch „anzustopfen“, daß die mit der Flüssigkeit durchtränkte Speise wieder aufquillt, der Riebel sozusagen wieder zum Brei (Mus) wird und der Löffel in diesem Brei aufrecht stehen bleibt. Dieses Gericht nennt man dann **„Stopfer“** (auch, weil die Speise hungrige Mägen „stopft“). Älter als die Bezeichnung „Stopfer“ für die nachträglich wieder aufgeweichte Riebelspeise ist jene für das feste Mehl-, Mais-, Grieß- und Hafermus, das dem Riebel entwicklungsgeschichtlich vorausgegangen war. In Höchst und Umgebung hält man bis heute an dieser älteren Form fest (wird dort auch heute noch zubereitet). Im Montafon, in Röns, Bludenz und Lech heißt der Riebel-Schmarren aus Maismehl auch der „Brösel“, in Brandenberg der „Brosi“.

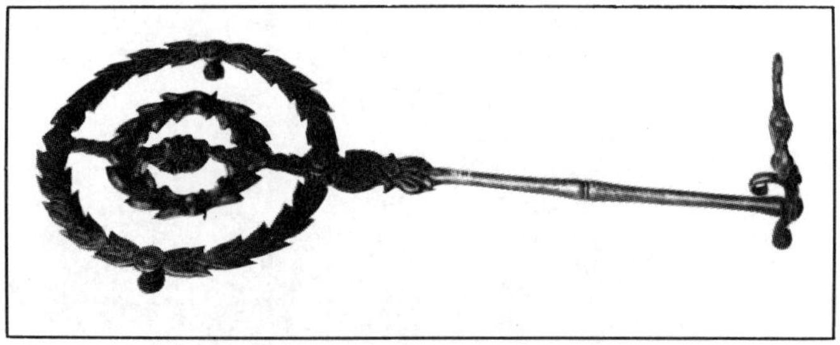

Eiserner Pfannknecht. Durchbrochene Eisenarbeit.

„Riebel“, „Ribele“, „Brösel“, „Stopfer“

$^1/_2$ l Milch, Prise Salz, 50 g Butter oder Schmalz, 160 g grobkörniger Weizen-, Hafer- oder Maisgrieß, Butter oder Öl

Butter in kochender, leicht gesalzener Milch zergehen lassen, den Grieß einrühren, bis sich der Brei von der Pfanne löst, den Brei in eine Schüssel geben und auskühlen lassen. In einer Pfanne Butter oder Öl erhitzen, den Brei darin backen, dabei in kleine Stücke nach Art des Schmarrens zerstechen. Vor dem Anrichten eine kleine Tasse heiße Milch darübergießen.

Spart eine Hausfrau mit dem Fett, wird der Riebel trocken und „staubt beim Essen zu den Ohren heraus“; es heißt dann spöttisch: „Schließt die Fenster, damit der Riebel nicht hinausgeblasen wird.“ Oder:

„Der Riebel, der Riebel, der ischt so trucka,
Ma ka en fascht net aheschlucka!“

Auch spottet man: „Ma kana, ma kana blos ahischlucka wia-n-an wollana Strumpf.“ Riebel kann in der Früh, zu Mittag und am Abend gegessen werden. Ein Frühstücksriebel sättigt so, „fuarat“ so „ab“, daß man den ganzen Tag nur noch wenig benötigt. Es gibt dazu ungesüßten Kaffee, Apfelkompott, früher aß man auch gekochte Dörrbirnen bzw. „Süeßlarschnitz“ (siehe Seite 536).

Mais gedeiht noch im Oberland, im Vorderland, im „Paradies", wo der „Türkenröster", der Föhn, zum Reifen der Frucht beiträgt. Der Maisriebel („Türkenriebel") wird im Rheintal und im Walgau gern am Abend gegessen. Ein Gemisch aus Riebel und Kaffee in einer Schüssel heißt in Brand **„Gestunk"** (von althochdeutsch „stunkôn" = „vollstopfen").
Je nach der Wahl von Grieß erhält man den „Weizen-", „Hafer-" oder „Türkenriebel". „Das Zugießen von Milch am Schluß macht den Riebel weich und schmackhaft." (Anna Wehinger, „Dornbirner Kochbuch", 1912)

Polenta

1 l Wasser, Salz, 40 g Butter, 350 g Maismehl

Wasser, Salz und Butter zum Kochen bringen, das Maismehl einrühren und eine Viertelstunde unter ständigem Umwenden kochen. Dann in eine Form drücken und vor dem Auftragen auf eine Platte stürzen.

„Der brennte Riebel"

Dieser Riebel wird „von hinten nach vorn", also in umgekehrter Reihenfolge zubereitet: In reichlich Butterschmalz das Riebelmehl (Weizen- oder Türkengrieß) leicht anschwitzen lassen, also rösten, mit gesalzenem Wasser (besser ist natürlich Milch) oder mit einem Gemisch aus Milch und Wasser (je zur Hälfte) aufgießen und wie einen Brandteig abrösten, also unter Rühren so lange rösten, bis sich die Masse vom Geschirr löst.

„Semmelriebel" bzw. **„Semmelstopfer"** nennt man den Semmelschmarren, gibt man Kirschen („Kriese", Krisi", „Krisase") dazu, erhält man den **„Krieseriebel".** Allgemein nennt man einen Riebel mit einer Zugabe auch einen „verlängerten Riebel".

„Riebel mit Grumpere" (Erdäpfeln)

Riebel (siehe Seite 544), 300 g Erdäpfel

Beim Anrösten des eingekochten, dann ausgekühlten Riebelbreis in reichlich Fett (Butterschmalz) gibt man am Vortag gekochte, dann geschälte, blättrig geschnittene Erdäpfel bei.

„Erdäpfelriebel", „Erdäpfelbrösel"

500 g Erdäpfel, 2 EL Mehl, Salz, 60 g Fett, Milch

Gekochte, geschälte und geraffelte Erdäpfel und etwas Mehl vermengen, salzen, in heißem Fett wie einen Riebel abrösten. Man verwende mehlige Erdäpfel und gebe auch etwas Milch dazu.

„Föleriebel", „Fölestopfer"

Wenn die Vorarlberger Hausmutter Butter zu Butterschmalz aussiedet, nennt sie den am Boden der Pfanne zurückbleibenden Bodensatz die „Föle" (Völle), „Brăschmalz", auch die „Wätzlet(e)" (Vorderwald, Lochau) oder den „Nidel" (Lustenau). In diese Föle gibt man Wasser und eine Prise Salz; aufkochen lassen, dann das Riebelmehl einrühren und auf Riebelart gar rösten. Eine mit Föle bestrichene Brotschnitte heißt **„Fölebrot"** (Vandans).

Der **„Säer"** wird zum Unterschied vom Riebel bzw. Stopfer etwas länger gebacken und dabei feinbröseliger. „Säer" wird die Speise im Vorderwald genannt, weil Grieß bzw. Mehl (hauptsächlich Weizenmehl, seltener Mais- oder Hafergrieß) unter Rühren in heiße Milch (und Fett) „eingesät", eingestreut wird.

„Ang'sottene Knollen"

Einen nicht zu festen Teig aus Mehl, Salz und Eiern bereiten und in heißem Fett zu „Knollen" bzw. „Bröseln" in Kirschengröße in der Art eines Riebels verarbeiten, dann in knapp vor dem Sieden stehende Milch geben und nur kurz aufkochen lassen (durch längeres Kochen würden die kleinen Knollen zerkocht werden). Zuletzt heiße Butter und Zimtpulver daraufgeben.

Die von der bürgerlichen Wiener Küche übernommenen Palatschinken heißen im „Ländle" **„Flädle"** (damit bezeichnet man zugleich auch die Frittaten); im Rheindelta nennt man die Palatschinken auch **„Dünnele"**, sie können mit Marmelade, Topfen, aber auch mit Spinat u. a. gefüllt werden. **„Käsedünnele"** sind mit Käse im Teig bereitete Palatschinken. **„Pfannbähele"** nennt man in Gisingen den Pfannzelten (-kuchen). „Dünnele" sind jedoch allgemein im alemannischen Raum „Zwiebelkuchen". **„Falsche Kuttle"** bzw. **„Eierkutteln"** werden wie die „sauren Kutteln" zubereitet (siehe Seite 529), nur nimmt man anstelle der Kutteln die wie Frittaten geschnittenen Flädle. Den „Scheiterhaufen" (Weißbrotschnitten übereinandergeschichtet, mit Eiern und Milch, Zucker und Rosinen vermischt, und im Rohr gebacken) nennt man **„Holzstoß"** bzw. **„Schitterbig".**

„Spätzle", Nudeln, Knödel

Mit dem Stammland der Alemannen hat das von Alemannen besiedelte Vorarlberg auch die Spätzle (oder Spätzli) bzw. Knöpfle (Knöpfli) gemeinsam. Spätzle machen ist nicht nur eine Kunst, es ist mehr als die Sache selbst, es ist ein Stück Heimat, Bekenntnis zur Heimat. Den Nicht-Vorarlbergern sei warnend gesagt, daß ihre „Nockerln" nicht identisch sind mit den alemannisch-schwäbischen Spätzle oder Knöpfle! Gemeinsam ist beiden nur das Mehl – und aufs Mehl kommt es an, wie schon Friederike Louise Löffler in ihrem 1878 erschienenen „Neuen Stuttgarter Kochbuch" bemerkt: „Spätzlein von gröberem Mehl sind schmackhafter als die von feinem, weil das letztere fast nur Stärkemehl und viel weniger Stickstoff enthält." Gemeinsam ist beiden auch, daß sowohl die Nockerln als auch die Spätzle (und die Nudeln) aus der Kombination von Wasser und Mehl entstanden sind. Dann aber scheiden sich bereits Geister und Praktiken. Die Geister scheiden sich auch bei der Erklärung der Herkunft des Wortes „Spätzle"; die einen bringen es mit dem italienischen spezzare = „in Stücke schneiden" in Verbindung (spezzato = Gestückeltes, Geschnetzeltes), die anderen mit dem italienischen pasta (franz. pâte) = Teig, wieder andere verweisen darauf, daß es ursprünglich mit den Händen geformte, längliche kloßförmige „Spatzen" waren, was später durch Verkleinerung bzw. Verfeinerung zu „Spätzle" wurde. Es gibt auch heute noch „Löffelspatzen", die wie Nockerln mit einem Kaffeelöffel in kochendes Salzwasser gestreift werden.

Der Kenner unterscheidet streng zwischen „Spätzle" und „Knöpfle": Knöpfle sind „kleine, abgestochene, in Salzwasser gekochte Teigklößchen aus Mehl, Wasser und Ei", stellt der Brockhaus von 1957 fest, also die verkleinerte Form eines Knödels bzw. großer Nocken. „Spätzle" dagegen definiert der Brockhaus von 1934: „Spätzle (kleine Spatzen), eine süddeutsche Mehlspeise in Form von kleinen Streifen ... aus Teig, der auf einem Brett zu zähen Fladen aufgeflacht und streifig in kochendes Wasser geschabt, nach dem Auftauchen herausgenommen und geschmälzt wird." Allerdings werden in vielen Haushalten (besonders auch in Vorarlberg) die länglichen Spätzle auch „Knöpfle" genannt, ebenso die aus etwas festerem Teig durch das groblöchrige Salatsieb gedrückten „Knöpfle"; umgekehrt werden die mit dem Knöpflehobel gefertigten Knöpfle von vielen „Spätzle" genannt. Zur Herstellung von Spätzle und Knöpfle hat man im Laufe der Zeit Spezialgeräte entwickelt: Spatzenbrett, -löffel, -messer, -schaber, -model, -hobel, Spätzler (für ziemlich lange Spätzle), Spätzle-Maschine, -mühle und -schwob, Spatzenschüssel und Spätzleseiher (Sieb).

Wie in der Küche immer, gibt es auch bei Spätzle und Knöpfle viele Arten und Varianten. Verschiedene Zutaten (wie faschierte Leber, Milz, faschiertes Fleisch, Spinat) werden entweder in den Teig gegeben, oder sie werden (wie Kraut, Käse, Erdäpfel) in der Anrichteschüssel schichtweise abwechselnd übereinandergegeben; die dazwischen liegende Substanz bzw. die in den Teig gegebene Zutat bestimmt den Namen des Gerichts. Sie werden außerdem nach dem Kochen in einer Pfanne mit heißem Fett gebraten („'bratene Knöpfle"), geröstet („g'röste Knöpfle" bzw. Spätzle). Serviert man sie ohne jede Zutat, nennt man sie in Dornbirn „nakkete Knöpfle" (Spätzle). Im Vorderen Bregenzerwald siedet man sie gern in Milch („Milchknöpfle").

Handpresse.

„Nackige Spätzle“ („Knöpfle“)

500 g Mehl, 1 Ei, ca. 1/4 l Wasser, 2 TL Salz

Mehl, Ei, Salz mit Wasser zu einem festeren (Spätzle-) Teig verrühren und so lange schlagen, bis der Teig glatt ist und Blasen wirft (sich vom Kochlöffel löst). Den Teig auf das benetzte „Spätzlebrettle“ (muß vorne abgeschrägt sein) geben, mit einem Messer oder Spätzleschaber schmale Streifen (für „Spätzle“) oder nockerlartige Klümpchen (für „Knöpfle“) ins kochende Salzwasser stoßen. Teig und Schaber müssen dazwischen immer wieder mit Wasser aus dem Topf angefeuchtet werden. Oder etwas vom Teig in die „Knöpfleform“ geben und in das siedende Salzwasser drücken.
Sobald die Teigfäden an die Wasseroberfläche kommen, mit dem Spätzlelöffel oder Schaumlöffel herausfischen, mit kaltem Wasser abschrecken und in lauwarmes Wasser geben, bis der ganze Teig aufgebraucht ist. Danach gut abgetropft in heißer Butter abschmälzen. (Man kann sie auch mit in Butter gerösteten Semmelbröseln vermengen und/oder mit in Butter gerösteten Zwiebelringen.) Oder das Ganze nur mit heißer (nicht brauner!) Butter übergießen.
Spätzle oder Knöpfle werden als Beilage zu Soßen und Fleischgerichten gegeben, wie zu Braten, Rahmbraten, Wildbraten, eingemachtem Kalbfleisch, Selchfleisch und Sauerkraut, zu Leber- und Blutwurst, zu Linsen mit „Wienerlen“.

Da das Spätzlemachen eine Anschauungssache ist, hier einige Rezeptvarianten:

„Kässpätzle“, „Käsknöpfle“ I

200 g Mehl, 1 Ei, Wasser, Salzwasser, 200 g Bergkäse

Aus den Zutaten rasch den Spätzleteig rühren, durch ein grobes Sieb in kochendes Salzwasser drücken, aufkochen, abseihen. Vor dem Servieren noch einmal kurz in kochendes Wasser geben, dann in eine Schüssel abwechselnd eine Lage abgetropfter Spätzle und eine Lage geriebenen Bergkäse oder fetten und „räßen“ (mageren, scharfen) Käse gemischt geben. Obenauf eine Käselage streuen, mit schwach bis stark gerösteten Zwiebeln oder Brotbröseln und mit sehr heißer Butter übergießen. Dazu Erdäpfelsalat oder grünen Salat servieren.

„Kässpätzle“, „Käsknöpfle“ II

750 g griffiges Mehl, 3 Eier, Salz, 1/2 l Wasser, 250 g Bergkäse oder Emmentaler, 150 g Butter, 300 g feinnudelig geschnittene Zwiebeln

Mehl, Salz, Wasser und Eier sofort verrühren, nicht abschlagen und sofort mit dem Spätzlehobel in kochendes Salzwasser einlegen. 1 bis 2 Minuten kochen lassen, abseihen, mit geriebenem Bergkäse (oder Emmentaler) schichtenweise anrichten. In heißer Butter braun geröstete Zwiebeln darübergeben. Dazu grünen Salat oder Erdäpfelsalat servieren.

„G'röstete Spätzle“, „Gröschte“, „Brägelte“

Spätzle (siehe linke Spalte), 60 g Fett, 1–2 Eier, Salz, Milch oder saurer Rahm

In einer Pfanne Butter oder Schweinefett erhitzen, frischgekochte, gut abgetropfte Spätzle dazugeben und unter öfterem Wenden rösten, bis sie eine helle Kruste haben. 1 bis 2 Eier mit Milch oder Sauerrahm und Prise Salz versprudeln, über die Spätzle gießen und kurz anbacken lassen. Dazu grünen oder gemischten Salat servieren.

„Sure Spätzle“

Spätzle (siehe linke Spalte), 1 Zwiebel, 40 g Butter, 30 g Mehl, Fleischsuppe, 2 EL saurer Rahm, 1 EL Essig, 1 Lorbeerblatt, 2 Gewürznelken

Gehackte Zwiebel in heißer Butter braun rösten, mit Mehl stauben, durchrösten, mit Fleischsuppe ablöschen, verkochen, sauren Rahm und einen Schuß Essig sowie ein Lorbeerblatt und ein, zwei Gewürznelken beigeben und aufkochen lassen. Dabei rühren, bis die Soße sämig geworden ist. Über die frischgekochten, abgetropften Spätzle gießen. Einmal aufkochen lassen.

Nudel-, Spätzlesieb.

„Tiroler Knöpfle“ sind dagegen Knöpfle aus Mehl, Eiern und Wurststückchen (Lustenau), **„Kriese-Knollen“** sind Spätzle mit daruntergemischten gedünsteten Kirschen. (Bartholomäberg)

„Rahmknöpfle“

Diese auf den Almen übliche Kost wie die Käseknöpfle bereiten, nur nimmt man anstelle von geriebenem Käse Sauerrahm.

„Lotschige Knöpfle“ („Lotschige Spätzle“)

Einen zu dünn geratenen Knöpfleteig durch den Knöpfler in nicht zuviel und leicht gesalzenes Wasser treiben, dann die Knöpfle nicht mit dem Sieb herausheben, sondern im salzigen Kochwasser lassen. Den geriebenen Käse darunterrühren, und als „Aufbrenn“ in Fett geröstete, gehackte oder in Ringe geschnittene Zwiebel samt dem heißen Fett darübergießen.

„Krutknöpfle“, „Krutspätzle“

Spätzle (siehe Seite 547), 500 g Sauerkraut, 80 g Schweinefett, 1 Zwiebel, 40 g Fett

Sauerkraut mit Schweineschmalz und feingehackter oder geriebener Zwiebel in Kasserolle erhitzen und mit einigen Eßlöffel Wasser zu tiefbrauner Farbe rösten. Inzwischen Knöpfle oder Spätzle bereiten, abtropfen lassen, auf einer Stielpfanne in heißem Fett goldgelb rösten, unter das geröstete Sauerkraut mischen und kurz weiterrösten.

Aus: Christine Charlotte Riedl, „Lindauer Kochbuch für guten bürgerlichen und feineren Tisch eingerichtet“. 10. Aufl. Lindau 1886.

> **577. Spätzchen.**
>
> 560 Gr. (1 Pfund) Mehl wird mit zwei Eiern, Salz und Milch oder lauem Wasser zu einem ziemlich festen Teig angerührt, der jedoch noch gut durch den Spatzenmodel getrieben werden kann. Von diesem Teig treibt man nun einen Teil nach Nr. 28 in vieles kochendes Salzwasser, und sobald dann die Spätzchen in die Höhe kommen und einmal überkocht haben, nimmt man sie mit dem Schaumlöffel heraus, und legt sie in eine mit warmem, leicht gesalzenem Wasser gefüllte Schüssel. Auf diese Weise fährt man fort bis der Teig aufgebraucht ist. Alsdann hebt man die Spätzchen mit dem Schaumlöffel heraus, richtet sie auf die Platte an, und gibt in Butter gelbgeröstete Brotbröseln darüber. — Sollen die Spätzchen gleich aufgetragen werden, so legt man sie nicht in warmes Wasser, sondern gibt sie sofort auf die zum Auftragen bestimmte Platte.

„Spinatknöpfle“, „Spinatspätzle“

400 g Mehl, 2 Eier, Salz, ca. $1/4$ l Wasser, 250 g Spinat (roh oder tiefgekühlt)

Spätzleteig mit aufgetautem oder rohem, durch die Faschiermaschine getriebenem Spinat anmachen, vom Brett schaben oder durch den „Spätzleschwob“ drücken. Dann wie Originalspätzle weiterbehandeln.

„Leberspätzle“

250 g Leber, 250 g Mehl, 1 Ei, Salz, Petersilie, Wasser; Butter

Leber häuten, faschieren, mit Mehl, Ei, Salz, feingehackter Petersilie und Wasser einen bindigen Spätzleteig machen. 1 Stunde stehen lassen, dann Spätzle oder Knöpfle machen und 10 Minuten in Salzwasser kochen lassen. Gut abtropfen, mit in Butter gerösteten Semmelbröseln anrichten.

„Schnitzspätzle“, „Knöpfle mit Schnitze“

Knöpfle bzw. Spätzle bereiten. Getrocknete, gut gewaschene „Biraschnitz“ mit wenig Wasser weich kochen (Butzen und Stiele entfernen), kleinwürfelig schneiden bzw. hacken, mit den frisch gekochten Spätzle oder Knöpfle vermischen, mit heißer, brauner Butter abschmalzen.

Wird anstelle von Käse Schottagsig (siehe Seite 564) verwendet, erhält man gelbbraune **„Schottagsigspätzle“** oder **„-knöpfle“**. (Blons, Bizau)

„Käsgrümperle mit Kichera“

Anstelle von Spätzle verwendet man gekochte, kleinwürfelig geschnittene gebratene Erdäpfel. Die „Grümperle“ werden lagenweise mit geriebenem Käse in einer Schüssel angerichtet. Dazu Salat aus „Kichera“, das sind Gartenbohnen.

Die Bezeichnung „Nocken“ kommt in der alemannisch-vorarlbergischen Landesküche in erster Linie nur in der Zusammensetzung „Zi(e)gernocken“ vor.

„Zi(e)gernocken“, „Sigernoggen“

500 g süßer Zi(e)ger, Salz, Mehl nach Bedarf, Butterschmalz

Aus Mehl, Zi(e)ger (siehe Seite 563), Wasser und Prise Salz einen festen Teig kneten, nußgroße Kugeln daraus formen und in heißem Butterschmalz zugedeckt braun backen; dabei immer wieder mit Wasser bespritzen. Dazu reicht man im Bregenzerwald Milch, Kaffee, aber auch grünen Salat. Können auf die gleiche Weise mit „saurem Zi(e)ger" (Topfen) bereitet werden (**„Nocken von saurem Zieger"**).

Nimmt man anstelle von Zi(e)ger, der nicht überall erhältlich ist, Hartkäse, erhält man die „Käsnoggen".

Auch die Vorarlberger Küchensprache unterscheidet verschiedene Arten von Nudeln, z. B. Suppennudeln („geschnittene" Nudeln, „Schneidnudeln"), Bandnudeln („Hosenbändel"), „Milchnudeln" (in Milch statt in Salzwasser gekocht, mit Zucker und Zimt angerichtet), „geschnetzlete" Nudeln, „g'schupfte" (mit den Händen gewalkte, fingerdicke kleine Würste, meist aus Erdäpfelteig), aber auch Schmalz-, Grieß-, Käs- und Krautnudeln und „Schneckennudeln", obgleich die Nudeln in der Vorarlberger Küche keine so große Rolle spielen wie in der übrigen österreichischen (bzw. Wiener) Küche.

Nudeln, „Nüdele"

200 g Mehl, 2 Eier, Prise Salz, 1 EL Wasser

Mehl, Eier, Salz und kaltes Wasser mit einem Messer vermengen, mit den Händen zu festem, glattem Teig kneten, Laibchen formen, zu dünnen Flecken ausrollen und nach Belieben Nudeln, Fleckerln oder breite Bandnudeln daraus schneiden. In siedendem Salzwasser nicht zu weich kochen, abseihen, kalt abschrecken und weiter verwenden.

„G'müesnudeln" sind breite Bandnudeln, die als „Zugemüse" (als Beilage) zu Fleisch etc. serviert werden. Die aus Germteig bereiteten „Dampfnudeln" gibt es zwar in den städtischen Haushalten, waren aber in der alemannischen Bauernküche Vorarlbergs nicht allgemein bekannt. Die **Käsnudeln** werden wie die Kässpätzle bzw. -knöpfle zubereitet.
Verwendet man statt Käse „Sig" (Gesig, Schottagsig, siehe Seite 564), erhält man die **„Signudeln"**. Nudelteig mit Sauerkraut gemischt und in Form von Nudeln in Salzwasser gekocht, dann im Schmalz gebacken, ergibt die **„Krautnudeln"** (Bregenz, Langenegg). **„Krautpflutte"** heißen die mit Sauerkraut gefüllten Nudeln (aus Nudelteig), in Salzwasser gekocht und ordentlich in heißer Butter abgeschmalzen.

„Zi(e)gernudeln"

200 g Mehl, 2 Eier, Zi(e)ger nach Bedarf, Milch

Aus Mehl, Eiern, Zi(e)ger und Milch (oder Wasser) einen festen Nudelteig kneten, Nudeln daraus formen, in heißem Schmalz schwimmend backen. (Altach, Schwarzach, Lustenau, Bregenzerwald, Thal-Sulzberg) „Zi(e)gernudeln" schmecken durch die Beigabe von Zi(e)ger etwas säuerlich. Man kann auch nur Reibkäse verwenden. Im Montafon nennt man die „Zi(e)gernudeln" auch „Bolmennudeln" („Bolmen" heißt dort der Topfen). Macht man aus dem Teig nußgroße Kügelchen und bäckt sie in heißem Schmalz heraus, erhält man die **„Bolmenkugla"**.
Aus Maismehlteig gedrehte Nudeln, in heißem Schmalz herausgebacken, heißen **„Türkennudeln"** oder **„Springnudeln"** (Altach im Rheintal) und sind eine beliebte Mehlspeise in Feldkirch.

Milchkübele.

„G'schupfte Nudeln" („Schupfnüdele")

400 g Erdäpfel, 1 Ei, 150 g Mehl, Prise Salz, Milch, Salzwasser, Butter

Aus feingeriebenen gekochten Erdäpfeln, Ei, Mehl und Prise Salz sowie etwas Milch (oder Wasser) einen festen Erdäpfelteig kneten. Daraus mit der Hand fingerlange

und -dicke Nudeln formen, in das kochende Salzwasser legen („schupfen") und kurz kochen lassen. Dann abgetropft in heißer Butter leicht abschmalzen. Man kann auch geriebenen Käse dazustreuen und alles braunknusprig braten bzw. rösten. Dazu löffelt man Milch. (Bregenzerwald)
Daß die Schupfnudeln früher überaus beliebt gewesen sind, beweisen die vielen Redensarten: Von einem schmutzigen Menschen sagt man, daß man aus seiner Haut Schupfnudeln machen könne; und eine junge Bregenzerwälderin fertigt einen langweiligen Freier mit folgendem Vers ab:

„Schupfnudeln mag i gern,
aber blos die spitzigen,
junge Buobe mag i gern,
aber blos die witzigen."

Neben diesen bodenständigen Speisen gibt es noch Speisen aus fremden, eingeführten Nahrungsmitteln. Der **Reis,** schon im Mittelalter bekannt (mittelhochdeutsch „ris", italienisch „riso"), war noch vor dem Zweiten Weltkrieg meist nur in städtischen Haushalten und Gasthäusern als Beilage zu Fleischgerichten in Verwendung, ebenso Milchreis und Polenta, der besonders in den Industrieorten verbreitet war.

Der **Knödel** ist in der Vorarlberger Küche wohl bekannt, aber nicht bodenständig, sondern ist aus dem bayrisch-österreichischen Gebiet übernommen worden. Die Bauernküche kannte den Knödel außer dem Montafon nicht, wo der „Speckknödel" beliebt ist, der vermutlich durch das nahe Galtür, den alten Übergang nach Tirol, ins Land gekommen war. Sonst werden Knödel mit Speck (mit dem Teig bereits vermengt) immer „Tirolerknödel" genannt. Die Fastenknödel (ohne Zutat von Fleisch, Speck, Grammeln) sind als Gericht für die Fasttage namentlich bekannt. Von der städtischen Küche wurden die süßen Zwetschken- und Marillenknödel übernommen. Eine Vorarlberger Spezialität dagegen sind die „„Hafeloab" (siehe Seite 534).

Fastenknödel

2 Schildbrote (Semmeln), Salz, 150 g Mehl, 30 g Schmalz, 1 Zwiebel, Petersilie, Muskatnuß, Pfeffer, 2 Eier, $^1/_4$ l Milch

Die Brotwürfel in heißem Schmalz rösten, mit Mehl vermengen. In Schmalz feingeschnittene Zwiebel und gehackte Petersilie rösten, nebst Salz, Pfeffer und Muskat zu der Knödelmasse geben. Eier und Milch verklopfen und über das Brot gießen, anziehen lassen, daraus große Knödel formen, in kochendem Salzwasser eine Viertelstunde kochen und auf einer Platte, abgeschmälzt, mit Sauerkraut anrichten. (Anna Wehinger, „Dornbirner Kochbuch", 1912)

Walser Käseknödel

4 altbackene Semmeln, $^1/_8$ l Milch, 1 Ei, Salz, Mehl, 80 g Fettkäse, Salzwasser; 40 g Butter, 1 kleine Zwiebel oder 2–3 EL Brösel

Milch, Ei, Prise Salz, etwas Mehl und geriebenen Fettkäse vermengen, daraus nicht zu große Knödel formen und in siedendem Salzwasser kochen. Mit in heißer Butter gerösteter feingehackter Zwiebel oder Bröseln anrichten.

Blasbalg.

Schmalzgebackenes

„Küechle und Schwänza d'ran" mag eine Köchin dem zu neugierig Fragenden, was sie heute koche, antworten. Das Wort „Krapfen" („Krapfa") ist im Vorarlbergischen nicht bodenständig, hier ist fast alleinherrschend der Ausdruck „Küechle"; „Küechle" gab es früher an allen Festtagen, bei Hochzeiten, Primizen, im Fasching, zur Alpabfahrt. Auch sie sind längst zur Alltagskost geworden. Ein Festschmaus mit Küechle, so nach einer Taufe oder vor der Alpabfahrt, wird als „die Küechlete" bezeichnet. Wenn der „Kerle" zu „sienem Meigge z'hängert", zu seinem Mädchen auf Besuch kommt, werden ihm ebenfalls Küechle vorgesetzt. Von einer Köchin, die gut kocht, sagt man allgemein, „sie küechelt s' ganze Jahr", und einem heiklen Kind entgegnet man: „Dir wird ma denn g'rad küechlen" bzw. „soll man dir extra Küechle backen" (so wie man anderswo einem nicht „extra Würst" machen will).
„Küechlen", Küechlebacken war und ist für eine Vorarlbergerin stets eine unabdingbare Notwendigkeit, anders ist der Ausspruch einer Bäuerin nicht zu verstehen: „Und küechle tät i no, wenn d' Schuldner uf der Pfann hocka tätn!"
Ein Haupttermin fürs Küechlebacken ist der erste Fastensonntag („Invocabit"), der „Funkensonntag", daher auch „Küechlesonntag" genannt. Schon beim „Zunachta", nach Einbruch der Dunkelheit, flackern auf den Bergen und in den Tälern überall große Feuer auf.

„Flack us, flack us – über alle Spitz und Berg us! –
Schmalz in dar Pfanna – Korn in dar Wanna –
Küechle in der Schüßla – Pflueg in dar Erda –
Gott all's grota lot – Zwüschat alle Stega und Wega!"

Schon beim Holzsammeln für den „Funkenstoß" rufen die Burschen: „Scheiter und Stroh, Küechle nehmen mir o!" Und am Samstag davor, dem „Kübelesamstag", baten früher die Kinder der Armen mit einer Kanne („Kübele") um Milch bei den Bauern; allenfalls erhielten sie auch Schmalz und Eier für den kommenden Festtag (dieser Brauch war bis zum Zweiten Weltkrieg noch üblich). Die Walserkinder zogen als „Küechlebettler" von Haus zu Haus, „Küechle betteln":

„Jetzt chomm i ga chrochne,
's kleine Fingerle is mir 'broche;
es kann mir 's niemand anbüeze,
als d'Hausmueta mit e'me heisse(n) Chüechle."

Am Küechlesonntag geht der Bursch zu seiner Braut, um sich sein Küechle zu holen. Die Walsermädchen umgeben das schönste Küechle mit einem Kunstblumenkranz und nähen es ihren Geliebten auf den Hut. Wie es überhaupt der Stolz einer jeden Bäuerin war, an diesem Tage möglichst viele Sorten von Küechle zu

„Die Ostersänger in Vorarlberg."

backen. Als Neckerei mag die eine und andere auch kleine Lederfleckchen, ein Stück Tuch, Faden, ein Stück Draht oder andere Scherzgegenstände in ein Küechle mit eingebacken haben, damit der Esser dann seine liebe Not damit hatte. Als „Zukost" gibt es die „Schnitzbrühe" (in wenig Wasser weich gekochte gedörrte Äpfel- oder Birnschnitze), „Latwer(g)e" (sirupartig eingedickten Holunderbeerensaft) oder „Kriesemues" (Kirschenkompott).

„Bretterküechle", „Walerküechle"

300 g Weizenmehl, 80 g Butter, 1 Ei, Rahm, Milch, Prise Salz, Vanillezucker oder Zimtzucker; Fett oder Öl zum Backen

Mehl, Butter, Ei und Salz unter Beigabe der nötigen Menge Rahm oder Milch zu einem nicht zu festen Teig vermengen und kneten, bis er Bläschen wirft. Kühl rasten lassen. Dann mit dem „Küechletrole" oder „-waler" (dem Nudelwalker) auf dem „Walerbrett" messerrückendick auswalken und mit dem „Küechlerädle", dem Teigradl (daher auch „ausg'radelte Küechle" genannt), oder einem scharfen Messer in drei- oder viereckige Flecken schneiden (von 6 bis 8 cm Seitenlänge). Diese in heißem Fett schwimmend in der Küechlepfanne beidseitig backen, mit dem Küechlespieß herausheben und abtropfen lassen. Mit Vanille- oder Zimtzucker bestreuen. (Maria Wimmer, Bregenz)
Diese Bretterküechle (in der bürgerlichen Küche auch Polsterzipfe – „Küeschele" – oder „Hasenöhrl" genannt) heißen in Vandans und Klösterle „Pfannenbrot", in Höchst „Pfanndünnele". Weil sie mit dem Küchenwaler (Rollholz) ausgewalkt werden, heißen sie auch „Walerküechle" (Rheintal, Bregenzerwald), wegen ihrer Form nennt man sie im Walgau „Hosenbletz" („Bletz" ist der Flicken für eine Männerhose), die Bartholomäberger sagen dazu auch „Weibergit".

Was in der städtischen (Wiener) Küche „Schaumrolle" („Schillerlocke") heißt, nennt man in Vorarlberg **„Tabakrolle"** bzw. **„Backrolle"** (Streifen des ausgewalkten Butterteigs um einen Blechzylinder, den „Backrollenmodel", wickeln und im heißen Schmalz backen) bzw. **„Schlieferküechle"**; wird der Butterteig mit Zimt gewürzt, erhält man die **„Zimmetrolle"**. Sie darf beim Festmahl am „Küechlesonntag", am ersten Fastensonntag, auf keinen Fall fehlen. **„Krautkrapfen"** dagegen, in Teig gewickeltes, in Schmalz gebackenes Weißkraut, sind alltäglich.

Eine andere Gruppe von Küechle wird aus dünnerem Brandteig zubereitet und mit dem Löffel oder durch einen Trichter („Trachter") wie Strauben ins heiße Backschmalz gegeben und gebacken; daher nennt man sie auch **„Löffelküechle"**, **„Ringküechle"** oder **„Trachterküechle"**. Verwendet man zu diesem Teig anstelle von Milch frisches Blut, erhält man die „Bluatstruba".

„Burahockerle" („Küechle")

3 Dotter, 3 Eiklar, 20 g Zucker, Prise Salz, 30 g Zucker, 60 g Mehl, Backschmalz

Dotter, Zucker und Salz verrühren, Eiklar mit 30 g Zucker zu steifem Schnee schlagen und mit dem Mehl darunterheben. Mit einem Löffel portionsweise ins Fett legen und schwimmend auf beiden Seiten braun backen.

Im Bregenzerwald gab es ein Backwerk, das man **„Altweiberknie"** nannte (war nur im Mittel- und Innerwald bekannt): je eine Dörrzwetschke wurde in den Teig getaucht und im Schmalz gebacken, wieder in den Teig getaucht und gebacken. Wird dieser Vorgang zwei-, dreimal wiederholt, entstehen größere, knorrige Gebilde. Im Sommer bäckt man **„Holderküechle"** (aus Holunderblütendolden), ebenso (im Bregenzerwald) **„Leckerleküechle"** (kleine Lebkuchen in Backteig tauchen und in heißem Schmalz backen), ähnlich werden auch Apfelschnitten, Salbeiblätter u. ä. gebacken **(„Apfelküechle", „Salbeiküechle")**; diese „Salbeiküechle" mögen den „Küechle mit an Schwänza" entsprechen (wenn der Blattstiel wie ein Mausschwänzchen herausragt). Auch Käseschnitten **(„Käsküechle")**, Speckscheiben **(„Speckküechle")**, Weißbrotschnitten, nur in zerklopftem Ei gewendet **(„Brotküechle")**, gedörrte Birnen **(„Birnenküechle")** werden auf diese Art gebacken. **„Apostelbrocken"** (Frastanz, Altach) sind Weißbrotschnitten, in Milch, dann in versprudelte Eier getaucht, wie Pofesen in heißem Fett gebacken, mit Zucker und Zimt bestreut. Die gleiche Speise nennt man in Altach „versoffene Jungfer". **„Apostelkuchen"** dagegen nennt man in Bludenz im Rohr gebackene, mit Apfelschnitten und Weinbeeren gefüllte „Mehlnudeln" (eine Art Buchteln).

„Weinleiterle"

4 altbackene Semmeln, $^3/_8$ l Wein, Zucker, 4 Eier, 1 EL Wein; Backschmalz, Zimt, Zucker

Von den Semmeln die Rinde rundum wegschneiden oder reiben, in längliche, fingerdicke Schnitze schneiden, in den mit etwas Zucker gesüßten Wein tauchen und auf einer Platte zu Leitern übereinanderlegen und so eine Stunde liegen lassen, dann die Schnitten in den verklopften Eiern umkehren, in heißem Schmalz backen, noch warm mit Zucker und Zimt bestreuen und trocken oder mit heißem Glühwein servieren.

„Wefzgenescht" (Wespennest)

200 g Mehl, 4 Dotter, 4 Eiklar, $^1/_4$ l Milch, Prise Salz, Zucker; 10 EL flüssiger Honig; Backschmalz, Honig oder Marmelade

Mehl mit Dottern, Milch, Salz und Zucker verrühren. Zu Schnee geschlagene Eiklar zuletzt daruntermengen. Nacheinander einige hölzerne Kochlöffelstiele zusammen oder daumendicke Holzstäbchen ca. 2 cm tief in den nicht zu dicken Teig tauchen und sofort in das heiße Backfett halten und backen. Diesen Vorgang zwei-, dreimal wiederholen, bis ein Küechle in der Größe eines Apfels bzw. eines „Wespennestes" erreicht wird. Das Gebäck vorsichtig von den Kochlöffelstielen abstreifen, in die entstandene Höhlung flüssigen Honig träufeln oder Marmelade geben. Mit Zucker bestreuen. Das gleiche Gebäck läßt sich aus dem Küechleteig machen. (Kleinwalsertal)

Germteig ist in Vorarlberg viel später als in der der böhmischen Küche näheren Wiener Küche eingeführt worden, Germspeisen sind daher in Vorarlberg nicht bodenständig geworden (und die Namen sprechen auch immer von einer Übernahme von Sache und Wort aus dem Österreichisch-Bayrischen). Aus Hefeteig (Hefe, der „Hepf", „die Hearpf") werden die „Hepfküechle" bzw. die „gehefIten Küechle" gemacht, aber auch „Gugelhopfen" auf die verschiedensten Arten, Schnecken, Stollen und andere süße Brote sowie Kuchen. Nicht von ungefähr bringt das „Lindauer Kochbuch" noch in der 12. Auflage (ca. 1888) zum Kapitel „Hefenbackwerk" (wie auch zum Rezept „Bayerische Dampfnudeln") eine ausführliche Anmerkung und Anleitung zum Gebrauch von Preß- oder Kunsthefe (wie auch von Backpulver).

„Krapfa" (Krapfen), „Hepfküechle" (Hefeküchle), „Hebeküechle"

560 g Mehl, 3 EL Zucker, 1 EL Rum, $^3/_{16}$ l Milch, 6 Dotter, 80 g Butter, 40 g Germ, Prise Salz; Backfett

Butter rühren („abtreiben"), nach und nach Dotter (und Eier) dazurühren sowie geriebene Zitronenschale oder Rum, vorgewärmtes Mehl, lauwarme Milch, Prise Salz sowie das Dampfl aus Germ, wenig lauwarmer Milch und Mehl dazugeben. Zu einem glatten Teig abschlagen, mit Mehl bestäubt gehen lassen. Dann auf bemehlter Unterlage ca. 1 cm dick ausrollen, mit einem Trinkglas runde Scheiben ausstechen, auf die eine Hälfte der Scheiben genau in die Mitte einen Teelöffel Marmelade setzen, darauf eine Teigscheibe legen, entlang des Randes gut zusammendrücken, mit einem etwas kleineren Ausstecher noch einmal ausstechen, um einen glatten Rand zu erhalten. Zugedeckt gehen lassen. Dann mit der Oberseite in das heiße Backfett legen, beidseitig backen (zunächst mit einem Deckel zudecken). Aus dem Fett heben, gut abtropfen lassen und mit Zucker bestreuen.

> **1126. Aufgelaufene Faschingsküchlein auf gewöhnliche Art.**
> 560 Gr. (1 Pfund) gesiebtes, gewärmtes Mehl wird mit $^3/_8$ Ltr. ($1^1/_2$ Schoppen) warmer Milch zu einem Teig angemacht, 50 Gr. (3 Lot) zerlassene Butter, zwei Eier, ein Eßlöffel Zucker, ein halber Kaffeelöffel Salz und drei Eßlöffel Hefe (45 Gr. Preßhefe) beigefügt, und solches zusammen gut abgeschlagen. Nun läßt man den Teig an einem warmen Ort aufgehen, stürzt ihn, nachdem er sich gehörig gehoben hat, auf ein mehlbesätes Brett, wargelt ihn halbfingerdick aus, und rädelt mit dem Backrädchen verschobene Vierecke ab, welche man auf ein gewärmtes Tuch legt und nochmals an einem warmen Ort etwas aufgehen läßt. Die Küchlein werden dann aus heißem Schmalz schön gelb gebacken, und mit Zucker und Zimmt bestreut warm zu Tisch gegeben.

Aus: Christine Charlotte Riedl, „Lindauer Kochbuch für guten bürgerlichen und feineren Tisch eingerichtet". 10. Aufl. Lindau 1886.

Die ausgezogenen Bauernkrapfen (mit dem dicken Wulst außen, innen ganz dünn ausgezogen) heißen „verzogene Faschingsküchlein"; daneben gibt es auch die „ausgewargelten Faschingsküchlein" oder **„Kissele"** aus Butterteig, die ausgewalkt („ausgewargelt"), zu drei- oder viereckigen Küchlein ausgeradelt und in heißem Schmalz gebacken werden. Die **„Kirchweihnudeln"** aus Germteig werden zu handgroßen Vierecken ausgewalkt, deren Ecken eingebogen, „so daß die Form eines Briefcouverts" entsteht. Aus Röthis und Viktorsberg ist ein schmalzgebackener Krapfen aus Germteig mit dem Namen **„Judenbuckel"** überliefert (ein ähnliches Rezept habe ich in einem handgeschriebenen Kochbuch aus Tirol gefunden).

Backwerk

An die Stelle der in Schmalz gebackenen Küechle rückten als Festtagsspeisen in jüngster Zeit immer mehr die Kuchen, deren Zubereitung vermehrt in Kochschulen gelehrt wird. Gefördert wurde diese Entwicklung nicht zuletzt durch den vor etwa hundert Jahren eingeführten, seither immer weiter entwickelten Sparherd mit Backrohr. Vorher kannte die Vorarlberger Köchin nur wenige im Rohr gebackene Speisen (einige Aufläufe und Koche haben wir bereits kennengelernt). Beliebt wurde der Gugelhupf, in Bregenz auch „Ofenkatze" genannt, bisweilen mit Dörrbirnen gefüllt, im „Ofenkatzmodel" (Gugelhupfmodel) gebacken. Den Namen erhielt das Gebäck nach der Form einer auf dem Ofen zusammengerollt schlafenden Katze. In den städtischen Haushalten wurden die aus der ostösterreichischen Küche eingeführten „Buchteln" bekannt.

„Ofenkatze"

420 g Mehl, 30 g Germ, 140 g Butter, 80 g Zucker, 2 Eier, 2 Dotter, Prise Salz, 1 TL geriebene Zitronenschale, 1 TL Rum, etwas Milch, 500 g geschältes, geschnetzeltes Obst nach Saison; Butter für die Form

Germ mit 1 Eßlöffel Zucker, etwas Mehl und lauwarmer Milch zu einem Dampfl rühren, an einem warmen Ort zugedeckt gehen lassen. Butter, restlichen Zucker, die Eier und Dotter schaumig rühren. Mit den Geschmackszutaten, dem Dampfl und dem Mehl zu einem weichen Germteig schlagen. Zugedeckt wieder gehen lassen, dann mit dem vorbereiteten Obst vermengen, in eine gut ausgefettete Pfanne (oder Kasserolle oder Gugelhupfform) geben, nochmals aufgehen lassen, mit Butter bestreichen und im mittelheißen Rohr goldbraun backen.

„Biestgugelhupf", „Biestkuchen"

500 g Mehl, 80–100 g Zucker, Prise Salz, 1/2 l Biestmilch, 30–35 g Germ, Fett für die Form

Aus wenig Mehl, Biestmilch und zerbröselter Germ ein Dampfl anmachen, mit Mehl dicht bestäuben und gehen lassen. Dann mit dem restlichen Mehl, Zucker, Prise Salz und der lauwarmen Milch zu einem Germteig verarbeiten und wieder gehen lassen. In eine gefettete Gugelhupfform füllen und nochmals kurz gehen lassen. Dann im mittelheißen Rohr wie Gugelhupf backen. Man kann in den Teig auch gewiegten Anis oder vorgekochte, kleingeschnittene gedörrte Birnenschnitz dazugeben. Im Vorderwald heißt ein aus Biest gebackener Kuchen auch „Briester".
Unter Biest („Bieścht") versteht man die erste Milch der Kuh nach dem Kälbern, wobei die Milch ab dem zweiten oder dritten Melken bereits zum Kochen verwendet werden kann. Sie galt früher als etwas Besonders, wie dieses und ähnliche Rezepte beweisen.

Zopf (für Triëtschnitten)

1000 g Mehl, Milch, 4 EL Germ (70 g), 140 g zerlassene Butter, 105 g Zucker, 2 Eier, Prise Salz; Wein

Aus wenig Mehl, etwas lauwarmer Milch und Germ ein Dampfl machen und zugedeckt gehen lassen. Dann zusammen mit den anderen Zutaten zu einem glatten Germteig schlagen. Gehen lassen, daraus einen großen oder mehrere kleine „Weggen" oder Zöpfe formen, an einem warmen Ort zugedeckt nochmals gehen lassen.

Waage aus Holz.

Im mittelheißen Rohr backen. Nach einigen Tagen den Wecken in halbfingerlange Schnitten schneiden, mit Wein bestreichen, mit Triëtzucker bestreuen, einen Tag trocknen lassen, dann umdrehen, die andere Seite ebenso behandeln. *Triëtzucker:* 140 g groben Zucker mit 10 g Zimt, 1 Msp. Gewürznelken und pulverisiertem Sandelholz gut vermengen.

Bregenzer Brot

1 Ei, 2 Dotter, 100 g Kristallzucker, 1/4 Zitrone (Schale), 50 g Rosinen, 350 g ganze Mandeln, 2 Eiklar, 40 g Zucker, 100 g gesiebtes Mehl, 1 Msp. Backpulver

Ei, Dotter, Zucker und feingeriebene Zitronenschale mit dem Schneebesen dickschaumig rühren, wenig gehackte Rosinen und geschälte, ganze Mandeln beigeben. Eiklar steif schlagen, mit 40 g Kristallzucker ausschlagen, zusammen mit dem gesiebten Weizenmehl in die Masse einheben (Mehl mit Backpulver vermischt). Die Masse in eine gefettete, mit Mehl bestaubte enge Zwiebackform zwei Finger hoch einfüllen. Im mittelheißen Backrohr etwa 50 Minuten goldbraun backen. Nach dem Backen stürzen, zwei Tage zugedeckt kalt stellen, dann in halbfingerdicke Scheiben schneiden, flach nebeneinander auf ein reines Backblech legen und im mittelheißen Rohr überbacken.

Kleines Konfekt bzw. Kleingebäck, vor allem Lebkuchenarten, nennt man allgemein „Gutele" bzw. „Guetsle".

Die Kapuziner in Feldkirch stellten einst eigenes, sehr schmackhaftes „Türkenbrot" her, das sie an der Klosterpforte verschenkten. In Altenstadt bei Feldkirch verschenkten einst Dominikanerinnen kleine Bäckereien an die Kinder, „Nonnenfürzchen" genannt (der Name ist schon bei Fischart belegt). Ein aus Schwaben stammendes kleines Backwerk, in der städtischen Küche bekannt geworden, heißt „Springerle"; dazu sind kleine Formen aus Holz in Verwendung, in die Figuren (Tiere, Blumen, Menschen u. ä. m.) eingekerbt sind. Die Formen werden auf den Teig gedrückt, dann wird der Teig gebacken.

„Das Beste vom Besten"

6 Dotter, 520 g Mehl, 520 g Butter, 12 EL Zucker, Vanillezucker, Ribiselgelee, geriebene Zitronenschale

Butter in das Mehl bröseln (fein hineinschneiden), in eine Mulde die Dotter geben und verrühren. Vanillezucker, Zucker und feingeriebene Zitronenschale dazugeben und rasch abarbeiten. Kurz kühl stellen. Auf bemehltem Brett dick auswalken, runde, kleine Formen ausstechen, auf das Backblech legen, im Rohr ganz hell backen. Je zwei Kekse mit Ribiselgelee oder einer anderen glatten Marmelade zusammensetzen.

„Zimtsternle"

5 Eiklar, 200 g Zucker, 200 g geriebene Haselnüsse, 1 EL Zimt, 1 EL Mehl, Fett für das Backblech

Zucker und zu Schnee geschlagene Eiklar vermengen; einen Teil davon zum Bestreichen der Sterne auf die Seite stellen. In die restliche Masse geriebene Haselnüsse, Zimt und Mehl unterheben. Auf bemehltem Brett den Teig etwa 5 mm dick ausrollen, mit dem „Sternstecherle" Sterne ausstechen, auf ein gut gefettetes Backblech legen, mit der restlichen weißen Zucker-Eiklar-Masse bestreichen und backen.

„Honigbümmel" nennt man in Schwarzenberg Honigbrot-Lebkuchen in Scheibchen- oder Fladenform. („Bümmel" ist allgemein ein kreisrunder Fladen von ca. 20 cm Durchmesser.) Honig hatte bei den Bauern großes Ansehen und wurde als Süßmittel in der Küche und auch als Heilmittel verwendet; viele Redensarten legen davon Zeugnis ab: „den Honig habe" = enge Freundschaft halten; „der Honig ist versurat" (sauer geworden) = die Freundschaft ist aus (oder: „Der Honighafa ist brocha").

Brot und Brauchtumsgebäcke

In Vorarlberg findet man keinen eigenen Backofen im Haus, am Haus oder neben dem Haus wie im benachbarten Tirol oder in den anderen Bundesländern. Einst stand in der schönen Stube ein Hinterladerofen (von der Küche aus zu heizen), der auch zum Brotbacken und Fleischbraten verwendet wurde. Die Ofenwände sind bis zu dreiviertel Meter dick, und sie vermögen so viel Wärme zu spenden, daß man im Ofen noch backen und Obst dörren kann, wenn er in der Stube kaum mehr eine Erwärmung spüren läßt. Dazu wird nach dem Heizen die Asche entfernt.

Schon 1605 gab es eine geschriebene Brotordnung, an die sich die Bäcker bei Strafe halten mußten: „Die Geschworenen des Kirchspihls sollten gehörigermassen und zwar wöchentlich, einmahl allezeit unverhoffter Dingen das Brodt mit einem gepfächten (geeichten) Brodt-Wäglein abwiegen. Was dann die Montafonischen Unterthanen anbetrifft, so solle denjenigen Bäkkern, so ihr Brodt um 3, 4 oder mehr Loth zu leicht backen, alles zu leicht befundene Brodt ohne Gnaden weggenommen und den armen Leuthen im Kirchspihl

„Brotgrammel“ – Brotschneidemesser, auf Brett montiert.

ausgetheilet werden.“ Erwähnt werden in dieser und in anderen „Brotordnungen“ verschiedene Brotsorten, wie „Schild mit 4 Brötle, Grieslaib, Batzen Schild, Kümig Brodt, Bieren Brodt, Miggen, Zöpf, Neujahrs Brödter“ (Birnenzelten). In Bludenz und Montafon kennt man Fladen aus Brot- und Kartoffelmehl, „die Fogatsche“.

„Vesen oder Spelt sind besonders in Lustenau zu Hause... Weizen und Roggen kommen noch in den mittleren Berghöhen fort, Gerste, Haber, Dintel – oder Mischelkorn – ertragen eine höhere Lage, doch gibt es Jahrgänge, in welchen der Frost die Blüthe zerstört, oder nasse Sommer die Frucht nicht zur Reife kommen lassen. Dieser Fall muß in älteren Zeiten öfters eingetreten seyn, denn in der Gegend von Bregenz befanden sich Haberdörren, auf welchen die Körner ausgetrocknet und genießbar gemacht wurden; vielleicht waren es Anstalten, den Haber in Malz zu verwandeln, aus dem, wie in Kärnten und Krain, Steinbier gebraut wurde, jetzt wenigstens sind solche Dörren nur noch dem Namen nach bekannt.“ (Weizenegger, 1839)

Ursprünglich wurde das Bauernbrot aus einer Mischung von Gersten- und Hafermehl als „Haberbrot“ selber gebacken. Heute bäckt man noch da und dort aus dunklem Backmehl Brot. Anstelle der heute üblichen Preßhefe wurde früher, als in den tiefer gelegenen Teilen der Täler der Hopfen wuchs, jeweils eine „Dreifingermenge“ der getrockneten Hopfenfrüchte in wallendem Wasser aufgebrüht, abgeseiht und in diesem Wasser der „Teighefel“ der vorangegangenen „Bachati“ oder „Bachate“ (Bäckerei) mit etwas Mehl zu einem dünnen Teig aufgerührt. Nach dem Aufgehen wurde dieser Vorteig in der „Backmolta“ mit dem vorgewärmten Mehl zum Brotteig aufgearbeitet, wobei manchmal auf der Wiese gesammelter Kümmel neben Salz als Gewürz unter den Teig „gekrepfet“ wurde. Durch die lange Gärzeit von 6 bis 8 Stunden, zumeist über Nacht, bekam der Teig bzw. das Brot den gewünschten säuerlichen Geschmack. Die jeweils 10 bis 12 Laibe wurden in den vorgeheizten, mit dem „Ofarusche“ ausgeräumten, mit dem feuchten „Ofawüsch“ „ausgewüschten“ Back-Stubenofen mit dem „Brotlid“ geschoben und etwa $1^1/_2$ Stunden gebacken.

Dem Spruch getreu: „Ofarösch und mülewarm macht da riechste Bura arm“ wurden die frischen Brotlaibe auf einem Gestell, dem „Brothanga“, etwa eine Woche abgelagert, ehe sie angeschnitten werden durften.

Für das Aufheizen des Backofens stehen eigene Biegen aus „Bachaschitern“ bereit. „Der hat Schulda wia Schiterbiega; meh as an Hund Flöh“ ist eine Redensart für einen bis über beide Ohren Verschuldeten.

„Bachnudel"

Von einem fertigen Brotteig einen kleinen Teil nehmen, daraus 15 bis 18 cm lange Nudeln formen und in heißem Fett schwimmend backen wie Küechle (aber nur bis zu einer leichten Bräunung). Dabei gehen die Nudeln etwas auf. Die Bezeichnung „Bachnudeln" leitet sich von mundartlich „bacha" für backen ab.

„Ziabel", „Apfellaiblein"

Aus Brotteigresten, meist aus der „Raumete" bzw. „Geltarumate" (den zusammengeschabten Teigresten), Flecken formen, darin je einen Apfel einhüllen und im heißen Backofen (ganz vorne) backen.

Während der Aufheizzeit eines Backofens, wenn die „Bachaschiter" prasseln, wurde darin im Montafon auch gern der Ofen- und der Gitzibraten (siehe Seite 530) gebraten. Zwei für Vorarlberg typische Weißbrotarten (die aber nicht nur in Vorarlberg hergestellt werden) sind die „Kümmelbrötle" oder „Herrelaible" und das „Schildbrot".

„Herrenlaible", „Pärle", „Kümmelbrötle", „Kümmigbrot"

Aus bestem Weizenmehl einen extrem weichen, glatten Germteig kneten. Nach der Teigreife werden „Laible" gedreht, gewöhnlich mit Kümmel gewürzt und paarweise zu dunklen, reschen „Pärle" gebacken. Sie sollen das „Mittagsläuten nicht hören", da sie nur frisch ganz knusprig sind und beim Hineinbeißen die „Brösel" unter dem entsprechenden Knacken „meterweit" nach allen Seiten spritzen müssen. Die Bregenzer nennt man wegen ihrer Vorliebe für dieses Gebäck spöttisch „Herrenlaiblefresser". Einen Geizhals bezichtigt man dagegen, daß er „Kümmel spalten tät", und „kleine Herrenlaible geben große Häuser" heißt, daß untergewichtige Herrenlaible einen Bäcker reich machen.

Schild, Schildbrot, „Gadenbrot"

Ein Gebäck aus Weißmehlteig in Form von vier kreuzweise zusammengebackenen länglichen Laibchen. Es ist in seiner Kreuzformgliederung als Weihebrot der hl. Agatha (5. Februar) oder der hl. Katharina (25. November), der Schutzpatronin der Müller, geweiht. Aus einem „gehefelten" mittelfesten Weißbrotteig werden länglich-ovalrunde Laibchen geformt, vier Stück kreuzweise zusammengefügt und zusammengebacken.

„Schild" sind ausgezeichnete Kaffee- und Jausengebäcke, besonders auch für Kranke, in Frastanz wird das Gebäck als „Kindbettbrot" oder „Gadenbrot" (Gadenbett = Ehebett) verwendet. („Schildlaible" bezeichnet vor allem das einzelne der vier kleinen Laibchen.) Während des Wochenbetts soll man nichts vom Haus ausleihen, da der Entlehner damit Böses wünschen oder tun könnte. (Langenegg)

„Schildbrot", noch heute erhältlich.

„Butschelle"

Die „Butschelle" (rätoromanisch: „Butschalla" = Weizenbrot; lat.-ital. bucella = Bissen) ist ein längliches bis rundes, tellerförmiges Eier-Milchweißbrot aus besserem Weizenmehl, nach Bäckermeister Streng das älteste in Vorarlberg erzeugte Gebildbrot. Es wurde besonders zu Weihnachten und zu Ostern gebacken, wird aber heute kaum mehr hergestellt. Johann Georg Prugger berichtet in seiner „Historischen Beschreibung der vor dem Arlenberg gelegenen Statt Veldkirch", gedruckt MDCLXXXV (1685), über das Jahr 1382: „Mehr gelobter (Graf) Rudolphus (von Montfort), neben anderen schönen Qualitäten, war eines gar fröhlichen und lustigen Gemüths, machte seinen Burgern, mit eigenen Unkosten, ehrliche und löbliche Kurzweilen; neben anderen Spielen hat er allzeit nach Verfließung dreier Jahre der ganzen Landschaft junge Knaben nach Feldkirch geladen und daselbst ihnen in der Neustadt auf offener Gasse aus Könelin (Kennel) (wie man den Schaffen [= Schafen] Geläck [= Salzlecken] zu machen pflegt), Hirsche (= Hirsebrei) genug, darzu einem jeden

ein Butschellen Brodt zu Sold geben hat lassen; diese Jugend hat müssen mit hölzernen Wehren butzen Fähnlein und Spielleuten, gleich den Soldaten, aufziehen, mit welchem Aufzug sie die Feldkirchischen Heldengemüther (deren nicht eine geringe Zahl gefunden wird!) damals in etwas adumbriert und vorgestellt hat."
Diesen Brauch hat der Rat von Feldkirch noch etliche Jahre fortgeführt, „wie dann letztlich Anno 1539 über 2200 Knaben in die Stadt gezogen sind, denen dazumal 11 Pfund pf. Brodt oder Butschellen ausgetheilt, und 13 große Kessel mit Hirsch (wozu man drei Som Milch gebraucht), zugerichtet und aufgesetzt sind worden. (Som = Saum = Sahm: Die Stadtmaß in Feldkirch hatte 1,128, der Som 108,288 Liter. Es wurden somit rund 325 Liter Milch für den Hirsebrei verwendet.)
Die Armen wurden mancherorts das Jahr über wiederholt mit Brotspenden bedacht, so vor allem bei Sterbegottesdiensten, bei denen meist auch der Mesner das Seine erhielt. In der Kirche von Au gab es einen eigenen Ständer für dieses „Armenbrot". „Am Hungrtuch nago" war in Bregenz die Bezeichnung für jene, die bei einem Trauergottesdienst in der Kirche Brot holen durften. In Sulzberg mußten die Ortsarmen dafür nach dem Gottesdienst am Marienaltar für die Verstorbenen beten; in Au mußten sie dazu ihre Kinder mitbringen. Hierauf erst wurden die Gaben verteilt. Im Bregenzerwald wurden die Mesner meist mit Naturalien bezahlt; diese sind in der Regel bei Sterbegottesdiensten entrichtet worden, daher führte der Friedhof scherzhaft auch die Bezeichnung „Mesneralm". So bekam der Mesner von Au für jede verkündete Seelenmesse eine „Spend" Schmalz, einige Laib Brot, einige Eier und Geldstücke in die „Schlage", d. i. in den Butterknollen; außerdem hatte er Anrecht auf das schönste Paar Schuhe des Toten. Die Almosenstiftungen, in Lech und Warth „Spends" genannt, sind nicht nur mit Sterbegottesdiensten und Jahrtagen, sondern auch mit anderen Meßstiftungen in Zusammenhang gebracht worden. Damals wurde überhaupt die Armenversorgung als Pflicht der Gläubigen aufgefaßt. In Rankweil wurde am Namen-Jesu-Fest die „Satorispend" verteilt, wobei die Beschenkten für den Stifter Satori fünf Vaterunser beten mußten. In Rankweil gab es eine „Brotspendstiftung" an drei aufeinanderfolgenden Mittwochen; nach dem Gottesdienst erhielten die Armen vom Pfarrer im Pfarrhof das Brot, das der „Spendbäcker" gebacken hatte (der dafür am Lichtmeßtag 4 Wachsstücke und Geld aus dem Stiftungsfonds bekam). In Feldkirch wurden am Kirchweihtag Brot, Fleisch und Wein verteilt. So gab es an vielen Orten mehrere Jahresstiftungen mit einer Armenspende, in Sulzberg sogar eineinhalb Dutzend, die vor allem nach den Wettermessen verteilt wurden.

Unter **„Birenbrot"**, **„Multscherre"**, **„Moltschero"**, **„Schnitzbrot"**, **„Singet"**, **„Birenzelten"** versteht man das bekannte Früchtenbrot. Das Wort „Multscherre", „Moltschero" (Schwarzach, Hard, Lochau), „Munt", „Martscherre" (Dornbirn, Lochau) kommt vielleicht vom mittelhochdeutschen „muschte(l)" = Brot von geringerer Größe und Beschaffenheit; es wird aber auch mit dem Wort „Muelt, Multe" = Backtrog in Zusammenhang gebracht; im Schwäbischen gibt es ein „Mutschélle(nbrot). Der (oder die) „Multscherrer" (Betonung auf der zweiten Silbe) ist der letzte aus der Multe mit dem Scharreisen („Multenschorre") zusammengekratzte Teigrest bzw. das daraus hergestellte Brot (Bregenzerwald); in Bezau heißt es „Multenschorre", in Bizau die „Multenscherrete" (für Überbleibsel, Rest allgemein). „Birenbrot", „Birenlaib" (= Birnenbrot) heißt es deswegen, weil der Hauptbestandteil dieses Brotes die miteingebackenen zerkleinerten Dörrbirnen (anderswo „Kletzen" genannt), die „Süeßlarschnitz", sind. Eine andere Bezeichnung lautet „Zelten" = flache Kuchen mit Gewürzen, Früchten und Dörrobst, mit Zucker und Honig gesüßt. In Bizau und Lech kennt man dafür auch die Bezeichnung **„Birenzibolle"**. Die **„Birenwähe"** dagegen ist ein Brotfladen mit eingebakkenen Schnitten von Dörrbirnen. Die „Singet(e)" (Langen, Thal-Sulzberg) bedeutet wohl eine zur Weihnachts- und Neujahrszeit durch Singen vor der Krippe verdiente Gabe. In einem Bludenzer Erlaß aus dem Jahre 1688 heißt es: „Die bierenzelten und Göthebrödter sollen dermalen gänzlich abgeschaffet sein." Aber mit diesem Verbot war „dem Ofa predigat und da Müsa pfiffa", das Verbot mußte bald wieder aufgehoben werden. 1718 mußte die Herstellung der „Göttezelten und -brödter" wesentlich vereinfacht, auch der Preis neu geregelt werden. 53 Jahre später durfte für einige Zeit auch kein „Klosabrot" zu Nikolo gebacken werden, weil die Not im Lande übergroß war.

„Birenbrot" der Fanny Amann

Teig: 3000 g Mehl, 50 g Hefe, lauwarme Milch, Salz
Hülle: 2500 g Mehl, 80 g Butter, 80 g Zucker, 60 g Hefe, Salz, lauwarme Milch

Fülle: 2000 g „Wieberle" (Weinbeeren), 1000 g Zucker, ³/₄ l Wasser, 5000–6000 g gedörrte, gut gereinigte Birnen, 2000 g zerschnittene Feigen, 250 g grob gewiegte Walnüsse, 250 g gewiegte Haselnüsse, ¹/₈ l Rum, ¹/₄ l Schnaps, geriebene Zitronenschale, Zimt, gestoßene Gewürznelken.

Zuerst Weinbeeren waschen, in gekochtes Zuckerwasser (1000 g Zucker auf ³/₄ l Wasser) geben und zur Seite stellen. Für die *Hülle* das Mehl mit Hefe versetzen, salzen und mit lauwarmer (nicht zu heißer) Milch zu einem festen Teig verarbeiten. Dann an einem warmen Ort gehen lassen, bis er auf die doppelte Größe aufgegangen ist.

Für den zur *Fülle* nötigen Teig das Mehl wieder mit Hefe versetzen, salzen und mit lauwarmer Milch zu einem lockeren Teig verarbeiten und ebenfalls zum Gehenlassen an einen warmen Ort stellen. (Beide Teige kennzeichnen, daß man sie nicht verwechselt.)

Die gereinigten Dörrbirnen (Stiel und Kerngehäuse entfernen) einige Minuten in Wasser kochen, dann durch die Faschiermaschine treiben. Die Birnenmasse mit dem inzwischen gut aufgegangenen Teig zur Fülle vermengen und gut einkneten. Je nach Geschmack auch mit Zimt und Nelken würzen, die geschnittenen Feigen, die grob gewiegten Hasel- und Walnüsse, geriebene Zitronenschale, Rum und Schnaps und die seit Stunden eingeweichten Weinbeeren dazugeben und ebenfalls gut einkneten. Die gesamte Füllmasse nochmals kurz gehen lassen (an einen warmen Ort zugedeckt stellen). Inzwischen den aufgegangenen Hüllteig auf bemehltem Brett in kleine Stücke teilen, diese messerrückendick auswalken. Aus der zum zweiten Mal aufgegangenen Füllmasse kleine „Weggchen" formen, diese zu je einem Stück auf die ausgewalkten Hefeteig-Hüllblätter legen und damit einhüllen. Die Birnenbrote mit zerklopftem Ei bestreichen, mit einer Gabel Löcher in die Decke der Oberseite stechen. Diese „Bireweggle" etwa eineinhalb Stunde im heißen Ofenrohr backen. (Herbert Sohm, der unermüdliche Sammler alter Bauernrezepte aus dem Ländle, hat dieses Rezept von der ehemaligen Besitzerin des Schnitner Bädles, Fräulein Fanny Amann, überliefert.)

„Birenbrote" wurden in alten Zeiten als Opfergaben in den Nächten zwischen Weihnachten und Dreikönig zusammen mit Butter und Schnaps auf den Tisch gestellt und dabei ein Fenster geöffnet. Nachts durften sich dann die Armen und Ärmsten der Gemeinde diese Gaben holen – die „guten Göschter" (Geister) waren somit belohnt, die bösen gütig gestimmt, den Armen war auf alle Fälle geholfen.

Noch vor dem Ersten Weltkrieg setzten Gastwirte ihren Stammgästen das „Birenbrot" am Neujahrsmorgen kostenlos vor. Auch in den Privathäusern wird jedem Neujahrsgast ein solches Brot angeboten. In einigen Gemeinden, auch in Lustenau, ziehen heute noch die Jungburschen von Haus zu Haus und lassen sich damit bewirten. Ursprünglich lag in dieser Sitte auch eine Gelegenheit zum Kennenlernen der jungen Paare. Buken die heiratsfähigen Mädchen diese Leckerbissen selbst, so priesen sie sich mit dem Schenken des Früchtenbrotes als gute Köchinnen an. Oft erhält der Verlobte auch noch heute als erste jahreszeitliche Gabe ein „Birenbrot" aus der Hand seines Mädchens. Holt er es bis Dreikönig nicht ab, gilt die Verlobung als vom Burschen gelöst, wie umgekehrt das Mädchen durch Zu-

„Giafass" (Gießfaß) und „Becki" (Becken) aus Zinn waren seit der Renaissance in vielen Vorarlberger Stuben anzutreffen.

rückhalten des Brotes vom Burschen Abstand nimmt. Seltsamerweise wurde dieses „Birenbrot" nie in die kirchliche Weihe einbezogen. Alle anderen Festgerichte gingen längst in das Sonntagsmahl über. Sie tauchen auch an Familienfesttagen auf, vor allem am Hochzeitstag. „Birenbrot" und ein Glas Wein oder Kaffee gehören zur Bewirtung der Hochzeiter, die ihr Frühstück im Gasthaus verzehren. In ganz alter Zeit soll dieses Hochzeitsfrühstück aus einer Kirschensuppe bestanden haben, in späterer Zeit gab es nur mehr Kaffee und Gebäck.

Ein knuspriger, lang haltbarer Kuchen aus Mais- und Weizenmehl und in große Blätter gewalkt heißt **„Derbele"** (von mittelhochdeutsch „derp" = ungesäuert). Der knusprig-gelb gebackene Rand eines Brotlaibes bzw. der Anschnitt wird in Lustenau auch „der Seiler" genannt.

Am Tag der hl. Agatha (5. Februar), Schutzpatronin gegen Feuersbrunst, werden die **Agathenbrote** in der Kirche geweiht; sie werden zum Schutz gegen Feuersbrunst aufbewahrt, aber auch krankem Vieh verabreicht; und wenn ein Ertrunkener nicht aufgefunden wird, schwimmt ein ins Wasser geworfenes Agathenbrot dorthin, wo die Leiche liegt. Scherzhaft bezeichnet man auch altes, hartes Brot so.

„Taufbrote" bzw. **„Götte-"** und **„Gottebrot"** aus Milchbrotteig, Eiern und feinstem Weizenmehl findet man in verschiedenen Formen vor, z. B. als Zopf oder Ring; es wird besonders zu Neujahr als Patengeschenk von der Taufpatin („Götte") bzw. dem Taufpaten („Gotte") dem Patenkind geschenkt. Mit der Aushändigung eines Zopfbrotes darf ein Walserkind vom Paten auch die Einladung zum „Mähli" (Festessen, -jause) erwarten. In Montfort, Frastanz, Altach und Blons wird der **„Eierring"** oder das „Ringbrot", ein ringförmiges, zopfartig geflochtenes Eier-Milchbrot, zu Neujahr als Patengeschenk verwendet, in Vandans, Bregenz, Höchst und im Innerwald auch der **„Eierzopf"**, ein zopfförmig geflochtenes Eier-Milchbrot. Weil die „Gottebrote" meist zu Neujahr verschenkt werden, nennt man sie auch „Neujahrbrot". Auch alte Formen von „Schnecken", mit Zuckerguß versehen, sind bekannt, aber heute längst Alltagsgebäck geworden. Andere Gebildbrotformen waren und sind zum „Klastag" (Tag des hl. Nikolaus) üblich; sie reichen von der Darstellung eines Menschen mit Rosinenaugen („Klasmännchen", „Klasweible") bis zu künstlerisch gestalteten Tier- und anderen Formen (Hirsche, Hasen, Vögel, Pfeifen). Am Karfreitag hat man kleine Kümmelwecken gebacken. Auch zu Ostern gibt es ein besonderes Gebäck, den „Osterwecken".

Alte Montafoner Neujahrsbrote sind die **„Migge"** **(„Mikkle")** und die **„Murra"**, kleine zweireihige, längliche Eierbrote, von denen gewöhnlich mehrere zu einer Reihe (Zeile) zusammengebacken sind. (Eine große „Migge" hat 36 „Zinggen", eine kleinere 20 „Zinggen"). Das rätoromanische Wort „micha" bedeutet Laib Brot, Weißbrötchen, das mittelhochdeutsche Wort „mikke" = kleines Brot. Die „Murra" ist ebenfalls ein längliches, oval geformtes Weißbrot, bisweilen auch mit Eiern hergestellt; es hat meist einen Längsschnitt auf dem „Rücken"; gewöhnlich versteht man darunter auch mehrere derartige in einer Reihe zu einem Zeilengebäck (ca. 6 bis 8 cm hoch, bis zu 40 cm lang) zusammengebackene Brötchen („Murrebrot"). In Feldkirch gab es diese Brotform auch das Jahr über in den Bäckerläden zu kaufen, sie wurde aus gesüßtem Milchbrotteig gemacht, dem zuweilen Eier beigemengt wurden. Wenn einer üppig und über seine Verhältnisse lebt und dabei wirtschaftlich zugrunde geht, sagt man in Röthis dazu: „Mit den Miggen kann man Bröt spären." Am Jakobitag (25. Juli) wurden in Vandans die **„Jakobimigge"** gebacken. Am Sonntag danach („Jakobisonntag") wird in Schnifis und im Kleinen Walsertal die Hälfte der Alpzeit mit Tanz gefeiert („Alpkilbe"). Aus Röthis ist ein kleines, flaches Zuckerbackwerk, das „Zuckerbähe", „Zuckerbeile", überliefert. In Brand und im Montafon gibt es das **„Mehlberbrot"**, ein Brot mit gemahlenen getrockneten Mehlbeeren als Mehlersatz, und man spottet über die Einwohner von Vandans mit dem Spruch: „Mehlberbrot und Hirschenfleisch machet die mageren Venser feist." Nicht feist wurden die Kinder in Gisingen, wenn sie beim Brotholen vom Bäcker als Zugabe ein kleines (halbes) Brötchen („Gigges" genannt) erhielten. Ein kleiner flacher Brotlaib heißt dort auch „Wähe"; „Gitzekamm" ist ein kleines Gebäck (oder Kuchen) in Form eines Ziegenhorns, und „Piperlaible" schließlich ist ein kleines Gebäck in der Größe eines Hodensackes, das in Schwarzach (Rheintal) Kindern vom Bäcker geschenkt wurde.

Eine weitere nicht näher beschriebene Gebäcksform nennt sich der „Binges". Aus Langenegg ist ein längliches Gebäck namens „Geige" überliefert, das seine Bezeichnung wohl von seiner Form bekommen hat.

Vorratswirtschaft

„Vom Sulzberge an durch den Bregenzerwald“, schreibt Weizenegger in „Vorarlberg“, 1839, „die Landgerichte Sonnenberg, Montafun und einen großen Teil von Feldkirch ist die Alpenwirtschaft der Hauptnahrungszweig . . . Mit Ende Mai oder anfangs Juni werden die Voralpen, hier Maien- oder Vorsässe genannt, bezogen; viele Familien verlassen dann auf vier bis sechs Wochen ihr Pfarrdorf, wohnen mit den Kindern und der ganzen Habe in den Senn- oder Alpenhütten und kehren strotzend von Gesundheit aus der reinen Bergluft in ihre Häuser zurück. Eigene Sennen übernehmen in den Hochalpen die Sorge für die ganze Herde, und im Herbst nimmt jede Familie den Segen der Alpen nach der Anzahl des Viehes in Empfang. Das Mittel zur richtigen Verteilung ist sehr einfach, die Milch wird von den Stücken jedes einzelnen Vieheigentümers gewogen, aufgemerkt, und nach diesem Maßstabe erhält jeder genau, was ihm gebührt. Saumpferde bringen dann den Gewinn zur weiteren Verteilung in das Tal herab.
Die Benützung der Milch wechselt nach den Zeitumständen, manchesmal schafft man besseren Gewinn mit frischer oder ausgelassener Butter; ist aber Militär an gelegenen Orten zahlreich versammelt, so hat der Käs den Vorzug.“

Allein im Montafon gibt es 54 Alpbetriebe, von denen allerdings ein Großteil heute nicht mehr benützt wird. Die Viehzählung aus dem Jahre 1785 ergab 3035 Kühe und 4100 Jungtiere, dazu kamen noch 8300 Schafe. Den besten Milchkühen gehören die besten Weiden, die Jungtiere beweiden die riesigen Hochflächen. Fast überall bleiben die Tiere den ganzen Sommer über im Freien. Schafherden hält man dort, wo es den Rindern zu rauh und zu steil ist. Jeder Senn muß die Weide so einzuteilen verstehen, daß er den ganzen Sommer immer noch über Reserven verfügt. Die Trockenheit des Bodens, aber auch Unwetter müssen dabei berücksichtigt werden.

Senner und Beisenn arbeiten oft von 4 Uhr früh bis 8 Uhr abends; erst im September, wenn die Milchleistung der Kühe abnimmt, wird die Arbeit etwas weniger. Für zwanzig Kühe wird je ein Mann angestellt, um der Melkarbeit nachzukommen, bei Jungtierherden rechnet man bis zu 100 Stück für einen Senn mit Beisenn. Für größere Herden stellt ein Bauer meist noch einen Buben ein. Die Alpzeit dauert im günstigen Fall von Mai/Anfang Juni bis Mitte September, also 90 Tage, auf den hochgelegenen Alpen nur 60 bis 70 Tage. Als Unterkunft diente den Alpleuten früher oft nur eine Hütte aus aufgehäuften Steinen, mit ein paar Dachschindeln darüber; die Verpflegung bestand meist aus Milch und Mus. 50, ja 60 Alpsommer erlebte so ein altgedienter Älpler. Die Bezahlung war gering.

Alpe, Ställe und Vieh wurden zu Beginn der Weidezeit vom Pfarrer gesegnet, bisweilen auch Butter und Käse, selbst der Exorzismus gegen Mäuse war nicht selten. Bei der Segnung der Alpe wurde im Montafon aus der „Jochete“ (Bergwacholder, Zwergwacholder) ein Feuer („Jochetefeuer“) gemacht und das Vieh durch den Rauch getrieben, um es vor Seuchen zu schützen. Die Bauern zahlten jährlich zu Mariä Himmelfahrt dafür dem Pfarrer „Schmalzgeld“ oder brachten ihm Naturalien. In Brand mußten die Bauern einen Butterknollen

Butterrührkübel (Heimatmuseum Schruns).

am linken Seitenaltar auflegen; er war mit einer Nelke verziert und durfte nicht in Geld abgelöst werden.
„Zur Verbesserung der **Käsebereitung**", schreibt Weizenegger („Vorarlberg", 1839) „haben sich Sennen aus dem Bregenzerwalde nach der Schweiz in das Emmenthal und selbst nach Niederdeutschland begeben; man ahmt die Emmenthaler- und Lüneburger-Käse nach – letztere nennt das Volk ihrer Form wegen Backsteine . . . In der Regel gehen die fetten Käse nach den Salzbergwerken in Hall und nach Wien, wo man sie Schweizer- oder Kroyer-Käse nennt, seit dem Jahre 1830 aber war der Absatz nach Mailand sehr stark. – Der sogenannte Zieger, oder der Überrest geronnener Milch, von welcher das Flüssige abgetropft ist, macht ein vorzügliches Nahrungsmittel des Landmannes aus. Im unteren Vorarlberg wird er mit Kümmel und Salz in hölzerne Kübel – Gelten – eingeknetet und heißt, wenn er alt genug ist, Wälderzieger; im oberen Lande bleibt der Kümmel weg, es kommt mehr Salz dazu, und wird dieserwegen saurer Käs genannt, den einige für ein gutes Magenmittel halten, besonders klein geschnitten, und mit Essig und Öl angemacht, wenn man vorher zu tief in das Glas geschaut hat." Dieser **Kässalat** kann auch mit Pfeffer und Zwiebel angerichtet werden. „Käse drucke" ist ein Spiel der Buben, die sich auf einer Bank zusammendrücken, bis einer aus der Reihe gepreßt wird. In Vorarlberg ißt man Käse zur Neunuhrjause, nicht selten auch schon zum Frühstück, ebenso am Nachmittag und zum Nachtmahl; überdies wird zu vielen Gerichten Käse verwendet. Dabei handelt es sich in der Regel um zwei Sorten Käse, um den älteren „suren Käs" und um den „räßen Käs", einen halbfetten Käse. Der „sure Käs" wird in kleinen Formen im eigenen Haushalt hergestellt. Die anderen gelten als eher mindere Produkte der Alm- und Vorsäßsennereien. Die Fettkäseerzeugnisse dagegen gelangen auch in den Handel.
In Vorarlberg wird – verglichen mit den anderen Bundesländern – entsprechend seiner Größe der meiste Käse hergestellt. In Warth am Arlberg befindet sich die höchstgelegene, ganzjährig betriebene Sennerei Österreichs. Der Käse hat also in der Volksnahrung einen wichtigen Stellenwert. Das hängt wohl mit dem Ausbau der Viehwirtschaft als Monokultur seit dem 18. Jahrhundert zusammen. Eingeleitet wurde diese Entwicklung mit der Besiedelung durch die Walser. Bescheidenheit und Genügsamkeit kennzeichnen die Nahrungsweise dieses fleißigen, zähen Bergvolkes.
Auch in der Volksmedizin spielten und spielen die Milchprodukte eine Rolle. Der Buttermilch wird leichte Verdaulichkeit zugeschrieben, sie wird daher bei Magen- und Darmschwäche bevorzugt. Molkenpulver verwendet man als Heilmittel bei Hautkrankheiten sowie bei der Herstellung von Schönheitsmitteln.
Käse wird in Vorarlberg in Jahresbetrieben, in Halbjahresbetrieben und auf den Sennalpen während der Sommermonate hergestellt. Die Alpkäserei erfordert viel Wissen und Erfahrung. Schon die Vorfahren verstanden es, die Milch ohne Abfallprodukte zu verarbeiten, so daß zuletzt sogar noch eine „Alpenschokolade" gewonnen werden konnte.

„Ruschge" – enges Holzfaßgebinde zum Aufbewahren von Käse, Zi(e)ger, auch von Kraut und zum Pressen von Zi(e)ger.

Die Prozedur beim Käsen ist sehr kompliziert; unterschiedliche Wärmegrade, Sauberkeit und qualitätsvolle Milch sind Voraussetzung zu gutem Käse; zudem muß die Milch dabei ständig gerührt werden. Die teilweise entrahmte Milch, eine Mischung aus Früh- und Abendmilch, wird im großen Sennkessel erwärmt, durch Beigabe von Lab in Kässtoff (Käs-Topfen) und Käsewasser (Molke, auch Schotten oder Sirmeta genannt), eine gelblich-grüne Flüssigkeit, gespalten; das ist die erste „Scheidung" der Milch.
Der Käsebruch muß genau im richtigen Moment weiterverarbeitet werden (auf unterschiedliche Weise): geformt, teilweise gepreßt, in ein Salzbad getaucht, und dann reifen gelassen werden. Die Masse wird mit einer „Harfe" wiederholt über kreuz geschnitten, dann mit einem Tuch herausgeschöpft und in die Käseformen

gepreßt. Nach 20 Stunden etwa kommen die Formen 2 bis 4 Tage in eine 24prozentige Salzwasserlösung, damit der Käse seine Rinde und die rechte Würze bekommt. Unter ständiger Beobachtung reift der Käse dann im Keller; dabei sind wieder Luftfeuchtigkeit und Temperatur besonders zu beachten. Während dieser Zeit entstehen die Löcher im Käse (unter der Rinde vergärt der Milchzucker in Milchsäure und erzeugt dabei Kohlensäuregase, die Blasen bilden). Das trifft allerdings nur bei den großen Käselaiben (wie Emmentaler) zu, der 3 Monate und länger reifen muß. Die kleinen Weichkäse dagegen reifen von außen nach innen und sind in knapp 2 Wochen fertig. Ungereift sind Topfen und Frischkäse.

Der **Zi(e)ger** (Topfen, Quark) ist ein Nebenprodukt bei der Käsebereitung, eine weißliche Käsemasse, die sich aus der „Saufe" (siehe rechts unten) nach neuerlicher Erwärmung auf ca. 70 Grad und Zugabe von Säure („Sur") abscheidet. Das Wort dürfte aus der vorrömischen Alpwirtschaft stammen: rätoromanisch „tsigun", „sigrun" bezeichnet ein würziges Alpenkraut (Achillea moschata), die Bisamschafgarbe.
Die weiße Käsemasse, die Molke bzw. der Schotten, wird auf ca. 70 Grad erwärmt, dann mit der „Lur(e)", dem „Sauer", versetzt. Dadurch kommt es zur zweiten „Scheidung" (Gerinnung). Zunächst steigt als **Vorbruch** eine fetthaltige Schicht auf, die als Leckerbissen genossen (Egg) oder aus der die „Vorbruchbutter", eine nicht so wertvolle Butter, hergestellt wird (Walgau, Bregenzerwald). (Mit „Vorbruchbutter" bezeichnet man mitunter auch die aus Rahm gewonnene Butter.) Durch neuerliche Zugabe von „Sauer" (4 bis 5 l pro 100 l Molke) scheidet sich der Zi(e)ger ab: „Zi(e)ger und Schott, scheide Gott." – „Zi(e)ger obe, Schott am Bode", „Zi(e)gerrick, drei Schuech dick", lauten die Segenssprüche bei der Zi(e)gergewinnung. Der Beisenn („Biser") schöpft dann den Zi(e)ger mit einem Tuch, mit der Zi(e)gerkelle oder der Zi(e)gerschepfe aus dem Sennkessel heraus. Der Zi(e)ger wird im Zi(e)gersack zum Abtropfen aufgehängt, dann entweder frisch verwendet (wie Topfen) oder aufbewahrt und eingesalzen, und zwar in der Zi(e)gerbise, einem 2 m hohen, $^1/_2$ bis 1 m breiten und tiefen Holzgefäß mit durchlochten Querbrettern; andere Zi(e)gergefäße sind die „Zi(e)gergelte", ein ovales Holzgefäß (Damüls), die „Zi(e)gerbrente", „Zi(e)gergepse", Zi(e)gerkübel, Zi(e)gernapf. Nach einer entsprechenden Ablagerungszeit wird der Zi(e)ger durch den „Zi(e)gerhund" – auch Zi(e)gerbuckel, Zi(e)gerrutsche oder -ruschge genannt – gepreßt und dabei mit verschiedenen Gewürzen versetzt. Frisch gebrochener Zi(e)ger wird vom Alppersonal als Suppe („Wellmilch", „Saufe") genossen. Der fertige Zi(e)ger wird wie Käse zu vielen Gerichten verwendet: „Zi(e)gerknöpfle, -spätzle, -nocken, -nudeln", „Käsgezank" u. a. m. Wichtig ist, daß der Zi(e)ger nicht „wahlig" (schimmelig) wird. Aus Ziegenmilch erhält man den „Geißzi(e)ger".

Käsepresse.

Das **„Käsgezank"** ist ein mit Zi(e)ger (oder Käse) bereiteter Schmarren (Innerwald), wobei sich die Fäden, die der Käse zieht, beim Essen oft zähe verwickeln. Aus Mittelberg ist die Form „Keszang" überliefert, und zwar in der Bedeutung „Speise aus Käse und Brot, in Schmalz gebacken" (wird meist nur auf den Alpen gegessen).

Die **„Saufe"** („Suffe", „Sufa") ist einmal die Bezeichnung für Schotten bzw. für Käsewasser, vor allem aber für den frisch gebrochenen Zi(e)ger („Wellmilch") im Käsewasser und als solche eine beliebte Speise des Alppersonals (heiß als „Suffe-" oder „Saufesuppe" bezeichnet). Das Wort stammt vom mittelhochdeutschen „sufe" = Suppe.

Unter **Schotte(n)** versteht man einmal das grünliche Käsewasser, das nach der Entnahme des festen Käsestoffes aus der geronnenen Milch zurück bleibt; anderswo auch „Molken", „Saufe", „Rännschotten" genannt. Bisweilen versteht man darunter auch das Käsewasser samt Topfen (Vorderwald); daher unterscheidet man (in Krumbach) zwischen „dünnem Schotten", dem Käsewasser, und dem „dicken Schotten", dem Topfen. Unter „Schotte(n)" versteht man in Gisingen und Schröcken aber auch die nach der Entnahme des Topfens verbleibende Flüssigkeit, die als Abfallprodukt bei der Käsebereitung meist als Schweinefutter verwendet wird (anderswo auch „Siger" – siehe unten – genannt). Das mittelhochdeutsche Wort „schotte" geht auf lateinisch „excota (materia)" zurück und kam über die Alpen aus Italien zu uns. „Schottenbauch" ist der Spottname für die Bewohner von St. Anton im Montafon: „Santantöner Schottabüch, tanzen, bis der Boda stübt." Aufbewahrt wird der Schotte in der „Schottenbutte", geschöpft wird mit der „Schottenschapfe".

Der **Siger** ist der nach der Entnahme des Topfens mit Lure (saurer Molke) versetzte und neuerlich erwärmte Schotten; er wird entweder gegessen, oder es wird aus ihm durch Verdampfen des Wassers im Sigkessel das „Gesig" bzw. „Schotten(ge)sig" (siehe unten) gewonnen.

Der **„Sigen"** ist Siger mit Schotten (Bizau), auch die warme Schottensuppe wird so genannt (Innerwald); eine weiße Schicht, die sich nach Entnahme des Topfens bei neuerlicher Erwärmung auf dem Käswasser (Schotten) bildet (Andelsbuch).

„Schotta(ge)sig", „G(e)sig", „Sig", „Ksig" (Molkenzucker): Dieses Produkt der Sennereiwirtschaft wird nur noch im Bregenzerwald, im Montafon und im Walsertal da und dort hergestellt, und zwar aus der Schotte (Rest im Sennkessel nach der Entnahme der Käsemasse). Da dabei viel Holz verbraucht wird, verzichtet man immer mehr auf die Gewinnung von „Gsig". Der Klarschotte bzw. frische Schotte wird im Gsigkessel viele Stunden lang unter ständigem Rühren bis zum völligen Verdunsten aller Flüssigkeit gekocht, bis sich ein feiner gelber Schaum zeigt. Zurück bleibt die braune, süß schmeckende Masse (sie besteht hauptsächlich aus Milchzucker), die zu Gesiglaibchen geknetet wird (aus 25 bis 30 Liter Molke gewinnt man etwa drei G[e]siglaibchen zu je einem halben Kilogramm). Bei dem langen und steten Rühren (um das Anbrennen zu vermeiden) wird dem Senner tüchtig heiß („Hitza hat er, seht er, hei er, schwitza müaß er, seht er, he er", heißt es im Volksmund). „Schottagsig" heißt im Volksmund auch **„Alpenschokolade".** Verbessert wird der Geschmack vom „Gsig" durch das Einkneten von Butter und / oder Rahm (ist aber dann nicht so lange haltbar!). „Gsig" wird noch gelegentlich auf Märkten angeboten und in der Küche als Zutat zu Knöpfle, Spätzle, Nocken und Nudeln verwendet; man kann ihn auch zu Milch oder Kaffee essen. Das Wort „Sig" kommt von althochdeutsch „sigan", mittelhochdeutsch „sigen" = sinken, fallen. **„Schmalzgesig"** wird der Rückstand beim Aussieden von Butter genannt (Blons).

„Die Saure" (das Sauer) ist der saure, gegorene Schotten, man gewinnt ihn, wenn man Schotten eine Zeitlang stehen läßt; wird als Ersatz von Lab (Mittel zur Milchgerinnung bei der Käsebereitung) zum Ansäuern des Käsewassers verwendet, besonders bei der Gewinnung von Zi(e)ger und Sauerkäse (Frastanz, Röthis), in der Küche zur Bereitung der „sauren Knöpfle" (Götzis). „Sauremus" nennt man scherzhaft einen sauren Most oder Wein.

„Britschger" ist der Rest, der am Boden des Sennkessels nach dem Ausheben der Käsemasse verbleibt. Wird meist vom Beisenn gegessen.

Die **„Bolmen"** (rätoromanisch pulmoints, lateinisch pulmentum) nennt der Montafoner den Topfen, der gern beim Käsen gegessen wird: Aus dem großen Sennkessel den warmen Topfen nehmen, ausdrücken, salzen, etwas lauwarme Milch oder auch Rahm darangießen, daß der Topfen bedeckt ist, mit Schnittlauch bestreuen. In Tschagguns versteht man unter „Bolmenkäse" den frischen Sauerkäse.

„Räß" bedeutet soviel wie „scharf". **„Räßkäse"** ist demnach ein Sammelbegriff für verschiedene Käsesorten (Mischling, Tilsiter, Gouda), die durch längere Lagerung und eine spezielle Behandlung (längeres Reifen im kräftig gewürzten Räßbad und in der Folie) einen scharfen („räßen") Geschmack bekommen. Warum ein Käse wirklich „räß" ist, erklärt der Volksmund allerdings spöttisch so: „Die Sennin tuat ihn in e Kübele und druckt mit dem Füdele, drum ischt der Käs so räß."

Sauerkäse, „sura Käs" ist aus entrahmter saurer Milch hergestellter Käse. Das Reifen erfolgt wie beim Gouda von außen nach innen. In Klarsichtpackung wird Sauerkäse auf den Wochenmärkten und in Milchgeschäften angeboten. Wird in kleinen Formen auch im eigenen Haushalt hergestellt. Ein mißlungener Sauerkäse (wenn angeblich zu wenig Milch verwendet wird) heißt in Schruns „Maditscher".

Berg- und **Alpkäse** wird aus Rohmilch hergestellt, wurde schon lange vor dem Emmentaler auf den Milchviehalpen Vorarlbergs gewonnen, später auch in Talbetrieben. Er hat einen würzig-kräftigen Geschmack. Die Laibe wiegen 10 bis 40 kg, werden nicht im geheizten, sondern 4 bis 5 Monate im kühlen Keller zur Reife gebracht (hat daher kleinere Löcher).

Emmentaler macht man in Vorarlberg schon seit dem vorigen Jahrhundert aus nur naturbelassener Rohmilch. Die großen Laibe wiegen 70 bis 90 kg und werden in einem eigenen Heizkeller mehrere Wochen bei ca. 27 Grad geheizt. Durch die Milchsäurebakterien bilden sich Gase, die dann die großen Löcher in den Käse dehnen.

Mischling ist ein halbfetter Käse, in Laiben von 10 bis 12 kg. Bei rascher Reifung ist sein Geschmack schärfer, der Teig geschmeidiger; entsprechend länger gelagert, entsteht ein „Räßkäse".

Vorarlberger Tilsiter kommt in Laiben von 4 bis 4,5 kg in den Handel, schmeckt mild, da der Bruch gewaschen wird. Die Lochung ist nicht rund, sondern nestartig unregelmäßig. Bei längerer Lagerung kann „Räßkäse" daraus entstehen.

Vorarlberger Gouda sind 6 bis 8 kg schwere, flache gewölbte Laibe, nach holländischem Muster hergestellt. Als Jungkäse sehr mild, mit besonders zartem Teig. Durch längeres Reifen im „Räßbad" oder in der Folie entsteht „Räßkäse".

„Rheintaler", Bergfettkäse wurde 1972 erstmals in der Großmolkerei Dornbirn erzeugt, er hat einen geschmeidigen Teig mit Bergkäselochung. Die 10 kg schweren Laibe reifen im temperierten, nicht geheizten Keller sechs Monate lang.

Vorarlberger Romadur ist ein typischer Weichkäse, kommt in Stangen zu 100 und 200 g zum Verkauf.

Vorarlberger Camembert wird durch rein gezüchtete, eßbare Pilzkulturen zum Reifen gebracht und wird mit der Rinde gegessen.

Vorarlberger Frisch- und **Schmelzkäse** umfaßt alle Sorten Topfen (Quark) und Gervais. Der Schmelzkäse wird mit verschiedenen Beigaben hergestellt, so mit Paprika, Pfeffer, Schinken, Nüssen, Champignons. Die Skala des Fettgehalts reicht von 25 über 35, 45, 55 bis zu 65 Prozent in der Trockenmasse.

Ein mit Butter und anderen Zutaten hergestellter Kräuterkäse nach Art des Liptauers heißt scherzhaft auch „Laussalbe".

Wenngleich die Milchziegen („Goaßa", „Gäßa", „Gaßa") viel weniger geworden sind, hat der heimische **„Goaßkäsle"** noch immer seine Liebhaber.

Schabzi(e)ger ist ein Kräuterkäse aus Topfen, Steinklee, Salz, Pfeffer und Kümmel.

Das **„Gitz(l)e"** ist ein aus Zi(e)ger und Kümmel in Kegelform hergestellter Käse, der zuerst an der Sonne gedörrt, dann im Kamin geräuchert wird (Langen, Thal-Sulzberg). „Gitz(l)e" nennt man scherzhaft auch ein ungebärdiges, zorniges Kind, auch den Volksschüler der ersten Klasse.

Gebinde – Milchstotzen zum Aufrahmen der Milch. Es wurden meist mehrere übereinandergestellt.

Der **„Spiggol"** (auch „Spikor", „Spigol", Betonung immer auf der zweiten Silbe) ist eine alte Älplerspeise. Das rätoromanische Wort „spich" bedeutet soviel wie Rahmbrei. Frisch gebrochenen warmen Topfen (oder nur Rahm, in den warmer Topfen gerührt wird) mit etwas Mehl, Butter und Prise Salz und Pfeffer verrühren, in heißem Fett backen. Wird auch als Nachtisch serviert. Als Hauptgericht ißt man Salat dazu. (Fontanella, Andelsbuch, Vorderwald)

Oder man rührt nur warmen Topfen in Rahm. (Egg)

Haustrunk

„Wein galt für eine Medizin, die der Arzt zur Kräftigung eines Genesenden anordnete; Branntwein diente als äußeres Heilmittel zu Gliederwaschungen; Bier war lange Zeit, selbst in den Städten, nicht bekannt, es blieb dem Bauersmann nur die Milch, das frische Wasser und höchstens Obstmost zum Getränk, wenn die geringern Sorten von Äpfeln und Birnen gut geriethen." (F. J. Weizenegger, „Vorarlberg", 1839)

1716 zählt Marperger in seinem „Dictionarium" „ das kostbahre Thée, Caffé" noch unter die „unnütz Exotica", die mit hohen „Akzisen" (Steuern) zu belegen seien. Aber schon damals war „in vornehmen Häusern die Gewohnheit eingeführt worden, daß des Morgens und Nachmittags Caffé oder Thée muß getrunken werden". Und um die Mitte des 18. Jahrhunderts war der **Kaffee** schon unter dem Volk bekannt und beliebt. In den Bauernhäusern verdrängte er Ende des vorigen Jahrhunderts als Frühstücksgetränk (Milchkaffee) die bis dahin üblichen Suppen (Brennsuppe, Milch u. a.). Zum Bohnenkaffee (ein besonders starker Kaffee heißt „gesteifter" Kaffee) kam der aus Gerstenmalz gebraute Kaffee, ebenso der Zichorienkaffee und Kaffee aus anderen gebrannten Wurzeln (Enzian u. a.); starke Verbreitung fanden der „Figa-"(Feigenpäckle-)Kaffee, aus gerösteten Feigen gewonnen, sowie die Mischungen, wie Zichorien-, Roggen-, Gersten-, Gerstenmalzkaffee mit oder ohne Bohnenkaffee. In Notzeiten wurde Kaffee auch aus geröstetem Mais, aus Eicheln, „Rüabaschnitzeln" und ähnlichem gebraut, wie der „Spinnenbündlerkaffee" oder „Göfner Kaffee" (Kaffee aus den Früchten einer Lupinenart, die dem „Spinnenbündel", dem Leib der Kreuzspinne [gesprenkelt] ähnlich sehen).

Haustee wird heute noch aus vielen Kräutern gemacht, u. a. aus Blättern, Wurzeln oder Blüten von Pfefferminze, Salbei, Eibisch, Spitzwegerich, Huflattich, Hauhechel (Ononusspinosa; Tee gegen Gicht), Brennnessel, Schlüsselblume, Schafgarbe, Bibernell, Frauen- und Silbermäntele, aus Thymian, Erdbeer-, Ribisel-, Himbeer- und Brombeerblättern, aus Isländisch Moos sowie aus den Blüten von Linden, Holunder, Kamillen, einzeln oder gemischt. Es werden Aufgüsse, Umschläge damit gemacht, oder man badet darin „as a ganze oder o toalwies", so im Absud von Haferstroh oder „Höbluama" (Heublumen). Der Tee des Heidelbeerstrauchs hilft gegen Husten (Viktorsberg), Tee von Arnika („Bergwohlverleih") ist wirksam gegen Magenleiden, als Tinktur für Umschläge; Tee von „Batenge" (Schlüsselblume) ist gut gegen Husten (Viktorsberg), von „Päterlekraut" (Art Spitzgras) gegen Nierenleiden, Bibernelltee gegen Heiserkeit (Viktorsberg), die Wurzeln werden in Branntwein angesetzt (Krumbach), der Tee von Brombeerblättern wirkt blutreinigend. Tannenhonig (mit Zucker eingedickter Absud junger Triebe von Tannen und Fichten) heilt Lungenleiden, der Absud von Eichenrinde wird gegen Schweißfüße, innerlich gegen Durchfall (Altach, Schwarzach), Fencheltee gegen Leibschmerzen, Feuermänteletee gegen verschiedene Frauenleiden, der Absud der Wurzel der „Genährbölle" (Meerzwiebel) gegen Läuse der Kälber (Südvorarlberg) angewendet; „Hagebutze" (Frucht der Hundsrose) wird zu Marmelade verkocht, als Tee gegen

Zinnkanne.

Blutarmut (Langenegg) und Rheuma (Krumbach) angewendet, der Hauhecheltee hilft gegen die Gicht, der Tee der Heidelstaude gegen Husten (Viktorsberg). Zinnkraut („Katzenschwanz") ergibt Tee gegen Blasenleiden (Langenegg), man reibt auch Bienenstöcke innen mit Zinnkraut ein. Der Tee des Isländischen Mooses („Massige") hilft gegen Husten, die zerquetschten Blätter der „Meerbolle" (Meerzwiebel) heilen Wunden (Gisingen), eine Meisterwurz steckt man nach einer Zahnextraktion in die Tasche und eine (als Desinfektionsmittel) in den Mund, Misteltee hilft gegen starke Blutungen, zerkaute „Reckholderbeeren" (Wacholder) schützen vor ansteckenden Krankheiten, ein Absud davon wirkt schweißtreibend und bei angeschwollenen Füßen, Rosmarintee hilft gegen Herzschwäche, Magenverstimmung und Krämpfe, der Milchsaft der Wolfsmilch vertreibt Hautwarzen (Walgau, Großwalsertal). Salbeitee ist gut gegen Heiserkeit, Entzündungen in Mund und Hals, gegen Nachtschweiß (Altach) und dient zum Waschen eiternder Wunden (Krumbach), Sommersprossen („Spreggele") beseitigt man durch Waschungen mit Stutenmilch, mit Schaum von einem Wasserfall oder mit einem Absud von Augentrost (Götzis). Der Tee von Stechpalmenblättern wurde bei Lungenentzündung angewendet, eine „Werle" (Gerstenkorn) wird durch Auflegen eines in Milch eingeweichten Holunderschwämmchens geheilt (Frastanz).

An **Beeren-** und **Fruchtsäften,** im Haushalt hergestellt, gibt es Holunder-, Himbeer-, Heidelbeer-, Weichsel-, Preiselbeeren- („Grente-"), schwarzen und roten Ribisel-, Paradeis-, Birnen-, Apfel- und anderen Obstsaft; der Saft aus Äpfeln und Birnen wird auch Süßmost genannt, ferner weißer und roten Traubensaft. „Plämpelwasser" nennt man verächtlich die Limonade oder ein schales Getränk schlechthin. Der **„Piggelewein"** (von ital. vino piccolo = Wein, der wenig Körper hat) ist dagegen ein Mischgetränk, aus Trauben und Äpfeln gepreßt (Viktorsberg), dem südtirolerischen „Leps" ähnlich.

„Hommer (haben wir) und Wemmer (wollen wir) ist niena (nirgend) ganz gli (gleich) – Homma ist Wasser und Wemmer ist Wi."

Urkundlich erstmals erwähnt wird der **Wein** in Vorarlberg in einer Urkunde Karls des Dicken (885–887), in der er ein Weingut in Röthis dem Kloster St. Gallen schenkte. Vor ungefähr 200 Jahren standen in Vorarlberg noch 1,7 bis 2 Meter lange „Stickel" (Stangen) mit Weinreben in den Weingärten von Lochau bis Bludenz, aber auch in den Ebenen des Rheins und der Ill, in Feldkirch, am Klotzacker bei Dornbirn, am Sonderberg bei Götzis, bei Bregenz und in Neuburg sowie in Koblach und in Thüringen im Walgau. In Feldkirch und Röthis (im „Paradies") wird heute noch Wein angebaut (ca. 6 ha). Bis etwa 1903 wurde in Feldkirch auf dem Adetzenberg der Beginn der Weinlese, der „Wimmet" (von lateinisch vindemiare = Traubenernte), durch das Läuten der großen Glocke im „Katzaturm" angekündigt. Noch vor 250 Jahren standen in Wolfurt allein 14, in Bregenz 7 und in Feldkirch gar 28 „Torkeln" (lateinisch torculum = Weinpresse). Schlechtwetterjahre, Klimaverschlechterungen und Rebenkrankheiten sowie neue Erwerbsmöglichkeiten ließen den Weinbau Vorarlbergs rasch zurückgehen.

Die „Rohstoffe" zu **Branntwein** bilden Äpfel, Birnen, Zwetschken, Kirschen, Heidelbeeren, Vogelbeeren, Enzianwurzen, Meisterwurz („Astrenze") und Kräuter. Wichtig beim Schnapsbrennen ist der Zeitpunkt, zu dem die Maische aus Äpfeln und Birnen richtig vergoren ist – nach alter Bauernregel soll dies mit dem Ende der Baumblüte zusammenfallen.

Der Obstler, Obstner oder Obs(t)er wird zweimal destilliert. Beim ersten Rohbrand entsteht die „Läutere" („Lüttri") oder das Läuterwasser, beim zweiten Feinbrand fließt nach einem kurzen, aber durch ätherische Öle trüben Vorlauf der klare Obstler aus. Ein minderwertiger oder gefälschter Branntwein heißt in Schruns „Judner". Der Schnaps („Veteranenmilch") wird im Budelemaß (der Budel) bestellt: „a Budele" – ein großer ($^1/_{16}$ l) oder kleiner ($^1/_{32}$ l) – ist ein besonders geformtes kleines Fläschchen. (Das Wort kommt vom rätoromanischen „Pudel" = Branntweinglas bzw. französisch Bouteille.) Auch werden Bier und Schnaps zu einer „Lüttjen Lage" gemischt: eine Stange (hohes, schmales Glas) Bier und ein Budele Kornschnaps werden so mit den Fingern einer Hand gefaßt, daß Bier und Branntwein gleichzeitig in den Mund gekippt werden können. Die „Schnapsguttere" ist eine Flasche mit ca. 20 Liter Inhalt, ein Schnapsschlägel ist eine kleinere Flasche, ein „Stamperle" entspricht dem kleinen Budel. Um den 15. August, „Unserfrauentag", besucht man die Hirten in den Hochalpen; als Geschenk bringt man Lebensmittel, Tabak und ein „Gütterli" (Fläschchen) Branntwein mit.

Der **„S(a)ubirer"** wird gewerblich heute in Wolfurt hergestellt, und zwar aus Birnen, die nur in den Hofsteiggemeinden bis Dornbirn wachsen und je nach Lage als

Strick-, Zimt-, Haber-, Zick-, Katzenbirne und eben auch als „Subire“ (Saubirne) bezeichnet werden. Die größte Menge an Birnen kommt dabei vom Oachaberg, wobei es sich um kleinere, kugelförmige, frühreifende Birnen handelt. Die Gärzeit dieser Maische beträgt nur 14 Tage bis 3 Wochen; der „S(a)ubirer“ wird also schon im Herbst gebrannt.
„Mangelt es an Obst-Tröstern, so sammelt man Holzäpfel oder auch Brombeeren, um den Hausbedarf an Branntwein zu erzeugen; da und dort nimmt sich ein Bauersmann die Mühe, Hagebutten zu sammeln und zu brennen ... Den Branntwein aus Kartoffeln lieben selbst die Bauersleute nicht, er verursacht ihnen Üblichkeit, Grimmen und große Abspannung; die Gewinnsucht weiß aber Mittel, ihn angenehmer zu machen, indem er nochmal über Tröstern-Reste des gekelterten Weines und Obstes oder über andere Zusätze abgezogen wird“ (Weizenegger). Der **„Zwetschg(n)er“**, **„Zwätschger“**, **„Zwetschgeler“**, das **„Zwetschgawasser“**, der Zwetschkenschnaps, wird im Gegensatz zum Obstler nur einmal gebrannt (heute aber schon häufig zweimal). **„Kriesner“** oder **„Kriesewasser“**, der Kirschbranntwein, kurz „Kirsch“ genannt, wird aus den vollreifen Berg-Kirschen gebrannt. Ihn brannte man im Montafon noch vor fünfzig Jahren, besonders in Schruns und Tschagguns (etwa 12 kg Kirschen benötigt man für 1 Liter Schnaps). „Kirschbäume sind die meisten im Montafon, zu Schnivis und Frachsern. Erzeugniß und Absatz des Kirschengeistes unter dem Namen Griesiwasser ging ehemals ziemlich ins Große, denn kein angesehener Mann oder besserer Bürger verließ die Abendgesellschaft, ohne ein oder das andere Gläschen als Schlaftrunk mitzunehmen. Die Mode scheint auch hierin ihr Recht zu behaupten, da jetzt das Nußwasser – von Branntwein, Zucker, grünen Wallnüssen und etwas Gewürz bereitet – den Kirschengeist ganz verdrängt hat“ (Weizenegger). Mühseliger ist die Gewinnung des **„Gürgetsch“**, **„Vogelbeerler“** oder **„Türgütschner“**, wie man den Schnaps aus der Frucht des Vogelbeerbaums (der Eberesche) nennt. Beerenschnäpse werden auch aus den anderen heimischen Beeren, wie Heidelbeeren, Brombeeren, Holunderbeeren, Wacholder- und Stachelbeeren, gemacht. Für einen Liter Beerenschnaps benötigt man z. B. etwa 10 Kilogramm Heidelbeeren.
Neben den reinen Beerenschnäpsen gibt es angesetzte Schnäpse; es müssen dazu aus Beeren, Kräutern oder Wurzeln Alkoholauszüge gemacht werden, die dann erst destilliert werden, wie der Himbeergeist und die Bergkräuterschnäpse aus den aromatischen Alpenkräutern. **„Enzianer“ (Enzianschnaps)** wird beispielsweise im Montafon noch heute gewerblich hergestellt (Silbertal). In einer Großdestillation werden dort pro Jahr ca. 30 Tonnen Wurzeln des gelben Enzians verarbeitet (12 bis 15 kg Enzianwurzeln sind für einen Liter Enzianschnaps erforderlich). Eine Mindestlagerung im Faß von 14 Tagen ist notwendig. Aus der Kalmuswurzel macht man im Vorderwald den **„Kalmusschnaps“**. Vom Kalmusschnaps schrieb schon Paracelsus (1493–1541), daß er den Organismus stärke, die Blutzirkulation und den Magen ansporne, gegen Geschwüre und gegen Schwund des Zahnfleisches helfe. Die Bauern kauten nicht umsonst ein „Kalmasbröckl“.

„An guata Moscht ischt halbe Kraft“, heißt es im Ländle. Aufgrund einer traditionsreichen Obstbaumzucht ist die Erzeugung alkoholischer Getränke aus Äpfeln und Birnen sehr alt. Der Vorarlberger weiß einen guten Tropfen zu Diegenes und Käsegerichten immer hoch zu schätzen. Da er aber sparsam ist, wird der erste Preßrückstand etwa 24 Stunden lang in der Lör(e)stande (im Bottich) mit Wasser angesetzt und dann nochmals gepreßt. Man gewinnt dabei einen etwas wässerigen, leichten **Most**, die Löre oder „'s Gwoacht“. Mit diesem Wort wird auch ein Most minderer Qualität bezeichnet. Früher wendete man auch allerhand Kunstgriffe an, um den Most „angenehm und berauschend zu machen, worunter das unschuldigste seyn möchte, wenn ein verhältnismäßiger Theil frischen Saftes in verzinnten Gefäßen abgedampft, eingekocht und dann wieder in das Faß zu dem andern Theile gebracht wird, um mit einander die Gärung durchzumachen ... Bleibt über Abzug des erforderlichen Mostes ein Vorrat, oder mangelt die Gelegenheit zum Torkeln, so wird das Obst gedörrt und im Kleinen wieder zu einem Haustrunke verwendet. Man zerschneidet das getrocknete Obst klein, bringt es in Fäßchen, gießt die gehörige Menge Wasser nach, und erhält nach der Gärung einen angenehmen Trank. Vieles wird unter die Gersten- und Bohnensuppe getan, wornach besonders die Kinder lüstern sind, oder man backt auf das neue Jahr Birnbrod“ (Weizenegger/Merkle).

Wie der Weinbau kann auch das **Bierbrauen** weit zurückverfolgt werden, denn Hopfen wurde auch in Vorarlberg reichlich geerntet. Einst wurde Bier auch in den einzelnen Haushalten gebraut, später wurde es gewerblich hergestellt (1765/66 erhielt ein Johann Ganahl für Schruns die Bewilligung zum Bierbrauen).

Wien

„Friß Milch, friß Käs, friß von der Kuh
Was deinem Maul mag schmecken,
Schieb ein, schopp drauf, schnapp immerzu,
Schlick Semmel, Kipfel und Wecken,
Brauch' Löffel wie ein Wasser-Schaff,
Auf daß du füllst dein' Wampen;
Friß, daß nit mehr kannst sagen Pfaff
Vor Schmacken, Schlicken, Schlampen.
Friß du dem hungrigen Wolf zu Trutz
Den Braten ohne Zwiefel,
Friß, daß dir 's Maul so voller Schmutz
Wird wie ein geschmierter Stiefel;
Mit Banquett und mit lauter Schmaus
Spann' deinen Bauch wie Trummel,
Schleck' oben und unten die Pfannen aus,
Sauf' noch dazu ein' Tummel,
Friß Brocken mit halb Centner-G'wicht,
Verzehr' ganz kälbere Bügl,
Friß, daß dir dein so schmierbigs G'sicht
Hübsch glänzet wie ein Spiegel,
Friß Butter, Schmalz und Speck darzu,
Mach's wie die Kloster-Katzen,
Die fressen Brätl spat und fruh'
Anstatt der Mäus' und Ratzen."

(Abraham a Sancta Clara)

Inländer haben es im Ausland und Ausländer bei uns gefunden, daß die wienerische Küche die beste, die nahrhafteste und auch die wohlfeilste sei", heißt es im „Nützlichen Adreß- und Reißbuch von Wien" aus dem Jahre 1792. Zweiundsechzig Jahre später schreibt Joseph Schulz in „Die Hausherren und unsere Theuerungs-Zustände": „Es gibt Familien, welche vor und nach jedem Vierteljahr, oft sogar volle sechs Wochen vor und sechs Wochen nach jedem Vierteljahr, trockenes Brot und höchstens an großen Feiertagen einen Bissen Fleisch essen, um nur den Mietzins zur Zeit bezahlen zu können ... Der arme Familienvater mit Weib und fünf, sechs, sieben, acht Kindern bei einem täglichen Erwerbe von höchstens 1 Gulden Wiener Währung, und ist er Taglöhner, diesen noch unsicher, ist nicht mehr imstande, ihnen nur hinreichend, um ihren Hunger zu stillen, Brot herbeizuschaffen." Zwischen diesen beiden Extremen haben wir die „wienerische Küche", später einfach die „Wiener" Küche genannt, anzusiedeln, wenn wir den Haupttitel „Vom Essen auf dem Lande" berücksichtigen. Die Wiener lebten meist teurer als ihre unmittelbare Umwelt, schon an der „Linie" (ungefähr dem Verlauf der heutigen „Gürtelstraße" folgend) wurde bei der Einfuhr von Lebensmitteln in die „inneren" Bezirke eine Verzehrungssteuer eingehoben. Daher siedelten sich die meisten Zugewanderten auch in den Vororten an, in Meidling, Favoriten, Ottakring, Hernals. Noch heute wohnt der Wiener nicht in Wien, sondern in seinem Bezirk, in seinem „Grätzl", in seinem Viertel; außerhalb seines „heimatlichen Dorfes" oder „Grundes" fühlt er sich schon als Fremder, als „Zua'zogener". Bis 1860 war „Wien" im allgemeinen identisch mit der „Inneren Stadt", und noch heute fährt einer, der in einem Außenbezirk wohnt, „in die Stadt", wenn er in den Ersten Bezirk, die „Innere Stadt", fährt. Hier die „Stadt" und dort das Andere, das „Ent'rische", das Unbehauste, ja Furchterregende – auch zwischen diesen Gegensätzen ist die Wiener Küche beheimatet.

Wien ist jahrhundertweise angewachsen, aus Dörfern, Vorstädten, aus Orten, Landschaften, Talschaften, Flußbetten, Hügeln, Wäldern, Auen und Gegenden. Namen wie Floridsdorf, Nußdorf, Hütteldorf, Salmannsdorf, Stadlau, Leopoldau, Brigittenau, Alsergrund, die vielen Bezirksnamen, die auf -ing enden, wie Penzing, Hietzing, Meidling, Simmering, Grinzing, Sievering, Ottakring, Währing, Döbling, Liesing, zeugen von ihrer Herkunft. Wien ist, wie Hans Weigel es formuliert, keine Stadt, sondern eine Art „Vereinigte Dörfer". Viele Bezirke haben noch ihre eigene Hauptstraße, ihren eigenen Dialekt, ihre Straßendorf-Zeilen von niedrigen Häusern, ihre Dorfwirtshäuser mit den grünen Schildern an der Vorderfront, ihre „Beiseln" und Stammwirtshäuser – Relikte einstiger „Dörflichkeit".

Und nicht erst heute, im Zeitalter der Stadtflucht und Vorliebe für das „Grüne", zieht es jeden Wiener zum Wochenende hinaus „aufs Land". Schon im Biedermeier lesen wir von den „Massen-Expeditionen" nach den vielen privilegierten Wein- und Biermekkas, vom Sonntagsvergnügen, den Spritzfahrten und touristischen „Excursionen" des Familienoberhaupts mit den „Seinen". Denn der Wiener ist der leidenschaftlichste „Landpartienmacher". „Packts eng z'samm, Sunntag is, heut gehts aufs Land!" heißt es in Weinhebers Gedicht „Die Landpartie": die „Fleischlaberln", den „Gurkensalat" und das „Mülchflascherl" in den Rucksack eingepackt, und am Ende dieses Tages steht die bange (oder zornige) Frage der Hausfrau: „Wann i nur wüßt, was i murgn wieder koch ..."

In dem Prozeß des An- und Zusammenwachsens von Gegensätzen und Verschiedenheiten wurde die Wiener Einwohnerschaft ein Völkergemisch vieler Nationalitäten. Schon in der Zeit der Monarchie überwogen die „Zuagrasten" aus Ungarn, Böhmen, der Slowakei, aus Karpatenrußland, der Bukowina, Polen, Krain, Kroatien, Triest und Dalmatien, aber auch aus den Bundesländern der heutigen Republik Österreich, die „Einheimischen" – ein Blick in das Wiener Telefonbuch legt bis in unsere Tage davon Zeugnis ab.

Wien hat aber auch ein historisches Schicksal, das Schicksal als „Vorstadt Europas" (Lernet-Holenia). Von Anfang an dazu ausersehen, Bollwerk zu sein, verteidigte Wien bis ins Barock hinter seinen mittelalterlichen Mauern den Westen, das Abendland, Europa. Nach dem Sieg über die Türken erstarkte die Stadt, blühte auf zur barocken Residenz und beherbergte bald mehr als zwei Millionen Menschen. Die Jahrzehnte des Barock waren die Geschichtsstunde Wiens. Aber in den letzten achtzig Jahren schrumpfte die Stadt um 300.000 Einwohner. Und in den Jahrzehnten unseres Jahrhunderts hat diese Stadt mehr erlitten als andere Hauptstädte: 1918 wurde sie spöttisch der „Wasserkopf“ eines ungeliebten Staates genannt, 1934 riß ein Bürgerkrieg schmerzvolle Fronten auf, 1938 wurde sie entmachtet, degradiert zu einer Stadt unter vielen, 1945 bis 1955 zehn Jahre lang gevierteilt, verunsichert und seither am Rand eines Europa stehend, das von neuen Zentren aus entworfen wird.

Welche Kraft und welchen Hunger muß Wien in all den Jahrhunderten gehabt haben, um aus der Qual der täglichen Sättigung den Genuß des Genüßlichen zu machen, welche Verzweiflung, um sich in die Lebenskunst des Überlebens oder in die Devise „Wein-Weib-Gesang“ zu flüchten, welche Lektionen muß der Wiener gelernt haben, um zu wissen, daß einem Statisten und Zuschauer in einer Katastrophe nicht soviel passieren kann wie einem Mitspieler... Tiefstapelnd bis zum Kleinmut, skeptisch, banalisierend, labil bis selbstzerstörerisch, voll von Widersprüchen, diese auch immer wieder versöhnend, ausgleichend, so reagiert der „gelernte“ Wiener auf Schicksalsschläge: über sich hinaus wachsend, wenn es der Stadt schlecht geht, und in Provinzialität absinkend, wenn es ihr zu gut geht.

Nichts unternehmen, Zeit gewinnen, warten, „zuschaun“ – damit hat der Wiener alle Geschichtserfahrung bewältigt. Er war ja auch nie Herr im eigenen Haus. Bis 1920 war Wien verwaltungsmäßig eng mit Niederösterreich verbunden, bis 1918 gehörte die Stadt den Habsburger-Kaisern, und der Wiener war Zuschauer, höchstens Mitgenießer an der Tafel des Hofes, wenn auch mit einträglichen Privilegien versehen.

Nicht von ungefähr wurde das Wiener Hotel „Sacher“ zum Synonym für vollendete bürgerliche Sättigungskunst, geleitet von einer vollherzigen Wienerin aus den „entern Gründ“, die Urwüchsigkeit und höfisches Savoir vivre in sich vereinte – welch ironische Tragödie, daß gerade diese Frau am Ende ihres Lebens entmündigt werden mußte. Dennoch war sie eine echte Wiener Hausfrau, Herrscherin und Köchin, die wußte, daß nicht nur die Liebe, sondern auch Denken, Handeln – oder Nicht-Handeln – und die Geschäfte durch den Magen gehen und daß der Hunger noch immer der beste aller Köche ist. Und wie die Wiener medizinische Schule den ganzen kranken Menschen und nicht allein seine Krankheit behandelte, so hat auch die Wiener Köchin den gesunden Appetit über alle Unnatürlichkeiten gestellt. Ludwig Speidel hatte recht, wenn er behauptete: „Das Beste, was die Wiener besitzen, sind ihre Frauen.“ Man möchte hinzufügen: „. . . besonders ihre Köchinnen!“

Lieblingsspeisen, Wiener. Zu den Wiener (bzw. Altwiener) Lieblingsspeisen kann man vornehmlich zählen[1]):

Suppen: Kohlsuppe mit Würsteln, Rindsuppe mit Butternockerln, mit Speck-, Tiroler- oder Leberknödeln, mit Schöberln, mit Lungenstrudel, Ochsenschleppsuppe, Kalbskopfsuppe, Gulyassuppe, Nudelsuppe mit Hühnern, Ganselsuppe, Fischbeuschelsuppe, Krebssuppe, Stoßsuppe, Kräutersuppe, Spargelsuppe, Schwammerlsuppe, Kartoffelsuppe, Erbsenpüreesuppe, Einbrennsuppe, Falsche Reissuppe, Schwäbische Brotsuppe.

Vorspeisen, kleine Fleischspeisen, Abendspeisen: Eierspeise (mit Schinken, Sardellen etc.), Rühreier, Spargel und andere Gemüse mit Butter und Bröseln, Preßkohl, Pilzling mit Ei, Rinds-, Kalbs- und Schweinsgulyas, Krenfleisch, Steirisches und Gedünstetes Schöpsernes, Bruckfleisch, Eingemachtes Kälbernes, Beuschel mit Zitrone, Löser mit Gulyassaft oder Würsteln, Ganseljunges, Hasenjunges, Kalbsvögerl, Schwäbisches mit Nockerln, Gespicktes Herz, Kalbskopf, Schweins- und Lammskopf, Hirn mit Ei, Nierndl mit Hirn, Gebackenes Bries, Kalbs-, Schweins- und Gansleber, Kalbs- und Schweinszunge, Kalbs- und Schweinsstelze, Kalbsfüße, Sulzen, Hühnerreis, Risotto, Brat-, Leber- und Blutwürste, Augsburger, Preßwurst, Tellerfleisch.

Fische, Schaltiere usw.: Karpfen, Hecht, Schill gekocht, Forellen blau, Karpfen gebacken, Polnischer, Böhmischer Karpfen, Marinierte (gesulzte) Fische, Schnecken, Froschschenkel, Krebse.

Seefische erfreuen sich bei den älteren Wienern noch immer nur einer beschränkten Beliebtheit.

Fleischspeisen: Gekochtes Rindfleisch (vor allem Spitzfleisch, Kruspelspitz, Hieferschwanzel und -scherzel, Kreuzbein), Pökelzunge, Reinrostbraten, Gefüllte Rostbraten, Rostbraten mit Zwiebel und Kren, Roastbeef, Lungenbraten mit Rahm.

Kalbsnierenbraten, Kalbsschlegel, Gefüllte Kalbsbrust, Naturschnitzel, Wiener Schnitzel;

Selchfleisch, Jungschweinernes, Spanferkel;

Schöpsenschlegel und -rücken, Lammsbrust, Gebackenes Lämmernes;

Hasenrücken und -lauf, Reh- und Hirschrücken und -schlegel oder -schulter, Schwarzwild;

Einmachhuhn, Brat- und Backhuhn, Paprikahuhn, Gefülltes junges Huhn, Gans, Ente, Taube, Indian, Fasan, Rebhuhn usw.

Beilagen und Soßen: Eingebrannte Erdäpfel, Majoran-Erdäpfel, Erdäpfelschmarren, Gestürzte Erdäpfel, Gedünsteter Reis, Abgeschmalzene Nudeln, verschiedene Nockerl und Knödel, Paradeis-, Gurken-, Dill-, Kapern-, Sauerampfer-, Schwammerl-, Zwiebel-, Sardellen-, Schnittlauch-Soß, Semmel-, Obers-, Mandelkren, verschiedene Salate.

Mehl- und Süßspeisen: Äpfelspalten, Kaiserschmarren, Böhmische Dalken, Strudel aus mürbem oder aus Strudelteig (insbesondere Apfelstrudel, Rahm-, Topfen-, Grießstrudel), Mehlspeisen aus Linzerteig, Zimtkarten, Grieß-, Kraut- und Schinkenfleckerl, Spanische Windbäckerei, Mandelbogen, Engländer, Anisbogen, Hobelscharten, Biskotten, Bischofbrot, Zwieback, verschiedene Kuchen, Zwetschken- und Marillenknödel, Grießschmarren, Baweusen (Pofesen), Topfenmehlspeisen, Schokolade- und Sachertorten; Dampfnudeln, Germknödel, Bayrische Kücherl, Krapfen, Wespennester, Mohn- und Nußkipferl (Beugel), Golatschen Gugelhupf, Lebkuchen, Blätterteigmehlspeisen, Rohrkrapfen, Früchtenbrot u. a. Gebratene Äpfel.

Aus: Olga und Adolf Fr. Hess, „Wiener Küche, Sammlung von Kochrezepten der staatlichen Bildungsanstalt für Koch- und Haushaltungsschullehrerinnen und der Kochschule der Gastwirte in Wien“. 17. Aufl. Wien 1928.

Suppen und Suppeneinlagen

Zeit haben, warten können sind die erste Voraussetzung für eine gute Rindssuppe – vorausgesetzt, daß der Hauptbestandteil, das Rindfleisch, vorhanden ist, denn „der Brühe von Schöpsen und Schweinefleisch bedient man sich bey uns wohl nie in anständigen Häusern als Suppe", erinnert Anna Dorn im Einleitungskapitel „Fleischsuppe" ihres Werkes „Neuestes Universal- oder: Großes Wiener-Kochbuch" aus dem Jahre 1827. Sie bemerkt überdies: „Der besonders in Handwerkshäusern herrschende Gebrauch, Saffran in die Rindbrühe zu geben, bezweckt weiter nichts, als einer schlechten, trüben Suppe ein etwas appetitliches Ansehen zu verschaffen. – Ein ganzes Stückchen Ingwer mitsieden lassen, tut für den Geschmack und – besonders im Winter – für den Magen weit bessere Dienste."

Billiger gibt es schon Amalie Grünzweig in ihrem „Wiener Koch- und Wirtschafts=Buch", 1885, wenn sie zu „Suppe mit Fleischextrakt" schreibt: „Da man in bürgerlichen Häusern aus Ersparungsrücksichten nicht Rindfleisch und gebratenes Fleisch zu einer Mahlzeit gibt, so empfiehlt es sich, die Suppe auf folgende Art zu bereiten: Etwa 4 Deka Leber, 10 bis 15 Deka gute Suppenbeine vom Rind, Abfälle von Fleischstücken und doppelt so viel Suppenwurzeln als man gewöhnlich nimmt, werden mit einem Stückchen Butter von der Größe einer Haselnuß geröstet, dann mit kaltem Wasser angegossen, gesalzen, langsam 2 oder 3 Stunden kochen gelassen. Abgeseiht gibt man Fleischextrakt dazu, und zwar genügt ein Kaffeelöffel. Die Suppe ist braun und klar und kann jede beliebige Einlage erhalten."

Louise Seleskowitz, Wirtschafterin des Stiftes Schotten in Wien, „bemißt" in ihrem „Wiener Kochbuch", 1880, zur einfachen Fleischsuppe für 1 Kilogramm Rindfleisch 2 Stunden, für größere Stücke 3 bis 4 Stunden Kochzeit. Rokitansky mahnt dagegen schon, nicht zu lange zu kochen (1 Kilo Fleisch in 3 Liter Wasser $1^1/_2$ bis $1^3/_4$ Stunden): „Es ist gut, öfter etwas kaltes Wasser zuzugießen, d. h. die Suppe abzuschrecken oder das Sieden zu unterbrechen, wodurch die Suppe klarer wird" („Die Österreichische Küche", 1897). „Die zum Kochen geeignetsten Stücke sind von den Schenkeln, dem Schlußstücke des Ochsen und dem Brustteile und werden unter dem Namen kalter und warmer Spitz, Scherzl, Schweifförtel, Hieferschwanzl, ausgestochenes Örtel, Deckel, Federspitz, Brustkern, verkauft."

In den Kochbüchern bis Ende des 17. Jahrhunderts scheinen noch fast keine „klaren" Rindsuppen allein als Rezepte auf. Auch im „Granatapfel"-Kochbuch von 1697 sucht man noch vergeblich danach. Erst die Kochbuchautoren des 19. Jahrhunderts verwendeten meist mehrere Seiten für die „weißen" und „braunen" klaren Rindsuppen, so daß Sofie Meixner in ihrem „Modernen Kochbuch", Wien 1901, sich zu der Bemerkung hinreißen ließ: „Wir sind gewöhnt, speciell in Österreich, unsere Mittagstafel mit der Suppe zu beginnen. Es läßt sich wohl im Princip nichts dagegen sagen, jedoch ist es ein Moloch, dem man schon zu lange den Nährwert der Fleischspeisen geopfert hat. Das Fleisch, das zur Suppe Verwendung findet, giebt wohl dieser einen vorzüglichen Geschmack und Nährwert, aber das Fleisch selbst hat seine besten Bestandteile verloren." Sie empfiehlt, jede Suppe nur von Knochen, Milz, Leber, eventuell einem Stückchen vorderen Fleisch, dem sogenannten Streifelfleisch, zu bereiten.

„Doch der Ochse", weiß das „Appetit-Lexikon" (1894), „ist nicht bloß einfacher Fleischlieferant wie die übrigen Tiere. Weit größer und fundamentaler ist seine Bedeutung als Urquell der Fleischbrühe und des Fleischextractes, jener beiden Präparate, ohne welche die ganze moderne Küche ein vollkommenes Unding wäre." Schon Anna Dorn (1827) und noch die Prato haben Rezepte für „Suppenzelteln" (getrocknete Fleischsuppenessenz) angeführt. Die Franzosen Proust und Parmentier waren die Erfinder des „Fleischextraktes"; seit etwa 1830 wurde Fleischbrühe verdampft, das verdickte Mus daraus getrocknet und als „Bouillontafel" verkauft. Liebig und Max Pettenkofer ermöglichten die Fabrikation im großen („Liebigs Fleischextract"), an der auch die Kochbuchautorinnen nicht mehr vorbeigehen konnten. Pratos „Süddeutsche Küche" (1858) bringt bereits Rezepte „Suppe mit Fleischextract" und bemerkt dazu: „Liebig's Fleischextract, in Amerika erzeugt, ist in kleinen Büchsen im Handel. Die sogenannten Suppenzelten sind nur dann dazu geeignet, wenn sie aus Fleisch bereitet sind, nicht aber solche aus Ochsenfüße, welche mehr Leim als

Fleischkraft enthalten." Louise Seleskowitz schrieb 1886 eine „Sammlung neuer Koch-Recepte über die richtige Verwendung von Liebig's Fleisch-Extract".
Einen Schritt weiter ging der Schweizer Mühlenbesitzer Julius Maggi (gestorben 1912), der aus Gemüsen, Küchenkräutern und anderen Zutaten ein kochfertig abgepacktes „Suppenmehl" entwickelte, ausgehend von seiner Erfahrung, daß viele Frauen durch die Fabriksarbeit gar keine Zeit mehr hatten, für eine „gute" Suppe einen ganzen Vormittag aufzuwenden. „Maggi-Würzen" und Fabriken in Bregenz, Wien, Mailand und Paris folgen. Der Braunschweiger Carl Heinrich Knorr hatte Ende des 19. Jahrhunderts aus ähnlichen Überlegungen vom Sago bis zum Grünkern, von der Erbswurst bis zur „Suppentafel" verschiedene kochfertige Würzen, Saucen-, Fleischbrüh- und Suppenwürfel fabriziert (neben Haferflocken, -mehl, Kindernahrung aus Gerste). Der Knödelkönig Eckart stellte für die Truppen im Ersten Weltkrieg erstmals Trockenerdäpfelmehl her.

Aus: Josefine Türck, „Jubiläums-Kochbuch". Neuaufl. Wien o. J.

Rokitanskys „Österreichische Küche" hat im Anhang auch schon eine halbe Seite Werbe-Inserate für Maggi's Suppen-Artikel, für Maggis Würfel, Würze und Suppen („Erbs mit Speck") in Päckchen, von denen es damals mehr als 20 Gattungen gab, Vorläufer der heutigen „Packerlsuppen".
Die „Erbswurst" war eine Erfindung des Berliner Kochs Grüneberg (gestorben 1872), sie besteht aus Erbsenmehl, Speck und Gewürzen, war in darmartige Hülsen aus Pergamentpapier gepreßt und brauchte nur in Wasser aufgekocht zu werden. Diese Erbswurst gehörte bald zur „eisernen Ration" nicht nur der Soldaten im Felde, sondern auch vieler Haushalte.

Klare Rindfleischsuppe

800 g Rindfleisch „mit Zuwage" (Knochen) (Hinteres oder Vorderes: Hieferscherzel, Riedhüfel, dicker Spitz, Kruspelspitz, Schulter, Kavalierspitz, Tafelspitz, dickes und dünnes Kügerl u. a. m.), Rindsleber, gelbe Rübe, Petersilien- und Selleriewurzel, 1 Zwiebel, Pfefferkörner, auch Pastinak, halbe Porreewurzel, $1^1/_2$ l Wasser; zum Verbessern auch Ochsenschlepp, alte Henne oder Geflügeljunges (Flügel, Füße, Hals, Leber, Magen, Kopf; Magen vor Anrichten blättrig schneiden; vom Kopf bloß Hirn, Kamm und Lappen mitkochen), Karfiolröschen, Kohlblätter, Champignons (blättrig geschnitten und, in Fett gedünstet, kurz vor dem Anrichten dazugeben), Kerbelkraut, Paradeiser (färben die Fettaugen rötlich), grüne Erbsenschoten (zuvor im Rohr gedörrt), geröstete Zwiebeln (geben der Suppe dunkle Farbe); für eine Portion rechnet man 150–200 g Fleisch und 0,3 l Wasser, auf 1 l Wasser 10 g Salz; 6 Pfefferkörner, 1 Stück Ingwer

Wurzelwerk reinigen, in Scheiben schneiden oder der Länge nach halbieren, mit kaltem Wasser aufs Feuer setzen, leicht salzen, in kleinere Stücke geschlagene Knochen und kleinwürfelig geschnittene Leber beigeben. Sobald das Suppenwasser kocht, das mit heißem Tuch abgewischte, geklopfte Fleisch und Gemüse beigeben (wenn man das gute Fleisch und als Nebenprodukt die Suppe erzielen möchte; will man eine vorzügliche Rindsuppe, gibt man das Fleisch in das kalte

Aus: „Elisabeth Stöckel's österreichisches Universal-Kochbuch für die bürgerliche Küche." 26. Aufl. Wien o. J.

Wasser). Dann Suppe einmal aufwallen und auf kleiner Flamme verschlossen 2 bis 3 Stunden leicht weiterkochen lassen. Den Schaum soll man nicht abschöpfen, er setzt sich schließlich bzw. verkocht sich. Zuletzt die Suppe entfetten (dazu etwas kaltes Wasser in die Suppe gießen). Dann abseihen (durch dünnmaschiges Sieb oder Leinentuch). Man kann zum Schluß auch einige Scheiben gesondert erwärmtes Rindermark in die Suppe geben.

Ende des 17. Jahrhunderts war in vielen Teilen Mitteleuropas das gewöhnliche Frühstück und Abendessen ein Brei (oder eine eingedickte Suppe) aus Erbsen, Hafer, Bohnen, Hirse, Gerste, Weizen oder Roggen, in Wasser oder in Milch und eventuell mit Butter gekocht. Bis Anfang des 18. Jahrhunderts waren Grundnahrungsmittel Brotgetreide, Fische, Krebse, Fleisch, Eier. Im Laufe des 19. Jahrhunderts kam es zu einigen wesentlichen „Umstrukturierungen" im sozialen Gefüge auch einer „Großstadt" wie Wien. Für den Arbeiter gab es im Durchschnitt zum Frühstück Kaffee, zu Mittag Suppe, $^1/_2$ Pfund Rindfleisch und Gemüse, am Abend Brot, Butter, Käse, Wurst, 1 Seidel Bier; dazu kam Vesper- und Frühstücksbrot. Pro Tag und Person kostete dies 38 Kreuzer, bei einem Verdienst von 1 Gulden. Die Nahrung für Haushalte „unter finanzieller Bedrängnis", also der Arbeiter, der subalternen Beamten und Handwerksgesellen, bestand aus Erdäpfeln, Brot und Suppen, unreifem, verdorbenem Obst (was die Choleraepidemien erklärt), teilweise auch aus Pferdefleisch. Im Leopoldstädter Strafhaus bekamen die Sträflinge in den dreißiger Jahren des 19. Jahrhunderts Suppe aus eingebranntem Mehl oder Gerste und Gemüse, an Sonn- und Feiertagen 4 Loth (70 Gramm) Rindfleisch, Rindfleischsuppe und Gemüse, Brot und Wasser.

Typisch für die Ernährungssituation der Armen Wiens (weil das Mindestmaß anzeigend) waren die Ausspeisungen in den Versorgungsanstalten (1848 gab es davon vier und drei Außenstellen) für Personen, für die es keine anderweitige Unterstützung gab; sie erhielten eine „Pfründe" (Arbeiterinnen pro Woche 2, Arbeiter 4, Handwerker 5 Gulden) – dafür konnten sie sich pro Tag 1 Pfund Weißbrot oder $1^1/_2$ Pfund Schwarzbrot, 1 Seidel (0,35 l) „lautere" Suppe zum Frühstück, 1 Seidel „gekochte" Suppe, Rindfleisch und Zuspeise zu Mittag und 1 Seidel „lautere" Suppe am Abend kaufen. 1847 konstituierte sich im Mai der „Wiener allgemeine Hilfsverein" und begann sofort in seiner eigenen Kochanstalt mit der Suppenausspeisung an Arme; in den ersten zwölf Tagen wurden allein 8600 Portionen verteilt. Zunächst kochte man die Rumford-Suppe (benannt nach dem „Erfinder" dieser Armensuppe, Graf Rumford, seit 1784 bayerischer Staatsrat) im herkömmlichen „Papinischen Digestor", später in einem neu konstruierten, mit einer Rührmaschine versehenen „Digestor", in dem alle Zutaten zugleich in einem einzigen Kessel und in einer viel kürzeren Zeit zubereitet werden konnten (ohne den bisherigen Dampfverlust). Hülsenfrüchte, Graupen (Gerste), Erdäpfel und Maismehl waren die Grundlage der Rumfordsuppe, geringe

Fleisch- und Schweineschmalzmengen sowie Salz, Paprika, Kümmel oder Majoran waren die „Beigaben". Es gab dabei Suppen mit und Suppen ohne Fleisch.
Vom 20. Mai bis 31. Dezember 1847 wurden 257.926 Seidel-Portionen zu je 1 Kreuzer ausgeteilt (davon allein in der Kochanstalt Gumpendorf 117.498, der Rest wurde zu den Verteilungsstellen Landstraße, Getreidemarkt, Margareten, Hernals, Tiefer Graben und Dominikanerplatz gebracht). 1849 wurden 315.438 Portionen und 1850 nur mehr 80.125 Portionen Rumford-Suppe verteilt. Der Verein verkaufte an die Armen auch billigeres Brot, Brennholz, Mehl und Salz. Nach 1850 wurde die Anstalt für zwei Jahre geschlossen; dann wurde statt der nicht sehr beliebten Rumfordsuppe eine Fleischsuppe mit Reis oder Grieß verteilt. 1855 wurde nach einer empfindlichen Lebensmittelpreissteigerung die erste Volksküche in Wien errichtet, die auch Anstalten und Fabriken mit billigem Essen belieferte. (Eine erste Werksküche soll es seit den vierziger Jahren in Trumau gegeben haben.) Im allgemeinen brachten sich die Arbeiter das (kalte) Essen selbst mit, es bestand meist aus Brot, Wurst, Käse oder kalten gekochten Erdäpfeln. In Mariahilf-Neubau wurde 1875 eine Suppen- und Tee-Anstalt gegründet, die eine Suppe aus Erbswurst für drei Kreuzer, Tee mit Rum und Zucker für fünf Kreuzer, Schwarzbrot (175 g) für zwei und Weißbrot (105 g) für zwei Kreuzer verkaufte – sie gab in einem Jahr 69.924 Portionen Brot, 50.358 Portionen Suppe und 91.881 Portionen Tee mit Rum aus.

„Der Mensch, der Mensch,
der Mensch ist kein Krawat, Krawat,
er lebt nicht nur alani
vom Salat, Salat,
er muß ein gutes Pipi-Papi hab'n,
ja hab'n,
sonst haut er auf d'Letzt
no alles z'samm, ja z'samm! "

hieß es lautstark in einem Protestlied der Arbeiter gegen die Volksküchen. Denn:

„A Hungriger geht in die Volkskuchel 'nein,
Doch tuts in aner jeden das nämliche sein,
Am Montag a Kraut und am Dienstag Salat,
Am Mittwoch ein Kohl und am Freitag Spinat:
Drum bleibt er jetzt ganz von der Volkskuchel weg
Und kauft sich beim Greißler a Wurst oder an Speck."

(Bela Haas)

Recept zu 5000 Portionen:

42	Pfund	Rindfleisch,
33	„	Schweinschmalz,
153	„	Graupen,
153	„	Hülsenfrüchte,
660	„	Kartoffeln,
85	„	Maismehl,
28	„	Salz,
30	„	Zwiebeln,
29	Loth	Majoran,
6	„	Paprika.

Zum Schälen obiger Quantität Kartoffeln allein waren 9 Personen erforderlich.

Um Abwechslung in den Geschmack der Suppe zu bringen, verwendete man, wie schon früher angegeben, anstatt der Graupen auch Reis oder Hirse, Hülsenfrüchte jeder Gattung, sowie statt Majoran auch Kümmel, und ebenso wurde der Suppe versuchsweise, nach Graf Rumford, Essig beigemischt, bald aber wieder weggelassen, da nur wenige der Abnehmer Geschmack daran fanden.

Aus: Franz Romeo Seligmann, „Die Kochanstalt des Wiener allgemeinen Hilfsvereins". Wien 1852.

1864 war der Erste niederösterreichische Arbeiterkonsumverein gegründet worden, der den Handelsprofit der Kaufleute auszuschalten versuchte und damit die Lebenshaltungskosten der Arbeiter wesentlich verbilligen konnte. 1870 gab es in Österreich bereits 402 Konsumvereine.
Nach dem Ersten Weltkrieg zog die 1919 vom Österreichischen Staatsschatz und der Gemeinde Wien gegründete „Vienna public feeding GesmbH" mit amerikanischen Hilfslieferungen gegen die Hungersnot zu Feld. Die Gesellschaft wurde bald in die WÖK (Wiener öffentliche Küchenbetriebsgesellschaft) umgewandelt und stellte für die arbeitende Bevölkerung nahrhaftes, preiswertes Essen zur Verfügung. Erst 1979 wurde die WÖK in die WIGAST Gaststättenbetriebs-GesmbH übergeführt und den Anforderungen der Zeit entsprechend „umstrukturiert".

Wiener Suppentopf

1 Karotte, 1 Petersilienwurzel, Petersiliengrün, 1 Stange Lauch, 1/4 Sellerieknolle, 1 große Zwiebel, 500 g mageres Rindfleisch, 1 Huhn, Salz, Thymian, 2 kleine Lorbeerblätter, einige schwarze Pfefferkörner

Alle Zutaten in kaltem Wasser zusetzen, so lange kochen, bis das Fleisch weich ist. Das Huhn dann auslösen, in Portionsstücke schneiden, ebenso das weichgekochte Rindfleisch. Suppe abseihen, abschmecken und Suppennudeln, in Salzwasser gekocht, dazugeben.
An Stelle des Huhns verwendete man in Notzeiten einen Kohlkopf und (500 g) Erdäpfel, die man nach einer Stunde Kochzeit zum Rindfleisch gibt. „Dieses vorzüglich mundende Eintopfgericht", bemerkt Olga

Hess in „Wiener Küche", „das zu Anfang des Weltkrieges unter der Bezeichnung ‚Künstlersuppe' als einziger Gang der Hauptmahlzeit Verbreitung fand, bis die Ernährungsverhältnisse allmählich so ungünstig wurden, daß man sich wochenlang mit Wrucken begnügen mußte, stellt die vollständige Ausnützung und Verwertung aller Zutaten dar."

Kalbs- oder Geflügeleinmachsuppe

1000 g Kalbsknochen oder Geflügel, Wurzelwerk, 1 Zwiebel, 40 g Butter, 40 g Mehl, Salz, Pfeffer, Muskatnuß, $^1/_8$ l Obers, 1–2 Eidotter, Petersilie, Butter

Knochen oder Geflügel mit dem Wurzelwerk in Wasser langsam zu einer guten Suppe kochen. In Butter (oder Suppenfett bzw. Schweinefett) die feingeschnittene Zwiebel rösten, mit Mehl stauben, die abgeseihte Suppe dazugießen und das Ganze langsam verkochen lassen. Mit Salz, Pfeffer, geriebener Muskatnuß würzen und abschmecken. Mit Obers und Dotter, beides gut verrührt, binden, mit etwas Butter verbessern. Als Einlage gibt man nach Wahl Bröselknödel, Markknödel, feingeschnittenes gekochtes Kalbfleisch oder Hühnerfleisch, Karfiol, grüne Erbsen, Champignons. Mit gehackter Petersilie bestreut anrichten.

An Fastensuppen gab und gibt es neben Erbsen- und Bohnensuppen vor allem die vielen Gemüsesuppen, u. a. Kraut-, Kohlrabi-, Kohl-, Schwammerl-, Zwiebel-, Porree-, Sellerie-, Fisolen-, Spinat-, Spargel-, Kochsalat-, Karfiol-, Paradeis- oder Erdäpfelsuppe, Kräutersuppen sowie die verschiedenen Fischsuppen.

Wiener Erdäpfelsuppe

3–4 Erdäpfel, Salz, Kümmel, 60 g Fett, 1 Zwiebel, 100 g Wurzelwerk, Petersilie, Selleriegrün, Salz, Majoran, Pfeffer, $^1/_2$ Lorbeerblatt, Kümmel

Geschälte, würfelig geschnittene rohe Erdäpfel in Salzwasser mit Kümmel und wenig Essig weich kochen. In heißem Fett feingeschnittene Zwiebel, Abfälle der gewürfelten Erdäpfel und kleinwürfelig geschnittenes Wurzelwerk rösten, mit Salz, Pfeffer, Majoran, Kümmel, zerdrücktem Knoblauch, gehackter Petersilie, Selleriegrün und Lorbeerblatt würzen, mit Mehl stauben, kurz überrösten und mit $1^1/_4$ l Rindsuppe (Knochensuppe) aufgießen. 1 Stunde kochen lassen, passieren und mit den abgeseihten Erdäpfelwürfelchen als Einlage noch einmal aufkochen.

Knoblauchsuppe

4–6 Knoblauchzehen, 100 g Zwiebeln, 40 g Fett, $1^1/_4$ l Salzwasser, Brotschnitten

Fein gehackter Knoblauch und fein geschnittene Zwiebeln in heißem Fett goldgelb anrösten, mit siedendem Salzwasser aufgießen. Über Brotschnitten anrichten.
In Hess' „Wiener Küche", 17. Auflage, 1928, heißt es dazu in einer Fußnote: „Eine bei der ehemals österreichisch-tschechischen Landbevölkerung besonders zur Winterszeit beliebte Suppe, die in Wien wegen ihrer Billigkeit und schnellen Zubereitungsmöglichkeit, aber auch zufolge der seit einiger Zeit wieder eingetretenen Höherbewertung des Knoblauchgenusses für die Erhaltung der Gesundheit starke Verbreitung gefunden hat."

Serbische Bohnensuppe

200 g Bohnen, 1 Knoblauchzehe, 150 g Kaiserfleisch, 1 große Zwiebel, 1 EL Mehl, 1 TL Paprika, Majoran, 1 Lorbeerblatt, Salz, Pfeffer

Im Wasser vorgeweichte Bohnen am nächsten Tag mit frischem Wasser, mit Lorbeerblatt, Salz und fein zerdrückter Knoblauchzehe langsam weich kochen. In einer großen Kasserolle würfelig geschnittenes rohes geräuchertes Kaiserfleisch rösten, dazu feingeschnittene Zwiebel geben, mit Majoran und Pfeffer würzen, mit Paprika bestreuen, mit Mehl stauben, kurz durchrösten, dann mit den Bohnen samt Sud aufgießen und noch 10 bis 20 Minuten kochen lassen.

Die Wiener Kochbücher des 19. Jahrhunderts pflegten stets eine Fülle von Suppeneinlagen anzuführen, dazu stellten sie ganze Systeme auf, gegliedert in Schöberln, Pfanzel, Wandel, Puddinge, Einbund, Nockerln, Knöderln, Teigwaren (Nudeln), Strudel sowie verschiedene andere Einlagen (Leberreis, Rollgerstl, Panadel).

Markknöderln

2 Semmeln, 50 g Rindermark, 1 Ei, Salz, Muskatnuß, Petersilie, Semmelbrösel

Das weiche Rindermark mit den in Wasser geweichten, gut ausgedrückten und passierten Semmeln und dem Ei gut verrühren, mit geriebener Muskatnuß, gehackter Petersilie und Salz würzen, so viel Semmelbrösel beifügen, daß eine formhältige Masse entsteht. Daraus nußgroße Knödelchen formen, in Salzwasser 8 Minuten kochen und als Einlage in die fertige Kalbs- oder Geflügeleinmachsuppe geben.

Kaiserschöberln

40 g Butter, Prise Salz, 3 Dotter, 1–2 EL Milch, 80 g Mehl, 3 Eiklar, Butter für das Blech

Butter salzen, mit den Dottern schaumig rühren, Milch und Mehl einrühren, zuletzt aus Eiklar steifgeschlagenen Schnee darunterziehen, Masse auf befettetes Backblech (oder Alufolie) fingerdick aufstreichen, im nicht zu heißen Rohr goldgelb backen, erkalten lassen und in kleinere Stücke schneiden.
Werden in diese Biskuitmasse noch 120 g ausgeschabte Milz und zwei, drei eingeweichte, gut ausgedrückte Semmeln gerührt, erhält man die **Milzschöberln,** mit 100 g faschierter Leber (Salz, Pfeffer und Majoran als Gewürze), feingeschnittener Zwiebel und Petersilie (beides in wenig Fett angeschwitzt) und wenig Bröseln die **Leberschöberln.**

Papinscher Topf (Gußeisen emailliert, mit Sicherheitsventil), auch „Digestor" genannt. Erfunden vom französischen Physiker Denis Papin (1647–1714), ca. 200 Jahre später von der deutschen Firma Umbach verbessert.

Leberknödel

2 altbackene Semmeln, 120 g Rindsleber mit Milz, 1 kleine Zwiebel, Petersilie, 30 g Fett, Salz, Pfeffer, Majoran, Knoblauch, 1 Ei, 50 g Semmelbrösel

Semmeln halbieren, in Wasser einweichen, ausdrücken. Rindsleber und Milz schaben oder in kleine Stücke schneiden. Feingehackte Zwiebel und gehackte Petersilie in Fett anschwitzen lassen. Semmeln, Leber und Milz, Zwiebel, Petersilie, Majoran und Knoblauch fein faschieren, Ei und Brösel dazugeben, salzen und pfeffern, gut vermengen, kurz stehen lassen, daraus kleine Knödel formen und in der abgeseihten Suppe etwa 8 Minuten leise kochen lassen.
Gibt man zu dieser Leberknödelmasse nur 20 g Brösel und drückt sie mit Hilfe eines Löffels durch ein umgekehrtes grobes Reibeisen in die kochende Suppe, erhält man **„Leberreis"** als Suppeneinlage.

Frittatensuppe

60 g Mehl, 1 Ei, 1/8 l Milch (oder Sodawasser), Salz; Fett zum Backen; Schnittlauch

Mehl, Ei, Milch und Prise Salz zu einem dickflüssigen Teig versprudeln. Portionsweise in heißes Fett gießen, auf beiden Seiten wie Palatschinken backen, dann wie einen Strudel zusammenrollen und feinnudelig schneiden. In die Suppenteller geben, heiße Rindsuppe darübergießen, Schnittlauch daraufstreuen.

Backerbsen

80 g Mehl, 1 Ei, 1/8 l Milch, Öl, Zucker, Salz; Fett

Mehl, Ei, Salz, Prise Zucker, etwas Öl und Milch zu einem dickflüssigen Teig versprudeln, durch ein grobes Sieb oder Reibeisen direkt in das heiße Fett tropfen lassen und rasch backen. Nie zuviel Teig auf einmal eintropfen lassen. Herausheben, in Suppe anrichten.

Grießnockerln

60 g Butter, 1 Dotter, 1 Eiklar, 120 g Grieß, 1 Msp. Mehl, Salz, Muskatnuß

Butter vorwärmen, mit Dotter schaumig rühren, salzen und mit etwas Muskat würzen. Den steifgeschlagenen Schnee, Grieß und Mehl in die Masse einrühren, eine halbe Stunde im Kühlschrank rasten lassen. Nockerln formen und in kochendem Salzwasser 8 bis 10 Minuten mehr ziehen als kochen lassen.

Das Gabelfrühstück

„Zum Gabelfrühstück gönn ich mir
ein Tellerfleisch, ein Krügerl Bier,
schieb an und ab ein Gollasch ein,
(kann freilich auch ein Bruckfleisch sein),
ein saftiges Beinfleisch, nicht zu fett,
sonst hat man zu Mittag sein Gfrett."

(Josef Weinheber, „Der Phäake")

Richter schreibt 1807 in den „Eipeldauer-Briefen": „Das Gabelfrühstück im Gasthof beym Erzherzog Karl (in der Kärntner Straße) . . . hat wirklich mit'n neuen Jahrstag ang'fangen und findt seit der Zeit täglich ein größern Beyfall, und da kann man öfters noch um 1 Uhr z'Mittag an den Tischen solche Gabelfruhstucker sitzen sehn. Schon im Vorhaus steht in ein gläsern Kasten ein ganze Credenz von kalten Speisen und Torten und g'sulzten Fischen und Pasteten und Austern und Bachereyen, und da wassern einem die Zähn schon, bevor man noch in die Speisezimmer eintritt."
„Noch vormittags", schreibt im gleichen Jahr Nicolai über den Wiener, „ist er im Sommer im Kirschweinkeller, oder im Winter im Methkeller anzutreffen, und dabey wird wieder etwas Kaltes genossen." Und Johann Pezzl läßt einen Herren „vom Stand" in der Biedermeierzeit auf dem Korso spazieren und flanieren, „vom Demel am Kohlmarkt über den Graben, zum Stephansplatz, die Kärntner Straße entlang – auf der rechten Seite, der Schattenseite – bis zur Oper vor, zum Ring, am Hotel Bristol vorbei, zum Grand Hotel bis zum Schwarzenbergplatz und wieder zurück bis zum Demel". Hungrige machten Zwischenstation beim Demel in der k. k. Konditorei, beim Gerstner oder beim Stiebitz auf ein Frühstücksgulasch, ein Gabelfrühstück. Auch die Bar im Grand Hotel war beliebter Treffpunkt. F. G. Zenker bemerkte um 1818/20: „Das Gabelfrühstück ist ein Mahl der jetzigen Zeit und Tagesordnung, wo die Mittagsstunde, wie in Paris, auf sechs und sieben Uhr des Abends verschoben worden ist. Es wird gewöhnlich um ein Uhr Mittag gehalten . . . Es sind eigentliche Gastereyen der Junggesellen. Man erscheint en negligée, und bringt seine Portion Witz und gute Laune mit; denn Ungezwungenheit und Jovialität ist der herrschende Ton dieser Gesellschaft. Das schöne Geschlecht wird selten hierzu gebethen."

Bruckfleisch

1000 g Bruckfleisch: Rindsleber, Milz, Rindsbries, Herz und „Liachteln" (Aorta) und Kronfleisch (Zwerchfell, unterteilt in dünnes und dickes Kronfleisch bzw. Herzzapfen), 1 Zwiebel, 60 g Fett, Wurzelwerk (gelbe Rübe, Petersilienwurzel, Stück Sellerie), 1 Knoblauchzehe, Spritzer Essig, Salz, Pfeffer, $^1/_2$ Lorbeerblatt, wenig Majoran, Kuttelkraut (Thymian), 2 EL Mehl, $^1/_8$ l Rotwein, Wasser oder Rindsuppe, $^1/_4$ l Blut, Petersiliengrün

Feingeschnittene Zwiebel in heißem Fett goldgelb rösten, das grob geriebene Wurzelwerk dazugeben, kurz mitschwitzen lassen, mit einem tüchtigen Spritzer Essig ablöschen, sämtliche Fleischgattungen ohne Milz, Leber und Bries dazugeben (Herz und Leber blättrig, „Liachteln" in Ringe, Fleisch in kleine Streifen schneiden). Mit wenig Flüssigkeit untergießen und alles zusammen mit den Gewürzen und Kräutern langsam etwa eine Stunde dünsten lassen. Zuletzt Leber, Milz und Bries, zerkleinert, beigeben. Den Saft eingehen lassen, mit Mehl stauben, durchrühren, mit Blut, Rotwein und Wasser (oder Rindsuppe) zu einer molligen Soße aufgießen und noch eine Weile langsam dünsten lassen. (Blut wird zuvor mit etwas Essig und Wasser verquirlt.)
Elisabeth Stöckl gibt in ihrem Kochbuch (1833) zuletzt ein Stück braune Brotrinde, schwarz geröstet, dazu. Und Marie von Rokitansky („Die Österreichische Küche", 1897) warnt gar: „Die Zubereitung dieses echten Wiener Gerichtes ist deshalb schwierig, weil gewisse Vorbedingungen gegeben sein müssen. Es müssen nämlich die einzelnen Bestandteile noch lebenswarm verarbeitet werden; dies ist nur dann möglich, wenn man in der Nähe des Schlachthauses wohnt." (Der Name des Gerichts leitet sich von der „Schlachtbruck'n" ab.)
Gleiches empfiehlt die Rokitansky für den **„warmen Spitz"**. Der sogenannte Kruspel- oder Federspitz des Ochsen muß noch lebenswarm in die siedende Wurzelbrühe gelegt werden und darin $1^1/_2$ bis 2 Stunden, wie gewöhnliches Rindfleisch, kochen. Man ißt ihn nur mit Salz bestreut.
Ein Altwiener Gabelfrühstück in Bürgerkreisen waren auch das **„Tellerfleisch"** und Rindfleischsalat.

Fischgerichte

„In einem so stark von der Tradition des Katholizismus geprägten Land wie Österreich, das über weite Zeitläufe hin auch streng nach diesen Geboten regiert wurde, versteht es sich von selbst, daß gerade den Fastenspeisen in den Kochbüchern ein besonders großer Umfang eingeräumt wurde. Fischgerichte und Fastenspeisen, verharmlosend meist Fastensuppen genannt, füllen in den alten Kochbüchern durchschnittlich ein Fünftel des Angebots“ (Ludwig Maria Plakolb). Noch Mitte des 18. Jahrhunderts durften Fleischspeisen an Fasttagen öffentlich nur an Offiziere, „unkatholische“ Personen oder an Katholiken mit einer Dispens abgegeben werden, und auch da nicht in der Gaststube, sondern in der Wirtswohnung, später in einem besonderen Zimmer oder zumindest auf einem abgesonderten Tisch (nach Hans Pemmer, Schriften zur Heimatkunde Wiens). Dennoch waren auch damals die Fasttage erträglich. Carl Julius Weber bemerkte in seinen „Briefen eines in Deutschland reisenden Deutschen“, 1826, daß er an Festtagen in Wien sein Fleisch gekreuzigt habe mit ungarischen Edelkröten, das heißt mit Schildkröten, mit Hausen, Schlampreten, Schnecken, Makkaroni und den ausgesuchtesten Mehlspeisen. Und der Berliner Buchhändler und Aufklärer schreibt über die Wallfahrten zum Hernalser Kalvarienberg in der 40tägigen vorösterlichen Fastenzeit: „Auch das Schmausen wird in Herrenals bei dieser Gelegenheit nicht vergessen. Die Büßenden kauen sogar auf den Straßen wechselweise an Gebeten und an Kipfeln und Krapfen.“

Gesulzter Wurzelkarpfen

4 Mittelstückportionen Karpfen (zu je 150–200 g), Zitronensaft, Salz, weißer Pfeffer, 250 g Wurzelwerk, 1 Zwiebel, 1/2 Lorbeerblatt, 1 Stengel Kuttelkraut, 1 Knoblauchzehe, einige Gewürzkörner, Essig, Zucker, gekochte Eischeiben, Gurkerlscheiben, 8 Blätter farblose Gelatine

Fisch kalt waschen, mit Zitronensaft, Salz und Pfeffer einreiben und beiseite stellen. Wurzelwerk in Streifen schneiden, die nudelig geschnittene Zwiebel daruntermengen, mit kaltem Wasser halbfingerhoch bedecken und aufs Feuer stellen. In Leinenfleck oder Gewürzei halbes Lorbeerblatt, Kuttelkraut, Knoblauchzehe und Gewürzkörner dazugeben. Zugedeckt weich kochen. Dann mit Schuß Essig, Salz und wenig Zucker pikant abschmecken, die Karpfenstücke einlegen und zugedeckt langsam 20 Minuten kochen lassen. Überkühlen lassen, die Fischstücke mit Backschaufel aus dem Sud heben, abgetropft in eine tiefe Schüssel legen, die Wurzelwerkstücke ebenfalls herausheben und abgetropft gefällig über die Fischstücke verteilen, mit einigen Kapern bestreuen, mit ein paar gekochten Eischeiben und Gurkerlscheiben belegen. Das Ganze kurz aufkochen lassen, den Geschmack prüfen. 8 farblose, vorher in kaltem Wasser geweichte Gelatineblätter in etwa 1 l Wasser einrühren, 2 bis 3 Minuten auflösen lassen, Sud noch einmal kurz überkochen und sofort in kaltes Wasserbad stellen. Solange die Gelatine noch flüssig ist, die mit den Wurzeln bedeckten Karpfenstücke damit überziehen. Kalt zum Stocken stellen.

Die Imitation von Speisen spielte gerade in der Fastenzeit bis herauf ins 19. Jahrhundert eine große Rolle. Wer wollte schon so lange auf den Anblick des gewohnten Bratens, auf seine Würste verzichten? Berühmt waren beispielsweise die folgende „Würste“:

„Paulaner Würste“

800 g ausgelöstes Hecht- oder Fogoschfleisch, 3 Semmeln, 1 kleine Zwiebel, 80 g Butter, Salz, weißer Pfeffer, Muskatnuß, Majoran, 2 Eier; Semmelbrösel, 1 Ei

Von Haut und Gräten befreites Fischfleisch mit in Milch aufgeweichten, gut ausgedrückten Semmeln fein faschieren. Feingeschnittene Zwiebel in Butter blaßgelb anschwitzen, samt Salz, Pfeffer, geriebener Muskatnuß und zerriebenem Majoran mit dem Fischfleisch vermengen, mit zwei Eiern zu einer zähen Farce abarbeiten, nach Notwendigkeit mit Bröseln festigen. Auf bemehltem Brett daumendicke Schlangen drehen, in halbfingerlange Stücke schneiden, diese Würstchen in zerklopftes Ei (1 Ei, 1 Teelöffel Öl und etwas Wasser verschlagen) tauchen, locker in Semmelbrösel einhüllen. 15 Minuten vor Tisch mindestens daumendick Butterschmalz oder Öl erhitzen, die Würstchen nebeneinander einlegen und etwa 12 Minuten goldfarben backen. Heiß mit Erdäpfelsalat servieren.

„Nordsee“-Fischverkaufslokale gibt es noch heute in Wien.

Daneben gab es ähnliche „Krebswürste“ (in Därme gefüllt und gesotten, dann wie Bratwürste gebraten), aber auch „Rebhühner“, „Hirschbraten“, „Feldhühner“ und „Rehbraten“ aus Fischfleisch.

Weinbergschnecken waren in Altösterreich eine bodenständige Spezialität. Es gab in Wien sogar einen Schneckenmarkt (etwa in der Gegend des Jungferngasserls hinter der Peterskirche), wo die Schneckenweiber die Weinbergschnecken als „Austern des kleinen Mannes“ je nach Größe und Qualität in sechs bis acht Preiskategorien angeboten haben. Damals aß man die Weinbergschnecken besonders gern gekocht und gezuckert oder zum Weinkraut.

Schnecken auf Altwiener Art

Schnecken, $^1/_8$ l Bier, 180 g Mehl, Salz, 2 Dotter, 2 Eiklar, Schnittlauch; Schweineschmalz; Knoblauchbutter

Aus Bier, Mehl, Salz und Dotter einen dickflüssigen Backteig rühren, zuletzt den Schnee der steifgeschlagenen Eiklar unterziehen und reichlich gehackten Schnittlauch dazugeben. Die vorgerichteten gekochten Schnecken in Knoblauchbutter schwenken, in den Backteig tauchen und in heißem Schweineschmalz schwimmend herausbacken.

Die **„schlampeten Schnecken“** wurden mit einer Soße aus Essig, Kren und Zwiebel genossen, zum Unterschied von denjenigen, die mit Butter und Sardellen gefüllt wurden.

Schneckensalat

20 gekochte Schnecken, Öl, Essig, Salz, Pfeffer, Schalotten, 2 Sardellen (oder ein Stück Kren)

Essig, Öl, Salz, Pfeffer, feingeschnittene hartgekochte Eier, Schalotten und Sardellen (oder Kren) mit gekochten, ausgelösten, gereinigten und nudelig geschnittenen Schnecken zu einem Salat abmischen.

Wiener Heringsalat

4–6 Heringe, 2–3 säuerliche Äpfel, 800–1000 g Erdäpfel (Kipfler), 1 Essiggurke, 1 EL feingehackte Kapern, 1 Zwiebel, $^1/_4$ l Sauerrahm, $^1/_8$ l Öl, Salz, Estragonessig, Pfeffer

Salzheringe 12 bis 24 Stunden wässern oder in Milch legen, dann entschuppen, filetieren und in kleine Stücke schneiden. Gekochte, geschälte Erdäpfel kleinwürfelig schneiden, geschälte, entkernte Äpfel würfelig schneiden. Alles vermengen. Aus Sauerrahm, Öl, Essig, Salz, Pfeffer und passierter Heringsmilch eine Soße mischen, über das Gemenge gießen und gut verrühren. Mit kleingehackten Kapern überstreuen. Zur Verzierung dienen hartgekochte, in Viertel oder Sechstel geschnittene Eier, kleingehackte Kapern, Oliven, Petersilie und fächrig geschnittene Essiggurken. Man kann nach Geschmack auch gekochte, marinierte Rote Rüben in den Salat geben. „Auf russisch“ zubereitet, gibt man 2 bis 3 Eßlöffel Kaviar dazu. Heringsalat ist einige Stunden vor Bedarf anzurichten und kühl zu stellen.

Fleischgerichte

Daß in Wien bei jeder Mahlzeit mehr Fleisch, besonders Braten und Geflügel, verzehrt wurde als anderswo, galt bei allen Reiseberichterstattern, die über Wien schrieben, als unbestritten. Die Zahl der Wiener, die nicht täglich ihr Stück Fleisch hätten, sei gewiß sehr klein, meinte etwa Küttner. In dieses Bild scheinen oberflächlich betrachtet auch die Mittel- und Unterschichten gepaßt zu haben. Doch Vorsicht ist am Platz – die Reisenden des 17. und 18. Jahrhunderts, ja auch noch die der Biedermeierzeit bis 1848, hatten meist das Leben auf Adelssitzen, in Klöstern, bei reichen Gewerbetreibenden im Auge – die Armseligkeit daneben war nicht „bemerkenswert".

Während jedoch im Winter 1834 im Wiener Großhandlungshaus Geymüller ein Teller mit Erdbeeren serviert wurde, der um diese Jahreszeit 700 Gulden kostete, verdiente ein Fabriksarbeiter nicht mehr als einen halben Gulden, ein Wiener Appellationsrat 8 Gulden. „300.000 Familien im ganzen Staat schwelgten mehr oder weniger im Überfluß, während Millionen von Familien darbten", bemerkte Beidtel.

„Am Fleischverbrauch in den Städten pro Kopf der Bevölkerung hatte sich seit dem Spätmittelalter nicht viel verändert; im 16. Jahrhundert sind für Wien Durchschnittsmengen von 100 kg und mehr belegt", schreibt Roman Sandgruber. Auch im 18. und 19. Jahrhundert aß „man" noch viel Fleisch: in „gutbürgerlichen" Kreisen zweimal täglich, in den Oberschichten sogar mehrere Fleischgänge pro Mahlzeit; im Biedermeier wurde das Backhendl Statussymbol der gehobenen Bürgerschicht, das gekochte Rindfleisch das der kleinbürgerlichen Lebensart. Von 39,6 kg Rindfleisch pro Kopf im Jahre 1784 stieg in Wien der Rindfleischverbrauch bis 1800 auf 52 kg, 1830 auf 55,2 kg und sank 1890 auf 36,1 kg, 1930 auf 20,9 und 1937 auf 13,9 kg. An Schweinefleisch verzehrte der Wiener pro Kopf im Jahr 1784 13,5 kg, 1890 19,1 kg, 1930 24,6 kg, an Kalbfleisch waren es 1784 12,3 kg, 1870 10,2 kg und 1937 nur 5,8 kg pro Kopf und Jahr. Der Verzehr von Schaffleisch betrug pro Kopf im Jahr 1784 7 kg, 1890 nur mehr 0,7 kg, 1930 0,4 kg. An Geflügel verspeiste der Wiener pro Jahr 1784 11 kg, 1830 7,4 kg, 1890 5,2 kg, 1910 6,8 kg (Roman Sandgruber, Wiener Wirtschaftsdaten). Während Rindfleisch, Eier, Mehl und Hülsenfrüchte im Verbrauch sanken, stieg im Laufe des 19. Jahrhunderts der Verbrauch von Butter und Schmalz leicht, der von Erdäpfeln stark an. (Obwohl für Wien zu Beginn des 19. Jahrhunderts immer noch 80–100 kg Fleisch pro Person errechnet wurden, dürfte der Durchschnitt für ganz „Zisleithanien" zu dieser Zeit wohl nicht sehr über 15 kg gelegen sein.)

Dieses statistisch ermittelte Bild entsprach für große Teile der Bevölkerung nicht der Wirklichkeit. Die Löhne der Industriearbeiter, Arbeiterinnen und der arbeitenden Kinder im 19. Jahrhundert erlaubten selbst die Annäherung an die statistischen Mittelwerte nur in Ausnahmefällen. Zwischen 1828 und 1835, den Jahren mit den niedrigsten Arbeitslöhnen in Wien, war dieser Bevölkerungsschicht auch „gutes" Rindfleisch zu teuer – bei 120 Gulden Jahresverdienst (wobei die Miete schon 40 bis 160 Gulden verschlang!).

Die Lage der stark anwachsenden Industriearbeiterschaft bzw. des „vierten Standes" verschlechterte sich in Wien durch die 1829 eingeführte „Verzehrungs- und Konsumsteuer" („Blutsteuer des Proletariats" genannt); diese neue Steuer traf gerade die Ärmsten der Stadt, zumal die ursprüngliche Befreiung von der Verzehrungssteuer für Waren im Preis unter 3 Kreuzer im Mai 1830 aufgehoben bzw. im September auf Waren vom Preis unter 1 Kreuzer eingeschränkt worden war. 1829 wurden bei den Linienämtern (zwischen „Stadt" und „Vororten") die Verzehrungssteuern für alle in den Vororten gekauften Lebensmittel eingehoben.

Die Zusammensetzung der zugewanderten Fabriksarbeiterschaft war äußerst inhomogen: verarmte Bauern und heruntergekommene Bürger, entlassene Soldaten sowie von der industriellen Produktion überrollte Handwerker städtischer und ländlicher Herkunft. Im Vormärz gab es auch schon einen intensiven Pendlerverkehr kroatischer und ungarischer Kinder und Arbeiter zwischen dem heutigen Burgenland und dem Wiener Becken. Allein aus Böhmen hatte Wien in den vierziger Jahren jährlich eine Zuwanderungsquote von rund 20.000 Personen, einschließlich der Saisonarbeiter. Alle diese Menschen brachten ihre Eß- und Kochgewohnheiten mit. Zugleich aber fiel für viele Familien – vor allem, wenn auch die Frau und die Kinder arbeiten gingen – die tägliche Mahlgemeinschaft weg

(die auf dem Lande fast nie gefährdet war). Durch diesen Verlust der Arbeits-, Wohn- und Eßgemeinschaft wurde der Unterschied selbst zu den ärmsten Bauernfamilien noch größer und gravierender. Erst gegen Ende des 19. Jahrhunderts kam auch in der Arbeiterschaft ein neues „soziales Verantwortungsgefühl" auf, wie die Mäßigungsbewegungen, die Abstinenzler- und Vegetariervereinigungen und die Selbsthilfe-Vereine zeigen.
Hauptlieferant für die Fleischversorgung der Kaiserstadt Wien war das Rind; es war vor der Verbreitung der Erdäpfel leichter zu füttern als das Schwein, es konnte auch aus weiter entfernten Ländern leichter und billiger herangetrieben werden. Unter dem Namen „ungarische, galizische und deutsche Mast-, Weide- und Bauernochsen" wurde eine bunte Musterkarte der in der ganzen Monarchie vorkommenden Rinderrassen auf dem Wiener Markt des 19. Jahrhunderts aufgetrieben. Die Tiere stammten zum großen Teil aus Ungarn, aber auch aus Ostgalizien, der Bukowina, aus der Moldau und Bessarabien. Die Fleischversorgung Wiens wurde im 19. Jahrhundert auf dem Viehmarkt St. Marx zentralisiert, der nach der Marktordnung von 1883 ausschließlich für den Verkauf des zur Schlachtung bestimmten lebenden Viehs sowohl für Wien als für viele umliegende Gemeinden zuständig war. An starken Markttagen waren bis zu 4500 Stück zum Verkauf aufgestellt, etwa 400 bis 500 Fleischer, 300 Treiber und 150 Händler versammelten sich bereits in den frühen Morgenstunden.

Anton Schrödl, „Szene während einer Ausstellung in der Central-Viehmarkthalle". Wien 1886.

Als die neuen Qualifikationstabellen der Ochsen durch den Wiener Gemeinderatsbeschluß vom 21. 2. 1873 erlassen wurden, die 22 Abstufungen und „Gütevarietäten" aufweisen, spottete der Feuilletonist Friedrich Schlögl: „Aber die Humanisten eines gewissen (dickbäuchigen, doppelkinnigen) Schlages werden in salbungsvoller Treuherzigkeit ausrufen: ‚Nun ist jeder Zuwagschwindel, jede Knochenübervortheilung, jede Bein- und Flechsenbeschummelung beseitigt und auch der (gern citierte) ‚arme Mann' bekommt um sein Geld, was ihm gebührt!'
Was ihm gebührt! Was gebührt dem ‚armen Manne'? Was ihm bisher zufiel oder für ‚sein Geld' zugeworfen wurde, der Abfall und ungenießbare ‚Brocken'."
Kein Wunder, daß zum „klassischen" gekochten Rindfleisch in Wien die Beilagen („Garnierung") im Laufe der Jahrzehnte angewachsen sind. In „Elisabeth Stöckel's österreichischem Universal-Kochbuch" liest man noch in der 26. Auflage (1922) dazu: „Rings um das Fleisch werden auf der einen Hälfte verschiedene kalte Gemüse, als: Essiggurken, rothe Rüben, Kartoffelsalat, Bohnensalat, grüner Salat etc., gelegt, die zweite Hälfte garniert man mit kleinen verschiedenfarbigen Gemüsehäufchen, z. B. Carotten, grüne Erbsen, Blaukraut, Petersilienkartöffelchen, Kohlrüben etc." Auch die „Wiener Küche" von Olga und Adolf Fr. Hess (7. Auflage 1928) empfiehlt zum „gekochten Rindfleisch" an Beilagen: Gemüse, Soßen, Salate, Kartoffeln, Rote Rüben, Kraut und Knödel.

Gekocht werden auch der geselchte Rindskamm, die Pökelzunge, die frische **Rindszunge** (in Salzwasser 3 bis 4 Stunden weich kochen, häuten, in Scheiben schneiden und mit Sardellensoße anrichten). Gekochtes Rindfleisch oder Reste davon werden in folgender Soße etwa 30 Minuten gedünstet: In 50 g Schmalz 100 g in Ringe geschnittene Zwiebeln goldgelb rösten, 1 Msp. Paprika und etwas Essig beigeben, mit 25 g Mehl stauben, mit Rindsuppe aufgießen und die Soße möglichst lange langsam kochen lassen.

„Stoffade"

Ortscherzel oder Schweifförtl (2000 g), Salz, Pfeffer, 100 g Schinken, 100 g Zunge, 100 g Speck, Speckblätter, Zwiebel, Wurzelwerk, 1 Lorbeerblatt, Thymian, 1 Knoblauchzehe, 6 Stück Nußkerne, 3 getrocknete Feigen, 5 zerdrückte Wacholderbeeren, 2 Gewürznelken, einige Gliedchen Ingwer, Pfefferkörner, 1 Stück schwarzes Brot, 1 l Wein, Rindsuppe

Das Fleischstück mit in Streifen geschnittenem Schinken, Zunge und Speck (vorher in Salz und Pfeffer wälzen) spicken. In eine Kasserolle Fett, Zwiebelstücke, Knoblauch, Wurzelwerk und die Gewürze (Thymian, Gewürznelken, Ingwer, Pfefferkörner) geben, das Fleisch darauflegen, anbraten, Lorbeerblatt, Nußkerne, Feigen, Wacholderbeeren und Brotschnitte dazugeben, mit Suppe oder Wasser und Wein oder Wasser und etwas Essig aufgießen und etwa 3 Stunden zugedeckt dünsten lassen. Sollte der Saft zu stark verdunsten, etwas Suppe nachgießen.

Grünzweig nimmt anstatt der Feigen gedörrte Zwetschken. Zenker hat das gargedünstete Fleischstück abschließend glasiert, also im Rohr noch eine Viertelstunde überbraten. „Man serviert es mit Macaroni, Reis, Erdäpfeln oder fein geschnittenen Nudeln", schreibt Louise Seleskowitz im „Wiener Kochbuch", 1879 erschienen.

„Gefülltes Lungenbratl", Altwiener Lungenbraten

1400 g Lungenbraten, Salz, Pfeffer; Fülle: 150 g faschiertes Kalbfleisch, 150 g Schweinefleisch, 1 Semmel, Butter, 1 Zwiebel, Petersilie, Salz, Paprika, 1 Ei, Obers, Gansleber; Soße: 40 g Öl, 2 EL gehackte Zwiebel, 40 g Mehl, $^{3}/_{8}$ l Fleischsuppe, $^{1}/_{4}$ l saurer Rahm

Lungenbraten häuten, zu einem großen Schnitzel aufschneiden (oder eine Tasche einschneiden). Dann Fülle daraufgeben (faschiertes Fleisch, die vorher in Milch geweichte, ausgedrückte Semmel, leicht in Fett geröstete Zwiebel und gehackte Petersilie, Salz, Paprika und Ei vermengen), länglich geschnittene Gansleber auflegen, zu einer Roulade einrollen, binden und außen mit Salz und Pfeffer würzen. In heißem Öl braten und dann mit etwas Flüssigkeit (Wasser oder Rindsuppe) dünsten. Im Bratrückstand die feingehackte Zwiebel anrösten, mit Mehl stauben, durchrösten, mit Suppe und Rahm aufgießen, kurz verkochen lassen und das Ganze über das angerichtete Fleisch gießen. Jetzt den Braten unter fleißigem Begießen in etwa eineinhalb Stunden gar dünsten.

Die englische Zubereitungsart von Rindfleisch (wie Roastbeef, Beefsteak, Rumpsteak, „boeuf a la mode") wurde von der breiten Bevölkerung kaum aufgegriffen und blieb meist auf Gaststätten beschränkt. Dagegen nehmen die Rostbraten-Rezepte in Altwiener Kochbüchern immer einen breiten Raum ein (Rokitansky bringt 19 Rostbraten- und 15 Gulyas-Rezepte, 9 Lungenbraten-, aber nur 4 Beefsteak-Rezepte). Berühmt war der Rostbraten bei der „Schönen Sklavin", einem Gasthaus in Erdberg; er war „weich wie Butter, unmenschlich groß und ohne Bein", schwärmt Meisl in seinem Buch „Wien mit seinen Vorstädten humoristisch geschildert".

Zwiebelrostbraten

4 Rostbraten (je 120–180 g), 40 g Fett, Salz, Pfeffer, 1 EL Butter, Rindsuppe oder Wasser, 2 Zwiebeln, $^{1}/_{4}$ l Öl, Mehl

Die fingerdick geschnittenen Rostbratenstücke leicht klopfen, die Hautränder in Abständen kurz einschneiden. Auf beiden Seiten salzen und pfeffern, ganz leicht in Mehl eintauchen und in bodenbedecktem heißem Fett unter einmaligem Wenden braun gar braten. Herausnehmen und warm stellen. Das Bratenfett abgießen, etwas Butter aufschäumen lassen, mit etwas Suppe oder Wasser zu einem „kurzen" Saft verkochen und über den angerichteten Rostbraten gießen. Schließlich in Ringe geschnittene Zwiebeln mit wenig Mehl stäuben, durchmischen und in sehr heißem Öl unter öfterem Auflockern goldgelb backen, abtropfen lassen und auf die angerichteten Rostbraten geben.
Kronprinz Rudolf aß mit Mizzi Caspar, der „Grand Cocotte" von Wien, oft am Abend im Haus von Bratfisch, seinem Fiaker, Hausmannskost, so am Freitag Blutwurst mit Sauerkraut und am Dienstag einen Zwiebelrostbraten.

Wird reichlich feingehackter Knoblauch (im Volk einst spöttisch „Vanille des kleinen Mannes" genannt) mitgedünstet, erhält man den **Vanillerostbraten.**

„Maschinrostbraten"

4 Stück Rostbraten (je 150 g), Salz, Pfeffer, 1 EL Schweinefett, 1 Zwiebel, Rosenpaprika, 1 TL Senf, 5 Kapern, 2 Essiggurkerln, Petersilie, Zitronenschale, $^{1}/_{8}$ l Sauerrahm; Essiggurkerln, 3–4 Erdäpfel

Rostbraten leicht klopfen, an den Rändern picken, mit Salz und Pfeffer einreiben, gut bemehlen, in heißem Fett nacheinander kurz überbraten und warm stellen. Im Bratfett feingehackte Zwiebel gelb rösten, Paprika und Senf beigeben, feingehackte Kapern, Essiggurkerln, Petersilie und etwas Zitronenschale dazugeben, kurz schwitzen lassen, versprudelten Sauerrahm dazurühren, mit Wasser oder Suppe zu einer dünnen Soße aufgießen, die vorgebratenen Rostbraten einlegen, zugedeckt weich dünsten. Als Beilage geschnittene Essiggurkerln und goldgelb gebratene, geviertelte Erdäpfel servieren.

Gebackenes Rindfleisch

600 g gekochtes Rindfleisch, Salz, Pfeffer, Zitronensaft, Mehl, 2 Eier, 80 g Semmelbrösel, Backschmalz

Übriggebliebenes weich gekochtes, kaltes Rindfleisch in fingerdicke Schnitten schneiden, salzen und pfeffern, mit Zitronensaft leicht beträufeln. Eine halbe Stunde liegen lassen. Dann mit Mehl bestäuben, in aufgeklopften Eiern und feinen Semmelbröseln panieren und in heißem Schmalz schwimmend lichtbraun backen.

„Steffelbauer"

200 g gepökelter Rindskamm, 1 EL Mehl, 1 Zwiebel, Pfeffer, $^1/_2$ Knoblauchzehe, 500 g Bohnen

Rindskamm grobstreifig schneiden, mit Mehl, feingehackter Zwiebel, Pfeffer, zerdrücktem Knoblauch mischen. Dann die nicht vorgeweichten Bohnen dazugeben, $1^1/_2$ fingerhoch Wasser aufgießen, unter öfterem Durchrühren zugedeckt im Rohr etwa $2^1/_2$ bis 3 Stunden ganz langsam dünsten. Nach Notwendigkeit manchmal etwas Wasser beigeben. Das Gericht soll zuletzt mollig gebunden sein.

Sauer gemachter „Lembraten"

2 Nieren vom jungen Rind (ohne Fettschicht), Majoran, Pfeffer, Salz, 60 g Schweinefett, 1 Zwiebel, 1 EL Mehl, $^1/_2$ l Suppe oder Wasser, Essig, 1–2 EL Paradeispüree

Rindernieren der Länge nach einmal durchschneiden, den weißen Innenkern restlos entfernen, dann dünnblättrig schneiden, mit Pfeffer und Majoran würzen. In heißem Fett gehackte Zwiebel rösten, die Nieren beifügen, unter Rühren weiterrösten, mit Mehl stauben, abermals rösten, salzen, mit Wasser oder Suppe aufgießen und unter Rühren weiterkochen, dann in sehr dünner Soße zugedeckt langsam weich dünsten. Zuletzt soll eine mollige Soße vorhanden sein; schließlich mit etwas Essig pikant säuern und nach Belieben mit etwas Paradeispüree „pikantieren". „Lem" ist die Aussprachеform von Lende, lateinisch lumbus.

„Bei mir z'Haus
Bin i nia z'Haus,
Aber im Wirtshaus
Bin i wia z'Haus."

Wenn der Wiener „Wirtshaus" bzw. „Gasthaus" sagt, meint er in erster Linie sein „Stammbeis(e)l", wo er Schweinsbraten, „Gollasch" und Beuschl, faschierte „Laberln", Blunzen und Sauerkraut als Hausmannskost oder einen „Bauernschmaus" serviert bekommt, dazu offenes Bier, im Sommer im „Schanigarten" sitzen kann oder im „Vorübergehen" einmal an der Budl auf ein „Stehachterl", einen „G'spritzten" oder ein Seidel Bier steht. Der Wiener hatte schon immer einen Grund, „sein" Wirtshaus zu besuchen, allein oder mit den „Seinen". Am Monatag war einst der normale Zahltag für Los- oder Krankenvereine oder ein kleines „Lätitzl", eine Namens- oder Geburtstagsfeier, am Dienstag feierte man einen beliebigen Jahrestag, eine Vermählung, einen Hauskauf oder ein Bürgerjubiläum, am Mittwoch war eine „wirkliche" Hochzeit (im Extrazimmer), am Donnerstag vielleicht ein Trauermahl mit opulentem Trinkgelage und splendider Schmauserei, am Freitag gab es das „männiglich bekannte obligate Wurstessen", an den Samstagen hatte der Geselligkeits- oder Gesangsverein seine statutenmäßigen Produktionsabende. Dazwischen gab es noch Hausbälle, Sparvereine, Preisschnapsen u. a. mehr. Inzwischen hat sich auch darin viel, wenn nicht alles geändert. Aber noch immer schwört ein „echter" Wiener auf sein Stammbeisel, das seinen Ansprüchen voll und ganz entspricht. Derzeit gibt es in Wien etwa 4000 Konzessionen im Gastgewerbe (38 Prozent davon haben keine eigenen Angestellten, sie werden ausschließlich von Familienangehörigen geführt, 44 Prozent haben einen bis drei Angestellte). Zunächst lebten die Kellner nur vom Trinkgeld, 1938 wurde der zehnprozentige Zuschlag eingeführt, heute erhalten sie zu den 10,5 Prozent auf das Verkaufte noch 35 Prozent vom Gastwirt „draufgelegt".

Ein **„Bauernschmaus"** wird im Gasthaus folgendermaßen angerichtet: In die Mitte eines Porzellantellers oder einer Platte kommt eine halbe Portion eingebranntes, abgetropftes Sauerkraut, darauf wird ein kleiner Semmelknödel gesetzt, rundherum richtet man je eine Schnitte gebratenes Schweinskarree und gekochtes Selchkarree an sowie zwei Stückchen gebratene Bratwürstchen bzw. gebratene „Frankfurter", das Ganze betropft man mit Bratensaft oder Bratenfett.

Das alte Gasthaus „Zur goldenen Gans“ auf der Roßauer Lände in Wien (IX. Bezirk). Aquarell.

Das Gulasch der Wiener Küche ist – wie so manch anderes Gericht auch – entstanden aus Mißverständnis, Eigensinn und Tradition. Mißverständnis schon bei der Übernahme, weil die Ungarn noch heute unter Gulyas etwas anderes verstehen, nämlich ein gekochtes Kesselfleisch der ungarischen Hirten, und weil die Aussprache „Gollasch“ ein sprachliches Wanderschicksal erfuhr (das Wort kam von Ungarn über die Ui-Mundartzone Niederösterreichs nach Wien, wo man glaubte, das Original-U in das „originale“ O zurücklauten zu müssen); Eigensinn, weil man erst nach längerer Zeit auf die richtige Fleischwahl kam (nicht den teuren Lungenbraten, sondern das billigere, aber besser „bindende“ Wadschinken-Fleisch des Rindes); und Tradition, weil das Gulyas erst durch die Eingliederung in die bereits bekannte und beliebte „Kategorie“ der „eingemachten Speisen“ (mit einer Einmach aus Fett, Zwiebeln und Mehl) die „Konsistenz“ eines Wiener Gulasches bekam! Verständlich, daß eine Speise mit solcher „Abstammung“ in Wien auch bald „salonfähig“ wurde.

Wiener Saftgulasch

750 g Zwiebeln, 1000 g Wadschinken, 150–200 g Schweinefett, 1 TL edelsüßer Paprika, Salz, 1–2 zerdrückte Knoblauchzehen, 1 EL Paradeispüree, 1 TL Gulaschgewürz (Majoran, Kümmel, etwas Zitronenschale, alles feinst gehackt)

Saftgulasch wird zum Unterschied vom gewöhnlichen Rindsgulasch (wienerisch: „Gollasch“) mit keinem Stäubchen Mehl gestaubt. Das Fleisch soll Wadschinken (in Deutschland „Hesse“) vom vorderen Rind sein (also Fleisch, das nicht „fasert“ und das von Flachsen durchzogen ist, die leimhältig sind und daher eine gute Soße machen). In heißem Schweinefett feinnudelig geschnittene Zwiebeln unter Rühren auf großer Flamme rösten, bis sie goldgelb (nicht braun) sind – von der Farbe der Röstzwiebeln hängt auch die Farbe des „Saftes“ ab. Dann mit Paprika würzen, nur 2 bis 3 Sekunden durchschwitzen lassen (Paprika darf nicht rösten, sonst würde das Gulasch einen bitteren Beigeschmack erhalten). Dann den grobwürfelig-blättrig geschnittenen Wadschinken dazugeben, das nötige Salz, zerdrückte Knoblauchzehen, 1 Eßlöffel Paradeispüree und das feinst geschnittene Gulaschgewürz. Im offenen Geschirr schmoren, dabei immer wieder durchrühren, bis das Fleisch kernig-weich ist und das Gulasch eine schöne rotbraune Farbe angenommen hat. Ist das Fleisch zäh, wird während des Dünstens wiederholt etwas Wasser zugegossen, aber immer nur so viel, wie zum Dünsten unbedingt erforderlich ist, sonst wird nie die richtige Farbe erreicht. Nach dem Eindünsten gerade so viel mit Wasser aufgießen, daß ein molliger, fetter Saft entsteht, der gleich hoch dem Fleisch steht. Langsam vollends weich dünsten lassen.
Zum Rindsgulasch staubt man das Fleisch vor dem Aufgießen mit Wasser. Zu einem Kalbsgulasch gibt man etwas Sauerrahm bei.
Aus dem Grundgulasch haben die Wiener Küche und auch die internationale Gastronomie eine Reihe von Varianten entwickelt: Beim **Majoranfleisch** ist die Zubereitung die gleiche wie beim Saftgulasch, nur daß man dem Fleisch anstelle von Paprika reichlich Majoran beigibt. Auch **Kümmelfleisch** wird ähnlich zubereitet, anstelle von Paprika gibt man reichlich Kümmel bei. **Pfefferfleisch** schließlich erfolgt in gleicher Bereitung, nur daß man anstelle von Paprika reichlich schwarzen Pfeffer nimmt. Gegen Schluß wird das Pfefferfleisch mit einem Schuß Essig pikant gesäuert.

Gedünsteter Ochsenschlepp

1200 g Ochsenschlepp, 80 g Schweineschmalz, 200 g Wurzelwerk, 150 g Zwiebeln, 60 g Paradeismark, 50 g Mehl, $^{1}/_{4}$ l Rotwein, Saft und Schale einer Zitrone, 60 g Preiselbeeren, Salz, Pfeffer, 2 Lorbeerblätter, 1 Msp. Thymian, 3 Knoblauchzehen

Das Ochsenschwanzstück gliederweise nach den Gelenken teilen, salzen, pfeffern, im heißen Fett auf allen

Neben „der Prato" und der „Rokitansky" zählt auch „die Seleskowitz" zu den Kochbuchklassikerinnen Altösterreichs.

Seiten gut anbraten, die grob gehackten Zwiebeln und das würfelig geschnittene Wurzelwerk miträsten, mit Mehl stauben, durchrühren, Wein und Wasser zugießen, daß alles gerade bedeckt ist; Paradeismark, Preiselbeeren sowie alle Gewürze dazugeben und zugedeckt weich dünsten, Ochsenschlepp herausnehmen, die Soße darüberpassieren, nochmals aufkochen und sofort servieren.
Anna Strobl streut in „Die praktische Wiener Küche" nach dem Andünsten der Fleischstücke einen Löffel voll geriebenes Schwarzbrot darauf; sie beizt diese auch vorher 24 bis 30 Stunden in einer Beize aus in Wasser gekochten Suppenwurzeln, Gewürzen, Zwiebeln, Lorbeerblatt, Thymian, Zitronenschale, einem Stück Zucker, 1 Teelöffel Rum und einem Glas Wein.

Die Vorliebe für das Füllen von Fleischstücken (wie auch von Gemüsen) hat seine Ursache darin, daß es der Hausfrau in erster Linie auf Sättigung angekommen ist und es daher oberstes Gebot war (und ist), ein teures Fleischstück (Kalbsbrust, Schnitzel, Brathuhn, Gans, Rostbraten, Rindfleischschnitzel) ausgiebiger zu machen: Es wurde also mit einer Füllung aus eingeweichten Semmeln (zugleich konnte man altbackene Semmeln verwerten), Eiern, Mehl, Gewürzen, Petersiliengrün gestreckt. Kostspieliger waren die Füllungen in der barocken Küche, in der Fische, Hühner, „Kapauner" und Lungenbraten mit Krebsen, Krebsschweifeln, Spargeln, Austern, Trüffeln, Sardellen und Kapern gefüllt wurden.

Das Wiener Schnitzel hat eine lange Geschichte, die bis ins Byzantinische zurückgeht, wo man Speisen vergoldete – die Panier ersetzte auf der bürgerlichen Ebene das Gold. Allerdings gab es in der Wiener Küche schon lange panierte Fleischgerichte, und es könnte auch gewesen sein, daß andere Zufälligkeiten zum Wiener Schnitzel geführt haben; anhand der Kochbücher des 18. und 19. Jahrhunderts kann man allerdings verfolgen, wie lange es gebraucht hat, bis der Begriff „Wiener Schnitzel" sich durchsetzte – mehr als ein halbes Jahrhundert, wie ich in meinem Sacher-Kochbuch ausführlich darstellte. Wir haben in der Küche der anderen Bundesländer immer wieder gesehen, daß das Wiener Schnitzel sehr spät in das Hochzeitsessen eingebracht wurde.

Wiener Schnitzel

4 Schnitzel (Kalbsnuß), Salz, Mehl, 2 Eier, etwas Öl, 1 EL Milch, Semmelbrösel, Schmalz oder Öl

Schnitzel nicht zu dünn schneiden, gut klopfen und salzen, auf beiden Seiten bemehlen, in Eier, mit Öl und Milch verrührt, tauchen, in Bröseln panieren (diese nicht zu fest andrücken), sofort in heißem Schmalz schwimmend auf beiden Seiten backen.

Eingemachtes Kalbsfleisch

750 g Kalbsschulter, Salz, Wurzelwerk, 1 Zwiebel, 1 Gewürznelke, 60 g Mehl, 200 g Champignons, 1 Eidotter, Obers, Zitronensaft, grüne Erbsen, 1 Karfiol, Petersilie, Fleischsuppe, Muskatnuß

Fleisch waschen, in grobe Würfel schneiden, mit Salz, Wurzelwerk, Karfiol, nelkenbesteckter Zwiebel und wenig Wasser weich kochen. In heißer Butter Mehl anschwitzen lassen, mit Suppe aufgießen, darin die in Viertel geschnittenen Champignons mitkochen. Karotten und Sellerie vom gekochten Wurzelwerk in Stücke schneiden, diese mit dem früher herausgenommenen Karfiol, den extra gekochten grünen Erbsen und feingehackter Petersilie in die Soße geben. Die Zwiebel entfernen, Fleischstücke in die Soße geben und ziehen lassen. Zuletzt Dotter und einige Löffel Obers verrühren und damit die Soße binden, mit Zitronensaft und geriebener Muskatnuß abschmecken. Mit gehackter Petersilie bestreut anrichten. Als Einlage Mark- oder Bröselknödel bzw. Reis.

„Man aß in den Städten viel Fleisch, allerdings auch jene Teile, die heute nur mehr zum Abfall zählen, Kutteln, Eingeweide, Köpfe und das Fleisch von Tieren, die man heute als ungenießbar einstufen würde oder nicht mehr ißt: Eichhörnchen, Vögel, Schlangen, Fischotter, Biber, Schnecken" (Roman Sandgruber); noch in Olga und Adolf Hess' „Wiener Küche", 17. Auflage 1928, werden neben Pferdefleisch- und Selchfleischsuppen Kaninchen- und Eichhörnchensuppen angeführt – „Krähen geben gleichfalls eine kräftige Suppe", heißt es dort.

Bis zum 19. Jahrhundert waren vor allem die Klein- und Innenteile, wie Füße, Kehle, Maul, Lunge, Leber, Herz, Nieren, Hirn und Därme – man ist versucht zu sagen: notgedrungen! – besondere Leibgerichte des niederen Volkes; die Därme und andere Innereien vertrieb sogar eine eigene Fleischerzunft.

Pratos „Süddeutsche Küche" (1858) führt eigene Kapitel an: „Zungen", „Speisen von Köpfen und Füßen" (Ochsengaumen-Vormaul, Kalbs- und Lammsköpfe, Schöpsen- und Schweinsköpfe, Kalbs- und Lammsfüße, Hirn), Rückenmark, „Speisen von Eingeweide, Euter und Brieß" (Gekröse oder Reisel, Flecke oder Kuttelflecke, Herz, Nieren, Lunge, Leber, Euter, Kalbsbrieß oder Milch).

Gebackenes Kalbshirn

1 Kalbshirn, Salz, Mehl, Eier, Brösel, Backschmalz

Hirn in Salzwasser weich kochen, auskühlen lassen, salzen, in größere Scheiben schneiden, in Mehl wenden, dann in zerklopftem Ei und Bröseln panieren und in heißem Fett backen. Oder in einen Backteig tauchen und backen.

Auch dieses „Muster-Kochbuch" erfuhr viele Auflagen.

Gebackener Kalbskopf

$^1/_2$ Kalbskopf, Wurzelwerk, Salz, Pfeffer, 2 EL Essig, Mehl, 2 Eier, Brösel, Backschmalz

Einen halben Kalbskopf in Salzwasser mit Wurzelwerk, Salz, Pfeffer und Essig eineinhalb Stunden kochen, das ausgelöste, überkühlte Fleisch in gleichmäßige Stücke schneiden, in der Suppe noch einmal aufkochen, herausnehmen, gut abtropfen lassen, salzen, in Mehl, zerklopften Eiern und Bröseln panieren und wie Wiener Schnitzel in heißem Fett schwimmend rasch auf beiden Seiten backen.

Gebackene Schweinsohren

4 Schweinsohren, Salz, 6 Pfefferkörner, 1 Zwiebel, Mehl, Eier, Semmelbrösel, Fett zum Backen

Sauber gereinigte Schweinsohren in Salzwasser mit Pfefferkörnern und Zwiebelringen weich kochen, abtropfen lassen, zwischen zwei Bretter legen und einige Stunden pressen, dann in Mehl, zerschlagenen Eiern und Bröseln panieren und in heißem Schweinefett goldfarben backen.

Salonbeuschel

1/2 Kalbslunge, 1/2 Kalbsherz, Salz, 1/2 Lorbeerblatt, Pfefferkörner, 2 Stämmchen Kuttelkraut (Thymian), 1/2 Zwiebel, 1 Knoblauchzehe, 50 g Suppenwurzelwerk, Salz, Pfeffer, Zitrone, 1 kleine Zwiebel, 2 Essiggurkerln, 6 Kapern, 2 Sardellenringerln, Petersilie, Majoran, 60 g Schweinefett, 40 g Mehl, 1 EL Essig, 1 TL Senf, 1 TL Zucker, Gurkenwasser, Rosenpaprika

Lunge und Herz waschen, in 2 Liter Wasser mit Salz, Lorbeerblatt, einigen Pfefferkörnern, Thymian, halber Zwiebel im ganzen, Knoblauchzehe und kleingeschnittenem Wurzelwerk zugedeckt kochen, nach 20 Minuten umdrehen. Tritt bei einem Gabeleinstich kein heller Tropfen mehr aus, die Lunge („Beuschel") herausnehmen, in kaltes Wasser legen, das Herz noch etwas weiterkochen lassen. Herz und Beuschel dann in nicht zu dünne Blätter, diese in nicht zu dicke Nudeln schneiden, mit Salz, Pfeffer, Saft einer Viertel Zitrone vermengen und beiseite stellen. Kleine Zwiebel, zwei Essiggurkerln, sechs Kapern, Sardellenringerln, Petersilie, Schale einer Viertel Zitrone und etwas Majoran sehr fein hacken. In heißem Schweinefett Mehl zu dunkelbrauner Einbrenn rösten, das Feingehackte dazugeben und kurz weiterrösten. Mit Essig abschrecken, mit der samt dem Wurzelwerk passierten Beuschelsuppe zu mollig-dünner Soße aufgießen und 20 Minuten kochen lassen. Dann das geschnittene Beuschel beigeben, mit Senf, Zucker und etwas Gurkenwasser pikant abschmecken, nach Belieben Messerspitze Rosenpaprika dazugeben und nochmals eine Viertelstunde dünsten lassen.

Gebackenes Lämmernes

750 g Lammfleisch (Schulter, Brust oder Hals), Salz, Mehl, 2 Eier, Milch, 1 EL Öl, Semmelbrösel, Backfett

Fleisch mit Tuch sauber abwischen, Hals und Schulter von Knochen befreien, die Bruststücke sind samt den Knochen zu teilen. Geschnitten und eingeteilt wird das Fleisch so, daß auf jede Portion drei Fleischstücke entfallen. Paniert und gebacken werden die Stücke wie das „Wiener Schnitzel".

Musterküche aus „Elisabeth Stöckel's österreichischem Universal-Kochbuch für die bürgerliche Küche". 26. Aufl. Wien o. J.

In vielen Wiener Kochbüchern des 18. und 19. Jahrhunderts folgt auf die Kapitel „Rindfleisch" und „Kalbfleisch" meist das Kapitel „Schöpsen- und Lammfleisch" (sowie „Kitzel-, Zickel- und Kaninchenfleisch") noch vor dem „Schweinefleisch". Wenn man die „Speisezettel" für empfohlene Gerichte pro Tag und Monat in diesen Jahrzehnten durchschaut, begegnet man verhältnismäßig wenig Schweinefleischgerichten (außer „Brat- und Netzwürsten" und Schinken), so im „Wienerisch bewährten Kochbuch" von Hikmann und Gartler (22. Auflage 1799) oder „Die Wiener-Köchinn" der Theresia Ballauf, Wien 1810; erst in Anna Dorns großem „Universal-Kochbuch" (1827) und in „Mariankas Kochbuch" (1846), in Pratos „Süddeutscher Küche" (1858) und Seleskowitz's „Wiener Kochbuch" (1879) tauchen eigene Abteilungen über Schweinefleischgerichte auf, wobei Seleskowitz von 424 Seiten nur acht Seiten Schweinefleischrezepte bringt (und davon $2^1/_3$ Seiten Spanferkel-Rezepte!).

Einige der bürgerlichen Kochbuch-Schreiberinnen führen die Schweinefleischgerichte als „Belegung“ für Gemüsespeisen oft nur namentlich an, nicht das Rezept selber (aber sehr ausführlich das dazu gehörende Gemüse-Rezept!). Die Angst bürgerlicher Hausfrauen vor dem Schweinefleisch beruhte in erster Linie auf der Furcht vor dem Trichinenbefall; das „niedere“ Volk der Arbeiter, das Proletariat, hat sehr wohl das billige und ausgiebigere Schweinefleisch verwendet – der „Bauernschmaus“ im „Beisl“, mit Würsten, einem Stück Geselchtem, einem Stück Schweinsbraten, Knödel und Sauerkraut, wie die Vorliebe des Wieners für den Schweinsbraten bestätigen diese Gewohnheiten. Im zehnjährigen Mittel kurz vor der letzten Jahrhundertwende benötigten die Wiener 150.000 Stück Schweine im Jahr, zusätzlich mehr als zwei Millionen Kilogramm eingeführtes Stechfleisch, Rauch- und Pökelfleisch sowie Wurstwaren aller Art. Im Mittelalter haben selbst die Klöster eigene Schweineaufzucht und -mast betrieben, vor allem seit man im 15. Jahrhundert nicht mehr die weniger ertragreiche Eichelmast, sondern die Mästung durch Kleie eingeführt hatte. Spanferkel wurden am Spieß gebraten oder zu Sulzen verarbeitet, das zu den „billigen“ Schweinefleischsorten zählende Bauchfleisch und die Speckseite des Schweins („Kaiserfleisch“) wurden geräuchert und gekocht zu Sauerkraut gegessen. Aber auch alle anderen Stücke wurden verwertet, Fleischabfälle zu Suppen, schwer verdauliches Fleisch wurde mit Äpfeln zubereitet, Schwarte, Eingeweide, Ohrwangerl, Schwanzl sowie Blut und Rüssel ergaben teils spezielle Gerichte, teils wurden sie zu Würsten und Sulzen verarbeitet. Reste von gebratenem und gekochtem Fleisch wurden zu „Grenadiermarsch“ oder „Durchmarsch“, zu einem Ragout bzw. Soßenfleisch verwendet.

„Bauernschnatterer“

500 g Bohnen, Salz, Pfeffer, 1 Knoblauchzehe, $^1/_2$ Lorbeerblatt, 100 g Wurzelwerk, $^1/_2$ geräucherter Schweinskopf, Essig, Schnittlauch

Vorgeweichte Bohnen, mit frischem Wasser fingerhoch bedeckt, mit Pfeffer, zerdrücktem Knoblauch, Lorbeerblatt, kleinwürfelig geschnittenem Wurzelwerk, Schweinskopf und wenig Salz aufs Feuer stellen und langsam weich kochen. Dann Kopffleisch von Knochen lösen, grobstreifig schneiden und wieder zu den Bohnen geben. Sollten die Bohnen zu wäßrig sein, kann man einen roh geschälten Erdapfel dazureiben und 15 Minuten lang mitkochen. Zuletzt mit Essig pikant säuern, reichlich mit Schnittlauch bestreut servieren.

„Das Goldene Buch der Küche. Wiener Kochkunst in Wort und Bild“, bearbeitet vom Küchenchef Josef Stadler, 1937, unterscheidet an „Selchfleisch“: „Karree (magere Koteletts mit Knochen, gute Qualität), Teilsames (ausgelöstes, saftiges Fleisch, sehr schmackhaft, ohne Knochen), Kaiserfleisch (unterspicktes, gutes Fleisch, ohne Knochen), Ripplertes (unterspicktes saftiges Fleisch, mit Knochen), Schopfbraten (mittlere Qualität, ausgiebig, sättigend), Göderl (sehr fettes Fleisch, billige Qualität, ohne Knochen), Rollschinken (I. Qualität, ausgelöst, ohne Knochen), Schinken (hochprima Fleisch).“

Schopfbraten

750 g Selchschopfbraten, 1 Zwiebel, Petersilie, Pfeffer, $^1/_8$ l Weißwein, 3–4 EL Wasser, 3–4 alte Semmeln, 40 g Butter, Schnittlauch

Selchschopfbraten vom Knochen auslösen, in kleinfingerdicke Scheiben schneiden, diese halbieren, durch kaltes Wasser ziehen, abtropfen lassen, schwach schindelartig in einer Rein übereinanderlegen, feingehackte Zwiebel, gehackte Petersilie und etwas Pfeffer dazugeben, mit Essig und wenig Wasser übergießen, zugedeckt langsam kernigweich kochen, wobei der Saft leicht sirupartig-pikant werden soll. Semmeln in Scheiben schneiden, auf Backblech aufbreiten, mit flüssiger Butter beträufeln und im Rohr dörren. Dann die Hälfte des Fleisches auf einer Schüssel anordnen, die Semmelscheiben daraufgeben, das restliche Fleisch darauflegen, alles mit dem Fleischsaft überziehen, mit Schnittlauch bestreuen und mit Salzerdäpfeln servieren.

Gebratenes Selchfleisch

1000 g Selchkarree, Teilsames oder Ripplertes, 50 g Fett, $^1/_8$ l saurer Rahm

Selchkarree im ganzen in heißem Fett, unter öfterem Zugießen von Wasser, 1 Stunde braten. Bratensaft entfetten, mit dem Rahm vermischen und sodann kurz aufkochen. Wieder über das fertige Karree gießen.

„Hausmachersulz" (Tellersulz)

1/2 Schweinskopf (oder 400 g Schweinsschulter), 4 entzweigehackte Schweinshaxeln, 250 g Schweinsschwarteln, Salz, 8 Pfeffer-, 4 Gewürzkörner, 100 g Wurzelwerk, 1/2 Zwiebel, 1/2 Lorbeerblatt, Majoran, Thymian, Ingwer, 1 Knoblauchzehe; Essig, Öl, Zwiebel

Schweinskopf (ohne fette Teile), entzweigehackte Haxeln und die Schwarteln, mit Wasser fingerhoch bedeckt, samt den anderen Zutaten zugedeckt aufkochen, dann langsam weich kochen lassen. Das Fleisch aus dem Sud nehmen, in kleine Stücke schneiden und auf Suppenteller legen. Die Kochbrühe seihen, Fett abschöpfen und über die Fleischstücke gießen. Kalt stellen und stocken lassen. Vor dem Servieren die Sulz mit einer Mischung aus Essig, Öl und gehackten Zwiebeln übergießen. Man kann den Tellerrand mit Scheiben von hartgekochtem Ei, fächerartig geschnittenen Gurken und Kren garnieren.

„Durri, durri! " (Harte, Harte!), dieser Ruf der „Salamucci", der italienischen Salamiverkäufer, im barocken Wien ist längst verklungen. Die Kriege gegen Napoleon, die Bankozettelwirtschaft und der Staatsbankrott von 1811 bewirkten eine weitgehende Verarmung der Bevölkerung, Fleisch und Wildbret waren für viele zu teuer geworden. Als „die Menschheit ein billiges Surrogat für Braten zu suchen genötigt war", wie Joseph Schlögl 1882 schrieb, als ihr nicht nur Rebhühner, Schnepfen, Fasanen, Kapaune und Hirschziemer nicht mehr zugänglich waren, sondern als es der Majorität sogar schwer wurde, als „Vesperbrot" ein simples „Schnitzel" sich zu gönnen, einen harmlosen Rostbraten, ein schlichtes „Stoffade" oder ein bescheidenes „gebackenes Lämmernes", da schuf die Meisterin Not die „demokratische" Wurst, den „Pseudo- und Talmibraten". Für österreichische Wurstwaren wurden vorwiegend Rind- und Schweinefleisch, auch Kalbfleisch verwendet. In den zwanziger und dreißiger Jahren des 19. Jahrhunderts gab es alles in allem genommen nur acht Wurstsorten: die populären Selchwürste (kleine und große) zu 5 und 7 Kreuzer (Wiener Währung), die Cervelade („Savaladi"), die Extrawurst, Bratwurst, Leberwurst, Blutwurst, die familiäre Augsburger und die vulgäre Preßwurst. Später wuchs noch die „exotische" Knackwurst hinzu (in abgebundenen Teilstücken, das Abbrechen vom Kranz rief einen leichten Knacks hervor – daher der Name dieser Wurst), die wieder andere „neumodische" Spezialitäten herbeizog, so daß man in den achtziger Jahren bereits von etwa zwanzigerlei „Varietäten" (darunter echte und auch in Simmering erzeugte Nürnberger, Braunschweiger, Gothaer, Debrecziner, rheinische, polnische Würste etc.) im Repertoire der Speisezettel sprechen konnte. Josef Schlögl erinnert dann an Johann Lahner, der, 1804 nach Wien gekommen, an der Ecke der Altlerchenfelder Hauptstraße im Häuschen Nr. 56, zu „Mariahilf" genannt, die ersten „Lahner'schen Würstel" herstellte, die später „Frankfurter", außerhalb Wiens „Wiener" genannt wurden. In Gasthäusern wurden der Donnerstag und der Freitag mitunter sogar zu obligaten „Wursttagen" erklärt; Speisewirtshäuser begannen mit der „Roratewoche", servierten dabei ihren Stammgästen selbstfabrizierte Würste (da im Haus „abgestochen" wurde). Der Wurstverbrauch verringerte sich wieder, als sich der minder begüterte Teil mehr und mehr auf das neu aufgekommene, anfänglich noch ehrliche, nachmals ebenso zweideutige „Gollasch" warf, bis man wieder zur Wurst zurückkehrte.

Ein besonderer Brauch sind die Roratewürste der Adventfrühmetten in Wien gewesen. Vor der Mitternachtsmette des Heiligen Abends haben die Wiener des 18. und 19. Jahrhunderts zu feiern gewußt. „Kaffee- und Methäuser, Wein- und Bierschenken strotzen von andächtigen Christen, die sich, jeder nach seiner Art, zu der Mette vorbereiten. Diese spielen Billard, andere eine Woyta; die gemeinere Klasse brandelt oder trapeliert. Einige spielen um Nüsse, andere um Geld", heißt es in der „Bildergalerie katholischer Mißbräuche" (1784). Nach einer anderen Schrift („Über die Abschaffung der Weihnachtsmessen", 1781) brachte man den Tag vor der Mette bei mäßiger Kost zu, ja, die meisten Familien fasteten, um sich am Abend desto mehr zu überladen: „Da geht's Fressen und Saufen an, als wäre man auf dem letzten Faschingsball." Über diese „Vorspiele" zur Mette, die man in Altwien „Sabbathindel" (nach italienisch sabbatino = Abendunterhaltung) nannte, vor allem bei der Vorstadtbevölkerung auch nach der Mette, berichten die „Eipeldauer-Briefe" 1799: „Weil mich gar so g'fror'n hat, so bin ich in ein Wirtshaus 'gangen, das noch offen g'wesen ist, und da hab' ich den ganzen Tisch voll Fiaker g'funden, und die hab'n bei Bratwürsten und Krenfleisch ihr Sabbathindl g'halten, und die hab'n g'soffen und g'fressen, trotz unsern gnädigen Herrn."

Das österreichische Lebensmittelbuch aus dem Jahre 1930 zählt als die wichtigsten in Wien bereiteten Würste (samt Bearbeitungsvorschrift) alphabetisch auf:

„Die Bratelbraterin." Stahlstich von Carl Mahlknecht, nach einer Zeichnung von Wilhelm Böhm. In: „Wien und die Wiener", hg. von Adalbert Stifter. Wien 1844.

Appetit-, Augsburger-, Berliner-, Block-, Blut-, Brat-, Braunschweiger-, Debrecziner-, Dürre-, Extra-, Frankfurter-, Gansleber-, Kleine-, Klobassen-, Knack-, Krainer-, Krakauer-, Leberkäse-, Leber-Wurst, Mett-, Mortadella-, norddeutsche Leber-, Oderberger-, Pariser-Wurst, Pferdefleisch-Wurst, Preß-, Salami-, Sardellen-Wurst, Tiroler Bauern-Wurst, Veroneser-, Cervelat-, Zungen-Wurst."

Unter **„g'radelte Blunz'n"** versteht man in Wien eine in fingerdicke Scheiben aufgeschnittene, resch in heißem Schweinefett gebratene Blutwurst. Als Beilage gibt man Sauerkraut oder saure Rübe oder geröstete Erdäpfel.
Vor dem Braten der Blunzenwürste schneidet man die Enden mit dem Spagat ab und bratet die Würste rundum in heißem Schweinefett rasch ab. „Je nach Dicke läßt man sie im Rohr oder mit einem Deckel bedeckt auf der Herdplatte langsam durchbraten, achtet aber immer darauf, daß der Darm recht knusprig gebraten ist. Für Tisch werden die Würste mit etwas Bratenfett übergossen." (Franz Ruhm, „Kochbuch für alle")

Ein „Dauerbrenner" städtischer Hausmannskost wurde das **Faschierte,** ideal von den Gestehungskosten, durch Beigabe von Reis oder altbackenem Weißbrot gut zu „strecken", als „falscher Hasenrücken" „bessere" Kost imitierend, dazu ist leicht eine mit Sauerrahm verbesserte Soße zu machen und etwa der faschierte Braten auch noch zusätzlich zu füllen (mit gekochten Eiern, mit Würstchen u. a. m.).

Faschierter Braten („Jägerbraten", „falscher Lungenbraten")

300 g Rindfleisch (Zapfen), 300 g Schweinefleisch (Schopfbraten, Schulter), 2 Semmeln, etwas Milch, 60 g feingehackter Speck, 1 Ei, Salz, Pfeffer, Majoran, 1 Zwiebel, Petersilie, Fett, gehackter Kümmel, evtl. Knoblauch, Mehl oder Brösel, $^1/_4$ l Sauerrahm, 1 TL Senf, Zitronensaft

Fleisch und in Milch geweichte, gut ausgedrückte Semmeln faschieren, mit Speck, Ei, Salz, Pfeffer, Majoran, Kümmel, feingehackter, in Fett gerösteter Zwiebel und Petersilie, zerdrücktem Knoblauch und etwas Wasser (oder Obers) gut vermengen, auf dem Brett mit etwas Mehl oder Bröseln zu einer Rolle formen, in einer Kasserolle mit heißem Fett übergießen und im Rohr etwa eine Dreiviertelstunde braten, dabei wenn nötig mit Rindsuppe oder Wasser untergießen. Den Braten warm stellen, den Saft mit Mehl und Senf verrühren, mit etwas Zitronensaft abschmecken, einmal kurz aufkochen lassen. Man kann während des Bratens zuletzt etwas verrührten Sauerrahm über den Braten streichen, damit sich eine weiche Kruste bildet.
Diesen Braten kann man auch in ein Schweinsnetz hüllen **(„Netzbraten"),** wodurch er beim Braten saftiger bleibt. In der Form eines Hasenrückens wird der faschierte Braten auch **„falscher Hasenrücken"** genannt.
Beim **„Giselabraten"** (oder **„Stefaniebraten"**) wird die Fleischmasse auf dem mit Bröseln bestreuten Brett zu einem dicken Rechteck aufgestrichen, mit hartgekochten, geschälten Eiern und geschälten Essiggurken der Länge nach belegt, das Fleisch darüber geschlossen, zu einer Rolle geformt und gebraten.
Aus der gleichen Masse macht man kleine runde Laibchen, drückt sie etwas flach und brät sie in heißem Fett

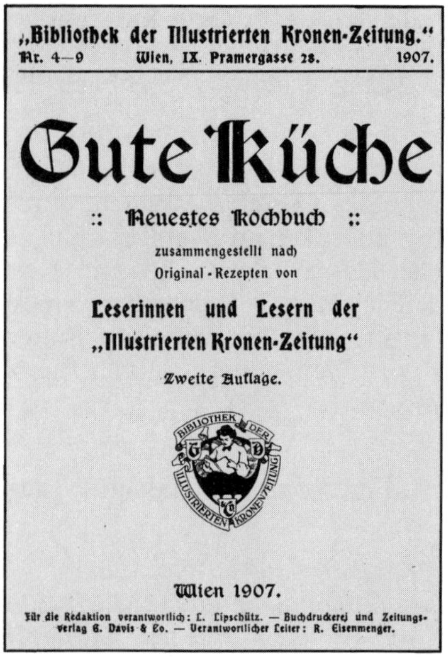

„Bibliothek der Illustrierten Kronen-Zeitung.“
Nr. 4—9 Wien, IX. Pramergasse 28. 1907.

Gute Küche

:: Neuestes Kochbuch ::

zusammengestellt nach
Original-Rezepten von

Leserinnen und Lesern der
„Illustrierten Kronen-Zeitung“

Zweite Auflage.

Wien 1907.

Für die Redaktion verantwortlich: L. Lipschütz. — Buchdruckerei und Zeitungsverlag G. Davis & Co. — Verantwortlicher Leiter: R. Eisenmenger.

Kochbücher für gut bürgerliche Hausmannskost der „Mittelklasse“. Zum „Kronen-Kochbuch“ haben Leser die Rezepte beigesteuert.

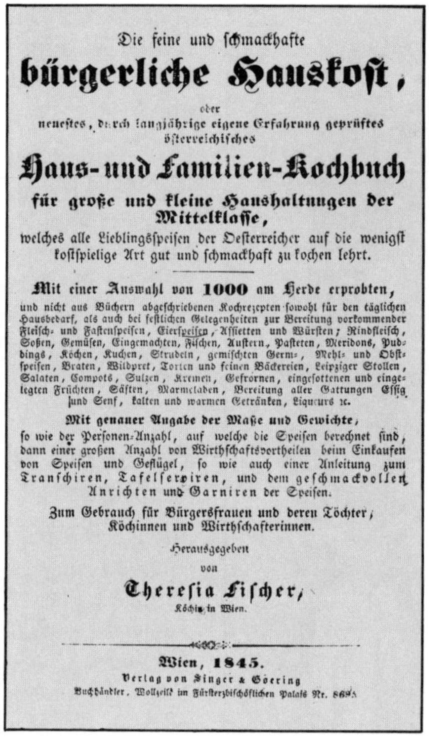

Die feine und schmackhafte
bürgerliche Hauskost,
oder
neuestes, durch langjährige eigene Erfahrung geprüftes
österreichisches
Haus- und Familien-Kochbuch
für große und kleine Haushaltungen der
Mittelklasse,
welches alle Lieblingsspeisen der Oesterreicher auf die wenigst
kostspielige Art gut und schmackhaft zu kochen lehrt.

Mit einer Auswahl von 1000 am Herde erprobten,
und nicht aus Büchern abgeschriebenen Kochrezepten sowohl für den täglichen Hausbedarf, als auch bei festlichen Gelegenheiten zur Bereitung vorkommender Fleisch- und Fastenspeisen, Eierspeisen, Assietten und Würsten; Rindfleisch, Soßen, Gemüsen, Eingemachten, Fischen, Austern, Pasteten, Meridons, Puddings, Köchen, Kuchen, Strudeln, gemischten Germ-, Mehl- und Obstspeisen, Braten, Wildpret, Torten und feinen Bäckereien, Leipziger Stollen, Salaten, Compots, Sulzen, Kremen, Gefrornen, eingesottenen und eingelegten Früchten, Säften, Marmeladen, Bereitung aller Gattungen Essig und Senf, kalten und warmen Getränken, Liqueurs ꝛc.

Mit genauer Angabe der Maße und Gewichte,
so wie der Personen-Anzahl, auf welche die Speisen berechnet sind, dann einer großen Anzahl von Wirthschaftsvortheilen beim Einkaufen von Speisen und Geflügel, so wie auch einer Anleitung zum Transchiren, Tafelserviren, und dem geschmackvollen Anrichten und Garniren der Speisen.

Zum Gebrauch für Bürgersfrauen und deren Töchter, Köchinnen und Wirthschafterinnen.

Herausgegeben
von
Theresia Fischer,
Köchin in Wien.

Wien, 1845.
Verlag von Singer & Göering
Buchhändler, Wollzeile im Fürsterzbischöflichen Palais Nr. 869.

Die Perle des Eheglückes.

Praktisches, zeitgemäßes, leichtfaßliches
Kochbuch
für sparsame Hausfrauen, Neuvermählte und Junggesellen.

Vierte, verbesserte und vermehrte Auflage durch Kinderkost und Kinderpflege sowie Krankenkost und Wurstrezepte.
40. bis 60. Tausend.

Im Selbstverlage des Verfassers.

Es war immer schon üblich, jungen Ehepaaren „offiziell“ ein Kochbuch, verbunden mit „Ratschlägen fürs Leben“, zu überreichen.

auf beiden Seiten in der Pfanne auf dem Herd (**„Fleischlaberln“**). Sie werden mit Erdäpfelpüree, darauf in Fett geröstete Zwiebelringe, mit Rotkraut oder grünem Salat serviert. Verwendet man dazu je zur Hälfte faschiertes Kalbfleisch und fetteres Schweinefleisch, erhält man die **„Butterschnitzel“**.

Gefülltes Kraut („Krautrouladen“, „Krautwickel“)

500 g Faschiertes ($^2/_3$ Rind-, $^1/_3$ Schweinefleisch), 1 Semmel, 2 Knoblauchzehen, 1 Ei, Fett, 1 Zwiebel, Petersilie, Salz, Pfeffer, 8 Blätter Weißkraut, 80 g Fett, 8 Speckscheiben

Vom Weißkraut den Strunk entfernen, den Kopf etwa 10 Minuten in Salzwasser kochen, dann 8 große oder mehrere Blätter ablösen, die großen Rippen wegschneiden oder flach klopfen. Die Blätter salzen und pfeffern, auf jedes Blatt (oder mehrere) faschierte Fülle geben und einwickeln, mit Zahnstocher befestigen. Die Krautrollen nebeneinander in eine gefettete Kasserolle legen, jedes mit einer dünnen Speckscheibe belegen, mit Zahnstocher befestigen und im Rohr 20 bis 25 Minuten braten, dann mit Paprikakraut (siehe Seite 597) bedecken und 40 Minuten im Rohr zugedeckt dünsten. Zuletzt mit Sauerrahm begießen und nochmals 10 Minuten dünsten.

Faschierte Fülle: Faschiertes, die in Milch oder Wasser eingeweichte, ausgedrückte Semmel, die in Öl geröstete feingeschnittene Zwiebel und gehackte Petersilie sowie das Ei gut vermengen, mit Salz und Pfeffer würzen.

Faschiertes und Reis gibt man auch in Paprikaschoten, die dann im Rohr in einer Paradeissoße (siehe Seite 602) gedünstet werden (**„gefüllte Paprika“**).

Mit gehackter Zwiebel in Fett geröstetes Faschiertes (oder Bratenreste), mit Salz, Pfeffer, Kümmel gewürzt, mit gekochten Eierteigwaren vermischt (eventuell auch mit einem Ei) und mit gekochten, blättrig geschnittenen Erdäpfeln in einer Kasserolle geröstet, ergibt den **„Grenadiermarsch“** (er soll teilweise ankrusten).

Carl Hierz führt im neubearbeiteten Kochbuch „Die Wiener Bürgerküche“ von J. M. Heitz, 1911 (Neuauflage) in einem eigenen Kapitel „Hausmannskost“ neben Beuschel, gefüllter Kalbsbrust, Golasch, Herz, Sauer- und Zwiebelfleisch und Fleischlaibchen auch die „Schinkenfleckerln“ an. Bereits als eine „Delikatesse“ gehandelt wird das folgende Gericht:

Gebackene Schinkenfleckerln

200 g Eierteigfleckerln, 50 g Butter, 2 Dotter, 2 Eiklar, 250 g Schinken oder gekochtes Selchfleisch, 1/4 l Sauerrahm, Salz, Pfeffer, Muskatnuß, Fett, Brösel

Fleckerln in 1 l kochendes Salzwasser geben, unter öfterem Umrühren nicht zu weich kochen (8 bis 10 Minuten), abseihen, gut abtropfen. Inzwischen Butter schaumig rühren, Dotter nach und nach dazurühren, mit Salz, Pfeffer und Muskatnuß würzen. Die gekochten Fleckerln und den nicht zu fein gehackten Schinken beigeben, zusammen mit dem sauren Rahm vermengen, zuletzt den steifgeschlagenen Schnee unter die Masse heben, diese in eine mit Butter ausgestrichene, mit Bröseln ausgestreute feuerfeste Schüssel füllen, glatt streichen und im mittelheißen Rohr eine Dreiviertelstunde zu brauner Oberfarbe backen. In Portionen teilen und mit grünem Salat servieren.

„Mit der Kost, a da san man beinand,
Mir san nur das Roßbeef mehr g'wohnt,
Die Masterin kauft gar, o mein,
Beim ‚I han han' Fleischhacker ein."

(Franz Schmitter-Schmitz, „Wiener Schusterbuben")

Amalie Grünzweig hat in ihrem „Wiener Koch- und Wirtschaftsbuch" (1885) als eine der wenigen Kochbuchautorinnen „einige Worte über Pferdefleisch" verloren: „Dort, wo dieses gegessen wird, benützt man keine Kochbücher ... Man wässert das Fleisch tüchtig aus, und das ist eben eine Frage, ob dadurch das Fleisch besser wird, es dürfte das Gegenteil sein. Sonst bereitet man es wie Rindfleisch, es schäumt stark, man entfernt den Schaum." Die Prato hat in ihrer „Süddeutschen Küche" nur eine dreiviertel Seite (von insgesamt 656 Seiten) für das Pferdefleisch übrig.
Noch in den vierziger Jahren des 19. Jahrhunderts war die Ernährung der Arbeiter den Armen gleich, sie verbesserte sich geringfügig erst ab den siebziger Jahren, nicht zuletzt auch wegen des wesentlich billiger erhältlichen Pferdefleisches.
Die „Wiener Küche" von Olga und Adolf Fr. Hess (17. Auflage, 1928) empfiehlt: „Pferdefleisch ist ein fettarmes Fleisch, es hat einen leicht süßlichen Geschmack und eignet sich daher mehr für Zubereitungsarten, welche den eigentlichen Fleischgeschmack einigermaßen decken. Sehr guten Geschmack besitzt die Pferdezunge und der Pferdelungenbraten. Die Pferdefleischsuppe zählt zu den kräftigsten Suppen." Geeignete Zubereitungsarten empfehlen die beiden Autoren zu Pferdefleischgerichten, wie Gulyas, Ungarisches Gulyas, Zwiebelfleisch, Zunge, Paradeisbraten, Lungenbraten mit Rahm, Rostbraten. „Speisen aus Pferdefleisch bereitet, müssen bei öffentlicher Abgabe als solche bezeichnet werden", heißt es abschließend.
Zur Abhängigkeit gerade der arbeitenden Bevölkerung vom Kleinhandel (viele mußten „anschreiben" lassen und konnten erst am Monatsanfang wieder bezahlen) kam noch die Überbeanspruchung der Frauen, die arbeiten gehen mußten und keine Zeit zum Kochen hatten; dieser Umstand führte wieder dazu, daß die folgende Generation von jungen Mädchen sich keine grundlegenden Kenntnisse von Zubereitung und Nahrungsmitteln mehr erwerben konnte.

Wie die bürgerlichen Kreise im 18. und Anfang des 19. Jahrhunderts die verfeinerten höfischen Nahrungsgewohnheiten, so hat der „vierte Stand" gegen Ende des 19. Jahrhunderts die Eßsitten der bürgerlichen Küche zu kopieren versucht. Gerade das 19. Jahrhundert hatte ja eine Flut von Kochbüchern auf den Markt geworfen, die aber alle für den „bürgerlichen" Haushalt gedacht, für die „Küche des Mittelstandes" geschrieben worden waren, wenngleich auch „unter ständiger Berücksichtigung von Ersparungsvorteilen" (Anna Fink, „Wiener Kochbuch", 1894). An das gleiche „Publikum" wandte sich wohl auch Klara Fuchs 1860 mit ihrem „Die praktische Wiener Vorstadt-Köchin ... ein Universal-Kochbuch, um bei theuren Zeiten billige und doch vorzügliche Kost herzustellen", aber als Klosterneuburger Stiftsköchin hat auch sie die „vorzügliche" Kost eher im Auge gehabt als die „billige".
Ein den Verhältnissen von Arbeiter-Haushalten angepaßtes Kochbuch war nicht darunter. Ein deutscher Verein „Arbeiterwohl" hatte zwar ein Büchlein „Das häusliche Glück" herausgegeben, das erste Anleitungen zur Führung eines kleineren, „einfachen" Haushaltes und zum Kochen für Arbeiterfrauen geben wollte; ein „Kreis von Arbeiterfreunden" in Wien hat dieses Buch für österreichische Verhältnisse bearbeitet (dritte Auflage 1887). Doch auch dieses Koch- und Haushaltsbüchlein setzt eine separate Küche voraus – dem die meist tristen Verhältnisse in Wien gegenüberstanden, wo jeder siebente Haushalt keine eigene Küche besaß. Da waren dann auch die „Mahnworte eines Seelsorgers", vor allem „gottesfürchtig und fromm" zu sein, die „Fehler des Mannes mit Geduld" zu ertragen, ein schwacher Trost, und Sprüche wie „Reinlichkeit ist die

Eines der wenigen Kochbücher für „Arbeiterfrauen", die „billig und gut haushalten lernen wollen". Daraus eine „Haushaltsrechnung".

Aus nachfolgendem Formulare kann sich die Hausfrau die hier beschriebene einfache Eintheilung ihres Haushaltes klar machen.

April 1886	1. Ausgaben für Haushaltung.	fl.	kr.
Montag	1½ Liter Milch	—	18
	1 Schwarzbrod	—	25
	½ Kilo Fleisch	—	33
Dienstag	1 Liter Petroleum	—	18
	4 Paar Würste	—	40
	½ Kilo Schweinefett	—	32
Mittwoch	½ Kilo Kaffee, 1 Kilo Zucker	1	10
	Käse und 1 Brod	—	40
	1 Kilo Erbsen, 1 Kilo Linsen	—	42
Donnerstag	2 Kilo Mehl	—	36
	8 Eier	—	20
Freitag	Gemüse	—	18
	¼ Kilo Speck	—	15
Samstag	1½ Liter Milch	—	18
	1 Kilo Salz	—	14
Sonntag	2 Kilo Fleisch	1	20
		5	99

1886	1. Für Kleider und Wäsche.	fl.	kr.
10. April	6 Meter Stoff für ein Hauskleid	2	40
5. Mai	1 Dutzend Handtücher	2	50
7. „	Schneiderlohn und Zugehör	5	—

1886	2. Für Schuhe.	fl.	kr.
8. Jänner	Ein Paar Schuhe	4	—
2. Februar	„ „ Kinderschuhe	2	50
4. Mai	Neue Sohlen für Stiefel	2	—

Schönheit der Armut" konnten wohl nur noch zynisch interpretiert werden.

„Geflügelwerk" heißt im „Wienerischen bewährten Kochbuch" von Ignaz Gartler und Barbara Hikmann (22. Auflage 1799) ein umfangreiches Kapitel, in dem vor allem Hühner, „Kapauner", Indian und Tauben „rezeptiert" sind, so „Hühner in Blut, in der Buttersoß, auf wälsche Art mit Brieseln und Spargel, faschirte, in Frikasse, mit grünen Erbsen, heiß abgesotten, gebacken, weiß gedünstet, glasirte in einer Pomeranzensoß, grüne, auf junge Hasenart, mit Kauli, mit Krebsfasch, mit Krebsen gefüllt, in der Lebersuppe, gefüllte gebratene, in der Limoniesuppe, mit Mandeln gefüllt, mit Maurachen, in der Müscherlsuppe, mit geschnittenen Nudeln, in der Pastettensuppe, mit Ragou, mit Schampion, in der Sardellensuppe, mit Umurken und auf ‚Wiener Art'" (mit „Brieseln", Petersilwurzeln, Rosmarin, Kapern, Pfefferkörnern, Gewürznelken, Muskatblüte, Ingwer, Suppe und Essig weich gedünstet, mit einer Einmach aus Mehl und Butter „dicklet" gemacht). Die Kapauner gibt es in diesem Kochbuch mit Austernsoße, faschiert, mit Austern am Spieß gebraten, gefüllt, gesulzt, gewickelt, weiß gedünstet, mit „Mischerln", „im Schlafrock" (in Butterteig gewickelt und am Spieß gebraten), ferner gibt es einen Indian mit „Margaroninudeln" gefüllt sowie 13 Taubenrezepte. „Hühner in Blut" und „grüne Hühner" findet man neben Rezepten von weißem, rotem und schwarzem Huhn bereits im ersten handschriftlich überlieferten Kochbuch aus dem Wiener Dorotheumkloster (um 1430). Im „Granatapfel"-Kochbuch von 1697 folgt auf das Kapitel „Suppen und breiartige Speisen" das Kapitel „Geflügel und Fischgerichte" – sie werden vor allem gegen „Melancholya und Hypochondria" empfohlen!

„Den Hühnern", so Anna Dorn in ihrem „Universal- oder Großen Wiener Kochbuch" von 1827, „kann man fast nichts als Gutes nachreden“, und sie verwendet alles von diesem Tier, auch die „Hahnenkämme“ (weich gekocht oder faschiert, zu Ragouts in Soße aus Wein, Zwiebeln und Gewürzen); vorsorglich aber warnt sie die bürgerlich-städtische Hausfrau: „Man soll nie tote oder geschlachtete Hühner kaufen, sondern sie selbst schlachten, um von ihrer Gesundheit überzeugt zu sein.“ Es folgen 65 Hühnerrezepte.

Bei den vielen „Backhendln“ fielen stets die anderen Bestandteile, unter dem Sammelnamen „Geflügeljunges“ (Hühnerjunges, Gansljunges) bekannt, in großer Menge an. Es wurden daraus Suppen, aber auch ragoutartige Gerichte zubereitet. Unter Geflügeljunges versteht man Kopf, Hals, Flügel, Füße, Magen, Leber und Herz des Geflügels. „Von den Gedärmen löst man behutsam Magen und Leber aus, schneidet von der letzteren die Galle sowie alles Grünliche weg. Nun öffnet man den Magen an der Seite mit einem Schnitt, entfernt seinen Inhalt und zieht die innere Haut ab. Das den Gedärmen anhaftende Fett kann man entfernen und auslassen. Die Füße schneidet man entweder unter dem Gelenk (Brathuhn, Fasan usw.) oder im Gelenk (Backhuhn) ab, legt sie in siedendes Wasser, entfernt die Krallen und zieht ihnen die gelbe Haut ab. Vom Kopfe, den man gut rupft, sticht man die Augen aus, zieht vom Schnabel die harte und vom Kamm die dünne Haut ab. Bei kleinerem Geflügel entfernt man den ganzen unteren Schnabel samt der Zunge, vom größeren entfernt man nur die Zunge“, lehrt die „Wiener Küche“ von Olga und Adolf Fr. Hess, 1913.

Ein Altwiener Brauch war noch in der ersten Hälfte des 18. Jahrhunderts das „Gansscheibenschießen“ um Martini (11. November), das zwischen 1722 und 1731 wiederholt im „Wiener Diarium“ angezeigt wurde. Sonst wurde und wird zum Teil heute noch die Gans auch mit einem Kartenspiel ausgespielt.

Backhendl

1 junges Huhn (ca. 800 g), Salz, Mehl, Eier, Backschmalz; Petersilie, 1 Zitrone

Huhn in vier Teile hacken, Schenkel beim Gelenk einschneiden, salzen, in Mehl wenden, in zerklopften Eiern und in Bröseln panieren, sofort in heißem Schmalz schwimmend backen. Zuletzt auch Hühnerleber (mit Gabel mehrmals anstechen) und enthäuteten Magen panieren und in Fett backen. Frisches Petersiliengrün in heißem Schmalz backen und alles auf Papierservietten mit Zitronensechsteln anrichten.

Das Backhendl galt im 18. und 19. Jahrhundert als die Spezialität der Bürger Wiens, und alle zeitgenössischen Reiseberichterstatter haben darüber ausführlich geschrieben. Beim „Wilden Mann“ und beim „Paperl“ im Prater wurden nach Gräffer jährlich 22.000 Paar Backhühner verzehrt, allein am Pfingstsonntag, dem traditionellen Firmungstag, wurden 1852 im Prater 12.000 Hühner und 4000 junge Gänse gegessen.

Maximilian II. (1564–1576) löste von den Besitzern durch Kauf und Tausch rund um Wien verschiedene Auen ab, so die heutigen Prater Auen; Auen im Besitz des Stiftes Klosterneuburg, der Klosterfrauen zur Himmelpforte und der Jesuiten wurden kaiserliches Jagdrevier. Unter Leopold I. nahm das Jagdvergnügen einen zeremoniösen Charakter an, man zog in prunkvollen Gewändern mit großem Gefolge zur Jagd, bewunderte aber mehr die Leistung seiner Jäger, als daß man selber schoß. Karl VI. betrieb als leidenschaftlicher Jäger eine Falkenbeize in Laxenburg. Franz I., Gemahl der ebenfalls leidenschaftlichen Jägerin Maria Theresia, führte die Parforcejagden in Österreich ein, Franz Joseph frischte die alte Jagdleidenschaft der Habsburger wieder auf, und selbst die Töchter des gehobenen Mittelstandes nahmen Jagdunterricht. Der niedere Bürger und Arbeiter mag hin und wieder tage- und nächtelang in Gebüsch und Auen mit Netzen, „Maxen“ und Schlageisen auf heimlichem Vogelfang gekauert sein.

Zwischen der kaiserlichen Hoftafel, aber auch anderen herrschaftlichen Tafeln, und Wiener Gasthäusern gab es seit Maria Theresias Zeiten enge Kontakte. Übriggebliebene Speisen der Hoftafel durften in bestimmten Lokalen verkauft werden. Am berühmtesten wurde die „Schmauswaberl“, das Gasthaus „Zum goldenen Schiff“ am Spittelberg (heute Neustiftgasse 7), wo später eine Barbara Roman, geb. Wißmayer (gestorben 1813), in ihrem „Gwölb“ die Hofspeisen zu niedrigen Preisen weiterverkaufte. Der Wiener Journalist Josef Richter verrät in seinen „Briefen eines Eipeldauers an seinen Herrn Vetter in Kakran über d' Wienstadt“ (1793–1797) von der „Schmauswaberl“: „Bey der kriegt man freilich oft gute Bissen.“ Sein Nachfolger, Carl Franz Gewey, ergänzt später: „Da derzähln 's, daß hiezt aus den Hofkucheln Kapäuner und Fasaner sogar g'rupfter und g'bradner davon flieg'n, und d' Hasen g'spickter und g'bradner davon laufen, und daß d' kälbernen Schlägeln rocher und zueg'richter aufn Schlägelban davon hupfen. Was g'glaubt der Herr Vetter wohin? – zu der Schmauswaberl auf'n Spitelberg.“

Gemüse, Beilagen, Salate und Soßen

„Knödel, Torten, Würst, Salat,
Grapfen, Schuhwix, Metridat,
Kletzen, Schunken, Käs, Visolen,
Semmeln, Rätig, Suppen, Kohlen,
Stockfisch, Austern, Lungenmueß,
Pluntzen, Häring, Nierenbrätel
Und ein Dutzend schöner Mädel
Gibt der Ball uns zum Genuß."

(Philipp Hafner, 1760)

Für einen großstädtischen (kinderreichen) Arbeiterhaushalt der vergangenen Jahrhunderte waren Hülsenfrüchte und Gemüse meist das Hauptnahrungsmittel. Um eine ausreichende Sättigung zu erzielen, wurde das Gemüse „eingebrannt", also mit mehr oder weniger Fett und Mehl versehen, denn der Schritt von einer Beilage, einer „Zuspeise", zur „Hauptspeise" soll klein sein (wie auch die Grenzen zwischen Süßem und Saurem, zwischen gesüßten und gesalzenen Mehlspeisen fließend sein sollen). Die Verwandlungsfähigkeit solcher Gerichte wie Gemüse, Knödel, Erdäpfelspeisen macht sie besonders einsatzbereit, sättigungsgerecht und zur „echten" Hausmannskost.

Wenn es noch heute in Kochbüchern „Gemüse auf Wiener Art" heißt, werden damit die „eingebrannten Gemüse" bezeichnet (eingebrannter Kohl, Kochsalat, Kohlrabi, Fisolen, Bohnen, Erbsen, Linsen, Spinat, Rüben, Sauerkraut, Gurken, Erdäpfel u. a. m.). „In Deutschland und Österreich", heißt es im „Appetit-Lexikon" (1894), „wird das Gemüse weich gesotten, dann mit dem Wiegemesser zerkleinert und endlich mit Butter oder Fleischbrühe fertig gemacht – auch nicht übel, wenn nur der vielfach übliche Mehlzusatz wegbleibt, der weder der Zunge noch dem Auge Freude macht." Als „himmelschreiend dagegen und wahrhaft menschen- und gemüsefeindlich" bezeichnen die zwei Lexikon-Autoren das englische Verfahren, das Gemüse einfach in Wasser gesotten zu servieren.

Anerkennung auch vom „niederen" Volk erfuhr das Gemüse, wenn es sich als Hülle für eine (faschierte) Fleischfülle verwenden ließ, wie beim gefüllten Kraut, gefüllten Kohlrabi, gefüllten Paprika, salonfähig wurde es, wenn es wie das Wiener Schnitzel gebacken werden konnte (Sellerie, Karfiol, Schwarzwurzel, Stachys, Melanzani, Champignons, Zwiebelringe), geschätzt, wenn es zu einem eigenständigen Gericht erhoben bzw. damit ein Fleischgericht imitiert werden konnte (Bohnen- und Erdäpfelgulasch, Specklinsen); auch als Püree (Erdäpfel,- Linsen-, Bohnen-, Zwiebel- und Kastanienpüree) fanden einzelne Gemüsearten und Hülsenfrüchte rasch Verbreitung.

In der Zeit von 1875 bis 1884 wurden jährlich $3^1/_2$ bis 4 Millionen Kilogramm Gemüse und Küchenwaren, 6 Millionen Kilogramm Spargel und Blumenkohl und 18 bis 20 Millionen Kilogramm frisches Obst auf den Wiener Märkten abgesetzt. Diese Massen waren aber nur ein Teil dessen, was tatsächlich auf den Stadtmärkten umgesetzt wurde, gar nicht zu sprechen davon, was der eine und andere Haushalt im eigenen „Schrebergarten" (die Bewegung wurde 1909 in Österreich eingeführt), vor allem in Kriegs- und Notzeiten, angebaut hatte.

Inzwischen hatte sich auch eine produktionsstarke Gemüsekonservenindustrie entwickelt. „Bei dem ungeheuren Gemüsebedarf spielen die Gemüseconserven eine beinahe noch größere Rolle als die Fleischconserven", stellt das „Appetit-Lexikon" bereits 1894 fest. (In Deutschland entstand in Frankfurt am Main 1854 die erste Gemüsekonservenfabrik.) In weiten Kreisen verwendet wurden schon im 19. Jahrhundert in Österreich vor allem die mit Salz oder Essig eingemachten Gemüse, wie eingemachte grüne Bohnen, Rote Rüben, Salzgurken, Essiggurken, Pfefferoni, Kukuruz, Sellerie, Sauerkraut und Mixed Pickles.

Ein weiterer Schritt in der Vorratshaltung vor allem kleinerer Mengen war die Einführung des Kühlschrankes und nach dem Zweiten Weltkrieg die der Tiefkühltruhen bzw. der tiefgekühlten Lebensmittel, vor allem aber der tiefgekühlten Halb- und Fertigprodukte aller Art und Geschmacksrichtungen. Allerdings hat diese neue Art den Verbraucherrhythmus eines großstädtischen Haushaltes nicht so grundlegend geändert, wie dies auf dem Lande der Fall war – die städtische Hausfrau konnte auf den Märkten und in Läden die gewünschte Ware immer schon saisonunabhängig besorgen. Der Klein- bzw. Großhandel hat in der Stadt die Bevorratung im großen und kleinen übernommen. Beeinflußt haben die Halb- und Ganzfertigprodukte die

Kochgewohnheiten auch städtischer Haushalte vor allem dort, wo die Frau ebenfalls arbeitet.
Aber selbst bei dem enorm angewachsenen Angebot halb- und ganzfertiger tiefgefrorener Gerichte hat – wie Umfragen immer wieder bestätigen – die „Hausmannskost" auch beim Wiener ihre führende Stellung bis heute nicht verloren.

Anton Hlavaček, „Ein Gemüsegarten in Simmering bei Wien". 1888.

Eingebrannter Kochsalat auf Wiener Art

3–4 Stück frischer Kochsalat, 40 g Fett, 40 g Mehl, 1 EL gehackte Zwiebel, Petersilie, Salz, Pfeffer, Suppenwürze

Die gesäuberten Salatblätter in schwach gesalzenes kochendes Wasser geben, rasch kochen, bis die Blattrippen kernig-weich sind, dann abseihen, kalt schwemmen, abtropfen, grob hacken. In heißem Fett Mehl braun rösten, die Zwiebel mitrösten lassen, vermischt mit gehackter Petersilie, mit schwach einem halben Liter Gemüsesud aufgießen, eine Viertelstunde langsam kochen, den gehackten Kochsalat dazugeben, mit Salz und Pfeffer würzen und abschmecken.

Eingebrannter (eingemachter) Kohl

1–2 Kohlköpfe, Salzwasser, 40 g Fett, 40 g Mehl, $^1/_2$ Zwiebel, Petersiliengrün, Wasser oder Rindsuppe, Pfeffer, Majoran

Kohlköpfe vom Strunk befreien, gut waschen, grobnudelig schneiden, im siedenden Salzwasser 10 bis 15 Minuten offen (mit etwas Speisenatron) weich kochen und abseihen. Aus Fett, gehackter Zwiebel, Mehl und gehackter Petersilie eine helle Einbrenn machen, mit Wasser oder Suppe (nicht mit dem Kochsud) aufgießen, mit Salz, Pfeffer und Majoran würzen, darin den Kohl noch bis zu einer halben Stunde kochen. Nach Belieben etwas zerdrückten Knoblauch beigeben.

Paprikakraut

600 g Sauerkraut, Salz, Kümmel, 80 g Selchspeck, 1 kleine Zwiebel, Rosenpaprika, 1 EL Zucker, 1–2 Knoblauchzehen, Essig, 1–2 EL Paradeismark

Sauerkraut kurz kalt waschen, grob durchhacken, in kaltem Wasser mit Salz und Kümmel aufs Feuer stellen und nicht zu weich kochen. Inzwischen kleinwürfelig geschnittenen Speck rösten, darin feingeschnittene Zwiebel gelb anrösten, mit Zucker fertig rösten. Das weichgekochte Sauerkraut und zerdrückten Knoblauch beigeben, mit Paradeismark verrühren und noch 10 Minuten dünsten lassen.

„Kaschernat"

200 g Reis, 1000 g Paradeiser, 6 grüne Paprika, 1 große Zwiebel, 50 g Fett, 1 TL Paprika, Salz

Die grünen Paprika entstielen, entkernen und nudelig schneiden. Feingehackte Zwiebel in Fett braun anlaufen lassen, die Paprika dazugeben und eine Zeitlang zugedeckt dünsten. Nach einer Viertelstunde die gewaschenen, in Scheiben geschnittenen Paradeiser, etwas Salz, $^1/_8$ l Wasser dazugeben und eine Viertelstunde zugedeckt dünsten lassen. Jetzt den Reis in kaltem Wasser waschen, unter das Gemüse mischen, noch 1 Teelöffel Paprika dazumischen und ohne weitere Wasserzugabe unter öfterem Umschaufeln dünsten lassen, bis der Reis ganz weich ist. Wenn nötig, etwas Wasser zugießen. Knapp vor dem Anrichten mit Salz abschmecken.

Rahmgurken

800 g Gurken, 40 g Fett, 1 kleine Zwiebel, 40 g Mehl, Petersilie, Salz, Pfeffer, Suppe, Essig oder Zitronensaft, $^1/_8$ l Sauerrahm, Dillkraut

In heißem Fett feingeschnittene Zwiebel anschwitzen lassen, mit Mehl stauben, mit Suppe oder Wasser aufgießen, zu einer Soße verkochen. Geschälte, halbierte, entkernte und in dicke Scheiben geschnittene Gurken darin weich kochen. Mit versprudeltem Sauerrahm und gehackter Petersilie verbessern, mit Pfeffer und Salz

würzen, mit Essig oder Zitronensaft säuerlich-pikant abschmecken.
Eine **„Gurkensoße"** wird aus einer lichten Einbrenn aus Fett und Mehl und Suppe sowie den feingeschnittenen Gurken und saurem Rahm (und etwas Essig) auf die gleiche Weise zubereitet.

Fisolen mit Bröseln

500 g Fisolen, 80 g Semmelbrösel, 120 g Butter, Salz

Fisolen von Fäden befreien, in Salzwasser weich kochen, abseihen und trocken anrichten. Butter aufschäumen, die Brösel darin nicht zu dunkel rösten, leicht salzen und über die Fisolen streuen.

Schwammerlgulasch

400 g Champignons, 60 g Butter, 2 TL Mehl, 1/4 l Sauerrahm, Salz, Pfeffer, Paprika, Petersilie

Champignons sauber putzen, blättrig schneiden, salzen und pfeffern und in Butter rasch durchrösten, mit Mehl und etwas Paprika stauben und mit Sauerrahm aufgießen. Kurz verkochen lassen. Mit gehackter Petersilie bestreut anrichten.

Neben Bohnensuppe und eingebrannten Bohnen konnte man häufig das folgende Gericht antreffen:

„Bohnen mit Fleckerln"

60 g Selchspeck, 1 kleine Zwiebel, Petersiliengrün, 200 g gekochte Fleckerln, 200 g weiße Bohnen, Salz, Pfeffer, 30 g Semmelbrösel, 50 g Butter, Paradeissoße

In gelb gerösteten Speckwürfelchen feingeschnittene Zwiebel rösten, ebenso gehackte Petersilie mitrösten, dann die in Salzwasser gekochten und abgetropften Fleckerln daruntermengen, ebenso die vorgeweichten und in Salzwasser weichgekochten Bohnen. Dann salzen und pfeffern und heiß schwenken. Vor dem Servieren streut man in Butter geröstete Brösel darauf und umkränzt das Ganze mit einer Paradeissoße.

Gebackener Sellerie

2 mittelgroße Sellerieknollen, Zitronensaft; 100 g Mehl, 1 Dotter, 1 Eiklar, Petersilie, Milch oder Bier, Backfett, Salz

Sellerie schälen, halbieren, in halbzentimeterdicke Scheiben schneiden, in Salzwasser und etwas Zitronensaft halbweich kochen. Aus Mehl, Prise Salz, Eidotter, feingehackter Petersilie und Milch (oder Bier) nach Bedarf einen dickflüssigen Backteig rühren; zuletzt steifgeschlagenen Schnee darunterheben. Die trockenen Selleriescheiben leicht in Mehl wenden, in den Backteig tauchen und in gut erhitztem fingerdickem Fett auf beiden Seiten rasch backen. Dazu serviert man eine Sauce tatare.
Auf die gleiche Weise werden sauber geputzte ganze (kleinere) Champignons gebacken. Sie können aber auch wie Wiener Schnitzel durch Mehl, zerklopfte Eier und Semmelbrösel gezogen und in heißem Fett schwimmend gebacken werden.

In den höfisch-bürgerlichen Kochbüchern des 17., 18. und 19. Jahrhunderts ist nicht so sehr das Gemüse das Wichtigste gewesen, sondern das, was daraufgelegt wurde. Spinat und Kochsalat belegte man mit Pofesen oder Butter-Pastetchen, süße weiße Rüben mit Schöpsen- oder Lammfleisch, mit frischem Schweinefleisch, saure weiße Rüben und gekochten Monats- oder „Bastardrettich" mit allerlei Würsten, auch mit Kaiserfleisch, gedünstete Scherrüben mit Kalbs- oder Schöpsenschnitzel, verschiedenen „Karbonaden" (Koteletts), am liebsten aber mit Rebhühnern, gelbe Möhren mit „Karbonaden", gebackenen Lämmerfüßchen, Erbsenmus und Erbsenpüree mit Lamm- oder Kalbfleisch in verschiedenen Formen, mit Kaiserfleisch und Pökelzungen, Bohnenpüree mit glasierten Fischen, wie man noch in „Mariankas Kochbuch oder Oesterreichische Hausmannskost" (Wien 1846) lesen kann, das wie viele andere auch ein eigenes Kapitel „Gemüse-Belege und Einschiebespeisen" bringt (die brav in „Fleisch- und Fastenbelegspeisen" unterteilt werden).
Daß bei diesen „Auflegspeisen" durch die Zusammensetzung (goldgelb gebackene Pofesen auf grünem Blattspinat) das barocke Farbprinzip, die Freude der Barockmalerei an leuchtenden Farben, durchschimmern mag, ist ein Element, das bei der bäuerlichen Kost kaum einmal zum Tragen gekommen ist (ebensowenig wie das Färben von Speisen).
Die Kochbücher des letzten Drittels des 19. Jahrhunderts weisen diese Kapitel nicht mehr auf. Seleskowitz und Rokitansky haben in ihren Lehrbüchern bereits klare Gemüse-Kapitel, und es heißt dann am Ende eines solchen Gemüserezepts u. a.: „Wird als Speise für sich und als Garnierung verwendet."

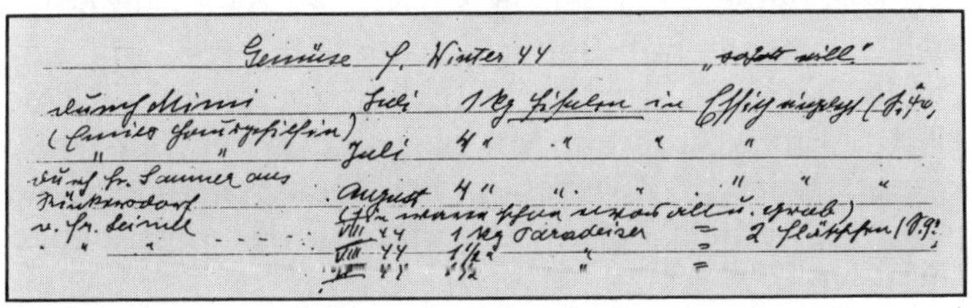
Gemüse f. Winter 44

Spiegelbild von Notzeiten: oben ein gedrucktes Kochbuch aus dem Ersten Weltkrieg, unten aus einem handgeschriebenen aus dem Zweiten Weltkrieg.

Die Reihe der **Beilagen** aus der Wiener Küche ist besonders groß und umfaßt Teigwaren, Knödel, Erdäpfel, Nockerln, Hülsenfrüchte, Getreidearten, „Saucen mit Inhalt" sowie die vorhin angeführten Gemüse. Aus Not, aber auch für „Fleischverächter" oder tatsächlich nur als bereicherndes „Drumherum" zu einem Fleischgericht hat auch die Köchin eines einfachen Wiener Haushaltes alle Formen, die in den verschiedenen Bundesländern angeführt sind, gebraucht. Daß sich die österreichischen Köchinnen und Hausfrauen gerade um diese „Beilagen" so angenommen haben und ihnen alle Erfahrungen der Kochkunst haben angedeihen lassen, führte schließlich zu der Tatsache, daß gerade die österreichische „Hausmannskost" so solid, berühmt und gefragt ist. Und daß diese Beilagen aus fast allen Sparten der Kochkunst kommen, zeigen die Kochbücher der bürgerlichen Küche des 18., 19. und vielfach auch noch des 20. Jahrhunderts, die dafür kein eigenes Kapitel aufweisen, sondern diese auf viele verteilt darbieten – so bei Rokitansky unter „einfache Mehlspeisen", bei Seleskowitz unter „Schmarren, Reisspeisen, Polenta, Sterz, Mehlspeisen, Strudeln etc. etc.", aber auch unter dem Kapitel „Suppeneinlagen", bei der Prato unter „Garnierungen", „Assietten", „ungezuckerte Mehlspeisen", „Gemüse und Belege für Fleisch- und Fasttage" zu finden sind.

Wiener Semmelknödel

250 g Semmelwürfel, 20 g Butter, 1 EL gehackte Zwiebel, Petersiliengrün, 2 Eier, $^1/_4$ l Milch, 2–3 EL Mehl, Salz

Kleinwürfelig geschnittene Semmeln in Fett (oder Butter) nebst gehackten Zwiebeln und Petersilie leicht rösten, Milch, Eier und Salz versprudeln, über die Semmelwürfel gießen und anziehen lassen. Nach Bedarf Mehl dazugeben, leicht einmischen, Knödel daraus formen und in Salzwasser etwa 10 Minuten kochen.
„Man kann die Knödel billiger herstellen, wenn man die Milch mit Wasser mischt oder nur Wasser und statt 2 Eiern nur 1 Ei nimmt", bemerken Olga und Adolf Fr. Hess in ihrer „Wiener Küche".

Serviettenknödel

8 Schneidsemmeln, 40 g Butter, 3 Eier, ca. $^1/_4$ l Milch, Salz, Muskatnuß; Butter

Semmeln leicht entrinden, kleinwürfelig schneiden, mit zerlassener Butter übergießen, durchmischen. Milch, Eier, Prise Salz und Muskatnuß versprudeln, darübergießen und anziehen lassen. Eine Serviette befeuchten, mit Butter bestreichen, die Knödelmasse in Wurstform auflegen, zusammenrollen, an den Enden zubinden und in Salzwasser hängend eine halbe Stunde kochen. Kurz kalt schwenken, auswickeln und in fingerdicke Scheiben schneiden. Beim Anrichten mit zerlassener Butter bestreichen, in Butter leicht Farbe nehmen lassen oder mit Butterbröseln bestreuen.
Kofranek führt in „Die gute Wiener Küche" noch eine zweite Masse zu Serviettenknödeln an: 200 g Grieß in $^1/_2$ l kochende, leicht gesalzene Milch rühren, eine Viertelstunde ziehen lassen. 4 kleinwürfelig geschnittene Semmeln in heißer Butter rösten, Salz und Muskatnuß dazugeben. Alles zusammen vermengen. Fertigen wie oben.

Gibt man in die Masse aus Semmelwürfeln, Schmalz, 1 Eßlöffel Grieß, 2 Eßlöffel glattem Mehl, Salz, Pfeffer, 2 Eiern, $^{3}/_{16}$ l Milch noch 50 g gehackten Selchspeck und 100 g mit Zwiebel geröstetes Faschiertes, erhält man die **„Lanner-Semmelknödel“.**
Noch heute sind Knödel auf fast jeder Speisekarte eines Wiener Beisels zu finden. Es muß ja nicht gleich jeder Wirt den Ehrennamen „Knödelwirt“ bekommen, wie einst Sebastian Göschl vom „Weißen Karpfen“ in der Annagasse, dessen Knödel das notwendige nährende Volumen hatten. In der Salvatorgasse 2 hatte bis 1842 der stadtbekannte „Knödelkeller“ sein Domizil. „Die Knödelkeller-Knödel blieben das Muster für alle in dieser Branche Arbeitenden und bewahrten sich einen Ehrenplatz in dem Gedächtnis dankbarer Zeitgenossen“, vermerkt Schlögl in seinen Betrachtungen über die Wiener Weinkeller. Breitensee wies bis 1893 ein Gasthaus „Zur Riesin“ auf, das seinem Namen alle Ehre machte: die Riesenwirtin stellte wahrhaftig kindskopfgroße Knödel her!
Die **Erdäpfel** kamen zwar schon 1588 nach Wien, allerdings nur als botanische Kuriosität: Claude de Ecluse – Clusius – baute sie in seinem Versuchsgarten, und sie wurden dann lange als Zierpflanze gezogen. Noch 1745 kostete ein Wiener Pfund (560 Gramm) Erdäpfel seine 6 Gulden (um das gleiche Geld bekam man 90 Pfund feine Semmeln oder 82 Pfund Rindfleisch!). Zu Beginn des 19. Jahrhunderts wurden in Wien noch kaum Erdäpfel gegessen, obwohl sie in den damals gängigen bürgerlichen Kochbüchern schon aufscheinen. Der Verbrauch stieg aber im Vormärz rasch an und erreichte in der zweiten Hälfte des 19. Jahrhunderts bereits einen Höhepunkt (1817 wurden in Wien pro Kopf und Jahr 15 kg Erdäpfel gegessen, im Jahre 1835 waren es bereits 58,3 kg, 1846 89,2 kg, 1850 61,3 kg – zum Vergleich betrug der Kartoffelverbrauch 1979 in Wiener Pensionistenhaushalten pro Kopf 40,3 kg Erdäpfel, aber nur 0,7 kg Hülsenfrüchte, jedoch 58,9 kg Gemüse, frisch und konserviert; in Wiener Arbeiterhaushalten 31,1 kg Erdäpfel, 0,3 kg Hülsenfrüchte, 43,5 kg Gemüse). Erst gegen Ende des 19. Jahrhunderts erschienen die ersten Spezialbücher der „Neuen Kartoffelküche“ (1889 von Paula Kortschak) bzw. der „Wiener Kartoffelküche“ (1890 von der Stiftsköchin Agnes Hofmann). Im 19. Jahrhundert stieg der Verbrauch an Erdäpfeln besonders in Arbeiterhaushalten stark an. In Jahren von Mißernten haben gerade diese Erdäpfel oft das Allerschlimmste an Hungersnot verhindert.

Erdäpfelgulasch

40 g Fett, 40 g Speck, 200 g Zwiebeln, 1 EL Paprika, $^{1}/_{2}$ EL Essig, gehackter Kümmel, Knoblauch, Majoran, Suppe oder Wasser, 1000 g Erdäpfel

Würfelig geschnittenen Speck anschwitzen, die feingeschnittenen Zwiebeln darin rösten, Paprika dazustreuen, mit Essig ablöschen, mit Suppe oder Wasser aufgießen, Kümmel, Knoblauch, Majoran beigeben, die geschälten, grobwürfelig geschnittenen Erdäpfel beigeben, salzen und weich kochen. Eventuell blättrig geschnittene Wurst als Einlage geben und einmal aufkochen. Man kann das Gulasch mit ein, zwei Löffel Sauerrahm verbessern.
Auf ähnliche Weise werden die **„Majoranerdäpfel“** bereitet, indem man einen Teelöffel Majoran mit den Zwiebeln bereits mitröstet. (Es empfiehlt sich, Kipflererdäpfel zu nehmen.)

Erdäpfelpüree

850 g Erdäpfel, 40 g Butter, Milch, Salz, Muskatnuß, Fett, 1 Zwiebel

Geschälte Erdäpfel mit Salz in Wasser weich kochen. Die gekochten Erdäpfel heiß passieren oder durch ein Sieb streichen, mit Butter schaumig rühren, mit kochend heißer Milch nach Bedarf zu einem dicken, glatten Brei verrühren. Mit Salz und geriebener Muskatnuß würzen. Zwiebel in Scheiben schneiden, die Ringe in heißem Fett rösten und auf das angerichtete Erdäpfelpüree geben.

Reis auf Wiener Art

250 g Reis, 1 Zwiebel, 2 Gewürznelken, Salz, 60 g Butter

Reis kalt waschen, abtropfen lassen, mit $^{1}/_{2}$ l Wasser, der kleinen, mit Nelken bestickten Zwiebel, Salz und 30 g Butter einmal aufkochen, dann bei nicht zu großer Hitze in etwa 25 Minuten zugedeckt weich dünsten. Zwiebel zuletzt entfernen, Reis kurze Zeit offen stehen lassen, dann die restliche Butter dazugeben.
Wird gedünsteter Reis mit in Salzwasser gekochten grünen Erbsen (80 g) und einem Eßlöffel geriebenem Parmesankäse vermischt, erhält man **„Risi-Pisi“.**

Zu vielen **Salaten** empfehlen die Altwiener Kochbuchautoren, den Essig „ein wenig zu zuckern“, um einen feineren Geschmack zu erzielen; auch soll die Salatschüssel mit einer Knoblauchzehe zart ausgestrichen werden. Neben den bekannten grünen Salaten (Häuptel- oder Kopfsalat, Endivien-, Kresse-, Rapunzel- oder Vogerlsalat), Gurken-, Paradeis-, Fisolen- und Paprikasalat liebt man den warmen und kalten Erdäpfelsalat, den warmen und kalten Krautsalat, den Fisolen-, Sellerie-, Bohnen-, Erbsen-, Linsen-, Rote-Rüben-Salat, Spargelsalat, Salat von gelben Rüben, Karfiolsalat und den „gemischten Salat", den „Heringsalat" und den „Ochsenmaulsalat".

Gurkensalat

1 Salatgurke, Knoblauch, 2 EL Essig, 2 EL Öl, 1 EL Wasser, Salz, 1 TL Senf, 1 TL Zucker, Pfeffer oder Paprika

Gurke schälen, fein hobeln, leicht salzen, etwas ziehen lassen, nur ganz schwach ausdrücken, mit der Marinade aus Öl, Essig, Wasser, Zucker, Senf und etwas zerdrücktem Knoblauch vermischen. Mit Pfeffer oder mit Paprika würzen.
Der **„Böhmische Gurkensalat"** wird mit Sauerrahm und etwas Knoblauch angemacht, mit Paprika oder Pfeffer gewürzt (eventuell mit ein paar Tropfen Essig gesäuert).

Wiener Erdäpfelsalat

500 g Erdäpfel, Salz, $^1/_{16}$ l Rindsuppe, $^1/_{16}$ l Essig, 2 EL Öl, Pfeffer, Prise Zucker

Speckige Erdäpfel („Kipfler") kochen, schälen, noch warm dünnblättrig schneiden, salzen und ein wenig mit Rindsuppe benetzen. Mit Essig, etwas Wasser, Prise Zucker, Salz, Pfeffer und Öl anmachen.
Dieser Erdäpfelsalat kann auch mit Vogerlsalat garniert beziehungsweise mit nudelig geschnittenen Endivienblättern oder mit Gurkensalat vermengt werden. „Früher war es in manchen Gegenden gebräuchlich, den Salat mit feingeschnittenen Zwiebeln zu vermischen und mit gehackter grüner Petersilie zu bestreuen", heißt es in Hess' „Wiener Küche".

Ochsenmaulsalat

400 g Ochsenmaul, Salz, Suppenwurzeln, 2 EL Essig, 3 EL Öl, Pfeffer, 1 Zwiebel, Sardellen

Das vom Fleischhauer zugerichtete, gereinigte, enthäutete Ochsenmal in Salzwasser mit Suppenwurzeln drei Stunden weich kochen, eventuelle Hautreste noch entfernen, sehr dünn aufschneiden, mit Essig, Öl, Salz, Pfeffer, kleingehackten Sardellen und feingeschnittener Zwiebel vermischen.

In Kriegszeiten bekam auch das sonst eher ungeliebte Gemüse seinen Stellenwert.

Maurers „Illustriertes Wiener Kochbuch", 1885, zählt als **„Hausmannsaucen"** auf: „Kapern-, Zwiebel-, Knoblauch-, Pilsling-, Dill-, Gurken-, Sauerampfer-, Sardellen-, Häring-, Eier-, falsche Wildpret-, Paradeisäpfel-, Rahm-, Citronen-, Orangen-, Pfeffer-, Zwetschken-, Schnittlauch-, Kren-, Milchkren- und Knoblauchsauce." Als warme Rindfleischsoßen gelten u. a. Dill-, Gurken-, Kapern-, Paradeis-, Paprika-, Sardellensoße, Semmel-, Mandel- und Oberskren, Senf- und Zwiebelsoße, als kalte Rindfleischsoßen werden Apfel- und Essigkren sowie Schnittlauchsoße serviert. Darüber hinaus hat die Wiener Köchin bzw. kochende Hausfrau kein besonders differenziertes Verhältnis zu Soßen – der Esser liebt in erster Linie die „echte" Soße, den Eigensaft einer zubereiteten Speise, der nur mit wenigen Fremdzutaten abgeschmeckt, aller Notwendigkeit nach meist auch mit Mehl „gestreckt" wird.

Dillsoße

80 g Butter, 80 g Mehl, 1 Zwiebel, Petersilie, 3 EL gehacktes Dillkraut, 1 EL Essig, Prise Zucker, Rindsuppe, Zitrone, Salz, Pfeffer, Muskatnuß, $^1/_4$ l Sauerrahm

Petersilie und Zwiebel feingehackt in Butter anschwitzen, einen Teil des gehackten Dillkrauts mitschwitzen lassen, mit Mehl stauben, durchrösten, mit Essig ablöschen, mit Rindsuppe zu einer dicklichen Soße aufgießen, mit Salz, Pfeffer, Zucker, etwas Zitronensaft und Muskatnuß würzen. Gut verkochen. Zuletzt den mit etwas Mehl und Flüssigkeit glattgerührten sauren Rahm und das restliche Dillkraut einrühren.

Sardellensoße

80 g Butter, 60 g Mehl, 1 Zwiebel, 6 Stück Sardellen, Fleischsuppe, $^1/_2$ Zitrone, Salz, Pfeffer, Zucker, Essig

In heißer Butter Mehl licht rösten, feingeschnittene Zwiebel und gehackte Sardellen dazugeben, kurz durchrösten, mit etwas Fleischsuppe aufgießen, Prise Zucker, Salz, Pfeffer, etwas Essig und Zitronensaft dazugeben und abschmecken. Eine Viertelstunde kochen lassen, zuletzt passieren. „Sardellensauce", verrät Josefine Türck im „Jubiläumskochbuch" (1912), „ist feiner, wenn sie nicht passiert wird."

Paradeissoße auf Wiener Art

500 g Paradeiser, 1 kleine Karotte, 1 Stück Selleriewurzel, 1 Zwiebel, 1 kleine Petersilienwurzel, 80 g Butter, 80 g Mehl, Rindsuppe, 1 Zitrone, 1 Gewürznelke, Zucker, Salz, Pfeffer, Rotwein

Wurzelwerk und Zwiebel klein schneiden, in heißer Butter anrösten, Mehl dazugeben, weiterrösten, mit den in wenig Wasser oder Suppe gekochten und passierten Paradeisern und etwas Rindsuppe aufgießen. Zitronensaft, Rotwein und Gewürze beigeben und abschmecken. Glatt kochen. Zuletzt durchpassieren, eventuell nachwürzen.

Apfelkren

4 Äpfel, Zucker, Essig, 3 EL geriebener Kren

Säuerliche Äpfel schälen, blanchieren, durch ein Sieb treiben, etwas zuckern, mit etwas Essig und geriebenem Kren verrühren.

Schnittlauchsoße I

4 gekochte Eier, 2 EL Essig, 4 EL Öl, 2 EL gehackter Schnittlauch, Salz, Zucker

Dotter von hartgekochten Eiern mit Essig und Öl gut verrühren, feingehackten Schnittlauch, Salz und Zucker beigeben, das feingeschnittene Eiweiß der gekochten Eier dazurühren.

Schnittlauchsoße II

2 hartgekochte Eier, 1–2 Semmeln, Milch, 1 EL Staubzucker, Salz, weißer Pfeffer, 2 EL milder Essig, 4 EL Öl, 2 EL gehackter Schnittlauch

Abgerindelte, in Milch geweichte und gut ausgedrückte Semmeln und hartgekochte Eier durch ein feines Drahtsieb streichen, das Passierte mit Staubzucker, Salz, Pfeffer, Essig und Öl zu einer dicklich-cremigen Soße verrühren, pikant süßlich-säuerlich abschmecken, mit Schnittlauch bestreut anrichten.

Schnittlauch verwendet die Wiener Küche häufig; man bestreut damit Salate, Sauerkraut, verschiedene Braten, Rindsuppen und Butterbrote. Einen Wichtigtuer nennt man hierorts auch „Schnittling auf allen Suppen". Heurigenmusiker pflegten früher auch die „Schnittling-Tanz" aufzuspielen.

„Droben auf der Türkenschanz,
gibt's a Remasuri!
Da tanzt der Herr Petersil
mit der Madam' Buri . . ."

Anna Mauermann, „Koch-Rezepte aus der Pfarrkirche zu St. Aegyd in Gumpendorf". Wien 1904.

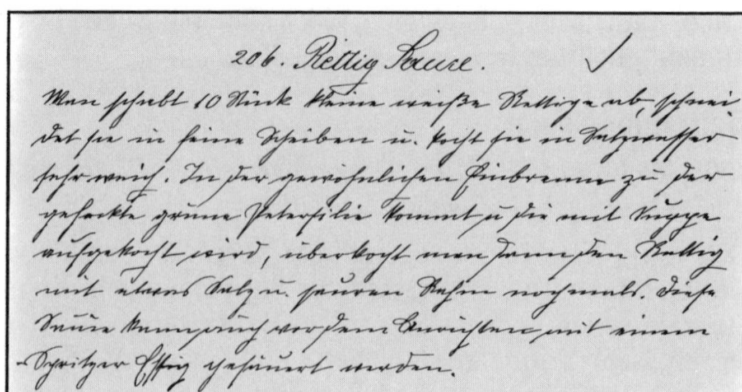
206. Rettig Sauce.

Warme Mehlspeisen

„Welche Flora von Mehlspeisen hier! Sie erfordern einen zweiten Linné, der sie ordnet, classificiert, benennt, ich vermag es nicht, ich genieße sie bloß! " gestand Jean Charles, ein Biedermeier-Chronist, angesichts der reichen Palette von Wiener Mehlspeisen. „Mehlspeisen nennen sie Gedichte, Mädchenbrüste Gspaßlaberln", bemerkte dagegen Karl Kraus bissig. Wenn wir Eßgewohnheiten und – als deren Widerspiegelung – die bürgerlichen Kochbücher betrachten, reichte die im 16. Jahrhundert verankerte Mehlspeisenkost – im engeren Sinne – im österreichisch-süddeutschen Raum bis etwa 1900. In Zeiten von Getreideengpässen vermochten sich die Erdäpfel leichter durchzusetzen, zuerst als Kost der Ärmsten, allmählich aber für die ganze Bevölkerung, vor allem von dem Zeitpunkt an, da es Köchinnen (u. a. die vielen böhmischen Köchinnen, die in Wien im Dienste waren) und Hausfrauen verstanden, die Erdäpfel in bestehende Speisen zu integrieren, diese durch Verwendung oder Mitbeigabe von Erdäpfeln zu erweitern bzw. den traditionellen Mehlspeisen-Speisezettel zu modifizieren.
Gerade bei den Mehlspeisen hat sich die sublimierende Kraft städtischer Genußkunst auswirken können. Die derb-sättigenden Milch- und Mehlspeisen der bäuerlichen Küche haben sich in den städtischen Küchen zu Gebilden aus Schaum und „Schnee", Zucker und Aroma verfeinert und wurden dabei von der Hauptspeise in die Nachspeise verwandelt. Andere Mehlspeisen, wie Brezen, Kipferln, Krapfen und andere Formen der Schmalzgebäcke, die in der bäuerlichen Welt als Gebild- und Brauchtumsgebäck ganz bestimmte Funktionen im Ablauf von Leben, Jahreszeit und Arbeit hatten, wurden in den Städten von den Bäckern kommerzialisiert und zum alltäglichen Kaffeegebäck „degradiert". Außerdem müssen für einen städtischen Haushalt alle notwendigen Lebensmittel in der Regel gekauft werden – und Lebensmittel, die man kaufen muß, eignen sich kaum noch für Kult- und Brauchtumsspeisen; es ist ja auch keine Saat, keine Ernte zu schützen, keine Gefahr abzuwehren, keine Rettung oder Hilfe zu beschwören. So fehlt den Städtern der Nährboden einer Kultspeise. Und die Personen, die einst vom Land in die Stadt gezogen sind, kamen zumeist aus Kreisen, die auch auf dem Land nicht direkt in das Verfertigen einer Kultspeise miteinbezogen waren, sondern vielmehr als Ärmste der Armen im Dorf nur im Rahmen des „Versorgungsdienstes" am Genuß dieser Brauchtumsspeisen teilhaben durften.

Als eine charakteristische Schöpfung der Wiener Küche gelten die Wiener Koche, sie werden gern aus fertigem Gebäck (Semmeln, Kipferln, Weißbrot) bereitet und dann in eine Nachspeise oder zu einer Hauptspeise umgewandelt. Sie sind eine Art Auflauf, werden im Rohr gebacken und haben nur den Namen gemeinsam mit den Kochen in der bäuerlichen Küche.

Kipferlkoch

10 Kipferln, 125 g Butter, 30 g Brösel, $^1/_4$ l Milch, 3 Eier, 2 Dotter, geriebene Zitronenschale, Prise Salz

Kipferln grobblättrig schneiden, mit Milch begießen und aufweichen lassen. 2 Eier und Prise Salz schaumig rühren, mit den aufgeweichten Kipferlscheiben vermischen. Zucker, etwas Zitronenschale und Butter schaumig rühren, nach und nach 1 Ei und Dotter einrühren, mit Bröseln zur Kipferlmasse geben, verrühren, in eine gefettete, mit Staubzucker ausgestreute Backpfanne füllen und im mittelheißen Rohr eine halbe Stunde backen. Mit Zucker bestreuen und mit Zwetschkenröster servieren.

„Scheiterhaufen"

5 Semmeln, $^1/_2$ l Milch, 2 Eier, 1 EL Rum, 1 Msp. Zimt, Vanillezucker, geriebene Zitronenschale, 50 g Butter, 500 g Äpfel, 80 g Zucker, 50 g Rosinen

Semmeln in dünne Scheiben schneiden, im Rohr leicht rösten, mit zerlassener Butter beträufeln. Auflaufschale (1,5 l Inhalt) mit Butter ausstreichen, Boden und Seitenwände mit Apfelscheiben auslegen, geschälte, entkernte, blättrig geschnittene und gezuckerte, mit Zimt, Zitronenschale und Rosinen vermischte Äpfel locker abwechselnd mit den restlichen Semmelscheiben einfüllen. Milch, Eier und Vanillezucker mit Schneebesen schlagen, über die Fülle gießen, eine Viertelstunde stehen lassen, bei mittlerer Hitze 35 bis 40 Minuten backen. Mit Staubzucker bestreut anrichten.

„Mohr im Hemd"

80 g Butter, 80 g Zucker, 80 g Schokolade, 80 g geriebene Nüsse, 20 g Semmelbrösel, 5 Dotter, 5 Eiklar, Vanillezucker

Butter, aufgeweichte Schokolade, Vanillezucker und die halbe Menge Zucker schaumig rühren, Dotter nach und nach einrühren. Eiklar und restlichen Zucker steif schlagen, unter die Masse mischen, in die mit Butter ausgestrichenen, mit Staubzucker bestreuten Puddingformen füllen und ca. 40 Minuten im Wasserbad garen. Auf Dessertteller stürzen, mit einer Schokoladecremesauce überziehen und mit Schlagobers vollenden.

Gerade die Schmarren und ähnliche Pfannengerichte wie auch die Palatschinken zeigen, wie die städtischbürgerliche Küche die ursprünglich bäuerlich-ländlichen Rezepte bzw. Zubereitungsarten übernommen und dann bald verfeinert hat, so sehr, daß „Kaiserschmarren und Zwetschkenröster" schon fast ein Synonym für die Wiener Küche geworden sind.

Kaiserschmarren

160 g Mehl, 40 g Rosinen, 1/4 l Milch, 3–4 Dotter, 3–4 Eiklar, Prise Salz, 1 EL Obers

Milch, Mehl, Salz und Dotter glatt versprudeln, steifgeschlagenen Schnee darunterziehen, ebenso flüssiges Obers. In einer größeren Omelettenpfanne die Hälfte der Butter erhitzen, den Teig eingießen, Rosinen darüberstreuen, anbacken, dann den Teig wenden, restliche Butter dazugeben, schließlich den Schmarren mit einer Gabel oder Backschaufel zerkleinern. Zugedeckt noch 5 Minuten am Herdrand ziehen lassen. Mit Zucker bestreuen und mit Zwetschkenröster servieren.

Kipferlschmarren

6 Kipferln, 1/4 l Milch, 2 Eier, Vanillezucker, 50 g Zucker, 30 g Rosinen; 50 g Butter

Kipferln mit Rinde blättrig schneiden, Milch, Eier, Zucker und Vanillezucker mit Schneebesen verschlagen, über die geschnittenen Kipferln gießen. Eine Viertelstunde ziehen lassen. Butter in Pfanne zerlassen, dann die Kipferlmasse dazugeben, Rosinen beigeben und im mittelheißen Rohr 25 bis 30 Minuten backen. Portionieren, mit Zucker bestreuen und mit Zwetschkenröster servieren.
Anstelle der Kipferln nimmt man auch Semmeln und erhält den **„Semmelschmarren"**.

Palatschinken

Pro Portion (4–6 Stück) ca. 150 g Mehl, 1/4 l Milch, 2 Eier, 1 Dotter (nach Belieben), Prise Salz, Butter

Milch (in Gaststätten verwendet man dafür auch Sodawasser), Salz und Mehl verrühren, mit Eiern (und Dotter) zu flüssigem Teig verarbeiten. Ein nußgroßes Stück Butter in Palatschinkenpfanne erhitzen, einen kleinen Schöpflöffel Teig eingießen, rasch gleichmäßig über den Boden verteilen, auf beiden Seiten rasch backen. Warm stellen und sofort mit jeweils etwas frischer Butter die weiteren Palatschinken einzeln backen. Mit beliebiger Marmelade oder mit einer *Topfenfülle* (aus 150 g trockenem Speisetopfen, 80 g Zucker, 40 g Rosinen, Vanillezucker, geriebener Zitronenschale, 70 g Butter, 2 Eiern, 1/8 l saurem Rahm) bestreichen.

Süße Knödel, gefüllt mit Marillen, Zwetschken u. a. m., werden aus Erdäpfelteig, Brandteig oder Topfenteig bereitet. Die Knödel werden immer in schwach gesalzenem Wasser 6 bis 10 Minuten gekocht, herausgenommen und in mit Butter und etwas Zucker gerösteten Semmelbröseln geschwenkt.

Altwiener ausgezogener Apfelstrudel

300 g glattes Mehl, 30 g Fett, 1 Ei, Prise Salz, 1/8 l lauwarmes Wasser; 3000 g Äpfel, 200 g Zucker, 150 g Brösel, 120 g Butter, 150 g Rosinen, Zimtzucker, Rum, saurer Rahm

Mehl, Fett, Ei, Salz und Wasser auf einem Brett zu einem glatten Teig verarbeiten, zu einer Kugel formen, mit Öl bestreichen und eine halbe Stunde ruhen lassen. Dann auf mehlbestäubtem Brett so weit wie möglich ausrollen, mit den beiden Handrücken den Teig anheben und nach allen Seiten langsam so weit ausziehen, daß die Teigfläche möglichst dünn wird. Zwei Drittel der Fläche mit in Fett oder Butter gerösteten Semmelbröseln bestreuen, das letzte Drittel mit zerlassener Butter allein beträufeln. Die geschälten, entkernten, feinblättrig geschnittenen Äpfel darunterstreuen. Mit Rosinen und Zimtzucker bestreuen, sauren Rahm aufstreichen, mit etwas Rum bespritzen, einrollen und in eine gefettete Backpfanne legen, mit Eierfettstreiche (aus 1 Ei und 40 g zerlassener Butter) bestreichen, bei mittlerer Hitze ca. 35 Minuten backen. Man kann ihn dazwischen mit etwas Milch begießen.
Auf die gleiche Art werden Kirschenstrudel, Rhabarber-, Zwetschken-, Birnen-, Heidelbeer- und Weintraubenstrudel sowie Topfenstrudel hergestellt: Bei saf-

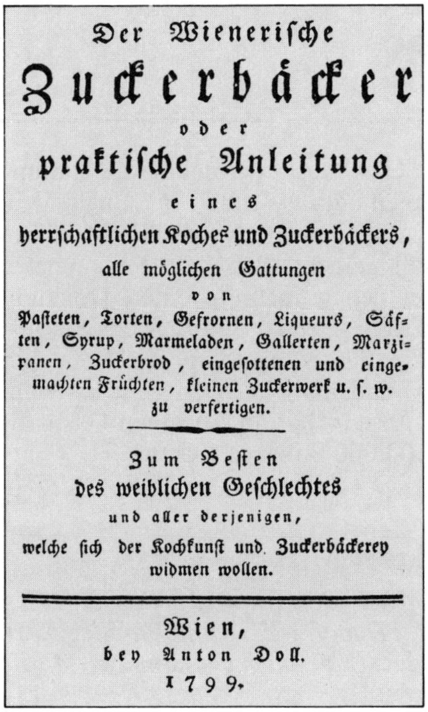
Der Wienerische
Zuckerbäcker
oder
praktische Anleitung
eines
herrschaftlichen Koches und Zuckerbäckers,
alle möglichen Gattungen
von
Pasteten, Torten, Gefrornen, Liqueurs, Säften, Syrup, Marmeladen, Gallerten, Marzipanen, Zuckerbrod, eingesottenen und eingemachten Früchten, kleinen Zuckerwerk u. s. w.
zu verfertigen.
Zum Besten
des weiblichen Geschlechtes
und aller derjenigen,
welche sich der Kochkunst und Zuckerbäckerey
widmen wollen.
Wien,
bey Anton Doll.
1799.

Illustriertes
Mehlspeisen- und
Konditoreibuch
Herausgeber Anton Gradl, Konditor
in Wien.
Von Herrn Stephan Luy, k. und k. Hofkoch, als das
beste anerkannt.
Mit 1100 erprobten Rezepten und 8 kolorierten Tafeln.
Wien.

Die
Wiener Mehlspeis-Köchin.
Praktische Anleitung
zur Bereitung guter und billigst herzustellender
Mehl- und Fastenspeisen.
Von der pens. Stiftsköchin
Agnes Hofmann.
Wien, 1890.
Verlag von Albert A. Wenedikt.
Druck von J. Koblischek, Wien, I., Postgasse 2.

Drei Jahrhunderte – drei „Lehrbücher der traditionsbewußten Wiener Mehlspeis-Küche“.

tigen Früchten bestreut man die Teigfläche nur mit trockenen Bröseln, bei Topfen- oder Rahmfülle gibt man die Fülle direkt auf die Teigfläche.

Zur Fülle eines **ausgezogenen Topfenstrudels** verwendet man 500 g Topfen, 100 g Butter, 200 g Zucker, 60 g Mehl, $^3/_8$ l sauren Rahm, 5 Eier, Vanillezucker, Prise Salz, etwas geriebene Zitronenschale und Zitronensaft sowie Rosinen. Während des Backens übergießt man den Strudel mit Eiermilch und bestreicht ihn wiederholt mit Butter. Er wird mit einer Vanillesauce serviert.

Einen **Altwiener Milchrahmstrudel** füllt man mit 5 bis 7 in $^1/_4$ l Milch geweichten, kleinwürfelig geschnittenen Semmeln, vermischt mit 150 g Butter, 120 g Zucker, 5 Dottern, 80 g Rosinen, $^1/_4$ l saurem Rahm, Vanillezucker, Zitronenschale und Schnee von 5 Eiklar. Er wird während des Backens mit $^1/_4$ l Milch übergossen. Auch den Altwiener Milchrahmstrudel serviert man mit kalter oder warmer Vanillesauce (die man aus Puddingpulver, Milch, Zucker und Butter zubereitet) oder mit der folgenden Vanillecremesauce:

Vanillecremesauce

120 g Zucker, $^1/_2$ l Milch, 1 Ei, 2 Dotter, $^1/_2$ Päckchen Vanillezucker

Im Schneekessel Dotter, Ei, Vanillezucker und halbe Zuckermenge mit $^1/_8$ l Milch verrühren, die restliche Milch mit restlichem Zucker fast zum Kochen bringen, die Eiermilch einrühren und auf kleiner Flamme erhitzen, aber nicht kochen. Vom Feuer nehmen und etwa 10 Minuten nachziehen lassen, dann durch ein feines Sieb seihen. Im Wasserbad warm stellen.

Weinchaudeau

$^1/_4$ l Weißwein, 1 Ei, 2 Dotter, 100 g Zucker

Im Schneekessel Zucker, Ei, Dotter und Weißwein mit der Schneerute glatt verrühren. Den Kessel in kochendes Wasser setzen und mit dem Schneebesen so lange stark schlagen, bis sich die Masse fast um das Doppelte vergrößert hat und heiß und dickschaumig geworden ist. Sofort anrichten.

„Kanarimilch“

$^1/_4$ l Milch, 1 Dotter, 1 Stück Vanilleschote, 30 g Zucker

Dotter fein verrühren, mit Milch weiterrühren. Mit Vanilleschote und Zucker über Dampf schaumig schlagen bzw. sprudeln. Die Vanilleschote zuletzt entfernen.

Schmalzgebackenes

Zu den in heißem Schmalz gebackenen Speisen liefert die städtische Küche grundsätzlich andere Voraussetzungen als die bäuerliche. Was auf dem Land eine kraftvolle Speise für harte Arbeitstage war bzw. eine Speise, zu der alle notwendigen Lebensmittel wie Butter, Mehl, aber auch die kochtechnischen Bedingungen eines offenen, starken Feuers gegeben waren, wird in der Großstadt eine Luxusspeise (und schon hatte der Wiener auch eine Ursprungslegende an der Hand und ließ die Wiener Köchin „Cäcilie Krapf" die Krapfen „erfinden"!). Alle bürgerlichen Kochbücher des 18. und 19. Jahrhunderts haben neben „Bauernkrapfen" auch viele Rezepte gebracht, zu denen man einen Model benötigte, wie Schneeballen, Schnurkrapfen, Spieß- und Prügelkrapfen. Die „Säkularisierung" eines bäuerlichen Brauchtumsgebäcks können wir gerade bei den Krapfen gut verfolgen – sie werden schließlich zum Produkt der Bäcker und Konditoren, die „Faschingskrapfen" heute das ganze Jahr hindurch anbieten.

In der „Köchordnung" vom 8. Juni 1486, von der Stadt Wien festgesetzt, werden bereits die „Krapffenpacherinnen" erwähnt, sie sollen „in Ihrn ladnen weder Herbergn noch an offenn pleczn nichtz kochen auch kainen visch pachen noch fail habn zuverkauffen noch kein gastung nicht habn haimlich noch offenlich in kein weis". Noch unter Kaiser Karl VI. unterhielt man sich bei Hof wiederholt mit einem Faschings- oder Krapfenschießen. Und 1786 annoncierten die Wiener Krapfenbäckerinnen bereits in der „Wiener Zeitung" in einer ständigen Rubrik während des Faschings. 1806 kosteten die ungefüllten Krapfen zwei bis drei Kreuzer, die gefüllten vier bis acht, die „extrafeinen" zehn bis zwölf Kreuzer – keine „billige Volksnahrung", denn noch um 1800 erhielt man für zehn bis zwölf Kreuzer bereits ein komplettes Mittagsmahl. „Die Einladung der Wiener zur Faschingszeit pflegten einst nur auf Faschingskrapfen zu lauten, wenn das auch nicht wortwörtlich zu nehmen war. Wer mit einem Mädchen einen Faschingskrapfen teilte, tat dadurch oft den ersten Schritt zur Ehe, ja nicht selten war eine solche Teilung geradezu das Zeichen zur Verlobung" (Gustav Gugitz, „Das Jahr und seine Feste", 2 Bände, 1949). Gern wurden Wetten abgeschlossen, wer die meisten Krapfen essen konnte. In den Gasthäusern erhielten die Stammgäste Faschingskrapfen gratis, und in Engländers Lokalitäten in der Alservorstadt wurden 1854 Gäste damit zu einem Ball gelockt, daß jede Person zwei Krapfen erhielt, von denen mehrere einen Dukaten, andere Silberzwanziger, Zehner und Sechskreuzerstücke enthielten. Für das Kongreßjahr 1815 hat ein Statistiker errechnet, daß man in Wien acht bis zehn Millionen Krapfen verspeist hat, in einzelnen Gasthäusern wurden bis zu 300.000 Stück gebacken!

Wiener Faschingskrapfen

500 g Mehl, 80 g Zucker, 80 g Butter, 40 g Germ, 5 g Salz, 1/4 l Milch, 1 Ei, 2 Dotter, 1 EL Rum, Vanillezucker und geriebene Zitronenschale nach Geschmack; Marillenmarmelade, Backfett

Germ, wenig Mehl und 1/8 l lauwarme Milch verrühren („Dampfl" machen), mit Mehl gut bestäuben und reifen lassen (die Oberfläche bekommt Sprünge). Dann Mehl, Dampfl und alle anderen Zutaten mit restlicher lauwarmer Milch zu einem festen, glatten Teig mischen, mit dem Kochlöffel stark abschlagen, damit er seidigfein und porös wird. Zugedeckt eine halbe Stunde gehen lassen, dann auf bemehltem Brett schwach fingerdick ausrollen, mit Ausstecher (Durchmesser ca. 7 cm) ausstechen. Auf eine Scheibe einen starken Tupfen Marillenmarmelade geben, eine zweite Scheibe darüberlegen, am Rand zusammendrücken und mit einem kleineren Ausstecher ausstechen. Wieder zugedeckt gehen lassen (bis die Masse um ein Drittel größer wird). Backfett auf ca. 170 Grad erhitzen, die aufgegangenen Krapfen mit der Oberfläche nach unten ins Fett legen, nach wenigen Minuten drehen (oder sie drehen sich bereits von selber um) und noch einmal 2 bis 2 1/2 Minuten backen. Aus dem Fett heben, abtropfen lassen und mit Zucker bestreuen. Man verwendet entweder ein eigenes Krapfenbackfett oder Schweinefett (mit etwas Kernfett vermischt).

Eine Wiener Spezialität sind die mit einer Vanillecremesauce (siehe Seite 605) gefüllten Faschingskrapfen, die zuletzt noch leicht mit einer Zuckerglasur überzogen werden.

„Krapfenweib." Stich von Adam. 1777.

„Schlosserbuam"

500 g große Dörrzwetschken, 100 g abgezogene Mandeln; Backteig: 150 g Mehl, 1/8 l Milch, Wein oder Bier, 2 Dotter, 20 g Öl, Prise Salz, 2 Eiklar, Staubzucker; geriebene Schokolade; 750 g Backfett

Dörrzwetschken in kaltem Wasser 3 Stunden einweichen, einschneiden, den Kern entfernen, dafür je eine abgezogene Mandel hineingeben (Mandeln mit kochendem Wasser überbrühen, kalt abschrecken, Haut abziehen und kurz trocknen). Jede Zwetschke in den Backteig tauchen und in heißem Fett schwimmend herausbacken. Kurz abtropfen lassen und anrichten. Knapp vor dem Servieren mit geriebener Schokolade rundum bestreuen und anzuckern.

Backteig: Mehl, Milch (oder Wein oder Bier), Öl, Dotter und Salz zu einem glatten, nicht zu dünnen Teig rühren. Eventuell mit einem Teelöffel Rum aromatisieren. Steifgeschlagenen Schnee mit Zucker fest ausschlagen, unter den Backteig ziehen.

„Wiener Waschermadln"

12 reife Marillen, 100 g Marzipan, 1–2 EL Marillenbrand, Staubzucker; Backteig (siehe oben)

Marillen schälen und entkernen, mit Zucker und Marillenbrand beträufeln und kurz ziehen lassen. Anstelle des Kerns eine kleine Marzipankugel hineingeben, dann Marillen in Backteig tauchen, in Fett schwimmend backen, herausheben, abtropfen lassen und mit Vanillezucker bestreuen.

In Backteig getaucht und in Schmalz gebacken werden auch in der städtischen Küche hin und wieder Holunder- und Akazienblüten, Apfel-, Marillen- und Birnenspalten, Zwetschken, Kirschen oder nur Schnitten von Weißbrot.

„Tag-und-Nacht-Semmeln"

Mürbe „Baunzerln" (zweiteilige Weißbrote) in Milch erweichen, dann halbieren, die Krume entfernen, in den Hohlraum Marmelade füllen, in Ei und Bröseln panieren und in heißem Schmalz herausbacken. Einen Teil in Vanillezucker, einen Teil in geriebener Schokolade wälzen.

Brandteigkrapferln, „Brandnudeln"

1/4 l Milch, Prise Salz, Vanillezucker, 30 g Butter, Zitronenschale, 200 g Mehl, 2 Eier, 3 Dotter, Backfett, Marillenmarmelade, Zimtzucker

Milch, Butter, Salz, Vanillezucker und etwas geriebene Zitronenschale aufkochen, das Mehl einrühren und rösten, bis sich die Masse vom Geschirr löst. Vom Feuer nehmen und nach und nach Eier und Dotter einrühren, bis eine glatte Masse entsteht. Fett erhitzen, mit einem in heißes Schmalz getauchten Löffel nußgroße Krapferln ins heiße Fett legen (mit Finger vom Löffel streifen), Pfanne schütteln, damit sie auflaufen, und braun backen. Abtropfen lassen, einen Deckel abschneiden, Marillenmarmelade einfüllen, das abgeschnittene Stück darauflegen. Mit Zimt- oder Vanillezucker bestreut heiß servieren.

Backwerk

Die „Hausmannskost" in der Stadt beginnt sich gerade beim Backwerk, bei Kuchen, Torten und Kleingebäck, von der ländlichen zu differenzieren. Auf dem Land hat die Bäuerin nicht oft Gelegenheit gehabt, „aufzukochen" und viel zu backen – abgesehen von einfachen Mehlspeisen für die Fastentage. Auch das Austauschen von neuen Rezepten – und beim Backwerk kommt es meist auf genaue Mengenangaben an – war auf dem Lande weitaus schwieriger und problematischer, es geschah bei Verwandtenbesuchen, bei großen Familientreffen, beispielsweise bei Hochzeiten, bei Arbeitsgemeinschaften, auch von Nachbarin zu Nachbarin; eine Bäuerin konnte nur immer bereits bewährte, erprobte Rezepte in das eigene Küchenrepertoire aufnehmen, denn die Extrazutaten mußten ja meist gekauft werden, und auf Experimente ließ man sich nicht ein. So findet man in den handschriftlichen Kochbüchern von Bäuerinnen öfter die Herkunftsangabe eines neuen Rezepts.
Die städtische Hausfrau kannte im allgemeinen bereits mehrere Zubereitungsarten, Teig- und Massearten, die Kochbuchliteratur lieferte schon seit dem 17. Jahrhundert Rezepte von Brandteig, von Butter-, Germ-, Mürb- und Plunderteig, von Strauben-, Krapfen- und Mandelteig. In der Stadt wurden der Gugelhupf und eine große Zahl von Kleingebäckwaren im 18. und 19. Jahrhundert zum typischen Kaffeegebäck, sie wurden im Kaffeehaus, in der Konditorei, im Konditoreicafé genossen bzw. gekauft. Gerade auf diesem „Sektor" der Mehlspeisküche wurden „Wiener Küche" und „Wiener Kaffeehaus" zwei nur schwer zu trennende Begriffe.

Wiener Gugelhupf

500 g Mehl, 1/4 l Milch, 30 g Germ, 80–150 g Butter, 80–100 g Zucker, Prise Salz, 1 Ei, 2–4 Dotter, etwas Vanillezucker und geriebene Zitronenschale

Aus 1/16 l lauwarmer Milch, Germ und 1 Eßlöffel Mehl das Dampfl bereiten, reichlich Mehl darüberstreuen und gehen lassen. Sobald das Mehl Sprünge zeigt, mit den restlichen Zutaten einen glatten Teig abmischen und nicht zu stark schlagen. Zugedeckt zu einem Drittel aufgehen lassen, nochmals mit dem Kochlöffel durchschlagen, die Rosinen daruntermengen, den Teig in die mit Butter ausgestrichene Gugelhupfform geben (man kann die Form mit stiftelig geschnittenen abgezogenen Mandeln ausstreuen), zugedeckt an einem warmen Ort gehen lassen, bei mittlerer Hitze etwa 35 bis 40 Minuten backen. Sogleich auf ein umgedrehtes Sieb stürzen, nach Wunsch mit Staubzucker bestäuben.

Wiener „Batzerlgugelhupf"

Germteig wie zum Gugelhupf; dazu 4 Füllen
Topfenfülle: 100 g Topfen, 30 g Zucker, 20 g Rosinen, geriebene Zitronenschale
Mohnfülle: 100 g geriebener Mohn, 30 g Zucker, 20 g Rosinen, 1/16 l Milch, 1 EL Rum, Zitronenschale
Nußfülle: 100 g geriebene Nüsse, 30 g Zucker, 20 g Rosinen, 1/16 l Milch, 1 EL Rum, 1 Msp. Zimt
Powidlfülle: 100 g Powidl, 1 EL Rum, Zucker, Zimt

Mohn- und Nußfüllezutaten mit heißer Milch, die anderen trocken verrühren. Den Germteig auf bemehltem Brett zu einer 25 cm langen Rolle formen, in 16 Stücke schneiden, etwas flachdrücken, auf je vier Teigstücke

Bis 1871 hat man in Österreich mit Pfund (560 Gramm) und Lot (17 1/2 Gramm) gewogen.

eine der Füllungen verteilen, ähnlich wie Buchteln zusammendrehen und nebeneinander und abwechselnd in eine gefettete, schwach bemehlte Gugelhupfform füllen. Zugedeckt an warmem Ort gehen lassen, dann im mittelheißen Rohr etwa eine Stunde backen. Sogleich stürzen, nach dem Auskühlen überzuckern.

Buchteln

500 g Mehl, 80 g Zucker, 60 g Butter, 40 g Germ, Salz, 1 Ei, 1 Dotter, geriebene Zitronenschale. Oder: 500 g Mehl, 40 g Germ, $^1/_4$ l Milch, 100 g Butter, 100 g Zucker, Salz, 1 Ei, 3 Dotter, 1 geriebene Zitronenschale; beliebige Marmelade oder Powidl zum Füllen

Aus den Zutaten wie beim Gugelhupf beschrieben einen einfachen oder feineren Germteig bereiten, nach dem Rasten auf bemehltem Brett eine Rolle (5 cm Durchmesser) formen, in kleine Stücke (ca. 50 g) schneiden, auseinanderdrücken, mit Marmelade oder Powidl füllen. Dann zu einer Teigkugel zusammendrehen, in flüssige Butter tauchen und in eine gut gebutterte Pfanne nebeneinander mit der Naht nach unten einschlichten, mit zerlassener Butter überstreichen. Zugedeckt aufgehen lassen und etwa 30 Minuten „flott" backen.
Kleiner geformte Buchteln aus feinem Germteig heißen **„Dukatennudeln"** bzw. **„Dukatenbuchteln".** Sie werden heiß mit „Kanarimilch" oder Vanillecremesauce angerichtet.
Im Biedermeier hat ein Wiener Wirt namens M. Nebenhey „Ternobuchteln" verkauft, das waren Buchteln, in die ein Nummernzettel für die Lotterie („Terno") mit eingebacken war; sie wurden am Agnestag (21. Juni) und am Tag Johannis Enthauptung (29. August) beim Agnesbründl auf dem Hermannskogel an die Pilger und Wallfahrer verkauft.

„Am Leopolditag", bemerkte Maria Plank in ihrem handgeschriebenen Kochbuch (1929), „gehört der Altwienerische **Leopoldiflecken.** Einen Flecken aus sehr mürbem Teig, reichlich mit Cibeben, ‚Pomerantschenschälern', Nüssen und Mandeln (grob gehackt) bestreut und mit einer dicken, süßen weißen Haube von spanischem Wind überzogen."

Häufiger als in den bäuerlichen handgeschriebenen Kochbüchern und Heften findet man in handschriftlichen Aufzeichnungen von Wiener Köchinnen und Hausfrauen Kriegsrezepte, Rezepte in Notzeiten, vor allem aus der Zeit des Ersten und des Zweiten Weltkriegs. Im bereits angeführten handschriftlichen Kochbuch der Maria Plank, deren erster Teil von 1899 bis 1921 reicht, scheinen Rezepte wie Maismehlkuchen auf oder ein **„Kriegsgugelhupf"** (250 g Staubzucker, 50 g Butter, 2 Dotter, Zimt, Nelken, 400 g schwarzes Mehl, Backpulver, $^1/_4$ l schwarzer Kaffee, 2 Eiklar-Schnee), „Kriegs-Biscuit oder -Torte" sowie eine **„Rübentorte":** „Die Wrucken (deutsche Kohlrüben) werden fein geschnitten und weich gekocht, dann abgeseiht und davon so viel mit $^1/_8$ kg Mehl vermischt, als das Mehl aufnimmt. Auf $^1/_3$ kg Mehl 1 Päckchen Ankers Backpulver. Salzen. Kümmel, Anis oder Fenchel. Im Rohr backen."
In ihrem zweiten Kochbuch, das von 1928 bis 1944 geführt wurde, verzeichnet Maria Plank, welche Weinachtsbäckerei sie „im Kriegsjahr 1943" verfertigte (Christbaumringerl, Spritzkuchen, Zimtkarten, Cakes), für den Heiligen Abend eine Kakaotorte, für den Weihnachtstag eine Mohntorte; am Stefanitag gab es „Resteln". Sie vermerkte aber auch, was sie für den Winter 1944 an Vorräten von Gemüse und Marmeladen anlegen konnte. Viele ihrer Rezepte stammen aus dem Kochbuch „Kochrezepte aus der Kochschule des Wiener Frauen=Erwerbs=Vereines", 1928 in der fünften Auflage von Josefine Fillunger, der Leiterin der Koch- und Haushaltungsschule, herausgegeben; das Buch weist im Anhang ein Kapitel „Ersatzstoffe und Rezepte aus den Notstandsjahren" auf, u. a. „Fischlaibchen, gefülltes Kraut, Kohlspeise, Kohlschnitzel, Bohnenlaibchen, Sterze, Maismehlschmarren, Falsche Linzertorte, Bohnenreis, Zimtzwetschken und Hexenschaum".

Küchenwaage mit Dezimalgewichteinsatz (Dekagramm-Gewichte). Die Wiegeleistung endet bei 10 Kilogramm.

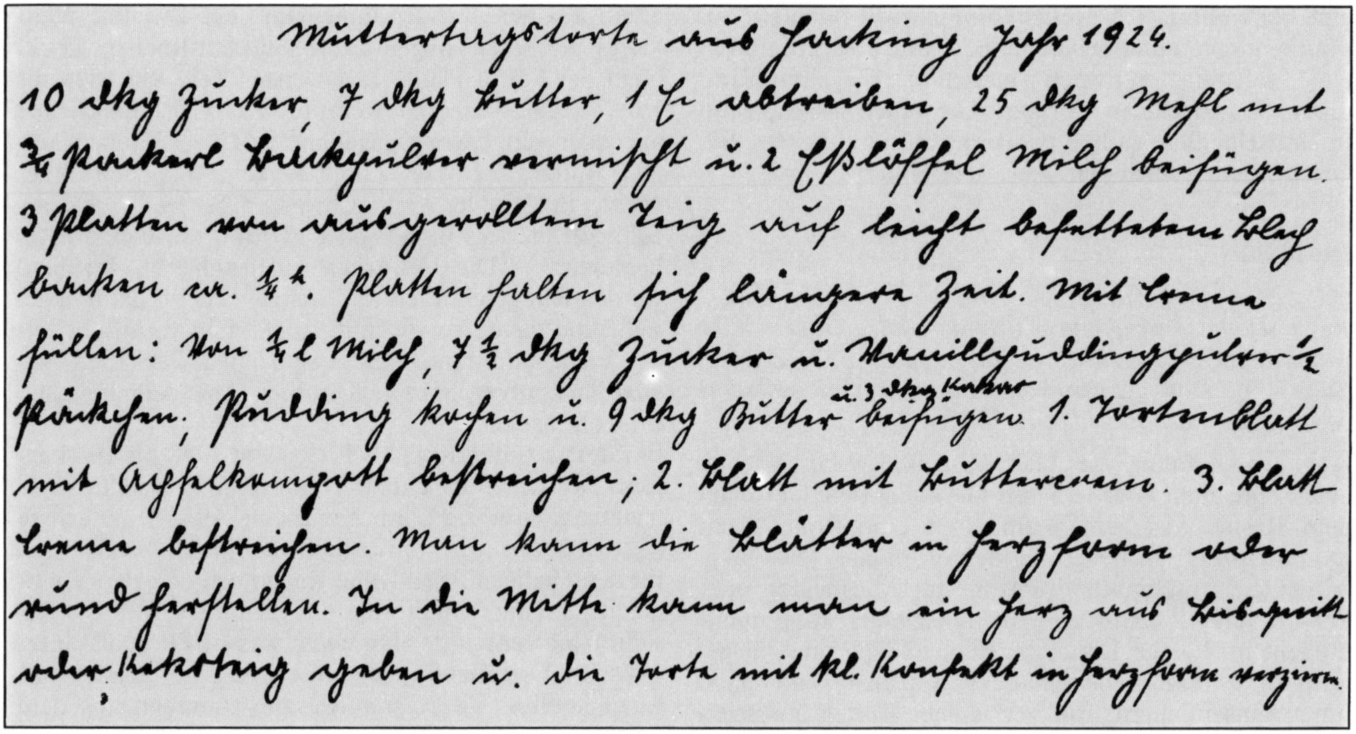
Muttertagstorte aus Harking Jahr 1924.
10 dkg Zucker, 7 dkg Butter, 1 Ei abtreiben, 25 dkg Mehl mit 3/4 Packerl Backpulver vermischt u. 2 Eßlöffel Milch beifügen. 3 Platten von ausgerollten Teig auf leicht befetteten Blech backen ca. 1/4 h. Platten halten sich längere Zeit. Mit Creme füllen: Von 1/4 l Milch, 7 1/2 dkg Zucker u. Vanillepuddingpulver 1/2 Päckchen, Pudding kochen u. 9 dkg Butter u. 3 dkg Kakao beifügen. 1. Tortenblatt mit Apfelkompott bestreichen; 2. Blatt mit Buttercreme. 3. Blatt Creme bestreichen. Man kann die Blätter in Herzform oder rund herstellen. In die Mitte kann man ein Herz aus Biskuit oder Kakaoteig geben u. die Torte mit kl. Konfekt in Herzform verzieren.

Aus dem handgeschriebenen Kochbuch der Karoline Kollroß. 1924 wurde auch in Österreich der Muttertag eingeführt.

„Weinbeißer“

Grundteig: 500 g Honig, 400 g Weizenmehl, 1/8 l Wasser; Gewürzteig: 30 g Zucker, 50 g Mehl, 60 g Roggenmehl, 10 g Ammonium, 5 g Pottasche, 20 g Lebkuchengewürz (zu gleichen Teilen Zimt, Nelken, Kardamom, Neugewürz, pulverisiert), 1 Ei, 1/16 l Wasser; Glasur: 150 g Zucker, 1/8 l Wasser

Honig und Wasser erhitzen (nicht kochen), durch ein feines Sieb seihen. Lauwarm abkühlen lassen, das Mehl einrühren. Verschlossen und trocken eine bis höchstens zwei Wochen lagern. Dann Ei, Wasser und Zucker versprudeln, Lebkuchengewürz und Weizenmehl verrühren, Ammonium und Pottasche beigeben, zuletzt das Roggenmehl und den Grundteig. Gut durchkneten. Zugedeckt eine Stunde rasten lassen. Dann messerrükkendick ausrollen, beliebige Formen ausstechen, auf Backblech bei mittlerer Hitze backen. Am nächsten Tag mit Zuckerglasur bestreichen: Zucker und Wasser verrühren, auf kleiner Flamme zum starken Faden kochen (Tropfen Zuckerlösung muß sich zwischen zwei Fingern zu einem Faden auseinanderziehen lassen). Verschlossen aufbewahren.

„Gigerlfuatter“, „Studentenfutter“

Je 50 g entkernte Dörrpflaumen, getrocknete Aprikosen, Feigen, entkernte Datteln und „Boxhörndl“, Rosinen, Korinthen, geviertelte Nüsse, gestifelte Mandeln

Dieses Gemisch aus verschiedenen Trocken- und Südfrüchten kann man beliebig variieren, das eine oder andere weglassen, das Ganze gehäuft anrichten und nach Belieben überzuckern.

Vor allem der Fastenmarkt auf dem Hernalser Kalvarienberg hatte neben den Hernalser Kipferln besondere Leckerbissen aufzuweisen, wie Datteln, Feigen, „Limonien“, Zuckerstangerln, türkischen Honig, gesponnenen Zucker, Lakritzen, „Boxhörndl“, Zuckerbrezen,

„kandierte Äpfeln, Zelteln, Kokosnüß,
Wurstzeug aus Marzipan, mit Fliagnschiss’.“

(Josef Weinheber)

Im „Eipeldauer-Brief“ 1818 heißt es: „An ’n neuhen Jahresab’nd, das wird der Herr Vetter wohl no von ’n ald’n Zeid’n her wiss’n, da kumd allzeid ’s Kristkindl und legt ’n Leud’n was ein, seys al lezeldnes Kindl oder a Scheib’n voller Schiffeln. Zuckerwerk. Spielereien.“

Brot und Weißgebäck

„Die galanten, braven Bäcken,
Backen Kipfel, Semmel, Wecken,
Bretzen, Peugel und zur Noth
Schwarz und weiß französisch Brot."

(Aus einem Wiener Bäcker-Lied um 1800)

„Das ‚Wiener Gebäck' hat im Ausland einen guten Ruf und ist bereits zu einem typischen Begriff geworden", schreiben Hubert Kaut und Ludwig Sackmauer in „Alte Backstube", Wien 1967. Bereits Jens Enenkel wußte im „Fürstenbuch von Österreich" (1227) zu berichten, daß Wiener „pechken" dem Herzog Leopold VI. am Weihnachtstag Kipfel und „weiße Flecken" überreichten, die weißer als Hermelin und Schnee gewesen seien. Und schon im 13. Jahrhundert unterschied man Brot- (Schwarz-), Semmel- (Weiß-) und Luxus-Bäcker; die „Zuggermacher" (Zuckerbäcker) hat erst Ferdinand II. im Jahre 1552 aus den Niederlanden nach Wien geholt. Zu den Bäckern kamen die „Peugler" und die „Bretzenbäcker", im 15. Jahrhundert die „Oblaten-", „Krapfen-" und „Kipfelbäcker" sowie die „Hohlhippler". Zum organisierten Gewerbe gehörten die reinen Brot- und Semmelbäcker, die Lebzelter und die „Bürgerbäcker"; diese durften Brot nur im Auftrag gegen Lohn backen. Zum unorganisierten Gewerbe gehörten Beugel-, Krapfen-, Oblatenbäcker, Hohlhippler, Konfektmacher und die Brotsitzerinnen. Darüber hinaus gab es noch Stadt-, Proviant- und Soldatenbäcker und den einen oder anderen „Störer".

Neben Brot, Semmeln und Wecken unterschied man bereits im Mittelalter zahlreiche Kleingebäcksarten, wie „Kipfen" (Weizenbrot), tellergroße Flecken, Beugel, Brezen, lange, kurze, gerade, krumme Kipfel, das „eyerne gebächt" (Vorläufer des Briochegebäcks), „geschmalzenes" Gebäck (das spätere Mürbgebäck), Passauer Wecken und Passauer Kipfel sowie „Mödlinger Gebäck" (wurde ursprünglich nur von Mödlinger Bäckern gemacht; durfte später auch von Wiener Bäkkern – aber jeweils nur von einem und nur eine bestimmte Zeitlang – hergestellt werden) und um 1800 die „Badner Kipfeln". 1727 wurde allen bürgerlichen Bäckern erlaubt, „Mundgebäck" (Semmeln) herzustellen.

Allein bei den Semmeln gab es nach Form und Qualität viele „Varietäten", so die feine Rundsemmel, die glatte, nicht gewirkte Doppelsemmel, die große und kleine „Gschrade" (der Länge nach gespalten; bereits 1787 bekannt, aus geschrotetem Mehl; wurde seit dem letzten Viertel des 19. Jahrhunderts nicht mehr hergestellt), die große und kleine Mundsemmel, das Mundlaberl (später „Schusterlaberl"), das lange und kurze Weckerl, den Salzflecken (später „Salzstangerl"), den geflochtenen Mohnstriezel, das Anis-Kipferl, das Baunzerl (Doppelsemmel mit Einkerbung und flachem

„Bretzelverkäufer." 1775. In Wiener Praterlokalen bietet noch heute der „Bretzelbub" seine Ware an.

Boden), das länglich-zylinderförmige „Schienbeindl", den Zipfwecken, das „Viererzipfel", das „Schirrafferl", Schnecken, Krapfen und als Krönung die fünffach gerissene weiße „Kaisersemmel" – als 1806 Franz I. „Kaiser von Österreich" wurde, galt die Bezeichnung „Kaiser-" in Verbindung mit Speisen und Getränken bald als die höchste Steigerung, womit man das Beste seiner Art bedachte. Im 19. Jahrhundert konnte man auch noch „Bosniaken", „Hadschiloja", „Wachauer Laberl", Kümmelweckerl, Patent- und Bierweckerl kaufen.

Bis 1901 wurde am Allerheiligentag den Stammkunden von den Wiener Bäckern ein „Allerheiligenstriezel" geschenkt. Aber schon in den „Eipeldauer-Briefen" liest man: „Da haben wir wieder Allerheiligen ghabt, und da haben alle Becken ihren Kundschaften, die durchs ganze Jahr 's Brod bei ihnen genommen haben, am Allerheiligentag mit ein sogenannten Heilingstritzel ein Präsent gemacht, und der ist immer vom schönsten Mehl und öfters eine halbe Klafter lang gwest; aber seit mehreren Jahren lassen sie sich von ihrn täglichen Abnehmern die viel schlechter gebackenen Heilingstritzel um ein theures Geld bezahln." Man schenkte in Wien auch sogar zum Teil vergoldete Heiligenstriezel. Im „Oesterreichischen Zuschauer" von 1840 heißt es: „Charakteristisch ist für die Oesterreicher, besonders für die Wiener, die uralte Sitte, sich am Tage aller Heiligen mit einem zopfartig geflochtenen Weißbrot, dem sogenannten Heiligenstritzel, zu beschenken, wovon die Wiener Bäcker, deren Erzeugnisse einen fast europäischen Ruf besitzen, zahlreiche Auflagen in allen Formaten vom winzigsten Sedez für einen Dreier bis zum riesenhaften Elephantenfolio veranstalten. Wie groß ist die Freude der lieben unschuldigen Kinderwelt, wenn die Magd das zierlich geflochtene Backwerk auf den Frühstückstisch legt und die Mutter jedem seine Bretzel hinschiebt." Es war also auch die Brezel damals ein Wiener Gebildbrot. Andere Wiener Bäcker haben zu Allerheiligen „Trauerkränze aus Stritzelteig" gebacken, wie die „Theaterzeitung" 1855 berichtet. „Diese Trauerkränze wurden aber nicht auf die Gräber der Toten, sondern auf die Tafeln der Lebendigen gelegt. Die Allerheiligenstritzel selbst, welche in der guten alten Zeit die Bäcker ihren Kunden in Riesenexemplaren gratis präsentirten, waren für schweres Geld und in sehr leichten Miniaturausgaben zu haben." Noch 1924 heischten arme Schulkinder aus Floridsdorf dieses Gebäck in einem Umzug.

Das riesengroße „Peregrini-Kipfel" war ursprünglich eine Gabe des Servitenklosters an Arme und Wallfahrer, die zum heiligen Peregrin, dem Patron der Gehbehinderten, gekommen waren. Die Pilger waren der frommen Meinung, daß der Genuß eines „Peregrini-Kipfels" – möglichst warm – mit die Heilung der kranken Füße förderte. „Es wurde in größerer Form als die üblichen Kipfel hergestellt, und in früheren Zeiten hatte nur der Hofbäcker L. Plank das Recht, dieses Heilbrot herzustellen. Eine Ladung warmer Kipfel ging unter Kaiser Ferdinand I. stets in die Hofburg, seit seinem Thronverzicht nach Prag, wo sie noch warm überbracht worden sein sollen" (Gustav Gugitz). Vermutlich wurde dieses Horngebäck schon vordem auf den Georgsmarkt in der Roßau verkauft.

Im barocken Wien gab es nach Ende der „Bretzel-Zeit", die meist vom Advent bzw. Dreikönigstag bis Gründonnerstag reichte, den Umzug der Bäcker (bis 1810); sie zogen mit „trumbl und Pfeiffen am oßtermontag auf den Hoff", ein Geselle trug einen großen Osterfleck, „einen runden, flachen Kuchen aus Milchbrotmischung", einher.

Nicht zimperlich waren die Strafen für Bäcker, die untergewichtiges Brot verkauften; schon 1340 heißt es in einer Urkunde, „die peckhen soll man schupfen, als von altem fürstlichen recht her chomen ist und sullen dhein (irgendeinen) ander wandel (Buße) mit geben"; 1773 fand am Wienkanal in der Roßau das letzte „Bäkkerschupfen" statt: der schuldige Bäcker wurde in einem Korb oder Holzgestell, der „Schupfe", ins Wasser getaucht. In den Teuerungs- bzw. Notzeiten des 18. und 19. Jahrhunderts erbosten sich die Wiener nicht selten über Bäcker, die ihr Brot im Schleichhandel über dem amtlich gestützten Preis verkauften; so kam es im Juli 1805 zu einem regelrechten Aufstand („Bäckerrummel"): arme Leute stürmten in mehreren Vorstädten Bäckerläden, plünderten und zerstörten sie. Auch 1846 und 1848 kam es zu Bäckerkrawallen.

Das österreichische Gewerbebuch „Fachkunde für Bäcker" von heute führt an Weißgebäcksorten an: „Kaisersemmel, Sandwich, Laberl, Wachauer Laberl und Bierweckerl, Patentweckerl, Kümmel-, Salz- und Mohngebäck, Mürbgebäck, Jourgebäck; an Feinbackwaren: Striezel, Brioches, Milch- und Erdäpfelbrot, Buchtel, Strudel und Kranzkuchen, Stollen, Plunderteig, Zimtschnecke, Faschingskrapfen, Gugelhupf, Beugel, Kletzenbrot, Osterpinze, Zuckerbreze, Zwieback, Laugenbrezel, Bierstangerl, Diabetikergebäck."

Vorratswirtschaft

„Zweckmäßig mit allem Nötigen einzurichten", beginnt in einem der vielen Kochbücher des 19. Jahrhunderts das letzte Kapitel (Josefa Kraft, „Die Wiener-Köchin") und führt dann Vorschriften und Rezepte von Eingesottenem, Salsen, eingemachten Nüssen, Powidl („Bowill von Zwetschken auf böhmische Art"), Fruchtsäften, Früchten in Alkohol, Senf, Essig, Gemüse in Essig u. a. m. an, oder wie man Butter, Zwiebel, Knoblauch, Eier, Mehl, Grieß, Fleisch, Zugemüse, Grünzeug im Winter aufbewahrt. Ähnliche Kapitel bringen alle anderen namhaften Kochbücher, von Gartler-Hikmann, Ballauf, Anna Dorn, Elisabeth Stöckl, Katharina Schreder, Prato, Seleskowitz, Klara Fuchs, Anna Bauer bis Rokitansky, die diesem Thema in ihrer „Österreichischen Küche" bereits 100 Seiten widmet, auch über die Bereitung von Dunstobst, Eingesottenem, Obstsäften (für Gefrorenes und Übergüsse), Gelees oder gesulzten Obstsäften, Früchten in Sliwowitz, Kirschgeist oder Rum und über Wintervorräte („Das Einmachen in Blechbüchsen"). Allerdings konnte diese Vorsorge-Beratung nur von den bürgerlichen Haushalten auch tatsächlich befolgt bzw. umgesetzt werden – in einem Wiener „Proletarier"-Haushalt außerhalb des Linienwalls mit einem einzigen Wohn-, Schlaf- und Küchenraum für sechs bis zehn Personen konnte von einer eigenen „Vorratskammer" keine Rede sein; über eine Erdäpfel-, Brot- und Suppennahrung waren diese Armen nicht hinausgekommen.

Was über die „Approvisionierung" der Wienerstadt in all den Jahrhunderten geschrieben wurde, traf in erster Linie stets auf die bürgerlichen Kreise zu. „Es ist kaum zu glauben", bemerkte schon Aeneas Silvius Piccolomini, 1442 Sekretär am Hof Friedrichs III. in Wien, „wieviel Lebensmittel Tag für Tag in die Stadt gebracht werden. Viele Wagen mit Eiern und Krebsen langen ein. Mehl, Brot, Fleisch, Fische, Geflügel werden in gewaltigen Mengen zugeführt; und doch, sobald der Abend anbricht, bekommt man von diesen Sachen nichts mehr zu kaufen . . ."

Der Bauch einer jeden Stadt ist hauptsächlich über die Märkte gefüllt worden. Neben den zwei großen, im Frühjahr und Herbst auf vier Wochen abgehaltenen Großmärkten gab es in einzelnen Bezirken jahrüber kleine Märkte, im Juli in der Leopoldstadt einen vierzehntägigen, in der Rossau einen mehrtägigen Töpfermarkt, dreimal wöchentlich auf dem Neuen Markt den Markt der „Melbler" (Mehlhändler), Eier-, Butter und Geflügelmarkt dreimal wöchentlich auf der Seilerstätte, Schmalz- und Käsemarkt auf dem Dominikanerplatz, Fischmarkt dreimal wöchentlich nächst dem Roten Turm. Schon 1440 findet man auch die Bezeichnung „Pawrnmarkt" (Bauernmarkt) – noch im 16. Jahrhundert wurde hier hauptsächlich mit Milch, Käse, Schmalz, Kraut und Trauben gehandelt; im 18. Jahrhundert wurden die Bauern dann auf andere Plätze verwiesen. Im unteren Teil dieses Bauernmarktes war seit ältester Zeit der Verkaufsort für altbackenes Brot und Gebäck, das sich stets einer starken Nachfrage erfreute. Noch im 16. Jahrhundert diente das städtische Brothaus am Graben als Vorratskammer für Getreide und Brot. Der Ochsenmarkt wurde bereits unter den Babenbergern jeden Freitag abgehalten, zunächst östlich vom heutigen Franz-Joseph-Kai, später zwischen Landstraßer Hauptstraße und Ungargasse, schließlich in St. Marx, wo 1890 die neue Viehhalle errichtet worden war. Fleischbänke gab es seit 1282 auf dem Hohen Markt, 1768 wurden sie auf den Stadtwall beim Fischertor (früher Salztor genannt) verlegt, ebenso seit 1444 am Graben, ab Tiefem Graben (für Landfleischhauer), in der Kärntnerstraße, am Lichtensteg und bei St. Michael.

Die Nahversorgung lag noch im barocken Wien vielfach in den Händen der verschiedenen „Rufkäufer": „Häringer", kroatische Zwiebelverkäufer, italienische Salamiverkäufer und „Kässtecher", Zwetschkenkrämer, Orangen- und Lemonenverkäufer, Obstler und Würstelverkäufer, „Oelerer", „Kestnbrater", Äpfel- und Erdäpfelbrater, „Breznbäck" und Mandolettiverkäufer, Rastelbinder (die zerbrochenes irdenes Geschirr durch Drahtgitter = Rastel zusammenflickten), Messer- und Scherenschleifer, Trödler, Wassermänner, Aschenmann, Lumpensammler boten mit bestimmten Kaufrufen Waren und Dienste auf Straßen und Hinterhöfen an; durch den gesungenen Kaufruf machten sie lautstark auf sich aufmerksam. Im 19. Jahrhundert übernahmen die Kleingeschäfte, die Viktualien- und Kolonialwarenhandlungen, Milchgeschäfte und Greißler immer mehr die Nahversorgung der städtischen Bevölkerung. Bedeutsamer – und wegen ihrer Zungen- und Schlagfertigkeit immer wieder in der Literatur erwähnt – waren die Höckerweiber, die „Fratschlerinnen"; sie saßen in der Inneren Stadt, meist in der Nähe der Stadttore, auch auf dem Glacis, auf den gangbarsten Gassen und Plätzen, hinter ihren hölzernen Verkaufsbuden und verkauften Obst, Kastanien („Kästen"), Nüsse, auch schlechten Kaffee; sie wurden 1775 „zünftig" gemacht, beschränkt auf den Kleinhandel mit Obst, Grünwaren, Geflügel, Eiern und Butter. Um 1800 zählte man in Wien mehr als 3000 „Fratschlerinnen" in der Stadt und in den Vorstädten; sie zahlten jährlich drei Gulden an den Magistrat für ihre Erlaubnis. Anläßlich der Anlage der neuen Stadttore wurden sie auf Naschmarkt und Schanzl verwiesen.

Der Naschmarkt (von „Asch" = Milcheimer) entstand aus einem 1774 geschaffenen Kleinmarkt für Milch vor dem Freihaus, wo sich bald „Bratelbrater" und „Knödelhütten" etablierten. 1793 wurde verordnet, daß alles auf Wägen eingeführte Obst und Gemüse auf diesem Naschmarkt zu verkaufen war (das auf Schiffen herangeführte auf dem „Schanzl", einer Uferstrecke am Donaukanal). Die Verkaufsstände auf dem Naschmarkt waren bald sehr gefragt, wurden oft um viel Geld erworben und blieben dann durch Generationen in einer Familie.

Ab dem Biedermeier begann sich für Wien ein neuer Versorgungsumkreis zu entwickeln, der sich durch die verbesserten Verkehrswege rasch ausweitete. Das nähere Umland allein genügte schon lange nicht mehr, die rasch anwachsende Bevölkerung der Stadt (1884 bereits 1,1 Millionen Einwohner) zu ernähren.

Naschmarkt (Holzstich nach Zeichnung von Zafaurek) vor dem Freihaus auf der Wieden. Um 1890.

„Häferlkaffee" und Heuriger

Es gehört ins Reich der Legende, daß Kolschitzky, der Kundschafter zur Zeit der Türkenbelagerung von 1683, in Wien das erste Kaffeehaus „eröffnet" habe (wie so manches, was in Wien zu einer „Institution" erhoben wurde, auf Legende beruht!); Kolschitzky hat weder mit „Kahve" gehandelt noch hat er als „Kaffeesieder" ein Lokal besessen. Das Märchen hat der gelehrte Piaristenmönch Gottfried Uhlich in seiner „Geschichte der zweyten türkischen Belagerung Wiens" (1783) in die Welt gesetzt, verbreitet und nacherzählt wurde es von den „Provinzialnachrichten" (15. Oktober 1783), von Anton Geisau („Geschichte der Haupt- und Residenzstadt Wien in Österreich" 1793), 1822 von Franz Gräffer in Hormayrs „Archiv" und von Freiherrn Joseph von Hormayer („Wien, seine Geschike und seine Denkwürdigkeiten", 1823), der noch manch andere Geschichtslegenden in die Welt gesetzt hat.
1730 zählte man in Wien bereits 30 Kaffeehäuser. 1734 schrieb der Satiriker Johann Valentin Neiner, daß man „jetzt fast in allen Gassen und Ecken einen gemahlenen Türcken und ein Kohlfeuer heraussen sieht". Abraham a Sancta Clara wetterte, daß „jeder schlechte Kuchel-Ratz" bereits Kaffee koche.
Der hohe Preis des Kaffees und besonders die Kontinentalsperre haben schon frühzeitig Veranlassung gegeben, Samen- und Wurzelabkochungen als Kaffee-Ersatz zu versuchen. Adolf Scherpe hat in seiner lokalhistorischen Studie „Die Entwicklung des Wiener Kaffeehauses" (1919) an Kaffeesurrogaten aufgezählt: „Erdmandel, Runkelrübe, Zichorie, Skorzoner, Mohrrüben, Lupinarten, Kichererbsen, Eicheln, Weizen, Roggen, Hafer, Mais, Sago, Kaffee-Wicke, Gerste (Malz), Spargelsamen, Schwertliliensamen, Hagebuttensamen, Lindennüsse, Weintraubenkerne, Pflaumenkerne, Kastanien, Feigenkaffee, Dattelkerne." Surrogatkaffee gab es vor allem in den Arbeiterhaushalten – Kaffee war inzwischen zu einem beliebten Getränk auch der Arbeiterkreise geworden, denn er konnte in den Fabriken und bei Heimarbeit rasch zubereitet werden, unterdrückte Hunger und Müdigkeit und war meist besser als die oft verfälschte oder gar verdorbene Milch. Um 1900 entstanden in vielen Bezirken „Volkscafés", die besonders von den „niederen arbeitenden Klassen der Bevölkerung" (Scherpe) frequentiert wurden.

Die Wiener Hausfrau beschränkt sich – im Gegensatz zum Wiener Kaffeehaus (Café) – meist auf drei bis fünf Zubereitungsarten von Kaffee. Zu Frühstück und Jause wird gern der Milchkaffee serviert, nach dem Mittagessen zumeist Mokka, im kleineren Gesellschaftskreis Espresso aus der kleinen Espressomaschine. Herrenrunden bevorzugen den „Türkischen".
Eine alte Sitte ist die **„Wiener Kaffeejause".** Die Hausfrau verwendet dazu ein Jausengedeck (das ist eine eigens dazu bestimmte Tischwäsche und gutes Porzellangeschirr). Die Mehlspeise wird bereits vor dem Platznehmen der Gäste eingestellt. Meist ist es ein Gugelhupf oder Marmorkuchen, auch Bischofsbrot oder ein sonstiger Kuchen oder Kleingebäck, wie Brioche, Faschingskrapfen, Hörnchen, Mohn- und Nußbeugel, Streuselkuchen, Kolatschen, Schnecken, Polsterzipf, Kleingebäck mit Nüssen, Topfen etc. gefüllt, verschiedenes Mürbteiggebäck oder Germkleingebäck vom Bäcker (Kipferln, Semmeln, Striezeln). An Torten werden nur solche ohne Cremefüllung (zum Beispiel Linzer Torte, Sacher Torte) serviert, aber keine Süßspeisen mit Buttercreme oder einer überreichen Fruchtfüllung (z. B. Geleekuchen, Apfelstrudel, Cremetorten).

„Häferlkaffee" (Milchkaffee)

1 l Wasser, 6–8 EL mittelfein gemahlener Kaffee, 3–5 EL Zusatzkaffee, Milch

Wasser, Kaffee und Zusatzkaffee kalt aufs Feuer stellen, zweimal zum Aufwallen bringen, vom Feuer ziehen, 5 Minuten zugedeckt stehen lassen, bis er sich gesetzt hat, dann in die vorgewärmte Kaffeekanne seihen. Dazu mit dem Schneebesen schaumig geschlagene heiße Milch und Zucker extra servieren.

Karlsbader Kaffee

Die „Karlsbader Maschine" aus Porzellan (oder Steingut), mit Porzellansieb im Aufsatz, war schon in der Biedermeierzeit sehr beliebt. Nicht zu fein gemahlenen Kaffee auf den Siebboden im Aufsatz geben, diesen auf die vorgewärmte Kanne stellen, den Wasserverteiler in den Aufsatz hineingeben und das kochende Wasser nach und nach eingießen. Über die Karlsbader

Kaffeekanne hat man gern eine „Teepuppe" aus Porzellan mit glockenartigem Rock zum Warmhalten des Kaffees gesteckt.

Ein proletarischer Abkömmling des Altwiener Kaffeehauses war und ist das „Tschecherl", eine Kombination aus Café und Nachtlokal, ein kleines, einfaches Lokal, meist in den Außenbezirken gelegen, für die „Leute vom Grund". Früher gab es schon um ½ 4 Uhr früh eine Schale Kaffee für 6 Kreuzer, die aber wohl

„Ein Wiener Tschecherl." Aus: Adolf Scherpe, „Die Entwicklung des Wiener Kaffeehauses". Wien 1919.

keinen echten Kaffee enthielt, sondern ein „Höllengebräu ... aus gebrannten wilden Kastanien, Eicheln, Zichorien, Erbsen oder Haarlinsen" war. Die Tschecherln verbreiteten sich seit den vierziger Jahren des 19. Jahrhunderts, und es gab bald mehr als hundert. Noch Adolf Scherpe schrieb 1919: „Auf einer sehr niederen Stufe des Kaffeehausbetriebes steht das sogenannte ‚Tschecherl', in den Vorstädten, auf den ehemaligen Gründen, wie Spittelberg, Gumpendorf, Althan etc., findet man es in abgelegenen Gassen, in alten Häusern im Parterre oder gar Souterrain. Es sind kleine Gassenlokale mit rot verhängten Fenstern, wo bei Gas- oder Petroleumbeleuchtung in dürftig eingerichteten Räumen Kaffee ausgeschenkt wird. Das Lieblingsgetränk des Wieners wird hier aber zumeist in einer Form und Farbe geboten, die weit davon entfernt ist, auf ‚echten Mokka' Anspruch erheben zu können ... An den Tischen sitzen meist jene Gestalten oft zweifelhaften Charakters, die nur in einer Großstadt anzutreffen sind ... dicht gedrängt bei dem beliebten Kartenspiel ‚Schnapsen', um außer Kaffee noch Flaschenbier und Schnaps auszuspielen und zu vertilgen ... Bei Spiel und Zeche entsteht sehr oft Streit, und es ist gar nicht selten, daß solche Orgien gemeinster Art mit Schlägereien oder gar mit einem Messerkampf geschlossen werden."
Starke Alkoholika, besonders Branntwein, wurden im vorigen Jahrhundert vielfach meist von den unteren Schichten der Bevölkerung getrunken. „Nur der gemeinste Tagwerker, der Fuhrmann, der wandernde Handwerksbursche und der alte ausgediente Soldat besuchen die Branntweinschenken", hieß es bei M. Koch („Wien und die Wiener", 2. Auflage 1844).

A. I. Besnecker, angehender Arzt, erhielt 1732 von der medizinischen Fakultät der Wiener Universität den Auftrag, die Bestandteile, Zubereitungsarten sowie den Gebrauch und Mißbrauch des Biers in Wien schriftlich darzulegen. Dieser in lateinischer Sprache abgefaßten Schrift entnehmen wir, daß im damaligen Wien sieben Brauhäuser standen, aber **Bier** wurde auch von Brauereien außerhalb der Linien und rund um Wien nach der Residenzstadt geführt, aus Simmering, Ebersdorf, Schwechat, Mannswörth, Fischamend, Lanzendorf, Zwölfaxing, Pottendorf, Schwadorf, Baden, Orth, Schnida, Schellenhof, Hochau, Sollenau, Trumau, Bittermannsdorf, Loibersdorf, Waltersdorf, Himberg, Hütteldorf, Stadt-Enzersdorf, Horn, Trost und Stockerau. Selbst von Breslau, Prag, Regensburg, aus Vilshofen und anderen bayrischen Orten hat man Bier nach Wien importiert. „Vom Weizenbier hat man drei Gattungen; das gemeine Weißbier, das Doppelbier und das Weinbier. Das letzte jedoch, schon außer Gebrauch gekommen, wird nur noch auf Befehl des Hofes gebraut: zu jedem Eimer Bier kommen 4 Maß gekochter gährender Wein ... Gerstenbiere gibt es fünf: das Weiß-Gerstenbier, das Braunbier, die Gerste wird stärker gedörret, und bedarf mehr Hopfen, das Märzenbier, von der Zeit so genannt, in der es gebraut werden soll, doch wird es fast in jedem Monat bereitet, das Luftbier ist bleichfärbig, und die Gerste wird dazu in der Luft getrocknet, und endlich den Eimbock, gehört zu den zusammengesetzten, aromatisch-medizinischen Bieren,

indem dazu Honigtrank und gärende Gewürzsäfte gegeben werden. Einige mischen zu dem Luftbier Ingwer, Lorbeeren, Rosmarin usw., so daß der Unerfahrene es von dem Eimbock kaum unterscheiden kann, doch ist dieser dichter und gesättigter, jenes dünner und weicher. Haferbier wird in Wien nicht erzeugt, wohl aber zu Horn und Trost, daher auch Horner- und Trosterbier genannt.“
Als geübter Biertrinker hatte der Wiener stets sein „Gegengift“ bei sich: „Das volle Glas an das Licht gehalten und die Farbe mit Kennermiene geprüft. Darauf verdrießliches Kopfschütteln und ein Griff in die Westentasche. Hier war die Notapotheke verwahrt. In einer Kapsel lag die Muskatnuß, und in einem Stückchen das nie fehlende Minaturreibeisen, mittels dessen die nötige Quantität des rettenden Arcanums in die mysterische Flüssigkeit geschabt wurde.“

In der mehr als zweitausendjährigen Geschichte Wiens hat der **Weinbau** und besonders die Weinausschank immer eine Rolle gespielt. Heute hat Wien etwa 770 Hektar Weinbaufläche (= 1,5% der gesamtösterreichischen), verteilt auf Stammersdorf, Strebersdorf, Nußdorf, Salmannsdorf, Kahlenbergerdorf, Heiligenstadt, Sievering, Grinzing, Neustift, Dornbach, Ottakring, Rodaun, Mauer und Oberlaa. Für den Wiener Heurigen ist der „gemischte Satz“ kennzeichnend, d. h. ein trockener, spritziger Wein, aus Trauben verschiedener Reben zusammen gepreßt und gekeltert. Obwohl seit der modernen Weitraum-Kultur meist nur mehr reinsortige Weintrauben gepreßt und gelagert werden, bevozugt der Wiener Heurigengeher noch immer den „gemischten Satz“; deshalb werden teilweise die einzelnen Weinsorten in einem gewissen Verhältnis miteinander „verschnitten“ bzw. gemischt („Kellerverschnitt“). An besonders heißen Tagen trinken viele lieber einen **„G'spritzten“**, das ist $^1/_8$ l Weiß- oder auch Rotwein und $^1/_8$ l Soda- oder auch Mineralwasser gemischt.

Seit alters her hatten die Wiener das Recht, ihren eigenen, selbst geernteten Wein in den Kellern ihres Hauses auszuschenken. Ein eigenes Tavernenrecht, auch fremde Weine zu verkaufen (auch „über die Gasse“), hatte nur die Stadt. Der in Wien längst zur Gewohnheit gewordene Brauch, den **„Heurigen“** zu verkaufen, wurde durch die Josefinische Zirkularverordnung vom 17. August 1784 sanktioniert, in der es u. a. heißt: „Wir geben jedem die Freyheit, die von ihm selbst erzeugten Lebensmittel, Wein und Obstmost zu allen Zeiten des Jahrs, wie, wann und in welchem Preise er will, zu verkaufen oder auszuschenken.“ Das Wiener Heurigenleben hat sich seit Mitte des 19. Jahrhunderts, nach dem Fall der Stadtmauern, ebenfalls zu „sanktionieren“, zu „institutionieren“ begonnen.
Das Buschenschankrecht von heute erlaubt den Buschenschank im Jahr an höchstens 300 Tagen, er muß durch das Buschenschankzeichen (Föhren-, Tannen- oder Fichtenbusch) und eine Tafel mit Vor- und Familiennamen gekennzeichnet sein. Neben Wein, „Sturm“ (gärender Most), Traubenmost und Traubensaft dürfen auch bestimmte Speisen verabreicht werden: alle heimischen Wurst- und Käsesorten, Schinken, geräuchertes Fleisch, Speck, kaltes Fleisch und kaltes Geflügel, Sardinen, Sardellenringe, Rollmöpse, Salate, Essiggemüse, hartgekochte Eier, Brotaufstriche aller Art, Butter, Schmalz, Grammeln, Salzmandeln, Erdnüsse, Weingebäck wie Weinbeißer, Kartoffelrohscheiben und Salzgebäck, Brot und Gebäck sowie heimisches Obst und Gemüse, nicht aber warme Speisen (außer sie verfügen über eine gewerbliche Heurigenbuffetkonzession).
„Der Heurige ist unter den Wienern das, was der Wiener unter den Leuten ist; der Wiener beim Heurigen ist also ein doppelter Wiener“, klassifizierte Franz Gräffer. Da beim Heurigen auch die Musik eine gewisse Rolle spielt, stimmt diese Typologie, denn der Heurige ist nicht nur der Wein der jeweiligen Jahresfechsung, sondern meint auch die besondere Art, diesen Wein zu trinken. Schon im barocken Wien und noch früher gab es Spielleute, Bänkelsänger, Hackbrettspieler, Harfenisten und Dudelsackpfeifer, die Volks- und Trinklieder spielten und sangen. Im Laufe des 19. Jahrhunderts wurde der Heurige auch vom „gehobenen“ Bürger und selbst vom Adel „entdeckt“. Die aus dem Waldviertel stammenden Brüder Joseph und Hans Schrammel begründeten dann die „klassische“ Wiener Heurigenmusik, zunächst mit Geige, Gitarre und Klarinette, dem „picksüßen Hölzl“, an dessen Stelle später die Ziehharmonika trat. Hier, auf dem Boden des Heurigen, hat der Wiener zu seiner Hausmannskost, zu seinem Haustrunk, auch seine Volksmusik gefunden: Musik aus Dörfern.

„A gut's Glas'l Wein und a Schunken dazur,
Guitar und Harmonika, das war schun gnuar,
Mehr hat man net braucht
draußt beim heurig'n Wein . . .“

(Carl Lorens)

Register der Rezepte

Stichwörter, die im Inhaltsverzeichnis als Kapiteltitel aufscheinen, sind im Register in der Regel nicht gesondert angeführt (z. B. Sterz, Schmarren). Die Abkürzungen vor den Seitenzahlen beziehen sich auf das jeweilige Bundesland (z. B. S für Salzburg).

Aal gebacken B 21
Abbrennmuas S 331
Abbrennsterz N 174, St 396
Abgefaulter Käse O 242
Abgekrendelte Specknudeln K 113
Abgeschmalzene Brezler T 442
Abg'rührte Talggn K 106
Abrausch O 283, S 340
Áffen, Ápfn O 285
Affoman T 491
a'g'wirlte Supp'm B 23
Ahndlkoch St 391
Ainprennti Supp'm B 13
Airfisch O 244
Allerheiligenstriezel B 58, N 212
Almernocken T 478
Almkäse K 136
Almkoch N 171
Almraunkerl St 410
Almsäuerlinge N 172
Alte Weiber T 495
Altweiberfersen T 495
Altweiberknie V 552
Altwiener Lungenbraten W 583
Ang'sottene Knollen V 545
Anislaibchen T 501
Anisstangerln der Tante Anna O 291
Äpfelbröcklert S 332
Apfelfosn B 50
Apfelgelee B 66
Apfelkas K 137
Apfelkäse St 431
Apfelknödel N 185, O 266
Apfelkoch St 391
Apfelkren St 388, W 602
Apfellaiblein V 557
Apfelmandl K 111, T 466
Apfelmarmelade B 65
Apfelmaultaschen O 288
Apfelmus S 331, V 536
Apfelnockerl B 38
Apfelnudeln O 275
Apfelpackerln O 290
Apfelradl T 495
Apfelschlangl N 203, O 277
Apfelschöberl B 46
Apfelsoße V 536
Apfelstrudel W 604
Apfeltatschkerln O 273
Apfeltommerl St 399
Apfelzelten O 288
A'sidnudl T 479
Aufgegangene Topfennudeln S 329
Aufgegangener Gugelhupf St 413
Aufgehender Tommerl St 413
Aufgelaufenes Rahmkoch O 270
Ausgezogener Mohnstrudel N 188
Ausgezogener Strudelteig B 41, N 186
Außigeküchelte Nidai T 498
Bachane Schni(d)n O 278
Bachane He'ßlschoaßl O 283
Bachans (aussag'sodn's) Oarschmalzkôh O 269
Bachnudel V 557
Bachta O 291
Backerbsen W 577
Backerl St 373
Backhendl W 595
Balass(e)n St 422
Bänderpacklan T 494
Ba(s)chlkoch S 328
Batzerlgugelhupf W 608
Bauchstecherln O 275
Baudexe N 198
Bauernbrot B 52, K 129, O 293 f.
Bauerngeselchtes N 154
Bauerngröstl T 457
Bauernkas K 137
Bauernkrapfen B 45, O 280
Bauernlaibl T 501
Bauernschmaus W 584
Bauernschnatterer W 589
Bauernschöpsernes T 459
Bauernschweinsbraten O 252
Bauerntorte K 127, N 206
Bauernwürste K 88
Baumwollsuppe O 234
Bergnocken T 478
Bertramessig St 434
Bertramnudeln K 114
Bertramreinling K 126
Bertramstrudel K 126
Besoffene Liesl B 51
Bettlersuppe V 521, 522
Beuschlsuppe O 239
Biarazelta aus dem Paznaun T 508
Bier O 307
Biersuppe O 240, S 315, T 444
Biestdutter V 541
Biestgugelhupf V 554
Biestmus V 541
Bire(n)bigg V 535
Birenbrot der Fanny Amann V 558
Bire(n)stock V 535
Birnenhonig V 536
Birnenpfeffer N 169
Birnmehl K 102, K 138
Birnnudeln K 114
Birntalggn K 138
Bischofsbrot S 347
Bisnerstriezel K 132
Blattlan T 490
Blattlkrapfen K 115, S 322, S 341
Blattlküachl T 490 f.
Blattlstock K 119 f., T 493
Blaukraut O 259
Blenten mit Zimt und Zucker N 176
Blinde-Bratwurst-Suppe O 238
Blöchelsterz St 397
Blu(a)tg'röstl S 321, T 455
Bluatstruba V 552
Blunz(e)n B 23, K 87
Blutbackerl St 373
Blutknödel T 485
Blutofenmus T 456
Blutpfanzl K 87
Bluttommerl B 22, St 399
Bluttommele K 87
Blutwurst B 23, K 87
Blutwurstsuppe K 76
Boa(h)nlnudl(e)n St 407, T 481
Böhmische Buchtelfülle N 198
Bohnenknödel B 38
Bohnen mit Fleckerln W 598
Bohnensalat K 100
Bohnensterz B 36, St 397
Bohnenstrudel B 42, N 187
Bohnensuppe B 14, K 77
Bohnentorte B 51
Bohnschal'n T 461
Böllan O 283
Bolmentosche V 543
Bonifacitorte T 500
Braesupp'm B 16
Brägelte V 547
Brandenberger Fleischknödel T 485
Brandenberger Prügeltorte T 497
Brandnudeln O 283
Brandteigstrauben S 343
Branntweinkrapferln St 407
Branntweinschartel N 194
Branntweinsuppe S 315, T 445
Braodknoan O 261
Brate Nigelen T 498
Bratknödel O 264
Bratwürste(l) B 24, O 248, S 320, St 374
Bratwürstelsuppe O 238
Bratwurst im Häss V 528
Braune Grießknödel O 262
Bräunersuppe T 440
Braunwelser O 262
Brautba N 201
Brechnudeln K 131
Bregenzer Brot V 555
Brein B 34, K 107, S 329, St 389 f.
Breinfleisch K 89
Breinstrudel St 404
Breinwamperl St 402
Breinwürste St 374
Breitenfurter Milirahmstrudel N 186
Brennach, Inbrennach K 97
Brennesselsuppe S 314
Brennsterz N 174, St 396
Brennsuppe O 231, S 313, T 440, V 521
Brennt(e)r V 538
Brenntorte N 206
Bretterküechle V 552
Brezensuppe S 315, T 442
Brocket(e) V 542
Bröselknödel B 17
Bröselnudeln N 180
Bröselsuppe, Brislesuppe V 522
Brotflecken St 421
Brotknödel O 261
Brotsuppe B 14, N 146, O 233, S 313, St 366, V 521
Brottorte T 500
Bruckfleisch N 159, W 578
Brühschnittlan K 111
B'soffener Kapuziner O 288
Buamaschinken S 340
Buchteln N 197, 0 286, W 609
Bukanzi N 198
Bunk(e)l O 287
Burahockerle V 552
Burgenländisches Hochzeitskranzl B 55
Butterkas K 137
Butterkeks auf Alt-Salzburger Art S 348
Buttermilchauflauf O 270
Buttermilchkoch K 103
Buttermilchsuppe K 74, N 146, S 313
Butterschnitzel W 592
Butterstangerln O 291
Butterteigschlangerln N 203

Dalken N 178
Damnidai (Daumennudeln) T 482
Dampfnudel K 116, O 286, S 346, T 498
Dämpfsuppe B 27
Das Beste vom Besten V 555
Denftnocken T 479
Der brennte Riebel V 545
Dillsoße W 602
Dirndlmarmelade N 221
Donaukarpfen N 152
Dornbacher Koch N 173
Dörrobstkompott S 326
Drautaler Hochzeitskrapfen K 120
Dreiseidelsterz O 271
Drischlegkrapfen K 118
Drucknudeln T 480
Dunkle Linzer Torte O 289
Dünnele V 545
D(T)uschen S 325

Ebenseer Holzknechtnocken O 271
Ebenseer Milchstrudel O 276
Eierfisch O 244
Eiergerm-Scharteln K 130
Eiergerstel B 39, K 79
Eier in Kalkmilch K 134

Eierkäse O 242
Eierknödel O 266
Eierkraus St 409
Eier(rahm)kren K 102
Eiernockerln B 38
Eierschmarren K 110
Eierschöberln O 272
Eiersuppe O 232, T 446
Eiertosche V 543
Einbrenn K 97
Einbrennkoch St 392
Einbrennsuppe B 13, O 231, S 313, St 364, V 521
Einbrennte Krumbirn B 33
Einbrennter Heidenbrein St 390
Einbund zur Suppe O 235
Einfacher Lebkuchen N 208
Eingebrannte Bohnen B 33, N 166
Eingebrannte Erbsen B 33
Eingebrannte Erdäpfel B 33
Eingebrannter Kochsalat auf Wiener Art W 597
Eingebrannter Kohl W 597
Eingebrannte saure Rüben B 32
Eingelegte grüne Erbsen B 63
Eingelegte Paprika B 64
Eingelegter Spargel B 63
Eingemachtes T 457
Eingemachtes Kalbfleisch W 586
Eingesetzte Eierspeis O 273
Eing'quirlte Selchsuppe St 363
Eingußnudeln K 77
Einlaufsuppe V 521
Einsieder T 476
Eintauch N 169
Eintropfsuppe B 13, O 234, V 521
Eisenbahnschnitten St 417
Eisenstädter Keöch B 31
Eisenstädter Süßspeise B 51
Ennstaler Krapfen St 406
Ennstaler Lebkuchen St 420
Epflg'schra K 102
Erbsensuppe K 77, N 148
Erdäpfelblattl S 326
Erdäpflbradl O 252
Erdäpfelbrose V 533
Erdäpfelgulasch T 464, W 600
Erdäpfelkas N 150, O 241
Erdäpfelknödel B 39, N 182, O 263, S 337
Erdäpfelkrapfen N 195
Erdäpfelkratzet(e) V 533
Erdäpfellaibchen N 168
Erdäpfelnocken T 477
Erdäpfelnudeln K 114, N 180, O 274, S 334
Erdäpfelnudeln mit Germ O 283
Erdäpfelpampe K 101
Erdäpfelpaunzen T 464
Erdäpfelpogatscherl N 204
Erdäpfelpüree W 600
Erdäpfelriebel V 534, 545
Erdäpfelsalat T 465, W 601
Erdäpfelsoße K 101
Erdäpfelstampf T 465
Erdäpfelsterz B 36, St 397
Erdäpfelstieber T 464
Erdäpfelstrudel B 43
Erdäpfelsuppe B 14, O 232, St 364, T 445, W 576
Erdäpfelsuppe mit Topfen S 314
Erdäpfelwirrler T 464

Erdbirnkraut K 99
Essigfrüchte B 64
Essiggurken B 63
Essigknödel O 242
Essigkren St 388
Essigkürbis B 32
Essigschwammerln N 221

Farferln B 13, S 323, 333
Farferlsuppe B 13, K 77, T 441
Faschierter Braten W 591
Faschingsspeck K 89
Fastenknödel O 246, T 485, V 550
Fauler Käse K 136
Faustnudeln K 113
Fedlkoch N 172, St 392
Fedlkrapfen St 408
Feuerflecken N 210
Feuriger V 543
Fischgulasch B 21
Fischknödel O 246
Fischpaprikasch B 21
Fischsuppe B 16
Fisolen-Apfel-Suppe T 446
Fisolengulasch St 384
Fisolen mit Bröseln W 598
Fisolenritschert K 75, 98
Fisolensuppe N 148
Flädle V 545
Flantschkerla St 408
Flecken N 202
Fleck(n) K 125, 131, St 421
Fleischfarferln S 323
Fleischkas O 241
Fleischknödel O 265, S 336, T 484 f.
Fleischkrapfen S 322
Fleischkraut K 89
Fleischlaibchen, Fleischlaberln W 592
Fleischnudeln K 113
Fleischrau(n)ggn K 90
Fleischstrudelsuppe K 78
Fleischsuppe O 232
Fleisch und Schnid'n O 251
Flenggen S 332
Flossennudeln S 346
Fogosch auf dem Rost B 20
Föleriebel, -stopfer V 545
Forelle N 153, S 319, V 525
Fosn B 53
Franzosenbrot St 420
Frigga(e) K 91
Frittatensuppe W 577
Frühlingskräutersuppe S 315

Gaadner Schmarren N 176
Gaggerlesuppe T 442
Gailtaler Kirchtagsbraten K 91
Gailtaler Kirchtagsbrezen K 121
Gailtaler Kirchtagsgupf K 92
Gailtaler Kirchtagssuppe K 78
Gampa, Gamper K 106
Gansbraten in Weinkraut B 28
Gänseblutknödel B 39
Ganslblut O 256
Ganslfett B 29
Gansljunges mit Bohnen B 27
Ganslsuppe B 16
Gasteiner Brot S 347
Geaschtmili T 471
Gebackene Apfelscheiben S 344
Gebackene Erdäpfel St 387
Gebackene Holunderblüten B 46
Gebackene Leberknödel O 237
Gebackene Mäuse O 280, S 343
Gebackene Schinkenfleckerln W 593
Gebackene Schweinsohren W 588
Gebackene Speckknödel O 264
Gebackene Täuberlinge O 283
Gebackener Grieß O 279
Gebackener Kalbskopf W 587
Gebackener Sellerie W 598
Gebackener Topfenstrudel (ungesüßt) B 43
Gebackener Weihnachtskarpfen N 152
Gebackenes Kalbshirn W 587
Gebackenes Kitzel T 458
Gebackenes Kraut B 31
Gebackenes Kuheuter T 458
Gebackenes Lämmernes W 588
Gebackenes Rindfleisch W 584
Gebeizter Gemsschlegel T 460
Gebratene Gans B 28
Gebratene Milch O 270
Gebratener Rehrücken K 94
Gebratenes Selchfleisch W 589
Gedörrte Kirschen K 138
Gedünsteter Hopfen S 326
Gedünsteter Ochsenschlepp W 585
Geflügeleinmachsuppe W 576
Gefüllte Butter K 136
Gefüllte Forellen V 525
Gefüllte Gans N 160
Gefüllte Görtschitztaler Heilig-Abend-Nudeln K 120
Gefüllte Paprika W 592
Gefüllter Karpfen N 153
Gefüllter Lebkuchen St 420
Gefüllte Schweinsbrust S 321, St 375
Gefülltes Kraut W 592
Gefülltes Lungenbratl W 583
Gekochte Erdäpfel N 168
Gekochter Knoblauchspeck B 25
Gekochter Mohnstrudel N 189
Gekröse V 529
Gemsenbraten S 324
Gemüseschöberln B 17
Germkrapfen S 338
Germnudeln K 117
Germpofesen N 196
Germstrudel B 49
Germtorte N 206
Geröstete Brotsuppe V 521
Geröstete Leber B 23
Geröstetes Mus V 538
Gerschtbreinsuppn K 76
Gerstbrein St 390
Gersten(Gerscht)suppe T 445, V 521
Gerstlsuppe S 314
Gesäuerte Einbrennsuppe St 364
Geschmälzte Boahn T 461
Geselchtes B 25, O 253
Geslimues V 541
Gesottene Fische O 246
Gesottene Krebse S 319
Gesottener Topfenstrudel mit Röstbratelbohnen B 43
Gespickte Gansleber B 29
Gespickter Hecht, gebraten B 20
Gestoßene Reissuppe N 148
Gesulzte Milch St 392
Gesulzter Wurzelkarpfen W 579
Getrocknete Apfelspalten K 138
Gewürzschifteln T 502

Gfadelte Krapfen St 406
G'füllte Henn K 120
G'hacksupp'n O 239
G'hengknödel T 485
Gigerlfuatter W 610
Girardi-Rostbraten St 379
Giselabraten W 591
Gitzibraten V 530
Gleinker Krapfen O 280
Glundner Kas K 136
Gmachet S 325
Gmachtl N 180
Gölbe Suppn K 75
Goldhahn, Goldhühner S 343
Görtschitztaler Dempffleisch K 91
Grabnerhoftorte St 416
G'radelte Blunzen W 591
Grammelbäckerei N 204
Grammelknödel O 264, S 336
Grammelkrapfen St 417
Grammeln B 24, K 89, T 453 f., V 528
Grammelpogatscherl N 204
Grammelsterz B 37, N 175
Grammelstrudel N 190
Grammelsuppe N 147, O 233, St 362
Granggen, Grantn K 140, St 431
Grantnsoß K 102
Grasschnitten S 344
Grattler T 464
Grätzer Mandeltörtchen St 416
Graukäse K 136
Grazer Bröseltorte St 416
Grazer Butterbrezen St 417
Grazer Salzbrezeln St 425
Grazer Triët St 419
Grazer Zwieback St 419
Grenadiermarsch W 592
Grießknödel N 183, O 262
Grießkoch O 269, S 327
Grießmaultaschen O 277
Grieß-Nigel St 400
Grießnockerln W 577
Grießschmalzkoch N 172
Grießschmarren B 37
Grießschnitten O 279
Grießschober N 176
Grießsterz B 35, N 175, St 395
Grießstrudel B 44, N 187, O 276
Grießsuppe B 13
Grießwasserhenn O 273
Gröschtl T 457
G'röstete Spätzle V 547
Grubenkraut N 165, St 383
Grumperato(t)sche V 533
Grüne Nüsse B 64, N 220
Grüne Paradeiser B 63
Gschnoadtlweri N 159
G'schtampfte K 101
G'schupfte Nudeln V 549
G'sodans (Gesottenes) O 251
G'sodener Nudel S 334
G'standene (g'stockte) Milch K 105
Guethes Niernkoch T 454
Gugelhupf N 204, St 413, V 554, W 608
Gulasch W 585
Gumpoldskirchner Speckknödel N 183
Gurkensalat W 601
Gurkensoße W 598
Gurkensuppe B 15

Gurktaler Reinggalan K 123
Güssinger Krapfen B 46
Gutes billiges Milchbrot N 212
G'wackte Krapfen K 119

Haadana Stea'z B 35
Haadani Knëi(d)l B 38
Haarpudertorte N 206
Habermus V 538
Hacklruabn K 99
Hackelruabn-Fleisch K 89
Haderlumpensuppe S 315
Hadernigger K 125
Hadernsuppe O 234
Hadnpfanzl K 110
Hadnsterz K 108
Hadnstraub'n K 123
Hadntomele K 110
Hadntrippen K 97
Hafeloab, Hafeloib, Hafenlaib V 534
Hafeloab mit Seele V 535
Haferbrei V 538
Häferlkaffee W 615
Häferlkuchen O 290
Hagebuttenmarmelade B 66
Hagebuttensoße St 388
Halászlé B 16
Halbaufgehender St 412
Halbaufgehender Strudel B 49
Halbturner Hochzeitshuhn B 27
Halingstriezel B 58
Haller Törteln T 501
Haluschka B 17, N 179
Handstitzl O 291
Hanserlkoch St 392
Harber Kas K 137
Harder Kotelettes V 527
Hasen St 375
Hasenjung(e)s N 162, O 256
Hasenöhrl B 45, K 121, N 194, O 284, S 342
Haß A'g'sottenes K 91
Hauerknödel N 182
Hausmachersulz W 590
Haussalami K 88
Hecht B 20
Hecht mit Kren N 152
Heferlsterz O 258, St 394
Heidelbeernocken S 335
Heidengermnudeln K 117
Heiden(mehl)knödel B 38, St 402
Heidensterz B 35, K 108, St 394
Heidenstrauben K 123
Heidentorte St 416
Heidentrippen K 97
Heiliggeistkrapfen St 407
Hepfküechele V 553
Herrengröstl T 457
Herzkrapfen St 411
Herznudeln T 454
Herzreinkele, Herzreinling K 125
Hetschebetschmarmelade B 66
Himbeeressig N 220
Himbeerwein T 466
Himmelsleiter K 121
Hippen N 205
Hirntürtl T 454
Hirschbrein K 107, St 389
Hirschbreinsuppn K 76
Hirschgeweih, Hirschg'stäng, Hirschhörner K 121, N 194, S 340
Hirsebrein K 107
Hirsebrein in Milch St 389
Hirseknödel N 182
Hoadelbeerschlänzete V 539
Hoadnknödl St 402
Hoahruckbraten O 252, St 373
Hobelspäne N 194, O 282
Hochzeitsmues V 536
Hochzeitsnigelen T 489
Hoiapunsch T 515
Holdersekt K 142
Holdersuppe V 523
Hollakôh O 270
Hollermandl K 111
Hollersaft T 466
Hollerschnaps O 307
Hollerschöberln B 46
Hollersekt N 226
Hollersupp(e)n K 79, O 240, St 367
Holunderessig K 140
Holunderkoch O 270
Holundersaft T 466
Holundersekt K 142
Holundersuppe K 79, O 240, V 523
Holzermuas T 470
Holzhackerknödel O 262
Holzknechtkrapfen T 489
Holzknechtnocken O 271
Honig S 326
Honigbrot N 208
Honigbrühe S 326
Honigbutterlaib St 428
Honigkuchen St 420
Honignudeln T 480
Honigschmalz K 102, 127, S 326, T 466
Honigsoße S 326, T 466
Honigtaferlen K 126
Honigweike St 432
Hopfen-Salat T 465
Hühnerblut als Voressen T 459
Hühnerbrüste auf Montafoner Art V 530
Hühnerleber auf jüdische Art B 27
Hühnersuppe B 16, K 75
Huhn in Krensoße T 459
Hullaschoiba'l B 46
Hupfauf O 270
Hupfaufsuppe O 235

Innviertler Durcheinanderknödel O 265
Innviertler Hasenöhrl O 284
Innviertler Kochkas O 242
Innviertler Primiztorte O 289
Innviertler Speckknödel O 263
Innviertler Tellerfleisch O 251
Ischler Schmarren O 272

Jägerrecht vom Hasen T 460
Jägersuppe O 238, S 314
Jauntaler Saumagen K 88
Joachalstern T 495
Juttzigersupp T 441

Kacksuppe T 444
Kaiserschmarren T 470, W 604
Kaiserschöberln W 577
Kälberleck K 136
Kalbseinmachsuppe W 576
Kalbsvögerl O 256
Kaltgegossenes Mus S 331
Kanarimilch W 605
Kapuzinerfleisch T 457
Kapuzinerstrudel T 500
Karlsbader Kaffee W 615
Karnertorte T 500
Kärntner Fleischknödel K 90
Kärntner Kloatzenbrot K 133
Kärntner Krapfen K 115
Kärntner Nudeln K 114
Kärntner Ostertrank K 142
Kärntner Wachteln K 100
Kärntner Weltmutter K 111
Kärntner Würstel K 87
Karobemehl K 138
Karobenudeln K 114
Karottentorte O 289
Karpfen K 83, N 152 f., St 370, W 579
Karpfen auf Raizer Art B 21
Karpfen auf tyroler Art T 451
Karpfen in Sauerkraut S 319
Kartoffelpuffer N 168
Kaschernat W 597
Käsepflutte V 543
Kaseromeletten T 475
Käsesalat V 535, 562
Käsesuppe K 74, St 365
Kasfarfei S 333
Käsgrümperle mit Kichera V 548
Käsknöpfle V 547
Kasmachet K 136
Kasnocken T 476
Kasnudeln K 113
Käspolt V 543
Kasquargel N 217
Kässpätzle V 547
Katarrhsuppe O 234
Katschtaler Kôh K 103
Katschtaler Scheiterhaufen K 127
Katschtaler Schmalzmus K 104
Katzeng'schr(o)a O 250
Kematner Krapferln T 501
Kemater Krapflen T 501
Kerschknödel S 337
Kestnsterz St 397
Kestnsuppe St 364
Kienzl T 446
Kindbettbrot St 418
Kindelkuchen N 202
Kindskôh O 268
Kindsmus V 538
Kindstauf-Pofesen N 196
Kipfelschmarren B 37
Kipferlkoch W 603
Kipferlschmarren W 604
Kirschenmandl K 111
Kirschensuppe V 523
Kirtagsflecken N 202
Kirtagsschlangerl N 202
Kitzbraten S 324
Klachelfleisch St 376
Klachelsuppe St 364
Klare Rindfleischsuppe W 573
Kleine Germnudeln K 117
Kletzen K 138
Kletzenbrot K 133, N 213, 214, O 297, S 350, 351, St 423
Kletzennudeln K 114
Kletzenpfeffer K 102, O 260
Kloawabrot T 508
Klosterneuburger Knödel N 183
Klotzenkoch S 329
Knoblauchschmalz K 76, 89
Knoblauchspinat N 168
Knoblauchsuppe B 14, K 75, W 576
Knoblauchwurst B 24
Knöpfle V 547 f.
Kochkäse K 136
Köczersuppe O 238
Kohl, eingebrannt B 31
Kolatschen N 199
Koriandersuppe O 238
Kornmehlstrudel S 345
Kowaskraut K 98
Krainer Essen St 377
Krainerwürste St 374
Krammattrunk T 515
Kranzele V 529
Kranzkuchen B 56
Kranznudeln K 115
Krapfa V 553
Krapfen B 45 f., K 118 ff., N 195, O 280 f., S 338 ff., St 406 ff., T 486 ff., V 552 f., W 606
Krapfenkoch O 270
Krapflsuppe T 447
Kratzete V 542
Kraupanigln N 205
Kraut auf Steiermarker Art St 382
Kräutelschmelzach St 430
Kräuter-Dorten St 417
Kräuteressig K 139
Kräutergerstlsuppe T 443
Kräuter-Rahmkôh, -soße K 102
Kräutersoße T 465
Kräutersuppe S 315
Krautfleckerln N 179
Krautfleisch N 166
Krautfosn B 53
Krautknödel O 266
Krautkrapfen aus dem Kleinwalsertal V 532
Kräutlach-Ei K 123
Krautnockerln B 38, K 99, St 401
Krautrouladen W 592
Krautsalat K 98, O 260
Krautstrudel B 42 f., N 187
Krautsuppe B 15, O 259
Kremser Senf N 220
Kremstaler Fleischknödel N 183
Krenfleisch O 251, St 375
Krenkoch St 392
Krensoße, -brîh K 102
Kriegsgugelhupf W 609
Kriesesuppe V 523
Kronfleisch O 251
Kruimpiansupp'm B 14
Krumbirngendarm B 50
Krumpanstrudel B 43
Krumpanwatsch B 33
Krutknöpfle, -spätzle V 548
Küachlan T 494
Kübelspeck O 247
Kübelspeckknödel O 263
Kukuruzflecken B 51
Kümmelfleisch W 585
Kümmelsuppe B 13, O 231
Kürbiskraut B 32, St 385
Kuttelfleck K 92
Kuttelflecksuppe K 76, T 443
Kuttlagröstl nach Wälderart V 529

Lammbraten K 93
Lammfleisch in Bertramsoße K 93
Landskroner Blutgraupen St 373

Langós B 53
Lanner-Semmelknödel W 600
Laská B 53
Lauter-(Läuter)koch K 103, N 172, 174, St 393
Lavantaler Leberlan K 90
Lavantaler Oarweibl K 105
Leberbunkl O 247
Leberknödel O 235, 237, T 447, W 577
Leberpofesen O 236
Leberreis W 577
Leberschedl O 248
Leberschöberln W 577
Leberspätzle V 548
Lebersterz B 23
Lebersuppe mit Schöberlen T 447
Leberwurst B 23
Lebkuchen K 126, N 207 f., O 292, S 348, St 420, T 502 f., V 555, W 610
Lebzeltsuppe K 79
Lebzeltwizl St 409
Lekwartascherln B 40
Leierstrauben T 496
Leopoldiflecken W 609
Lesachtaler Blattlstock K 120
Lesachtaler Krapfen K 115
Letscho B 33
Liegender Kuchen O 273
Lienzer Schnitten T 502
Lindauer Schieblinge V 527
Lingerl O 239, 250
Linsensalat K 100
Linsensuppe B 15, K 77, N 148
Linzer Osterfleck O 302
Liptauer N 150
Liwanzen N 178
Lotschige Knöpfle, Spätzle V 548
Lundkoch K 103
Lungauer Rahmkoch S 327
Lungenstrudel(suppe) K 78, O 236
Lungentürtl T 454
Lunzer Lachsforelle N 153

Machet K 97
Maibutter T 466, 509
Maischelen K 88
Maisknödel B 38
Maiskolben mit Butter B 33
Maismehlschmarren B 37
Maissterz B 35
Majoranerdäpfel W 600
Majoranfleisch W 585
Majoranlinsen B 33
Mandelkoch N 172
Mandelkren St 388
Mandelsulze T 512
Mandlschober K 111
Mandl-steh-auf O 274
Marchfelder Fischauflauf N 153
Marillenknödel N 185
Marillenmarmelade B 66
Markknöde(r)l(n) B 17, W 576
Martinikipfel B 58
Maschinrostbraten W 583
Maultaschen O 277
Mehlknödel O 261, S 336
Mehlkoch O 268, St 391
Mehlmus mit gebranntem Zucker S 331
Mehlschmalzkoch N 172
Mehlschmarren B 37, O 272, V 542
Mehlsterz B 35, St 396
Mehlsuppe K 74, V 521
Melchermuas T 468
Merlhofer Mostbraten St 379
Metnitztaler Schmalzmus K 104
Metsuppe O 240
Metzenwadeln S 340
Miaßl K 97
Milchbrein K 107
Milch-Dotter-Suppe T 447
Milchflecke O 276
Milchkoch S 327, St 391
Milchmu(i)s T 470, V 538
Milchnocken T 478
Milchnudeln N 179
Milchpolenta S 327
Milchrahmstrudel N 180, O 276, W 605
Milchreis N 173, T 469
Milchsoße St 393
Milchstrudel N 186
Milibrein K 107
Milifleck O 276
Millisuppe S 312
Milzschöberln W 577
Moahderkrapfen St 406
Moarbblattln S 342, T 492
Mohnbeugel N 199
Mohnbingelen, -nigelen, T 496
Mohngugelhupf N 204
Mohnknödel N 183
Mohnnockerln B 38
Mohnnudeln K 115, N 181, O 275
Mohnnüßchen N 196
Mohnpinkerln B 40
Mohnsterz N 175
Mohnstrudel N 188 ff.
Mohntorte N 206
Mohnzelten N 184
Mohr im Hemd W 604
Mölfö T 486
Mölltaler Schottraunggelan K 123
Mölltaler Süßkraut K 98
Moltschero V 558
Mondseer Knödel O 265
Montafoner Hirschrücken V 530
Montafoner Käsesuppe V 523
Moosbeerfleck S 356
Moosbeermandl, Mooshoanzen T 465
Moosbeerensaft T 515
Mostbratel O 252
Mostessig K 139
Mostschaum K 102
Mostschnitteln O 278
Mostsuppe O 240
Mudlkoch O 270
Mudlsuppe T 441
Mühlviertler Dampfnudeln O 286
Mühlviertler Erdäpfelsterz O 258
Mühlviertler G'hackknödel O 264
Mühlviertler Mehlknödel O 261
Mühlviertler Mehlsterz O 271
Mühlviertler Mohnnudeln O 275
Mühlviertler Rahmstrudel O 276
Mühlviertler Saumoasn O 253
Mühlviertler Topfennudeln O 283
Multscherre V 558
Munggn, Munken K 105
Mürbteigblattln S 342
Murkenstrudel N 187
Muskazinerln, Muskazonerl S 348, T 502

Nackata Pua K 110
Nackige Spätzle V 547
Netzbraten W 591
Netzlaibchen K 88
Neujahrsbutter St 428
Neunhäutelnudeln St 410
Neunhäutiger Nigl St 400
Neunkräutelsuppe T 443
Niederösterreichische Rahmsuppe N 146
Niederösterreichische Stosuppe N 146
Niggelan, Niggelen K 121, T 489
Nuischmalz T 466
Nußbeugel N 199
Nußstrudel N 189, T 499
Nußtorte N 206, O 289

Oabrennter Sterz N 174
Oakraus St 409
Oa(r)fisch O 244, St 371
Oarkas O 242
Oar-Schmaderl N 176
Oarschmalzknoan O 266
Oarsterz N 174, St 397
Oasuppe T 446
Oatatscherl St 371
Oberinntaler Kasknödel T 483
Oberinntaler Lebkuchen T 502
Oberinntaler Schwoißknödel T 485
Oberskren St 388
Obstessig K 139
Ochsengurgln T 494
Ochsenmaulsalat W 601
Ödenburger Bohnentorte B 51
Ofannmuis, Ofenmuis T 469
Ofenbraten V 528
Ofenkater K 132
Ofenkatze V 554
Ofenleber T 455
Ofenschupf V 541
Ofergugger T 456
Ongsats T 492
Öpfelradl S 344
Öpfibaiki O 290
Öpfitaod O 273
Öpflspeigö O 279
Osterflecken B 51
Osterlämmchen N 205
Osterpinza St 414
Osttiroler Bauernkrapfen T 486
Osttiroler Blattlstock T 493

Palatschinken W 604
Panadlsuppe O 233
Paprikabohnen K 100
Paprikafisch B 21
Paprikahendl, Paprikasch B 27
Paprikakraut B 31, W 597
Paradeissoße auf Wiener Art W 602
Paradeissuppe B 15
Patzal T 488
Paulaner Würste W 579
Paunzger K 100
Paznauner Kasknödel T 484
Perchtenkoch S 328
Pfannhauser Bratl O 242
Pfefferfleisch W 585
Pfeffergericht V 536
Pfennichbrein St 389
Pfingststrauben O 282
Pfnotter N 176
Pfriglsuppe K 77
Pikalansuppe K 79
Pilzstrudel N 187
Pinza St 414
Pinzgauer Blattln S 341
Pinzgauer Farfei S 333
Pinzgauer Kasknödel S 337
Pinzgauer Kasnocken S 334
Pinzgauer Moarbkrapfen S 342
Pinzgauer Nüdei S 335
Pinzgauer Strauben S 343
Pinzgerer Nocken S 333
Pinzgermus S 331
Pitölan K 111
Pittalansuppe K 79
Pitztaler Türknnudln T 480
Plattlan K 119
Plente T 473
Plentenknödel T 483
Plentnsterz K 109
Plinzen K 131
Plohberger Schnitten O 291
Pofesen K 123, N 196, O 279, S 344, St 410, T 495
Polenta B 35, K 109, V 545
Polentakoch S 332
Pöllauer Sulz St 375
Polsterl B 57
Polsterzipf N 194
Pongauer S 330
Pongauer Fleischkrapfen S 342
Pongauer Nock'n S 335
Pongauer Speckkrapfen S 342
Potitze, Putitze St 414
Powidl N 221
Praatö Krapf'n B 45
Predinger Brotsuppe St 366
Preiselbeeren K 140, St 431
Preiselbeerkren T 465
Preßknödel N 183, S 337, T 483
Prügelkrapfen N 194 f., St 411, T 497
Preßwurst B 23
Pustertaler Schwarzbeernocken T 479

Quittenkäse N 221, St 431
Quittensaft T 515
Quittensulze T 512

Radisalat O 260
Radlkrapfen O 285
Rahm-Bohnensuppe B 15
Rahmdalken N 177
Rahmgurken W 597
Rahmknöpfle V 548
Rahmkoch O 270, S 328, St 393
Rahmkren K 102
Rahmmus, -miasl K 104, S 331, T 469, V 539
Rahmschöberln O 235
Rahmsoß S 326
Rahmstrauben N 195, T 496
Rahmsuppe K 79, N 146, O 231, S 313
Raunk'n N 177
Rechenzähne O 282
Reiberknödel O 263
Reibgerstlsuppe O 234
Reinanke S 319
Reinling K 124 ff.
Reis auf Wiener Art W 600

Reismus T 469
Reisschmarren B 37
Reisstrudel B 44
Rellkoch T 468
Resches Ei K 123
Rettichsalat N 169, O 260
Rezlnudln T 480
Ribiselmarmelade B 66
Ribiselwein N 226
Ri(e)belesuppe V 522
Riebel mit Grumpere V 545
Riebel, Ri(e)bler T 474, V 544 f.
Rihrmilikôh K 103
Rinderherz auf Bauernart S 323
Risi-Pisi W 600
Ritscher(t) K 97, St 376
Roachwürscht K 87
Roggene Küachl T 488
Roggene Nudeln O 286
Rohrnudeln K 117, O 286, S 346
Rollbraten K 91
Rosenkoglwein St 434
Rosenkrapfen N 194, O 285, T 494
Rosentaler Hochzeitsreinling K 125
Rosentaler Kirchtagssuppe K 78
Rosentaler Schmalzmus K 104
Rosinenstollen O 299
Röstbratelbohnen B 43
Ruam-, Rübenkraut T 463
Rübensirup K 140
Rui'm-, Rübenstrudel B 44
Rübentorte W 609
Rührmilchnocken, -spatzlan K 97
Rührmilchsuppe K 74
Rührtunk S 326
Ruimfosn B 53
Rumplernudeln K 121
Russenkraut B 64

Safranauszug K 78
Salm mit Kräutersoße T 451
Salonbeuschel W 588
Salzburger Bierfleisch S 323
Salzburger Braten S 320
Salzburger Lebkuchen S 348
Salzburger Muscazintorte S 347
Salzburger Nocken auf spezielle Art S 330
Salzburger Nocken in der Milch S 330
Salzburger Nockerlauflauf S 329
Salzburger Nockerln S 329
Salzburger Nockerln auf der Pfanne S 330
Salzburger Nockerln in der Schale S 330
Salzburger Nockerln. Ohne Milch (Sehr fein) S 330
Salzburger Speckknödel S 337
Salzgurken B 63
Salzgurken nach Znaimer Art N 220
Sardellensoße W 602
Sauerampfersoße St 388
Sauerbrunner Bohnensterz B 36
Sauerbrunner Schweinsherz B 24
Sauer gemachter Lembraten W 584
Sauerkas K 137
Sauerkraut B 31, K 98, O 259, S 325, St 382, T 463, V 532, W 597
Sauerkrautsalat S 325
Sauerkrautstrudel N 188
Sauerkrautsuppe B 15
Säuerling O 272
Sauerrübenfleisch K 89
Sauerrübensalat K 100
Saumoasn N 157, O 253
Saure bachane Nudeln O 274
Saure Boaner O 249
Saure Bohnen St 385
Saure Haxl O 249
Saure Kutteln V 529
Saure Milchsuppe K 74, St 363
Saure Rüben K 99, N 166, S 325
Saure Schwemmknödel O 265
Saures Gestell V 529
Saures Kronfleisch O 251
Saure Suppe O 230, St 362, T 443
Schafschnitzel, gedünstet S 324
Schälblig V 540
Schallringa T 491
Schälmle, Schelmle V 539
Schälmle-Schwozermues V 541
Scharling(e) K 132, St 422
Scharlingsuppe O 240
Schartelkrapfen B 46
Schedl O 287
Scheiterhaufen B 37, K 127, S 332, V 545, W 603
Schekate Gas K 136
Scipi B 15
Schiberlan K 102
Schinkenfleckerln W 592 f.
Schinken in Brotteig N 155
Schinkenschöberln B 17
Schinkenstrudel N 188
Schlampete Schnecken W 580
Schlampiges Kraut N 166
Schlangen N 202
Schledernocken T 479
Schlickkrapfen K 115
Schlipfkrapfe(l)n K 115, T 481
Schlögel, Schleg(e)l O 287, S 346
Schloßbergkuchen St 418
Schlosserbuam W 607
Schlutzkrapfen T 481
Schmackofene T 472
Schmalzkäse K 136
Schmalzkoch, -mus K 104, N 171, O 268, St 393
Schmalzomeletten B 45
Schmalzreinkelen K 125
Schmalztorte N 207
Schmarren S 332
Schmerkrapfen N 195
Schmiedhamer Krapfen O 287
Schnallsuppn T 442
Schnalser Nudeln T 481
Schnapssuppe T 445
Schnecken auf Altwiener Art W 580
Schneck(e)nnudeln, -nidai S 342, 346, T 492
Schneckensalat W 580
Schneeballen N 194, O 284
Schneemilch T 472
Schnepfengeist T 460
Schnittlan K 123
Schnittlauchsoße W 602
Schnittlsuppe O 233
Schnitzspätzle V 548
Schnurkrapfen K 121
Schnürlkrapfen T 494
Schober O 287
Schöberln N 196
Schöberlsuppe O 235
Schobnblattln N 211
Schopfbraten W 589
Schöpsengulasch K 92
Schöpsenschlegel auf Wildbretart N 159
Schöpsernes K 93, St 380, T 459
Schöpsernes Bratl K 93
Schottenwanzlen T 479
Schottnidai T 482
Schottnocken S 333
Schottpaunzen T 482
Schottraunggn, -raunkn K 122 f.
Schottsuppe K 74, S 312, St 363, T 441
Schottzagalan K 122
Schrottkugelsuppe N 148
Schupfnüdele V 549
Schusternockerln B 17
Schutznudeln T 481
Schwäbische Brotsuppe B 14
Schwammerlgulasch N 169, St 387, W 598
Schwammerlsuppe B 14, St 365
Schwammkrapfen St 411
Schwarzbeermandl K 111
Schwarzbeernudeln S 335
Schwarze Breinwürste St 374
Schwarzer Karpfen K 83
Schwarzer Sterz B 35
Schwarzkoch St 391
Schwarzplentene Knödel T 483
Schwarzplentenschmarrn T 475
Schwarzplentenstupfer T 475
Schweinsbraten O 252, S 320 f., T 453, V 528
Schweinshaxen St 375
Schweinshaxlsuppe St 364
Schweinskopf St 375
Schwemmknödel N 183
Schwemmkoch St 393
Schwingermuas T 468
Schwoaßbunkl O 256
Schwozermues V 540
Seefelder Soße T 465
Seisupp'n O 230
Selbachtnudeln O 274
Selchsuppe O 233
Selchwürste K 87, St 374
Senfgurken B 63
Senninhupfer S 343
Sensenschmied-Fleischknödel N 183
Semmelbackerl St 400
Semmelböller O 272
Semmelknödel O 261 f., W 599 f.
Semmelkren O 260, St 392
Semmelschmarren W 604
Semmelsuppe N 147
Serbische Bohnensuppe W 576
Serviettenknödel W 599
Silberkarpfen-Gulasch St 370
Skubanki N 177
Spagatkrapfen St 411, T 494
Spanferkel B 22
Speckfarferln S 323
Speckfleck K 92
Speckknödel N 183, O 263 f., S 337, T 484
Speckkraut S 322
Specknockerln T 447
Specknudeln K 113
Speckomelette T 472
Specksalat O 260, T 465
Speitelbrühe O 270
Speltnkraut 98
Spinatknöpfle, -spätzle V 548
Spritzstrauben S 343
Stadtschlankl K 132
Stanglkrapfen K 120
Steckerlfische O 246
Stefaniebraten W 591
Steffelbauer W 584
Steffelnidai T 482
Steiermärker-Koch St 393
Steirer Rostbraten St 379
Steirische Honigspringerl St 420
Steirischer Kohlstrudel St 404
Steirischer Lammbraten St 380
Steirischer Strachino St 429
Steirischer Strudelteig St 403
Steirisches Hirschragout St 381
Steirisches Poulard St 381
Steirisches Poulard, gefüllt St 381
Steirisches Rahmkoch St 393
Steirisches Rindfleisch St 379
Steirisches Schöpsernes St 380
Steirische Stosuppe St 363
Steirische Topfentorte St 417
Sternkrapfen O 285
Sterzmachet St 394
Steyrisch Brot St 419
Sticknudel S 346
Stiermilch St 392
Stöcklkraut O 259
Stockplattlan K 119
Stoffade W 582
Stosuppe N 146, St 363
Strapaziknödel N 182
Strauben K 123, N 195, O 282, S 343, St 409 f., T 496, V 552
Straubensuppe S 315
Struckl K 115
Strucklnudln St 402
Strudelteig B 41, N 186 f., O 276, S 345, St 403, W 604
Studentenfutter W 610
Süeßlarschnitz V 536
Sulmtaler Spagatkrapfen St 411
Sulzmilch N 172
Sulz'n K 140
Sulzrüben S 325
Sunndörte Knodn O 264
Suppenfleisch mit Kräutern T 458
Suppen-(Nudel-)Henn B 27
Suppennudeln K 112, N 179, O 234, S 334, T 479, V 549
Suppenschotten K 74, 135
Supp' mit Wiaschtl T 443
Sure Bohna mit nackte Spätzle V 533
Sure Grumpera mit Flädle V 534
Sure Kuttla V 529
Sure Spätzle V 547
Surfleisch B 25, St 377, T 452
Surhaxen N 159
Surs G'stell V 529
Surspeck O 247
Süßenbrunner Schmerstrudel N 190
Süße Rahmsuppe K 79
Süßer Erdäpfelstrudel B 43
Süßer Krautstrudel N 188
Süßkraut B 31, O 258
Süßsaurer Kürbis St 385
Süßsaures Weißkraut St 382

Tabakrolle V 552
Tafzipf K 132

Tag-und-Nacht-Semmeln W 607
Talgg(e)n K 105, St 365, T 505
Talggnbrein K 106
Talggnsterz K 106
Talggntrippen K 106
Tannenzapfen O 282
Tarhonya B 39
Taschenknödel S 336
Tauben in Linsen S 324
Tegelbrein St 389
Tegelkrapfen N 177
Teigverhackert K 79
Tellersulz W 590
Terlaner Weinsuppe T 445
Tirggalen T 473
Tirggenkoch T 470
Tirggenribbler T 474
Tiroler Erdäpfel T 464
Tiroler Erdäpfelsuppe T 445
Tiroler Fochazbrot T 499
Tiroler Gröstl T 457
Tiroler Kalbsleber T 454
Tiroler Knödel T 484
Tiroler Korb T 497
Tiroler Leber T 454
Tiroler Lebkuchen, gefüllt T 503
Tiroler Mus T 469
Tiroler Netzlaibchen T 457
Tiroler Speckknödel T 484
Tiroler Soße T 465
Tiroler Stockfischgröstl T 451
Tiroler Strudel T 500
Tiroler Strudel aus Mürbteig T 500
Tiroler Zelten T 508
Topfenhaluschka B 39, N 179
Topfenkas N 150
Topfenmus S 332
Topfennockerln B 38
Topfennudeln O 283, S 329, 334
Topfenplatteln T 491
Topfenreinkerln K 123
Topfenschmarren V 543
Topfenschotten K 135
Topfensterz O 272
Topfenstrudel B 43, N 186, W 605
Topfensuppe B 13
Topfentommerl St 399
Torte aus Kornmehl S 347
Tosche V 542
Totsch N 176
Traisentaler Fleischaufstrich N 150
Traisentaler Holzknechtnocken N 177
Traubenstrudel N 189, St 404
Traungauer Scharndlsuppe O 240
Traunkirchner Torte O 289
Traunviertler Kletzenstrudel O 277
Trenten K 132
Triëd, Triët B 51, N 169, O 273, St 419, V 554
Trippen K 101
Trissenet T 502
Türkenbund O 270
Türkenkoch St 393, T 470
Türkenpfanzl K 110
Türkenpolster N 196
Türkensterz B 35, K 109, St 395
Türkensuppe St 365
Türkentommerl St 399
Tuschennocken T 477
Tuschennudeln T 489
Tuxer Hunte T 477
Tuxer Nocken T 476
Tschotteblattlan T 491
Tschutsch T 475
Tsöan O 241

Überbackenes Sauerkraut V 532
Über- und Übernigl St 400
Umschüttnocken T 478
Umurkensupp'm B 15
Ungarisches Sauerkraut B 31
Ungemachtes Broat T 472
Unterkärntner Heidenkranznudeln K 115
Unterländer Erdäpfelsuppe T 445

Vanillecremesauce W 605
Vanillerostbraten W 583
Verhackert St 377
Verhackertsuppe St 364
Verheiratete Hadntrippen K 97
Verheiratete Erdäpfeltrippen K 101
Verheiratetes Brot K 132
Verlogenes Rahmmus K 104
Verlorenes Hendel N 147
Versoffene Ritter T 495
Versoff'ne Suppn T 442
Villgratener Plente T 473
Vintschgauer Rahmnudeln T 498
Vögl St 410
Vomper Schnittnudeln T 480
Vorschußknödel N 182

Wachauer Torte N 207
Wacholderbeerenessig St 434
Wachteln mit Polenta K 94
Waffeln T 503
Wagga O 287
Waldviertler Birnenknödel N 185
Waldviertler Erdäpfelsterz N 175
Waldviertler Essigkren N 169
Waldviertler Knödel N 182
Waldviertler Linsensuppe N 148
Waldviertler Mohnnudeln N 181
Waldviertler Schnitternudeln N 181
Walerküechle V 552
Walser Käseknödel V 550
Walser Käsesuppe V 523
Warmer Krautsalat O 260
Warmer Rohnensalat T 465
Wasserhenn O 236
Wasserhenne K 117
Wasserkipferln O 290
Wasserkoch T 470
Wasserschnalzen St 391
Wasserschnitten O 251
Wasserspatzen O 272, T 476
Wefzgenescht, Wespennest V 553
Weicher Ofentommerl St 398
Weichselpfeffer N 169
Weihnachtsgewürzschnitten O 292
Weihnachtsstollen O 299
Weinbeerlbunkl O 287
Weinbeerlkipferln O 299
Weinbeerlkoch St 392
Weinbeerlstrudel N 189, St 404
Weinbeer(l)suppe O 239
Weinbeißer N 206, W 610
Weinchaudeau W 605
Weinkoch N 172
Weinkraut B 28
Weinleiterle V 552
Weinnudeln, -paunzen T 489
Weinpunsch T 466
Weinscharl N 226
Weinschaum T 466
Weinspalten O 278
Weinsterz B 35, St 396
Weinsuppe B 17, St 367, T 445
Weintraubenstrudel N 189, St 404
Weiße Breinwürste St 374
Weiße Rüben St 383
Weißes Kraut T 462
Weiße Suppe B 13
Weitraer Mohnnudeln N 181
Weizentommerl St 398
Welser Sauerkraut O 259
Wetzsteinkrapfen, -nudeln O 282, S 339
Widderbeutel T 497
Wiener Batzerlgugelhupf W 608
Wiener Erdäpfelsalat W 601
Wiener Erdäpfelsuppe W 576
Wiener Faschingskrapfen W 606
Wiener Gugelhupf W 608
Wiener Heringsalat W 580
Wiener Saftgulasch W 585
Wiener Schnitzel W 586
Wiener Semmelknödel W 599
Wiener Suppentopf W 575
Wiener Wäschermadln W 607
Wiesener Bagersterz B 35
Wildfleisch auf Alpenjägerart T 460
Wildfleisch in Beize T 459
Wildsalate K 101
Wildsuppe T 445
Windlinge K 115
Wirelesuppe T 441
Wir(r)ler T 474
Woazanes K 129
Woazene Blattln S 341
Woazene Nudln T 487
Woaztommerl St 398
Wöla O 278, 296
Wuchteln N 198, O 286
Würstelsuppe N 147, O 237, T 443
Wurzelfleisch St 375
Wuzlnudeln B 39, K 117

Ybbsfelder Erdäpfelknödel N 182
Ybbsitzer Schafkäse N 217
Ybbstaler Grießknödel N 183

Zaunerstollen O 291
Zayataler Mohnstrudel N 190
Zeldln O 241
Zelten aus dem Unterinntal T 508
Zettelnudeln T 481
Ziabel V 557
Zi(e)gernocken T 477, V 548
Zi(e)gernudeln V 549
Zi(e)gersuppe T 440 f.
Zillertaler Fleischknödel T 485
Zillertaler Kasa T 472
Zillertaler Krapfen T 491
Zillertaler Leberröstl T 455
Zillertaler Schissalnudeln T 479
Zillertaler Schliachtrnudln T 479
Zillertaler Schüttlsuppe T 442
Zimmet-Brod St 418
Zimtnudeln K 114
Zimtspalten O 278
Zimtsternle V 555
Zimtwasser T 515
Zlabern N 214
Zopf (für Triëtschnitten) V 554
Zottlkrapfen S 340
Z'samm'glegte Knödel O 265, S 336
Zuckerreinkelen K 125
Zweckerln O 275
Zwetschken in drei Häuten S 344
Zwetschkenknödel N 185
Zwetschkenkuchen O 290
Zwetschkenmarmelade B 66
Zwetschkennigelen T 495
Zwetschkenpfeffer K 102, N 169, O 260, T 465
Zwetschkenpofesen O 279
Zwetschkenreinknoan O 266
Zwetschkenrolletten N 175
Zwetschkensoße V 536
Zwetschkenstrudel B 44
Zwetschkentommerl St 399
Zwiebachane Knoan O 281
Zwiebelnockerln B 38
Zwiebelrostbraten W 583
Zwiebelsalat K 102
Zwiebelschmalz K 76, S 313, T 442
Zwiebelsuppe B 13
Zwiegebackene Krapfen O 281
Zwieg'spitzte Nudeln O 275
Zwiflpfitsch T 442
Zwöschpnbaiki O 290